DIREITO CIVIL
DIREITO DAS OBRIGAÇÕES E RESPONSABILIDADE CIVIL
2

O GEN | Grupo Editorial Nacional – maior plataforma editorial brasileira no segmento científico, técnico e profissional – publica conteúdos nas áreas de concursos, ciências jurídicas, humanas, exatas, da saúde e sociais aplicadas, além de prover serviços direcionados à educação continuada.

As editoras que integram o GEN, das mais respeitadas no mercado editorial, construíram catálogos inigualáveis, com obras decisivas para a formação acadêmica e o aperfeiçoamento de várias gerações de profissionais e estudantes, tendo se tornado sinônimo de qualidade e seriedade.

A missão do GEN e dos núcleos de conteúdo que o compõem é prover a melhor informação científica e distribuí-la de maneira flexível e conveniente, a preços justos, gerando benefícios e servindo a autores, docentes, livreiros, funcionários, colaboradores e acionistas.

Nosso comportamento ético incondicional e nossa responsabilidade social e ambiental são reforçados pela natureza educacional de nossa atividade e dão sustentabilidade ao crescimento contínuo e à rentabilidade do grupo.

FLÁVIO **TARTUCE**

DIREITO CIVIL
DIREITO DAS OBRIGAÇÕES E RESPONSABILIDADE CIVIL

2

20.ª edição revista, atualizada e ampliada

■ O autor deste livro e a editora empenharam seus melhores esforços para assegurar que as informações e os procedimentos apresentados no texto estejam em acordo com os padrões aceitos à época da publicação, e todos os dados foram atualizados pelo autor até a data de fechamento do livro. Entretanto, tendo em conta a evolução das ciências, as atualizações legislativas, as mudanças regulamentares governamentais e o constante fluxo de novas informações sobre os temas que constam do livro, recomendamos enfaticamente que os leitores consultem sempre outras fontes fidedignas, de modo a se certificarem de que as informações contidas no texto estão corretas e de que não houve alterações nas recomendações ou na legislação regulamentadora.

■ Fechamento desta edição: *24.12.2024*

■ O Autor e a editora se empenharam para citar adequadamente e dar o devido crédito a todos os detentores de direitos autorais de qualquer material utilizado neste livro, dispondo-se a possíveis acertos posteriores caso, inadvertida e involuntariamente, a identificação de algum deles tenha sido omitida.

■ Atendimento ao cliente: (11) 5080-0731 | faleconosco@grupogen.com.br

■ Direitos exclusivos para a língua portuguesa
Copyright © 2025 by
Editora Forense Ltda.
Uma editora integrante do GEN | Grupo Editorial Nacional
Travessa do Ouvidor, 11 – Térreo e 6º andar
Rio de Janeiro – RJ – 20040-040
www.grupogen.com.br

■ Reservados todos os direitos. É proibida a duplicação ou reprodução deste volume, no todo ou em parte, em quaisquer formas ou por quaisquer meios (eletrônico, mecânico, gravação, fotocópia, distribuição pela Internet ou outros), sem permissão, por escrito, da Editora Forense Ltda.

■ Capa: Fabricio Vale

■ CIP-BRASIL. CATALOGAÇÃO NA PUBLICAÇÃO
SINDICATO NACIONAL DOS EDITORES DE LIVROS, RJ

T198d
20. ed.
v. 2

    Tartuce, Flávio, 1976-
       Direito civil : direito das obrigações e responsabilidade civil / Flávio Tartuce. - 20. ed., rev. e ampliada. - Rio de Janeiro : Forense, 2025.
       656 p. ; 24 cm.   (Direito civil ; 2)

    Inclui bibliografia
    ISBN 978-85-3099-598-0

    1. Direito civil - Brasil. 2. Obrigações (Direito) - Brasil. 3. Responsabilidade (Direito) - Brasil. I. Título. II. Série.

24-95545   CDU: 347.447.5(81)

Meri Gleice Rodrigues de Souza - Bibliotecária - CRB-7/6439

16/12/2024   19/12/2024

"A ti ó Passos, querida,
rica terra e florida,
na força da mocidade"

BENEDITO MUSTAFÉ
(Zé das Pronúncias)
in memoriam.
Poesia Cabocla

NOTA DO AUTOR À 20.ª EDIÇÃO

As edições 2025 desta minha coleção de Direito Civil, com mais de duas décadas, chegam ao meio editorial brasileiro totalmente atualizadas com o Projeto de Reforma do Código Civil, tendo sido muito intenso e desafiador o trabalho de atualização neste último ano.

Em 24 de agosto de 2023, o Presidente do Senado Federal, Rodrigo Pacheco, nomeou e formou uma Comissão de Juristas para empreender os trabalhos de reforma e de atualização do Código Civil de 2002. Como se sabe, o projeto que gerou a atual codificação privada é da década de 1970, estando desatualizada em vários aspectos, sobretudo em questões relativas ao Direito de Empresa, ao Direito de Família, ao Direito das Sucessões e diante das novas tecnologias.

Voltou-se a afirmar, com muita força, que o atual Código Civil "já nasceu velho". Trata-se de um texto com mais de cinquenta anos de elaboração e que, por óbvio, encontra-se muito desatualizado, como se pode perceber da leitura desta coleção.

A Comissão de Juristas teve a Presidência do Ministro Luis Felipe Salomão e a Vice-Presidência do Ministro Marco Aurélio Bellizze, ambos do Superior Tribunal de Justiça. Tive a honra de atuar como Relator-Geral da Comissão, ao lado da Professora Rosa Maria Andrade Nery.

O prazo para o desenvolvimento dos trabalhos foi de cento e oitenta dias, com a possibilidade de eventual prorrogação. De todo modo, os trabalhos da Comissão de Juristas foram entregues no prazo, cumprindo-se a sua missão institucional, e com a entrega formal ao Congresso Nacional em 17 de abril de 2024.

Foram formados nove grupos de trabalho, de acordo com os livros respectivos do Código Civil e também com a necessidade de inclusão de um capítulo específico sobre o *Direito Civil Digital*, o que nos foi pedido no âmbito do Congresso Nacional.

As composições das Subcomissões, com os respectivos sub-relatores, foram as seguintes, conjugando Ministros, Desembargadores Juízes, Advogados, Professores e os principais doutrinadores do Direito Privado Brasileiro.

Na Parte Geral, Professor Rodrigo Mudrovitsch (relator), Ministro João Otávio de Noronha, Professora Estela Aranha e Juiz Rogério Marrone Castro Sampaio.

Em Direito das Obrigações, Professor José Fernando Simão (relator) e Professor Edvaldo Brito.

Em Responsabilidade Civil, Professor Nelson Rosenvald (relator), Ministra Maria Isabel Gallotti e Juíza Patrícia Carrijo.

Quanto ao Direito dos Contratos, Professor Carlos Eduardo Elias de Oliveira (relator), Professora Angélica Carlini, Professora Claudia Lima Marques e Professor Carlos Eduardo Pianovski.

Em Direito das Coisas, Desembargador Marco Aurélio Bezerra de Melo (relator), Professor Carlos Vieira Fernandes, Professora Maria Cristina Santiago e Desembargador Marcelo Milagres.

Em Direito de Família, Juiz Pablo Stolze Gagliano (relator), Ministro Marco Buzzi, Desembargadora Maria Berenice Dias e Professor Rolf Madaleno.

No Direito das Sucessões, Professor Mário Luiz Delgado (relator), Ministro Cesar Asfor Rocha, Professora Giselda Maria Fernandes Novaes Hironaka e Professor Gustavo Tepedino.

Para o novo livro especial do *Direito Civil Digital*, Professora Laura Porto (relatora), Professor Dierle Nunes e Professor Ricardo Campos.

Por fim, para o Direito de Empresa, Professora Paula Andrea Forgioni (relatora), Professor Marcus Vinicius Furtado Coêlho, Professor Flavio Galdino, Desembargador Moacyr Lobato e Juiz Daniel Carnio.

Também foram nomeados como membros consultores da Comissão de Juristas os Professores de Direito Ana Cláudia Scalquette, Layla Abdo Ribeiro de Andrada e Maurício Bunazar, a Defensora Pública Fernanda Fernandes da Silva Rodrigues, o Professor de Língua Portuguesa Jorge Miguel e o Juiz Federal e também Professor Vicente de Paula Ataide Jr., especialista na causa animal.

No ano de 2023, foram realizadas três audiências públicas, em São Paulo (OABSP, em 23 de outubro), Porto Alegre (Tribunal de Justiça do Rio Grande do Sul, em 20 de novembro) e Salvador (Tribunal de Justiça da Bahia, em 7 de dezembro). Além da exposição de especialistas e debates ocorridos nesses eventos, muitos outros seminários jurídicos foram realizados em reuniões de cada Subcomissão.

Foram também abertos canais para envio de sugestões pelo Senado Federal e oficiados mais de quatrocentos institutos e instituições jurídicas. Mais de duzentos deles mandaram propostas para a Comissão de Juristas, em um sistema democrático de participação não visto em processos anteriores, de elaboração e alteração da Lei Geral Privada Brasileira, inclusive com ampla participação feminina.

Após um intenso trabalho no âmbito de cada grupo temático, em dezembro de 2023 foram consolidados os textos dos dispositivos sugeridos, enviados para revisão dos Relatores-Gerais.

Em 2024, foi realizada mais uma audiência pública, em Brasília, com a presença do Ministro da Suprema Corte Argentina Ricardo Lorenzetti e da Professora Aída Kemelmajer. Na oportunidade, os juristas argentinos compartilharam conosco um pouco da sua experiência com a elaboração do Novo Código Civil daquele País, de 2014.

Ocorreram, sucessivamente, os debates entre todos os membros da Comissão de Juristas, a elaboração de "emendas de consenso", a votação dos textos, em abril de 2024, e a sua elaboração final, com a posterior entrega.

Nesse momento, nos dias iniciais de abril de 2024, tivemos o *ponto alto* das nossas discussões, estando os vídeos desses encontros disponíveis para acesso nos canais do Senado Federal, com muito conteúdo técnico, cultura jurídica e interessantes embates.

Sendo assim, apresentado o Anteprojeto, a partir da edição de 2025 desta coleção de Direito Civil, trago para estudo as normas projetadas, com comentários pontuais e exposição dos debates que travamos, sendo imperiosa, sem dúvida, uma reforma e uma atualização do Código Civil de 2002 diante dos novos desafios contemporâneos e por tudo o que está exposto neste livro. Esperamos, assim, que o Projeto seja debatido no Parlamento Brasileiro ano que vem, e aprovado logo a seguir.

Como o leitor poderá perceber desta obra, é evidente a afirmação de não se tratar de uma projeção de um "Novo Código Civil", mas apenas de uma ampla reforma, com atualizações fundamentais e necessárias, para que o Direito Civil Brasileiro esteja pronto para enfrentar os desafios do século XXI.

Na grande maioria das vezes, como ficará evidente pelos estudos destes livros da coleção, as propostas apenas confirmam o entendimento majoritário da doutrina e da jurisprudência brasileiras.

Foram mantidos a organização, a estrutura e os princípios da atual Lei Geral Privada, assim como dispositivos fundamentais, que não sofreram qualquer alteração. Em muitos deles, houve apenas a correção do texto – como naqueles relativos ao Direito de Família, em que se incluiu o convivente ao lado do cônjuge –, e a atualização diante de leis recentes, de decisões dos Tribunais Superiores e dos enunciados aprovados nas *Jornadas de Direito Civil*; além da retomada do Código Civil como *protagonista legislativo* em matéria do Direito Privado, o que foi esvaziado, nos últimos anos.

Muitos dos temas e institutos tratados há tempos nesta coleção possivelmente serão incorporados pela Reforma, havendo consenso quanto a vários deles. Por certo que essa deve ser a tônica do debate e do estudo do Direito Privado Brasileiro nos próximos anos, até a aprovação do Projeto.

Compreender as proposições representa entender também o sistema vigente, em uma metodologia muito útil para os estudantes e para os profissionais do Direito.

Além de um amplo estudo do texto da Reforma do Código Civil, com análise detalhada e até mesmo crítica em alguns aspectos, procurei, como sempre, atualizar os meus livros com as leis recentes que surgiram no último ano com destaque para a Lei 14.905/2024 – que trata dos juros e da correção monetária –, com as principais decisões da jurisprudência nacional e novas reflexões doutrinárias.

Espero, assim, que os meus livros continuem o seu papel de efetivação do Direito Civil, como foram nos últimos vinte e um anos.

Como tenho afirmado sempre, se a minha história como jurista se confunde com a própria História do Código Civil de 2002, o mesmo deve ocorrer com as transformações que virão, pela minha participação neste grupo de Reforma e Atualização da codificação privada, que marcou a minha vida para sempre.

Bons estudos a todos, uma excelente leitura e que os livros mudem a vida de vocês, como mudou a minha.

São Paulo, dezembro de 2024.

O autor.

PREFÁCIO

O Professor Flávio Tartuce tem se destacado no magistério jurídico brasileiro como um dos expoentes do chamado "Novo Direito Civil Brasileiro".

De fato, trata-se de uma nova visão da dogmática civilista, em que há uma profunda preocupação com a efetividade das relações jurídicas de direito material, preservando-se, em especial, valores como a boa-fé objetiva dos sujeitos e a função social dos seus principais elementos.

Esta corrente de pensamento nada mais é do que o reflexo da concepção moderna do Direito Civil, cujos institutos básicos passam a ser interpretados sob um prisma constitucional, restando superada qualquer tentativa de departamentalização do Direito em Público ou Privado, dicotomia herdada dos romanos e que, hoje, somente serve para efeitos didáticos.

O autor não é um noviço nas letras jurídicas, já tendo publicado diversos trabalhos doutrinários, dentre os quais destacamos a sua belíssima dissertação de mestrado, defendida e aprovada com louvor na Pontifícia Universidade Católica de São Paulo, *A função social dos contratos: do Código de Defesa do Consumidor ao novo Código Civil*, obra já de referência obrigatória na doutrina nacional.

Este seu novo trabalho, dedicado ao estudo do Direito das Obrigações e Responsabilidade Civil, por certo alcançará o mesmo sucesso do volume anterior, constituindo-se em um campeão de vendas na disputadíssima área dos concursos públicos, em que a união de profundidade, abrangência e praticidade é o ideal que todos perseguem para lograr êxito na sua preparação.

Assim sendo, é com muita honra que aceitamos a gentileza do convite para escrever, a quatro mãos, este Prefácio. Que ele seja apenas um amuleto a trazer ainda mais felicidade à carreira de um grande autor, que temos o prazer de chamar de amigo.

Salvador, agosto de 2005.

Pablo Stolze Gagliano
e **Rodolfo Pamplona Filho**

SUMÁRIO

DIREITO DAS OBRIGAÇÕES

1. **A RELAÇÃO JURÍDICA OBRIGACIONAL E O CÓDIGO CIVIL DE 2002** 3
   - 1.1 O conceito de obrigação e seus elementos constitutivos 3
     - 1.1.1 Elementos subjetivos da obrigação 5
     - 1.1.2 Elemento objetivo ou material da obrigação 6
     - 1.1.3 Elemento imaterial, virtual ou espiritual da obrigação 8
   - 1.2 Diferenças conceituais entre obrigação, dever, responsabilidade, ônus e estado de sujeição 15
   - 1.3 As fontes obrigacionais no direito brasileiro 18
   - 1.4 Os atos unilaterais como fontes do direito obrigacional 20
     - 1.4.1 Da promessa de recompensa 20
     - 1.4.2 Da gestão de negócios 22
     - 1.4.3 Do pagamento indevido 24
     - 1.4.4 Do enriquecimento sem causa 27
   - 1.5 Dos títulos de crédito como fonte das obrigações civis. Pequena abordagem 33
   - 1.6 Resumo esquemático 34
   - 1.7 Questões correlatas 36
   - Gabarito 39

2. **PRINCIPAIS CLASSIFICAÇÕES DAS OBRIGAÇÕES** 41
   - 2.1 Introdução 41

| 2.2 | Classificação quanto ao conteúdo do objeto obrigacional | 42 |

2.2   Classificação quanto ao conteúdo do objeto obrigacional.................................... 42

    2.2.1   Obrigação positiva de dar.. 42

        2.2.1.1   Obrigação de dar coisa certa (arts. 233 a 242 do CC)................... 42

        2.2.1.2   Obrigação de dar coisa incerta (arts. 243 a 246 do CC) 50

    2.2.2   Obrigação positiva de fazer.. 53

    2.2.3   Obrigação negativa de não fazer 59

2.3   Classificação quanto à presença de elementos obrigacionais 61

    2.3.1   Considerações iniciais.. 61

    2.3.2   Das obrigações compostas objetivas 62

    2.3.3   Das obrigações compostas subjetivas. As obrigações solidárias 66

        2.3.3.1   Regras gerais 66

        2.3.3.2   Da obrigação solidária ativa (arts. 267 a 274 do CC)................... 69

        2.3.3.3   Da obrigação solidária passiva (arts. 275 a 285 do CC)............... 75

        2.3.3.4   Da obrigação solidária mista ou recíproca 84

2.4   Classificação quanto à divisibilidade (ou indivisibilidade) do objeto obrigacional....... 85

2.5   Classificação quanto ao conteúdo 90

2.6   Classificação quanto à liquidez... 94

2.7   Classificação quanto à presença ou não de elemento acidental 95

2.8   Classificação quanto à dependência... 96

2.9   Classificação quanto ao local para cumprimento 98

2.10   Classificação quanto ao momento para cumprimento...................................... 98

2.11   Outros conceitos importantes. Obrigação *propter rem* e obrigação natural......... 98

2.12   Resumo esquemático 103

2.13   Questões correlatas.. 105

Gabarito... 117

3.   DO ADIMPLEMENTO OBRIGACIONAL – TEORIA DO PAGAMENTO (PRIMEIRA PARTE)... 119

3.1   Introdução 119

3.2   Elementos subjetivos do pagamento direto. O *solvens* e o *accipiens*.................... 120

    3.2.1   Do *solvens* ou "quem deve pagar"... 120

    3.2.2   Do *accipiens* ou "a quem se deve pagar".. 124

3.3   Do objeto e da prova do pagamento direto (elementos objetivos do pagamento direto) 128

3.4   Do lugar do pagamento direto... 137

3.5	Do tempo do pagamento	140
3.6	Resumo esquemático	142
3.7	Questões correlatas	143
	Gabarito	147

4. DO ADIMPLEMENTO OBRIGACIONAL – TEORIA DO PAGAMENTO (SEGUNDA PARTE) ... 149

4.1	Introdução	149
4.2	Do pagamento em consignação (ou da consignação em pagamento)	150
4.3	Da imputação do pagamento	158
4.4	Do pagamento com sub-rogação	160
4.5	Da dação em pagamento	163
4.6	Da novação	166
4.7	Da compensação	171
4.8	Da confusão	178
4.9	Da remissão de dívidas	179
4.10	Os novos tratamentos legais da transação e do compromisso (arbitragem)	180
4.11	Da extinção da obrigação sem pagamento	180
4.12	Resumo esquemático	181
4.13	Questões correlatas	183
	Gabarito	191

5. DO INADIMPLEMENTO OBRIGACIONAL. DA RESPONSABILIDADE CIVIL CONTRATUAL ... 193

5.1	Conceitos iniciais	193
5.2	Da mora. Regras gerais	200
5.3	Da purgação da mora	208
5.4	Do inadimplemento absoluto da obrigação	213
5.5	Dos juros remuneratórios e moratórios	221
5.6	Da cláusula penal	238
5.7	Das arras ou sinal	256
5.8	Das preferências e privilégios creditórios	260
5.9	Resumo esquemático	262
5.10	Questões correlatas	263
	Gabarito	276

6. A TRANSMISSIBILIDADE DAS OBRIGAÇÕES NO CÓDIGO CIVIL DE 2002. CESSÃO DE CRÉDITO, CESSÃO DE DÉBITO E CESSÃO DE CONTRATO........ 277

6.1 Introdução 277

6.2 Da cessão de crédito 278

6.3 Espécies ou modalidades de cessão de crédito 284

6.4 Da cessão de débito ou assunção de dívida 285

6.5 Da cessão de contrato 290

6.6 Resumo esquemático 296

6.7 Questões correlatas 297

Gabarito 303

RESPONSABILIDADE CIVIL

7. APONTAMENTOS HISTÓRICOS E CONCEITOS BÁSICOS 307

7.1 Breve esboço histórico da responsabilidade civil. Da responsabilidade subjetiva à objetivação 307

7.2 A responsabilidade pressuposta 310

7.3 A responsabilidade civil e o Direito Civil Constitucional 312

7.4 O conceito de ato ilícito 320

7.5 O abuso de direito como ato ilícito 324

    7.5.1 O art. 187 do CC. Conceito, exemplos e consequências práticas 324

    7.5.2 A publicidade abusiva como abuso de direito 329

    7.5.3 As práticas previstas no Código de Defesa do Consumidor e o conceito do art. 187 do CC 331

    7.5.4 O abuso de direito e o Direito do Trabalho 333

    7.5.5 A lide temerária como exemplo de abuso de direito. O abuso no processo 334

    7.5.6 O abuso do direito de propriedade. A função socioambiental da propriedade 338

    7.5.7 *Spam* e abuso de direito 341

7.6 Resumo esquemático 345

7.7 Questões correlatas 346

Gabarito 348

8. ELEMENTOS DA RESPONSABILIDADE CIVIL OU PRESSUPOSTOS DO DEVER DE INDENIZAR 349

8.1 Visão geral estrutural 349

8.2 Conduta humana como elemento da responsabilidade civil 350

8.3	A culpa genérica ou *lato sensu*		352
	8.3.1	Do dolo	352
	8.3.2	Da culpa estrita ou *stricto sensu*	353
8.4	O nexo de causalidade		363
8.5	Dano ou prejuízo		382
	8.5.1	Danos patrimoniais ou materiais	384
	8.5.2	Danos morais	398
		8.5.2.1 Danos morais × transtornos. A perda do tempo e o crescimento da tese da responsabilidade civil sem dano	409
		8.5.2.2 Danos morais da pessoa jurídica	420
		8.5.2.3 Natureza jurídica da indenização por danos morais	424
		8.5.2.4 Critérios para a quantificação dos danos morais. Algumas tentativas concretas	427
	8.5.3	Os novos danos. Danos estéticos, danos por perda de uma chance, danos morais coletivos e danos sociais ou difusos	439
		8.5.3.1 Danos estéticos	440
		8.5.3.2 Danos por perda de uma chance	443
		8.5.3.3 Danos morais coletivos	451
		8.5.3.4 Danos sociais ou difusos	456
	8.5.4	Outras regras importantes quanto à fixação da indenização previstas no Código Civil de 2002	464
8.6	Resumo esquemático		474
8.7	Questões correlatas		476
	Gabarito		484

9. CLASSIFICAÇÃO DA RESPONSABILIDADE CIVIL QUANTO À CULPA. ANÁLISE DAS REGRAS DA RESPONSABILIDADE CIVIL OBJETIVA. LEGISLAÇÃO EXTRAVAGANTE E CÓDIGO CIVIL DE 2002 ... 485

9.1	A responsabilidade civil subjetiva como regra do ordenamento jurídico brasileiro		485
9.2	A responsabilidade civil objetiva. A cláusula geral do art. 927, parágrafo único, do CC. Aplicações práticas do dispositivo		487
9.3	Principais casos de responsabilidade objetiva consagrados na legislação especial		502
	9.3.1	A responsabilidade objetiva do Estado	502
	9.3.2	A responsabilidade civil no Código de Defesa do Consumidor	510
		9.3.2.1 O Código de Defesa do Consumidor e a adoção do Princípio da Reparação Integral de Danos. O conceito de consumidor por equiparação ou *bystander*	510

9.3.2.2 A relação de consumo e o princípio da solidariedade (art. 7.º, parágrafo único, da Lei 8.078/1990). Abordagem da responsabilidade civil pelo vício do produto e por fato do produto (defeito), pelo vício do serviço e fato do serviço (defeito) 515

9.3.2.3 As excludentes de responsabilidade civil previstas no Código de Defesa do Consumidor 521

9.3.2.4 Análise do art. 931 do CC e sua confrontação em relação ao Código de Defesa do Consumidor. A tese do diálogo das fontes quanto à responsabilidade civil 526

9.3.3 A responsabilidade civil por danos ambientais 531

9.4 A responsabilidade objetiva no Código Civil de 2002. Regras específicas 539

9.4.1 A responsabilidade civil objetiva por atos de terceiros ou responsabilidade civil indireta 539

9.4.2 A responsabilidade civil objetiva por danos causados por animal 553

9.4.3 A responsabilidade civil objetiva por danos causados por ruína de prédio ou construção 557

9.4.4 A responsabilidade civil objetiva por danos oriundos de coisas lançadas dos prédios 560

9.4.5 A responsabilidade civil objetiva em relação a dívidas 562

9.4.6 A responsabilidade civil objetiva no contrato de transporte 567

9.5 Resumo esquemático 577

9.6 Questões correlatas 578

Gabarito 594

10. EXCLUDENTES DO DEVER DE INDENIZAR, RESPONSABILIDADE CIVIL E RESPONSABILIDADE CRIMINAL 595

10.1 Esclarecimentos necessários 595

10.2 Das excludentes do dever de indenizar 596

10.2.1 Da legítima defesa 596

10.2.2 Do estado de necessidade ou remoção de perigo iminente 598

10.2.3 Do exercício regular de direito ou das próprias funções 600

10.2.4 Das excludentes de nexo de causalidade 603

10.2.5 Da cláusula de não indenizar 606

10.3 Relação entre a responsabilidade civil e a responsabilidade criminal 610

10.4 Resumo esquemático 622

10.5 Questões correlatas 623

Gabarito 627

BIBLIOGRAFIA 629

DIREITO
DAS OBRIGAÇÕES

1

A RELAÇÃO JURÍDICA OBRIGACIONAL E O CÓDIGO CIVIL DE 2002

Conceitos iniciais

Sumário: 1.1 O conceito de obrigação e seus elementos constitutivos: 1.1.1 Elementos subjetivos da obrigação; 1.1.2 Elemento objetivo ou material da obrigação; 1.1.3 Elemento imaterial, virtual ou espiritual da obrigação – 1.2 Diferenças conceituais entre obrigação, dever, responsabilidade, ônus e estado de sujeição – 1.3 As fontes obrigacionais no direito brasileiro – 1.4 Os atos unilaterais como fontes do direito obrigacional: 1.4.1 Da promessa de recompensa; 1.4.2 Da gestão de negócios; 1.4.3 Do pagamento indevido; 1.4.4 Do enriquecimento sem causa – 1.5 Dos títulos de crédito como fonte das obrigações civis. Pequena abordagem – 1.6 Resumo esquemático – 1.7 Questões correlatas – Gabarito.

1.1 O CONCEITO DE OBRIGAÇÃO E SEUS ELEMENTOS CONSTITUTIVOS

Conforme comentado em poucas linhas no primeiro volume da presente coleção, tanto a obrigação quanto o contrato assumem hoje o ponto central do Direito Privado, sendo apontados por muitos juristas como os institutos jurídicos mais importantes de todo o Direito Civil. Compartilho totalmente dessa forma de pensar.

Entretanto, para a compreensão dessas figuras negociais, é imprescindível que o estudioso e aplicador do Direito domine os conceitos básicos que decorrem da relação jurídica obrigacional, matéria que muitas vezes é relegada a segundo plano, supostamente por não ter grande aplicação prática, o que constitui, na verdade, um erro imperdoável. Talvez até por essa importância social é que a teoria geral das obrigações é o primeiro tema a ser tratado pela parte especial da codificação, entre os seus arts. 233 a 420.

Na realidade, os pontos que serão a partir de agora abordados não interessam somente ao Direito Contratual ou Obrigacional, mas também à teoria geral da responsabilidade civil – matéria com grande aplicação nos dias atuais –, ao Direito de Empresa e mesmo ao Direito de Família, diante das questões de direito patrimonial relativas às entidades familiares. No tocante a essa última esfera, está analisada no Volume 5 da coleção a crescente interação entre o direito familiar e a responsabilidade civil por danos materiais e imateriais.

Quanto àquela divisão básica entre direitos pessoais patrimoniais e direitos reais, o direito obrigacional funciona como cerne principal dos primeiros.

Visando incentivar a admiração da matéria que será aqui estudada, o que muitas vezes não ocorre, merecem transcrição as palavras de Fernando Noronha, que ressalta a importância prática do direito obrigacional:

"Depois do que se disse sobre a importância social das obrigações, não é preciso acrescentar muita coisa para enfatizar o alto relevo prático da nossa matéria.

As normas do Direito das Obrigações são de longe aquelas aplicadas com mais frequência, e em maior quantidade, tanto nas relações diárias entre homens como na atividade judicial.

É possível conceber-se a hipótese de uma pessoa viver uma vida inteira sem necessidade de conhecer o Direito das Sucessões, ou a maior parte do Direito de Família (casamento, regimes de bem...), ou até as partes mais significativas do Direito das Coisas. Mas não é possível viver à margem daquelas atividades do dia a dia regidas pelo Direito das Obrigações" (NORONHA, Fernando. *Direito...*, 2003, p. 92).

Superada essa mensagem de incentivo aos estudos, interessante delinear o conceito de obrigação, que não consta do Código Civil, sendo importantíssimo buscar uma construção doutrinária do instituto.

Álvaro Villaça Azevedo, investigando um conceito contemporâneo de obrigação, ensina que "obrigação é a relação jurídica transitória, de natureza econômica, pela qual o devedor fica vinculado ao credor, devendo cumprir determinada prestação positiva ou negativa, cujo inadimplemento enseja a este executar o patrimônio daquele para a satisfação de seu interesse" (AZEVEDO, Álvaro Villaça. *Teoria...*, 2000, p. 31). Como se pode perceber, o Professor das Arcadas valoriza o aspecto das consequências do seu inadimplemento, o que está na mente das partes quando a obrigação é constituída.

Ainda entre os contemporâneos, Pablo Stolze Gagliano e Rodolfo Pamplona Filho conceituam a obrigação, em sentido amplo, como a "relação jurídica pessoal por meio da qual uma parte (devedora) fica obrigada a cumprir, espontânea ou coativamente, uma prestação patrimonial em proveito da outra (credor)" (GAGLIANO, Pablo Stolze; PAMPLONA FILHO, Rodolfo. *Novo curso...*, 2003, p. 17).

Na versão *clássica*, para Washington de Barros Monteiro a obrigação pode ser conceituada como "a relação jurídica, de caráter transitório, estabelecida entre devedor e credor e cujo objeto consiste numa prestação pessoal econômica, positiva ou negativa, devida pelo primeiro ao segundo, garantindo-lhe o adimplemento através de seu patrimônio" (MONTEIRO, Washington de Barros. *Curso...*, 1979, p. 8).

Reunindo todos os pareceres expostos, sem prejuízo de outros, conceitua-se a obrigação como *a relação jurídica transitória, existente entre um sujeito ativo, denominado credor, e outro sujeito passivo, o devedor, e cujo objeto consiste em uma prestação situada no âmbito dos direitos pessoais, positiva ou negativa. Havendo o descumprimento ou inadimplemento obrigacional, poderá o credor satisfazer-se no patrimônio do devedor.*

Desse modo, de acordo com essa construção, são elementos constitutivos da obrigação:

a) *elementos subjetivos*: o credor (sujeito ativo) e o devedor (sujeito passivo);
b) *elemento objetivo imediato*: a prestação;
c) *elemento imaterial, virtual ou espiritual*: o vínculo existente entre as partes.

Não se pode afastar a constante influência que exercem os princípios da eticidade e da socialidade sobre o direito obrigacional. Por diversas vezes, no presente volume, serão invocadas a função social da obrigação e dos contratos e a boa-fé objetiva, princípios estes relacionados com a concepção social da obrigação e com a conduta leal dos sujeitos obrigacionais. Será demonstrado que essa nova visualização é indeclinável, o que vem ocorrendo na melhor doutrina e em inúmeros julgados.

No que concerne à função social das obrigações, Fernando Noronha elenca as mesmas em três categorias: *obrigações negociais*, de *responsabilidade civil* e de *enriquecimento sem causa*, destacando que "na atual sociedade de massas se exige uma acrescida proteção, em nome da justiça social, daqueles interesses que aglutinam grandes conjuntos de cidadãos" (NORONHA, Fernando. *Direito...*, 2003 p. 32). Quanto à boa-fé objetiva, Judith Martins-Costa prega uma nova metodologia quanto ao direito das obrigações e uma nova construção da relação obrigacional que deve ser tida como *uma relação de cooperação* (MARTINS-COSTA, Judith. *Comentários...*, 2004, p. 4-30).

Nesse contexto, Nelson Rosenvald sintetiza muito bem como deve ser encarada a obrigação atualmente:

> "A obrigação deve ser vista como uma relação complexa, formada por um conjunto de direitos, obrigações e situações jurídicas, compreendendo uma série de deveres de prestação, direitos formativos e outras situações jurídicas. A obrigação é tida como um processo – uma série de atos relacionados entre si –, que desde o início se encaminha a uma finalidade: a satisfação do interesse na prestação. Hodiernamente, não mais prevalece o *status* formal das partes, mas a finalidade à qual se dirige a relação dinâmica. Para além da perspectiva tradicional de subordinação do devedor ao credor existe o bem comum da relação obrigacional, voltado para o adimplemento, da forma mais satisfativa ao credor e menos onerosa ao devedor. O bem comum na relação obrigacional traduz a solidariedade mediante a cooperação dos indivíduos para a satisfação dos interesses patrimoniais recíprocos, sem comprometimento dos direitos da personalidade e da dignidade do credor e devedor" (ROSENVALD, Nelson. *Dignidade...*, 2005, p. 204).

Quando o doutrinador faz menção à *obrigação como um processo*, está fazendo referência ao trabalho de Clóvis do Couto e Silva. Esse autor, inspirado na doutrina alemã, ensina que a obrigação deve ser encarada como um *processo de colaboração contínua e efetiva entre as partes*, o que conduz ao adimplemento ou ao seu cumprimento (*A obrigação...*, 1976).

Deixando consignada qual a linha metodológica que seguirá o trabalho, parte-se ao estudo específico e aprofundado dos elementos da obrigação.

1.1.1 Elementos subjetivos da obrigação

Trata-se dos elementos pessoais, os sujeitos ou pessoas envolvidas na relação jurídica obrigacional, a saber:

a) *Sujeito ativo* – é o beneficiário da obrigação, podendo ser uma pessoa natural ou jurídica ou, ainda, um ente despersonalizado a quem a prestação é devida. É denominado *credor*, sendo aquele que tem o *direito* de exigir o cumprimento da obrigação.

b) *Sujeito passivo* – é aquele que assume um *dever,* na ótica civil, de cumprir o conteúdo da obrigação, sob pena de responder com seu patrimônio. É denominado *devedor*. Recomenda-se a utilização da expressão *deveres* que consta do art. 1.º do atual Código Civil, em detrimento do termo *obrigações*, previsto no art. 2.º do CC/1916 e que está superado. Prevê o dispositivo do Código de 2002 que "toda pessoa é capaz de direitos e deveres na ordem civil".

Interessante deixar claro que, na atualidade, dificilmente alguém assume a posição isolada de credor ou devedor em uma relação jurídica. Na maioria das vezes, as partes são, ao mesmo tempo, credoras e devedoras entre si, presente a proporcionalidade de prestações denominada *sinalagma*, como ocorre no contrato de compra e venda. Tal estrutura também é denominada *relação jurídica obrigacional complexa*, constituindo a base do negócio jurídico relacionada com a obrigação. O esquema a seguir demonstra muito bem como é a estrutura do *sinalagma obrigacional*.

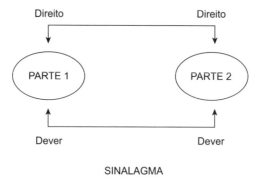

SINALAGMA

Como se pode verificar, o desenho tem um formato geométrico retangular, a conduzir a um ponto de equilíbrio. De fato, o sinalagma é um todo equilibrado, e sendo quebrado, justifica-se a ineficácia ou a revisão da obrigação. A quebra do sinalagma é tida como geradora da onerosidade excessiva, do desequilíbrio negocial, como um *efeito gangorra*.

1.1.2 Elemento objetivo ou material da obrigação

Aqui, trata-se do conteúdo da obrigação. O *objeto imediato da obrigação*, perceptível de plano, é a *prestação*, que pode ser positiva ou negativa. Sendo a obrigação positiva, ela terá como conteúdo o dever de entregar coisa certa ou incerta (obrigação de dar) ou o dever de cumprir determinada tarefa (obrigação de fazer). Sendo a obrigação negativa, o conteúdo é uma abstenção (obrigação de não fazer). Na definição de Antunes Varela, jurista português:

> "A prestação consiste, em regra, numa actividade ou numa *acção* do devedor (entregar uma coisa, realizar uma obra, patrocinar alguém numa causa, transportar alguns móveis, transmitir um crédito, dar certo número de lições, etc.). Mas também pode consistir numa *abstenção, permissão ou omissão* (obrigação de não abrir estabelecimentos de certo ramo do comércio na mesma rua ou na mesma localidade; obrigação de não usar a coisa recebida em depósito; obrigação de não fazer escavações que provoquem o desmoronamento do prédio vizinho). A prestação é o fulcro da obrigação, é o seu alvo prático. Distingue-se do *dever geral de abstenção* próprio dos direitos reais, porque o dever jurídico de *prestar* é um *dever específico* (que apenas atinge o devedor), enquanto o dever geral de abstenção é um dever *genérico*, que abrange todos os não titulares do direito (real ou de personalidade)" (ANTUNES VARELA, João de Matos. *Das obrigações...*, 2005, v. 1, p. 78-79).

Ato contínuo de estudo, percebe-se que *objeto mediato da obrigação* pode ser uma coisa ou uma tarefa a ser desempenhada, positiva ou negativamente. Como exemplo de objeto mediato da obrigação, pode ser citado um automóvel ou uma casa em relação a um contrato de compra e venda. Esse também é o *objeto imediato da* **prestação**. Alguns doutrinadores apontam que o objeto mediato da obrigação ou objeto imediato da prestação é o *bem jurídico tutelado* ou *o próprio bem da vida posto em circulação*, entendimento esse que é bastante plausível (GAGLIANO, Pablo Stolze; PAMPLONA FILHO, Rodolfo. *Novo curso...*, 2004, p. 21-22).

Com certeza, a leitura dos trechos acima causou uma tempestade cerebral, um *brain storm*, como se diria nos meios publicitários. Ora, um dos objetivos da presente coleção é esclarecer, didaticamente, os institutos privados, razão pela qual pode ser concebido o esquema a seguir:

Elemento Mediato da Obrigação = Elemento Imediato da Prestação

Imagine-se que o desenho representa uma piscina: a obrigação. Na parte rasa, está o elemento imediato dessa obrigação: a prestação; e, no fundo, está o seu elemento mediato, que é a coisa, tarefa ou abstenção. Pois bem, o elemento mediato da **obrigação** é o elemento imediato da **prestação**, o que pode ser facilmente percebido pelo esquema.

Visando a facilitar a compreensão do assunto, é interessante mais uma vez transcrever as elucidativas palavras de Fernando Noronha:

> "O credor tem em primeira linha o direito de exigir uma ação ou omissão do devedor, mas aquilo que está verdadeiramente interessado é algo que está para além dela, embora em princípio só possa ser alcançado através da atuação do devedor. Por isso, é necessário ter presente que se a obrigação tem um objeto, que é a prestação debitória, esta, por seu turno, também terá um objeto, que é a coisa a ser entregue, ou o fato (ação ou omissão) que deve ser realizado. Portanto, o verdadeiro objeto da obrigação é a prestação debitória, mas esta é apenas a conduta do devedor. A coisa ou o fato (ação ou omissão) a que a conduta diz respeito são objeto da prestação debitória. Como se vê, é preciso distinguir a conduta exigível do devedor, da coisa ou do fato em que o credor está verdadeiramente interessado; todavia, se a coisa a ser entregue ou o fato a ser realizado são objeto da prestação debitória, eles também são objeto da própria obrigação. Daí que se possa dizer que são dois os objetos da obrigação: a prestação debitória será seu objeto direto, ou imediato; a coisa ou o fato a serem prestados (objeto da prestação) será o seu objeto simplesmente indireto, ou mediato" (NORONHA, Fernando. *Direito...*, 2003, p. 36).

Para que a obrigação seja válida no âmbito jurídico, todos os elementos mencionados, incluindo a prestação e seu objeto, devem ser lícitos, possíveis (física e juridicamente), determinados ou pelo menos determináveis e, por fim, ter forma prescrita ou não defesa em lei (art. 104 do CC). A obrigação em si, para ter validade, deve ser também economicamente apreciável. A violação dessas regras gera a nulidade da relação obrigacional, sendo aplicado o art. 166 do CC/2002.

Para encerrar o tópico, é interessante expor as quatro características fundamentais da obrigação retiradas da análise dos seus elementos, apontadas pelo Professor Catedrático da Universidade de Lisboa Menezes Leitão (MENEZES LEITÃO, Luis Manuel Telles de. *Direito...*, 2006, v. I, p. 91-101):

a) A patrimonialidade – pois a obrigação deve ser avaliável em dinheiro ou em valor (conteúdo econômico).

b) A mediação ou colaboração devida – uma vez "que o credor não pode exercer directa e imediatamente o seu direito, necessitando da colaboração do devedor para obter a satisfação do seu interesse" (MENEZES LEITÃO, Luis Manuel Telles de. *Direito...*, 2006, p. 94).

c) A relatividade – eis que a relação jurídica é estabelecida e gera efeitos entre os seus participantes.

d) A autonomia – pela existência de uma disciplina própria dentro do Direito Civil, qual seja o Direito das Obrigações.

No que concerne à patrimonialidade, insta verificar que há uma tendência no Direito Civil Contemporâneo em associar o conteúdo da obrigação a valores existenciais relativos à dignidade humana (*personalização*). Assim são os contratos que trazem como conteúdo valores como a saúde e a moradia, protegidos pela Constituição Federal de 1988 (art. 6.º).

Por isso, o descumprimento da obrigação pode gerar danos morais, na esteira do Enunciado n. 411, aprovado na *V Jornada de Direito Civil*, realizada pelo Conselho da Justiça Federal em novembro de 2011. O tema ainda será aprofundado em capítulo próprio deste livro, dedicado à responsabilidade civil.

1.1.3 Elemento imaterial, virtual ou espiritual da obrigação

O elemento em questão é o *vínculo jurídico* existente na relação obrigacional, ou seja, é o elo que sujeita o devedor à determinada prestação – positiva ou negativa –, em favor do credor, constituindo o liame legal que une as partes envolvidas.

A melhor expressão desse vínculo está estabelecida no art. 391 do CC/2002, com a previsão segundo a qual todos os bens do devedor respondem na hipótese de inadimplemento da obrigação. Esse dispositivo consagra o princípio da *responsabilidade patrimonial do devedor*, sendo certo que prisão civil por dívidas não constitui regra de nosso ordenamento jurídico, mas exceção. Como se sabe, a prisão civil somente seria possível em duas hipóteses, conforme prevê literalmente o art. 5.º, inc. LXVII, da Constituição Federal:

a) nos casos de inadimplemento voluntário e inescusável de obrigação alimentícia;

b) nos casos envolvendo o depositário infiel. Quanto a esse caso, houve uma mudança substancial diante da Emenda Constitucional 45.

Essas duas hipóteses estão comentadas em tópicos específicos, nos volumes desta coleção que tratam do Direito Contratual, do Direito das Coisas e do Direito de Família (Volumes 4 e 5 desta série, respectivamente).

Destaque-se, todavia, que o Supremo Tribunal Federal afastou a possibilidade de prisão por dívida do depositário infiel, havendo depósito típico, atípico ou judicial. A conclusão girou em torno da Emenda Constitucional 45, que deu aos tratados internacionais de direitos humanos o *status* constitucional, ou *supralegal*. É cediço que o Brasil é signatário da Convenção Interamericana de Direitos Humanos (Pacto de São José da Costa Rica), que proíbe a prisão civil por descumprimento contratual, não sendo a prisão civil no depósito compatível com a realidade constitucional brasileira. Um dos principais precedentes assim foi publicado no *Informativo* n. *531* do STF, de dezembro de 2008:

> "Em conclusão de julgamento, o Tribunal concedeu *habeas corpus* em que se questionava a legitimidade da ordem de prisão, por 60 dias, decretada em desfavor do paciente que, intimado a entregar o bem do qual depositário, não adimplira a obrigação contratual – v. Informativos 471, 477 e 498. Entendeu-se que a circunstância de o Brasil haver subscrito o Pacto de São José da Costa Rica, que restringe a prisão civil por dívida ao descumprimento inescusável de prestação alimentícia (art. 7.º, 7), conduz à inexistência de balizas visando à eficácia do que previsto no art. 5.º, LXVII, da CF ('não haverá prisão civil por dívida, salvo a do responsável pelo inadimplemento voluntário e inescusável de obrigação alimentícia e a do depositário infiel'). Concluiu-se, assim, que, com a introdução do aludido Pacto no ordenamento jurídico nacional, restaram derrogadas as normas estritamente legais definidoras da custódia do depositário infiel. Prevaleceu, no julgamento, por fim, a tese do *status* de supralegalidade da referida Convenção, inicialmente defendida pelo Min. Gilmar Mendes no julgamento do RE 466.343/SP, abaixo relatado. Vencidos, no ponto, os Ministros Celso de Mello, Cezar Peluso, Ellen Gracie e Eros Grau, que a ela davam a qualificação constitucional, perfilhando o entendimento expendido pelo primeiro no voto que proferira nesse recurso. O Min. Marco Aurélio, relativamente a essa questão, se absteve de pronunciamento" (STF, HC 87.585/TO, Rel. Min. Marco Aurélio, 03.12.2008).

Em 2009, o próprio Supremo Tribunal Federal editou a Súmula Vinculante 25, expressando que "é ilícita a prisão civil de depositário infiel, qualquer que seja a modalidade do depósito". Assim, restou pacificada a impossibilidade de prisão civil em casos tais, o que deve ser seguido para os devidos fins práticos.

Esclareça-se que o art. 391 do CC/2002, quando analisado em conjunto com os arts. 389 e 390, consagra a *responsabilidade civil contratual ou negocial*, presente nos casos em que uma obrigação assumida por uma das partes não é cumprida. O art. 389 deve ser aplicado para as hipóteses de obrigação positiva (dar e fazer), enquanto o art. 390 para aqueles envolvendo obrigação negativa (não fazer).

No plano técnico, para denotar a responsabilidade civil contratual, não devem ser utilizados os arts. 186 e 927 da codificação material vigente, pois tais comandos legais fundamentam a responsabilidade civil extracontratual ou *aquiliana*, que será objeto de estudo ainda no presente volume da coleção. Ainda prevalece, na doutrina, a visão clássica de *divisão dualista* da responsabilidade civil, em responsabilidade contratual e extracontratual. Adverte-se, contudo, que a tendência é a unificação do tema, como ocorreu com o Código de Defesa do Consumidor, que não consagrou essa divisão.

No que concerne à redação do art. 391 do CC, é preciso um esclarecimento importante. Isso porque prevê o dispositivo que "pelo inadimplemento das obrigações respondem **todos** os bens do devedor" (destacamos). Ora, o dispositivo enuncia expressamente a responsabilidade integral de todos os bens do devedor. Entretanto, como é notório, existem alguns bens do devedor que estão protegidos, particularmente aqueles reconhecidos como impenhoráveis.

Melhor era, portanto, a redação do art. 591 do CPC/1973, pela qual "o devedor responde, para o cumprimento de suas obrigações, com todos os seus bens presentes e futuros, salvo as restrições estabelecidas em lei". O dispositivo foi repetido pelo art. 789 do CPC/2015, seu correspondente, *in verbis*: "o devedor responde com todos os seus bens presentes e futuros para o cumprimento de suas obrigações, salvo as restrições estabelecidas em lei". O Projeto de Reforma do Código Civil, ora em tramitação no Congresso Nacional, pretende corrigir esse equívoco, para que o dispositivo mencione: "Art. 391. Pelo inadimplemento das obrigações, respondem todos os bens do devedor, suscetíveis de penhora".

Primeiramente, como bem protegido, pode ser citado o bem de família, com dupla proteção em nosso sistema, eis que o Código Civil protege o bem de família voluntário ou convencional (arts. 1.711 a 1.722), enquanto a Lei 8.009/1990 ampara o bem de família legal.

Ademais, o Código de Processo Civil de 1973, em seu art. 649, dispositivo devidamente alterado pela Lei 11.382/2006, consagrava os bens que eram considerados absolutamente impenhoráveis. O art. 833 do Código de Processo Civil de 2015, seu correspondente, retirou a expressão *absolutamente*, em claro sentido de abrandamento. Vejamos a confrontação entre os dois preceitos instrumentais:

Código de Processo Civil de 2015	Código de Processo Civil de 1973
Art. 833. São impenhoráveis:	Art. 649. São absolutamente impenhoráveis:
I – os bens inalienáveis e os declarados, por ato voluntário, não sujeitos à execução;	I – os bens inalienáveis e os declarados, por ato voluntário, não sujeitos à execução;
II – os móveis, os pertences e as utilidades domésticas que guarnecem a residência do executado, salvo os de elevado valor ou os que ultrapassem as necessidades comuns correspondentes a um médio padrão de vida;	II – os móveis, pertences e utilidades domésticas que guarnecem a residência do executado, salvo os de elevado valor ou que ultrapassem as necessidades comuns correspondentes a um médio padrão de vida;
III – os vestuários, bem como os pertences de uso pessoal do executado, salvo se de elevado valor;	III – os vestuários, bem como os pertences de uso pessoal do executado, salvo se de elevado valor;
IV – os vencimentos, os subsídios, os soldos, os salários, as remunerações, os proventos de aposentadoria, as pensões, os pecúlios e os montepios, bem como as quantias recebidas por liberalidade de terceiro e destinadas ao sustento do devedor e de sua família, os ganhos de trabalhador autônomo e os honorários de profissional liberal, ressalvado o § 2.º;	IV – os vencimentos, subsídios, soldos, salários, remunerações, proventos de aposentadoria, pensões, pecúlios e montepios; as quantias recebidas por liberalidade de terceiro e destinadas ao sustento do devedor e sua família, os ganhos de trabalhador autônomo e os honorários de profissional liberal, observado o disposto no § 3.º deste artigo;
V – os livros, as máquinas, as ferramentas, os utensílios, os instrumentos ou outros bens móveis necessários ou úteis ao exercício da profissão do executado;	V – os livros, as máquinas, as ferramentas, os utensílios, os instrumentos ou outros bens móveis necessários ou úteis ao exercício de qualquer profissão;
VI – o seguro de vida;	VI – o seguro de vida;
VII – os materiais necessários para obras em andamento, salvo se essas forem penhoradas;	VII – os materiais necessários para obras em andamento, salvo se essas forem penhoradas;
VIII – a pequena propriedade rural, assim definida em lei, desde que trabalhada pela família;	VIII – a pequena propriedade rural, assim definida em lei, desde que trabalhada pela família;
IX – os recursos públicos recebidos por instituições privadas para aplicação compulsória em educação, saúde ou assistência social;	IX – os recursos públicos recebidos por instituições privadas para aplicação compulsória em educação, saúde ou assistência social;
X – a quantia depositada em caderneta de poupança, até o limite de 40 (quarenta) salários mínimos;	X – até o limite de 40 (quarenta) salários mínimos, a quantia depositada em caderneta de poupança.
XI – os recursos públicos do fundo partidário recebidos por partido político, nos termos da lei;	XI – os recursos públicos do fundo partidário recebidos, nos termos da lei, por partido político.
XII – os créditos oriundos de alienação de unidades imobiliárias, sob regime de incorporação imobiliária, vinculados à execução da obra.	

Código de Processo Civil de 2015	Código de Processo Civil de 1973
§ 1.º A impenhorabilidade não é oponível à execução de dívida relativa ao próprio bem, inclusive àquela contraída para sua aquisição.	§ 1.º A impenhorabilidade não é oponível à cobrança do crédito concedido para a aquisição do próprio bem.
§ 2.º O disposto nos incisos IV e X do *caput* não se aplica à hipótese de penhora para pagamento de prestação alimentícia, independentemente de sua origem, bem como às importâncias excedentes a 50 (cinquenta) salários mínimos mensais, devendo a constrição observar o disposto no art. 528, § 8.º, e no art. 529, § 3.º.	§ 2.º O disposto no inciso IV do *caput* deste artigo não se aplica no caso de penhora para pagamento de prestação alimentícia.
§ 3.º Incluem-se na impenhorabilidade prevista no inciso V do *caput* os equipamentos, os implementos e as máquinas agrícolas pertencentes a pessoa física ou a empresa individual produtora rural, exceto quando tais bens tenham sido objeto de financiamento e estejam vinculados em garantia a negócio jurídico ou quando respondam por dívida de natureza alimentar, trabalhista ou previdenciária.	§ 3.º (Vetado).

Alguns comentários devem ser feitos sobre tal confrontação. De início, das alterações incluídas anteriormente no CPC/1973, merece destaque o inciso que protege, pelo manto da impenhorabilidade, os valores depositados em caderneta de poupança até o limite de quarenta salários mínimos (art. 649, inc. X, do CPC/1973, correspondente ao art. 833, inc. X, do CPC/2015).

O dispositivo está inspirado na ideia de manutenção do mínimo patrimonial para que a pessoa viva com dignidade, de acordo com o *estatuto jurídico do patrimônio mínimo*, do Ministro do STF e doutrinador Luiz Edson Fachin. De qualquer forma, espera-se que esse comando legal não seja utilizado de má-fé, com fins fraudulentos.

A propósito do conteúdo desse comando, julgou inicialmente a Terceira Turma do Superior Tribunal de Justiça no Recurso Especial 1.330.567/RS, de maio de 2013, o seguinte:

"O art. 649, X, do CPC, não admite interpretação extensiva, de modo a abarcar outras modalidades de aplicação financeira, de maior risco e rentabilidade, que não detêm o caráter alimentício da caderneta de poupança, sendo voltado o artigo para valores mais expressivos e/ou menos comprometidos, destacados daqueles vinculados à subsistência mensal do titular e sua família. Essas aplicações visam necessidades e interesses de menor preeminência (ainda que de elevada importância), como aquisição de bens duráveis, inclusive imóveis, ou uma previdência informal (não oficial) de longo prazo. Mesmo aplicações em poupança em valor mais elevado perdem o caráter alimentício, tanto que o benefício da impenhorabilidade foi limitado a 40 salários mínimos e o próprio Fundo Garantidor de Crédito assegura proteção apenas até o limite de R$ 70.000,00 por pessoa. Essa sistemática legal não ignora a existência de pessoas cuja remuneração possui periodicidade e valor incertos, como é o caso de autônomos e comissionados. Esses podem ter que sobreviver por vários meses com uma verba, de natureza alimentar, recebida de uma única vez, sendo justo e razoável que apliquem o dinheiro para resguardarem-se das perdas inflacionárias. Todavia, a proteção legal conferida às verbas de natureza alimentar impõe que, para manterem essa natureza, sejam aplicadas em caderneta de poupança, até o limite de 40 salários mínimos, o que permite ao titular e sua família uma subsistência digna por um prazo razoável de tempo".

E arremata a relatora, Ministra Nancy Andrighi, analisando a ideia de *patrimônio mínimo*, seguida por mim: "valores mais expressivos, superiores aos 40 salários mínimos, não foram contemplados pela impenhorabilidade fixada pelo legislador, até para que possam, efetivamente, vir a ser objeto de constrição, impedindo que o devedor abuse do benefício legal, escudando-se na proteção conferida às verbas de natureza alimentar para se esquivar do cumprimento de suas obrigações, a despeito de possuir condição financeira para tanto. O que se quis assegurar com a impenhorabilidade de verbas alimentares foi a sobrevivência digna do devedor e não a manutenção de um padrão de vida acima das suas condições, às custas do devedor" (STJ, REsp 1.330.567/RS, 3.ª Turma, Rel. Min. Nancy Andrighi, j. 16.05.2013, *DJe* 27.05.2013).

De todo modo, vale esclarecer que o entendimento destacado foi reformado no âmbito da Segunda Seção da Corte Superior, que passou a admitir uma interpretação extensiva da norma relativa à impenhorabilidade. Conforme o novo julgamento, "é possível ao devedor poupar valores sob a regra da impenhorabilidade no patamar de até quarenta salários mínimos, não apenas aqueles depositados em cadernetas de poupança, mas também em conta-corrente ou em fundos de investimento, ou guardados em papel-moeda" (STJ, EREsp 1.330.567/RS, 2.ª Seção, Rel. Min. Luis Felipe Salomão, j. 10.12.2014, *DJe* 19.12.2014).

Em 2018, esse entendimento foi confirmado pela Corte Especial do Tribunal, quando do julgamento do EREsp 1.518.169/DF, tendo sido relatora para o acórdão a Ministra Nancy Andrighi (j. 03.10.2018, *DJe* 27.02.2019). Consoante esse acórdão, "em situações excepcionais, admite-se a relativização da regra de impenhorabilidade das verbas salariais prevista no art. 649, IV, do CPC/1973, a fim de alcançar parte da remuneração do devedor para a satisfação do crédito não alimentar, preservando-se o suficiente para garantir a sua subsistência digna e a de sua família".

Em 2023 surgiu outro *decisum* da Corte Especial, entendendo que "na hipótese de execução de dívida de natureza não alimentar, é possível a penhora de salário, ainda que este não exceda 50 salários mínimos, quando garantido o mínimo necessário para a subsistência digna do devedor e de sua família" (STJ, EREsp 1.874.222/DF, Corte Especial, Rel. Min. João Otávio de Noronha, j. 19.04.2023, m.v.).

Como se pode perceber, existem debates profundos e dificuldades práticas em determinar a proteção do citado patrimônio mínimo do devedor no âmbito da execução civil.

Seguindo no estudo da confrontação dos dois dispositivos processuais, nota-se a inclusão, em 2015 e entre os bens impenhoráveis, dos créditos oriundos de alienação de unidades imobiliárias, sob regime de incorporação imobiliária, vinculados à execução da obra (art. 833, inc. XII, do CPC/2015). A norma visa claramente à tutela da moradia, extraída do art. 6.º da CF/1988.

Ademais, merece ser comentada a alteração constante do art. 833, § 2.º, do Estatuto Processual emergente. Nos termos desse comando, observa-se, inicialmente, a possibilidade de penhora de salários, remunerações, rendas e pensões em geral e da quantia depositada em caderneta de poupança, no que exceder até o limite de cinquenta salários mínimos mensais. Além disso, cabe a penhora de tais montantes nos casos que visam a satisfação da obrigação alimentar de natureza familiar, não importando o seu valor.

No sistema anterior, as verbas alimentares já tinham o condão de quebrar a proteção das rendas, nos termos do que estava no § 2.º do art. 649 do CPC/1973. Todavia, houve a inserção também da quebra dos valores depositados em caderneta de poupança em até quarenta salários mínimos. Com isso, a obrigação de prestar alimentos ganha uma qualificação ainda mais especial, ressaltando o seu caráter *sui generis,* observado por praticamente todos os civilistas.

Por fim, igualmente uma novidade, o § 3.º do art. 833 do CPC/2015 passou a estabelecer que se incluem na impenhorabilidade prevista no comando os equipamentos, os implementos e as máquinas agrícolas pertencentes a pessoa física ou a empresa individual produtora rural. A regra da impenhorabilidade, pelo mesmo artigo, não se aplica quando tais bens tenham sido objeto de financiamento e estejam vinculados em garantia a negócio jurídico ou quando respondam por dívida de natureza alimentar, trabalhista ou previdenciária. Como se nota, a norma tem claro intuito de proteger a atividade agrária, na linha do que consagra o Estatuto da Terra.

Para encerrar o estudo dos bens protegidos pela impenhorabilidade, destaco que há proposta de inclusão de um art. 391-A na codificação privada, pelo Projeto de Reforma do Código Civil. Trata-se de proposição de cunho humanista formulada pela Relatora-Geral, Professora Rosa Maria de Andrade Nery, que almeja a inclusão desse comando, a tratar de uma ideia geral de *patrimônio mínimo* ou *mínimo existencial* para o Direito Civil Brasileiro. Visa-se, assim, assegurar à pessoa um mínimo de direitos patrimoniais, para que viva com dignidade.

Nesse contexto, o *caput* da norma projetada enuncia que, "salvo para cumprimento de obrigação alimentar, o patrimônio mínimo existencial da pessoa, da família e da pequena empresa familiar é intangível por ato de excussão do credor". A intangibilidade é associada à ideia de impenhorabilidade, prevista no Código de Processo Civil e também em leis especiais.

A esse propósito, nos termos do § 1.º do sugerido art. 391-A do Código Civil, "além do salário mínimo, a qualquer título recebido, bem como dos valores que a pessoa recebe do Estado, para os fins de assistência social, considera-se, também, patrimônio mínimo, guarnecido por bens impenhoráveis: I – a casa de morada onde habitam o devedor e sua família, se única em seu patrimônio; II – o módulo rural, único do patrimônio do devedor, onde vive e produz com a família; III – a sede da pequena empresa familiar, guarnecida pelos bens que a lei processual considera como impenhoráveis, se coincidir com o único local de morada do devedor ou de sua família". Consolidam-se, portanto, na Lei Geral Privada e com os fins de retomada do seu protagonismo legislativo, as proteções previstas em normas especiais, caso da já citada Lei do Bem de Família (Lei 8.009/1990) e do Estatuto da Terra (Lei 4.504/1964).

Além da imperiosa proteção da pessoa humana, há o objetivo de tutela, ainda, do patrimônio mínimo empresarial, como se retira do último inciso transcrito e que vem em boa hora, na linha da melhor doutrina e de julgados superiores, caso do seguinte: "'a impenhorabilidade da Lei 8.009/1990, ainda que tenha como destinatários as pessoas físicas, merece ser aplicada a certas pessoas jurídicas, às firmas individuais, às pequenas empresas com conotação familiar, por exemplo, por haver identidade de patrimônios' (FACHIN, Luiz Edson. 'Estatuto Jurídico do Patrimônio Mínimo', Rio de Janeiro, Renovar, 2001, p. 154)" (STJ, REsp 1.514.567/SP, 4.ª Turma, Rel. Min. Maria Isabel Gallotti, j. 14.03.2023, *DJe* 24.04.2023).

Também se objetiva a proteção das pessoas com deficiência e incapazes, em consonância com o Estatuto da Pessoa com Deficiência, com regra segundo a qual se considera "bem componente do patrimônio mínimo da pessoa deficiente ou incapaz, além dos mencionados nas alíneas do parágrafo anterior, também aqueles que viabilizarem sua acessibilidade e superação de barreiras para o exercício pleno de direitos, em posição de igualdade" (art. 391-A, § 2.º). A título de exemplo, os veículos de transporte e os instrumentos que facilitam a vida dessas pessoas devem ser tidos como protegidos, especialmente pela impenhorabilidade.

Por fim, o novo § 3.º do art. 391, ora proposto para a Lei Geral Privada, trará importante exceção, muito debatida há tempos, para prever que "a casa de morada de alto padrão pode vir a ser excutida pelo credor, até a metade de seu valor, remanescendo a impenhorabilidade sobre a outra metade, considerado o valor do preço de mercado do bem, a favor do devedor executado e de sua família". Como é notório, hoje o tema é divergente no âmbito da jurisprudência superior, prevalecendo o entendimento de que não se pode excepcionar o imóvel de alto valor.

Com essa afirmação, por todos os mais recentes acórdãos, colaciono: "segundo a orientação jurisprudencial desta Corte, para efeito da proteção do art. 1.º da Lei 8.009/1990, basta que o imóvel sirva de residência para a família do devedor, sendo irrelevante o valor do bem. Isso porque as exceções à regra de impenhorabilidade dispostas no art. 3.º do referido texto legal não trazem nenhuma indicação nesse sentido. Logo, é irrelevante, a esse propósito, que o imóvel seja considerado luxuoso ou de alto padrão (STJ, Ag. Int. no AREsp n. 2.456.158/SP, relator Ministro Marco Aurélio Bellizze, Terceira Turma, julgado em 15.04.2024, *DJe* 17.04.2024)" (STJ, Ag. Int. no REsp 1.963.732/SP, 3.ª Turma, Rel. Min. Humberto Martins, j. 23.09.2024, *DJe* 25.09.2024). Essa forma de julgar causa perplexidade em alguns, sobretudo pelo detrimento dos interesses dos credores. De toda sorte, somente se poderá resolver esse dilema com a alteração do texto da lei o que, aguarda-se, seja aprovado pelo Congresso Nacional.

Ainda quanto ao elemento imaterial obrigacional, deve-se compreender que está superada a *teoria monista* ou *unitária* da obrigação, pela qual essa seria consubstanciada por um único elemento: o vínculo jurídico que une a prestação e os elementos subjetivos. Prevalece atualmente na doutrina contemporânea a *teoria dualista* ou *binária*, de origem alemã, pela qual a obrigação é concebida por uma relação débito/crédito. A teoria é atribuída, no Direito alemão e entre outros, a Alois Brinz, tendo sido desenvolvida no final do século XIX.

A superação daquela velha teoria pode ser percebida a partir do estudo dos dois elementos básicos da obrigação: o *débito* (*Schuld*) e a *responsabilidade* (*Haftung*), sobre os quais a obrigação se encontra estruturada (sobre o tema: MARTINS-COSTA, Judith. *Comentários...*, 2003, p. 15 a 30).

Inicialmente, o *Schuld* é o dever legal de cumprir com a obrigação, o dever existente por parte do devedor. Havendo o adimplemento da obrigação surgirá apenas esse conceito. Mas, por outro lado, se a obrigação não é cumprida, surgirá a responsabilidade, o *Haftung*. Didaticamente, pode-se utilizar a palavra *Schuld* como sinônima de *debitum* e *Haftung*, de *obligatio*.

Sem dúvida é possível identificar uma situação em que há *Schuld* sem (*ohne*) *Haftung* ou *debitum* sem *obligatio*: na obrigação natural, que mesmo existente não pode ser exigida, pois é uma obrigação incompleta. Cite-se, a título de exemplo, a dívida prescrita, que pode ser paga – por existir –, mas não pode ser exigida. Tanto isso é verdade que, paga uma dívida prescrita, não caberá ação de repetição de indébito para reaver o valor (art. 882 do CC).

Por outro lado, haverá *Haftung* sem (*ohne*) *Schuld*, ou *obligatio* sem *debitum*, na fiança, garantia pessoal prestada por alguém (fiador) em relação a um determinado credor. O fiador assume uma responsabilidade, mas a dívida é de outra pessoa. O contrato de fiança é celebrado substancialmente entre fiador e credor. Por isso, pode ser celebrado sem o consentimento do devedor ou até contra a sua vontade (art. 820 do CC).

Justamente por tais possibilidades é que o entendo, como parte da doutrina, que a teoria monista ou unitária se encontra superada, prevalecendo atualmente a *teoria dualista ou binária*. A última visão, mais completa, acaba sendo a mais adequada para explicar o fenômeno contemporâneo obrigacional, principalmente nos casos descritos.

Tais conceitos, apesar de teóricos, são importantíssimos para a prática, pois servem para explicar toda a estrutura da obrigação. O mesmo vale para os institutos jurídicos expostos a seguir.

1.2 DIFERENÇAS CONCEITUAIS ENTRE OBRIGAÇÃO, DEVER, RESPONSABILIDADE, ÔNUS E ESTADO DE SUJEIÇÃO

Os conceitos aqui visualizados atualmente são concebidos como básicos para a compreensão da estrutura obrigacional. Ultimamente, tornou-se comum a sua abordagem principalmente em concursos públicos para as carreiras jurídicas. Isso sem dúvida demonstra uma mudança de paradigma em relação a provas e exames no Brasil.

Na presente abordagem serão utilizados os ensinamentos da Professora Giselda Maria Fernandes Novaes Hironaka, Titular da Faculdade de Direito da USP (HIRONAKA, Giselda M. F. Novaes; MORAES, Renato Duarte Franco de. *Direito das obrigações...*, 2008, v. 2, p. 31-33). Também serão usadas, aqui, as lições de Maria Helena Diniz (*Curso...*, 2004), de Francisco Amaral (*Direito...*, 2004), de Orlando Gomes (*Obrigações...*, 1997) e de Fernando Noronha (*Direito...*, 2003, p. 8).

O primeiro conceito a ser analisado é o de *dever jurídico*, o mais amplo de todos, que está inserido, regra geral, dentro do conceito de *obrigação*. Francisco Amaral ensina que o dever jurídico se contrapõe ao direito subjetivo, sendo o primeiro constituído por uma "situação passiva que se caracteriza pela necessidade do devedor observar um certo comportamento, compatível com o interesse do titular do direito subjetivo" (*Direito...*, 2004, p. 194 e 195).

Para Maria Helena Diniz, o dever jurídico pode ser conceituado como "o comando imposto, pelo direito objetivo, a todas as pessoas para observarem certa conduta, sob pena de receberem uma sanção pelo não cumprimento do comportamento prescrito pela norma jurídica" (*Curso...*, p. 27). Para Orlando Gomes, o dever jurídico "é a necessidade que corre a todo o indivíduo as ordens ou comandos do ordenamento jurídico, sob pena de incorrer numa sanção, como o dever universal de não perturbar o direito do proprietário" (*Obrigações...*, 1997, p. 6). Mais à frente, o autor dá outros exemplos de dever jurídico: "o comprador está obrigado a pagar o preço; o inquilino se acha obrigado a conservar o imóvel locado e a restituí-lo ao locador, findo o contrato; os cônjuges devem fidelidade um ao outro; toda pessoa está sujeita ao dever de respeitar o exercício de direito de propriedade pelo dono; todos têm o dever de não lesar o patrimônio alheio".

Desse modo, o *dever jurídico* engloba não só as relações obrigacionais ou de direito pessoal, mas também aquelas de natureza real, relacionadas com o Direito das Coisas. Além disso, podem ter por objeto o Direito de Família, o Direito das Sucessões, o Direito de Empresa e os direitos da personalidade. Mantém o dever jurídico relação não só com o Direito Civil ou Direito Privado, mas com todos os outros ramos jurídicos.

Conforme salientam Giselda Hironaka e Renato Franco "em sentido mais estrito, situar-se-á a ideia de obrigação, referindo-se apenas ao dever oriundo à relação jurídica creditória (pessoal, obrigacional). Mas não apenas isto. Na obrigação, em correspondência a este dever jurídico de prestar (do devedor), estará o direito subjetivo à prestação (do credor), direito este, que, se violado – se ocorrer a inadimplência por parte do devedor –, admitirá, ao seu titular (o credor), buscar no patrimônio do responsável pela inexecução (o devedor) o necessário à satisfação compulsória do seu crédito, ou à reparação do dano causado, se este for o caso" (*Direito das obrigações...*, 2008, v. 2, p. 32).

Ensina Orlando Gomes que "a obrigação é uma relação jurídica, do lado passivo do direito subjetivo, consistindo no dever jurídico de observar certo comportamento exigível pelo titular deste" (*Obrigações...*, 1997, p. 6). A obrigação, como aqui já foi definida, tem também como característica um caráter transitório, que, às vezes, não é observado no dever jurídico.

Por outro lado, concebido no sentido obrigacional, caso o dever seja descumprido, surge dessa conduta a responsabilidade, impondo sanções para aquele que desrespeitou a ordem determinada. Dessa forma, as consequências da inobservância do dever são amplas: tanto para aquele que não o atendeu quanto para os demais envolvidos na relação jurídica.

Fernando Noronha aponta que, em sentido amplo, os conceitos de *obrigação* e *dever jurídico* até podem se confundir, eis que "numa acepção ampla, teremos o termo obrigação como sinônimo de dever jurídico, isto é, de imposição cuja violação implica sanções organizadas pelo poder estatal. Esta é uma noção que ainda nada nos diz sobre a natureza das obrigações regidas pelo Direito das Obrigações; ela, afinal, limita-se a excluir do seu âmbito os deveres extrajurídicos (religiosos, morais e de trato social). Por isso também ela não nos vai interessar. A acepção que interessa é a restrita, ou técnica" (*Direito...*, 2003, p. 8).

Essas construções não se confundem com a de *ônus jurídico*. Esse, para Maria Helena Diniz, "consiste na necessidade de observar determinado comportamento para a obtenção ou conservação de uma vantagem para o próprio sujeito e não para a satisfação de interesses alheios" (*Curso...*, 2004, p. 28). Já para Orlando Gomes, o ônus jurídico é "a necessidade de agir de certo modo para a tutela de interesses próprios" (*Obrigações...*, 1997, p. 6). São exemplos de ônus, para o autor baiano: "levar o contrato ao registro de títulos e documentos para ter validade perante terceiro; inscrever o contrato de locação no registro de imóveis para impor sub-rogação ao adquirente do prédio".

Pode-se afirmar, nesse sentido, que o desrespeito ao ônus gera consequências somente para aquele que o detém. Cite-se, na ótica processual, o ônus de provar, previsto no art. 373, inc. I, do CPC/2015. Efetivamente, caso a parte não prove o que alegou em juízo, suportará as consequências da procedência ou improcedência da demanda, que também poderá repercutir na sua esfera patrimonial.

Francisco Amaral aponta muito bem a diferença entre *dever* e *ônus*, quando ensina que "a diferença entre o dever e o ônus reside no fato de que, no primeiro, o comportamento do agente é necessário para satisfazer interesse do titular do direito subjetivo, enquanto no caso do ônus o interesse é do próprio agente. No dever, o comportamento do agente vincula-se ao interesse do titular do direito, enquanto no ônus esse comportamento é livre, embora necessário por ser condição de realização do próprio interesse. O ônus é, por isso, o comportamento necessário para conseguir-se certo resultado, que a lei não impõe, apenas faculta. No caso do dever, há uma alternativa de comportamento, um lícito (o pagamento, por exemplo) e outro ilícito (o não pagamento); no caso do ônus, também há uma alternativa de conduta, ambas lícitas, mas de resultados diversos" (*Direito civil...*, 2004, p. 196).

Conforme as lições de Giselda Hironaka e Renato Franco, o autor Antunes Varela, em sua obra *Direito das obrigações*, alerta ainda para a necessidade de se diferenciar de todos os demais e anteriores conceitos – *dever, obrigação e ônus* – daquilo que se denomina *estado de sujeição* (*Direito das obrigações...*, 2008, v. 2, p. 31-33).

Mas, antes de tudo, é interessante verificar a definição de *direito potestativo*, para então se compreender o que é o *estado de sujeição*.

CAP. 1 • A RELAÇÃO JURÍDICA OBRIGACIONAL E O CÓDIGO CIVIL DE 2002 | 17

Para Francisco Amaral, "direito potestativo é o poder que a pessoa tem de influir na esfera jurídica de outrem, sem que este possa fazer algo que não se sujeitar. (...) Opera na esfera jurídica de outrem, sem que este tenha algum dever a cumprir" (*Direito civil...*, 2004, p. 196). Para Giselda Hironaka e Renato Franco, isso significa que a parte nem convencionou com o titular do direito potestativo, e nem mesmo se sujeitou ao seu poder, como ocorre em outras estruturas jurídicas. Mas o exercício do direito potestativo pelo seu titular fará com que aquele outro se sujeite às consequências advindas da alteração produzida, em sua própria esfera jurídica (HIRONAKA, Giselda; FRANCO, Renato. *Direito das obrigações...*, 2008, v. 2, p. 33).

Orlando Gomes esclarece que "no dever jurídico a sanção é estabelecida para a tutela de um interesse alheio ao de quem deve observá-lo. Na sujeição também não pode haver inobservância de quem tem de suportar inelutavelmente os efeitos do ato de vontade do titular do direito potestativo, mas não há cogitar de sanção. No ônus jurídico, o comportamento é livre no sentido de que o onerado só o adota se quer realizar o seu interesse" (*Obrigações...*, 1997, p. 6). O jurista exemplifica também situações de *estado de sujeição* ou *sujeição jurídica*, tais como "quem ajusta o contrato por prazo indeterminado está sujeito a vê-lo denunciado a qualquer momento pelo outro contratante; quem recebe mandato se subordina à vontade do mandante de cassar a outorga a qualquer momento; quem é condômino se sujeita à pretensão de divisão de qualquer dos outros comunheiros; quem é vizinho de prédio encravado se sujeita a permitir passagem sobre seu terreno, quando lhe exigir o confinante" (GOMES, Orlando. *Obrigações...*, 1997, p. 7).

No estado de sujeição *não há saída*, pois a pessoa tem que se sujeitar àquela situação, como indica a sua própria denominação. Em suma, a parte que tem contra si a sujeição, está *encurralada*. A título de exemplo, em reforço, podem ser citados os casos da existência de impedimentos matrimoniais (art. 1.521 do CC), as causas de anulabilidade do casamento (art. 1.550 do CC) e a exigência legal para certos atos, de outorga do outro consorte (art. 1.647 do CC), sob pena, na última hipótese, de anulabilidade do ato ou negócio praticado (art. 1.649 do CC).

Desse modo, como se pode perceber, o estado de sujeição constitui um poder jurídico do titular do direito (por isso é denominado *potestativo*), não havendo correspondência a qualquer outro dever. Há apenas uma sujeição inafastável, não havendo a possibilidade de o direito potestativo ser violado. Pode-se ainda afirmar que o estado de sujeição traz em seu conteúdo uma subordinação, contra a qual não se pode insurgir ou manifestar discordância, tendo em vista um preestabelecimento anterior, não havendo qualquer sanção.

Resumindo, é fundamental frisar que diferem substancialmente entre si os *direitos subjetivos* dos chamados *direitos potestativos*, eis que àqueles contrapõe-se um *dever*, enquanto a estes corresponde apenas um *estado de sujeição*. Esquematizando:

> Direitos Subjetivos → Dever
> Direitos Potestativos → Estado de Sujeição

Nesse sentido, é pertinente lembrar os comentários que constam, a respeito da matéria de prescrição e decadência, no Volume 1 da presente coleção.

Naquela obra foi apontado que a prescrição, pelo Código Civil de 2002, está relacionada com os *direitos subjetivos*. Assim, pelo que aqui foi exposto, a prescrição está também relacionada com o *dever*, com a *obrigação* e a correspondente *responsabilidade*. Perfeitamente lógico o raciocínio, pois todos esses conceitos estão relacionados com as ações condenatórias (ações de cobrança e de reparação civil, principalmente). Precisa, portanto, a relação sistêmica, principalmente pela tese adotada pela atual codificação quanto ao instituto da prescrição (Agnelo Amorim Filho).

Por outro lado, no Volume 1 da coleção está exposto que a decadência está relacionada com os *direitos potestativos*. Logicamente, nesses casos haverá um *estado de sujeição*. Em regra, portanto, deve ser feita essa correlação, eis que se têm ações constitutivas positivas e negativas. O melhor exemplo é o da ação anulatória de um ato ou negócio jurídico, consagrando os arts. 178 e 179 da codificação material prazos decadenciais de quatro e dois anos para tanto.

Mas uma ressalva deve ser feita quanto à última conclusão, pois em alguns casos um *direito potestativo* e um *estado de sujeição* estarão relacionados com a imprescritibilidade, ou melhor, à não subordinação à prescrição ou decadência, como acontece nos casos envolvendo os impedimentos matrimoniais e a nulidade absoluta de um negócio jurídico.

A encerrar a presente abordagem, transcrevem-se as palavras de Orlando Gomes, que com maestria aponta as diferenças entre todos os conceitos aqui estudados:

> "O dever jurídico pode ser geral ou especial conforme se concentra numa certa pessoa ou se refira à universalidade das pessoas. Caracteriza-se por exigir um comportamento (ativo ou passivo) do sujeito em favor de terceiro, sob pena de sanção. Já na sujeição jurídica, o sujeito passivo nada tem de fazer (nem ativa, nem passivamente) para satisfazer o interesse do sujeito ativo. Tudo se passa na dependência exclusiva da vontade deste. No ônus jurídico, finalmente, há necessidade de ação do sujeito, mas não em benefício de outrem, e, sim, no próprio interesse do agente. Em suma, o dever e a sujeição atuam em função dos interesses de outrem, enquanto o ônus opera em prol de interesse próprio.
>
> O direito das obrigações cuida apenas de uma das espécies do dever jurídico, isto é, daqueles que provocam um vínculo especial entre pessoas determinadas, dando a uma delas o poder de exigir da outra uma prestação de natureza patrimonial. A obrigação, em sentido técnico, portanto, pertence à categoria dos deveres jurídicos especiais ou particulares (Harm Peter Westermann, *Código Civil Alemão* – Direito das Obrigações – Parte Geral, Trad. Bras., Porto Alegre: Fabris, 1983, § 1.º, p. 15)" (GOMES, Orlando. *Obrigações...*, 1997, p. 7).

Como há a consciência de que todos esses conceitos basilares são de difícil compreensão, será apresentado, ainda, um resumo esquemático sobre o assunto no final do presente capítulo.

1.3 AS FONTES OBRIGACIONAIS NO DIREITO BRASILEIRO

A palavra fonte é uma expressão figurada, indicando o elemento gerador, o fato jurídico que deu origem ao vínculo obrigacional. Nesse sentido ensinam Pablo Stolze Gagliano e Rodolfo Pamplona Filho que "as fontes do direito são meios pelos quais se formam ou se estabelecem as normas jurídicas. Trata-se, em outras palavras, de instâncias de manifestação normativa: a lei, o costume (fontes diretas), a analogia, a jurisprudência, os princípios gerais do direito, a doutrina e a equidade (fontes indiretas)" (*Novo curso...*, 2003, v. II, p. 23). Dentro desse contexto, de acordo com o entendimento majoritário da doutrina, podem ser reconhecidas como fontes do direito obrigacional:

a) *Lei* – é a "fonte primária ou imediata de obrigações, como constitui fonte principal de nosso Direito" (DINIZ, Maria Helena. *Curso...*, 2002, p. 44).

Alguns autores, entretanto, não concordam com o entendimento pelo qual a lei é fonte obrigacional.

Para Orlando Gomes, a lei não pode ser tida como fonte imediata da obrigação, uma vez que essa somente cria uma obrigação se acompanhada de um fato jurídico (*Obrigações...*, 2004, p. 33-36).

Fernando Noronha, do mesmo modo, opina que a lei sozinha não é fonte obrigacional, sendo necessária a presença da autonomia privada, antigamente denominada como autonomia da vontade. Ensina esse autor que "atualmente, com a superação das teses individualístico-liberais que sacralizavam a vontade, o papel desta na constituição de obrigações vem sendo reduzido às devidas proporções, ao mesmo tempo em que se reconhece que a lei apenas pode permitir a criação de direitos de crédito, mas nunca criá-los diretamente. Neste sentido, pode-se afirmar que a vontade sozinha não cria nenhuma obrigação e que a lei sozinha também não é fonte de qualquer obrigação" (*Direito...*, 2003, p. 343). No Direito Civil Contemporâneo, a autonomia privada pode ser conceituada como o direito que a pessoa tem de regulamentar os próprios interesses, o que decorre dos princípios constitucionais da liberdade e da dignidade humana.

Na verdade, o melhor caminho é tentar compartilhar de todos os ensinamentos esposados, eis que todos trazem um pouco de razão.

Inicialmente, é de se notar que, em alguns casos, a lei sozinha é sim fonte obrigacional, tal como ocorre na obrigação de prestar alimentos. Nesse ponto, tem razão a Professora Maria Helena Diniz.

Mas, por outro lado, e na grande maioria das vezes, isso não ocorre, devendo a lei estar acompanhada de um *algo mais*. Para a doutrina tradicional, esse *algo mais* é o fato jurídico (Orlando Gomes); enquanto para a escola mais atual é a autonomia privada do indivíduo (Fernando Noronha).

b) *Contratos* – são tidos como fonte principal do direito obrigacional, afirmação com a qual é de se concordar integralmente. Como exemplos podem ser citadas as figuras tipificadas no Código Civil, tais como a compra e venda, o contrato estimatório, a doação, a locação, o comodato, o mútuo, a prestação de serviços, a empreitada, o depósito, o mandato, a comissão, a agência e distribuição, a corretagem, o transporte, o seguro, a constituição de renda, o jogo e a aposta, a fiança, a transação e o compromisso, bem como algumas figuras atípicas, não previstas em lei. Somente para fins didáticos, demonstrando que a concepção de contrato não se confunde com a de obrigação, pode-se conceituar o primeiro, em uma visão clássica ou moderna, como o *negócio jurídico bilateral ou plurilateral que visa a criação, modificação e extinção de direitos e deveres com conteúdo patrimonial*. Esse conceito, seguido amplamente na doutrina brasileira, está inspirado no art. 1.321 do Código Civil italiano.

c) *Os atos ilícitos e o abuso de direito* – são fontes importantíssimas do direito obrigacional, com enorme aplicação prática. Gerando o dever de indenizar, é forçoso entender que o abuso de direito (art. 187 do CC) também constitui fonte de obrigações. Ambos os conceitos ainda serão abordados neste volume da coleção.

d) *Os atos unilaterais* – são as declarações unilaterais de vontade, fontes do direito obrigacional que estão previstas no Código Civil, caso da *promessa de recompensa*, da *gestão de negócios*, do *pagamento indevido* e do *enriquecimento sem causa*. Tais institutos jurídicos também serão estudados neste volume, logo a seguir.

e) *Títulos de crédito* – são os documentos que trazem em seu bojo, com caráter autônomo, a existência de uma relação obrigacional de natureza privada. O seu estudo interessa mais ao Direito de Empresa ou Comercial e merecerá, na presente obra, apenas breves comentários.

Vejamos no presente capítulo algumas abordagens quanto aos atos unilaterais e os títulos de crédito. No tocante aos atos ilícitos e abuso de direito, conforme já apontado, constam os mesmos do presente trabalho. Os contratos serão objeto da continuidade desta coleção (Volume 3).

1.4 OS ATOS UNILATERAIS COMO FONTES DO DIREITO OBRIGACIONAL

Já foi visto que as obrigações podem ter origem nos contratos, nos atos ilícitos, no abuso de direito, nos atos unilaterais de vontade e nos títulos de crédito. Vamos agora analisar as obrigações decorrentes de ato unilateral de vontade e alguns tópicos relacionados com os títulos de crédito.

Como é notório, quanto aos contratos, a obrigação nasce a partir do momento em que for verificado o *choque ou encontro de vontades* entre as partes negociantes, em regra. Entretanto, nas declarações unilaterais de vontade, a obrigação nasce da simples declaração de uma única parte, formando-se no instante em que o agente se manifesta com a intenção de assumir um dever obrigacional. Uma vez emitida a declaração de vontade, esta se torna plenamente exigível ao chegar ao conhecimento a quem foi direcionada. O Código Civil em vigor prevê expressamente os seguintes atos unilaterais como fontes obrigacionais:

a) promessa de recompensa (arts. 854 a 860 do CC);
b) gestão de negócios (arts. 861 a 875 do CC);
c) pagamento indevido (arts. 876 a 883 do CC);
d) enriquecimento sem causa (arts. 884 a 886 do CC).

Passamos ao estudo de tais institutos de forma pontual.

1.4.1 Da promessa de recompensa

Enuncia o art. 854 do CC/2002 que "aquele que, por anúncios públicos, se comprometer a recompensar, ou gratificar a quem preencha certa condição ou desempenhe certo serviço, contrai obrigação de cumprir o prometido". São requisitos para a promessa de recompensa:

a) a capacidade da pessoa que emite a declaração de vontade;
b) a licitude e possibilidade do objeto;
c) o ato de publicidade.

Nesse contexto, a pessoa que cumprir a tarefa prevista na declaração, executando o serviço ou satisfazendo a condição, ainda que não esteja movida pelo interesse da promessa, poderá exigir a recompensa estipulada (art. 855 do CC). Esse dispositivo valoriza a eticidade e a boa-fé objetiva, merecendo comentários a título de exemplo.

Imagine-se, para ilustrar, um caso em que alguém perdeu um animal de estimação, um cachorro. Para recuperar o animal, o dono coloca uma faixa em uma avenida de grande circulação, oferecendo uma recompensa. Alguém que conhece o cão e o seu dono, mas que no momento desconhece a promessa, encontra o animal e o leva à casa do seu proprietário. Essa pessoa terá direito à recompensa, pois agiu conforme os ditames da boa-fé. Também terá direito aos valores gastos com o cumprimento da tarefa, como, por exemplo, as despesas feitas para a alimentação do animal, cuidados veterinários e transporte.

Anoto que no Projeto de Reforma do Código Civil há proposta de apenas melhorar a redação do seu art. 855, para que fique mais claro e compreensível, mas sem mudança do seu sentido. Na sua redação atual, truncada e confusa, "quem quer que, nos termos do artigo antecedente, fizer o serviço, ou satisfizer a condição, ainda que não pelo interesse da promessa, poderá exigir a recompensa estipulada". Na redação proposta pela Comissão de Juristas: "quem fizer o serviço ou satisfizer a condição, ainda que não pelo interesse da promessa, poderá, nos termos do artigo anterior, exigir a recompensa estipulada". Espera-se, portanto, a sua aprovação pelo Congresso Nacional, em prol da operabilidade e da facilitação dos institutos privados.

De volta ao sistema vigente, a revogação da promessa de recompensa está prevista no art. 856 da atual codificação, sendo possível antes de prestado o serviço ou preenchida a condição e desde que seja feita com a mesma publicidade da declaração. Se for fixado um prazo para a execução da tarefa haverá, em regra, renúncia ao direito de revogação na vigência desse prazo.

No caso de revogação da promessa, se algum candidato de boa-fé tiver feito despesas, terá direito a reembolso quanto a tais valores. Discute-se se haverá direito à recompensa se o candidato tiver executado a tarefa a contento, não sabendo da revogação da estipulação. Pela valorização da boa-fé e pelo que consta do art. 855, entendo que a resposta não pode ser outra que não a positiva. Nesse sentido, vale citar o Código Civil português, que estabelece em seu art. 459.º, (parágrafo) 2: "Na falta de declaração em contrário, o promitente fica obrigado mesmo em relação àqueles que se encontrem na situação prevista ou tenham praticado o facto sem atender à promessa ou na ignorância dela".

Em havendo execução conjunta ou plúrima, sendo o ato contemplado na promessa praticado por mais de um indivíduo, terá direito à recompensa o que primeiro o executou (art. 857 do CC). Entretanto, sendo simultânea a execução, a cada um tocará quinhão igual na recompensa, caso seja possível a divisão (art. 858 do CC). Se a estipulação tiver como conteúdo um bem indivisível, deverá ser realizado um sorteio. Aquele que obtiver a coisa (vencedor) dará ao outro o valor correspondente ao seu quinhão. Esse sorteio deverá ser realizado dentro das regras legais, da razoabilidade e do bom senso (mais uma aplicação da eticidade, da boa-fé objetiva).

Na hipótese de concursos que se abrirem com promessa pública de recompensa, é condição essencial, para valerem, a fixação de um prazo, observadas também as regras analisadas anteriormente (art. 859 do CC). Nesses concursos, é comum a nomeação de um juiz (ou árbitro), que irá avaliar os trabalhos. A decisão dessa pessoa nomeada, nos anúncios, como juiz, obriga os interessados (art. 859, § 1.º, do CC). Na falta dessa pessoa designada para julgar o mérito dos trabalhos que se apresentarem, entender-se-á que o promitente da recompensa reservou para si esta função (§ 2.º). Se os trabalhos tiverem mérito igual, proceder-se-á de acordo com as regras vistas para a promessa de recompensa: *anterioridade, divisão* e *sorteio* (§ 3.º).

Por fim, nos concursos públicos, as obras premiadas só ficarão pertencendo ao promitente se assim for estipulado na publicação da promessa (art. 860 do CC). A concretizar a norma, em concursos de monografias jurídicas os trabalhos pertencem aos seus autores, em geral, aplicando-se as regras de proteção previstas na Lei de Direitos Autorais (Lei 9.610/1998). Porém, é possível prever que os direitos patrimoniais de exploração da obra premiada passarão a pertencer àquele que idealizou o concurso. Vale mencionar que isso não inclui os direitos morais do autor, que são intransmissíveis e irrenunciáveis, pelo que preveem o art. 27 da Lei 9.610/1998 e o art. 11 do CC.

1.4.2 Da gestão de negócios

De acordo com a doutrina contemporânea de Pablo Stolze e Rodolfo Pamplona, "entende--se por gestão de negócios a atuação de um indivíduo, sem autorização do interessado, na administração de negócio alheio, segundo o interesse e a vontade presumível de seu dono, assumindo a responsabilidade civil perante este e as pessoas com que tratar" (*Novo curso...*, 2003, v. II, p. 361). Observa-se na gestão uma atuação sem poderes, uma hipótese em que a parte atua sem ter recebido expressamente a incumbência. Na verdade, há no caso em questão um *quase contrato*.

Dessa forma, o gestor, que age sem mandato fica diretamente responsável perante o dono do negócio e terceiros com quem contratou. A gestão, pela ausência de orientação dada pelo dono, não tem natureza contratual, pois está ausente o prévio acordo de vontades. Desse modo, poderá a gestão ser provada de qualquer modo, eis que se trata de negócio jurídico informal (art. 107 do CC).

A posição do gestor é delicada, pois, além de não ter direito a qualquer remuneração pela atuação (negócio jurídico benévolo), deve agir de acordo com a vontade presumível do dono do negócio, sob pena de responsabilização civil (art. 861 do CC).

Deve-se lembrar que se a gestão for iniciada contra a vontade manifesta ou presumível do dono, responderá o gestor por caso fortuito (evento totalmente imprevisível) e força maior (evento previsível, mas inevitável), conforme a regra constante do art. 862 do CC. Se os prejuízos da gestão excederem o seu proveito, poderá o dono do negócio exigir que o gestor restitua as coisas ao estado anterior, ou que indenize o valor correspondente à diferença (art. 863 do CC).

A redação atual do art. 862 é truncada e confusa, pela locução utilizada ao final: "se a gestão foi iniciada contra a vontade manifesta ou presumível do interessado, responderá o gestor até pelos casos fortuitos, não provando que teriam sobrevindo, ainda quando se houvesse abatido". Por isso, a Comissão de Juristas encarregada da Reforma do Código Civil pretende alterar o comando, para o seguinte: "se a gestão foi iniciada contra a vontade manifesta ou presumível do interessado, responderá o gestor até pelos casos fortuitos, não provando que teriam sobrevindo, independentemente de sua gestão". Com isso, atende-se ao princípio da operabilidade, em prol da facilitação do Direito Privado. Seria interessante, ainda, incluir no preceito a menção à força maior, na linha de outras proposições, o que, aqui e por um lapso, passou despercebido.

Diante do princípio da boa-fé objetiva, que valoriza o dever anexo de informação, deverá o gestor de negócio, assim que lhe for possível, comunicar ao dono a sua atuação, aguardando a resposta se dessa espera não resultar perigo (art. 864 do CC). Falecendo o dono do negócio, as instruções devem ser prestadas aos seus herdeiros, devendo o gestor, mesmo assim, agir com a máxima diligência, de acordo com as circunstâncias fáticas do caso concreto (art. 865 do CC).

Para ilustrar, imagine-se o caso de alguém que viaja para outro País, permanecendo fora de sua residência por cerca de quinze dias. Na prática, quando a pessoa viaja não deixa uma procuração para o vizinho apagar eventual incêndio que acometer a sua casa. O pior acontece e o vizinho, agindo como gestor ao perceber o incêndio, invade a casa lindeira arrebentando a porta. Para apagar o fogo que começa a consumir um dos dormitórios, o vizinho pega um tapete e consegue abafar as chamas, tendo sucesso em sua empreitada, sem a intervenção do corpo de bombeiros.

CAP. 1 • A RELAÇÃO JURÍDICA OBRIGACIONAL E O CÓDIGO CIVIL DE 2002 | **23**

Algumas regras do Código Civil de 2002 devem ser analisadas para uma conclusão concreta quanto à atuação desse gestor.

Primeiro, deve-se verificar se o gestor agiu da mesma forma com que agiria o dono da residência, ou seja, se empregou toda a diligência habitual. Em regra, o gestor somente deve ser responsabilizado se tiver agido com culpa, havendo responsabilidade subjetiva (art. 866 do CC).

Mas, se na atuação o gestor se fizer substituir por outrem, responderá pelas faltas do substituto, ainda que este seja pessoa idônea e sem prejuízo, ainda, da eventual propositura de ação regressiva (art. 867 do CC). Deve-se compreender que, nesse caso, a responsabilidade do gestor por ato de terceiro é objetiva (independente de culpa) e solidária, aplicando-se os arts. 932, inc. III, e 933 e 942, parágrafo único, do CC, por analogia. Se a gestão for conjunta, prestada por várias pessoas, há regra específica, prevendo justamente a responsabilidade solidária entre todos os gestores (art. 867, parágrafo único, do CC).

Na realidade, quando o dono do negócio retornar, terá duas opções.

1.ª *Opção*: Concordando com a atuação do gestor, o dono deverá *ratificar* a gestão, convertendo-se a atuação em mandato (art. 869 do CC). Lembre-se que não se pode confundir a expressão acima destacada, que significa *confirmar*, com *retificar*, que significa *corrigir*. Nessa hipótese, deverá ressarcir o gestor por todas as despesas necessárias e úteis à atuação, com os juros legais desde o desembolso, respondendo ainda pelos prejuízos que o administrador tiver sofrido com a gestão. A utilidade ou a necessidade das despesas serão apreciadas de acordo com as circunstâncias da ocasião em que se fizerem, o que traz a ideia de função social obrigacional (art. 869, § 1.º, do CC). A ratificação do dono do negócio retroage ao dia do começo da gestão, ou seja, tem efeitos *ex tunc* (art. 873 do CC).

2.ª *Opção*: Desaprovando a atuação do gestor, o dono poderá pleitear perdas e danos havendo, em regra, responsabilidade subjetiva do primeiro (art. 874 do CC). Em casos tais, responderá o gestor por caso fortuito quando fizer manobras arriscadas, ainda que o dono costumasse fazê-las ou quando preterir interesses do dono em proveito de interesses próprios (art. 868 do CC). No entanto, só poderá recusar a ratificação se provar que a atuação não foi realizada de acordo com os seus interesses diretos.

Basicamente, são esses os seus efeitos principais. Mas, quanto à gestão, outras regras também devem ser comentadas.

O gestor que por erro prestar a outra pessoa as contas da gestão terá direito ao reembolso das despesas feitas pela sua atuação (art. 869, § 2.º, do CC). Mais uma vez, privilegiam-se a boa-fé objetiva e a eticidade. Por outro lado, o gestor que evita prejuízos iminentes e que traz vantagens ao dono do negócio também terá direito a tal indenização, desde que não exceda as vantagens obtidas com a administração (art. 870 do CC).

Pelo art. 871 do Código Civil em vigor, quando alguém, na ausência do indivíduo obrigado a alimentos, por ele os prestar a quem se devem, poder-lhes-á reaver do devedor a importância, ainda que este não ratifique o ato. Essa previsão, decorrente da boa-fé objetiva, foi feita em prol da dignidade da pessoa humana e dos direitos existenciais de personalidade. Se alguém despendeu algo para manter outra pessoa, sem dúvida que terá direito a reaver o que pagou de quem deveria arcar com tais valores. Mas em relação àquele que recebeu os alimentos não haverá essa possibilidade, uma vez que os alimentos são irrepetíveis, diante da existência de uma obrigação moral. Aplicando este último preceito, concluiu a jurisprudência superior, em 2015:

"Observa-se que a razão de ser do instituto, notadamente por afastar eventual necessidade de concordância do devedor, é conferir a máxima proteção ao alimentado e, ao mesmo tempo, garantir àqueles que prestam socorro o direito de reembolso pelas despesas despendidas, evitando o enriquecimento sem causa do devedor de alimentos. Dessa forma, reconhecida a ocorrência de gestão de negócios, deve-se ter, com relação ao reembolso de valores, o tratamento conferido ao terceiro não interessado, notadamente por não haver sub-rogação, nos termos do art. 305, *caput*, do CC, segundo o qual o 'terceiro não interessado, que paga a dívida em seu próprio nome, tem direito a reembolsar-se do que pagar; mas não se sub-roga nos direitos do credor'. Nesse sentido, aliás, a Terceira Turma do STJ (REsp 1.197.778/SP, *DJe* 1.º.04.2014) já afirmou que 'equipara-se à gestão de negócios a prestação de alimentos feita por outrem na ausência do alimentante. Assim, a pretensão creditícia ao reembolso exercida por terceiro é de direito comum, e não de direito de família'. Em razão disso, inclusive, é o entendimento do STJ pelo não cabimento da execução de alimentos e de seu rito especialíssimo por quem prestou alimentos no lugar do verdadeiro devedor (REsp 859.970/SP, Terceira Turma, *DJ* 26.03.2007). Apesar disso, não se pode deixar de destacar que há precedente antigo desta Quarta Turma do STJ que, aparentemente, está em sentido diverso, tendo-se pela ocorrência da sub-rogação: 'Solvidas as prestações alimentícias (mensalidades e transporte escolares dos filhos menores) pela mãe (ex-mulher) e não pelo originariamente obrigado (o pai), o reconhecimento da sub-rogação em favor da primeira torna impróprio para a execução o rito do art. 733 do CPC, com o modo de coerção que lhe é inerente, a prisão, em face da inexistência de atualidade dos alimentos' (REsp 110.241/SP, *DJ* 19.12.2003). No entanto, no caso de um terceiro alheio à obrigação alimentar e que vem a pagar o débito, é o próprio legislador que assevera se tratar de gestão de negócios. Sendo assim, a prescrição a incidir na espécie não é a prevista no § 2.º do art. 206 do CC, mas a regra geral prevista no art. 205 do CC, segundo o qual a 'prescrição ocorre em dez anos, quando a lei não lhe haja fixado prazo menor'" (STJ, REsp 1.453.838/SP, Rel. Min. Luis Felipe Salomão, j. 24.11.2015, *DJe* 07.12.2015; publicado no seu *Informativo* n. *574*).

Quanto às despesas de enterro, proporcionais aos usos locais e à condição do falecido, feitas por terceiro, podem ser cobradas de quem teria a obrigação de alimentar a pessoa que veio a falecer, mesmo que esta não tenha deixado bens (art. 872 do CC).

Tanto no caso de alimentos quanto no de despesas de enterro, não haverá direito de reembolso se ficar provado que o gestor o fez com o "simples intento de bem-fazer" (art. 872, parágrafo único, do CC). Reconhece-se, em casos tais, um ato de liberalidade. Entretanto, tal prova é difícil de ser efetivada no campo prático.

O art. 875 do CC/2002 enuncia que, se os negócios alheios forem conexos ao do gestor, de sorte que não se possam gerir separadamente, ele será tido como sócio das pessoas relacionadas com tais negócios. Em tais casos, aquele em cujo benefício interveio o gestor somente será obrigado nos limites das vantagens que obtiver.

Por fim, constituindo ato unilateral, não terá o gestor direito a qualquer remuneração por sua atuação. Eventualmente, e caso queira, poderá o dono do negócio instituir uma doação remuneratória em seu benefício (art. 540 do CC), o que não constitui um ato de liberalidade propriamente dito, conforme está exposto no Volume 3 da presente coleção.

1.4.3 Do pagamento indevido

De acordo com o art. 876 do CC/2002, "todo aquele que recebeu o que lhe não era devido fica obrigado a restituir; obrigação que incumbe àquele que recebe dívida condicional antes de cumprida a condição". O Código Civil de 2002, acertadamente, trata o pagamento indevido como fonte obrigacional, indo além do Código de 1916, que tratava o instituto como efeito das obrigações.

CAP. 1 · A RELAÇÃO JURÍDICA OBRIGACIONAL E O CÓDIGO CIVIL DE 2002 | 25

Utilizando os ensinamentos de Silvio Rodrigues, pode-se afirmar que o enriquecimento sem causa é gênero, do qual o pagamento indevido é espécie (*Direito...*, 2003, v. 3, p. 421). Havendo pagamento indevido agirá a pessoa com intuito de enriquecimento sem causa, visando o locupletamento sem razão.

Desse modo, quem paga indevidamente pode pedir restituição àquele que recebeu, desde que prove que pagou por erro (art. 877 do CC). O último é obrigado a restituir, sendo cabível a ação de repetição do indébito, de anterior rito ordinário – CPC/1973 –, atual procedimento comum no CPC/2015 (*actio in rem verso*). Entretanto, como exceção à regra da prova de erro, o Superior Tribunal de Justiça editou a Súmula 322, prevendo que, "para a repetição de indébito, nos contratos de abertura de crédito em conta-corrente, não se exige a prova do erro". A súmula tem a sua razão de ser, diante da presunção de boa-fé objetiva do consumidor (art. 4.º, inc. III, do CDC) e do princípio do protecionismo (art. 1.º do CDC). Assim sendo, o consumidor não tem contra ele o ônus de provar o suposto erro.

Determina o art. 878 do CC/2002 que aos frutos, acessões, benfeitorias e deteriorações sobrevindas à coisa dada em pagamento indevido aplica-se o disposto quanto ao possuidor de boa e má-fé (arts. 1.214 a 1.222 do CC). Exemplificando, se alguém recebe um imóvel alheio, de boa-fé, terá direito aos frutos colhidos na vigência da permanência do imóvel. Também terá direito de retenção e indenização quanto às benfeitorias necessárias e úteis. Já aquele que recebeu o imóvel, estando de má-fé, não terá direito a frutos. Quanto às benfeitorias, terá somente direito de indenização quanto às necessárias.

Relativamente ao imóvel recebido, aliás, o Código Civil traz regras específicas. De acordo com o art. 879 do CC, se aquele que indevidamente recebeu um imóvel o tiver alienado em boa-fé, por título oneroso, responde somente pela quantia recebida. Agindo de má-fé, a culpa passa a ser induzida, respondendo a pessoa pelo valor da coisa e por perdas e danos, nos moldes dos arts. 402 a 404 do CC.

Em complemento, se o imóvel for alienado a título gratuito, em qualquer caso, ou a título oneroso, agindo de má-fé o terceiro adquirente, caberá ao que pagou por erro o direito de reivindicação por meio de ação petitória (art. 879, parágrafo único, do CC).

Dessa forma, em resumo, a ação reivindicatória movida pelo proprietário será julgada procedente nos seguintes casos:

– Se o bem ainda se encontra em poder do alienante.
– Se o alienante transferiu o bem a título gratuito.
– Se o alienante transferiu o bem a título oneroso a terceiro adquirente de má-fé.

Com relação ao alienante, há os seguintes efeitos jurídicos:

Se agiu de boa-fé	deve entregar apenas o valor recebido ao proprietário.
Se agiu de má-fé	deve entregar o valor recebido e pagar as perdas e danos ao proprietário.

Pelo art. 880 do CC, fica isento de restituir o pagamento indevido aquele que, recebendo-o como parte de dívida verdadeira, inutilizou o título, deixou prescrever a pretensão ou abriu mão das garantias que asseguravam seu direito. Mas aquele que pagou dispõe de ação regressiva contra o verdadeiro devedor e seu fiador, estando a dívida garantida.

Como novidade da codificação, prevê o art. 881 do CC que, se o pagamento indevido tiver consistido no desempenho de obrigação de fazer ou para eximir-se da obrigação de não fazer, aquele que recebeu a prestação fica obrigado a indenizar o sujeito que a cumpriu, na medida do lucro obtido.

Pois bem, entre os contemporâneos, Pablo Stolze Gagliano e Rodolfo Pamplona Filho apresentam duas modalidades de pagamento indevido (*Novo curso...*, p. 369):

a) *Pagamento objetivamente indevido*: feito quando nada é devido, havendo erro quanto à existência ou extensão da obrigação. São exemplos os casos envolvendo débito inexistente ou débito inferior ao valor pago.

b) *Pagamento subjetivamente indevido*: feito à pessoa errada, a alguém que não é credor. Em casos tais, a máxima *quem paga mal paga duas vezes* não impede a propositura de ação de repetição de indébito, diante da vedação do enriquecimento sem causa.

Ao contrário do que alguns possam pensar, no caso de pagamento indevido, pelo menos em regra, não cabe repetição em dobro do valor pago. Na realidade, por meio da *actio in rem verso* poderá o prejudicado, em regra, pleitear o valor pago atualizado, acrescido de juros, custas, honorários advocatícios e despesas processuais. Presente a má-fé da outra parte, essa induz a culpa, cabendo ainda reparação por perdas e danos.

Entretanto, a lei consagra algumas situações em que cabe pleitear o valor em dobro.

Inicialmente, o art. 940 da atual codificação material traz a regra pela qual aquele que demandar por dívida já paga, no todo ou em parte, sem ressalvar as quantias recebidas ou pedir mais do que for devido, ficará obrigado a pagar ao devedor, no primeiro caso, o dobro do que houver cobrado e, no segundo, o equivalente do que dele exigir, salvo se houver prescrição.

Outra regra importante consta do art. 42, parágrafo único, do CDC (Lei 8.078/1990), pelo qual, na ação de repetição de indébito, poderá o consumidor pleitear o valor pago em dobro. Como exemplo, cite-se a costumeira cobrança abusiva de taxas por incorporadoras imobiliárias. Não havendo fundamento para tal cobrança, caberá a referida ação de repetição de indébito.

O Código Civil de 2002 continua afastando a possibilidade de repetição de indébito havendo uma obrigação natural, também denominada *obrigação incompleta*, em dois dispositivos.

O primeiro deles é o art. 882, segundo o qual que não se pode repetir o que se pagou para solver dívida prescrita ou cumprir obrigação judicialmente inexigível. O outro é o art. 883, que prevê não ser possível a repetição àquele que deu alguma coisa para obter fim ilícito, imoral ou proibido por lei.

No que concerne ao segundo caso, o exemplo comum é o da recompensa paga a um matador de aluguel. Merece análise essa hipótese pelo que consta do parágrafo único do art. 883, a saber: "No caso deste artigo, o que se deu reverterá em favor de estabelecimento local de beneficência, a critério do juiz".

Trata-se de uma novidade, com relevante caráter ético e social. Comenta Diogo L. Machado de Melo que "tentando aperfeiçoar o sistema, o Código Civil de 2002, sem seu art. 883, parágrafo único, procurou remover o enriquecimento do autor do ato ilícito, mas sem nada conceder ao empobrecido. Muitos autores entendem que o fato de não se conceder nada ao empobrecido torna altamente improvável a questão chegar a ser julgada pelo magistrado. Por essa razão, o artigo tenderia a ser inaplicável no próprio âmbito do pagamento indevido. Sem questionar essa ponderação, resumimos nosso comentário ressaltando a grande utilidade do dispositivo no âmbito das indenizações por danos morais, garantindo, em contrapartida, a consolidação do seu aspecto punitivo e a própria aplicabilidade do princípio que coíbe o enriquecimento sem causa em nosso sistema" (MELO, Diogo L. Machado de. A função punitiva... In: DELGADO, Mário Luiz; ALVES, Jones Figueirêdo (Coord.). *Questões controvertidas...*, 2006, v. 6, p. 119).

Entretanto, conforme observaram Jones Figueirêdo Alves e Mário Luiz Delgado, citando Fernando Noronha e Newton De Lucca, há pouca efetividade prática nessa previsão, eis que "se não se conceder nada ao empobrecido, é altamente provável que estes casos sequer cheguem ao conhecimento do juiz" (*Código Civil...*, 2005, p. 375).

Para resumir e ilustrar, anote-se que não se repetem as seguintes obrigações, por estarem fundadas, em regra, em obrigação natural, categoria ainda a ser estudada de forma mais profunda no próximo capítulo deste livro:

- Pagamento de dívida prescrita (art. 882)
- Dívida judicialmente inexigível (art. 883)
- Empréstimo para jogo ou aposta feito no ato de se apostar (art. 815)
- Mútuo feito à pessoa menor (art. 588)
- Juros não estipulados (art. 591)

1.4.4 Do enriquecimento sem causa

O Código Civil em vigor veda expressamente o enriquecimento sem causa nos seus arts. 884 a 886. Essa inovação importante, e que não constava do Código Civil de 1916, está baseada no princípio da eticidade, visando o equilíbrio patrimonial e a pacificação social (DINIZ, Maria Helena. *Código Civil...*, 2005, p. 687). As elucidações práticas de Menezes Leitão explicam muito bem a vedação do enriquecimento sem causa, seja no sistema lusitano ou mesmo no brasileiro:

"Referiu-se já que a proibição do enriquecimento injustificado constitui um dos princípios constitutivos do nosso Direito Civil. Com base nele, podem-se justificar inúmeros institutos, como o cumprimento dos contratos, a garantia contra vícios da coisa, a resolução por incumprimento, a alteração das circunstâncias e a excepção de não cumprimento do contrato" (MENEZES LEITÃO, Luis Manuel Telles de. *Direito...*, 2006, v. I, p. 401).

Nesse sentido, preceitua o art. 884 do Código Civil brasileiro que "aquele que, sem justa causa, se enriquecer à custa de outrem, será obrigado a restituir o indevidamente auferido, feita a atualização dos valores monetários". Em complemento, prevê o parágrafo único do dispositivo que se o enriquecimento tiver por objeto coisa determinada, quem a recebeu é obrigado a restituí-la, e, se a coisa não mais subsistir, a restituição se fará pelo valor do bem na época em que foi exigido.

De acordo com o Direito Civil Contemporâneo, concebido na pós-modernidade e de acordo com os ditames sociais e éticos, não se admite qualquer conduta baseada na especulação, no locupletamento sem razão. Desse modo, o enriquecimento sem causa constitui fonte obrigacional, ao mesmo tempo em que a sua vedação decorre dos princípios da função social das obrigações e da boa-fé objetiva.

O atual Código Civil brasileiro valoriza aquele que trabalha, e não aquele que fica à espreita esperando um *golpe de mestre* para enriquecer-se à custa de outrem. O Código Civil de 2002 é inimigo do especulador, daquele que busca capitalizar-se mediante o trabalho alheio.

Na atualidade, várias são as ações que têm como objetivo evitar o locupletamento sem razão, sendo a principal a de repetição de indébito no caso de pagamento indevido, que é espécie de enriquecimento sem causa. Consigne-se que toda situação em que alguém recebe algo indevido visa o enriquecimento sem causa. Mas, em alguns casos, poderá haver conduta visando o enriquecimento sem causa, sem que tenha havido pagamento indevido. Cite-se, a título de exemplo, a invasão de um imóvel com finalidade de adquirir a sua propriedade.

São pressupostos da ação que visa afastar o enriquecimento sem causa, pela doutrina tradicional:

a)   o enriquecimento do *accipiens* (de quem recebe);

b)   o empobrecimento do *solvens* (de quem paga);

c)   a relação de causalidade entre o enriquecimento e o empobrecimento;

d)   a inexistência de causa jurídica prevista por convenção das partes ou pela lei; e

e)   a inexistência de ação específica.

Mas, segundo o Enunciado n. 35, aprovado na *I Jornada de Direito Civil* do Conselho da Justiça Federal, "a expressão se enriquecer à custa de outrem do art. 884 do novo Código Civil não significa, necessariamente, que deverá haver empobrecimento". A doutrina atual vem, portanto, afastando tal requisito, sendo exemplo de hipótese em que ele não está presente o que se denomina como *lucro da intervenção* ou *lucro ilícito*.

O tema foi desenvolvido por Sérgio Savi em sua tese de doutorado defendida na UERJ. Segundo o jurista, "ao intervir na esfera jurídica alheia, normalmente usando, consumindo ou dispondo dos bens e direitos de outrem, o interventor pode vir a obter um lucro, denominado doutrinariamente de lucro da intervenção. Este benefício econômico pode ou não decorrer de um ato que também cause, simultaneamente, danos ao titular do direito. Quando a intervenção não causar danos ou, causando danos, o lucro obtido pelo ofensor for superior aos danos causados, as regras da responsabilidade civil, isoladamente, não serão suficientes enquanto sanção pela violação de um interesse merecedor de tutela" (SAVI, Sérgio. *Responsabilidade...*, cit., p. 143). Também sobre o assunto, como explica Anderson Schreiber:

> "Figura que tem ganhado maior atenção por parte da doutrina nacional é a do lucro da intervenção. A expressão designa 'o lucro obtido por aquele que, sem autorização, interfere nos direitos ou bens jurídicos de outra pessoa e que decorre justamente desta intervenção'. (...). A jurisprudência, na ausência de uma solução legal específica para a questão dos lucros obtidos indevidamente a partir desta intervenção, tem se valido do instrumento da responsabilidade civil. A melhor doutrina, porém, tem denunciado a incompatibilidade estrutural e funcional da responsabilidade civil com a exclusão do lucro ilícito do patrimônio do ofensor. Não se trata, com efeito, de indenizar ou compensar os danos sofridos pela vítima, função reconhecida pelo nosso ordenamento à responsabilidade civil, mas sim de retirar da esfera jurídica do ofensor os lucros auferidos por meio de conduta lesiva a direitos (lucros esses que, por vezes, se revelam muito superiores ao eventual dano patrimonial sofrido pela vítima), função que pode ser adequadamente desempenhada pelo instituto do enriquecimento sem causa" (SCHREIBER, Anderson. *Manual...*, 2018, p. 391-392).

Na *VIII Jornada de Direito Civil*, realizada em 2018, a comissão de Direito das Obrigações, sob a nossa coordenação, aprovou o seguinte enunciado doutrinário, demonstrando a necessidade de se debater efetivamente o tema no Brasil: "a obrigação de restituir o lucro da intervenção, entendido como a vantagem patrimonial auferida a partir da exploração não autorizada de bem ou direito alheio, fundamenta-se na vedação do enriquecimento sem causa" (Enunciado n. 620 do Conselho da Justiça Federal).

Como outras ilustrações concretas, podem ser citados os casos em que a utilização de nome ou trabalho alheio não causa propriamente um prejuízo ao titular do direito, mas um lucro sem justa causa a outrem. Presentes tais hipóteses, será necessário procurar socorro às regras da vedação do enriquecimento sem causa, especialmente ao que consta do art. 884 do Código Civil, e não às categorias da responsabilidade civil. Cite-se, ainda, julgado do Superior Tribunal de Justiça, publicado no seu *Informativo* n. 628, nos seguintes termos:

"A doutrina vem estudando o problema da repetição de indébito decorrente de mútuo feneratício celebrado com instituição financeira sob a ótica do tema do 'lucro da intervenção', que é o 'lucro obtido por aquele que, sem autorização, interfere nos direitos ou bens jurídicos de outra pessoa e que decorre justamente desta intervenção'. Esse lucro também pode ser vislumbrado na hipótese da presente afetação, pois, como os bancos praticam taxas de juros bem mais altas do que a taxa legal, a instituição financeira acaba auferindo vantagem dessa diferença de taxas, mesmo restituindo o indébito à taxa legal. Nesse sentido, a instituição financeira teria que ser condenada não somente a reparar o dano causado ao mutuário, mas também a restituir o lucro que obteve com a cláusula abusiva. Por um lado, o lucro da intervenção é um *plus* em relação à indenização, no sentido de que esta encontra limite na extensão dos danos experimentados pela vítima (função indenitária do princípio da reparação integral), ao passo que o lucro da intervenção pode extrapolar esse limite. Por outro lado, o referido lucro é um *minus* em relação ao *punitive damage*, uma vez que este, tendo simultaneamente funções punitiva e preventiva, não está limitado ao lucro ou ao dano. Propõe-se, no presente repetitivo, uma tese menos abrangente, apenas para eliminar a possibilidade de se determinar a repetição com base nos mesmos encargos praticados pela instituição financeira, pois esses encargos não correspondem ao dano experimentado pela vítima, tampouco ao lucro auferido pelo ofensor" (STJ, REsp 1.552.434/GO, 2.ª Seção, Rel. Min. Paulo de Tarso Sanseverino, j. 13.06.2018, *DJe* 21.06.2018).

A tese fixada no julgamento foi de afastar a repetição do indébito em favor do correntista com os mesmos encargos do contrato colocados em favor do banco. Porém, deixou-se em aberto a possibilidade de reconhecer a indenização pelo lucro da intervenção em casos futuros julgados pela Corte Superior.

Isso se deu efetivamente em outro julgado do Tribunal Superior do mesmo ano, que admitir a indenização pelo lucro da intervenção em favor de famosa atriz que teve a sua imagem e o seu nome indevidamente utilizados por uma empresa de cosméticos. Nos termos da ementa do *decisum*, que cita expressamente o Enunciado n. 620 da *VIII Jornada de Direito Civil*:

"O dever de restituição do denominado lucro da intervenção encontra fundamento no instituto do enriquecimento sem causa, atualmente positivado no art. 884 do Código Civil. O dever de restituição daquilo que é auferido mediante indevida interferência nos direitos ou bens jurídicos de outra pessoa tem a função de preservar a livre disposição de direitos, nos quais estão inseridos os direitos da personalidade, e de inibir a prática de atos contrários ao ordenamento jurídico. A subsidiariedade da ação de enriquecimento sem causa não impede que se promova a cumulação de ações, cada qual disciplinada por um instituto específico do Direito Civil, sendo perfeitamente plausível a formulação de pedido de reparação dos danos mediante a aplicação das regras próprias da responsabilidade civil, limitado ao efetivo prejuízo suportado pela vítima, cumulado com o pleito de restituição do indevidamente auferido, sem justa causa, às custas do demandante" (STJ, REsp 1.698.701/RJ, 3.ª Turma, Rel. Min. Ricardo Villas Bôas Cueva, j. 02.10.2018, *DJe* 08.10.2018).

Sobre a fixação do *quantum* em favor da vítima, uma das grandes dificuldades a respeito da categoria do lucro da intervenção, o julgado remete a sua análise para a de fase de liquidação de sentença, com a necessidade de observância dos seguintes critérios: *a)* apuração do *quantum debeatur* com base no lucro patrimonial do ofensor; *b)* delimitação do cálculo em relação ao período no qual se verificou a indevida intervenção no direito de imagem da autora; *c)* aferição do grau de contribuição de cada uma das partes para o evento danoso; e *d)* distribuição do lucro obtido com a intervenção proporcionalmente à contribuição de cada participante da relação jurídica. O acórdão é louvável, pelo grau de profundidade e de fundamentação, como se exige atualmente do Poder Judiciário.

Anoto que, no Projeto de Reforma do Código Civil, o *lucro da intervenção* está tratado em duas propostas: uma na teoria geral das obrigações e outra no título dedicado à responsabilidade civil. Esse *duplo tratamento* se deu pelo fato de não haver consenso, na Comissão de Juristas, sobre o local adequado para essa inclusão legislativa.

A Subcomissão de Direito das Obrigações, formada pelos Professores José Fernando Simão e Edvaldo Brito, e com apoio da Relatoria-Geral, composta por mim e pela Professora Rosa Nery, entendia que o *locus* correto seria o livro de Direito das Obrigações, como já é o entendimento doutrinário hoje considerado como majoritário. A Subcomissão de Responsabilidade Civil, composta pelo Professor Nelson Rosenvald, pela Ministra Maria Isabel Galotti e pela Juíza Patrícia Carrijo, por sua vez, defendia a sua inclusão na Responsabilidade Civil. Caberá, então, ao Congresso Nacional escolher um dos dois caminhos de inclusão legislativa do instituto.

No livro de Direito das Obrigações, a sugestão é de inclusão de um § 2.º no seu art. 884, prevendo, exatamente na linha do Enunciado n. 620 da *VIII Jornada de Direito Civil,* que "a obrigação de restituir o lucro da intervenção, assim entendida como a vantagem patrimonial auferida a partir da exploração não autorizada de bem ou de direito alheio, fundamenta-se na vedação do enriquecimento sem causa e rege-se pelas normas deste Capítulo". Há, assim, proposta de se incluir uma *cláusula geral* a respeito do tema na Lei Geral Privada, deixando o poder para o seu enquadramento ao julgador.

No tópico da Responsabilidade Civil, a proposição é para que o instituto seja tratado no art. 944, § 2.º, do Código Civil, a saber: "em alternativa à reparação de danos patrimoniais, a critério do lesado, a indenização compreenderá um montante razoável correspondente à violação de um direito ou, quando necessário, a remoção dos lucros ou vantagens auferidos pelo lesante em conexão com a prática do ilícito". Segundo o relatório da subcomissão de Responsabilidade Civil, "existiriam ao menos quatro argumentos para que os remédios restituitórios do *lucro da intervenção* sejam tratados pela responsabilidade civil, como se dá no Direito Europeu".

De forma bem resumida, como primeiro argumento e nos termos desse relatório da Subcomissão, "a repressão à ilicitude lucrativa na esfera civil pela via remedial do resgate dos benefícios indevidos não é adequada ao terreno residual do enriquecimento injustificado. Ao contrário, amolda-se à responsabilidade civil, como uma das possíveis eficácias de um ato ilícito (reverso da compensação de danos!) que será ativada não apenas pela constatação de um qualquer comportamento antijurídico, porém aquela qualificada pelo resultado lucrativo, independente da aferição de um comportamento ultrajante do ofensor (requisito de um ilícito de eficácia punitiva)".

O segundo argumento é que "o enriquecimento injustificado é modelo obrigacional de enriquecimento independente da aferição da existência ou não de um ato ilícito do demandado, aplicável aos casos em que o demandante conscientemente e equivocadamente participa do enriquecimento, mediante uma transferência voluntária ao demandado. Em contrapartida, na responsabilidade civil a antijuridicidade do comportamento do demandado

CAP. 1 • A RELAÇÃO JURÍDICA OBRIGACIONAL E O CÓDIGO CIVIL DE 2002 | 31

(sem qualquer participação do demandante) é um pressuposto fundamental para a ativação da remoção de benefícios indevidos".

Como terceiro argumento, "a doutrina da atribuição como fundamento para o lucro da intervenção por intromissão em direitos alheios apenas propicia fundamento dogmático à resposta da restituição do preço do uso inconsentido do bem (*reasonable fee*), enriquecimento objetivo a ser apreciado conforme o valor de mercado da faculdade dominial que foi indevidamente deslocada da esfera do demandante em benefício do infrator. Contudo, a teoria atributiva não é capaz de justificar a expropriação de ganhos ilícitos – *disgorgement*. Para sanar esta deficiência, a doutrina alemã concilia o enriquecimento injustificado por intromissão com o modelo legislativo da gestão imprópria de negócios, quando tudo se encaixaria de forma natural se conduzida a polêmica ao território da responsabilidade civil".

Por fim, o quarto argumento está relacionado ao fato de que princípio da reparação integral merece ressignificação, uma vez que se requer "uma funcionalização do conceito de indenização, no sentido de que possa atender da melhor forma a dimensão relacional que inspira o princípio da reparação integral. O objetivo de 'reconstituição' hipotética das partes ao estado anterior ao ilícito, demanda uma análise bilateral, que, para além do ofensor, compreenda a posição do agente".

Como se pode perceber, existem fundamentos respeitáveis nas duas correntes, cabendo ao Parlamento Brasileiro fazer a sua análise técnica e trilhar o melhor caminho. O que não se pode mais admitir é que o instituto do lucro da intervenção não esteja mais tratado na nossa Lei Brasileira, sendo urgente a sua inclusão na codificação privada.

Feitas tais considerações sobre o lucro da intervenção, categoria que deve ter a aplicação ampliada nos próximos anos, acrescente-se que quando da *III Jornada* foi aprovado o Enunciado n. 188, também aplicável ao tema, com a seguinte redação: "a existência de negócio jurídico válido e eficaz é, em regra, uma justa causa para o enriquecimento". Pelo enunciado doutrinário, em havendo um contrato válido e gerando efeitos que trazem o enriquecimento de alguém, em regra, não se pode falar em locupletamento sem razão. Isso desde que o contrato não viole os princípios da função social e da boa-fé objetiva e também não gere onerosidade excessiva, desproporção negocial.

Categoricamente, o enriquecimento sem causa não se confunde com o enriquecimento ilícito. E essa confusão, advirta-se, é muito comum na prática. Na primeira hipótese, falta uma causa jurídica para o enriquecimento. Na segunda, o enriquecimento está fundado em um ilícito. Assim, todo enriquecimento ilícito é sem causa, mas nem todo enriquecimento sem causa é ilícito. Um contrato desproporcional pode não ser um ilícito e gerar enriquecimento sem causa.

Voltando-se ao Projeto de Reforma do Código Civil, anoto que a Comissão de Juristas pretende incluir o enriquecimento ilícito como modalidade de enriquecimento sem causa, passando o § 1.º do seu art. 884 a prever, em substituição ao seu atual parágrafo único e complementando o atual texto do art. 885, que "também se justifica a pretensão restitutória quando a causa do enriquecimento deixar de existir, for ilícita ou não se verificar". A proposta é louvável, pois evitará a comum confusão entre os institutos, percebida não só na prática, mas também na teoria.

Retornando ao sistema vigente, preconiza o art. 885 do CC, em sua atual redação, que a restituição é cabível não só quando não existir causa para o pagamento, mas também quando esta deixar de existir. Como exemplo pode ser citada uma situação em que a lei revoga a possibilidade de cobrança de uma taxa. A partir do momento desta revogação, o valor não pode mais ser cobrado, pois caso contrário haverá conduta visando ao enriquecimento sem causa, tornando possível a restituição.

Como já pontuei, a Comissão de Juristas encarregada da Reforma do Código Civil pretende deslocar o atual texto do art. 885 para o § 1.º do art. 884, ampliando-se o seu teor, para incluir também o enriquecimento ilícito. Com essa modificação, o art. 885 passará a tratar, em boa hora, de como deve ser calculado o *quantum* ou valor a ser devolvido, ou como deve ser efetivada essa restituição, com base no enriquecimento sem causa.

Nesse contexto, nos termos do *caput* do art. 885 ora projetado, "o valor da restituição será atualizado, monetariamente, desde o enriquecimento e acrescido de juros de mora, desde a citação". Ademais, se o enriquecimento tiver por objeto coisa determinada, quem a recebeu é obrigado a restitui-la (§ 1.º). Porém, caso a coisa a ser restituída não exista mais, a restituição se fará pelo valor que tinha à época em que exigida sua devolução (§ 2.º). Se o enriquecido tiver agido de má-fé, o valor da restituição será considerado o maior entre o benefício por ele auferido e o valor de mercado do bem (§ 3.º). Por fim, o dispositivo enunciará que também é obrigado à restituição o terceiro que receber gratuitamente o bem objeto do enriquecimento ou, tendo agido de má-fé, recebe-o onerosamente (§ 4.º).

Sem dúvida, aprovada a proposição, haverá segurança jurídica para o direito restituitório, o que hoje não se verifica na prática, infelizmente. Portanto, é mais do que necessária a sua aprovação pelo Congresso Nacional.

Como última regra a ser comentada, caso a lei forneça ao lesado outros meios para a satisfação (ressarcimento) do prejuízo, não caberá a restituição por enriquecimento, segundo o art. 886 do CC. O dispositivo realça o *caráter subsidiário* da ação de enriquecimento sem causa. Ilustrando, sendo possível a ação de reparação de danos, uma vez que alguém recebeu um imóvel indevidamente e que veio a se perder, será esse o caminho a ser seguido.

Mas é imperioso ressaltar que foi aprovado o Enunciado n. 36, na *I Jornada de Direito Civil,* com o seguinte teor: "o art. 886 do novo CC não exclui o direito à restituição do que foi objeto de enriquecimento sem causa nos casos em que meios alternativos conferidos ao lesado encontram-se obstáculos de fato". Diante da aparente contradição de qual a melhor solução, recomenda-se ao aplicador do direito a análise caso a caso.

Finalizando e esclarecendo o conteúdo dessa última previsão, cabe transcrever o caso exposto por Jones Figueirêdo Alves e Mário Luiz Delgado, em comentários ao art. 886 do CC:

> "O dispositivo consagra o princípio da subsidiariedade da ação de locupletamento ilícito. Em outras palavras, não haverá restituição por enriquecimento sem causa, sempre que existir no ordenamento jurídico norma específica que respalde a obrigação de indenizar, como nos casos em que couber a aplicação da teoria da responsabilidade civil. Para maior clareza, um caso prático, tomado por empréstimo da obra de Cleide de Fátima Manica Moscon: 'A' empresta a 'B' um bem no valor de 800 reais. Se 'B' destrói o bem, deverá ressarcir 'A' no valor do bem, no caso, 800 reais, por responsabilidade civil (CC – art. 188 c/c o art. 844). Mas se 'B' vende a 'C' o bem por 1.100 reais, e 'C' destrói o bem, 'B' deverá reembolsar, por responsabilidade civil, a título de perdas e danos a 'A', o valor do bem, ou seja, 800 reais, e por enriquecimento sem causa a diferença de 300 reais, auferida na venda do bem de 'A' (ob. cit., p. 17). Não fora pela aplicação da teoria do enriquecimento ilícito, 'A' não teria como cobrar de 'B' a diferença de 300 reais" (ALVES, Jones Figueirêdo; DELGADO, Mário Luiz. *Código Civil...*, p. 378).

Findo o estudo dos atos unilaterais como fontes das obrigações, vejamos uma rápida abordagem a respeito dos títulos de crédito, tema que interessa ao Direito Empresarial.

1.5 DOS TÍTULOS DE CRÉDITO COMO FONTE DAS OBRIGAÇÕES CIVIS. PEQUENA ABORDAGEM

Com base no art. 887 do atual Código Privado, os títulos de crédito podem ser conceituados como os documentos autônomos, literais e independentes que traduzem relações creditícias entre pessoas inicialmente determinadas, produzindo efeitos jurídicos quando preenchidos os requisitos especificados em lei. Como é notório, o Código Civil de 2002 adota, quanto aos títulos de crédito, a tese do autor italiano Cesare Vivante.

Os títulos de crédito traduzem uma obrigação materializada em um instrumento, pelo qual o devedor se obriga a uma prestação determinada, independentemente de qualquer ato de aceitação de outra pessoa.

Apesar de um capítulo específico previsto no Código Civil em vigor, entre os arts. 887 a 926, tal matéria continuará a ser estudada como instituto da disciplina Direito Comercial, hoje denominada por alguns *Direito de Empresa*.

No presente trabalho, é interessante verificar que todas as regras constantes no Código Civil de 2002 somente se aplicam aos *títulos de crédito atípicos, inominados* ou *impróprios*, aqueles não regulamentados por lei específica, segundo prevê o seu próprio art. 903. Desse modo, os títulos já regulados por leis especiais, como é o caso da duplicata (Lei 5.474/1968) e do cheque (Lei 7.357/1985), continuam por elas regidos, eis que essas leis não foram revogadas pela atual codificação.

O mesmo deve ser dito em relação ao prazo prescricional de três anos, para cobrança de valor consubstanciado em títulos de crédito, previsto no art. 206, § 3.º, inc. VIII, do CC e quanto à necessidade de outorga do cônjuge para prestar aval em título de crédito (art. 1.647, inc. III, do CC).

Isso, conforme muito bem apontou Mauro Brandão Lopes, na exposição de motivos complementar ao então Projeto de Código Civil, sobre o objetivo do atual Código Civil, com as seguintes palavras:

> "Não foi reunir simplesmente o que é comum aos diversos títulos regulados em leis especiais...; foi fixar os requisitos mínimos para todos os títulos de crédito inominados, que a prática venha criar, deixando assim aberta a porta às necessidades econômicas e jurídicas do futuro. Tem assim a aludida regulamentação dois objetivos básicos: de um lado estabelecer os requisitos mínimos para títulos de crédito, ressalvadas disposições de leis especiais; de outro, permitir a criação de títulos atípicos ou inominados. Neste último objetivo, está o principal valor do Anteprojeto; regulando ele títulos atípicos, terão estes de se amoldar aos novos requisitos. Os títulos atípicos, que estão indubitavelmente surgindo, encontrarão assim o seu apoio e o seu corretivo no Título VII – apoio, porque terão maior força jurídica do que os créditos de direito não cambiário, embora menor força do que os títulos regulados em leis especiais como a letra de câmbio e a nota promissória; corretivo, porque se evitarão títulos sem requisitos mínimos de segurança, os quais ficarão desautorizados pelo Código Civil. A questão fundamental, que foi preciso responder, não é jurídica, é legislativa. Devemos restringir os títulos de crédito aos especialmente regulados em leis especiais? Se fosse positiva a resposta, seria inútil o Título VII, exceto por algumas regras relativas aos títulos ao portador, como as que correspondem a artigos do atual Código Civil (1.505 e ss.). Ou devemos, regulando títulos atípicos, incrementar a tendência inegável do mundo econômico de criar novos instrumentos de crédito em resposta a novas necessidades? Adotada esta última posição, a regulamentação do Anteprojeto é sadia; ela virá facilitar o aparecimento de tais novos instrumentos, que, tomando na prática contornos suficientemente nítidos, poderão então ser mais detalhadamente regulamentados por leis especiais, inclusive para cercear aspectos nocivos" (LOPES, Mauro Brandão. *Anteprojeto...*, 1973, p. 91-92).

A verdade é que o tratamento relativo aos títulos de crédito na atual codificação privada está totalmente defasado, sendo mais do que necessária uma atualização para corrigir problemas técnicos e suprir lacunas hoje existentes, sobretudo para a prática.

Por isso, no atual Projeto de Reforma do Código Civil foi feita uma ampla revisão do texto, visando incluí-lo na realidade do século XXI, sobretudo da *desmaterialização* e do uso das novas tecnologias, trazendo mais certeza e segurança jurídica para a sua aplicação. Esse trabalho coube ao Professor Edvaldo Brito, membro da Subcomissão de Direito das Obrigações, tendo recebido propostas do Professor Jean Carlos Fernandes, de Minas Gerais, com atuação do Desembargador Moacyr Lobato de Campos Filho, membro da Subcomissão de Direito de Empresa, também da Comissão de Juristas.

Entre as várias proposições, destaco a definição contemporânea de título de crédito, que passará a compor o art. 887 do Código Civil, a saber: "título de crédito é o documento, cartular ou eletrônico ou registrado em sistema eletrônico de escrituração, necessário ao exercício do direito literal e autônomo nele mencionado, que somente produz efeito quando preencha os requisitos da lei". Com vistas a atualizar o instituto frente à legislação processual, o seu § 1.º enunciará que "todo título de crédito é título executivo extrajudicial e sujeita-se aos preceitos da lei especial que o tiver criado". Além disso, nos termos do seu § 2.º, em boa hora e expressando o uso de novas tecnologias, "o título de crédito emitido sob a forma escritural poderá ser executado com base em certidão, emitida pelo sistema eletrônico de escrituração, de inteiro teor dos dados informados no registro". Outros comandos também mencionarão, de forma estritamente necessária, o sistema eletrônico de escrituração.

Ressalve-se, porém, que o Código Civil continuará tendo aplicação apenas aos títulos de crédito atípicos, não contemplados pela legislação especial. De forma mais clara e técnica, o seu art. 903 enunciará, com a aplicação da codificação privada apenas de forma subsidiária, que "os títulos de crédito regem-se por lei especial, aplicando-se-lhes, nos casos omissos, as disposições deste Código".

Eis outro assunto ou temática em que a atual Reforma do Código Civil é mais do que necessária, é urgente, em prol da segurança jurídica e com vistas a trazer mais investimentos para o País. Espera-se, portanto, a sua aprovação pelo Congresso Nacional Brasileiro.

Superada essa análise básica dos títulos de crédito, no próximo capítulo serão abordadas as diversas modalidades de obrigações admitidas pelo Direito Civil brasileiro, buscando-se a sua classificação de acordo com os diversos critérios relacionados com seus elementos.

1.6 RESUMO ESQUEMÁTICO

– *Conceito de obrigação*: é a relação jurídica transitória, existente entre um credor e um devedor e cujo objeto imediato é uma prestação. No caso de inadimplemento, poderá o credor satisfazer-se com o patrimônio do devedor.

– *Elementos constitutivos da obrigação*:

a) Elementos subjetivos: credor (sujeito ativo) e devedor (sujeito passivo).

b) Elemento objetivo: o elemento imediato é a prestação; o mediato é a coisa, tarefa ou abstenção (bem jurídico tutelado).

> ATENÇÃO: Elemento mediato da obrigação = elemento imediato da prestação.

c) Elemento imaterial: vínculo jurídico entre credor e devedor.

A obrigação deve ser visualizada sob o prisma dual. Haverá, inicialmente, o débito (*debitum* ou *Schuld*). No caso de inadimplemento, surgirá a responsabilidade (*obligatio* ou *Haftung*). Diante disso, é possível identificar duas situações:

- *Schuld* sem *Haftung* (débito sem responsabilidade): ocorre na obrigação natural ou incompleta, que não pode ser exigida;
- *Haftung* sem *Schuld* (responsabilidade sem débito): ocorre na fiança.
- *Conceitos importantes*:
a) *Dever jurídico*: trata-se da necessidade de comportar-se de certa maneira. Contrapõe-se ao direito subjetivo. O seu desrespeito gera consequências amplas para aquele que o descumpriu e para a outra parte.
b) *Responsabilidade*: surge em decorrência do descumprimento do dever.
c) *Ônus*: dá a ideia de fardo, encargo. Não atendido o ônus, as consequências serão somente para a parte relacionada ao instituto. Exemplo é o ônus de provar: art. 333, I, do CPC/1973 e art. 373 do CPC/2015.
d) *Direito potestativo*: "é o poder que a pessoa tem de influir na esfera jurídica de outrem, sem que este possa fazer algo que não se sujeitar" (Francisco Amaral).
e) *Estado de sujeição*: conceito relacionado com o direito potestativo. Não há saída: a pessoa tem que se sujeitar àquela situação. Citamos os casos da existência de impedimentos matrimoniais (art. 1.521 do CC), bem como as causas de anulabilidade do casamento (art. 1.550 do CC).
- *Fontes obrigacionais*:

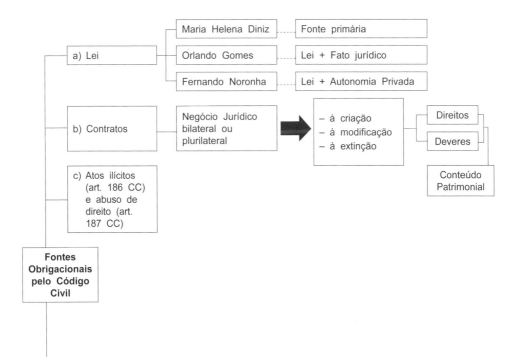

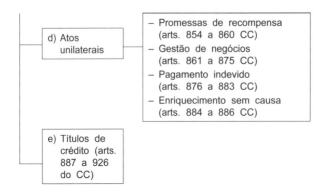

1.7 QUESTÕES CORRELATAS

01. (TJ – AL – FCC – Juiz Substituto – 2015) Um agricultor encontrou um carneiro perdido depois de evadir do aprisco e recusando-se as autoridades a abrigá-lo, passou a alimentá-lo e dele cuidar. Passados seis meses, o dono, descobrindo seu paradeiro, foi buscá-lo, sendo-lhe imediatamente entregue, porém cobrado das despesas comprovadamente realizadas, por quem o encontrara. Nesse caso, o dono do carneiro

(A) apenas terá de pagar uma recompensa a seu critério, mas não as despesas.
(B) nada terá de pagar ao agricultor, porque a hipótese configura obrigação natural, cujo ressarcimento não pode ser coercitivamente exigido.
(C) deverá ressarcir o agricultor das despesas que teve, porque houve gestão de negócio, que não se presume gratuita.
(D) deverá pagar ao agricultor as despesas que teve, e este poderá cobrá-las com fundamento na vedação de enriquecimento sem causa.
(E) só terá de ressarcir o agricultor, se houver feito publicamente promessa de recompensa.

02. (FCC – TJ-SC – Juiz Substituto – 2017) O recebimento, pelo credor, de dívida prescrita

(A) dá direito à repetição se o devedor for absoluta ou relativamente incapaz.
(B) dá direito à repetição em dobro, salvo se for restituído o valor recebido no prazo da contestação.
(C) dá direito à repetição fundada no enriquecimento sem causa.
(D) só não confere direito à repetição, se o credor houver agido de boa-fé.
(E) não dá direito à repetição por pagamento indevido ou enriquecimento sem causa, ainda que a prescrição seja considerada matéria de ordem pública.

03. (CESPE – TCE – PA – Auditor de Controle Externo – 2016) A respeito das obrigações, dos contratos e dos atos unilaterais, julgue o item que se segue.

Não terá direito à repetição do indébito o devedor que saldar dívida prescrita.
( ) Certo
( ) Errado

04. (VUNESP – Procurador de Universidade Assistente/UNICAMP – 2018) Os casos de dívida de jogo e garantia real prestada por terceiro representam, respectivamente, obrigação:

(A) nula; de garantia pessoal.
(B) anulável; com *debitum* sem *obrigatio*.
(C) com *schuld* sem *haftung*; com *haftung* sem *schuld*.
(D) com *debitum* e *obrigatio*; com *schuld* sem *haftung*.
(E) ilícita; com *debitum* e *obligatio*.

CAP. 1 · A RELAÇÃO JURÍDICA OBRIGACIONAL E O CÓDIGO CIVIL DE 2002 | 37

05. **(Analista Judiciário – TRE-PA – IBFC – 2020) A Teoria Geral das Obrigações é o primeiro tema a ser tratado pela parte especial do Código Civil, entre os seus artigos 233 a 420. Sobre esse assunto, analise as afirmativas abaixo:**

I. O vínculo imaterial ou espiritual da obrigação consiste no vínculo jurídico existente entre as partes na relação obrigacional, ou seja, o elo que sujeita o devedor à determinada prestação, seja ela positiva ou negativa, em favor do credor.

II. Se um dos credores remitir a dívida, a obrigação não ficará extinta para com os outros; mas estes só a poderão exigir, descontada a quota do credor remitente. O mesmo critério se observará no caso de transação, novação, compensação ou confusão.

III. Nos contratos onerosos, responde por simples culpa o contratante, a quem o contrato aproveite, e por dolo aquele a quem não favoreça. Nos contratos benéficos, responde cada uma das partes por culpa, salvo as exceções previstas em lei.

IV. Na cessão por título oneroso, o cedente, ainda que não se responsabilize, fica responsável ao cessionário pela existência do crédito ao tempo em que lhe cedeu; a mesma responsabilidade lhe cabe nas cessões por título gratuito, se tiver procedido de má-fé.

Assinale a alternativa correta.

(A) Apenas a afirmativa III está correta

(B) Apenas as afirmativas I e II estão corretas

(C) Apenas as afirmativas I, II e IV estão corretas

(D) As afirmativas I, II, III e IV estão corretas

06. **(Procurador Jurídico – Prefeitura de Guarujá-SP – Vunesp – 2021) Assinale a alternativa correta sobre o pagamento indevido.**

(A) Todo aquele que recebeu o que lhe não era devido fica obrigado a restituir; terá direito à repetição aquele que deu alguma coisa para obter fim ilícito, imoral, ou proibido por lei e o que se deu reverterá em favor de estabelecimento local de beneficência, a critério do juiz.

(B) Fica isento de restituir pagamento indevido aquele que, recebendo-o como parte de dívida verdadeira, inutilizou o título, deixou prescrever a pretensão ou abriu mão das garantias que asseguravam seu direito; mas aquele que pagou dispõe de ação regressiva contra o verdadeiro devedor e seu fiador.

(C) Se aquele que indevidamente recebeu um imóvel o tiver alienado em boa-fé, por título oneroso, responde somente pela quantia recebida; mas, se agiu de má-fé, além do dobro do valor do imóvel, responde por perdas e danos.

(D) O pagamento indevido presume-se feito por erro, salvo prova em contrário; aos frutos, acessões, benfeitorias e deteriorações sobrevindas à coisa dada em pagamento indevido, aplicam-se as regras que regem o possuidor de boa-fé ou de má-fé, conforme o caso.

(E) Se o pagamento indevido tiver consistido no desempenho de obrigação de fazer ou para eximir-se da obrigação de não fazer, aquele que recebeu a prestação fica na obrigação de indenizar o que a cumpriu, no valor equivalente ao da prestação recebida, corrigida monetariamente e acrescida de juros legais.

07. **(Analista de Defensoria Pública – DPE-RO – CESPE/CEBRASPE – 2022) Com relação aos elementos constitutivos das obrigações, assinale a opção correta.**

(A) O elemento subjetivo das obrigações diz respeito à prestação obrigacional propriamente dita.

(B) Para a obrigação ser válida no âmbito jurídico, basta que apenas um dos elementos constitutivos da obrigação esteja configurado.

(C) Os elementos constitutivos das obrigações são formados unicamente pelos sujeitos que se vinculam a elas.

(D) O objeto imediato da obrigação pode ser uma prestação positiva ou negativa; a prestação negativa tem como objeto uma obrigação de fazer.

(E) O elemento imaterial diz respeito ao elo que sujeita o devedor a determinada prestação em favor do credor, criando-se o vínculo legal que une esses sujeitos.

38 | DIREITO CIVIL • VOL. 2 – *Flávio Tartuce*

08. **(Advogado – CRF-GO – Quadrix – 2022)** O conceito de obrigação pode ser definido como a relação jurídica permanente, existente entre um sujeito ativo, denominado credor, e um sujeito passivo, denominado devedor, cujo objeto consiste em uma prestação situada no âmbito dos direitos pessoais, positiva ou negativa.

( ) Certo
( ) Errado

09. **(Prefeitura de Parauapebas- PA – Fadesp – Procurador – 2023)** Priscila emprestou seu carro para João fazer uma viagem de fim de semana. Quando retornava para entregá-lo à dona, João acabou sendo vítima de um acidente, causado por culpa de outro condutor embriagado, resultando disso a perda total do automóvel de Priscila.

Nesse caso, nos termos do direito das obrigações,

(A) por não ter agido com dolo ou culpa, João deverá apenas restituir o valor do bem móvel a Priscila.

(B) João deverá ressarcir Priscila por perdas e danos, independentemente de dolo ou culpa, em razão do risco criado.

(C) cabe a Priscila ser indenizada por João tanto em perdas e danos quanto em danos morais, dada a extensão de seu prejuízo.

(D) como a perda da coisa se deu sem culpa de João, resolve-se a obrigação sem que João precise pagar nada.

10. **(MPE-SC – Cespe/Cebraspe – Promotor de Justiça substituto – 2023)** Em relação ao direito das obrigações, julgue o item a seguir, à luz do Código Civil.

Aquele que enriquecer sem justa causa à custa de outrem deverá restituir o indevidamente auferido, independentemente da existência de previsão legal acerca de meios diversos para o ressarcimento do lesado pelo prejuízo sofrido.

( ) Certo
( ) Errado

11. **(TJGO – Analista Judiciário – Oficial de Justiça – IV-UFG – 2024)** De acordo com o art. 264 do Código Civil (CC), uma obrigação é solidária quando há existência de mais de um credor ou um devedor, ou ambos, ocupando os polos subjetivos da relação, com direito a todo crédito ou com obrigação a pagar a dívida toda. obrigado a dívida toda. Isso significa que, na perspectiva do credor, o eventual objeto pode ser exigido na integralidade apenas por um deles. No lado oposto, uma obrigação solidária implica o possível adimplemento total por apenas um dos devedores. Nesse contexto, para essas espécies de obrigação:

(A) a solidariedade é presumida, existindo pluralidade de sujeitos.

(B) o ajuizamento de ação pelo credor, em face de apenas um devedor, exonera os demais.

(C) o único devedor poderá, demandado por um dos credores, pagar a qualquer deles.

(D) o credor que obtiver o pagamento responderá aos outros pela parte que lhes caiba.

12. **(TJAP – Analista Judiciário – FGV – 2024)** Roberval distribui cartazes em toda a vizinhança, a fim de localizar seu cachorrinho, Totó, que sumira naquela semana. Promete recompensar quem o achar com R$ 10.000,00, tamanho o amor pelo animal.

Nesse caso, a obrigação de pagar a recompensa a Geremilda, que levou Totó são e salvo a Roberval, decorre de:

(A) lei;

(B) contrato;

(C) ato unilateral;

(D) responsabilidade civil por ato ilícito;

(E) responsabilidade civil por abuso de direito.

CAP. 1 • A RELAÇÃO JURÍDICA OBRIGACIONAL E O CÓDIGO CIVIL DE 2002 | 39

13. **(1.º Exame Nacional da Magistratura – ENAM – FGV – 2024)** Soraia, depois de um ano e sete meses de estudos e pesquisas, perdeu sua dissertação de mestrado praticamente pronta, em razão de um grave problema em seu computador. Desesperada com a aproximação do prazo final para a apresentação do trabalho que lhe daria o título de Mestre em Economia, divulgou em uma rede social que pagaria a quantia de R$ 1.000,00 (mil reais) a quem conseguisse desenvolver um programa apto a restaurar o arquivo nos sete dias subsequentes.

Os técnicos começaram a trabalhar, empreendendo grandes esforços de tempo e técnica. Gustavo obteve a solução primeiro, no quinto dia após a promessa, comunicando Soraia do fato. No entanto, Marcelo e Caio conseguiram solucionar o problema, respectivamente, no sexto e no sétimo dia, e, por isso, também procuraram Soraia para receber a quantia, por estarem dentro do prazo por ela estipulado.

Sobre a situação hipotética narrada, assinale a afirmativa correta.

(A) Gustavo, Marcelo e Caio devem dividir a quantia prometida, pois todos os três executaram a tarefa no prazo fixado pela promitente.

(B) Gustavo deve receber a quantia prometida, pois foi quem primeiro executou a tarefa.

(C) Por ser negócio jurídico unilateral, Soraia deve indicar quem deve receber a quantia, dado que Gustavo, Marcelo e Caio executaram a tarefa no prazo por ela estipulado.

(D) Soraia deve pagar R$ 1.000,00 (mil reais) a cada um dos três.

(E) Gustavo deverá receber metade da quantia, por ter executado a tarefa primeiro, e Marcelo e Cláudio devem dividir a outra metade, por terem executado a tarefa depois, mas ainda dentro do prazo.

14. **(1.º Exame Nacional da Magistratura – ENAM – FGV – 2024)** Maria divulgou em rede social o desaparecimento de seu gato, Nino, oferecendo R$ 1.000,00 (mil reais) a quem o encontrasse. Uma semana depois do anúncio, o gato foi encontrado por Gabriel, de 15 anos, em um campo de futebol localizado no seu bairro. Gabriel recolheu o gato e, no caminho a sua casa, cruzou com Maria, que lhe disse que era a tutora do gato. Gabriel entregou o gato a Maria, mas ao contar a história para sua mãe, Paula, ela lhe mostrou o anúncio da recompensa, replicado na rede social do bairro. Gabriel reconheceu o gato e entrou em contato com Maria pela mesma rede social, pedindo a recompensa.

Acerca do pagamento da recompensa, assinale a afirmativa correta.

(A) Maria nada deve, pois se trata de obrigação natural.

(B) Em razão da incapacidade de Gabriel, a recompensa não é devida.

(C) Maria deve pagar a recompensa a Gabriel, representado por sua mãe.

(D) Diante do desconhecimento da recompensa, Gabriel não se torna credor.

(E) Paula é credora do valor prometido.

GABARITO

01 – D	02 – E	03 – CERTO	04 – C
05 – C	06 – B	07 – E	08 – ERRADO
09 – D	10 – ERRADO	11 – D	12 – C
13 – B	14 – C		

2

PRINCIPAIS CLASSIFICAÇÕES DAS OBRIGAÇÕES

Sumário: 2.1 Introdução – 2.2 Classificação quanto ao conteúdo do objeto obrigacional: 2.2.1 Obrigação positiva de dar; 2.2.2 Obrigação positiva de fazer; 2.2.3 Obrigação negativa de não fazer – 2.3 Classificação quanto à presença de elementos obrigacionais: 2.3.1 Considerações iniciais; 2.3.2 Das obrigações compostas objetivas; 2.3.3 Das obrigações compostas subjetivas. As obrigações solidárias – 2.4 Classificação quanto à divisibilidade (ou indivisibilidade) do objeto obrigacional – 2.5 Classificação quanto ao conteúdo – 2.6 Classificação quanto à liquidez – 2.7 Classificação quanto à presença ou não de elemento acidental – 2.8 Classificação quanto à dependência – 2.9 Classificação quanto ao local para cumprimento – 2.10 Classificação quanto ao momento para cumprimento – 2.11 Outros conceitos importantes. Obrigação *propter rem* e obrigação natural – 2.12 Resumo esquemático – 2.13 Questões correlatas – Gabarito.

2.1 INTRODUÇÃO

Tópico com grande importância é aquele que busca a classificação das obrigações. No presente capítulo, serão estudados os efeitos obrigacionais sob o ponto de vista das mais diversas modalidades de obrigação admitidas em nosso ordenamento jurídico.

Na realidade, percebe-se que o Código Civil brasileiro não traz todas as espécies de obrigação que aqui são expostas, mas tão somente as obrigações de dar, fazer e não fazer, bem como as obrigações alternativas, divisíveis, indivisíveis e solidárias.

Tenho plena consciência das dificuldades encontradas no estudo da matéria. Visando à facilitação didática, sem prejuízo da profundidade, diretriz do presente trabalho, serão expostos alguns casos concretos envolvendo tais hipóteses obrigacionais. Para tanto, serão utilizados exemplos envolvendo principalmente os contratos, que são importantes fontes obrigacionais.

Lembre-se, aliás, de que hoje é pouco comum uma situação em que uma parte negocial é somente credora e a outra, mera devedora. Predominam as hipóteses fáticas em que as partes são, ao mesmo tempo, credoras e devedoras entre si, havendo proporcionalidade de prestações. Nesse caso, há a denominada *relação obrigacional complexa* ou *sinalagma obrigacional*.

Parte-se então a tal abordagem, básica e fundamental, para a compreensão das relações privadas patrimoniais.

2.2 CLASSIFICAÇÃO QUANTO AO CONTEÚDO DO OBJETO OBRIGACIONAL

De acordo com o conteúdo da prestação, a obrigação pode ser positiva ou negativa. Será positiva quando tiver como conteúdo uma ação (ou comissão) e negativa quando relacionada com uma abstenção (ou omissão). Filiam-se entre as primeiras a obrigação de dar e fazer. A obrigação de não fazer é a única negativa admitida em nosso ordenamento jurídico.

Por outro lado, quando o conteúdo obrigacional estiver relacionado com uma coisa, determinada ou determinável, a obrigação é de dar. Quando uma tarefa positiva ou uma abstenção estiver nela presente, haverá uma obrigação de fazer e de não fazer, respectivamente.

Segue-se ao estudo específico dessas obrigações, tratadas de imediato pelo Código Civil de 2002, no primeiro capítulo da sua parte especial. Cabe pontuar que essa clássica divisão tripartida das obrigações remonta ao Direito Romano, surgindo em praticamente todos os países que seguem tal modelo.

2.2.1 Obrigação positiva de dar

A obrigação positiva de dar (*obligatio ad dandum*) pode ser conceituada como aquela em que o sujeito passivo se compromete a entregar alguma coisa, certa ou incerta. Nesse sentido, há na maioria das vezes uma intenção de transmissão de propriedade de uma coisa, móvel ou imóvel. Assim sendo, a obrigação de dar se faz presente, por exemplo, no contrato de compra e venda, em que o comprador tem a obrigação de pagar o preço e o vendedor de entregar a coisa.

A obrigação de dar, pelo que consta do atual Código Civil, é subclassificada em duas modalidades:

a) obrigação de dar coisa certa, também denominada *obrigação específica*;
b) obrigação de dar coisa incerta ou *obrigação genérica*.

Vejamos quais as regras e consequências jurídicas relacionadas com tais modalidades obrigacionais.

2.2.1.1 Obrigação de dar coisa certa (arts. 233 a 242 do CC)

Como antes exposto, a também denominada *obrigação específica* estará presente nas situações em que o devedor se obrigar a dar uma coisa individualizada, móvel ou imóvel, cujas características foram acertadas pelas partes, geralmente em um instrumento negocial. Na compra e venda, por exemplo, o devedor da coisa é o vendedor e o credor, o comprador.

Na obrigação de dar coisa certa, o credor não é obrigado a receber outra coisa, ainda que mais valiosa, conforme prevê o art. 313 do Código Civil. Essa é a velha aplicação da máxima *nemo aliud pro alio invito creditore solvere potest*. Ilustrando a aplicação do dispositivo, cumpre transcrever julgado do Tribunal de São Paulo:

> "Rescisão contratual. Loteamento. Pleito fundado na inadimplência contratual da compromissária-vendedora. Superveniente desapropriação que inviabilizou a entrega do lote adquirido pelo autor. Cabimento da rescisão. Autor que não é obrigado a aceitar outro lote,

CAP. 2 • PRINCIPAIS CLASSIFICAÇÕES DAS OBRIGAÇÕES | 43

ainda que mais valioso. Inteligência do artigo 313 do Código Civil. Necessária restituição integral e imediata das parcelas pagas. Retorno das partes ao *status quo ante*. Descabimento, todavia, da aplicação de multa cominatória diante da ocorrência de caso fortuito. Juros moratórios, ademais, que devem ser computados a partir da citação. Recurso provido em parte" (TJSP, Apelação com Revisão 415.544.4/8, Acórdão 4127884, 6.ª Câmara de Direito Privado, Mogi-Mirim, Rel. Des. Sebastião Carlos Garcia, j. 15.10.2009, *DJESP* 24.11.2009).

Na mesma linha, de julgado publicado no *Informativo* n. *465* do STJ, de 2011, extrai-se exemplo a respeito da entrega de grãos, com conteúdo bem interessante:

"Consignatória. Dinheiro. Coisa devida. Trata-se de REsp em que se discute a possibilidade de, em contrato para entrega de coisa certa (no caso, sacas de soja), utilizar-se a via consignatória para depósito de dinheiro com força liberatória de pagamento. A Turma negou provimento ao recurso sob o fundamento de que somente a entrega do que faltou das sacas de soja seria eficaz na hipótese, visto que o depósito em numerário, estimado exclusivamente pelo recorrente do quanto ele entende como devido, não pode compelir o recorrido a recebê-lo em lugar da prestação pactuada. Vale ressaltar que o credor não é obrigado a receber a prestação diversa da que lhe é devida, ainda que mais valiosa. Dessarte, a consignação em pagamento só é cabível pelo depósito da coisa ou quantia devida. Assim, não é possível ao recorrente pretender fazê-lo por objeto diverso daquele a que se obrigou" (STJ, REsp 1.194.264/PR, Rel. Min. Luis Felipe Salomão, j. 1.º.03.2011).

De acordo com o art. 233 do CC/2002, a obrigação de dar coisa certa abrange os acessórios, salvo se o contrário resultar do título ou das circunstâncias do caso. Pelo que consta em tal dispositivo, continua em vigor o princípio pelo qual o acessório segue o principal (*accessorium sequitur principale*) – *princípio da gravitação jurídica*.

Como acessórios, devem ser incluídos os frutos, os produtos, as benfeitorias e as pertenças que tenham natureza essencial, essas últimas nos termos do art. 94 da codificação atual, comentado no Volume 1 dessa coleção, para onde se remete aquele que quiser maiores aprofundamentos.

Consoante o art. 234 do Código Civil em vigor, havendo obrigação de dar coisa certa e perdendo-se a coisa sem culpa do devedor, antes da tradição ou pendente condição suspensiva, resolvem-se a obrigação e o respectivo contrato para ambas as partes, sem o pagamento das perdas e danos. Isso porque *a coisa perece para o dono* (*res perit domino*), conforme consagrado desde o Direito Romano. Anote-se que a expressão *resolver*, aqui, significa que as partes voltam à situação primitiva, anterior à celebração da obrigação, sem outras consequências jurídicas.

Pertinente apontar que os casos em que a culpa é ausente envolvem, por regra, as ocorrências de caso fortuito (por mim conceituado como aquele decorrente de evento totalmente imprevisível) e força maior (evento previsível, mas inevitável). A culpa, para tanto, é concebida em sentido amplo (*lato sensu*), englobando o dolo (intenção de descumprimento) e a culpa em sentido estrito ou *stricto sensu* (descumprimento a um dever preexistente por imprudência, negligência ou imperícia). Interessa também lembrar o conceito de condição suspensiva, que é o evento futuro incerto a que fica subordinada a eficácia de um negócio jurídico, obrigação ou contrato.

Anote-se ainda que, em algumas situações, a pessoa responde pelo caso fortuito e pela força maior, a saber:

a) Devedor em mora, a não ser que prove ausência total de culpa ou que a perda da coisa, objeto da obrigação, ocorreria mesmo não havendo a mora (art. 399 do CC).

b) Havendo previsão no contrato quanto à responsabilização por tais eventos (art. 393 do CC).

c) Havendo previsão legal quanto à responsabilização por tais fatos, em casos específicos.

Oportunamente, esses casos de responsabilização serão estudados de forma mais aprofundada.

Sob outro prisma, caso haja culpa em sentido amplo do devedor (ou culpa *lato sensu*, que engloba o dolo, e a culpa *stricto sensu*), ele responderá pelo valor da obrigação, sem prejuízo das perdas e danos, que devem ser acrescidas (art. 234 do CC) – *resolução + perdas e danos*.

Deve-se entender que as perdas e os danos aqui mencionados incluem os danos emergentes (ou positivos), bem como os lucros cessantes (ou danos negativos), previstos especificamente no art. 402 da norma civil. Os danos emergentes constituem aquilo que a pessoa efetivamente perdeu. Já os lucros cessantes são o que a pessoa razoavelmente deixou de lucrar. Sem prejuízo desses danos patrimoniais, de acordo com a concepção civil-constitucional do Direito Privado, devem ser indenizados também os danos morais, pelo que consta do art. 5.º, incs. V e X, da CF/1988, além de outros danos extrapatrimoniais.

Repise-se que sem dúvida esse é o melhor caminho para se imputar o dever de reparar os danos sofridos pelo credor no caso de responsabilidade contratual, eis que o art. 186 da codificação atual, apesar de mencionar expressamente o "dano exclusivamente moral", deve ser aplicado nos casos de responsabilidade extracontratual ou *aquiliana*. Como visto, o Código Civil de 2002 confirmou a divisão da responsabilidade civil em contratual e extracontratual, em um modelo duplo de responsabilização (*summa divisio*).

Enuncia o art. 235 do CC que, na obrigação específica, se a coisa estiver deteriorada ou desvalorizada sem culpa do devedor, o credor terá duas opções:

a) resolver a obrigação, sem o direito a perdas e danos, já que não houve culpa genérica da outra parte;

b) ficar com a coisa, abatido do preço o valor correspondente ao perecimento parcial.

Em complemento, traz o art. 236 do CC as regras previstas para os casos em que há culpa do devedor na deterioração da coisa, tendo o credor outras duas opções:

a) exigir o valor equivalente à obrigação, como o preço pago anteriormente, sem prejuízo das perdas e danos (danos materiais e morais);

b) aceitar a coisa deteriorada ou desvalorizada, também sem prejuízo de perdas e danos.

De acordo com o art. 237 do Código Civil em vigor, até a tradição pertence ao devedor a coisa, com os seus melhoramentos e acrescidos, pelos quais poderá exigir aumento no preço; se o credor não anuir, poderá o devedor resolver a obrigação. Tais melhoramentos são também denominados *cômodos obrigacionais* (DINIZ, Maria Helena. *Código Civil...*, 2005, p. 277). Valorizada a coisa em decorrência desses *cômodos*, o devedor poderá exigir aumento no preço, tendo em vista a manutenção do *sinalagma obrigacional* e a vedação do enriquecimento sem causa, conforme art. 884 da codificação material. Caso a outra parte não concorde com o aumento do preço, o devedor poderá resolver a obrigação, sem pleitear perdas e danos, pois não se pode falar em culpa do credor. O caso é de resolução do contrato e da obrigação por inexecução involuntária, sem culpa das partes.

Logicamente, como melhoramentos devem ser incluídos os frutos, bens acessórios que são retirados do principal sem lhe diminuir a quantidade. Quanto a esses bens acessórios, há regra específica no parágrafo único do art. 237 do CC, segundo a qual os frutos percebidos – já colhidos – pertencem ao devedor, enquanto os pendentes (ainda não colhidos), ao credor.

No que concerne aos demais frutos, é forçoso entender que, por regra, pertencem ao devedor (frutos estantes e frutos consumidos). Mas, quanto aos frutos percipiendos – aqueles que deveriam ter sido colhidos, mas não o foram –, é interessante deixar claro que, caso não tenham sido colhidos até a tradição, passarão a pertencer ao credor, que se tornou novo proprietário do bem principal. Isso porque não se pode valorizar a conduta da parte que não colheu os frutos quando deveria fazê-lo.

A obrigação de restituir coisa certa é uma modalidade de obrigação específica, com tratamento entre os arts. 238 a 242 do CC/2002, o que inclui as consequências do seu inadimplemento.

Na obrigação de restituir coisa certa o devedor tem o dever de devolver coisa que não lhe pertence. No caso de perda da coisa sem culpa do devedor e antes da tradição, aplica--se a remota regra pela qual a coisa perece para o dono (*res perit domino*), suportando o credor o prejuízo, conforme determina o art. 238 do CC. Pelo mesmo dispositivo, o credor, proprietário da coisa que se perdeu, poderá pleitear os direitos que já existiam até o dia da referida perda.

Para concretizar a norma, imagine-se o caso de uma locação, em que há o dever de devolver o imóvel ao final do contrato. No caso de um incêndio causado por caso fortuito ou força maior e que destrói o apartamento, o locador (credor da coisa) não poderá pleitear um novo imóvel do locatário (devedor da coisa) que estava na posse do bem, ou o seu valor correspondente, mas terá direito aos aluguéis vencidos e não pagos até o evento danoso. Obviamente, não será possível pleitear os aluguéis do período compreendido entre o incêndio que destruiu o imóvel locado e a efetiva entrega das chaves pelo locatário, como decidiu corretamente o Superior Tribunal de Justiça, em acórdão do ano de 2019 (STJ, REsp 1.707.405/SP, 3.ª Turma, Rel. Min. Ricardo Villas Bôas Cueva, Rel. p/ Acórdão Min. Moura Ribeiro, j. 07.05.2019, *DJe* 10.06.2019).

Outro exemplo pode ser visualizado diante da vigência de um comodato, cujo veículo é roubado à mão armada, estando na posse do comodatário (devedor da coisa). A coisa perece para o seu dono (comodante), não respondendo o comodatário sequer pelo valor do automóvel. A regra *res perit domino* causa certa perplexidade, pois é tida por alguns como injusta. Todavia, a máxima está em vigor, vindo dos primórdios do Direito Civil, de geração a geração.

Por outro lado, preconiza o art. 239 do CC/2002 que, se a coisa se perder por culpa do devedor, responderá este pelo equivalente, mais perdas e danos. Esse comando legal, para ter eficácia prática, merece ser interpretado em complemento ao dispositivo antecedente (art. 238). No caso anterior, se houver perda por culpa do devedor, este responderá pelo valor equivalente da coisa, mais perdas e danos.

No exemplo descrito, caso o locatário seja responsável pelo incêndio que causou a perda total do apartamento, diga-se provado o seu dolo ou a sua culpa, o locador poderá pleitear o valor correspondente ao bem, sem prejuízo de perdas e danos. As mesmas consequências servem para o comodato, se o veículo for furtado por um descuido do comodatário (devedor). Vale repetir que na concepção civil-constitucional, tratando-se de responsabilidade civil contratual, deve-se entender que a expressão *perdas e danos* inclui os danos materiais ou patrimoniais (danos emergentes e lucros cessantes, nos termos dos arts. 402 a 404 do CC), bem como os danos morais (art. 5.º, incs. V e X, da CF/1988), pelas razões expostas.

Para a obrigação de restituir, também há regras específicas para eventuais deteriorações ou desvalorizações da coisa, previstas no art. 240 do Código Civil, a saber:

a) Havendo deterioração sem culpa do devedor, o credor receberá a coisa no estado em que se encontrar, sem direito a qualquer indenização, como ocorre nas hipóteses que envolvem caso fortuito e força maior.

b) Havendo culpa do devedor, o credor passa a ter o direito de exigir o valor equivalente à coisa, mais as perdas e danos que o caso determinar (o comando legal manda aplicar o art. 239).

Complementando, conforme o Enunciado n. 15 do Conselho da Justiça Federal, aprovado na *I Jornada de Direito Civil*, "as disposições do art. 236 do novo Código Civil também são aplicáveis à hipótese do art. 240, *in fine*". É de se concordar integralmente com o enunciado, sendo certo que as opções previstas no art. 236 do CC em favor do prejudicado também podem ser exercidas se a obrigação for de restituir, modalidade de obrigação de dar e havendo culpa do devedor.

Em suma, se o credor quiser, poderá ficar com a coisa no estado em que se encontrar ou exigir o seu equivalente, mais perdas e danos, como prevê o art. 236 do CC. Consigne-se que pelo art. 239 o credor somente poderia exigir o valor equivalente à coisa, mais as perdas e danos. Retirar a opção do credor de ficar com a coisa em casos tais seria totalmente ilógico, diante do princípio da conservação negocial, que visa à manutenção da autonomia privada. Por isso é que o Enunciado n. 15 do CJF/STJ é perfeito, com ampla aplicação prática.

Tendo em vista a vedação ao enriquecimento sem causa, o art. 241 do CC prevê que, se sobrevier melhoramento ou acréscimo à coisa, sem despesa ou trabalho do devedor, o credor as lucrará, ficando desobrigado ao pagamento de indenização. Como exposto, *a coisa perece para o dono* e, pelos mesmos fundamentos, lidos em sentido contrário, havendo melhoramentos, essas vantagens também serão acrescidas ao patrimônio do proprietário da coisa, no caso o credor da obrigação.

Entretanto, se para o melhoramento ou aumento, empregou o devedor trabalho ou dispêndio, o caso se regulará pelas normas do Código Civil atinentes às benfeitorias realizadas pelo possuidor de boa ou de má-fé (art. 242 do CC). Também essa regra está sincronizada com a vedação do enriquecimento sem causa e com a eticidade, prevendo a atual codificação que o devedor deverá ser indenizado pelas benfeitorias úteis e necessárias, conforme dispõem os arts. 1.219 a 1.222 da atual legislação privada. Apesar de a boa-fé referenciada ser a subjetiva ou intencional (art. 1.201 do CC), deve-se compreender que o art. 242 também valoriza a boa-fé objetiva, entendida como o dever de conduta leal dos sujeitos obrigacionais (arts. 113 e 422 do CC).

Desse modo, havendo justo título na posse do devedor (*ius possidendi*), o que induz à presunção da sua boa-fé (art. 1.201, parágrafo único, do CC), ele terá direito à indenização e à retenção da coisa pelas benfeitorias necessárias e úteis. No que concerne às voluptuárias, o devedor poderá levantá-las desde que isso não gere diminuição do valor da coisa principal e que o sujeito passivo da obrigação tenha agido de boa-fé. Em caso de má-fé, somente serão ressarcidas as benfeitorias necessárias, não havendo qualquer direito de retenção quanto a estas (art. 1.220 do CC). Em relação às benfeitorias úteis e voluptuárias, havendo má-fé do devedor, não lhe assistirá qualquer direito.

Para ilustrar, trazendo concreta e atual aplicação do art. 242 do Código Civil, colaciona-se, do Tribunal do Rio Grande do Sul:

> "Ação de cobrança – Contrato de venda de ponto comercial – Inadimplência – Benfeitorias necessárias – Retomada de bens imobilizados – Possibilidade – Cláusula contratual expressa – Princípios da autonomia da vontade e da força obrigatória do contrato. As partes firmaram um contrato de venda de ponto comercial, inadimplido em parte pela corré. Cabível a compensação do valor gasto com benfeitorias necessárias com o débito em discussão, de acordo com o disposto nos artigos 242 e 1.219 do Novo Código Civil. Em atenção aos princípios da autonomia da vontade e da força obrigatória do contrato, considera-se plenamente válida a cláusula contratual que dispôs acerca da retomada, pelos vendedores, dos bens imobilizados em caso de inadimplência da compradora. Apelação provida" (TJRS, Acórdão 70026656843, 10.ª Câmara Cível, Porto Alegre, Rel. Des. Túlio de Oliveira Martins, j. 29.10.2009, *DJERS* 03.12.2009, p. 71).

O parágrafo único do art. 242 do CC/2002 traz regras a respeito dos frutos. No que se refere aos frutos percebidos, que são aqueles que já foram colhidos pelo proprietário, no caso de terem sido colhidos pelo devedor, deverão ser observadas as regras que constam dos arts. 1.214 a 1.216 do próprio Código Civil. Desse modo, sendo o devedor possuidor de boa-fé – regra geral, pela presunção do justo título –, terá direito aos frutos referidos no dispositivo em análise. Porém, se o possuidor tiver agido de má-fé, não haverá qualquer direito, além de responder por todos os frutos colhidos e percebidos, bem como por aqueles que, por culpa sua, deixou de perceber (art. 1.216 do CC).

Anoto que, no Projeto de Reforma do Código Civil, há proposta de se incluir o art. 242-A na Norma Geral Privada, prevendo que "aquele que se obriga pessoalmente a dar coisa certa, sabendo não ser titular ao tempo do negócio, fica obrigado a adquirir a coisa para transferi-la". A proposta foi formulada pela Professora Rosa Nery, Relatora-Geral na Comissão de Juristas, tendo conteúdo ético indiscutível e visando a afastar a caracterização da alienação *a non domino*, por quem não é o seu dono, o que vem em boa hora.

Pois bem, a Lei 10.444/2002 trouxe inovações ao Código de Processo Civil então em vigor, entre as quais a possibilidade de o credor pleitear a fixação de um preceito cominatório, via tutela específica, para fazer cumprir a obrigação de dar (multa ou *astreintes*), ou com a determinação de busca e apreensão da coisa, remoção de pessoas e coisas, desfazimento de obras e outras medidas previstas no art. 461, § 5.º, do CPC/1973. O Código de Processo Civil de 2015 reafirmou essa medida de tutela específica nas obrigações de dar coisa certa, prevendo o seu art. 498, *caput,* que, "na ação que tenha por objeto a entrega de coisa, o juiz, ao conceder a tutela específica, fixará o prazo para o cumprimento da obrigação". Em todos os casos apresentados, portanto, isto é possível, antes da conversão da obrigação de dar em perdas e danos.

Ilustrando, *A* prometeu a entrega de um cavalo a *B*, tendo o último pago o preço. Negando-se o primeiro a entregar a coisa, caberá ação de execução de obrigação de dar, sendo possível a *B* requerer ao magistrado a fixação de uma multa diária (*astreintes*) a cada dia que a coisa não for entregue, sem prejuízo dos danos decorrentes do atraso da entrega do animal.

Em complemento, previa o § 2.º do art. 461-A do CPC/1973 que, "não cumprida a obrigação no prazo estabelecido, expedir-se-á em favor do credor mandado de busca e apreensão ou de imissão na posse, conforme se tratar de coisa móvel ou imóvel". Essa previsão não consta do atual art. 498 do CPC/2015, restando a dúvida se as citadas medidas ainda são possíveis, o que deve ser respondido pela doutrina especializada e pela jurisprudência. A minha resposta é positiva, pois tais medidas são inerentes à obrigação de dar coisa certa.

Em caso de ter sido proferida a sentença, não restam dúvidas de suas viabilidades, pois o art. 538 do Novo *Codex* preconiza que, não cumprida a obrigação de entregar coisa no prazo estabelecido na sentença, será expedido mandado de busca e apreensão ou de imissão na posse em favor do credor, conforme se tratar de coisa móvel ou imóvel.

O mesmo vale para a hipótese de execução para entrega de coisa certa, pois o art. 806 do CPC/2015 determina que o devedor de obrigação de entrega de coisa certa, constante de título executivo extrajudicial, será citado para, em 15 dias, satisfazer a obrigação. Em complemento, estatui-se que, a despachar a inicial, o juiz poderá fixar multa por dia de atraso no cumprimento da obrigação, ficando o respectivo valor sujeito a alteração, caso se revele insuficiente ou excessivo (§ 1.º). Por fim, quanto a essa ação, está previsto no CPC/2015 que do mandado de citação constará ordem para imissão na posse ou busca e apreensão, conforme se tratar de bem imóvel ou móvel, cujo cumprimento se dará de imediato, se o executado não satisfizer a obrigação no prazo que lhe foi designado (§ 2.º).

Como última nota, vale lembrar que o art. 461, § 1.º, do CPC/1973 já previa que "a obrigação somente se converterá em perdas e danos se o autor o requerer ou se impossível a tutela específica ou a obtenção do resultado prático correspondente". Essa previsão foi repetida pelo art. 499 do CPC/2015, apenas com ajustes redacionais: "a obrigação somente será convertida em perdas e danos se o autor o requerer ou se impossível a tutela específica ou a obtenção de tutela pelo resultado prático equivalente". A jurisprudência superior, de forma correta, tem entendido que é possível juridicamente a conversão da obrigação de fazer em perdas e danos, independentemente do pedido do titular do direito subjetivo, em qualquer fase processual, quando verificada a impossibilidade de cumprimento da tutela específica.

Nos termos de um dos arestos que concluiu dessa forma, julgou a Primeira Turma do Superior Tribunal de Justiça que, "conforme o disposto nos arts. 461, § 1.º do CPC/1973 e 499 do CPC/2015, as prestações de fazer e não fazer devem, prioritariamente, ser objeto de tutela específica, somente podendo ser convertidas em prestação pecuniária em duas hipóteses: a pedido expresso do credor; ou quando não for possível a obtenção da tutela específica ou do resultado prático equivalente ao adimplemento voluntário. Na linha de pacífica jurisprudência deste Superior Tribunal de Justiça, é possível a conversão da obrigação de fazer em perdas e danos, independentemente do pedido do titular do direito subjetivo, em qualquer fase processual, quando verificada a impossibilidade de cumprimento da tutela específica. Precedentes. Caso a mora do devedor torne inviável a concessão da tutela específica pleiteada na inicial, pode a obrigação ser convertida em reparação por perdas e danos, não configurando, automaticamente, carência superveniente do interesse processual" (REsp 2.121.365/MG, 1.ª Turma, Rel. Min. Regina Helena Costa, j. 03.09.2024, *DJe* 09.09.2024). Como não poderia ser diferente, esse entendimento tem o meu total apoio doutrinário.

Feitos tais esclarecimentos, pontue-se que continuo a seguir o entendimento pelo qual as *astreintes* não são possíveis nas obrigações pecuniárias, ou seja, naquelas que têm como objeto o pagamento de quantia em dinheiro, pela falta de previsão legal (nesse sentido, ver, sem prejuízo de outros julgados: TJRS, Acórdão 70030943369, 20.ª Câmara Cível, Porto Alegre, Rel. Des. José Aquino Flôres de Camargo, j. 21.10.2009, *DJERS* 14.12.2009, p. 118;

CAP. 2 · PRINCIPAIS CLASSIFICAÇÕES DAS OBRIGAÇÕES | 49

e TJMG, Agravo Interno 1.0024.08.236067-8/0011, 17.ª Câmara Cível, Belo Horizonte, Rel. Des. Irmar Ferreira Campos, j. 08.10.2009, *DJEMG* 29.10.2009). De toda sorte, há quem pense de forma contrária.

Quanto à possibilidade de fixação de *astreintes* na obrigação de dar coisa incerta, surge controvérsia. Com todo o respeito em relação ao entendimento ao contrário, entendo que isso não é possível. Essa conclusão decorria da simples interpretação do § 1.º do art. 461-A do CPC/1973, pelo qual "tratando-se de entrega de coisa determinada pelo gênero e quantidade, o credor a individualizará na petição inicial, se lhe couber a escolha; cabendo ao devedor escolher, este a entregará individualizada, no prazo fixado pelo juiz". A premissa foi repetida pelo parágrafo único do art. 498 do CPC/2015: "tratando-se de entrega de coisa determinada pelo gênero e pela quantidade, o autor individualizá-la-á na petição inicial, se lhe couber a escolha, ou, se a escolha couber ao réu, este a entregará individualizada, no prazo fixado pelo juiz".

Ora, como nos dois casos a coisa acaba sendo individualizada, seja pelo credor, seja pelo devedor, fica claro que o preceito cominatório é fixado na obrigação de dar coisa certa, não na de dar coisa incerta.

Seguindo no estudo do tema, prevê o Enunciado n. 160 do CJF/STJ, aprovado na *III Jornada de Direito Civil*, em 2004, que "a obrigação de creditar dinheiro em conta vinculada de FGTS é obrigação de dar, obrigação pecuniária, não afetando a natureza da obrigação a circunstância de a disponibilidade do dinheiro depender da ocorrência de uma das hipóteses previstas no art. 20 da Lei 8.036/1990". A autora da proposta foi a Ministra do STJ Maria Isabel Diniz Gallotti Rodrigues. Vale transcrever as razões da proposição, para esclarecer o seu conteúdo:

> "Recompor saldo de conta vinculada de FGTS nada mais é do que creditar dinheiro em conta, ou seja, dar dinheiro, coisa fungível. O que caracteriza a obrigação é a coisa, ação ou inação que o credor tem direito a pretender do devedor e não os atos que este pratica para adimpli-la. (...). Assim sendo, preencher um cheque, implantar em folha de pagamento, creditar em conta corrente ou entregar notas de dinheiro constituem formas de cumprimento de obrigação de dar dinheiro, com todas as consequências jurídicas deste tipo de obrigação, inclusive a sanção da mora por meio do pagamento de juros e não de multa cominatória (Código Civil, arts. 406 e 407). A perplexidade que pode causar a obrigação de 'fazer crédito de correção monetária em conta de FGTS' não diz respeito à essência do conteúdo da obrigação, que inequivocamente é de transferir a titularidade de dinheiro, ou seja, dar dinheiro, mas sim à falta de disponibilidade imediata que tem o credor sobre o crédito a que faz jus, o qual só poderá ser levantado quando ocorrer uma das hipóteses previstas na Lei 8.036/1990. Mas esta falta de disponibilidade imediata não tem, repito, o condão de alterar a natureza da obrigação que se refere ao creditamento de dinheiro. O reconhecimento de que se cuida de obrigação de dar dinheiro tem apoio também na pacífica jurisprudência que manda incidir os juros legais – somente cabíveis em caso de obrigação de dar dinheiro ou nela convertida (Código Civil, art. 407) – a partir da citação em causas de recomposição de saldos de contas de FGTS (cf. entre muitos outros, o acórdão da 1.ª Seção do STJ, no Recurso Especial 265.556, rel. Ministro Franciulli Neto, *DJ* 18.12.2000)".

Naquele evento, não vi qualquer problema na proposta e fui favorável à sua aprovação na *III Jornada* do Conselho da Justiça Federal, pois não traz qualquer prejuízo. De toda sorte, a questão não é pacífica, eis que existem julgados do STJ que apontam existir uma obrigação de fazer em casos tais. Por todos, colaciona-se:

"Processual civil – Administrativo – FGTS – Correção do saldo de conta vinculada – Execução de obrigação de fazer – Aplicação do disposto no art. 644 do CPC – Descabimento de embargos à execução. 1. A decisão judicial que determina o creditamento dos valores nas contas vinculadas do FGTS, pela CEF, denota obrigação de fazer, e, seu cumprimento, não enseja a instauração de processo de execução autônomo, e, em consequência, a oposição de embargos. Precedentes da Corte: REsp 859.893/CE, *DJ* de 14.12.2006; AgRg no REsp 742.047/DF, *DJ* de 13.02.2006 e REsp 692.323/SC, *DJ* de 30.05.2005. 2. As eventuais objeções ou exceções de executividade são interinais, excepcionalíssimas, e não contemplam a figura dos embargos. 3. É que a decisão judicial que impõe obrigação de fazer ou não fazer, mercê de sua imediata executoriedade, à luz do disposto nos arts. 461 e 644, do CPC, com a novel redação dada pela Lei 10.444/2002, não comporta a instauração de processo autônomo de execução e, *a fortiori*, a oposição de embargos. 4. Recurso Especial desprovido" (STJ, REsp 957.111/DF, 1.ª Turma, Rel. Min. Luiz Fux, j. 16.10.2008, *DJe* 03.11.2008).

A encerrar o estudo da obrigação específica, colaciona-se quadro elaborado pelo leitor Daniel de Carvalho, servidor público do Tribunal de Justiça de São Paulo, que resume muito bem as exposições feitas a respeito da obrigação de dar coisa certa, contribuindo sobremaneira para o aperfeiçoamento desta obra:

Obrigação	Fato com Bem	Sem Culpa	Com Culpa
Dar	Perda	Resolve-se a obrigação para ambas as partes	Pode o credor: Exigir o valor equivalente + Perdas e danos
Dar	Deterioração	Pode o credor: Resolver a obrigação Ou Aceitar a coisa com abatimento do preço	Pode o credor: Exigir o equivalente Ou Aceitar a coisa com abatimento do preço + Perdas e danos (nos dois casos)
Restituir	Perda	Resolve-se a obrigação para ambas as partes	Pode o credor: Exigir o valor equivalente + Perdas e danos
Restituir	Deterioração	O credor recebe a coisa no estado em que se encontra	Pode o credor: Exigir o equivalente Ou Aceitar a coisa com abatimento do preço + Perdas e danos (nos dois casos)

2.2.1.2 Obrigação de dar coisa incerta (arts. 243 a 246 do CC)

Também denominada *obrigação genérica*, a expressão *obrigação de dar coisa incerta* indica que a obrigação tem por objeto uma coisa indeterminada, pelo menos inicialmente, sendo ela somente indicada pelo gênero e pela quantidade, restando uma indicação posterior quanto à sua qualidade que, em regra, cabe ao devedor. Na verdade, o objeto obrigacional deve ser reputado determinável, nos moldes do art. 104, inc. II, do CC.

A título de exemplo, pode ser citada a hipótese em que duas partes obrigacionais pactuam a entrega de um animal que faz parte do rebanho do vendedor (devedor da coisa). Nesse caso, haverá a necessidade de determinação futura do objeto, por meio de uma escolha.

Assim, *coisa incerta* não quer dizer qualquer coisa, mas coisa indeterminada, porém suscetível de determinação futura. A determinação se faz pela escolha, denominada *concentração*, que constitui um ato jurídico unilateral.

Prevê o art. 243 do atual Código Civil que a coisa incerta será indicada, ao menos, pelo gênero e pela quantidade. O antigo Projeto de Lei 6.960/2002, originalmente de autoria do Deputado Ricardo Fiuza, visava a alterar o comando legal em questão, que passaria a ter a seguinte redação: "Art. 243. A coisa incerta será indicada, ao menos, pela espécie e pela quantidade". Para o autor do projeto, a palavra *gênero* teria um sentido muito amplo.

O Deputado Vicente Arruda, então relator nomeado na Câmara dos Deputados, vetou a proposta original, eis que "alterar a expressão 'gênero' contida no texto do Código por 'espécie' não vai resolver o problema. Se, como pretende o autor do projeto, 'feijão' é espécie do gênero 'cereal', a palavra 'tecido' é espécie de 'algodão', de 'lã', de 'fibra sintética', ou tecido é 'gênero' e tecido de algodão, de lã, de seda, de microfibra, são espécies? Por outro lado, quer nos parecer que se substituirmos gênero por espécie estaremos transformando a coisa incerta em coisa certa, determinável dentre certo número de coisas certas da mesma espécie. Pela manutenção do texto".

Anoto que, no atual Projeto de Reforma e Atualização do Código Civil, em tramitação no Congresso Nacional, não há qualquer proposição de se alterar o seu art. 244, pois a Subcomissão de Direito das Obrigações, composta pelos Professores José Fernando Simão e Edvaldo Brito, entendeu que não surgiram maiores polêmicas na sua aplicação nos mais de vinte anos de vigência da atual codificação privada.

Voltando ao sistema em vigor, o art. 244 do mesmo diploma civil enuncia que nas coisas determinadas pelo gênero e pela quantidade a escolha ou *concentração* cabe ao devedor, se o contrário não resultar do título da obrigação. De qualquer forma, cabendo-lhe a escolha o devedor não poderá dar a pior. Ademais, não será obrigado a prestar a melhor.

A segunda parte do dispositivo legal apresenta o *princípio da equivalência das prestações*, pelo qual a escolha do devedor não pode recair sobre a coisa que seja menos valiosa. Em complemento, o devedor não pode ser compelido a entregar a coisa mais valiosa, devendo o objeto obrigacional recair sempre dentro do gênero intermediário.

Essa última previsão está recebendo proposta de alteração pelo projeto original de Ricardo Fiuza (antigo PL 6.960/2002, atual PL 699/2011), segundo o qual o dispositivo passaria a ter a redação seguinte: "Art. 244. Nas coisas determinadas pela espécie e pela quantidade, a escolha pertence ao devedor, se o contrário não resultar do título da obrigação; mas não poderá dar a coisa pior, nem será obrigado a prestar a melhor".

A proposta, mais uma vez, é de substituição da palavra "gênero" por "espécie". Na verdade, existe polêmica doutrinária a respeito da natureza da obrigação de dar coisa incerta, surgindo corrente que aponta ser melhor que ela seja determinada pela espécie e não pelo gênero, para uma melhor determinação obrigacional (ALVES, Jones Figueirêdo; DELGADO, Mário Luiz. *Código Civil...*, 2005, p. 158-159). Na minha opinião, não há problemas na atual redação dos textos, que devem ser mantidos pelo costume doutrinário de trabalho quanto à obrigação genérica. A alteração acaba por esbarrar em um costume terminológico.

Superada essa questão, aplicando-se o princípio constitucional da isonomia ao art. 244 do CC, se a escolha couber ao credor, este não poderá fazer a opção pela coisa mais valiosa nem ser compelido a receber a coisa menos valiosa. Mais uma vez aplica-se o *princípio da equivalência das prestações*, fixando-se o conteúdo da obrigação no gênero médio ou intermediário.

Em todo o conteúdo do art. 244 do CC consagra-se a vedação do enriquecimento sem causa (arts. 884 a 886 do CC), sintonizada com a função social obrigacional e com a boa-fé objetiva. Entendo que se trata de norma de ordem pública, que não pode ser afastada por vontade dos contratantes ou negociantes. O art. 2.035, parágrafo único, do CC enuncia expressamente que a função social é preceito de ordem pública.

Após a escolha feita pelo devedor, e tendo sido cientificado o credor, a obrigação genérica é convertida em obrigação específica (art. 245 do CC). Com essa conversão, aplicam-se as regras previstas para a obrigação de dar coisa certa (arts. 233 a 242 do CC), aqui estudadas. Antes dessa concentração, não há que se falar em inadimplemento da obrigação genérica, em regra.

Interessante deixar claro que, com a dita alteração estrutural, incide também a regra do art. 313 do vigente Código Civil, podendo o credor negar-se a aceitar coisa mais valiosa, tendo em vista a individualização realizada pela escolha, pela qual o objeto da obrigação deixa de ser determinável e passa a ser determinado.

O art. 246 do CC continua consagrando a regra de direito pela qual *o gênero nunca perece* (*genus nunquam perit*), ao prever que antes da escolha não poderá o devedor alegar perda ou deterioração da coisa, ainda que em decorrência de caso fortuito (evento imprevisível) ou força maior (evento previsível, mas inevitável). Isso porque ainda não há individualização da coisa, devendo o art. 246 ser lido em sintonia com a primeira parte do artigo antecedente.

Diante disso, constava do original Projeto Fiuza proposta para alterar esse dispositivo, que passaria a ter a seguinte redação: "Antes de cientificado da escolha o credor, não poderá o devedor alegar perda ou deterioração da coisa, ainda que por força maior ou caso fortuito, salvo se tratar de dívida genérica limitada e se extinguir toda a espécie dentro da qual a prestação está compreendida".

Nesse ponto, não se filia ao antigo parecer do Deputado Vicente Arruda, que optou pela manutenção do texto, nos seguintes termos: "o acréscimo da expressão 'dívida genérica limitada' equivale à obrigação de dar coisa certa, conforme motivos expostos nos arts. 243 e 244". Parece-me que o parlamentar não compreendeu bem o sentido da proposta, que trata da *obrigação quase genérica,* que merece um tratamento legislativo, o que facilita o trabalho didático. Sobre o tema, comenta Flávio Augusto Monteiro de Barros o seguinte:

> "Essa máxima *genus non perit* é aplicável apenas às coisas pertencentes a gênero ilimitado. Exemplos: dinheiro, café, açúcar etc. Se a coisa pertencer a gênero limitado, o perecimento de todas as espécies que a componham acarretará a extinção da obrigação, responsabilizando-se o devedor pelas perdas e danos apenas na hipótese de ter procedido com culpa.
>
> A propósito, quando o gênero é limitado, a obrigação de dar coisa incerta denomina-se obrigação quase genérica. O gênero é limitado quando existe uma delimitação, quer porque a quantidade é escassa, quer porque o negócio faz referência a coisas que se acham num certo local ou que pertençam a certa pessoa ou ainda que sejam referentes a determinada época ou acontecimento. Exemplo: *A* vende para *B* 10 garrafas de vinho de sua safra de 1970" (BARROS, Flávio Augusto Monteiro de. *Manual...,* 2005, p. 45).

CAP. 2 · PRINCIPAIS CLASSIFICAÇÕES DAS OBRIGAÇÕES | 53

Anoto, todavia, que no atual Projeto de Reforma do Código Civil não há sugestão de se alterar esse art. 246, pois se conclui que a norma não gerou polêmicas na sua aplicação nos mais de vinte anos de vigência da atual codificação privada.

Com a análise do art. 246 do CC encerra-se a abordagem da obrigação de dar coisa incerta.

2.2.2 Obrigação positiva de fazer

A obrigação de fazer (*obligatio ad faciendum*) pode ser conceituada como uma obrigação positiva cuja prestação consiste no cumprimento de uma tarefa ou atribuição por parte do devedor.

Muitas vezes, a obrigação de fazer confunde-se com a obrigação de dar, sendo certo que os seus conteúdos são completamente diferentes. Exemplifica-se com uma obrigação cuja prestação é um quadro (obra de arte). Se o quadro já estiver pronto, haverá obrigação de dar. Caso o quadro seja encomendado, devendo ainda ser pintado pelo devedor, a obrigação é de fazer. Com tom didático, pode-se afirmar: *o dar não é um fazer, pois caso contrário não haveria nunca a obrigação de dar.*

A obrigação de fazer pode ser classificada da seguinte forma:

a) *Obrigação de fazer fungível*, que é aquela que ainda pode ser cumprida por outra pessoa, à custa do devedor originário, segundo procedimentos que constam dos arts. 816 e 817 do CPC/2015, equivalentes aos arts. 633 e 634 do CPC/1973.

b) *Obrigação de fazer infungível*, que é aquela que tem natureza personalíssima ou *intuitu personae*, em decorrência de regra constante do instrumento obrigacional ou pela própria natureza da prestação.

O art. 247 do CC trata da última modalidade de obrigação de fazer. Nesta, negando-se o devedor ao seu cumprimento, a obrigação de fazer converte-se em obrigação de dar, devendo o sujeito passivo arcar com as perdas e danos, incluídos os danos materiais (arts. 402 a 404 do CC) e os danos morais (art. 5.º, incs. V e X, CF/1988).

Mas, antes de pleitear indenização, o credor poderá requerer o cumprimento da obrigação de fazer nas suas duas modalidades, por meio de ação específica com a fixação de multa ou *astreintes* pelo juiz, conforme os arts. 497 do CPC/2015, 461 do CPC/1973 e 84 do CDC.

Quanto à obrigação de fazer fungível, entendo serem possíveis as *astreintes* somente em relação ao devedor originário, o que visa à conservação do negócio assumido entre as partes. A conversão em perdas e danos deve ser somente admitida em casos excepcionais, para a preservação da autonomia privada e a conservação do negócio jurídico celebrado. Como afirmado por diversas vezes nos Volumes 1 e 3 desta coleção, o princípio da conservação negocial mantém íntima relação com o princípio da função social dos contratos, o que é reconhecido pelo Enunciado n. 22 do CJF/STJ, aprovado na *I Jornada de Direito Civil*. A título de exemplo, reconhecendo a possibilidade de fixação de *astreintes* em obrigação de fazer fungível, inclusive contra a Fazenda Pública, transcreve-se julgado do Tribunal de Justiça de São Paulo:

"Multa diária – Cominatória – Execução fundada em título judicial. Cabível a cominação de multa diária (*astreintes*) contra a Fazenda Pública como meio executivo para cumprimento da obrigação de fazer (fungível ou infungível) ou de entregar coisa certa. Precedentes do Col. Superior Tribunal de Justiça. Prazo fixado de forma moderada a permitir o cumprimento da obrigação e razoabilidade do valor da multa estipulada. Recurso improvido" (TJSP, Apelação 531.396-5/1, 9.ª Câmara de Direito Público, São Paulo, Rel. Décio Notarangeli, 23.08.2006, v.u., Voto n. 1.228).

Segundo o art. 248 do Código Civil, caso a obrigação de fazer, nas duas modalidades, torne-se impossível sem culpa do devedor, resolve-se a obrigação sem a necessidade de pagamento de perdas e danos, tal como ocorre em decorrência de caso fortuito (evento totalmente imprevisível) ou força maior (evento previsível, mas inevitável). Nessas duas hipóteses, como é notório, exceção deve ser feita ao devedor em mora, que responderá por tais eventos, conforme o art. 399 da codificação material, a não ser que prove ausência total de culpa ou que o evento ocorreria mesmo se não estivesse em mora com a obrigação.

A ilustrar a incidência do citado art. 248 do CC, entendeu o Superior Tribunal de Justiça que "resolve-se, por motivo de força maior, o contrato de promessa de compra e venda sobre o qual pendia como ônus do vendedor a comprovação do trânsito em julgado de ação de usucapião, na hipótese em que o imóvel objeto do contrato foi declarado território indígena por decreto governamental publicado após a celebração do referido contrato. Sobrevindo a inalienabilidade antes do implemento da condição a cargo do vendedor, não há falar em celebração do contrato principal de compra e venda, não se caracterizando como contrato diferido, nem incidindo a teoria da imprevisão. Trata-se de não perfazimento de contrato por desaparecimento da aptidão do bem a ser alienado (art. 248 do CC)" (STJ, REsp 1.288.033/MA, Rel. Min. Sidnei Beneti, j. 16.10.2012, publicado no seu *Informativo* n. *507*).

Por outro lado, nos termos do mesmo art. 248, em havendo culpa do devedor no descumprimento da obrigação de fazer, este deverá arcar com os danos presentes no caso concreto.

Quanto à obrigação de fazer infungível, esta pode tanto decorrer de previsão no instrumento quanto da própria natureza da obrigação. Para ilustrar, se alguém contrata um pintor com dom artístico singular para elaborar um quadro, não haverá necessidade de constar do instrumento que a obrigação é infungível.

O art. 249 do CC/2002 é o que apresenta o conceito de obrigação de fazer fungível, aquela substituível e que pode ser cumprida por terceiro às custas do devedor originário. Nessa modalidade obrigacional, resta ainda uma opção ao credor, antes da conversão da obrigação em perdas e danos, que é a de exigir que outra pessoa cumpra com a obrigação, conforme os procedimentos constantes no Código de Processo Civil.

No entanto, é fundamental atualizar a presente obra perante as reformas processuais pelas quais passou o País.

De início, diante das alterações do CPC/1973 promovidas pela Lei 11.232/2005, as execuções fundadas em títulos executivos judiciais deixaram de ser realizadas por meio de processo autônomo, passando a objeto de cumprimento no âmbito do mesmo processo, já iniciado, de conhecimento (arts. 475-I, *caput*, e 475-N, incs. I, III, V, VII, do CPC/1973).

Conforme salientava Gustavo Filipe Barbosa Garcia, "*o processo de execução como relação processual autônoma, que se inicia com o ajuizamento da ação respectiva, prosseguindo com a citação do executado, passou a se limitar às hipóteses de execuções fundadas em títulos extrajudiciais (art. 585 do CPC) e execuções fundadas nos seguintes títulos judiciais: sentença penal condenatória transitada em julgado; sentença arbitral; sentença estrangeira homologatória pelo Superior Tribunal de Justiça (art. 475-N, II, IV, VI, do CPC)*" (GARCIA, Gustavo Filipe Barbosa. *Terceira fase...*, 2006, p. 39).

CAP. 2 · PRINCIPAIS CLASSIFICAÇÕES DAS OBRIGAÇÕES | 55

Desse modo, quando a execução de obrigação de fazer estivesse fundada em título executivo judicial, a próxima etapa do processo a ser observada seria a do *cumprimento da sentença*, que seria feito conforme os arts. 461 e 461-A do CPC/1973 (art. 475-I do CPC/1973).

Essa sistemática parece ter sido mantida pelo CPC/2015, pois o art. 475-I da norma anterior equivale ao seu art. 513, pelo qual "o cumprimento da sentença será feito segundo as regras deste Título, observando-se, no que couber e conforme a natureza da obrigação, o disposto no Livro II da Parte Especial deste Código".

Pelo art. 633 do Estatuto Processual anterior, que deveria ser aplicado ao processo autônomo de execução (para os títulos extrajudiciais e alguns judiciais, conforme mencionado), se, no prazo fixado pelo juiz, o devedor não satisfizesse a obrigação, seria lícito ao credor, nos próprios autos do processo, requerer que ela fosse executada à custa do devedor. Poderia ainda o credor pleitear as perdas e danos, caso em que a obrigação se converte em indenização.

Consigne-se que a sistemática foi mantida pelo art. 816 do CPC/2015, correspondente a esse art. 633 do CPC/1973, com algumas pequenas alterações de redação. Nos termos do novel comando, se o executado não satisfizer a obrigação no prazo designado, é lícito ao exequente, nos próprios autos do processo, requerer a satisfação da obrigação à custa do executado ou perdas e danos, hipótese em que se converterá em indenização. Nos termos do seu parágrafo único, sem qualquer alteração, o valor das perdas e danos será apurado em liquidação, seguindo-se a execução para cobrança de quantia certa.

No que tange ao art. 634 do CPC/1973, houve uma mudança substancial anterior pela Lei 11.382/2006. Em sua redação original, previa o dispositivo que, se o fato pudesse ser prestado por terceiros, seria lícito ao juiz, a requerimento do credor, decidir que aquele o realizasse à custa do devedor. Os parágrafos desse comando legal regulamentavam essa forma de execução, de maneira complexa.

Primeiramente, o juiz nomearia um perito que avaliaria o custo da prestação do fato, mandando em seguida que fosse expedido edital de concorrência pública, com o prazo máximo de trinta dias (§ 1.º).

As propostas seriam acompanhadas de prova do depósito da importância que o juiz estabeleceria a título de caução (§ 2.º). No dia, lugar e hora designados, abertas as propostas, escolheria o juiz a mais vantajosa (§ 3.º). Se o credor não exercesse a preferência a que se referia o art. 637 do CPC/1973, o concorrente, cuja proposta fosse aceita, obrigar-se-ia, dentro de cinco dias, por termo nos autos, a prestar o fato sob pena de perder a quantia caucionada (§ 4.º). Assinando o termo, o contratante faria nova caução de vinte e cinco por cento sobre o valor do contrato (§ 5.º). No caso de descumprimento da obrigação eventualmente assumida pelo concorrente ou pelo contratante, a caução seria revertida em benefício do credor (§ 6.º). Por fim, a lei previa que deveria o credor adiantar ao contratante as quantias estabelecidas na proposta aceita (§ 7.º).

Pois bem, uma das últimas reformas do CPC/1973 alterou o dispositivo, que pela Lei 11.382/2006 passou a ter a seguinte redação simplificada:

"Art. 634. Se o fato puder ser prestado por terceiro, é lícito ao juiz, a requerimento do exequente, decidir que aquele o realize à custa do executado.

Parágrafo único. O exequente adiantará as quantias previstas na proposta que, ouvidas as partes, o juiz houver aprovado".

Em suma, o que se percebe é que ocorreu uma substancial simplificação dos procedimentos, extinguindo-se a complexa licitação privada antes existente. Como expunha Glauco Gumerato Ramos, houve um reajuste do dispositivo, com a supressão da complexa e contraproducente concorrência pública que era prevista (*Reforma...*, 2007, p. 177). Para o mesmo autor, a redação do dispositivo anterior introduziria os seguintes procedimentos:

> "Verificando o juiz que a obrigação de fazer é passível de realização por terceiro, haverá dilação probatória onde caberá ao próprio exequente – apesar do silêncio do dispositivo – trazer aos autos eventuais propostas de terceiros interessados na prestação do respectivo fato. E como isso ocorrerá? Por exemplo, poderá ser através de apresentação pelo exequente, de alguns orçamentos fixados pelos terceiros eventualmente interessados, não sendo descartada a possibilidade de até mesmo o executado apresentar os orçamentos. O que o art. 634 reformado parece não querer mais é que se publiquem editais, ou mesmo que se proceda a qualquer outra formalidade convocatória, o que atentaria contra o princípio da celeridade (art. 5.º, LXXVIII, da CF) e aumentaria o custo financeiro do processo.

> Diante das propostas elaboradas, o juiz estabelecerá o contraditório e deliberará no sentido de aprovação de uma delas, que necessariamente não precisará ser a mais barata se eventualmente não for essa a melhor proposta para atender o exato cumprimento da obrigação. Essa decisão poderá ser impugnada por intermédio do recurso de agravo, sujeitando-se o curso do processo com as consequências daí advindas.

> Aprovada a proposta pelo juiz, caberá ao exequente adiantar as quantias nela previstas para que então o terceiro realize o fato (art. 643, parágrafo único). As quantias adiantadas pelo exequente serão por ele cobradas do executado através do rito previsto para execução de quantia certa (art. 646 e ss.)" (RAMOS, Glauco Gumerato. *Reforma...*, 2007, p. 179).

Tudo isso parece ter sido mantido pelo CPC/2015, pois o seu art. 817 repete o antigo art. 634, com pequenas modificações apenas de redação, para deixar o sentido do texto mais claro. Segundo o comando ora em vigor, "se a obrigação puder ser satisfeita por terceiro, é lícito ao juiz autorizar, a requerimento do exequente, que aquele a satisfaça à custa do executado. Parágrafo único. O exequente adiantará as quantias previstas na proposta que, ouvidas as partes, o juiz houver aprovado".

Também houve alteração anterior do art. 637, parágrafo único, do CPC/1973. As duas redações, ora superadas pelo CPC em vigor, constam da tabela a seguir:

CPC/1973 – Redação anterior	CPC/1973 – Redação após a Lei 11.382/2006
"Art. 637. Se o credor quiser executar, ou mandar executar, sob sua direção e vigilância, as obras e trabalhos necessários à prestação do fato, terá preferência, em igualdade de condições de oferta, ao terceiro.	"Art. 637. Se o credor quiser executar, ou mandar executar, sob sua direção e vigilância, as obras e trabalhos necessários à prestação do fato, terá preferência, em igualdade de condições de oferta, ao terceiro.
Parágrafo único. O direito de preferência será exercido no prazo de 5 (cinco) dias, contados da escolha da proposta, a que alude o art. 634, § 3.º."	Parágrafo único. O direito de preferência será exercido no prazo de 5 (cinco) dias, contados da apresentação da proposta pelo terceiro (art. 634, parágrafo único)."

A última alteração era simples, diante das mudanças que atingiram os procedimentos de cumprimento, contando-se o prazo de cinco dias para o exercício do direito de preferência, por parte do credor, da apresentação da proposta pelo terceiro. O prazo era tido como decadencial e, não sendo exercido pelo credor, a prestação ficaria a cargo do terceiro que apresentou a proposta (GUMERATO RAMOS, Glauco. *Reforma...*, 2007, p. 184).

CAP. 2 • PRINCIPAIS CLASSIFICAÇÕES DAS OBRIGAÇÕES | 57

Esse art. 637 do CPC/1973, devidamente reformado, praticamente foi repetido pelo art. 820 do CPC/2015, segundo o qual, se o exequente quiser executar ou mandar executar, sob sua direção e vigilância, as obras e os trabalhos necessários à realização da prestação, terá preferência, em igualdade de condições de oferta, em relação ao terceiro. Em complemento, está previsto, na mesma sistemática anterior, que direito de preferência deverá ser exercido no prazo de cinco dias, após aprovada a proposta do terceiro.

Em conclusão, diante dos fins sociais que guiam as recentes reformas processuais, que são a celeridade e a desburocratização, houve uma importante facilitação legislativa, para a efetivação do cumprimento da obrigação de fazer fungível. Essa afirmação também pode ser feita em relação ao CPC/2015, que praticamente confirmou a tendência de reforma instrumental antecedente.

De qualquer forma, mesmo cumprida a obrigação por terceiro, o credor ainda poderá pleitear perdas e danos, desde que comprovados os prejuízos, eis que não se pode indenizar o dano eventual, mas somente o dano efetivo (art. 403 do CC/2002). Repita-se que, em sintonia com o princípio da conservação negocial, também na obrigação de fazer fungível poderá o credor pleitear do devedor originário que cumpra a obrigação, inclusive com a fixação de *astreintes*.

Vejamos um exemplo prático para esclarecer toda essa visualização. *A* contrata *B*, artista famoso, para que este elabore um quadro. No instrumento obrigacional, consta que *A* aceita também um quadro de *C*, aprendiz de *B*. Este último se nega a cumprir a obrigação assumida. Poderá *A* exercitar seu direito das seguintes formas:

1.º) Ingressar com ação de obrigação de fazer contra *B*, requerendo que ele cumpra a obrigação, inclusive com a fixação de *astreintes* e sem prejuízo de perdas e danos decorrentes de eventual atraso. De toda sorte, cumpre anotar que pode surgir argumento de que a multa imposta gera lesão aos direitos da personalidade do autor da obra. Prevalecendo tal tese, a questão se resolve em perdas e danos.

2.º) Nessa mesma ação, constando pedido subsidiário, requerer que *C* cumpra a obrigação, às custas de *B*, devedor originário, nos termos dos arts. 816 e 817 do CPC/2015 (correspondentes aos arts. 633 e 634 do CPC/1973), sem prejuízo de perdas e danos.

3.º) Não interessando mais a obrigação de fazer, requerer a sua conversão em obrigação de pagar as perdas e danos (danos materiais e morais).

Cumpre acrescentar que, na *I Jornada de Direito Processual Civil*, evento promovido pelo Conselho da Justiça Federal em agosto de 2017, aprovou-se enunciado que traz interessante *diálogo* entre o Código Civil e o CPC/2015. Conforme o seu teor, pode o exequente – em execução de obrigação de fazer fungível, decorrente do inadimplemento relativo, voluntário e inescusável do executado – requerer a satisfação da obrigação por terceiro, cumulável ou não com perdas e danos, considerando-se que o *caput* do art. 816 do CPC/2015 não derrogou o art. 249, *caput,* do Código Civil de 2002 (Enunciado n. 103).

Vale lembrar que o mencionado dispositivo processual estabelece que, se o executado não satisfizer a obrigação no prazo designado, é lícito ao exequente, nos próprios autos do processo, requerer a satisfação da obrigação à custa do executado ou perdas e danos, hipótese em que se converterá em indenização. De fato, não se pode falar em revogação, mas da necessária compatibilização entre os dois comandos, sendo plenamente possível, antes da resolução por perdas e danos, exigir o cumprimento por terceiro, eventualmente cumulável com a indenização cabível.

O art. 249, parágrafo único, do CC/2002 traz uma novidade em relação ao CC/1916. Prevê esse dispositivo que, "em caso de urgência, pode o credor, independentemente de autorização judicial, executar ou mandar executar o fato, sendo depois ressarcido". O Código Civil de 2002 inovou à época da sua entrada em vigor, trazendo para a obrigação de fazer uma espécie de *autotutela civil*, ou *justiça com as próprias mãos*. Em casos de urgência, a serem definidos pela jurisprudência, o credor, sem a necessidade de autorização judicial, poderá executar ou mandar executar a obrigação, sem prejuízo de futura indenização por perdas e danos. Na doutrina, podem ser encontradas posições favoráveis e contrárias à novidade.

Sílvio de Salvo Venosa é um dos autores que elogia a inovação, nos seguintes termos: "é interessante notar que, no parágrafo, a novel lei introduz a possibilidade de procedimento de justiça de mão própria, no que andou muito bem. Imagine-se na hipótese da contratação de empresa para fazer a laje de concreto de um prédio, procedimento que requer tempo e época precisos. Caracterizadas a recusa e a mora bem como a urgência, aguardar uma decisão judicial, ainda que liminar, no caso concreto, poderá causar prejuízo de difícil reparação" (VENOSA, Sílvio de Salvo. *Direito civil...*, 2006, p. 83). Aplicando a ideia dessa *autotutela*, pode ser transcrita decisão do Tribunal Gaúcho:

> "Apelação cível – Ação de cobrança cumulada com pedido indenizatório – Seguro de veículo – Aviso de sinistro informado à seguradora – Mora injustificada no cumprimento da obrigação contratual de custear o conserto do veículo – Reparos contratados pelo próprio segurado em oficina não credenciada da seguradora – Restituição dos valores pela seguradora – Cabimento – Dano moral – Descabimento no caso de mero inadimplemento contratual – Cabimento da indenização por lucros cessantes devidamente comprovados. Uma vez demonstrado nos autos a demora injustificada da seguradora em proceder ao conserto do veículo segurado, após noticiado o sinistro, resta justificada a conduta da segurada em providenciar, por conta, o conserto do caminhão em outra oficina, máxime em se tratando de automóvel utilizado para transporte de cargas, o qual serve de subsistência para a demandante. Inteligência do art. 249, parágrafo único, do CC/2002, e art. 18, § 1.º, I, §§ 3.º e 4.º, do CDC. Restituição, pela seguradora, da íntegra dos valores despendidos pela segurada, uma vez estarem dentro do limite de cobertura. Cabimento da condenação da seguradora ao pagamento dos lucros cessantes, pelo tempo em que restou a segurada desprovida do veículo, descontado o período de trinta dias, necessário à liquidação do sinistro. Segundo jurisprudência assentada nesta Câmara, o mero inadimplemento contratual não enseja a condenação da seguradora ao pagamento de indenização por danos morais, havendo a parte de demonstrar a ocorrência concreta de abalo moral e prejuízo de ordem extrapatrimonial. Apelação parcialmente provida. Recurso adesivo parcialmente provido" (TJRS, Acórdão 70015650724, 6.ª Câmara Cível, Porto Alegre, Rel. Des. Liége Puricelli Pires, j. 30.10.2008, *DOERS* 25.11.2008, p. 23).

Também ilustrando, do Tribunal de Justiça de São Paulo merece destaque acórdão da 33.ª Câmara de Direito Privado que aplicou essa autotutela civil a contrato de prestação de serviços que visava a realização de reparos em aparelhos de medicina diagnóstica. Ao final, foi reconhecida a compensação de valores pelo reconhecimento das despesas com a contratação de terceiro. Vejamos a publicação da ementa do julgamento:

> "Cobrança. Prestação de serviços de medicina diagnóstica. Obrigação de manutenção do equipamento que incumbia à contratada. Reparos realizados pela contratante. Contratada que pretende cobrar valor integral da prestação de serviços sem desconto dos valores gastos com os reparos. Inteligência do artigo 249, parágrafo único, do Código Civil. Credor que, mediante urgência no cumprimento da obrigação de fazer, pode mandar executá-la,

CAP. 2 · PRINCIPAIS CLASSIFICAÇÕES DAS OBRIGAÇÕES | 59

sendo depois ressarcido pelos gastos incorridos. Hipótese à qual se aplicam os artigos 368 e seguintes do Código Civil. Compensação de valores devidos que é direito do devedor. Valores a serem compensados que, contudo, limitam-se às despesas efetivamente comprovadas nos autos. Apelação parcialmente provida" (TJSP, Apelação 0009001-77.2012.8.26.0296, 33.ª Câmara de Direito Privado, Rel. Des. Sá Moreira de Oliveira, j. 18.05.2015).

Entretanto, existiam vozes que não viam com bons olhos a inovação. Isso porque o texto é totalmente genérico, sendo certo que a *autotutela civil* somente é recomendável em casos especificados e com limites em lei. Como exemplo, lembre-se a legítima defesa da posse e o desforço imediato que constavam no art. 502 do CC/1916, reproduzidos no art. 1.210, § 1.º, da codificação material. Como é notório, apesar do tom específico, tais conceitos possessórios sempre causaram confusões, particularmente nos casos envolvendo invasões de terra.

Fazendo uma necessária confrontação, é de se imaginar as dúvidas práticas que surgem desse sentido amplo do art. 249, parágrafo único, do CC/2002. Os limites do conceito devem ser apontados pela jurisprudência, devendo o aplicador do Direito estar atento para a caracterização do ilícito (art. 186 do CC) e, principalmente, do abuso de direito (art. 187 do CC). Eventualmente, em casos de excessos no exercício da autotutela, caberá ao devedor casualmente prejudicado pleitear perdas e danos.

Mas outra polêmica também pode haver relativamente à inovação do Código Civil de 2002. Inicialmente, é de se defender que o instituto somente se aplica à obrigação de fazer fungível, pela previsão do *caput* do artigo ora comentado. No futuro, poderá surgir posicionamento apontando a sua aplicação para a obrigação de fazer infungível, porque há regra semelhante para a obrigação de não fazer (art. 251, parágrafo único, do CC) que, como se sabe, tem natureza personalíssima ou infungível, em regra.

Esses são os desafios principais relacionados ao exercício dessa nova autotutela. De qualquer maneira, anote-se que as vias extrajudiciais têm se tornado a tendência da pós-modernidade jurídica, diante da *desjudicialização dos conflitos e contendas*. Essa tendência foi confirmada pelo Código de Processo Civil de 2015, que valoriza a *fuga do Poder Judiciário* em vários de seus artigos.

2.2.3 Obrigação negativa de não fazer

A obrigação de não fazer (*obligatio ad non faciendum*) é a única obrigação negativa admitida no Direito Privado Brasileiro, tendo como objeto a abstenção de uma conduta. Por tal razão, havendo inadimplemento, a regra do art. 390 da codificação material merece aplicação, pela qual "nas obrigações negativas o devedor é havido por inadimplente desde o dia em que executou o ato de que se devia abster". O que se percebe é que o descumprimento da obrigação negativa se dá quando o ato é praticado.

A obrigação de não fazer é quase sempre infungível, personalíssima (*intuitu personae*), sendo também predominantemente indivisível pela sua natureza, nos termos do art. 258 do Código Civil.

Se o adimplemento da obrigação de não fazer tornar-se impossível sem culpa genérica do devedor, será resolvida, o mesmo ocorrendo nas situações envolvendo o caso fortuito e a força maior (art. 250 do CC), com exceção dos casos discutidos, em que o sujeito passivo obrigacional responde por tais ocorrências.

A obrigação de não fazer pode ter origem legal ou convencional. Relativamente à obrigação de não fazer de origem legal, exemplifica-se com o caso do proprietário de imóvel, que tem o dever de não construir até certa distância do imóvel vizinho (arts. 1.301 e 1.303 do CC). Como exemplo de obrigação de não fazer de origem convencional, cite-se o caso de um ex-empregado que celebra com a empresa ex-empregadora um *contrato de sigilo industrial* por ter sido contratado pelo concorrente (*secret agreement*).

Prevê o art. 251 do CC que praticado o ato pelo devedor, a cuja abstenção se obrigara, o credor pode exigir dele que o desfaça, sob pena de se desfazer à sua custa, ressarcindo o culpado as perdas e danos. Se for praticado o ato vedado pelo compromisso de abstenção, o credor pode exigir que o ato seja desfeito, caso haja culpa em sentido amplo do devedor. Para tanto, poderá ingressar com ação de obrigação de não fazer, requerendo a fixação de preceito cominatório, ou *astreintes* (arts. 497 do CPC/2015, 461 do CPC/1973 e 84 do CDC). Eventualmente, a pedido do credor e havendo culpa do devedor, a obrigação de não fazer poderá ser convertida em obrigação de dar coisa certa, no caso, em obrigação de arcar com perdas e danos.

Nesse ponto, importante apontar que, no Direito Processual Civil, a doutrina de Moacyr Amaral dos Santos faz a distinção entre *obrigação de não fazer transeunte* (ou instantânea) e *permanente*, conforme sejam irreversíveis ou não, respectivamente (*Primeiras linhas...*, 1994, p. 394). Esclarecendo o teor dessas obrigações, pode ser elaborado o quadro a seguir:

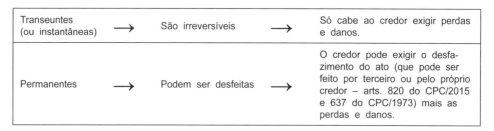

Consigne-se que essa *clássica divisão* ainda é atual, podendo ser mantida sob a égide do Código de Processo Civil de 2015.

Em complemento, enuncia o parágrafo único do art. 251 da codificação privada que, "em caso de urgência, poderá o credor desfazer ou mandar desfazer, independentemente de autorização judicial, sem prejuízo do ressarcimento devido". Como se vê, a *autotutela civil* também está prevista para a obrigação de não fazer, o que faz merecer os comentários que fizemos em relação ao art. 249, parágrafo único, da codificação de 2002. Na verdade, o aplicador do Direito deve ser até mais cauteloso em relação ao dispositivo aqui analisado, eis que o texto pode gerar ainda mais abusos, tendo em vista a utilização das expressões *desfazer ou mandar desfazer*.

Veja-se o exemplo sobre a obrigação de não fazer de origem legal, que foi exposto quando do comentário do *caput* do art. 250 do CC. Tendo sido feita a construção pelo vizinho, o proprietário prejudicado, independentemente de permissão judicial, estará autorizado pela lei a demolir o prédio construído irregularmente!

Quanto ao exemplo citado sobre obrigação de não fazer de origem convencional, caso o ex-empregado revele dados os quais se comprometeu a não divulgar, o credor poderá utilizar-se de meios próprios para *calar* o primeiro.

Valem as mesmas reflexões feitas anteriormente quanto a essa autotutela. Havendo abuso ou irregularidades no exercício desse direito, nos dois casos, merecerá aplicação o art. 187 do Código Civil, imputando-se ao credor responsabilidade objetiva, tendo em

CAP. 2 · PRINCIPAIS CLASSIFICAÇÕES DAS OBRIGAÇÕES | 61

vista o teor do Enunciado n. 37 do CJF/STJ, da *I Jornada de Direito Civil*, que preceitua: "a responsabilidade civil decorrente do abuso do direito independe de culpa, e fundamenta-se somente no critério objetivo-finalístico".

Por fim, destaque-se a edição da Súmula 410 do STJ, de novembro de 2009, com a seguinte redação: "a prévia intimação pessoal do devedor constitui condição necessária para a cobrança de multa pelo descumprimento de obrigação de fazer ou não fazer". A súmula não é clara, por não fazer menção expressa de qual multa está tratando: as *astreintes* ou a cláusula penal. Pesquisando os seus precedentes, constata-se que a referência é à primeira, merecendo destaque:

> "Agravo interno – Recurso especial – Execução de *astreintes* – Intimação pessoal – Necessidade – Inexigibilidade do título – Cumprimento da obrigação – Anterior à intimação – Descabimento dos honorários advocatícios – Decisão agravada mantida – Improvimento. I. É necessária a intimação pessoal do devedor quando aplicada multa diária pelo descumprimento de obrigação de fazer ou não fazer. II. Cumprida a obrigação de fazer antes mesmo da intimação ser efetuada – é o que se extrai do acórdão recorrido (fl. 87) – não há como incidir honorários advocatícios. III. Os agravantes não trouxeram nenhum argumento capaz de modificar a conclusão do julgado, a qual se mantém por seus próprios fundamentos. IV. Agravo improvido" (STJ, AgRg nos EDcl no REsp 1.067.903/RS, 3.ª Turma, Rel. Min. Sidnei Beneti, j. 21.10.2008, *DJe* 18.11.2008).

Em 2019, o Superior Tribunal de Justiça acabou por concluir que a ementa tem ampla aplicação para os atos processuais praticados antes e após as reformas processuais anteriores, conforme consta do acórdão da Corte Especial, publicado no seu *Informativo n. 643*. Nos termos da tese fixada, "é necessária a prévia intimação pessoal do devedor para a cobrança de multa pelo descumprimento de obrigação de fazer ou não fazer antes e após a edição das Leis 11.232/2005 e 11.382/2006, nos termos da Súmula 410 do STJ" (EREsp 1.360.577/MG, Rel. Min. Humberto Martins, Rel. p/ Acórdão Min. Luis Felipe Salomão, j. 19.12.2018, *DJe* 07.03.2019, m.v.). A conclusão é exatamente a mesma para a vigência do CPC/2015.

Feita essa importante pontuação técnica, de cunho processual e material, encerra-se o estudo da obrigação de fazer.

2.3 CLASSIFICAÇÃO QUANTO À PRESENÇA DE ELEMENTOS OBRIGACIONAIS

2.3.1 Considerações iniciais

A classificação da obrigação quanto aos elementos leva em conta a presença de pessoas e a quantidade de prestações na relação obrigacional, conforme esquematização a seguir:

Simples	Singularidade de objetos – um credor, um devedor, uma prestação	
Compostas	Pela multiplicidade de objetos	Cumulativas ou conjuntivas
		Alternativas ou disjuntivas
	Pela multiplicidade de sujeitos	Solidárias (ativa, passiva e mista)

Inicialmente, há a obrigação simples, que é aquela que se apresenta com somente um sujeito ativo (credor), um sujeito passivo (devedor) e uma única prestação. Em síntese, essa é aquela obrigação com o menor número possível de elementos que aqui pode ser conceituada, para fins didáticos, como *obrigação mínima*.

Por outra via, na obrigação composta há uma pluralidade de objetos (*obrigação composta objetiva cumulativa* ou *obrigação composta objetiva alternativa*) ou pluralidade de sujeitos (*obrigação composta subjetiva ativa* e *passiva* que podem assumir as formas de *obrigação solidária ativa, passiva* e *mista*).

Passa-se, inicialmente, a analisar as *obrigações compostas objetivas*.

2.3.2   Das obrigações compostas objetivas

Da subclassificação das obrigações compostas objetivas, ou seja, aquelas que apresentam duas ou mais prestações (elemento objetivo da obrigação), surgem duas modalidades importantes.

Primeiro, há a *obrigação composta objetiva cumulativa ou conjuntiva* (ou tão somente *obrigação cumulativa*). Trata-se daquela obrigação pela qual o sujeito passivo deve cumprir todas as prestações previstas, sob pena de inadimplemento total ou parcial. Desse modo, a inexecução de somente uma das prestações já caracteriza o descumprimento obrigacional. Geralmente, essa forma de obrigação é identificada pela conjunção *e*, de natureza aditiva.

A obrigação composta cumulativa ou conjuntiva não está tratada pelo Código Civil, sendo comum o seu estudo pela doutrina e jurisprudência. Exemplificando, em um contrato de locação de imóvel urbano, tanto o locador como o locatário assumem obrigações cumulativas. Isso pode ser evidenciado porque os arts. 22 e 23 da Lei 8.245/1991 trazem, respectivamente, vários deveres obrigacionais, prestações de natureza diversa, para o locador e para o locatário.

Pela estrutura obrigacional desse contrato, o locador é obrigado a entregar o imóvel, a garantir o seu uso pacífico e a responder pelos vícios da coisa locada, dentre outros deveres. O locatário é obrigado a pagar o aluguel e os encargos, a usar o imóvel conforme convencionado e a não modificar a forma externa do mesmo. Pode-se perceber uma série de prestações de naturezas diversas (dar, fazer e não fazer), de forma cumulada. O descumprimento de um desses deveres pode gerar o inadimplemento obrigacional.

Por outro lado, o Código Civil em vigor traz um tratamento em relação à obrigação composta objetiva alternativa ou disjuntiva (ou tão somente *obrigação alternativa*) nos seus arts. 252 a 256.

Já foi demonstrado que a *obrigação alternativa* é espécie do gênero *obrigação composta*, sendo aquela que se apresenta com mais de um sujeito ativo, ou mais de um sujeito passivo, ou mais de uma prestação. A obrigação alternativa ou disjuntiva é, assim, uma obrigação composta objetiva, tendo mais de um conteúdo ou prestação. Normalmente, a obrigação alternativa é identificada pela conjunção *ou*, que tem natureza disjuntiva, justificando a outra nomenclatura dada pela doutrina.

De acordo com a linha doutrinária seguida por mim, o exemplo típico em que está presente a obrigação alternativa envolve o *contrato estimatório*, também conhecido como *contrato de venda em consignação*, negócio que recebeu tipificação pelo Código Civil de 2002.

Conforme o art. 534 do CC, no contrato estimatório o consignante transfere ao consignatário bens móveis para que o último os venda, pagando o preço de estima, ou devolva tais bens findo o prazo assinalado no instrumento obrigacional. Com o devido respeito, não me filio ao entendimento segundo o qual o consignatário assume uma *obrigação facultativa*. Filia-se, portanto, a Paulo Luiz Netto Lôbo, para quem "o consignatário contrai dívida e obrigação alternativa" (*Questões controvertidas...*, 2004, p. 327). Assim também entendem Caio Mário da Silva Pereira e Waldírio Bulgarelli.

Todavia, a questão é por demais controvertida, entendendo outros tantos autores que a obrigação assumida pelo consignatário é facultativa (Maria Helena Diniz, Sílvio de Salvo Venosa e Arnaldo Rizzardo). Todos esses posicionamentos são expostos por Sylvio Capanema, que se filia à segunda corrente (*Comentários...*, 2004, p. 61). Também José Fernando Simão entende que a obrigação assumida pelo consignatário é facultativa (Contrato estimatório..., *Direito civil...*, 2006, p. 364-371). A questão, portanto, é de grande controvérsia, e está abordada com maior profundidade no Volume 3 desta coleção.

Voltando especificamente à obrigação alternativa, havendo duas prestações, o devedor se desonera totalmente satisfazendo apenas uma delas. Como ocorre na obrigação de dar coisa incerta, o objeto da obrigação alternativa é determinável, cabendo uma escolha, também denominada *concentração,* que no silêncio cabe ao devedor (art. 252, *caput,* do CC).

Entretanto, a obrigação alternativa não se confunde com a obrigação de dar coisa incerta. De início, porque a primeira é uma obrigação composta (com duas ou mais prestações), enquanto a segunda é uma obrigação simples, com apenas uma prestação e objeto determinável. Na obrigação alternativa, muitas vezes, há prestações de naturezas diversas, de dar, fazer e não fazer, devendo ser feita uma opção entre essas. Isso não ocorre na obrigação de dar coisa incerta em que o conteúdo é uma coisa determinável, como visto. Na dúvida, a resposta deve ser dada pelo instrumento obrigacional, cabendo análise caso a caso.

Determina o § 1.º do art. 252 do CC que não pode o devedor obrigar o credor a receber parte em uma prestação e parte em outra. A previsão está em total sintonia com as regras dos arts. 313 e 314 da codificação material, pois o devedor não poderá, cabendo-lhe a escolha, obrigar o credor a receber parte de uma prestação e parte de outra, ou seja, receber as prestações de forma fragmentada.

A conclusão é que prevalece a identidade física e material das prestações na obrigação alternativa. Porém, deve ficar claro que essa regra não se aplica ao contrato estimatório, pois é da própria natureza desse negócio a possibilidade de cumprimento em partes da obrigação, ou seja, o consignatário poder pagar parte do preço de estima e devolver parte das coisas consignadas.

No caso de obrigação de prestações periódicas, também denominada obrigação de execução continuada ou trato sucessivo, a opção poderá ser exercida em cada período, o que mantém o contrato sob forma não instantânea (art. 252, § 2.º, do CC). Entendo que tal regra poderá ser aplicada em favor tanto do devedor quanto do credor, desde que não gere enriquecimento sem causa de um sujeito sobre o outro. Ao contrário do que constava na codificação anterior (art. 884, § 2.º, do CC/1916), há no texto atual um sentido genérico ("em cada período"), não sendo necessária somente a periodicidade anual, como previa a norma precedente, podendo ela ser diária, quinzenal, mensal, trimestral, semestral ou mesmo utilizar outros critérios temporais.

Consoante o § 3.º do art. 252 do CC/2002, no caso de pluralidade de optantes e não havendo acordo unânime entre eles, decidirá o juiz, findo o prazo por este determinado para a deliberação em eventual ação. Nota-se que o Código Civil de 2002 prevê que, não havendo acordo quanto à concentração na obrigação alternativa, em relação às partes ou a terceiros, a escolha caberá ao juiz a quem a questão foi levada.

Esse comando legal revela o princípio da operabilidade, no sentido de efetividade – relacionado com a *ontognoseologia jurídica* de Miguel Reale –, pelo qual o aplicador do Direito é chamado a se pronunciar em casos especificados pela própria lei, ou para preencher espaços vazios ou cláusulas gerais nela previstos. Sobre a estrutura e a filosofia da codificação de 2002, sugere-se a leitura do Capítulo 2 do Volume 1 desta coleção. De qualquer forma, é interessante frisar que essa tendência de intervenção judicial não é mais a atual, pois vivificamos a orientação contemporânea de *desjudicialização dos conflitos*, o que pode ser confirmado pela leitura de vários dispositivos do CPC/2015.

Na hipótese de haver previsão no instrumento obrigacional no sentido de que a concentração cabe a terceiro, caso este não queira ou não possa exercer o ato, caberá o controle da escolha mais uma vez ao juiz da causa convocado a pronunciar-se sobre o caso concreto (art. 252, § 4.º, do CC). O dispositivo em questão, a exemplo do anterior comentado, tende a afastar qualquer possibilidade de enriquecimento sem causa, buscando o equilíbrio ou a equivalência das prestações (manutenção do sinalagma), trazendo a intervenção do juiz na obrigação, tendências da nova norma privada.

Segundo o art. 253 do CC, se uma das duas prestações não puder ser objeto de obrigação ou se uma delas se tornar inexequível, subsistirá o débito quanto à outra. Esse dispositivo prevê a redução do objeto obrigacional, ou seja, a conversão da obrigação composta objetiva alternativa em obrigação simples. Dessa forma, se uma das prestações não puder ser cumprida, a obrigação se concentra na restante. Quanto ao contrato estimatório, aliás, há regra muito próxima no art. 535 do CC, pelo qual "o consignatário não se exonera da obrigação de pagar o preço, se a restituição da coisa, em sua integridade, se tornar impossível, ainda que por fato a ele não imputável". Diante dessa equivalência entre os comandos legais é que entendo que a obrigação assumida pelo consignatário é alternativa e não facultativa.

Pelo art. 254 do CC/2002, tornando-se totalmente impossível a obrigação alternativa (se nenhuma das prestações puder ser cumprida) por culpa genérica do devedor, e não cabendo a escolha ao credor, deverá o primeiro arcar com a última prestação pela qual se obrigou, sem prejuízo das perdas e danos. Na verdade, o comando legal enuncia que o valor a ser levado em conta é o da prestação sobre a qual recaiu a concentração, havendo a determinação do objeto por tal ato.

No caso de redução do objeto obrigacional, nos termos do art. 253 do CC, o valor deverá estar relacionado com o da prestação restante, ou do que "por último se impossibilitou", mais uma vez sem prejuízo da indenização cabível no caso concreto. A fórmula a seguir explica o dispositivo legal:

> Culpa do devedor + Impossibilidade de todas as prestações + Escolha não cabe ao credor = Valor da prestação que por último se impossibilitou + Perdas e danos

Por outro lado, caso a escolha caiba ao credor, tornando-se impossível somente uma das prestações por culpa em sentido amplo do devedor, o primeiro terá duas opções (art. 255 do CC):

a) exigir a prestação restante ou subsistente mais perdas e danos; ou

b) exigir o valor da prestação que se perdeu, sem prejuízo da reparação material e moral (perdas e danos).

CAP. 2 · PRINCIPAIS CLASSIFICAÇÕES DAS OBRIGAÇÕES | 65

Vejamos a fórmula relativa a essas regras:

Culpa do devedor + Impossibilidade de uma das prestações + Escolha cabe ao credor =
Prestação subsistente *ou* o valor da prestação que se perdeu + Perdas e danos

Também nesse caso (culpa do devedor), cabendo a escolha ao credor e tornando-se impossível o cumprimento de ambas as prestações, o último poderá exigir o valor de qualquer uma das duas prestações, sem prejuízo da reparação por prejuízos materiais e morais. Pelo dispositivo em questão, percebe-se a natureza jurídica da obrigação alternativa, uma vez que somente uma das prestações pode ser exigida, em todos os casos. Esquematizando:

Culpa do devedor + Impossibilidade de todas as prestações + Escolha cabe ao credor =
Valor de qualquer uma das prestações + Perdas e danos

Por fim, a respeito da regulamentação material dessas obrigações, preconiza o art. 256 do Código Civil Brasileiro que, se todas as prestações se tornarem impossíveis sem culpa do devedor, extinguir-se-á a obrigação. Tal regra se aplica, por exemplo, quando a inexigibilidade ocorrer em decorrência de caso fortuito (evento totalmente imprevisível) ou força maior (evento previsível, mas inevitável).

Em tais hipóteses, os sujeitos da relação obrigacional composta estarão liberados, sem qualquer consequência suplementar às partes, *em regra*. Mas vale repetir que em algumas situações a parte responde por caso fortuito e força maior (devedor em mora, previsão contratual ou previsão legal).

Partindo para o tratamento processual das obrigações alternativas, é interessante verificar como o CPC/2015 trata da matéria.

De início, prevê o art. 800, *caput*, do Código de Processo Civil de 2015 que, nas obrigações alternativas, quando a escolha couber ao devedor, este será citado para exercer a opção e realizar a prestação dentro de dez dias, se outro prazo não lhe foi determinado em lei ou no contrato. A norma é repetição do art. 571 do antigo CPC, regulando uma consequência natural da escolha efetuada pelo devedor como premissa-regra, uma das concretizações da antiga máxima romana segundo a qual o sistema jurídico deve tutelar o sujeito passivo obrigacional (*in favor debitoris*). Percebe-se claramente que os diplomas são *normas de ordem privada* ou *dispositivas,* pela possibilidade de convenção de um prazo diferente dos dez dias.

Sem qualquer novidade, conforme o § 1.º do art. 800 do CPC/2015, a opção de escolha será devolvida ao credor, se o devedor não a exercer no prazo determinado, após ser citado para tanto na ação correspondente. A escolha será indicada na petição inicial da execução quando couber ao credor exercê-la, o que decorre dessa atribuição dada pela lei ao sujeito ativo obrigacional como exceção (§ 2.º do art. 800 do CPC/2015).

A encerrar o estudo do tema, consigne-se que as duas formas de obrigações compostas analisadas (alternativa e conjuntiva) não se confundem com a *obrigação facultativa*, que possui somente uma prestação, acompanhada por uma faculdade a ser cumprida pelo devedor de acordo com a sua opção ou conveniência.

Como o credor não pode exigir essa faculdade, não havendo *dever* quanto à mesma, a obrigação facultativa constitui uma forma de obrigação simples (GOMES, Orlando. *Obrigações*..., 1997, p. 76). As respostas de enquadramento devem ser dadas caso a caso, principalmente com a análise do instrumento obrigacional.

A obrigação facultativa não está prevista no Código Civil. De qualquer modo é normalmente tratada pela doutrina. Maria Helena Diniz dá um exemplo didático dessa obrigação *in facultate solutionis*: "se alguém, por contrato, se obrigar a entregar 50 sacas de café, dispondo que, se lhe convier, poderá substituí-las por R$ 20.000,00, ficando assim com o direito de pagar ao credor coisa diversa do objeto do débito" (DINIZ, Maria Helena. *Curso...*, 2002, p. 124). Também ilustrando, da jurisprudência mineira, pode ser transcrito interessante julgado:

> "Contrato de arrendamento rural – Forma de pagamento – Percentual sobre o valor do produto colhido – Descaracterização para parceria rural – Inocorrência. 'No arrendamento, a remuneração do contrato é sempre estabelecida em dinheiro, equivalente ao aluguel da locação em geral. O fato de o aluguel ser fixado em dinheiro, contudo, não impede que o cumprimento da obrigação seja substituído por quantidade de frutos cujo preço corrente no mercado local, nunca inferior ao preço mínimo oficial, equivalha ao aluguel, à época da liquidação' (artigo 18, do Regulamento). 'Trata-se de obrigação facultativa, pois o devedor pode optar por substituir seu objeto quando do pagamento' (Sílvio de Salvo Venosa. *Direito Civil*, 3. ed. São Paulo: Ed. Atlas, 2003. p. 360). Apelação não provida" (TJMG, Acórdão 1.0118.05.003165-7/001, 10.ª Câmara Cível, Canápolis, Rel. Des. Pereira da Silva, j. 26.06.2007, *DJMG* 13.07.2007).

Anote-se, mais uma vez, que nessa última modalidade de obrigação o credor não pode exigir que o devedor escolha uma ou outra prestação, sendo uma faculdade exclusiva deste. Como consequência disso, havendo impossibilidade de cumprimento da prestação, sem culpa do devedor, a obrigação se resolve, sem perdas e danos. Mas, se houver fato imputável ao devedor, o credor poderá exigir o equivalente da obrigação, mais perdas e danos. Como Maria Helena Diniz, na obra e página citadas por último, igualmente defendo a aplicação, por analogia, do art. 234, segunda parte, do atual CC, à obrigação facultativa.

2.3.3 Das obrigações compostas subjetivas. As obrigações solidárias

2.3.3.1 Regras gerais

As obrigações solidárias interessam muito ao mundo jurídico, particularmente ao direito obrigacional e contratual, eis que têm grande relevância prática. Por uma questão lógica, o seu estudo interessa e somente é pertinente quando houver pluralidade de credores e/ou de devedores (*obrigação composta subjetiva ativa*, *obrigação composta subjetiva passiva* e *obrigação composta subjetiva mista* – esta última, com vários credores e vários devedores ao mesmo tempo).

Quanto à matéria, o Código Civil traz regras gerais nos arts. 264 a 266, sem prejuízos das normas especiais relacionadas com o tema. Vejamos tais dispositivos.

Em sintonia com o princípio da operabilidade, no sentido de simplicidade ou facilitação, prevê o art. 264 do CC que há solidariedade, quando na mesma obrigação concorrer mais de um credor, ou mais de um devedor, cada um com direito ou obrigado à dívida toda. Dessa forma, na obrigação solidária ativa, qualquer um dos credores pode exigir a obrigação por inteiro. Na obrigação solidária passiva, a dívida pode ser paga por qualquer um dos devedores.

O art. 265 do CC, repetindo a tão conhecida regra do art. 896 do CC/1916, enuncia que a solidariedade não se presume, resultando da lei ou da vontade das partes. Assim, continua vigente a regra pela qual a solidariedade contratual não pode ser presumida, devendo

CAP. 2 • PRINCIPAIS CLASSIFICAÇÕES DAS OBRIGAÇÕES | 67

resultar da lei (*solidariedade legal*) ou da vontade das partes (*solidariedade convencional ou voluntária*).

Muito importante apontar que a solidariedade prevista no dispositivo em análise é a solidariedade de natureza obrigacional e relacionada com a responsabilidade civil contratual, que não se confunde com aquela advinda da responsabilidade civil extracontratual ou *aquiliana*, tratada pelo art. 942, parágrafo único, da lei privada, pelo qual "são solidariamente responsáveis com os autores os coautores e as pessoas designadas no art. 932".

Cumpre ainda assinalar que a solidariedade obrigacional constitui regra no Código de Defesa do Consumidor, ao contrário do que ocorre na atual codificação civil, em que constitui exceção. Consta do art. 7.º, parágrafo único, da Lei 8.078/1990 que, "tendo mais de um autor a ofensa, todos responderão solidariamente pela reparação de danos previstos nas normas de consumo". Esse comando consumerista, segundo doutrina especializada, traz uma presunção de solidariedade contratual (por todos: MARQUES, Claudia Lima; BENJAMIN, Antonio Herman V.; MIRAGEM, Bruno. *Comentários...*, 2003, p. 188).

Também esclarecendo, interessante anotar que fiador e devedor principal *não são*, em regra, devedores solidários. Isso porque é cediço que o fiador tem a seu favor o *benefício de ordem* previsto no art. 827 do CC, pelo qual pode exigir que primeiro sejam demandados os bens do devedor principal, caso de um locatário, por exemplo. Em regra, por tal comando, o fiador é devedor subsidiário. Entretanto, é possível que o fiador fique vinculado como principal pagador ou devedor solidário (art. 828, inc. II, do CC). Vale o esclarecimento diante de notória confusão, tão repetida na prática. Isso porque, na grande maioria das vezes, é comum a estipulação contratual prevendo a solidariedade. Consigne-se ainda que fiadores de uma mesma dívida são solidários entre si, como regra geral da norma jurídica (art. 829 do CC). No Volume 3 desta coleção, essas questões estão comentadas de forma mais aprofundada.

Outra questão prática a respeito da solidariedade passiva envolve as contas bancárias conjuntas. Deve ser esclarecido que estas somente serão solidárias se houver previsão nesse sentido, outra hipótese de solidariedade convencional, o que não alcança terceiros estranhos à relação jurídica. Conforme se retira de didático aresto do Superior Tribunal de Justiça, publicado no seu *Informativo* n. 539:

"De fato, há duas espécies de contrato de conta bancária: *a)* a conta individual ou unipessoal; e *b)* a conta conjunta ou coletiva. A conta individual ou unipessoal é aquela que possui titular único, que a movimenta por si ou por meio de procurador. A conta bancária conjunta ou coletiva, por sua vez, pode ser: *b.1)* indivisível – quando movimentada por intermédio de todos os seus titulares simultaneamente, sendo exigida a assinatura de todos, ressalvada a outorga de mandato a um ou a alguns para fazê-lo; ou *b.2)* solidária – quando os correntistas podem movimentar a totalidade dos fundos disponíveis isoladamente. Nesta última espécie (a conta conjunta solidária), apenas prevalece o princípio da solidariedade ativa e passiva em relação ao banco – em virtude do contrato de abertura de conta-corrente –, de modo que o ato praticado por um dos titulares não afeta os demais nas relações jurídicas e obrigacionais com terceiros, devendo-se, portanto, afastar a solidariedade passiva dos correntistas de conta conjunta solidária em suas relações com terceiros (REsp 13.680/SP, Quarta Turma, *DJ* 16/11/1992). Isso porque a solidariedade não se presume, devendo resultar da vontade da lei ou da manifestação de vontade inequívoca das partes (art. 265 do CC)" (STJ, REsp 1.184.584/MG, Rel. Min. Luis Felipe Salomão, j. 22.04.2014. No mesmo sentido: REsp 1.510.310/RS, 3.ª Turma, Rel. Min. Nancy Andrighi, j. 03.10.2017, *DJe* 13.10.2017).

Como a questão se consolidou no âmbito do Tribunal Superior, em 2022 a tese foi fixada em Incidente de Assunção de Competência (IAC), trazendo como consequências as seguintes afirmações jurídicas:

"a) É presumido, em regra, o rateio em partes iguais do numerário mantido em conta corrente conjunta solidária quando inexistente previsão legal ou contratual de responsabilidade solidária dos correntistas pelo pagamento de dívida imputada a um deles. b) não será possível a penhora da integralidade do saldo existente em conta conjunta solidária no âmbito de execução movida por pessoa (física ou jurídica) distinta da instituição financeira mantenedora, sendo franqueada aos cotitulares e ao exequente a oportunidade de demonstrar os valores que integram o patrimônio de cada um, a fim de afastar a presunção relativa de rateio" (STJ, REsp. 1.610.844/BA, Corte Especial, Rel. Min. Luis Felipe Salomão, j. 15.06.2022, tema IAC 12, v.u.).

A encerrar as ilustrações a respeito da solidariedade, cabe trazer uma nota sobre a recente *Reforma Trabalhista* (Lei 13.467, de 13 de julho de 2017), que trouxe importante regra sobre as empresas que compõem o mesmo grupo econômico. Nos termos do novel art. 2.º, § 2.º, da CLT, sempre que uma ou mais empresas, embora tendo cada uma delas personalidade jurídica própria, estiverem sob a direção, controle ou administração de outra – ou ainda quando, mesmo guardando cada uma sua autonomia, integrarem um mesmo grupo econômico –, serão responsáveis solidariamente pelas obrigações decorrentes da relação de emprego.

A norma acaba consagrando parte da posição doutrinária e jurisprudencial já existente. Porém, traz uma ressalva, no sentido de não caracterizar grupo econômico a mera identidade de sócios, sendo necessárias, para a configuração desse grupo, a demonstração do interesse integrado, a efetiva comunhão de interesses e a atuação conjunta das empresas dele integrantes (art. 2.º, § 3.º, da CLT, incluído pela citada Lei 13.467/2017).

Feitas tais concretizações e seguindo no estudo das regras gerais relativas à solidariedade, dispõe o art. 266 do atual Código Privado que a obrigação solidária, quanto à presença de elemento acidental, pode ser assim subclassificada:

a) *obrigação solidária pura* ou *simples* – é aquela que não contém condição, termo ou encargo;
b) *obrigação solidária condicional* – é aquela cujos efeitos estão subordinados a um evento futuro e incerto (condição);
c) *obrigação solidária a termo* – é aquela cujos efeitos estão subordinados a evento futuro e certo (termo).

A obrigação solidária pode ser pura em relação a uma parte e condicional ou a termo em relação à outra, seja o sujeito credor ou devedor. O comando legal, contudo, não fala de obrigação solidária modal ou submetida a encargo. Fica a dúvida: seria esta possível? Entendo que não há vedação para a obrigação solidária modal, diante da possibilidade de compatibilidade do encargo com uma obrigação solidária e pelo fato de não existir ilicitude ou contrariedade aos bons costumes a gerar eventual nulidade. Ademais, deve-se entender que o art. 266 do atual Código Civil traz um rol exemplificativo de situações (*numerus apertus*), como é típico dos direitos pessoais patrimoniais. Portanto, o rol não é taxativo (*numerus clausus*). Nesse sentido, na *IV Jornada de Direito Civil*, em 2006, foi aprovado o Enunciado n. 347, prevendo que "a solidariedade admite outras disposições de conteúdo particular além do rol previsto no art. 266 do Código Civil".

Consta uma inovação no comando legal em questão, na sua última parte, pela previsão de possibilidade de ajustar-se pagamento ou cumprimento da obrigação em local diferente apenas para alguns dos devedores ou credores solidários. Saliente-se que esse dispositivo consagra o *princípio da variabilidade da natureza da obrigação solidária*.

Superada a análise do último dispositivo a tratar da teoria geral das obrigações solidárias, passa-se à análise das regras específicas previstas para a solidariedade ativa e passiva.

2.3.3.2 Da obrigação solidária ativa (arts. 267 a 274 do CC)

O principal efeito da solidariedade ativa é que qualquer um dos credores (denominados cocredores) pode exigir do devedor, ou dos devedores, o cumprimento da obrigação por inteiro, como se fosse um só credor (art. 267 do CC). A obrigação solidária ativa pode ter sua origem legal, como ocorre com os locadores no caso de locação de imóvel urbano (art. 2.º da Lei 8.245/1991). Mas, na maioria das vezes, haverá solidariedade ativa convencional, sendo constituída por força de um contrato celebrado entre as partes obrigacionais. De toda sorte, é imperioso deixar claro que a solidariedade ativa raramente acontece na prática.

Dessa forma, havendo solidariedade ativa, o devedor comum pode pagar a qualquer um dos credores antes mesmo da propositura de ação judicial para cobrança do valor da obrigação (art. 268 do CC). Uma vez proposta a demanda, ocorrerá a *prevenção judicial*, podendo a satisfação da obrigação somente ocorrer em relação àquele que promoveu a ação, de acordo com o que ensina a doutrina (DINIZ, Maria Helena. *Código Civil...*, 2005, p. 299).

De acordo com os dois últimos dispositivos do Código Civil citados, no esquema a seguir – que demonstra a estrutura visual da solidariedade ativa –, a dívida de R$ 30.000,00 pode ser exigida por qualquer credor e de qualquer maneira. Assim, o credor *A* pode cobrar 10 mil, 20 mil ou mesmo a dívida por inteiro do devedor. Do mesmo modo, o devedor *D* pode pagar para quem quiser e como quiser, antes de eventual demanda proposta por qualquer dos credores.

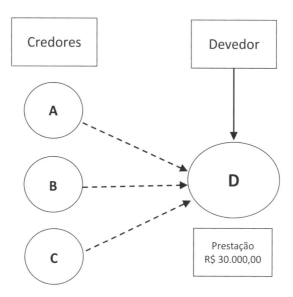

Prevê o art. 269 do Código Civil que, caso ocorra o pagamento de forma direta ou indireta (novação, compensação e remissão), a dívida será extinta até o limite em que for atingida pela correspondente quitação ou pagamento. Apesar da falta da menção aos casos de novação, compensação e remissão (art. 900, parágrafo único, do CC/1916), entende-se que a regra anterior ainda continua em vigor, pelo balizamento doutrinário, o mesmo se dizendo quanto às demais formas de pagamento indireto. Vejamos o desenho esquemático:

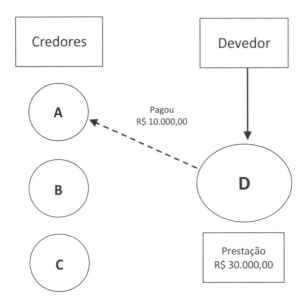

Como se constata, no caso de pagamento parcial efetuado pelo devedor *D* ao credor *A*, no montante de R$ 10.000,00, o restante da dívida – R$ 20.000,00 – poderá ser cobrado por qualquer credor, o que obviamente inclui aquele que recebeu, ou seja, *A*.

Sob outro prisma, o Código Civil consagra regra específica a respeito do falecimento de um dos credores na obrigação solidária ativa. Se um dos credores falecer, a obrigação se transmite a seus herdeiros, cessando a solidariedade em relação aos sucessores, uma vez que cada qual somente poderá exigir a quota do crédito relacionada com o seu quinhão de herança (art. 270 do CC). Em outras palavras, como esclarece Renan Lotufo, "como os herdeiros sucedem por quinhão, a cada um caberá só a parte da dívida integrada nele, não mais do que isso, não a totalidade da dívida" (*Código Civil...*, 2003, v. 2, p. 100).

Exemplificando, caso a dívida total seja de R$ 30.000,00, e a quota do credor que faleceu (*C*) seja de 10 mil reais, cada um dos seus dois herdeiros somente poderá exigir do devedor ou devedores 5 mil reais, o que consagra a *refração do crédito*. Vejamos o gráfico explicativo:

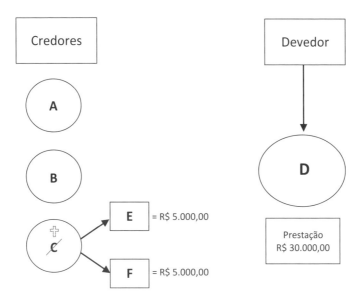

A regra não deverá ser aplicada se a obrigação for naturalmente indivisível, como no exemplo da entrega de um animal para fins de reprodução ou de um veículo. Nesse caso, se um dos credores falecer, o cumprimento dessa obrigação indivisível ocorrerá se o objeto for entregue a qualquer um dos sucessores deste. É pertinente frisar que esse efeito não mantém relação com a solidariedade, mas sim com a indivisibilidade da obrigação.

Convertendo-se a prestação em perdas e danos, subsiste (permanece), para todos os efeitos, a solidariedade (art. 271 do CC). Nessa regra reside uma das principais dissonâncias entre a obrigação solidária ativa e a obrigação indivisível, o que muitas vezes atormenta o estudioso do Direito. Tal diferença refere-se aos efeitos da conversão em perdas e danos. De acordo com o art. 263 do CC/2002, a obrigação indivisível perde esse caráter quando da sua conversão em perdas e danos, o que não ocorre com a obrigação solidária ativa, que permanece com o dever de o sujeito passivo obrigacional pagar a quem quer que seja. Posteriormente, para facilitar, será demonstrada uma tabela comparativa entre a obrigação solidária e a obrigação indivisível.

De qualquer modo, aplicando o art. 271 do CC/2002, no diagrama a seguir, se a prestação se tornar impossível com culpa do devedor *D*, acrescendo-se, a título de perdas e danos, o valor de R$ 30.000,00 por lucros cessantes, o montante total de R$ 60.000,00 poderá ser cobrado por qualquer credor, mantendo-se a solidariedade:

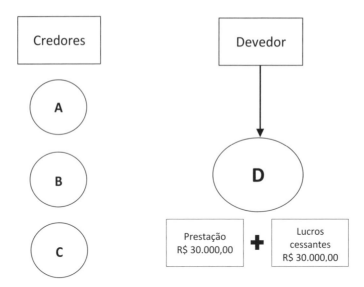

A atual codificação material continua prevendo que, no caso de remissão (ou perdão de dívida) de forma integral por parte de um dos credores solidários, este responderá perante os outros pelas frações que lhes cabiam (art. 272 do CC). A mesma regra deve ser aplicada no caso de um dos credores solidários receber o pagamento por inteiro, de forma direta ou indireta. No esquema a seguir, se o credor *A* perdoar a dívida por inteiro (remissão) ou receber o montante de R$ 30.000,00, deverá pagar aos demais credores (*B* e *C*) as suas quotas correspondentes, ou seja, R$ 10.000,00 para cada um deles.

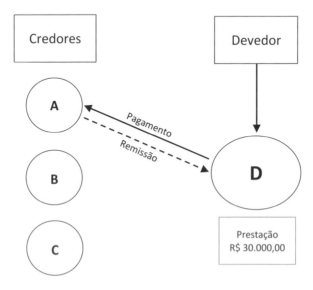

Desse modo, percebe-se que a obrigação solidária ativa não é fracionável em relação ao devedor (*relação externa*), mas fracionável em relação aos sujeitos ativos da relação obrigacional (*relação interna*). Ressalve-se que foram utilizadas as expressões *não fracionável e*

fracionável apenas para fins didáticos, uma vez que a obrigação solidária de modo algum se confunde com a obrigação indivisível.

Novidade na atual codificação, perante o Código Civil de 1916, determina o art. 273 que "a um dos credores solidários não pode o devedor opor as exceções pessoais oponíveis aos outros". As exceções pessoais são defesas de mérito existentes somente contra determinados sujeitos, como aquelas relacionadas com os vícios da vontade (erro, dolo, coação, estado de perigo e lesão) e as incapacidades em geral, como é o caso da falta de legitimação. Na obrigação solidária ativa, o devedor não poderá opor essas defesas contra os demais credores diante da sua natureza personalíssima.

Para ilustrar, se o devedor foi coagido por um credor solidário a celebrar determinado negócio jurídico, a anulabilidade do negócio somente poderá ser oposta em relação a esse credor, não em relação aos demais credores, que nada têm a ver com a coação exercida. Vejamos, a seguir, de forma esquematizada:

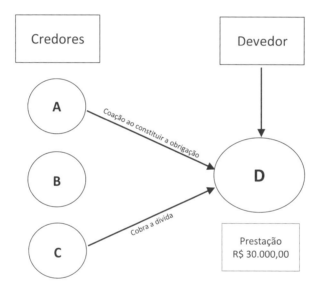

No antigo Projeto de Lei 6.960/2002, foi feita proposta de alteração do dispositivo, que passaria a ter a seguinte redação: "A um dos credores solidários não pode o devedor opor as defesas pessoais oponíveis aos outros". Sempre concordei totalmente com essa proposta de alteração, uma vez que a expressão *defesas* é mais clara que *exceções*.

Entretanto, essa proposta foi rejeitada pelo Deputado Vicente Arruda, nomeado como relator na Comissão da Câmara dos Deputados, pelas seguintes razões: "a palavra exceção, nos casos indicados nos artigos, é de caráter pessoal entre o devedor e o credor, e não quanto ao conteúdo da obrigação. Assim, se o credor ceder a terceiro o seu crédito quando já havia pago parte da dívida, ou se houvesse ocorrido novação ou transação, poderia opor tais exceções ao cessionário. Aliás o termo mais adequado neste caso é a exceção no sentido em que é usado no art. 582 do CPC [1973], segundo o qual é defeso ao credor executar a dívida antes de implementar a obrigação que lhe cabe. Os artigos referem-se a impedimentos de ordem pessoal, à cobrança da dívida e não à legitimidade da obrigação. Pela rejeição". Pelo tom didático da proposta de alteração, não há como concordar com o veto, filiando-se à proposta original.

De toda sorte, no Projeto de Reforma do Código Civil, elaborado pela Comissão de Juristas nomeada no Senado, não foi feita qualquer proposição de mudança para o seu art. 273, sob o argumento de que ele não gerou qualquer polêmica na sua aplicação, nos mais de vinte anos de vigência da atual codificação privada.

Superado esse ponto, o art. 274 do CC traz regra que gerava polêmicas e que merece comentários aprofundados diante da emergência do Código de Processo Civil de 2015. Vejamos, exatamente, quais eram os termos desse dispositivo.

> "Art. 274. O julgamento contrário a um dos credores solidários não atinge os demais; o julgamento favorável aproveita-lhes, a menos que se funde em exceção pessoal ao credor que o obteve".

Como outra novidade na atual codificação material, a primeira parte do comando legal em questão não apresentava maiores problemas uma vez que se houver, na obrigação solidária ativa, julgamento contrário a um dos credores, este não atinge os demais, que permanecem com os seus direitos incólumes.

Restava dúvida quando o julgamento fosse favorável a um dos credores, caso em que existiam dois posicionamentos na doutrina civilista.

Como *primeiro posicionamento*, entendia-se que, se um dos credores vencesse a ação, essa decisão atingiria a todos os demais credores, salvo se o devedor tivesse em seu favor alguma exceção pessoal passível de ser invocada a outro credor que não participasse do processo. Desse modo, o devedor não poderia apresentar defesa contra aquele credor que promoveu a demanda, havendo a instituição do regime da extensão da coisa julgada *secundum eventum litis* (os credores que não participaram do processo apenas podem ser beneficiados com a coisa julgada, mas jamais prejudicados). Essa posição constava de obra coletiva coordenada por Gustavo Tepedino, Heloísa Helena Barbosa e Maria Celina Bodin de Moraes (*Código Civil...*, 2004, p. 552).

O *segundo posicionamento* era apontado por Pablo Stolze Gagliano e Rodolfo Pamplona Filho, que defendiam dois caminhos que poderiam ser percorridos em casos tais (*Novo curso...*, 2003, p. 81).

a) se o magistrado não acolher a defesa e se esta *não for* de natureza pessoal, o julgamento beneficiará a todos os demais credores;

b) se o magistrado não acolher a defesa e se esta *for* de natureza pessoal, o julgamento não interferirá no direito dos demais credores.

Apesar desses dois entendimentos, havia na doutrina processualista uma outra posição, que sustentava que a parte final do art. 274 do CC não teria sentido. Isso porque a referida exceção pessoal não existiria a favor do credor, mas somente em relação ao devedor, o que pode ser retirado do estudo do dispositivo anterior (art. 273 do CC).

Nesse sentido, comentava Fredie Didier Jr. que "o julgamento favorável ao credor não pode estar fundado em exceção pessoal, alegação da defesa que é; se assim fosse, a decisão seria desfavorável e, por força da primeira parte do art. 274, não estenderia seus efeitos aos demais credores. Em resumo: não há julgamento favorável fundado em exceção pessoal; quando se acolhe a defesa, julga-se desfavoravelmente o pedido. A parte final do art. 274, se interpretada literalmente, não faz sentido" (*Regras...*, 2004, p. 76). Também da doutrina processual, entendia de forma muito similar José Carlos Barbosa Moreira (*Solidariedade...*, *AASP*, 2005, p. 69).

Diante desse problema, o processualista baiano primeiramente citado apresentava a seguinte solução para o dispositivo material: "a) se um dos credores vai a juízo e perde, qualquer que seja o motivo (acolhimento de exceção comum ou pessoal), essa decisão não tem eficácia em relação aos demais credores; b) se o credor vai a juízo e ganha, essa decisão beneficiará os demais credores, salvo se o(s) devedor(es) tiver(em) exceção pessoal que possa ser oposta a outro credor não participante do processo, pois, em relação àquele que promoveu a demanda, o(s) devedor(es) nada mais pode(m) opor (art. 474 do CPC)" (DIDIER JR., Fredie. *Regras...*, 2004, p. 76). Depois de muito refletir sobre o complexo assunto, sempre estive inclinado a entender da mesma forma que o processualista citado.

Também para esclarecer o teor do art. 274 do CPC, na *IV Jornada de Direito Civil*, em 2006, José Fernando Simão apresentou proposta de enunciado, com o seguinte teor: "o julgamento favorável a um dos credores solidários aproveita aos demais, sem prejuízo das exceções pessoais que o devedor tenha o direito de invocar em relação a cada um dos cocredores. Como o devedor só pôde opor ao credor solidário demandante as exceções que lhe eram pessoais, poderá oportunamente opor aos demais cocredores as respectivas exceções pessoais". Todavia, por falta de tempo, a proposta, que trazia interessante solução interpretativa, não foi votada.

De toda sorte, essa última tese foi adotada pelo Código de Processo Civil de 2015, diante da participação ativa do Professor Fredie Didier Jr. quando da tramitação do então projeto de lei processual na Câmara dos Deputados.

Assim, o art. 1.068 do CPC/2015 alterou o art. 274 do Código Civil, que passou a ter a dicção a seguir, agora com total sentido: "Art. 1.068. O art. 274 e o *caput* do art. 2.027 da Lei 10.406, de 10 de janeiro de 2002 (Código Civil), passam a vigorar com a seguinte redação: 'O julgamento contrário a um dos credores solidários não atinge os demais, mas o julgamento favorável aproveita-lhes, sem prejuízo de exceção pessoal que o devedor tenha direito de invocar em relação a qualquer deles'". Portanto, resolveu-se definitivamente o impasse a respeito da correta interpretação do dispositivo material.

A encerrar a presente análise, é didático relembrar os dispositivos que relacionam a prescrição com a obrigação solidária ativa, comentados no Volume 1 desta coleção.

Primeiro, prescreve o art. 201 do CC que, uma vez suspensa a prescrição em favor de um dos credores solidários, esse efeito só aproveitará aos outros se a obrigação for indivisível. Exemplificando, ocorrendo a suspensão diante do fato de um credor estar fora do País servindo às Forças Armadas (art. 198, inc. III, do CC), tal suspensão não beneficiará os demais credores solidários.

Segundo, o art. 204 do CC determina que a interrupção efetivada por um credor não aproveita aos outros, salvo se a obrigação for solidária ativa (§ 1.º). A título de exemplo, se um credor protesta o título em cartório a interrupção da prescrição aproveitará aos demais credores solidários.

2.3.3.3 *Da obrigação solidária passiva (arts. 275 a 285 do CC)*

O que identifica a obrigação solidária passiva é o fato de o credor ter o direito de exigir e receber de um ou de alguns dos devedores, parcial ou totalmente, a dívida comum (art. 275 do CC). Pelo mesmo comando legal, se o pagamento ocorrer de forma parcial, *todos os demais devedores* continuam obrigados solidariamente pelo resto do valor devido.

Vejamos o diagrama, já demonstrando a estrutura da solidariedade passiva. Como se pode notar pelo esquema, há um *giro de 180 graus* em relação à estrutura da solidariedade ativa:

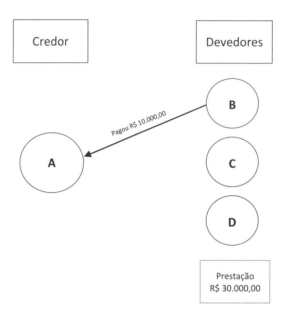

O principal efeito decorrente da obrigação solidária passiva é que o credor (ou os credores) pode (ou podem) cobrar o cumprimento da obrigação de qualquer um dos devedores como se todos fossem um só devedor. Na espécie, há uma opção de o credor cobrar um, vários ou todos os devedores, de acordo com a sua vontade (*opção de demanda*).

Caso ocorra pagamento parcial da dívida, todos os devedores restantes, após se descontar a parte de quem pagou, continuam responsáveis pela dívida inteira. Visualizando no esquema anterior, ocorrendo o pagamento parcial de R$ 10.000,00 pelo devedor *B*, mesmo ele poderá ser demandado pelo restante da dívida (R$ 20.000,00), que antes totalizava R$ 30.000,00.

Dentro dessa ideia, na *IV Jornada de Direito Civil*, foi aprovado o Enunciado n. 348 do CJF/STJ, preconizando que "o pagamento parcial não implica, por si só, renúncia à solidariedade, a qual deve derivar dos termos expressos da quitação ou, inequivocadamente, das circunstâncias do recebimento da prestação pelo credor". Os autores do enunciado foram os Professores Gustavo Tepedino e Anderson Schreiber, expoentes da escola do Direito Civil Constitucional.

Isso porque, na estrutura da obrigação, percebe-se um não fracionamento na relação entre credores e devedores (*relação externa*), e um fracionamento na relação dos devedores entre si (*relação interna*). Com a análise de algumas regras a seguir, ficará mais clara tal constatação. Entretanto, deve ficar claro, mais uma vez, que estamos utilizando a expressão *fracionamento* somente para fins didáticos. Por certo que a obrigação solidária passiva não se confunde com a obrigação indivisível, como será exposto de forma detalhada.

A solidariedade passiva, mais comum na prática do que a solidariedade ativa, também pode ter origem legal, como é a hipótese dos locatários de imóvel urbano (art. 2.º da Lei

CAP. 2 · PRINCIPAIS CLASSIFICAÇÕES DAS OBRIGAÇÕES | 77

8.245/1991) e dos comodatários (art. 585 do CC); ou convencional, mediante acordo entre as partes.

Pela natureza da obrigação solidária passiva, se for proposta a ação somente contra um ou alguns devedores, não haverá renúncia à solidariedade (art. 275, parágrafo único, do CC). O dispositivo afasta expressamente a aplicação da tese da *supressio*, que é relacionada ao princípio da boa-fé objetiva e à *teoria dos atos próprios* e que pode ser conceituada como a perda de um direito ou de uma posição jurídica pelo seu não exercício no tempo.

Concretizando muito bem a regra, concluiu o Superior Tribunal de Justiça que o beneficiário do antigo DPVAT – seguro obrigatório de veículos –, "pode acionar qualquer seguradora integrante do grupo para receber a complementação da indenização securitária, ainda que o pagamento administrativo feito a menor tenha sido efetuado por seguradora diversa. A jurisprudência do STJ sustenta que as seguradoras integrantes do consórcio do seguro DPVAT são solidariamente responsáveis pelo pagamento das indenizações securitárias, podendo o beneficiário reclamar de qualquer uma delas o que lhe é devido. Aplica-se, no caso, a regra do art. 275, *caput* e parágrafo único, do CC, segundo a qual o pagamento parcial não exime os demais obrigados solidários quanto ao restante da obrigação, tampouco o recebimento de parte da dívida induz a renúncia da solidariedade pelo credor" (STJ, REsp 1.108.715/PR, Rel. Min. Luis Felipe Salomão, j. 15.05.2012, publicado no *Informativo* n. 497).

Outro julgado da mesma Corte Superior acabou por esclarecer quais são as consequências processuais no caso de propositura de demanda contra apenas um ou alguns dos devedores. Consta da sua publicação, com clara didática, o seguinte:

> "Conforme o art. 275, *caput* e parágrafo único, do CC, é faculdade do credor escolher a qual ou a quais devedores direcionará a cobrança do débito comum, sendo certo que a propositura da ação de conhecimento contra um deles não implica a renúncia à solidariedade dos remanescentes, que permanecem obrigados ao pagamento da dívida. Ressalte-se que essa norma é de direito material, restringindo-se sua aplicação ao momento de formação do processo cognitivo, quando, então, o credor pode incluir no polo passivo da demanda todos, alguns ou um específico devedor. Sob essa perspectiva, a sentença somente terá eficácia em relação aos demandados, não alcançando aqueles que não participaram da relação jurídica processual, nos termos do art. 472 do CPC e conforme a jurisprudência do STJ (REsp 1.169.968/RS, Terceira Turma, *DJe* 17/3/2014; e AgRg no AREsp 275.477/CE, Primeira Turma, *DJe* 08.04.2014)" (STJ, REsp 1.423.083/SP, Rel. Min. Luis Felipe Salomão, j. 06.05.2014).

Como ocorre com a solidariedade ativa, o art. 276 do CC consagra regra específica envolvendo a morte de um dos devedores solidários. No caso de falecimento de um deles cessa a solidariedade em relação aos sucessores do *de cujus*, eis que os herdeiros somente serão responsáveis até os limites da herança e de seus quinhões correspondentes. A regra não se aplica se a obrigação for indivisível.

A ilustrar, se na mesma situação antes descrita a dívida for de R$ 30.000,00 e se *D*, um dos três devedores, falecer, deixando dois herdeiros, *E* e *F*, cada um destes somente poderá ser cobrado em R$ 5.000,00, metade de R$ 10.000,00, que é quota de *D*, pois com a morte cessa a solidariedade em relação aos herdeiros. E isso, ainda, até os limites da herança, pelo que estabelece o art. 1.792 do CC, que consagra a máxima *intra vires hereditatis*. A par dessa afirmação, se os herdeiros receberem apenas R$ 3.000,00 a título de herança, só poderão ser cobrados nesse limite. Vejamos o esquema, sem a última ressalva:

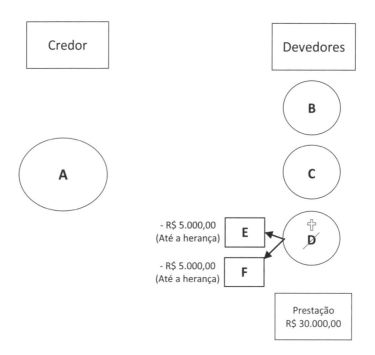

Porém, estando um dos herdeiros com o touro reprodutor, sempre mencionado como exemplo de objeto na obrigação indivisível, este deverá entregar o animal, permanecendo a solidariedade.

Também é interessante deixar claro que, de acordo com o art. 276 do CC, todos os herdeiros, reunidos, devem ser considerados como um devedor solidário em relação aos demais codevedores. A parte final do dispositivo legal é interessante para os casos de pagamento feito por um dos devedores, que poderá cobrar dos herdeiros, até os limites da quota do devedor falecido e da herança. A mesma afirmação vale para o caso de o credor pretender receber a dívida de todos os herdeiros. Como explica Caio Mário da Silva Pereira, "mas, no seu conjunto, serão considerados como um devedor solidário, em relação ao credor e aos demais devedores" (PEREIRA, Caio Mário. *Instituições...*, 2012, v. II, p. 99).

Tanto o pagamento parcial realizado por um dos devedores como o perdão da dívida (remissão) por ele obtida não têm o efeito de atingir os demais devedores (art. 277 do CC). No máximo, caso ocorra o pagamento direto ou indireto, os demais devedores serão beneficiados de forma reflexa, havendo desconto em relação à quota paga ou perdoada. De forma explicada, vejamos o seguinte desenho:

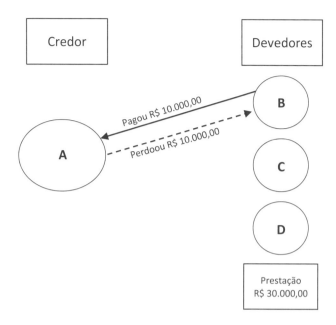

Obviamente, considerando o que já foi exposto nas duas situações anteriores – de pagamento e perdão parciais –, os demais devedores poderão ser cobrados em R$ 20.000,00, sendo a prestação de R$ 30.000,00. Os efeitos do perdão ou remissão ainda serão aprofundados.

Dispõe o art. 278 do CC/2002 que "qualquer cláusula, condição ou obrigação adicional, estipulada entre um dos devedores solidários e o credor, não poderá agravar a posição dos outros sem consentimento destes". Por regra, o que for pactuado entre o credor e um dos devedores solidários não poderá agravar a situação dos demais, seja por cláusula contratual, seja por condição inserida na obrigação, seja ainda por aditivo negocial. Deve ser respeitado o princípio da relatividade dos efeitos contratuais, uma vez que o negócio firmado gera efeitos *inter partes*, em regra.

Segundo o art. 279 da codificação privada em vigor, "impossibilitando-se a prestação por culpa de um dos devedores solidários, subsiste para todos o encargo de pagar o equivalente; mas pelas perdas e danos só responde o culpado". Diferentemente do que ocorre com a obrigação indivisível, todos os devedores solidários sempre respondem pelo débito, mesmo não havendo descumprimento por parte de um ou de alguns. Assim, a solidariedade quanto ao valor da dívida permanece em todos os casos. Porém, em relação às perdas e danos somente será responsável o devedor que agiu com culpa estrita (imprudência, negligência, imperícia) ou dolo (intenção de descumprimento). Esta é uma das mais importantes regras da teoria geral das obrigações. Contudo, o Superior Tribunal de Justiça, em 2021, concluiu, pelas peculiaridades do que restou avençado entre as partes, que o devedor solidário responde pelo pagamento da cláusula penal compensatória, ainda que não incorra em culpa. Como se retira do acórdão:

> "A parte não se obrigou pela entrega da embarcação (obrigação que se tornou impossível), mas pelas obrigações pecuniárias decorrentes do contrato. No entanto, é oportuno assinalar que a cláusula penal compensatória tem como objetivo prefixar os prejuízos decorrentes do descumprimento do contrato, evitando que o credor tenha que promover a liquidação dos danos. Assim, a cláusula penal se traduz em um valor considerado suficiente pelas partes para indenizar o eventual descumprimento do contrato. Tem, portanto, caráter nitidamente pecuniário. Diante disso, como a parte se obrigou conjuntamente com outra empresa pelas

obrigações pecuniárias decorrentes do contrato independente de causa, origem ou natureza jurídica, está obrigada ao pagamento do valor relativo à multa penal compensatória, cuja incidência estava expressamente prevista no ajuste" (STJ, REsp 1.867.551/RJ, 3.ª Turma, Rel. Min. Ricardo Villas Bôas Cueva, j. 05.10.2021, *DJe* 13.10.2021).

A título de exemplificação concreta da norma, a fim de ser compreendida, caso um imóvel que seja locado a dois devedores tenha um débito em aberto de dez mil reais, o locador poderá cobrá-lo de qualquer um, de acordo com a sua vontade. Mas se um dos locatários causou um incêndio no imóvel, gerando prejuízo de trinta mil reais, apenas este responderá perante o sujeito ativo da obrigação, além do valor da dívida, por lógico. A dívida locatícia em aberto continua podendo ser cobrada de qualquer um dos devedores solidários. A situação está demonstrada no diagrama a seguir:

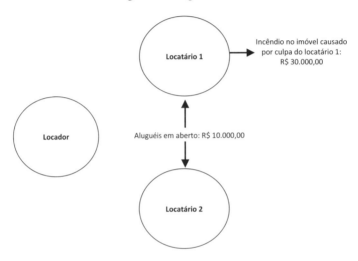

Em complemento, o art. 280 do Código Civil enuncia que todos os devedores respondem pelos juros moratórios decorrentes do inadimplemento, mesmo que a ação para cobrança do valor da obrigação tenha sido proposta em face de somente um dos codevedores. Porém, no tocante à obrigação acrescida, como é o caso dos juros decorrentes do ilícito extracontratual (responsabilidade *aquiliana*, baseada no art. 186 do CC), responde apenas aquele que agiu com culpa genérica (que inclui o dolo e a culpa estrita). Esta última conclusão pode ser aplicada no caso do incêndio antes relatado.

Aplicando esse comando, e também a minha posição doutrinária a respeito da divisão entre as relações interna e externa na solidariedade passiva, julgado do Superior Tribunal de Justiça, do ano de 2023, concluiu que, "conquanto o banco/depositário responda objetivamente pelos riscos decorrentes de sua atividade lucrativa (sendo, inclusive, nesse sentido o enunciado da Súmula n. 479/STJ), essa obrigação é solidária apenas na relação externa entre ele e a credora. Já na relação jurídica obrigacional interna, observa-se que o terceiro, estranho à relação do depósito, agiu exclusivamente em seu próprio interesse, o que culminou com a constituição da obrigação principal". Por isso, entendeu-se que o ato ilícito praticado pelo recorrido pessoa natural foi a causa determinante dos danos sofridos pela vítima e pelo dever de indenizar, em razão da subtração ilícita dos objetos por ela depositados no cofre da então instituição bancária, devendo ele responder integralmente. Como ainda está no *decisum*, "fracionar o ressarcimento implicaria admitir que o banco foi conivente com o ato ilícito, o que não se admitiu. Sua falha em impedir o infortúnio não significa que colaborou dolosamente para a prática do delito, pelo contrário, o episódio em nada lhe aproveitou, só lhe causou prejuízos" (STJ, REsp 2.069.446/SP, 3.ª Turma, Rel. Min Moura Ribeiro, j. 23.05.2023, *DJe* 29.05.2023).

Na solidariedade passiva, o devedor demandado poderá opor contra o credor as defesas que lhe forem pessoais e aquelas comuns a todos, tais como pagamento parcial ou total e a prescrição da dívida (art. 281 do CC). Mas esse devedor demandado não poderá opor as exceções pessoais a que outro codevedor tem direito, eis que estas são personalíssimas, como se pode aduzir pelo próprio nome da defesa em questão. É o caso dos vícios da vontade ou das incapacidades em geral, conforme já comentado.

O Código Civil de 2002 continua admitindo a renúncia à solidariedade, de forma parcial (a favor de um devedor) ou total (a favor de todos os codevedores), no seu art. 282, *caput* ("O credor pode renunciar à solidariedade em favor de um, de alguns ou de todos os devedores"). A expressão *renúncia à solidariedade* pode ser utilizada como sinônima de *exoneração da solidariedade*.

Como é notório, a renúncia é um ato jurídico *stricto sensu*, pelo qual o sujeito ativo de um direito dele abre mão, de forma expressa, sem a necessidade de aceitação expressa ou tácita da outra parte. Nesse ponto, a renúncia diferencia-se da remissão de dívidas, estudada entre os arts. 385 a 388 da codificação material. A renúncia à solidariedade também se diferencia da remissão quanto aos efeitos, conforme reconhece o Enunciado n. 350 do CJF/STJ, aprovado na *IV Jornada de Direito Civil*, cuja redação é a seguinte: "a renúncia à solidariedade diferencia-se da remissão, em que o devedor fica inteiramente liberado do vínculo obrigacional, inclusive no que tange ao rateio da quota do eventual codevedor insolvente, nos termos do art. 284".

Com o fim de demonstrar o teor do enunciado, se *A* é o credor de uma dívida de R$ 30.000,00, havendo três devedores solidários *B*, *C* e *D*, e renuncia à solidariedade em relação a *B*, este estará exonerado da solidariedade, mas continua sendo responsável por R$ 10.000,00. Quanto aos demais devedores, por óbvio, continuam respondendo solidariamente pela dívida.

Pois bem, para complementar, o parágrafo único do art. 282 do CC tem nova redação se comparada com a previsão do parágrafo único do art. 912 do CC/1916, seu correspondente. As diferenças constam do esquema abaixo:

Código Civil de 2002	Código Civil de 1916
Art. 282. O credor pode renunciar à solidariedade em favor de um, de alguns ou de todos os devedores. Parágrafo único. Se o credor exonerar da solidariedade um ou mais devedores, subsistirá a dos demais.	Art. 912. O credor pode renunciar à solidariedade em favor de um, alguns ou todos os devedores. Parágrafo único. Se o credor exonerar da solidariedade um ou mais devedores, **aos outros só lhe ficará o direito de acionar, abatendo no débito a parte correspondente aos devedores, cuja obrigação remitiu (art. 914).**

Como se percebe, o Código Civil atual não menciona mais que haverá abatimento da parte correspondente aos devedores que foram perdoados, eis que a previsão é desnecessária, por se tratar de regra implícita, retirada do art. 284 da atual codificação (correspondente ao art. 914 do CC/1916). Nesse sentido, Maria Helena Diniz continua entendendo que "ao credor, para que se possa demandar os codevedores solidários remanescentes, cumprirá abater no débito o *quantum* alusivo à parte devida pelo que foi liberado da solidariedade" (DINIZ, Maria Helena. *Código Civil...*, 2005, p. 307).

Contudo, na doutrina contemporânea, há posição em sentido contrário, de Jones Figueirêdo Alves e Mário Luiz Delgado, que lecionam: "a inovação está no parágrafo único. Pelo sistema do Código de 1916, se o credor exonerasse da solidariedade um ou mais devedores, só poderia acionar os demais, abatendo no débito a parte dos que foram exonerados. Agora, mesmo exonerando um ou mais devedores, poderá o credor acionar os demais devedores pela integralidade da dívida, sem a necessidade de abatimento. Nada obsta, por óbvio, que aqueles que vierem a pagar sozinhos a dívida por inteiro cobrem, posteriormente, as quotas daqueles que foram exonerados" (ALVES, Jones Figueirêdo, DELGADO, Mário Luiz. *Código Civil...*, 2005, p. 170).

A questão é polêmica. Todavia, filia-se à primeira corrente, defendida por Maria Helena Diniz, que é mais justa e em sintonia com a vedação do enriquecimento sem causa. Também alinhada a essa corrente estava a maioria dos juristas que participaram da *IV Jornada de Direito Civil*, com a aprovação do Enunciado n. 349 do CJF/STJ: "com a renúncia da solidariedade quanto a apenas um dos devedores solidários, o credor só poderá cobrar do beneficiado a sua quota na dívida; permanecendo a solidariedade quanto aos demais devedores, abatida do débito a parte correspondente aos beneficiados pela renúncia". O proponente do enunciado foi José Fernando Simão, professor da Faculdade de Direito da USP.

Ilustrando com a conclusão pelo abatimento, no exemplo por último apontado, em que a dívida era de R$ 30.000,00, havendo três devedores, ocorrendo a renúncia parcial da solidariedade, por parte do credor (*A*), em relação a um dos devedores (*B*), os demais somente, *C* e *D*, serão cobrados em R$ 20.000,00, permanecendo em relação a eles a solidariedade. Vejamos o esquema dessa correta aplicação do art. 282 do Código Civil:

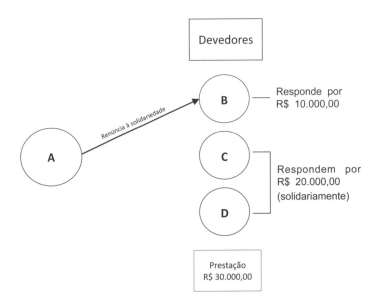

Destaque-se que tal forma de pensar tem aplicação reiterada em nossa jurisprudência, podendo-se colacionar:

"Exoneração da cobrança de um ou mais devedores. Hipótese em que subsiste responsabilidade do devedor remanescente. Artigo 282, parágrafo único, do Código Civil. Escritura de cessão de crédito em que constou expressamente o termo 'renúncia ao crédito'. Reconhecida a renúncia ao crédito em relação aos demais coobrigados que implica em renúncia à solidariedade. Permissão de cobrança do devedor remanescente no valor da cessão. Recurso parcialmente provido para tal fim" (TJSP, Agravo 7264600-5, Acórdão 3299488, 13.ª Câmara de Direito Privado, Monte Aprazível, Rel. Des. Heraldo de Oliveira, j. 1.º.10.2008, *DJESP* 06.11.2008).

Para trazer mais segurança jurídica para o tema, e encerrando qualquer debate sobre o assunto, o Projeto de Reforma e Atualização do Código Civil pretende incluir essas soluções no seu art. 282. Nesse contexto, o seu § 1.º enunciará que, "se o credor exonerar da solidariedade um ou mais devedores, ela subsistirá para os demais obrigados, abatendo-se do débito a parte correspondente a dos devedores beneficiados pela renúncia". E mais, nos termos do seu projetado § 2.º, de forma clara e objetiva, "poderá o credor, porém, cobrar daquele liberado da solidariedade a quota por ele devida". Espera-se, portanto, a aprovação das modificações do texto no âmbito do Congresso Nacional.

A encerrar o estudo do art. 282 do CC, na *IV Jornada de Direito Civil* foi aprovado um último enunciado, prevendo efeitos processuais do dispositivo. Trata-se do Enunciado n. 351 do CJF/STJ, de autoria de Glauco Gumerato Ramos, pelo qual "a renúncia à solidariedade em favor de determinado devedor afasta a hipótese de seu chamamento ao processo". A ementa doutrinária tem conteúdo bem interessante, de *diálogo* entre o Direito Civil e o Direito Processual, sendo certo que o chamamento ao processo é efeito decorrente da solidariedade, nos termos do art. 130, inc. III, do CPC/2015 e do art. 77, inc. III, do CPC/1973. Em relação àquele que foi exonerado da responsabilidade, portanto, não caberá o chamamento ao processo, premissa mantida com a emergência do Código de Processo Civil de 2015.

Seguindo no estudo da solidariedade passiva, o art. 283 do CC deve ser transcrito, por envolver várias questões práticas e de relevo:

> "Art. 283. O devedor que satisfez a dívida por inteiro tem direito a exigir de cada um dos codevedores a sua quota, dividindo-se igualmente por todos a do insolvente, se o houver, presumindo-se iguais, no débito, as partes de todos os codevedores".

Pelo tom da norma, o Código Civil possibilita a ação de regresso por parte do devedor solidário que paga a dívida dos demais. Assim, percebe-se que o pagamento da dívida faz com que esta perca o caráter de não fracionamento existente na relação entre devedores e credor ou credores (*relação externa*), outrora comentada.

O devedor que paga a dívida poderá cobrar somente a quota dos demais, ocorrendo sub-rogação legal, nos termos do art. 346, inc. III, do Código Civil atual. Para exemplificar, *A* é credor de *B, C* e *D,* devedores solidários, por uma dívida de R$ 30.000,00. Se *B* paga a mesma integralmente, poderá cobrar de *C* e *D* somente R$ 10.000,00 de cada um, valor correspondente às suas quotas (totalizando R$ 20.000,00).

Na situação descrita, havendo declaração de insolvência de um dos devedores, a sua quota deverá ser dividida proporcionalmente entre os devedores restantes. Eventualmente, tal regra pode ser afastada, de acordo com o instrumento obrigacional, interpretação esta que pode ser retirada da parte final do art. 283 do CC, que constitui um preceito de ordem privada. Essa divisão proporcional constitui, portanto, uma presunção relativa (*iuris tantum*), que admite prova e previsão em contrário.

Frise-se que o antigo Projeto de Lei 6.960/2002 trazia proposta de alteração do art. 283 do atual Código Privado, que passaria a ter a seguinte redação, mais detalhada, nos seguintes termos: "o devedor que satisfez a dívida tem direito a exigir de cada um dos codevedores a sua quota, dividindo-se igualmente por todos a do insolvente, se o houver, presumindo-se iguais, no débito, as partes de todos os codevedores".

Assim, nunca concordei com o veto do Deputado Vicente Arruda, eis que a proposta visa a afastar a dúvida sobre se o devedor que paga a dívida de forma parcial teria o aludido direito de regresso. De qualquer maneira, cumpre transcrever as razões do veto: "é de ser mantido o texto original, pois se trata de obrigação solidária passiva em que um dos devedores quita dívida inteira e se sub-roga nos direitos do credor, dividindo-se por todos a quota do insolvente. A hipótese de pagamento parcial já está prevista nos arts. 275 e 277. De resto, a retirada da expressão 'por inteiro', como pretende o PL, sem a inclusão da palavra 'parcial', determina que o pagamento da dívida ainda continua sendo total. Para atender o que pretende o PL teríamos de substituir a expressão 'por inteiro' por 'total ou parcialmente'. Mas, como se viu, o pagamento parcial é objeto dos arts. 275 e 277. Pela rejeição". Em suma, sempre estive filiado ao entendimento pelo qual o dispositivo pode e deve ser aplicado aos casos de pagamento parcial.

No atual Projeto de Reforma do Código Civil, não foi feita qualquer proposta de mudança no art. 283, por entenderem os juristas componentes da Subcomissão de Direito das Obrigações, Professores José Fernando Simão e Edvaldo Brito, que a norma não gerou polêmicas em sua aplicação nos últimos anos.

Prevê o art. 284 do CC que, no caso de rateio entre os codevedores, contribuirão também os exonerados da solidariedade pelo credor, pela parte que na obrigação incumbia ao insolvente. O Enunciado n. 350 do CJF/STJ, aqui transcrito, complementa o dispositivo, diferenciando a renúncia à solidariedade da remissão de dívidas quanto aos efeitos jurídicos.

Destaco que, para os fins de trazer essa necessária diferenciação categórica e seguindo a linha do enunciado citado, o Projeto de Reforma do Código Civil pretende incluir no seu art. 284 um parágrafo único, enunciando que "o disposto no *caput* não se aplica aos beneficiados pela remissão".

Voltando-se ao sistema vigente, se a dívida solidária interessar exclusivamente a um dos devedores, responderá este por toda ela para com aquele que a pagar (art. 285 do CC). Em outras palavras, o *interessado direto* pela dívida responde integralmente por ela. Verificando a aplicação desse comando legal, caso um fiador pague a dívida de um locatário, devedor principal, poderá cobrar dele todo o montante da obrigação, pela aplicação do comando legal em questão.

Entretanto, se o fiador paga toda a dívida de outro fiador, poderá aquele exigir somente a metade da mesma, eis que são devedores da mesma classe. Essa última conclusão, aliás, decorre da interpretação dos arts. 829, parágrafo único, e 831, ambos do CC. Para fins didáticos, vale transcrever o último dispositivo citado: "Art. 831. O fiador que pagar integralmente a dívida fica sub-rogado nos direitos do credor; mas só poderá demandar a cada um dos outros fiadores pela respectiva quota".

Conforme antes exposto quando dos comentários sobre a obrigação solidária ativa, relembre-se o que consta do art. 204 do CC, relacionado com a interrupção da prescrição. Essa interrupção, como regra geral, não poderá prejudicar os demais devedores e seus herdeiros, a não ser que a obrigação seja solidária.

Entretanto, a interrupção operada contra um dos herdeiros do devedor solidário não prejudica os outros herdeiros ou devedores, a não ser no caso de uma obrigação indivisível (art. 204, § 2.º, do CC). Anote-se, também, que a interrupção da prescrição produzida contra o devedor principal prejudica o fiador (art. 204, § 3.º, do CC).

2.3.3.4 Da obrigação solidária mista ou recíproca

Havendo, ao mesmo tempo, pluralidade de credores e devedores, todos solidários entre si, estará caracterizada a obrigação solidária mista ou recíproca, também denominada *obrigação solidária complexa*.

CAP. 2 · PRINCIPAIS CLASSIFICAÇÕES DAS OBRIGAÇÕES | 85

Essa obrigação pode ter origem convencional, o que ocorre na maioria das vezes. Entretanto, pode ter também origem legal, o que acontece nos casos envolvendo vários locadores e locatários de imóvel urbano, pela previsão que consta do art. 2.º da Lei 8.245/1991.

Em casos tais, devem ser aplicadas, ao mesmo tempo, todas as regras que foram vistas para as obrigações solidárias ativa e passiva, uma vez que o Código Civil em vigor não trata especificamente dessa obrigação mista, que constitui construção doutrinária.

2.4 CLASSIFICAÇÃO QUANTO À DIVISIBILIDADE (OU INDIVISIBILIDADE) DO OBJETO OBRIGACIONAL

A classificação da obrigação quanto à divisibilidade (ou indivisibilidade) leva em conta o seu conteúdo, ou seja, a unicidade da prestação. Conforme aponta com unanimidade a doutrina, tal classificação só interessa se houver pluralidade de credores ou de devedores (*obrigações compostas subjetivas*). As regras quanto à obrigação divisível e indivisível constam entre os arts. 257 a 263 do CC. Antes de tudo, vejamos os seus conceitos:

a) *Obrigação divisível:* é aquela que pode ser cumprida de forma fracionada, ou seja, em partes.

b) *Obrigação indivisível:* é aquela que não admite fracionamento quanto ao cumprimento.

Inicialmente, prevê o art. 257 do Código Civil que, havendo mais de um devedor ou mais de um credor em obrigação divisível, esta se presume dividida em tantas obrigações, iguais e distintas, quanto os credores e devedores. A obrigação divisível continua merecendo o mesmo tratamento civil anterior, devendo ser esta fracionada em tantas obrigações quantos forem os credores e devedores, de forma igualitária e independente. A divisão dessa forma constitui uma presunção relativa (*iuris tantum*), que admite regra ou prova em contrário, consagração da regra *cuncursu partes fiunt*, segundo a qual os sujeitos obrigacionais não terão direitos ou serão obrigados além da parte material da prestação assumida.

A ilustrar, se presentes três devedores da obrigação divisível de entregar 120 sacas de soja em relação a um único credor, aplicando-se a presunção relativa de divisão igualitária, cada devedor deverá entregar 40 sacas. Eventualmente, o instrumento obrigacional pode trazer uma divisão distinta e não igualitária, pois o art. 257 do CC é norma de ordem privada.

No que concerne à obrigação indivisível, o conceito do art. 258 do CC está em total sintonia com a operabilidade, no sentido de facilitação do Direito Privado. Por esse dispositivo, a obrigação indivisível é aquela que não pode ser fracionada, tendo por objeto uma coisa ou um fato insuscetível de divisão, em decorrência da sua natureza, por razões econômicas ou por algum motivo determinante do negócio jurídico e do contrato.

A indivisibilidade pode ser, assim, *natural* (decorrente da natureza da prestação), *legal* (decorrente de imposição da norma jurídica) ou *convencional* (pela vontade das partes da relação obrigacional). Na maioria das vezes, a indivisibilidade é econômica, pois a deterioração da coisa ou tarefa pode gerar a sua desvalorização, tendo origem na autonomia privada dos envolvidos na relação obrigacional. Como exemplo dessa desvalorização econômica, pode ser citada a obrigação que tem como objeto um diamante de 50 quilates, cuja divisão em pequenas pedras terá um valor bem inferior ao da pedra inteira.

Como outra ilustração de debate relativo à divisibilidade ou indivisibilidade da obrigação, aresto recente da Terceira Turma do STJ considerou não haver solidariedade ativa entre os beneficiários do seguro DPVAT, ao contrário do que ocorre com os devedores, em que está presente a solidariedade passiva. Nos termos do acórdão:

"As obrigações solidárias e as indivisíveis, apesar de serem diferentes, ostentam consequências práticas semelhantes, sendo impossível serem adimplidas em partes. Não há falar em solidariedade entre os beneficiários do seguro obrigatório (DPVAT), visto inexistir norma ou contrato instituindo-a. O art. 265 do CC dispõe que a solidariedade não se presume; resulta da lei ou da vontade das partes. A obrigação é indivisível quando a prestação tem por objeto uma coisa ou um fato não suscetíveis de divisão, seja por sua natureza, por motivo de ordem econômica ou dada a razão determinante do negócio jurídico (art. 258 do CC). A indenização decorrente do seguro DPVAT, de natureza eminentemente pecuniária, classifica-se como obrigação divisível, visto que pode ser fracionada sem haver a desnaturação de sua natureza física ou econômica. A indivisibilidade pela razão determinante do negócio decorre da oportunidade e da conveniência das partes interessadas, não sendo o caso do seguro obrigatório. O eventual caráter social, por si só, não é apto a transmudar a obrigação, tornando-a indivisível" (STJ, REsp 1.863.668/MS, 3.ª Turma, Rel. Min. Nancy Andrighi, Rel. p/ acórdão Min. Ricardo Villas Bôas Cueva, j. 09.03.2021, *DJe* 22.04.2021).

Lembre-se de que as obrigações de dar podem ser divisíveis ou indivisíveis, o mesmo ocorrendo em relação às obrigações de fazer. Por sua natureza infungível e personalíssima, as obrigações de não fazer são quase sempre indivisíveis.

Nessa obrigação indivisível, se houver dois ou mais devedores, incide a presunção relativa (*iuris tantum*), segundo a qual todos os sujeitos passivos da obrigação são responsáveis pela dívida de forma integral (art. 259 do CC). A diferença inicial entre a obrigação indivisível e a obrigação solidária passiva é que a primeira tem a sua origem na natureza da coisa, tarefa ou negócio, enquanto a segunda surge em decorrência de previsão em lei ou contrato (art. 265 do CC).

No caso de uma obrigação indivisível com pluralidade de devedores, aquele que paga a dívida ou cumpre a obrigação se sub-roga nos direitos do credor (art. 259, parágrafo único, do CC). Trata-se de sub-rogação legal, automática ou *pleno iure*, enquadrada no art. 346, inc. III, do Código Civil atual – terceiro interessado que poderia ser responsável pela dívida, no todo ou em parte.

A título de exemplo, imagine-se que há um credor (*A*) e três devedores (*B, C* e *D*), que devem entregar um touro reprodutor, exemplo típico de objeto indivisível, cujo valor é R$ 30.000,00. Se *B* entrega o touro, poderá exigir, em sub-rogação, R$ 10.000,00 de cada um dos demais devedores, ou seja, as suas quotas partes correspondentes (DINIZ, Maria Helena. *Código Civil*..., 2005, p. 294). Vejamos o esquema:

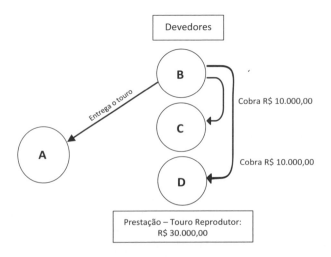

Na hipótese de pluralidade de credores na obrigação indivisível, há uma regra específica que merece comentários aprofundados, o art. 260 do CC atual. Nesta situação, se houver vários credores, o devedor (ou os devedores) somente se desonera (ou desoneram) da obrigação caso:

a) Paguem ou cumpram a obrigação em relação a todos os credores de forma conjunta. Exemplificando, como faz a maioria da doutrina, sendo um touro reprodutor o objeto da obrigação, o(s) devedor(es) deverá(ão) convocar todos os credores para a entrega da coisa.
b) Cumpram a obrigação em relação a um dos credores, exigindo deste a correspondente *caução de ratificação*, ou garantia pela qual o credor que recebe a prestação confirma que repassará o correspondente a que os demais credores têm direito.

Vejamos o diagrama explicativo, para os devidos fins didáticos:

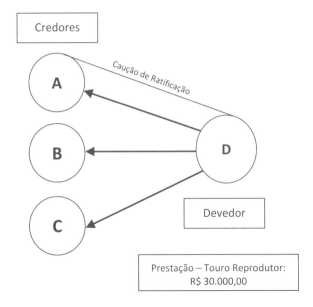

Sigo o posicionamento segundo o qual essa garantia (*caução de ratificação ou confirmação*) deverá ser celebrada por escrito, datada e assinada pelas partes, com firmas reconhecidas. Para dar maior certeza e segurança, o documento pode até ser registrado em cartório de títulos e documentos, tudo isso em respeito ao princípio da eticidade e da boa-fé objetiva, que valoriza a conduta de lealdade dos participantes obrigacionais. Após o repasse aos demais credores, a garantia poderá ser levantada. O bem dado em garantia, também visando à maior certeza e à segurança, deverá ter valor próximo ao valor da obrigação. Trata-se, em suma, de uma garantia real.

Ainda no caso de uma obrigação indivisível, se houver pluralidade de credores e somente um deles receber a prestação de forma integral, os demais poderão pleitear a parte da obrigação a que têm direito, em dinheiro (art. 261 do CC). No exemplo do touro reprodutor antes citado, se este valer trinta mil reais e um dos três credores receber o animal por inteiro, os outros dois sujeitos obrigacionais ativos poderão pleitear cada qual sua quota, ou seja, dez mil reais, daquele que o recebeu.

A remissão, que é o perdão de dívida feito por um credor e aceito pelo devedor, é uma forma de pagamento indireto, um negócio jurídico personalíssimo (arts. 385 a 388 do CC). Assim, se um dos credores perdoar a dívida numa obrigação indivisível, as frações dos demais permanecerão exigíveis, não sendo atingidas pelo perdão (art. 262, *caput*, do CC).

Mas, em tais situações, os credores restantes somente poderão exigir as suas quotas correspondentes. Para elucidar a prática, A, B e C são credores de D quanto à entrega do famoso touro reprodutor, que vale R$ 30.000,00. A perdoa (remite) a sua parte na dívida, correspondente a R$ 10.000,00. B e C podem ainda exigir o touro reprodutor, desde que paguem a D os R$ 10.000,00 que foram perdoados. O desenho a seguir elucida essa regra:

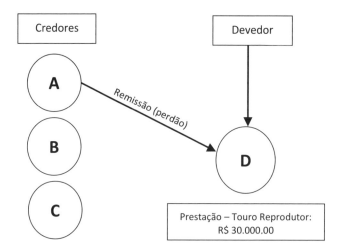

O antigo Projeto de Lei 6.960/2002 propunha alterar esse dispositivo legal, que passaria a ter a seguinte redação: "Art. 262. Se um dos credores remitir a dívida, a obrigação não ficará extinta para com os outros; mas estes só a poderão exigir, reembolsando o devedor pela quota do credor remitente". Essa alteração traria uma redação melhor, inclusive de acordo com o exemplo proposto. A proposta foi inicialmente acatada pelo Deputado Vicente Arruda, relator então nomeado na Comissão de Constituição e Justiça da Câmara dos Deputados, nos seguintes termos: "Não há dúvida de que o artigo trata de obrigação indivisível, pois, se fosse divisível, aplicar-se-ia o disposto no art. 257. Nesse caso, não há que se falar em descontar a cota do credor remitente, mas de reembolsar o devedor das cotas do credor remitente. Pela aprovação".

No atual Projeto de Reforma do Código Civil, são propostos meros ajustes redacionais no seu art. 262, sem se alterar o conteúdo da norma. De toda sorte, penso que seria o caso de se adotar, na tramitação do projeto, essa antiga proposição constante do Projeto Ricardo Fiuza.

A regra prevista para o perdão no *caput* do art. 262 do CC também deve ser aplicada à *transação* (agora tratada como contrato típico, pelo qual se extingue uma obrigação por concessões recíprocas), à *novação* (forma de pagamento indireto por meio da qual se substitui uma obrigação por outra), à *compensação* (pagamento indireto, extinção de dívidas recíprocas até o ponto em que se encontrarem) e à *confusão* (quando houver identidade entre credor e devedor na mesma pessoa, outra forma de pagamento indireto). Isso consta do parágrafo único do art. 262.

No art. 263, *caput*, do CC reside a principal diferença, na minha opinião doutrinária, entre a obrigação indivisível e a obrigação solidária. Conforme o comando em análise, a obrigação indivisível perde seu caráter se convertida em obrigação de pagar perdas e danos, que é uma obrigação de dar divisível. Por outra via, a obrigação solidária, tanto ativa quanto passiva, conforme demonstrado oportunamente, não perde sua natureza se convertida em perdas e danos.

Inicialmente, caso haja culpa *lato sensu* por parte de todos os devedores no caso de descumprimento da obrigação indivisível, todos responderão em partes ou frações iguais, pela aplicação direta do princípio da proporcionalidade, devendo o magistrado apreciar a questão sob o critério da equidade (art. 263, § 1.º, do CC).

Entretanto, se houver culpa por parte de um dos devedores, somente este responderá por perdas e danos, bem como pelo valor da obrigação (art. 263, § 2.º, do CC). Entendo que a exoneração mencionada no parágrafo em análise é total, eis que atinge tanto a obrigação em si quanto a indenização suplementar. Segue-se, portanto, a opinião anterior de Gustavo Tepedino e Anderson Schreiber, que lecionavam: "Se somente um dos devedores for culpado pelo descumprimento da prestação indivisível, a deflagração do dever de indenizar a tal devedor se limita. Por expressa disposição do art. 263, § 2.º, credor ou credores nada podem exigir dos devedores não culpados, que ficam exonerados do vínculo obrigacional. A solução, aqui sim, é irrepreensível, por restringir a responsabilidade pelo inadimplemento obrigacional a quem culposamente lhe deu causa" (*Código Civil...*, 2008, p. 108). Porém, em obra mais recente, passaram a seguir o outro entendimento, a seguir exposto (TEPEDINO, Gustavo; SCHREIBER, Anderson. *Fundamentos...* 2020, v. 2, p. 106).

De fato, a questão nunca foi pacífica na doutrina, pois há quem defenda que, havendo culpa de um dos devedores na obrigação indivisível, aqueles que não foram culpados continuam respondendo pelo valor da obrigação; mas pelas perdas e danos só responde o culpado. Nesse sentido entende Álvaro Villaça Azevedo, nos seguintes termos:

> "Entretanto, a culpa é meramente pessoal, respondendo por perdas e danos só o culpado, daí o preceito do art. 263, que trata da perda da indivisibilidade das obrigações deste tipo, que se resolvem em perdas e danos, mencionando que, se todos os devedores se houverem por culpa, todos responderão em partes iguais (§ 1.º), e que, se só um for culpado, só ele ficará responsável pelo prejuízo, restando dessa responsabilidade exonerados os demais, não culpados. Veja-se bem! Exonerados, tão somente, das perdas e danos, não do pagamento de suas cotas" (AZEVEDO, Álvaro Villaça. *Teoria...*, 2004, p. 94).

No mesmo sentido, opina José Fernando Simão, que fez proposta de enunciado doutrinário na *VI Jornada de Direito Civil* (2013), assim aprovado: "havendo perecimento do objeto da prestação indivisível por culpa de apenas um dos devedores, todos respondem, de maneira divisível, pelo equivalente e só o culpado, pelas perdas e danos" (Enunciado n. 540 do CJF/STJ). Para amparar suas justificativas, o jurista cita, além de Álvaro Villaça Azevedo, as lições de Maria Helena Diniz, Sílvio de Salvo Venosa, Nelson Rosenvald e Cristiano Chaves de Farias.

Esclarecendo, a razão pela qual se filia ao primeiro posicionamento é que dentro do conceito de perdas e danos – nos termos do art. 402 do CC – está o valor da coisa percebida, concebido como dano emergente, pois o aludido comando legal fala em "do que ele efetivamente perdeu". Desse modo, no exemplo citado, havendo culpa de um dos devedores pela perda do animal (touro reprodutor), responderá o culpado pelo valor da coisa (a título de dano emergente) e eventuais lucros cessantes que foram provados pelo prejudicado. Os demais devedores nada deverão pagar.

Aliás, igual regra não existe na obrigação solidária passiva. Conforme o art. 279 do atual Código Civil, mesmo se houver culpa de somente um dos devedores, todos serão responsáveis pela obrigação, somente respondendo pelas perdas e danos o responsável culposo ou doloso. Seguindo a corrente adotada, haverá uma diferença substancial e maior entre a obrigação indivisível e a solidária passiva. A diferença também existe se for seguido o posicionamento encabeçado por Álvaro Villaça Azevedo, eis que os devedores não culpados apenas respondem proporcionalmente. Entretanto, a diferença, adotando-se essa corrente, tem menor amplitude. Mais uma justificativa para continuar a seguir o entendimento que sustento, mesmo com a aprovação do Enunciado n. 540, na *VI Jornada de Direito Civil*. Repise-se que a questão é controvertida, típica das grandes discussões contemporâneas do Direito Privado.

De toda sorte, no Projeto de Reforma e Atualização do Código Civil, há proposta de sanar esse dilema, alterando-se a redação do § 2.º do seu art. 263 e adotando-se proposição feita justamente por José Fernando Simão, relator da Subcomissão de Direito das Obrigações. Assim, a norma passará a prever que, "se for de um só a culpa, ficarão exonerados os outros quanto às perdas e danos, respondendo todos pelo equivalente". Na linha do Enunciado n. 540, da *VI Jornada de Direito Civil*, o debate será encerrado, trazendo segurança jurídica e estabilidade para a temática e vencidas as minhas ressalvas doutrinárias.

Encerrando o assunto e visando a facilitação didática, o quadro a seguir traz as diferenciações entre as obrigações solidárias e as obrigações indivisíveis. As duas primeiras diferenças servem tanto para a solidariedade ativa quanto para a passiva. A terceira diferença apenas se aplica à última, desde que adotado o posicionamento que sigo a respeito da culpa de apenas um dos devedores.

Obrigação Solidária	Obrigação Indivisível	—
A solidariedade tem origem pessoal/subjetiva e decorre da lei ou de acordo das partes.	A indivisibilidade tem origem objetiva, da natureza do objeto da prestação.	Diferença aplicável tanto para a solidariedade ativa quanto passiva.
Convertida em perdas e danos, é mantida a solidariedade.	Convertida em perdas e danos, é extinta a indivisibilidade.	Diferença aplicável tanto para a solidariedade ativa quanto passiva.
Com a referida conversão, havendo culpa de apenas um dos devedores, todos continuam responsáveis pela dívida. Pelas perdas e danos, somente responde o culpado (art. 279 do CC).	Com a conversão em perdas e danos, havendo culpa de apenas um dos devedores, ficarão exonerados totalmente os demais (art. 263, § 2.º, do CC) – posição defendida por mim.	Diferença relacionada apenas com a solidariedade passiva.

2.5 CLASSIFICAÇÃO QUANTO AO CONTEÚDO

De grande interesse prático é a classificação das obrigações quanto ao conteúdo em obrigação *de meio, de resultado* e *de garantia*. Essa classificação não consta do Código Civil, mas é apontada pela doutrina e pela jurisprudência. Tem origem no trabalho de Demogue, tendo sido transposta para o Direito Civil Brasileiro clássico, entre outros, por Washington de Barros Monteiro (*Curso...*, 2003, p. 56).

A obrigação de meio ou de diligência é aquela em que o devedor só é obrigado a empenhar-se para perseguir um resultado, mesmo que este não seja alcançado. Aqueles que assumem obrigação de meio só respondem se provada a sua culpa genérica (dolo ou culpa estrita – imprudência, negligência ou imperícia). Por conseguinte, haverá responsabilidade civil subjetiva daquele que assumiu tal obrigação.

CAP. 2 · PRINCIPAIS CLASSIFICAÇÕES DAS OBRIGAÇÕES | 91

Assumem obrigação de meio os profissionais liberais em geral, caso do advogado em relação ao cliente e do médico em relação ao paciente, entre outros. A responsabilidade dos profissionais liberais é subjetiva em virtude da previsão do art. 14, § 4.º, da Lei 8.078/1990, que institui o Código de Defesa do Consumidor. O mesmo é previsto para os profissionais da área da saúde, conforme o art. 951 do CC.

Por outra via, na obrigação de resultado ou de fim, a prestação só é cumprida com a obtenção de um resultado, geralmente oferecido pelo devedor previamente. Aqueles que assumem obrigação de resultado respondem independentemente de culpa (responsabilidade civil objetiva) ou por culpa presumida, conforme já entendiam doutrina e jurisprudência muito antes da entrada em vigor do Código Civil de 2002. Assumem obrigação de resultado o transportador, o médico cirurgião plástico estético e o dentista estético.

Quanto aos três casos, pela ordem, vejamos dois julgados a respeito do transportador, que assume obrigação de resultado pela *cláusula de incolumidade*, ou seja, pelo dever de levar o passageiro ou a coisa até o destino com segurança:

"Apelação cível. Responsabilidade civil. Acidente. Coletivo. Passageiro. Dano moral e material. O contrato de transporte caracteriza uma obrigação de resultado, no qual se encontra a cláusula de incolumidade, que estabelece o dever elementar do transportador pela segurança do passageiro. É cabível a verba a título de dano moral, que deve guardar relação com o dano e a dor sofrida pela vítima. Tem-se que ela deve ser arbitrada em limites razoáveis, não parcimoniosos, nem excessivos, de acordo com o bom senso que deve orientar o julgador, levando-se em consideração a condição socioeconômica da vítima, assim como a capacidade do ofensor, a natureza e a extensão do dano. Evita-se, com essas lições, que a indenização se torne fonte de lucro fácil ou estimule a novas condutas lesivas. A reparação desse tipo de dano tem tríplice caráter: Punitivo, indenizatório e educativo, como forma de desestimular a reiteração do ato danoso. Apelação 1: Desprovimento. Apelação 2. Provimento parcial" (TJRJ, Apelação 2009.001.11646, 18.ª Câmara Cível, Rel. Des. Pedro Freire Raguenet, j. 02.06.2009, *DORJ* 08.06.2009, p. 237).

"Ação de indenização – Acidente de trânsito – Empresa de transporte coletivo – Responsabilidade objetiva – Cláusula de incolumidade – Obrigação de indenizar evidenciada. Por ser objetiva a responsabilidade afeta ao transporte coletivo de passageiros – CF e CDC – agregada ao fato de ser obrigação de resultado e, ainda, em face da cláusula de incolumidade ínsita ao contrato de transporte, o transportador somente se eximirá se provar que o evento danoso deveu-se a caso fortuito, força maior ou culpa exclusiva da vítima – hipóteses taxativamente expressas no art. 17, Dec. 2.181/1912 – não havendo qualquer previsão legal quanto à excludente por fato de terceiro. Considerando-se que acidentes de trânsito são riscos inerentes à atividade daquele que se propõe a realizar o transporte de passageiros, resta caracterizado o caso fortuito interno que não elide a obrigação de indenizar a vítima e eventuais terceiros prejudicados pelos danos sofridos. Recurso parcialmente provido" (TAMG, Acórdão 0361553-4, Apelação Cível, 2.ª Câmara Cível, Belo Horizonte, Rel. Juiz Alberto Vilas Boas, j. 27.08.2002, não publicado, v.u.).

No que concerne ao médico cirurgião plástico estético, vejamos, do mesmo modo, duas ementas:

"Agravo regimental no recurso especial. Ação de indenização. Cirurgia plástica do abdômen. Recurso que deixa de impugnar especificamente todos os fundamentos da decisão agravada. Incidência, por analogia, da Súmula 182 do STJ. Precedentes. Decisão que merece ser mantida na íntegra por seus próprios fundamentos. Dissídio jurisprudencial não demonstrado. O STJ tem entendimento firmado no sentido de que quando o médico se compromete com o paciente a alcançar um determinado resultado, o que ocorre no caso da cirurgia plástica meramente estética, o que se tem é uma obrigação de resultados e não de meios. Recurso infundado. Aplicação da multa prevista no artigo 557, § 2.º, do CPC. Agravo regimental improvido" (STJ, AgRg no REsp 846.270/SP, 4.ª Turma, Rel. Min. Luis Felipe Salomão, j. 22.06.2010, *DJe* 30.06.2010).

"Cirurgia plástica cosmetológica – Obrigação de resultado. Quando a mulher se submete a uma operação plástica de rejuvenescimento facial, resultado que se obtém com suspensão das pálpebras e alongamento das bochechas, o médico, e, no caso, os seus sucessores 'causa mortis', são responsáveis pelos danos materiais e morais decorrentes da adversidade imposta pela imperfeição dessa obra médica, ainda que adotadas todas as técnicas recomendáveis – Não provimento dos recursos" (TJSP, Apelação Cível 132.990-4/0, 3.ª Câmara de Direito Privado de Férias Janeiro/2003, São Paulo, Rel. Ênio Santarelli Zuliani, 18.03.2003, v.u.).

Por fim, sobre as concreções de julgados estaduais, no que diz respeito ao dentista estético:

"Responsabilidade civil. Dano estético. Implantação de prótese. Embora se possa afirmar que se trata de obrigação de resultado, com inversão do ônus da prova, por ter sido o serviço prestado por uma sociedade de dentistas (artigos 6.º, III, e 14, da Lei 8.078/1990), faz-se mister a prova de prejuízo estético para que se possa acolher o pedido indenizatório formulado pelo cliente insatisfeito. Perícia que exclui déficit estético com a nova prótese. Recurso improvido" (TJSP, Apelação Cível 205.052-4/6-00, 4.ª Câmara de Direito Privado, Ribeirão Preto, Rel. Des. Ênio Santarelli Zuliani, j. 02.02.2006).

"Indenização – Danos material e moral – Prestação de serviço – Tratamento odontológico estético – Implante e prótese – Obrigação de resultado. O contrato de prestação de serviços odontológicos que envolva, exclusivamente, o aspecto e o serviço estético, tal como ocorre *in casu*, traz em si uma obrigação de resultados. Desta forma, se o tratamento a que a autora foi submetida apresentou-se esteticamente desfavorável, resta cristalina a culpa imputada ao dentista que deve suportar a reparação civil pelos danos suportados pela vítima" (TAMG, Acórdão 0377927-1, Apelação Cível, 4.ª Câmara Cível, Belo Horizonte, Rel. Juiz Paulo Cézar Dias, j. 11.12.2002, não publicado, v.u.).

Anote-se que o Superior Tribunal de Justiça aplicou a mesma premissa da obrigação de resultado para o dentista que faz tratamento ortodôntico, enquadrado na obrigação de resultado. Vejamos a publicação no *Informativo* n. *485* daquele Tribunal Superior:

"Tratamento ortodôntico. Indenização. Cinge-se a questão em saber se o ortodontista se obriga a alcançar o resultado estético e funcional, conforme pactuação firmada com o paciente e, neste caso, se é necessária a comprovação de sua culpa, ou se basta que fique demonstrado não ter sido atingido o objetivo avençado. No caso, a recorrida contratou os serviços do recorrente para a realização de tratamento ortodôntico, objetivando corrigir o desalinhamento de sua arcada dentária e problema de mordida cruzada. Entretanto, em razão do tratamento inadequado a que foi submetida, pois o profissional descumpriu o resultado prometido além de extrair-lhe dois dentes sadios cuja falta veio a lhe causar perda óssea, a recorrida ajuizou ação de indenização cumulada com ressarcimento de valores. Nesse contexto, o Min. Relator destacou que, embora as obrigações contratuais dos profissionais liberais, na maioria das vezes, sejam consideradas como de meio, sendo suficiente que o profissional atue com a diligência e técnica necessárias para obter o resultado esperado, há hipóteses em que o compromisso é com o resultado, tornando-se necessário o alcance do objetivo almejado para que se possa considerar cumprido o contrato. Nesse sentido, ressaltou que, nos procedimentos odontológicos, sobretudo os ortodônticos, os profissionais especializados nessa área, em regra, comprometem-se pelo resultado, visto que os objetivos relativos aos tratamentos de cunho estético e funcional podem ser atingidos com previsibilidade. *In casu*, consoante as instâncias ordinárias, a recorrida demonstrou que o profissional contratado não alcançou o objetivo prometido, esperado e contratado, pois o tratamento foi equivocado e causou-lhe danos físicos e estéticos, tanto que os dentes extraídos terão que ser recolocados. Assim, como no caso cuidou-se de obrigação de resultado, em que há presunção de culpa do profissional com a consequente inversão do ônus da prova, caberia ao réu demonstrar que não agiu com negligência, imprudência ou imperícia, ou mesmo que o insucesso se deu em decorrência de culpa exclusiva da paciente, o que não se efetuou na espécie, a confirmar a devida responsabilização imposta. (...)" (STJ, REsp 1.238.746/MS, Rel. Min. Luis Felipe Salomão, j. 18.10.2011).

Deve ficar claro que o médico cirurgião plástico *reparador* assume obrigação de meio ou diligência, somente respondendo se provada a sua culpa. Não está correta a afirmação de o médico *cirurgião plástico* responder independentemente de culpa. Isso somente ocorre para o *médico cirurgião plástico estético*. Relativamente ao plástico reparador, interessante transcrever as seguintes decisões:

"Apelação cível. Responsabilidade civil. Erro médico. Cirurgia plástica reparadora. Obrigação de meio. Responsabilidade subjetiva. Não configuração do dever de indenizar. 1. A obrigação decorrente de procedimento cirúrgico plástico reparador é de meio, sendo atribuída ao médico, portanto, nestes casos, responsabilidade civil subjetiva, em atenção ao disposto no artigo 14, § 4.º, do Código de Defesa do Consumidor. 2. Considerando que o procedimento adotado pelo demandado foi correto, e inexistindo elementos probatórios capazes de corroborar a tese da parte autora de que o serviço não tenha sido realizado, pelo contrário, tem-se que o demandado não agiu culposamente ao prestar seus serviços médico-profissionais, afastando-se assim o dever de indenizar" (TJRS, Apelação Cível 70037995644, 9.ª Câmara Cível, Sapucaia do Sul, Rel. Des. Íris Helena Medeiros Nogueira, j. 15.09.2010, *DJERS* 24.09.2010).

"Responsabilidade civil – Erro médico – Indenização. Por se tratar de cirurgia reparadora, configurada está a obrigação de meio. Não sendo comprovada a culpa *in procedendo* do médico, descabida a indenização" (TJRS, Processo 70002711208, 5.ª Câmara Cível, Porto Alegre, Rel. Carlos Alberto Bencke, 20.12.2001).

Em complemento, entendeu o Superior Tribunal de Justiça que, presente uma obrigação de meio e de resultado ao mesmo tempo (obrigação mista), deve-se fazer uma análise fracionada, para os fins de atribuição da correspondente responsabilidade civil. Colaciona-se a publicação no *Informativo* n. *484* da Corte Superior:

"Responsabilidade civil. Médico. Cirurgia estética e reparadora. Na espécie, trata-se de ação de indenização por danos morais e materiais ajuizada pela recorrida em desfavor dos recorrentes. É que a recorrida, portadora de hipertrofia mamária bilateral, foi submetida à cirurgia para redução dos seios – operação realizada no hospital e pelo médico, ora recorrentes. Ocorre que, após a cirurgia, as mamas ficaram com tamanho desigual, com grosseiras e visíveis cicatrizes, além de ter havido retração do mamilo direito. O acórdão recorrido deixa claro que, no caso, o objetivo da cirurgia não era apenas livrar a paciente de incômodos físicos ligados à postura, mas também de resolver problemas de autoestima relacionados à sua insatisfação com a aparência. Assim, cinge-se a lide a determinar a extensão da obrigação do médico em cirurgia de natureza mista – estética e reparadora. Este Superior Tribunal já se manifestou acerca da relação médico-paciente, concluindo tratar-se de obrigação de meio, e não de resultado, salvo na hipótese de cirurgias estéticas. No entanto, no caso, trata-se de cirurgia de natureza mista – estética e reparadora – em que a responsabilidade do médico não pode ser generalizada, devendo ser analisada de forma fracionada, conforme cada finalidade da intervenção. Numa cirurgia assim, a responsabilidade do médico será de resultado em relação à parte estética da intervenção e de meio em relação à sua parte reparadora. A Turma, com essas e outras considerações, negou provimento ao recurso" (STJ, REsp 1.097.955/MG, Rel. Min. Nancy Andrighi, j. 27.09.2011).

Não obstante os julgados transcritos, destaque-se que a relação estabelecida entre a obrigação de resultado e a responsabilidade objetiva está em profundo debate no Direito Brasileiro. Sobre o tema, aliás, consulte-se a obra de Pablo Renteria, fruto de sua dissertação de mestrado defendida na UERJ (RENTERIA, Pablo. *Obrigações...*, 2011).

No sentido de revisão, concluiu o próprio Superior Tribunal de Justiça: "os procedimentos cirúrgicos de fins meramente estéticos caracterizam verdadeira obrigação de resultado, pois neles o cirurgião assume verdadeiro compromisso pelo efeito embelezador prometido. Nas obrigações de resultado, a responsabilidade do profissional da medicina permanece subjetiva. Cumpre ao médico, contudo, demonstrar que os eventos danosos decorreram de fatores externos e alheios à sua atuação durante a cirurgia" (STJ, REsp 1.180.815/MG, 3.ª Turma, Rel. Min. Nancy Andrighi, j. 19.08.2010, *DJe* 26.08.2010).

Em verdade, nota-se certa hesitação jurisprudencial entre a responsabilidade objetiva – sem culpa –, e a responsabilidade subjetiva com culpa presumida, conforme pode-se perceber da leitura de outro julgado daquela Corte Superior, publicado no seu *Informativo* n. *491*:

> "Nos procedimentos cirúrgicos estéticos, a responsabilidade do médico é subjetiva com presunção de culpa. Esse é o entendimento da Turma que, ao não conhecer do apelo especial, manteve a condenação do recorrente – médico – pelos danos morais causados ao paciente. Inicialmente, destacou-se a vasta jurisprudência desta Corte no sentido de que é de resultado a obrigação nas cirurgias estéticas, comprometendo-se o profissional com o efeito embelezador prometido. Em seguida, sustentou-se que, conquanto a obrigação seja de resultado, a responsabilidade do médico permanece subjetiva, com inversão do ônus da prova, cabendo-lhe comprovar que os danos suportados pelo paciente advieram de fatores externos e alheios a sua atuação profissional" (STJ, REsp 985.888/SP, Min. Luis Felipe Salomão, j. 16.02.2012).

Anote-se que a divisão das obrigações em *de meio* e *de resultado* está mais bem analisada no meu livro sobre a *Responsabilidade Civil*, publicado por este mesmo grupo editorial, para o qual se remete aqueles que pretendem maiores aprofundamentos sobre o assunto. Destaque-se, naquela obra, o seu Capítulo 14, que estuda a responsabilidade civil profissional.

Superadas tais questões, além da obrigação de meio e de resultado, há ainda a obrigação de garantia. Nesta, o seu objetivo é uma garantia pessoal, oferecida por força de um instituto contratual, como ocorre na fiança (caução fidejussória). Nesse contrato, a pessoa garante uma dívida de terceiro perante um credor (art. 818 do CC). A fiança não se confunde com o penhor, a hipoteca e a anticrese, que são direitos reais de garantia sobre coisa alheia, presentes quando uma coisa móvel ou imóvel é dada em garantia por uma dívida.

2.6 CLASSIFICAÇÃO QUANTO À LIQUIDEZ

Quanto à liquidez, a obrigação pode ser líquida ou ilíquida, tema que interessa também ao âmbito processual.

A obrigação líquida é aquela certa quanto à existência, e determinada quanto ao objeto e valor. Nela se encontram especificadas, de modo expresso, a quantidade, a qualidade e a natureza do objeto devido. O inadimplemento de obrigação positiva e líquida no exato

CAP. 2 · PRINCIPAIS CLASSIFICAÇÕES DAS OBRIGAÇÕES | 95

vencimento constitui o devedor em mora automaticamente (*mora ex re*), nos termos do art. 397, *caput*, do Código Civil em vigor.

Presente obrigação líquida, caberá ação de execução por quantia certa, pedido de falência, concessão de arresto, sendo possível ainda a compensação legal, desde que preenchidos os demais requisitos previstos em lei para tais institutos processuais e materiais.

A obrigação ilíquida, por sua vez, é aquela incerta quanto à existência e indeterminada quanto ao conteúdo e valor. Para que seja cobrada, é necessário antes que seja transformada em líquida, geralmente por um processo de conhecimento. Após esse processo de conhecimento, é preciso realizar a liquidação da sentença nas formas previstas no Código de Processo Civil.

No CPC/1973, tais formas de liquidação estavam no seu art. 475, alterado pela Lei 11.232/2005, que revogou os então antigos arts. 603 a 611 do Estatuto Processual em vigor à época. Atualizando a obra, esclareça-se que o art. 475 do CPC/1973, com as suas diversas letras, equivale aos arts. 509, 510, 512, 513, 515, 516, 520, 521, 523, 524, 525 e 533 do CPC/2015. O estudo confrontado desses comandos não interessa ao objeto desta obra. Somente é relevante, no presente tópico, expor que essas formas de liquidação são as seguintes:

a) *Liquidação por cálculo aritmético*: é aquela feita mediante a apresentação de uma memória discriminada e atualizada do cálculo (art. 509, § 2.º, do CPC/2015, equivalente ao art. 475-B do CPC/1973).

b) *Liquidação por arbitramento*: realizada mediante a nomeação de um perito, que deverá apresentar um laudo apontando qual o montante devido. O arbitramento pode caber ao próprio juiz, no caso de fixação, na sentença, do valor devido a título de danos morais (arts. 509 e 510 do CPC/2015, correspondentes aos arts. 475-C e 475-D do CPC/1973). Vale pontuar que, no Novo CPC, a realização da perícia tem caráter subsidiário, pois o seu art. 510 estabelece que, na liquidação por arbitramento, o juiz intimará inicialmente as partes para a apresentação de pareceres ou documentos elucidativos, no prazo que fixar. Eventualmente, caso não possa decidir de plano, nomeará perito, observando-se, no que couber, o procedimento da prova pericial.

c) *Liquidação por artigos*: é feita quando, para se determinar o valor da condenação, houver a necessidade de alegar e provar fato novo. Quanto a essa forma de liquidação, deve-se seguir o procedimento comum (art. 509, II, do CPC/2015, correspondente aos arts. 475-E e 475-F do CPC/1973).

Deve ser elucidado que é vedado, na liquidação, discutir nova lide ou modificar a sentença que a julgou (art. 509, § 4.º, do CPC/2015 e art. 475-G do CPC/1973).

Nas hipóteses em que a obrigação é ilíquida, não cabe ação de execução por quantia certa sem a liquidação anterior. Também não cabe pedido de falência, concessão de arresto ou compensação legal.

2.7 CLASSIFICAÇÃO QUANTO À PRESENÇA OU NÃO DE ELEMENTO ACIDENTAL

Os elementos acidentais de um negócio jurídico são aqueles que não são essenciais ao ato em regra: a *condição*, o *termo* e o *encargo*. Esses elementos estão no plano da eficácia obrigacional, incrementando o negócio jurídico (plano da eficácia, terceiro degrau na *Escada Ponteana*). Nesse sentido, quanto à presença ou não desses elementos acidentais, a obrigação pode ser assim classificada:

96 | DIREITO CIVIL • VOL. 2 – *Flávio Tartuce*

a) *Obrigação pura ou simples* – é aquela que não está sujeita a condição, termo ou encargo. Cite-se, como exemplo, uma doação pura, cujo elemento essencial é apenas a intenção de doar (*animus donandi*). Prefiro utilizar a expressão *obrigação pura*, pois já foi empregado o vocábulo *obrigação simples* na confrontação com a obrigação composta (classificação quanto à presença de elementos).

b) *Obrigação condicional* – é aquela que contém cláusula que subordina o seu efeito a um evento futuro e incerto (condição). Como exemplo, pode ser mencionada a doação feita ao nascituro (art. 542 do CC), que é modalidade de doação condicional para a maioria da doutrina, pois dependeria do seu nascimento com vida. A condição é identificada pelas conjunções *se* (condição suspensiva) ou *enquanto* (*condição resolutiva*).

c) *Obrigação a termo* – é aquela que contém uma cláusula que subordina seu efeito a um evento futuro e certo (termo). É possível a doação a termo ou à parte, pela qual o donatário permanece com o bem por um lapso temporal. É identificada pela conjunção *quando*.

d) *Obrigação modal ou com encargo* – é aquela onerada por um encargo, um ônus à pessoa contemplada pela relação jurídica. O exemplo clássico é a doação modal ou com encargo (art. 540 do CC), modalidade de doação onerosa. É identificada pela conjunção *para que*.

Todas essas formas de doação, sem prejuízos de outras, também com a presença de elementos acidentais, estão aprofundadas no Volume 3 desta coleção.

2.8 CLASSIFICAÇÃO QUANTO À DEPENDÊNCIA

Quanto à dependência em relação à outra obrigação, a obrigação pode ser *principal* ou *acessória*. A obrigação principal é aquela que independe de qualquer outra para ter existência, validade ou eficácia. A obrigação acessória tem a sua existência, validade ou eficácia subordinada a outra relação jurídica obrigacional.

Vale lembrar que a extinção, nulidade, anulabilidade ou prescrição da obrigação principal reflete na acessória. Mas a recíproca não é verdadeira. Incide a regra pela qual o acessório segue o principal, precursora do *princípio da gravitação jurídica*.

Como exemplo de obrigação principal pode ser mencionada aquela assumida pelo locatário no contrato de locação de imóvel urbano. O fiador assume uma obrigação acessória diante do credor, que é a de responsabilizar-se pela dívida de um devedor principal, que pode ser um locatário. Inclusive por isso, está manifestado nos Volumes 1, 3 e 5 desta coleção o entendimento pela inconstitucionalidade da previsão do art. 3.º, inc. VII, da Lei 8.009/1990, pela qual o fiador de locação de imóvel urbano pode ter o bem de família penhorado. Ora, como pode o contrato acessório trazer mais obrigações que o contrato principal? Tal dedução viola o princípio constitucional da isonomia, da proporcionalidade e da razoabilidade (art. 5.º, *caput*, da CF/1988).

Entretanto, conforme está salientado naquelas obras, o STF, por maioria e anteriormente, entendeu pela constitucionalidade da previsão, o que era considerado como prevalecente. Vejamos a ementa da decisão do pleno do Supremo Tribunal Federal:

"Fiador – Locação – Ação de despejo – Sentença de procedência – Execução – Responsabilidade solidária pelos débitos do afiançado – Penhora de seu imóvel residencial – Bem de família – Admissibilidade – Inexistência de afronta ao direito de moradia, previsto no art. 6.º da CF – Constitucionalidade do art. 3.º, VII, da Lei n. 8.009/90, com a redação da Lei n. 8.245/91 – Recurso extraordinário desprovido – Votos vencidos. A penhorabilidade do bem de família do fiador do contrato de locação, objeto do art. 3.º, VII, da Lei n. 8.009, de 23 de março de 1990, com a redação da Lei n. 8.245, de 15 de outubro de 1991, não ofende o art. 6.º da Constituição da República" (STF, RE 407.688/SP, Rel. Min. Cezar Peluso, j. 08.02.2006).

Acrescente-se que a questão supostamente se estabilizou do mesmo modo no Superior Tribunal de Justiça, que, infelizmente, editou a Súmula n. 549, de outubro de 2015, com a seguinte dicção: "é válida a penhora de bem de família pertencente a fiador de contrato de locação".

Todavia, no ano de 2018 surgiu nova decisão do Supremo Tribunal Federal concluindo pela inconstitucionalidade da previsão a respeito da penhora do bem de família do fiador, em caso de locação não residencial e retomando os argumentos que foram aduzidos pelo então Ministro Carlos Velloso, em decisão monocrática. A ementa é da Primeira Turma do Tribunal, tendo sido prolatada por maioria no Informativo n. 906 da Corte Suprema (STF, RE 605.709/SP, Rel. Min. Dias Toffoli, Red. p/ Ac. Min. Rosa Weber, j. 12.06.2018). O acórdão faz renascer o debate a respeito do tema.

Diante dessa decisão, e de outras, o Pleno do Supremo Tribunal Federal reconheceu a repercussão geral a respeito do assunto, em março de 2021. Isso se deu nos autos do Recurso Extraordinário 1.307.334 (Tema 1127).

Em março de 2022, o STF julgou a questão, reafirmando sua posição anterior – em prol da livre-iniciativa e da proteção do mercado –, no sentido de ser constitucional essa previsão legal a respeito da penhora do bem de família do fiador.

Votaram nesse sentido os Ministros Roberto Barroso, Nunes Marques, Dias Toffoli, Gilmar Mendes, André Mendonça e Luiz Fux, seguindo-se ainda o argumento de que a Lei de Locação não faz distinção entre fiadores de locações residenciais e comerciais em relação à possibilidade da penhora do seu bem de família. Em sentido contrário, votaram os Ministros Edson Fachin, Ricardo Lewandowski, Rosa Weber e Cármen Lúcia, pois o direito constitucional à moradia deveria prevalecer sobre os princípios da livre-iniciativa e da autonomia contratual, que podem ser resguardados de outras formas. Ao final foi ementada a seguinte tese em repercussão geral, que deve ser adotada para os devidos fins práticos: "é constitucional a penhora de bem de família pertencente a fiador de contrato de locação, seja residencial, seja comercial".

Acrescente-se que, na sequência, o Superior Tribunal de Justiça cristalizou a mesma posição em julgamento de recursos repetitivos, ementando que a "tese definida no Tema 1127 foi a de que 'é constitucional a penhora de bem de família pertencente a fiador de contrato de locação, seja residencial, seja comercial' Nessa perspectiva, a Segunda Seção do STJ, assim como o fez o STF, deve aprimorar os enunciados definidos no REsp Repetitivo 1.363.368/MS e na Súmula 549 para reconhecer a validade da penhora de bem de família pertencente a fiador de contrato de locação comercial. Isso porque a lei não distinguiu entre os contratos de locação para fins de afastamento do bem de família, (art. 3.º, inciso VII, da Lei n. 8.009/1990)" (STJ, REsp 1.822.040/PR, 2.ª Seção, Rel. Min. Luis Felipe Salomão, j. 08.06.2022 – Tema 1091, v.u.).

De todo modo, por todo esse panorama de dúvidas e incertezas no âmbito da jurisprudência, continuo a entender que a melhor solução para a temática, de fato, é que a norma seja revogada, resolvendo-se definitivamente a questão e afastando-se a grande instabilidade que sempre existiu sobre o tema.

2.9 CLASSIFICAÇÃO QUANTO AO LOCAL PARA CUMPRIMENTO

No que tange ao local de cumprimento, a obrigação pode ser *quesível* ou *portável*.

A obrigação quesível (ou *quérable*) tem o seu cumprimento no domicílio do devedor. Não havendo previsão no contrato, constitui regra geral (art. 327, *caput,* do CC).

Por outra via, a obrigação portável (ou *portable*) é aquela em que o seu cumprimento deverá ocorrer no domicílio do credor ou de terceiro. Para gerar efeitos, tal regra deve constar expressamente no instrumento relacionado com a obrigação, que aqui definimos como instrumento obrigacional.

A matéria será aprofundada quando do tratamento do local do pagamento da obrigação, ainda nesta obra.

2.10 CLASSIFICAÇÃO QUANTO AO MOMENTO PARA CUMPRIMENTO

Em relação ao momento para cumprimento obrigacional, as obrigações classificam-se em *obrigação instantânea com cumprimento imediato, obrigação de execução diferida* e *obrigação de execução continuada.*

A *obrigação instantânea com cumprimento imediato* é aquela cumprida imediatamente após a sua constituição. Se a regra estiver relacionada com o pagamento, será ele à vista, salvo previsão em contrário no instrumento obrigacional (art. 331 do CC). Em regra, não se pode rever judicialmente, por fato superveniente, contrato relacionado com obrigação instantânea.

A *obrigação de execução diferida* é aquela cujo cumprimento deverá ocorrer de uma vez só, no futuro. Exemplo típico é a situação em que se pactua o pagamento com cheque pós-datado ou pré-datado. Nesse caso, pode ser aplicada a revisão contratual por fato superveniente, diante de uma imprevisibilidade somada a uma onerosidade excessiva (arts. 317 e 478 do CC) ou a revisão contratual por fato superveniente por simples onerosidade excessiva (art. 6.º, V, do CDC).

Muito comum hoje pela ausência de crédito imediato, a *obrigação de execução continuada*, execução periódica ou obrigação de trato sucessivo é aquela cujo cumprimento se dá por meio de subvenções periódicas. Nesse caso, também há a possibilidade de revisão do contrato, em virtude da ocorrência de fato imprevisto ou de excessiva onerosidade, aplicando-se as regras do Código Civil ou do Código de Defesa do Consumidor, até porque são comuns os abusos contratuais em nosso país. Os financiamentos em geral e o contrato de locação assumem a forma sucessiva, como é notório.

2.11 OUTROS CONCEITOS IMPORTANTES. OBRIGAÇÃO *PROPTER REM* E OBRIGAÇÃO NATURAL

Para terminar o presente capítulo, é interessante rever duas modalidades de obrigação que muito interessam à prática obrigacional.

A primeira é a obrigação *propter rem* ou *obrigação híbrida*. Esse último conceito é justificável porque o seu conteúdo é parte de direito real e parte de direito pessoal. Em suma, a obrigação *propter rem* ou *própria da coisa* está no meio do caminho entre os direitos pessoais patrimoniais e os direitos reais. Consigne-se que as diferenças entre as duas categorias constam do Volume 4 desta coleção, que trata do Direito das Coisas.

Essa obrigação pode ser conceituada como aquela de determinada pessoa, por força de um direito real, pela relação que a mesma tem com um bem móvel ou imóvel (*obrigação ambulatória ou mista*). Há quem denomine a obrigação como *reipersecutória*, pois acompanha a coisa onde quer que se encontre.

Sílvio de Salvo Venosa também a denomina *obrigação real* e ensina que, "embora não seja explicação totalmente técnica, para uma compreensão inicial podemos dizer que a obrigação real fica a meio caminho entre o direito real e o direito obrigacional. Assim, as obrigações reais ou *propter rem* (também conhecidas como *ob rem*) são as que estão a cargo de um sujeito, à medida que este é proprietário de uma coisa, ou titular de um direito real de uso e gozo dela" (VENOSA, Sílvio de Salvo. *Direito civil...*, 2003, p. 59). Diante desse problema de terminologia, há quem prefira denominá-la *obrigação com ônus real*.

De todo modo, há quem critique essa qualificação, caso de Maurício Bunazar, para quem "a obrigação *propter rem* é instituto de direito pessoal, não havendo qualquer característica autorizando sua qualificação como direito real ou, menos ainda, como 'instituto híbrido'" (BUNAZAR, Maurício. *Obrigação...*, p. 15). Esta última posição, contudo, ainda é minoritária.

Exemplo típico é a obrigação do proprietário do imóvel pagar as despesas de condomínio, pelo que prevê o art. 1.345 do CC/2002, uma vez que o adquirente do imóvel em condomínio edilício responde por tais débitos, que acompanham a coisa para onde quer que ela vá.

De toda sorte, cabe advertir que os honorários de sucumbência decorrentes de ação de cobrança de cotas condominiais não possuem a citada natureza *propter rem*. Conforme se retira de julgado relatado pela Ministra Nancy Andrighi, dois são os argumentos para tanto. O primeiro deles está relacionado ao fato de que "tal obrigação não está expressamente elencada no rol do art. 1.345 do CC/2002, até mesmo por não se prestar ao custeio de despesas indispensáveis e inadiáveis à manutenção da coisa comum". Ademais, "no que tange aos honorários de sucumbência, esta Corte, à luz do que dispõe o art. 23 do Estatuto da OAB, consolidou o entendimento de que constituem direito autônomo do advogado, de natureza remuneratória. Trata-se, portanto, de dívida da parte vencida frente ao advogado da parte vencedora, totalmente desvinculada da relação jurídica estabelecida entre as partes da demanda. Nessa linha: AR 5.160/RJ, Terceira Turma, julgado em 28.02.2018, *DJe* de 18.04.2018; EAg 884.487/SP, Corte Especial, julgado em 19.04.2017, *DJe* de 04.08.2017; REsp Repetitivo 1.102.473/RS, Corte Especial, julgado em 16.05.2012, *DJe* de 27.08.2012)" (STJ, REsp 1.730.651/SP, 3.ª Turma, Rel. Min. Nancy Andrighi, j. 09.04.2019, *DJe* 12.04.2019).

Também pode ser considerada obrigação *propter rem* aquela relacionada com o dever do proprietário de não prejudicar a segurança, o sossego e a saúde dos vizinhos. Quanto ao tema, o Código Civil de 2002 traz um capítulo sobre os direitos de vizinhança (arts. 1.277 e ss. do CC).

Da criação pretoriana, a jurisprudência do Superior Tribunal de Justiça tem considerado há tempos como *propter rem* a obrigação do proprietário em fazer a recuperação ambiental do imóvel. Vejamos a ementa de um dos julgados mais importantes sobre o tema, que traz a lume outros argumentos, como a função social da propriedade:

"Processual civil e administrativo. Ausência de prequestionamento. Súmula 211/ STJ. Mata Atlântica. Decreto 750/1993. Limitação administrativa. Prescrição quinquenal. Art. 1.228, *caput* e parágrafo único, do Código Civil de 2002. (...). Assegurada no Código Civil de 2002 (art. 1.228, *caput*), a faculdade de 'usar, gozar e dispor da coisa', núcleo econômico do direito de propriedade, está condicionada à estrita observância, pelo proprietário atual, da obrigação *propter rem* de proteger a flora, a fauna, as belezas naturais, o equilíbrio ecológico e o patrimônio histórico e artístico, bem como evitar a poluição do ar e das águas (parágrafo único do referido artigo). (...) Os recursos naturais do Bioma Mata Atlântica podem ser explorados, desde que respeitadas as prescrições da legislação, necessárias à salvaguarda da vegetação nativa, na qual se encontram várias espécies da flora e fauna ameaçadas de extinção. (...). Nos regimes jurídicos contemporâneos, os imóveis – rurais ou urbanos – transportam finalidades múltiplas (privadas e públicas, inclusive ecológicas), o que faz com que sua utilidade econômica não se esgote em um único uso, no melhor uso e, muito menos, no mais lucrativo uso. A ordem constitucional-legal brasileira não garante ao proprietário e ao empresário o máximo retorno financeiro possível dos bens privados e das atividades exercidas. (...) Exigências de sustentabilidade ecológica na ocupação e utilização de bens econômicos privados não evidenciam apossamento, esvaziamento ou injustificada intervenção pública. Prescrever que indivíduos cumpram certas cautelas ambientais na exploração de seus pertences não é atitude discriminatória, tampouco rompe com o princípio da isonomia, mormente porque ninguém é confiscado do que não lhe cabe no título ou senhorio. (...) Se o proprietário ou possuidor sujeita-se à função social e à função ecológica da propriedade, despropositado alegar perda indevida daquilo que, no regime constitucional e legal vigente, nunca deteve, isto é, a possibilidade de utilização completa, absoluta, ao estilo da terra arrasada, da coisa e de suas virtudes naturais. Ao revés, quem assim proceder estará se apoderando ilicitamente (uso nocivo ou anormal da propriedade) de atributos públicos do patrimônio privado (serviços e processos ecológicos essenciais), que são 'bem de uso comum do povo', nos termos do art. 225, *caput*, da Constituição de 1988. (...)" (STJ, REsp 1.109.778/SC, 2.ª Turma, Rel. Min. Herman Benjamin, j. 10.11.2009, *DJe* 04.05.2011).

Anote-se que, ao final de 2018, o Superior Tribunal de Justiça sumulou a matéria, ementando que "as obrigações ambientais possuem natureza *propter rem,* sendo admissível cobrá-las do proprietário ou possuidor atual e/ou dos anteriores, à escolha do credor" (Súmula 623 do STJ).

A construção é interessante, pois traz um novo dimensionamento de um conceito clássico do Direito Civil. Como se verá mais à frente na presente obra, utiliza-se também o argumento da responsabilidade objetiva ambiental para a mesma conclusão. Cumpre anotar que a premissa consta do art. 2.º, § 2.º, do Código Florestal, *in verbis*: "as obrigações previstas nesta Lei têm natureza real e são transmitidas ao sucessor, de qualquer natureza, no caso de transferência de domínio ou posse do imóvel rural".

Em 2023, porém, foi feita uma ressalva pela Corte, quando do julgamento do Tema 1204 de repercussão geral. A Primeira Seção do Tribunal passou a considerar, assim, que "as obrigações ambientais possuem natureza *propter rem*, sendo possível exigi-las, à escolha do credor, do proprietário ou possuidor atual, de qualquer dos anteriores, ou de ambos, ficando isento de responsabilidade o alienante cujo direito real tenha cessado antes da causação do dano, desde que para ele não tenha concorrido, direta ou indiretamente" (STJ, REsp 1.953.359/SP e REsp 1.962.089/MS, 1.ª Seção, Rel. Min. Assusete Magalhães, j. 13.09.2023).

Como outra ilustração da criação jurisprudencial, em decisão do ano de 2020, o mesmo STJ considerou que "as despesas decorrentes do depósito de bem alienado fiduciariamente em pátio privado constituem obrigações *propter rem*, de maneira que independem da manifestação expressa ou tácita da vontade do devedor". Assim, como consequência, "o arrendante é o responsável final pelo pagamento das despesas com a estadia do automóvel junto a pátio privado, pois permanece na propriedade do bem alienado enquanto perdurar o pacto de arrendamento mercantil" (STJ, REsp 1.828.147/SP, 3.ª Turma, Rel. Min. Nancy Andrighi, j. 20.02.2020, *DJe* 26.02.2020).

Ainda sobre as obrigações mistas, esclareça-se que, com razão, o mesmo Superior Tribunal de Justiça tem entendido que dívidas de consumo, como água, esgoto e energia elétrica, não constituem obrigações *propter rem*, mas dívidas pessoais do usuário do serviço. Nessa linha, quanto às dívidas de água e esgoto, colaciona-se: "é firme o entendimento no STJ de que o dever de pagar pelo serviço prestado pela agravante – fornecimento de água – é destituído da natureza jurídica de obrigação *propter rem*, pois não se vincula à titularidade do bem, mas ao sujeito que manifesta vontade de receber os serviços (AgRg no AREsp 2.9879/RJ, Rel. Min. Herman Benjamin, *DJe* 22.05.2012)" (STJ, AgRg no AREsp 265.966/SP, 1.ª Turma, Rel. Min. Napoleão Nunes Maia Filho, j. 21.03.2013, *DJe* 10.04.2013). Em complemento: "o entendimento firmado neste Superior Tribunal é no sentido de que o débito, tanto de água como de energia elétrica, é de natureza pessoal, não se caracterizando como obrigação de natureza *propter rem*" (STJ, AgRg no REsp 1.258.866/SP, 1.ª Turma, Rel. Min. Arnaldo Esteves Lima, j. 16.10.2012, *DJe* 22.10.2012).

Superada tal categoria, reafirme-se que a obrigação natural é aquela em que o credor não pode exigir a prestação do devedor, já que não há pretensão para tanto. Há um *débito sem responsabilidade*, ou seja, um *debitum sem obligatio* (*Schuld ohne Haftung*). Entretanto, em caso de pagamento por parte do devedor capaz, é considerado válido e irretratável, não cabendo a ação de repetição de indébito ou *actio in rem verso*, como demonstrado (art. 882 do CC).

Sílvio de Salvo Venosa ensina que as obrigações naturais são incompletas, pois "apresentam como características essenciais as particularidades de não serem judicialmente exigíveis, mas, se forem cumpridas espontaneamente, será tido por válido o pagamento, que não poderá ser repetido (há a retenção do pagamento, *soluti retentio*)" (VENOSA, Sílvio de Salvo. *Direito civil...*, 2003, p. 47). Conforme antes demonstrado, são obrigações naturais previstas no ordenamento jurídico brasileiro:

a) dívida prescrita (art. 882 do CC);
b) dívidas resultantes de jogo e aposta não legalizados (arts. 814 e 815 do CC);
c) mútuo feito a menor sem a prévia autorização daquele sob cuja guarda estiver (art. 588 do CC) – originário do *senatus consultus macedoniano*.

Sobre a dívida prescrita, entendo que a impossibilidade de cobrança atinge tanto o âmbito judicial como o extrajudicial, não cabendo, por exemplo, a inscrição do nome do seu devedor em cadastro de inadimplentes. Nesse sentido, julgou a Terceira Turma do Superior Tribunal de Justiça, em 2023, sanando injustificada divergência que surgiu no Tribunal Paulista. Nos termos de aresto publicado no *Informativo* n. 792 da Corte, "o reconhecimento da prescrição da pretensão impede tanto a cobrança judicial quanto a cobrança extrajudicial do débito". Como cerne principal da tese, publicou-se que, "ao cobrar extrajudicialmente o devedor, o credor está, efetivamente, exercendo sua pretensão, ainda que fora do processo. Se a pretensão é o poder de exigir o cumprimento da prestação, uma vez paralisada em razão da prescrição, não será mais possível exigir o referido comportamento do devedor, ou seja, não será mais possível cobrar a dívida. Logo, o reconhecimento da prescrição da pretensão impede tanto a cobrança judicial quanto a cobrança extrajudicial do débito. Não há, portanto, duas pretensões, uma veiculada por meio do processo e outra veiculada extrajudicialmente" (STJ, REsp 2.088.100/SP, 3.ª Turma, Rel. Min. Nancy Andrighi, j. 17.10.2023, v.u.). Como não poderia ser diferente, estou filiado a essa forma de julgar o Direito Civil.

Outro exemplo de obrigação natural é a gorjeta, tema atinente ao Direito do Trabalho. A expressão vem de *gorja*, que quer dizer garganta. Assim, gorjeta é aquilo que se dá para *esquentar a garganta* do trabalhador, o cafezinho ou outra bebida preferida dada por terceiro. Tanto isso é verdade que o termo em alemão para designar a gorjeta é *Trinkgeld*, o que quer dizer, literalmente, *dinheiro para beber*. Como aponta a doutrina trabalhista, nota-se que a gorjeta está relacionada ao beber, e não ao comer (CASSAR, Vólia Bonfim. *Direito do trabalho...*, 2008, p. 775). A gorjeta, como obrigação incompleta, não pode ser exigida do terceiro-cliente, geralmente consumidor, mas sendo paga não caberá sua restituição.

A respeito da categoria, pontue-se que a Lei 13.419/2017 trouxe acréscimos ao art. 457 da CLT. Assim, a norma passou a considerar como gorjeta não só a importância espontaneamente dada pelo cliente ao empregado, como também o valor cobrado pela empresa, como serviço ou adicional, a qualquer título, e destinado à distribuição aos empregados (§ 3º). Ademais, estava determinado que a gorjeta constituiria receita própria dos empregadores, destinando-se aos trabalhadores e seria distribuída segundo critérios de custeio e de rateio definidos em convenção ou acordo coletivo de trabalho (art. 457, § 4.º, da CLT). Entendo que, diante dessa regulamentação, no caso de ser paga pelo empregador, a gorjeta não constituiria uma obrigação natural ou incompleta, mas uma obrigação completa, como outra qualquer.

Porém, a última norma foi alterada pela Reforma Trabalhista (Lei 13.467/2017), passando a estabelecer que "consideram-se prêmios as liberalidades concedidas pelo empregador em forma de bens, serviços ou valor em dinheiro a empregado ou a grupo de empregados, em razão de desempenho superior ao ordinariamente esperado no exercício de suas atividades". Assim, a gorjeta voltou a ser caracterizada como obrigação natural, diante da presença de um ato de liberalidade, caso enquadrada no último preceito.

Com tais conceitos, encerra-se o presente capítulo, importantes para a interação entre o Direito Civil e o Direito do Trabalho.

2.12 RESUMO ESQUEMÁTICO

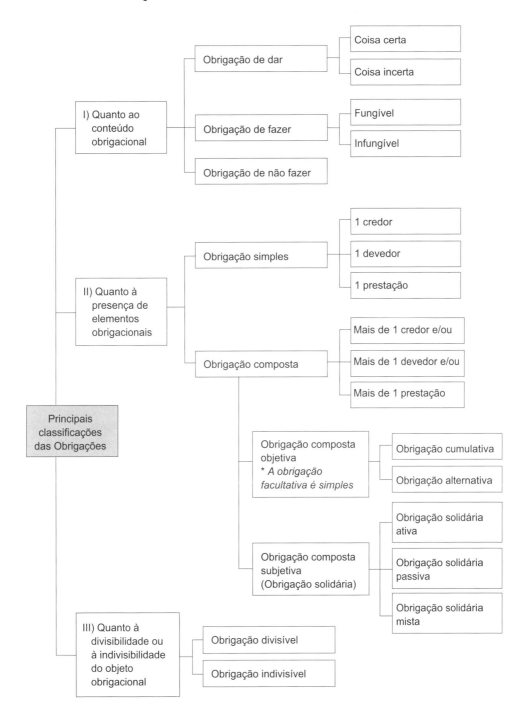

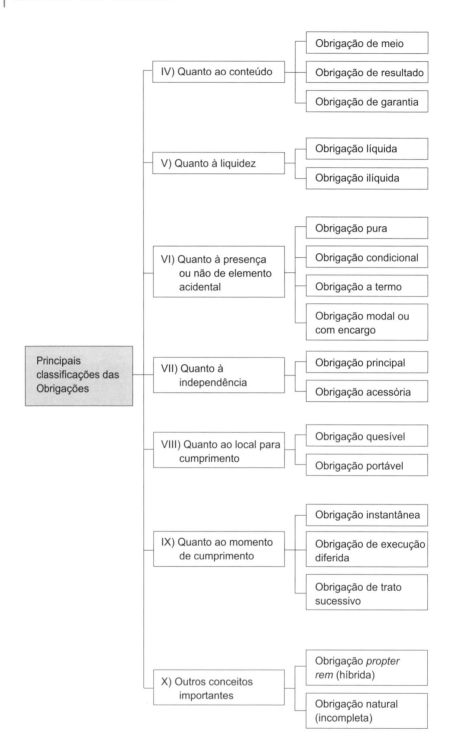

CAP. 2 • PRINCIPAIS CLASSIFICAÇÕES DAS OBRIGAÇÕES | 105

CLASSIFICAÇÃO DA OBRIGAÇÃO (DAR, FAZER E NÃO FAZER)

Inadimplemento Obrigacional

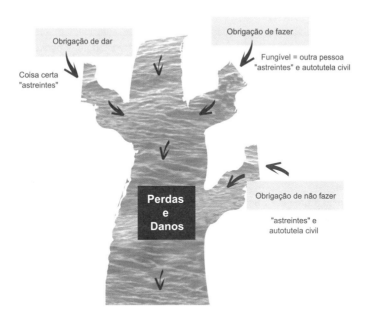

"Rio das Perdas e Danos"

2.13 QUESTÕES CORRELATAS

01. (PGR – PGR – Procurador da República – 2015) De acordo com a jurisprudência do Superior Tribunal de Justiça:

I. A dívida condominial constitui uma obrigação *propter rem*, cuja prestação não deriva da vontade do devedor, mas de sua condição de titular do direito real.

II. O dever de pagar pelo serviço de fornecimento de água tem a natureza jurídica de obrigação *propter rem*, uma vez que se vincula a titularidade do bem.

III. A necessidade de reparação integral da lesão causada ao meio ambiente permite a cumulação de obrigações de fazer, não fazer e indenizar, que tem natureza *propter rem*.

IV. As contribuições criadas por Associações de Moradores podem ser equiparadas, para fins de direito, a despesas condominiais, tendo a dívida natureza *propter rem*.

Das proposições acima:

(A) I e II são corretas;
(B) I e III são corretas;
(C) I e IV são corretas;
(D) Todas são corretas.

02. (TJSC – FCC – Juiz Substituto – 2015) A obrigação natural é judicialmente:

(A) inexigível, mas se for paga, não comporta repetição.
(B) exigível, exceto se o devedor for incapaz.
(C) exigível e só comporta repetição se for paga por erro.
(D) exigível e em nenhuma hipótese comporta repetição.
(E) inexigível e se for paga comporta repetição, independentemente de comprovação de erro no pagamento.

106 | DIREITO CIVIL • VOL. 2 – *Flávio Tartuce*

03. (TRT/RJ – TRT/RJ – Juiz do Trabalho Substituto – 2015) A respeito das obrigações solidárias, é INCORRETO afirmar que

(A) importará renúncia da solidariedade a propositura de ação pelo credor contra um ou alguns dos devedores.

(B) convertendo-se a prestação em perdas e danos, subsiste, para todos os efeitos, a solidariedade.

(C) a solidariedade não se presume, resultando da lei ou da vontade das partes.

(D) o pagamento feito a um dos credores solidários extingue a dívida até o montante do que foi pago.

(E) qualquer cláusula, condição ou obrigação adicional, estipulada entre um dos devedores solidários e o credor, não poderá agravar a posição dos outros sem consentimento destes.

04. (TJMG – CONSULPLAN – Titular de Serviços de Notas e de Registro – 2015) Sobre solidariedade ativa, é correto afirmar:

(A) Se um dos credores solidários falecer deixando herdeiros, cada um destes terá direito a exigir e receber a quota do crédito que corresponder ao seu quinhão hereditário, mesmo se a obrigação for indivisível.

(B) Convertendo-se a prestação em perdas e danos, subsiste, para todos os efeitos, a solidariedade.

(C) O julgamento contrário a um dos credores solidários atinge os demais.

(D) O julgamento favorável a um dos credores solidários em nenhum caso aproveita aos demais.

05. (VUNESP – Câmara Municipal de Poá/SP – Procurador – 2016) Sobre as obrigações de dar, assinale a alternativa correta.

(A) A obrigação de dar coisa certa sempre abrangerá os acessórios a ela, embora não mencionados.

(B) Deteriorada a coisa, não sendo o devedor culpado, poderá o credor resolver a obrigação, ou aceitar a coisa, abatido de seu preço o valor que perdeu.

(C) Até a tradição, pertence ao credor a coisa, com os seus melhoramentos e acrescidos, pelos quais poderá exigir aumento no preço.

(D) Sendo culpado o devedor, poderá o credor exigir o equivalente, ou aceitar a coisa no estado em que se acha, sem direito a reclamar, em um ou em outro caso, indenização das perdas e danos.

(E) Se a obrigação for de restituir coisa certa, e esta, com culpa do devedor, se perder antes da tradição, sofrerá o credor a perda, e a obrigação se resolverá, ressalvados os seus direitos até o dia da perda.

06. (CESPE – DPE/RN – Defensor Público Substituto – 2015) Com relação ao direito das obrigações, assinale a opção correta.

(A) É permitido transformar os bens naturalmente divisíveis em indivisíveis se a alteração se der para preservar a natureza da obrigação, por motivo de força maior ou caso fortuito, mas não por vontade das partes.

(B) As obrigações ambulatórias são as que incidem sobre uma pessoa em decorrência de sua vinculação a um direito pessoal, haja vista que da própria titularidade lhe advém a obrigação.

(C) As obrigações conjuntivas possuem múltiplas prestações ou objetos, de tal modo que seu cumprimento será dado como efetivado quando todas as obrigações forem realizadas.

(D) As obrigações disjuntivas são aquelas em que a prestação ou objeto material são indeterminados, isto é, há apenas referência quanto a gênero e quantidade.

(E) A desconcentração é característica das obrigações de dar coisa incerta. É configurada pela escolha, ato pelo qual o objeto ou prestação se tornam certos e determinados, sendo necessário, para que possa produzir efeitos, que o credor seja disso cientificado.

07. (TRT-21.ª Região/RN – Juiz do Trabalho Substituto – 2015) É correto afirmar, a partir das disposições existentes no Código Civil sobre Obrigações:

(A) Extingue-se a obrigação de não fazer, sempre que se torne impossível ao devedor abster-se do ato que se obrigou a não praticar.

CAP. 2 • PRINCIPAIS CLASSIFICAÇÕES DAS OBRIGAÇÕES | 107

(B) O pagamento parcial feito por um dos devedores e a remissão por ele obtida não aproveitam aos outros devedores, senão até à concorrência da quantia paga ou relevada.

(C) É facultado a terceiro assumir a obrigação do devedor, independente do consentimento do credor, ficando exonerado o devedor primitivo, salvo se aquele, ao tempo da assunção, era insolvente, e o credor o ignorava.

(D) É ilícito convencionar o aumento progressivo de prestações sucessivas.

(E) Incorre de pleno direito o devedor na cláusula penal apenas se, dolosamente, deixe de cumprir a obrigação ou se constitua em mora.

08. (TRF-3.ª Região – Juiz Federal Substituto – 2016) Assinale a alternativa incorreta:

(A) Perde a qualidade de indivisível a obrigação que se resolver em perdas e danos.

(B) Convertendo-se a prestação em perdas e danos, subsiste, para todos os efeitos, a solidariedade.

(C) A remissão da dívida feita por um dos credores em obrigação indivisível extingue esta para com os demais credores.

(D) A remissão da dívida feita por um dos credores solidários extingue a obrigação com relação ao devedor, devendo aquele credor responder aos outros pela parte que lhes caiba.

09. (MPT/MPT – Procurador do Trabalho – 2017) Analise as seguintes proposições relativas às obrigações, segundo o Código Civil:

I. A obrigação indivisível assim se mantém mesmo quando se resolva em perdas e danos. Assim, ainda que a culpa pelo perecimento do seu objeto seja de apenas um dos devedores, todos respondem pela indenização por inteiro, e aquele que assim responder sub-roga-se no direito do credor em relação aos demais coobrigados.

II. Nas obrigações solidárias, a qualquer tempo poderá o devedor escolher a qual dos credores solidários pagar, e, sendo o pagamento integral feito pelo devedor a qualquer deles, extingue-se a obrigação.

III. As condições adicionais que forem pactuadas entre o credor e um dos devedores solidários não poderão se estender aos demais devedores caso venham a agravar a situação destes, sendo, porém, permitidas se acompanhadas dos respectivos consentimentos.

IV. O terceiro não interessado que paga a dívida em seu próprio nome tem direito a reembolsar-se do que pagou, sub-rogando-se no direito do credor.

Assinale a alternativa CORRETA:

(A) Apenas as assertivas I e IV estão corretas.

(B) Apenas as assertivas I e II estão corretas.

(C) Apenas as assertivas II, III e IV estão corretas.

(D) Apenas a assertiva III está correta.

(E) Não respondida.

10. (FMP Concursos – PGE/AC – Procurador do Estado – 2017) Considere as seguintes afirmativas sobre o tema das obrigações no âmbito do Código Civil. Assinale a alternativa INCORRETA.

(A) Se a obrigação for de restituir coisa certa, e esta, sem culpa do devedor, se perder antes da tradição, sofrerá o credor a perda, e a obrigação se resolverá, ressalvados os seus direitos até o dia da perda.

(B) Incorre na obrigação de indenizar perdas e danos o devedor que recusar a prestação a ele só imposta, ou só por ele exequível.

(C) Extingue-se a obrigação de não fazer, desde que sem culpa do devedor, se lhe torne impossível abster-se do ato que se obrigou a não praticar.

(D) Nas obrigações alternativas, a escolha cabe ao credor, se outra coisa não se estipulou.

(E) A obrigação é indivisível quando a prestação tem por objeto uma coisa ou um fato não suscetíveis de divisão, por sua natureza, por motivo de ordem econômica ou pela razão determinante do negócio jurídico.

108 | DIREITO CIVIL • VOL. 2 – *Flávio Tartuce*

11. **(IPREV – IBEG – Procurador Previdenciário – 2017) Considerando o disposto no Código Civil acerca das obrigações de dar coisa certa, analise as alternativas abaixo e assinale a INCORRETA:**

(A) A obrigação de dar coisa certa abrange os acessórios dela, embora não mencionados, salvo se o contrário resultar do título ou das circunstâncias do caso.

(B) Deteriorada a coisa, sendo o devedor culpado, poderá o credor resolver a obrigação, ou aceitar a coisa, abatido de seu preço o valor que perdeu.

(C) Sendo culpado o devedor, poderá o credor exigir o equivalente, ou aceitar a coisa no estado em que se acha, com direito a reclamar, em um ou em outro caso, indenização das perdas e danos.

(D) Se a obrigação for de restituir coisa certa, e esta, sem culpa do devedor, se perder antes da tradição, sofrerá o credor a perda, e a obrigação se resolverá ressalvado os seus direitos até o dia da perda.

(E) Se a coisa se perder por culpa do devedor, responderá este pelo equivalente, mais perdas e danos.

12. **(CRF-DF – IADES – Advogado – 2017) Sobre as obrigações solidárias, assinale a alternativa correta.**

(A) Há solidariedade, quando na mesma obrigação concorre mais de um credor, ou mais de um devedor, cada um com direito, ou obrigado, à dívida toda. Por isso mesmo, não se presume solidariedade passiva pelo simples fato de duas ou mais pessoas jurídicas integrarem o mesmo grupo econômico, na medida em que a solidariedade deriva da vontade das partes ou da Lei.

(B) Segundo o Código Civil, a obrigação solidária pode ser pura e simples para um dos cocredores ou codevedores, além de condicional ou a prazo ou pagável em lugar diferente, para o outro. A solidariedade não admite outras disposições de conteúdo particular além dessas hipóteses, por se tratar de rol exaustivo (*numerus clausus*).

(C) Todos os devedores respondem pelos juros da mora, exceto se a ação tiver sido proposta somente contra um; mas o culpado responde aos outros pela obrigação acrescida.

(D) O devedor solidário demandado não pode opor ao credor as exceções que lhe forem pessoais e as comuns a todos.

(E) O credor pode renunciar à solidariedade em favor de um, de alguns ou de todos os devedores. Entretanto, se o credor exonerar da solidariedade um ou mais devedores, a dos demais não subsistirá.

13. **(CESPE – MPE-RR – Promotor de Justiça Substituto – 2017) João e Maria são credores dos devedores solidários André e Carla. Na data acordada para o pagamento da obrigação, André compareceu com o valor pactuado e o entregou integralmente a Maria.**

A respeito dessa situação hipotética, julgue as asserções a seguir.

I. Como André e Carla são devedores solidários de João e Maria, o fato de André ter pagado a Maria a integralidade da obrigação contraída fez que ele passasse a ser credor de Carla, mas continuasse a ser devedor de João.

II. A solidariedade entre os devedores prevê que André pode cobrar de Carla o valor referente à parte dela pago a Maria. No entanto, a solidariedade entre devedores não se estende aos credores, ou seja, como a solidariedade não se presume, André continua sendo devedor de João.

Assinale a opção correta.

(A) A asserção I é falsa, e a II é verdadeira.

(B) As asserções I e II são verdadeiras, e a II é uma justificativa da I.

(C) As asserções I e II são verdadeiras, mas a II não é uma justificativa da I.

(D) A asserção I é verdadeira, e a II é falsa.

14. **(MPE/SC – Promotor de Justiça – 2016) As condições da obrigação solidária são indivisíveis, ou seja, não se pode estabelecer condição, prazo ou pagamento em local diferente somente para um ou alguns dos cocredores ou codevedores.**

( ) Certo

( ) Errado

CAP. 2 · PRINCIPAIS CLASSIFICAÇÕES DAS OBRIGAÇÕES | 109

15. **(TJRS – Juiz de Direito – 2018) João emprestou a José, Joaquim e Manuel o valor de R$ 300.000,00 (trezentos mil reais); foi previsto no instrumento contratual a solidariedade passiva. Manuel faleceu, deixando dois herdeiros, Paulo e André. É possível afirmar que João poderá**

(A) cobrar de Paulo e André a totalidade da dívida, tendo em vista que ambos, reunidos, são conside- rados como um devedor solidário em relação aos demais devedores; porém, isoladamente, somente podem ser demandados pelo valor correspondente ao seu quinhão hereditário.

(B) cobrar de Paulo ou André, isoladamente, a importância de R$ 100.000,00 (cem mil reais) tendo em vista que o quinhão hereditário de Manuel é uma prestação indivisível em relação aos herdeiros.

(C) cobrar de Paulo e André, reunidos, somente até o valor da parte relativa a Manuel, ou seja, R$ 100.000,00 (cem mil reais), tendo em vista que o falecimento de um dos devedores extingue a solidariedade em relação aos herdeiros do falecido.

(D) cobrar a totalidade da dívida somente se acionar conjuntamente todos os devedores, tendo em vista que o falecimento de um dos devedores solidários ocasiona a extinção da solidariedade em relação a toda a obrigação.

(E) cobrar o valor da totalidade da dívida de José, Joaquim, Paulo ou André, isolada ou conjuntamente, tendo em vista que, após o falecimento de Manuel, resultou numa obrigação solidária passiva com 4 (quatro) devedores.

16. **(VUNESP – TJ-RJ – Juiz Leigo – 2018) Como modalidades de obrigações, o Código Civil prevê as obrigações de dar, fazer, não fazer, alternativas, divisíveis e indivisíveis e as so- lidárias.**

Sobre o tema, assinale a alternativa correta.

(A) Nas obrigações solidárias, a solidariedade pode resultar da lei, da vontade das partes ou de decisão judicial.

(B) Nas obrigações de não fazer, praticado pelo devedor o ato, a cuja abstenção se obrigara, o credor pode exigir dele que o desfaça, sob pena de se desfazer à sua custa, ressarcindo o culpado perdas e danos.

(C) Nas obrigações alternativas, a escolha cabe ao credor, se outra coisa não se estipulou.

(D) A obrigação de dar se divide em dar coisa certa ou incerta. A obrigação de dar coisa incerta abrange os acessórios dela embora não mencionados.

(E) A obrigação é indivisível quando a prestação tem por objeto uma coisa não suscetível de divisão por sua natureza, não sendo válida a alegação de ser a coisa indivisível por motivos de ordem econômica.

17. **(FCC – PGE-AP – Procurador do Estado – 2018) ... não há a possibilidade de perecimento, e, portanto, subsiste a obrigação, cabendo, ao devedor, o direito de escolha, se outra coisa não for convencionada. Este seu direito, porém, não poderá ir ao ponto de preferir a coisa pior da espécie, assim como não terá o credor a faculdade de exigir o melhor, quando lhe for conferido o direito de escolha. (Clóvis Beviláqua.** *Direito das Obrigações.* **p. 56. 9ª ed. Livraria Francisco Alves, 1957)**

A conclusão a que acima se chegou pode ter como antecedente o seguinte texto:

(A) Se o objeto a dar corresponde a obrigação alternativa.

(B) Se o objeto a dar for incerto, isto é, apenas determinado pelo gênero.

(C) Se se tratar de obrigação de dar coisa certa.

(D) Se o objeto a dar for coisa divisível.

(E) Se o objeto a dar for bem corpóreo, fungível ou infungível.

18. **(TRF – 3ª Região – Juiz Federal Substituto – 2018) Em matéria de solidariedade, é INCOR- RETO afirmar:**

(A) Se um dos credores solidários falecer, cada qual dos herdeiros só terá direito de exigir e receber a quota do crédito que corresponder ao seu quinhão, salvo se a obrigação for indivisível.

(B) Decisão judicial desfavorável a um dos credores solidários, ressalvada exceção pessoal que o devedor possa invocar em relação a qualquer daqueles, não pode prejudicar os demais.

(C) A propositura de demanda pelo credor somente em face de um ou de alguns dos devedores solidários configura renúncia tácita à solidariedade.

(D) Impossibilitando-se a prestação por culpa de um dos devedores solidários, só o culpado responderá por eventuais perdas e danos.

19. **(TRF – 3ª Região – Juiz Federal Substituto – 2018) Sobre as obrigações indivisíveis é CORRETO afirmar:**

(A) A remissão da dívida por um dos credores não extingue a dívida para com os demais.

(B) A indivisibilidade e solidariedade são fenômenos iguais, na medida em que, se a prestação não for divisível e houver mais de um devedor, cada um será obrigado pela totalidade.

(C) Havendo mais de um credor, é vedado a apenas um deles receber a prestação por inteiro.

(D) Elas podem se configurar mesmo quando o objeto seja prestação consistente em fazer, e ainda que a obrigação de fazer posteriormente se resolva em perdas e danos.

20. **(Juiz Substituto – TJ-SP – VUNESP – 2018) A solidariedade pode ser ativa ou passiva, mas não se identifica com a indivisibilidade, pois,**

(A) nesta, a fim de que os devedores se exonerem para com todos os credores, exige-se o pagamento conjunto ou mediante caução, enquanto naquela não se exige tal cautela; a obrigação indivisível, quando se resolver em perdas e danos, torna-se divisível, enquanto a obrigação solidária conserva sua natureza; a remissão de dívida não extingue a obrigação indivisível para com os outros credores, entretanto, extingue-a a solidariedade até o montante do que foi pago, e pode a obrigação ser solidária e divisível ou indivisível e não solidária.

(B) nesta, a fim de que os devedores se exonerem para com todos os credores, exige-se o pagamento conjunto ou mediante caução, enquanto naquela não se exige tal cautela; a obrigação indivisível, quando se resolver em perdas e danos, torna-se divisível, enquanto a obrigação solidária conserva sua natureza; a remissão de dívida não extingue a obrigação indivisível para com os outros credores, entretanto, extingue-a a solidariedade, até o montante do que foi pago, não podendo, porém, a obrigação ser solidária e divisível ou indivisível e não solidária.

(C) naquela, para que os devedores se exonerem com todos os credores, exige-se o pagamento conjunto ou mediante caução, enquanto nesta não se exige tal cautela; a obrigação solidária, quando se resolver em perdas e danos, torna-se divisível, enquanto a obrigação indivisível conservará sua natureza; a remissão de dívida não extingue a obrigação solidária para com os outros credores, entretanto, extingue-a a obrigação indivisível, não podendo a obrigação ser solidária e divisível ou não solidária e indivisível.

(D) naquela, para que os devedores se exonerem com todos os credores, exige-se o pagamento conjunto ou mediante caução, enquanto nesta não se exige tal cautela; a obrigação solidária, quando se resolver em perdas e danos, torna-se divisível, enquanto a obrigação indivisível conservará sua natureza; a remissão de dívida não extingue a obrigação solidária para com os outros credores, entretanto, extingue-a a obrigação indivisível, e pode a obrigação ser indivisível e não solidária ou divisível e solidária.

21. **(Promotor de Justiça Substituto – MPE-SP – 2019) Gabriel Vieira, Paulo Martins, Carlos Andrade e Marcelo Pereira emprestaram de Jorge Manuel a quantia de R$ 400.000,00 (quatrocentos mil reais) para a compra de um carro esportivo. As partes estabeleceram que o referido valor seria dividido em quatro parcelas iguais e sucessivas bem como que todos os devedores ficariam obrigados pelo valor integral da dívida.**

Diante dessa situação, assinale a alternativa correta.

(A) O pagamento parcial feito por Carlos e a remissão dele obtida pelo credor Jorge Manuel não aproveitam aos outros devedores, senão até a concorrência da quantia paga ou relevada.

(B) Se houver atraso injustificado no cumprimento da obrigação por culpa de Paulo, somente este responderá perante Jorge Manuel pelos juros da mora decorrentes do atraso.

CAP. 2 · PRINCIPAIS CLASSIFICAÇÕES DAS OBRIGAÇÕES | **111**

(C) Se Gabriel falecer deixando herdeiros, o credor Jorge Manuel poderá cobrar de qualquer um dos herdeiros a integralidade da dívida.

(D) A propositura de ação pelo credor Jorge Manuel contra Paulo e Carlos importará na renúncia da solidariedade em relação a Gabriel e Marcelo.

(E) Sendo Paulo demandado judicialmente pelo total da dívida, pode ele opor ao credor Jorge Manuel as exceções que lhe forem pessoais, as comuns a todos, além das exceções pessoais dos demais codevedores, por se tratar de obrigação solidária.

22. **(TJ-PR – Titular de Serviços de Notas e de Registros – Provimento – NC-UFPR – 2019) Jocevaldo celebra contrato de compra e venda de um automóvel com Quitéria. Quitéria é a compradora e faz depósito bancário da quantia integral do bem em favor de Jocevaldo, que combina com ela a entrega do bem em 15 dias depois de efetivada a operação bancária. Todavia, o automóvel sofreu deterioração antes da entrega por Jocevaldo. Com relação ao assunto, identifique como verdadeiras (V) ou falsas (F) as seguintes afirmativas:**

( ) Não sendo o devedor o culpado pela deterioração, poderá o credor resolver a obrigação, ou aceitar a coisa, abatido de seu preço o valor que perdeu.

( ) Sendo culpado o devedor pela deterioração, poderá o credor exigir o equivalente, ou aceitar a coisa no estado em que se acha, com direito a reclamar, em um ou em outro caso, indenização das perdas e danos.

( ) O credor fica obrigado a aceitar o bem no estado em que ele se encontra, ainda que culpado o devedor.

( ) Independentemente de culpa, o devedor deve indenizar o credor.

Assinale a alternativa que apresenta a sequência correta, de cima para baixo.

(A) V – V – F – F.
(B) V – F – V – F.
(C) F – V – F – V.
(D) V – F – V – V.
(E) F – V – V – F.

23. **(Analista Ministerial – MPE-CE – CESPE – 2020) Conforme as disposições do código civil acerca do direito das obrigações, julgue o item que se segue.**

Situação hipotética: Fernando se comprometeu a dar coisa certa para Daniela, porém a coisa se deteriorou parcialmente sem qualquer culpa de Fernando.

Assertiva: Daniela tem o direito de resolver a obrigação ou de aceitar a coisa com o devido abatimento no preço.

( ) Certo
( ) Errado

24. **(Advogado – EBSERH – IBFC – 2020) Ao se falar em obrigações no direito brasileiro, logicamente falamos em obrigações jurídicas. Ela se diferencia das demais obrigações porque tem um elemento jurídico, isso significa que o Estado vai intervir. Sobre as várias formas de obrigações, assinale a alternativa incorreta.**

(A) A obrigação é indivisível quando a prestação tem por objeto uma coisa ou um fato não suscetíveis de divisão, por sua natureza, por motivo de ordem econômica, ou dada a razão determinante do negócio jurídico.

(B) A obrigação de dar coisa certa não abrange os acessórios se não forem mencionados expressamente, salvo se o contrário resultar do título ou das circunstâncias do caso.

(C) A solidariedade não se presume; resulta da lei ou da vontade das partes.

(D) Nas obrigações de dar coisa incerta, a coisa incerta será indicada, ao menos pelo gênero e pela quantidade.

(E) Nas obrigações de não fazer, praticado pelo devedor o ato, a cuja abstenção se obrigara, o credor pode exigir dele que o desfaça, sob pena de se desfazer à sua custa, ressarcindo o culpado perdas e danos.

25. **(Analista Ministerial – MPE-CE – CESPE – 2020)** Conforme as disposições do Código Civil acerca do direito das obrigações, julgue o item que se segue.

Na hipótese de obrigações alternativas em que a escolha caiba ao devedor, este pode obrigar o credor a receber parte em uma prestação e parte em outra.

( ) Certo
( ) Errado

26. **(Analista Ministerial – MPE-CE – CESPE – 2020)** Conforme as disposições do Código Civil acerca do direito das obrigações, julgue o item que se segue.

Situação hipotética: Rodrigo foi contratado por Caio para prestar determinado serviço na residência deste. Contudo, em razão de uma forte tempestade, foi impossível o cumprimento da obrigação assumida por Rodrigo. Assertiva: nesse caso, Rodrigo deverá indenizar Caio por perdas e danos.

( ) Certo
( ) Errado

27. **(Advogado – EBSERH – VUNESP – 2020)** José e João são comodatários de um bem indivisível e infungível de propriedade de Pedro. Após o término do prazo do contrato de comodato, José e João não devolveram o bem objeto do contrato de comodato a Pedro. Este vai procurar o bem objeto do contrato de comodato e descobre que ele encontra-se totalmente destruído, por culpa exclusiva de José. Nesse contexto, é correto afirmar:

(A) após a destruição do bem objeto do contrato de comodato, a obrigação deixou de ser indivisível, de modo que José e João são responsáveis, cada um, por apenas 50% do equivalente acrescido das perdas e danos.

(B) se João pagar a dívida, sub-roga-se nos direitos de Pedro.

(C) subsiste, para José e João, o encargo de pagar o equivalente, mas pelas perdas e danos só responde José.

(D) se João falecer, seus herdeiros poderão ser obrigados a pagar o valor total da dívida, tendo em vista que as obrigações decorrentes de comodato são indivisíveis, por determinação legal.

(E) apenas José é obrigado a pagar o equivalente acrescido de perdas e danos, por ter causado a destruição do objeto da obrigação.

28. **(Procurador do Estado substituto – PGE-GO – FCC – 2021)** Marcela e Renata contraíram obrigação indivisível cujo cumprimento se tornou impossível por culpa exclusiva da primeira. Nesse caso, de acordo com o Código Civil, resolve-se a obrigação em perdas e danos, pelas quais

(A) Renata responderá em caráter subsidiário.

(B) Marcela e Renata responderão proporcionalmente às vantagens econômicas auferidas ao contraírem a obrigação.

(C) Marcela e Renata responderão em caráter solidário, ressalvado o direito de regresso de Renata em face de Marcela.

(D) Marcela e Renata responderão em partes iguais, ressalvado o direito de regresso de Renata em face de Marcela.

(E) apenas Marcela responderá, ficando Renata exonerada.

29. **(Advogado da Assistência Judiciária Gratuita – Prefeitura de Vacaria-RS – Fundatec – 2021)** Sobre o direito das obrigações, assinale a alternativa correta.

(A) A obrigação de dar coisa certa abrange os acessórios dela embora não mencionados, ainda que o contrário resulte do título ou das circunstâncias do caso.

(B) Sendo culpado o devedor, poderá o credor exigir o equivalente, ou aceitar a coisa no estado em que se acha, com direito a reclamar, em um ou em outro caso, indenização das perdas e danos.

CAP. 2 · PRINCIPAIS CLASSIFICAÇÕES DAS OBRIGAÇÕES | 113

(C) Até a tradição pertence ao devedor a coisa, com os seus melhoramentos e acrescidos, pelos quais poderá exigir aumento no preço; se o credor não anuir, poderá o devedor resolver a obrigação. Contudo, os frutos percebidos e pendentes pertencem ao credor.

(D) Nas coisas determinadas pelo gênero e pela quantidade, a escolha pertence ao credor, se o contrário não resultar do título da obrigação.

(E) Se um dos credores remitir a dívida, a obrigação ficará extinta para com os outros.

30. **(Promotor de Justiça substituto – MPE-RJ – MPE-RJ – 2022) Assinale a alternativa que contém, respectivamente, uma obrigação natural, uma obrigação** *propter rem* **e uma obrigação solidária** *ex lege***.**

(A) Crédito resultante de mútuo a menor sem prévia autorização daquele sob cuja guarda estiver; dever de recuperação ambiental; dever dos transportadores de indenizar o remetente, no caso de danos causados em contrato de transporte cumulativo.

(B) Dívida resultante de jogos e apostas não legalizados; débitos decorrentes de fornecimento de energia elétrica; os cônjuges, pelas dívidas decorrentes da aquisição de coisas necessárias à economia doméstica.

(C) Dívida decorrente de obrigação sob condição resolutiva; débitos condominiais; dever dos cocomodatários de indenizar os comodantes pelos danos causados à coisa emprestada.

(D) A dívida decorrente de obrigação sujeita a termo final; débitos de tributos imobiliários; devedores de obrigação com objeto indivisível.

(E) Dívida prescrita; débitos decorrentes de conta de consumo de água; responsabilidade dos cogestores de negócios.

31. **(Advogado – Prefeitura de Contagem-MG – IBFC – 2022) No que se refere às obrigações, assinale a alternativa incorreta.**

(A) Sendo culpado o devedor, poderá o credor exigir o equivalente, ou aceitar a coisa no estado em que se acha, com direito a reclamar, em um ou em outro caso, indenização das perdas e danos.

(B) Há solidariedade, quando na mesma obrigação concorre mais de um credor, ou mais de um devedor, cada um com direito, ou obrigado, à parte da dívida.

(C) A obrigação de dar coisa certa abrange os acessórios dela embora não mencionados, salvo se o contrário resultar do título ou das circunstâncias do caso.

(D) Até a tradição pertence ao devedor a coisa, com os seus melhoramentos e acrescidos, pelos quais poderá exigir aumento no preço; se o credor não anuir, poderá o devedor resolver a obrigação.

32. **(Advogado – CRMV-SP – Quadrix – 2022) Acerca das obrigações no direito civil, julgue o item.**

As obrigações de dar e de fazer são obrigações negativas.

( ) Certo

( ) Errado

33. **(Titular de Serviços de Notas e de Registros – TJTO – IESES – 2022) Em relação à obrigação de dar coisa certa, assinale que corresponde às regras gerais previstas no Código Civil sobre o assunto:**

(A) Até a tradição pertence ao devedor a coisa, com os seus melhoramentos e acrescidos, pelos quais poderá exigir do credor aumento no preço.

(B) Na obrigação de dar coisa certa, caso a coisa se deteriore antes da tradição sem culpa do devedor, o credor é obrigado a aceitar a coisa no estado em que se encontra, abatendo do seu preço o valor que perdeu.

(C) Os frutos percebidos pela coisa antes da tradição são do devedor, bem como os frutos pendentes.

(D) Na obrigação de dar coisa certa, caso a coisa se perca sem culpa do devedor antes da tradição, o devedor responderá apenas por perdas e danos.

114 | DIREITO CIVIL • VOL. 2 – *Flávio Tartuce*

34. **(Técnico Superior Advogado – AGERGS – Fundatec – 2022) Sobre o direito das obrigações, à luz do disposto no CC, assinale a alternativa correta.**

(A) Em se tratando de obrigação de dar coisa certa, até a tradição pertence ao devedor a coisa, com os seus melhoramentos e acrescidos, pelos quais poderá exigir aumento no preço; se o credor não anuir, poderá o devedor exigir judicialmente o aumento do preço.

(B) Com relação à obrigação de dar coisa incerta, nas coisas determinadas pelo gênero e pela quantidade, a escolha pertence ao credor, se o contrário não resultar do título da obrigação.

(C) Nas obrigações de fazer, se a prestação do fato se tornar impossível sem culpa do devedor, resolver-se-á a obrigação; se por culpa dele, responderá por perdas e danos.

(D) Nas obrigações de não fazer, praticado pelo devedor o ato, a cuja abstenção se obrigara, o credor não pode exigir dele que o desfaça, mas pode se desfazer à sua custa, ressarcindo o culpado perdas e danos.

(E) Nas obrigações alternativas, quando a obrigação for de prestações periódicas, a faculdade de opção deverá ser exercida quando do adimplemento da primeira prestação.

35. **(IBADE – CIMCERO – Procurador Jurídico – 2023) A respeito das obrigações solidárias, assinale a alternativa INCORRETA.**

(A) A obrigação solidária pode ser pura e simples para um dos co-credores ou co-devedores, e condicional, ou a prazo, ou pagável em lugar diferente, para o outro.

(B) Enquanto alguns dos credores solidários não demandarem o devedor comum, a nenhum daqueles poderá este pagar.

(C) O pagamento feito a um dos credores solidários extingue a dívida até o montante do que foi pago.

(D) O pagamento parcial feito por um dos devedores e a remissão por ele obtida não aproveitam aos outros devedores, senão até à concorrência da quantia paga ou relevada.

36. **(SEGER-ES – Instituto Consulplan – Analista do Executivo-Direito – 2023) A solidariedade passiva representa uma vantagem para o credor, pois, ao possibilitar a cobrança da dívida a qualquer um dos devedores, amplia a possibilidade de recebimento do montante devido. Na solidariedade passiva:**

(A) O devedor solidário responde por perdas e danos, ainda que não incorra em culpa.

(B) Compete exclusivamente ao devedor solidário culpado pela dívida responder pelos juros de mora.

(C) Ocorrerá renúncia à solidariedade com a propositura de ação pelo credor contra um ou alguns dos devedores.

(D) A renúncia à solidariedade equivale à remissão, visto que o devedor fica inteiramente liberado do vínculo obrigacional.

(E) Havendo a renúncia quanto a apenas um dos devedores, o credor não poderá cobrar do beneficiado a sua quota na dívida, e a solidariedade permanecerá quanto aos demais devedores. A renúncia ao crédito equivale ao perdão, exonerando-se da obrigação o devedor beneficiado, remanescendo para os demais devedores o restante da dívida.

37. **(TJAM – TJAM – Titular de Serviços de Notas e de Registros – 2023) O Código Civil regulamenta regras gerais a respeito do cumprimento das obrigações alternativas, sendo possível a estipulação em contrário. A respeito do assunto, leia as assertivas abaixo.**

I. Nas obrigações alternativas, a escolha cabe ao credor como regra, salvo estipulação contrária.

II. Nas obrigações alternativas divisíveis, o devedor pode obrigar o credor a receber parte em uma prestação e parte em outra como regra prevista no Código Civil, salvo estipulação contrária.

III. Quando a obrigação alternativa for de prestações periódicas, a faculdade de opção poderá ser exercida em cada período.

Considerando as assertivas acima, assinale a alternativa correta:

(A) Apenas estão corretas as assertivas I e II.

(B) Estão corretas as assertivas I, II, III.

(C) Apenas estão corretas as assertivas II e III.

(D) Apenas a assertiva III está correta.

CAP. 2 • PRINCIPAIS CLASSIFICAÇÕES DAS OBRIGAÇÕES | 115

38. **(Prefeitura de Itabuna-BA – Objetiva – Procurador – 2023) De acordo com o Código Civil, sobre as modalidades de obrigações, analisar os itens abaixo:**

I. A obrigação de dar coisa certa abrange os acessórios dela embora não mencionados, salvo se o contrário resultar do título ou das circunstâncias do caso.

II. Se, no caso do artigo antecedente, a coisa se perder, sem culpa do devedor, antes da tradição, ou pendente a condição suspensiva, fica resolvida a obrigação para ambas as partes; se a perda resultar de culpa do devedor, responderá este pelo equivalente e mais perdas e danos.

III. Deteriorada a coisa, não sendo o devedor culpado, poderá o credor resolver a obrigação, ou aceitar a coisa, abatido de seu preço o valor que perdeu.

IV. Sendo culpado o devedor, poderá o credor exigir o equivalente, ou aceitar a coisa no estado em que se acha, com direito a reclamar, em um ou em outro caso, indenização das perdas e danos.

Estão CORRETOS:

(A) Somente os itens I e II.

(B) Somente os itens III e IV.

(C) Somente os itens I, II e III.

(D) Somente os itens II, III e IV.

(E) Todos os itens.

39. **(Prefeitura de São José do Rio Preto-SP – Vunesp – Procurador do Município – 2023) Trata-se de um exemplo de uma obrigação de meio o contrato de**

(A) propaganda que uma empresa faz com uma agência de publicidade.

(B) transporte de pessoas e mercadorias.

(C) seguro no qual a seguradora deve indenizar o segurado no caso do incêndio da coisa segurada ter sido provocado dolosamente por terceiro.

(D) realização de cirurgia plástica estética por médico.

(E) conserto de carro por mecânico.

40. **(MPE-MG – Fundep – Promotor de Justiça substituto – 2023) Sobre as obrigações *propter rem*, assinale a alternativa INCORRETA:**

(A) O que torna uma pessoa devedora de uma obrigação *propter rem* é a circunstância de titularidade, de sorte que aquele que figurou como proprietário anteriormente se livra da obrigação ao alienar o bem imóvel, se em nada dispuser o instrumento celebrado.

(B) O adquirente de unidade responde pelos débitos do alienante, em relação ao condomínio, inclusive multas e juros moratórios.

(C) Os débitos decorrentes do fornecimento de energia elétrica, água e esgoto constituem obrigação *propter rem*, visto estarem vinculadas ao imóvel.

(D) A obrigação *propter rem* grava o próprio bem, de modo que este pode ser penhorado, já que a natureza da dívida recai sobre o imóvel e não sobre o indivíduo.

41. **(Prefeitura de Rio Branco-AC – IBADE – Procurador Municipal – 2023) Sobre a obrigação de dar coisa certa e incerta (Direito das Obrigações), assinale a alternativa correta.**

(A) Se a coisa se perder por culpa do devedor, responderá este pelo equivalente, porém, não responderá por perdas e danos.

(B) Deteriorada a coisa, não sendo o devedor culpado, poderá o credor resolver a obrigação, ou aceitar a coisa, abatido de seu preço o valor que perdeu.

(C) Se a obrigação for de restituir coisa certa, e esta, sem culpa do devedor, se perder antes da tradição, não sofrerá o credor a perda, devendo o devedor restituí-lo.

(D) Até a tradição pertence ao devedor a coisa, com os seus melhoramentos e acrescidos, porém, não poderá exigir aumento no preço dela.

(E) Antes da escolha, não poderá o devedor alegar perda ou deterioração da coisa, exceto por força maior ou caso fortuito.

116 | DIREITO CIVIL • VOL. 2 – *Flávio Tartuce*

42. **(CRM-MG – Quadrix – Advogado – 2023) No que se refere às obrigações de dar coisa certa, assinale a alternativa correta.**

(A) A obrigação de dar coisa certa abrange os acessórios dela, ainda que não mencionados, sendo vedado às partes estabelecer o contrário.

(B) Se a coisa se perder, sem culpa do devedor, antes da tradição, ou estiver pendente a condição suspensiva, fica resolvida a obrigação para ambas as partes; se a perda resultar de culpa do devedor, este responderá pelo equivalente e por mais perdas e danos.

(C) Deteriorada a coisa, não sendo o devedor culpado, caberá ao credor apenas resolver a obrigação.

(D) A coisa passa a pertencer ao credor a partir do momento da constituição da obrigação, independentemente da tradição.

(E) Se a coisa se perder por culpa do devedor, este responderá pelo equivalente, mas não por perdas e danos.

43. **(CRF-SC - Advogado – Ibest – 2023) No que diz respeito ao direito das obrigações, assinale a alternativa correta.**

(A) Nas obrigações de dar coisa incerta, quando a coisa é determinada pelo gênero e pela quantidade, a escolha pertence ao credor, para que o devedor não lhe entregue coisa pior.

(B) Em uma obrigação de fazer, se a prestação do fato se tornar impossível sem culpa do devedor, este responderá por perdas e danos e restituirá ao credor o valor já pago.

(C) Em uma obrigação de restituir coisa certa, se esta, sem culpa do devedor, se perder antes da tradição, sofrerá o credor a perda, e a obrigação se resolverá, ressalvados os seus direitos até o dia da perda.

(D) Nas obrigações alternativas, a escolha cabe ao credor, que, a critério do devedor, pode receber parte em uma prestação e parte em outra.

(E) No caso de pluralidade de credores, cada credor deverá cobrar a sua cota-parte, ou que lhe cabe da dívida, e o devedor se desobrigará quando concluir o último pagamento.

44. **(TRF-1ª Região – Analista Judiciário – FGV – 2024) O juízo de 1ª Vara Federal de Brasília defere tutela antecipada impondo obrigação de fazer, sob pena de multa diária de R$ 10.000,00 em caso de descumprimento. O autor, então, agrava dessa decisão, sob dois fundamentos:**

(i) inadequação da multa, por se tratar de obrigação de fazer fungível; e

(ii) modicidade do valor arbitrado, uma vez que é inferior ao ganho do réu com a prática ilícita.

Em contrarrazões, são articuladas as seguintes teses defensivas:

1. a obrigação de fazer prevista em contrato, na medida em que submete especificamente um dos contratantes, é sempre infungível;

2. o ordenamento civil prevê apenas a multa diária e a conversão em perdas em danos em caso de descumprimento de obrigações de fazer, fungíveis ou não, e;

3. a teoria do inadimplemento eficiente, amplamente acolhida em nosso ordenamento, admite que a parte escolha assumir o ônus do inadimplemento, indenizando a contraparte, se isso lhe for mais vantajoso, considerada a liberdade contratual.

Nesse caso, à luz exclusivamente do direito civil:

(A) procedem todas as teses.

(B) procede apenas a tese 3.

(C) procedem apenas as teses 1 e 2.

(D) procedem apenas as teses 1 e 3.

(E) nenhuma das teses procede.

45. **(TRF-5ª Região – Residência Judicial – IBFC – 2024) A respeito das obrigações de dar e de fazer ou não fazer no Código Civil de 2002, analise as afirmativas abaixo.**

I. Na obrigação de dar coisa certa, deteriorada a coisa, não sendo o devedor culpado, poderá o credor resolver a obrigação, ou aceitar a coisa, abatido de seu preço o valor que perdeu.

CAP. 2 • PRINCIPAIS CLASSIFICAÇÕES DAS OBRIGAÇÕES | 117

II. Na obrigação da dar coisa certa, os frutos percebidos, entendidos como aqueles já colhidos e separados do principal, são do credor, cabendo ao devedor os pendentes.

III. Extingue-se a obrigação de não fazer, desde que, sem culpa do devedor, se lhe torne impossível abster-se do ato, que se obrigou a não praticar.

Estão corretas as afirmativas:

(A) I e II, apenas.

(B) I e III, apenas.

(C) II e III, apenas.

(D) II, apenas.

46. **(Magistratura de São Paulo – Exame Oral 2004) É possível afirmar que na obrigação solidária existe um único vínculo ou uma multiplicidade de vínculos? Qual consequência?**

Resposta: Responder com base nas relações existentes entre as partes, por diversas vezes comentadas. Levar em conta as diferenciações que foram feitas quanto à relação interna e externa

GABARITO

01 – B	02 – A	03 – A	04 – B
05 – B	06 – C	07 – B	08 – C
09 – D	10 – D	11 – B	12 – A
13 – B	14 – ERRADO	15 – A	16 – B
17 – B	18 – C	19 – A	20 – A
21 – A	22 – A	23 – CERTO	24 – B
25 – ERRADO	26 – ERRADO	27 – C	28 – E
29 – B	30 – A	31 – B	32 – ERRADO
33 – A	34 – C	35 – B	36 – E
37 – D	38 – E	39 – A	40 – C
41 – B	42 – B	43 – C	44 – E
45 – B			

3

DO ADIMPLEMENTO OBRIGACIONAL – TEORIA DO PAGAMENTO (PRIMEIRA PARTE)

Do pagamento direto

Sumário: 3.1 Introdução – 3.2 Elementos subjetivos do pagamento direto. O *solvens* e o *accipiens*: 3.2.1 Do *solvens* ou "quem deve pagar"; 3.2.2 Do *accipiens* ou "a quem se deve pagar" – 3.3 Do objeto e da prova do pagamento direto (elementos objetivos do pagamento direto) – 3.4 Do lugar do pagamento direto – 3.5 Do tempo do pagamento – 3.6 Resumo esquemático – 3.7 Questões correlatas – Gabarito.

3.1 INTRODUÇÃO

A principal e corriqueira forma de extinção das obrigações ocorre pelo pagamento direto, expressão sinônima de *solução, cumprimento, adimplemento, implemento* ou *satisfação obrigacional.* Por meio desse instituto, tem-se a liberação total do devedor em relação ao vínculo obrigacional. Quando se estuda o contrato é comum apontar como a principal forma de sua extinção o cumprimento (extinção normal), que se dá justamente pelo pagamento.

Quanto ao pagamento direto, é importante a abordagem dos seus elementos subjetivos (pessoas envolvidas), do seu conteúdo (objeto), da sua prova, do seu lugar e do seu tempo. Em suma, são respondidas as seguintes perguntas a respeito do pagamento: *quem, o que, onde* e *quando.* Além do pagamento direto, há ainda algumas regras especiais de pagamento e formas de pagamento indireto. Como será exposto, a obrigação também poderá ser extinta sem que haja o pagamento propriamente dito.

Todos esses conceitos consubstanciam aquilo que Orlando Gomes denomina *teoria do pagamento.* Lembra esse doutrinador que "nascem as obrigações para serem cumpridas, mas, no exato momento em que se cumprem, extinguem-se. O adimplemento é, com efeito, o modo natural de extinção de toda relação obrigacional. Por isso, constitui matéria que se aprecia, ou ordena, comumente no capítulo relativo à extinção das obrigações" (*Obrigações...,* p. 105). O estudo dessa *teoria do pagamento* terá como ponto de partida o pagamento direto e os seus aludidos elementos.

Em continuidade, enuncia o art. 306 da atual codificação material que ocorrendo o pagamento por terceiro não interessado e em seu próprio nome, sem o conhecimento ou havendo oposição do devedor, não haverá obrigação de reembolso do devedor em relação a esse terceiro, se o primeiro provar que tinha meios para ilidir a ação, ou seja, para solver a obrigação.

Exemplo típico é o caso em que o devedor tinha a seu favor a alegação de prescrição da dívida. Se ele, sujeito passivo da obrigação, provar tal fato e havendo o pagamento por terceiro, não haverá o mencionado direito de reembolso. Ilustrando, da jurisprudência paulista, colaciona-se:

> "Monitória – Embargos rejeitados – Compromisso de compra e venda firmado entre as partes onde o embargante (vendedor) assumiu dívidas existentes sobre o bem até a data da alienação. Descoberta pelos embargados (compradores) de dívida junto à empresa responsável pelo abastecimento de água e saneamento da localidade, referente a obras para implantação da rede, executadas no ano de 1979. Pagamento precipitado pelos embargados, sem comunicar o embargante, efetivo devedor, para que pudesse se opor à cobrança de dívida prescrita, ficando dessa forma privados do reembolso. Inteligência do art. 306 do atual Código Civil. Embargante que reunia meios de se opor à cobrança, em virtude da evidente prescrição da dívida. Sentença reformada. Recurso provido para julgar procedentes os embargos e decretar a improcedência da ação monitoria, invertidos os ônus da sucumbência" (TJSP, Apelação com revisão 443.430.4/8, Acórdão 4129838, 8.ª Câmara de Direito Privado, Campinas, Rel. Des. Salles Rossi, j. 14.10.2009, *DJESP* 28.10.2009).

Apesar da menção à alegação da prescrição, é importante lembrar que, diante da Lei 11.280/2006, que revogou o art. 194 do CC/2002 e alterou o art. 219, § 5.º, do CPC/1973, a prescrição deve ser conhecida de ofício pelo juiz. A premissa foi confirmada pelo CPC/2015 (arts. 332, § 1.º, e 487, inc. II), estando as polêmicas relativas ao conhecimento de ofício da prescrição detalhadas no Volume 1 da presente coleção, devidamente atualizadas perante o Estatuto Processual emergente (Capítulo 8).

Como outro exemplo de aplicação do art. 306 da codificação material, cite-se a hipótese em que caberia a alegação de vício da vontade na formação do negócio jurídico, tendo a dívida sido paga mesmo assim. Nessa linha, vejamos trecho de outro recente aresto paulista:

> "Autora analfabeta que acreditava estar locando o imóvel a terceiros. Réus que adquiriram o imóvel e não demonstraram a quitação dos valores constantes em contrato de compra e venda à autora. Dolo configurado. Defeito na formação do contrato. Má-fé de terceiro adquirente configurada. Anulação dos negócios mantida (art. 171, II do Código Civil). Devedor que não está obrigado a reembolsar o terceiro que pagou sua dívida, se tinha meios para ilidir a ação, desde que desconhecesse o pagamento (CC, art. 306)" (TJSP, Apelação 0003943-80.2011.8.26.0344, Acórdão 10516756, 28.ª Câmara Extraordinária de Direito Privado, Marília, Rel. Des. Hamid Bdine, j. 07.06.2017, *DJESP* 11.07.2017, p. 1.999).

Ainda pela redação do art. 306 do CC/2002, há a possibilidade de o devedor opor-se ao pagamento, como defendem Pablo Stolze e Rodolfo Pamplona, nos seguintes termos: "em nosso entendimento, portanto, a recusa do devedor poderá ter fundo moral – como no exemplo acima, em que se pretende impedir sua humilhação –, não obstante a oposição possa também assentar em razões essencialmente jurídicas" (*Novo curso...*, 2003, p. 125). Filia-se às palavras dos autores contemporâneos, apesar de a questão ser controvertida, pois a aceitação de tal oposição não é unânime.

Resumindo tudo o que foi dito até aqui a respeito da teoria do pagamento, vale destacar didático julgado do Superior Tribunal de Justiça, nos seguintes termos:

"Ressalvadas as obrigações infungíveis ou personalíssimas, que somente o devedor pode cumprir, como há interesse social no adimplemento das obrigações, o direito admite que um terceiro venha a pagar a dívida, não se vislumbrando prejuízo algum para o credor que recebe o pagamento de pessoa diversa do devedor, contanto que seu interesse seja atendido. O Código Civil, porém, distingue a disciplina aplicável conforme o terceiro possua ou não interesse jurídico no pagamento (arts. 304 a 306 do CC). Por um lado, muito embora o art. 304 do CC assegure que pode o interessado pagar a dívida, interesse caracterizado pelo fato de a situação jurídica do terceiro sofrer repercussões com a relação obrigacional existente entre o credor e o devedor, o art. 305 do mesmo diploma legal disciplina a situação de o terceiro não interessado pagar em seu próprio nome, e o art. 306 do diploma civilista cuida da hipótese de pagamento feito por terceiro com desconhecimento ou oposição do devedor" (REsp 1.318.747/SP, 4.ª Turma, Rel. Min. Luis Felipe Salomão, j. 04.10.2018, *DJe* 31.10.2018).

Ao final, como exemplo adicional a respeito de pagamento efetuado por terceiro interessado, julgou-se que "é nítido que o banco autor da ação tem interesse jurídico, já que tem o dever de não causar danos à consumidora, reconhecendo haver verossimilhança na afirmação de sua cliente acerca de extravio do talonário e de sua falha na devolução do cheque, constando como motivo a inexistência de fundos (o que propiciou o protesto a envolver o nome de sua cliente)" (REsp 1.318.747/SP).

No Projeto de Reforma e Atualização do Código Civil, propõe-se uma melhora substancial do seu art. 306, para que passe a expressar o seguinte: "o pagamento feito por terceiro, interessado ou não, com desconhecimento ou oposição do devedor, não obriga a reembolsar aquele que pagou, desde que o devedor tivesse meios para ilidir a ação". De acordo com a Subcomissão de Direito das Obrigações, formada pelos Professores José Fernando Simão e Edvaldo Brito, é fundamental enunciar no texto da lei que o dispositivo se refere a qualquer terceiro, seja interessado ou não, e, com isso, "evita-se, assim, confusão entre sub-rogação do terceiro interessado e reembolso do terceiro interessado e do não interessado". Ademais, "a mudança na parte final do artigo serve, por sua vez, para dar maior clareza ao artigo". A proposta foi aprovada pela Relatoria-Geral e pelos demais membros da Comissão de Juristas, de forma unânime.

Ainda quanto ao *solvens,* enuncia o art. 307 do CC/2002 que somente terá eficácia o pagamento que importar transmissão da propriedade quando feito por quem possa alienar o bem em que ele consistiu. Desse modo, somente se o *solvens* for titular de um direito real, será possível o pagamento. Esse dispositivo veda a alienação por quem não seja o dono da coisa (*a non domino).* A solução dada pela norma, em sua literalidade, é a ineficácia, e não a invalidade do pagamento.

Pelo parágrafo único desse dispositivo, se a parte der em pagamento coisa fungível (substituível) de terceiro, não será mais possível que este reclame do credor que a recebeu de boa-fé e a consumiu. E isso ocorre mesmo no caso de alienação do bem por insolvente. Dessa forma, se for entregue coisa de terceiro, o mesmo deverá demandar o devedor se a coisa já tiver sido consumida mesmo de boa-fé, baseando-se no princípio da vedação do enriquecimento sem causa. Mas, se não houve ainda o consumo, o terceiro poderá demandar o *accipiens,* segundo a minha interpretação do dispositivo.

Vejamos um exemplo. *A* entrega a *B* cem sacas de café pertencentes a *C*, como forma de pagamento. Três são as possibilidades nesse caso:

a) Se o café já foi consumido por *B*, de boa-fé, a ação de *C* é contra *A*.

b) Se o café não foi consumido por *B*, a ação de *C* é contra *B*.

c) Se o café foi consumido por *B*, de má-fé, a ação é contra *B*. Havendo má-fé e perdas e danos, quanto às últimas respondem todos os culpados solidariamente.

Essas conclusões partem da análise do último dispositivo à luz dos princípios da função social e da boa-fé que também regem a *teoria do pagamento*.

Como última observação sobre o dispositivo, no Projeto de Reforma do Código Civil, há proposta para se incluir um novo § 2.º no seu art. 307, para que preveja que, se pactuada obrigação de dar coisa certa, sabendo não ser dela titular ao tempo do negócio, será o obrigado ou devedor considerado inadimplente tão logo expire o prazo avençado para o pagamento. Em tais casos, poderá o credor reclamar-lhe a devolução do preço, além de perdas e danos, salvo tenha, até então, adquirido a coisa. A proposição foi formulada pela Relatora-Geral, Professora Rosa Nery, visando a responsabilizar aquele que aliena coisa alheia, ou seja, celebra uma alienação *a non domino*, ou sobre a qual ainda não tenha o domínio.

3.2.2 Do *accipiens* ou "a quem se deve pagar"

Ao lado do *solvens*, também é elemento subjetivo do pagamento o *accipiens ou* "daqueles a quem se deve pagar", conforme dispõe o Código Civil de 2002 entre os arts. 308 a 312.

Como regra geral, o *accipiens* será o credor. Contudo, o pagamento por igual pode ser feito ao seu representante, que tem poderes para recebê-lo, sob pena de só valer depois de ratificação, de confirmação pelo credor, ou havendo prova de reversão ao seu proveito (art. 308 do CC).

Apesar de a norma mencionar a validade – assim como os dois comandos seguintes –, o pagamento é resolvido no plano da eficácia da obrigação. Nessa linha, enunciado aprovado na *V Jornada de Direito Civil*, evento realizado em 2011, com o seguinte conteúdo: "o pagamento repercute no plano da eficácia, e não no plano da validade, como preveem os arts. 308, 309 e 310 do Código Civil" (Enunciado n. 425 do CJF/STJ).

Observo que o Projeto de Reforma do Código Civil, elaborado pela Comissão de Juristas nomeada no âmbito do Senado Federal, pretende corrigir os equívocos, substituindo as menções ao plano da validade nesses dispositivos pelo plano da eficácia. Nesse contexto, os três diplomas citados passarão a ter as seguintes redações, de forma mais correta tecnicamente: "Art. 308. O pagamento deve ser feito ao credor ou a quem de direito o represente, sob pena de só ser eficaz depois de por ele ratificado ou tanto quanto reverter em seu proveito"; "Art. 309. O pagamento feito de boa-fé ao credor putativo é eficaz, ainda provado depois que não era credor"; "Art. 310. É ineficaz o pagamento cientemente feito ao credor incapaz de quitar, se o devedor não provar que, em benefício dele, efetivamente reverteu". Espera-se, assim, a sua necessária aprovação pelo Congresso Nacional.

O pagamento também poderá ser feito aos sucessores do credor, como no caso do herdeiro e do legatário. Como bem explica o doutrinador português Antunes Varela, o pagamento deve ser feito a quem seja o credor no momento do cumprimento, denominado *credor atual,* "que pode ser o herdeiro, o legatário, o cessionário etc., do credor *primitivo* ou *inicial*" (ANTUNES VARELA, João de Matos. *Das obrigações...*, 2004, v. II, p. 30).

Segundo determina o art. 309 do CC, válido – ou melhor, eficaz –, será o pagamento ao *credor putativo* (aquele que aparentemente tem poderes para receber) desde que haja boa-fé do devedor. Eis uma das principais aplicações da *teoria da aparência*, que procura valorizar a verdade real, em detrimento da verdade formal. No Direito italiano, como aponta Massimo Bianca, a boa-fé é elemento constitutivo da *fattispecie liberatória* e a sua prova cabe ao devedor. Eventualmente, tal boa-fé pode ser presumida, bastando a prova da aparência da legitimação para receber (BIANCA, Massimo. *Diritto civile...*, 2004, v. 4, p. 311).

No caso brasileiro, essa boa-fé pode ser presumida a favor do consumidor, como aplicação do art. 47 do CDC, que consagra a interpretação que lhe seja mais favorável. Da mesma forma quanto aos contratos de adesão, por força da interpretação *pro aderente*, retirada do art. 423 do CC.

Para ilustrar, imagine-se o caso em que um locatário efetua o seu pagamento na imobiliária *X,* há certo tempo. Mas o locador rompe o contrato de representação com essa imobiliária e contrata a imobiliária *Y*. O locatário não é avisado e continua fazendo os pagamentos na imobiliária anterior, sendo notificado da troca seis meses após. Logicamente, os pagamentos desses seis meses devem ser reputados válidos, não se aplicando a regra pela qual *quem paga mal, paga duas vezes*. Dessa forma, cabe ao locador acionar a imobiliária *X* e não o locatário.

De interessante julgado do Tribunal de Justiça de São Paulo também pode ser retirado outro exemplo de aplicação do conceito de credor putativo, envolvendo pagamento realizado em estabelecimento do credor, pela aparência que se revelava:

> "Compra e venda – Bem móvel – Existência de instituição financeira no interior do estabelecimento comercial – Negócio concretizado mediante pagamento em parcelas feito diretamente à loja comercial conforme os recibos juntados aos autos – Validade. Dívida devidamente quitada, mesmo porque, nos termos da Lei, o pagamento feito de boa-fé ao credor putativo é válido, ainda provado depois que não era credor – Art. 309 do Novo Código Civil – Ausência, ademais, de prova hábil do contrato autônomo de financiamento da dívida – Declaratória de inexigibilidade de título de crédito procedente – Recurso desprovido" (TJSP, Apelação 1.247.830/3, 11.ª Câmara de Direito Privado, Paraguaçu Paulista, Rel. Des. Gilberto Pinto dos Santos, 12.06.2006, v.u., v. 7.662).

No mesmo sentido, da jurisprudência do Tribunal Gaúcho transcreve-se acórdão, em que se aplicou o conceito de credor putativo a corretor de seguradora:

> "Apelação cível – Recurso adesivo – Seguros – Corretor de seguros – Profissional que se apresenta como preposto da seguradora perante o consumidor – Pagamento. Incontroverso o pagamento total do prêmio pelo segurado ao corretor, é devida a indenização securitária. Boa-fé. Aplicação do disposto no artigo 309 do CC/2002. Cláusula de responsabilidade. Nulidade, no caso, especialmente considerando-se a ausência de demonstração de ciência prévia dos seus termos ao segurado. Valor da indenização. No caso, deve ser aquele constante na Tabela FIPE à época do ajuizamento da ação. Danos morais. Inocorrência. Apelo e recurso adesivo desprovidos" (TJRS, Acórdão 70018451633, 6.ª Câmara Cível, Canoas, Rel. Des. Antônio Corrêa Palmeiro da Fontoura, j. 29.05.2008, *DOERS* 19.06.2008, p. 34).

A arrematar as ilustrações, podem ser colacionados os seguintes arestos do Superior Tribunal de Justiça, que aplicam muito bem o art. 309 da codificação material privada:

"Recurso especial. Civil. Seguro DPVAT. Indenização. Credor putativo. Teoria da aparência. 1. Pela aplicação da teoria da aparência, é válido o pagamento realizado de boa-fé a credor putativo. 2. Para que o erro no pagamento seja escusável, é necessária a existência de elementos suficientes para induzir e convencer o devedor diligente de que o recebente é o verdadeiro credor. 3. É válido o pagamento de indenização do DPVAT aos pais do de cujus quando se apresentam como únicos herdeiros mediante a entrega dos documentos exigidos pela lei que dispõe sobre seguro obrigatório de danos pessoais, hipótese em que o pagamento aos credores putativos ocorreu de boa-fé. 4. Recurso especial conhecido e provido" (STJ, REsp 1.601.533/MG, 3.ª Turma, Rel. Min. João Otávio de Noronha, j. 14.06.2016, DJe 16.06.2016).

"Agravo regimental. Agravo de instrumento. Obrigação securitária. Acordo. Pagamento ao falido. Credor putativo. Artigo 309 do CC. Provimento. 1. No caso em apreço, a recorrente foi condenada ao pagamento de seguro e entabulou acordo com a credora, cuja falência fora decretada anteriormente, sem que tivesse conhecimento do fato nem se consignando eventual má-fé no acórdão recorrido. 2. Inexistindo, pois, prova da má-fé e elemento que pudesse cientificar o devedor que o representante da credora não mais detinha poderes de administração, é de se reputar válido o pagamento feito a credor putativo. Inteligência do artigo 309 do Código Civil. 3. Agravo regimental provido" (STJ, AgRg no Ag 1.225.463/SP, 4.ª Turma, Rel. Min. Maria Isabel Gallotti, j. 11.12.2012, DJe 19.12.2012).

"Direito civil e processual civil. Obrigação de fazer. Pedido de outorga de escritura definitiva de compra e venda. Deferimento de outorga de escritura de cessão de direitos hereditários. Julgamento *extra petita*. Não ocorrência. Bem transacionado objeto de inventário. Pagamento ao credor putativo. Eficácia. Sucumbência recíproca. Falta de prequestionamento. 1. Não há vício na sentença que determina a outorga de cessão de direitos hereditários e não a de escritura definitiva de compra e venda, conforme pedido na inicial se, sendo válido o negócio realizado pelas partes, até o proferimento da decisão não houver se encerrado o inventário, por ser a cessão um *minus* em relação ao pedido da autora. 2. Considera-se eficaz o pagamento realizado àquele que se apresenta com aparência consistente de ser mandatário do credor se as circunstâncias do caso assim indicarem. A atuação da corretora e do recorrente indicaram à recorrida, compradora do bem, que aquela tinha legitimidade para as tratativas e fechamento do negócio de compra e venda. (...)" (STJ, REsp 823.724/RJ, 3.ª Turma, Rel. Min. Sidnei Beneti, j. 18.05.2010, DJe 07.06.2010).

Quanto à antiga regra, *quem paga mal paga duas vezes*, ela está implícita no art. 310 do Código Privado em vigor. Por tal comando legal, não vale o pagamento – no correto sentido de ser ineficaz –, cientemente feito ao credor incapaz de dar quitação, se o devedor não provar a reversão do valor pago em seu benefício.

Essa incapacidade deve ser considerada em sentido genérico, significando falta de autorização, ou mesmo incapacidade absoluta ou relativa daquele que recebeu (arts. 3.º e 4.º do CC/2002, alterados pela Lei 13.146/2015). Em casos tais, o pagamento deverá ocorrer novamente.

Aplicando essa nossa posição de interpretação ampliada na ideia de incapacidade de receber, destaque-se julgado do Tribunal de Justiça de São Paulo (TJSP, Apelação 0017943-67.2009.8.26.0114, 12.ª Câmara de Direito Privado, Campinas, Rel. Des. Márcia Cardoso, j. 04.05.2016). No caso, a devedora efetuou o pagamento da dívida objeto da demanda diretamente na conta bancária de uma pessoa física, quando a credora era pessoa jurídica, que nunca deu quitação formal dos valores pagos.

Nos termos do julgamento, "tais pagamentos foram realizados, inclusive, contrariando as instruções constantes das próprias notas fiscais que eram acompanhadas dos respectivos boletos bancários. Nesse contexto, não há como considerar válido o pagamento, eis que realizado em dissonância com a boa-fé objetiva e os usos e costumes comerciais". O acórdão estadual foi confirmado em decisão monocrática do Superior Tribunal de Justiça, proferida pelo Ministro Luis Felipe Salomão em março de 2018, nos autos do Agravo Interno no Agravo em Recurso Especial 1.210.049/SP, novamente citando a minha posição.

Advirta-se, contudo, que isso não obsta que aquele que pagou ingresse com ação de repetição de indébito (*actio in rem verso*) contra aquele que recebeu, aplicação direta das regras relacionadas com o pagamento indevido e com a vedação do enriquecimento sem causa.

No entanto, vale lembrar a parte final do dispositivo (art. 310 do CC), pelo qual se ficar provado que o pagamento foi revertido a favor do credor, haverá exoneração daquele que pagou. O dispositivo valoriza, mais uma vez, a busca da verdade real (*teoria da aparência*), em sintonia com a vedação do enriquecimento sem causa, com a eticidade e a socialidade.

Estatui o art. 311 da codificação privada que deve ser considerado como autorizado a receber o pagamento aquele que está munido do documento representativo da quitação (o recibo), salvo se as circunstâncias afastarem a presunção relativa desse *mandato tácito*. A ilustrar, se de imediato perceber o devedor que no recibo consta uma assinatura do credor aparentemente falsificada, poderá negar-se a fazer o pagamento. O dispositivo deve ser complementado pelo art. 113, *caput*, do CC, segundo o qual os negócios jurídicos devem ser interpretados conforme a boa-fé objetiva e os usos e os costumes do seu lugar de celebração. Assim, caberá análise caso a caso, de acordo com as circunstâncias fáticas que envolvem o pagamento.

Encerrando esta seção, enuncia o art. 312 do Código Civil que, se o devedor pagar ao credor, apesar de intimado da penhora feita sobre o crédito ou da sua impugnação oposta por terceiro, não deverá ser tido como válido o pagamento em relação a este terceiro. O terceiro, na verdade, poderá constranger o devedor a pagar novamente (*quem paga mal paga duas vezes*), ressalvado o direito de regresso do devedor em face do credor. Aplicando o comando, concluiu o Tribunal de Justiça de Minas Gerais que,

> "Conforme se depreende do art. 312 do Código Civil, a obrigação do devedor perante o terceiro que penhorou o crédito do credor somente é exigível a partir do momento em que o devedor é intimado da penhora feita sobre aquele crédito. *In casu,* observa-se que o acordo celebrado entre reclamante/executado e a empresa empregadora, em uma ação trabalhista, estabelece que a empresa pagará 10 parcelas mensais de R$ 1.000,00 cada. Por sua vez, na presente ação, o Juiz determinou que a penhora será de R$ 500,00 em cada uma das parcelas, a fim de que a execução ocorra da forma menos onerosa ao devedor (art. 620 do CPC). Desse modo, é certo que, sendo a empresa reclamada intimada acerca da penhora após já ter realizado o pagamento de 04 parcelas na ação trabalhista, a mesma somente poderá ser compelida a depositar em juízo o valor de R$ 500,00 por cada uma das 06 parcelas restantes, totalizando, assim, o montante de R$ 3.000,00" (TJMG, AI 1.0040.09.088750-2/001, Rel. Des. João Cancio, j. 18.05.2016, *DJEMG* 25.05.2016).

Também para concretizar a norma na prática, se no caso descrito no preceito o devedor for citado em interpelação judicial, em que terceiro reivindica o crédito, não poderá pagar ao suposto credor. Se assim o faz, deverá pagar ao terceiro novamente, se este for o verdadeiro legitimado a receber, cabendo ingressar com ação de repetição de indébito (*actio in rem verso*) contra aquele que recebeu o indevido.

3.3 DO OBJETO E DA PROVA DO PAGAMENTO DIRETO (ELEMENTOS OBJETIVOS DO PAGAMENTO DIRETO)

Superada a análise dos elementos subjetivos do pagamento direto (*solvens* e *accipiens*), importante o estudo dos elementos objetivos do pagamento, ou seja, o seu objeto e a sua prova.

Inicialmente, o Código Civil traz regras quanto ao objeto de pagamento, entre os arts. 313 a 318.

Pela interpretação do art. 313 do CC/2002, pode-se afirmar que o objeto do pagamento é a *prestação*, podendo o credor se negar a receber o que não foi pactuado, mesmo sendo a coisa mais valiosa. Essa regra reforça a individualização da prestação na obrigação de dar coisa certa, como outrora exposto. Ilustre-se com julgado do Tribunal de São Paulo, que aplicou o dispositivo a entrega de lote:

> "Rescisão contratual – Loteamento – Pleito fundado na inadimplência contratual da compromissária-vendedora – Superveniente desapropriação que inviabilizou a entrega do lote adquirido pelo autor – Cabimento da rescisão – Autor que não é obrigado a aceitar outro lote, ainda que mais valioso – Inteligência do artigo 313 do Código Civil – Necessária restituição integral e imediata das parcelas pagas – Retorno das partes ao *status quo ante*. Descabimento, todavia, da aplicação de multa cominatória diante da ocorrência de caso fortuito. Juros moratórios, ademais, que devem ser computados a partir da citação. Recurso provido em parte" (TJSP, Apelação com revisão 415.544.4/8, Acórdão 4127884, 6.ª Câmara de Direito Privado, Mogi Mirim, Rel. Des. Sebastião Carlos Garcia, j. 15.10.2009, *DJESP* 24.11.2009).

Mencione-se, ainda, julgado do Tribunal de Justiça do Paraná, que afastou a possibilidade de se compelir o credor a receber vacas – que estavam empenhadas na cédula de crédito –, por dinheiro, conforme estabelecido no contrato de financiamento (TJPR, Apelação Cível 1470522-1, 14.ª Câmara Cível, Curitiba, Rel. Des. Fernando Antônio Prazeres, j. 18.05.2016, *DJPR* 24.05.2016, p. 248). Ou, como terceiro e último exemplo, conforme conclusão do Tribunal de Minas Gerais, "nos termos do art. 313 do Código Civil, o credor não é obrigado a receber prestação diversa da que lhe é devida, não sendo adequado obrigá-lo a emitir boletos em quantia inferior àquela contratualmente estabelecida" (TJMG, Agravo de Instrumento 1.0702.15.001879-5/002, Rel. Des. Vicente de Oliveira Silva, j. 01.12.2015, *DJEMG* 29.01.2016).

Prescreve o artigo seguinte que, mesmo sendo a obrigação divisível, não pode ser o credor obrigado a receber, nem o devedor a pagar em partes, salvo previsão expressa em contrato (art. 314 do CC). Trata-se da consagração do *princípio da identidade física da prestação*. Para exemplificar, em caso de débito referente à instituição de ensino, não pode o devedor ou mesmo o Poder Judiciário obrigar o credor a receber a dívida parceladamente (TJRS, Acórdão 70031862568, 5.ª Câmara Cível, Porto Alegre, Rel. Des. Romeu Marques Ribeiro Filho, j. 25.11.2009, *DJERS* 03.12.2009, p. 49).

Anote-se que, como exceção à premissa, o Código de Processo Civil anterior passou a consagrar uma *moratória legal* em seu art. 745-A, introduzido pela Lei 11.382/2006. A expressão *moratória legal* é de Humberto Theodoro Júnior, como destaca Daniel Amorim Assumpção Neves, que sempre trouxe comentários interessantes a respeito da matéria (NEVES, Daniel Amorim Assumpção. *Manual...*, 2009. p. 889-893). O dispositivo foi reproduzido pelo art. 916 do vigente Código de Processo, com pequenas alterações de redação, como se percebe do quadro comparativo a seguir:

CAP. 3 · DO ADIMPLEMENTO OBRIGACIONAL – TEORIA DO PAGAMENTO (PRIMEIRA PARTE) | 129

Código de Processo Civil de 1973	Código de Processo Civil de 2015
"Art. 745-A. No prazo para embargos, reconhecendo o crédito do exequente e comprovando o depósito de 30% (trinta por cento) do valor em execução, inclusive custas e honorários de advogado, poderá o executado requerer seja admitido a pagar o restante em até 6 (seis) parcelas mensais, acrescidas de correção monetária e juros de 1% (um por cento) ao mês."	"Art. 916. No prazo para embargos, reconhecendo o crédito do exequente e comprovando o depósito de trinta por cento do valor em execução, acrescido de custas e de honorários de advogado, o executado poderá requerer que lhe seja permitido pagar o restante em até 6 (seis) parcelas mensais, acrescidas de correção monetária e de juros de um por cento ao mês."

Em complemento, o Código de Processo Civil de 2015 continua a prever que, sendo deferida a proposta pelo juiz, o exequente levantará a quantia depositada e serão suspensos os atos executivos (art. 916, § 3.º, do CPC/2015, correspondente ao art. 745-A, § 1.º, do CPC/1973).

Por outra via, indeferida a proposta, seguir-se-ão os atos executivos, mantido o depósito, que agora passa a ser convertido em penhora (art. 916, § 4.º, do CPC/2015, com essa pequena última alteração diante do art. 745-A, § 1.º, do CPC/1973). Como se pode notar, há uma imposição pela lei de recebimento parcelado da dívida, o que quebra a premissa que consta do art. 314 do Código Civil.

Como última observação a respeito dessa *moratória legal*, pensamos que ela traz um plano de parcelamento interessante, que pode ser proposto por devedores que passam por sérias dificuldades por conta de graves crises econômicas, como a decorrente da pandemia de Covid-19. Essa proposição de pagamento, no meu entender, concretiza o dever anexo de transparência, anexo à boa-fé objetiva.

Nos termos do art. 315 da lei geral civil, as dívidas em dinheiro (obrigações pecuniárias) devem ser pagas em moeda nacional corrente e pelo valor nominal (*princípio do nominalismo*). Eis a regra geral para os pagamentos em pecúnia, em dinheiro.

O dispositivo trata da *dívida em dinheiro*. Há, ainda, "a dívida de valor, aquela que, embora paga em dinheiro, procura atender ao verdadeiro valor do objeto da prestação, incorporando as variações que possa sofrer para mais ou para menos" (TEPEDINO, Gustavo; BARBOZA, Heloísa Helena; BODIN DE MORAES, Maria Celina. *Código Civil...*, 2004, v. I, p. 607). Como exemplos de dívidas de valor, podem ser citados os salários, as pensões em geral, os aluguéis, as prestações alimentares, os valores devidos a título de financiamento, todos sujeitos a correção monetária.

O Decreto-lei 857/1969 impõe a nulidade absoluta das convenções que não estejam expressas em moeda nacional corrente, que no nosso caso é o Real, pelo teor da Lei 9.069/1995. Assim, é proibido o pagamento em moeda estrangeira, salvo nos contratos que tenham como objeto o comércio internacional, o que consta do art. 318 do CC, a seguir estudado.

Para evitar os efeitos da inflação, foi prática muito comum empregada pelos credores a aplicação de índices de correção monetária que podiam ser aplicados sem limite temporal. Dessa forma, confirmando a legislação anterior, prevê o art. 316 do atual CC que é lícito convencionar o aumento progressivo de prestações sucessivas, a que se dá o nome de *cláusula de escala móvel ou cláusula de escalonamento*. Eis o dispositivo que demonstra a essência da *dívida de valor*.

Esse comando, contudo, refere-se somente à correção monetária da obrigação. Entendo que não houve qualquer revogação do Decreto-lei 22.626/1933, a Lei de Usura, que continua em vigor, eis que o Código Civil de 2002 consagra os princípios da função social dos contratos, incluídas as previstas no art. 393 do Código Civil, relativas à alegação de caso fortuito e força maior, não terão efeitos jurídicos retroativos.

Como último tema relativo ao art. 317 do Código Civil e à revisão do contrato e da obrigação, pontuo que o Projeto de Reforma e Atualização do Código Civil pretende aprimorar o teor do comando estudado. De forma mais técnica, a norma passará a tratar apenas da revisão contratual por imprevisibilidade somada à onerosidade excessiva, deslocando-se a resolução ou extinção por esses motivos para o seu art. 478. Nos termos do novo *caput* do comando projetado, "se, em decorrência de eventos imprevisíveis, houver alteração superveniente das circunstâncias objetivas que serviram de fundamento para a constituição da obrigação e que isto gere onerosidade excessiva, excedendo os riscos normais da obrigação, para qualquer das partes, poderá o juiz, a pedido do prejudicado, corrigi-la, de modo que assegure, tanto quanto possível, o valor real da prestação".

Assim, os motivos para a revisão contratual são concentrados em razões objetivas relativas à obrigação e ao contrato, excluídas as razões subjetivas e pessoais, e desde que não excedam os riscos contratados ou a *álea contratual*, em prol da estabilidade da segurança jurídica.

Além disso, o art. 317 do CC/2002 receberá um parágrafo único, trazendo para a lei o teor do Enunciado n. 17, da *I Jornada de Direito Civil*: "para os fins deste artigo, devem ser também considerados os eventos previsíveis, mas de resultados imprevisíveis". Seguiu-se, portanto, a linha de se incluir na norma civil os entendimentos doutrinários majoritários, expressos e consolidados nos enunciados das *Jornadas*.

Feitas todas essas observações, para aprofundamento do tema da revisão contratual, sugere-se a leitura do Capítulo 4 do Volume 3 desta coleção de Direito Civil. O estudo da revisão da obrigação e do contrato deve ser feito no módulo de contratos e não no de teoria geral das obrigações.

Superado tal ponto, enuncia o vigente art. 318 do Código Civil que são nulas as convenções de pagamento em ouro (*cláusula-ouro*) ou em moeda estrangeira (*obrigação valutária*), bem como para compensar a diferença entre o valor desta e o da moeda nacional, excetuados os casos previstos na legislação especial. Trata-se de mais uma exceção ao *princípio do nominalismo*, previsto no art. 315 do CC.

Nesse sentido, determina o art. 1.º da Lei 10.192/2001 que "as estipulações de pagamento de obrigações pecuniárias exequíveis no território nacional deverão ser feitas em Real, pelo seu valor nominal". Esta última norma foi alterada pela Lei 14.286/2021, que, entre outros temas, passou a tratar do mercado de câmbio brasileiro, do capital brasileiro no exterior e do capital estrangeiro no País, entrando em vigor em dezembro de 2022.

Pelo parágrafo único do mesmo dispositivo, agora modificado no seu primeiro inciso, "são vedadas, sob pena de nulidade, quaisquer estipulações de:

I – pagamento expressas ou vinculadas a ouro ou moeda estrangeira, ressalvadas as hipóteses previstas em lei ou na regulamentação editada pelo Banco Central do Brasil;

II – reajuste ou correção monetária expressas em, ou vinculadas a unidade monetária de conta de qualquer natureza".

Assim, a partir da entrada em vigor da norma em destaque, penso que surgirão novas autorizações, no Brasil, para estipulações de pagamento com valores expressos em moeda estrangeira ou ouro, por novas previsões em lei ou por regulamentos do Banco Central, o que deve ser incrementado nos próximos anos.

O Decreto-lei 857/1969 acabou por ser revogado pela mesma Lei 14.286/2021, sendo pertinente lembrar que, conforme o art. 1.º do Decreto-lei 857/1969, eram considerados como "nulos de pleno direito os contratos, títulos e quaisquer documentos, bem como as obrigações que, exequíveis no Brasil, estipulem pagamento em ouro, em moeda estrangeira, ou, por alguma forma, restrinjam ou recusem, nos seus efeitos, o curso legal do cruzeiro", hoje do Real. De acordo com o art. 2.º do mesmo diploma, não se aplicavam essas disposições proibitivas, nos seguintes casos:

a) aos contratos e títulos referentes à importação ou exportação de mercadorias;
b) aos contratos de financiamento ou de prestação de garantias relativos às operações de exportação de bens e serviços vendidos a crédito para o exterior;
c) aos contratos de compra e venda de câmbio em geral;
d) aos empréstimos e quaisquer outras obrigações cujo credor ou devedor seja pessoa residente e domiciliada no exterior, excetuados os contratos de locação de imóveis situados no território nacional;
e) aos contratos que tenham por objeto a cessão, transferência, delegação, assunção ou modificação das obrigações referidas no item anterior, ainda que ambas as partes contratantes sejam pessoas residentes ou domiciliadas no país.

Nos termos do parágrafo único desse art. 2.º, também ora revogado, os contratos de locação de bens móveis que estipulavam pagamento em moeda estrangeira ficariam sujeitos, para sua validade, a registro prévio no Banco Central do Brasil.

Em complemento, preconizava o art. 6.º da Lei 8.880/1994 a nulidade absoluta de contratação de reajuste vinculado à variação cambial, exceto quando expressamente autorizado por lei federal e nos contratos de arrendamento mercantil celebrados entre pessoas residentes e domiciliadas no País, com base em captação de recursos provenientes do exterior. O comando também foi revogado expressamente pela Lei 14.286/2021.

O dispositivo tratava, assim, do *leasing* (arrendamento mercantil), que teve valor atrelado à variação cambial em realidade recente de nosso país. Todavia essa prática foi malsucedida, pois em janeiro de 1999 houve forte desvalorização do real perante o dólar, o que motivou um *enxame* de ações judiciais para a revisão dos contratos e das obrigações, o que vem sendo deferido pelo Superior Tribunal de Justiça, em última instância (A título de exemplo, ver, por todos: STJ, REsp 579.096/MG, 3.ª Turma, Rel. Min. Nancy Andrighi, j. 14.12.2004, *DJ* 21.02.2005, p. 173). A realidade demonstrou, de fato, que essa variação cambial, nas hipóteses descritas, foi *antissocial* pelos prejuízos causados em larga escala.

Essas normas especiais, portanto, não têm mais aplicação no Brasil, devendo surgir uma nova regulamentação após a entrada em vigor da Lei 14.286/2021, a partir de dezembro de 2022.

De toda sorte, o art. 13 dessa norma emergente tratou das hipóteses que estavam previstas na legislação anterior, prevendo que a estipulação de pagamento em moeda estrangeira de obrigações exequíveis no território nacional é admitida nas seguintes situações: *a)* nos contratos e nos títulos referentes ao comércio exterior de bens e serviços, ao seu financiamento e às suas garantias; *b)* nas obrigações cujo credor ou devedor seja não residente, incluídas as decorrentes de operações de crédito ou de arrendamento mercantil, exceto nos contratos de locação de imóveis situados no território nacional; *c)* nos contratos de arrendamento mercantil celebrados entre residentes, com base em captação de recursos provenientes do exterior; *d)* na cessão, na transferência, na delegação, na assunção ou na modificação das obrigações referidas nos incisos anteriores, inclusive se as partes envolvidas forem residentes; *e)* na compra e venda de moeda estrangeira; *f)* na exportação indireta de que trata a Lei 9.529/1997; *g)* nos contratos celebrados por exportadores em que a contraparte seja concessionária, permissionária, autorizatária ou arrendatária nos setores de infraestrutura; e *h)* nas situações previstas na regulamentação editada pelo Conselho Monetário Nacional, quando a estipulação em moeda estrangeira puder mitigar o risco cambial ou ampliar a eficiência do negócio; *i)* em outras situações previstas na legislação.

Ademais, consoante o seu parágrafo único, que confirma o art. 318 do Código Civil, "a estipulação de pagamento em moeda estrangeira feita em desacordo com o disposto neste artigo é nula de pleno direito".

Todos os dispositivos especiais anteriores complementavam a regra do art. 318 do CC, continuando em vigor diante do critério da especialidade que, como se sabe, é mais forte do que o cronológico, quando se estuda as antinomias jurídicas. O mesmo vale para o art. 13 da Lei 14.286/2021 e para a novas regulamentações posteriores ao novo diploma legal. Ademais, não se olvide que, apesar de todas essas regras, não há qualquer nulidade do pagamento caso seja cotado em moeda estrangeira ou em ouro, constando o valor correspondente em Reais, por conversão.

Acredito que tal afirmação não só será confirmada como reforçada com a citada nova regulamentação que surgiu a respeito da temática. Nesse sentido, posicionava-se a jurisprudência superior, com o meu apoio doutrinário: "o STJ pacificou o entendimento de que 'as dívidas fixadas em moeda estrangeira deverão, no ato de quitação, ser convertidas para a moeda nacional, com base na cotação da data da contratação, e, a partir daí, atualizadas com base em índice oficial de correção monetária' (REsp 1.323.219/RJ, Rel. Min. Nancy Andrighi, *DJe* 26.09.2013)" (STJ, AgRg no REsp 1.342.000/PR, 3.ª Turma, Rel. Min. Ricardo Villas Bôas Cueva, j. 04.02.2014, *DJe* 17.02.2014).

Encerrada a análise do objeto do pagamento, quanto à prova de pagamento, devem ser citadas as regras dos arts. 319 a 326 do CC.

O devedor que paga tem direito à quitação, fornecida pelo credor e consubstanciada em um documento conhecido como *recibo*. A quitação constitui prova efetiva de pagamento, sendo o documento pelo qual o credor reconhece que recebeu o pagamento, exonerando o devedor da relação obrigacional. Trata-se, portanto, do meio de efetivação da prova do pagamento.

Nesse sentido, o devedor que paga tem direito a *quitação regular,* e pode reter o pagamento enquanto não lhe seja dada (art. 319 do CC). É interessante transcrever o entendimento do Enunciado n. 18, aprovado pela *I Jornada de Direito Civil,* promovida pelo Conselho da Justiça Federal e pelo Superior Tribunal de Justiça, aplicável à quitação regular e aos contratos eletrônicos, permitindo a quitação por *e-mail.* É a sua redação:

> "A 'quitação regular', referida no art. 319 do novo Código Civil, engloba a quitação dada por meios eletrônicos ou por quaisquer formas de 'comunicação à distância', assim entendida aquela que permite ajustar negócios jurídicos e praticar atos jurídicos sem a presença corpórea simultânea das partes ou dos seus representantes".

O enunciado doutrinário sempre teve enorme aplicação prática diante da comum negociação pela via cibernética e eletrônica, o que cresce dia a dia. O civilista do novo século não pode fechar os olhos a essa realidade, do *Direito Digital* (PINHEIRO, Patrícia Peck. *Direito digital...,* 2008, p. 29-35).

CAP. 3 · DO ADIMPLEMENTO OBRIGACIONAL – TEORIA DO PAGAMENTO (PRIMEIRA PARTE) | 135

De toda sorte, quanto à prova eletrônica, pontue-se que é ela amplamente admitida pelo vigente Código de Processo Civil. Nessa linha, cabe transcrever o art. 422 do CPC/2015, com destaque especial para os seus §§ 1.º e 3.º:

"Art. 422. Qualquer reprodução mecânica, como a fotográfica, a cinematográfica, a fonográfica ou de outra espécie, tem aptidão para fazer prova dos fatos ou das coisas representadas, se a sua conformidade com o documento original não for impugnada por aquele contra quem foi produzida.

§ 1.º As fotografias digitais e as extraídas da rede mundial de computadores fazem prova das imagens que reproduzem, devendo, se impugnadas, ser apresentada a respectiva autenticação eletrônica ou, não sendo possível, realizada perícia.

§ 2º. Se se tratar de fotografia publicada em jornal ou revista, será exigido um exemplar original do periódico, caso impugnada a veracidade pela outra parte.

§ 3.º Aplica-se o disposto neste artigo à forma impressa de mensagem eletrônica".

Destaco que, no Projeto de Reforma e Atualização do Código Civil, pretende-se incluir na norma do art. 319 o teor do Enunciado n. 18 da *I Jornada de Direito Civil* e, em boa hora, a norma passará a ter a seguinte redação: "o devedor que paga tem direito à quitação regular, ainda que por meio digital, e pode reter o pagamento, enquanto aquela não lhe seja dada".

Voltando-se ao sistema em vigor, os elementos da quitação estão previstos no art. 320 da codificação material privada, a saber:

a)   valor expresso da obrigação;

b)   especificidade da dívida quitada;

c)   identificação do devedor ou de quem paga no seu lugar;

d)   tempo e lugar de pagamento;

e)   assinatura do credor ou o seu representante, dando quitação total ou parcial.

O mesmo dispositivo recomenda a elaboração de um instrumento particular, visando a uma maior segurança jurídica, o que, contudo, não é obrigatório, como se pode perceber pela própria redação do art. 320 que utiliza o termo "poderá".

Aliás, todos esses requisitos da quitação não são obrigatórios, consagrando esse comando legal o *princípio da liberdade das formas,* em sintonia com a operabilidade, no sentido de simplicidade (art. 107 do CC).

O princípio é reforçado pelo parágrafo único do art. 320 do CC, segundo o qual, ainda que não estejam presentes tais requisitos, valerá a quitação, se de seus termos e circunstâncias a dívida tiver sido paga. Para tanto, deve o aplicador do Direito analisar se o pagamento realmente foi realizado de acordo com as circunstâncias do caso concreto.

A ilustrar a subsunção dessas premissas e regras, precisa decisão da 3.ª Turma Recursal dos Juizados Especiais do Distrito Federal considerou que "o parágrafo único do art. 320 do Código Civil estabelece que valerá a quitação se de seus termos ou das circunstâncias resultar haver sido paga a dívida. Na hipótese, a despeito de o comprovante do pagamento apresentar número do código de barras diverso do indicado na fatura do cartão de crédito, considera-se quitado o débito se, no ofício encaminhado ao juízo *a quo*, a instituição bancária onde foi realizado o pagamento declara que o respectivo valor foi creditado à administradora do cartão" (TJDF, Apelação Cível do Juizado Especial 20111010056592, j. 08.04.2014).

Seguindo no estudo do objeto do pagamento, prevê o art. 321 do CC/2002 que nos débitos cuja quitação consista na devolução do título, uma vez perdido este, poderá o devedor exigir, retendo o pagamento, uma declaração do credor que inutilize o título desaparecido. Essa previsão tem por objetivo proteger futuramente o devedor para que o título não seja cobrado novamente.

Quando a obrigação for de trato sucessivo, ou seja, com o pagamento por meio de quotas periódicas, a quitação da última estabelece, até prova em contrário, a presunção de estarem solvidas as anteriores (art. 322 do CC). Essa presunção, obviamente, é relativa (*iuris tantum*) admitindo prova em contrário. Vale lembrar que na Lei de Falências não existe essa presunção relativa, pois o seu art. 158 estabelece que "extingue as obrigações do falido: I – o pagamento de todos os créditos; (...)".

Importante trazer à tona um caso clássico para ilustrar a aplicação do último dispositivo do Código Civil. *A,* locatário, está devendo seis meses de aluguel (janeiro, fevereiro, março, abril, maio e junho). Visando a extinção da dívida, o mesmo vai até a imobiliária *B* que tem poderes para receber. Essa oferece um recibo do mês de junho. Nessa situação, haverá presunção relativa de que os meses anteriores foram pagos. Na prática, deverá o locador provar que não recebeu, quando a regra é o locatário provar que pagou, invertendo-se o ônus da prova.

Contudo, como a presunção é relativa, é possível previsão no instrumento da quitação, afastando tal regra. Isso pode ocorrer com a previsão no recibo de que "o pagamento da última parcela em atraso não exime o pagamento das anteriores". Essa previsão é corriqueira e perfeitamente válida, já que o art. 322 do Código Civil é norma de ordem privada, dispositiva, podendo ser contrariada por convenção entre as partes.

O Código Civil consagra outra presunção relativa (*iuris tantum*) no art. 323, eis que, sendo a quitação do capital sem a reserva dos juros, estes se presumem pagos. Como se sabe, os juros são bens acessórios (frutos civis ou rendimentos, devidos pela utilização de capital alheio), aplicando-se a regra de que o acessório segue o principal (*princípio da gravitação jurídica*). Mais uma vez, já que a presunção é relativa e o dispositivo de ordem privada, cabe prova ou previsão convencional em contrário.

A entrega do título ao devedor firma a presunção relativa do pagamento. Mas ficará sem efeito a quitação operada pela entrega do título, se o credor provar, em sessenta dias, a falta do pagamento (art. 324 do CC).

Surge uma dúvida em relação à previsão desse dispositivo, se confrontada com o art. 386 do mesmo Código Civil, que trata da remissão de dívidas ou perdão, e que tem a seguinte redação: "a devolução voluntária do título da obrigação, quando por escrito particular, prova desoneração do devedor e seus coobrigados, se o credor for capaz de alienar, e o devedor capaz de adquirir". A dúvida surge, pois os dois dispositivos tratam da entrega de títulos. Como resolver a questão? Haveria, em casos tais, pagamento direto ou remissão de dívidas? Assim, é melhor compreender essa confrontação conforme o quadro a seguir:

Art. 324 do CC – Quitação por pagamento direto	Art. 386 do CC – Remissão de dívida
Entrega de título de crédito (duplicata, cheque, nota promissória, entre outros).	Entrega de documento que consubstancia a dívida, mas que não seja título de crédito (escrito particular – instrumento particular de confissão de dívida, por exemplo).

CAP. 3 · DO ADIMPLEMENTO OBRIGACIONAL – TEORIA DO PAGAMENTO (PRIMEIRA PARTE) | **137**

Anoto que o Projeto de Reforma do Código Civil pretende resolver mais esse dilema, além de expressar, no *caput* do seu art. 324, que a presunção dele decorrente é relativa. De acordo com a proposição, "a entrega do título ao devedor firma a presunção relativa do pagamento". E, consoante o parágrafo único da norma projetada, que faz ressalva a respeito da remissão ou perdão da dívida, "ficará sem efeito a quitação assim operada se o credor provar, em sessenta dias, a falta do pagamento, ressalvado ao devedor o direito de demonstrar ter-se tratado de remissão". Trata-se de mais uma proposição que visa apenas trazer mais clareza, segurança e efetividade prática para o Direito Privado Brasileiro.

Feita essa importante observação, e seguindo-se no estudo da teoria do pagamento direto hoje vigente, por regra, presumem-se a cargo do devedor as despesas com o pagamento e a quitação. Eventualmente, se ocorrer aumento dessas despesas por fato imputável ao credor, suportará este a despesa acrescida, o que visa à manutenção do *sinalagma*, o ponto de equilíbrio na relação obrigacional (art. 325 do CC).

Mas, se o acréscimo for imputado ao devedor ou a seu preposto, deverá o primeiro arcar com tais despesas. A presunção é, mais uma vez, relativa (*iuris tantum*). Por isso, admite prova ou convenção em contrário, como a previsão das partes de dividirem tais despesas. De qualquer forma, essa convenção não pode gerar onerosidade excessiva a uma das partes.

Se houver o pagamento por medida ou peso, deve-se entender, no silêncio das partes, que aceitaram os critérios do lugar da execução da obrigação (art. 326 do CC).

Esse comando legal consagra a aplicação dos costumes locais ao pagamento direto, trazendo uma visualização social da obrigação, complementando o art. 113 do CC. Exemplificando e em regra, deve-se levar em conta o alqueire do local em que a obrigação deve ser executada, ou seja, de onde estiver situado o imóvel rural.

Anote-se que, no Estado de São Paulo, um alqueire equivale a 24.200 m², em Minas Gerais, a 48.400 m² e, no norte do Brasil, a 27.225 m². O alqueire, contudo, não é o índice oficial de metragem, mas o hectare (ha). Com essa visualização social, encerram-se o estudo do objeto e a prova do pagamento.

3.4 DO LUGAR DO PAGAMENTO DIRETO

O lugar de pagamento "é o local do cumprimento da obrigação, em regra estipulado no título constitutivo do negócio jurídico, ante o princípio de liberdade de eleição" (DINIZ, Maria Helena. *Curso...*, 2002, v. 2, p. 223). Como se extrai da doutrina italiana de Massimo Bianca – e isso se aplica também ao Brasil –, o lugar do pagamento pode ser um lugar específico ou um âmbito territorial. O jurista exemplifica com a obrigação de não exercer atividades de concorrência em determinado território regional (BIANCA, Massimo. *Diritto civile...*, 2004, v. 4, p. 238).

Como regra geral, os instrumentos obrigacionais estipularão o domicílio onde as obrigações deverão ser cumpridas, determinando também, de forma implícita, a competência do juízo onde a ação será proposta, em caso de inadimplemento da obrigação. Como já exposto, quanto ao lugar de pagamento, a obrigação pode assim ser classificada:

a) *Obrigação quesível* ou *quérable* – situação em que o pagamento deverá ocorrer no domicílio do devedor. De acordo com a lei, há uma presunção relativa de que o pagamento é quesível, uma vez que o sujeito passivo deve ser procurado pelo credor em seu domicílio para efetuar o pagamento, salvo se o instrumento negocial, a natureza da obrigação ou a lei impuserem regra em contrário (art. 327, *caput,* do CC). Assim, "a Lei a*dje*tiva civil, em seu artigo 327, encerra uma presunção (legal). Não havendo contratação específica quanto ao local do cumprimento da obrigação, esta será considerada quesível, ou seja, o credor, quando do vencimento, deve dirigir-se até o domicílio do devedor para receber o pagamento que lhe é devido. A própria natureza da obrigação *sub judice* não autoriza o reconhecimento de que o local de seu cumprimento seria o domicílio do credor" (STJ, REsp 1.101.524/AM, 3.ª Turma, Rel. Min. Massami Uyeda, j. 12.04.2011, *DJe* 27.04.2011).

b) *Obrigação portável* ou *portable* – é a situação em que se estipula, por força do instrumento negocial ou pela natureza da obrigação, que o local do cumprimento da obrigação será o domicílio do credor. Eventualmente, também recebe essa denominação a obrigação cujo pagamento deva ocorrer no domicílio de terceiro. Em casos tais, o sujeito passivo obrigacional deve levar e oferecer o pagamento a esses locais.

Designados dois ou mais lugares, caberá ao credor escolher entre eles (art. 327, parágrafo único, do CC). Por uma questão prática que lhe é mais favorável, é muito comum o credor escolher o próprio domicílio para o pagamento. Percebe-se que se trata de uma das poucas vezes em que a escolha cabe ao credor, e não ao devedor, na teoria geral das obrigações.

Por outro lado, se o pagamento consistir na tradição de um imóvel, ou em prestações a ele relativas, far-se-á no lugar onde situado o bem (art. 328 do CC). Está sendo proposta alteração desse dispositivo pelo Projeto 699/2011, antigo PL 6.960/2002, que passaria a ter a seguinte redação: "Se o pagamento consistir na tradição de um imóvel, far-se-á no lugar onde situado o bem. Se consistir em prestação decorrente de serviços realizados no imóvel, no local do serviço, salvo convenção em contrário das partes". Concorda-se com tal proposta de alteração, uma vez que a regra já merece aplicação, pelo entendimento doutrinário que a fundamenta (ALVES, Jones Figueirêdo; DELGADO, Mário Luiz. *Código Civil...*, 2005, p. 186).

Paulo Luiz Netto Lôbo esclarece o teor do dispositivo exemplificando da seguinte forma: "entende-se que a referência do art. 328 do Código Civil a 'prestações relativas a imóveis' só não atinentes a direitos reais limitados (*e.g.*: direito do promitente do comprador, hipoteca e penhor) ou a direito pessoal de uso do imóvel (*e.g.*: locação). O locador tem de entregar o prédio no lugar em que este é situado; o locatário tem de recebê-lo onde está situado. Os aluguéis prestam-se no lugar de situação do imóvel, e não no lugar do domicílio do devedor, que pode não ser o do imóvel" (LOBO, Paulo. *Teoria...*, 2005, p. 214). Pelas palavras transcritas, assim deve ser encarado o art. 328 do Código Civil em vigor.

Essas são as regras básicas aplicáveis ao lugar de pagamento. Mas o Código Civil de 2002 traz duas inovações importantes, relativizando tais previsões e o que constar no instrumento obrigacional.

Inicialmente, prevê o seu art. 329 que, "ocorrendo motivo grave para que se não efetue o pagamento no lugar determinado, poderá o devedor fazê-lo em outro, sem prejuízo para o credor". A regra tem grande aplicação prática, mantendo relação direta com o princípio da função social dos contratos, pois mitiga a força obrigatória da convenção, o *pacta sunt servanda* (*eficácia interna da função social*). Nesse sentido há a consagração do princípio da socialidade.

Mas tal comando legal também está sintonizado com o princípio da operabilidade, no sentido de efetividade, pois traz uma cláusula geral, a expressão "motivo grave". Tal conceito, aberto por sinal, deve ser preenchido pelo juiz, caso a caso. Podem ser citadas como razões para aplicação do dispositivo situações como: greve no transporte público, calamidade pública, enchente, ataque terrorista ou de grupos armados, manifestações de protestos, doença do devedor ou de pessoa de sua família, falta de energia elétrica, isolamento social decretado pelo Poder Público em virtude de pandemia, entre outros. Desde que não haja prejuízo para o credor, o pagamento pode ser efetuado em outro local.

CAP. 3 • DO ADIMPLEMENTO OBRIGACIONAL – TEORIA DO PAGAMENTO (PRIMEIRA PARTE) | **139**

Em boa hora, a respeito de eventuais despesas ou custos de o pagamento ser efetivado em outro lugar, o Projeto de Reforma e Atualização do Código Civil pretende incluir um parágrafo único no art. 329, prevendo que, "se o motivo do não pagamento decorrer de razão objetiva, os custos lhes serão divididos igualmente". Como precisamente justificou a Subcomissão de Direito das Obrigações, formada pelos Professores José Fernando Simão e Edvaldo Brito, "tendo em vista que ninguém deu causa ao 'motivo' mencionado pelo artigo, o valor deve ser repartido, não há razão para onerar o devedor". Por outra via, se a causa for atribuível a uma das partes, subjetivamente, ela deve arcar com essas despesas.

Ato contínuo de estudo do sistema em vigor, o art. 330 do CC/2002 preconiza que "o pagamento reiteradamente feito em outro local faz presumir renúncia do credor relativamente ao previsto no contrato". Aqui a relação é com o princípio da boa-fé objetiva, com a eticidade. Quando se estuda a boa-fé objetiva, surgem conceitos inovadores, relacionados com a integração do contrato e da obrigação (*conceitos parcelares*). Dois desses conceitos são a *supressio* e a *surrectio*, que estão previstos nesse art. 330 do CC, expostos por António Manuel da Rocha e Menezes Cordeiro (*Da boa-fé...*, 2001).

Inicialmente, quanto à *supressio* (*Verwirkung*), esta significa a supressão, por renúncia tácita, de um direito ou de uma posição jurídica, pelo seu não exercício com o passar dos tempos. Pelo art. 330 do CC, caso tenha sido previsto no instrumento obrigacional o benefício da obrigação portável (cujo pagamento deve ser efetuado no domicílio do credor) e havendo o costume do credor receber no domicílio do devedor, a obrigação passará a ser considerada quesível, aquela cujo pagamento deve ocorrer no domicílio do sujeito passivo da relação obrigacional.

Desse modo, ao mesmo tempo em que o credor perde um direito por essa supressão, surge um direito a favor do devedor, por meio da *surrectio* (*Erwirkung*), ou surreição (surgimento), direito este que não existia juridicamente até então, mas que decorre da efetividade social, de acordo com os costumes.

Maria Helena Diniz foi quem observou muito bem o tratamento de tais institutos no art. 330 da atual codificação (*Código Civil...*, 2004, p. 298). Não obstante, tais conceitos mantêm relação direta com a boa-fé objetiva, sem, contudo, deixar de trazer em seu conteúdo uma análise do contrato e da obrigação dentro da ideia de função social.

Essa *interação simbiótica* entre a boa-fé objetiva e a função social pode ser retirada do art. 113, *caput,* do CC, pelo qual os negócios jurídicos devem ser interpretados conforme a boa-fé e os usos e costumes do local de sua celebração. Por isso, Miguel Reale chegou a afirmar que o art. 113 do Código Civil seria um "artigo-chave do Código Civil". Para ele: "desdobrando-se essa norma em seus elementos constitutivos, verifica-se que ela consagra a eleição específica dos negócios jurídicos como disciplina preferida para regulação genérica dos fatos jurídicos, sendo fixadas, desde logo, a eticidade de sua hermenêutica, em função da boa-fé, bem como a sua socialidade, ao se fazer alusão aos 'usos do lugar de sua celebração'" (*Um artigo-chave...*, 2005, p. 240). Ainda quanto ao tema, da prática e aplicando a regra, do Tribunal Paranaense:

> "Obrigação *propter rem.* Natureza obrigacional. Competência do lugar do pagamento. Pagamento reiteradamente realizado no foro de Curitiba. Renúncia ao foro previsto em convenção de condomínio. Incidência, por analogia, do art. 330 do Código Civil. Recurso conhecido e provido" (TJPR, Agravo de Instrumento 1337258-0, 9.ª Câmara Cível, Curitiba, Rel. Juiz Conv. Rafael Vieira de Vasconcellos Pedroso, j. 16.04.2015, *DJPR* 07.05.2015, p. 216).

Ou, ainda, do Tribunal do Rio de Janeiro: "plano de saúde que concordou reiteradamente com o pagamento feito pela autora da ação, quanto à forma e ao tempo do pagamento para fins de tutela da confiança, devendo incidir a *surrectio* no presente caso. Art. 330 do Código Civil que deve ser interpretado em conjunto com o art. 5.º do CPC" (TJRJ, Apelação 0120472-37.2014.8.19.0001, 26.ª Câmara Cível Consumidor, Rio de Janeiro, Rel. Desig. Des. Luiz Roberto Ayoub, j. 13.07.2017, *DORJ* 14.07.2017, p. 605).

Como se pode perceber, o último aresto aplicou a norma do Código Civil em benefício de consumidor segurado, em um sadio *diálogo* entre as fontes.

3.5 DO TEMPO DO PAGAMENTO

O vencimento é o momento em que a obrigação deve ser satisfeita, cabendo ao credor a faculdade de cobrá-la. Esse vencimento, tempo ou data de pagamento, pode ser fixado pelas partes por força do instrumento negocial.

A obrigação, sob o prisma do tempo do pagamento, pode ser *instantânea* ou *de execução imediata* (pagamento à vista), *de execução diferida* (pagamento deve ocorrer de uma vez só, no futuro) ou *de execução periódica* (pagamento de trato sucessivo no tempo).

Como se sabe, o credor não pode exigir o adimplemento antes do vencimento; muito menos o devedor pagar, após a data prevista, sob pena de caracterização da mora ou do inadimplemento absoluto, fazendo surgir a responsabilidade contratual do sujeito passivo obrigacional (*Haftung*).

No que toca ao tempo de pagamento, os arts. 331 a 333 do Código Civil em vigor trazem regras que merecem ser visualizadas.

Pelo art. 331 da codificação material, salvo disposição legal em contrário, não tendo sido ajustada época para o pagamento, pode o credor exigi-lo imediatamente. Em suma, em regra, a obrigação deve ser reputada *instantânea*.

Nesta obra já foi demonstrado que as obrigações condicionais são aquelas cujos efeitos estão subordinados a um evento futuro e incerto. Estas são cumpridas na data do implemento ou ocorrência da condição, cabendo ao credor a prova de que deste teve ciência o devedor (art. 332 do CC). As obrigações condicionais, portanto, não se confundem com as obrigações de execução diferida ou de execução continuada, pois estas não estão relacionadas com condição (evento futuro e incerto), mas com termo (evento futuro e certo).

Por fim, consagra-se no art. 333 um rol de situações em que haverá o vencimento antecipado da dívida, antes de vencido o prazo estipulado pela lei ou pela vontade das partes, a saber:

a)   No caso de falência do devedor, inclusive conforme o art. 77 da Lei 11.101/2005 (Lei de Falência); ou de concurso de credores (cite-se a abertura de inventário, diante da morte do devedor).

b)   Se os bens, hipotecados ou empenhados (oferecidos em penhor), forem penhorados em execução movida por outro credor.

c)   Se cessarem, ou se tornarem insuficientes, as garantias do débito, fidejussórias (pessoais), ou reais, e o devedor, intimado, se negar a reforçá-las. A título de exemplo, pode ser mencionada a hipótese em que a dívida é garantida por uma fiança, forma de garantia pessoal ou fidejussória, e o fiador falece, não havendo a sua substituição.

Nessas situações, se houver, no débito, solidariedade passiva este não se reputará vencido quanto aos outros devedores solventes (art. 333, parágrafo único, do CC). Em outras palavras, o vencimento antecipado da obrigação não atinge a solidariedade passiva.

Percebe-se que o dispositivo equivale parcialmente ao art. 1.425 do mesmo Código Civil, que trata do vencimento antecipado da dívida garantida por hipoteca, nos seguintes casos:

a) Se, deteriorando-se ou depreciando-se o bem dado em segurança, desfalcar a garantia, e o devedor, intimado, não a reforçá-la ou substituí-la.

b) Se o devedor cair em insolvência ou falir.

c) Se as prestações não forem pontualmente pagas, toda vez que deste modo se achar estipulado o pagamento. Neste caso, o recebimento posterior da prestação atrasada importa na renúncia do credor ao seu direito de promover a execução imediata.

d) Se perecer o bem dado em garantia, e não for substituído.

e) Se for desapropriado o bem dado em garantia, hipótese na qual se depositará a parte do preço que for necessária para o pagamento integral do credor.

Além dessas situações, o vencimento antecipado também pode ocorrer, para as obrigações em geral, por convenção entre as partes, nos casos envolvendo inadimplemento, inclusive pela previsão que já consta do inciso III do art. 1.425 do CC. A conclusão é de que o rol do vencimento antecipado é exemplificativo (*numerus apertus*) e não taxativo (*numerus clausus*). Filosoficamente, é de se lembrar que o Código Civil de 2002 adotou um sistema aberto, fundado em cláusulas gerais, conforme a realidade tridimensional de Miguel Reale (*Direito é fato, valor e norma*).

A título de exemplo, repise-se que é válido, eficaz e comum às partes convencionar em instrumento particular de confissão de dívida que o pagamento de uma ou algumas das parcelas gera o vencimento antecipado de toda a dívida, com a incidência de correção monetária, juros e multa, e sem prejuízo de eventuais perdas e danos decorrentes do descumprimento da obrigação.

Observo que o Projeto de Reforma e Atualização do Código Civil, elaborado pela Comissão de Juristas, pretende incluir essa hipótese de vencimento antecipado da obrigação no rol do seu art. 333, que encerrará qualquer polêmica quanto à sua viabilidade jurídica. Nos termos da proposição, ao credor assistirá o direito de cobrar a dívida antes de vencido o prazo estipulado no contrato ou na lei, "nas hipóteses convencionadas entre as partes para a antecipação do pagamento". Espera-se, portanto, a sua aprovação pelo Congresso Nacional.

Voltando-se ao texto legal em vigor, essa minha posição pelo rol exemplificativo foi adotada pela Quarta Turma do STJ, em julgado de outubro de 2022, em hipótese envolvendo o arrendamento mercantil. Consoante julgou a Corte no REsp 1.699.184/SP, não é abusiva a cláusula de contrato de arrendamento mercantil que prevê o vencimento antecipado da dívida em decorrência do inadimplemento do arrendatário.

Nos termos do voto do Ministro Luis Felipe Salomão, "o vencimento antecipado da dívida, previsto contratualmente, é uma faculdade do credor e não uma obrigatoriedade, de modo que pode se valer ou não de tal instrumento para cobrar seu crédito por inteiro antes do advento do termo ordinariamente avençado. Tanto é assim que é possível a renúncia ao direito de execução imediata da totalidade da obrigação, como ocorre, a título exemplificativo, nos casos de recebimento apenas das prestações em atraso, afastando o devedor, espontaneamente, os efeitos da impontualidade (arts. 401, I, e 1.425, III, do CC)" (STJ, REsp 1.699.184/SP, 4.ª Turma, Rel. Min. Luis Felipe Salomão, j. 25.10.2022, publicado no *Informativo* n. *755* da Corte).

Com essas anotações, muito importantes para a teoria e para a prática, encerra-se o estudo do pagamento direto.

3.6 RESUMO ESQUEMÁTICO

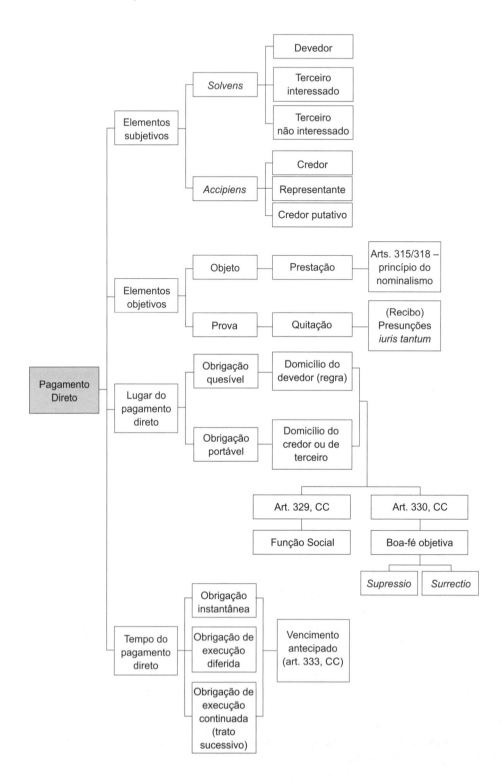

CAP. 3 · DO ADIMPLEMENTO OBRIGACIONAL – TEORIA DO PAGAMENTO (PRIMEIRA PARTE) | 143

3.7 QUESTÕES CORRELATAS

01. (DPE – MA – DPE/MA – Defensor Público – 2015) Humberto devia a Teobaldo a importância de dez mil reais. Entretanto, realizou o pagamento desta dívida a Petronílio. Nesta hipótese, o pagamento

(A) somente terá eficácia liberatória caso o devedor comprove que o pagamento foi feito de boa-fé em favor de credor putativo, como decorrência da boa-fé objetiva e da teoria da aparência, sendo irrelevante no caso relatado verificar se houve a anuência ou a reversão do valor em favor do credor originário (*accipiens*).

(B) somente será válido com a aceitação de Teobaldo, uma vez que a legitimidade é elemento de validade do negócio jurídico, e, neste caso, o pagamento não foi feito ao credor originário (*accipiens*).

(C) é válido e eficaz, sendo absolutamente irrelevante o fato de ter sido feito a pessoa diversa do credor, pois a cobrança em duplicidade de um débito já pago não é admitida no ordenamento jurídico brasileiro.

(D) não tem validade, uma vez que o pagamento feito a terceiro estranho à relação obrigacional não admite ratificação.

(E) poderá ter eficácia liberatória caso Teobaldo ratifique o pagamento ou que o devedor comprove que o pagamento foi feito de boa-fé em favor de credor putativo, ou, ainda, que o devedor prove que o valor reverteu em favor do verdadeiro credor.

02. (DPU – CESPE – Defensor Público Federal – 2015) Supondo que duas partes tenham estabelecido determinada relação jurídica, julgue o item.

Considere que as prestações periódicas de tal negócio jurídico tenham sido cumpridas, reiteradamente e com a aceitação de ambas as partes, no domicílio de uma das partes da relação jurídica. Nesse caso, ainda que tenha sido disposto na avença que as prestações fossem cumpridas no domicílio da outra parte, esta não poderia exigir, unilateral e posteriormente, o cumprimento de tal disposição.

( ) Certo

( ) Errado

03. (FMP – DPE-PA – Defensor Público – 2015) Assinale a alternativa INCORRETA.

(A) A boa-fé objetiva configura norma impositiva de limites ao exercício de direitos subjetivos, configurando, assim, importante critério de mensuração da ocorrência do adequado adimplemento e dos limites do enriquecimento ilícito.

(B) O adimplemento substancial deriva do postulado ou princípio da boa-fé objetiva e obsta o direito à resolução do contrato, como exceção ao princípio da exatidão do dever de prestar, em contratos bilaterais ou comutativos.

(C) O terceiro não interessado que paga a dívida em seu próprio nome se sub-roga no direito do credor.

(D) A falência do devedor é causa legal de vencimento antecipado da obrigação, que não atinge devedores solidários solventes.

(E) A cláusula penal tem natureza de obrigação acessória.

04. (TRT 16.ª Região – MA – Juiz do Trabalho Substituto – 2016) Em tema de obrigações:

(A) A ação de *in rem verso* visa à compensação das perdas e danos sofridos em razão do enriquecimento sem causa.

(B) O terceiro não interessado, ao realizar o pagamento da dívida de outrem em seu próprio nome, tem direito tanto ao reembolso do que adimpliu quanto à sub-rogação dos direitos do credor.

(C) Deteriorada a coisa, não sendo o devedor culpado, deverá o credor, obrigatoriamente, aceitar a coisa, abatido de seu preço o valor que perdeu, haja vista a ausência de culpa do devedor.

(D) O pagamento de dívida prescrita constitui-se em verdadeira renúncia do favor da prescrição pelo devedor.

(E) Em observância à vedação do enriquecimento sem causa, é vedado às partes convencionar o aumento progressivo das prestações sucessivas.

144 | DIREITO CIVIL • VOL. 2 – *Flávio Tartuce*

05. **(FAURGS – TJ-RS – Juiz de Direito Substituto – 2016) Considere as afirmações abaixo, sobre o adimplemento da obrigação.**

I. O terceiro não interessado que paga a dívida em seu próprio nome sub-roga-se nos direitos do credor, desde que notifique previamente o devedor e este não apresente oposição.

II. A eficácia típica reconhecida da aplicação da teoria do adimplemento substancial é a extinção da obrigação nas hipóteses de pagamento parcial feito de boa-fé.

III. O direito brasileiro, nas dívidas em dinheiro, adota o princípio do nominalismo, admitindo, contudo, que as partes convencionem cláusula de escala móvel.

Quais estão corretas?

(A) Apenas I.

(B) Apenas II.

(C) Apenas III.

(D) Apenas I e II.

(E) Apenas II e III.

06. **(VUNESP – CRBio – 1ª Região – Advogado – 2017) Assinale a alternativa correta sobre o direito das obrigações.**

(A) Não perde a qualidade de indivisível a obrigação que se resolver em perdas e danos.

(B) Quando o pagamento for em quotas periódicas, a quitação da última estabelece presunção *juris et de jure* de estarem solvidas as anteriores.

(C) O credor não pode ceder seu crédito, salvo se houver expressa permissão legal ou cláusula permissiva de cessão.

(D) Nas obrigações alternativas, a escolha cabe, em regra, ao credor.

(E) Ocorre o vencimento antecipado da dívida quando se tornarem insuficientes as garantias do débito, e o devedor, intimado, se negar a reforçá-las.

07. **(VUNESP – FAPESP/Procurador – 2018) Se houver a entrega do título ao devedor, ficará sem efeito a quitação se:**

(A) o credor provar, em sessenta dias, a falta do pagamento.

(B) o recibo for extraviado.

(C) não se exigir a entrega do título pelo credor.

(D) não for feita a entrega no domicílio do credor.

(E) sobrevier desproporção manifesta entre o valor da prestação devida e o do momento de sua execução.

08. **(VUNESP – FAPESP/Procurador – 2018) Sobre o adimplemento das obrigações e objeto do pagamento, assinale a alternativa correta.**

(A) O pagamento feito de boa-fé ao credor putativo é válido, ainda provado depois que não era credor.

(B) Vale o pagamento cientemente feito ao credor incapaz de quitar.

(C) Somente o credor da dívida pode pagá-la e receber quitação.

(D) O pagamento feito por terceiro, com conhecimento do devedor, não desobriga a obrigação original.

(E) O credor é obrigado a receber prestação diversa da que lhe é devida, se mais valiosa.

09. **(Defensor Público – DPE-MA – FCC – 2018) Lucas e Bruno realizaram um contrato de trato sucessivo em que se estampava uma obrigação portável. Entretanto, reiteradamente, o pagamento era feito de forma diversa da que fora pactuada, sem que os envolvidos apresentassem objeção. Neste caso, os pagamentos realizados são:**

(A) inválidos, porque realizado de forma diversa daquela constante do instrumento da avença, e o credor poderá exigir que o pagamento passe a ser realizado da forma constante do instrumento da avença, uma vez que não há fundamento para se presumir a renúncia ao previsto no contrato nessas circunstâncias.

CAP. 3 • DO ADIMPLEMENTO OBRIGACIONAL – TEORIA DO PAGAMENTO (PRIMEIRA PARTE) | **145**

(B) válidos, e o credor não poderá exigir que o pagamento passe a ser realizado da forma constante do instrumento da avença, uma vez que se presume que o credor renunciou ao previsto no contrato.

(C) inválidos, porque realizado de forma diversa daquela constante do instrumento da avença, mas o credor não poderá exigir que o pagamento passe a ser realizado da forma constante do instrumento da avença, uma vez que se presume que o credor renunciou ao previsto no contrato.

(D) válidos, mas o credor poderá exigir que o pagamento passe a ser realizado da forma constante do instrumento da avença, uma vez que não há fundamento para se presumir a renúncia ao previsto no contrato nessas circunstâncias.

(E) válidos, e o credor não poderá exigir que o pagamento passe a ser realizado da forma constante do instrumento da avença, uma vez que, apesar de não existir fundamento para a renúncia, é caso de *duty to mitigate the loss*.

10. **(Promotor de Justiça – MPE-SC – 2019) Nos termos do Código Civil, quanto ao lugar do pagamento, efetuar-se-á o pagamento no domicílio do devedor, salvo se as partes convencionarem diversamente, ou se o contrário resultar da lei, da natureza da obrigação ou das circunstâncias. Designados dois ou mais lugares, cabe ao devedor escolher entre eles.**

( ) Certo
( ) Errado

11. **(Promotor Substituto – MPE-PR – 2019) Sobre pagamento, assinale a alternativa *correta*:**

(A) O terceiro não interessado que paga a dívida em seu próprio nome se sub-roga nos direitos do credor.

(B) O pagamento feito de boa-fé ao credor putativo é sempre inválido.

(C) A entrega do título ao devedor firma a presunção do pagamento.

(D) O credor é obrigado a receber prestação diversa da que lhe é devida, se ela for mais valiosa.

(E) É ilícito convencionar o aumento progressivo de prestações sucessivas.

12. **(Analista Jurídico – Prefeitura de Betim – MG – AOCP – 2020) Assinale a alternativa incorreta no que concerne às obrigações.**

(A) Se a obrigação for de restituir coisa certa, e esta, sem culpa do devedor, se perder antes da tradição, sofrerá o credor a perda, e a obrigação se resolverá, ressalvados os seus direitos até o dia da perda.

(B) Ficará sem efeito a quitação assim operada se o credor provar, em 90 (noventa) dias, a falta do pagamento.

(C) O adquirente de imóvel hipotecado pode tomar a seu cargo o pagamento do crédito garantido; se o credor, notificado, não impugnar em 30 (trinta) dias a transferência do débito, entender-se-á dado o assentimento.

(D) A novação por substituição do devedor pode ser efetuada independentemente de consentimento deste.

(E) O devedor em mora responde pela impossibilidade da prestação, embora essa impossibilidade resulte de caso fortuito ou de força maior, se estes ocorrerem durante o atraso; salvo se provar isenção de culpa, ou que o dano sobreviria ainda quando a obrigação fosse oportunamente desempenhada.

13. **(Juiz Substituto – TJ-MS – FCC – 2020) O pagamento**

(A) feito de boa-fé ao credor putativo é válido, salvo se provado depois que ele não era credor.

(B) deve ser feito ao credor ou a quem de direito o represente, sob pena de só valer depois de por ele ratificado, ou tanto quanto reverter em seu proveito.

(C) não vale quando cientemente feito ao credor incapaz de quitar, em nenhuma hipótese.

(D) autoriza-se a recebê-lo o portador da quitação, fato que origina presunção absoluta.

(E) feito pelo devedor ao credor, apesar de intimado da penhora feita sobre o crédito, ou da impugnação a ele oposta por terceiros, não valerá contra estes, que poderão constranger o devedor a pagar de novo, prejudicado o direito de regresso contra o credor.

146 DIREITO CIVIL • VOL. 2 – *Flávio Tartuce*

14. **(Advogado – Prefeitura de São Roque – SP – VUNESP – 2020) Acerca do pagamento das obrigações, assinale a alternativa correta.**

(A) O terceiro não interessado pode pagar a dívida se o fizer em nome e à conta do devedor, salvo oposição deste, e se pagar a dívida em seu próprio nome, tem direito a reembolsar-se do que pagar, mas não se sub-roga nos direitos do credor.

(B) O pagamento feito de boa-fé ao credor putativo é válido, salvo se provado depois que não era credor; se o devedor pagar ao credor, apesar de intimado da penhora feita sobre o crédito, ou da impugnação a ele oposta por terceiros, o pagamento não valerá contra estes, que poderão constranger o devedor a pagar de novo, ficando-lhe ressalvado o regresso contra o credor.

(C) É ilícito convencionar o aumento progressivo de prestações sucessivas e são nulas as convenções de pagamento em ouro ou em moeda estrangeira, bem como para compensar a diferença entre o valor desta e o da moeda nacional, excetuados os casos previstos na legislação especial.

(D) Efetuar-se-á o pagamento no domicílio do devedor, salvo se as partes convencionarem diversamente, ou se o contrário resultar da lei, da natureza da obrigação ou das circunstâncias, e, se designados dois ou mais lugares, cabe ao devedor escolher entre eles.

(E) Ao credor assistirá o direito de cobrar a dívida antes de vencido o prazo estipulado no contrato, no caso de falência do devedor, recuperação judicial ou estado notório de insolvência.

15. **(Advogado – Câmara de São Felipe D'Oeste – Ibade – 2020) Aquele que causar um dano a outra pessoa pela prática de um ato ilícito, fica obrigado, nos termos da legislação pátria, a repará-lo. Diante da afirmativa, pode-se concluir que:**

(A) O incapaz responde pelos prejuízos que causar, se as pessoas por ele responsáveis não tiverem obrigação de fazê-lo ou não dispuserem de meios suficientes.

(B) O empregador não é responsável pela reparação civil por seus empregados, serviçal e preposta, no exercício do trabalho que lhes competir, ou em razão dele.

(C) O direito de exigir reparação e a obrigação de prestá-la não se transmite com a herança.

(D) A responsabilidade civil não dependente da responsabilidade criminal.

(E) Mesmo provando a culpa da vítima ou força maior, o dono, ou detentor, do animal ressarcirá o dano por este causado.

16. **(Advogado – Câmara de Marabá-PA – Fadesp – 2021) No que diz respeito ao adimplemento e à extinção das obrigações previstas no Código Civil, quanto ao objeto do pagamento e sua prova,**

(A) o credor é obrigado a receber prestação diversa da que lhe é devida, desde que mais valiosa.

(B) ainda que a obrigação tenha por objeto prestação divisível, não pode o credor ser obrigado a receber, nem o devedor a pagar, por partes, se assim não se ajustou.

(C) é ilícito convencionar o aumento progressivo de prestações sucessivas.

(D) quando, por motivos imprevisíveis, sobrevier desproporção manifesta entre o valor da prestação devida e o do momento de sua execução, poderá o juiz corrigi-lo, de ofício, de modo que assegure o valor real da prestação.

(E) são válidas as convenções de pagamento em ouro ou em moeda estrangeira, não havendo necessidade de previsão expressa em legislação especial.

17. **(Procurador Municipal – Prefeitura de Varginha-MG – Objetiva – 2022) Quanto ao adimplemento e à extinção das obrigações, de acordo com o Código Civil, assinalar a alternativa CORRETA:**

(A) O pagamento feito por terceiro, com desconhecimento ou oposição do devedor, não obriga a reembolsar aquele que pagou, se o devedor tinha meios para ilidir a ação.

(B) Quando, por motivos imprevisíveis, sobrevier desproporção manifesta entre o valor da prestação devida e o do momento de sua execução, deverá o juiz corrigi-lo, de ofício, de modo que assegure, quanto possível, o valor real da prestação.

(C) O terceiro não interessado, que paga a dívida em seu próprio nome, tem direito a reembolsar-se do que pagar e se sub-roga nos direitos do credor.

CAP. 3 · DO ADIMPLEMENTO OBRIGACIONAL – TEORIA DO PAGAMENTO (PRIMEIRA PARTE) | **147**

(D) Só terá eficácia o pagamento que importar transmissão da propriedade, quando feito por quem possa alienar o objeto em que ele consistiu. Se se der em pagamento coisa fungível, não se poderá mais reclamar do credor que, de boa-fé, a recebeu e consumiu, exceto se o solvente não tivesse o direito de aliená-la.

18. (Titular de Serviços de Notas e de Registros – TJTO – IESES – 2022) No tocante ao tema adimplemento e extinção das obrigações, é correto afirmar, EXCETO:

(A) O pagamento feito por terceiro, com desconhecimento ou oposição do devedor, não obriga a reembolsar aquele que pagou, se o devedor tinha meios para ilidir a ação.

(B) Qualquer interessado na extinção da dívida pode pagá-la, usando, se o credor se opuser, dos meios conducentes à exoneração do devedor.

(C) Só terá eficácia o pagamento que importar transmissão da propriedade, quando feito por quem possa alienar o objeto em que ele consistiu.

(D) O terceiro não interessado, que paga a dívida em seu próprio nome, tem direito a reembolsar-se do que pagar, sub-rogando-se nos direitos do credor.

19. (PGE-RN – Procurador – CESPE/CEBRASPE – 2024) Raimundo, residente e domiciliado em Caicó – RN, realizou contrato de compra e venda de um boi, no qual se comprometia a pagar a Baltazar, residente e domiciliado em Pau dos Ferros – RN, o valor de R$ 2.000,00, em vinte e quatro parcelas mensais. Inicialmente, foi acordado entre as partes que o pagamento seria efetuado no domicílio do devedor, ou seja, Caicó – RN. Contudo, Raimundo, que constantemente viajava a Pau dos Ferros – RN, passou a efetuar o pagamento no domicílio do credor. Após o pagamento da vigésima parcela, Raimundo decidiu voltar a pagar o valor em Caicó – RN, o que não foi aceito por Baltazar.

Acerca da situação hipotética apresentada, assinale a opção correta com base no Código Civil e no entendimento doutrinário sobre o tema.

(A) Na hipótese de Baltazar ser sujeito vulnerável nessa relação jurídica, ele possuiria o direito de escolher o lugar do pagamento.

(B) Em relação ao lugar do pagamento, a obrigação de Raimundo é classificada como portável.

(C) Raimundo está correto, pois o recebimento do pagamento em local diverso do acordado configura aceitação tácita da mudança do local do pagamento, aplicando-se ao credor o instituto conhecido como dever de mitigar o próprio prejuízo.

(D) Raimundo está correto, em razão da aplicação do princípio da obrigatoriedade dos contratos.

(E) Baltazar está correto, em razão do instituto da *supressio*

GABARITO

01 – E	02 – CERTO	03 – A	04 – D
05 – C	06 – E	07 – A	08 – A
09 – B	10 – ERRADO	11 – C	12 – B
13 – B	14 – A	15 – A	16 – B
17 – A	18 – D	19 – E	

4

DO ADIMPLEMENTO OBRIGACIONAL – TEORIA DO PAGAMENTO (SEGUNDA PARTE)

Regras especiais de pagamento, pagamento indireto e extinção obrigacional sem pagamento

Sumário: 4.1 Introdução – 4.2 Do pagamento em consignação (ou da consignação em pagamento) – 4.3 Da imputação do pagamento – 4.4 Do pagamento com sub-rogação – 4.5 Da dação em pagamento – 4.6 Da novação – 4.7 Da compensação – 4.8 Da confusão – 4.9 Da remissão de dívidas – 4.10 Os novos tratamentos legais da transação e do compromisso (arbitragem) – 4.11 Da extinção da obrigação sem pagamento – 4.12 Resumo esquemático – 4.13 Questões correlatas – Gabarito.

4.1 INTRODUÇÃO

Conforme ensina a doutrina, ao lado do pagamento direto, forma normal de extinção do vínculo obrigacional, existem também outras situações em que "as obrigações cumprem-se, ocorrendo determinadas circunstâncias, por modos equivalentes" (GOMES, Orlando. *Obrigações...*, 1997, p. 115).

Agora é o momento de rever conceitos importantíssimos, situações que geram a extinção da obrigação propriamente dita. Tais institutos jurídicos são de grande aplicação prática, devendo o aplicador do direito conhecê-los de forma profunda e detalhada.

Entendo que as regras especiais de pagamento são atos unilaterais, como no caso da consignação, da imputação e da sub-rogação legal. Por outra via, as formas de pagamento indireto são negócios jurídicos ou atos bilaterais como na sub-rogação convencional, na dação em pagamento, na novação, na compensação, na remissão e na confusão obrigacional. Por fim, a transação e o compromisso são contratos que geram a extinção da obrigação.

Vejamos as suas regras principais, pontualmente.

4.2 DO PAGAMENTO EM CONSIGNAÇÃO (OU DA CONSIGNAÇÃO EM PAGAMENTO)

O pagamento em consignação, regra especial de pagamento, pode ser conceituado como o depósito feito pelo devedor, da coisa devida, para liberar-se de uma obrigação assumida em face de um credor determinado. Tal depósito pode ocorrer, conforme prevê o art. 334 do CC, na esfera judicial ou extrajudicial, em estabelecimento bancário oficial, conforme já constava no art. 890 do CPC/1973, repetido pelo art. 539 do CPC/2015, ora em vigor.

Desse modo, "trata-se a consignação em pagamento, portanto, do instituto jurídico colocado à disposição do devedor para que, ante o obstáculo ao recebimento criado pelo credor ou quaisquer outras circunstâncias impeditivas do pagamento, exerça, por depósito da coisa, o direito de adimplir a prestação, liberando-se do liame obrigacional" (GAGLIANO, Pablo Stolze; PAMPLONA FILHO, Rodolfo. *Novo curso...*, 2003, p. 148). Para Maria Helena Diniz, o pagamento em consignação pode ser definido como "o meio indireto do devedor exonerar-se do liame obrigacional, consistente no depósito judicial ou em estabelecimento bancário da coisa devida, nos casos e formas da lei (CC, art. 334)" (*Curso...*, 2002, p. 241).

A consignação, pela letra da lei, pode ter como objeto bens móveis e imóveis, estando relacionada com uma obrigação de dar. Em havendo consignação de dinheiro, pode o devedor optar pelo depósito extrajudicial ou pelo ajuizamento da competente ação de consignação em pagamento. Por isso, denota-se que essa regra de pagamento tem natureza mista ou híbrida, ou seja, é instituto de Direito Civil e Processual Civil ao mesmo tempo (direito material + instrumental). O Código Civil utiliza a expressão *pagamento em consignação*, enquanto o Código de Processo Civil, o termo *consignação em pagamento*.

Anoto que o Projeto de Reforma e Atualização do Código Civil pretende melhorar o tratamento do tema, concentrando a consignação extrajudicial na Lei Geral Privada, e incluindo-a expressamente no art. 335. Também são feitas melhorias nos textos, para deixá-los mais claros e com melhor tratamento técnico, substituindo-se as expressões "devedor" e "credor" por "consignante" e "consignatário".

Além disso, em boa hora e em prol da *extrajudicialização*, inclui-se tratamento relativo à possibilidade de consignação de quantia certa ou de coisa no Tabelionato de Notas, procedida de notificação do consignatário (novo art. 345-A). Ademais, a proposta de art. 345-B prevê que "o depósito extrajudicial se dará no lugar do pagamento, do cumprimento da obrigação, da devolução da coisa ou do domicílio do consignatário, conforme fixado em contrato, determinado por lei ou decorrente das circunstâncias do caso". Em complemento, nos termos do projetado parágrafo único para a norma, "se notificado, extrajudicialmente, por tabelião de notas, o consignatário não for encontrado, não responder, não impugnar ou não aceitar o depósito, o valor ou a coisa consignados serão devolvidos ao consignante, após o pagamento das despesas". Sem dúvida, a possibilidade de consignação da coisa objeto do contrato feita extrajudicialmente vem em boa hora, tendo múltiplas possibilidades de aplicação prática.

Pois bem, a consignação libera o devedor do vínculo obrigacional, isentando-o dos riscos e de eventual obrigação de pagar os juros moratórios e a cláusula penal (ou multa contratual). Em suma, esse depósito afasta a eventual aplicação das regras do inadimplemento, seja ele absoluto ou relativo. A consignação, por uma questão lógica, não pode ser relacionada com obrigação de fazer ou de não fazer.

CAP. 4 · DO ADIMPLEMENTO OBRIGACIONAL – TEORIA DO PAGAMENTO (SEGUNDA PARTE) | **151**

O art. 335 do CC/2002 traz um rol de situações em que a consignação poderá ocorrer:

a) Se o credor não puder, ou, sem justa causa, recusar a receber o pagamento, ou dar quitação na devida forma (hipótese de *mora accipiendi*, mora no recebimento – causa subjetiva, pessoal).

b) Se o credor não for, nem mandar receber a coisa no lugar, tempo e condições devidas (hipótese de *mora accipiendi* – causa subjetiva).

c) Se o credor for incapaz de receber, for desconhecido, for declarado ausente, ou residir em lugar incerto ou de acesso perigoso ou difícil (outra causa subjetiva, relacionada com o sujeito ativo da obrigação).

d) Se ocorrer dúvida sobre quem deva legitimamente receber o objeto do pagamento (também causa subjetiva, denominada *dúvida subjetiva ativa*, uma vez que o devedor não sabe a quem pagar).

e) Se pender litígio sobre o objeto do pagamento (única causa objetiva para a consignação).

Como o Código Civil de 2002 adotou um sistema aberto, é forçoso concluir que o rol descrito é exemplificativo (*numerus apertus*), sendo admitidas outras situações de pagamento em consignação. Cite-se, por exemplo, o caso de consignação para a revisão do conteúdo do contrato, hipótese não descrita nominalmente no art. 335 da codificação privada (TJSP, Agravo de Instrumento 7.281.754-2, Acórdão 3.300.739, 20.ª Câmara de Direito Privado, São Paulo, Rel. Des. Álvaro Torres Junior, j. 13.10.2008, *DJESP* 03.11.2008). Oura ilustração diz respeito à existência de desentendimentos pessoais entre as partes, que obstam o pagamento direto e *in loco*.

O Projeto de Reforma do Código Civil, elaborado por Comissão de Juristas nomeada no âmbito do Senado Federal, em boa hora, pretende incluir no art. 335 mais uma hipótese de consignação, muito comum na prática. Assim ela passará a ser possível, por força de lei, se o devedor que cumpriu a obrigação, recusar-se a receber a coisa que deixou em garantia com o credor, caso de um bem dado em penhor.

Voltando-se à norma vigente, no tocante ao último inciso do art. 335 do Código Civil, ora em vigor, como bem assinala Carlos Eduardo Elias de Oliveira, houve uma mudança substancial a respeito de sua incidência no âmbito da jurisprudência do Superior Tribunal de Justiça. Isso se deu quando do julgamento, pela sua Corte Especial em outubro de 2022, do REsp 1.820.963/SP.

Como pontua o jurista, "o STJ assentou que o depósito, pelo devedor, na execução para garantia ou por penhora, não afasta os encargos moratórios, porque não é depósito para fins de pagamento. Por isso, o credor tem direito a cobrar integralmente os encargos moratórios, deduzidos, porém, os rendimentos da conta judicial. Afinal, esses rendimentos da conta judicial são uma espécie de antecipação dos encargos moratórios" (OLIVEIRA, Carlos Eduardo E. de. Depósito em juízo... Disponível em: <www.flaviotartuce.adv.br>. Acesso em: 4 nov. 2022). Vejamos com destaque as suas palavras complementares, que explicam com detalhes a mudança de posição pela Corte Superior:

> "Esse julgado representa uma mudança brutal da jurisprudência. A propósito, o Ministro Og Fernandes – em um voto bem aprofundado – foi certeiro em recomendar a modulação dos efeitos do novo entendimento para outros processos anteriores e não julgados. Concordamos com esse entendimento, porque inúmeros devedores depositaram valores em juízo confiança na orientação jurisprudencial anterior. Se soubessem que a

jurisprudência mudaria, provavelmente não teriam feito o depósito, mas deixariam o valor em alguma aplicação financeira pessoal que renda mais do que as tímidas contas judiciais. Não modular os efeitos seria fazer o que chamamos de 'justiçamento de transição'. Todavia, a maioria dos ministros não acompanharam essa posição, afirmando que o entendimento acima estaria implícito em julgados anteriores.

Seja como for, o fato é que, na execução, para o devedor afastar os encargos moratórios, não basta que ele faça o depósito da quantia em juízo enquanto discute o cabimento ou não da dívida (*an debeatur* e *quantum debeatur*). É que esse depósito é apenas para fins de garantia. Se, em uma execução, o devedor opõe embargos do devedor questionando a dívida, é irrelevante o simples fato de a quantia executada estar depositada em juízo (seja por conta de uma penhora, seja por conta de um depósito voluntário): os encargos moratórios seguirão incidindo. Isso, porque o depósito aí serve apenas como uma mera garantia.

Não é, pois, aplicável a essa hipótese o art. 335, V, do CC, que autoriza a consignação em pagamento *se pender litígio sobre o objeto do pagamento*. Não deve recair sobre hipóteses em que o litígio é sobre o *an debeatur* ou o *quantum debeatur*. É o que se infere da decisão do STJ.

A bem da verdade, o entendimento do STJ esvaziou a aplicação prática do inciso V do art. 335 do CC. Entendemos que atualmente o referido dispositivo deve ficar restrito a hipóteses pouco usuais de haver litígio entre dois ou mais credores sobre o objeto da obrigação. Nessa hipótese, o devedor fica em uma encruzilhada por não ter certeza sobre qual objeto deve ser entregue diante da divergência dos credores. Assim, se, por exemplo, um credor defende que o objeto é um carro e outro credor, uma moto, o devedor pode consignar em pagamento o objeto que entender devido e deixar os credores litigarem entre si sobre qual seria o objeto correto. Em prevalecendo um objeto diverso do depositado pelo devedor, entendemos que o devedor pode ser notificado a entregá-lo após receber" (OLIVEIRA, Carlos Eduardo E. de. Depósito em juízo... Disponível em: <www.flaviotartuce. adv.br>. Acesso em: 4 nov. 2022).

Tem razão o jurista, sendo essa a posição a ser considerada, para os devidos fins práticos.

Feita essa observação importante relativamente ao depósito em dinheiro, alguns preceitos devem ser observados. Para que a consignação em pagamento seja válida e eficaz, com força de adimplemento, o devedor terá que observar todos os requisitos do pagamento direto, inclusive quanto ao tempo e lugar (art. 336 do CC). Como regra geral, o depósito deverá ocorrer no local acertado para o pagamento, que constar do instrumento obrigacional (arts. 337 do CC/2002, 540 do CPC/2015 e 891 do CPC/1973), afastando a incidência de juros moratórios e os riscos da dívida.

Poderá o devedor levantar o depósito enquanto o credor não informar que aceita a consignação ou não a impugnar, subsistindo integralmente a dívida, que continua intocável (art. 338 do CC). Em casos tais, portanto, a consignação não é efetivada ou ultimada.

De acordo com o art. 896 do CPC/1973, repetido pelo art. 544 do CPC/2015 sem alterações, na contestação da ação de consignação, o réu (credor) poderá alegar que:

a) não houve recusa ou mora em receber a quantia ou a coisa devida;

b) foi justa a recusa;

c) o depósito não se efetuou no prazo ou no lugar do pagamento;

d) o depósito não fora integral. Nesse último caso, a alegação será admissível se o réu (credor) indicar o montante que entenda ser devido.

CAP. 4 · DO ADIMPLEMENTO OBRIGACIONAL – TEORIA DO PAGAMENTO (SEGUNDA PARTE) | **153**

Julgado procedente o pedido, o juiz declarará extinta a obrigação e condenará o réu ao pagamento de custas e honorários advocatícios (art. 546 do CPC/2015). O dispositivo foi aperfeiçoado em face do art. 897 do CPC/1973, segundo o qual, não oferecida a contestação e decorrendo os efeitos da revelia, o juiz julgará procedente o pedido, declarando extinta a obrigação. Como se nota, não há menção apenas à revelia, mas a qualquer caso de procedência do depósito.

Nos dois sistemas processuais, anterior e vigente, julgado procedente o depósito, não poderá mais o devedor levantá-lo. Em hipóteses tais, as despesas com os depósitos (custas, honorários advocatícios e demais despesas processuais) correrão por conta do credor que motivou o ingresso da ação. Segundo o mesmo art. 339 do atual Código Civil, o levantamento da quantia consignada, nessas circunstâncias, somente é possível se os demais devedores e fiadores concordarem.

De acordo com o art. 340 do CC, "o credor que, depois de contestar a lide ou aceitar o depósito, aquiescer no levantamento, perderá a preferência e a garantia que lhe competiam com respeito à coisa consignada, ficando para logo desobrigados os codevedores e fiadores que não tenham anuído". Esse comando legal trata da renúncia do credor ao depósito, que repercute também para os demais devedores solidários e fiadores.

Sob outro prisma, caso a coisa devida seja um imóvel ou uma coisa com corpo certo que deva ser entregue no mesmo lugar onde está, poderá o devedor citar o credor para vir ou mandar recebê-la, sob pena de ser depositada (art. 341 do CC). Isso, para os casos de boa-fé do devedor, que pretenda exonerar-se totalmente do dever de entregar a coisa.

Por outro lado, enuncia o art. 342 da atual codificação material privada que havendo obrigação de dar coisa incerta, cabendo a escolha da coisa indeterminada ao credor, será ele citado para esse fim, sob pena de perder o direito e de ser depositada aquela que o devedor escolher. Feita a escolha pelo devedor, proceder-se-á conforme o art. 341, ou seja, será citado o credor para receber a coisa consignada.

Diante da lógica que impera na categoria em estudo, as despesas com o depósito judicial (custas judiciais, honorários advocatícios e demais despesas processuais), quando julgado procedente, correrão à conta do credor, que será o réu da ação de consignação. Em caso contrário, sendo o pedido julgado improcedente, as despesas correrão à conta do devedor, autor da ação. Essas são as regras retiradas do art. 343 do CC/2002 e do art. 546 do CPC/2015, aqui antes comentado.

O Superior Tribunal de Justiça consolidou o entendimento na sua Segunda Seção, no sentido de que a insuficiência do depósito em ação de consignação em pagamento para a liquidação integral da dívida não conduz à liberação do devedor, que permanece em mora, o que enseja a improcedência da consignatória (STJ, REsp 1.108.058/DF, 2.ª Seção, Rel. Min. Lázaro Guimarães (Desembargador convocado do TRF 5.ª Região), Rel. p/ Acórdão Min. Maria Isabel Gallotti, j. 10.10.2018, *DJe* 23.10.2018).

Acabou prevalecendo a posição da Ministra Isabel Gallotti, para quem "a consignatória objetiva a liberação do devedor, que se considera obrigado ao pagamento de certa importância ou à entrega de determinada coisa. Se o credor recusa-se a recebê-la, não importa por que motivo, a ação de consignação será a adequada para solucionar o litígio. Efetuado o depósito, o réu deduzirá as razões de sua recusa que, malgrado a aparente limitação do artigo 896 do CPC/1973, poderão ser amplíssimas. Assim, por exemplo, a alegação de que aquele não foi integral envolverá eventualmente a discussão sobre interpretação de cláusulas contratuais, de normas legais ou constitucionais, e tudo mais que seja necessário para que o juiz verifique se a importância ofertada e depositada corresponde exatamente ao devido". Com ela votaram os Ministros Luis Felipe Salomão, Nancy Andrighi, Villas Bôas Cueva, Antonio Carlos Ferreira, Marco Aurélio Bellizze, Marco Buzzi, Paulo de Tarso Sanseverino e Paulo Dias Moura Ribeiro, formando-se maioria (REsp 1.108.058/DF). Restou vencido o Min. Lázaro Guimarães, que compreendia a temática de forma contrária. Esse entendimento, que me parece perfeito tecnicamente, deve ser considerado majoritário para os devidos fins práticos.

O devedor de obrigação litigiosa exonerar-se-á mediante consignação, mas, se pagar a qualquer dos pretendidos credores tendo conhecimento do litígio, assumirá o risco do pagamento (art. 344 do CC). O risco somente existe havendo tal conhecimento diante da corriqueira valorização da boa-fé

Ainda quanto à consignação judicial, se a dívida se vencer, pendendo litígio entre os credores que pretendam mutuamente se excluir, poderá qualquer deles requerer a consignação (art. 345 do CC). Trata-se de única hipótese em que o credor, e não o devedor, pode tomar a iniciativa da consignação.

Tratando-se de prestações sucessivas, consignada uma delas, pode o devedor continuar a depositar, no mesmo processo e sem mais formalidades, as que se forem vencendo, desde que o faça em até cinco dias contados da data do respectivo vencimento. Essa é a regra constante do art. 541 do CPC/2015, que aperfeiçoou o antigo art. 892 do CPC/1973.

Na essência, substituiu-se a menção a *prestações periódicas* por *prestações sucessivas*. Segundo, o termo *consignar* foi alterado para *depositar*. Todavia, antes havia menção apenas à primeira parcela, agora a regra é aplicada ao depósito de qualquer uma delas. O prazo de cinco dias foi mantido no sistema.

Conforme se retira das anotações de Theotonio Negrão, José Roberto Gouvêa e Luis Guilherme Bondioli, a falta de depósito oportuno das prestações subsequentes não afeta os depósitos realizados em tempo. Ademais, segundo os mesmos doutrinadores, a jurisprudência tem entendido que não terá efeito o depósito de prestação vincenda feito a destempo, mas tal conduta não acarreta a imediata improcedência da ação (NEGRÃO, Theotonio; GOUVÊA, José Roberto F.; BONDIOLI, Luís Guilherme A. *Código...*, 2011, p. 958). Tais entendimentos devem ser mantidos com a emergência do CPC/2015.

Basicamente, duas são as ações de consignação previstas no direito brasileiro: a consignação em pagamento – com regras elencadas entre os arts. 539 a 549 do CPC/2015 (correspondentes aos arts. 890 a 900 do CPC/1973) – e a consignação de aluguéis e encargos da locação – conforme os arts. 58 e 67 da Lei 8.245/1991 (Lei de Locação).

Como se pode notar, muitas das regras previstas no atual Código Civil têm natureza processual, sendo aplicadas à consignação judicial, o que denota a natureza mista do instituto.

Por outro lado, por incrível que pareça, a consignação extrajudicial, em estabelecimento bancário, está regulamentada pelo Código de Processo Civil (art. 539 do CPC/2015 e art. 890 do CPC/1973), havendo apenas menção no estatuto civil. Constata-se que o Código de Processo Civil vigente trouxe somente pequenas modificações de redação a respeito da matéria.

Sem qualquer alteração, nos termos do § 1.º do art. 539 do CPC/2015, tratando-se de obrigação em dinheiro, poderá o valor ser depositado em estabelecimento bancário, oficial onde houver, situado no lugar do pagamento, cientificando-se o credor por carta com aviso de recebimento, assinado o prazo de dez dias para a manifestação de recusa.

Decorrido esse prazo de dez dias, contado do retorno do aviso de recebimento, sem a manifestação de recusa, considerar-se-á o devedor liberado da obrigação, ficando à disposição do credor a quantia depositada (art. 539, § 2.º, do CPC/2015). Como se nota, manteve-se a aplicação ao instituto da máxima *quem cala consente,* quebrando-se a regra que está no art. 111 do Código Civil, em sentido contrário.

Ocorrendo a recusa, manifestada por escrito ao estabelecimento bancário, poderá ser proposta, dentro de um mês, a ação de consignação em pagamento, instruindo-se a inicial com a prova do depósito e da recusa (art. 539, § 3.º, do CPC/2015). Aqui houve uma pequena alteração na contagem de prazo, pois o § 3.º do art. 890 do CPC/1973 fazia menção a um prazo de trinta dias, que não necessariamente é de um mês.

Por fim, sem qualquer modificação diante do sistema anterior, não sendo proposta a ação de consignação em pagamento nesse prazo de um mês, ficará sem efeito o depósito, podendo levantá-lo o depositante (art. 539, § 4.º, do CPC/2015).

No tocante às últimas regras, que tratam da *conversão da consignação extrajudicial em consignação judicial*, cabe ao depositante provar à instituição bancária que ingressou com a demanda (STJ, RMS 28.841/SP, Rel. Sidnei Beneti, j. 12.06.2012, publicado no *Informativo* n. 499). Isso porque é do interesse do devedor ou de seu representante a consignação, especialmente para afastar os efeitos da mora ou do inadimplemento absoluto. Entendo que essa posição jurisprudencial anterior deve ser mantida com a emergência do vigente Código de Processo Civil.

Seguindo no estudo do instituto, a consignação judicial ou extrajudicial constitui uma interessante ferramenta para comprovação da boa-fé objetiva, mantendo relação direta também com a função social do contrato e da obrigação, no sentido de conservar os negócios, ainda mais em tempos de graves crises, como a decorrente da pandemia de Covid-19. Igualmente, há uma interação com a boa-fé processual, adotada expressamente pelo CPC/2015 em vários dos seus comandos, especialmente nos seus arts. 5.º e 6.º.

Isso porque, muitas vezes, os devedores pretendem a revisão judicial de contratos tendo em vista a sua concepção social. Para tanto, uma vez evidenciada a onerosidade excessiva (quebra da base do negócio jurídico, do *sinalagma*), ou seja, que o contrato ficou *pesado demais,* poderá o devedor requerer que a desproporção seja afastada, por meio dessa revisão contratual. Todavia, sendo possível o depósito parcial da quantia devida, deverá o devedor fazê-lo, comprovando a sua conduta de lealdade (boa-fé objetiva).

Acompanhando a linha que já era traçada pela jurisprudência, foi introduzido um dispositivo no Código de Processo Civil de 1973 nesse sentido. Assim, por força da Lei 12.810/2013 e Lei 12.873/2013, o art. 285-B do Estatuto Processual anterior passou a dispor o seguinte:

> "Art. 285-B. Nos litígios que tenham por objeto obrigações decorrentes de empréstimo, financiamento ou arrendamento mercantil, o autor deverá discriminar na petição inicial, dentre as obrigações contratuais, aquelas que pretende controverter, quantificando o valor incontroverso.
>
> § 1.º O valor incontroverso deverá continuar sendo pago no tempo e modo contratados.
>
> § 2.º O devedor ou arrendatário não se exime da obrigação de pagamento dos tributos, multas e taxas incidentes sobre os bens vinculados e de outros encargos previstos em contrato, exceto se a obrigação de pagar não for de sua responsabilidade, conforme contrato, ou for objeto de suspensão em medida liminar, em medida cautelar ou antecipação dos efeitos da tutela".

O CPC/2015 repetiu a regra e até a ampliou, impondo expressamente a pena de inépcia da petição inicial, no caso de seu desrespeito. Conforme o art. 330, § 2.º, do CPC/2015, "nas ações que tenham por objeto a revisão de obrigação decorrente de empréstimo, de financiamento ou de alienação de bens, o autor terá de, sob pena de inépcia, discriminar na petição inicial, dentre as obrigações contratuais, aquelas que pretende controverter, além de quantificar o valor incontroverso do débito". O § 3.º do comando em vigor complementa esse tratamento, na linha do anterior, prescrevendo que o valor incontroverso deverá continuar a ser pago no tempo e modo contratados.

Julgados estaduais já têm aplicado a redação do art. 330, § 2.º, do CPC em vigor. Alguns deles trazem uma interpretação *dura* ou rigorosa do comando, exigindo, na literalidade da lei, todos os requisitos que nele constam para que a revisão contratual seja efetivada. Assim, por exemplo, do Tribunal do Paraná:

"Nas demandas que tenham por objeto obrigações decorrentes de financiamentos, empréstimos ou arrendamentos mercantis, o autor deverá discriminar na inicial as obrigações contratuais que pretende revisar e o valor que reputa incontroverso. Os pedidos não podem ser formulados de forma vaga para posterior especificação quando da apresentação do contrato pois, depois de estabilizada a demanda, é defeso à parte modificar o pedido ou a causa de pedir" (TJPR, Apelação Cível 1645322-6, 5.ª Câmara Cível, Lapa, Rel. Des. Nilson Mizuta, j. 23.05.2017, *DJPR* 06.06.2017, p. 234).

Ou, ainda, do Tribunal Paulista:

"Petição inicial que, referindo-se genericamente à revisão contratual, não discrimina, dentre as obrigações contratuais, as que se pretende controverter, menos ainda qual o valor incontroverso que o autor teria pago, apesar de determinada a emenda. Descumprimento do art. 330, §§ 2.º e 3.º, do CPC/2015. Indeferimento da inicial bem decretada. Sentença mantida" (TJSP, Apelação 1001802-07.2016.8.26.0438, Acórdão 10467555, 22.ª Câmara de Direito Privado, Penápolis, Rel. Des. Roberto Mac Cracken, j. 18.05.2017, *DJESP* 01.06.2017, p. 2.230).

Outros, com maior maleabilidade, não exigem rigorosamente o preenchimento de todos os requisitos legais, bastando a indicação genérica das cláusulas controvertidas e a juntada do contrato. Assim, por exemplo:

"O art. 330 do CPC/15 exige que o demandante aponte, precisamente, as cláusulas que deseja controverter. Caso não aponte as cláusulas e o valor incontroverso, necessária a extinção do processo sem resolução do mérito. Contudo, se indicadas as cláusulas controvertidas e juntado aos autos o contrato revisado, reputam-se preenchidas as exigências do art. 330, CPC/15" (TJMG, Apelação Cível 1.0024.14.203353-9/002, Rel. Des. Luiz Artur Hilário, j. 23.05.2017, *DJEMG* 07.06.2017).

Existem acórdãos que são até menos rigorosos, dispensando o depósito da parte incontroversa da obrigação e concluindo que tal pagamento somente é essencial para a concessão de tutelas provisórias, como no caso da retirada do nome do devedor do cadastro de inadimplentes. Por todos eles, do Tribunal do Rio Grande do Sul, aduziu-se que:

"Nos termos do art. 330 do CPC/15, nas ações que tenham por objeto a revisão de obrigação decorrente de empréstimo, de financiamento ou de alienação de bens, o autor terá de, sob pena de inépcia, discriminar na petição inicial, dentre as obrigações contratuais, aquelas que pretende controverter, além de quantificar o valor incontroverso do débito e esse valor deverá continuar sendo pago no tempo e modo contratados. Caso concreto. (...). Narrativa e fundamentação que apontam as matérias submetidas à apreciação judicial. Apresentado cálculo e quantificado o valor incontroverso para pagamento das prestações restantes do contrato. Atendidas as exigências legais. Impossibilidade de condicionar o prosseguimento da ação revisional a regularidade dos depósitos mensais. Afronta ao princípio constitucional do acesso à justiça, previsto no art. 5.º, XXXV, da CF. Valor incontroverso que deve continuar a ser pago no tempo e modo contratados tem pertinência na concessão e na manutenção da tutela provisória. Copiosa jurisprudência nesse sentido. Sentença desconstituída. Apelo provido" (TJRS, Apelação Cível 0155762-09.2017.8.21.7000, 13.ª Câmara Cível, Cruz Alta, Rel. Des. Angela Terezinha de Oliveira Brito, j. 29.06.2017, *DJERS* 04.07.2017).

CAP. 4 • DO ADIMPLEMENTO OBRIGACIONAL – TEORIA DO PAGAMENTO (SEGUNDA PARTE) | **157**

Como se pode notar, o último julgamento aponta que o depósito da parte incontroversa do contrato somente é necessário para a concessão de alguma tutela provisória, como aquela que visa à retirada do nome do autor-devedor do cadastro de inadimplentes. Estou alinhado à última posição, até porque a análise rígida do art. 330, § 2.º, do CPC/2015 torna a revisão contratual ainda mais dificultosa. O argumento do acesso à justiça é indeclinável, devendo ser considerado em tais demandas, em uma sadia interpretação civil-constitucional do sistema jurídico.

Anote-se que o Superior Tribunal de Justiça tem reconhecido a citada interação entre consignação e boa-fé objetiva há tempos. Mais do que isso, na linha do que consolida o último aresto estadual, tem entendido que o nome do devedor somente será retirado de cadastro de inadimplentes se a boa-fé objetiva, pela consignação, restar comprovada. A título de exemplo, cumpre transcrever:

> "Processo civil – Recurso especial – Agravo regimental – Contrato – Alienação fiduciária – Código de Defesa do Consumidor – Instituições financeiras – Aplicabilidade – Súmula 297/STJ – Capitalização mensal dos juros – Reexame de matéria fática – Incidência – Súmulas n. 05 e 07 do STJ – Compensação – Repetição de indébito – Restituição na forma simples – Pagamento da dívida em juízo – Deferimento de depósito judicial – Possibilidade – Cadastro de inadimplentes – Requisitos demonstrados – Inscrição do nome do devedor – Impossibilidade – Manutenção da posse do bem em nome do autor – Admissão – Nota promissória – Emissão em branco – Súmula n. 60/STJ – Nulidade – Desprovimento. Nos termos da jurisprudência desta Corte, não há óbice para o pagamento da dívida em juízo, a fim de afastar a *mora debendi*, mediante o deferimento de depósito judicial, ainda que em sede de ação revisional. Precedentes (REsp 56.250/MG e 569.008/RS). Conforme orientação da Segunda Seção desta Corte, a inclusão do nome de devedores em cadastro de proteção ao crédito somente fica impedida se implementadas, concomitantemente, as seguintes condições: 1) o ajuizamento de ação, pelo devedor, contestando a existência parcial ou integral do débito; 2) efetiva demonstração de que a contestação da cobrança indevida se funda na aparência do bom direito e em jurisprudência consolidada do STF ou do STJ; e 3) que, sendo a contestação apenas parte do débito, deposite o valor referente à parte tida por incontroversa, ou preste caução idônea, ao prudente arbítrio do magistrado. *In casu*, estas condições restaram comprovadas, razão pela qual, afastada a mora, foi vedada a inserção do nome do devedor nos cadastros de proteção ao crédito, bem como admitida a manutenção da posse do bem em nome do autor. Agravo regimental desprovido" (STJ, AgRg no REsp 817.530/RS, Rel. Min. Jorge Scartezzini, 4.ª Turma, j. 06.04.2006, *DJ* 08.05.2006, p. 237).

Outra questão prática importante, de cunho processual, está relacionada com a conclusão jurisprudencial anterior pela qual o rito especial da ação de consignação em pagamento não era o caminho correto para tanto. Nesse sentido, entendia-se pela necessidade de propositura de ação de revisão contratual, cumulada em consignação em pagamento, de rito ordinário. Seguindo essa orientação, ora superada, cumpre transcrever: "A ação consignatória visa suplantar recusa do credor no recebimento da prestação, não a discussão da validade das cláusulas contratuais livremente avençadas. Indeferimento da inicial (*Lex-JTA* 173/488)" (NEGRÃO, Theotonio. *Código de Processo Civil...*, 2005, p. 890).

Porém, houve uma alteração no tratamento jurisprudencial dado ao tema, adotado pelo Superior Tribunal de Justiça, que admite a possibilidade de revisão na própria ação de consignação, conforme ementa a seguir transcrita:

> "Processual civil – Consignação em pagamento – Limitação dos juros – Pedido inicial – Requisitos – Contrato de arrendamento mercantil – Revisão – Possibilidade. Plenamente

possível a revisão das cláusulas contratuais em sede de ação consignatória, eis que necessária à correlação entre o valor depositado e o efetivamente devido. Precedentes. Recurso especial parcialmente conhecido e improvido" (STJ, REsp 275.979/SE (200000898848), 4.ª Turma, Rel. Min. Aldir Passarinho Junior, j. 1.º.10.2002, *DJ* 09.12.2002, p. 346, Veja: (Revisão – Cláusula contratual – Ação Consignatória) STJ – AGA 432.140/DF, REsp 257.365/ SE, 153.752/MG e 37.864/SP).

Outros julgados sucessivos deduzem do mesmo modo, como o que foi assim publicado no *Informativo* n. *459* do STJ, de dezembro de 2010:

"Consignação. Pagamento. Cumulação. Pedidos. Insuficiência. Depósito. A Turma reiterou o entendimento de que, em ação consignatória, é possível a ampla discussão sobre o débito, inclusive com o exame de validade de cláusulas contratuais. Assim, admite-se a cumulação de pedidos de revisão de cláusulas de contrato e de consignação em pagamento das parcelas tidas como devidas por força do mesmo negócio jurídico. Quanto à cautelar, no caso, a inicial requer a entrega das chaves do imóvel sob pena de multa diária, bem como a assinatura da escritura de compra e venda do imóvel em relação ao qual, na consignatória, discute--se o valor da prestação, portanto da dívida pendente. Logo, foi intentada incidentalmente sem natural propósito de acessoriedade, mas como uma segunda lide principal ou, quando menos, uma complementação de pedidos à primeira. Assim, a Turma conheceu em parte do recurso especial e lhe deu provimento para extinguir a ação cautelar sem julgamento do mérito, por impossibilidade jurídica dos pedidos formulados (art. 267, VI, do CPC) e julgou procedente, apenas em parte, a ação consignatória, considerando a insuficiência do depósito e a transformação do saldo sentenciado em título executivo. Precedentes citados: REsp 448.602/SC, *DJ* 17.02.2003; AgRg no REsp 41.953/SP, *DJ* 06.10.2003; REsp 194.530/ SC, *DJ* 17.12.1999; REsp 616.357/PE, *DJ* 22.08.2005, e REsp 275.979/SE, *DJ* 09.12.2002" (STJ, REsp 645.756/RJ, Rel. Min. Aldir Passarinho Junior, j. 07.12.2010).

Como palavras finais para o tópico, entendo que as conclusões têm a sua razão de ser, eis que a revisão contratual também é objeto da consignação judicial. Percebe-se, portanto, pelas ementas transcritas, um novo tratamento dado à matéria pela jurisprudência, mais justo e social, deixando de lado o apego ao rigor técnico, visando mais a operabilidade, no sentido de efetividade, um dos baluartes da atual codificação material privada. Acredito que essa forma de julgar deve ser mantida sob a égide do Código de Processo Civil de 2015, até porque essa norma emergente procurou reduzir a burocracia e facilitar os procedimentos.

4.3 DA IMPUTAÇÃO DO PAGAMENTO

Juridicamente, *imputar* significa *indicar, apontar*. Como se sabe, não há qualquer óbice para que uma pessoa contraia com outrem várias obrigações. Justamente por isso, preconiza o art. 352 do CC que "a pessoa obrigada por dois ou mais débitos da mesma natureza, a um só credor, tem o direito de indicar a qual deles oferece pagamento, se todos forem líquidos e vencidos".

O Código Civil de 2002 em nada inova na matéria. Assim, como elementos da imputação, há a identidade de devedor e de credor, a existência de dois ou mais débitos da mesma natureza, bem como o fato de as dívidas serem líquidas e vencidas – certas quanto à existência, determinadas quanto ao valor. A imputação do pagamento visa a favorecer o devedor ao lhe possibilitar a escolha do débito que pretende extinguir (art. 352 do CC). Como a norma é de natureza privada, é possível constar do instrumento obrigacional que a escolha caberá ao credor, o que inclusive é admitido pelo dispositivo seguinte.

CAP. 4 • DO ADIMPLEMENTO OBRIGACIONAL – TEORIA DO PAGAMENTO (SEGUNDA PARTE)

Se o devedor não fizer qualquer declaração, transfere-se o direito de escolha ao credor, não podendo o primeiro reclamar, a não ser que haja violência ou dolo do segundo (art. 353 do CC).

Caso não haja manifestação nem do sujeito passivo nem do sujeito ativo, a imputação será feita pela norma jurídica, conforme as regras de *imputação legal*.

De acordo com os arts. 354 e 355 do Código Civil em vigor, tem-se a seguinte ordem prevista para a imputação legal:

1.º) Em havendo capital e juros, o pagamento será feito primeiro nos juros vencidos e depois no capital, salvo estipulação em contrário, ou se o credor passar a quitação por conta do capital (principal da dívida). Destaque-se que a jurisprudência superior tem feito tal imputação nos contratos de aquisição da casa própria celebrados pelo Sistema Financeiro da Habitação (STJ, REsp 1.095.852/PR, Rel. Min. Maria Isabel Gallotti, 2.ª Seção, j. 14.03.2012, *DJe* 19.03.2012. Publicação no *Informativo* n. *494*, do STJ). Tal conclusão também tem sido aplicada, em geral, a todas as obrigações por quotas periódicas ou por trato sucessivo, como se extrai do seguinte aresto: "consoante a jurisprudência do STJ, a imputação dos pagamentos primeiramente nos juros é instituto que, via de regra, alcança todos os contratos em que o pagamento é diferido em parcelas, como o discutido nos autos (abertura de crédito em conta-corrente/cheque especial), porquanto 'objetiva diminuir a oneração do devedor. Ao impedir que os juros sejam integrados ao capital para, só depois dessa integração, ser abatido o valor das prestações, evita que sobre eles (juros) incida novo cômputo de juros. É admitida a utilização do instituto quando o contrato não disponha expressamente em contrário' (Ag. Int. no REsp 1.735.450/PR, Rel. Ministra Maria Isabel Gallotti, Quarta Turma, julgado em 2/4/2019, *DJe* 8/4/2019)" (STJ, Ag. Int. no REsp 1.843.073/SP, 3.ª Turma, Rel. Min. Marco Aurélio Bellizze, j. 30.03.2020, *DJe* 06.04.2020).

2.º) A imputação se fará nas dívidas líquidas e vencidas em primeiro lugar. Em suma, a imputação se fará nas dívidas mais antigas.

3.º) Caso todas forem líquidas e vencidas ao mesmo tempo, será feita a imputação na mais onerosa. Inicialmente será a mais onerosa a dívida de maior valor. Entretanto, pode ser considerada mais onerosa aquela que apresentar a maior taxa de juros no quesito comparativo.

4.º) Não havendo juros, sendo as dívidas líquidas, vencidas ao mesmo tempo e iguais, a imputação será relacionada a todas as dívidas na mesma proporção. Esse é o posicionamento doutrinário que conta com meu apoio, tendo em vista a ausência de previsão legal (GAGLIANO, Pablo Stolze; PAMPLONA FILHO, Rodolfo. *Novo curso...*, 2003, p. 189; AZEVEDO, Álvaro Villaça. *Teoria geral...*, 2004, p. 186). A respeito desta última regra, frise-se que não há previsão atual a respeito dela no Código Civil, decorrendo de afirmação doutrinária. De todo modo, em prol da certeza e da segurança jurídica, a Comissão de Juristas encarregada da Reforma do Código Civil pretende incluí-la na norma, em um novo parágrafo único do seu art. 355: "sendo as dívidas da mesma data e de igual onerosidade, entende-se feito o pagamento por conta de todas em devida proporção". A proposta foi inicialmente formulada pelo Professor Luciano Figueiredo, na audiência pública realizada no Tribunal de Justiça da Bahia, em dezembro de 2023, tendo sido adotada pela Subcomissão de Direito das Obrigações, pela Relatoria-Geral e pelos demais membros da citada Comissão de Juristas.

Como se observa, o ato de imputação é unilateral, razão pela qual o instituto está elencado como uma regra especial de pagamento.

4.4 DO PAGAMENTO COM SUB-ROGAÇÃO

A sub-rogação é conceituada pela doutrina como a "substituição de uma coisa por outra, com os mesmos ônus e atributos ou de uma pessoa por outra, que terá os mesmos direitos e ações daquela, hipótese em que se configura a sub-rogação pessoal de que trata o Código Civil no capítulo referente ao pagamento com sub-rogação" (DINIZ, Maria Helena, *Curso...*, 2002, p. 254).

Assim sendo, no âmbito obrigacional, o Código Civil Brasileiro trata da *sub-rogação pessoal ativa*, que vem a ser a substituição em relação aos direitos relacionados com o crédito, em favor daquele que pagou ou adimpliu a obrigação alheia, de terceira pessoa. A matéria consta dos arts. 346 a 351 do CC.

A sub-rogação *real* ou *objetiva*, ou seja, a substituição de uma coisa por outra, não é estudada no direito obrigacional, interessando principalmente em alguns casos envolvendo o Direito de Família (regras quanto ao regime de bens) e o Direito das Sucessões. Nosso Direito Privado não contempla a *sub-rogação passiva*, mas somente a novação subjetiva passiva, hipótese em que se cria uma nova obrigação pela substituição do devedor.

Desse modo, na *sub-rogação pessoal ativa*, efetivado o pagamento por terceiro, o credor ficará satisfeito, não podendo mais requerer o cumprimento da obrigação. No entanto, como o devedor originário não pagou a obrigação, continuará obrigado perante o terceiro que efetivou o pagamento. Em resumo, o que se percebe na sub-rogação é que não se tem a extinção propriamente dita da obrigação, mas a mera substituição do sujeito ativo, passando a terceira pessoa a ser o novo credor da relação obrigacional.

Conforme enuncia o art. 349 do CC, a sub-rogação transfere ao novo credor todos os direitos, ações, privilégios e garantias do primitivo em relação à dívida contra o devedor principal e os fiadores. Não há o surgimento de uma nova dívida, pela substituição do credor, como ocorre na novação subjetiva ativa.

Esse é o principal efeito da sub-rogação, que engloba todos os acessórios da dívida, caso dos juros, da multa e das suas garantias, inclusive a fiança. Como não poderia ser diferente, a sub-rogação alcança também o prazo de prescrição. Nesse sentido, destaque-se recente julgado do Superior Tribunal de Justiça, citando a minha posição, segundo o qual:

> "O fiador que paga integralmente o débito objeto de contrato de locação fica sub-rogado nos direitos do credor originário (locador), mantendo-se todos os elementos da obrigação primitiva, inclusive o prazo prescricional. No caso, a dívida foi quitada pela fiadora em 9/12/2002, sendo que, por não ter decorrido mais da metade do prazo prescricional da lei anterior (5 anos – art. 178, § 10, IV, do CC/1916), aplica-se o prazo de 3 (três) anos, previsto no art. 206, § 3.º, I, do CC/2002, a teor do art. 2.028 do mesmo diploma legal. Logo, considerando que a ação de execução foi ajuizada somente em 7/8/2007, verifica-se o implemento da prescrição, pois ultrapassado o prazo de 3 (três) anos desde a data da entrada em vigor do Código Civil de 2002, em 11/1/2003" (STJ, REsp 1.432.999/SP, 3.ª Turma, Rel. Min. Marco Aurélio Bellizze, j. 16.05.2017, *DJe* 25.05.2017).

A sub-rogação, mera substituição do credor que está prevista pela teoria geral das obrigações, pode ser classificada em:

a) *Sub-rogação legal* (art. 346 do CC) – são as hipóteses de pagamentos efetivados por terceiros interessados na dívida (interesse patrimonial, conforme aduzimos). São três os casos de sub-rogação legal, automática, ou *de pleno direito* (*pleno iure*), previstos conforme o texto da lei:

CAP. 4 • DO ADIMPLEMENTO OBRIGACIONAL – TEORIA DO PAGAMENTO (SEGUNDA PARTE) **161**

– Do credor que paga a dívida do devedor comum a outro credor, situações estas em que *solvens* e *accipiens* são credores da mesma pessoa.

– Do adquirente do imóvel hipotecado, que paga ao credor hipotecário, bem como do terceiro que efetiva o pagamento para não ser privado de direito sobre imóvel. Não havia menção a esse *terceiro* na codificação anterior, o que pode ser aplicado em um caso em que a pessoa paga a dívida para afastar os efeitos de eventual evicção, perda da coisa por decisão judicial ou apreensão administrativa, que a atribuiu a um terceiro (art. 447 do CC). Anoto que o Projeto de Reforma do Código Civil pretende incluir na norma a alienação fiduciária, ao lado da hipoteca, passando esse inc. II do art. 346 a expressar a sub-rogação legal "do adquirente do imóvel hipotecado e do cessionário do crédito garantido por propriedade fiduciária que paga a credor, bem como do terceiro que efetiva o pagamento para não ser privado de direito sobre imóvel". A proposição é louvável, em prol da equalização das garantias reais.

– Do terceiro interessado, que paga a dívida pela qual era ou podia ser obrigado, no todo ou em parte. Pode ser citado, aqui, o principal exemplo do fiador que paga a dívida do devedor principal e fica sub-rogado nos direitos do credor.

b) *Sub-rogação convencional* (art. 347 do CC) – são os pagamentos efetivados por terceiros não interessados na dívida. São duas as situações previstas no Código Civil:

– Quando o credor recebe o pagamento de terceiro e expressamente lhe transfere todos os seus direitos. Prevê o art. 348 do CC que em casos tais deverão ser aplicadas as regras previstas para a cessão de crédito, instituto que será estudado oportunamente. Entretanto, deve-se compreender que não haverá uma cessão de crédito propriamente dita, mas apenas aplicação residual das regras de cessão, como é o caso daquela que estabelece a necessidade de notificação do devedor, informando quem é o novo credor (art. 290 do CC).

– Quando terceira pessoa empresta ao devedor a quantia necessária para solver a dívida, sob a condição expressa de ficar o mutuante sub-rogado nos direitos do credor satisfeito (caso de mútuo – empréstimo de dinheiro para quitar a dívida).

O que se observa dos casos listados é que na sub-rogação legal existem atos unilaterais, o que a caracteriza como regra especial de pagamento. Por outro lado, na sub-rogação convencional existe um negócio jurídico celebrado (ato bilateral) com um terceiro não interessado que realiza o pagamento. Desse modo, a sub-rogação convencional é forma de pagamento indireto.

Recente acórdão do Superior Tribunal de Justiça debateu a existência de sub-rogação convencional na hipótese de pagamento do reparo do veículo por seguradora. Como constou do aresto, "a sub-rogação convencional, nos termos do art. 347, I, do CC, pode se dar quando o credor recebe o pagamento de terceiro e expressamente lhe transfere todos os seus direitos. Na hipótese, a oficina apenas prestou serviços de mecânica automotora em bem do segurado, ou seja, não pagou nenhuma dívida dele para se sub-rogar em seus direitos". Concluiu-se, assim, pela presença de cessão de crédito, eis que, "no caso, o termo firmado entre a oficina e o segurado se enquadra, na realidade, como uma cessão de crédito, visto que este, na ocorrência do sinistro, possui direito creditício decorrente da apólice securitária, mas tal direito é transmissível pelo valor incontroverso, qual seja, o valor do orçamento aprovado pela seguradora" (STJ, 3.ª Turma, REsp 1.336.781/SP, Rel. Min. Ricardo Villas Bôas Cueva, j. 02.10.2018, *DJe* 08.10.2018).

em que o credor consente na entrega de coisa diversa da avençada, nos termos do que dispõe o art. 356, do Código Civil. Para configuração da dação em pagamento, exige-se uma obrigação previamente criada; um acordo posterior, em que o credor concorda em aceitar coisa diversa daquela anteriormente contratada e, por fim, a entrega da coisa distinta com a finalidade de extinguir a obrigação. A exigência de anuência expressa do credor, para fins de dação em pagamento, traduz, *ultima ratio*, garantia de segurança jurídica para os envolvidos no negócio jurídico, porque, de um lado, dá ao credor a possibilidade de avaliar, a conveniência ou não, de receber bem diverso do que originalmente contratado. E, por outro lado, assegura ao devedor, mediante recibo, nos termos do que dispõe o art. 320 do Código Civil, a quitação da dívida" (STJ, REsp 1138.993/SP, 3.ª Turma, Rel. Min. Massami Uyeda, j. 03.03.2011, *DJe* 16.03.2011).

A dação em pagamento pode ter como objeto uma prestação qualquer, não sendo necessariamente dinheiro. Poderá ser entregue um bem móvel ou imóvel. Também poderá ter como conteúdo fatos e abstenções. Segundo a doutrina, "Isto é assim porque se for dinheiro a coisa dada em pagamento, ou se, não sendo dinheiro, se lhe taxar o preço, a dação em pagamento será, ensina-nos Clóvis Beviláqua, uma compra e venda" (DINIZ, Maria Helena. *Curso...*, 2002, p. 269).

Essa identidade entre dação em pagamento e contrato de compra e venda consta do art. 357 do CC, pelo qual sendo entregue dinheiro aplicar-se-ão os comandos legais relacionados com o contrato típico de compra e venda (arts. 481 a 504 do CC). Na minha opinião doutrinária, por analogia, até podem ser aplicadas à dação em pagamento as regras previstas para esse contrato, o que ressalta o caráter oneroso dessa forma de pagamento indireto.

Desse modo, de acordo com os ensinamentos transcritos, a substituição pode ser de dinheiro por bem móvel ou imóvel (*datio rem pro pecuni*), de uma coisa por outra (*datio rem pro re*), de dinheiro por título, de coisa por fato, entre outros, desde que o seu conteúdo seja lícito, possível, determinado ou determinável (art. 104, inc. II, do CC). No caso de haver a entrega de uma coisa por outra coisa (*datio rem pro re*), haverá similaridade entre a dação e a troca ou permuta (art. 533 do CC). No entanto, como o contrato em questão é regulamentado apenas por um dispositivo do Código Civil, na maioria das vezes serão aplicadas as próprias regras da *datio in solutum* previstas na codificação e que estão sendo no momento estudadas.

Interessante verificar que a *dação em pagamento* não se confunde com a *doação*, que constitui contrato pelo qual se institui uma liberalidade patrimonial a favor de outrem (art. 538 do CC). Nessa linha de diferenciação, cumpre transcrever curioso julgado publicado no *Informativo* n. 415 do Superior Tribunal de Justiça:

"Dação em pagamento. Débito alimentar. Trata-se na origem de ação anulatória de ato jurídico intentada por menor representada por sua genitora, visando anular alegada doação de seu pai a seus irmãos havidos de pretérito casamento com outra pessoa. Tal ação foi julgada improcedente em primeiro grau, reformada, contudo, em grau de apelação, sob o argumento de que se tratou, em verdade, de doação, preterindo-se o direito da filha havida da segunda relação conjugal, que, à época do referido acordo, já era nascida. Para o Min. Relator, a despeito da aparente complexidade do caso, em verdade, ocorreu tão somente confusão terminológica quando se adotou o vocabulário 'doação' quando haveria de ter-se pronunciado como 'dação em pagamento', como adimplemento da obrigação de alimentos. Com efeito, a transferência pelo genitor do seu percentual do bem imóvel partilhado a seus filhos da primeira relação conjugal teve como objetivo e essência quitar o débito alimentar e eximi-lo da prisão civil decorrente de sua não prestação, afastando-se, assim, de qualquer intenção de preterir a filha do segundo relacionamento em virtude de suposto adiantamento da legítima. Ressaltou que, no momento da transferência, também foi dada plena quitação pelos credores dos alimentos, caracterizando, sobremaneira, o instituto da dação em pagamento. Assim, na hipótese, não se configurou uma liberalidade do genitor, o que evidentemente caracterizaria uma doação. Ao contrário, o negócio jurídico realizou-se para o adimplemento, o pagamento de uma dívida, tal qual se daria caso o devedor dos alimentos vendesse sua parte do imóvel e, com o dinheiro em mãos, efetuasse o pagamento de seu débito. Com esse entendimento, a Turma deu provimento ao recurso para restabelecer a decisão de primeiro grau, adequando-a à terminologia jurídica, ressalvada a má fé em relação ao valor do imóvel em face da dívida, não suscitada nos autos" (STJ, REsp 629.117/DF, Rel. Min. Honildo Amaral de Melo Castro – Desembargador convocado do TJ-AP, j. 10.11.2009).

Pois bem, segundo o art. 358 do CC/2002, se a coisa dada for um título de crédito, a transferência importará em cessão. Entretanto, não há identidade entre as duas figuras, eis que na cessão de crédito há a transmissão de obrigação, enquanto na dação ocorre o pagamento indireto pela substituição do objeto, da prestação. Deve-se interpretar o comando somente no sentido de que serão aplicadas as regras referentes à cessão de crédito, por analogia, conforme manda o dispositivo legal. Além disso, deve ser esclarecido que o comando legal é aplicado para o caso em que o devedor entrega ao seu credor um título de crédito do qual é credor. Nessa hipótese, o terceiro (devedor do título) deverá ser notificado para que seja informado quem é o seu novo credor.

Se o credor for evicto da coisa recebida, a obrigação primitiva será restabelecida, ficando sem efeito a quitação dada, ressalvados os direitos de terceiros de boa-fé (art. 359 do CC). Isso não ocorre na novação, sendo certo que o legislador quis privilegiar a posição do credor na dação, restabelecendo a prestação primitiva. Como se sabe, a evicção é conceituada como a perda de uma coisa por sentença judicial ou ato administrativo de apreensão, sendo tratada entre os arts. 447 a 457 do CC/2002.

A nova redação do art. 359 do CC valoriza a boa-fé objetiva, o dever anexo de confiança, protegendo expressamente terceiros que realizaram o negócio.

Vejamos um exemplo para elucidar o teor do art. 359 do Código Civil de 2002. Duas partes obrigacionais concordam em substituir um imóvel (objeto da prestação) por dois veículos. Em regra, se os veículos se perderem por evicção, *retorna* a obrigação de dar a casa. Mas se a mesma foi vendida pelo devedor a um terceiro, que agiu de boa-fé ao comprá-la, não haverá o mencionado *retorno*. Em suma, o credor (adquirente, evicto) terá que suportar os efeitos da evicção, tendo ação regressiva contra o devedor (alienante), conforme as regras constantes da teoria geral dos contratos. Como se vê, o art. 359 do CC confirma a similaridade entre a dação em pagamento e o contrato de compra e venda.

A dação em pagamento não se confunde com a novação real, uma vez que na primeira não ocorre a substituição de uma obrigação por outra, mas tão somente do objeto da prestação, mantendo-se os demais elementos do vínculo obrigacional, tais como os seus acessórios (juros e cláusula penal, por exemplo).

Por fim, conforme adverte Orlando Gomes, não se pode confundir a dação em pagamento com a *dação por causa de pagamento* ou *dação em função de pagamento*, ou melhor, *datio pro solvendo*. Ensina esse autor que "trata-se de negócio jurídico destinado a facilitar ao credor a realização do seu interesse, podendo consistir, sem ser novação, em operação com a qual o devedor assume dívida nova. Ocorre na dação de um crédito sem extinção da dívida originária, que, ao contrário, é conservada, suspensa ou enfraquecida. Havendo *datio*

166 | DIREITO CIVIL • VOL. 2 – *Flávio Tartuce*

pro solvendo, a dívida primitiva só se extingue ao ser paga a nova" (*Obrigações...,* 2004, p. 141). Como exemplo, pode ser citado o caso em que um cheque é dado como pagamento de uma duplicata. Se o cheque é devolvido sem fundos, poderá a duplicata ser protestada. No próximo tópico será demonstrado o posicionamento da jurisprudência nesse sentido.

4.6 DA NOVAÇÃO

A novação, tratada entre os arts. 360 a 367 do CC, pode ser conceituada como uma forma de pagamento indireto em que ocorre a substituição de uma obrigação anterior por uma obrigação nova, diversa da primeira criada pelas partes. Seu principal efeito é a extinção da dívida primitiva, com todos os acessórios e garantias, sempre que não houver estipulação em contrário (art. 364 do CC).

Se presente a referida previsão em contrário, autorizada pela própria lei, haverá *novação parcial.* Podem as partes convencionar o que será extinto, desde que isso não contrarie a ordem pública, a função social dos contratos e a boa-fé objetiva. Todavia, a regra é *novação total,* de todos os elementos da obrigação anterior, pela própria natureza do instituto.

A novação não produz, como ocorre no pagamento direto, a satisfação imediata do crédito. Por envolver mais de um ato volitivo, constituiu um negócio jurídico e forma de pagamento indireto.

São elementos essenciais da novação a existência de uma obrigação anterior (obrigação antiga ou dívida novada) e de uma nova obrigação (dívida novadora), ambas válidas e lícitas, bem como a intenção de novar (*animus novandi*). Dispõe o art. 361 do CC que o ânimo de novar pode ser expresso ou mesmo tácito, mas sempre inequívoco. Não havendo tal elemento imaterial ou subjetivo, a segunda obrigação simplesmente confirma a primeira. Trazendo atual aplicação do dispositivo, ilustre-se com decisão do Tribunal Paulista:

> "Ação declaratória de nulidade (*rectius:* inexigibilidade) de duplicatas que foi precedida de medida cautelar de sustação de protesto julgadas improcedentes. Apelação da sacada firme nas teses de que (1) as duplicatas não poderiam ter sido levadas a protesto porque foram renegociadas através do Instrumento Particular de Confissão de Dívida com Garantia de Imóvel, ocorrendo, assim, novação; (2) deve ser reduzida a verba honorária de sucumbência; e (3) deve ser excluída da indenização baseada no art. 811, I, do CPC. Contrarrazões com pleito de não conhecimento do recurso. Preliminar rejeitada. Apelação interposta no prazo legal. Não acolhimento. Mera renegociação da dívida. Instrumento de confissão explícito em afirmar a não intenção de novar. Inteligência do art. 361, do CC/02 (correspondente ao art. 1.000, do CC/16). Subsistência da obrigação representada pelas duplicatas. Mantidas honorária (§ 3.º, do art. 20, do CPC) e indenização do art. 811, I, do CPC. Recurso não provido" (TJSP, Apelação 991.03.062716-6, Acórdão 4183629, 11.ª Câmara de Direito Privado, Botucatu, Rel. Des. Moura Ribeiro, j. 12.11.2009, *DJESP* 08.01.2010).

A *intenção de novar tácita* não constava da codificação material anterior, estando relacionada com o moderno conceito de novação. Por tal razão, aponta a doutrina que o instituto da novação passou por profundas modificações estruturais e funcionais. Lembra Maria Helena Diniz que "a moderna novação não obedece a nenhuma forma especial; opera-se pela extinção de uma obrigação existente, mediante a constituição de uma nova, que a substitui, havendo, portanto, uma substituição e não uma translação do conteúdo material de uma na outra, pressupondo a diversidade substancial das obrigações. No direito romano, a *novatio* se processava por meio da *stipulatio,* forma especial de que se revestia, e permitia uma íntima relação entre as duas obrigações, determinada pelo transporte da matéria

CAP. 4 • DO ADIMPLEMENTO OBRIGACIONAL – TEORIA DO PAGAMENTO (SEGUNDA PARTE) | 167

patrimonial, econômica, de uma para outra, devendo haver identidade de conteúdo entre ambas. Entre a novação antiga e a moderna substitui o requisito do *animus novandi*" (DINIZ, Maria Helena. *Curso...*, 2002, p. 280). Assim, para uma maior celeridade obrigacional, à luz da operabilidade, o Código Civil de 2002 não oferece entraves formais para o instituto.

Pois bem, muitas vezes o aplicador do direito encontra dificuldades em apontar a existência ou não desse elemento essencial da novação. Conforme ensina a própria Maria Helena Diniz "a doutrina não nos fornece nenhum critério seguro que possibilite a identificação do *animus novandi*, de forma que a intenção de novar terá de ser investigada em cada caso, atendendo-se às suas peculiaridades. Todavia, de um modo geral haverá alguma possibilidade de se afirmar que quando o *ânimo de novar* não estiver expresso, ele estará presente sempre que houver incompatibilidade entre a antiga e a nova obrigação" (*Curso...*, 2002, p. 286).

Visando esclarecer essa questão, bem como as dificuldades que podem surgir no mundo real, colaciona-se um caso prático já comentado. Nesse sentido, pergunta-se: o ato de entregar cheques para pagamento de duplicatas anteriores, sem a devolução das últimas ao devedor, gera novação? Pela jurisprudência, a resposta é negativa, conforme ementas a seguir:

"Apelação cível. Embargos execução. Cerceamento defesa. Novação. Cheques. *Pro-solvendo*. Não ocorre cerceamento de defesa quando a prova oral é deferida, mas a parte não comparece a audiência preliminar para fixação dos pontos controvertidos e, especialmente, quando, tendo em vista a natureza do negócio jurídico, a comprovação de pagamento se dá por documento. O mero recebimento, pelo credor, de cheque para pagamento de duplicada não importa novação da dívida, porquanto o título tem a característica *pro-solvendo*, ou seja, somente se concretiza o pagamento após sua compensação" (TJMG, Apelação Cível 1.0694.13.004188-2/001, Rel. Des. Anacleto Rodrigues, j. 17.11.2015, *DJEMG* 27.11.2015).

"Duplicata. Ausência de pagamento. Recebimento de cheque, pela credora, em caráter *pro solvendo*. Descumprimento, pela autora – Reconvinda, do ônus da prova do pagamento. Cheques sucessivos que foram restituídos por ausência de fundos. Novação não caracterizada. Viabilidade da reconvenção, apesar de a triplicata consistir em título executivo. Possibilidade de opção pelo processo de conhecimento, ainda mais em situação como essa, em que a discussão sobre o documento foi inaugurada pela devedora, isto a justificar o contra-ataque, com aproveitamento do processo. Litigância de má-fé bem reconhecida na sentença, uma vez que manifesto o propósito protelatório da autora. Honorários advocatícios bem arbitrados, não havendo motivo para redução. Ação declaratória e cautelar improcedentes; reconvenção procedente. Recurso não provido" (TJSP, Apelação Cível 7.287.491-4, Acórdão 4.134.622, 21.ª Câmara de Direito Privado, Olímpia, Rel. Des. Itamar Gaino, j. 07.10.2009, *DJESP* 30.10.2009).

Como aqui foi demonstrado, citando Orlando Gomes, nessas hipóteses não haverá novação objetiva ou real, mas *datio pro solvendo* (*dação por causa de pagamento* ou *dação em função de pagamento*).

Mas se o credor aceita os cheques e, ao mesmo tempo, devolve as duplicatas ao devedor estará caracterizada a novação tácita. Em casos tais, se os cheques são devolvidos *sem fundos*, esses últimos títulos devem ser protestados pela falta de pagamento.

Possível, ainda, a *novação expressa*, feita por meio de instrumento obrigacional pelo qual as partes concordam com a substituição de um título de crédito causal (duplicata) por outro abstrato (cheque). Com esse instrumento, constando a intenção das partes de substituir uma obrigação por outra, fica mais fácil identificar a novação. Como se pode perceber, a novação expressa tende a uma maior certeza e segurança jurídica.

Não se podem validar por novação as obrigações nulas ou extintas, uma vez que não se pode novar o que não existe, nem extinguir o que não produz efeitos jurídicos (art. 367 do CC). Por outro lado, a obrigação anulável pode ser confirmada pela novação, exemplo típico de convalidação do negócio em caso de anulabilidade, o que demonstra a sintonia do instituto com o princípio da conservação negocial.

Para que a novação tenha validade e possibilidade jurídica, a nova obrigação também deve ser válida. Sendo nula, a novação será inválida e prevalecerá a obrigação antiga. Sendo anulável e caso a obrigação seja efetivamente anulada, restabelecida ficará a anterior, aplicação direta do art. 182 do CC/2002, que traz efeitos retroativos parciais ao ato anulável. Prevê o último dispositivo que, "anulado o negócio jurídico, restituir-se-ão as partes ao estado em que antes dele se achavam, e, não sendo possível restituí-las, serão indenizadas com o equivalente".

No caso de novação subjetiva passiva (por substituição do devedor), a insolvência do novo devedor não confere ao credor o direito regresso contra o antigo, salvo se este obteve por má-fé a substituição (art. 363 do CC). Isso porque a obrigação antiga, da qual o antigo devedor fazia parte, foi totalmente liquidada.

Se não houver consentimento do fiador em caso de novação da obrigação principal, estará este exonerado da obrigação acessória em relação ao credor (art. 366 do CC). O principal efeito da novação, como é notório, é a extinção de todos os acessórios da dívida, salvo estipulação em contrário, sendo a fiança um contrato de natureza acessória.

Pelo mesmo art. 364 do CC, que trata da extinção dos acessórios, contudo, não aproveitará ao credor ressalvar o penhor, a hipoteca ou a anticrese, se os bens dados em garantia pertencerem a terceiro que não foi parte na novação. Assim sendo, o acordo de permanência dos acessórios não poderá atingir terceiro que ofereceu bem em garantia real (penhor, hipoteca ou anticrese) se o mesmo não participar da novação. Nesse sentido, somente haverá permanência da garantia real se o devedor pignoratício, hipotecante ou anticrético assinar expressamente o instrumento da novação.

Segundo o art. 365 do Código Privado, ocorrendo novação entre o credor e um dos devedores solidários, somente sobre os bens do que contrair a nova obrigação subsistirão as preferências e garantias do crédito novado. Os outros devedores solidários ficarão por esse fato exonerados. Essa exoneração confirma a tese de que o *animus novandi* é pessoal, devendo ser inequívoco para gerar efeitos. A responsabilidade patrimonial, nos termos do art. 391 do CC, somente poderá atingir aquele que participou da substituição da dívida. Trazendo aplicação desse art. 365 do CC, colaciona-se decisão do Tribunal de Santa Catarina, com citação doutrinária em sua ementa:

"Apelação cível – Acidente de trânsito – Ação de indenização por danos materiais contra o motorista e o proprietário do veículo causador do sinistro – Responsabilidade solidária – Acordo extrajudicial entre autor e condutor antes do ingresso da ação, materializado pela emissão de títulos de crédito – Novação – Aplicação do art. 365 do novo Código Civil – Exoneração dos outros devedores solidários – Sentença mantida – Recurso conhecido e improvido. 'O art. 365 prescreve a exoneração dos devedores solidariamente responsáveis pela extinta obrigação anterior, estabelecendo que só continuarão obrigados se participarem da novação. Operada a novação entre o credor e apenas um dos devedores solidários, os demais, que não contraíram a nova obrigação, ficam por esse fato exonerados. Assim, extinta a obrigação antiga, exaure-se a solidariedade' (Gonçalves, Carlos Roberto.

Direito das Obrigações. Parte geral. Volume 5. Editora Saraiva. Pág. 105/106)" (TJSC, Recurso 2007.200599-3, Blumenau, 2.ª Turma de Recursos Cíveis e Criminais, Rel. Juiz Álvaro Luiz Pereira de Andrade, *DJSC* 20.07.2009, p. 392).

Analisados esses dispositivos, é fundamental expor a classificação da novação, ponto importantíssimo relativo à matéria:

I) *Novação objetiva* ou *real* – é a modalidade mais comum de novação, ocorrendo nas hipóteses em que o devedor contrai com o credor nova dívida para extinguir a primeira (art. 360, inc. I, do CC). Para Pablo Stolze e Rodolfo Pamplona, "ocorre quando as partes de uma relação obrigacional convencionam a criação de uma nova obrigação, para substituir e extinguir a anterior" (*Novo curso...*, 2003, p. 203). Como antes exposto, essa não se confunde com a dação em pagamento (*datio in solutum*).

II) *Novação subjetiva* ou *pessoal* – é aquela em que ocorre a substituição dos sujeitos da relação jurídica obrigacional, criando-se uma nova obrigação, com um novo vínculo entre as partes. A *novação subjetiva* pode ser assim classificada:

– *Novação subjetiva ativa* – ocorre a substituição do credor, criando uma nova obrigação com o rompimento do vínculo primitivo (art. 360, inc. III, do CC). São seus requisitos: o consentimento do devedor perante o novo credor, o consentimento do antigo credor que renuncia ao crédito e a anuência do novo credor que aceita a promessa do devedor. No campo prático, essa forma de novação vem sendo substituída pela cessão de crédito, diante do caráter oneroso e especulativo da última.

– *Novação subjetiva passiva* – ocorre a substituição do devedor que sucede ao antigo, ficando este último quite com o credor (art. 360, inc. II, do CC). Se o novo devedor for insolvente, não terá o credor que o aceitou ação regressiva contra o primeiro, salvo se este obteve de má-fé a substituição. A novação subjetiva passiva, ou por substituição do devedor, pode ser subclassificada nos seguintes moldes:

a) *Novação subjetiva passiva por expromissão* – ocorre quando um terceiro assume a dívida do devedor originário, substituindo-a sem o consentimento deste (art. 362 do CC), mas desde que o credor concorde com a mudança no polo passivo. No caso de novação expressa, assinam o instrumento obrigacional somente o novo devedor e o credor, sem a participação do antigo devedor.

b) *Novação subjetiva passiva por delegação* – ocorre quando a substituição do devedor é feita com o consentimento do devedor originário, pois é ele que indicará uma terceira pessoa para assumir o seu débito, havendo concordância do credor. Eventualmente, assinam o instrumento o novo devedor, o antigo devedor que o indicou ou delegou poderes e o credor.

Além dessas formas de novação, a doutrina aponta ainda a *novação mista*, hipótese em que, ao mesmo tempo, substitui-se o objeto e um dos sujeitos da relação jurídica. Essa forma de novação é também conhecida como *novação complexa*, eis que ocorre a substituição de quase todos os elementos da relação jurídica original, não estando tratada de forma expressa na codificação privada brasileira.

Mais uma vez é importante repetir que não se pode confundir a sub-rogação com a novação subjetiva ativa (ou por substituição do credor). No pagamento com sub-rogação há apenas uma alteração da estrutura obrigacional, surgindo somente um novo credor.

Por outra via, na novação o vínculo original se desfaz com todos os seus acessórios e garantias. Cria-se um novo vínculo, totalmente independente do primeiro, salvo estipulação expressa em contrário.

A novação subjetiva ativa também não se confunde com a cessão de crédito, que é forma de transmissão da obrigação e que pode ter natureza onerosa.

Sob outro prisma, a novação subjetiva passiva não se confunde com a cessão de débito ou assunção de dívida que é forma de transmissão da posição passiva da obrigação.

Também é de ressaltar que a novação objetiva ou real não pode ser confundida com a dação em pagamento. A primeira é uma forma de pagamento indireto por substituição da dívida, gerando a extinção de todos os acessórios. Em reforço, havendo evicção da coisa dada, a prestação primitiva, em casos tais, não revive. Como visto, a dação não gera a extinção dos acessórios e, no caso de perda da coisa dada, retornará a prestação primitiva.

A matéria de diferenciação conceitual é tão importante que merecerá, ainda, um quadro comparativo no resumo esquemático que consta ao final deste capítulo.

Encerrando a presente seção, é importante apontar que o Superior Tribunal de Justiça tem analisado o instituto da novação com vistas ao princípio da função social dos contratos e das obrigações. Isso pode ser evidenciado pelo teor da Súmula 286 daquele Tribunal da Cidadania, que tem a seguinte redação: "a renegociação de contrato bancário ou a confissão da dívida não impede a possibilidade de discussão sobre eventuais ilegalidades dos contratos anteriores".

A socialidade salta aos olhos, uma vez que se quebra com aquela tradicional regra pela qual ocorrida a novação, não é mais possível discutir a obrigação anterior. Sendo flagrante o abuso de direito cometido pela parte negocial e estando presente a onerosidade excessiva por cobrança de juros abusivos nas obrigações anteriores, é possível a discussão judicial dos contratos novados. Para esclarecer, transcreve-se uma das ementas de julgado que gerou a edição do entendimento sumular no ano de 2004, havendo menção expressa ao instituto da novação na decisão:

> "Negócios bancários – Revisão. Na ação revisional de negócios bancários, pode-se discutir a respeito de contratos anteriores, que tenham sido objeto de novação. Recurso especial não conhecido" (STJ, REsp 332.832/RS; REsp 2001/0086405-2, 2.ª Seção de Direito Privado, Rel. Min. Asfor Rocha, j. 28.05.2003, *DJ* 23.02.2003).

Mais recentemente, em 2017, publicou-se a afirmação de número 10 na Edição n. 83 da ferramenta *Jurisprudência em Teses* da Corte, segundo a qual "é possível a revisão de contratos bancários extintos, novados ou quitados, ainda que em sede de embargos à execução, de maneira a viabilizar, assim, o afastamento de eventuais ilegalidades, as quais não se convalescem". Como precedentes, são citados, entre outros: Ag. Int. no REsp 1.634.568/PR, 3.ª Turma, Rel. Min. Marco Aurélio Bellizze, j. 09.03.2017, *DJe* 22.03.2017; Ag. Int. no REsp 1.224.012/SP, 4.ª Turma, Rel. Min. Raul Araújo, j. 22.11.2016, *DJe* 12.12.2016 e REsp 1.412.662/RS, 4.ª Turma, Rel. Min. Luis Felipe Salomão, j. 01.09.2016, *DJe* 28.09.2016. Anote--se que a citada edição é dedicada ao Direito Bancário.

Percebe-se que o entendimento sumulado e constante da recente tese quebra com o conceito tradicional de novação herdado do Direito Romano, possibilitando a discussão da dívida novada. Não só se concorda com a súmula e com o julgado transcrito, como é imperioso concluir que nasce um novo entendimento jurisprudencial quanto à matéria, quebrando velhos paradigmas, em prol dos princípios do *Direito Civil Constitucional e de um Direito Civil pós-moderno*, para a construção de uma sociedade livre, justa e solidária, nos termos do art. 3.º, I, da CF/1988.

4.7 DA COMPENSAÇÃO

Ocorre a compensação quando duas ou mais pessoas forem ao mesmo tempo credoras e devedoras umas das outras, extinguindo-se as obrigações até o ponto em que se encontrarem, onde se equivalerem (art. 368 do CC). Os arts. 369 a 380 também tratam dessa forma de pagamento indireto, que depende de duas manifestações de vontade, pelo menos (negócio jurídico). Deve-se entender que a compensação constitui um aspecto material do princípio da economia, fundado na ordem pública.

De acordo com o art. 369 da codificação privada, a compensação efetua-se entre dívidas líquidas, vencidas e de coisas fungíveis. Trata-se de requisito para a *compensação legal*. Melhor explicando, em casos tais, as dívidas devem ser:

a) certas quanto à existência, e determinadas quanto ao valor (líquidas);

b) vencidas ou atuais, podendo ser cobradas;

c) constituídas por coisas substituíveis (ou consumíveis, ou fungíveis), como, por exemplo, o dinheiro.

Sobre o primeiro requisito, correto julgado do Superior Tribunal de Justiça considerou não ser possível a compensação de valor cuja liquidez pende de confirmação em juízo. Conforme o seu teor, em hipótese fática que envolve crédito do Banco do Brasil, "o art. 369 do CC fixa os requisitos da compensação, que só se perfaz entre dívidas líquidas, vencidas e de coisas fungíveis entre si, não verificáveis no caso. Isto porque, se pairar dúvidas sobre a existência da dívida e em quanto se alça o débito, não se pode dizer que o crédito é líquido. Apesar do crédito do BB estar representado por título executivo extrajudicial, ainda será objeto de pronunciamento judicial quanto a sua liquidez e certeza" (STJ, REsp 1.677.189/RS, Rel. Min. Moura Ribeiro, 3.ª Turma, j. 16.10.2018, *DJe* 18.10.2018).

A respeito do segundo requisito, não se pode compensar as dívidas prescritas, pois não podem ser cobradas. Nessa linha, aresto da Corte Superior, do ano de 2022, demonstra que "a compensação é direito potestativo extintivo e, no direito brasileiro, opera por força de lei no momento da coexistência das dívidas. Para que as dívidas sejam compensáveis, elas devem ser exigíveis. Sendo assim, as obrigações naturais e as dívidas prescritas não são compensáveis". Porém, concluiu-se, ao final e de forma correta, que "a prescrição somente obstará a compensação se ela for anterior ao momento da coexistência das dívidas. Ademais, se o crédito do qual é titular a parte contrária estiver prescrito, é possível que o devedor, o qual também ocupa a posição de credor, desconte de seu crédito o montante correspondente à dívida prescrita. Ou seja, nada impede que a parte que se beneficia da prescrição realize, espontaneamente, a compensação" (STJ, REsp 1.969.468/SP, 3.ª Turma, Rel. Min. Nancy Andrighi, j. 22.02.2022, *DJe* 24.02.2022).

Complemente-se que a impossibilidade de compensação de dívida prescrita, se a prescrição for anterior à coexistência das dívidas compensáveis, foi confirmada em outro acórdão, de 2023. No caso concreto, "tendo em vista que a ação revisional foi ajuizada em 10/6/2011 e que a prescrição consumou-se em 11/3/2008, conclui-se que o prazo de prescrição consumou-se antes da coexistência de dívidas compensáveis, o que inviabiliza a compensação pretendida pelo recorrente" (STJ, REsp 2.007.141/PR, 3.ª Turma, Rel. Min. Nancy Andrighi, j. 23.05.2023, *DJe* 25.05.2023).

Embora sejam do mesmo gênero as coisas fungíveis, objeto das duas prestações, não se compensarão verificando-se que diferem na qualidade, quando especificada no contrato (art. 370 do CC). Justamente por tal dispositivo, sustenta-se a tese de *fungibilidade ou uniformidade total* das dívidas, o que torna dificultosa a compensação legal, que exige tais elementos com certa rigidez.

O devedor somente pode compensar com o credor o que este lhe dever; mas o fiador pode compensar sua dívida com a de seu credor ao afiançado (art. 371 do CC). Imperioso perceber que o comando legal em questão não adota a *teoria dualista* da obrigação. Isso porque enuncia a lei que o fiador tem uma dívida com o credor. Ora, como exposto, pela tese dualista o fiador apenas assume uma responsabilidade em relação ao credor, sem ter contraído a dívida (*Haftung sem Schuld*).

O caso do fiador que pode compensar o que o credor deve ao devedor principal constitui exceção à reciprocidade das dívidas, sendo assegurado ao fiador o direito de regresso contra o devedor principal, conforme aponta Maria Helena Diniz (*Código Civil...*, 2005, p. 365). Ademais, essa possibilidade coloca em xeque a discussão a respeito do caráter pessoal da compensação. Em suma, não se sabe ao certo se a compensação é ou não uma exceção pessoal, tema ampla- mente debatido na *IV Jornada de Direito Civil* do Conselho da Justiça Federal e do Superior Tribunal de Justiça. Por ocasião daquele evento, em 2006, não se chegou à unanimidade na comissão de obrigações quanto à afirmação de ser a compensação uma defesa pessoal.

De toda sorte, a redação do dispositivo estudado é hoje por demais confusa, razão pela qual a Comissão de Juristas encarregada da Reforma do Código Civil sugere um texto mais claro e didático, com separação das duas regras nele previstas, em *caput* e parágrafo único, a saber: "Art. 371. O devedor somente pode compensar com o credor o que este lhe dever. Parágrafo único. O fiador pode alegar, em seu favor, a compensação que o devedor afiançado poderia arguir perante o credor, mas deixou de fazê-lo". Espera-se a sua aprova- ção pelo Congresso Nacional, em prol da operabilidade e da facilitação do Direito Privado.

Os *prazos de favor ou de graça*, que são aqueles concedidos graciosamente pelo credor, embora consagrados pelo uso geral, não obstam a compensação (art. 372 do CC). Cite-se, por exemplo, o prazo de moratória para pagamento da dívida.

Diante da boa-fé objetiva, também consagrada nesse dispositivo, não poderá o devedor valer-se da graça para afastar a compensação. Não poderá a parte obrigacional criar uma situação e dela tentar beneficiar-se tendo em vista o claro desrespeito à boa-fé. Portanto, não pode um credor que também é devedor requerer um prazo de moratória para, depois, cobrar maliciosamente a dívida, alegando o prazo de favor quando o réu mencionar a compensação. Aqui pode ser citada a máxima *tu quoque*, geradora da *regra de ouro*, que enuncia: *não faça contra o outro o que você não faria contra si mesmo*.

A diferença de causa, razão ou motivo nas dívidas também não impede a compensação, conforme prevê o art. 373 do CC. Entretanto, exceção deve ser feita nos seguintes casos:

a)   se a dívida provier de esbulho, furto ou roubo;
b)   se uma dívida se originar de comodato, depósito ou alimentos;
c)   se uma dívida for de coisa não suscetível de penhora.

A primeira exceção está fundada na ordem pública e na moral, uma vez que tais atos são ilícitos. Nos casos de comodato e depósito a exceção existe em virtude de esses contratos envolverem coisas infungíveis ou insubstituíveis, cuja obrigação só desaparece mediante a restituição da coisa. Além disso, tais contratos são personalíssimos.

As dívidas alimentares não podem ser objeto de compensação por envolverem direitos da personalidade e decorrência da regra prevista no art. 1.707 da atual codificação material

CAP. 4 • DO ADIMPLEMENTO OBRIGACIONAL – TEORIA DO PAGAMENTO (SEGUNDA PARTE)

privada. Cabe pontuar que, pelo Código de Processo Civil de 2015, os honorários advocatícios passam a ter natureza alimentar, expressamente pela lei, sendo vedada a sua compensação em caso de sucumbência parcial (art. 85, § 14, do CPC/2015). Com isso, perde aplicação, pelo menos em parte, a Súmula 306 do STJ, segundo a qual, "os honorários advocatícios devem ser compensados quando houver sucumbência recíproca, assegurado o direito autônomo do advogado à execução do saldo sem excluir a legitimidade da própria parte".

Fazendo essa ressalva, destaque-se a afirmação n. 3 publicada na Edição n. 129 da ferramenta *Jurisprudência em Teses*, do próprio STJ (Honorários Advocatícios – II, 2019): "não é possível a compensação de honorários advocatícios quando a sua fixação ocorrer na vigência do CPC/2015 – art. 85, § 14". São citados como acórdãos paradigmas: REsp 1.737.864/GO, 2.ª Turma, Rel. Min. Herman Benjamin, j. 11.12.2018, *DJe* 29.05.2019; Ag. Int. no AREsp 1.231.423/SP, 2.ª Turma, Rel. Min. Francisco Falcão, j. 21.03.2019, *DJe* 27.03.2019; Ag. Int. no AREsp 1.220.453/RS, 4.ª Turma, Rel. Min. Luis Felipe Salomão, j. 08.05.2018, *DJe* 14.05.2018).

Por fim, se o bem é impenhorável, não podendo responder por um débito, também é incompensável, caso dos salários e remunerações que visam a manutenção do patrimônio mínimo da pessoa humana.

Previa o art. 374 do Código Civil em vigor que "a matéria da compensação, no que concerne às dívidas fiscais e parafiscais, é regida pelo disposto neste capítulo". Esse dispositivo legal foi revogado, por força da Medida Provisória 104/2003, convertida na Lei 10.677/2003. Consigne-se que Nelson Nery Jr. vê inconstitucionalidade na origem dessa revogação, pois a medida provisória da qual se originou a lei foi fruto de reedição pelo Presidente da República (*Compensação...*, 2004, *Direito tributário*, p. 21).

Para Jones Figueirêdo Alves e Mário Luiz Delgado, que citam esse entendimento de Nelson Nery, é possível aplicar a compensação prevista no Código Civil às dívidas fiscais. Isso porque a referida compensação era vedada pelo art. 1.017 do CC/1916 ("As dívidas fiscais da União, dos Estados e dos Municípios também não podem ser objeto de compensação, exceto nos casos de encontro entre a administração e o devedor, autorizados nas leis e regulamentos da Fazenda"). Com a revogação do art. 374 do atual Código, não se pode falar em efeito repristinatório do art. 1.017 do CC/1916, o que afasta a vigência dessa última norma, sendo possível, portanto, aplicar a atual codificação (ALVES, Jones Figueirêdo; DELGADO, Mário Luiz. *Código Civil...*, 2005, p. 198). Lembrando, o efeito repristinatório orienta que volte a valer a norma revogada com a revogação da sua revogadora. Em regra, esse efeito não é possível, conforme enuncia o art. 2.º, § 3.º, da Lei de Introdução ("salvo disposição em contrário, a lei revogada não se restaura por ter a lei revogadora perdido a vigência").

Frise-se, contudo, que tanto o posicionamento de Nery Jr. quanto o de Jones Figueirêdo e Mário Luiz Delgado são minoritários. O entendimento majoritário é que realmente o dispositivo e a regra nele inserida encontram-se revogados. Houve um intuito político na revogação, pelos interesses tributários do Estado brasileiro. A jurisprudência do STJ tem seguido a linha da revogação do comando legal, conforme se extrai de um dos seus julgados a seguir colacionado:

"Tributário – Compensação – Imputação do pagamento – Amortização dos juros antes do principal – Impossibilidade – Inaplicabilidade do art. 354 do CC/2002 – Regra do CTN, art. 167. 1. O art. 167 do CTN veicula regra para determinar a imputação proporcional de pagamento entre as rubricas de principal e correção monetária, multa, juros e encargos que compõem o crédito tributário, nos casos de repetição de indébito. 2. Sendo assim, não se pode aplicar por analogia o art. 354 do CC/2002 (art. 993 do CC/1916), posto que o legislador não quis aplicar à compensação de tributos indevidamente pagos as regras do

Direito Privado. E a prova da assertiva é que o art. 374 do CC/2002, que determinava que a compensação das dívidas fiscais e parafiscais seria regida pelo disposto no Capítulo VII daquele diploma legal foi revogado pela Lei n. 10.677/2003, logo após a entrada em vigor do CC/2002. Precedentes: REsp 987.943/SC, Rel. Min. Eliana Calmon, *DJ* 28.02.2008; REsp 1.037.560/SC, Segunda Turma, Rel. Min. Castro Meira, *DJ* 21.05.2008; REsp 921.611/RS, Primeira Turma, Rel. Min. José Delgado, *DJ* 17.04.2008; REsp 973.386/RS, Primeira Turma, Rel. Min. José Delgado, *DJ* 12.05.2008. 3. Recurso Especial parcialmente conhecido e, nessa parte, não provido" (STJ, REsp 1.025.992/SC, 2.ª Turma, Rel. Min. Mauro Campbell Marques, j. 26.08.2008, *DJe* 24.09.2008).

O art. 375 do CC/2002 consagra a possibilidade da *cláusula excludente da compensação*, diante da autonomia privada e da liberdade contratual. O mesmo comando legal autoriza a possibilidade de renúncia à compensação. Dúvidas surgem se tal dispositivo poderá ou não ser aplicado a todas as formas de compensação que serão estudadas adiante.

Um primeiro posicionamento aponta que a compensação legal, principalmente se ocorrer no âmbito judicial, envolve matéria de ordem pública (pela relação com o princípio da economia), não havendo validade das ditas cláusulas de exclusão e renúncia. Estou totalmente filiado a essa tese.

Para uma segunda corrente, a cláusula excludente e a cláusula de renúncia somente têm validade em contratos em que houver plena igualdade entre os envolvidos. Nesse sentido, ensina Judith Martins-Costa que: "viemos acentuando nestes comentários que a tutela da confiança é, justamente com a autonomia privada, o eixo em torno do qual se articula a moderna Teoria das Obrigações. Por consequência, também aqui opera a tutela da confiança, por forma a obstar a renúncia quando venha em prejuízo de direitos de terceiros ou, no caso de assimetria substancial entre as partes (como ocorre na relação de consumo, por expressa estatuição legal – CDC, art. 4.º, inciso I), quando venha a prejudicar os legítimos interessados da parte considerada 'vulnerável' e, portanto, merecedora de uma especial tutela jurídica. Mais do que nunca, avultam, na hipótese, os deveres de lealdade, consideração aos interesses alheios e de informação" (MARTINS-COSTA, Judith. *Comentários...*, 2003, p. 625).

Desse modo, além dos contratos de consumo, tenho a convicção de que não valerão tais cláusulas também no contrato de adesão, que é aquele em que o conteúdo do negócio é imposto pelo estipulante ao aderente. Isso porque o art. 424 do CC consagra a nulidade absoluta das cláusulas que implicam em renúncia prévia, pelo aderente, a direito resultante da natureza do negócio. Ora, todo contratante tem direito à compensação, aspecto material da economia, não sendo admitida tal renúncia nesses casos.

Por fim, como terceira corrente, a doutrina tradicional afirma que vale a renúncia para qualquer contrato, diante da autonomia da vontade e do *pacta sunt servanda*, força obrigatória do contrato, princípio pelo qual o contrato faz lei entre as partes. Sustenta-se, outrossim, que a compensação envolve ordem privada. Nesse sentido, ensina Caio Mário da Silva Pereira que "não sendo, como não é, de ordem pública, afasta-se a compensação pela renúncia prévia de um dos devedores ou após a coincidência das dívidas (Código Civil de 2002, art. 375), entendendo-se que a compensação é um benefício, e de regra *invito non datur beneficium*. A renúncia pode ser expressa, quando a compensação é abolida pela declaração do devedor neste sentido. E é tácita quando o devedor, não obstante ser credor de seu credor, efetua espontaneamente o pagamento" (PEREIRA, Caio Mário da Silva. *Instituições...*, 2004, p. 262).

Mais uma vez, a questão confronta a doutrina pós-moderna e a doutrina moderna, o que é comum na atualidade. Diante de todos os posicionamentos que tenho adotado na presente obra, desde o seu primeiro volume, não há como concordar com a última corrente, essencialmente liberal. Concluindo, os dois primeiros entendimentos devem prevalecer, pois mais adequados à realidade contemporânea do direito civil.

Superado esse ponto controverso e que representa uma mudança de pensamento a respeito do Direito das Obrigações, prevê o art. 376 da codificação privada que "obrigando--se por terceiro uma pessoa, não pode compensar essa dívida com a que o credor dele lhe dever". Esse dispositivo ressalta a necessidade da reciprocidade entre as dívidas, exceção feita para o caso do fiador (art. 371 do CC).

De todo modo, a sua redação é confusa, razão pela qual a Comissão de Juristas encarregada da atual Reforma do Código Civil sugere outra, por iniciativa da Relatora-Geral, Professora Rosa Nery. Assim, o dispositivo passará a prever, em boa hora, que "aquele que se obrigou em favor de terceiro não pode compensar essa obrigação com outra que o credor do terceiro lhe dever".

O devedor que, notificado, nada opor à cessão que o credor fez a terceiros dos seus direitos, não poderá opor ao cessionário a compensação, que antes da cessão teria podido opor ao cedente. Se, porém, a cessão não lhe tiver sido notificada, poderá opor ao cessionário a compensação do crédito que antes tinha contra o cedente. Essa a regra do art. 377 do CC, que relaciona a cessão de crédito ao instituto da compensação.

Quando as duas dívidas não são pagáveis no mesmo lugar, não poderão ser compensadas sem a dedução das despesas necessárias à operação (art. 378). Desse modo, havendo necessidade de uma parte se transportar para outra localidade visando à compensação de uma obrigação, as despesas deverão ser divididas entre os sujeitos obrigacionais, para que a compensação seja possível.

Esse comando legal veda o enriquecimento sem causa, ressaltando a necessidade de identidade entre as dívidas para que a compensação seja possível com a dedução de quantias relacionadas com a forma de pagamento indireto. Visa também a manter o *sinalagma* obrigacional, pois não se pode admitir que o pagamento das despesas com a operação onere de forma acentuada uma das partes da obrigação, gerando onerosidade excessiva.

Também em relação a esse preceito legal há proposta da Comissão de Juristas nomeada para a Reforma do Código Civil no âmbito do Senado, para que fique mais claro e efetivo. A proposição é que a norma passe a enunciar o seguinte: "Art. 378. Duas dívidas não pagáveis no mesmo lugar, não se podem compensar, sem dedução das despesas necessárias ao pagamento daquela que havia de ser satisfeita em lugar diverso do domicílio do devedor ou do lugar da compensação". Mais uma vez, trata-se de brilhante sugestão da Professora Rosa Nery, uma das maiores civilistas brasileiras, o que visa a trazer maior segurança jurídica para a aplicação prática do instituto da compensação.

Eventualmente, será possível aplicar à compensação os comandos legais previstos para a imputação do pagamento (arts. 352 a 355 do CC). Essa é a regra do art. 379 do Código Civil Brasileiro, *in verbis*: "sendo a mesma pessoa obrigada por várias dívidas compensáveis, serão observadas, ao compensá-las, as regras estabelecidas quanto à imputação do pagamento".

Assim sendo, a imputação caberá: 1.º) ao devedor; 2.º) ao credor: 3.º) à lei – imputação legal (pela ordem: juros, dívida que venceu em primeiro lugar, dívida mais onerosa, imputação proporcional).

Não se admite a compensação em prejuízo de direito de terceiro, o que ressalta a proteção da boa-fé objetiva, que é preceito de ordem pública (art. 380 do CC). O devedor que se torne credor do seu credor, depois de penhorado o crédito deste, não pode opor ao exequente a compensação de que contra o próprio credor disporia.

A título de exemplo, aplicando tal comando, concluiu o Superior Tribunal de Justiça que a penhora de crédito pleiteado em juízo, anotada no rosto dos autos e de cuja constituição tenham sido as partes intimadas, impede que autor e réu da ação realizem posterior compensação que envolva o referido crédito. Desse modo, na linha do julgado:

"Aplica-se, nessa hipótese, a regra contida no art. 380 do CC, que dispõe ser inadmissível 'a compensação em prejuízo de direito de terceiro'. Afirma ainda o referido dispositivo que o 'devedor que se torne credor do seu credor, depois de penhorado o crédito deste, não pode opor ao exequente a compensação, de que contra o próprio credor disporia'. Busca-se, dessa forma, evitar lesão a direito de terceiro diretamente interessado na constrição. Deve-se observar, portanto, que o art. 380 do CC tem por escopo coibir a utilização da compensação como forma de esvaziar penhora anterior. Trata-se, assim, de norma de caráter protetivo e de realce na busca de um processo de resultado. Ademais, segundo os arts. 673 e 674 do CPC, a penhora no rosto dos autos altera subjetivamente a figura a quem deverá ser efetuado o pagamento, conferindo a esta os bens que forem adjudicados ou que couberem ao devedor. Ressalte-se que a impossibilidade de compensação nessas circunstâncias decorre também do princípio da boa-fé objetiva, valor comportamental que impõe às partes o dever de cooperação e de lealdade na relação processual" (STJ, REsp 1.208.858/SP, Rel. Min. Nancy Andrighi, j. 03.09.2013, *Informativo* n. *528*).

Superada a análise das suas regras gerais, vejamos as principais classificações da compensação apontadas pela doutrina contemporânea (DINIZ, Maria Helena. *Curso...*, 2009. v. 2, p. 330-341):

I)   *Quanto à origem*:

a)   *Compensação legal* – é aquela que decorre de lei e independe de convenção entre os sujeitos da relação obrigacional, operando-se mesmo que uma delas não queira a extinção das dívidas, pois envolve a ordem pública. Para que ocorra a compensação legal, são necessários os seguintes requisitos: reciprocidade de débitos; liquidez das dívidas, que devem ser certas quanto à existência e determinadas quanto ao objeto e valor; exigibilidade atual das prestações, estando as mesmas vencidas; e fungibilidade dos débitos, havendo identidade entre a natureza das obrigações.

b)   *Compensação convencional* – quando há um acordo de vontade entre os sujeitos da relação obrigacional. Na compensação convencional não há necessidade dos pressupostos acima apontados para a compensação legal. Perfeitamente possível a cláusula de exclusão dessa forma de compensação, nos moldes do art. 375 do CC, desde que o contrato seja civil e paritário.

c)   *Compensação judicial* – ocorre por meio de decisão do juiz que reconhece no processo o fenômeno de extinção obrigacional. Em casos tais, é necessário que cada uma das partes alegue o seu direito contra a outra. Segundo uma versão mais formal do Direito Processual Civil, em regra e para tanto, o réu necessitaria ingressar com a reconvenção, que é a ação do réu contra o autor, no mesmo feito em que está sendo demandado, inclusive com o fim de extinguir ou diminuir o valor da obrigação (art. 343 do CPC/2015, correspondente parcial ao art. 315 do CPC/1973). Não haveria a necessidade de reconvenção nas ações de natureza dúplice, caso, por exemplo, das ações possessórias. A jurisprudência do Superior Tribunal de Justiça, distante do formalismo processual, tem reconhecido que a compensação é possível juridicamente independentemente de reconvenção ou pedido contraposto. Nos termos de uma primeira e precisa ementa, que conta com o meu total apoio, "a compensação é meio extintivo da obrigação, carac-terizando-se como exceção substancial ou de contradireito do réu, que pode ser alegada em contestação como matéria de defesa, independentemente da propositura de reconvenção em obediência aos princípios da celeridade e da economia processual. Precedentes. Hipótese em que o réu defende o não pagamento da dívida cobrada pelo autor com base em compensação de dívidas, sem, contudo, formular pedido de cobrança de eventual diferença de valores compensados. O acórdão recorrido entendeu que a alegação de compensação se deu na via inadequada, pois somente poderia ser feita em ação reconvencional. Não é razoável exigir o ajuizamento de ação reconvencional para a análise de eventual compensação de créditos, devendo-se prestigiar a utilidade, a celeridade e economia processuais, bem como obstar enriquecimento sem causa" (STJ, REsp 1.524.730/MG, 3.ª Turma, Rel. Min. Ricardo Villas Bôas Cueva, j. 18.08.2015, *DJe* 25.08.2015). Ou, mais recentemente, destaco: STJ, REsp 2.000.288/MG, 3.ª Turma, Rel. Min. Nancy Andrighi, j. 25.10.2022, *DJe* 27.10.2022. A compensação judicial pode ter origem legal ou no acordo entre as partes do processo (convencional).

II) *Quanto à extensão:*

a) *Compensação plena, total ou extintiva* – é aquela que envolve a totalidade de duas dívidas.

b) *Compensação restrita, parcial ou propriamente dita* – é aquela que envolve parte de uma dívida e a totalidade de outra. Uma dívida é extinta e a outra é compensada.

Para encerrar a análise dessa importante forma de pagamento indireto, serão colacionados dois julgados do extinto Segundo Tribunal de Alçada Civil de São Paulo para uma visualização prática do instituto. O primeiro é o seguinte:

"Condomínio – Despesas condominiais – Dupla cobrança – Pena prevista no art. 1.531 do Código Civil – Erro inescusável – Admissibilidade – Cobrança de condomínio – Autor e réus reciprocamente credores e devedores de importâncias – Necessidade de compensação de débitos e créditos. O pagamento das despesas de condomínio feito de forma irregular deve ser considerado para fins de quitação do débito, até o montante da quantia posta à disposição do credor, se este efetivamente entrou na posse do numerário, recebendo o dinheiro que lhe foi entregue. Outro entendimento implica em locupletamento indevido daquele que recebeu o valor do condomínio (ainda que não tenha sido feito o pagamento através do oportuno boleto bancário), recusando-se, todavia, a dar quitação (mesmo parcial) e/ou a devolver o valor, mas cobrando-se novamente da dívida. Apelação dos réus a que se dá provimento para abater do montante cobrado todo o valor comprovadamente pago, corrigidos monetariamente ambos os importes até as datas em que cobrados e pagos, bem como aplicação da penalidade prevista no art. 1.531 do Código Civil, porque reconhecida a litigância de má-fé" (Segundo Tribunal de Alçada Civil de São Paulo, Ap. s/ Rev. 721.668-00/8, 3.ª Câm., Rel. Juíza Regina Capistrano, j. 23.04.2002, Anotação: No mesmo sentido: Ap. s/ Rev. 613.399-00/6, 7.ª Câm., Rel. Juiz Willian Campos, j. 06.07.2001; Ap. s/ Rev. 617.643-00/3, 11.ª Câm., Rel. Juiz Clovis Castelo, j. 12.07.2001).

Na hipótese transcrita, a compensação legal foi deferida, eis que presentes todos os requisitos para tanto, conforme estudado. Além disso, a parte que agiu de má-fé foi condenada a pagar em dobro o valor cobrado, conforme ordenava o art. 1.531 do CC/1916 (art. 940 do CC/2002). Ainda a título de ilustração, vejamos outro julgado, com situação peculiar:

178 | DIREITO CIVIL • VOL. 2 – *Flávio Tartuce*

"Despesas condominiais – Débito confessado pela condômina que, no entanto, quer vê-lo compensado com crédito que diz ter, relativo a infiltrações em sua unidade autônoma, por cuja reparação seria responsável o condomínio – Pretensão repelida, porquanto não se acham presentes os requisitos objetivos da compensação" (Segundo Tribunal de Alçada Civil de São Paulo, Ap. 515.079, 4.ª Câm., Rel. Juiz Mariano Siqueira, j. 28.04.1998).

Nesse último caso, não foi possível a compensação. Isso porque a dívida de condomínio era plenamente líquida e vencida. Mas isso não ocorria com a indenização quanto aos prejuízos pela infiltração de água. A água é um líquido, mas a dívida não é líquida. Note-se que nem se sabe se o condomínio é o real culpado por tais danos. O conteúdo desse último julgado também está plenamente de acordo com as regras analisadas quanto à compensação legal.

4.8   DA CONFUSÃO

Maria Helena Diniz lembra que, para o Direito Civil, a expressão *confusão* possui três acepções (*Curso...*, 2002, p. 333):

a)   Mistura de diversas matérias líquidas, pertencentes a pessoas diferentes, de tal forma que seria impossível separá-las (arts. 1.272 a 1.274 do CC) – modo derivado de aquisição da propriedade móvel denominada *confusão real*.

b)   Reunião na mesma pessoa de diversos direitos sobre um bem, os quais se encontravam anteriormente separados. Caso do que ocorre ao usufrutuário que sucede nos direitos do nu-proprietário, melhor denominada *consolidação* (art. 1.410, VI, do CC).

c)   Concurso em uma mesma pessoa das qualidades de credor e devedor, por ato *inter vivos* ou *mortis causa,* operando a extinção do crédito, pois ninguém pode ser credor e devedor de si mesmo. Esta é a acepção no direito das obrigações, e que nos interessa no presente momento, tratada entre os arts. 381 e 384 do CC e que pode ser denominada *confusão obrigacional*.

Feita a devida diferenciação, dispõe o art. 381 da codificação material privada que "extingue-se a obrigação, desde que na mesma pessoa se confundam as qualidades de credor e devedor". A origem da confusão obrigacional, na grande maioria das vezes, decorre de um ato bilateral ou de um negócio jurídico, razão pela qual deve ela ser incluída como forma de pagamento indireto.

Pelo art. 382 do Código Civil de 2002, a confusão pode verificar-se a respeito de toda a dívida, ou só de parte dela. No primeiro caso haverá *confusão total* ou *própria*, com a extinção da totalidade da dívida. No segundo, haverá a *confusão parcial* ou *imprópria*.

Quanto à solidariedade, expressa o art. 383 do CC que "a confusão operada na pessoa do credor ou devedor solidário só extingue a obrigação até a concorrência da respectiva parte no crédito, ou na dívida, subsistindo quanto ao mais a solidariedade". Desse modo, a confusão não tem o condão de pôr fim à solidariedade, que permanece intocável.

Cessando a confusão, para logo se restabelece, com todos os seus acessórios, a obrigação anterior (art. 384 do CC). No tocante à prescrição, deve-se entender que ela não corre nesses casos, presente uma condição suspensiva, nos moldes do art. 199, inc. I, do CC. Em reforço, o próprio art. 384 enuncia que a obrigação se restabelece, sem fazer qualquer ressalva.

Para esclarecer a matéria, interessante dois exemplos envolvendo a confusão. O primeiro tem origem *inter vivos*; o segundo, *mortis causa.*

CAP. 4 · DO ADIMPLEMENTO OBRIGACIONAL – TEORIA DO PAGAMENTO (SEGUNDA PARTE) | **179**

Imagine-se o caso em que a empresa *A* deve para a empresa *B* R$ 1.000.000,00 (um milhão de reais). Se a segunda empresa adquirir a primeira, a dívida estará extinta. Trata-se de confusão total. Mas se essa aquisição for declarada nula judicialmente ou por um órgão administrativo, por ilicitude do objeto, volta a dívida a existir.

Outro exemplo é o de alguém que deve uma quantia para o seu pai, que é declarado morto por ausência. Se o filho for o seu único sucessor, haverá confusão total. Haverá confusão parcial se o tio também for credor da dívida. Mas se o pai reaparecer, a dívida ressurge.

Vale aqui citar a interessante conclusão de Pablo Stolze e Rodolfo Pamplona a respeito do comentado art. 384 do CC, nos seguintes termos: "nesses casos, é de clareza mediana o fato de que a obrigação não teria sido definitivamente extinta. Senão não poderia ressurgir, tal qual Fênix, das cinzas. Trata-se, na verdade, da ocorrência de causa que apenas suspende ou paralisa a eficácia jurídica do crédito, restabelecendo-se, posteriormente, a obrigação, com toda a força" (*Novo curso...*, 2003, p. 225). Todavia, na minha opinião doutrinária, o mencionado *efeito Fênix* está presente, em certo sentido.

4.9 DA REMISSÃO DE DÍVIDAS

A *remissão* é o perdão de uma dívida, constituindo um direito exclusivo do credor de exonerar o devedor, estando tratada entre os arts. 385 a 388 do CC em vigor. Não se confunde com *remição*, escrita com ç, que, para o Direito Civil, significa *resgate*.

Pela regra contida no art. 385 do CC/2002, e que não encontra correspondente na codificação anterior, a remissão constitui um negócio jurídico bilateral, o que ressalta o seu caráter de forma de pagamento indireto, uma vez que deve ser aceita pelo sujeito passivo obrigacional. A parte final desse dispositivo prevê que a remissão somente pode ocorrer não havendo prejuízo a terceiros, outra valorização da boa-fé. Por uma questão lógica, somente é possível o perdão de direitos patrimoniais de caráter privado e desde que não prejudique o interesse público ou da coletividade (função social da remissão).

A remissão pode recair sobre a dívida inteira – caso da *remissão total* –, ou parte dela, denominada *remissão parcial* (art. 388 do CC).

A remissão ou perdão concedido a um dos codevedores extingue a dívida na parte a ele correspondente, não atingindo a solidariedade em relação aos demais (art. 388 do CC). Entretanto, para que o credor cobre a dívida deverá abater dos demais a quota do devedor que foi perdoado. A solidariedade, para todos os efeitos, permanece.

O perdão pode ser *expresso* – quando firmado por escrito – ou *tácito* – por conduta do credor, prevista em lei e incompatível com a preservação do direito obrigacional.

Como exemplo de conduta tácita que gera a remissão pode ser citada a situação em que o credor entrega o título da obrigação ao devedor, quando tiver sido celebrado por escrito particular (art. 386 do CC). Isso provará a desoneração do devedor e seus coobrigados caso o credor seja pessoa capaz de alienar e o devedor capaz de adquirir. Já foi dito que o comando legal em questão é aplicado para os casos envolvendo instrumentos particulares ou contratos que traduzem dívidas. Para os casos de títulos de crédito, a sua entrega faz presumir a existência de pagamento, regra outrora analisada e constante do art. 324 do Código.

Em continuidade, não se podem confundir os institutos, uma vez que a entrega de objeto empenhado (dado em penhor, como garantia real) pelo credor ao devedor não presume o perdão da dívida, mas apenas a renúncia em relação à garantia (art. 387 do CC). Isso porque o penhor tem natureza acessória e não tem o condão de atingir o principal, a dívida.

180 | DIREITO CIVIL • VOL. 2 – *Flávio Tartuce*

Ainda a respeito das categorias jurídicas, não se podem confundir os institutos da *renúncia* (gênero) e da *remissão* (espécie). A renúncia pode incidir sobre determinados direitos pessoais e é ato unilateral. A remissão só diz respeito a direitos creditórios e constitui ato bilateral (negócio jurídico), presente a alteridade. A renúncia, por fim, não é tratada como forma de pagamento indireto, ao contrário da remissão. Exemplificando, o art. 1.275, inc. II, do CC possibilita a renúncia à propriedade.

4.10 OS NOVOS TRATAMENTOS LEGAIS DA TRANSAÇÃO E DO COMPROMISSO (ARBITRAGEM)

A transação e o compromisso não são mais, pela atual codificação privada, formas de pagamento indireto, conforme tratamento dado pela codificação anterior, mas sim contratos típicos que geram a extinção de obrigações eminentemente patrimoniais.

Ocorre a transação quando, por um contrato, as partes resolvem a extinção de uma obrigação por meio de concessões mútuas ou recíprocas. E isso ocorrerá desde que a obrigação tenha conteúdo essencialmente patrimonial. O instituto está tratado entre os arts. 840 a 850 do CC.

No compromisso (ou arbitragem) as partes pretendem resolver litígio envolvendo a obrigação mediante a nomeação de um ou mais árbitros de confiança das partes. A matéria tem natureza mista, de Direito Civil e Direito Processual Civil, e está regulamentada pelos arts. 851 a 853 da atual codificação e pela Lei 9.307/1996.

Para a devida facilitação didática e metodológica, tais institutos jurídicos são estudados no Volume 3 desta coleção – que trata da teoria geral dos contratos e dos contratos em espécie –, eis que assim são tratados pelo Código Civil de 2002.

4.11 DA EXTINÇÃO DA OBRIGAÇÃO SEM PAGAMENTO

Em algumas situações a obrigação pode não ser cumprida, sem que isso gere qualquer consequência ao devedor. Mesmo havendo o inadimplemento, não terá o credor direito de cobrar a dívida. Em casos tais, ocorrerá a extinção da obrigação sem o pagamento.

Primeiramente, isso ocorre nos casos envolvendo a prescrição que pode ser definida como a extinção da pretensão em razão da inércia de seu titular (art. 189 do CC). A prescrição faz desaparecer o direito subjetivo tutelado, tendo o poder de extinguir o crédito. Consequentemente, a pretensão do credor perderá a exigibilidade, cessando a responsabilidade do devedor sem que tenha ocorrido qualquer pagamento.

Também há a extinção da obrigação pela impossibilidade de execução sem culpa do devedor, particularmente nos casos envolvendo caso fortuito e força maior. O caso fortuito (evento totalmente imprevisível) e a força maior (evento previsível, mas inevitável) liberam o devedor da obrigação, por ocasionarem a impossibilidade de cumprir a prestação devida. Todavia, anote-se que há casos em que a parte obrigacional responde por tais ocorrências, a saber:

a) Sendo devedor, estando em mora, a não ser que prove ausência total de culpa ou que a perda da coisa objeto da obrigação ocorreria mesmo não havendo a mora (art. 399 do CC).

b) Havendo previsão no instrumento obrigacional de responsabilidade nesses casos – *cláusula de assunção convencional* (art. 393 do CC).

c) Nos casos previstos em lei, como, por exemplo, a previsão do art. 583 do CC, que envolve o comodatário, sem prejuízo de outras previsões legais. Cumpre transcrever a redação desse último comando legal: "Se, correndo risco o objeto do comodato juntamente com outros do comodatário, antepuser este a salvação dos seus abandonando o do comodante, responderá pelo dano ocorrido, ainda que se possa atribuir a caso fortuito, ou força maior". Como se observa, o comodatário acaba sendo punido por sua *atuação egoísta*, respondendo por caso fortuito ou força maior.

Por fim, ocorrerá a extinção da obrigação sem o pagamento pelo advento de condição resolutiva ou termo extintivo. A condição resolutiva é a cláusula que subordina a eficácia da obrigação a evento futuro e incerto. A sua verificação extinguirá o liame obrigacional. O termo final ou resolutivo determina a data de cessação dos efeitos do negócio jurídico, extinguindo as obrigações dele provenientes. Anote-se que os temas condição e termo são abordados de maneira aprofundada no Volume 1 da presente coleção.

4.12 RESUMO ESQUEMÁTICO

Quadro esquemático

Sub-rogação, dação em pagamento, novação, cessão de crédito e cessão de débito (assunção de dívida).

SUB-ROGAÇÃO	DAÇÃO EM PAGAMENTO	NOVAÇÃO	CESSÃO DE CRÉDITO	ASSUNÇÃO DE DÍVIDA
Regra especial de pagamento ou forma de pagamento indireto.	Forma de pagamento indireto.	Forma de pagamento indireto.	Forma de transmissão das obrigações.	Forma de transmissão das obrigações.
Mera substituição do credor por um terceiro que paga a dívida. Não cria nova obrigação.	Entrega de uma coisa móvel ou imóvel como pagamento. Não cria nova obrigação.	Cria nova obrigação pela substituição do objeto (novação objetiva), do credor (novação subjetiva ativa) ou do devedor (novação subjetiva passiva, por delegação ou expromissão).	Transmissão da condição de credor, de sujeito ativo obrigacional, de forma gratuita ou onerosa. O devedor não precisa concordar, mas deve ser notificado.	Transmissão da condição de devedor (cessão de débito), com a qual deve concordar o credor. Forma gratuita ou onerosa.

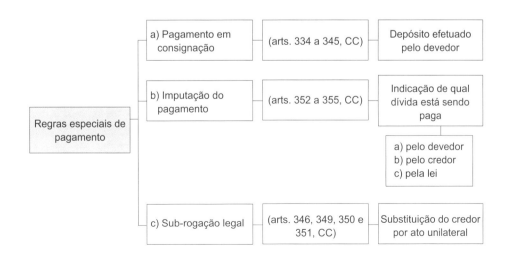

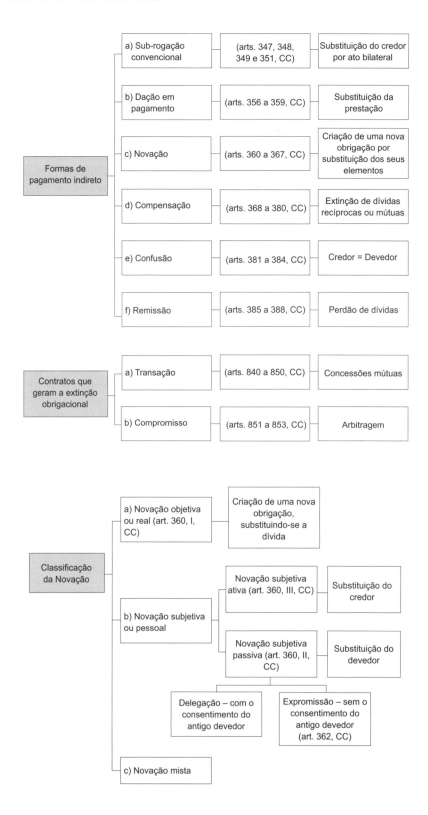

CAP. 4 · DO ADIMPLEMENTO OBRIGACIONAL – TEORIA DO PAGAMENTO (SEGUNDA PARTE) | 183

4.13 QUESTÕES CORRELATAS

01. (SEFAZ – PE – FCC – Julgador Administrativo Tributário do Tesouro Estadual – 2015) Haverá sub-rogação legal

(A) quando terceira pessoa empresta ao devedor a quantia precisa para solver a dívida, sob a condição expressa de ficar o mutuante sub-rogado nos direitos do credor satisfeito.

(B) se o credor receber o pagamento de terceiro e expressamente lhe transferir todos os seus direitos.

(C) a favor do fiador, quando ele pagar a dívida pela qual era obrigado, no todo ou em parte.

(D) somente quando a dívida for paga por cônjuge, descendente ou ascendente do devedor.

(E) sempre que terceiro não interessado pagar a dívida em seu próprio nome.

02. (IF – RS – IF/RS – Professor – Direito – 2015) Roberto adquire um imóvel no valor de R$ 500.000,00 (quinhentos mil reais) pagável em dez parcelas iguais e mensais de R$ 50.000,00 (cinquenta mil reais). Roberto efetua o pagamento regular de nove parcelas. Em decorrência de fatores alheios à sua vontade, torna-se inadimplente em relação à última parcela. No intuito de honrar o compromisso e liquidar o seu débito, ele oferece ao credor um veículo avaliado em R$ 50.000,00. Após avaliar o bem, o credor aceita o veículo e dá quitação da parcela vencida. A forma utilizada pelas partes para liquidação da última parcela denomina--se:

(A) pagamento com sub-rogação.

(B) novação de dívida.

(C) compensação.

(D) dação em pagamento.

(E) remissão de dívida.

03. (FAUEL – CISMEPARPR – Advogado – 2016) De acordo com o civilista Flávio Tartuce, novação pode ser conceituada como "uma forma de pagamento indireto em que ocorre a substituição de uma obrigação anterior por uma obrigação nova, diversa da primeira criada pelas partes". Sobre esse tema, é correto afirmar que:

(A) A novação se dá não só quando o credor contrai com o devedor nova dívida, com o objetivo de substituir e extinguir a dívida anterior, mas também quando o devedor antigo é substituído por outro, operando-se a quitação da obrigação em relação ao devedor originário.

(B) Elemento essencial à novação é o "animus novandi", ou seja, o ânimo de novar. Como se trata de critério objetivo, cujas hipóteses encontram-se listadas na lei, deparando-se o juiz com um caso concreto, deverá observar se há correspondência entre o fato trazido à baila e a hipótese legal, sendo desnecessário considerar as circunstâncias e particularidades do caso.

(C) Ocorre novação subjetiva ativa nos casos em que o credor é substituído por outro, sendo desne-cessário o consentimento do devedor.

(D) Novação subjetiva passiva por expromissão ocorre quando o devedor é substituído por terceiro, sendo imprescindível, nesse caso, o consentimento do devedor originário. Já a novação subjetiva passiva por delegação ocorre nos casos em que a substituição do devedor se dá sem o seu con-sentimento. Nos dois casos, entretanto, é indispensável o consentimento do credor.

04. (CESPE – TCE-SC – Auditor-fiscal de controle externo – 2016) A respeito do negócio jurídico, da prescrição e das obrigações, julgue o item que se segue.

Depositado o valor referente ao pagamento em consignação, o devedor poderá requerer o le-vantamento, o qual dependerá de anuência do credor, ainda que este não tenha declarado que aceita o depósito ou não tenha impugnado o seu valor.

( ) Certo

( ) Errado

184 | DIREITO CIVIL • VOL. 2 – *Flávio Tartuce*

05. **(IBFC – Procurador Jurídico Adjunto – Câmara de Feira de Santana/BA – 2018) Assinale a alternativa correta sobre os requisitos da dação em pagamento.**

(A) São requisitos da dação em pagamento: que a coisa dada em pagamento seja a mesma que a estipulada como objeto da prestação e que o credor dê sua concordância a tal substituição.

(B) São requisitos da dação em pagamento: que a coisa dada em pagamento seja outra que não o objeto da prestação e que o credor dê sua concordância a tal substituição.

(C) São requisitos da dação em pagamento: que a coisa dada em pagamento seja outra que não o objeto da prestação e que seja dada autorização judicial a tal substituição.

(D) São requisitos da dação em pagamento: que a coisa dada em pagamento seja a mesma que a estipulada como objeto da prestação e que seja dada autorização judicial a tal substituição.

06. **(VUNESP – TJ-SP – Titular de Serviços de Notas e de Registros – Provimento– 2018) O ato da criação de uma obrigação com a finalidade de extinguir uma obrigação antiga encerra:**

(A) Novação.

(B) Transação.

(C) Imputação em pagamento.

(D) Compensação.

07. **(VUNESP – Procurador/IPSM – 2018) Sobre a remissão, assinale a alternativa correta.**

(A) Se um dos credores remitir a dívida, a obrigação indivisível ficará extinta para com os outros que não mais a poderão exigir, mesmo descontada a quota do credor remitente.

(B) O credor solidário que tiver remitido a dívida ou recebido o pagamento responderá aos outros pela totalidade da obrigação, tendo em vista a indivisibilidade da obrigação solidária.

(C) O pagamento parcial feito por um dos devedores solidários e a remissão por ele obtida não aproveitam aos outros devedores, senão até à concorrência da quantia paga ou relevada.

(D) A remissão concedida a um dos codevedores extingue a dívida na parte a ele correspondente; porém, reservando o credor a solidariedade contra os outros, pode cobrar destes a totalidade da dívida.

(E) A devolução voluntária do título da obrigação sem pagamento prova a remissão, ficando desonerados o devedor e seus coobrigados, mesmo que o credor não seja capaz de alienar, e o devedor capaz de adquirir.

08. **(FCC – DPE-AM – Defensor Público – Reaplicação – 2018) No tocante ao adimplemento e extinção das obrigações, considere as afirmações a seguir:**

I. Nos débitos, cuja quitação consiste na devolução do título, perdido este, poderá o devedor exigir, retendo o pagamento, declaração do credor que inutilize o título desaparecido.

II. A sub-rogação transfere ao novo credor todos os direitos, ações, privilégios e garantias do primitivo, em relação à dívida, contra o devedor principal, mas não contra os fiadores, por se tratar a fiança de contrato acessório e benéfico.

III. Havendo capital e juros, o pagamento imputar-se-á primeiro nos juros vencidos, e depois no capital, salvo estipulação em contrário, ou se o credor passar a quitação por conta do capital; essa regra não se aplica às hipóteses de compensação tributária.

IV. A compensação efetua-se entre dívidas líquidas, vencidas ou não, mas desde que fungíveis entre si.

V. Salvo as obrigações simplesmente anuláveis, não podem ser objeto de novação obrigações nulas ou extintas.

Está correto o que se afirma APENAS em:

(A) II, III, IV e V.

(B) I, II, III e IV.

(C) III, IV e V.

(D) I, III e V.

(E) I, II e IV.

CAP. 4 • DO ADIMPLEMENTO OBRIGACIONAL – TEORIA DO PAGAMENTO (SEGUNDA PARTE) | **185**

09. **(Defensor Público – DPE-MA – FCC – 2018) No direito das obrigações, a novação**

(A) exige a inequívoca intenção de novar, mas ela pode ser expressa ou tácita.

(B) somente se configura caso se refira a todos os elementos da obrigação anterior, pois inexiste novação parcial.

(C) é presumida diante da modificação unilateral da forma de cumprimento da obrigação originalmente estatuída.

(D) pode ser utilizada licitamente como meio de validar obrigações nulas ou extintas.

(E) da obrigação principal não tem reflexos sobre as obrigações acessórias, tal como a fiança.

10. **(Procurador do Município – João Pessoa – PB – CESPE – 2018) Paulo tem uma dívida de R$ 1.000 com Pedro; este, por sua vez, também tem uma dívida de R$ 1.000 com Paulo, de modo que ambas as dívidas são líquidas e exigíveis.**

Nesse caso, a extinção da obrigação poderá ocorrer por

(A) dação.

(B) compensação.

(C) sub-rogação.

(D) confusão.

(E) imputação.

11. **(Procurador do Estado – PGE-PE – CESPE – 2018) Uma obrigação foi extinta em virtude da constituição de uma nova obrigação – com novo devedor – que ocupou o lugar da primeira. Nesse caso,**

(A) a nova obrigação será inválida se o débito primitivo estiver sujeito a termo.

(B) a nova obrigação representará renúncia a sua invocação se estiver prescrito o débito primitivo.

(C) será lícito ao novo devedor alegar as exceções que beneficiariam o devedor anterior.

(D) a dívida será satisfeita pelo devedor primitivo em caso de insolvência do novo devedor.

(E) a exigência do primeiro débito ficará suspensa até a extinção da dívida atual.

12. **(Juiz Substituto – TJ-PR- CESPE – 2019) De acordo com o Código Civil, nas consignações em pagamento, o ato de depósito efetuado pelo devedor faz cessar**

(A) os riscos, mas os juros da dívida continuam a correr até a declaração de aceitação do credor.

(B) os riscos e os juros da dívida, podendo o devedor requerer o levantamento do depósito mesmo após a aceitação do credor.

(C) os juros da dívida e impede o levantamento do valor depositado pelo devedor até que seja aceito ou impugnado pelo credor.

(D) os riscos e os juros da dívida; uma vez declarada a aceitação pelo credor, o depósito não mais pode ser levantado pelo devedor.

13. **(Auditor Fiscal da Receita Estadual – SEFAZ-RS – CESPE – 2019) Pedro tem uma dívida líquida, certa e vencida com Carlos, que reside em lugar incerto. Maria, amiga de Pedro e terceira não interessada na relação jurídica de Pedro e Carlos, resolveu efetuar o pagamento da dívida. Como Maria não localizou Carlos, ela efetuou depósito judicial em nome e à conta de Pedro, que não se opôs e, assim, a dívida foi extinta.**

Considerando o disposto no Código Civil, Maria procedeu a um(a)

(A) pagamento com sub-rogação.

(B) dação em pagamento.

(C) novação.

(D) imputação do pagamento.

(E) pagamento em consignação.

14. **(CFC – CONSULPLAN – 2020) Três devedores (X, Y e Z) devem entregar a um credor (K) um galo reprodutor da raça Shamo, cujo valor é de r$ 6.000,00. Considerando tais informações, marque V para as afirmativas verdadeiras e F para as falsas. ( ) se Z entregar o**

objeto, por ser divisível, deverá exigir, em sub-rogação, R$ 2.000,00 de cada um dos demais devedores, ou seja, as suas quotas-partes correspondentes. ( ) se Y entregar o objeto, não poderá exigir, em sub-rogação, R$ 2.000,00 de cada um dos demais devedores, ou seja, as suas quotas-partes correspondentes. ( ) se for oferecido a K um galo reprodutor da raça Asil, deverá ser aceito no lugar do Shamo, por apresentar semelhança e um preço superior, ou seja, r$ 7.100,00. ( ) se X entregar o objeto, poderá exigir, em sub-rogação, R$ 2.000,00 de cada um dos demais devedores, ou seja, as suas quotas-partes correspondentes. A sequência está correta em

(A) F, F, V, V.
(B) V, V, F, F.
(C) V, V, V, F.
(D) F, F, F, V.

15. (Advogado – Câmara de São Felipe D'Oeste – RO – Ibade – 2020) A novação, a compensação e a confusão são modalidades de

(A) adimplemento dos contratos.
(B) adimplemento das obrigações.
(C) inadimplemento dos contratos.
(D) inadimplemento das obrigações.
(E) responsabilidade civil.

16. (Procurador – Valiprev – SP – VUNESP – 2020) Se duas pessoas forem ao mesmo tempo credor e devedor uma da outra, as duas obrigações extinguem-se, até onde se compensarem. Em relação à compensação, assinale a alternativa correta.

(A) A compensação efetua-se entre dívidas líquidas ou ilíquidas, vencidas e de coisas fungíveis.
(B) O devedor somente pode compensar com o credor o que este lhe dever; mas o fiador pode compensar sua dívida com a de seu credor ao afiançado.
(C) Obrigando-se por terceiro uma pessoa, pode compensar essa dívida com a que o credor dele lhe dever.
(D) Quando as duas dívidas não são pagáveis no mesmo lugar, podem ser compensadas sem dedução das despesas necessárias à operação.
(E) Admite-se a compensação em prejuízo de direito de terceiro.

17. (Advogado – EBSERH – IBFC – 2020) Nos termos do Código Civil Brasileiro, são várias as formas de extinção das obrigações. Sobre a extinção das obrigações, analise as afirmativas abaixo e dê valores Verdadeiro (V) ou Falso (F).

( ) O pagamento feito de boa-fé ao credor putativo é inválido, ainda provado depois que não era credor.
( ) A compensação efetua-se entre dívidas líquidas, a vencer e de coisas infungíveis.
( ) Qualquer interessado na extinção da dívida pode pagá-la, usando, se o credor se opuser, dos meios conducentes à exoneração do devedor.
( ) Considera-se pagamento, e extingue a obrigação, o depósito judicial ou em estabelecimento bancário da coisa devida, nos casos e forma legais.

Assinale a alternativa que apresenta a sequência correta de cima para baixo.

(A) V, V, V, V
(B) V, V, F, F
(C) V, F, V, V
(D) V, F, F, V
(E) F, F, V, V

CAP. 4 • DO ADIMPLEMENTO OBRIGACIONAL – TEORIA DO PAGAMENTO (SEGUNDA PARTE) | **187**

18. **(Advogado – CAU-MS – Iades – 2021) Assinale a alternativa que caracteriza o fenômeno da dação em pagamento, previsto no Código Civil, com relação ao direito das obrigações.**

    (A) Ocorre a dação em pagamento quando o credor consente em receber prestação diversa daquela que lhe é devida.

    (B) A dação em pagamento acontece quando o devedor contrai com o credor nova dívida para extinguir e substituir a anterior.

    (C) Caracteriza-se a dação em pagamento quando duas pessoas são, ao mesmo tempo, credor e devedor uma da outra, de maneira que as duas obrigações se extinguem.

    (D) Ocorre a dação em pagamento quando, na mesma pessoa, confundem-se as qualidades de credor e de devedor.

    (E) Está caracterizada a dação em pagamento quando terceiro paga a dívida alheia, sub-rogando-se nos direitos do credor.

19. **(Procurador – Setec Campinas – Instituto Mais – 2021) Sobre a dação em pagamento, assinale a alternativa correta.**

    (A) É compulsória ao *accipiens*, sendo ele compelido a suportar a mudança da prestação originariamente pactuada.

    (B) Prescinde-se da anuência do credor para que a simples oferta da dação em pagamento seja considerada como quitação.

    (C) É contrato real, podendo-se confundi-la com o contrato de compra e venda.

    (D) Para o aperfeiçoamento da dação, é necessária a preexistência de um vínculo obrigacional entre as partes, acordo entre credor e devedor, além da diversidade entre a prestação devida originariamente e o que foi oferecido em substituição.

20. **(Advogado – Prefeitura de Campos do Jordão-SP – IPEFAE – 2020) Conforme preceitua o Código Civil em vigor "A diferença de causa nas dívidas não impede a compensação, exceto:"**

    I – se provier de esbulho, furto ou roubo.

    II – se uma se originar de mútuo, depósito ou alimentos.

    III – se uma for coisa infungível.

    (A) I, II e III estão corretos.

    (B) Apenas I está correto.

    (C) I, II e III estão incorretos.

    (D) I e II estão corretos.

21. **(Defensor Público Substituto – DPE-MS – FGV – 2022) Geraldo, depois de alguns meses percebendo que não conseguiria pagar o empréstimo que contraíra, procurou seu credor para renegociar a dívida. Firmaram então um termo de novação, em que Geraldo se comprometia a pagar um montante maior, mas com taxas de juros mais baixas. Somente depois de celebrada a novação, Geraldo constatou que a dívida original crescera tão rapidamente porque o contrato inicial continha cláusulas proibidas.**

    A partir disso, é correto afirmar que:

    (A) não é mais possível a Geraldo questionar os termos do contrato original porque a novação o extinguiu, restando somente a nova dívida;

    (B) a novação opera a confirmação do contrato original, implicando renúncia ao direito de impugná-lo judicialmente, salvo comprovado vício na própria novação;

    (C) ainda é possível a Geraldo impugnar os termos da dívida anterior, pois não podem ser objeto de novação obrigações nulas;

    (D) a revisão do valor devido é possível, contanto que o termo de novação faça referência expressa às cláusulas proibidas do contrato original.

188 | DIREITO CIVIL • VOL. 2 – *Flávio Tartuce*

22. **(Procurador Municipal – Prefeitura de Laguna-SC – Unesc –2022) De acordo com a Lei nº 10.406/2002 - Código Civil, dá-se a novação:**

I. Quando o devedor contrai com o credor nova dívida para extinguir e substituir a anterior.

II. Quando novo devedor sucede ao antigo, ficando este quite com o credor.

III. Quando, em virtude de obrigação nova, outro credor é substituído ao antigo, ficando o devedor quite com este.

É CORRETO o que se afirma em:

(A) II, apenas.

(B) I, apenas.

(C) I, II e III.

(D) III, apenas.

(E) II e III, apenas.

23. **(Câmara de Ilha de Itamaracá-PE – IDHTEC – Assessor Jurídico – 2023) No tocante ao instituto da novação, analise os itens a seguir e assinale a alternativa que apresenta apenas os itens verdadeiros.**

I. A novação ocorre quando o devedor contrai com o credor nova dívida para extinguir e substituir a anterior.

II. A novação por substituição do devedor pode ser efetuada independentemente de consentimento deste.

III. Importa exoneração do fiador a novação feita sem seu consenso com o devedor principal.

IV. Se o novo devedor for insolvente, tem o credor, que o aceitou, direito à ação regressiva contra o primeiro.

V. Dá-se a novação quando, em virtude de obrigação nova, outro credor é substituído ao antigo, ficando o devedor quite com este.

(A) I, IV, V, apenas.

(B) I, II, III, apenas.

(C) I, II, III, IV, apenas.

(D) I, II, III, V, apenas.

(E) I, II, III, IV, V.

24. **(Prefeitura de Tapes-RS – Objetiva – Procurador Jurídico – 2023) Sobre a dação em pagamento, nos termos da Lei nº 10.406/2002 – Código Civil, analisar os itens abaixo:**

I. O credor pode consentir em receber prestação diversa da que lhe é devida.

II. Determinado o preço da coisa dada em pagamento, as relações entre as partes regular-se-ão pelas normas do contrato de doação.

III. Se for título de crédito a coisa dada em pagamento, a transferência importará em cessão.

IV. Se o credor for evicto da coisa recebida em pagamento, restabelecer-se-á a obrigação primitiva, mantidos os efeitos da quitação dada, ressalvados os direitos de terceiros. Estão CORRETOS:

(A) Somente os itens I e II.

(B) Somente os itens I e III.

(C) Somente os itens I, III e IV.

(D) Somente os itens II, III e IV.

25. **(TJAL – Vunesp – Titular de Serviços de Notas e de Registros – 2023) Na dação em pagamento, é correto afirmar que**

(A) a prestação oferecida na dação em pagamento somente pode ser pecuniária.

(B) a dação em pagamento não pode ser efetuada por terceiro.

(C) havendo evicção da coisa recebida em pagamento pelo credor não há o restabelecimento da obrigação primitiva.

(D) há necessidade de concordância do credor para o recebimento de prestação diversa da devida.

CAP. 4 • DO ADIMPLEMENTO OBRIGACIONAL – TEORIA DO PAGAMENTO (SEGUNDA PARTE) | **189**

26. **(RBPREV-AC – IBADE – Procurador Jurídico Previdenciário – 2023) As obrigações no Direito Civil podem ser extintas de diversas formas, como:**

    (A) pela compensação de uma obrigação de pagar quantia certa vencida com uma obrigação de entregar um imóvel avaliado no mesmo valor.

    (B) o pagamento do devedor ao credor após ter sido aquele intimado da penhora feita sobre o crédito.

    (C) a dação em pagamento feita pelo devedor ao credor, em prestação diversa, de valor superior ao do crédito, sem o consentimento do credor.

    (D) a extinção da obrigação do fiador pela novação da obrigação garantida sem o seu consenso.

    (E) o pagamento realizado pelo devedor a um dos pretendidos credores quando a obrigação foi litigiosa e posteriormente ser declarado judicialmente que o direito era do outro pretendido credor.

27. **(TJBA – FGV – Juiz leigo – 2023) O condomínio do edifício Leylah cobra, em juízo, as cotas condominiais vencidas entre 2017 e 2022 da unidade 202, de propriedade de Juliana. Como não dispunha de recursos para quitar a dívida, Juliana oferece transferir ao condomínio o próprio imóvel, o que é aceito. Nesse caso, transferido o imóvel, a obrigação será extinta pela seguinte modalidade de extinção anômala da obrigação:**

    (A) confusão;

    (B) dação em pagamento;

    (C) novação;

    (D) consignação em pagamento;

    (E) imputação em pagamento.

28. **(Câmara de Santa Bárbara D'Oeste-SP – Vunesp – Procurador Legislativo – 2023) Nos casos em que uma obrigação é constituída para substituir outra, mantendo-se o credor originário e substituindo-se o devedor, sem prévia oitiva deste, ocorre uma novação**

    (A) subjetiva passiva por delegação perfeita.

    (B) objetiva.

    (C) causal.

    (D) subjetiva passiva por expromissão.

    (E) subjetiva passiva por delegação imperfeita.

29. **(1º Exame Nacional da Magistratura – ENAM – FGV – 2024) A Farmácia A Ltda. e a Drogaria B Ltda. mantêm, entre si, conta-corrente oriunda da venda de medicamentos de uma para a outra. Quando o cliente não encontra um remédio em uma, a outra fornece e vice-versa. Pactuam que, no último dia útil de cada mês, o saldo devedor deve ser quitado em espécie, sob pena de juros de mora de 0,5% no primeiro mês de atraso e de 1% nos meses subsequentes. Acordaram, por fim, que cada saldo devedor não pago seria independente em relação a eventuais outros.**

    Nos últimos dois meses, a Drogaria B. Ltda. teve problemas de caixa e não conseguiu quitar os dois débitos que se acumularam. No entanto, mesmo após o vencimento da segunda dívida, conseguiu entregar certo valor à Farmácia A Ltda., cujo montante foi suficiente para um dos débitos e, parcialmente, para o outro.

    Ante a ausência de oposição da Farmácia A Ltda., é correto dizer que o valor entregue:

    (A) quitou o débito mais antigo.

    (B) nada quitou, ante a ausência de recibo.

    (C) quitou o débito mais oneroso.

    (D) quitou ambos os débitos.

    (E) nada quitou, pois o valor não foi integral.

30. **(MPE-MG – Promotor de Justiça substituto – IBGP – 2024) De acordo com a legislação em vigor, assinale a alternativa CORRETA quanto à novação.**

    (A) A obrigação anterior se torna inválida, mas os direitos do credor permanecem.

    (B) A obrigação anterior é substituída por uma nova, extinguindo a anterior.

(C) A nova obrigação é considerada um aditamento da anterior.

(D) A nova obrigação não altera a responsabilidade do devedor.

(E) A obrigação anterior continua existindo, mas com novos termos.

31. **(TJSC – Juiz substituto – FGV – 2024) Na fase de conhecimento, o juízo da 1ª Vara Cível de Criciúma condenou o réu ao pagamento de R$ 1.000.000,00, vedada a capitalização de juros. Prosseguindo à execução, o principal atualizado alçava R$ 1.500.000,00, e os juros, R$ 100.000,00. No entanto, houve a penhora de apenas R$ 25.000,00.**

Nesse caso, em cumprimento ao título judicial transitado em julgado, a imputação em pagamento deverá ser feita:

(A) exatamente como prevê o Código Civil, isto é, primeiro nos juros e depois no capital, o que não representará capitalização.

(B) exatamente como prevê o Código Civil, isto é, primeiro no capital e depois nos juros, o que não representará capitalização.

(C) de maneira inversa ao que prevê o Código Civil, isto é, primeiro no capital e depois nos juros, sob pena de produzir capitalização indevida.

(D) de maneira inversa ao que prevê o Código Civil, isto é, primeiro nos juros e depois no capital, sob pena de produzir capitalização indevida.

(E) sobre o valor total da dívida, sob pena de produzir capitalização indevida.

32. **(Câmara de Mossâmedes-GO – Procurador – Aroeira – 2024) Considera-se pagamento, e extingue a obrigação, o depósito judicial ou em estabelecimento bancário da coisa devida, nos casos e forma legais. Do pagamento em consignação a consignação tem lugar:**

(A) se o devedor não puder, ou, sem justa causa, recusar receber o pagamento, ou dar quitação na devida forma.

(B) se o devedor não for, nem mandar receber a coisa no lugar, tempo e condição devidos.

(C) se o devedor for incapaz de receber, for desconhecido, declarado ausente, ou residir em lugar incerto ou de acesso perigoso ou difícil.

(D) se ocorrer dúvida sobre quem deva legitimamente receber o objeto do pagamento.

33. **(TJSP – Titular de Serviços de Notas e de Registros – Vunesp – 2024) A respeito das modalidades de pagamento, é correto afirmar que:**

(A) a consignação em pagamento constitui modalidade de extinção das obrigações (direito material) e, ao mesmo tempo, ação disponível ao devedor (direito processual). Por isso, ainda que a sentença conclua pela insuficiência do depósito, o credor não poderá, com base nela, cobrar nos mesmos autos a diferença reconhecida.

(B) na sub-rogação convencional, o sub-rogado não poderá exercer os direitos e as ações do credor, senão até a soma que tiver desembolsado para desobrigar o devedor.

(C) o ânimo de novar pode ser expresso ou tácito, desde que inequívoco.

(D) regra geral, a diferença de causa nas dívidas impede a compensação.

34. **(Câmara de Belo Horizonte-MG – Procurador – Instituto Consulplan – 2024) Mévio realizou contrato de compra e venda com Tício, tendo dele adquirido um veículo Fusca, azul, 1966, pelo qual pagou à vista R$ 20.000,00, com entrega do veículo diferida para o mês posterior. No dia determinado para a entrega do veículo, Mévio compareceu à residência de Tício, tendo sido informado que ele não era mais proprietário daquele veículo, mas que, para não perder o negócio, ofertava um Fiat 147, da mesma cor e ano, em ótimo estado de conservação, pelo mesmo valor. Contrariado, mas pensando em evitar o desfazimento do negócio, Mévio aceitou o recebimento de bem diverso do contratado, visando à extinção da relação obrigacional. Assinale o tipo de extinção da relação obrigacional entabulada no enunciado.**

(A) novação.

(B) confusão.

(C) transação.

(D) dação em pagamento.

CAP. 4 · DO ADIMPLEMENTO OBRIGACIONAL – TEORIA DO PAGAMENTO (SEGUNDA PARTE)

GABARITO

01 – C	02 D	03 – A	04 – ERRADO
05 – B	06 – A	07 – C	08 – D
09 – A	10 – B	11 – B	12 – D
13 – E	14 – D	15 – B	16 – B
17 – E	18 – A	19 – D	20 – B
21 – C	22 – C	23 – D	24 – B
25 – D	26 – D	27 – B	28 – D
29 – A	30 – B	31 – A	32 – D
33 – C	34 – D		

5

DO INADIMPLEMENTO OBRIGACIONAL. DA RESPONSABILIDADE CIVIL CONTRATUAL

Sumário: 5.1 Conceitos iniciais – 5.2 Da mora. Regras gerais – 5.3 Da purgação da mora – 5.4 Do inadimplemento absoluto da obrigação – 5.5 Dos juros remuneratórios e moratórios – 5.6 Da cláusula penal – 5.7 Das arras ou sinal – 5.8 Das preferências e privilégios creditórios – 5.9 Resumo esquemático – 5.10 Questões correlatas – Gabarito.

5.1 CONCEITOS INICIAIS

Como exposto na presente obra, está consolidado na doutrina o entendimento favorável à concepção alemã, de visualização dualista da obrigação, concebida à luz do binômio débito (*Schuld*) e responsabilidade (*Haftung*). Cumprida totalmente a obrigação, haverá somente o primeiro conceito, não o segundo.

Mas, muitas vezes, a obrigação não é satisfeita conforme pactuado, surgindo a responsabilidade (*Haftung*). É muito comum afirmar que o maior interesse jurídico que se tem quanto à obrigação surge justamente nesse caso. Assim sendo, há que se falar em inadimplemento da obrigação, em inexecução ou descumprimento, surgindo a responsabilidade civil contratual, baseada nos arts. 389 a 391 do CC/2002. Em complemento, nasce daí o dever de indenizar as perdas e danos, como ordenam os arts. 402 a 404 da mesma lei geral privada, sem prejuízo de aplicação de outros dispositivos, caso do art. 5.º, incs. V e X, da Constituição Federal, que tutelam os danos morais e outros danos extrapatrimoniais.

De acordo com a visão clássica, que remonta ao Direito Romano, o inadimplemento em sentido genérico pode ocorrer em dois casos específicos:

a) *Inadimplemento relativo, parcial, mora ou atraso* – é a hipótese em que há apenas um descumprimento parcial da obrigação, que ainda pode ser cumprida.

b) *Inadimplemento total ou absoluto* – é a hipótese em que a obrigação não pode ser mais cumprida, tornando-se inútil ao credor.

Desse modo, o critério para distinguir a mora do inadimplemento absoluto da obrigação é a *utilidade* da obrigação para o credor.

pelas partes em todo o curso obrigacional. Dessa ideia é que surge o conceito de *obrigação como processo.*

Ora, a quebra desses deveres anexos também gera a *violação positiva do contrato*, com responsabilização civil daquele que desrespeita a boa-fé objetiva. Isso pode ser evidenciado pelo teor do Enunciado n. 24, aprovado na *I Jornada de Direito Civil,* promovida pelo Conselho da Justiça Federal, em 2002, com o seguinte teor: "em virtude do princípio da boa-fé, positivado no art. 422 do novo Código Civil, a violação dos deveres anexos constitui espécie de inadimplemento, independentemente de culpa". Essa responsabilização independentemente de culpa foi reconhecida também pelo teor do sempre invocado Enunciado n. 363 da *IV Jornada de Direito Civil*, pelo qual "os princípios da probidade e da confiança são de ordem pública, sendo obrigação da parte lesada apenas demonstrar a existência da violação".

Como deveres anexos, utilizando os ensinamentos de Judith Martins-Costa e de Clóvis Couto e Silva, podem ser citados, entre outros:

a)   o dever de cuidado em relação à outra parte negocial;

b)   o dever de respeito;

c)   o dever de informar a outra parte quanto ao conteúdo do negócio;

d)   o dever de agir conforme a confiança depositada;

e)   o dever de lealdade e probidade;

f)   o dever de colaboração ou cooperação;

g)   o dever de agir conforme a razoabilidade, a equidade, a *boa razão.*

Como esclarece Jorge Cesa Ferreira da Silva, sobre o tema:

> "Fundamenta-se a figura inicialmente da boa-fé objetiva, de aplicação geral no direito obrigacional (arts. 422 e 187). É da boa-fé objetiva que se originam, ao menos mediatamente, os deveres laterais, mesmo quando possuam uma expressa previsão legal ou contratual. Dada a natureza obrigacional desses deveres, segue-se à análise dos efeitos no campo do inadimplemento, tendo em conta as previsões legais respectivas (regras sobre a responsabilização civil, sobre a resolução etc.). Esses efeitos podem ser separados em dois grandes grupos: um de cunho obrigacional em sentido geral, e outro de natureza contratual. No primeiro encontra-se a responsabilidade civil. Havendo danos, a infração de deveres laterais acarretará a responsabilidade do agente, em geral por culpa, pelo regime negocial. Esses danos são próprios da espécie, não se confundindo com aqueles típicos da mora ou do inadimplemento absoluto. (...) Do ponto de vista contratual, o descumprimento de deveres anexos poderá resultar na resolução ou na oposição da exceção do contrato não cumprido, conforme a importância relativa do fato para o contrato. Sendo o inadimplemento de pouca monta, tanto a resolução ou a oposição da exceção podem se apresentar desproporcionais, na esteira da doutrina do inadimplemento substancial" (SILVA, Jorge Cesa Ferreira. *Inadimplemento...*, 2006, p. 46).

Em tese de doutorado defendida na UFPE, Marcos Ehrhardt Jr. sustenta que "deve--se extrair o conceito de inadimplemento da perspectiva da relação obrigacional como um processo, isto é, levando-se em conta tanto os deveres de prestação quanto os deveres de conduta, bem como os interesses do credor e devedor, enquanto reflexo de suas necessidades juridicamente legítimas. Como visto, a perturbação das prestações obrigacionais corresponde ao gênero do qual seria possível extrair as espécies de inadimplemento absoluto (incumprimento definitivo), mora e violação positiva da obrigação (violação positiva do crédito)" (EHRHARDT JR., Marcos. *Responsabilidade...* 2014, p. 156-157).

Parecem ter razão os doutrinadores, pois, diante da importância que a boa-fé objetiva exerce atualmente, a quebra dos deveres anexos, a gerar a violação positiva do contrato, representa uma terceira modalidade de inadimplemento. Todavia, deve ser feita uma única ressalva às lições do primeiro jurista citado. Ao contrário do que ele sustenta, tem prevalecido a tese de que a quebra dos deveres anexos gera a responsabilidade sem culpa, de natureza objetiva, conforme consta do Enunciado n. 24, da *I Jornada de Direito Civil*.

Nesse ponto, é interessante lembrar que a boa-fé objetiva, pelo Código Civil de 2002, tem três funções que conduzem a essa conclusão.

A primeira é a *função de interpretação* do negócio jurídico, conforme consta do art. 113 do Código Civil. Sobre esse comando legal já tive a oportunidade de comentar, há tempos, em minha dissertação de mestrado:

> "Seguindo tendência ético-socializante, o art. 113 do novo Código Civil prevê que 'os negócios jurídicos devem ser interpretados conforme a boa-fé e os usos do lugar da sua celebração'. Nesse dispositivo, a boa-fé é consagrada como meio auxiliador do aplicador do direito para a interpretação dos negócios, particularmente dos contratos. Entendemos, na verdade, que o aludido comando legal não poderá ser interpretado isoladamente, mas em complementaridade com o dispositivo anterior, que traz regra pela qual nas 'declarações de vontade se atenderá mais à intenção nelas consubstanciada do que ao sentido literal da linguagem' (art. 112 do novo Código Civil). Quando esse dispositivo menciona a intenção das partes, traz em seu bojo o conceito de boa-fé subjetiva, por nós já apresentado" (TARTUCE, Flávio. *Função...*, 2005, p. 172).

Vale lembrar que esse dispositivo foi alterado pela recente *Lei da Liberdade Econômica*, do ano de 2019, ampliando-se os efeitos da boa-fé para a interpretação dos negócios jurídicos em geral. Ademais, essa mesma Lei 13.874/2019, passou a estabelecer, entre os direitos de liberdade econômica, a presunção da boa-fé no exercício das correlatas (art. 3.º, inc. V). O tema está aprofundado nos Volumes 1 e 3 da presente coleção.

A segunda é a denominada *função de controle*, conforme o art. 187 do CC, segundo o qual aquele que contraria a boa-fé objetiva comete abuso de direito ("Também comete ato ilícito o titular de um direito que, ao exercê-lo, excede manifestamente os limites impostos pelo seu fim econômico ou social, pela boa-fé ou pelos bons costumes"). Vale lembrar que, segundo o Enunciado n. 37, aprovado na *I Jornada de Direito Civil* do CJF, a responsabilidade civil que decorre do abuso de direito é objetiva, isto é, não depende de culpa, pois foi adotado pelo dispositivo o critério objetivo-finalístico. Como decorrência, a quebra ou desrespeito à boa-fé objetiva conduz ao caminho sem volta da responsabilidade independente de culpa, seja pelo Enunciado n. 24, seja pelo de número 37, ambos aprovados nas *Jornadas de Direito Civil* do Conselho da Justiça Federal. Em verdade, o art. 187 do CC é o principal dispositivo que pode fundamentar a tese de que a violação positiva do contrato conduz a uma nova forma de inadimplemento, uma vez que esse comando legal também se aplica à seara contratual.

A terceira função da boa-fé objetiva é a *função de integração* do contrato, conforme o art. 422 do Código Civil, pelo qual "os contratantes são obrigados a guardar, assim na conclusão do contrato, como em sua execução, os princípios de probidade e boa-fé". Pelo que consta do dispositivo, a boa-fé objetiva deve integrar todas as fases do contrato: pré--contratual, contratual e pós-contratual (Enunciados ns. 25 e 170 do CJF/STJ).

Em contrapartida, a *violação positiva do contrato* pode estar presente em qualquer uma dessas fases obrigacionais, não havendo um inadimplemento total propriamente dito se ela ocorrer nas fases pré ou pós-contratual. Cite-se, por exemplo, o dever do credor de retirar o nome do devedor de cadastro de inadimplentes após o pagamento da dívida, sob pena de uma responsabilização pós-contratual (*post pactum finitum*). Nesse sentido, julgado do STJ, que determinou que a retirada do nome do devedor deve ocorrer no prazo de cinco dias, a contar do pagamento da dívida (publicação no *Informativo* n. *501* daquela Corte):

> "Cadastro de inadimplentes. Baixa da inscrição. Responsabilidade. Prazo. O credor é responsável pelo pedido de baixa da inscrição do devedor em cadastro de inadimplentes no prazo de cinco dias úteis, contados da efetiva quitação do débito, sob pena de incorrer em negligência e consequente responsabilização por danos morais. Isso porque o credor tem o dever de manter os cadastros dos serviços de proteção ao crédito atualizados. Quanto ao prazo, a Min. Relatora definiu-o pela aplicação analógica do art. 43, § 3.º, do CDC, segundo o qual o consumidor, sempre que encontrar inexatidão nos seus dados e cadastros, poderá exigir sua imediata correção, devendo o arquivista, no prazo de cinco dias úteis, comunicar a alteração aos eventuais destinatários das informações incorretas. O termo inicial para a contagem do prazo para baixa no registro deverá ser do efetivo pagamento da dívida. Assim, as quitações realizadas mediante cheque, boleto bancário, transferência interbancária ou outro meio sujeito a confirmação dependerão do efetivo ingresso do numerário na esfera de disponibilidade do credor. A Min. Relatora ressalvou a possibilidade de estipulação de outro prazo entre as partes, desde que não seja abusivo, especialmente por tratar-se de contratos de adesão. Precedentes citados: REsp 255.269/PR, *DJ* 16.04.2001; REsp 437.234/PB, *DJ* 29.09.2003; AgRg no Ag 1.094.459/SP, *DJe* 1.º.06.2009, e AgRg no REsp 957.880/SP, *DJe* 14.03.2012" (STJ, REsp 1.149.998/RS, Rel. Min. Nancy Andrighi, j. 07.08.2012).

Consigne-se que, em 2015, essa posição consolidou-se de tal forma que o Superior Tribunal de Justiça editou a sua Súmula n. 548, segundo a qual, "incumbe ao credor a exclusão do registro da dívida em nome do devedor no cadastro de inadimplentes no prazo de cinco dias úteis, a partir do integral e efetivo pagamento do débito". Entendo que o teor da súmula traz como exemplo uma correta aplicação da *violação positiva*, por quebra dos deveres anexos na fase pós-contratual.

Em reforço, a jurisprudência estadual tem aplicado o conceito da *violação positiva* por quebra da boa-fé objetiva em interessantes decisões. Destaque-se julgado do Tribunal do Rio de Janeiro que conclui pela quebra do dever de informação em venda de imóvel sem o "habite-se":

> "Apelação cível – Ação indenizatória. Frustração com relação à celebração de contrato de compra e venda de imóvel intermediado por corretora, por ser o bem irregular, haja vista não possuir 'habite-se'. Falha no dever anexo de informação. Violação positiva do contrato que não pode ser tolerada, ao argumento de que a consumidora poderia esperar a regularização do imóvel, para então adquiri-lo. Diante disso, impõe-se a devolução do sinal pago, pois do contrário seria prestigiar o enriquecimento sem causa. Patente caracterização do dano moral fundada na frustração das legítimas expectativas da consumidora. Sentença que deu correta solução ao litígio e que merece ser mantida. Verba indenizatória bem fixada. Desprovimento do recurso" (TJRJ, Acórdão 2009.001.47366, 8.ª Câmara Cível, Rel. Des. Luiz Felipe Francisco, j. 17.11.2009, *DORJ* 1.º.12.2009, p. 84).

CAP. 5 · DO INADIMPLEMENTO OBRIGACIONAL. DA RESPONSABILIDADE CIVIL CONTRATUAL | 199

Ato contínuo de ilustração, vejamos decisão do Tribunal do Rio Grande do Sul, com conteúdo didático e profundo:

"Apelação cível. Ação de rescisão de contrato cumulada com pedido indenizatório por danos materiais. Serviço de sistema de dados informatizado. Vício do serviço demonstrado. Violação dos deveres anexos de informação e assistência. Ato ilícito objetivo de natureza extracontratual. Restituição dos valores pagos. Descabimento do pedido indenizatório de pagamento realizado a terceira empresa, porquanto não demonstrada a relação do débito com o serviço prestado pela demandada. I. Tendo em vista o Código Civil em vigor ter sido elaborado sob a perspectiva de novos valores e princípios jurídicos norteadores do direito privado, dentre os quais o da eticidade, o art. 422 do CC/02 pressupõe interpretação e leitura extensiva, no sentido de que os contratantes devem guardar a probidade e boa--fé, não apenas na conclusão e execução do contrato, mas também na fase preparatória e na sua extinção (fases pré e pós-contratual). A boa-fé prevista no art. 422 do Código Civil representa regra de conduta adequada às relações negociais, correspondendo às expectativas legítimas que as partes depositam na negociação. Uma vez demonstrado nos autos o descumprimento, pela demandada, do dever de fornecer o devido treinamento e assistência à autora para a adequada utilização do sistema de processamento de dados por ela fornecido, resta caracterizada a violação positiva do contrato, por descumprimento do dever anexo (*Nebenpflichten*) de informação. Descumprimento de deveres anexos que consubstancia ilícito de natureza objetiva, ensejando a rescisão do contrato e a indenização pelos prejuízos suportados pela requerente. Ademais, o fornecedor de serviços responde objetivamente por vícios de qualidade e adequação na atividade ofertada no mercado, na forma do art. 20 do CDC, porquanto todo serviço colocado no mercado de consumo guarda garantia implícita de adequação, a qual resta desatendida quando verificada a frustração a uma legítima expectativa do consumidor quanto à fruição do serviço. II. Danos materiais cuja reparação se limita, na hipótese dos autos, à devolução dos valores pagos por conta do contrato rescindido, ausente prova de que os demais gastos suportados pelo consumidor, perante terceiro – empresa estranha à lide –, tenha relação com o serviço prestado pela demandada. III. Redimensionamento dos ônus sucumbenciais, em atenção ao decaimento de cada parte litigante" (TJRS, Apelação Cível 70034871970, 17.ª Câmara Cível, Porto Alegre, Rel. Des. Liége Puricelli Pires, j. 19.08.2010, *DJERS* 16.09.2010).

Ainda a ilustrar a violação positiva do contrato, de aresto prolatado pelo Tribunal de Justiça de São Paulo em 2013 extrai-se que, "comprovada a violação positiva do contrato pelas autoras, pelo descumprimento do princípio da boa-fé. Condição suspensiva pendente sobre a avença impunha as autoras o dever de informar o réu da desistência do processo de inventário e da realização de escritura extrajudicial de partilha dos bens de seus genitores para exigir a complementação do preço do imóvel, o que não ocorreu. Nítida tentativa de alteração da verdade dos fatos, a fim de obter a rescisão, prejudicando o outro adquirente. Litigância de má-fé caracterizada" (TJSP, Apelação 0033732-52.2012.8.26.0001, Acórdão 6938351, 6.ª Câmara de Direito Privado, São Paulo, Rel. Des. Paulo Alcides, j. 15.08.2013, *DJESP* 29.08.2013).

Por fim, do ano de 2015 e do mesmo Tribunal Bandeirante, releve-se julgamento que considerou a presença da violação positiva do contrato diante da "conduta da academia de ginástica que, informada com razoável antecedência do encerramento da conta-corrente do consumidor, ignora a solicitação de troca dos cheques entregues para pagamento das mensalidades vincendas, retém os títulos em sua posse e ainda assim apresenta a cártula para compensação na data do vencimento, gerando a previsível devolução do cheque por falta de fundos e inscrição do nome do consumidor no Cadastro de Emitentes de Cheques sem Fundos – CCF". Ainda nos termos do acórdão, com a citação ao meu trabalho:

"A violação do dever de cooperação fica ainda mais evidente quando se verifica que, mesmo ciente da inscrição do nome da autora nos cadastros de proteção ao crédito, a ré não se desincumbiu de sua obrigação contratual de promover a troca dos cheques, afirmando, por meio de seu preposto, em e-mail enviado no dia 27 de março de 2014, que aguardava 'os cheques voltarem para poder fazer a troca'. Por isso que, em razão do inadimplemento do dever imposto pela cláusula n. 4.3 e da violação positiva do contrato (cláusula geral de boa-fé – art. 422 do CC), não há que se falar em resilição unilateral por parte dos autores, mas sim em rescisão motivada por culpa da ré, sendo inexigível, realmente, a multa contratual pelo encerramento antecipado, não havendo que se falar, outrossim, em perda dos descontos concedidos para o plano bianual, como bem decidido pela r. sentença" (TJSP, Apelação Cível 1028844-46.2014.8.26.0100, 25.ª Câmara de Direito Privado, São Paulo, Rel. Des. Edgard Rosa, j. 22.10.2015).

Superado esse conceito importante, que ainda merece estudo e reflexão por toda a comunidade jurídica nacional, passa-se à abordagem dos regramentos básicos quanto à mora e ao inadimplemento absoluto.

5.2   DA MORA. REGRAS GERAIS

A mora é o atraso, o retardamento ou a imperfeita satisfação obrigacional. Para que exista a mora, a sua causa não poderá decorrer de caso fortuito ou força maior. Sílvio de Salvo Venosa conceitua a mora como "o retardamento culposo no cumprimento da obrigação, quando se trata de mora do devedor. Na 'mora solvendi', a culpa é essencial. A mora do credor, 'accipiendi', é simples fato ou ato e independe de culpa" (*Direito civil...*, 2003, p. 238).

O conceito de mora pode ser também retirado da leitura do art. 394 do CC/2002, cujo teor é: "considera-se em mora o devedor que não efetuar o pagamento e o credor que não o quiser recebê-lo no tempo, lugar e forma que a lei ou a convenção estabelecer". Reafirme--se que a mora está fundada em três critérios, quais sejam, o tempo, o lugar e a forma de cumprimento. Em suma, repise-se que a mora não é somente temporal. Ademais, pelo que consta desse comando legal, percebe-se que há duas espécies de mora.

Primeiro, a mora do devedor, também denominada mora *solvendi*, *debitoris* ou *debendi*. Esse inadimplemento relativo estará presente nas situações em que o devedor não cumpre, por culpa sua, a prestação referente à obrigação, de acordo com o que foi pactuado.

Consagra o art. 396 do CC a premissa segundo a qual, não havendo fato ou omissão imputado ao devedor, não incorre este em mora. Assim, a doutrina tradicional sempre apontou que a culpa genérica – incluindo o dolo e a culpa estrita –, é fator necessário para a sua caracterização. Vale citar que esse é o entendimento de Agostinho Alvim, em sua consagrada obra *Da inexecução das obrigações e suas consequências* (1949).

Entretanto, existem outras vozes na doutrina contemporânea apontando que a culpa não é fator necessário e indispensável para a caracterização da mora do devedor. Dentro dessa corrente está Judith Martins-Costa, defendendo que muitas vezes a culpa não estará presente, o que não prejudica a caracterização do atraso. Cita, por exemplo, os casos envolvendo uma obrigação de resultado assumida, situações em que a análise da culpa é dispensada (*Comentários...*, 2003, p. 263 a 283).

CAP. 5 • DO INADIMPLEMENTO OBRIGACIONAL. DA RESPONSABILIDADE CIVIL CONTRATUAL | 201

A primeira tese, de prevalência da culpa do devedor, contudo, é a predominante, particularmente em nossos tribunais, sendo interessante transcrever as seguintes ementas de julgados:

"Crédito rural – Juros remuneratórios – Limitação em 12% a.a. – Preço mínimo. A atualização pelo preço mínimo não pode ser feita em contrato celebrado antes da Lei 8.880/1994, sem cláusula adotando tal critério. TR. Possibilidade de sua utilização para a atualização do débito. Ressalva do relator. Multa. *Não cabe a multa moratória se não há fato imputável ao devedor.* Recurso conhecido em parte e provido" (grifo nosso) (STJ, REsp 474395/RS (200201310531), 495907 REsp, 4.ª Turma, Rel. Min. Ruy Rosado de Aguiar, j. 20.05.2003, *DJ* 04.08.2003, p. 316).

"Execução – Locação – Acordo homologado – Consignação em pagamento da parcela não efetuada no dia do vencimento – Aferição da culpa do devedor ou credor pelo atraso – Discussão na própria ação em que homologado o acordo – Necessidade. Mais que mero atraso, mora é atraso culposo. Daí que, se o pagamento de determinada parcela não foi efetuado no dia do vencimento, cumpre aferir se, nas circunstâncias, isso se deu por culpa dos devedores ou por culpa da credora. A sede da discussão e da apuração dos fatos é a própria ação em que homologado o acordo" (Segundo Tribunal de Alçada Civil de São Paulo, AI 762.886-00/6, 4.ª Câm., Rel. Juiz Celso Pimentel, j. 08.10.2002).

O principal efeito da mora do devedor é a responsabilização do sujeito passivo da obrigação por todos os prejuízos causados ao credor, mais juros, atualização monetária – segundo índices oficiais – e honorários do advogado, no caso de propositura de uma ação específica. Se em decorrência da mora a prestação tornar-se inútil ao credor, este poderá rejeitá-la, cabendo a resolução da obrigação com a correspondente reparação por perdas e danos (art. 395 do CC). No último caso, a mora é convertida em inadimplemento absoluto (parágrafo único do art. 395 do CC).

Destaco que o *caput* do dispositivo foi alterado pela Lei 14.905/2024, para não mencionar mais os índices oficiais, uma vez que o índice de correção monetária, como regra geral, passou a ser o Índice Nacional de Preços ao Consumidor Amplo (IPCA), apurado e divulgado pela Fundação Instituto Brasileiro de Geografia e Estatística (IBGE), ou outro que vier a substituí-lo; diante da alteração, pela mesma norma emergente, do parágrafo único do art. 389 do CC/2002.

Ainda quanto a esse art. 395 do atual Código Privado, foi aprovado, na *III Jornada de Direito Civil* do Conselho da Justiça Federal e Superior Tribunal, o excelente Enunciado n. 162, com o seguinte teor: "a inutilidade da prestação que autoriza a recusa da prestação por parte do credor deve ser aferida objetivamente, consoante o princípio da boa-fé e a manutenção do sinalagma, e não de acordo com o mero interesse subjetivo do credor".

Dessa forma, deve-se analisar a utilidade da obrigação à luz da função social das obrigações e dos contratos, da boa-fé objetiva, da manutenção da base estrutural do negócio jurídico, de modo a evitar a onerosidade excessiva e o enriquecimento sem causa. Também se deve buscar ao máximo preservar a autonomia privada, o que é aplicação do princípio da conservação dos negócios jurídicos.

Anoto que o Projeto de Reforma e Atualização do Código Civil, elaborado pela Comissão de Juristas nomeada no Senado Federal, pretende incluir o teor do Enunciado n. 162 no art. 395, o que virá em boa hora. Também são feitas sugestões de melhora do texto, para que fique mais técnico e claro. Assim, o seu § 1.º expressará, substituindo-se o confuso termo "enjeitá-la" por "rejeitá-la", mas mantendo-se o mesmo sentido, que, "se a prestação, devido à mora, tornar-se inútil ao credor, este poderá rejeitá-la e exigir a resolução da obrigação, sem prejuízo de eventuais perdas e danos". Quanto ao seu novo § 2.º, preceituará, na linha do enunciado doutrinário, que "a inutilidade da prestação não será aferida por critérios subjetivos do credor, mas, objetivamente, consoante os princípios da boa-fé e da conservação do negócio jurídico".

Dentro dessas ideias, pode ser mencionada a *teoria do adimplemento substancial*. Conforme o Enunciado n. 361, aprovado na *IV Jornada de Direito Civil*: "o adimplemento substancial decorre dos princípios gerais contratuais, de modo a fazer preponderar a função social do contrato e o princípio da boa-fé objetiva, balizando a aplicação do art. 475". São autores do enunciado os juristas Jones Figueirêdo Alves e Eduardo Busatta. Para o último, "a teoria do adimplemento substancial corresponde a uma limitação ao direito formativo do contratante não inadimplente à resolução, limite este que se oferece quando o incumprimento é de somenos gravidade, não chegando a retirar a utilidade e função da contratação" (BUSATTA, Eduardo. *Resolução...*, 2007, p. 83).

Em outras palavras, pela *teoria do adimplemento substancial* (*substantial performance*), em hipóteses em que a obrigação tiver sido quase toda cumprida, não caberá a extinção do contrato, mas apenas outros efeitos jurídicos, visando sempre a manutenção da avença. Entendo que a relação da teoria se dá mais com o princípio da função social dos contratos, diante da conservação do negócio jurídico (Enunciado n. 22 do CJF/STJ, da *I Jornada*). Aliás, trata-se de mais um exemplo de eficácia interna da função social dos contratos, entre as partes contratantes (Enunciado n. 360 do CJF/STJ da *IV Jornada*).

Ressalte-se que, para Eduardo Busatta, o fundamento do adimplemento substancial é a boa-fé objetiva, residindo aqui discordância em relação ao autor (*Resolução...*, 2007, p. 59-83). De qualquer forma, estando amparada na função social dos contratos e das obrigações ou na boa-fé objetiva, a teoria do adimplemento substancial traz uma nova maneira de visualizar a obrigação e o contrato, mais justa e efetiva, conforme vem reconhecendo a jurisprudência nacional:

"Agravo regimental – Venda com reserva de domínio – Busca e apreensão – Indeferimento – Adimplemento substancial do contrato – Comprovação – Reexame de prova – Súmula 7/STJ. 1. Tendo o *decisum* do Tribunal de origem reconhecido o não cabimento da busca e apreensão em razão do adimplemento substancial do contrato, a apreciação da controvérsia importa em reexame do conjunto probatório dos autos, razão por que não pode ser conhecida em sede de recurso especial a Súmula 07/STJ. 2. Agravo regimental não provido" (STJ, AGA 607.406/RS, 4.ª Turma, Rel. Min. Fernando Gonçalves, j. 09.11.2004, *DJ* 29.11.2004, p. 346).

"Alienação fiduciária – Busca e apreensão – Deferimento liminar – Adimplemento substancial. Não viola a lei a decisão que indefere o pedido liminar de busca e apreensão considerando o pequeno valor da dívida em relação ao valor do bem e o fato de que este é essencial à atividade da devedora. Recurso não conhecido" (STJ, REsp 469.577/SC, 4.ª Turma, Rel. Min. Ruy Rosado de Aguiar, j. 25.03.2003, *DJ* 05.05.2003, *RNDJ* 43/122, p. 310).

Nos dois casos, tanto na venda com reserva de domínio quanto na alienação fiduciária em garantia (discute-se se é contrato ou direito real), foi afastada a retomada da coisa com a consequente resolução do contrato, pois a parte havia cumprido o negócio jurídico substancialmente. Quanto a esse cumprimento relevante, deve-se analisar casuisticamente, tendo em vista a finalidade econômico-social do contrato e da obrigação.

Como têm pontuado doutrina e jurisprudência italianas, a análise do adimplemento substancial passa por *dois filtros*. O primeiro deles é *objetivo,* a partir da medida econômica do descumprimento, dentro da relação jurídica existente entre os envolvidos. O segundo é *subjetivo*, sob o foco dos comportamentos das partes no *processo contratual* (CHINÈ, Giuseppe; FRATINI, Marco; ZOPPINI, Andrea. *Manuale...*, 2013, p. 1369; citando a Decisão n. 6463, da Corte de Cassação italiana, prolatada em 11 de março de 2008).

Acredito que tais parâmetros também possam ser perfeitamente utilizados nos casos brasileiros, incrementando a sua aplicação em nosso país. Vale lembrar que no Código Civil italiano há previsão expressa sobre o adimplemento substancial, no seu art. 1.455, segundo o qual o contrato não será resolvido se o inadimplemento de uma das partes tiver escassa importância, levando-se em conta o interesse da outra parte.

Em suma, para a caracterização do adimplemento substancial entram em cena fatores quantitativos e qualitativos, conforme o preciso enunciado aprovado na *VII Jornada de Direito Civil*, de 2015: "para a caracterização do adimplemento substancial (tal qual reconhecido pelo Enunciado 361 da *IV Jornada de Direito Civil* – CJF), levam-se em conta tanto aspectos quantitativos quanto qualitativos" (Enunciado n. 586). No Projeto de Reforma do CC/2002, há proposta de incluir a caracterização do adimplemento substancial no novo art. 475-A com esses mesmos critérios.

A título de exemplo, de nada adianta um cumprimento relevante quando há clara prática do abuso de direito, como naquelas hipóteses em que a purgação da mora é sucessiva em um curto espaço de tempo. A teoria do adimplemento substancial teve uma aplicação crescente nos últimos anos, diante da gravíssima crise econômica causada pela pandemia de Covid-19, visando a manter contratos, empresas e negócios. Houve, nesse momento, uma maior tolerância dos julgadores quanto aos percentuais adimplidos.

De toda sorte, como está aprofundado no Volume 4 desta coleção, a Segunda Seção do Superior Tribunal de Justiça, em julgamento de pacificação da matéria e com força vinculativa, afastou a possibilidade de aplicação do adimplemento substancial aos casos envolvendo a alienação fiduciária em garantia de bens móveis, diante das mudanças que foram feitas recentemente no Decreto-lei 911/1969 (STJ, REsp 1.622.555/MG, 2.ª Seção, Rel. Min. Marco Buzzi, Rel. p/ acórdão Min. Marco Aurélio Bellizze, j. 22.02.2017, *DJe* 16.03.2017). Para mim, trata-se de um grande retrocesso, que deve ser imediatamente revisto pelo Tribunal da Cidadania.

Analisada a teoria do adimplemento substancial, ainda no que interessa ao art. 395 do CC, na *IV Jornada de Direito Civil*, foi aprovado o Enunciado n. 354, prevendo que "a cobrança de encargos e parcelas indevidas ou abusivas impede a caracterização da mora do devedor". O enunciado doutrinário visa a afastar o atraso obrigacional nos casos em que houver cobrança de valores abusivos por parte de credores, principalmente instituições bancárias e financeiras.

Afastando-se a mora, nesses casos, torna-se possível a revisão judicial do contrato e da obrigação. O enunciado citado tem conteúdo bem interessante e está de acordo com a jurisprudência do Superior Tribunal de Justiça, conforme ementas que são transcritas:

> "Encargos excessivos – Ausência de mora – Repetição dos valores. Na linha da jurisprudência firmada na Segunda Seção deste Tribunal, a cobrança de encargos ilegais e abusivos descaracteriza a mora do devedor. A jurisprudência desta Corte já assentou que aquele que recebe pagamento indevido deve restituí-lo para impedir o enriquecimento indevido, prescindindo da discussão a respeito de erro no pagamento. Agravo regimental

desprovido" (STJ, AgRg no REsp 903.592/RS, 3.ª Turma, Rel. Min. Carlos Alberto Menezes Direito, j. 27.03.2007, *DJ* 29.06.2007, p. 622).

"Agravo interno – Recurso especial – Contrato de arrendamento mercantil – Mora – Descaracterização – Súmula 7/STJ. A cobrança de encargos excessivos descaracteriza a mora do devedor, entendimento que tem amparo na jurisprudência pacificada na 2.ª Seção do STJ. A análise de requisitos para a verificação da mora, porém, no caso, requer o exame do conjunto probatório, o que encontra óbice no Enunciado 7 da Súmula desta Corte. Agravo improvido" (STJ, AgRg no REsp 793.588/RS, 3.ª Turma, Rel. Min. Castro Filho, j. 07.12.2006, *DJ* 05.03.2007, p. 283).

No mesmo sentido é a premissa número 7 da Edição n. 83 da ferramenta *Jurisprudência em Teses* da Corte, que trata de Direito Bancário, publicada em 2017: "o reconhecimento da abusividade nos encargos exigidos no período da normalidade contratual (juros remuneratórios e capitalização) descaracteriza a mora". São citados, para a tese, vários acórdãos atuais do Tribunal da Cidadania: Ag. Int. nos EDcl. no REsp 1.268.982/PR, 2.ª Turma, Rel. Min. Herman Benjamin, j. 07.03.2017, *DJe* 19.04.2017; Ag. Int. no AREsp 883.712/MS, 4.ª Turma, Rel. Min. Maria Isabel Gallotti, j. 16.03.2017, *DJe* 23.03.2017; EDcl. no Ag. Rg. no AREsp 783.809/RS, 4.ª Turma, Rel. Min. Antonio Carlos Ferreira, j. 14.03.2017, *DJe* 20.03.2017; Ag. Int. no AREsp 881.888/MG, 3.ª Turma, Rel. Min. Marco Aurélio Bellizze, j. 15.12.2016, *DJe* 03.02.2017 e Ag. Rg. no REsp 1.398.568/RS, 3.ª Turma, Rel. Min. Ricardo Villas Bôas Cueva, j. 20.09.2016, *DJe* 03.10.2016).

Todavia, ressalve-se que, para o mesmo Superior Tribunal de Justiça, essa abusividade deve dizer respeito ao valor principal da dívida, pois a abusividade em relação à cobrança de acessórios não descaracteriza a mora do devedor. Essa foi a conclusão da sua Segunda Seção, em sede julgamento de recursos repetitivos, conforme publicação constante do *Informativo* n. 639 da Corte, de dezembro de 2018 (REsp 1.639.259/SP, 2.ª Seção, Rel. Min. Paulo de Tarso Sanseverino, por unanimidade, j. 12.12.2018, *DJe* 17.12.2018 – Tema 972).

Feitos esses esclarecimentos, e partindo para o estudo de outro importante efeito da mora, conforme o art. 399 do Código Civil de 2002, o devedor em mora responde pela impossibilidade da prestação, embora essa impossibilidade resulte de caso fortuito ou de força maior, se estes ocorrerem durante a mora. Entretanto, tal responsabilidade é afastada se o devedor provar isenção total de culpa, ou que o dano sobreviria ainda quando a obrigação fosse oportunamente desempenhada. Esse dispositivo merece comentários importantes, para os devidos aprofundamentos.

Inicialmente, trata-se de uma exceção à regra do art. 393 do CC/2002, pelo qual a parte não responde pelo caso fortuito (evento totalmente imprevisível) ou pela força maior (evento previsível, mas inevitável). Entretanto, se o devedor provar que a perda da coisa objeto da obrigação ocorreria mesmo não havendo o atraso, tal responsabilidade deverá ser afastada. Vejamos um exemplo clássico a ilustrar a regra exposta.

Imagine-se um caso em que um devedor está em atraso quanto à obrigação de entregar um cavalo. Ocorre uma enchente em sua fazenda e o cavalo se perde. Em regra, responderá tal devedor por perdas e danos, o que inclui o valor do animal. Mas se ele provar que a enchente também atingiu a fazenda do credor, onde supostamente estaria o animal se não houvesse atraso, tal responsabilidade deverá ser afastada.

Ainda sobre o art. 399 do CC/2002, também para ilustrar, deduziu o Tribunal Paulista em julgado relativo a contrato de locação de máquina de café expresso que "tendo a locatária se obrigado expressamente ao ressarcimento de eventuais danos, ainda que advindos de caso

CAP. 5 • DO INADIMPLEMENTO OBRIGACIONAL. DA RESPONSABILIDADE CIVIL CONTRATUAL | **205**

fortuito ou força maior, deve ressarcir à locadora o valor de tais equipamentos. Reforça tal entendimento o fato de já estar em mora quando do furto. Exegese dos artigos 396 e 399 do Código Civil. Deve ser considerada a quantia de R$ 11.160,00, relativa às máquinas objeto do contrato, eis que constante da nota fiscal de saída emitida pela própria autora" (TJSP, Apelação 9059329-43.2007.8.26.0000, Acórdão 5166412, 34.ª Câmara de Direito Privado, São Paulo, Rel. Des. Gomes Varjão, j. 30.05.2011, *DJESP* 15.06.2011).

Superado esse ponto e partindo para outra análise, percebe-se que a responsabilização deve também ser afastada se o devedor provar ausência total de culpa. Sobre tal previsão, há uma polêmica, intensamente debatida nos últimos vinte anos de vigência da atual codificação.

Quando da realização da *III Jornada de Direito Civil*, idealizada pelo Conselho da Justiça Federal e pelo Superior Tribunal de Justiça, no ano de 2004, foi feita uma proposta de enunciado pelo então Desembargador do Tribunal de Justiça do Rio de Janeiro Sérgio Hartung Buarque, com o seguinte teor: "o art. 399 do Código Civil de 2002 deve ser interpretado sem observância à primeira ressalva ali contida, no que tange à prova da isenção de culpa". Foram as justificativas apresentadas pelo magistrado por ocasião daquele evento:

> "Considero despicienda a primeira ressalva contida no art. 399 do Código Civil de 2002, no seguinte teor: '(...) salvo se provar isenção de culpa', pelo que sugiro a sua interpretação sem se levar em conta a ressalva em referência.
>
> Esta primeira ressalva não deve ser considerada na interpretação do artigo em tela porque se tornaria redundante, já que, considerando-se a mora do devedor como o atraso culposo no cumprimento da obrigação, é evidente que a ausência de culpa acarreta a inexistência da mora.
>
> Inclusive, sustento neste sentido em minha dissertação de mestrado, que mereceu aprovação pela UNESA, conforme defesa em junho do corrente ano.
>
> Por outro lado, assim também entendia o saudoso Professor Agostinho Alvim, em sua obra *Da inexecução das obrigações e suas consequências*, 5. ed. São Paulo: Saraiva, 1980, p. 59, ao lecionar que: 'Realmente, provada a ausência de culpa, deixa de haver mora, por falta do elemento subjetivo e consoante o disposto no art. 963. Dizer que o devedor responde pela mora, salvo se provar ausência de culpa, equivale a dizer que ele responde pela mora, salvo se não houver mora'. Eis as razões pelas quais sugiro tal interpretação".

Percebe-se que, realmente, a proposta de enunciado está de acordo com os entendimentos doutrinário e jurisprudencial dominantes. Mas a proposta não foi aprovada quando da *III Jornada de Direito Civil*, diante dos votos contrários da maioria dos participantes da comissão de obrigações daquele evento, liderados por Judith Martins-Costa, a quem nos filiamos naquela ocasião. O principal argumento utilizado foi o de que a mora não necessitaria de culpa em todos os casos, sendo possível alegar a ausência total da culpa pela culpa exclusiva de terceiro ou da vítima.

Pela divergência criada, e pela própria evolução do Direito das Obrigações, o enunciado foi retirado da pauta de discussão pelo próprio proponente. De qualquer forma, cumpre destacar a proposta, uma vez que levanta questão de debate doutrinário e que pode ser solicitada na prática ou em provas em geral.

A propósito desse dilema doutrinário, anoto que, mais uma vez, o atual Projeto de Reforma do Código Civil pretende resolvê-lo, retirando-se a menção à ausência de culpa do art. 399, que passará, de forma mais técnica e precisa, a prever que "o devedor em mora responde pela impossibilidade da prestação, embora essa impossibilidade resulte de caso fortuito ou de força maior, se estes ocorrerem durante o atraso, salvo demonstrado que o dano sobreviria ainda quando a obrigação fosse oportunamente desempenhada". Espera-se, assim, a sua aprovação pelo Parlamento Brasileiro.

Pois bem, especificamente quanto à mora do devedor, esta recebe subclassificação importante.

Primeiro, haverá mora *ex re* ou *mora automática* quando a obrigação for *positiva* (de dar ou fazer), *líquida* (certa quanto à existência e determinada quanto ao valor) e *com data fixada para o adimplemento* (termo final). A inexecução da obrigação implica na mora do devedor de forma automática, sem a necessidade de qualquer providência por parte do credor como, por exemplo, a notificação ou interpelação do devedor (art. 397, *caput*, do CC). Em casos assim, tem-se a aplicação da máxima *dies interpellat pro homine* (o dia do vencimento interpela a pessoa).

Por outra via, a mora *ex persona* ou *mora pendente* estará caracterizada se não houver estipulação de termo certo para a execução da obrigação assumida, sendo esta positiva e líquida. Desse modo, a caracterização da mora dependerá de uma providência, do credor ou seu representante, por meio de interpelação, notificação ou protesto do credor, que pode ser judicial ou extrajudicial (art. 397, parágrafo único, do CC).

A respeito da notificação extrajudicial, via Cartório de Títulos e Documentos, aprovou--se enunciado, na *V Jornada de Direito Civil,* no sentido de se admitir o ato fora da Comarca de domicílio do devedor (Enunciado n. 427), o que vem sendo chancelado pelo Superior Tribunal de Justiça (STJ, REsp 1.283.834/BA, Rel. Min. Maria Isabel Gallotti, 2.ª Seção, j. 29.02.2012, *DJe* 09.03.2012, publicação no *Informativo* n. *492*). O enunciado doutrinário e o julgado têm o meu total apoio, pela busca de um Direito Civil mais concreto e efetivo e menos formal e burocratizado. Assim, um devedor que está em trânsito, em outro local que não seja a sua residência, poderá ser devidamente notificado.

Além disso, acrescente-se que a notificação pode ser feita por instrumentos digitais, seja por *e-mail* ou até por mensagem pelo telefone celular, desde que possam ser comprovados. Nessa linha, o Enunciado n. 619, aprovado na *VIII Jornada de Direito Civil,* em abril de 2018: "a interpelação extrajudicial de que trata o parágrafo único do art. 397 do Código Civil admite meios eletrônicos como *e-mail* ou aplicativos de conversa *on-line*, desde que demonstrada a ciência inequívoca do interpelado, salvo disposição em contrário no contrato".

Exemplo típico de mora pendente pode ser percebido no caso de um contrato de comodato (empréstimo de bem infungível), sem prazo de duração. A mora do comodatário somente se configurará depois de notificado o mesmo, judicial ou extrajudicialmente, pelo comodante, para restituir o bem em prazo a constar da própria notificação. Caso não cumpra o dever de devolver a coisa, após o vencimento desse prazo constante da notificação, incorrerá em mora e será considerado como esbulhador, cabendo a correspondente ação de reintegração de posse.

No campo processual, sempre se entendeu que essa necessidade de notificação residia dentro das condições da ação. Se o comodante, no caso descrito, não notificasse previamente o comodatário, ingressando imediatamente com a ação de reintegração de posse, a demanda seria extinta sem resolução do mérito, sendo o seu autor carecedor de ação (art. 267, inc. VI, do CPC/1973). Isso porque não haveria interesse de agir ou processual, uma das condições da ação (nesse sentido: TJSP, Acórdão 7.046.645-2, 14.ª Câmara de Direito Privado, Serra Negra, Rel. Des. Virgilio de Oliveira Junior, j. 15.03.2006). Anote-se que esse interesse seria formado pelo binômio *necessidade/adequação* ou pelo *trinômio necessidade/ utilidade/adequação,* faltando a última – a *adequação* – ao demandante no caso exposto.

CAP. 5 • DO INADIMPLEMENTO OBRIGACIONAL. DA RESPONSABILIDADE CIVIL CONTRATUAL | **207**

Esse entendimento deve ser mantido, pelo menos em parte, sob a égide do CPC/2015. O seu art. 485, inciso VI, correspondente ao mesmo inciso do art. 267 do CPC/1973, estabelece que o juiz não resolverá o mérito quando verificar a ausência de legitimidade ou de interesse processual. Todavia, ressalve-se que o CPC em vigor não menciona mais as *condições da ação*, devendo a doutrina especializada debater a manutenção ou não do termo nos próximos anos. Fredie Didier Jr. opina que não há razão para se analisar a categoria, lecionando o seguinte:

> "Outro aspecto do enunciado que o distingue da redação anterior é o silêncio quanto ao uso da designação 'condição da ação'. O CPC/1973 referia 'a qualquer das condições da ação'. O texto atual não reproduz a redação anterior. Apenas se prescreve que, reconhecida a ilegitimidade ou a falta de interesse, o órgão jurisdicional deve proferir decisão de inadmissibilidade. Retira-se a menção expressa à categoria 'condição da ação' do único texto normativo do CPC que a previa – e que, por isso, justificava a permanência de estudos doutrinários a esse respeito" (DIDIER JR., Fredie. *Curso...*, 2015, v. 1, p. 718-719).

De toda sorte, a persistência das condições da ação como categorias processuais é sustentada, entre outros, por Humberto Theodoro Júnior, também em comentários ao Código de Processo Civil de 2015. Segundo o jurista, "as condições da ação, segundo o novo Código, são: a) a legitimidade de parte para a causa; e b) o interesse jurídico na tutela jurisdicional" (THEODORO JÚNIOR, Humberto. *Curso de direito...*, 2015, v. I, p. 1.018). Essa também é a minha opinião, em uma primeira análise do tema.

Feitas tais considerações de atualização desta obra, por outra via, se o comodato for com prazo determinado, a mora se configura no vencimento desse prazo constante do contrato (mora *ex re*), não havendo necessidade de o comodante (credor) interpelar ou notificar o comodatário (devedor) para tomar as devidas providências.

Quanto à mora do devedor, há ainda aquilo que Orlando Gomes denomina como *mora presumida* ou *mora irregular*, que está prevista, segundo o autor baiano, no art. 398 do Código Civil, pelo qual "nas obrigações provenientes de ato ilícito, considera-se o devedor em mora, desde que o praticou" (*Obrigações...*, 2004, p. 201). Como exemplo, em um acidente de trânsito o agente é considerado em mora desde a prática do ato, ou seja, desde quando ocorre o infortúnio.

Destaco que também existem propostas, no Projeto de Reforma do Código Civil, para aprimoramento dos arts. 397 e 398, com melhora técnica do texto e inclusão da notificação por uso de novas tecnologias, o que virá em boa hora.

Nesse contexto de melhora da norma, o *caput* e o § 1.º do primeiro dispositivo utilizarão a expressão "termo final": "o inadimplemento da obrigação, positiva e líquida, no seu termo final, constitui de pleno direito em mora o devedor. § 1.º Não havendo termo final, a mora se constitui mediante interpelação judicial ou extrajudicial". Também se insere um § 2.º no comando, tratando da necessidade de interpelação, judicial ou extrajudicial do devedor, não havendo termo final: "se as partes não fixarem termo para o adimplemento, o devedor se considera em mora desde sua interpelação". Sobre o uso das novas tecnologias, preverá o § 3º do art. 397, o que é mais do que necessário: "as partes podem admitir, por escrito, que a interpelação possa ser feita por meios eletrônicos como *e-mail* ou aplicativos de conversa *on-line*, após ciência inequívoca da mensagem pelo interpelado".

No que diz respeito ao art. 398 do CC/2002, sugere-se que ele mencione expressamente o ilícito extracontratual, para que fique mais evidente a sua correta aplicação: "nas obrigações provenientes de ato ilícito extracontratual, considera-se o devedor em mora, desde que o praticou". Há, portanto, apenas um aprimoramento redacional, sem mudança no seu sentido.

Como visto previamente, além da mora do devedor, há ainda a mora do credor, também denominada mora *accipiendi, creditoris* ou *credendi*. Esta, apesar de rara, se faz presente nas situações em que o credor se recusa a aceitar o adimplemento da obrigação no tempo, lugar e forma pactuados, sem ter justo motivo para tanto. Para a sua configuração, basta o mero atraso ou inadimplemento relativo do credor, não se discutindo a sua culpa.

Para os fins de deixar clara a última afirmação, praticamente unânime na doutrina, o Projeto de Reforma do Código Civil pretende incluir um parágrafo único no art. 396, enunciando que "a mora do credor independe de culpa". Trata-se de mais uma proposição que apenas insere na lei o entendimento hoje consolidado no âmbito do Direito Civil Brasileiro.

A mora do credor gera três efeitos, nos termos do art. 400 do CC:

a) Afastar do devedor isento de dolo a responsabilidade pela conservação da coisa, não respondendo ele por conduta culposa (imprudência, negligência ou imperícia) que gerar a perda do objeto obrigacional.

b) Obrigar o credor a ressarcir o devedor pelas despesas empregadas na conservação da coisa.

c) Sujeitar o credor a receber a coisa pela estimação mais favorável ao devedor, se o seu valor oscilar entre o tempo do contrato e o do cumprimento da obrigação.

Em reforço, é fundamental lembrar que a mora do credor cria a possibilidade da consignação judicial ou extrajudicial do objeto obrigacional, nos termos do art. 334 do Código Civil.

Trazendo exemplo concreto da incidência da mora do credor, entendeu o Tribunal de Justiça de São Paulo que é "abusiva a exigência de que se deveria aguardar a retirada dos aparelhos locados para que houvesse, então, a rescisão do contrato. Alegação de que nem todos os aparelhos foram devolvidos. Irrelevância. Diante da mora da ré em retirar os aparelhos, a autora os remeteu pelo correio. Ré que por estar em mora assumiu os riscos da deterioração dos aparelhos. Inteligência do art. 400 do Código Civil. Cobranças inexigíveis" (TJSP, Apelação Cível 0021157-80.2009.8.26.0562, Acórdão 5751496, 21.ª Câmara de Direito Privado, Santos, Rel. Des. Virgilio de Oliveira Junior, j. 07.03.2012, *DJESP* 27.03.2012).

Finalizando, de acordo com a doutrina, quando as moras são simultâneas – mora do devedor e do credor em uma mesma situação –, uma elimina a outra, como se nenhuma das partes houvesse incorrido em mora. Ocorre, nesse sentido, uma espécie de *compensação dos atrasos* (DINIZ, Maria Helena. *Curso...*, 2002, p. 369).

Esse tratamento doutrinário está em total acordo com a regra de direito pela qual ninguém poderá beneficiar-se da própria torpeza (boa-fé), bem como com a conservação do negócio jurídico. Todavia, anote-se que a compensação pode ser parcial, no sentido de se verificar qual o prejuízo causado a cada um dos participantes negociais pela mora da outra parte.

5.3 DA PURGAÇÃO DA MORA

A expressão *purgar a mora* significa afastar ou neutralizar os efeitos decorrentes do inadimplemento parcial, principalmente do atraso no cumprimento (art. 401 do CC). Pela purgação ou *emenda da mora*, tanto o credor quanto o devedor que incorreram em mora

CAP. 5 · DO INADIMPLEMENTO OBRIGACIONAL. DA RESPONSABILIDADE CIVIL CONTRATUAL | 209

corrigem, sanam a falta cometida cumprindo com a obrigação ainda em tempo hábil ao adimplemento. Para tanto, deverá a parte que estava inadimplente reparar os eventuais prejuízos causados ao outro sujeito da relação obrigacional.

A purgação da mora pelo devedor se dá pela oferta da prestação, com o acréscimo de juros, correção monetária, multa e honorários advocatícios, sem prejuízo das eventuais perdas e danos. Por outra via, a purga da mora pelo credor ocorre quando esse se oferece para receber a prestação do devedor, sujeitando-se aos efeitos da mora já ocorridos. Tanto o devedor quanto o credor podem, conjuntamente, purgar a mora na hipótese em que ambos renunciarem aos prejuízos dela decorrentes.

Existem regras específicas quanto à purgação da mora, que merecem ser comentadas. No caso de locação de imóvel urbano, a matéria está tratada pelo art. 62 da Lei 8.245/1991 (Lei de Locação), alterado pela Lei 12.112, de dezembro de 2009.

O art. 62, inc. II, da Lei 8.245/1991 (Lei de Locação) possibilita ao locatário ou o fiador purgar a mora, no caso de ação de despejo por falta de pagamento. A menção ao fiador constitui esperada novidade. Dessa forma, o locatário ou o fiador poderá evitar a rescisão da locação efetuando, no prazo de 15 dias, contados da citação, autorização para pagamento do débito atualizado, independentemente de cálculo e mediante depósito judicial, incluídos:

a)   os aluguéis e acessórios da locação que vencerem até a efetivação do depósito;

b)   as multas e penalidades contratuais, quando exigíveis;

c)   os juros moratórios;

d)   as custas e os honorários de advogado do locador, fixados em 10% sobre o montante devido, se do contrato não constar disposição diversa.

Além da menção ao fiador, outra alteração introduzida pela Lei 12.112/2009 se refere à menção ao prazo de 15 dias a contar da citação. Anteriormente, o débito deveria ser depositado quando da contestação.

Ademais, autorizada a purga da mora, se o locador alegar que a oferta não é integral, justificando a diferença, o locatário poderá complementar o depósito, no prazo de dez dias, contados da intimação, que poderá ser dirigida ao locatário ou diretamente ao patrono deste, por carta ou publicação no órgão oficial, a requerimento do locador (art. 62, inc. III, da Lei 8.245/1991).

Destaque-se, aqui, que a grande novidade introduzida pela lei de 2009 se refere à possibilidade de intimação na pessoa do advogado do locatário, o que vem em boa hora. Por fim, não sendo *integralmente* complementado o depósito, o pedido de rescisão prosseguirá pela diferença, podendo o locador levantar a quantia depositada (art. 62, inc. IV, da Lei 8.245/1991). A expressão destacada também foi incluída pela Lei 12.112/2009.

Por fim, não se admitirá a purgação ou emenda da mora se o locatário já houver utilizado essa faculdade nos vinte e quatro meses imediatamente anteriores à propositura da ação (nova redação do art. 62, parágrafo único, da Lei 8.245/1991).

O dispositivo foi alterado para controlar ainda mais o direito à purgação à mora, eis que na redação anterior não se admitia a emenda da mora se o locatário já a tivesse realizado por duas vezes nos doze meses imediatamente à propositura da ação. Como se pode notar, não há mais menção em relação às duas oportunidades. Ademais, o prazo foi estendido de doze para vinte e quatro meses, em sintonia com a punição da parte contratual que não age conforme a boa-fé objetiva, em abuso do direito (art. 187 do CC).

A outra questão específica envolve a alienação fiduciária de garantia de bens móveis, particularmente diante da alteração introduzida pela Lei 10.931/2004. Isso porque, quanto à purgação da mora, houve alteração substancial do art. 3.º, § 2.º, do Decreto-lei 911/1969, que trata da matéria. No quadro comparativo consta o novo tratamento dado ao instituto, inclusive com a alteração pela Lei 13.043, de novembro de 2014, que modificou o *caput* do comando, sem qualquer relevância para o tema exposto:

Redação anterior	Nova redação, conforme Lei 10.931/2004 e Lei 13.043/2014
Art. 3.º O proprietário fiduciário ou credor, poderá requerer contra o devedor ou terceiro a busca e apreensão do bem alienado fiduciariamente, a qual será concedida liminarmente, desde que comprovada a mora ou o inadimplemento do devedor.	Art. 3.º O proprietário fiduciário ou credor poderá, desde que comprovada a mora, na forma estabelecida pelo § 2.º do art. 2.º, ou o inadimplemento, requerer contra o devedor ou terceiro a busca e apreensão do bem alienado fiduciariamente, a qual será concedida liminarmente, podendo ser apreciada em plantão judiciário.
§ 1.º Despachada a inicial e executada a liminar, o réu será citado para, em três dias, apresentar contestação ou, **se já tiver pago 40% (quarenta por cento) do preço financiado, requerer a purgação de mora.**	§ 1.º Cinco dias após executada a liminar mencionada no "caput", consolidar-se-ão a propriedade e a posse plena e exclusiva do bem no patrimônio do credor fiduciário, cabendo às repartições competentes, quando for o caso, expedir novo certificado de registro de propriedade em nome do credor, ou de terceiro por ele indicado, livre do ônus da propriedade fiduciária.
§ 2.º Na contestação só se poderá alegar o pagamento do débito vencido ou o cumprimento das obrigações contratuais.	§ 2.º No prazo do § 1.º, **o devedor fiduciante poderá pagar a integralidade da dívida pendente, segundo os valores apresentados pelo credor fiduciário na inicial, hipótese na qual o bem lhe será restituído livre do ônus.**
§ 3.º Requerida a purgação de mora, tempestivamente, o Juiz marcará data para o pagamento que deverá ser feito em prazo não superior a dez dias, remetendo, outrossim, os autos ao contador para cálculo do débito existente, na forma do art. 2.º e seu § 1.º.	§ 3.º O devedor fiduciante apresentará resposta no prazo de quinze dias da execução da liminar.
§ 4.º Contestado ou não o pedido e não purgada a mora, o Juiz dará sentença de plano em cinco dias, após o decurso do prazo de defesa, independentemente da avaliação do bem.	§ 4.º A resposta poderá ser apresentada ainda que o devedor tenha se utilizado da faculdade do § 2.º, caso entenda ter havido pagamento a maior e desejar restituição.

Diante dessa confrontação, surge o entendimento pelo qual a lei não mais defere, na alienação fiduciária em garantia de bens móveis, a possibilidade de purgação da mora nos casos em que houver o pagamento de 40% (quarenta por cento) do valor devido, na trilha do que consta da Súmula 284 do Superior Tribunal de Justiça, *in verbis*: "a purga da mora, nos contratos de alienação fiduciária, só é permitida quando já pagos pelo menos 40% (quarenta por cento) do valor financiado.

Pela nova redação do texto legal, o devedor fiduciante terá que pagar integralmente a dívida, pois caso contrário ocorrerá consolidação da propriedade a favor do credor fiduciário. Mas, acertadamente, o extinto Segundo Tribunal de Alçada Civil de São Paulo assim não entendeu, a saber:

"Agravo de instrumento – Alienação fiduciária – Purgação da mora. Faculdade não excluída pelas inovações introduzidas no Decreto-lei 911, de 1.º.10.1969, pela Lei 10.931,

CAP. 5 • DO INADIMPLEMENTO OBRIGACIONAL. DA RESPONSABILIDADE CIVIL CONTRATUAL | 211

de 02.08.2004. Normas que devem ser interpretadas em conjunto com o art. 54, § 2.º, do CDC. Recurso improvido" (Segundo Tribunal de Alçada Civil, 8.ª Câm., Agravo de Instrumento 869850-0/3-Carapicuíba, Rel. Juiz Antonio Carlos Vilen, j. 18.11.2004, *Boletim da AASP* 2.426, p. 3.513).

Consta do julgado que o art. 54 do CDC admite que os contratos de adesão contenham cláusula resolutiva, desde que a escolha caiba ao consumidor. Ora, sabendo-se que a resolução é forma de extinção dos contratos por inexecução, a "escolha a que se refere o dispositivo, em caso de existência de cláusula resolutória expressa, deve ser interpretada como a possibilidade que o devedor em mora tem de optar entre a purgação e a continuidade da relação contratual, de um lado, e a extinção por inadimplemento, de outro". A conclusão é que a inovação introduzida pela Lei 10.931/2004 não é incompatível com essa interpretação, mas "simplesmente conferiu mais uma faculdade ao devedor, qual seja a de obter a extinção do contrato, com a restituição do bem apreendido, livre de ônus, pela integral execução das obrigações pactuadas". Assim, permanece íntegro o direito de utilização da purgação da mora em favor dos consumidores.

Concordo integralmente com a conclusão do julgado, pois está em sintonia com o princípio da conservação negocial, princípio anexo à função social dos contratos. Em reforço, na linha da louvável decisão, estaria mantida a proteção dos consumidores vulneráveis, conforme a Lei 8.078/1990, sendo certo que a alienação fiduciária de bens móveis quase sempre tem como parte destinatários finais, fáticos e econômicos, que pretendem adquirir um bem de consumo, notadamente veículos.

Outros acórdãos surgiram, sucessivamente, entendendo pela manutenção da Súmula 284 do Superior Tribunal de Justiça, antes transcrita (ver: TJRS, Apelação Cível 256654-04.2009.8.21.7000, 14.ª Câmara Cível, Viamão, Rel. Des. Niwton Carpes da Silva, j. 31.03.2011, *DJERS* 14.04.2011; TJSP, Apelação 9201022-44.2009.8.26.0000, Acórdão 5101330, 35.ª Câmara de Direito Privado, São José do Rio Preto, Rel. Des. Clóvis Castelo, j. 02.05.2011, *DJESP* 17.05.2011; TJSP, Agravo de Instrumento 0466858-02.2010.8.26.0000, Acórdão 5094151, 28.ª Câmara de Direito Privado, Mirassol, Rel. Des. Eduardo Sá Pinto Sandeville, j. 26.04.2011, *DJESP* 17.05.2011 e TJMG, Agravo de Instrumento 0197982-05.2011.8.13.0000, 12.ª Câmara Cível, Uberaba, Rel. Des. José Flávio de Almeida, j. 27.04.2011, *DJEMG* 09.05.2011).

Todavia, a questão nunca foi pacífica, sendo certo que no Segundo Tribunal de Alçada de São Paulo já poderiam ser encontradas decisões em sentido contrário, pelo cancelamento da sumular. Assim julgando, por todos: "Alienação fiduciária. Busca e apreensão. Purgação da mora. Faculdade excluída pelas inovações introduzidas no Decreto-lei 911/1969 pela Lei 10.931/2004. Inadmissibilidade. Não há se falar em purgação da mora nos contratos de alienação fiduciária em garantia, ante as modificações trazidas pela Lei 10.931/2004" (Segundo Tribunal de Alçada Civil de São Paulo, AI 873.712-00/6, 8.ª Câm., Rel. Juiz Orlando Pistoresi, j. 02.12.2004).

Na mesma linha, outros tantos arestos trazem a mesma conclusão, de superação da súmula (ver: TJDF, Recurso 2010.00.2.006330-9, Acórdão 430.572, 3.ª Turma Cível, Rel. Des. Humberto Adjuto Ulhôa, *DJDFTE* 1.º.07.2010, p. 71; e TJMG, Agravo de Instrumento 0053691-09.2011.8.13.0000, 17.ª Câmara Cível, Montes Claros, Rel. Des. Márcia de Paoli Balbino, j. 03.03.2011, *DJEMG* 05.04.2011). O próprio Superior Tribunal de Justiça, infelizmente, concluiu desse modo, no seguinte *decisum*:

"Agravo Regimental no Recurso Especial. Fundamentos insuficientes para reformar a decisão agravada. Contrato garantido com cláusula de alienação fiduciária. Ação de busca e apreensão. Purgação da mora após a vigência da Lei 10.931/2004. Impossibilidade. Necessidade de pagamento da integralidade da dívida. Súmula 83 do STJ. 1. O agravante não trouxe argumentos novos capazes de infirmar os fundamentos que alicerçaram a decisão agravada, razão que enseja a negativa de provimento ao agravo regimental. 2. Com a nova redação do artigo 3.º do Decreto-Lei 911/1969, dada pela Lei 10.931/2004, não há mais se falar em purgação da mora nas ações de busca e apreensão de bem alienado fiduciariamente, devendo o devedor pagar a integralidade da dívida, no prazo de 5 dias após a execução da liminar, hipótese na qual o bem lhe será restituído livre de ônus. 3. A perfeita harmonia entre o acórdão recorrido e a jurisprudência dominante desta Corte Superior impõe a aplicação, à hipótese dos autos, do Enunciado 83 da Súmula do STJ. 4. Agravo regimental não provido" (STJ, AgRg no REsp 1.183.477/DF, 3.ª Turma, Rel. Min. Vasco Della Giustina (Desembargador convocado do TJRS), j. 03.05.2011, *DJe* 10.05.2011).

Em 2014, o Superior Tribunal de Justiça acabou consolidando essa última forma de pensar, em julgamento da sua Segunda Seção relativo a recursos repetitivos, assim publicado no seu *Informativo* n. *540*:

"Direito civil. Impossibilidade de purgação da mora em contratos de alienação fiduciária firmados após a vigência da Lei 10.931/2004. Recurso repetitivo (art. 543-C do CPC e Res. 8/2008-STJ). Nos contratos firmados na vigência da Lei 10.931/2004, que alterou o art. 3.º, §§ 1.º e 2.º, do Decreto-lei 911/1969, compete ao devedor, no prazo de cinco dias após a execução da liminar na ação de busca e apreensão, pagar a integralidade da dívida – entendida esta como os valores apresentados e comprovados pelo credor na inicial –, sob pena de consolidação da propriedade do bem móvel objeto de alienação fiduciária. De início, convém esclarecer que a Súmula 284 do STJ, anterior à Lei 10.931/2004, orienta que a purgação da mora, nos contratos de alienação fiduciária, só é permitida quando já pagos pelo menos 40% (quarenta por cento) do valor financiado. A referida súmula espelha a redação primitiva do § 1.º do art. 3.º do Decreto-lei 911/1969, que tinha a seguinte redação: 'Despachada a inicial e executada a liminar, o réu será citado para, em três dias, apresentar contestação ou, se já houver pago 40% (quarenta por cento) do preço financiado, requerer a purgação de mora'. Contudo, do cotejo entre a redação originária e a atual – conferida pela Lei 10.931/2004 –, fica límpido que a lei não faculta mais ao devedor a purgação da mora, expressão inclusive suprimida das disposições atuais, não se extraindo do texto legal a interpretação de que é possível o pagamento apenas da dívida vencida. Ademais, a redação vigente do art. 3.º, §§ 1.º e 2.º, do Decreto-lei 911/1969 estabelece que o devedor fiduciante poderá pagar a integralidade da dívida pendente e, se assim o fizer, o bem lhe será restituído livre de ônus, não havendo, portanto, dúvida acerca de se tratar de pagamento de toda a dívida, isto é, de extinção da obrigação. Vale a pena ressaltar que é o legislador quem está devidamente aparelhado para apreciar as limitações necessárias à autonomia privada em face de outros valores e direitos constitucionais. (...). Saliente-se ainda que a alteração operada pela Lei 10.931/2004 não alcança os contratos de alienação fiduciária firmados anteriormente à sua vigência. De mais a mais, o STJ, em diversos precedentes, já afirmou que, após o advento da Lei 10.931/2004, que deu nova redação ao art. 3.º do Decreto-lei 911/1969, não há falar em purgação da mora, haja vista que, sob a nova sistemática, após o decurso do prazo de 5 (cinco) dias contados da execução da liminar, a propriedade do bem fica consolidada em favor do credor fiduciário, devendo o devedor efetuar o pagamento da integralidade do débito remanescente a fim de obter a restituição do bem livre de ônus" (STJ, REsp 1.418.593/MS, Rel. Min. Luis Felipe Salomão, j. 14.05.2014).

CAP. 5 • DO INADIMPLEMENTO OBRIGACIONAL. DA RESPONSABILIDADE CIVIL CONTRATUAL | 213

Com o devido respeito, lamento essa tomada de curso pelo Superior Tribunal de Justiça, que parece desconsiderar a efetivação dos direitos do devedor-fiduciante, na grande maioria das vezes enquadrado como um consumidor. Em reforço, a impossibilidade de purgação da mora não está em sintonia com o princípio da conservação dos negócios jurídicos, segundo o qual a extinção dos pactos deve ser a última medida a ser tomada, mormente diante de sua inegável função social, preservando-se ao máximo a autonomia privada.

Superada a análise dessa controvérsia, para findar o presente tópico, alerte-se que não se pode confundir a *purgação da mora* com a *cessação da mora*. As diferenças entre os dois institutos são muito bem demonstradas por Maria Helena Diniz (*Curso...*, 2002, p. 374), conforme passaremos a expor utilizando os ensinamentos da renomada professora. Para a Professora da PUCSP, ocorre a purgação da mora por meio de ato espontâneo do sujeito obrigacional em atraso, que visa remediar a situação a que deu causa, evitando os seus efeitos decorrentes e reconduzindo a obrigação à situação de normalidade. A purgação ou emenda da mora somente produz efeitos para o futuro (*ex nunc*), "não destruindo os efeitos danosos já produzidos desde o dia da incidência em mora até a execução tardia da obrigação" (DINIZ, Maria Helena. *Curso...*, 2002, p. 374).

Por outro lado, a cessação da mora "ocorrerá por um fato extintivo de efeitos pretéritos e futuros, como sucede quando a obrigação se extingue com a novação, remissão de dívidas ou renúncia do credor" (DINIZ, Maria Helena. *Curso...*, 2002, p. 374). Da jurisprudência federal extrai-se decisão ilustrativa que entendeu que também a renegociação da dívida faz cessar a mora sem, contudo, extinguir a obrigação:

"Civil – Sistema financeiro da habitação – Renegociação de dívida – Novação – Inocorrência – Cessação da mora – Procedência dos embargos à arrematação. I – A questão deduzida em juízo circunscreve-se à determinação dos efeitos de renegociação da dívida. Discute-se se houve novação e, consequentemente, extinção da dívida cuja execução levou à arrematação de imóvel. II – Através da novação, cria-se uma obrigação nova em substituição a uma obrigação anterior, que se extingue. Para tanto, é indispensável que as partes manifestem inequívoca intenção de novar (*animus novandi*) – na forma do art. 361 do Código Civil. III – Na verdade, a renegociação de dívida implica a alteração de elementos acidentais do vínculo, sem modificá-lo a ponto de criar uma nova obrigação. IV – Com a renegociação da dívida, cessa a mora do devedor e o título deixa de ser exigível, desaparecendo um dos pressupostos da execução. V – Ainda que o devedor não cumpra o novo acordo, faz-se necessário promover um novo procedimento executivo em lugar do atual, cujos efeitos, entre eles a arrematação, não podem ser aproveitados. VI – Recurso conhecido e improvido" (TRF da 2.ª Região, Acórdão 1983.50.01.002806-3, 5.ª Turma Especializada, Rel. Juiz Fed. Conv. Mauro Luis Rocha Lopes, j. 26.03.2008, *DJU* 17.04.2008, p. 193).

Encerrado o estudo da mora, que é o descumprimento parcial da obrigação, passa-se ao inadimplemento absoluto obrigacional.

5.4 DO INADIMPLEMENTO ABSOLUTO DA OBRIGAÇÃO

Não cumprindo o sujeito passivo a prestação, passa ele a responder pelo valor correspondente ao objeto obrigacional, acrescido das demais perdas e danos, mais juros compensatórios, cláusula penal, atualização monetária, custas e honorários de advogado. Essa é a regra do art. 389 do CC que trata da responsabilidade civil contratual, do inadimplemento de uma obrigação positiva, de dar ou de fazer.

Esse dispositivo foi alterado pela Lei 14.905/2024, que trouxe um novo regime relativo aos juros e à correção monetária. Nesse contexto, o seu *caput* deixou de mencionar os índices oficiais regularmente estabelecidos, uma vez que o índice oficial, como regra geral, passou a ser o IPCA. Nos termos do novo parágrafo único do art. 389, "na hipótese de o índice de atualização monetária não ter sido convencionado ou não estar previsto em lei específica, será aplicada a variação do Índice Nacional de Preços ao Consumidor Amplo (IPCA), apurado e divulgado pela Fundação Instituto Brasileiro de Geografia e Estatística (IBGE), ou do índice que vier a substituí-lo". Voltarei a essa temática, ainda no presente capítulo.

A respeito dos honorários advocatícios, conforme o Enunciado n. 161 da *III Jornada* do CJF, "apenas têm cabimento quando ocorre efetiva atuação profissional do advogado". O enunciado doutrinário tende a afastar a atuação de pessoas inidôneas e até de empresas especializadas que exploram a atividade de cobrança de valores, cobrando honorários mesmo sem a intervenção de advogados regularmente inscritos nos quadros da Ordem dos Advogados do Brasil, o que é realmente condenável. Por isso, fui totalmente favorável ao enunciado quando da *III Jornada de Direito Civil, realizada no ano de 2004*.

Ainda quanto aos honorários advocatícios, surgem dúvidas quanto à previsão do art. 389 do CC, sem prejuízo de outros dispositivos do Código Civil que também fazem menção aos mesmos (cite-se, por exemplo, o art. 404 do CC). O principal questionamento é o seguinte: esses honorários são os sucumbenciais, previstos no CPC; ou são os contratuais, geralmente cobrados pelos advogados para ingresso da ação?

Surgiram várias decisões, principalmente na Justiça do Trabalho, apontando que esses honorários são os contratuais, diante da menção no Código Civil, e que independem dos honorários de sucumbência tratados pelo Código de Processo Civil. Nesse sentido, pode ser citada sentença da 71.ª Vara do Trabalho, do TRT da 2.ª Região, sediado em São Paulo, destacando-se o seguinte trecho: "é sabido que os trabalhadores são obrigados a arcar com o pagamento de 30% do valor recebido para custear seu advogado, o que lhe causa um evidente prejuízo, ficando o seu ex-empregador sem qualquer responsabilidade em ressarci-lo, numa manifesta injustiça, o que resulta em recebimento pelo empregado de apenas 70% do que lhe era devido. Assente em direito de que quem causa prejuízo a outrem deve ressarcir integralmente a parte contrária, à luz do que dispõe o parágrafo único do art. 404, do Código Civil, condeno a reclamada a pagar ao reclamante uma indenização de 30%, sobre o valor da condenação, conforme calculado em execução" (Juiz Laércio Lopes da Silva, Processo 1.494/2003).

Na esfera da Justiça Comum estadual, do mesmo modo, há julgados na mesma linha de pensamento (TJSP, Apelação Cível 7329518-2, Acórdão 3588232, 11.ª Câmara de Direito Privado, São Paulo, Rel. Des. Renato Rangel Desinano, j. 02.04.2009, *DJESP* 12.05.2009 e TJSP, Apelação 7074234-0, Acórdão 3427442, 12.ª Câmara de Direito Privado, São José dos Campos, Rel. Des. Rui Cascaldi, j. 03.12.2008, *DJESP* 04.02.2009). Consigne-se que a tese foi adotada pelo STJ, em acórdão assim extraído de seu *Informativo* n. *477,* de junho de 2011:

"Honorários advocatícios contratuais. Perdas. Danos. Cuida-se de ação de cobrança cumulada com compensação por danos morais ajuizada na origem por transportadora (recorrida) contra seguradora (recorrente) em que alegou haver a recusa de pagamento dos prejuízos advindos de acidente que envolveu o veículo segurado. Requereu o pagamento da cobertura securitária e a reparação pelos danos materiais e morais sofridos com a injusta recusa. Também pleiteou o ressarcimento das despesas com a contratação de advogados para o ajuizamento da ação. O juiz julgou parcialmente procedente o pedido, condenando a recorrente ao pagamento de mais de R$ 65 mil, porém o TJ deu parcial provimento à

CAP. 5 • DO INADIMPLEMENTO OBRIGACIONAL. DA RESPONSABILIDADE CIVIL CONTRATUAL | 215

apelação interposta pela recorrente e parcial provimento à apelação adesiva interposta pela recorrida para condenar a recorrente a restituir o valor despendido pela recorrida com os honorários advocatícios contratuais. No REsp, discute-se apenas se estes integram os valores devidos a título de reparação por perdas e danos. Assevera a Min. Relatora que o CC/2002, nos arts. 389, 395 e 404, determina, de forma expressa, que os honorários advocatícios integram os valores devidos a título de reparação por perdas e danos – explica que os honorários mencionados pelos referidos artigos são os honorários contratuais, pois os sucumbenciais, por constituir crédito autônomo do advogado, não importam decréscimo patrimonial do vencedor da demanda. Assim, a seu ver, como os honorários convencionais são retirados do patrimônio da parte lesada – para que haja reparação integral do dano sofrido –, aquele que deu causa ao processo deve restituir os valores despendidos com os honorários contratuais. Contudo, esclarece que, embora os honorários convencionais componham os valores devidos pelas perdas e danos, o valor cobrado pela atuação do advogado não pode ser abusivo, cabendo ao juiz analisar as peculiaridades de cada caso e, se for preciso, arbitrar outro valor, podendo para isso utilizar como parâmetro a tabela de honorários da OAB. Destaca que, na hipótese, não houve pedido da recorrente quanto ao reconhecimento da abusividade das verbas honorárias e, por essa razão, a questão não foi analisada. Diante do exposto, a Turma negou provimento ao recurso" (STJ, REsp 1.134.725/MG, Rel. Min. Nancy Andrighi, j. 14.06.2011).

Mais recentemente, da mesma Corte Superior, adotando a mesma premissa: "os valores pagos ao advogado contratado integram as perdas e danos, os quais devem ser ressarcidos quando provada a imprescindibilidade da ação e a razoabilidade do valor pago" (STJ, AgRg no REsp 1.354.856/MG, 3.ª Turma, Rel. Min. Ricardo Villas Bôas Cueva, j. 15.09.2015, *DJe* 21.09.2015). Porém, existem julgados em sentido contrário afirmando-se na própria Corte que a Segunda Seção já julgou o tema de forma definitiva, pacificando supostamente o entendimento segundo o qual os honorários não entram nas perdas e danos previstas nos arts. 389, 395 e 404 do Código Civil. Assim, por exemplo:

"Agravo interno no recurso especial. Honorários advocatícios contratuais. Ressarcimento. Arts. 389, 395 e 404 do CC. Descabimento. Precedentes. Impugnação. Colação de julgados contemporâneos ou supervenientes. Ausência. Art. 1.021, § 1º, do CPC. Súmula n. 182/STJ. Não conhecimento. 1. A Segunda Seção do STJ já se pronunciou no sentido de ser incabível a condenação da parte sucumbente aos honorários contratuais despendidos pela vencedora. 2. Se 'fundamentada a decisão agravada no sentido de que o acórdão recorrido está em sintonia com o atual entendimento do STJ, deveria a recorrente demonstrar que outra é a positivação do direito na jurisprudência do STJ' (STJ, AgRg no REsp 1.374.369/RS, Rel. Ministro Herman Benjamin, *DJe* de 26.06.2013). 3. Incidência do enunciado n. 182 da Súmula desta Corte face à ausência de impugnação específica dos fundamentos da decisão agravada. 3. Agravo interno não conhecido" (STJ, Ag. Int. no REsp 1.653.575/SP, 4.ª Turma, Rel. Min. Maria Isabel Gallotti, j. 16.11.2017, *DJe* 23.11.2017).

Todavia, consultando-se o último acórdão, constata-se que o julgado citado como da Segunda Seção diz respeito a honorários fixados em demanda trabalhista cobrados no âmbito cível, e não puramente em contrato. A leitura do julgado traz-nos, assim, dúvidas quanto à afirmação de ser essa a posição consolidada da Corte, o que deverá ser mais bem esclarecido pelo Tribunal, especialmente pelo fato de existirem os acórdãos posteriores – do ano de 2015 – ao abaixo transcrito e em sentido contrário ao que nele consta:

contínua e permanente". Estou totalmente filiado ao teor do enunciado e às justificativas, que devem ser considerados para os devidos fins práticos.

Ressalve-se, contudo, que na obrigação negativa não é necessário constituir em mora o devedor, sendo esta automática ou *ex re*. Nessa linha, da jurisprudência superior: "em se tratando especificamente de obrigação de não fazer, o devedor será dado por inadimplente a partir do momento em que realizar o ato do qual deveria se abster – nos exatos termos do art. 390 do CC/2002 –, fazendo surgir automaticamente o interesse processual do credor à medida coercitiva, ou seja, a prática do ato proibido confere certeza, liquidez e exigibilidade à multa coercitiva, possibilitando a sua cobrança" (STJ, REsp 1.047.957/AL, 3.ª Turma, Rel. Min. Fátima Nancy Andrighi, j. 14.06.2011, *DJe* 24.06.2011).

Feita essa nota, observo que, mais uma vez, adotando a posição do enunciado doutrinário destacado e da jurisprudência superior, a Comissão de Juristas nomeada para a Reforma do Código Civil pretende elucidar a temática com a inclusão de um necessário parágrafo único no art. 394, preceituando o seguinte: "nas obrigações negativas, o devedor incorre em mora desde o dia em que executou o ato em que devia se abster".

Complementando os dispositivos anteriores, preconiza o art. 391 da atual codificação material privada que pelo inadimplemento do devedor respondem todos os seus bens, o que consagra o *princípio da imputação civil dos danos*, ou *princípio da responsabilidade patrimonial do devedor*. Como antes foi esclarecido, em verdade, não são todos os bens que respondem, pois existem bens que são impenhoráveis, como aqueles que constam do Estatuto Processual e o bem de família (arts. 1.711 a 1.722 do CC e Lei 8.009/1990).

Vale repetir que a melhor redação para a compreensão da responsabilidade patrimonial do devedor é a do art. 789 do CPC/2015, reprodução do art. 591 do CPC/1973, pelo qual "o devedor responde com todos os seus bens presentes e futuros para o cumprimento de suas obrigações, salvo as restrições estabelecidas em lei".

Por isso, relembro que a Comissão de Juristas incumbida da Reforma do Código Civil sugere a seguinte redação para o preceito: "Art. 391. Pelo inadimplemento das obrigações, respondem todos os bens do devedor, suscetíveis de penhora". Sana-se, portanto, mais um problema técnico e redacional da atual Lei Geral Privada. Ademais, vale pontuar novamente que há proposição de cunho humanista formulada pela Relatora-Geral, Professora Rosa Maria de Andrade Nery, com a inclusão de um novo art. 391-A no Código Civil, a tratar de uma ideia geral de *patrimônio mínimo* ou *mínimo existencial* para o Direito Civil Brasileiro. A tese do patrimônio mínimo visa a assegurar à pessoa um mínimo de direitos patrimoniais, para que viva com dignidade. Essa proposição está analisada no Capítulo 1 deste livro.

Nos contratos benéficos responderá por culpa aquele que tem benefícios com a obrigação do contrato e por dolo aquele a quem não favoreça (art. 392 do CC). Exemplificando, no comodato, o comodatário responde por culpa ou dolo, enquanto o comodante apenas por dolo (ação ou omissão voluntária, intencional). Pelo mesmo art. 392 do Código Privado, nos contratos bilaterais, sinalagmáticos e onerosos o inadimplemento das partes decorre de sua conduta culposa, o que denota a responsabilidade subjetiva como regra também no caso de responsabilidade civil contratual. Tal regra se aplica à compra e venda, por exemplo.

De toda sorte, mesmo presente a responsabilidade subjetiva ou culposa do devedor, as doutrinas de ontem e de hoje sustentam a inversão do ônus da prova a favor do credor, se for comprovada a violação do dever contratual. Sintetizando tal forma de pensar, o Enunciado n. 548, da *VI Jornada de Direito Civil* (2013), expressa que, caracterizada a violação de dever contratual, incumbe ao devedor o ônus de demonstrar que o fato causador do dano não lhe pode ser imputado.

CAP. 5 • DO INADIMPLEMENTO OBRIGACIONAL. DA RESPONSABILIDADE CIVIL CONTRATUAL

Feita essa pontuação, complementando a ideia da responsabilidade subjetiva, o art. 393 do CC enuncia que, em regra, a parte obrigacional não responde por caso fortuito ou força maior, a não ser que isso tenha sido convencionado, por meio da *cláusula de assunção convencional*.

Anote-se, mais uma vez, que esses dispositivos do Código Civil juntos consagram a denominada *responsabilidade civil contratual*. É de se relembrar que é incorreto, de acordo com a visão dualista da responsabilidade civil (*contratual x extracontratual*), fundamentar essa forma de responsabilidade civil no art. 186 da atual codificação material. Na realidade, o último dispositivo traz a denominada responsabilidade *aquiliana*, de natureza extracontratual.

Como antes pontuado, a Lei 14.010/2020 que introduziu o Regime Jurídico Emergencial e Transitório das relações jurídicas de Direito Privado (RJET) no período da pandemia do coronavírus (Covid-19), trouxe regra importante sobre a possibilidade de alegar o caso fortuito e a força maior, com os fins de se afastar a responsabilidade civil contratual. Por óbvio que muitos contratantes, em meio à grave crise econômica que acometeu todo o mundo, passaram a alegar tais fatos, inclusive com a intenção de extinguir os contratos celebrados. Conforme o art. 6.º da nova lei, com vistas a trazer mais segurança jurídica, "as consequências decorrentes da pandemia do coronavírus (Covid-19) nas execuções dos contratos, incluídas as previstas no art. 393 do Código Civil, não terão efeitos jurídicos retroativos".

De toda sorte, a pandemia até pode ser tida como força maior, um evento previsível, mas inevitável. Todavia, não pode servir, por si só, como panaceia a fundamentar uma moratória ampla e generalizada, sem fundamentação, a colocar em descrédito todo o sistema jurídico. Assim, para que caiba a alegação do que consta do art. 393 do Código Civil, a crise deve trazer consequências graves e específicas para o contrato.

Além disso, como é notório, extinguir a obrigação ou o contrato é a última medida a ser tomada, diante da necessária conservação dos negócios jurídicos e da função social dos pactos, conforme consta do Enunciado n. 22, da *I Jornada de Direito Civil*. Vale citar, a propósito, a advertência feita por José Fernando Simão, no sentido de que os debates relativos à pandemia devem se concentrar mais na revisão e não na simples extinção das obrigações pela alegação do caso fortuito e da força maior. Nas suas palavras, "todo o norte dessas reflexões é o princípio da conservação do negócio jurídico. O contrato deve ser prioritariamente preservado, pois isso interessa aos próprios contraentes (o adimplemento atrai, polariza, a obrigação). A sua manutenção, portanto, interessa ao sistema jurídico como um todo e se revela fundamental para a economia (manutenção de trocas), especialmente quando o desemprego ameaça considerável parcela da população brasileira" (SIMÃO, José Fernando. O contrato... *Migalhas*, 2020).

Feitas essas anotações a respeito da pandemia, sabe-se que no inadimplemento absoluto, a principal consequência refere-se ao pagamento de perdas e danos, tratadas entre os arts. 402 a 404 do CC. Na realidade, há ainda o art. 405, inserido na mesma seção. Todavia, parece-me que tal dispositivo legal está mal colocado, eis que trata mais propriamente da matéria de juros.

Pelo art. 402 do CC, as perdas e danos devidos ao credor abrangem, além do que *ele efetivamente perdeu*, o *que razoavelmente deixou de lucrar*. No primeiro caso, há os *danos emergentes ou danos positivos*, caso dos valores desembolsados por alguém e da perda patrimonial pretérita efetiva. No segundo caso, os *lucros cessantes* ou *danos negativos*, constituídos por uma frustração de lucro.

No caso dos lucros cessantes, a frustração de lucro deve estar relacionada a uma atividade lícita que era desenvolvida pelo prejudicado. Nessa linha, o Enunciado n. 658, aprovado na *IX Jornada de Direito Civil*, estabelece que "as perdas e danos indenizáveis, na forma dos arts. 402 e 927, do Código Civil, pressupõem prática de atividade lícita, sendo inviável o ressarcimento pela interrupção de atividade contrária ao Direito". As justificativas do enunciado citam aresto do Superior Tribunal de Justiça que afastou lucros cessantes por extração de areia sem a licença necessária, presente um "ato clandestino, alheio a qualquer amparo no ordenamento vigente" (STJ, REsp 1.021.556/TO, 3.ª Turma, Rel. Min. Vasco Della Giustina, j. 21.09.2010).

Voltando-se ao tema da pandemia, agora relacionada às perdas e danos, destaque-se julgado da mesma Corte Superior, que reconheceu o direito de indenização por lucros cessantes, a restaurante que não foi autorizado por seu locador, o Jockey Club de São Paulo, a funcionar, mesmo tendo cessadas as restrições impostas pelo Poder Público. Conforme a tese fixada, "pratica ato ilícito apto à indenização, o locador que proíbe o funcionamento de imóvel comercial locado, cujo acesso é autônomo e independente, sob a justificativa de cumprimento às normas de restrição sanitária pela Covid-19" (STJ, REsp 1.997.050/SP, 4.ª Turma, Rel. Min. Luis Felipe Salomão, v.u., j. 02.08.2022). Consoante o acórdão:

"Era viável assegurar o acesso do público exclusivamente à área destinada ao restaurante, mantendo-se fechadas as demais áreas do clube, incluindo aquelas em que eram realizadas as atividades do turfe, tornando-se irrelevante, em tal medida, a proibição do funcionamento do clube. Vale destacar que o recorrente não teria nem sequer que implementar medidas para 'isolar' o local, o qual já se encontrava cercado e, portanto, separado das demais áreas. Estabelecidas, portanto, as premissas em torno da atuação indevida do recorrente, revelou-se, de igual maneira, desprovida de razoabilidade ou proporcionalidade, tendo em vista que a conduta do locador acarretou ônus excessivo ao locatário, mediante sacrifício da retomada de suas atividades econômicas, não havendo se falar em 'exercício regular de seu direito reconhecido na condição de locador'" (REsp 1.997.050/SP).

Como não poderia ser diferente, concordo totalmente com essa forma de julgar.

Prevê o art. 403 da mesma codificação material que ainda que a inexecução resulte de dolo do devedor, "as perdas e danos só incluem os prejuízos efetivos e os lucros cessantes por efeito dela direto e imediato, sem prejuízo do disposto na lei processual". Por isso, não é possível a reparação de dano hipotético ou eventual, conforme o pronunciamento comum da jurisprudência nacional. A lei, portanto, exige o *dano efetivo* como corolário da indenização. Para ilustrar, duas ementas de julgados podem ser transcritas:

"Indenização – Dano moral e/ou material – Prejuízo ou abalo psíquico – Ausência – Descabimento. Os danos materiais pressupõem, para serem indenizados, prova plena da diminuição patrimonial sofrida pelo autor do pedido, em virtude de ato omissivo ou comissivo de quem se exige a reparação. Assim, a falta de certeza quanto ao prejuízo economicamente aferível afasta a possibilidade de indenização por dano meramente hipotético ou eventual" (Segundo Tribunal de Alçada Civil de São Paulo, Ap. c/ Rev. 649.662-00/3, 11.ª Câm., Rel. Juiz Mendes Gomes, j. 12.05.2003. Anotação: No mesmo sentido: Ap. c/ Rev. 659.651-00/2, 1.ª Câm., Rel. Juiz Magno Araújo, j. 14.11.2000, Ap. c/ Rev. 656.277-00/2, 11.ª Câm., Rel. Juiz Melo Bueno, j. 12.05.2003).

"Ação de indenização – Advogado que não comparece à audiência para a qual foi contratado – Ausência de comprovação dos danos efetivamente sofridos pela requerente – Ação julgada improcedente – Recurso improvido. 'A ação de reparação por danos materiais e morais implica, necessariamente, na produção de prova cabal da lesão ou da ofensa irrogada em juízo, a existência de um dano a um bem jurídico, o que não se circunscreve apenas no aspecto de subjetividade, no campo conjuntural ou hipotético" (Tribunal de Justiça do Distrito Federal, Acórdão 119009, 5.ª Turma Cível, Rel. Des. Dácio Oliveira, pub. *DJU* 27.10.1999) (TAPR, Apelação Cível 0208685-9- Ac. 152213, 1.ª Câmara Cível, São José dos Pinhais, Juiz Ronald Schulman, j. 1.º.10.2002, publ. 11.10.2002).

CAP. 5 • DO INADIMPLEMENTO OBRIGACIONAL. DA RESPONSABILIDADE CIVIL CONTRATUAL | **221**

Por fim, segundo o art. 404 da atual norma geral privada, as perdas e os danos, nas obrigações de pagamento em dinheiro, serão pagas com atualização monetária, abrangendo também juros, custas e honorários de advogado, sem prejuízo da pena convencional.

O dispositivo foi recentemente alterado pela Lei 14.905, de junho de 2024, prevendo anteriormente que "as perdas e os danos, nas obrigações de pagamento em dinheiro, serão pagas com atualização monetária segundo índices oficiais regularmente estabelecidos, abrangendo juros, custas e honorários de advogado, sem prejuízo da pena convencional". Como se pode perceber, foi retirada apenas a menção aos índices oficiais, uma vez que, com a nova redação do art. 389, parágrafo único, do Código Civil, esse índice, salvo estipulação em contrário pelas partes ou previsão específica em lei, passou a ser o IPCA: "na hipótese de o índice de atualização monetária não ter sido convencionado ou não estar previsto em lei específica, será aplicada a variação do Índice Nacional de Preços ao Consumidor Amplo (IPCA), apurado e divulgado pela Fundação Instituto Brasileiro de Geografia e Estatística (IBGE), ou do índice que vier a substituí-lo".

Vale citar, mais uma vez, o Enunciado n. 161 do Conselho da Justiça Federal, que também é aplicado a esse dispositivo legal, pelo qual: "os honorários advocatícios previstos nos arts. 389 e 404 do Código Civil apenas têm cabimento quando ocorre a efetiva atuação profissional de advogado". Também é importante lembrar que há grandes discussões quanto à natureza jurídica desses honorários advocatícios, o que deve ser resolvido com a aprovação do Projeto de Reforma do Código Civil.

Nesse contexto de mudanças propostas para a lei, importante observar que o Projeto de Reforma do Código Civil pretende fazer pequenos ajustes no seu art. 404, para que o *caput* mencione expressamente os honorários contratuais do advogado efetivamente pagos. Ademais, o seu parágrafo único passa a compor o § 1.º e, a respeito da correção monetária do valor da indenização por dano moral, incidirá desde a data do seu arbitramento.

Como última nota, as perdas e danos hoje referenciados na atual codificação privada apenas tratam dos danos materiais, não havendo qualquer referência a danos extrapatrimoniais, caso dos danos morais. Diante dessa constatação, surge a indagação: no caso de responsabilidade civil contratual, não terá o prejudicado direito a tal reparação? Qual o fundamento jurídico para tanto?

Sem dúvida, será possível ao prejudicado pleitear tais danos imateriais. Mas o fundamento jurídico para tanto não está no Código Civil. Engana-se quem entende que o fundamento é o art. 186 do CC, que trata do *dano exclusivamente moral*. Como foi dito, até de forma exaustiva, esse dispositivo deve ser aplicado aos casos de responsabilidade civil *aquiliana* ou extracontratual. Na verdade, como melhor caminho técnico, deve-se utilizar argumento sob o prisma *civil-constitucional*, apontando que a possibilidade de reparação moral está fundamentada no art. 5.º, incs. V e X, da CF/1988, que já tratava dessa reparabilidade imaterial.

Em continuidade, vejamos outras consequências advindas da mora e do inadimplemento absoluto.

5.5 DOS JUROS REMUNERATÓRIOS E MORATÓRIOS

Aprofundando a análise da responsabilidade contratual, um dos principais efeitos do inadimplemento da obrigação é a incidência de juros a serem suportados pelo devedor. Os juros podem ser conceituados como frutos civis ou rendimentos, devidos pela utilização de capital alheio. Não se pode esquecer que há duas espécies de juros:

a) *Juros compensatórios* ou *remuneratórios* – São aqueles que decorrem de uma utilização consentida do capital alheio, como nos casos de inadimplemento total da obrigação ou de financiamentos em geral. Lembre-se aqui a regra do art. 591 do Código Civil atual, pelo qual se o mútuo tiver fins econômicos, os juros presumir-se-ão devidos, mas não poderão exceder à taxa legal prevista no art. 406 da mesma codificação (juros no mútuo oneroso ou feneratício).

b) *Juros moratórios* – Constituem um ressarcimento imputado ao devedor pelo descumprimento parcial da obrigação. Como regra geral, os juros moratórios são devidos desde a constituição em mora e independem da alegação e prova do prejuízo suportado (art. 407 do CC).

Antes de adentrar na relação entre os juros e o Código Civil, é de se apontar que os juros compensatórios e moratórios podem ser classificados em *convencionais* e *legais*. Os juros convencionais são aqueles estabelecidos pelas partes no instrumento negocial, decorrentes da autonomia privada, e que, na opinião doutrinária que sempre defendi, não podem exceder a taxa de até 24% (vinte e quatro por cento) anuais ou 2% (dois por cento) ao mês. Isso porque não se podem admitir a usura e o enriquecimento sem causa, este último vedado expressamente no art. 884 da codificação privada em vigor, o que sustento desde a minha dissertação de mestrado (TARTUCE, Flávio. *Função...*, 2005).

Ao lado desses, os juros podem ser também legais, caso as partes não convencionarem por instrumento obrigacional. Mesmo não sendo previstos pelas partes, os juros legais moratórios são devidos, nos termos originais do art. 406 do Código Civil, na taxa que "estiver em vigor para a mora do pagamento de impostos devidos à Fazenda Nacional". Pois bem, a dúvida que sempre existiu nos mais de vinte anos de vigência da atual codificação e em relação ao art. 406 do CC foi a seguinte: qual é a taxa prevista neste dispositivo?

Alguns juristas se posicionaram desde o início dos debates no sentido de essa taxa ser a Selic. Entretanto, outros sustentam a inconstitucionalidade dessa taxa, posição com a qual sempre estive filiado. Isso porque a dita taxa traz como conteúdo, além de juros, a correção monetária. Além disso, a referida taxa não constitui um parâmetro seguro para a fixação dos juros.

Vale esclarecer que a *correção monetária* visa tão somente a atualizar um valor no tempo, de acordo com índices oficiais. Os *juros* constituem uma remuneração diante da utilização de capital alheio. Assim, não se podem confundir os dois conceitos.

Entendo que, quanto ao art. 406 do CC, a melhor interpretação a ser dada era a consubstanciada no Enunciado n. 20 da *I Jornada de Direito Civil*, promovida pelo Conselho da Justiça Federal e pelo Superior Tribunal de Justiça. O teor do enunciado segue para uma melhor compreensão do tema:

> "A taxa de juros moratórios a que se refere o art. 406 é a do art. 161, § 1.º, do Código Tributário Nacional, ou seja 1% (um por cento) ao mês. A utilização da taxa Selic como índice de apuração dos juros legais não é juridicamente segura, porque impede o prévio conhecimento dos juros; não é operacional, porque o seu uso será inviável sempre que se calcularem somente juros ou somente correção monetária; é incompatível com a regra do art. 591 do novo Código Civil, que permite apenas a capitalização anual dos juros, e pode ser incompatível com o art. 192, § 3.º, da Constituição Federal, se resultarem juros reais superiores a 12% (doze por cento) ao ano".

CAP. 5 • DO INADIMPLEMENTO OBRIGACIONAL. DA RESPONSABILIDADE CIVIL CONTRATUAL | **223**

Esse enunciado doutrinário vinha sendo aplicado em vários julgados do Superior Tribunal de Justiça, inclusive para fins tributários. Por todos os inúmeros julgados anteriores que poderiam ser encontrados, transcreve-se o seguinte:

"Recurso especial – Taxa Selic – Ilegalidade – Juros de mora de 1% ao mês, contados a partir do trânsito em julgado. Determinando a lei, sem mais esta ou aquela, a aplicação da Taxa Selic em tributos, sem precisa determinação de sua exteriorização quântica, escusado obtemperar que mortalmente feridos se quedam os princípios tributários da legalidade, da anterioridade e da segurança jurídica. Fixada a taxa Selic por ato unilateral da Administração, além desses princípios, fica também vergastado o princípio da indelegabilidade de competência tributária. Se todo tributo deve ser definido por lei, não há esquecer que sua quantificação monetária ou a mera readaptação de seu valor, bem como os juros, devem ser, também, previstos por lei. 'A utilização da taxa Selic como índice de apuração dos juros legais não é juridicamente segura, porque impede o prévio conhecimento dos juros; não é operacional, porque seu uso será inviável sempre que se calcularem somente juros ou somente correção monetária; é incompatível com a regra do art. 591 do novo Código Civil, que permite apenas a capitalização anual dos juros, e pode ser incompatível com o art. 192, § 3.º, da Constituição Federal, se resultarem juros reais superiores a 12% (doze por cento) ao ano' (Enunciado n. 20, aprovado na *Jornada de Direito Civil* promovida pelo Centro de Estudos Judiciários do Conselho da Justiça Federal)" (STJ, REsp 432.823/BA (200200519026), 580.918 REsp, j. 16.09.2004, 2.ª Turma, Rel. Min. Eliana Calmon, *DJ* 29.11.2004, p. 274, Veja: STJ – REsp 198.693/SP, 200.226/SP, 153.513/RJ, AgRg no Ag 112.284/SP, 146.568/MG, STF – RE 92.400 (voto vencido), STJ – REsp 392.283/RS, 346.549/GO, EDcl no AgRg no REsp 220.796/RS, EDcl nos EREsp 126.751/SC, REsp 397.893/RJ).

De qualquer forma, esse entendimento estava longe de ser unânime. Na doutrina, consigne-se o posicionamento anterior contrário de Mário Luiz Delgado, que sempre defendeu a adoção da taxa SELIC e para quem "a aplicação da taxa SELIC, até mesmo para que se atenda à intenção do legislador no sentido de reduzir o inadimplemento contratual, penalizando com mais rigor o devedor moroso", seria mais coerente. Completa esse doutrinador que "os juros moratórios de 0,5% ao mês sempre foram apontados como causa de morosidade da Justiça, por constituir estímulo decisivo a que as partes, já condenadas ou sem possibilidade de êxito nas respectivas demandas, viessem a adiar o pagamento de seus débitos. Com o aumento dos juros de mora, certamente, haverá de priorizar o pagamento" (DELGADO, Mário Luiz. *Novo Código Civil...*, 2003, p. 363). Aliás, foi apresentada na *III Jornada de Direito Civil* do CJF/STJ proposta de cancelamento do Enunciado n. 20 e a sua substituição da taxa de 1% ao mês pela taxa SELIC. Naquela ocasião, não concordei com esse posicionamento e votei contra essa nova proposta de enunciado, que foi rejeitada por maioria. A aplicação da taxa prevista no CTN, assim, acabou prevalecendo inicialmente, nas *Jornadas de Direito Civil*.

A polêmica a respeito da aplicação do art. 406 do CC voltou à tona no ano de 2006, com o surgimento de julgados do próprio Superior Tribunal de Justiça entendendo pela aplicação da taxa SELIC e não da taxa fixa de 1% ao mês prevista no Código Tributário Nacional. Por todos esses julgados, transcreve-se o seguinte:

"Processo civil – FGTS – Tese não prequestionada – Súmula 282/STF – Taxa progressiva de juros – Súmula 154/STJ – Juros moratórios – Art. 406 do CC/2002 – Taxa Selic. 1. Aplica-se a Súmula 282/STF quando o Tribunal de origem não emite juízo de valor sobre a tese levantada no recurso especial. 2. Segue-se o enunciado da Súmula 154/STJ com relação aos juros progressivos. 3. O STJ vinha considerando devidos juros moratórios no percentual de 0,5% ao mês, a partir da citação (Súmula 163/STF), por se tratar de obrigação ilíquida (REsp 245.896/RS), sendo desinfluente o levantamento ou a disponibilização dos saldos antes do cumprimento da decisão (REsp 245.896/RS e 146.039/PE) e aplicados independentemente dos juros remuneratórios de que trata o art. 13 da Lei 8.036/1990. 4. Com o advento do novo Código Civil, quando não convencionados os juros moratórios, ou o forem sem taxa estipulada, ou quando provierem de determinação da lei, serão fixados segundo a taxa que estiver em vigor para a mora do pagamento de impostos devidos à Fazenda Nacional; por enquanto, a taxa SELIC (a partir da citação), com a advertência de que não pode ser ela cumulada com qualquer outro índice de correção monetária, porque já embutida no indexador. 5. Na hipótese dos autos, como a ação foi ajuizada antes da entrada em vigor do novo Código Civil, prevalecem as disposições do Código Civil pretérito. 6. Afasta-se a aplicação do CTN por não se tratar de relação jurídico-tributária. 7. Recurso especial provido em parte" (STJ, REsp 792.760/PE, 2.ª Turma, Rel. Min. Eliana Calmon, j. 21.02.2006, *DJ* 22.03.2006, p. 162).

Anote-se, assim, que existiam arestos posteriores daquele Tribunal Superior aplicando a taxa SELIC, o que para muitos era a posição majoritária na Corte. O que se conclui, portanto, é que se estava longe de um consenso sobre a taxa de juros moratórios legais prevista no art. 406 do CC/2002.

A questão sempre foi tão divergente naquela Corte Superior que, em agosto de 2013, foi publicada no *site* do Tribunal notícia com o título "SELIC ou não SELIC, eis a questão", com o fim de deixar clara toda a controvérsia sobre a matéria. Vejamos as informações elaboradas pela Coordenadoria de Editoria e Imprensa do STJ:

"Responsável pela estabilização da jurisprudência infraconstitucional, o Superior Tribunal de Justiça (STJ) retomou a discussão de uma questão controversa que já foi debatida diversas vezes em seus órgãos fracionários: a aplicação da taxa Selic nas indenizações civis estabelecidas judicialmente. (...). O problema é que existem duas correntes opostas sobre qual taxa seria essa, o que vem impedindo um entendimento uniforme sobre a questão. Em precedentes relatados pela Ministra Denise Arruda (REsp 830.189) e pelo Ministro Francisco Falcão (REsp 814.157), a Primeira Turma do STJ entendeu que a taxa em vigor para o cálculo dos juros moratórios previstos no art. 406 do CC é de 1% ao mês, nos termos do que dispõe o art. 161, § 1.º, do Código Tributário Nacional (CTN), sem prejuízo da incidência da correção monetária. Em precedentes relatados pelos Ministros Teori Zavascki (REsp 710.385) e Luiz Fux (REsp 883.114), a mesma Primeira Turma decidiu que a taxa em vigor para o cálculo dos juros moratórios previstos no art. 406 do CC é a Selic. A opção pela taxa Selic tem prevalecido nas decisões proferidas pelo STJ, como no julgamento do REsp 865.363, quando a Quarta Turma reformou o índice de atualização de indenização por danos morais devida à sogra e aos filhos de homem morto em atropelamento, que inicialmente seria de 1% ao mês, para adotar a correção pela Selic. Também no REsp 938.564, a Turma aplicou a Selic à indenização por danos materiais e morais devida a um homem que perdeu a esposa em acidente fatal ocorrido em hotel onde passavam lua de mel" (notícia disponível em: <http://www.stj.jus.br/portal_stj/publicacao/engine.wsp?tmp. area=398&tmp.texto=110825>. Acesso em: 5 set. 2013).

A notícia revelava que a divergência estaria em julgamento pela Corte Especial daquele Tribunal Superior. Já havia voto do relator, Ministro Luis Felipe Salomão, deduzindo que a taxa SELIC deve ser aplicada na relação jurídica de Direito Público relativa a créditos tributários ou a dívidas fazendárias. Porém, sustentou o julgador que não haveria razão para a sua incidência nas relações puramente privadas, nas quais "se faz necessário o cômputo justo e seguro da correção monetária e dos juros moratórios, atribuição essa que, efetivamente, a SELIC não desempenha bem".

Houve pedidos sucessivos de vista e, infelizmente, por maioria, julgou-se pela desafetação do tema, que voltou para ser julgado no âmbito da Quarta Turma da Corte. Tal julgamento se deu no ano de 2019, tendo sido assim ementado:

> "O STJ não pode transbordar daquilo que consta no acórdão recorrido e no recurso especial para julgar matéria não decidida pelas instâncias ordinárias, que não é objeto do recurso especial trazido a julgamento, sob pena de incorrer em (i) violação ao princípio *tantum devolutum quantum appellatum*, (ii) supressão de instância e (iii) decisão *extra petita*. Questão de ordem decidida para desafetar o recurso especial e devolvê-lo à Quarta Turma para julgamento" (STJ, REsp 1.081.149/RS, Corte Especial, Rel. Min. Luis Felipe Salomão, Rel. p/ Acórdão Min. Nancy Andrighi, j. 1.º.02.2019, *DJe* 18.06.2019).

Aguardava-se uma firme posição do STJ sobre o assunto, para que a questão encontrasse a esperada estabilidade, o que acabou não ocorrendo, nesta ocasião.

Porém, em 2021, a Quarta Turma resolveu novamente afetar o tema à Corte Especial do Tribunal, o que se deu no âmbito do Recurso Especial 1.795.982, levando-se em consideração que o seu resultado possivelmente entraria em conflito com o que foi decidido pela Corte Especial no EREsp 727.842, em que se aplicou a taxa SELIC para os juros moratórios dos tributos federais.

Esse julgamento teve início, em março de 2023, mais uma vez com voto do Ministro Luis Felipe Salomão, concluindo pela incidência da taxa de 1%. Em junho veio o voto do Ministro Raul Araújo, pela SELIC. Em agosto, houve retomada do julgamento, com o Ministro Humberto Martins seguindo a primeira corrente e o Ministro João Otávio de Noronha a segunda. Porém, a sua conclusão foi novamente adiada, diante do pedido do pedido de vistas do Ministro Benedito Gonçalves.

A questão foi então analisada em março de 2024, em polêmico julgamento, em que, por 6 votos a 5, a Corte Especial do STJ acolheu a tese pela aplicação da taxa SELIC para corrigir as dívidas civis, não se aplicando o entendimento majoritário da doutrina civilista, pela incidência da taxa de 1% ao mês. Apesar desse julgamento, foram suscitadas questões de ordem pelo Ministro Relator, Luis Felipe Salomão, o que gerou um intenso debate entre os julgadores.

Na sequência, houve um pedido de vista do Ministro Mauro Campbell, suspendendo-se mais uma vez o julgamento da temática, que somente foi retomado com a mudança trazida pela Lei 14.905/2024, resolvendo-se pela adoção da taxa SELIC, pois esse foi o critério do recente legislador pátrio. Nos termos do julgado, "a taxa a que se refere o art. 406 do Código Civil é a SELIC, sendo este o índice aplicável na correção monetária e nos juros de mora das relações civis". E mais:

> "É obrigatória a incidência da taxa SELIC na correção monetária e na mora, conjuntamente, sobre o pagamento de impostos devidos à Fazenda Nacional, sendo, pois, inconteste sua aplicação ao disposto no art. 406 do Código Civil de 2002. De fato, percebe-se que o legislador optou por não repetir a regra de taxa predeterminada para os juros moratórios, como o fazia expressamente o Código Civil de 1916, que aplicava a taxa de 6% por ano. Nesse contexto, tem-se a inaplicabilidade do normativo do Código Tributário Nacional, porque a SELIC é o principal índice oficial macroeconômico, definido e prestigiado pela Constituição da República, pelas Leis de Direito Econômico e Tributário invocadas e pelas autoridades competentes. Esse indexador rege a todo o sistema financeiro pátrio. Assim,

Se ainda estivesse aqui, com certeza, Orlando Gomes seria um dos maiores defensores do princípio da função social do contrato e das obrigações, vedando-se as desproporções obrigacionais que conduzam ao enriquecimento sem causa.

Em suma, faço minhas as palavras do mestre baiano, bem como as que seguem, dos também juristas baianos Pablo Stolze Gagliano e Rodolfo Pamplona Filho, que encaram o assunto de forma corajosa, e cujo teor merece um destaque especial:

> "Falar sobre a aplicação de juros na atividade bancária é adentrar em um terreno explosivo.
>
> De fato, fizemos questão de mostrar como a disciplina genérica do instituto, bem como as peculiaridades encontradas em uma relação jurídica especial, como a trabalhista, em que o próprio ordenamento reconhece as desigualdades dos sujeitos e busca tutelá-los de forma mais efetiva, reconhecendo que, mesmo ali, ainda é observada, no final das contas, a regra geral.
>
> Isso tudo para mostrar que 'há algo de errado no reino da Dinamarca' quando se fala da disciplina dos juros bancários no Brasil.
>
> Tal jocosa afirmação se dá pela circunstância de que, lamentavelmente, o Supremo Tribunal Federal, ao editar a Súmula 596, firmou entendimento no sentido de que 'as disposições do Decreto-lei 22.626 não se aplicam às taxas de juros e aos outros encargos cobrados nas operações realizadas por instituições públicas e privadas, que integram o Sistema Financeiro Nacional'.
>
> Em nosso entendimento, sob o argumento de que a atividade financeira é essencialmente instável, e que a imobilização da taxa de juros prejudicaria o desenvolvimento do País, inúmeros abusos são cometidos, em detrimento sempre da parte mais fraca, o correntista, o depositante, o poupador" (GAGLIANO, Pablo Stolze; PAMPLONA FILHO, Rodolfo. *Novo curso...*, 2003, p. 322).

Assim, na minha opinião doutrinária, deveria ser a Súmula 596 do Supremo Tribunal Federal imediatamente cancelada, tendo em vista a emergência do princípio da função social dos contratos, com o qual não pode conviver.

Esse cancelamento seria perfeitamente possível diante do entendimento do STF de aplicação do Código de Defesa do Consumidor aos contratos bancários mantidos com os correntistas. A ementa do julgado faz menção expressa ao controle dos juros pelo Poder Judiciário, particularmente diante das regras constantes do Código de Defesa do Consumidor e do Código Civil de 2002 que vedam a onerosidade excessiva, a desproporção negocial, a quebra do *sinalagma obrigacional*:

> "Código de Defesa do Consumidor – Art. 5.º, XXXII, da CF/1988 – Art. 170, V, da CF/1988 – Instituições financeiras – Sujeição delas ao Código de Defesa do Consumidor, excluídas de sua abrangência a definição do custo das operações ativas e a remuneração das operações passivas praticadas na exploração da intermediação de dinheiro na economia [art. 3.º, § 2.º, do CDC] – Moeda e taxa de juros. Dever-poder do Banco Central do Brasil. Sujeição ao Código Civil. 1. As instituições financeiras estão, todas elas, alcançadas pela incidência das normas veiculadas pelo Código de Defesa do Consumidor. 2. 'Consumidor', para os efeitos do Código de Defesa do Consumidor, é toda pessoa física ou jurídica que utiliza, como destinatário final, atividade bancária, financeira e de crédito. 3. O preceito veiculado pelo art. 3.º, § 2.º, do Código de Defesa do Consumidor deve ser interpretado em coerência com a Constituição, o que importa em que o custo das operações ativas e a remuneração das operações passivas praticadas por instituições financeiras na exploração da intermediação de dinheiro na economia estejam excluídos da sua abrangência. 4. Ao

Conselho Monetário Nacional incumbe a fixação, desde a perspectiva macroeconômica, da taxa-base de juros praticável no mercado financeiro. 5. O Banco Central do Brasil está vinculado pelo dever-poder de fiscalizar as instituições financeiras, em especial na estipulação contratual das taxas de juros por elas praticadas no desempenho da intermediação de dinheiro na economia. 6. Ação direta julgada improcedente, afastando-se a exegese que submete às normas do Código de Defesa do Consumidor [Lei 8.078/1990] a definição do custo das operações ativas e da remuneração das operações passivas praticadas por instituições financeiras no desempenho da intermediação de dinheiro na economia, sem prejuízo do controle, pelo Banco Central do Brasil, e do controle e revisão, pelo Poder Judiciário, nos termos do disposto no Código Civil, em cada caso, de eventual abusividade, onerosidade excessiva ou outras distorções na composição contratual da taxa de juros. Art. 192 da CF/1988. Norma-objetivo. Exigência de lei complementar exclusivamente para a regulamentação do Sistema Financeiro. 7. O preceito veiculado pelo art. 192 da Constituição do Brasil consubstancia norma-objetivo que estabelece os fins a serem perseguidos pelo sistema financeiro nacional, a promoção do desenvolvimento equilibrado do País e a realização dos interesses da coletividade. 8. A exigência de lei complementar veiculada pelo art. 192 da Constituição abrange exclusivamente a regulamentação da estrutura do sistema financeiro. Conselho Monetário Nacional. Art. 4.º, VIII, da Lei 4.595/1964. Capacidade normativa atinente à Constituição, funcionamento e fiscalização das instituições financeiras. Ilegalidade de resoluções que excedem essa matéria. 9. O Conselho Monetário Nacional é titular de capacidade normativa – a chamada capacidade normativa de conjuntura – no exercício da qual lhe incumbe regular, além da constituição e fiscalização, o funcionamento das instituições financeiras, isto é, o desempenho de suas atividades no plano do sistema financeiro. 10. Tudo o quanto exceda esse desempenho não pode ser objeto de regulação por ato normativo produzido pelo Conselho Monetário Nacional. 11. A produção de atos normativos pelo Conselho Monetário Nacional, quando não respeitem ao funcionamento das instituições financeiras, é abusiva, consubstanciando afronta à legalidade" (STF, ADI 2.591/DF, Tribunal Pleno, Rel. Min. Carlos Velloso, Rel. p/ Acórdão: Min. Eros Grau, j. 07.06.2006).

Ora, frise-se que o próprio acórdão menciona a necessidade de controle dos juros bancários pelo Poder Judiciário. Houve divergência, no julgamento, a respeito da forma desse controle.

Esperava-se que esse controle também atingisse as empresas administradoras de cartão de crédito, que, conforme a Súmula 283 do STJ, não estariam sujeitas à Lei de Usura ("as empresas administradoras de cartão de crédito são instituições financeiras e, por isso, os juros remuneratórios por elas cobrados não sofrem as limitações da Lei de Usura"). O mesmo deve ser dito quanto às novas Empresas Simples de Crédito, tratadas pela recente Lei Complementar 167/2019.

Repise-se o entendimento de que a Lei de Usura está em total sintonia com a proteção constante na Lei 8.078/1990 e do próprio Código Civil. Logicamente, se às instituições financeiras deverão ser aplicadas as regras do Código de Defesa do Consumidor, conforme a Súmula 297 do mesmo STJ, há um total dissenso neste enunciado daquele Tribunal. Aliás, parece-me que as Súmulas 297 e 283 do STJ entram em conflito entre si. Isso porque o Código de Defesa do Consumidor é aplicável às empresas de cartão de crédito, mas estas podem cobrar as taxas de juros que acharem mais convenientes.

Aprofundando o debate jurídico no tocante ao tema, pode ser encontrado na jurisprudência o reconhecimento da ilicitude dos contratos usurários, sendo reduzidos proporcionalmente os juros fixados ou declarando-se a nulidade dos pactos. Nesse sentido, vale transcrever duas ementas de julgados. A primeira é do Superior Tribunal de Justiça, que chega a limitar os juros bancários em 1% (um por cento) ao mês, nos casos de dívidas garantidas por cédulas de crédito rural, comercial e industrial. A segunda é do Tribunal de Justiça do Rio Grande do Sul, que tem o bom costume de limitar os juros bancários nesses mesmos parâmetros:

> "Comercial e processual civil – Nota de crédito comercial – Juros remuneratórios – Limitação em 12% – CDC – Aplicabilidade – Decreto-lei 413/1969, art. 5.º. I – Os bancos, como prestadores de serviços especialmente contemplados no art. 3.º, § 2.º, da Lei 8.078/1990, estão submetidos às disposições do Código de Defesa do Consumidor. II – A nota de crédito comercial, no tocante à limitação dos juros, tem a mesma disciplina da cédula de crédito rural (art. 5.º da Lei 6.840, de 03.11.1980 c/c o art. 5.º do Dec.-lei 413, de 09.01.1969). III – À míngua de fixação pelo CMN, incide a limitação de 12% ao ano prevista no Dec. 22.626/1933 (Lei de Usura), afastada a cobrança de comissão de permanência. IV – Se os encargos cobrados pela instituição financeira são abusivos, a ponto de inviabilizar o pagamento do montante devido e a quitação da dívida, com encargos adicionais calculados pelo método hamburguês e exigência de comissão de permanência em contratos regidos pelo Decreto-lei 413/1969, é indevida a cobrança de multa moratória. Precedente da 2.ª Seção, no EREsp 163.884, julgado em 23.05.2001" (STJ, AGREsp 253.953/RS (200000314544), 411.568 Agravo Regimental no Recurso Especial, 3.ª Turma, Rel. Min. Nancy Andrighi, j. 15.10.2001, *DJ* 19.11.2001, p. 262, *RSTJ* 151/238. Veja: (Limite de juros 12% ao ano – Omissão do CMN) STJ – REsp 303.572/MS, AGREsp 248.461/RS (é ilegal a cobrança da multa moratória) e REsp 251.072/RS, 163.884/RS, 156.788/RS, EREsp 163.884/RS).

> "Ação revisional de contrato bancário – Contrato de abertura de crédito, CPP eletrônico é crédito pessoal. Às relações bancárias aplica-se o CDC, impondo-se a limitação dos juros quando demonstrada excessiva onerosidade. Capitalização mensal afastada porque inexistente substrato legal expresso. Comissão de Permanência não incidente porque cláusula potestativa" (TJRS, 0539246NRO-PROC70001655182, Apelação, 15.ª Câmara Cível, Porto Alegre, Rel. Ricardo Raupp Ruschel, 30.05.2001).

Sobre a citada posição do Superior Tribunal de Justiça, aliás, anote-se a premissa número 14, constante da Edição n. 83 da sua ferramenta *Jurisprudência em Teses*, publicada em 2017. Conforme o seu teor, com a citação de vários precedentes sobre o assunto, "as cédulas de crédito rural, comercial e industrial submetem-se a regramento próprio (Lei 6.840/1980 e Decreto-lei 413/1969), que confere ao Conselho Monetário Nacional o dever de fixar os juros a serem praticados; no entanto, havendo omissão desse órgão, adota-se a limitação de 12% ao ano prevista no Decreto 22.626/1933 (Lei de Usura)". Como se percebe, a limitação fixada é clara, nos limites antes mencionados, devendo ser apenas atualizada com a recente Lei 14.905/2024, pela adoção da SELIC – IPCA.

O Tribunal de Justiça de Minas Gerais também tem limitado os juros cobrados pelas empresas de cartões de crédito, em patamares muito abaixo daqueles cobrados no mercado (10% a 12% ao mês). Entre as várias decisões, destaca-se a ementa seguinte, que limitou os juros em 1% ao mês, na vigência do Código Civil anterior:

> "Contrato de fornecimento de cartão de crédito – Juros remuneratórios – Limite legal – Anatocismo – Vedação. O cliente de empresa prestadora de serviços de cartão de crédito, que objetiva esclarecer a natureza e origem das expressões numéricas dos lançamentos efetuados pela instituição que oneraram seus débitos, tem interesse processual para propor ação de revisão contratual e repetição de indébito. A entidade que celebra pacto de fornecimento de cartão de crédito enquadra-se no conceito de 'fornecedor' constante da Lei 8.078/1990, ficando sujeita aos termos e condições contratuais nos limites impostos pela

CAP. 5 • DO INADIMPLEMENTO OBRIGACIONAL. DA RESPONSABILIDADE CIVIL CONTRATUAL | 233

mesma, coadunando, de igual modo, o cliente como consumidor, haja vista ser tomador do aludido crédito, segundo extensão preconizada pelo art. 29 desse mesmo diploma, encontrando-se protegido pelas práticas abusivas que se verificarem no âmbito da relação consumista. A despeito do julgamento da ADIN 4 do STF haver afastado a autoaplicabilidade do § 3.º do artigo 192 da Constituição Federal, os juros cobrados por empresa fornecedora de cartões de crédito permanecem limitados em 12% ao ano, mais correção monetária, tendo em vista o disposto no artigo 1.º do Decreto 22.626/1933 c/c o artigo 1.062 do Código Civil, em pleno vigor. Inexiste possibilidade jurídica em se incidir juros sobre juros em contratos de cartões de crédito, ainda que prevista expressamente no pacto celebrado entre as partes, em face do disposto no artigo 4.º da Lei de Usura e na Súmula 121 do Supremo Tribunal Federal" (TJMG, Acórdão 1.0145.03.068126-9/001, Rel. Otávio Pontes, j. 08.02.2006, publ. 31.03.2006).

Destaque-se, ainda, que o mesmo Superior Tribunal de Justiça fixou os juros cobrados por empresa de *factoring* em 12% (doze por cento) ao ano, antes das mudanças pela Lei 14.905/2024. Nesse sentido:

"Contrato de financiamento. Empresa de *factoring*. Limitação da taxa de juros. Incidência da Lei de Usura. Tratando-se de empresa que opera no ramo de *factoring*, não integrante do Sistema Financeiro Nacional, a taxa de juros deve obedecer à limitação prevista no art. 1.º do Decreto 22.626, de 07.04.1933. Recurso especial não conhecido" (STJ, REsp 330.845/RS, Recurso Especial 2001/0079550-1, 4.ª Turma, Rel. Min. Barros Monteiro (1089), j. 17.06.2003, *DJ* 15.09.2003, p. 322, *RSTJ* 180/432).

Mas, infelizmente, ainda é cedo para comemorar, pois não é esse o entendimento que predomina quanto às empresas bancárias e financeiras, inclusive pelo teor do posicionamento sumulado do Excelso Pretório, aqui já destacado, e que não foi cancelado; e também pelas recentes alterações legislativas.

Isso porque o Superior Tribunal de Justiça tem entendido, na maioria das vezes, que a norma que complementa o art. 192 da CF/1988, em sua redação atual, não é o Código Civil, a Lei de Usura ou o Código de Defesa do Consumidor, mas sim a Lei 4.595/1964, que confere ao Conselho Monetário Nacional o poder discricionário para estabelecer as taxas de juros, devendo ser observado o que foi pactuado entre as partes obrigacionais.

Já na vigência do Código Civil de 2002 e enfrentando a questão, esse foi o pronunciamento da Segunda Turma daquele Tribunal, no REsp 680.237/RS, de 14 de dezembro de 2005, que teve como relator o Ministro Aldir Passarinho Jr. Para o Ministro relator, mesmo para contratos de agentes do Sistema Financeiro Nacional celebrados posteriormente à vigência do atual Código Civil, que é lei ordinária, os juros remuneratórios não estão sujeitos à limitação prevista no art. 406 da atual codificação, devendo ser cobrados na medida em que ajustados pelas partes, entre os contratantes, na forma de acordo com o que prevê a lei que regulamenta o setor e "que lhes conferia idêntico tratamento antes do advento da Lei 10.406/2002, na mesma linha da Súmula 596 do STF".

Vale então deixar claro que, quanto à limitação dos juros, esse já era o entendimento consolidado do mesmo Superior Tribunal de Justiça:

"Civil e processual – Ação de revisão de contrato de financiamento – Descaracterização da cédula comercial – Súmula 7/STJ – Juros – Limitação (12% AA) – Lei de Usura (Decreto 22.626/33) – Não incidência – Aplicação da Lei 4.595/1964 – Disciplinamento legislativo posterior – Súmula 596-STF – Revisão de contrato – Possibilidade – Aplicação do CDC – Capitalização mensal dos juros – Vedação – Lei de Usura (Decreto 22.626/1933)

– Incidência – Súmula 121-STF – Comissão de permanência – Incidência – Período da inadimplência – Limite. I. A conclusão de que a cédula de crédito comercial representa mero financiamento não pode ser revista nesta instância, de acordo com a vedação da Súmula 7/STJ. II. Aplicam-se às instituições financeiras as disposições do Código de Defesa do Consumidor, no que pertine à possibilidade de revisão dos contratos, conforme cada situação específica. III. Não se aplica a limitação dos juros em 12% ao ano aos contratos de mútuo bancário. IV. Nesses mesmos contratos, ainda que expressamente acordada, é vedada a capitalização mensal dos juros, somente admitida nos casos previstos em lei, hipótese descaracterizada nos autos. Incidência do art. 4.º do Decreto 22.626/1933 e da Súmula 121-STF. V. segundo o entendimento pacificado na egrégia Segunda Seção (REsp 271.214/RS, Rel. p/ acórdão Min. Carlos Alberto Menezes Direito, por maioria, julgado em 12.03.2003), os juros remuneratórios serão devidos até o advento da mora, quando poderão ser substituídos pela comissão de permanência, calculada pela variação da taxa média do mercado, segundo as normas do Banco Central, limitada aos valores dos encargos do período de vigência do contrato, acrescida dos encargos da inadimplência e obser-vado o teor da Súmula 30-STJ. VI. Recurso especial conhecido em parte e, nessa parte, parcialmente provido" (STJ, Acórdão: REsp 492.907/RS (200300115385), 491.644 Recurso especial, 4.ª Turma, Rel. Min. Aldir Passarinho Junior, Data da decisão: 25.03.2003, *DJ* 23.06.2003, p. 386). Veja: (Taxa de juros – Limitação) STJ – REsp 176.322/RS, 189.426/RS, 164.935/RS, 181.932/RS (CDC – Aplicação aos contratos bancários) STJ – REsp 57.974/RS (*JTARS* 97/403), REsp 175.795/RS, 142.799/RS (Capitalização mensal dos juros) STJ – REsp 156.785/RS (*JBCC* 195/80), 208.838/RS, 193.160/RS, 212.321/RS (Comissão de Permanência) STJ – REsp 271.214/RS).

Sintetizando a minha opinião, com a emergência do Código Civil de 2002 e do prin-cípio da função social dos contratos e das obrigações, dever-se-ia entender que não poderão prevalecer as comuns abusividades cometidas pelos bancos e instituições financeiras.

A proteção das partes vulneráveis já se tornou patente com a promulgação do Código de Defesa do Consumidor e também é o *espírito* do atual Código Civil. Entretanto, o STJ, infelizmente, não tem sido guiado por esses argumentos em suas decisões. As instituições bancárias e financeiras continuam cobrando as já conhecidas taxas de mercado, que muitas vezes atingem valores astronômicos, de até 12% ao mês, ou seja, 144% ao ano.

Advirta-se que o próprio STJ tem entendido que há legitimidade para a cobrança dessas taxas de mercado, conforme a sua Súmula 530, de maio de 2015, que tem a seguinte redação: "nos contratos bancários, na impossibilidade de comprovar a taxa de juros efetiva-mente contratada – por ausência de pactuação ou pela falta de juntada do instrumento aos autos –, aplica-se a taxa média de mercado, divulgada pelo Bacen, praticada nas operações da mesma espécie, salvo se a taxa cobrada for mais vantajosa para o devedor".

Apesar de ser esse o entendimento majoritário naquela Corte, como bem destacou a Ministra Nancy Andrighi em voto prolatado no ano de 2012:

"Em matéria de contratos bancários, os juros remuneratórios são essenciais e prepon-derantes na decisão de contratar. São justamente essas taxas de juros que viabilizam a saudável concorrência e que levam o consumidor a optar por uma ou outra instituição financeira. Entretanto, apesar de sua irrefutável importância, nota-se que a maioria da população brasileira ainda não compreende o cálculo dos juros bancários. Vê-se que não há qual-quer esclarecimento prévio, tampouco se concretizou o ideal de educação do consumidor, previsto no art. 4.º, IV, do CDC. Nesse contexto, a capitalização de juros está longe de ser um instituto conhecido, compreendido e facilmente identificado pelo consumidor médio comum. A realidade cotidiana é a de que os contratos bancários, muito embora estejam

CAP. 5 • DO INADIMPLEMENTO OBRIGACIONAL. DA RESPONSABILIDADE CIVIL CONTRATUAL | 235

cada vez mais difundidos na nossa sociedade, ainda são incompreensíveis à maioria dos consumidores, que são levados a contratar e aos poucos vão aprendendo empiricamente com suas próprias experiências. A partir dessas premissas, obtém-se o padrão de comportamento a ser esperado do homem médio, que aceita a contratação do financiamento a partir do confronto entre taxas nominais ofertadas no mercado. Deve-se ainda ter em consideração, como medida da atitude objetivamente esperada de cada contratante, o padrão de conhecimento e comportamento do homem médio da sociedade de massa brasileira. Isso porque vivemos numa sociedade de profundas disparidades sociais, com relativamente baixo grau de instrução" (STJ, REsp 1.302.738/SC, 3.ª Turma, Rel. Min. Nancy Andrighi, j. 03.05.2012, *DJe* 10.05.2012, publicado no seu *Informativo* n. *496*).

Percebeu-se, em anos anteriores, que medidas do Poder Executivo acabaram por tentar reduzir as taxas de juros bancários em nosso país. Esperava-se que tal tarefa fosse desempenhada, antes do Executivo, pelo Poder Judiciário, o que não acabou ocorrendo. Infelizmente, as premissas constantes do voto da Ministra Nancy Andrighi acabaram não prevalecendo em nossas Cortes Superiores, que não cumpriram com sua função jurídica e social.

Para encerrar essa temática, vale lembrar que a recente Lei 14.905/2024 passou a prever expressamente que a Lei de Usura não se aplica às entidades bancárias e financeiras e a outras pessoas, o que tem o condão de supostamente encerrar o debate anterior dos limites dos juros, apesar de não se tratar de uma Lei Complementar.

Nos termos do antes citado art. 3.º dessa norma, não se aplica as limitações da Lei de Usura às obrigações: *a)* contratadas entre pessoas jurídicas; *b)* representadas por títulos de crédito ou valores mobiliários; *c)* contraídas perante instituições financeiras e demais instituições autorizadas a funcionar pelo Banco Central do Brasil; fundos ou clubes de investimento; sociedades de arrendamento mercantil e empresas simples de crédito e organizações da sociedade civil de interesse público que se dedicam à concessão de crédito; ou *d)* realizadas nos mercados financeiro, de capitais ou de valores mobiliários. Em certa medida, a nova norma, infelizmente, libera a usura no País, na cobrança de juros, retirando travas importantes para a concessão de créditos sem lastro.

Reitero que me preocupa muito a primeira previsão, no sentido de que a Lei de Usura, com a sua trava do dobro da taxa legal, não se aplica a qualquer contrato celebrado entre pessoas jurídicas. Penso que o impacto dessa previsão será muito negativo, até incentivando e liberando a *agiotagem* no País.

Superada essa discussão, é interessante comentar enunciados doutrinários aprovados nas *Jornadas de Direito Civil* do Conselho da Justiça Federal e do Superior Tribunal Justiça, que tratam da incidência dos juros, o que tanto interessa ao Direito Privado.

O primeiro diz respeito ao art. 405 do CC, pelo qual os juros de mora contam-se desde a citação inicial. Prevê o Enunciado n. 163 da *III Jornada* que: "a regra do art. 405 do novo Código Civil aplica-se somente à responsabilidade contratual, e não aos juros moratórios na responsabilidade extracontratual, em face do disposto no art. 398 do CC, não afastando, pois, o disposto na Súmula 54 do STJ". Por essa última súmula, no caso de ato ilícito, "os juros moratórios fluem a partir do evento danoso em caso de responsabilidade extracontratual".

Em edições anteriores desta obra, ressalvava que me filiava quase integralmente ao enunciado doutrinário. Isso porque cabia uma pequena ressalva de que, no caso de responsabilidade civil contratual, havendo mora de obrigação líquida e vencida, os juros devem ser contados a partir da data do inadimplemento, eis que há mora *solvendi ex re*, com a aplicação da máxima *dies interpellat pro homine*. Em suma, o art. 405 do CC deve incidir somente nos casos de obrigação líquida e não vencida.

A título de exemplo de incidência do último dispositivo, aresto do STJ acabou por concluir que, havendo abuso de mandato por desacerto contratual, em razão de o advogado ter repassado valores a menor para seu mandatário, o marco inicial dos juros moratórios é a data da citação (STJ, REsp 1.403.005/MG, 3.ª Turma, Rel. Min. Paulo de Tarso Sanseverino, j. 06.04.2017, *DJe* 11.04.2017).

No que diz respeito às obrigações líquidas e vencidas, na *V Jornada de Direito Civil* aprovou-se o seguinte enunciado, de autoria de Marcos Jorge Catalan: "os juros de mora, nas obrigações negociais, fluem a partir do advento do termo da prestação, estando a incidência do disposto no art. 405 da codificação limitada às hipóteses em que a citação representa o papel de notificação do devedor ou àquelas em que o objeto da prestação não tem liquidez" (Enunciado n. 428).

Essa forma de pensar foi confirmada pela Corte Especial do Superior Tribunal de Justiça, em julgamento publicado no seu *Informativo* n. *537*, de 2014. Consta da publicação:

> "Em ação monitória para a cobrança de débito decorrente de obrigação positiva, líquida e com termo certo, deve-se reconhecer que os juros de mora incidem desde o inadimplemento da obrigação se não houver estipulação contratual ou legislação específica em sentido diverso. De início, os juros moratórios são os que, nas obrigações pecuniárias, compensam a mora, para ressarcir o credor do dano sofrido em razão da impontualidade do adimplemento. Por isso, sua disciplina legal está inexoravelmente ligada à própria configuração da mora. (...). Aplica-se, assim, o disposto no art. 397 do CC, reconhecendo-se a mora a partir do inadimplemento no vencimento (*dies interpellat pro homine*) e, por força de consequência, os juros de mora devem incidir também a partir dessa data. Assim, nos casos de responsabilidade contratual, não se pode afirmar que os juros de mora devem sempre correr a partir da citação, porque nem sempre a mora terá sido constituída pela citação. (...). Precedentes citados: REsp 1.257.846/RS, 3.ª Turma, *DJe* 30.04.2012; e REsp 762.799/RS, 4.ª Turma, *DJe* 23.09.2010" (STJ, EREsp 1.250.382/PR, Rel. Min. Sidnei Beneti, j. 02.04.2014).

Em acórdão posterior, do ano de 2015, o mesmo Tribunal da Cidadania aplicou a premissa para contrato de prestação de serviços educacionais, ementando que "a mora *ex re* independe de qualquer ato do credor, como interpelação ou citação, porquanto decorre do próprio inadimplemento de obrigação positiva, líquida e com termo implementado. Precedentes. Se o contrato de prestação de serviço educacional especifica o valor da mensalidade e a data de pagamento, os juros de mora fluem a partir do vencimento das prestações, a teor do artigo 397 do Código Civil" (STJ, REsp 1.513.262/SP, 3.ª Turma, Rel. Min. Ricardo Villas Bôas Cueva, j. 18.08.2015, *DJe* 26.08.2015).

Em suma, no tocante ao início dos juros moratórios, ou seja, o termo *a quo* para a sua incidência, pode ser elaborado o seguinte quadro comparativo, levando-se em conta as três modalidades de mora do devedor antes estudadas:

Modalidade de mora	Início dos juros moratórios
Mora *ex re* ou automática.	Vencimento da obrigação (Enunciado n. 428 da *V Jornada de Direito Civil* e entendimento do STJ).
Mora *ex persona* ou pendente.	Citação (art. 405 do CC).
Mora presumida ou irregular.	Ocorrência do evento danoso (Súmula 54 do STJ).

CAP. 5 • DO INADIMPLEMENTO OBRIGACIONAL. DA RESPONSABILIDADE CIVIL CONTRATUAL | 237

Vale acrescentar que essa divisão quanto ao início de incidência dos juros moratórios parece ter sido adotada pelo vigente Código de Processo Civil. Isso porque o seu art. 240, *caput,* traz diferenças a respeito da constituição em mora do devedor. Conforme o preceito, "a citação válida, ainda quando ordenada por juízo incompetente, induz litispendência, torna litigiosa a coisa e constitui em mora o devedor, ressalvado o disposto nos arts. 397 e 398 da Lei 10.406, de 10 de janeiro de 2002". A menção aos dispositivos do Código Civil induz à diferenciação aqui exposta, na minha opinião.

O Projeto de Reforma do Código Civil também pretende adotar essa solução, na linha do CPC/2015, passando o seu art. 405 a prever que "contam-se os juros de mora, desde a citação inicial, ressalvadas as hipóteses previstas nos arts. 397 e 398 deste Código".

Pois bem, o terceiro enunciado doutrinário aprovado em *Jornada de Direito Civil* refere--se à questão de direito intertemporal, prescrevendo que, "tendo início a mora do devedor ainda na vigência do Código Civil de 1916, são devidos juros de mora de 6% ao ano até 10 de janeiro de 2003; a partir de 11 de janeiro de 2003 (data de entrada em vigor do novo Código Civil), passa a incidir o art. 406 do Código Civil de 2002" (Enunciado n. 164 da *III Jornada*).

Tendo em vista a *Escada Ponteana* e a regra do art. 2.035, *caput*, do CC, estudadas nos Volumes 1 e 3 da coleção, o teor do enunciado é plenamente correto. Isso porque, como os juros estão no plano da eficácia do negócio jurídico, deve ser aplicada a norma do momento dos efeitos obrigacionais. Isso faz que o cálculo dos juros seja fracionado, de acordo com a lei vigente. A jurisprudência, na maioria das vezes, tem seguido o entendimento consubstanciado nesse enunciado. Por todos:

> "Processual civil – Art. 535 do CPC – Omissão – Inexistência – Juros de mora – Arts. 406 do CC/2002 *e* 1.062 do CC/1916 – Direito intertemporal. 1. Não resta configurada ofensa ao art. 535 do CPC na hipótese em que a Corte de origem resolve a controvérsia de forma motivada e sem deixar de pronunciar-se sobre todos os aspectos relevantes ao deslinde do litígio, somente contrariando o interesse da parte. 2. Os juros de mora devem ser aplicados à taxa de 0,5% ao mês, na forma do *artigo 1.062 do antigo Código Civil* até a entrada em vigor do novo, quando deverá ser calculado à taxa de 1% ao mês (art. 406 do CC/2002). Precedentes. 3. 'O fato gerador do direito a juros moratórios não é a existência da ação e nem a condenação judicial (que simplesmente o reconheceu), e sim a demora no cumprimento da obrigação. Tratando-se de fato gerador que se desdobra no tempo, produzindo efeitos também após a prolação da sentença, a definição da taxa legal dos juros fica sujeita ao princípio de direito intertemporal segundo o qual *tempus regit actum*. Assim, os juros incidentes sobre a mora ocorrida no período anterior à vigência do novo Código Civil são devidos nos termos do Código Civil de 1916 os relativos ao período posterior, regem-se pelas normas supervenientes' (REsp 745.825/RS, Rel. Min. Teori Albino Zavascki, *DJU* 20.02.06). 4. Agravo regimental não provido" (STJ, AgRg-REsp 1.084.235/RJ, Processo 2008/0187044-0, 2.ª Turma, Rel. Min. José de Castro Meira, j. 06.11.2008, *DJe* 01.12.2008).

> "Embargos de declaração – Contradição – Ocorrência – Juros de mora. Termo inicial. Citação. Taxa de 6% ao ano até 10.1.03 e 1% ao mês a partir de 11.1.03. Artigo 1.062 do Código Civil de 1916 e art. 406 do Código Civil de 2002. C.C. *Art. 161, § 1.º, do Código Tributário Nacional*. Alteração do dispositivo. Embargos acolhidos" (TJSP, EDcl 1108006-7/01, Acórdão 3436023, 22.ª Câmara de Direito Privado, Ribeirão Preto, Rel. Des. Roberto Bedaque, j. 16.12.2008, *DJESP* 09.02.2009).

Por fim, a respeito do estudo do tema, não se pode esquecer que, ainda que não se alegue prejuízo, é obrigado o devedor aos juros da mora que serão contados tanto para as dívidas em dinheiro quanto para as prestações de outra natureza, uma vez que lhes esteja fixado o valor pecuniário por sentença judicial, arbitramento ou acordo entre as partes. Essa é a regra do art. 407 da atual codificação privada, que ressalta a natureza punitiva atribuída aos juros.

5.6   DA CLÁUSULA PENAL

A cláusula penal é conceituada como a penalidade, de natureza civil, imposta pela inexecução parcial ou total de um dever patrimonial assumido. Pela sua previsão no Código Civil, sua concepção está relacionada e é estudada como tema condizente ao inadimplemento obrigacional, entre os arts. 408 a 416. Desse modo, não há como afastar a relação entre a multa ou cláusula penal e os aspectos relacionados com o descumprimento de uma obrigação (responsabilidade civil contratual).

A cláusula penal é pactuada pelas partes no caso de violação da obrigação, mantendo relação direta com o princípio da autonomia privada, motivo pelo qual é também denominada *multa contratual* ou *pena convencional*. Trata-se de uma obrigação acessória que visa a garantir o cumprimento da obrigação principal, bem como fixar, antecipadamente, o valor das perdas e danos em caso de descumprimento.

Por ser acessória, aplica-se o princípio pelo qual a obrigação acessória deve seguir a principal (*princípio da gravitação jurídica*), fazendo com que no caso de nulidade do contrato principal a multa também seja declarada nula. Ao revés, cumpre lembrar que se somente a cláusula penal for nula, tal vício não atinge o contrato principal. A mesma regra também se aplica ao caso de anulabilidade da obrigação e do contrato, o que pode ser retirado do art. 184 do Código Civil.

De acordo com a melhor doutrina, a cláusula penal tem basicamente duas funções. Primeiramente, a multa funciona como uma coerção, para intimidar o devedor a cumprir a obrigação principal, sob pena de ter que arcar com essa obrigação acessória (caráter punitivo). Por derradeiro tem função de ressarcimento, prefixando as perdas e danos no caso de inadimplemento da obrigação.

De qualquer forma, apesar de ser essa a visão clássica, seguida por mim, Gustavo Tepedino aponta a tendência europeia de afastar o caráter punitivo da cláusula penal compensatória (Notas..., *Temas de direito...*, 2006, t. II, p. 47-50). Na doutrina contemporânea brasileira, também são contra o caráter punitivo da cláusula penal juristas como José Fernando Simão e Otávio Luiz Rodrigues, tendo sido essa característica afastada no julgamento do Superior Tribunal de Justiça sobre a *reversão ou inversão da cláusula penal*, do ano de 2019 e em repercussão geral, que ainda será a seguir analisado. O tema também foi amplamente debatido na *VIII Jornada de Direito Civil*, promovida pelo Conselho da Justiça Federal em 2018.

Enuncia o art. 408 do CC que "incorre de pleno direito o devedor na cláusula penal, desde que culposamente deixe de cumprir a obrigação ou se constitua em mora". Desse modo, a exemplo da mora e do inadimplemento absoluto do devedor, a incidência da cláusula penal exige a culpa genérica do sujeito passivo da obrigação, em regra.

Cumpre consignar que, aplicando a ideia constante desse dispositivo, vinha entendendo o Superior Tribunal de Justiça pelo *caráter duplo da penalidade* – para ambas as partes –, nos contratos bilaterais e onerosos, aqueles com direitos e deveres recíprocos. Isso mesmo se a multa estiver expressamente prevista para apenas um dos negociantes. Tem-se justamente o que se denomina na prática como *reversão ou inversão da cláusula penal*, tema intensamente debatido nos contratos de aquisição de imóveis na planta, uma vez que a multa

CAP. 5 • DO INADIMPLEMENTO OBRIGACIONAL. DA RESPONSABILIDADE CIVIL CONTRATUAL | **239**

moratória, na grande maioria das vezes, somente é imposta aos adquirentes, e não para as construtoras que atrasam a entrega da obra. Há, em outras palavras, uma *multa moratória unilateral* nesses negócios.

Como um dos primeiros precedentes sobre o tema, conforme julgado publicado no *Informativo* n. *484* do Tribunal: "cinge-se a questão em definir se a cláusula penal dirigida apenas ao promitente-comprador pode ser imposta ao promitente-vendedor ante o seu inadimplemento contratual. Na hipótese, verificou-se cuidar de um contrato bilateral, em que cada um dos contratantes é simultânea e reciprocamente credor e devedor do outro, oneroso, pois traz vantagens para os contratantes, comutativo, ante a equivalência de prestações. Com esses e outros fundamentos, a Turma deu provimento ao recurso para declarar que a cláusula penal contida nos contratos bilaterais, onerosos e comutativos deve aplicar-se para ambos os contratantes indistintamente, ainda que redigida apenas em favor de uma das partes" (STJ, REsp 1.119.740/RJ, Rel. Min. Massami Uyeda, j. 27.09.2011). Seguindo o mesmo caminho, entre os julgados mais recentes, da atual composição da Corte Superior:

> "A cláusula penal inserta em contratos bilaterais, onerosos e comutativos deve voltar-se aos contratantes indistintamente, ainda que redigida apenas em favor de uma das partes. É possível cumular a cláusula penal decorrente da mora com indenização por lucros cessantes pela não fruição do imóvel, pois aquela tem natureza moratória, enquanto esta tem natureza compensatória" (REsp 1536354/DF, 3.ª Turma, Rel. Min. Ricardo Villas Bôas Cueva, j. 07.06.2016, *DJe* 20.06.2016).

> "Seja por princípios gerais do direito, seja pela principiologia adotada no Código de Defesa do Consumidor, seja, ainda, por comezinho imperativo de equidade, mostra-se abusiva a prática de se estipular penalidade exclusivamente ao consumidor, para a hipótese de mora ou inadimplemento contratual, ficando isento de tal reprimenda o fornecedor – em situações de análogo descumprimento da avença. Assim, prevendo o contrato a incidência de multa moratória para o caso de descumprimento contratual por parte do consumidor, a mesma multa deverá incidir, em reprimenda do fornecedor, caso seja deste a mora ou o inadimplemento. Assim, mantém-se a condenação do fornecedor – construtor de imóveis – em restituir integralmente as parcelas pagas pelo consumidor, acrescidas de multa de 2% (art. 52, § 1.º, CDC), abatidos os aluguéis devidos, em vista de ter sido aquele, o fornecedor, quem deu causa à rescisão do contrato de compra e venda de imóvel" (REsp 955.134/SC, 4.ª Turma, Rel. Min. Luis Felipe Salomão, j. 16.08.2012, *DJe* 29.08.2012).

Em agosto de 2018, tive a honra e a oportunidade de participar de audiência pública convocada pelo Superior Tribunal de Justiça, para os fins de pacificação da matéria em sede de julgamento de recursos repetitivos para os contratos imobiliários (Temas 970 e 971).

A posição defendida – e compartilhada naquela ocasião pelo Professor Otávio Luiz Rodrigues – foi pela manutenção desse entendimento anterior, de *reversão ou inversão da cláusula penal* em face das construtoras inadimplentes, que atrasam a entrega das unidades, por *três argumentos principais*.

O primeiro deles diz respeito ao fato de a multa ser imposta unilateralmente pela construtora sem margem de negociação em contratos que são de adesão, o que contraria a função social do contrato. O segundo argumento está baseado na equidade contratual, concebida a partir do princípio da boa-fé objetiva, que exige um comportamento de lealdade dos participantes negociais (art. 422 do CC).

Nota-se que a lei é omissa quanto ao tema, devendo a hipótese ser resolvida com base nos princípios citados, o que tem por fundamento o art. 4.º da Lei de Introdução e o art.

8.º do CPC/2015. Por fim, pela ideia de sinalagma obrigacional, de proporcionalidade das prestações em tais contratos, não se pode admitir que a multa prevista para apenas uma das partes não tenha validade e eficácia para outra, conforme se retira dos julgados transcritos.

Pontue-se que, naquela oportunidade, de intenso debate técnico, o Professor José Fernando Simão defendeu tese interessante no sentido de ser a cláusula de multa unilateral nula de pleno direito, por infringência à função social do contrato, notadamente pelo que consta do art. 2.035, parágrafo único, do Código Civil, segundo o qual nenhuma convenção prevalecerá se contrariar preceitos de ordem pública, tais como aqueles relacionados a esse regramento. Na verdade, apesar de se posicionar contra a reversão da cláusula penal, a solução do jurista seria até pior para as construtoras, que não poderiam mais cobrar a multa moratória dos adquirentes.

Também foi exposto o argumento por alguns dos presentes, caso do Professor Daniel Boulos, de que a cláusula penal não pode ser presumida, decorrendo sempre da autonomia privada, o que afastaria totalmente a tese da sua reversão.

Em maio de 2019, a questão foi julgada de forma definitiva no âmbito do Tribunal da Cidadania, o que merece a devida análise (Temas 970 e 971, com repercussão geral – REsp 1.498.484/DF, 2.ª Seção, Rel. Min. Luis Felipe Salomão, j. 22.05.2019, *DJe* 25.06.2019, m.v.; e REsp 1.631.485/DF, 2.ª Seção, Rel. Min. Luis Felipe Salomão, j. 22.05.2019, *DJe* 25.06.2019, m.v., respectivamente).

Os acórdãos esclarecem que as teses alcançam apenas os negócios anteriores à nova lei que trata do tema, de 2018, e que ela não tem aplicação retroativa. Conforme trecho do voto do Ministro Relator, após citar farta doutrina sobre o tema, "penso que não se pode cogitar de aplicação simples e direta da nova Lei n. 13.786/18 para a solução de casos anteriores ao advento do mencionado Diploma Legal (retroatividade da lei, com consequente modificação jurisprudencial, com ou sem modulação). Ainda que se possa cogitar de invocação de algum instituto da nova lei de regência para auxiliar nas decisões futuras, e apenas como norte principiológico – pois haveria mesmo necessidade de tratamento mais adequado e uniforme para alguns temas controvertidos –, é bem de ver que a questão da aplicação ou não da nova legislação a contratos anteriores a sua vigência está a exigir, segundo penso, uma pronta solução do STJ, de modo a trazer segurança e evitar que os jurisdicionados que firmaram contratos anteriores sejam surpreendidos, ao arrepio do direito adquirido e do ato jurídico perfeito" (REsp 1.498.484/DF).

Sobre a inversão ou reversão da cláusula penal, a primeira tese fixada foi a de que "no contrato de adesão firmado entre o comprador e a construtora/incorporadora, havendo previsão de cláusula penal apenas para o inadimplemento do adquirente, deverá ela ser considerada para a fixação da indenização pelo inadimplemento do vendedor. As obrigações heterogêneas (obrigações de fazer e de dar) serão convertidas em dinheiro, por arbitramento judicial" (REsp 1.631.485/DF).

Como aqui defendido, o que se considerou no julgamento para a análise da abusividade não foi o fato de o contrato ser ou não de consumo, mas o seu caráter como negócio de adesão. Como expressamente consta do voto do Ministro Salomão, "nessa esteira, como bem abordado pelo jurista Flávio Tartuce na audiência pública levada a efeito, os contratos de aquisição imobiliária, para além de serem contratos de consumo ou não (como no caso de imóveis adquiridos por investidores), são usualmente de adesão, 'em que não há margem para negociação, ao passo que, pelo menos em regra, claro, existem exceções, as cláusulas são predispostas e são impostas ao adquirente'".

CAP. 5 · DO INADIMPLEMENTO OBRIGACIONAL. DA RESPONSABILIDADE CIVIL CONTRATUAL | **241**

Ao contrário do que alguns insistem em sustentar – por não admitirem a derrota da tese que defendem –, a Corte concluiu sim pela inversão da cláusula penal. Porém, adotando o entendimento exposto pelo Professor José Fernando Simão na citada audiência pública, a conclusão foi no sentido de não ser essa conversão da multa automática, ou seja, não se pode adotar exatamente o mesmo percentual fixado contra o consumidor em seu favor. Vejamos, nesse sentido, trecho da manifestação do jurista, citada nos acórdãos:

> "Se a construtora – e depois vou dar uma solução jurídica que me parece adequada – impuser – e segundo o Professor Flávio Tartuce, eventualmente, indevidamente – uma cláusula penal em desfavor do consumidor, o problema é que a previsão de descumprimento daquela cláusula penal é para a prestação do consumidor. Invertê-la em desfavor da construtora é ignorar a natureza jurídica das prestações. As prestações não são iguais. Inversão de cláusula penal é criar cláusula penal em desfavor de alguém desconsiderando a diferença de prestações: dar e fazer, dar e não fazer ou fazer e não fazer. Defendeu a nulidade da cláusula abusiva, por ineficácia ou invalidação, no lugar da inversão pretendida pelo recorrente".

Reitere-se que José Fernando Simão defendia a tese de nulidade da cláusula penal, por ser unilateral e violadora da função social do contrato (art. 2.035, parágrafo único, do Código Civil), o que foi adotado apenas no voto vencido da Ministra Maria Isabel Gallotti. Reitere-se que esse entendimento também é bem plausível e poderia trazer um impacto econômico até maior para as construtoras e incorporadoras vendedoras. Todavia, foi adotada a sua posição no julgamento final de que a inversão não poderia ser automática e com o mesmo parâmetro, pela diferença das naturezas das obrigações, conforme consta da tese transcrita.

A título de exemplo, geralmente os contratos fixam uma cláusula penal por inadimplemento dos consumidores entre 1% e 2% do valor total do contrato. Como não há previsão dessa penalidade pelo atraso na entrega do imóvel, uma vez que é o vendedor quem impõe todo o conteúdo do contrato e por óbvio não colocará tal previsão em seu desfavor, é imperioso inverter essa multa. Em regra, o percentual que consta do instrumento vale como parâmetro, incidindo mensalmente sobre o valor total do contrato.

Entretanto, em sendo essa penalidade excessiva – como será em muitos casos de inversão automática –, caberá a sua diminuição, tendo como fundamento a redução equitativa da cláusula penal, prevista no art. 413 do Código Civil, que ainda será devidamente analisado. Concretizando, imagine-se que o valor do contrato é de R$ 500.000,00 e há atraso na entrega do apartamento e ausência de multa em face do vendedor, prevendo o contrato multa de 2% a ser invertida, o que gerará o direito a um valor de R$ 10.000,00 por mês de atraso em benefício do comprador. Como se verá, da outra tese firmada pelo STJ nesse emblemático julgamento, essa multa serve para reparar os locatícios, ou seja, os lucros cessantes suportados pelos adquirentes, na locação de outro imóvel. Por óbvio, que o valor é excessivo, eis que um imóvel desse valor é alugado entre R$ 1.000,00 e R$ 2.500,00, o que depende da região e da cidade onde se encontra.

Esclareça-se que, no nosso entendimento, cabe ao vendedor – que deu causa ao inadimplemento e não incluiu a cláusula de penalidade em violação à boa-fé e à função social do contrato – comprovar que o valor da inversão automática da cláusula penal está exagerado, em regra, por laudo pericial de especialista no mercado imobiliário onde se encontra o bem imóvel. Não havendo tal comprovação, vale o parâmetro estabelecido no instrumento, ou seja, a inversão será automática.

Pois bem, a segunda tese fixada pelo Superior Tribunal de Justiça foi no sentido de que "a cláusula penal moratória tem a finalidade de indenizar pelo adimplemento tardio da obrigação, e, em regra, estabelecida em valor equivalente ao locativo, afasta-se sua cumulação com lucros cessantes" (REsp 1.498.484/DF, 2.ª Seção, Rel. Min. Luis Felipe Salomão, j. 22.05.2019, *DJe* 25.06.2019 – Tema 970, m.v.). É preciso também esclarecer o conteúdo dessa afirmação, tendo em vista os debates que foram travados na audiência pública da qual participamos e os próprios teores dos acórdãos. A tese fixada foi apenas para os negócios em questão, não atingindo outros contratos.

O que acabou prevalecendo foi o entendimento do saudoso Professor Sylvio Capanema, de que a cláusula penal fixada contra o adquirente tem natureza moratória, mas, caso invertida, passa a ser uma multa compensatória.

Vejamos novos trechos dos votos do Ministro Relator: "Sylvio Capanema, também comungando da opinião revelada pelos outros expositores, afirmou a natureza compensatória da cláusula penal, traduzindo sua cumulação com lucros cessantes, ou com qualquer outra verba a título de perdas e danos, em um *bis in idem* repudiado pela ordem jurídica brasileira. Asseverou que a cláusula penal não é punitiva, mas, ao contrário, substitui a obrigação que visa garantir, não havendo, portanto, como cumulá-la com qualquer outra análoga a perdas e danos, sob pena de enriquecimento indevido do próprio credor". E, mais à frente: "como é notório e bem exposto em audiência pública pelo jurista Sylvio Capanema de Souza, habitualmente, nos contratos de promessa de compra e venda, há cláusula estabelecendo multa que varia de 0,5% a 1% do valor total do imóvel a cada mês de atraso, pois representa o aluguel que o imóvel alugado, normalmente, produziria ao locador".

Tal posição convenceu-me, não sendo possível a cumulação da cláusula penal compensatória com os lucros cessantes, pelo que consta do art. 410 do Código Civil, que ainda será aqui estudado: "quando se estipular a cláusula penal para o caso de total inadimplemento da obrigação, esta converter-se-á em alternativa a benefício do credor". Pelo teor do preceito, não cabe a cumulação de cláusula penal com perdas e danos, pelo menos em regra, o que também se retira do parágrafo único do art. 416 da própria codificação ("ainda que o prejuízo exceda ao previsto na cláusula penal, não pode o credor exigir indenização suplementar se assim não foi convencionado. Se o tiver sido, a pena vale como mínimo da indenização, competindo ao credor provar o prejuízo excedente").

Ao final, parece-me que o Superior Tribunal de Justiça chegou a um correto e justo equilíbrio no julgamento das duas questões relativas à cláusula penal nos negócios imobiliários, e que tais posições não só podem, como devem guiar as interpretações de conteúdo da Lei 13.786/2018 que, infelizmente e como se verá a seguir, distanciou-se da equidade, beneficiando sobremaneira a parte mais forte da avença, a construtora ou incorporadora.

Exposta essa controvérsia, um dos temas mais atuais relativos à cláusula penal, sabe-se que a multa admite uma classificação de acordo com aquilo com que mantém relação. No caso de mora ou inadimplemento parcial, é denominada *multa moratória* enquanto no caso de inexecução total obrigacional, é denominada *multa compensatória*, conforme o art. 409 do CC.

Na esteira da melhor doutrina e jurisprudência, apenas a multa compensatória tem a função de antecipar as perdas e danos. Conforme se extrai de outro julgamento do Superior Tribunal de Justiça:

> "Enquanto a cláusula penal compensatória funciona como prefixação das perdas e danos, a cláusula penal moratória, cominação contratual de uma multa para o caso de mora, serve apenas como punição pelo retardamento no cumprimento da obrigação. A cláusula penal

CAP. 5 · DO INADIMPLEMENTO OBRIGACIONAL. DA RESPONSABILIDADE CIVIL CONTRATUAL | 243

moratória, portanto, não compensa o inadimplemento, nem substitui o adimplemento, não interferindo na responsabilidade civil correlata, que é decorrência natural da prática de ato lesivo ao interesse ou direito de outrem. Assim, não há óbice a que se exija a cláusula penal moratória juntamente com o valor referente aos lucros cessantes" (STJ, REsp 1.355.554/RJ, Rel. Min. Sidnei Beneti, j. 06.12.2012, publicado no seu *Informativo* n. *513*).

Nos termos do art. 412 da atual codificação privada, que reproduz o art. 920 do CC/1916, o limite da cláusula penal é o valor da obrigação principal, o que confirma o seu caráter acessório. Tal valor não pode ser excedido e, se isso acontecer, o juiz pode determinar, em ação proposta pelo devedor, a sua redução. A meu ver, pela regra contida nesse dispositivo, pode ser subentendido o princípio da função social dos contratos e da obrigação, cabendo eventual decretação *ex officio* da redução.

Fernando Noronha demonstra muito bem a relação dessa previsão com a função social do contrato e das obrigações, citando o *princípio da equivalência contratual*, argumento com o qual se concorda:

> "Em leis avulsas, são comuns os preceitos que refletem o princípio da equivalência, com destaque para aqueles que limitam o valor de cláusulas penais, sobretudo moratórias (Decreto 22.626/1933, art. 9.º; Decreto-lei 58/1938, art. 11, *f*; Lei 6.766/1979, art. 26, V etc.), e para aqueles que impõem a redução de prestações vincendas, no caso de pagamento antecipado (Decreto 22.626/1933, art. 7.º, § 2.º). O Código de Defesa do Consumidor veio acrescentar preceitos significativos, alguns novamente sobre multas de mora (art. 52, § 1.º) e liquidação antecipada de débitos (art. 52, § 2.º), outros inovadores, como aquele que nas compras e vendas e nas alienações fiduciárias considera 'nulas de pleno direito as cláusulas que estabeleçam a perda total das prestações pagas em benefício do credor que, em razão do inadimplemento, pleitear a resolução do contrato e a retomada do produto alienado' (art. 53)" (NORONHA, Fernando. *O direito...*, 1994, p. 222).

Mas fica a dúvida: o limite do art. 412 do CC aplica-se tanto à multa moratória quanto à multa compensatória? O meu entendimento é que não, pois quanto à multa moratória filia-se à corrente que afirma que o limite para os contratos civis é de 10% (dez por cento) sobre o valor da dívida, conforme previsto nos arts. 8.º e 9.º da Lei de Usura (Decreto-lei 22.626/1933). Para os contratos de consumo, o limite para a cláusula penal moratória é de 2% (dois por cento), segundo o art. 52, § 1.º, da Lei 8.078/1990.

Aliás, cite-se a Súmula 285 do Superior Tribunal de Justiça, nos seguintes termos: "nos contratos bancários posteriores ao Código de Defesa do Consumidor incide a multa moratória nele prevista". No caso de dívidas condominiais, o teto da penalidade decorrente do atraso também é de 2% (dois por cento), conforme o art. 1.336, § 1.º, do CC, nos casos de inadimplementos ocorridos na vigência da codificação de 2002, conforme vem entendendo o Superior Tribunal de Justiça (por todos, ver: REsp 665.470/SP, Rel. Min. Jorge Scartezzini, 4.ª Turma, j. 16.02.2006, *DJ* 13.03.2006, p. 327).

Com relação à multa compensatória, prevista para os casos de inadimplemento absoluto da obrigação, aí sim merece subsunção a regra do art. 412 do CC, sendo o valor da obrigação principal o limite para a sua fixação. Tal *teto* vale tanto para os contratos civis quanto para os contratos de consumo, em *diálogo das fontes*.

Isso ocorre porque as consequências da mora são menores do que as do inadimplemento, do ponto de vista do credor, devendo a multa moratória ser fixada em montante menor do que a multa compensatória. Reforçando, o limite da multa moratória em, no máximo,

10% (dez por cento) sobre o valor do débito afasta o enriquecimento sem causa, com base no princípio da função social dos contratos e da obrigação.

Apesar de ser esse o meu entendimento, a questão é bem controvertida na doutrina. Entre os civilistas da geração contemporânea, a título de exemplo, Jorge Cesa Ferreira da Silva entende que o art. 412 do CC se aplica tanto à multa moratória quanto à compensatória. São suas palavras, demonstrando a existência da controvérsia, ao citar a doutrina que entende de outra forma, na esteira do que aqui foi sustentado:

"O texto do art. 412 não se restringe às cláusulas penais compensatórias, muito embora parecesse ser essa a sua destinação natural, haja vista que, para as cláusulas penais moratórias, o limite da obrigação principal se mostre, em si mesmo, excessivo. Com a Lei da Usura, defendeu Pontes de Miranda essa posição. O art. 920 do Código de 1916 limitaria as multas compensatórias, ao passo que o art. 9.º da Lei de Usura, ao impor o limite de dez por cento, vigoraria para as penas moratórias (ob. cit., p. 78-79). Segue-o, recentemente, Judith Martins-Costa (ob. cit., p. 454-455). No entanto, como visto nos comentários ao art. 408, não é aceitável a aplicação geral dos arts. 8.º e 9.º da Lei de Usura, restringindo-se estes ao mútuo. Desse modo, à exceção dos preceitos específicos que limitam a abrangência das cláusulas penais em determinados contratos, o art. 412 deve ser entendido como o único texto normativo básico acerca do limite geral da cláusula penal. Aplica-se, portanto, às cláusulas penais compensatórias e moratórias, ainda que, para cada uma, acabe por envolver naturezas distintas" (SILVA, Jorge Cesa Ferreira da. *Inadimplemento...*, 2006, p. 266).

Como restou claro, não se filia a esse entendimento, pois o art. 412 do CC/2002 se restringe à multa compensatória.

Frise-se que a minha posição é no sentido de que o limite da multa compensatória em 100% da dívida, ou seja, no que corresponder ao valor da obrigação principal, vale tanto para os contratos civis quanto os de consumo. Porém, em havendo excesso em qualquer um desses negócios, caberá a sua redução equitativa, nos termos do art. 413 do Código Civil, a seguir estudado.

Nessa linha, cite-se recente julgado do Superior Tribunal de Justiça que fez incidir a norma para contrato de consumo e segundo o qual, "na hipótese em exame, o valor da multa penitencial, de 25 a 100% do montante contratado, transfere ao consumidor os riscos da atividade empresarial desenvolvida pelo fornecedor e se mostra excessivamente onerosa para a parte menos favorecida, prejudicando o equilíbrio contratual. É equitativo reduzir o valor da multa aos patamares previstos na Deliberação Normativa n.º 161 de 09.08.1985 da EMBRATUR, que fixa o limite de 20% do valor do contrato às desistências, condicionando a cobrança de valores superiores à efetiva prova de gastos irrecuperáveis pela agência de turismo" (STJ, REsp 1.580.278/SP, 3.ª Turma, Rel. Min. Nancy Andrighi, j. 21.08.2018, *DJe* 03.09.2018).

Por fim quanto ao comando, no Projeto de Reforma do Código Civil há uma proposta de apenas se incluir um parágrafo único no seu art. 412, para os fins de se prever que o citado limite não se aplica à multa cominatória ou *astreintes*, o que vem em boa hora: "a limitação prevista no *caput* não se aplica à multa cominatória".

Adentrando na análise de um dos mais importantes dispositivos da norma civil brasileira, a norma que mantém maior relação com o princípio da função social dos contratos, na sua eficácia interna (entre as partes contratantes), é o art. 413 do CC/2002, que traz inovação parcial importantíssima. É a redação desse dispositivo, sendo interessante confrontá-lo com o seu correspondente na codificação anterior, o art. 924 do CC/1916:

CAP. 5 • DO INADIMPLEMENTO OBRIGACIONAL. DA RESPONSABILIDADE CIVIL CONTRATUAL | 245

Código Civil de 2002	Código Civil de 1916
Art. 413. A penalidade **deve** ser reduzida equitativamente pelo juiz se a obrigação principal tiver sido cumprida em parte, ou se o montante da penalidade **for manifestamente excessivo**, tendo-se em vista a natureza e a finalidade do negócio.	**Art. 924.** Quando se cumprir em parte a obrigação, poderá o juiz reduzir proporcionalmente a pena estipulada para o caso de mora, ou de inadimplemento.

A novidade está no fato de que o art. 924 do CC/1916 somente previa a redução proporcional havendo mora ou inadimplemento, ou seja, sendo cumprida em parte a obrigação. Além dessa redução, o art. 413 do CC/2002 consagra, ainda, a redução motivada na equidade quando a multa for excessivamente onerosa. Por fim, o atual dispositivo estabelece que o magistrado tem o *dever* de reduzir a multa.

Deve-se concluir que se trata de outra norma de ordem pública, cabendo a decisão de redução *ex officio* pelo magistrado, independentemente de arguição pela parte. Sendo norma de ordem pública, não cabe a sua exclusão por força de pacto ou contrato, visto que a autonomia privada encontra limitações nas normas cogentes de ordem pública.

Esse posicionamento é também defendido pela Professora Maria Helena Diniz, que vê no art. 413 uma norma de *jus cogens,* apesar de uma pequena corrente doutrinária que entende justamente o contrário (*Curso...*, 2002, p. 389). Essa visão da previsão de redução, como norma de ordem pública, é ainda defendida por Pablo Stolze Gagliano e Rodolfo Pamplona Filho, uma vez que esses autores salientam o *dever* de o juiz reduzir a multa exagerada, afastando-se a onerosidade excessiva (*Novo curso...*, 2003, p. 346).

A possibilidade de reconhecimento de ofício do exagero da cláusula penal, com a consequente redução equitativa, foi confirmada na *IV Jornada de Direito Civil*, com a aprovação do Enunciado n. 356, nos seguintes termos: "nas hipóteses previstas no art. 413 do Código Civil, o juiz deverá reduzir a cláusula penal de ofício". O autor do enunciado é Christiano Cassettari, que procurou associar o dispositivo à função social dos contratos em suas justificativas:

"O artigo 413 do Código Civil vigente veio substituir o artigo 924 do Código Civil de 1916, que trata da redução da cláusula penal. O artigo da novel legislação utilizou-se de linguagem diferenciada da norma do código revogado, o que nos parece demonstrar uma substancial modificação acerca do tema. Enquanto o artigo 924 do Código de 1916 determinava que o juiz *poderia* reduzir a cláusula penal, a atual legislação estipula que o magistrado *deve* reduzi-la. Isto demonstra o imperativo da norma que obrigará o magistrado a efetuar a redução da cláusula penal de ofício, se ocorrer algumas das hipóteses descritas no artigo 413 do Código Civil. Comunga deste entendimento a professora Judith Martins-Costa, ao afirmar que: 'No novo Código, demais disto, a redução, nestas hipóteses, não configura 'faculdade' do juiz, à qual corresponderia, para o devedor, mero interesse ou expectativa: ao contrário, constitui *dever do julgador*, ao qual corresponde, para o devedor, verdadeira pretensão que, violada, dá ensejo ao direito subjetivo de ver reduzida a cláusula. Trata-se, portanto, de evidente ampliação do poder-dever de *revisar o negócio* que, no Direito contemporâneo, tem sido progressivamente confiado ao juiz, mas que encontra raízes históricas nas construções dos canonistas medievais'. Ademais, a redução equitativa da cláusula penal é forma a permitir que o contrato possa atingir sua função social, preconizada no art. 421 do Código vigente, princípio este que foi elevado à categoria de preceito de ordem pública pelo parágrafo único do artigo 2.035 do referido Código. Em razão disto, leciona o professor Gustavo Tepedino que: 'Com a evolução dos princípios fundamentais do regime contratual, especialmente a partir da CF, doutrina e jurisprudência foram progressivamente alterando a interpretação do art. 924 do CC/1916, passando a considerá-lo imperativo, ou seja, insuscetível de ser afastado pela vontade das partes, ou pelo magistrado, a quem se tornou impositivo – e não mais apenas facultativo – a utilização do critério da proporcionalidade'. Continua o referido professor carioca dizendo que: 'Tais foram os antecedentes justificadores do art. 413 do Código Civil de 2002, o qual, seguindo a tendência jurisprudencial, tornou-o imperativo, atribuindo ao juiz o *dever* (*não mais a faculdade*) de aplicar o mecanismo em exame, e com equidade, aludindo ainda o codificador à finalidade do negócio, como forma de aferir se no caso concreto há compatibilidade funcional entre a cláusula penal e os fins perseguidos pelas partes'. Estes são os motivos pelos quais o magistrado, no atual sistema, tem o dever de reduzir a cláusula penal de ofício nos casos do art. 413 do Código Civil".

Destaque-se que tais entendimentos de Christiano Cassettari foram publicados, conforme sua dissertação de mestrado defendida na PUCSP (*Multa...*, *Teoria...*, 2009). Como não poderia ser diferente, votei favoravelmente à proposta na *IV Jornada de Direito Civil*, tendo sido um dos principais defensores nos debates a respeito do tema.

No âmbito prático, nossos Tribunais vêm aplicando essa redução da cláusula penal, a fim de evitar a onerosidade excessiva e o enriquecimento sem causa, especialmente da parte mais forte da relação obrigacional. Vale conferir, de início, entre os julgados mais antigos:

> "Ação de rescisão contratual – Compra e venda de imóvel – Inadimplência do comprador – Devolução imediata das parcelas pagas – Possibilidade – Redução da cláusula penal – Equilíbrio contratual – Percentual retido a título de fruição do bem – Juros de mora a partir da citação. Cabe ao Poder Judiciário, no entanto, a revisão de cláusula penal que prevê a perda integral ou quase integral dos valores pagos, revelando-se excessivamente onerosa para uma das partes e gerando enriquecimento sem a outra" (TAMG, Acórdão 0424950-5, Apelação Cível, 2003, 3.ª Câmara Cível, Uberlândia, Rel. Juíza Selma Marques, j. 11.02.2004, não publicado, v.u.).

Da jurisprudência mais próxima do Tribunal de Justiça de São Paulo, podem ser colacionados, ilustrando a efetiva aplicação do art. 413 do Código Civil:

> "Desconstituição de venda e compra por arrependimento com pedido contraposto de nulidade do ato por coação – Inexistência de coação capaz de viciar a vontade dos réus contratantes – análise dos artigos 151 a 153 do Código Civil – Com doutrina e jurisprudência aplicáveis – A exigência de negócio casado entre a venda que se fazia e a compra objeto da ação, ainda que tivesse sido comprovada, não caracterizaria coação e defeito do ato jurídico – Especialmente se, como no caso, os réus compradores são proprietários rurais e afeitos aos negócios – Inexistência de coação – Procedência da ação e improcedência do pedido contraposto bem determinada pela r. sentença – Recurso improvido no particular – Cláusula penal. O art. 413 do Código Civil determina que o valor econômico da cláusula penal deverá ser reduzido como medida de equidade e justiça, não se tratando de mera faculdade, mas de imposição que dispensa inclusive pedido expresso da parte por ser disposição legal de ordem pública. Cláusula penal por arrependimento que foi fixada excessivamente em 50% do valor do negócio e deve ser reduzida para 10% por medida de equidade. Recurso provido para tal finalidade, com sucumbência recíproca" (TJSP, Apelação 686.473.4/6, Acórdão 4224685, 4.ª Câmara de Direito Privado, Adamantina, Rel. Des. Maia da Cunha, j. 26.11.2009, *DJESP* 18.12.2009).

> "Embargos de declaração – Fundamentos da decisão recorrida – Multa reduzida nos termos do artigo 413 do Código Civil – Multa diária excessivamente onerosa. Redução

CAP. 5 · DO INADIMPLEMENTO OBRIGACIONAL. DA RESPONSABILIDADE CIVIL CONTRATUAL | 247

para 10% sobre o valor total do débito, levando em conta a boa-fé objetiva, o princípio da proporcionalidade e da função social do contrato, consoante dispõe o art. 413 do Código Civil. Embargos acolhidos, sem efeito modificativo" (TJSP, Embargos de Declaração 1146963-1/01, Acórdão 4068821, 20.ª Câmara de Direito Privado, São Paulo, Rel. Des. José Maria Câmara Junior, j. 02.09.2009, *DJESP* 29.09.2009).

Ainda a ilustrar, aplicando a redução de ofício, podem ser encontrados outros tantos julgamentos dos nossos Tribunais Estaduais (por todos: TJDF, Recurso 2013.03.1.016451-5, Acórdão 810.855, 4.ª Turma Cível, Rel. Des. Arnoldo Camanho de Assis, *DJDFTE* 21.08.2014, p. 119; TJSP, Apelação 9289640-96.2008.8.26.0000, Acórdão 7751970, 12.ª Câmara Extraordinária de Direito Privado, São Paulo, Rel. Des. Tercio Pires, j. 08.08.2014, *DJESP* 15.08.2014; TJMG, Apelação Cível 1.0144.07.022262-1/001, Rel. Des. Tiago Pinto, j. 07.08.2014, *DJEMG* 14.08.2014; TJPR, Apelação Cível 1146438-3, 12.ª Câmara Cível, Castro, Rel. Juíza Conv. Ângela Maria Machado Costa, *DJPR* 04.06.2014, p. 480; TJGO, Agravo de Instrumento 0032149-38.2014.8.09.0000, 5.ª Câmara Cível, Rio Verde, Rel. Des. Alan Sebastião de Sena Conceição, *DJGO* 03.04.2014, p. 237 e TJSC, Apelação Cível 2012.060303-0, 3.ª Câmara de Direito Civil, Lages, Rel. Des. Maria do Rocio Luz Santa Ritta, j. 05.03.2013, *DJSC* 08.03.2013, p. 137).

Na mesma linha, em aresto do Superior Tribunal de Justiça do ano de 2012, concluiu o Ministro Paulo de Tarso Sanseverino que "a redução da cláusula penal preserva a função social do contrato na medida em que afasta o desequilíbrio contratual e seu uso como instrumento de enriquecimento sem causa" (STJ, REsp 1.212.159/SP, Rel. Min. Paulo de Tarso Sanseverino, j. 19.06.2012, publicado no *Informativo* n. *500*). Ou, mais recentemente, conforme acórdão relatado pela Ministra Nancy Andrighi, "no atual Código Civil, o abrandamento do valor da cláusula penal em caso de adimplemento parcial é norma cogente e de ordem pública, consistindo em dever do juiz e direito do devedor a aplicação dos princípios da função social do contrato, da boa-fé objetiva e do equilíbrio econômico entre as prestações, os quais convivem harmonicamente com a autonomia da vontade e o princípio *pacta sunt servanda*" (STJ, REsp 1.641.131/SP, 3.ª Turma, Rel. Min. Nancy Andrighi, j. 16.02.2017, *DJe* 23.02.2017).

Da Quarta Turma da Corte merece ser destacado o seguinte acórdão, de relatoria do Ministro Luis Felipe Salomão, que segue o mesmo entendimento:

> "Sob a égide do Código Civil de 2002, a redução da cláusula penal pelo magistrado deixou, portanto, de traduzir uma faculdade restrita às hipóteses de cumprimento parcial da obrigação (artigo 924 do Código Civil de 1916) e passou a consubstanciar um poder/dever de coibir os excessos e os abusos que venham a colocar o devedor em situação de inferioridade desarrazoada. Superou-se, assim, o princípio da imutabilidade absoluta da pena estabelecida livremente entre as partes, que, à luz do código revogado, somente era mitigado em caso de inexecução parcial da obrigação. O controle judicial da cláusula penal abusiva exsurgiu, portanto, como norma de ordem pública, objetivando a concretização do princípio da equidade – mediante a preservação da equivalência material do pacto – e a imposição do paradigma da eticidade aos negócios jurídicos. Nessa perspectiva, uma vez constatado o caráter manifestamente excessivo da pena contratada, deverá o magistrado, independentemente de requerimento do devedor, proceder à sua redução, a fim de fazer o ajuste necessário para que se alcance um montante razoável, o qual, malgrado seu conteúdo sancionatório, não poderá resultar em vedado enriquecimento sem causa" (STJ, REsp 1.447.247/SP, 4.ª Turma, Rel. Min. Luis Felipe Salomão, j. 19.04.2018, *DJe* 04.06.2018).

Como se observa, não há inconveniente algum na inovação, diante de aplicação costumeira de nossos tribunais quanto à redução da multa, principalmente no caso de locação de imóvel urbano, pela regra específica que consta do art. 4.º, *caput*, da Lei 8.245/1991. Destaque-se que a norma foi alterada pela Lei 12.112/2009, nos fins que interessam para o presente capítulo.

O art. 4.º da Lei de Locação prescrevia, em sua redação original, que "durante o prazo estipulado para a duração do contrato, não poderá o locador reaver o imóvel alugado. O locatário, todavia, poderá devolvê-lo, pagando a multa pactuada segundo a proporção prevista no art. 924 do Código Civil e, na sua falta, a que foi judicialmente estipulada". Como se sabe, o art. 924, antes referenciado, era dispositivo do CC/1916, que equivale ao art. 413 do CC/2002.

Esse preceito da Lei de Locação foi alterado pela Lei 12.112/2009, passando a estabelecer que, "durante o prazo estipulado para a duração do contrato, não poderá o locador reaver o imóvel alugado. O locatário, todavia, poderá devolvê-lo, pagando a multa pactuada, proporcionalmente ao período de cumprimento do contrato, ou, na sua falta, a que for judicialmente estipulada". Como se pode notar, a alteração principal é que não há mais menção ao art. 924 do Código Civil de 1916, mas apenas à redução da cláusula penal proporcionalmente ao cumprimento do contrato. Porém, mesmo com a alteração do texto legal, o art. 413 do Código Civil de 2002 deve completar a regra da multa locatícia contra o locatário.

De toda sorte, relembre-se que na *III Jornada de Direito Civil* foi aprovado o Enunciado n. 179, segundo o qual "a regra do art. 572 do novo CC é aquela que atualmente complementa a norma do art. 4.º, 2.ª parte, da Lei 8.245/1991 (Lei de Locações), balizando o controle da multa mediante a denúncia antecipada do contrato de locação pelo locatário durante o prazo ajustado". Naquele evento, votei contrariamente ao enunciado doutrinário. Primeiro, porque, conforme antes exposto, o art. 924 do Código Civil de 1916 equivale ao art. 413 do atual Código Civil. Segundo, porque a redução da multa exagerada é um dever do magistrado e não uma faculdade conforme consta do art. 572 do Código Civil de 2002 ("se a obrigação de pagar o aluguel pelo tempo que faltar constituir indenização excessiva, será facultado ao juiz fixá-la em bases razoáveis").

Em suma, o enunciado doutrinário anterior desprezava essa correlação entre os dispositivos dos dois Códigos CC/1916 e CC/2002, ao mesmo tempo em que contrariava a função social dos contratos, uma vez que um dos principais aspectos desse princípio é a redução equitativa da cláusula penal como um dever do magistrado (redução *ex officio*).

Justamente por isso, na *IV Jornada de Direito Civil,* propus o cancelamento do Enunciado n. 179, a ser substituído por outro que estabelecesse que o art. 413 do CC/2002 é o que complementa a segunda parte do art. 4.º da Lei de Locação. Foi o que ocorreu, pois foi aprovado, por maioria de votos, o Enunciado n. 357 do CJF/STJ, com a seguinte redação: "o art. 413 do Código Civil é o que complementa o art. 4.º da Lei 8.245/1991. Revogado o Enunciado n. 179 da *III Jornada*".

Além do argumento de violação à função social dos contratos, foram utilizadas, na ocasião, outras teses de direito intertemporal. A primeira tese é de que o art. 572 do Código de 2002 é norma especial, devendo ser aplicada à locação de coisas que segue a codificação privada. Assim sendo, para a locação de imóvel urbano deveria ser aplicado o art. 413 do Código, dispositivo equivalente, em parte, ao art. 924 do CC/1916 anteriormente mencionado no art. 4.º da Lei 8.245/1991. A segunda premissa está relacionada com o art. 2.046 do atual Código Civil, importante norma de direito intertemporal a seguir transcrita:

"Art. 2.046. Todas as remissões, em diplomas legislativos, aos Códigos referidos no artigo antecedente, consideram-se feitas às disposições correspondentes deste Código".

CAP. 5 • DO INADIMPLEMENTO OBRIGACIONAL. DA RESPONSABILIDADE CIVIL CONTRATUAL | **249**

Este último comando legal está prevendo que todas as remissões constantes em leis especiais em relação ao Código Civil de 1916 e ao Código Comercial (mencionados no art. 2.045 do Código de 2002) devem ser tidas como feitas aos dispositivos correspondentes ao novo Código Civil. Ora, o art. 4.º da Lei de Locação fazia referência ao art. 924 do CC/1916 que equivale parcialmente ao art. 413 do CC/2002, o que pode ser conferido por meio de um bom *Código Civil confrontado*. O art. 572 do CC/2002 não tem correspondente na codificação anterior. Em conclusão, o enunciado anterior desprezava essa correlação, o que justificou o seu cancelamento pelos doutrinadores presentes na *IV Jornada de Direito Civil*, no ano de 2006.

Partindo para a análise da efetividade do princípio da função social dos contratos – que também se aplica à locação imobiliária –, no art. 413 do CC/2002 se encontra mais um conceito que mantém relação com a *ontognoseologia* jurídica de Miguel Reale, particularmente com a teoria tridimensional do direito. Isso porque o dispositivo determina a possibilidade de redução razoável da multa, em uma análise sociológica do contrato e do direito. Aliás, para a redução da cláusula penal, prevê a parte final do comando legal que devem ser levadas em conta a finalidade e a utilidade da cláusula penal e do contrato. A função que o contrato assume perante o meio que o cerca do mesmo modo deve servir de parâmetro para que o juiz reduza a multa.

Em suma, entendo que a redação dada à Lei de Locação pela Lei 12.112/2009 não afasta a incidência do art. 413 do Código Civil de 2002 à multa locatícia, sendo perfeitamente possível a redução por equidade da cláusula penal. De outra forma, pode-se afirmar que o Enunciado n. 357 do CJF, da *IV Jornada de Direito Civil*, ainda tem incidência prática. Concluindo dessa forma, da recente jurisprudência estadual cumpre destacar, por todos os numerosos arestos:

"Ação de cobrança. Locação de imóvel. Prazo de vigência ajustado em dez (10) anos. Denúncia imotivada do contrato locatício pela inquilina. Multa pela rescisão antecipada que se mostra devida por força contratual e legal, porém, de forma proporcional ao período em que não vigorou o negócio jurídico. Aplicação do artigo 4.º, *caput*, da Lei n.º 8.245/91 e do artigo 413 do Código Civil. Recurso desprovido" (TJSP, Apelação 1075179-89.2015.8.26.0100, Acórdão 10115616, 28.ª Câmara de Direito Privado, São Paulo, Rel. Des. Dimas Rubens Fonseca, j. 31.01.2017, *DJESP* 06.02.2017).

"Direito civil e processual civil. Ação monitória. Locação. Aditivo contratual. Multa moratória. Validade. Valor excessivo. Redução. Art. 413, CC. Apelo parcialmente provido. 1. Ação monitória ajuizada buscando o recebimento de aluguéis, taxa de condomínio, tarifa de energia elétrica, multa contratual e honorários decorrentes de contrato de locação. 1.1. Apelo contra sentença que julgou parcialmente procedentes os embargos à monitória. 1.2. Insurgência da parte autora quanto à não aplicação da multa pelo atraso na entrega do imóvel, prevista em contrato aditivo. 2. Em virtude da natureza e características do contrato de locação, não se aplicam as disposições do Código de Defesa do Consumidor para o fim de afastar a multa moratória. 3. A multa para o caso de entrega do imóvel locado além do prazo estipulado é válida e deve produzir efeitos, porque pactuada livremente e isenta de qualquer defeito, na forma dos artigos 138 e seguintes do Código Civil. 3.1. Precedente do STJ: (...) A cobrança da multa moratória cumulada com compensatória, prevista no contrato de locação, originadas de fatos geradores distintos, não caracteriza *bis in idem*. (...) (REsp 487.572/PR, Rel. Ministro Arnaldo Esteves Lima, Quinta Turma, julgado em 05.10.2006, *DJ* 23.10.2006, p. 346). 4. O art. 413 do Código Civil autoriza o julgador a reduzir a multa, se a obrigação tiver sido cumprida em parte ou se o montante da penalidade for manifestamente excessivo, tendo-se em vista a natureza e a finalidade do negócio. 4.1. Na hipótese, o montante de três meses de alugueres a título de multa revela-se excessivo, tendo-se em conta que a locatária pagou grande parte dos encargos decorrentes do contrato de locação. 5. Sentença parcialmente reformada para ser acrescida à condenação a multa moratória prevista no aditivo contratual; porém, reduzida para o valor correspondente a 2 (dois) meses de aluguel. 6. Apelo parcialmente provido" (TJDF, Apelação Cível 2014.07.1.014152-7, Acórdão 988.258, 2.ª Turma Cível, Rel. Des. João Egmont Leoncio Lopes, j. 14.12.2016, *DJDFTE* 25.01.2017).

"Ação de cobrança. Alegação de decadência feita com base no parágrafo único, art. 324, do Código Civil. Inaplicabilidade. Rescisão prematura de contrato de locação. Multa. Excesso. Redução. O prazo previsto no parágrafo único, art. 324, do Código Civil só se aplica para os casos em que a dívida encontra-se representada em título. Se o locatário prematuramente extingue contrato de locação, ele tem o dever de pagar multa destinada a compensar os prejuízos causados ao locador em razão deste fato. Se a multa prevista no contrato se mostra excessiva deverá haver redução, conforme art. 413 do Código Civil" (TJMG, Apelação Cível 1.0024.11.210358-5/001, Rel. Des. Pedro Bernardes, j. 02.02.2016, *DJEMG* 19.02.2016).

No mesmo sentido, e mais recentemente, do Superior Tribunal de Justiça, citando o meu posicionamento:

"Como o artigo 924 do Código Civil de 1916 (indicado na Lei do Inquilinato) equivale ao artigo 413 do novel *Codex*, o critério da proporcionalidade matemática, dantes adotado para a redução judicial de cláusula penal inserta em contrato de locação, foi também substituído pelo critério da equidade corretiva. Inteligência do Enunciado 357 da *IV Jornada de Direito Civil* promovida pelo Conselho da Justiça Federal. Na espécie, o pacto locatício, celebrado em 13.4.2006, previa que, em havendo a devolução da loja pela locatária, antes do término do prazo de 36 (trinta e seis) meses (contados a partir de 1º.5.2006), esta obrigar-se-ia ao pagamento de multa compensatória no valor equivalente a 6 (seis) aluguéis (fl. 164), ou seja, R$ 10.260,00 (dez mil, duzentos e sessenta reais).Diferentemente da proporcionalidade matemática adotada pela Corte estadual – que reduziu a multa para 2,34 aluguéis, por terem sido cumpridos 14 (catorze) meses da relação jurídica obrigacional, faltando 22 (vinte e dois) meses para o encerramento regular do ajuste –, o caso reclama a observância do critério da equidade, revelando-se mais condizente a redução para 4 (quatro) aluguéis, dadas as peculiaridades do caso concreto" (STJ, REsp 1.353.927/SP, 4.ª Turma, Rel. Min. Luis Felipe Salomão, j. 17.05.2018, *DJe* 11.06.2018).

Este último *decisum* demonstra que a tese aqui defendida ganhou grande adesão jurisprudencial, para os devidos fins práticos.

Na verdade, o art. 413 do CC/2002 foi um dos mais discutidos na *IV Jornada de Direito Civil*, com a aprovação de cinco enunciados doutrinários. Assim, além dos dois outros enunciados examinados (Enunciados ns. 356 e 357), outros três devem ser estudados, eis que com grande repercussão para a prática do Direito Privado.

O primeiro deles é o Enunciado n. 355 do CJF/STJ, também proposto por Christiano Cassettari, preceituando que "não podem as partes renunciar à possibilidade de redução da cláusula penal se ocorrer qualquer das hipóteses previstas no art. 413 do Código Civil, por se tratar de preceito de ordem pública". O autor do enunciado, como não poderia ser diferente, fundamentou a sua proposta na função social dos pactos e no art. 2.035, parágrafo único, do CC (CASSETTARI, Christiano. *Multa...*, 2009, p. 95-96).

De fato, como o art. 413 é norma de ordem pública, qualquer cláusula de renúncia ao que nele consta deve ser tida como nula. Por isso, filiei-me de forma integral à proposta de enunciado, votando favoravelmente ao seu conteúdo quando da *IV Jornada de Direito Civil*. Destaque-se que, naquela ocasião, fui igualmente um dos seus principais defensores, pois o con-

CAP. 5 • DO INADIMPLEMENTO OBRIGACIONAL. DA RESPONSABILIDADE CIVIL CONTRATUAL | 251

teúdo do enunciado exprime muito bem a eficácia interna da função social dos contratos, entre as partes contratantes e os limites de intervenção do juiz nas obrigações (*dirigismo contratual*).

De acordo com o Enunciado n. 358 do CJF/STJ, "o caráter manifestamente excessivo do valor da cláusula penal não se confunde com a alteração de circunstâncias, a excessiva onerosidade e a frustração do fim do negócio jurídico, que podem incidir autonomamente e possibilitar sua revisão para mais ou para menos". O autor desse enunciado doutrinário é o jurista Otávio Rodrigues Jr., sendo o seu teor bem interessante.

Por certo é que o valor excessivo da cláusula penal não se confunde com os institutos apontados no enunciado. A alteração das circunstâncias e a excessiva onerosidade constituem outras espécies jurídicas, também a motivar a revisão ou resolução da obrigação e do contrato (arts. 317 e 478 do CC e art. 6.º, inc. V, do CDC). A frustração do fim do negócio está presente quando o contrato perde a sua razão de ser, cabendo a sua resolução. Nesse sentido, prevê o Enunciado n. 166 do CJF/STJ que "a frustração do fim do contrato, como hipótese que não se confunde com a impossibilidade da prestação ou com a excessiva onerosidade, tem guarida no Direito brasileiro pela aplicação do art. 421 do Código Civil". A frustração do fim do contrato, portanto, tem relação com a eficácia interna da função social do contrato, como reconhece Antonio Junqueira de Azevedo, em atualização à obra de Orlando Gomes (GOMES, Orlando. *Contratos...*, 2007, p. 51).

O último enunciado doutrinário da *IV Jornada* relativo ao art. 413 do CC é o de número 359, *in verbis*: "a redação do art. 413 do Código Civil não impõe que a redução da penalidade seja proporcionalmente idêntica ao percentual adimplido". Segundo o seu proponente, Jorge Cesa Ferreira da Silva:

> "A pena deve ser reduzida equitativamente. Muito embora a 'proporcionalidade' faça parte do juízo de equidade, ela não foi referida no texto e tal circunstância não é isenta de conteúdo normativo. Ocorre que o juízo de equidade é mais amplo do que o juízo de proporcionalidade, entendida esta como 'proporcionalidade direta' ou 'matemática'. Assim, por exemplo, se ocorreu adimplemento de metade do devido, isso não quer dizer que a pena prevista deve ser reduzida em 50%. Serão as circunstâncias do caso que determinarão. Entrarão em questão os interesses do credor, não só patrimoniais, na prestação, o grau de culpa do devedor, a situação econômica deste, a importância do montante prestado, entre outros elementos de cunho valorativo" (FERREIRA, Jorge Cesa da Silva. *Inadimplemento...*, 2006, p. 273).

Nesse ponto tem total razão o jurista gaúcho. Por isso é que também esse enunciado contou com o meu apoio total na *IV Jornada de Direito Civil*, realizada em outubro de 2006.

Consigne-se que a última ementa doutrinária se aplica à multa locatícia contra o locatário, que não obrigatoriamente deve ser reduzida pela estrita proporcionalidade ao montante cumprido pelo contrato. Em suma, a nova redação dada ao art. 4.º da Lei de Locação pela Lei 12.112/2009 não afasta a sua incidência no campo doutrinário e jurisprudencial.

Ainda a ilustrar, não fazendo incidir a redução estritamente proporcional da cláusula penal, vejamos *decisum* do Superior Tribunal de Justiça, relativo à redução da multa em contrato entre o apresentador Celso de Freitas e a Rede Globo de Televisão:

> "Recurso especial. Código Civil. Contrato com cláusula de exclusividade celebrado entre rede de televisão e apresentador (âncora) de telejornal. Art. 413 do CC. Cláusula penal expressa no contrato. 1. A cláusula penal é pacto acessório, por meio do qual as partes determinam previamente uma sanção de natureza civil – cujo escopo é garantir o cumprimento da obrigação principal –, além de estipular perdas e danos em caso de inadimplemento parcial ou total de

um dever assumido. Há dois tipos de cláusula penal, o vinculado ao descumprimento total da obrigação e o que incide quando do incumprimento parcial desta. A primeira é denominada pela doutrina como compensatória e a segunda como moratória. 2. A redução equitativa da cláusula penal a ser feita pelo juiz quando a obrigação principal tiver sido cumprida em parte não é sinônimo de redução proporcional. A equidade é cláusula geral que visa a um modelo ideal de justiça, com aplicação excepcional nos casos legalmente previstos. Tal instituto tem diversas funções, dentre elas a equidade corretiva, que visa ao equilíbrio das prestações, exatamente o caso dos autos. 3. Correta a redução da cláusula penal em 50%, visto que o critério adotado pelo Código Civil de 2002 é o da equidade, não havendo falar em percentual de dias cumpridos do contrato. No caso, as rés informaram à autora sobre a rescisão contratual quando os compromissos profissionais assumidos com outra emissora de televisão já estavam integralmente consolidados. 4. Entender de modo contrário, reduzindo a cláusula penal de forma proporcional ao número de dias cumpridos da relação obrigacional, acarretaria justamente extirpar uma das funções da cláusula penal, qual seja, a coercitiva, estimulando rupturas contratuais abruptas em busca da melhor oferta do concorrente e induzindo a prática da concorrência desleal. 5. Sob a vigência do Código Civil de 1916, era facultado ao magistrado reduzir a cláusula penal caso o adimplemento da obrigação fosse tão somente parcial, ao passo que no vigente Código de 2002 se estipulou ser dever do juiz reduzir a cláusula penal, se a obrigação principal tiver sido cumprida em parte, ou se o montante da penalidade for manifestamente excessivo, afastando-se definitivamente o princípio da imutabilidade da cláusula penal. A evolução legislativa veio harmonizar a autonomia privada com o princípio da boa-fé objetiva e função social do contrato, instrumentário que proporcionará ao julgador a adequada redução do valor estipulado a título de cláusula penal, observada a moldura fática do caso concreto. 6. No caso ora em exame, a redução da cláusula penal determinada pelas instâncias inferiores ocorreu em razão do cumprimento parcial da obrigação. Ainda que se considere a cláusula penal em questão como compensatória, isso não impossibilita a redução do seu montante. Houve cumprimento substancial do contrato então vigente, fazendo-se necessária a redução da cláusula penal. (...)" (STJ, REsp 1.186.789/ RJ, 4.ª Turma, Rel. Min. Luis Felipe Salomão, j. 20.03.2014, *DJe* 13.05.2014).

Destaque-se, mais recentemente, o acórdão relatado pela Ministra Nancy Andrighi, aqui outrora citado, segundo o qual "a redução da cláusula penal é, no adimplemento parcial, realizada por avaliação equitativa do juiz, a qual relaciona-se à averiguação proporcional da utilidade ou vantagem que o pagamento, ainda que imperfeito, tenha oferecido ao credor, ao grau de culpa do devedor, a sua situação econômica e ao montante adimplido, além de outros parâmetros, que não implicam, todavia, necessariamente, uma correspondência exata e matemática entre o grau de inexecução e o de abrandamento da multa" (STJ, REsp 1.641.131/SP, 3.ª Turma, Rel. Min. Nancy Andrighi, j. 16.02.2017, *DJe* 23.02.2017). Como se pode notar, o grande mérito do último aresto é o de trazer alguns critérios complementares para a redução da multa.

Do mesmo ano, o caso Latino *x* Rede TV, igualmente com menção ao nosso trabalho, constando da ementa do aresto o seguinte:

"A multa contratual deve ser proporcional ao dano sofrido pela parte cuja expectativa fora frustrada, não podendo traduzir valores ou penas exorbitantes ao descumprimento do contrato. Caso contrário, poder-se-ia consagrar situação incoerente, em que o inadimplemento parcial da obrigação se revelasse mais vantajoso que sua satisfação integral. Outrossim, a redução judicial da cláusula penal, imposta pelo artigo 413 do Código Civil nos casos de cumprimento parcial da obrigação principal ou de evidente excesso do valor fixado, deve observar o critério da equidade, não significando redução proporcional. Isso porque a equidade é cláusula geral que visa a um modelo ideal de justiça, com aplicação

CAP. 5 • DO INADIMPLEMENTO OBRIGACIONAL. DA RESPONSABILIDADE CIVIL CONTRATUAL | 253

excepcional nas hipóteses legalmente previstas. Tal instituto tem diversas funções, dentre elas a equidade corretiva, que visa ao equilíbrio das prestações" (STJ, REsp 1.466.177/SP, 4.ª Turma, Rel. Min. Luis Felipe Salomão, j. 20.06.2017, *DJe* 1.º.08.2017).

Ao final, a multa contratual, fixada em R$ 1 milhão, foi reduzida à metade pelos julgadores.

Ainda sobre o art. 413, *na V Jornada de Direito Civil* (2011) foi dado um passo importante quanto à sua abrangência, aprovando-se proposta doutrinária sobre a sua subsunção no âmbito trabalhista. Nesse sentido, vejamos a ementa do juiz do trabalho e professor Marcelo Moura: "as multas previstas nos Acordos e Convenções Coletivas de Trabalho, cominadas para impedir o descumprimento das disposições normativas constantes desses instrumentos, em razão da negociação coletiva dos sindicatos e empresas, têm natureza de cláusula penal e, portanto, podem ser reduzidas pelo juiz do trabalho quando cumprida parcialmente a cláusula ajustada, ou quando se tornarem excessivas para o fim proposto, nos termos do art. 413 do Código Civil" (Enunciado n. 429). Diante da necessária interação entre o Direito Civil e o Direito Trabalho, tendência dos tribunais trabalhistas, o enunciado em questão merece apoio e elogios.

Como outro aspecto a ser destacado sobre o art. 413 do Código Civil, sabe-se que a Lei 13.786/2018, conhecida como "Lei dos Distratos", antes citada, estabelece penalidades de 25% a 50% do valor pago, para os casos de inadimplemento do contrato por parte dos adquirentes.

Essas multas superam em muito o que vinha sendo aplicado pela jurisprudência superior – entre 10% a 25% –, e, sendo exageradas e desproporcionais, o que depende de análise de acordo com as peculiaridades do caso concreto, será imperiosa a sua redução. Nesse sentido, cite-se a posição doutrinária de José Fernando Simão sobre a multa de 50%, em nosso *Código Civil comentado*, publicado por esta mesma casa editorial:

> "A cláusula penal de 50% imposta pela Lei n. 13.786/2018, que alterou o texto da Lei n. 4.591/1964, com a criação do art. 67-A no caso de desistência da aquisição pelo adquirente do imóvel sujeito ao regime do patrimônio de afetação, revela-se excessiva, *ab initio*. Primeiro, porque a multa nasce em um contrato por adesão em que o adquirente não pode debater seu conteúdo (natureza do negócio). Depois, porque trata de aquisição da casa própria (muitas vezes, finalidade do negócio). Por último, porque é superior a todas as demais multas previstas no ordenamento jurídico brasileiro" (SIMÃO, José Fernando. *Código Civil...*, p. 236).

O tema está aprofundado no Volume 4 da presente coleção, com uma análise crítica sobre a citada "Lei dos Distratos".

Como última questão a respeito do art. 413 do CC, tem-se debatido intensamente a possibilidade de seu afastamento em contratos paritários, sobretudo celebrados entre empresas, tese que é defendida por José Fernando Simão desde as discussões na *IV Jornada de Direito Civil* e que ganhou força com a Lei da Liberdade Econômica (Lei 13.874/2019), sobretudo com as novas regras dos arts. 113, § 2.º, e 421-A do Código Civil. Nos termos da nova disposição inserida na Parte Geral da codificação, "as partes poderão livremente pactuar regras de interpretação, de preenchimento de lacunas e de integração dos negócios jurídicos diversas daquelas previstas em lei".

O meu entendimento continua sendo pela inafastabilidade do art. 413 por convenção entre as partes ou cláusula contratual, por se tratar de norma cogente ou de ordem pública.

Pode ser utilizado como argumento a própria Lei da Liberdade Econômica, pelo que está no seu art. 3.º, inc. VIII, ao assegurar "a garantia de que os negócios jurídicos empresariais paritários serão objeto de livre estipulação das partes pactuantes, de forma a aplicar todas as regras de direito empresarial apenas de maneira subsidiária ao avençado, exceto normas de ordem pública". Como se pode notar, a parte final do comando assegura, mesmo em negócios paritários, o respeito às normas cogentes ou de ordem pública.

De toda sorte, parece-me que as partes podem criar normas contratuais prevendo critérios para que a cláusula penal seja reduzida, tendo em vista as suas posições econômicas, o grau de culpa e mesmo o percentual de cumprimento. Assim, chega-se a um meio de caminho, em que muitas vezes está a virtude. Nessa linha, o Enunciado n. 649, aprovado na *IX Jornada de Direito Civil*, no ano de 2022: "o art. 421-A, inc. I, confere às partes a possibilidade de estabelecerem critérios para a redução da cláusula penal, desde que não seja afastada a incidência do art. 413".

Vale lembrar que o dispositivo citado no enunciado preceitua que "os contratos civis e empresariais presumem-se paritários e simétricos até a presença de elementos concretos que justifiquem o afastamento dessa presunção, ressalvados os regimes jurídicos previstos em leis especiais, garantido também que: I – as partes negociantes poderão estabelecer parâmetros objetivos para a interpretação das cláusulas negociais e de seus pressupostos de revisão ou de resolução"; o que está em sentido muito próximo ao antes citado art. 113, § 2.º, da própria codificação. Acredito que as discussões jurídicas a respeito dessa questão devem ser incrementadas nos próximos anos.

Para encerrar o estudo do controle da cláusula penal, anoto que, no Projeto de Reforma do Código Civil, há proposta de se inserir no art. 413 o teor do Enunciado n. 649, da *IX Jornada de Direito Civil*. Além disso, por proposta do relator da Subcomissão de Direito das Obrigações, Professor José Fernando Simão, sugere-se a menção à impossibilidade de redução da multa nos contratos paritários e simétricos, o que guarda sintonia com outras proposições do Projeto, para redução da intervenção em grandes contratos.

Por isso, aliás, acabei cedendo doutrinariamente para essa modificação, passando o comando a prever o seguinte, com destaque para o seu parágrafo único: "Art. 413. A penalidade deve ser reduzida equitativamente pelo juiz, se a obrigação principal tiver sido cumprida em parte ou se o montante da penalidade for manifestamente excessivo, tendo-se em vista a natureza e a finalidade do negócio. Parágrafo único. Em contratos paritários e simétricos, o juiz não poderá reduzir o valor da cláusula penal sob o fundamento de ser manifestamente excessiva, mas as partes, contudo, podem estabelecer critérios para a redução da cláusula penal".

Superado o importante art. 413 do CC, é interessante analisar outras regras previstas para a cláusula penal ou multa, que tratam ainda mais especificamente dos seus efeitos, de sua concreção prática.

Segundo o art. 411 do CC/2002, "quando se estipular a cláusula penal para o caso de mora, ou em segurança especial de outra cláusula determinada, terá o credor o arbítrio de exigir a satisfação da pena cominada, juntamente com o desempenho da obrigação principal". Por tal comando, na hipótese de multa moratória, haverá uma faculdade cumulativa ou conjuntiva a favor do credor: exigir a multa *e* (+) a obrigação principal. A título de exemplo, em caso de atraso do pagamento de aluguéis, o locador pode exigir o pagamento da multa moratória de 10% e os valores devidos em aberto. A cumulação da multa com os aluguéis propicia que, mesmo sendo purgada a mora, o contrato de locação tenha continuidade.

Porém, como antes exposto quando do estudo do julgamento a respeito da inversão da cláusula penal, no caso de multa compensatória, esta se converterá em alternativa a benefício do credor, que poderá exigir a cláusula penal *ou* as perdas e danos, havendo uma *faculdade disjuntiva* (art. 410 do CC). Assim sendo, a título de exemplo, não cabe a cumulação da multa compensatória com as perdas e danos, caso dos lucros cessantes, diante do inadimplemento absoluto das construtoras nos contratos de aquisição de imóveis na planta, conclusão que decorre da simples leitura do dispositivo.

Esquematizando, para os fins de esclarecimento:

> *Multa moratória* = obrigação principal **+** multa
> *Multa compensatória* = obrigação principal **ou** multa

Sendo a obrigação indivisível e havendo vários devedores, caindo em falta um deles (culpa), todos incorrerão na pena. Mas a cláusula penal somente poderá ser demandada integralmente do culpado, respondendo cada um dos outros somente pela sua quota (art. 414 do CC).

Para ilustrar, se a obrigação for de entrega de um touro reprodutor, com cinco devedores e uma multa moratória de R$ 1.000,00 (mil reais), na hipótese em que houver culpa de apenas um deles quanto ao atraso, apenas deste a multa poderá ser exigida na totalidade (R$ 1.000,00). Quanto aos demais, somente a quota correspondente, ou seja, R$ 200,00 (duzentos reais). Mesmo assim, aos não culpados fica reservada a ação regressiva contra aquele que deu causa à aplicação da pena (art. 414, parágrafo único, do CC).

Sob outro prisma, quando a obrigação for divisível, só incorre na pena o devedor ou o herdeiro do devedor que a infringir, e proporcionalmente à sua parte na obrigação (art. 415 do CC).

O art. 416, *caput*, do CC/2002 enuncia que a parte interessada não precisa provar o prejuízo para ter direito à multa. Como regra geral, ainda que o prejuízo exceda a cláusula penal, o prejudicado não pode exigir indenização suplementar se tal regra não constar do contrato. Como se percebe, esse preceito complementa o que consta do art. 410 da própria codificação, quanto à impossibilidade de cumulação da multa compensatória com as perdas e danos decorrentes do inadimplemento absoluto. Conforme se retira de decisão do Superior Tribunal de Justiça, com didática elogiável:

> "Não se pode cumular multa compensatória prevista em cláusula penal com indenização por perdas e danos decorrentes do inadimplemento da obrigação. Enquanto a cláusula penal moratória manifesta com mais evidência a característica de reforço do vínculo obrigacional, a cláusula penal compensatória prevê indenização que serve não apenas como punição pelo inadimplemento, mas também como prefixação de perdas e danos. A finalidade da cláusula penal compensatória é recompor a parte pelos prejuízos que eventualmente decorram do inadimplemento total ou parcial da obrigação. Tanto assim que, eventualmente, sua execução poderá até mesmo substituir a execução do próprio contrato. Não é possível, pois, cumular cláusula penal compensatória com perdas e danos decorrentes de inadimplemento contratual. Com efeito, se as próprias partes já acordaram previamente o valor que entendem suficiente para recompor os prejuízos experimentados em caso de inadimplemento, não se pode admitir que, além desse valor, ainda seja acrescido outro, com fundamento na mesma justificativa – a recomposição de prejuízos" (STJ, REsp 1.335.617/SP, Rel. Min. Sidnei Beneti, j. 27.03.2014, publicado no seu *Informativo* n. *540*).

Entretanto, se no contrato estiver prevista essa possibilidade de cumulação, funciona a multa como *taxa mínima de indenização*, cabendo ao credor provar o prejuízo excedente para fazer *jus* à indenização suplementar. Essa última regra não constava do Código Civil anterior e foi inserida no parágrafo único do art. 416.

Vejamos um exemplo de aplicação do dispositivo. *A* contrata com *B* a compra de um estabelecimento comercial pelo último, que vale R$ 500.000,00. O instrumento prevê multa compensatória de R$ 50.000,00 e a possibilidade de a parte pleitear a indenização suplementar. *A* descumpre o pactuado, fazendo com que *B* sofra um prejuízo de R$ 30.000,00 diante de contratos já celebrados com fornecedores. Nesse caso, *B* poderá exigir a multa pactuada como taxa mínima ou o cumprimento do contrato, depositando para tanto o preço. Se quiser a multa não precisará provar o prejuízo suportado.

Mas, se o seu prejuízo for de R$ 80.000,00 e constar a cláusula que dá direito a *B* à indenização suplementar, o credor poderá pleitear os R$ 80.000,00 ou o cumprimento do contrato. No primeiro caso terá somente que provar o prejuízo excedente à multa, ou seja, de R$ 30.000,00. Quanto aos R$ 50.000,00, não precisará provar o prejuízo.

Cumpre destacar a aprovação de enunciado polêmico a respeito do art. 416, parágrafo único, do CC, na *V Jornada de Direito Civil* (novembro de 2011). É o teor da tese doutrinária: "No contrato de adesão, o prejuízo comprovado do aderente que exceder ao previsto na cláusula penal compensatória poderá ser exigido pelo credor, independentemente de convenção" (Enunciado n. 430). A premissa contraria expressamente o que consta do comando legal. Todavia, traz interessante conclusão de proteção do aderente como parte vulnerável da relação contratual, o que é retirado dos arts. 423 e 424 do CC. Nota-se claramente a prevalência da função sobre a estrutura, o que conta com o meu apoio doutrinário.

O Projeto de Reforma do Código Civil pretende inserir o texto do enunciado na lei, chancelando essa posição da doutrina. Assim, o art. 416 passará a prever, em boa hora, em seus parágrafos e sem qualquer modificação no seu *caput*: "§ 1.º Ainda que o prejuízo exceda ao previsto na cláusula penal, não pode o credor exigir indenização suplementar, se assim não foi convencionado; contudo, se o tiver sido, a pena vale como mínimo da indenização, competindo ao credor provar o prejuízo excedente. § 2.º Nos contratos de adesão, independentemente de convenção, poderá o aderente pleitear perdas e danos complementares, desde que comprove prejuízos que excedam ao previsto na cláusula penal".

Superada a análise da cláusula penal, com todas as alterações introduzidas pela codificação de 2002, parte-se para as arras ou sinal, que têm natureza jurídica muito próxima da cláusula penal.

5.7   DAS ARRAS OU SINAL

As arras podem ser conceituadas como o sinal, o valor dado em dinheiro ou o bem móvel entregue por uma parte à outra, quando do contrato preliminar, visando a trazer a presunção de celebração do contrato definitivo. As arras são normalmente previstas em compromissos de compra e venda de imóvel.

Cuida-se do último instituto previsto no capítulo de teoria geral das obrigações (arts. 417 a 420 do CC), particularmente quanto ao inadimplemento obrigacional com o qual há relação. Todavia, a matéria mantém maior interação com o direito contratual, razão pela qual seria até melhor se estivesse tratada dentro da matéria da teoria geral dos contratos. Exemplificando a sua aplicação, imagine-se o caso em que é celebrado um compromisso de compra e venda de imóvel com valor de R$ 100.000,00 (cem mil reais). Para tornar definitivo o contrato o compromissário comprador paga R$ 10.000,00 (dez mil reais) ao promitente vendedor.

Nesse sentido, se, por ocasião da conclusão do contrato, uma parte der à outra, a título de arras, dinheiro ou outro bem móvel, deverão estas, em caso de execução, ser restituídas ou computadas na prestação devida, se do mesmo gênero da principal (art. 417 do CC).

CAP. 5 • DO INADIMPLEMENTO OBRIGACIONAL. DA RESPONSABILIDADE CIVIL CONTRATUAL | **257**

Por este comando legal, percebe-se a primeira função do sinal: funcionar como antecipação do pagamento, valendo como *desconto* quando do pagamento do valor total da obrigação.

As arras também têm outras duas funções:

1.ª função – tornar definitivo o contrato preliminar.

2.ª função – funcionar como antecipação das perdas e danos, funcionando também como penalidade. A função de penalidade está dentro da antecipação das perdas e danos, o que aproxima o instituto da cláusula penal.

De acordo com o tratamento dado pelo Código Civil, duas são as espécies de arras ou sinal.

Primeiramente, há as *arras confirmatórias*, presentes na hipótese em que não constar a possibilidade de arrependimento quanto à celebração do contrato definitivo, tratando-se de regra geral.

Nesse caso, aplica-se o art. 418 do CC, que tinha a seguinte redação anterior: "se a parte que deu as arras não executar o contrato, poderá a outra tê-lo por desfeito, retendo-as; se a inexecução for de quem recebeu as arras, poderá quem as deu haver o contrato por desfeito, e exigir sua devolução mais o equivalente, com atualização monetária segundo índices oficiais regularmente estabelecidos, juros e honorários de advogado". Ainda nessa primeira hipótese, a parte inocente pode pedir indenização suplementar, se provar maior prejuízo, valendo as arras como taxa mínima de indenização.

Com a antes citada Lei 14.905/2024, foi retirada a menção a índices oficiais, já que estes passaram a ser o IPCA como regra, organizando-se melhor o comando em incisos, mas sem alteração do seu conteúdo:

"Art. 418. Na hipótese de inexecução do contrato, se esta se der:

I – por parte de quem deu as arras, poderá a outra parte ter o contrato por desfeito, retendo-as;

II – por parte de quem recebeu as arras, poderá quem as deu haver o contrato por desfeito e exigir a sua devolução mais o equivalente, com atualização monetária, juros e honorários de advogado".

Anoto que o dispositivo menciona o "equivalente" e não mais o dobro do valor pago – como estava no art. 1.095 do CC/1916 –, pois é possível que sejam dados em arras outros bens, que não dinheiro. Nesse sentido, recente aresto do Superior Tribunal de Justiça, citando a posição de José Fernando Simão, constante no nosso *Código Civil Comentado*, publicado por esta mesma casa editorial:

"O Código Civil de 2002, em seu art. 418, não mais utiliza o termo 'dobro' previsto no Código Civil de 1916 tendo em vista o fato de que pode ser dado a título de arras bens diferentes do dinheiro, sendo preferível a expressão 'mais o equivalente' adotada pela novel legislação. Do exame do disposto no art. 418 do Código Civil é forçoso concluir que, na hipótese de inexecução contratual imputável, única e exclusivamente, àquele que recebeu as arras, estas devem ser devolvidas mais o equivalente" (STJ, REsp 1.927.986/DF, 3.ª Turma, Rel. Min. Nancy Andrighi, j. 22.06.2021, *DJe* 25.06.2021).

Colaciona-se outro julgado do Superior Tribunal de Justiça que aplicou a norma privada de 2002. A decisão é interessante, pois está em *diálogo* com o Código de Defesa do Consumidor, concluindo que o art. 53 da Lei 8.078/1990 – que trata da nulidade da cláusula de perda de todas as parcelas pagas em financiamentos em geral – não revogou o art. 418 do Código Civil de 2002:

> "Recurso especial – Contrato de promessa de compra e venda – Resilição pelo promitente-comprador – Retenção das arras – Impossibilidade – Devolução dos valores pagos – Percentual que deve incidir sobre todos os valores vertidos e que, na hipótese, se coaduna com a realidade dos autos – Majoração – Impossibilidade, na espécie – Recurso especial improvido. 1. A Colenda Segunda Seção deste Superior Tribunal de Justiça já decidiu que o promitente-comprador, por motivo de dificuldade financeira, pode ajuizar ação de rescisão contratual e, objetivando, também reaver o reembolso dos valores vertidos (ERESP n. 59870/SP, 2.ª Seção, Rel. Min. Barros, *DJ* 09.12.2002, p. 281). 2. As arras confirmatórias constituem um pacto anexo cuja finalidade é a entrega de algum bem, em geral determinada soma em dinheiro, para assegurar ou confirmar a obrigação principal assumida e, de igual modo, para garantir o exercício do direito de desistência. 3. Por ocasião da rescisão contratual o valor dado a título de sinal (arras) deve ser restituído ao *reu debendi*, sob pena de enriquecimento ilícito. 4. O artigo 53 do Código de Defesa do Consumidor não revogou o disposto no artigo 418 do Código Civil, ao contrário, apenas positivou na ordem jurídica o princípio consubstanciado na vedação do enriquecimento ilícito, portanto, não é de se admitir a retenção total do sinal dado ao promitente-vendedor. 5. O percentual a ser devolvido tem como base de cálculo todo o montante vertido pelo promitente-comprador, nele se incluindo as parcelas propriamente ditas e as arras. 6. É inviável alterar o percentual da retenção quando, das peculiaridades do caso concreto, tal montante se afigura razoavelmente fixado. 7. Recurso Especial improvido" (STJ, REsp 1.056.704/MA, 3.ª Turma, Rel. Min. Massami Uyeda, j. 28.04.2009, *DJe* 04.08.2009).

Superado esse ponto, destaque-se que, não sendo celebrado o contrato definitivo, pode a parte inocente, ainda, exigir a execução do contrato, com as perdas e danos, valendo as arras, mais uma vez, como taxa mínima dos prejuízos suportados (art. 419 do CC). A norma está em sintonia com o art. 475 do Código Civil, pelo qual a parte lesada pelo inadimplemento pode optar pela rescisão do contrato ou pelo seu cumprimento, nos dois casos exigindo as perdas e danos que forem cabíveis.

Isso tudo porque, repise-se, não havendo cláusula de arrependimento, no caso de não celebração do contrato definitivo, haverá inadimplemento, sendo permitido à parte inocente pleitear do culpado as perdas e danos suplementares, nos moldes dos arts. 402 a 404 do CC. Nesse caso, as arras terão dupla função (tornar o contrato definitivo + antecipação das perdas e danos, incluindo-se a natureza de penalidade).

Por outro lado, há as *arras penitenciais* se constar do contrato a possibilidade de arrependimento, por meio de uma cláusula nesse sentido. Nessa segunda hipótese, para qualquer das partes, as arras ou sinal terão função unicamente indenizatória (incluída a penalidade), e não a de confirmar o contrato definitivo, como acontece na hipótese anterior.

Assim sendo, quem as deu perdê-las-á em benefício da outra parte; e quem as recebeu devolvê-las-á mais o equivalente. Em ambos os casos envolvendo as arras penitenciais não haverá direito à indenização suplementar (art. 420 do CC). Esse dispositivo está em sintonia com o entendimento jurisprudencial anterior, particularmente quanto à Súmula 412 do STF, pela qual: "no compromisso de compra e venda, com cláusula de arrependimento, a devolução do sinal, por quem o deu, ou a sua restituição em dobro, por quem o recebeu, exclui indenização maior a título de perdas e danos, salvo os juros moratórios e os encargos do processo". Pode-se sustentar que o Código Civil de 2002 confirmou esse tratamento, eis que não há inadimplemento, mas apenas exercício de um direito de arrependimento.

Acolhendo proposta do magistrado fluminense Guilherme Couto de Castro, na *III Jornada de Direito Civil*, foi aprovado o Enunciado n. 165 do CJF/STJ, cuja redação é a seguinte: "em caso de penalidade, aplica-se a regra do art. 413 ao sinal, sejam as arras confirmatórias ou penitenciais". Está reconhecida, portanto, a *função social das arras*, o que também é indeclinável, conforme parte da doutrina vinha defendendo. Sobre o tema confira--se o excelente artigo de Rodrigo Toscano de Brito (Função social..., *Questões controvertidas*, 2004, p. 369). Também dando às arras uma função social, deve-se entender que o seu limite é o mesmo da cláusula penal moratória, ou seja, 10% (dez por cento) do valor da dívida, aplicação analógica da Lei de Usura.

Na jurisprudência estadual podem ser encontrados julgados que fazem incidir o art. 413 do Código Civil às arras, merecendo transcrição os seguintes:

> "Civil – Contrato de compra e venda – Rescisão – Arras – Devolução simples – Redução equitativa do valor. Se, para o caso de rescisão, o contrato de compra e venda não estabeleceu a devolução em dobro das arras dadas, tampouco a previsão de direito de arrependimento das partes, o desfazimento do negócio deve acarretar apenas a devolução das arras na sua forma simples. Revelando-se exorbitante o valor atribuído contratualmente a título de sinal, pode o juiz valer-se do disposto no artigo 413 do Código Civil (art. 924 do Código Civil de 1916) para reduzir equitativamente o montante. Embargos infringentes conhecidos e providos. Maioria" (TJDF, Recurso 2000.01.1.025885-0, Acórdão 396.913, 1.ª Câmara Cível, Rel. Desig. Des. Ana Maria Duarte Amarante Brito, *DJDFTE* 09.12.2009, p. 43).

> "Ação de rescisão de compromisso de venda e compra. Impossibilidade de perdimento do valor total pago a título de arras confirmatórias, sob pena de caracterizar enriquecimento ilícito da apelada. Redução equitativa da penalidade para 10% do valor do contrato. Aplicação do art. 413 do Código Civil. Apelada que sequer tomou posse do imóvel. Rescisão do contrato que não se operou com a simples incidência de cláusula resolutiva expressa. Necessidade de decisão judicial transitada em julgado. Sucumbência recíproca caracterizada. Recurso parcialmente provido" (TJSP, Apelação com revisão 540.877.4/4, Acórdão 2518455, 7.ª Câmara de Direito Privado, Santo André, Rel. Des. Luiz Antonio Costa, j. 12.03.2008, *DJESP* 27.03.2008).

Do Superior Tribunal de Justiça, aplicando diretamente o citado enunciado doutrinário, confira-se: "o comprador que dá causa à rescisão do contrato perde o valor do sinal em prol do vendedor. Esse entendimento, todavia, pode ser flexibilizado se ficar evidenciado que a diferença entre o valor inicial pago e o preço final do negócio é elevado, hipótese em que deve ser autorizada a redução do valor a ser retido pelo vendedor e determinada a devolução do restante para evitar o enriquecimento sem causa. Aplicação do Enunciado n. 165 das *Jornadas de Direito Civil* do CJF" (STJ, REsp 1.513.259/MS, 3.ª Turma, Rel. Min. João Otávio de Noronha, j. 16.02.2016, *DJe* 22.02.2016).

Para encerrar a respeito do tema, pode ser elaborado o esquema a seguir, a diferenciar as arras confirmatórias das arras penitenciais:

Arras Confirmatórias	Arras Penitenciais
Sem cláusula de arrependimento, com perdas e danos.	Com cláusula de arrependimento, sem perdas e danos.

5.8 DAS PREFERÊNCIAS E PRIVILÉGIOS CREDITÓRIOS

Para finalizar a análise da teoria geral das obrigações, cumpre comentar os dispositivos do Código Civil que tratam das preferências e privilégios creditórios, para os casos de insolvência, ou seja, de descumprimento da obrigação. A matéria está tratada entre os arts. 955 a 965 do CC.

Inicialmente, dispõe o art. 955 do Código Civil em vigor que "procede-se à declaração de insolvência toda vez que as dívidas excedam à importância dos bens do devedor". O Código Civil preferiu utilizar a expressão declaração de insolvência, que já constava do art. 748 e seguintes do CPC/1973 do que *concurso de credores,* que estava no art. 1.554 do CC/1916. Dessa forma, houve uma adaptação da codificação privada em relação à norma processual.

Em casos de insolvência, a discussão entre os credores pode versar quer sobre a preferência entre eles disputada, quer sobre a nulidade, simulação, fraude ou falsidade das dívidas e contratos (art. 956 do CC). Não havendo título legal à preferência, terão os credores iguais direitos sobre os bens do devedor comum, aplicando-se a regra de divisão igualitária (*concursu partes fiunt*), como prevê o dispositivo seguinte.

Segundo o art. 958 da atual codificação privada, os títulos legais de preferência são os privilégios e os direitos reais. Para Maria Helena Diniz, são títulos legais de preferência "aqueles em que a lei outorga uma vantagem ao credor, pela natureza do crédito, não só para reaver o bem, com exclusão dos demais credores, como para preterir os concorrentes no recebimento do crédito. Tais títulos constituem os *privilégios pessoais,* os *especiais* (CC, art. 964), os *gerais* (CC, art. 965) e os *reais* como os direitos reais de garantia sobre coisa alheia" (DINIZ, Maria Helena. *Código Civil...,* 2004, p. 665). No que concerne aos direitos reais de garantia sobre coisa alheia, como se sabe, trata-se do penhor, da hipoteca e da anticrese.

Aqui, de imediato, é interessante esclarecer tais créditos, conforme os dispositivos mencionados pela renomada Professora da PUCSP. Segundo o art. 964 do CC, têm *privilégio especial:*

a) Sobre a coisa arrecadada e liquidada, o credor de custas e despesas judiciais feitas com a arrecadação e liquidação.

b) Sobre a coisa salvada, o credor por despesas de salvamento.

c) Sobre a coisa beneficiada, o credor por benfeitorias necessárias ou úteis.

d) Sobre os prédios rústicos ou urbanos, fábricas, oficinas ou quaisquer outras construções, o credor de materiais, dinheiro, ou serviços para a sua edificação, reconstrução, ou melhoramento.

e) Sobre os frutos agrícolas, o credor por sementes, instrumentos e serviços à cultura, ou à colheita.

f) Sobre as alfaias e utensílios de uso doméstico, nos prédios rústicos ou urbanos, o credor de aluguéis, quanto às prestações do ano corrente e do anterior. A palavra alfaia quer dizer qualquer móvel em uma casa.

g) Sobre os exemplares da obra existente na massa do editor, o autor dela, ou seus legítimos representantes, pelo crédito fundado contra aquele no contrato da edição.

h) Sobre o produto da colheita, para a qual houver concorrido com o seu trabalho, e precipuamente a quaisquer outros créditos, ainda que reais, o trabalhador agrícola, quanto à dívida dos seus salários.

i) Sobre os produtos do abate, o credor por animais (previsão incluída pela Lei 13.176/2015).

Também gozam de *privilégio geral,* na ordem seguinte, sobre os bens do devedor (art. 965 do CC):

CAP. 5 • DO INADIMPLEMENTO OBRIGACIONAL. DA RESPONSABILIDADE CIVIL CONTRATUAL | 261

a) O crédito por despesa de seu funeral, feito segundo a condição do morto e o costume do lugar.

b) O crédito por custas judiciais, ou por despesas com a arrecadação e liquidação da massa.

c) O crédito por despesas com o luto do cônjuge sobrevivo e dos filhos do devedor falecido, se foram moderadas.

d) O crédito por despesas com a doença de que faleceu o devedor, no semestre anterior à sua morte.

e) O crédito pelos gastos necessários à mantença do devedor falecido e sua família, no trimestre anterior ao falecimento.

f) O crédito pelos impostos devidos à Fazenda Pública, no ano corrente e no anterior.

g) O crédito pelos salários dos empregados do serviço doméstico do devedor, nos seus derradeiros seis meses de vida.

h) Os demais créditos de privilégio geral.

Relativamente à última previsão, é de se concordar integralmente com Jones Figueirêdo Alves e Mário Luiz Delgado, quando afirmam que "o acréscimo do inciso VIII, inexistente no velho Código e a nosso ver desnecessário, foi apenas para esclarecer que o elenco ali constante é meramente exemplificativo" (*Código Civil...*, 2005, p. 423). De notar que os créditos que não são de privilégio especial ou de direito real são gerais.

Ademais, conservam seus respectivos direitos os credores, hipotecários ou privilegiados:

a) Sobre o preço do seguro da coisa gravada com hipoteca ou privilégio, ou sobre a indenização devida, havendo responsável pela perda ou danificação da coisa.

b) Sobre o valor da indenização, se a coisa obrigada à hipoteca ou privilégio for desapropriada.

Estas situações previstas no art. 959 do CC tratam da chamada *sub-rogação real quanto à preferência de crédito*. Em casos tais, dispõe o art. 960 da mesma codificação que o devedor do seguro, ou da indenização, exonera-se pagando sem oposição dos credores hipotecários ou privilegiados.

Quanto à ordem para recebimento do crédito, preconiza o art. 961 do CC que o crédito real prefere ao pessoal de qualquer espécie. Já o crédito pessoal privilegiado prefere ao simples. Por fim, o privilégio especial prefere ao privilégio geral.

Mas, quando concorrerem aos mesmos bens, e por título igual, dois ou mais credores da mesma classe especialmente privilegiados, haverá entre eles rateio proporcional ao valor dos respectivos créditos, se o produto não bastar para o pagamento integral de todos (art. 962 do CC).

Em circunstâncias tais, a título de exemplo, havendo dois credores de mesma classe, um com crédito de R$ 10.000,00 (credor *A*) e outro com crédito de R$ 20.000,00 (credor *B*) e sendo obtido para o pagamento o valor de R$ 20.000,00, deverá ser feita a seguinte divisão:

– O credor *A* receberá R$ 6.666,66.
– O credor *B* receberá R$ 13.333,33.

Por fim, deve-se notar que o privilégio especial só compreende os bens sujeitos, por expressa disposição de lei, ao pagamento do crédito que ele favorece. Já o privilégio geral compreende todos os bens não sujeitos a crédito real nem a privilégio especial.

5.9 RESUMO ESQUEMÁTICO

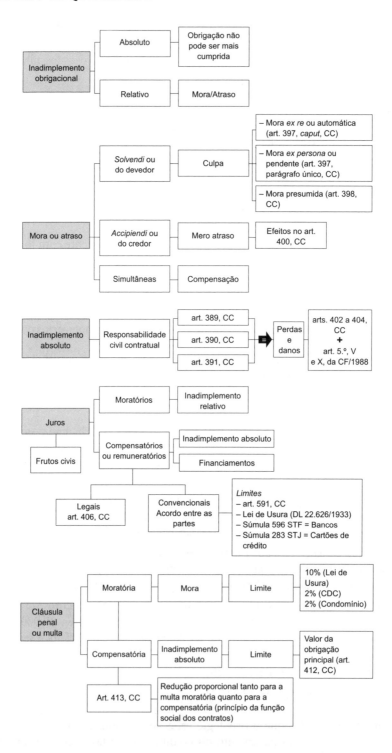

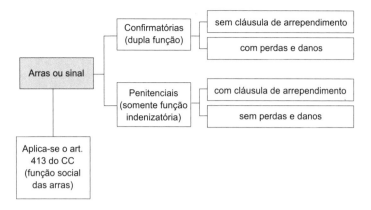

5.10 QUESTÕES CORRELATAS

01. (MANAUSPREV – FCC – Procurador Autárquico – 2015) A cláusula penal
- (A) não pode prever cominação superior a trinta por cento da obrigação principal.
- (B) pode prever cominação igual à obrigação principal, devendo ser reduzida equitativamente pelo juiz se a obrigação tiver sido cumprida em parte.
- (C) deve ser estipulada sempre conjuntamente com a obrigação, destinando-se exclusivamente a compensar o credor pela mora.
- (D) vale como indenização pelos danos que tiver experimentado o credor, não se podendo estipular indenização suplementar a seu montante, ainda que se trate de contrato comutativo.
- (E) somente pode ser exigida em caso de comprovação de prejuízo.

02. (TRT-SP – Juiz do Trabalho Substituto – 2015) Em relação à cláusula penal, à luz da legislação vigente, aponte a alternativa CORRETA.
- (A) É convencionada para a proteção do devedor, visto que atua como limitação de sua responsabilidade, e somente poderá ser exigida quando ocorrer prejuízo para o credor.
- (B) Será exequível apenas quando for estipulada conjuntamente com a obrigação principal, não se admitindo estipulação posterior.
- (C) Na obrigação indivisível, caindo em falta um dos devedores, todos incorrerão na pena; mas esta só se poderá demandar integralmente do culpado, respondendo cada qual somente pela sua quota.
- (D) O valor da cominação imposta em cláusula pode, validamente, exceder aquele da obrigação principal quando houver autorização judicial.
- (E) Se o prejuízo do credor for superior ao previsto na cláusula penal, poderá ser exigida indenização suplementar, ainda que não tenha sido convencionado.

03. (CESP – TRF-5.ª Região – Juiz Federal – 2015) A respeito do inadimplemento das obrigações, assinale a opção correta.
- (A) A redução da cláusula penal quando a obrigação principal tiver sido cumprida em parte deve-se dar no percentual de dias cumpridos do contrato.
- (B) Se, devido a mora do devedor, a prestação não for mais de interesse do credor, este poderá rejeitá-la e exigir a satisfação das perdas e dos danos.
- (C) Devido a obrigação proveniente da prática de ato ilícito, o devedor será considerado em mora desde o ajuizamento da ação indenizatória.
- (D) Devido ao fato de a obrigação principal e a multa compensatória terem naturezas diversas, a cobrança desta não impede que o credor exija o cumprimento daquela.
- (E) Em caso de inexecução involuntária do contrato, o inadimplente pode ser compelido a pagar as perdas e os danos se tiver se responsabilizado pelos prejuízos resultantes de caso fortuito ou de força maior.

264 | DIREITO CIVIL • VOL. 2 – *Flávio Tartuce*

04. (SEFAZ – PI – FCC – Auditor Fiscal da Fazenda Estadual – 2015) Com relação à inexecução das obrigações, de acordo com o Código Civil,

(A) o devedor responde pelos prejuízos decorrentes de caso fortuito ou força maior se por eles houver expressamente se responsabilizado.

(B) inadimplida a obrigação, o devedor responde por perdas e danos, incluindo correção monetária, mas não juros nem honorários de advogado.

(C) nos contratos onerosos, as partes respondem apenas em caso de culpa, sem exceção.

(D) nos contratos benéficos, responde apenas por dolo o contratante a quem o contrato aproveita.

(E) inadimplida a obrigação, o devedor responde por perdas e danos, incluindo juros e correção monetária, porém não honorários de advogado.

05. (FUNDATEC – PGE-RS – Procurador do Estado – 2015) Em relação ao pagamento e ao inadimplemento das obrigações, analise as seguintes assertivas:

I. Não havendo pena convencional e sendo provado que os juros de mora não cobrem o prejuízo, descabe a fixação de indenização suplementar.

II. Observado o princípio da boa-fé, o pagamento reiterado feito em outro local permite presumir renúncia do credor em relação ao que tenha sido estabelecido no negócio jurídico.

III. Mesmo em caso de prestação obrigacional divisível, não pode o credor ser obrigado a receber de forma parcelada se assim não restou ajustado entre as partes.

IV. Em caso de inadimplemento de obrigações em contratos benéficos, respondem por simples culpa ambos os contratantes.

Quais estão corretas?

(A) Apenas I e IV.

(B) Apenas II e III.

(C) Apenas I, II e III.

(D) Apenas I, II e IV.

(E) Apenas II, III e IV.

06. (TRT-2.ª Região – Juiz do Trabalho Substituto – 2016) Com relação às preferências e privilégios creditórios assinale a alternativa correta:

(A) O privilégio especial se constitui apenas sobre os bens cujo crédito favoreceu e apenas se houver norma legal que assim o classifique.

(B) Constitui-se em privilégio especial o crédito decorrente de despesas de funeral, feito segundo a condição do morto e costume do lugar.

(C) Constitui-se em privilégio especial o crédito pelos salários dos empregados do serviço doméstico do devedor, nos últimos seis meses de vida deste.

(D) Constitui-se em privilégio geral o incidente sobre o produto da colheita, para a qual houver concorrido com o seu trabalho, o trabalhador agrícola, quanto à dívida dos seus salários.

(E) Desapropriada a coisa, à indenização correspondente concorrerão os credores do insolvente, em igualdade de condições com o hipotecário.

07. (IESES – TJPA – Titular de Serviços de Notas e de Registros – 2016) Assinale a alternativa que indica a ordem correta de privilégio geral sobre os bens do devedor insolvente, conforme o Código Civil:

(A) Créditos pelo salário dos empregados domésticos, nos derradeiros seis meses de vida; crédito pelos impostos devidos à Fazenda Pública, no ano corrente e anterior; custas judiciais e despesas com a arrecadação e liquidação da massa; crédito por despesa de funeral.

(B) Crédito pelos impostos devidos à Fazenda Pública, no ano corrente e anterior créditos pelo salário dos empregados domésticos, nos derradeiros seis meses de vida; custas judiciais e despesas com a arrecadação e liquidação da massa; crédito por despesa de funeral.

CAP. 5 • DO INADIMPLEMENTO OBRIGACIONAL. DA RESPONSABILIDADE CIVIL CONTRATUAL | 265

(C) Créditos pelo salário dos empregados domésticos, nos derradeiros seis meses de vida; crédito por despesa de funeral; custas judiciais e despesas com a arrecadação e liquidação da massa; crédito pelos impostos devidos à Fazenda Pública, no ano corrente e anterior.

(D) Créditos por despesa de funeral; custas judiciais e despesas com a arrecadação e liquidação da massa; crédito pelos impostos devidos à Fazenda Pública, no ano corrente e anterior; e crédito pelo salário dos empregados domésticos, nos derradeiros seis meses de vida.

08. **(FCC – TJPI – Juiz Substituto – 2015) A respeito da mora, considere:**

I. Nas obrigações provenientes de ato ilícito, considera-se o devedor em mora, desde que o praticou.

II. Responde o devedor pelos prejuízos a que sua mora der causa, mais juros, atualização dos valores monetários segundo índices oficiais regularmente estabelecidos, e honorários de advogado.

III. Não havendo termo, a mora só se constitui mediante interpelação judicial.

IV. Não havendo fato ou omissão imputável ao devedor, não incorre este em mora.

V. O devedor em mora responde pela impossibilidade da prestação, exceto se essa impossibilidade resultar de caso fortuito ou de força maior ocorrentes durante o atraso.

Está correto o que se afirma APENAS em:

(A) II, III e V.

(B) I, III e V.

(C) I, II e IV.

(D) II, IV e V.

(E) I, III e IV.

09. **(FCC – TRT-23.ª Região/MT – Juiz do Trabalho Substituto – 2015) Ana Paula contratou com Casa das Pedras a entrega e instalação de pingadeiras em sua residência, ainda em construção. Para o caso de mora da empresa, as partes estipularam penalidade no valor da obrigação principal. De acordo com o Código Civil, tal penalidade**

(A) não é excessiva, a princípio, nem afasta o direito de Ana Paula exigir a entrega e instalação das pingadeiras, juntamente com a satisfação da pena cominada, que deverá ser reduzida de maneira equitativa, pelo juiz, caso se afigure desproporcional para a natureza e finalidade do negócio ou se a obrigação principal houver sido cumprida em parte.

(B) é excessiva, pois supera trinta por cento da obrigação principal, devendo ser reduzida a este patamar, e afastando, caso exigida, o direito de Ana Paula requerer a entrega e instalação das pingadeiras.

(C) não é excessiva nem pode ser reduzida de maneira equitativa, pelo juiz, mas, caso exigida, afasta o direito de Ana Paula requerer a entrega e instalação das pingadeiras.

(D) é excessiva, pois supera trinta por cento da obrigação principal, devendo ser reduzida a este patamar, porém não afastando, caso exigida, o direito de Ana Paula requerer a entrega e instalação das pingadeiras.

(E) não é excessiva, a princípio, mas deverá ser reduzida de maneira equitativa, pelo juiz, caso se afigure desproporcional para a natureza e finalidade do negócio, não podendo ser exigida juntamente com o cumprimento da obrigação principal.

10. **(VUNESP – TJSP – Juiz Substituto – 2017) Em relação à cláusula penal decorrente da inexecução de obrigação, assinale a alternativa correta.**

(A) A exigibilidade da cláusula penal perante pessoa jurídica está condicionada à comprovação de abuso da personalidade jurídica, caracterizado pelo desvio de finalidade, ou pela confusão patrimonial.

(B) Para exigir a pena convencional, é necessário que o credor alegue o prejuízo e que este não exceda o valor da obrigação principal.

(C) O prejuízo excedente à cláusula penal poderá ser exigido se houver expressa convenção contratual nesse sentido.

(D) Sempre que o prejuízo exceder a pena convencional, o credor poderá exigir indenização suplementar, competindo-lhe provar o prejuízo excedente.

266 | DIREITO CIVIL • VOL. 2 – *Flávio Tartuce*

11. (FCC – TJSC – Juiz Substituto – 2017) A cláusula penal

(A) pode ter valor excedente ao da obrigação principal, ressalvado ao juiz reduzi-lo equitativamente.

(B) incide de pleno direito, se o devedor, ainda que isento de culpa, deixar de cumprir a obrigação ou se constituir-se em mora.

(C) incide de pleno direito, se o devedor, culposamente, deixar de cumprir a obrigação ou se constituir--se em mora.

(D) exclui, sob pena de invalidade, qualquer estipulação que estabeleça indenização suplementar.

(E) sendo indivisível a obrigação, implica que todos os devedores, caindo em falta um deles, serão responsáveis, podendo o valor integral ser demandado de qualquer deles.

12. (CONSULPLAN – TJMG – Titular de Serviços de Notas e de Registros – Remoção – 2017) João Silva contratou com a Construtora Alfa a promessa de compra e venda de um imóvel, na planta, pelo valor de R$ 350.000,00, sendo paga a entrada de R$ 50.000,00 e mais 30 parcelas mensais R$ 10.000,00. O imóvel deveria ser entregue em 30 meses, após assinatura do contrato, sem nenhum prazo de carência. Convencionou-se, ainda, que, em caso de atraso na entrega do imóvel, a construtora pagaria uma pena/multa mensal de 0,5% (meio por cento) do valor do contrato até que se efetivasse a entrega das chaves. O promitente comprador pagou todas as parcelas nas respectivas datas de vencimento. No entanto, vencido o prazo, a construtora não entregou o imóvel, deixando o comprador sem a sonhada moradia. Então, João Silva, após notificar a construtora, e, sem resposta, ingressou em juízo com ação pedindo lucros cessantes em valor de aluguel de 1% do valor do contrato e mais perdas e danos. Neste caso, é correto afirmar que:

(A) Os pedidos de lucros cessantes e perdas e danos podem ser acolhidos, já que a pena convencional contratada não suprime outros direitos do comprador lesado.

(B) O comprador lesado tem direito não só às parcelas de lucros cessantes e perdas e danos, mas também à pena convencional, de forma cumulada, vez que a reparação deve ser da forma mais ampla possível em favor da parte inocente.

(C) Não tem direito às parcelas reclamadas, já que houve antes entre as partes o arbitramento prévio e expresso de pena convencional para o caso de mora da construtora.

(D) O comprador lesado não tem direito às parcelas reclamadas de perdas e danos e lucros cessantes, mas tem direito de pedir que a pena convencional lhe seja paga em dobro, porque se trata de relação de consumo e notificou a parte ré, constituindo esta em mora.

13. (FCC – DPE-PR – Defensor Público – 2017) Considere as assertivas a seguir sobre os negócios jurídicos.

I. As arras confirmatórias têm natureza de direito real e, logo, pressupõem tradição para o aperfeiçoamento do negócio jurídico.

II. Sem previsão de cláusula de arrependimento expressa no contrato, não há possibilidade de indenização a título de arras penitenciais pela frustração do negócio jurídico.

III. Mesmo em contrato preliminar, o vício de forma é insuscetível de convalidação.

IV. O inadimplemento das arras confirmatórias implica a responsabilidade civil contratual do devedor.

Está correto o que se afirma APENAS em

(A) III.

(B) IV.

(C) III e IV.

(D) I, II e III.

(E) I e II.

CAP. 5 • DO INADIMPLEMENTO OBRIGACIONAL. DA RESPONSABILIDADE CIVIL CONTRATUAL | 267

14. (FUNECE – UECE – Advogado – 2017) Assinale a assertiva que está de acordo com o Código Civil Brasileiro no que concerne à mora no cumprimento das obrigações.

(A) O devedor em mora responde pela impossibilidade da prestação, embora essa impossibilidade resulte de caso fortuito ou de força maior, se estes ocorrerem durante o atraso; não se aplicando a possibilidade de isenção de culpa.

(B) A mora do credor subtrai o devedor, ainda que haja este com dolo, à responsabilidade pela conservação da coisa, obriga o credor a ressarcir as despesas empregadas em conservá-la, e sujeita-o a recebê-la pela estimação mais favorável ao devedor, se o seu valor oscilar entre o dia estabelecido para o pagamento e o da sua efetivação.

(C) Nas obrigações provenientes de ato ilícito, considera-se o devedor em mora, desde a liquidação do dano.

(D) Purga-se a mora por parte do credor, oferecendo-se este a receber o pagamento e sujeitando-se aos efeitos da mora até a mesma data.

15. (VUNESP – MPE-SP – Analista Jurídico do Ministério Público – 2018) Considere as seguintes situações hipotéticas: i) em compromisso de compra e venda, foi previsto um pagamento inicial de 10% do valor do bem, a ser descontado dos pagamentos a serem feitos posteriormente; ii) em contrato de compra e venda foi previsto que o atraso no pagamento sujeitaria o devedor à multa de 10% do valor do contrato; iii) em contrato de compra e venda foi previsto que se uma das partes não cumprir a avença deverá ressarcir a outra em valor equivalente a 50% do valor do contrato; iv) em compromisso de compra e venda foi previsto que, caso uma das partes desista de firmar o contrato definitivo, a outra pode reter o sinal recebido ou ter que devolver o recebido, mais o equivalente.

As situações retratam, respectivamente:

(A) arras confirmatórias, multa compensatória, multa moratória, arras penitenciais.

(B) multa compensatória, arras penitenciais, arras confirmatórias, multa moratória.

(C) arras penitenciais, multa moratória, multa compensatória, arras confirmatórias.

(D) arras penitenciais, multa compensatória, multa moratória, arras confirmatórias.

(E) arras confirmatórias, multa moratória, multa compensatória, arras penitenciais.

16. (FCC – PGE-AP – Procurador do Estado – 2018) Incorre de pleno direito o devedor na cláusula penal, desde que:

(A) culposamente, deixe de cumprir a obrigação ou se constitua em mora e, sendo indivisível a obrigação, todos os devedores, caindo em falta um deles, incorrerão na pena; mas esta só se poderá demandar integralmente do culpado, respondendo cada um dos outros somente pela sua quota, contudo, a penalidade deve se reduzida equitativamente pelo juiz se a obrigação principal tiver sido cumprida em parte, ou se o montante da penalidade for manifestamente excessivo, tendo-se em vista a natureza e a finalidade do negócio.

(B) independentemente de culpa ou dolo, deixe de cumprir a obrigação e, sendo indivisível a obrigação, todos os devedores, caindo em falta um deles, incorrerão na pena, todavia, o valor da sanção imposta na cláusula penal não pode exceder o da obrigação principal.

(C) independentemente de culpa ou dolo, deixe de cumprir a obrigação e, sendo solidária a obrigação, todos os devedores, caindo em falta um deles, incorrerão na pena, todavia, o valor da soma imposta na cláusula penal não pode exceder o da obrigação principal e a penalidade deve ser reduzida equitativamente pelo juiz se a obrigação principal tiver sido cumprida em parte, ou se o montante da penalidade for manifestamente excessivo, tendo-se em vista a natureza e a finalidade do negócio.

(D) culposamente, deixe de cumprir a obrigação ou se constitua em mora, e, quando se estipular a cláusula penal para o caso de total inadimplemento da obrigação, esta converter-se-á em alternativa a benefício do credor, poderá exceder o valor da obrigação principal e o juiz não poderá reduzi-la.

(E) culposamente, deixe de cumprir a obrigação ou se constitua em mora e, se o prejuízo exceder ao previsto na cláusula penal, independentemente de estipulação no contrato, o credor poderá exigir indenização suplementar, até o montante do prejuízo e, neste caso, o juiz poderá reduzir o valor estabelecido a título de pena contratual.

268 | DIREITO CIVIL • VOL. 2 – *Flávio Tartuce*

17. **(FUMARC – PC-MG – Delegado de Polícia Substituto – 2018) Nas obrigações negativas, o devedor é considerado inadimplente:**
   (A) a partir da sua citação.
   (B) a partir da sua constituição em mora pelo credor.
   (C) a partir do ajuizamento da ação pelo credor.
   (D) desde o dia em que executou o ato de que se devia abster.

18. **(CESPE – EBSERH – Advogado – 2018) Considerando o que dispõe o Código Civil acerca das obrigações e dos institutos da prescrição e da decadência, julgue o item que se segue.**
   A cobrança de encargos e parcelas abusivas não impede a caracterização da mora do devedor, que deverá realizar o pagamento e reclamar, posteriormente, indenização por perdas e danos.
   ( ) Certo
   ( ) Errado

19. **(VUNESP – TJ-SP – Titular de Serviços de Notas e de Registros – Provimento – 2018) Com relação à mora, é correto afirmar:**
   (A) havendo retardo no cumprimento da obrigação, sempre estará caracterizada a mora.
   (B) o cumprimento integral e tempestivo da obrigação pode configurar mora na hipótese de o devedor, culposamente, cumprir a obrigação fora do lugar ou de forma diversa do estabelecido.
   (C) por regra de boa-fé objetiva, a purgação da mora sempre é possível, ainda que a prestação seja inútil ao credor.
   (D) o instituto da mora não se aplica ao credor.

20. **(Procurador do Estado – PGE-SC – FEPESE – 2018) Dispõe o art. 397 do Código Civil: "O inadimplemento da obrigação, positiva e líquida, no seu termo, constitui de pleno direito em mora o devedor. Parágrafo único. Não havendo termo, a mora se constitui mediante interpelação judicial ou extrajudicial".**
   Considerando esse dispositivo legal, a respeito da mora, é **correto** afirmar:
   (A) o *caput* trata da mora *ex persona*, enquanto o parágrafo único trata da mora *ex re*.
   (B) pela disposição do parágrafo único, o próprio não pagamento no dia determinado (termo) é fato constitutivo da mora.
   (C) o *caput* trata da mora *ex persona*, enquanto o parágrafo único trata da mora *ex re*, sendo que a mora descrita no *caput*, também denominada de mora *ex tempore*, decorre do princípio *dies interpellat pro homine*, que significa o dia interpela pelo homem.
   (D) o *caput* trata da mora *ex re*, enquanto o parágrafo único trata da mora *ex persona*, sendo que a mora descrita no caput, também denominada de mora *ex tempore*, decorre do princípio *dies interpellat pro homine*, que significa o dia interpela pelo homem.
   (E) o princípio *dies interpellat pro homine* significa que se faz necessária a interpelação judicial ou extrajudicial, conforme estatuído no parágrafo único.

21. **(Procurador Prefeitura de São Bernardo do Campo – SP – VUNESP – 2018) Christina e Márcio celebraram instrumento particular de compromisso de compra e venda de um apartamento, no qual Christina, proprietária do imóvel, figurou como compromissária vendedora e Márcio, interessado na aquisição, figurou como compromitente comprador. Estabeleceu-se que o valor da venda seria de R$ 600.000,00 (seiscentos mil reais), e Márcio pagaria R$ 60.000,00 (sessenta mil reais) a título de sinal. O saldo (R$ 540.000,00) seria pago à vista, no ato da outorga da escritura pública de venda e compra. Sendo uma pessoa muito conversadora, Márcio exigiu que Christina apresentasse, em até 10 (dez) dias da assinatura do instrumento contratual, todas as certidões pessoais, bem como as certidões relacionadas ao imóvel, sem qualquer apontamento. Assim, exigiu a inclusão de uma condição resolutiva, por meio da qual Márcio poderia resolver o negócio jurídico, a seu exclusivo critério, caso constasse qualquer pendência judicial ou administrativa em desfavor de Christina, dívidas de nature-**

CAP. 5 • DO INADIMPLEMENTO OBRIGACIONAL. DA RESPONSABILIDADE CIVIL CONTRATUAL | **269**

za *propter rem* e/ou qualquer constrição relacionada ao imóvel. Christina providenciou as certidões e, na certidão de distribuição de ações cíveis, constou uma ação de execução ajuizada em seu desfavor, cujo valor econômico envolvido era de R$ 15.000,00 (quinze mil reais).

Nesse cenário, assinale a alternativa correta.

(A) Márcio poderá valer-se da condição para resolver o negócio, exigindo a devolução do sinal.

(B) A condição resolutiva é ilícita, pois sujeita o negócio jurídico ao puro arbítrio de Márcio.

(C) A cláusula que contém a condição resolutiva é abusiva e, portanto, nula de pleno direito.

(D) Christina tem a prerrogativa legal de resolver a pendência judicial em até 30 (trinta) dias, preservando assim o negócio jurídico celebrado.

(E) Márcio poderá valer-se da condição para resolver o negócio, mas perderá o sinal em favor de Christina.

22. **(Defensor Público – DPE-DF – CESPE – 2019) Tendo como referência as disposições do Código Civil a respeito de sucessão provisória, perdas e danos e venda com reserva de domínio, julgue o item subsecutivo. As perdas e danos, nas obrigações de pagamento em dinheiro, devem compreender as custas e os honorários advocatícios e, além da atualização monetária, os juros de mora a partir do descumprimento contratual.**

( ) Certo

( ) Errado

23. **(Titular de Serviços de Notas e de Registros – Remoção – TJ-RS – VUNESP – 2019) A respeito da cláusula penal e as arras, assinale a alternativa correta.**

(A) Sempre que o prejuízo exceder ao previsto na cláusula penal, pode o credor exigir indenização suplementar.

(B) Se o contrato previu arras penitenciais, não haverá direito a indenização complementar.

(C) A parte inocente não pode pedir indenização complementar às arras confirmatórias.

(D) O valor da cominação imposta na cláusula penal pode exceder o da obrigação principal.

(E) Para exigir a pena convencional, é necessário que o credor alegue prejuízo.

24. **(Juiz Substituto – TJ-SC – CESPE – 2019) A multa estipulada em contrato que tenha por objeto evitar o inadimplemento da obrigação principal é denominada**

(A) multa penitencial.

(B) cláusula penal.

(C) perdas e danos.

(D) arras penitenciais.

(E) multa pura e simples.

25. **(Titular de Serviços de Notas e de Registros – Remoção – TJ-PR – NC-UFPR – 2019) As arras negociais são típicas entre as relações travadas no circuito econômico. Pelo seu uso, as arras representam uma garantia às partes, a fim de providenciar certa estabilidade nos negócios jurídicos celebrados, vez que elas se ligam aos comportamentos pessoais dos sujeitos, ainda que possam envolver algum bem móvel dado em funcionalidade econômica. Com base no exposto, assinale a alternativa correta.**

(A) Se, por ocasião da conclusão do contrato, uma parte der à outra, a título de arras, dinheiro ou outro bem móvel, deverão as arras, em caso de execução, ser restituídas ou computadas na prestação devida, ainda que de gênero diverso da principal.

(B) Se a parte que deu as arras não executar o contrato, poderá a outra tê-lo por desfeito, retendo--as; se a inexecução for de quem ofertou as arras, poderá quem as recebeu haver o contrato por desfeito e exigir sua devolução mais o equivalente, com atualização monetária segundo índices oficiais regularmente estabelecidos, juros e honorários de advogado.

(C) A parte inocente pode pedir indenização suplementar, se provar maior prejuízo, valendo as arras como taxa mínima, podendo a parte inocente exigir a execução do contrato, com as perdas e danos, valendo as arras como o mínimo da indenização.

(D) Se no contrato não for estipulado o direito de arrependimento para qualquer das partes, as arras ou sinal terão função unicamente indenizatória.

(E) Não existem arras indenizatórias em contratos comutativos.

26. (Juiz Substituto – TJ-MS – FCC – 2020) Quanto à mora e às perdas e danos, é correto afirmar:

(A) A mora do credor subtrai o devedor isento de dolo à responsabilidade pela conservação da coisa, obriga o credor a ressarcir as despesas empregadas em conservá-la e sujeita-o a recebê-la pela estimação mais favorável ao devedor, se o seu valor oscilar entre o dia estabelecido para o pagamento e o da sua efetivação.

(B) Havendo fato ou omissão imputável ao devedor, este não incorre em mora.

(C) Nas obrigações provenientes de ato ilícito, considera-se o devedor em mora a partir do ajuizamento da ação indenizatória correspondente.

(D) O devedor em mora responde pela impossibilidade da prestação, salvo, em qualquer caso, se essa impossibilidade resultar de caso fortuito ou força maior.

(E) Salvo se a inexecução resultar de dolo do devedor, as perdas e danos só incluem os prejuízos efetivos e os lucros cessantes por efeito dela direto e imediato, sem prejuízo do disposto na lei processual.

27. (Advogado – FITO – VUNESP – 2020) Arlindo sofreu um acidente de carro quando era jovem e ficou paralítico. Passados alguns anos e recuperado do trauma, decidiu trabalhar como taxista. Para exercer a profissão com segurança, encomendou, na própria montadora, um veículo adaptado que tivesse todas as condições de segurança necessárias. A montadora X comprometeu-se a entregar o veículo no dia 30 de setembro de 2019, constando no contrato que poderia prorrogar a entrega até o dia 30 de outubro de 2019. Devido a atrasos, a montadora entregou o veículo apenas no dia 30 de dezembro de 2019. Diante da situação hipotética, Arlindo procura um advogado que decide propor uma ação pedindo a condenação da montadora ao pagamento da multa contratual de 1% ao mês e dos lucros cessantes correspondentes à quantia que Arlindo poderia ter recebido se já estivesse trabalhando como taxista. Diante da situação hipotética, considerando o atual entendimento do Superior Tribunal de Justiça, assinale a alternativa correta.

(A) Em caso de inadimplemento, o juiz deverá conceder o valor da cláusula penal, mais as perdas e danos, caso a cláusula penal seja moratória.

(B) Em caso de inadimplemento, o juiz deverá conceder o valor da cláusula penal, mais as perdas e danos, caso a cláusula penal seja compensatória.

(C) No caso de mora, existindo cláusula penal moratória, concede-se ao credor a faculdade de requerer, cumulativamente, o cumprimento da obrigação, a multa contratualmente estipulada; e ainda indenização correspondente às perdas e danos decorrentes da mora.

(D) A cláusula penal moratória não é estipulada para compensar o inadimplemento nem para substituir o adimplemento. Assim, a cominação contratual de uma multa para o caso de mora não interfere com a responsabilidade civil. Logo, não há óbice a que se exija a cláusula penal moratória juntamente com o valor referente aos lucros cessantes.

(E) A cláusula penal moratória tem a finalidade de indenizar pelo adimplemento tardio da obrigação, e, em regra, estabelecida em valor equivalente ao locativo, afasta-se sua cumulação com lucros cessantes.

28. (Juiz substituto – TJSP – Vunesp – 2021) Assinale a alternativa correta sobre cláusula penal.

(A) A cláusula penal deve ser convencionada simultaneamente com a obrigação, não se admitindo a convenção em ato posterior.

CAP. 5 · DO INADIMPLEMENTO OBRIGACIONAL. DA RESPONSABILIDADE CIVIL CONTRATUAL | **271**

(B) A cláusula penal deve ser reduzida de ofício pelo juiz de modo equitativo, caso verifique o parcial cumprimento da prestação ou se o montante da penalidade for manifestamente excessivo, tendo em vista a natureza e a finalidade do negócio.

(C) Para exigir a cláusula penal, não é necessário ao credor alegar prejuízo, mas, se este exceder o valor da multa, não poderá ser cobrada indenização suplementar, ainda que as partes tenham convencionado tal possibilidade e se prove dano de maior valor.

(D) Quando se estipular cláusula penal para o total inadimplemento da obrigação, esta se converte em alternativa para o credor, que poderá escolher entre pedir a multa ou as perdas e danos sofridas em razão do inadimplemento.

29. **(Juiz substituto – TJSP – Vunesp – 2021) Assinale a alternativa correta sobre mora e inadimplemento absoluto.**

(A) A mora faculta ao credor exigir a prestação acrescida de perdas e danos, juros, correção monetária e honorários advocatícios, enquanto o inadimplemento absoluto abre ao credor a opção de resolver o contrato.

(B) A mora se converte em inadimplemento absoluto quando não mais persiste para o devedor a possibilidade de cumprir a prestação.

(C) Os juros de mora por inadimplemento contratual contam-se sempre a partir da citação.

(D) O devedor em mora responde pela impossibilidade da prestação salvo se provar que tal impossibilidade resultou de caso fortuito ou força maior.

30. **(Promotor de Justiça substituto – MPE-MG – Fundep – 2021) Considerando o "inadimplemento das obrigações", assinale a alternativa INCORRETA:**

(A) Da inexecução contratual imputável, única e exclusivamente, àquele que recebeu as arras, estas devem ser devolvidas mais o equivalente, com atualização monetária segundo índices oficiais regularmente estabelecidos, juros e honorários de advogado.

(B) O inadimplemento da obrigação, positiva e líquida, no seu termo, constitui de pleno direito em mora o devedor.

(C) Quando os juros moratórios não forem convencionados, ou o forem sem taxa estipulada, ou quando provierem de determinação da lei, serão fixados segundo a taxa que estiver em vigor para a mora do pagamento de impostos devidos à Fazenda Nacional.

(D) Quando se estipular a cláusula penal para o caso de mora, ou em segurança especial de outra cláusula determinada, terá o credor o arbítrio de escolher entre a satisfação da pena cominada ou pelo desempenho da obrigação principal, um ou outro.

31. **(Procurador do Município – Prefeitura de Jundiaí-SP – Vunesp – 2021) Assinale a alternativa correta sobre as preferências e privilégios creditórios.**

(A) Quando concorrerem aos mesmos bens, e por título igual, porém com valores diferentes, dois ou mais credores da mesma classe especialmente privilegiados, haverá, entre eles, rateio em igual valor, se o produto não bastar para o pagamento integral de todos.

(B) O privilégio geral só compreende os bens sujeitos, por expressa disposição de lei, ao pagamento do crédito que ele favorece e o privilégio real de todos os bens não sujeitos a crédito real nem a privilégio especial.

(C) Tem privilégio geral sobre a coisa arrecadada e liquidada o credor de custas e despesas judiciais feitas com a arrecadação e liquidação.

(D) O crédito pelos impostos devidos à Fazenda Pública, no ano corrente e no anterior, tem privilégio sobre o crédito pelos salários dos empregados do serviço doméstico do devedor, nos seus derradeiros seis meses de vida.

(E) Tem privilégio especial sobre o produto da colheita, para a qual houver concorrido com o seu trabalho, e precipuamente a quaisquer outros créditos, salvo os reais, o trabalhador agrícola, quanto à dívida dos seus salários.

272 | DIREITO CIVIL • VOL. 2 – *Flávio Tartuce*

32. **(Promotor de Justiça substituto – MPE-MG – FUNDEP – 2022) Considere as assertivas a seguir:**

I. Nas obrigações em que há solidariedade ativa, pode o devedor opor a um dos credores solidários as exceções pessoais oponíveis aos outros.

II. Nas arras penitenciais, se a parte que as recebeu não executar o contrato, poderá a que as deu considerar o contrato desfeito e exigir, além da indenização suplementar, sua devolução mais o equivalente, com atualização monetária segundo índices oficiais regularmente estabelecidos, juros e honorários de advogado.

III. Quando se estipular a cláusula penal para o caso de mora, ou em segurança especial de outra cláusula determinada, terá o credor o arbítrio de exigir a satisfação da pena cominada, juntamente com o desempenho da obrigação principal.

IV. É facultado a terceiro assumir a obrigação do devedor, com o consentimento expresso do credor, ficando exonerado o devedor primitivo solvente e, salvo assentimento expresso do devedor primitivo, consideram-se extintas, a partir da assunção da dívida, as garantias especiais por ele originariamente dadas ao credor.

Assinale a alternativa CORRETA:

(A) Apenas as assertivas I, II e IV são verdadeiras.

(B) Apenas as assertivas I, II e III são verdadeiras.

(C) Apenas as assertivas III e IV são verdadeiras.

(D) Apenas as assertivas II e III são verdadeiras.

33. **(Analista Judiciário – TJDFT – FGV – 2022) A rede de supermercados Preços Incríveis Ltda. celebrou contrato com a fabricante de bebidas gaseificadas Geral Cola S/A, por tempo indeterminado, para comercializar, com exclusividade, a "Nova Geral Cola", o mais novo produto desta última, repassando-lhe um percentual do valor auferido com as vendas. Os supermercados Preços Incríveis ainda se comprometiam a não comercializar bebidas de fabricantes concorrentes. O contrato previa cláusula penal compensatória para a hipótese de inadimplemento absoluto por qualquer das partes, sem prever indenização suplementar. Na data prevista para o primeiro pagamento à Geral Cola pela rede de supermercados, esta quedou-se inerte, deixando de repassar à fabricante o percentual devido das vendas do produto. Dias depois, os gestores da Geral Cola ainda descobriram que os supermercados Preços Incríveis continuavam a comercializar bebidas de diversas outras marcas.**

Considerando que a conduta da rede de supermercados abalou drasticamente a estratégia comercial da Geral Cola, fulminando qualquer interesse útil que esta ainda mantivesse no contrato, é correto afirmar que:

(A) a Geral Cola S/A poderá exigir da rede Preços Incríveis Ltda. a cláusula penal, mas não poderá cumular o pedido com eventuais perdas e danos pelo inadimplemento;

(B) a Geral Cola S/A poderá cobrar da rede Preços Incríveis Ltda. lucros cessantes decorrentes do inadimplemento, cumulados com a cláusula penal, mas não com danos emergentes;

(C) a rede Preços Incríveis Ltda. deverá pagar o percentual das vendas devido à Geral Cola S/A, acrescido de juros remuneratórios, mas não de juros legais;

(D) a rede Preços Incríveis Ltda. somente deverá arcar com a cláusula penal compensatória na exata proporção do prejuízo sofrido pela Geral Cola S/A;

(E) o montante estipulado na cláusula penal apenas será devido pela rede Preços Incríveis Ltda. se restar evidenciado que a inexecução resultou de dolo do devedor.

34. **(Procurador Municipal – Prefeitura de Presidente Prudente-SP – Vunesp – 2022) Assinale a alternativa correta com relação a perdas e danos, arras e cláusula penal.**

(A) Para requerer as perdas e danos, não é necessário comprovar o prejuízo sofrido; para exigir a pena convencional, é necessário alegar o prejuízo.

CAP. 5 • DO INADIMPLEMENTO OBRIGACIONAL. DA RESPONSABILIDADE CIVIL CONTRATUAL | 273

(B) A parte inocente pode não pedir indenização suplementar, mesmo se provar maior prejuízo, valendo as arras como taxa máxima; salvo previsão expressa em sentido contrário, é possível requerer indenização complementar na cláusula penal.

(C) Na cláusula penal para o caso de mora, terá o credor o arbítrio de exigir a satisfação da pena cominada, juntamente com o desempenho da obrigação principal; as perdas e danos, nas obrigações de pagamento em dinheiro, serão pagas com atualização monetária segundo índices oficiais regularmente estabelecidos, abrangendo juros, custas e honorários de advogado, descontado o valor da pena convencional.

(D) Provado que os juros da mora não cobrem o prejuízo, se houver pena convencional, pode o juiz conceder ao credor indenização suplementar; para exigir a pena convencional, é necessário que o credor alegue prejuízo.

(E) Pode a parte inocente exigir a execução do contrato, com as perdas e danos, valendo as arras como o mínimo da indenização; o valor da cominação imposta na cláusula penal não pode exceder o da obrigação principal.

35. **(Câmara Municipal de Pouso Alegre - MG - Analista de Licitação – Consulplan – 2023) Sobre o pagamento e a mora, assinale a afirmativa correta.**

(A) O terceiro não interessado, que paga a dívida em seu próprio nome, sub-roga-se nos direitos do credor.

(B) O devedor de obrigação litigiosa exonerar-se-á mediante consignação ou se pagar a qualquer dos pretendidos credores, ainda que tendo conhecimento do litígio.

(C) Considera-se em mora o devedor que não efetuar o pagamento e o credor que não quiser recebê-lo no tempo, lugar e forma que a lei ou a convenção estabelecer.

(D) O devedor em mora responde pela impossibilidade da prestação, embora essa impossibilidade resulte de caso fortuito ou de força maior, se eles ocorrerem durante o atraso, em qualquer circunstância.

36. **(Ciscopar – Consulpam – Assessor Jurídico – 2023) A cláusula penal é um dispositivo contratual que estabelece uma multa ou uma forma de indenização por descumprimento ou atraso no cumprimento da obrigação pactuada. Ela tem como objetivo principal prever, de antemão, as consequências financeiras que serão aplicadas, proporcionando maior segurança jurídica às partes. Dentre as alternativas abaixo, assinale a que indica corretamente a limitação estabelecida pelo Código Civil Brasileiro para o valor da cominação imposta na cláusula penal:**

(A) O valor da cominação na cláusula penal pode exceder o da obrigação principal, desde que as partes concordem.

(B) O valor da cominação na cláusula penal não pode ser inferior ao da obrigação principal.

(C) O valor da cominação na cláusula penal não pode exceder o da obrigação principal.

(D) O valor da cominação na cláusula penal deve ser sempre o dobro do valor da obrigação principal.

37. **(Prefeitura de Rio Branco-AC – Ibade – Procurador Municipal – 2023) Leia as assertivas abaixo.**

I – Não cumprida a obrigação, responde o devedor por perdas e danos, mais juros e atualização monetária segundo índices oficiais regularmente estabelecidos, e honorários de advogado;

II – O devedor não responde pelos prejuízos resultantes de caso fortuito ou força maior, se expressamente não se houver por eles responsabilizado;

III – Nas obrigações provenientes de ato ilícito, considera-se o devedor em mora, da data em que for cientificado judicialmente;

IV – Purga-se a mora, por parte do devedor, oferecendo este a prestação mais a importância dos prejuízos decorrentes do dia do evento.

Estão corretas as assertivas:

(A) II e III.

(B) III e IV.

(C) I e III.

274 | DIREITO CIVIL • VOL. 2 – *Flávio Tartuce*

(D) I e IV.

(E) I e II.

38. (MPE-SP – Vunesp – Promotor de Justiça substituto – 2023) Assinale a alternativa INCOR-RETA a respeito de cláusula penal.

(A) Pode ser estipulada em conjunto com a obrigação ou em ato posterior.

(B) O juiz tem o dever de reduzir a cláusula penal se a obrigação principal tiver sido cumprida em parte, ou se o montante da penalidade for manifestamente excessivo, tendo-se em vista a natureza e a finalidade do negócio.

(C) Aplica-se a ela a regra do artigo 184 do Código Civil, segundo o qual "a invalidade da obrigação principal implica a das obrigações acessórias, mas a destas não induz a da obrigação principal".

(D) O valor da cominação imposta na cláusula penal não pode exceder o da obrigação principal.

(E) Não é possível estipular cláusula penal que se refira apenas à inexecução de uma das cláusulas da avença.

39. (Prefeitura de Jaguariúna-SP – Vunesp – Auditor Fiscal Tributário – 2023) Tendo em vista as disposições gerais que regulam o inadimplemento das obrigações, pode-se corretamente afirmar que

(A) não cumprida a obrigação, responde o devedor por perdas e danos, acrescidos de juros ou atualização monetária segundo índices oficiais regularmente estabelecidos, e honorários de advogado, se houver previsão contratual.

(B) nas obrigações negativas o devedor é havido por inadimplente desde o dia em que executou o ato de que se devia abster.

(C) pelo inadimplemento respondem todos os bens do devedor adquiridos após o início da relação jurídica que fundamenta a obrigação inadimplida.

(D) nos contratos benéficos responde por dolo o contratante, a quem o contrato aproveite, e por simples culpa aquele a quem não favoreça.

(E) o devedor sempre responde pelos prejuízos decorrentes de caso fortuito ou força maior, salvo se expressamente não houver por eles responsabilizado.

40. (SEFAZ-MG – FGV – Auditor Fiscal da Receita Estadual-Tributação – 2023) Teodorico contratou a sociedade empresária X para a reforma e decoração de sua nova casa, sendo que, após o pagamento integral, foi informado que a sociedade empresária X encerrou voluntariamente suas atividades, o que leva ao descumprimento do contrato.

Sobre o caso apresentado, com base no ordenamento jurídico brasileiro, assinale a afirmativa correta.

(A) Há o inadimplemento absoluto da obrigação, devendo o devedor responder por perdas e danos, mais juros e atualização monetária, segundo índices oficiais regularmente estabelecidos e pelos honorários de advogado.

(B) Há o caso fortuito e a força maior, mesmo que a empresa tivesse condições de evitar ou impedir.

(C) As perdas e danos abrangem somente o que efetivamente ele perdeu, não alcançando os lucros cessantes devido à condição de pessoa natural do credor.

(D) Em caso de inadimplemento absoluto da obrigação, o devedor só responde com os bens afetados ao contrato.

(E) Por ser um contrato benéfico, a sociedade empresária X só responde por dolo, por não ser a favorecida da relação jurídica.

41. (MPE-MG – Promotor de Justiça substituto – IBGP – 2024) Sobre o direito das obrigações, traçando-se um paralelo entre a cláusula penal compensatória e a cláusula penal moratória, assinale a alternativa CORRETA:

(A) A cláusula penal compensatória se refere a danos e a moratória a atrasos.

(B) Ambas têm os mesmos efeitos, mas são nomeadas de forma diferente.

CAP. 5 · DO INADIMPLEMENTO OBRIGACIONAL. DA RESPONSABILIDADE CIVIL CONTRATUAL | 275

(C) A cláusula penal moratória não pode ser fixada em contratos.

(D) A cláusula penal compensatória só se aplica em contratos administrativos.

(E) A cláusula penal moratória só é válida em contratos de adesão.

42. **(Câmara de Rio Grande da Serra-SP – Procurador Jurídico – Avança SP – 2024) Sobre o inadimplemento das obrigações, é CORRETO o que se afirma em:**

(A) Nas obrigações provenientes de ato ilícito, a mora do devedor se constitui mediante interpelação judicial ou extrajudicial.

(B) O credor não poderá enjeitar a prestação, ainda que se torne inútil, devido à mora.

(C) O devedor não responde pelos prejuízos resultantes de caso fortuito ou força maior, mesmo se houver por eles responsabilizado.

(D) Nos contratos onerosos, responde por simples culpa o contratante, a quem o contrato aproveite, e por dolo aquele a quem não favoreça. Nos contratos benéficos, responde cada uma das partes por culpa, salvo as exceções previstas em lei.

(E) O inadimplemento da obrigação, positiva e líquida, no seu termo, constitui de pleno direito em mora o devedor. Não havendo termo, a mora se constitui mediante interpelação judicial ou extrajudicial.

43. **(1º Exame Nacional da Magistratura – ENAM – FGV – 2024) Quanto à *cláusula penal*, assinale a afirmativa correta.**

(A) A cláusula penal, pacto acessório, acompanha a obrigação principal, não podendo ser constituída em ato separado concomitante ou posterior àquele que constitui a obrigação principal.

(B) Não pode o credor invocar a cláusula penal compensatória e pretender, cumulativamente, as perdas e os danos, exceto quando as partes tenham pactuado que a cláusula penal funciona como mínimo da reparação, o que autoriza a indenização suplementar.

(C) Fixada a cláusula penal indenizatória em valor superior ao valor da obrigação principal, considera-se inválida a cláusula em sua integralidade, visto que poderia estimular o interesse do credor no descumprimento da avença, a figurar como fonte de enriquecimento sem causa.

(D) É facultado ao julgador reduzir equitativamente a cláusula penal quando a obrigação principal tiver sido cumprida em parte ou quando o montante da penalidade for manifestamente excessivo, tendo em vista a natureza, a finalidade do negócio e o estado anímico do contratante.

(E) Fixada em obrigação indivisível, na hipótese de pluralidade de devedores, é possível exigir de qualquer um deles a integralidade do pagamento da cláusula penal, mas aquele que pagar terá ação regressiva contra o culpado, a fim de evitar seu enriquecimento sem causa.

44. **(DPE-AC – Defensor Público – CESPE/CEBRASPE – 2024) De acordo com o Código Civil e o entendimento do STJ, a cláusula penal compensatória torna-se exigível desde a data do inadimplemento**

(A) relativo pelo devedor que, culposamente, deixar de cumprir a obrigação, desde que o vencimento desta não esteja vinculado à prévia notificação da resolução do contrato.

(B) relativo pelo devedor que, dolosamente, deixar de cumprir a obrigação, ainda que o vencimento desta esteja vinculado à prévia notificação da resolução do contrato.

(C) absoluto pelo devedor que, culposamente, deixar de cumprir a obrigação, ainda que o vencimento desta esteja vinculado à prévia notificação da resolução do contrato.

(D) absoluto pelo devedor que, culposamente, deixar de cumprir a obrigação, desde que o vencimento desta não esteja vinculado à prévia notificação da resolução do contrato.

(E) absoluto pelo devedor que, dolosamente, deixar de cumprir a obrigação, desde que o vencimento desta não esteja vinculado à prévia notificação da resolução do contrato.

45. **(MPE-RO – Promotor de Justiça substituto – Vunesp – 2024) Assinale a alternativa que descreve corretamente a diferenciação entre a cláusula penal e as arras.**

(A) A exigibilidade da cláusula penal dependerá da alegação de prejuízo, e a exigibilidade das arras depende apenas da prova da ocorrência do inadimplemento da obrigação.

(B) A cláusula penal beneficia o devedor, e as arras, o credor.

276 | DIREITO CIVIL • VOL. 2 – *Flávio Tartuce*

(C) A cláusula penal é exigível em caso de inadimplemento ou mora, e as arras são pagas por antecipação.

(D) Na obrigação com cláusula penal, o devedor não poderá ofertar a pena em resgate da obrigação principal, nas arras, libera-se o devedor com a entrega do objeto principal, permitindo-se-lhe a substituição por outro no ato do pagamento.

(E) A cláusula penal é livremente pactuada pelas partes, ao passo que as arras podem ser reduzidas pelo juiz.

46. (Câmara de Itapissuma-PE – Procurador – IDHTEC – 2024) O que ocorre se a parte que deu as arras não executar o contrato?

(A) A outra parte poderá ter o contrato por desfeito, retendo as arras.

(B) As arras deverão ser restituídas ou computadas na prestação devida.

(C) A parte poderá ter o contrato por desfeito, e exigir a devolução das arras mais o equivalente, com atualização monetária.

(D) As arras deverão ser restituídas, acrescidas de juros e honorários de advogado.

(E) A outra parte poderá ter o contrato por desfeito, restituindo as arras mais o equivalente.

GABARITO

01 – B	02 – C	03 – E	04 – A
05 – B	06 – A	07 – D	08 – C
09 – A	10 – C	11 – C	12 – C
13 – E	14 – D	15 – E	16 – A
17 – D	18 – ERRADO	19 – B	20 – D
21 – A	22 – ERRADO	23 – B	24 – B
25 – C	26 – A	27 – E	28 – B
29 – A	30 – D	31 – D	32 – C
33 – A	34 – E	35 – C	36 – C
37 – E	38 – E	39 – B	40 – A
41 – A	42 – E	43 – B	44 – C
45 – C	46 – A		

6

A TRANSMISSIBILIDADE DAS OBRIGAÇÕES NO CÓDIGO CIVIL DE 2002. CESSÃO DE CRÉDITO, CESSÃO DE DÉBITO E CESSÃO DE CONTRATO

Sumário: 6.1 Introdução – 6.2 Da cessão de crédito – 6.3 Espécies ou modalidades de cessão de crédito – 6.4 Da cessão de débito ou assunção de dívida – 6.5 Da cessão de contrato – 6.6 Resumo esquemático – 6.7 Questões correlatas – Gabarito.

6.1 INTRODUÇÃO

Conforme lembra Maria Helena Diniz, a obrigação não traz um vínculo imóvel, uma vez que "a transmissão da obrigação é uma conquista do direito moderno, representando uma sucessão ativa, se em relação ao credor, ou passiva, se atinente ao devedor, que não altera, de modo algum, a substância da relação jurídica, que permanecerá intacta, pois impõe que o novo sujeito (cessionário) derive do sujeito primitivo (cedente) a relação jurídica transmitida" (*Curso...*, 2002, p. 410). Sendo muito comum a sua ocorrência no meio social, principalmente em casos envolvendo transações empresariais, não se pode afastar a importância prática do tema.

Saliente-se que a transmissão das obrigações deve ser encarada diante dos princípios sociais obrigacionais e contratuais, particularmente a boa-fé objetiva e a função social. Como se tem afirmado, não há outra forma de encarar o Direito Privado. Esse modo contemporâneo de análise vai trilhar muitas das conclusões do presente capítulo.

Pode-se dizer que a cessão, em sentido amplo, pode ser conceituada como a transferência negocial, a título oneroso ou gratuito, de uma posição na relação jurídica obrigacional, tendo como objeto um direito ou um dever, com todas as características previstas antes da transmissão.

Assim, o Direito Civil brasileiro admite três modalidades de transmissão das obrigações:

a)   Cessão de crédito.

b)   Cessão de débito.

c)   Cessão de contrato, em que crédito e débito são cedidos ao mesmo tempo.

O Código Civil de 1916 tratava somente da cessão de crédito, quem sabe por que na época as relações obrigacionais não eram tão complexas como atualmente. A codificação material de 2002, além de prever a cessão de crédito (arts. 286 a 298), regulamenta a cessão de débito, ou assunção de dívida, entre os seus arts. 299 a 303. A cessão de contrato não recebeu previsão específica, continuando a sua existência a ser debatida pela doutrina e admitida pela jurisprudência; mas o atual Projeto de Reforma e Atualização do Código Civil pretende incluir o seu tratamento na Lei Geral Privada.

Parte-se para o estudo dessas formas de transmissão das obrigações. Serão analisadas as questões referentes a tais institutos atinentes, sem perder de vista a tendência de *personalização do Direito Privado*. O estudo do direito das obrigações será encerrado com tais institutos, como faz a doutrina referenciada nesta obra, caso de Maria Helena Diniz.

6.2   DA CESSÃO DE CRÉDITO

A cessão de crédito pode ser conceituada como um negócio jurídico bilateral ou sinalagmático, gratuito ou oneroso, pelo qual o credor, sujeito ativo de uma obrigação, transfere a outrem, no todo ou em parte, a sua posição na relação obrigacional. Aquele que realiza a cessão a outrem é denominado *cedente*. A pessoa que recebe o direito de credor é o *cessionário*, enquanto o devedor é denominado *cedido*.

A última expressão não é recomendável, pois a pessoa não se transmite, mas tão somente a sua dívida. Seja como for, como a doutrina a utiliza, aqui será feito o mesmo, ainda que com ela não se concorde integralmente.

Com a cessão, são transferidos todos os elementos da obrigação, como os acessórios e as garantias da dívida, salvo disposição em contrário. A cessão independe da anuência do devedor (cedido), que não precisa consentir com a transmissão.

Não há, na cessão, a extinção do vínculo obrigacional, razão pela qual ela deve ser diferenciada em relação às formas especiais e de pagamento indireto (sub-rogação e novação), como já demonstrado exaustivamente neste livro.

Nesse sentido, prevê o art. 286 do Código Civil brasileiro, que "o credor pode ceder o seu crédito, se a isso não se opuser a natureza da obrigação, a lei, ou a convenção com o devedor; a cláusula proibitiva da cessão não poderá ser oposta ao cessionário de boa-fé, se não constar do instrumento da obrigação". Esse dispositivo traz algumas regras importantes para a cessão de crédito.

–   *1.ª regra*: Não é possível ceder o crédito em alguns casos, em decorrência de vedação legal como, por exemplo, na obrigação de alimentos (art. 1.707 do CC) e nos casos envolvendo os direitos da personalidade (art. 11 do CC). Ainda a ilustrar, a jurisprudência superior, aplicando esse art. 286 do CC, já concluiu que não haveria qualquer vedação para que um crédito de indenização relativa ao DPVAT seja objeto de cessão (STJ, REsp 1.275.391/RS, Rel. Min. João Otávio de Noronha, j. 19.05.2015, *DJe* 22.05.2015, publicado no seu *Informativo* n. *562*). Porém, a questão não é pacífica na Corte Superior, havendo acórdãos em sentido contrário. Assim, por exemplo: "é inválida a cessão do crédito referente à indenização devida pelo sistema DPVAT, mesmo antes das modificações introduzidas na Lei n. 6.194/1974 pela Medida Provisória n. 451/2008, posteriormente convertida na Lei n. 11.945/2009. Precedente da Quarta Turma do STJ (REsp 1.325.874/SP, Rel. Ministro Luis Felipe Salomão, Quarta Turma, julgado em 25/11/2014, *DJe* 18/12/2014)" (STJ, Ag. Int. no REsp 1.322.462/SP, 4.ª Turma, Rel. Min. Antonio Carlos Ferreira, j. 06.09.2016, *DJe*

12.09.2016). O tema, portanto, deve ser pacificado na Segunda Seção do Tribunal da Cidadania, em prol de uma maior estabilidade das relações jurídicas privadas.

– *2.ª regra*: Essa impossibilidade de cessão pode constar de instrumento obrigacional, o que também gera a *obrigação incessível*. De qualquer forma, deve-se concluir que, se a cláusula de impossibilidade de cessão contrariar preceito de ordem pública, não poderá prevalecer em virtude da aplicação do princípio da função social dos contratos e das obrigações, que limita a autonomia privada, em sua eficácia interna, entre as partes contratantes (art. 421 do CC).

– *3.ª regra*: Essa cláusula proibitiva não pode ser oposta ao cessionário de boa-fé, se não constar do instrumento da obrigação, o que está em sintonia com a valorização da eticidade, um dos baluartes da atual codificação. Isso ressalta a tese pela qual a boa-fé objetiva é princípio de ordem pública, o que também pode ser retirado da análise do art. 167, § 2.º, do CC, que traz a inoponibilidade do ato simulado em relação ao terceiro de boa-fé. Confirmando que a boa-fé objetiva é preceito de ordem pública, lembro de que na *IV Jornada de Direito Civil* foi aprovado o Enunciado n. 363 do CJF/STJ, sempre citado, prevendo que "os princípios da probidade e da confiança são de ordem pública, estando a parte lesada somente obrigada a demonstrar a existência da violação".

Como *premissa geral*, note-se que os créditos podem ser objeto de cessão, pois a negociabilidade é a regra em matéria de direitos patrimoniais pessoais. No entanto, existem créditos que não podem ser cedidos, principalmente quando decorrerem de relações jurídicas estritamente pessoais, como as de direito de família e relacionadas com o nome da pessoa natural.

Como foi referenciado, salvo disposição em contrário, na cessão de um crédito abrangem-se todos os seus acessórios, como no caso dos juros, da multa e das garantias em geral, por exemplo (art. 287 do CC). A cessão desses acessórios é caso de *cessão legal*, aplicação da máxima de que o acessório segue o principal e que veremos a seguir (*princípio da gravitação jurídica*).

Em regra, a cessão tem eficácia *inter partes*. Para ter eficácia perante terceiros, contudo, é necessária a celebração de um acordo escrito, por meio de instrumento público ou de instrumento particular, revestido das solenidades do § 1.º do art. 654 do CC. Essa é a regra que consta do art. 288 do próprio Código Civil.

Em suma, a cessão de crédito, em regra, pode ser verbal, pois não há forma ou solenidade imposta pela norma jurídica para a sua validade no mundo jurídico. Aplica-se, nesse contexto, o art. 107 do Código Civil, que trata da liberdade das formas para os atos e negócios jurídicos. Porém, para que tenha eficácia perante terceiros, é preciso atender à regra do art. 288 do CC/2002.

Melhor esclarecendo, é imperioso apontar que os requisitos para que a cessão de crédito por meio de instrumento particular tenha efeitos *erga omnes* são os mesmos previstos para o mandato, a saber:

a)   a indicação do lugar onde foi passada;
b)   a qualificação do cedente, do cessionário e do cedido;
c)   a data da transmissão;
d)   o objetivo da transmissão;
e)   a designação e a extensão da obrigação transferida.

Anote-se, ainda, que o art. 129 da Lei de Registros Públicos (Lei 6.015/1973) determina que "estão sujeitos a registro, no Registro de Títulos e Documentos, para surtir efeitos em relação a terceiros: (...) 9.º) os instrumentos de cessão de direitos e de créditos, de sub-rogação e de dação em pagamento".

Entendo que não se aplica à cessão de crédito o art. 108 do Código Civil, que exige a escritura pública como requisito de validade para os atos de transmissão de imóvel de valor superior a trinta salários mínimos. O art. 288 do Código Civil é norma especial, que deve prevalecer nesses casos.

Na mesma linha, a jurisprudência superior tem afirmado ser a cessão de crédito um ato ou negócio jurídico informal e não solene, somente sendo exigida a escritura pública para a transmissão de valores relativos a precatórios de dívidas públicas. Vejamos, a esse respeito, trecho de *decisum* da Primeira Turma, do STJ, que cita outros precedentes:

> "(...). Conforme jurisprudência desta Corte, 'a forma do negócio jurídico é o modo pelo qual a vontade é exteriorizada. No ordenamento jurídico pátrio, vigora o princípio da liberdade de forma (art. 107 do CC/02). Isto é, salvo quando a lei requerer expressamente forma especial, a declaração de vontade pode operar de forma expressa, tácita ou mesmo pelo silêncio (art. 111 do CC/02)', sendo certo, ademais, que "a exigência legal de forma especial é questão atinente ao plano da validade do negócio (art. 166, IV, do CC/02)" (REsp 1.881.149/DF, Rel. Ministra Nancy Andrighi, Terceira Turma, DJe 10/6/2021). (...). A obrigatoriedade de que a cessão de créditos se dê por escritura pública representa uma exceção à regra geral estabelecida no art. 107 do Código Civil. Inteligência dos arts. 288 e 654, § 1º, do mesmo diploma substantivo. (..). A teor dos arts. 1º e 4º, V, da Lei Distrital 52/1997, a exigência de que a cessão de precatório seja realizada por instrumento público se aplica apenas a uma única hipótese, a saber: quando se objetivar a compensação de débitos de natureza tributária de competência do Distrito Federal, o que não é o caso dos autos" (STJ, RMS 67.005/DF, 1.ª Turma, Rel. Min. Sérgio Kukina, j. 16.11.2021, *DJe* 19.11.2021).

Frise-se, ainda, que as exigências formais do art. 288 do Código Civil, como fatores de eficácia, somente se aplicam a eventual terceiro, e não ao devedor, afirmação que visa a facilitar o tráfego jurídico e a reduzir solenidades. Nesse sentido, o Enunciado n. 618, aprovado na *VIII Jornada de Direito Civil*, em abril 2018, evento que teve a nossa coordenação na comissão de Direito das Obrigações: "o devedor não é terceiro para fins de aplicação do art. 288 do Código Civil, bastando a notificação prevista no art. 290 para que a cessão de crédito seja eficaz perante ele".

Destaco que o Projeto de Reforma e Atualização do Código Civil, em boa hora e visando à segurança jurídica, pretende incluir o teor desse enunciado doutrinário no parágrafo único do art. 290, que passará a prever que, "para os fins do disposto no art. 288, não se considera terceiro o devedor do crédito cedido, mas a sua notificação será feita por instrumento particular, com as exigências do art. 654". A aprovação dessa modificação normativa trará mais estabilidade prática ao instituto da cessão de crédito, pois muitos são os debates judiciais a respeito dessa temática.

De volta ao sistema vigente, quanto ao cessionário de crédito hipotecário, este tem o mesmo direito de fazer averbar a cessão no registro do imóvel, para resguardar seus direitos (art. 289 do CC). Essa premissa pode ser aplicada, por analogia, à sub-rogação legal que se opera a favor do adquirente de imóvel hipotecado, que paga ao credor hipotecário, nos termos do art. 346, II, do atual Código.

Como exposto, para que a cessão seja válida, não é necessário que o devedor (cedido) com ela concorde ou dela participe. Mas o art. 290 do CC/2002 enuncia que a cessão não terá eficácia se o devedor dela não for notificado. Essa notificação pode ser judicial ou extrajudicial não havendo maiores requisitos formais previstos em lei. O dispositivo admite inclusive a notificação presumida, pela qual o devedor, em escrito público ou particular, declara-se ciente da cessão feita.

Aliás, após essa notificação presumida o devedor não poderá alegar o contrário, o que é a aplicação da máxima *venire contra factum proprium,* que veda que a pessoa caia em contradição por conduta que ela mesma praticou (princípio da boa-fé objetiva e *teoria dos atos próprios – vedação do comportamento contraditório*). Quanto ao tema, na *IV Jornada de Direito Civil* foi aprovado o Enunciado n. 362, com a seguinte redação: "a vedação do comportamento contraditório (*venire contra factum proprium*) funda-se na proteção da confiança, tal como se extrai dos arts. 187 e 422 do Código Civil".

Ainda sobre o comando, seguindo sua correta interpretação, o Superior Tribunal de Justiça tem entendimento segundo o qual "a ausência de notificação da cessão de crédito não tem o condão de isentar o devedor do cumprimento da obrigação, tampouco de impedir o registro do seu nome, se inadimplente, em órgãos de restrição ao crédito" (STJ, AgRg nos EREsp 1.482.670/SP, 2.ª Seção, Rel. Min. Raul Araújo, *DJe* 24.09.2015).

Como se retira de outro aresto, que melhor explica essa forma de julgar, "o objetivo da notificação prevista no artigo 290 do Código Civil é informar ao devedor quem é o seu novo credor, a fim de evitar que se pague o débito perante o credor originário, impossibilitando o credor derivado de exigir do devedor a obrigação então adimplida. A falta de notificação não destitui o novo credor de proceder aos atos que julgar necessários para a conservação do direito cedido. A partir da citação, a parte devedora toma ciência da cessão de crédito e daquele a quem deve pagar" (STJ, AgRg no AREsp 104.435/MG, 4.ª Turma, Rel. Min. Raul Araújo, *DJe* 18.12.2014).

Ou, ainda, conclui-se que a cessão de crédito não tem eficácia em relação ao devedor quando este não é notificado, o que não significa "que a dívida não possa ser exigida quando faltar a notificação. Não se pode admitir que o devedor, citado em ação de cobrança pelo cessionário da dívida, oponha resistência fundada na ausência de notificação. Afinal, com a citação, ele toma ciência da cessão de crédito e daquele a quem deve pagar. O objetivo da notificação é informar ao devedor quem é o seu novo credor, isto é, a quem deve ser dirigida a prestação. A ausência da notificação traz essencialmente duas consequências. Em primeiro lugar dispensa o devedor que tenha prestado a obrigação diretamente ao cedente de pagá-la novamente ao cessionário. Em segundo lugar permite que o devedor oponha ao cessionário as exceções de caráter pessoal que teria em relação ao cedente, anteriores à transferência do crédito e também posteriores, até o momento da cobrança (inteligência do artigo 294 do CC/02)" (STJ, REsp 936.589/SP, 3.ª Turma, Rel. Min. Sidnei Beneti, *DJe* 22.02.2011).

Ocorrendo várias cessões do mesmo crédito, prevalece a que se completar com a tradição do título do crédito cedido (art. 291 do CC). Ilustrando, se *A,* maliciosamente, fizer a cessão do mesmo crédito a *B, C* e *D,* entregando o título que representa a dívida ao último, será *D* o novo credor, devendo o sujeito passivo da obrigação a ele pagar, caso este se apresente com o referido documento. Se a cessão tiver caráter oneroso poderão *B* e *C* voltar-se contra *A,* aplicando-se as regras previstas para o pagamento indevido e o enriquecimento sem causa (arts. 876 a 886 do CC).

Fica desobrigado o devedor que, antes de ter conhecimento da cessão, paga ao credor primitivo, eis que não há prazo legal para a notificação. No caso de mais de uma cessão notificada, o devedor deve pagar ao cessionário que lhe apresentar o título de cessão ou da obrigação cedida. Quando o crédito constar de escritura pública, prevalecerá a prioridade da notificação. Todas essas regras constam do art. 292 da codificação, que esclarece a funcionalidade da cessão de crédito, tratando de figura análoga ao credor putativo, na aparência.

Independentemente do conhecimento da cessão pelo devedor, pode o cessionário exercer os atos conservatórios do direito cedido (art. 293 do CC). Assim, a ausência de notificação do devedor não obsta a que o cessionário exerça todos os atos necessários à conservação do crédito objeto da cessão, como a competente ação de cobrança ou de execução por quantia certa.

Sobre tal inovação material do Código Civil de 2002 comenta Mário Luiz Delgado que "a notificação do devedor é requisito de eficácia do ato, quanto a ele, devedor. Mas não impede o cessionário de se investir de todos os direitos relativos ao crédito cedido, podendo não só praticar os atos conservatórios, mas todos os demais atos inerentes ao domínio, inclusive ceder o crédito a outrem. A cessão de crédito produz efeitos imediatamente nas relações entre cedente e cessionário. Assim, todas as prerrogativas que eram do cedente passam de logo ao cessionário. Apenas a eficácia do ato frente ao devedor fica dependente de notificação" (DELGADO, Mário Luiz. *Novo Código Civil...*, 2003, p. 275).

O devedor pode opor ao cessionário as exceções que lhe competirem, bem como as que, no momento em que veio a ter conhecimento da cessão, tinha contra o cedente (art. 294 do CC). Portanto, as defesas que o cedido teria contra o cedente (antigo credor) podem também ser opostas contra o cessionário (novo credor), como é o caso, por exemplo, do pagamento (total ou parcial) ou da prescrição da dívida. Ao contrário do pagamento com sub-rogação, a cessão de crédito pode ser onerosa.

No último caso, o cedente, ainda que não se responsabilize expressamente, fica responsável ao cessionário pela *existência* do crédito ao tempo em que lhe cedeu (art. 295 do CC). Deve ficar claro que essa responsabilidade é tão somente quanto à existência da dívida. A mesma responsabilidade lhe cabe nas cessões por título gratuito ou oneroso, se tiver procedido de má-fé. Incumbe à outra parte o ônus de provar essa má-fé, que induz culpa gerando o dever de o cedente ressarcir eventuais perdas e danos.

Exemplo típico em que ocorre a cessão de crédito onerosa é o contrato de *faturização* ou *factoring*. Nesse contrato, o faturizado transfere ao faturizador, no todo ou em parte, créditos decorrentes de suas atividades empresárias mediante o pagamento de uma remuneração, consistente no desconto sobre os respectivos valores, de acordo com os montantes dos créditos. Nesse contrato, em outras palavras, os títulos de crédito são *vendidos* por valores menores. O contrato em questão é atípico, sendo regulamentado somente por resoluções do Banco Central e do Conselho Monetário Nacional.

Muitas vezes, esse contrato traz onerosidade excessiva ao faturizado, razão pela qual se trata de um negócio, na prática, distante da principiologia contratual adotada tanto pelo Código de Defesa do Consumidor quanto pelo Código Civil de 2002 (autonomia privada, função social, boa-fé objetiva). Como antes mencionado nesta obra, o Superior Tribunal de Justiça tem limitado a cobrança de juros em tais contratos.

Ademais, em julgado recente, o Superior Tribunal de Justiça aplicou o antes citado art. 294 do Código Civil para o contrato em questão. Nos termos do aresto publicado no seu *Informativo* n. 564:

> "O sacado pode opor à faturizadora a qual pretende lhe cobrar duplicata recebida em operação de *factoring* exceções pessoais que seriam passíveis de contraposição ao saca-

dor, ainda que o sacado tenha eventualmente aceitado o título de crédito. Na operação de *factoring*, em que há envolvimento mais profundo entre faturizada e faturizadora, não se opera um simples endosso, mas a negociação de um crédito cuja origem é – ou pelo menos deveria ser – objeto de análise pela faturizadora. Nesse contexto, a faturizadora não pode ser equiparada a um terceiro de boa-fé a quem o título pudesse ser transferido por endosso. De fato, na operação de *factoring*, há verdadeira cessão de crédito, e não mero endosso, ficando autorizada a discussão da *causa debendi*, na linha do que determina o art. 294 do CC, segundo o qual: 'O devedor pode opor ao cessionário as exceções que lhe competirem, bem como as que, no momento em que veio a ter conhecimento da cessão, tinha contra o cedente'. Provada a ausência de causa para a emissão das duplicatas, não há como a faturizadora exigir do sacado o pagamento respectivo. Cabe ressaltar, por oportuno, que a presunção favorável à existência de causa que resulta do aceite lançado nas duplicatas não se mostra absoluta e deve ceder quando apresentada exceção pessoal perante o credor originário ou seu faturizador" (STJ, REsp 1.439.749/RS, Rel. Min. João Otávio de Noronha, j. 02.06.2015, *DJe* 15.06.2015).

A premissa foi confirmada por outro aresto superior, de 2017, segundo o qual, "se a empresa de *factoring* figura como cessionária dos direitos e obrigações estabelecidos em contrato de compra e venda em prestações, de cuja cessão foi regularmente cientificado o devedor, é legítima para responder a demanda que visa à revisão das condições contratuais" (STJ, REsp 1.343.313/SC, 4.ª Turma, Rel. Min. Luis Felipe Salomão, Rel. p/ acórdão Min. Antonio Carlos Ferreira, j. 01.06.2017, *DJe* 01.08.2017).

Em regra, o cedente não responde pela solvência do devedor ou cedido (art. 296 do CC). Portanto, para o Direito Civil Brasileiro, a cessão de crédito é *pro soluto,* sendo a regra geral. Isso ocorre no contrato de *factoring,* por exemplo, situação em que o faturizado não responde perante o faturizador pela solvência do devedor, sendo a ausência de responsabilidade um risco decorrente da natureza do negócio.

Havendo previsão de responsabilidade pela solvência do cedido no instrumento obrigacional, a cessão é denominada *pro solvendo*. Nesse último caso, o cedente, responsável perante o cessionário pela solvência do devedor, não responde por mais do que daquele recebeu, com os respectivos juros (art. 297 do CC). Mas, nessa hipótese, terá que lhe ressarcir as despesas da cessão e as que o cessionário houver feito com a cobrança.

A título de exemplo efetivo e recente dessa classificação da cessão de crédito, em julgado de 2019, a Quarta Turma do Superior Tribunal de Justiça concluiu que os Fundos de Investimento em Direito Creditório (FIDCs), "de modo diverso das atividades desempenhadas pelos escritórios de *factoring*, operam no mercado financeiro (vertente mercado de capitais) mediante a securitização de recebíveis, por meio da qual determinado fluxo de caixa futuro é utilizado como lastro para a emissão de valores mobiliários colocados à disposição de investidores. Consoante a legislação e a normatização infralegal de regência, um FIDC pode adquirir direitos creditórios por meio de dois atos formais: o endosso, cuja disciplina depende do título de crédito adquirido, e a cessão civil ordinária de crédito, disciplinada nos arts. 286-298 do CC, *pro soluto* ou *pro solvendo*".

No caso concreto, a Corte Superior acabou por confirmar o entendimento da segunda instância, no sentido de haver uma cessão de crédito *pro solvendo* em que a parte interessada "figuraria como fiadora (devedora solidária, nos moldes do art. 828 do CC) na cessão de crédito realizada pela sociedade empresária de que é sócia. O art. 296 do CC estabelece que, se houver pactuação, o cedente pode ser responsável ao cessionário pela solvência do devedor" (STJ, REsp 1.726.161/SP, 4.ª Turma, Rel. Min. Luis Felipe Salomão, j. 06.08.2019, *DJe*

03.09.2019). Acrescente-se que a Corte também concluiu que esses Fundos de Investimento em Direito Creditório são instituições financeiras e, como tal, não se sujeitam às limitações de juros previstas na Lei de Usura (Decreto-lei 22.626/1933).

Interessante pontuar que, em 2021, essa posição se repetiu em aresto da Terceira Turma do Tribunal, com o seguinte trecho de destaque:

> "É valida a cláusula contratual inserida em contrato de cessão de crédito celebrado com um FIDC que consagra a responsabilidade do cedente pela solvência do devedor (cessão de crédito *pro solvendo*). Os Fundos de Investimento em Direitos Creditórios (FIDCs) são regulamentados pela Comissão de Valores Mobiliários (CVM), que editou a Instrução Normativa n. 356/2001. São constituídos sob a forma de condomínios abertos ou fechados (art. 3.º, I, da IN n. 356/2001 da CVM), sem personalidade jurídica, e atuam no mercado de capitais e são utilizados para a captação de recursos. A aquisição de direitos creditórios pelos FIDCs pode se dar de duas formas: por meio (i) de cessão civil de crédito, em conformidade às normas consagradas no Código Civil; ou (ii) de endosso, ato típico do regime cambial" (STJ, REsp 1.909.459/SC, 3.ª Turma, Rel. Min. Nancy Andrighi, j. 18.05.2021, *DJe* 20.05.2021).

Como se pode perceber, portanto, tal entendimento está consolidado na Segunda Seção do Superior Tribunal de Justiça.

Prevê o art. 298 do CC/2002 que o crédito, uma vez penhorado, não pode mais ser transferido pelo credor que tiver conhecimento da penhora. Mas o devedor que o pagar, não tendo notificação dela, fica exonerado, subsistindo somente contra o credor os direitos de terceiro. Esta previsão está em sintonia com a vedação do enriquecimento sem causa. Para Renan Lotufo, trata-se de uma influência do processo no âmbito do Direito Civil: "como os atos judiciários hão de ser públicos e documentados, só após a intimação da penhora é que o cedido fica obrigado a fazer os pagamentos conforme a ordem judicial. Antes disso está obrigado na forma do contrato original, sendo válidos os pagamentos feitos em obediência a ele" (*Código Civil...*, 2003, p. 163). Em suma, trata-se de um *diálogo* entre o Direito Civil e o Direito Processual.

Pois bem, o último dispositivo valoriza a boa-fé objetiva de duas formas. Primeiro, ao vedar a transferência do crédito penhorado. Segundo, ao valorizar a conduta do devedor que paga tal dívida penhorada, exonerando-o totalmente.

A cessão de crédito exige capacidade plena do cedente, sem a qual poderá ser tida como nula ou anulável. Se envolver imóvel, exige outorga uxória ou marital, conforme a previsão do art. 1.647 do CC. Não havendo a referida autorização, a cessão poderá ser anulada, sendo a ação proposta até dois anos após o término da sociedade conjugal (art. 1.649 do CC).

6.3 ESPÉCIES OU MODALIDADES DE CESSÃO DE CRÉDITO

Visando a uma melhor compreensão da matéria, é interessante rever as várias modalidades de cessão de crédito, admitidas pelo Direito Civil brasileiro, tendo com parâmetro a melhor doutrina, consultada para a elaboração desta obra.

Primeiramente, quanto à origem, a cessão de crédito pode ser assim classificada:

a) *Cessão legal* – é aquela que decorre da lei, tendo origem na norma jurídica. É a que ocorre em relação aos acessórios da obrigação, no caso da cessão de crédito, conforme o art. 287 do CC. Cedido o crédito, cedem-se também os acessórios (a multa, a cláusula penal, os juros e as garantias, pessoais ou reais), salvo previsão em contrário no instrumento negocial.

b) *Cessão judicial* – é aquela oriunda de decisão judicial após processo civil regular, como é o caso de decisão que atribui ao herdeiro um crédito do falecido (exemplo de Pablo Stolze Gagliano e Rodolfo Pamplona Filho, *Novo curso...*, 2003, p. 265).

c) *Cessão convencional* – é a mais comum de ocorrer na prática, constituindo a cessão decorrente de acordo firmado entre cedente e cessionário por instrumento negocial. Ocorre no contrato de *factoring*, por exemplo.

Quanto às obrigações que gera, a cessão de crédito pode ser:

a) *Cessão a título oneroso* – assemelha-se ao contrato de compra e venda, diante da presença de uma remuneração. Pelo fato de poder ser onerosa, a cessão de crédito difere-se da sub-rogação. Ocorre cessão onerosa no contrato de *factoring*.

b) *Cessão a título gratuito* – assemelha-se ao contrato de doação, pela ausência de caráter oneroso. Nesse ponto até pode se confundir com o pagamento com sub-rogação. Entretanto, no plano conceitual, a cessão de crédito é forma de transmissão da obrigação, enquanto a sub-rogação é uma regra especial de pagamento ou forma de pagamento indireto.

Em regra, conforme esta última classificação, a cessão de crédito não necessita de forma especial, prevalecendo a regra do art. 288 do Código Civil.

Relativamente à extensão a cessão pode ser:

a) *Cessão total* – é aquela em que o cedente transfere todo o crédito objeto da relação obrigacional.

b) *Cessão parcial* – é aquela em que o cedente retém parte do crédito consigo.

Por fim, no tocante à responsabilidade do cedente em relação ao cedido, há a seguinte classificação.

a) Cessão *pro soluto* – é a que confere quitação plena e imediata do débito do cedente para com o cessionário, exonerando o cedente. Constitui a regra geral, não havendo responsabilidade do cedente pela solvência do cedido (art. 296 do CC).

b) Cessão *pro solvendo* – é aquela em que a transferência do crédito é feita com intuito de extinguir a obrigação apenas quando o crédito for efetivamente cobrado. Deve estar prevista pelas partes, situação em que o cedente responde perante o cessionário pela solvência do cedido (art. 297 do CC).

Superada a análise da cessão de crédito, segue a abordagem da cessão de débito ou assunção de dívida, novidade da codificação de 2002.

6.4 DA CESSÃO DE DÉBITO OU ASSUNÇÃO DE DÍVIDA

A cessão de débito ou assunção de dívida é um negócio jurídico bilateral, pelo qual o devedor, com a anuência do credor e de forma expressa ou tácita, transfere a um terceiro a posição de sujeito passivo da relação obrigacional.

Seu conceito pode ser retirado também do art. 299 do CC, pelo qual "é facultado a terceiro assumir a obrigação do devedor, com o consentimento expresso do credor, ficando exonerado o devedor primitivo, salvo se aquele, ao tempo da assunção, era insolvente e o credor ignorava". Preconiza o parágrafo único desse dispositivo que "qualquer das partes pode assinar prazo ao credor para que consinta na assunção da dívida, interpretando-se o seu silêncio como recusa". Na assunção de dívida, portanto, quem cala, *não* consente.

Com relação a esse dispositivo, o Enunciado n. 16 aprovado na *I Jornada de Direito Civil* do Conselho da Justiça Federal tem a seguinte redação: "o art. 299 do Código Civil não exclui a possibilidade da assunção cumulativa da dívida quando dois ou mais devedores se tornam responsáveis pelo débito com a concordância do credor". Pelo teor do enunciado, nessa assunção cumulativa ou *coassunção*, são possíveis duas situações:

1.ª) dois novos devedores responsabilizam-se pela dívida; e

2.ª) o antigo devedor continua responsável, em conjunto com o novo devedor.

Como partes da assunção de dívida, tem-se o antigo devedor (cedente), o novo devedor (cessionário) e o credor (cedido). Esse novo devedor, que assume a dívida, também é denominado *terceiro assuntor*. Desse modo, na assunção de dívida, ocorre a substituição do devedor, sem alteração na substância do vínculo obrigacional.

Como é notório, não se pode confundir a cessão de débito com a novação subjetiva passiva. Enquanto na cessão de débito mantém-se a integridade da relação obrigacional, isso não ocorre na novação subjetiva, situação em que uma dívida é substituída por outra.

Porém, a cessão de débito recebe a mesma classificação da novação subjetiva passiva, qual seja:

a) *Assunção por expromissão* – é a situação em que terceira pessoa assume espontaneamente o débito da outra, sendo que o devedor originário não toma parte nessa operação. Essa forma de assunção pode ser: *liberatória*, quando o devedor primitivo se exonera da obrigação; e *cumulativa*, quando o expromitente entra na relação como novo devedor, ao lado do devedor primitivo, conforme tratamento dado pelo já comentado Enunciado n. 16 do CJF/STJ (DINIZ, Maria Helena. *Curso...*, 2002, p. 424).

b) *Assunção por delegação* – é a situação em que o devedor originário, denominado delegante, transfere o débito a terceiro (delegatário), com anuência do credor (delegado).

Essa classificação é normalmente utilizada pela doutrina. Entretanto, entendo ser mais pertinente utilizá-la somente para a novação subjetiva passiva, como era de costume antes do Código Civil de 2002. De qualquer forma, na prática, podem tais expressões ser utilizadas tanto para a novação quanto para a assunção da dívida.

Verificada essa classificação, parte-se à análise dos dispositivos inovadores, que constam da atual codificação.

Determina o art. 300 do CC atual que, como regra geral, devem ser consideradas extintas todas as garantias especiais dadas ao credor, salvo consentimento expresso do devedor primitivo. Para esclarecer o teor do dispositivo, na *IV Jornada de Direito Civil* foi aprovado o Enunciado n. 352, prevendo que "salvo expressa concordância dos terceiros, as garantias por eles prestadas se extinguem com a assunção da dívida; já as garantias prestadas pelo devedor primitivo somente serão mantidas se este concordar com a assunção".

O enunciado doutrinário, com o qual se concordou naquele evento, foi proposto por José Fernando Simão, cujas justificativas foram as seguintes:

"O artigo 300 não encontra correspondente no anteprojeto elaborado por Agostinho Alvim, nem no anteprojeto de Código das obrigações de Caio Mário da Silva Pereira. Cuida a lei das garantias que acompanham a dívida assumida por um terceiro. Interessante notar que em se tratando de cessão de crédito as dívidas se mantêm com todos os seus acessórios (CC, art. 287). Com relação à assunção de dívida a questão não é tão simples, pois na cessão de crédito a figura do devedor (cedido) permanece e assim não haveria razão para alteração ou extinção das garantias.

Como na assunção o devedor é substituído, e com ele o patrimônio que garantia o pagamento de determinada dívida, surge a dúvida se as garantias do crédito permanecem ou se extinguem. Determina o Código Civil que as garantias especiais se extinguem com a assunção, em regra, salvo consentimento do devedor em sentido contrário. Portanto, nota-se que o Código Civil cria dois tipos de garantias: as especiais e as comuns.

As garantias especiais, segundo Mário Luiz Delgado e Jones Figueirêdo Alves, são aquelas que não são da essência da dívida e só foram prestadas em atenção à pessoa do devedor. Não se confundem com as garantias reais prestadas pelo próprio devedor que não são especiais e, portanto, em regra persistem.

Sílvio de Salvo Venosa, entretanto, afirma que garantias especiais são aquelas prestadas por terceiros. Realmente, a redação do Código Civil não primou por clareza. Algumas reflexões se fazem necessárias.

As garantias prestadas por terceiros que não o devedor, sejam elas pessoais (fiança) ou reais (hipoteca e penhor), se extinguem com a assunção de dívida. Isso porque a garantia prestada por terceiro certamente considera a pessoa do terceiro e seu patrimônio. A mudança de devedor pode significar um patrimônio insuficiente para saldar as dívidas (confira-se artigo 391 do Código Civil).

Portanto, sem a concordância expressa do terceiro, as garantias por ele prestadas se extinguirão, assemelhando-se com a regra prevista para a novação (CC, 364).

Com relação às garantias prestadas pelo próprio devedor, a melhor interpretação a se fazer do dispositivo é a seguinte: em regra, estarão extintas, salvo consentimento em sentido contrário. Entender-se-ia o termo 'garantia especial' como simplesmente qualquer garantia prestada pelo próprio devedor.

Segue-se, assim, a orientação do artigo 599 do Código Civil português pela qual as obrigações acessórias são transferidas ao novo devedor (ex.: pagamento de juros, de multa), salvo aquelas que eram inseparáveis da pessoa do devedor primitivo (ex.: entrega pessoal de certa coisa).

Com relação às garantias o artigo 599 do Código Civil português é bastante claro: 'Artigo 599 (Transmissão de garantias e acessórios) 1. Com a dívida transmitem-se para o novo devedor, salvo convenção em contrário, as obrigações acessórias do antigo devedor que não sejam inseparáveis da pessoa deste. 2. Mantêm-se nos mesmos termos as garantias do crédito, com exceção das que tiverem sido constituídas por terceiro ou pelo antigo devedor que não haja consentido na transmissão da dívida'. Essa é a correta interpretação do artigo 300 do Código Civil brasileiro. As garantias prestadas pelo devedor originário permanecem se ele concordou expressamente com a assunção de dívida. Quanto às demais garantias, quer tenham elas sido prestadas por terceiros (fiança, hipoteca), quer pelo antigo devedor que não haja assentiu na transmissão, consideram-se extintas com a assunção de débito".

As palavras transcritas são esclarecedoras, demonstrando estudo comparado importante relativo ao tema da assunção da dívida. Confirmando o trecho final das justificativas, na *V Jornada de Direito Civil* foi aprovado o seguinte enunciado doutrinário, de autoria de Mário Luiz Delgado: "a expressão 'garantias especiais' constante do artigo 300 do CC/2002 refere--se a todas as garantias, quaisquer delas, reais ou fidejussórias, que tenham sido prestadas voluntária e originariamente pelo devedor primitivo ou por terceiro, vale dizer, aquelas que dependeram da vontade do garantidor, devedor ou terceiro, para se constituírem" (Enunciado n. 422).

Como se pode perceber, a redação atual do art. 300 é truncada e confusa, razão pela qual o Projeto de Reforma e Atualização do Código Civil pretende deixar mais claro o seu teor, na linha dos dois enunciados doutrinários destacados. Assim, o seu *caput* passará a prever que "salvo assentimento expresso do devedor primitivo, consideram-se extintas, a partir da assunção da dívida, as garantias por ele originariamente dadas ao credor". E mais, nos termos do seu projetado parágrafo único, "ficam extintas todas as garantias prestadas por terceiros se eles não as ratificarem expressamente".

Superada essa questão, de acordo com o art. 301 do CC, se anulada a assunção de dívida, restaura-se o débito com relação ao devedor primitivo, com todas as suas garantias, salvo aquelas prestadas por terceiros, exceto se o terceiro conhecia o vício da obrigação (art. 301 do CC).

Vejamos um exemplo para explicar tão complicada regra: *A* cede o débito a *B*, que é garantido por uma fiança prestada por *C*. O credor é *D*. A cessão é anulada por ação judicial, pela presença de dolo de *A*. Pois bem, em regra a dívida original é restabelecida, estando exonerado o fiador. Entretanto, se o fiador tiver conhecimento do vício, continuará responsável. O Código Civil, portanto, responsabiliza aquele que age de má-fé, em sintonia com a eticidade.

Diante da tendência de proteção da boa-fé, deve-se concluir que o art. 301 também tem incidência para os negócios nulos, sendo esse o sentido de enunciado aprovado na *V Jornada de Direito Civil*, ao qual se filia: "o art. 301 do CC deve ser interpretado de forma a também abranger os negócios jurídicos nulos e a significar a continuidade da relação obrigacional originária, em vez de 'restauração', porque, envolvendo hipótese de transmissão, aquela relação nunca deixou de existir" (Enunciado n. 423).

Mais uma vez, com o intuito de deixar o dispositivo mais claro e técnico, na linha de enunciado aprovado em *Jornada de Direito Civil*, a Comissão de Juristas encarregada da Reforma do Código Civil sugere uma nova redação, para que deixe de mencionar apenas a nulidade relativa, diante do termo "anulada", para que se inclua nele também a nulidade absoluta, expressando a invalidade ("invalidada"). Nesse contexto, em boa hora, passará a prever o art. 301 do CC/2002 que, "se a substituição do devedor vier a ser invalidada, restaura--se o débito, com todas as suas garantias, salvo as garantias prestadas por terceiros, exceto se estes conheciam o vício que inquinava a obrigação". Espera-se, novamente, a aprovação dessa mudança pelo Congresso Nacional.

Segundo o art. 302 do CC, não poderá o devedor opor ao credor as exceções pessoais que detinham o devedor primitivo. Isso se aplica aos vícios do consentimento, à incapacidade absoluta e relativa e à falta de legitimação.

Por fim, o art. 303 da atual codificação material determina que o adquirente de imóvel hipotecado pode tomar a seu cargo o pagamento do crédito ora garantido. Se não for impugnada a transferência do débito pelo credor, em trinta dias, entender-se-á dado o consentimento. Conforme anota a doutrina, esse artigo "representa a tentativa do legislador de relativizar a orientação adotada pelo projeto de que o consentimento do credor será sempre expresso, vez que parte da doutrina se manifesta a favor do cabimento da aceitação tácita" (DELGADO, Mário Luiz. *Código Civil...*, 2005, p. 285).

No que concerne a esse último dispositivo, na *IV Jornada de Direito Civil*, aprovou-se o Enunciado n. 353, prevendo que a recusa do credor, quando notificado pelo adquirente de imóvel hipotecado, comunicando-lhe o interesse em assumir a obrigação, deve ser justificada.

Para Marcos Jorge Catalan, autor da proposta que gerou o enunciado, "ao que parece e salvo melhor juízo, pretendeu o legislador, por meio do aludido artigo, facilitar a transmissão da posição passiva na relação jurídica cujo cumprimento é assegurado por garantia real imobiliária, garantia esta que não se extingue com a substituição do devedor, criando regra especial, posto que normalmente será exigida a anuência do credor para que a assunção seja eficaz em relação a ele, como dispõe de modo expresso o parágrafo único do artigo 299 do Código Civil. A regra é coerente, pois resta claro que, ao constituir-se garantia hipotecária sobre determinado bem, não se retira do mesmo a possibilidade da sua livre circulação, pairando, outrossim, restrição quanto ao tráfego do mesmo em razão da obrigação que o imóvel garante, eis que nem sempre se encontrará alguém disposto a adquiri-lo por conta dos ônus que acompanham o bem e especialmente em razão da desconfiança do proprietário acerca do pagamento das prestações ainda a vencer, enquanto o adquirente, formalmente, perante o credor, não assumi-las".

Continua em suas razões Marcos Jorge Catalan, citando a funcionalização social da obrigação e a aplicação da boa-fé objetiva, o que é fundamental na contemporaneidade:

> "Pois bem, considerando-se que a assunção de dívida caracteriza-se pela substituição do polo passivo da relação jurídica obrigacional, mantendo-se todas as disposições ajustadas originariamente pelas partes, com exceção de garantias prestadas por terceiros, na medida em que a obrigação é garantida pelo bem objeto da hipoteca e não apenas pelo seu devedor (princípio da garantia patrimonial da obrigação) e considerando-se ainda que no caso de eventual mora do assuntor o produto alcançado com a alienação do bem será empregado na satisfação do credor, não há desvantagem para este na substituição do devedor, mormente quando o bem que garante o pagamento é mais valioso que a própria dívida. (...). Sem a necessidade de ir tão longe, ante a manifesta natureza contratual ostentada pela figura da assunção de dívida, homenageando-se a funcionalização dos direitos de crédito, deverá o credor, na hipótese prevista no artigo 303 do Código Civil, justificar as razões que motivaram sua recusa em aceitar a substituição do devedor pelo assuntor, especialmente quando o objeto seja mais valioso que a própria dívida, sob pena de violar a função social que há de rechear todos os negócios jurídicos, eis que solidariedade e cooperação são conceitos que devem imperar como cânones na sociedade humana contemporânea. Considere-se que a recusa injustificada estaria ainda violando a diretriz constitucional do acesso à moradia enquanto direito social atribuído aos cidadãos brasileiros, bem como atentando contra a regra do artigo 187 do Código Civil, que versa sobre o abuso de direito, uma vez que assim age todo aquele que de modo manifesto excede 'os limites impostos pelo seu fim econômico ou social, pela boa-fé ou pelos bons costumes'. Por fim, a recusa injustificada do credor em aceitar novo devedor, talvez possa ainda se enquadrar como violação ao dever lateral de cooperação, corolário do princípio da boa-fé objetiva, diretriz de conduta que se impõe às partes, haja vista que nos casos em que o bem que garante o cumprimento da obrigação possui valor superior a ela, aparentemente não existirão razões para que não se aceite a assunção".

Como não poderia ser diferente, concordei integralmente com as justificativas do doutrinador citado e, por isso, votei favoravelmente ao enunciado na *IV Jornada de Direito Civil*, aprovado por unanimidade.

Em complemento, na *V Jornada de Direito Civil* foi aprovado outro enunciado doutrinário sobre o comando em estudo, estabelecendo que "a comprovada ciência de que o reiterado pagamento é feito por terceiro, no interesse próprio produz efeitos equivalentes aos da notificação de que trata o art. 303, segunda parte" (Enunciado n. 424). Trata-se de mais um enunciado que merece apoio, pelo prestígio à boa-fé e à aparência.

Como não poderia ser diferente, assim como as proposições aqui antes expostas e estudadas, a Comissão de Juristas encarregada da Reforma do Código Civil pretende alterar o art. 303 da codificação privada, nele inserindo o conteúdo do último enunciado citado e aprovado em *Jornada de Direito Civil*. Nesse contexto, a norma passará a prever que "o adquirente de imóvel hipotecado pode tomar a seu cargo o pagamento do crédito garantido; se o credor, notificado, não impugnar em trinta dias a transferência do débito, entender-se-á dado o assentimento". Também se almeja incluir um parágrafo único no comando, para que ele alcance a propriedade fiduciária, diante de outras propostas de equalização das garantias reais.

Espera-se, portanto, a sua aprovação pelo Congresso Nacional, para trazer maior segurança jurídica aos institutos, assim como as proposições anteriores.

6.5 DA CESSÃO DE CONTRATO

Apesar de não ser regulamentada em lei, a cessão de contrato tem existência jurídica como negócio jurídico atípico. Nesse contexto, atualmente, a cessão de contrato pode enquadrar-se no art. 425 da atual codificação material, pelo qual: "é lícito às partes estipular contratos atípicos, observadas as normas gerais fixadas neste Código".

No Projeto de Reforma e Atualização do Código Civil, a Comissão de Juristas pretende incluir tratamento relativo ao instituto, como será exposto e estudado ao final deste tópico.

A cessão de contrato pode ser conceituada como sendo a transferência da inteira posição ativa ou passiva da relação contratual, incluindo o conjunto de direitos e deveres de que é titular uma determinada pessoa. Na prática, a cessão de contrato quase sempre está relacionada com um negócio cuja execução ainda não foi concluída.

O instituto foi objeto de profundo trabalho desenvolvido, em Portugal, por Carlos Alberto Mota Pinto (*Cessão...*, 2003). No Brasil, o magistrado Hamid Charaf Bdine Júnior publicou monografia importante sobre o tema (*Cessão...*, 2007). Em relação à terminologia, esclarece o último autor que "a expressão mais usual, porém, é 'cessão de contratos', ainda que se considere pertinente a observação de que, na realidade, não é propriamente o contrato que seja cedido – pois, se assim fosse, o cedente (que o integra) haveria de integrar a relação contratual transferida ao cessionário –, mas sim a posição contratual ocupada no pacto original" (*Cessão...*, 2007, p. 65).

Esclarecido esse aspecto conceitual, é interessante reproduzir o conceito dado, na íntegra, por Sílvio de Salvo Venosa, para quem "é indiscutível que a cessão de posição contratual é negócio jurídico e tem também características de contrato. Nesse negócio vamos encontrar que uma das partes (cedente), com o consentimento de outro contratante (cedido), transfere sua posição no contrato a um terceiro (cessionário). Para que não ocorra dubiedade de terminologia, devemos denominar o contrato cuja posição é cedida de contrato-base. Por conseguinte, por intermédio desse negócio jurídico, há o ingresso de um terceiro no contrato-

-base, em toda titularidade de relações que envolvia a posição do cedente no citado contrato" (VENOSA, Sílvio de Salvo. *Direito civil...*, 2003, p. 346). Na página seguinte, lembra o último doutrinador que tal forma de cessão tem grande aplicação prática "análoga a um contrato de promessa de compra e venda de imóvel, obviando o longo caminho a ser percorrido por uma sucessão de contratos" (VENOSA, Sílvio de Salvo. *Direito civil...*, 2003, p. 347).

Para que a cessão do contrato seja perfeita, é necessária a autorização do outro contratante, como ocorre com a cessão de débito ou assunção de dívida. Isso porque a posição de devedor é cedida com o contrato. Nesse sentido, o Enunciado n. 648, aprovado na IX Jornada de Direito Civil, em 2022, segundo o qual "aplica-se à cessão da posição contratual, no que couber, a disciplina da transmissão das obrigações prevista no CC, em particular a expressa anuência do cedido, ex vi do art. 299 do CC".

A ementa doutrinária cita o entendimento coincidente de Silvio Venosa, Gustavo Tepedino, Anderson Schreiber e Ivana Pedreira Coelho. Destaca, ainda, o seguinte aresto do Superior Tribunal de Justiça: "a cessão de posição contratual é instituto jurídico que não se confunde com a cessão de crédito. Para que a cessão de crédito seja eficaz em relação ao cedido, basta que o cedente o notifique. Tratando-se de cessão contratual, porém, é preciso que haja anuência do contratante cedido" (STJ, Ag. Int no REsp 1.591.138/RS, 3.ª Turma, Rel. Min. Marco Aurélio Bellizze, j. 13.09.2016, *DJe* 21.09.2016).

Também entendo que a cessão de contrato tem grande e relevante função social, estando em sintonia com o art. 421 do CC. Isso porque o instituto possibilita a circulação do contrato, permitindo que um estranho ingresse na relação contratual, substituindo um dos contratantes primitivos.

Essa forma de transmissão ocorre em casos como na locação em que for admitida a sublocação, no compromisso de compra e venda (contrato com pessoa a declarar – arts. 467 a 471 do CC) e no mandato, com a previsão de substabelecimento.

Outro exemplo prático envolvendo a cessão de contrato envolve o *contrato de gaveta*. Em negócios de incorporação imobiliária é comum que o comprador ceda a sua posição contratual a outrem, sem a ciência ou concordância do vendedor.

Quanto ao tema a jurisprudência sempre foi dividida quanto à validade ou não dessa cessão contratual, inclusive nos tribunais estaduais. Para provar essa falta de unanimidade em um mesmo Tribunal, podem ser apresentados dois julgados do extinto Tribunal de Alçada do Paraná, com entendimentos totalmente opostos.

> "Ação declaratória de reconhecimento de validade de negócio jurídico com sub-rogação – Exclusão do polo passivo de execução – Impossibilidade. Não é possível o reconhecimento de validade de negócio jurídico referente a transferência de imóvel financiado para terceiro, chamado 'contrato de gaveta', quando o banco credor não consentiu com a substituição do devedor. No caso de inadimplência do contrato de financiamento, na execução deve figurar no polo passivo os devedores originários, porque não há como se reconhecer o adquirente do imóvel hipotecado, em face da ausência de anuência do credor" (TAPR, Apelação cível 0142096-8, Ac. 171183, 6.ª Câmara Cível, Londrina, Juiz convocado Jucimar Novochadlo, j. 13.05.2003, public. 30.05.2003).

> "Ação declaratória de quitação de dívida, c/c revisional de contrato – Extinção do processo, sem julgamento de mérito, em relação à primeira autora, por ilegitimidade ativa *ad causam* – Inocorrência – Decisão reformada – 'Contrato de gaveta' – Reconhecimento de validade – Realidade social – Precedentes jurisprudenciais – Recurso conhecido e provido. O direito à moradia é um direito supraconstitucional e supraestatal, sendo anterior

às Constituições e aos próprios Estados. Logo, temos que o direito à moradia surge com o próprio homem. O reconhecimento e a validação do chamado 'contrato de gaveta', bem como o reconhecimento da legitimidade da agravante, não causam nenhum gravame à instituição financeira agravada" (TAPR, Agravo de instrumento 0192880-5, Ac. 145211, 5.ª Câmara Cível, Curitiba, Juiz Sônia Regina de Castro, j. 12.06.2002, public. 02.08.2002).

Mas, em abril de 2005, o Superior Tribunal de Justiça entendeu pela legitimidade do cessionário, a quem foi transferido o contrato de gaveta, em requerer a revisão de financiamento efetuado pelo Sistema Financeiro da Habitação. A Segunda Turma do Superior Tribunal de Justiça negou recurso da Caixa Econômica Federal contra acórdão do Tribunal Regional Federal da 4.ª Região que entendeu ser o comprador por *contrato de gaveta* parte legítima para requerer a revisão de cláusulas de contrato firmado no âmbito do Sistema Financeiro da Habitação. A decisão, unânime, firmou o entendimento da Turma no mesmo sentido.

Afirmou a Ministra Eliana Calmon, relatora do Recurso Especial, que a Lei 10.150/2000, em seu art. 22, estabelece que "o comprador de imóvel, cuja transferência foi efetuada sem a interveniência da instituição financiadora, equipara-se ao mutuário final, para todos os efeitos inerentes aos atos necessários à liquidação e habilitação junto ao FCVS – Fundo de Compensação de Variações Salariais –, inclusive quanto à possibilidade de utilização de recursos de sua conta vinculada ao FGTS".

A norma também alterou o art. 2.º da Lei 8.004/1990, que passou a ter a seguinte redação: "Nos contratos que tenham cláusula de cobertura de eventual saldo devedor residual pelo FCVS, a transferência dar-se-á mediante simples substituição do devedor, mantidas para o novo mutuário as mesmas condições e obrigações do contrato original, desde que se trate de financiamento destinado à casa própria, observando-se os requisitos legais e regulamentares, inclusive quanto à demonstração da capacidade de pagamento do cessionário em relação ao valor do novo encargo mensal". Esclarece ainda o voto da Ministra Eliana Calmon que, "se a transferência, nos contratos com cobertura do FCVS, se opera com a simples substituição do devedor, sub-rogando-se o adquirente nos direitos e deveres, inegavelmente tem ele legitimidade para discutir em juízo questões pertinentes às obrigações assumidas e aos direitos adquiridos" (STJ, REsp 705.231/RS, 2.ª Turma, *DJ* 16.05.2005, p. 327).

Na minha opinião doutrinária, houve no julgado aplicação do princípio da função social do contrato, mais especificamente da *tutela externa no crédito*, que constitui exceção ao princípio da relatividade dos efeitos. Nesse sentido, estatui o Enunciado n. 21 do Conselho da Justiça Federal que "a função social do contrato, prevista no art. 421 do novo Código Civil, constitui cláusula geral, a impor a revisão do princípio da relatividade dos efeitos do contrato em relação a terceiros, implicando a tutela externa do crédito".

Todo esse raciocínio foi confirmado pelo próprio Superior Tribunal de Justiça, em julgado que teve como relator o Min. Luiz Fux, em que se prolata verdadeira *aula* sobre o conteúdo da função social dos contratos. Vejamos a ementa da decisão, que, apesar de longa, é fundamental do ponto de vista didático e metodológico:

> "Administrativo – Recurso especial – Sistema financeiro da habitação – FCVS – Cessão de obrigações e direitos – 'Contrato de gaveta' – Transferência de financiamento – Ausência de concordância da mutuante – Possibilidade – Precedentes do STJ. 1. A jurisprudência dominante desta Corte se firmou no sentido da imprescindibilidade da anuência da insti-

tuição financeira mutuante como condição para a substituição do mutuário (precedente: REsp 635.155/PR, Relator Ministro José Delgado, Primeira Turma, *DJ* 11.04.2005). 2. *In casu*, a despeito de a jurisprudência dominante desta Corte entender pela imprescindibilidade da anuência da instituição financeira mutuante, como condição para a substituição do mutuário, sobreleva notar que a hipótese sub judice envolve aspectos sociais que devem ser considerados. 3. Com efeito, a Lei 8.004/1990 estabelece como requisitos para a alienação a interveniência do credor hipotecário e a assunção, pelo novo adquirente, do saldo devedor existente na data da venda. 4. Contudo, a Lei 10.150/2000 prevê a possibilidade de regularização das transferências efetuadas sem a anuência da instituição financeira até 25.10.1996, à exceção daquelas que envolvam contratos enquadrados nos planos de reajustamento definidos pela Lei 8.692/1993, o que revela a intenção do legislador de possibilitar a regularização dos cognominados 'contratos de gaveta', originários da celeridade do comércio imobiliário e da negativa do agente financeiro em aceitar transferências de titularidade do mútuo sem renegociar o saldo devedor. 5. Deveras, consoante cediço, o princípio pacta sunt servanda, a força obrigatória dos contratos, porquanto sustentáculo do postulado da segurança jurídica, é princípio mitigado, posto sua aplicação prática estar condicionada a outros fatores, como, v.g., a função social, as regras que beneficiam o aderente nos contratos de adesão e a onerosidade excessiva. 6. O Código Civil de 1916, de feição individualista, privilegiava a autonomia da vontade e o princípio da força obrigatória dos vínculos. Por seu turno, o Código Civil de 2002 inverteu os valores e sobrepõe o social em face do individual. Desta sorte, por força do Código de 1916, prevalecia o elemento subjetivo, o que obrigava o juiz a identificar a intenção das partes para interpretar o contrato. Hodiernamente, prevalece na interpretação o elemento objetivo, vale dizer, o contrato deve ser interpretado segundo os padrões socialmente reconhecíveis para aquela modalidade de negócio. 7. Sob esse enfoque, o art. 1.475 do diploma civil vigente considera nula a cláusula que veda a alienação do imóvel hipotecado, admitindo, entretanto, que a referida transmissão importe no vencimento antecipado da dívida. Dispensa-se, assim, a anuência do credor para alienação do imóvel hipotecado em enunciação explícita de um princípio fundamental dos direitos reais. 8. Deveras, jamais houve vedação de alienação do imóvel hipotecado ou gravado com qualquer outra garantia real, porquanto função da sequela. O titular do direito real tem o direito de seguir o imóvel em poder de quem quer que o detenha, podendo excuti-lo mesmo que tenha sido transferido para o patrimônio de outrem distinto da pessoa do devedor. 9. Dessarte, referida regra não alcança as hipotecas vinculadas ao Sistema Financeiro da Habitação – SFH, posto que para esse fim há lei especial – Lei 8.004/1990 –, a qual não veda a alienação, mas apenas estabelece como requisito a interveniência do credor hipotecário e a assunção, pelo novo adquirente, do saldo devedor existente na data da venda, em sintonia com a regra do art. 303 do Código Civil de 2002. 10. Com efeito, associada à questão da dispensa de anuência do credor hipotecário está a notificação dirigida ao credor, relativamente à alienação do imóvel hipotecado e à assunção da respectiva dívida pelo novo titular do imóvel. A matéria está regulada nos arts. 299 a 303 do Novel Código Civil – da assunção de dívida –, dispondo o art. 303 que o adquirente do imóvel hipotecado pode tomar a seu cargo o pagamento do crédito garantido; se o credor, notificado, não impugnar em 30 (trinta) dias a transferência do débito, entender-se-á dado o assentimento. 11. Ad argumentadum tantum, a Lei 10.150/2000 permite a regularização da transferência do imóvel, além de a aceitação dos pagamentos por parte da Caixa Econômica Federal revelar verdadeira aceitação tácita (precedentes: EDcl no REsp 573.059/RS, desta relatoria, Primeira Turma, DJ 30.05.2005 e REsp 189.350/SP, Relator para lavratura do acórdão Ministro Cesar Asfor Rocha, Quarta Turma, DJ 14.10.2002). 12. Consectariamente, o cessionário de imóvel financiado pelo SFH é parte legítima para discutir e demandar em juízo questões pertinentes às obrigações assumidas e aos direitos adquiridos através dos cognominados 'contratos de gaveta', porquanto com o advento da Lei 10.150/2000, o mesmo teve reconhecido o direito à sub-rogação dos direitos e obrigações do contrato primitivo (precedentes: AgRg no REsp 712.315/PR, Relator Ministro Aldir Passarinho Junior, Quarta Turma, DJ 19.06.2006; REsp 710.805/RS, Relator Ministro Francisco Peçanha Martins, Segunda Turma, *DJ* 13.02.2006; REsp 753.098/RS, Relator Ministro Fernando Gonçalves, *DJ* 03.10.2005). 13. Recurso especial conhecido e desprovido" (STJ, REsp 769.418/PR, 1.ª Turma, Rel. Min. Luiz Fux, j. 15.05.2007, *DJ* 16.08.2007, p. 289).

Mesmo com a jurisprudência apontando haver uma cessão de débito ou assunção de dívida, compreendo ser melhor considerar que no *contrato de gaveta* há uma cessão de contrato.

Em que pesem os arestos anteriores da Corte Superior aqui colacionados, infelizmente, houve uma reviravolta no entendimento nos últimos anos. Passou-se a julgar o seguinte:

"Tratando-se de contrato de mútuo para aquisição de imóvel garantido pelo FCVS, avençado até 25.10.1996 e transferido sem a interveniência da instituição financeira, o cessionário possui legitimidade para discutir e demandar em juízo questões pertinentes às obrigações assumidas e aos direitos adquiridos. (...). No caso de cessão de direitos sobre imóvel financiado no âmbito do Sistema Financeiro da Habitação realizada após 25.10.1996, a anuência da instituição financeira mutuante é indispensável para que o cessionário adquira legitimidade ativa para requerer revisão das condições ajustadas, tanto para os contratos garantidos pelo FCVS como para aqueles sem referida cobertura" (STJ, REsp 1.150.429/CE, Corte Especial, Rel. Min. Ricardo Villas Bôas Cueva, j. 25.04.2013, *DJe* 10.05.2013, publicado no seu *Informativo* n. *520).*

Muitas outras decisões seguem essa linha, que é a predominante hoje na jurisprudência superior, servindo a ementa recente como exemplo dessa consolidação. Como se pode notar, o aresto é de decisão proferida pela Corte Especial do STJ, unificando a questão no Tribunal.

Em suma, na atualidade, é preciso verificar quando o negócio foi celebrado para a conclusão da necessidade ou não da autorização do promitente vendedor e da instituição financeira que subsidia o negócio. Com o devido respeito, não se filia a esse novo posicionamento superior, pois o contrato de gaveta representa realidade a ser reconhecida no meio imobiliário brasileiro, como concretização da função social dos institutos privados.

Analisado o controverso tema do contrato de gaveta, pontue-se que novas formas de cessão de contrato podem ser criadas. Isso está em total sintonia com o já invocado art. 425 do CC, pelo qual há plena possibilidade de criação de contratos atípicos, sem previsão legal, desde que respeitados os princípios abraçados pela ordem pública, notadamente aqueles relacionados com a nova teoria geral dos contratos (autonomia privada, função social do contrato e boa-fé objetiva). Nunca se pode esquecer, também, da vedação do abuso de direito e do enriquecimento sem causa, conforme os arts. 187 e 884 da codificação, respectivamente.

Não se deve confundir cessão de crédito com cessão de contrato, que compreende a transferência de todos os direitos e deveres. A cessão de crédito restringe-se exclusivamente à transferência de direitos.

Diante de todas essas dificuldades de aplicação prática do instituto, o Projeto de Reforma e Atualização do Código Civil, em trâmite no Parlamento Brasileiro, pretende incluir na codificação privada uma regulamentação legal mínima, após a assunção da dívida, com a denominação de "cessão da posição contratual", considerada a mais correta tecnicamente.

CAP. 6 • A TRANSMISSIBILIDADE DAS OBRIGAÇÕES NO CÓDIGO CIVIL DE 2002 | 295

O trabalho foi desenvolvido pelo Relator da Subcomissão de Direito das Obrigações, Professor José Fernando Simão, após sugestão feita por mim, como Relator-Geral; e atuação junto com seus orientandos de mestrado e doutorado da Faculdade de Direito das USP. A ideia é inserir uma teoria geral do instituto, entre os arts. 303-A a 303-E da Lei Geral Privada.

Nesse contexto, o novo art. 303-A enunciará que qualquer uma das partes pode ceder sua posição contratual, desde que haja concordância do outro contraente; o que já é considerado como regra geral nos casos de cessão de crédito. Se o outro contraente houver concordado previamente com a cessão, esta somente lhe será oponível quando dela for notificado ou, por outra forma, tomar ciência expressa; assim como se dá com a cessão de crédito, nos termos do parágrafo único desta primeira proposta.

Seguindo, o art. 303-B do Código Civil ora projetado preceituará que "a cessão da posição contratual transfere ao cessionário todos os direitos e deveres, objetos da relação contratual, inclusive os acessórios da dívida e os anexos de conduta, salvo expressa disposição em sentido contrário". Aplica-se, portanto, o *princípio da gravitação jurídica*, segundo o qual o acessório segue o principal, como já ocorre com a cessão de crédito e como é o entendimento hoje majoritário para categoria.

O cedente garante ao cessionário a existência e a validade do contrato, mas não o cumprimento dos seus deveres e obrigações (art. 303-C). Espelha-se, mais uma vez, a regra da cessão de crédito, prevista no art. 296 do CC/2002, no sentido de ser a cessão da posição contratual *pro soluto* e não *pro solvendo*. A última será possível, contudo, se as partes convencionarem ou se essa imposição decorrer da lei.

Além disso, agora seguindo as regras da cessão de débito ou assunção de dívida aqui antes estudadas, mas melhoradas em sua redação, o art. 303-D proposto preverá que, "com a cessão da posição contratual, o cedente libera-se de seus deveres e de suas obrigações e extinguem-se as garantias por ele prestadas". Em complemento, nos termos do seu parágrafo único ora sugerido, "com relação às garantias prestadas por terceiros, extinguem-se aquelas as dadas para garantir prestações do cedente, mas não aquelas que garantem prestações do cedido".

Como bem justificou a Subcomissão de Direito das Obrigações, em texto elaborado pelo Professor José Fernando Simão, "como regra, o cedente deve liberar-se das garantias prestadas. Do ponto de vista jurídico e econômico, o cedente presta as garantias (ônus) em troca dos benefícios gerados pelo contrato (bônus). Não faria sentido, pois, transferir o bônus, mas continuar com o ônus, salvo se as partes estipularem de maneira diversa. O terceiro, por outro lado, merece um tratamento distinto. Aqui, são duas as hipóteses. Na primeira hipótese, em que ele garante obrigações do cedente, a lei não poderá obrigá-lo a continuar garantindo essas obrigações em favor de outra pessoa (cessionário); naturalmente, as garantias foram prestadas levando-se em conta a pessoa do cedente e, com a substituição desta, poderá haver um agravamento do risco ao qual está exposto o terceiro. Na segunda hipótese, o terceiro garante obrigações do cedido. Neste cenário, não há razão para liberar, automaticamente, o terceiro, considerando que a pessoa cujas obrigações foram garantidas continua sendo a mesma, não havendo, portanto, agravamento de risco". De fato, essa parece ser a melhor solução, tanto do ponto de vista teórico como prático.

Por fim, como última proposição, o art. 303-E projetado preverá que, "uma vez cientificado da cessão da posição contratual, o cedido pode opor ao cessionário as exceções que, em razão do contrato cedido, contra ele dispuser". A ideia é que, havendo cessão da posição contratual, possam ser opostas apenas as exceções gerais, relativas ao contrato, e não as pessoais, assim como está previsto para a assunção de dívida, no atual art. 302 do

Código Civil. Novamente como bem justificou a Subcomissão de Direito das Obrigações, com clareza e técnica, "o cedido poderá opor ao cessionário as exceções baseadas na relação contratual, pois estas, além de serem conhecidas do cessionário, fazem parte do sinalagma contratual. Por outro lado, as exceções pessoais advêm de outras relações fora do contrato e, portanto, não são de conhecimento do cessionário, nem fazem parte do sinalagma contratual. Daí por que as exceções pessoais somente poderão ser opostas caso o cedido as tenha reservado expressamente no momento da cessão do contrato, dando, assim, conhecimento delas ao cessionário".

Como se pode perceber, essa regulamentação da cessão de contrato, ou cessão da posição contratual, é mais do que importante, é necessária, para trazer maior certeza e segurança jurídica ao instituto e atrair mais investimentos para o País.

6.6 RESUMO ESQUEMÁTICO

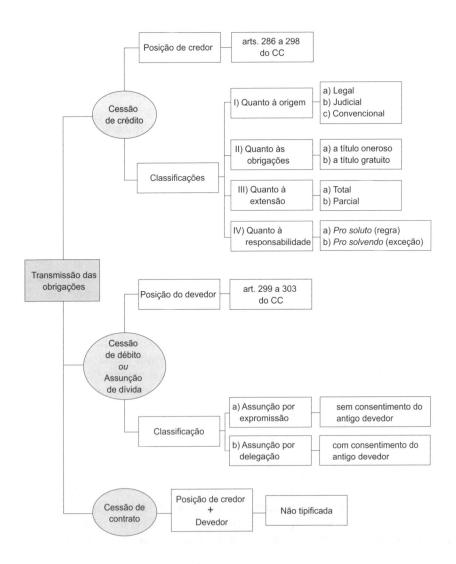

CAP. 6 • A TRANSMISSIBILIDADE DAS OBRIGAÇÕES NO CÓDIGO CIVIL DE 2002 | 297

6.7   QUESTÕES CORRELATAS

01. (DPU – CESPE – Defensor Público Federal – 2015) Supondo que duas partes tenham estabelecido determinada relação jurídica, julgue o item.

Caso o credor da relação jurídica ceda seu crédito a terceiro, a ausência de notificação do devedor implicará a inexigibilidade da dívida.

(   ) Certo
(   ) Errado

02. (CESPE – TJ-DFT – Juiz – 2016) Em atenção ao direito das obrigações, assinale a opção correta.

(A) Se há assunção cumulativa, compreende-se como estabelecida a solidariedade obrigacional entre os devedores.

(B) A multa moratória e a multa compensatória podem ser objeto de cumulação com a exigência de cumprimento regular da obrigação principal.

(C) A obrigação portável (*portable*) é aquela em que o pagamento deve ser feito no domicílio do devedor, ficando o credor, portanto, obrigado a buscar a quitação.

(D) Na solidariedade passiva, a renúncia e a remissão são tratadas, quanto aos seus efeitos, de igual forma pelo Código Civil.

(E) Na assunção de dívida, a oposição da exceção de contrato não cumprido é permitida ao assuntor em face do devedor primitivo, mas vedada em face do credor.

03. (PUC/PR – Prefeitura de Maringá/PR – Procurador Municipal – 2015) Com base nas assertivas propostas a seguir, assinale a alternativa CORRETA acerca do direito das obrigações no Código Civil brasileiro:

I. O pagamento feito a um dos credores solidários extingue a dívida até o montante do que foi pago.

II. Na solidariedade passiva, a renúncia à solidariedade feita pelo credor deverá ser sempre total e uniforme, operando-se em favor de todos os devedores.

III. A obrigação de dar coisa certa abrange os acessórios dela, embora não mencionados, salvo se o contrário resultar do título ou das circunstâncias do caso.

IV. Nas obrigações alternativas, a escolha cabe ao credor, se outra coisa não se estipulou.

V. Na cessão de crédito, o devedor pode opor ao cessionário as exceções que lhe competirem, bem como as que, no momento em que veio a ter conhecimento da cessão, tinha contra o cedente.

(A) Apenas as assertivas I, II e V são verdadeiras.
(B) Apenas as assertivas II, III e IV são verdadeiras.
(C) Apenas as assertivas I, III e V são verdadeiras.
(D) Apenas as assertivas III, IV e V são verdadeiras.
(E) Apenas as assertivas I e IV são verdadeiras.

04. (FCC – DPE – SP – Defensor Público – 2015) Sobre a teoria geral das obrigações, é correto afirmar:

(A) Não pode ser considerado em mora o credor que não quiser receber o pagamento no lugar estabelecido contratualmente, mesmo que o devedor comprove que o pagamento se faz reiteradamente em outro lugar.

(B) Nas obrigações alternativas, caso uma das prestações torne-se inexequível antes da concentração, sem culpa do devedor, este poderá escolher entre adimplir com a prestação restante ou pagar em dinheiro o valor daquela que pereceu.

(C) Quando uma obrigação indivisível se converte em perdas e danos, ela se torna uma obrigação divisível. Pelo equivalente em dinheiro devido em razão do inadimplemento respondem todos os devedores, assim como pelas perdas e danos. No entanto, os devedores que não deram causa à impossibilidade da prestação podem reaver do culpado o que pagaram ao credor.

(D) Ocorrendo a chamada novação subjetiva por expromissão, mesmo sendo o novo devedor insolvente, não tem o credor ação regressiva contra o primeiro devedor.

(E) A cessão de crédito é um negócio jurídico bilateral pelo qual o credor transfere a outrem seus direitos na relação obrigacional, responsabilizando-se não só pela existência da dívida como pela solvência do cedido, por força de lei.

298 | DIREITO CIVIL • VOL. 2 – *Flávio Tartuce*

05. **(FCC – TJ-SC – Juiz Substituto – 2017) Na transmissão das obrigações aplicam-se as seguintes regras:**

I. Na cessão por título oneroso, o cedente, ainda que não se responsabilize, fica responsável ao cessionário pela existência do crédito ao tempo em que lhe cedeu; a mesma responsabilidade lhe cabe nas cessões por título gratuito, se tiver procedido de má-fé.

II. Na assunção de dívida, o novo devedor não pode opor ao credor as exceções pessoais que competiam ao devedor primitivo.

III. Salvo estipulação em contrário, o cedente responde pela solvência do devedor.

IV. O cessionário de crédito hipotecário só poderá averbar a cessão no registro de imóveis com o consentimento do cedente e do proprietário do imóvel.

V. Na assunção de dívida, se a substituição do devedor vier a ser anulada, restaura-se o débito, com todas as suas garantias, salvo as garantias prestadas por terceiro, exceto se este conhecia o vício que inquinava a obrigação.

Está correto o que se afirma APENAS em:

(A) III, IV e V.

(B) II, III e IV.

(C) I, II e IV.

(D) I, III e V.

(E) I, II e V.

06. **(CRF-DF – IADES – Advogado – 2017) Sobre a assunção de dívida, assinale a alternativa correta.**

(A) É facultado a terceiro assumir a obrigação do devedor sem o consentimento expresso do credor, ficando exonerado o devedor primitivo, salvo se aquele, ao tempo da assunção, era insolvente e o credor o ignorava. Por isso, qualquer das partes pode assinar prazo ao credor para que consinta na assunção da dívida, interpretando-se o seu silêncio como recusa.

(B) O Código Civil exclui a possibilidade da assunção cumulativa da dívida quando dois ou mais devedores se tornam responsáveis pelo débito com a concordância do credor.

(C) Consideram-se extintas, a partir da assunção da dívida, as garantias especiais originárias dadas pelo devedor ao credor, mesmo que haja concordância expressa em sentido contrário, dada pelo devedor originário.

(D) Salvo assentimento expresso do devedor primitivo, consideram-se extintas, a partir da assunção da dívida, as garantias especiais por ele originariamente dadas ao credor. A expressão "garantias especiais" refere-se a todas as garantias, quaisquer delas, reais ou fidejussórias, que tenham sido prestadas voluntária e originariamente pelo devedor primitivo ou por terceiro, vale dizer, aquelas que dependeram da vontade do garantidor, devedor ou terceiro para que se constituíssem.

(E) Se a substituição do devedor vier a ser anulada, restaura-se o débito, com todas as suas garantias, salvo as garantias prestadas por terceiros, exceto se o devedor conhecia o vício que inquinava a obrigação. Tal prescrição deve ser interpretada de forma restritiva, a não abranger os negócios jurídicos nulos.

07. **(TRF – 2.ª Região – Juiz Federal Substituto – 2017) Assinale a opção correta:**

(A) É nula a cessão de crédito celebrada de modo verbal.

(B) A cessão de crédito celebrada por escrito particular, para que seja oponível a terceiros, deve ser levada a registro, em regra no Cartório de Títulos e Documentos.

(C) A validade da cessão de crédito previdenciário, no plano federal, depende de escritura pública.

(D) A assunção de débito, realizada através de escritura pública, é oponível ao credor independentemente de seu assentimento.

(E) As exceções comuns, não pessoais, que o devedor tenha para impugnar o crédito cedido devem ser comunicadas ao cessionário imediatamente após o devedor ser notificado da cessão, sob pena de não mais poderem ser arguidas, sem prejuízo do regresso contra o cedente.

CAP. 6 · A TRANSMISSIBILIDADE DAS OBRIGAÇÕES NO CÓDIGO CIVIL DE 2002 | 299

08. **(Analista Judiciário – Área Judiciária – TRE-TO – CESPE – 2017) Pedro, com o objetivo de pagar uma dívida que possuía com Roberto, cedeu-lhe, de forma onerosa, crédito vincendo que tinha a receber de Carlos, responsabilizando-se somente pela existência do referido crédito. Na data do vencimento da dívida, Roberto descobriu que Carlos era insolvente.**

Nessa situação hipotética, a dívida que Pedro tinha com Roberto

(A) não estará extinta, pois Pedro assumiu a obrigação de garantir a existência do crédito.

(B) estará quitada, pois o crédito foi cedido em caráter *pro soluto*.

(C) não estará extinta, pois a cessão de crédito é sempre em caráter *pro soluto*.

(D) estará quitada, pois não há distinção entre a cessão de crédito *pro soluto* e a cessão de crédito *pro solvendo*.

(E) estará quitada, pois a cessão de crédito é sempre em caráter *pro solvendo*.

09. **(VUNESP – FAPESP – Procurador – 2018) Quanto à cessão de contrato, assinale a resposta correta.**

(A) A não desoneração total do cedente impede a celebração e a validade do contrato de cessão.

(B) Em regra geral, o cedente não se responsabiliza pelo adimplemento do contrato-base após a cessão.

(C) O contrato somente pode ser transferido sobre as relações jurídicas ainda não exauridas.

(D) A cessão de posição contratual, ou simplesmente cessão de contrato, consiste em negócio típico no direito brasileiro.

(E) A cessão de contrato somente terá consequências jurídicas nos contratos ditos onerosos.

10. **(VUNESP – FAPESP – Procurador – 2018) O credor pode ceder o seu crédito:**

(A) sempre que exista um crédito a ceder.

(B) mas sua cessão jamais tem eficácia em relação ao devedor.

(C) sendo eficaz perante terceiros, independentemente de qualquer solenidade.

(D) porém a cessão de crédito hipotecário somente terá valor se averbada no registro de imóveis.

(E) e salvo disposição em contrário, na cessão abrangem-se todos os seus acessórios.

11. **(VUNESP – FAPESP – Procurador – 2018) Determina o art. 292 do Código Civil: "Fica desobrigado o devedor que, antes de ter conhecimento da cessão, paga ao credor primitivo, ou que, no caso de mais de uma cessão notificada, paga ao cessionário que lhe apresenta, com o título de cessão, o da obrigação cedida; quando o crédito constar de escritura pública, prevalecerá a prioridade da notificação." Nesse caso, a lei aplica:**

(A) o princípio do contraditório.

(B) a teoria do adimplemento substancial.

(C) a teoria da aparência.

(D) a aplicação da pena convencional.

(E) o princípio da conservação dos negócios jurídicos.

12. **(ESES – TJ-AM – Titular de Serviços de Notas e de Registros – Provimento – 2018) Sobre a transmissão das obrigações, assinale a correta:**

(A) Na cessão de crédito o cedente não responde pela solvência do devedor, salvo estipulação em contrário.

(B) Na cessão de crédito não se abrangem os seus acessórios, salvo disposição em contrário.

(C) Na assunção de dívida, o novo devedor pode opor ao credor as exceções pessoais que competiam ao devedor primitivo.

(D) O cessionário somente poderá exercer os atos conservatórios do direito após o conhecimento da cessão de crédito pelo devedor.

300 | DIREITO CIVIL • VOL. 2 – *Flávio Tartuce*

13. **(Assessor Jurídico I – Câmara de Nova Odessa – SP – VUNESP – 2018) A transmissão das obrigações pode se dar de duas maneiras: por meio de cessão de crédito ou por meio de assunção de dívida. Sobre os institutos, é correto afirmar que**

(A) a assunção de dívida é a transferência ativa da obrigação que o credor faz a outrem de deus direitos.

(B) a assunção de dívida necessita de consentimento expresso do credor, sendo o seu silêncio interpretado como recusa.

(C) em regra, a cessão de crédito corresponde apenas à obrigação principal.

(D) na cessão de crédito, salvo estipulação em contrário, o cedente responde pela solvência do devedor.

(E) o novo devedor, na assunção de dívida, pode opor ao credor as exceções pessoais que competiam ao devedor primitivo

14. **(Procurador – AL-GO – IADES – 2019) A respeito da cessão de crédito no direito civil brasileiro, assinale a alternativa correta.**

(A) O direito brasileiro não tolera a cessão de crédito para terceiros.

(B) Salvo disposição em contrário, na cessão de um crédito não são abrangidos os respectivos acessórios.

(C) De regra, o cedente responde perante o cessionário pela solvência do devedor.

(D) O devedor pode opor ao cessionário as exceções que lhe competirem, porém não poderá opor aquelas que, no momento em que veio a ter conhecimento da cessão, tinha contra o cedente (eficácia *inter partes* da cessão).

(E) O devedor que, antes de ter conhecimento da cessão, paga ao credor primitivo fica desobrigado.

15. **(Procurador Municipal – Prefeitura de Boa Vista – RR – CESPE – 2019) Acerca de responsabilidade civil, de negócio jurídico e de transmissão e extinção de obrigações, julgue o item seguinte.**

Tanto no caso de assunção de dívida quanto no caso de novação de dívida, enquanto a obrigação original não for totalmente adimplida, o devedor originário manterá sua responsabilidade com o credor e a obrigação permanecerá inalterada.

( ) Certo
( ) Errado

16. **(Procurador Jurídico – Prefeitura de Guarujá-SP – Vunesp – 2021) Sobre a cessão de crédito, assinale a alternativa correta.**

(A) Na cessão por título oneroso, o cedente, desde que expressamente previsto no negócio jurídico, fica responsável ao cessionário pela existência do crédito ao tempo em que lhe cedeu.

(B) O cedente, responsável ao cessionário pela solvência do devedor, não responde por mais do que daquele recebeu, com os respectivos juros e não tem o dever de ressarcir-lhe as despesas da cessão e as que o cessionário houver feito com a cobrança.

(C) O cedente responde pela solvência do devedor, salvo se ignorava o estado de insolvência deste no momento da cessão.

(D) Na cessão a título gratuito, o cedente somente é responsável pela existência do crédito ao tempo da cessão se tiver procedido de má-fé.

(E) O crédito, uma vez penhorado, poderá ser transferido pelo credor que tiver conhecimento da penhora; mas o devedor que o pagar, não tendo notificação dela, fica exonerado, subsistindo somente contra o credor os direitos de terceiro.

17. **(Promotor de Justiça substituto – MPE-AP – Cespe/Cebraspe – 2021) Se, com o consentimento expresso do credor, terceiro solvente assumir a obrigação do devedor, ficando este exonerado, estará configurada a**

(A) sub-rogação.

(B) novação.

CAP. 6 · A TRANSMISSIBILIDADE DAS OBRIGAÇÕES NO CÓDIGO CIVIL DE 2002 | 301

(C) remissão.

(D) assunção de dívida.

(E) transação.

18. **(Delegado de Polícia – PC-RJ – CESPE/CEBRASPE – 2022) Acerca da transmissão das obrigações, prevista no Código Civil Brasileiro, assinale a opção correta.**

(A) A cessão de contrato, também chamada cessão de posição contratual, é vedada no direito brasileiro, mesmo se ambos os contratantes estiverem de acordo com a cessão.

(B) Salvo disposição em contrário, na cessão de um crédito abrangem-se todos os seus acessórios.

(C) Na cessão de crédito, salvo estipulação em contrário, o cedente responde pela solvência do devedor.

(D) Na cessão de crédito pro solvendo, o cedente responde apenas pela existência e validade do crédito cedido.

(E) Na assunção de dívida, o novo devedor pode opor ao credor todas as exceções pessoais que competiam ao devedor primitivo.

19. **(Analista Técnico – TCE-TO – FGV – 2022) Ricardo vendeu um automóvel seminovo para sua amiga Fernanda no dia 30 de julho. As partes formalizaram instrumento particular de compra e venda nos termos do qual o veículo deveria ser entregue imediatamente e o preço deveria ser pago no prazo de um mês. Dias depois, em 10 de agosto, Ricardo cedeu seu crédito sobre o preço do veículo para Alfredo, que notificou Fernanda na mesma data. Logo após, em 20 de agosto, Ricardo cedeu o mesmo crédito para Bernardo, entregando-lhe também o instrumento de compra e venda do automóvel. Bernardo notificou Fernanda acerca da cessão no mesmo dia, apresentando-lhe o mencionado instrumento de compra e venda conjuntamente com o título da própria cessão. Por fim, passados mais alguns dias, em 25 de agosto, Fernanda foi notificada por Caio, para quem Ricardo havia cedido, em 2 de agosto, o mesmo crédito sobre o preço do automóvel.**

Na data de vencimento da dívida, para desobrigar-se plenamente de sua obrigação, é correto afirmar que Fernanda deverá realizar o pagamento a:

(A) Alfredo, por se tratar do primeiro cessionário a notificar a devedora;

(B) Bernardo, por se tratar do cessionário que lhe apresentou o título da obrigação cedida em conjunto com o da cessão;

(C) Caio, por se tratar do primeiro cessionário para quem Ricardo, o credor original, transmitiu o crédito;

(D) Ricardo, por se tratar do credor originário e único legitimado a exigir o cumprimento da obrigação;

(E) qualquer dos cessionários ou a Ricardo, indistintamente, desde que apresente a prova do pagamento aos demais.

20. **(Câmara de Roseira-SP – Promun – Procurador Jurídico – 2023) São formas de extinção da obrigação segundo o Código Civil Brasileiro, EXCETO:**

(A) Confusão

(B) Consignação

(C) Cessão

(D) Compensação

21. **(CRC-RJ – Instituto Consulplan – Analista Jurídico – 2023) A transmissão das obrigações refere-se ao processo pelo qual as obrigações estabelecidas em um contrato ou em uma relação jurídica são transferidas de uma parte para outra, seja de forma voluntária ou involuntária. Isso pode ocorrer de diversas maneiras, e entender como ocorre a transmissão é essencial para compreender as dinâmicas legais envolvidas em uma variedade de situações. Uma das espécies da transmissão das obrigações é a cessão de crédito. Em relação à referida cessão, assinale a afirmativa correta.**

(A) O credor pode opor ao cessionário as exceções que lhe competirem, bem como as que, no momento em que veio a ter conhecimento da cessão, tinha contra o cedente.

302 | DIREITO CIVIL • VOL. 2 – *Flávio Tartuce*

(B) O credor pode ceder o seu crédito, se a isso se opuser a natureza da obrigação, a lei, ou a convenção com o devedor; a cláusula proibitiva da cessão não poderá ser oposta ao cessionário de boa-fé, se não constar do instrumento da obrigação.

(C) Na cessão por título oneroso, o cedente, ainda que não se responsabilize, fica responsável ao cessionário pela existência do crédito ao tempo em que lhe cedeu; a mesma responsabilidade lhe cabe nas cessões por título gratuito, se tiver procedido de má-fé.

(D) Fica obrigado ao devedor que, antes de ter conhecimento da cessão, pagar ao credor primitivo, ou que, no caso de mais de uma cessão notificada, pagar ao cessionário que lhe apresenta, com o título de cessão, o da obrigação cedida; quando o crédito constar de escritura pública prevalecerá a prioridade da notificação.

22. (CREFITO-14ª Região-PI – Quadrix – Procurador Jurídico – 2023) Considerando o Código Civil, assinale a alternativa correta, a respeito da transmissão das obrigações.

(A) O credor pode ceder seu crédito, se a isso não se opuser a natureza da obrigação, a lei ou a convenção com o devedor; a cláusula proibitiva da cessão não poderá ser oposta ao cessionário de boa-fé, se não constar do instrumento da obrigação.

(B) Salvo disposição em contrário, na cessão de um crédito, abrange-se apenas o principal, sem seus acessórios.

(C) O cessionário de crédito hipotecário não tem o direito de fazer averbar a cessão no registro do imóvel.

(D) A cessão do crédito não tem eficácia em relação ao devedor, ainda quando a este não for notificado.

(E) Salvo estipulação em contrário, o cedente responde pela solvência do devedor.

23. (TJAL – Vunesp – Titular de Serviços de Notas e de Registros – 2023) A cessão de crédito realizada entre o cedente e o cessionário sem a notificação do devedor da relação obrigacional cedida é negócio jurídico

(A) válido e ineficaz entre o cedente e cessionário.

(B) anulável pelo devedor da obrigação cedida.

(C) inválido em razão da não participação do devedor da obrigação cedida.

(D) válido e eficaz entre cedente e cessionário.

24. (TJBA – FGV – Juiz leigo – 2023) Em uma sessão conciliatória nos Juizados Especiais Cíveis, Helga admite dever três mil reais a Domitila. Mas traz consigo sua mãe Jorinda, que pede: "D. Domitila, por favor, transfira essa dívida para mim, minha filha está sofrendo muito".

Nesse caso, propôs-se uma:

(A) cessão de crédito, em que a anuência do credor é imprescindível;

(B) cessão de crédito, em que a anuência do devedor é imprescindível;

(C) assunção de dívida, em que a anuência do credor é imprescindível;

(D) assunção de dívida, em que a anuência do devedor é imprescindível;

(E) assunção de dívida, em que a anuência do credor e do devedor é imprescindível.

25. (AGER-Mato Grosso – Cespe/Cebraspe – Analista Regulador-Direito – 2023) A assunção de dívida

(A) independe da anuência do credor em qualquer caso.

(B) depende da anuência do credor em qualquer caso.

(C) depende da anuência do credor tão somente no caso do novo devedor ter idade superior a setenta anos.

(D) independe da anuência do credor nos casos de o patrimônio do novo devedor ser dez vezes superior ao valor da dívida por ele assumida.

(E) depende exclusivamente do ajuste de vontade a ser firmado entre o devedor originário e o novo devedor.

CAP. 6 · A TRANSMISSIBILIDADE DAS OBRIGAÇÕES NO CÓDIGO CIVIL DE 2002 | 303

26. **(AL-PR – Procurador – FGV – 2024) Em julho de 2021, René Kant celebrou contrato de mútuo com o Banco Königsberg S.A. no valor de dez mil reais, que deveria ser pago em 60 (sessenta) prestações de R$ 350,00 (trezentos e cinquenta reais). A cláusula terceira do contrato prevê que na hipótese de 03 (três) meses de inadimplência, o MUTUANTE fica autorizado a promover a cobrança judicial da totalidade dos valores concedidos a título de mútuo, como também a incluir o nome do MUTUÁRIO nos órgãos de proteção ao crédito.**

Em setembro de 2023, o Banco Königsberg S.A. transferiu onerosamente o crédito do contrato com René para o Fundo de Investimento de Direitos Creditórios Metafísica, sendo silente a respeito da responsabilidade do cedente em caso de inadimplemento da obrigação cedida. Por força do desemprego, no ano de 2024, o mutuário tornou-se inadimplente de três parcelas consecutivas do empréstimo, levando o Fundo a incluir o nome de René nos órgãos de proteção ao crédito.

Diante da situação hipotética, com base no tema transmissão das obrigações, assinale a afirmativa correta.

(A) A cessão do crédito do Banco Königsberg para o Fundo de Investimento é válida e eficaz, desde que haja o consentimento expresso de René.

(B) A jurisprudência consolidada do Superior Tribunal de Justiça compreende que a ausência de notificação do devedor torna inexequível e ineficaz a cessão de crédito.

(C) Salvo se tiver procedido de má-fé, o Banco Königsberg S.A. não fica responsável perante o Fundo de Investimento pela existência do crédito ao tempo em que lhe cedeu.

(D) Na situação hipotética narrada, o Banco Königsberg S.A. não responde perante o Fundo de Investimento pela insolvência de René Kant.

(E) De acordo com o entendimento consolidado do Superior Tribunal de Justiça, para que o cessionário pratique os atos necessários à preservação do crédito é necessária a ciência do devedor.

GABARITO

01 – ERRADO	02 – E	03 – C	04 – D
05 – E	06 – D	07 – B	08 – B
09 – B	10 – E	11 – C	12 – A
13 – B	14 – E	15 – ERRADO	16 – D
17 – D	18 – B	19 – B	20 – C
21 – C	22 – A	23 – D	24 – C
25 – B	26 – D		

RESPONSABILIDADE CIVIL

7

APONTAMENTOS HISTÓRICOS E CONCEITOS BÁSICOS

Sumário: 7.1 Breve esboço histórico da responsabilidade civil. Da responsabilidade subjetiva à objetivação – 7.2 A responsabilidade pressuposta – 7.3 A responsabilidade civil e o Direito Civil Constitucional – 7.4 O conceito de ato ilícito – 7.5 O abuso de direito como ato ilícito: 7.5.1 O art. 187 do CC. Conceito, exemplos e consequências práticas; 7.5.2 A publicidade abusiva como abuso de direito; 7.5.3 As práticas previstas no Código de Defesa do Consumidor e o conceito do art. 187 do CC; 7.5.4 O abuso de direito e o Direito do Trabalho; 7.5.5 A lide temerária como exemplo de abuso de direito. O abuso no processo; 7.5.6 O abuso do direito de propriedade. A função socioambiental da propriedade; 7.5.7 *Spam* e abuso de direito – 7.6 Resumo esquemático – 7.7 Questões correlatas – Gabarito.

7.1 BREVE ESBOÇO HISTÓRICO DA RESPONSABILIDADE CIVIL. DA RESPONSABILIDADE SUBJETIVA À OBJETIVAÇÃO

Antes da análise da teoria construída pelo nosso ordenamento jurídico quanto à responsabilidade civil extracontratual, é interessante abordar o próprio conceito de responsabilidade civil e a sua evolução histórica, o que é de muita valia para a compreensão dos institutos relacionados com as indenizações.

A responsabilidade civil surge em face do descumprimento obrigacional, pela desobediência de uma regra estabelecida em um contrato, ou por deixar determinada pessoa de observar um preceito normativo que regula a vida. Neste sentido, fala-se, respectivamente, em *responsabilidade civil contratual ou negocial* e em *responsabilidade civil extracontratual*, também denominada responsabilidade civil *aquiliana*, diante da *Lex Aquilia de Damno*, do final do século III a.C. e que fixou os parâmetros da responsabilidade civil extracontratual, "(...) ao conferir à vítima de um dano injusto o direito de obter o pagamento de uma penalidade em dinheiro do seu causador (e não mais a retribuição do mesmo mal causado), independentemente de relação obrigacional preexistente" (VENOSA, Sílvio de Salvo. *Direito civil...*, 2005, p. 27).

Aliás, a referida lei surgiu no Direito Romano justamente no momento em que a responsabilidade sem culpa constituía a regra, sendo o causador do dano punido de acordo com a *pena de Talião,* prevista na Lei das XII Tábuas (*olho por olho, dente por dente*). A experiência romana demonstrou que a responsabilidade sem culpa poderia trazer situações injustas, surgindo a necessidade de comprovação desta como uma questão social evolutiva.

De toda sorte, deve ficar claro que o elemento culpa somente foi introduzido na interpretação da *Lex Aquilia* muito tempo depois, diante da máxima de Ulpiano segundo a qual *in lege Aquilia et levissima culpa venit*, ou seja, haveria o dever de indenizar mesmo pela culpa mais leve (AZEVEDO, Álvaro Villaça. *Teoria geral...*, 2008, p. 246).

A partir de então, a responsabilidade mediante culpa passou a ser a regra em todo o Direito Comparado, influenciando as codificações privadas modernas, como o Código Civil Francês, de 1804.

De qualquer forma, é importante um esclarecimento técnico, conforme retirado da leitura da obra de Giselda Maria Fernandes Novaes Hironaka (*Responsabilidade...*, 2005). Na realidade, a culpa do Direito Romano é diferente da culpa atual, pois a última, ao contrário da anterior, traz em seu conteúdo a ideia de castigo, por forte influência da Igreja Católica. Como os romanos eram essencialmente pragmáticos, a culpa era, antes de qualquer coisa, mero pressuposto do dever de indenizar.

Em síntese, como aduz a Professora Titular da USP, tecnicamente, é incorreto usar a expressão *aquiliana* para denotar a culpa atual, contemporânea. De qualquer forma, essa utilização tornou-se costumeira na prática e prevalece no nosso Direito Privado.

Pois bem, pela doutrina clássica francesa e pela tradução do art. 1.382 do Código Napoleônico, os elementos tradicionais da responsabilidade civil são a conduta do agente (comissiva ou omissiva), a culpa em sentido amplo – englobando o dolo e a culpa *stricto sensu* –, o nexo de causalidade e o dano causado. Seguindo essa construção, o Direito Civil pátrio continua consagrando como regra a responsabilidade com culpa, denominada *responsabilidade civil subjetiva*, apesar das resistências que surgem na doutrina.

Entretanto, afastando tal regra como preceito máximo, o Direito Comparado – principalmente o Direito Francês, precursor da maior parte das ideias socializantes – passou a admitir outra modalidade de responsabilidade civil, aquela sem culpa. Dos estudos de Saleilles e Josserand sobre a *teoria do risco,* surgem, a partir do ano de 1897, as primeiras publicações sobre a *responsabilidade civil objetiva.*

O estrondo industrial sentido na Europa com a segunda Revolução Industrial, precursora do modelo capitalista, trouxe consequências jurídicas importantes. De acordo com a aclamada *teoria do risco* iniciaram-se os debates para a responsabilização daqueles que realizam determinadas atividades em relação à coletividade. Verificou-se, a par dessa industrialização, uma maior atuação estatal, bem como a exploração em massa da atividade econômica, o que justificou a aplicação da nova tese de responsabilidade sem culpa. Mesmo com resistências na própria França, a teoria da responsabilidade sem culpa prevaleceu no direito alienígena, atingindo também a legislação do nosso país.

Nesse sentido, cite-se o antigo Decreto-lei 2.681/1912 que previa a culpa presumida no transporte ferroviário. Por analogia, conforme mencionado no Volume 1 desta coleção, tal preceito legislativo foi incidindo, de forma sucessiva, a todos os tipos de transporte terrestre.

Com efeito, tanto a doutrina quanto a jurisprudência passaram a entender que a responsabilidade do transportador não seria subjetiva por culpa presumida, mas objetiva, ou seja, independente de culpa. Foi importante o papel exercido pelo autor Alvino Lima na sua obra clássica *Culpa e risco,* editada atualmente pela Revista dos Tribunais. O renomado doutrinador foi um dos grandes responsáveis, no Brasil, pelo salto evolutivo da responsabilidade subjetiva para a objetiva. Quando Alvino Lima defendeu a tese de aplicação do risco pela primeira vez, fortes foram as resistências na doutrina da época. De fato, as novas teses jurídicas, quando expostas inicialmente, causam espanto e receios.

O art. 15 do CC/1916 também representou uma das primeiras tentativas em consagrar a nova vertente doutrinária, trazendo a responsabilidade civil do Estado pelos atos comissivos de seus agentes. Em complemento a tal dispositivo civil, a Constituição Federal de 1988, em seu art. 37, § 6.º, igualmente prevê responsabilidade civil objetiva do Estado. Em verdade, a doutrina considera que a responsabilidade estatal já é objetiva, independentemente de culpa, desde a Constituição Federal de 1946 (MELLO, Celso Antonio Bandeira de. *Curso*..., 2007, p. 989-1.004).

O Poder Público foi atingido pela responsabilidade sem culpa em virtude da amplitude de sua atuação diante dos cidadãos, tendo em vista a constatação de que prestação de serviços públicos cria riscos de eventuais prejuízos.

Tal possibilidade sepulta de vez o conceito do *Estado Mau* da Idade Média, que era aquele que punia o mau pagador de impostos, justamente pela sobreposição de um novo conceito de Estado Soberano, qual seja o *Estado Provedor*, muitas vezes intervencionista, influenciado pelos ideais sociopolíticos decorrentes da Revolução Francesa (em 1793, os parisienses passaram a pintar na fachada de suas casas o lema da revolução: "unidade, indivisibilidade da República; liberdade, igualdade ou a morte") e da Independência Norte--Americana.

Isso sem olvidar que em 1981 já surgia no Brasil a Lei da Política Nacional do Meio Ambiente (Lei 6.938/1981), exaltando a responsabilidade objetiva dos causadores de danos ao meio ambiente, consagração do *princípio do poluidor pagador*.

Retornando ao Direito Comparado, com a massificação dos contratos e o surgimento da *mass consumption society*, a *teoria do risco* mergulhou de vez no âmbito privado ao prever a responsabilidade civil objetiva dos prestadores de serviços e fornecedores de produtos por danos causados aos consumidores vulneráveis. Passou-se a admitir, também, ao lado do dever de indenizar independente de culpa, a tutela coletiva dos direitos e a prevenção de danos ao meio social. Sente-se uma nova revolução nas relações privadas, com o surgimento de tendências socializantes, marcadas pelo reconhecimento da existência dos direitos difusos, coletivos e individuais homogêneos.

Em nosso País, o reconhecimento destes direitos ocorreu após o *milagre brasileiro* dos anos setenta, com a massificação das atividades privadas e com o incremento do movimento consumerista. Em 1985, surge a Lei 7.347, que possibilita a defesa coletiva dos direitos a ser intentada por alguns órgãos legitimados, como, por exemplo, o Ministério Público. Logo em seguida, a Constituição de 1988 trouxe em seu bojo todas essas tendências, tais como a defesa dos consumidores como norma principiológica (art. 5.º, inc. XXXII), a reparação de danos imateriais ou morais (art. 5.º, incs. V e X), a função social da propriedade (art. 5.º, incs. XXII e XXIII), a proteção do *Bem Ambiental* (art. 225), a proteção da dignidade da pessoa humana como direito fundamental (art. 1.º, inc. III), a solidariedade social como preceito máximo de justiça (art. 3.º, inc. I) e a isonomia ou igualdade *lato sensu* (art. 5.º, *caput*).

Mais tarde, em 1990, surge o Código de Defesa do Consumidor, passando a consagrar a responsabilidade civil sem culpa como regra inerente à defesa dos consumidores. Com tal previsão, pode-se concluir que houve a perpetuação da responsabilidade sem culpa também nas relações privadas no âmbito do Direito Privado Brasileiro.

Entendo que a responsabilização independente de culpa representa um aspecto material do acesso à justiça, tendo em vista a conjuntura de desequilíbrio percebida nas situações por ela abrangidas. Com certeza, afastada a responsabilidade objetiva, muito difícil seria, pela deficiência geral observada na grande maioria dos casos, uma vitória judicial em uma ação promovida por um particular contra o Estado, ou de um consumidor contra uma grande empresa.

O Código Civil de 2002, como não poderia ser diferente, passou a tratar especificamente da responsabilidade objetiva, de forma geral no art. 927, parágrafo único, sem prejuízo de outros comandos legais que também trazem a responsabilidade sem culpa.

Mas é o momento para mais um *salto histórico* para o tratamento da responsabilidade civil, com a consagração da denominada *responsabilidade pressuposta,* que se passa a estudar no próximo tópico.

7.2 A RESPONSABILIDADE PRESSUPOSTA

Atualmente, a responsabilidade civil encontra uma nova dimensão, surgindo novas teses desassociadas da discussão ou não da culpa. Vivemos um momento de transição quanto à própria concepção da responsabilidade civil. Isso foi muito bem captado por Giselda Maria Fernandes Novaes Hironaka em sua tese de livre-docência, defendida na Faculdade de Direito da USP, em que sugeriu uma nova modalidade de responsabilização, a *responsabilidade pressuposta*. Essa tese de livre docência originou a obra de mesmo nome editada pela Del Rey no ano de 2005. A jurista propõe, nesse trabalho, uma evolução para essa nova forma de responsabilidade, como tivemos, no passado, uma evolução da responsabilidade mediante culpa ou subjetiva para a responsabilidade objetiva. Lembra a renomada professora:

> "Poucos institutos jurídicos evoluem mais que a responsabilidade civil. A sua importância em face do direito é agigantada e impressionante em decorrência dessa evolução, dessa mutabilidade constante, dessa movimentação eterna no sentido de ser alcançado seu desiderato maior, que é exatamente o pronto-atendimento às vítimas de danos pela atribuição, a alguém, do dever de indenizá-los. Refere-se, neste início de um tempo novo, à necessidade de se definir, de modo consentâneo, eficaz e ágil, um sistema de responsabilização civil que tenha por objetivo precípuo, fundamental e essencial a convicção de que é urgente que deixemos hoje, mais do que ontem, um número cada vez mais reduzido de vítimas irressarcidas. Mais que isso. O momento atual desta trilha evolutiva, isto é, a realidade dos dias contemporâneos, detecta uma preocupação – que a cada dia ganha mais destaque – no sentido de ser garantido o direito de alguém de não mais ser vítima de danos. Este caráter de prevenção da ocorrência de danos busca seu espaço no sistema de responsabilidade civil, em paralelo ao espaço sempre ocupado pela reparação de danos já existente. Há um novo sistema a ser construído, ou, pelo menos, há um sistema já existente que reclama transformação, pois as soluções teóricas e jurisprudenciais até aqui desenvolvidas, e ao longo de toda a história da humanidade, encontram-se em crise, exigindo revisão em prol da mantença do justo" (HIRONAKA, Giselda Maria Fernandes Novaes. *Responsabilidade...,* 2005, p. 2).

Esse novo sistema a ser construído é justamente o que ela denomina *responsabilidade pressuposta*. Ao final do seu trabalho, Giselda Hironaka chega a essa conclusão, deixando em aberto a possibilidade de soluções concretas para regulamentar ou regularizar esse novo sistema. Pela tese da responsabilidade pressuposta, deve-se atender a casos antes não reparáveis, novas situações existenciais de danos, independentemente da discussão da culpa.

Pois bem, com o tempo surgirão novas teses, justamente para trazer à baila outras maneiras de regulamentar essa *responsabilidade pressuposta*. Aqui tentaremos algumas construções que, logicamente, constituem impressões preliminares sobre essa evolução da responsabilidade civil. Na minha percepção, a responsabilidade pressuposta pode ser resumida nas seguintes palavras: deve-se buscar, em um primeiro plano, reparar a vítima, para depois verificar-se de quem foi a culpa, ou quem assumiu o risco.

Com isso, o dano assume o papel principal no estudo da responsabilidade civil, deixando de lado a culpa. Ademais, pela tese, *pressupõe-se* a responsabilidade do agente pela exposição de outras pessoas a situações de risco ou de perigo, diante de sua atividade (*mise en danger*).

Em sintonia com esse pensamento, em obra que representa importante marco teórico para o Direito Brasileiro, Anderson Schreiber fala no *ocaso da culpa*. Mais especificamente, o autor fluminense menciona a "erosão da culpa como filtro da reparação", concluindo da seguinte forma:

> "A perda desta força de contenção da culpa resulta no aumento do fluxo de ações de indenização a exigir provimento jurisdicional favorável. Corrói-se o primeiro dos filtros tradicionais da responsabilidade civil, sendo natural que atenções se voltem – como, efetivamente, têm se voltado – para o segundo obstáculo à reparação, qual seja, a demonstração do nexo de causalidade" (SCHREIBER, Anderson. *Novos paradigmas...*, 2007, p. 48).

Para os devidos aprofundamentos, recomenda-se a leitura dessa notável e revolucionária obra de Schreiber.

Demonstrando essa evolução, importante e indeclinável, é interessante a transcrição das palavras com as quais a Professora Titular da USP, Giselda Hironaka, encerra o seu brilhante trabalho:

> "Provavelmente será necessário revisar, reler, reconsiderar sem demora, e em tempo já não tão distante de chegar, aquelas mesmas objeções que foram levantadas, ao longo da segunda metade do século que findou, contra uma efetiva possibilidade de se fundar, sobre a noção de 'mise en danger', ou sobre um critério melhor, que se possa logo estruturar, um mecanismo de reparação de danos cometidos às vítimas, que não fosse simplesmente um mecanismo assentado sobre a velha noção de culpa, mas que fosse um tal mecanismo no qual a exposição ao risco pudesse representar algo além da mera identificação causal do dano reparável, apresentando-se, quiçá, como um verdadeiro critério de imputação da responsabilidade sem culpa, elevado à categoria de 'règle à valeur d'ordonnancement juridique'" (HIRONAKA, Giselda Maria Fernandes Novaes. *Responsabilidade...*, 2005, p. 353).

Utilizando-se, ainda, das palavras da mestra, uma coisa é sempre certa quando se trata de responsabilidade civil: a noção do que seja dano – efeito ou consequência danosa – é extremamente fluida e dinâmica, em constante evolução, "sofisticando-se ao longo da história, na exata proporção em que se amplia também a tutela dos direitos da pessoa", como escreveu o Desembargador Luiz Felipe Brasil Santos (*Pais, filhos...*, Disponível em: <http://www.migalhas.com.br/dePeso/16,MI5294,101048-Pais+filhos+e+danos>. Acesso em: 11 ago. 2005). É ele também quem refere a Konrad Zwegert e Hein Kötz, citados por Eugênio Facchini Neto (*Responsabilidade...*, 2005, p. 2), que diz que "o principal objetivo da disciplina da responsabilidade civil consiste em definir, entre os inúmeros eventos danosos que se verificam quotidianamente, quais deles devam ser transferidos do lesado ao autor do dano, em conformidade com as ideias de justiça e equidade dominantes na sociedade".

Na prática cível e nas provas em geral, é grande a complexidade do Direito Privado nacional. Assim, o estudioso do Direito deve estar preparado para encarar questões de difícil solução. Uma dessas questões que pode surgir é justamente o questionamento acerca do preenchimento do conceito de responsabilidade pressuposta. Como resposta viável, pode-se dizer que pela responsabilidade pressuposta surgirá o dever de indenizar toda vez que o agente, por sua atividade, expuser outras pessoas a uma situação de risco ou de perigo. Trata-se de uma *otimização* da regra constante do art. 927, parágrafo único, do Código Civil, que ainda será devidamente estudada.

Superada essa análise, parte-se à abordagem dos principais aspectos da responsabilidade civil, relacionando-a com o *Direito Civil Constitucional.*

7.3 A RESPONSABILIDADE CIVIL E O DIREITO CIVIL CONSTITUCIONAL

Como já mencionado no primeiro volume desta coleção, hoje está em voga no Direito Privado apontar a existência de um novo caminho metodológico, denominado *Direito Civil Constitucional,* em que se busca analisar os principais institutos privados não só à luz do Código Civil e de estatutos jurídicos importantes, mas também sob o prisma da Constituição Federal de 1988 e dos princípios constitucionais.

Para explicar essa variação de interpretação, pode ser evocada a feliz simbologia utilizada por Ricardo Lorenzetti, pela qual o sistema de Direito Privado é semelhante a um sistema solar, diante do notório *Big Bang Legislativo* que vivenciamos (*explosão de leis*). Nesse sistema, o *Sol* é a Constituição Federal de 1988; o *planeta principal,* o Código Civil; e os *satélites,* os microssistemas ou estatutos, como no caso do Código de Defesa do Consumidor, do Estatuto da Criança e do Adolescente, da Lei de Locação, da Lei do Bem de Família, etc. (*Fundamentos...,* 1998). Essa simbologia demonstra muito bem a concepção do *Direito Civil Constitucional e da constitucionalização do Direito Civil,* pois no centro do ordenamento está a Constituição, e não o Código Civil.

Assim sendo, Direito Constitucional e Direito Civil são interpretados dentro de um todo e não isoladamente. Todavia, essa interpretação não quer dizer que haja uma fusão de conceitos. A norma constitucional é uma regra geral voltada para a atuação do Estado em face da sociedade. E tendo na sociedade uma regra específica para a atuação entre particulares, nada é mais justo do que exigir que a interpretação dessas normas específicas seja feita em harmonia com a regra geral.

Pelo *Direito Civil Constitucional,* há, assim, não uma invasão do direito constitucional sobre o civil, mas sim uma interação simbiótica entre eles, funcionando ambos para melhor servir o todo Estado/Sociedade, dando as garantias para o desenvolvimento econômico, social e político, mas respeitadas determinadas premissas que nos identificam como seres coletivos. Existe, portanto, uma superação parcial, da velha dicotomia *público x privado.*

O *Direito Civil Constitucional* nada mais é do que a harmonização entre os pontos de interseção do Direito Público e do Direito Privado, mediante a adequação de institutos que são, em sua essência, elementos de Direito Privado, mas que estão na Constituição Federal, sobretudo em razão das mudanças sociais do último século e das transformações das sociedades ocidentais. Todavia, destaque-se que, por tal caminho metodológico, o Direito Civil não perde a sua identidade.

Abordagem interessante no ponto de vista civil-constitucional é aquela que se faz em relação ao conceito de *Bem Ambiental,* construção importante tendo em vista o estudo da responsabilidade civil ambiental. Para muitos estudiosos do direito, na classificação de bens está superada em parte a dicotomia *público x privado.* Surge o conceito de bem difuso, sendo seu exemplo típico o meio ambiente, protegido pelo art. 225 da CF/1988 e pela Lei

6.938/1981 (Lei da Política Nacional do Meio Ambiente), visando à proteção da coletividade, de entes públicos e privados.

O *Bem Ambiental,* nesse contexto, constitui um bem difuso, material ou imaterial, cuja proteção visa assegurar a sadia qualidade de vida das presentes e futuras gerações – direitos transgeracionais ou intergeracionais (PIVA, Rui Carvalho. *Bem ambiental...*, 2001, p. 114). Esta é a melhor concepção *civil constitucional* de meio ambiente, o que justifica a responsabilidade objetiva e solidária daqueles que causam danos dessa natureza.

Como ensina Gustavo Tepedino, o *Direito Civil Constitucional* está amparado em três princípios básicos, em relação direta com a responsabilidade civil (Premissas..., *Temas...*, 2004). Nunca é demais repeti-los, agora analisados sob o prisma da matéria que está sendo estudada.

O primeiro deles, o *princípio de proteção da dignidade da pessoa humana*, está estampado no art. 1.º, inc. III, do Texto Maior, sendo a valorização da pessoa um dos objetivos da República Federativa do Brasil. Em complemento ao texto constitucional, vale sempre citar o importante art. 8.º do CPC/2015 pelo qual o juiz, ao aplicar o ordenamento jurídico, atenderá aos fins sociais e às exigências do bem comum, resguardando e promovendo a dignidade da pessoa humana e observando a proporcionalidade, a razoabilidade, a legalidade, a publicidade e a eficiência. Como apontado no Volume 1 desta coleção, tal comando do Estatuto Processual emergente inaugura, expressamente no texto legislativo, *a constitucionalização do processo civil*. A propósito e na mesma linha, merece também ser destacado o art. 1.º do CPC/2015, *in verbis:* "O processo civil será ordenado, disciplinado e interpretado conforme os valores e as normas fundamentais estabelecidos na Constituição da República Federativa do Brasil, observando-se as disposições deste Código".

Assim sendo, qualquer previsão em sentido contrário, seja ela legal ou contratual, não poderá trazer lesão a esse preceito máximo. A responsabilidade civil deve ser encarada no ponto de vista da *personalização do Direito Privado*, ou seja, da valorização da pessoa em detrimento da desvalorização do patrimônio (*despatrimonialização*).

Como exemplo de aplicação desse preceito em relação à responsabilidade civil, foi citado no primeiro volume desta coleção o entendimento do Superior Tribunal de Justiça apontando ser imprescritível a pretensão indenizatória no caso de tortura, à luz do que consta no Texto Maior: "o dano noticiado, caso seja provado, atinge o mais consagrado direito da cidadania: o de respeito pelo Estado à vida e de respeito à dignidade humana. O delito de tortura é hediondo. A imprescritibilidade deve ser a regra quando se busca indenização por danos morais consequentes da sua prática" (STJ, REsp 379.414/PR, Rel. Min. José Delgado, *DJ* 17.02.2003). O julgado acaba por confirmar a tese pela qual a pretensão relacionada com os direitos da personalidade é imprescritível.

Na verdade, a afirmação da imprescritibilidade da pretensão em caso de tortura consolidou-se de tal forma que passou a formar premissa publicada na Edição 61 da ferramenta *Jurisprudência em Teses* do STJ, de 2016, que trata da responsabilidade civil do Estado. Nos termos da tese n. 3, "as ações indenizatórias decorrentes de violação a direitos fundamentais ocorridas durante o regime militar são imprescritíveis, não se aplicando o prazo quinquenal previsto no art. 1.º do Decreto n. 20.910/1932". São citados como precedentes, sem prejuízo do aresto por último transcrito: AgRg no REsp 1.479.984/RS, 1.ª Turma, Rel. Min. Regina Helena Costa, j. 26.04.2016, *DJe* 11.05.2016; REsp 1.485.260/PR, 1.ª Turma, Rel. Min. Sérgio Kukina, j. 05.04.2016, *DJe* 19.04.2016; AgRg no AREsp 243.683/PR, 1.ª Turma, Rel. Min. Napoleão Nunes Maia Filho, j. 03.03.2016, *DJe* 14.03.2016; AgRg no AREsp 816.972/SP, 2.ª Turma, Rel. Min. Assusete Magalhães, j. 10.03.2016, *DJe* 17.03.2016; AgRg no REsp 1.480.428/

RS, 2.ª Turma, Rel. Min. Humberto Martins, j. 01.09.2015, *DJe* 15.09.2015 e AgRg no REsp 1.424.534/SP, 2.ª Turma, Rel. Min. Og Fernandes, j. 26.05.2015, *DJe* 12.06.2015. Em 2021, a questão se consolidou no STJ de tal forma que foi editada a sua Súmula 647: "são imprescritíveis as ações indenizatórias por danos morais e materiais decorrentes de atos de perseguição política com violação de direitos fundamentais ocorridos durante o regime militar".

Ainda sobre o tema, vale destacar a afirmação n. 6 constante da Edição n. 125 da ferramenta *Jurisprudência em Teses do STJ*, dedicada à responsabilidade civil e ao dano moral, publicada no ano de 2019. Conforme o seu teor, "os sucessores possuem legitimidade para ajuizar ação de reparação de danos morais em decorrência de perseguição, tortura e prisão, sofridos durante a época do regime militar".

Reforçando esse entendimento sobre a não sujeição a prazo, cabe transcrever outro julgado, do mesmo Egrégio Superior Tribunal de Justiça, também tratando da referida imprescritibilidade, por lesão à integridade física:

> "Conforme restou concluído por esta Turma, por maioria, no julgamento do Recurso Especial 602.237/PB, de minha relatoria, em se tratando de lesão à integridade física, que é um direito fundamental, ou se deve entender que esse direito é imprescritível, pois não há confundi-lo com seus efeitos patrimoniais reflexos e dependentes, ou a prescrição deve ser a mais ampla possível, que, na ocasião, nos termos do art. 177 do Código Civil então vigente, era de vinte anos. Recurso especial provido, para afastar a ocorrência da prescrição quinquenal do direito aos danos morais e determinar o retorno dos autos à Corte de origem para que sejam analisadas as demais questões de mérito" (STJ, REsp 462.840/PR e 2002/0107836-5, 2.ª Turma, Min. Franciulli Netto, 02.09.2004, *DJ* 13.12.2004, p. 283).

Essa tendência foi reconhecida pelo mesmo eminente e saudoso Ministro Franciulli Netto, em outro acórdão, nos seguintes termos:

> "No que toca aos danos patrimoniais, os efeitos meramente patrimoniais do direito devem sempre observar o lustro prescricional do Decreto 20.910/1932, pois não faz sentido que o erário público fique sempre com a espada de Damocles sobre a cabeça e sujeito a indenizações ou pagamentos de qualquer outra espécie por prazo demasiadamente longo. Daí por que, quando se reconhece direito deste jaez, ressalva-se que quaisquer parcelas condenatórias referentes aos danos patrimoniais só deverão correr nos cinco anos anteriores ao ajuizamento da ação. Mas, para afora esta, em se tratando de direitos fundamentais, das duas uma, ou deve a ação ser tida como imprescritível ou, quando menos, ser observado o prazo comum prescricional do direito civil, a menos que se queira fazer *tabula rasa* do novo Estado de Direito inaugurado, notadamente, a partir da atual Constituição Federal" (STJ, REsp 602.237/PB; REsp 2003/0191209-6, 2.ª Turma, Min. Franciulli Netto, 05.08.2004, *DJ* 28.03.2005, p. 245).

Pois bem, para os eventos danosos envolvendo direitos da personalidade ocorridos na vigência do Código Civil de 2002, a tendência é justamente entender pela imprescritibilidade, e não aplicar o prazo especial de três anos (art. 206, § 3.º, inc. V, do CC) ou o prazo geral de dez anos (art. 205 do CC). Diante da valorização da pessoa e da sua dignidade, é de se concordar integralmente com o teor desses julgados. Não seria essa tendência uma regulamentação da *Responsabilidade Pressuposta*, eis que tende à proteção da dignidade humana e reparar a vítima, em um primeiro momento? Entendemos que sim.

De qualquer forma, deve-se ter em mente que as pretensões não são perpétuas quanto ao valor. Sendo assim, a pretensão em caso de lesão à dignidade humana é imprescritível, mas o tempo de propositura pode influenciar no *quantum* indenizatório. Essa tendência de influência do tempo vem sendo adotada pelo Superior Tribunal de Justiça, sendo interessante transcrever o seguinte julgado:

> "Direito civil – Danos morais – Morte – Atropelamento – Composição férrea – Ação ajuizada 23 anos após o evento – Prescrição inexistente – Influência na quantificação do *quantum* – Precedentes da Turma – Nascituro – Direito aos danos morais – Doutrina – Atenuação – Fixação nesta Instância – Possibilidade – Recurso parcialmente provido. I – Nos termos da orientação da Turma, o direito à indenização por dano moral não desaparece com o decurso de tempo (desde que não transcorrido o lapso prescricional), mas é fato a ser considerado na fixação do *quantum*. II – O nascituro também tem direito aos danos morais pela morte do pai, mas a circunstância de não tê-lo conhecido em vida tem influência na fixação do *quantum*. III – Recomenda-se que o valor do dano moral seja fixado desde logo, inclusive nesta instância, buscando dar solução definitiva ao caso e evitando inconvenientes e retardamento da solução jurisdicional" (STJ, REsp 399.028/SP, 4.ª Turma, Rel. Min. Sálvio de Figueiredo Teixeira, j. 26.02.2002, *DJ* 15.04.2002, p. 232).

Ressalte-se que a decisão transcrita é por igual importante por reconhecer danos morais ao nascituro, adotando a *teoria concepcionista*, pela qual o nascituro tem direitos, como pessoa humana que é. O aresto está de acordo com a tendência de ampliação e valorização de novas situações existenciais de danos.

O segundo princípio do *Direito Civil Constitucional* visa à *solidariedade social*, outro objetivo fundamental da República, de acordo com o art. 3.º, inc. I, da CF/1988. Outros preceitos da própria Constituição trazem esse alcance como, por exemplo, o art. 170, pelo qual: "a ordem econômica, fundada na valorização do trabalho humano e na livre-iniciativa, tem por fim assegurar a todos existência digna, conforme os ditames da justiça social".

Aplicando esse princípio da solidariedade social e também a valorização da dignidade humana, é oportuno lembrar de julgado do extinto Tribunal de Alçada de Minas Gerais, sobre o qual muito se comentou, em que foi adotada a tese do *abandono paterno-filial*. Por essa decisão, um pai foi condenado a pagar indenização de duzentos salários mínimos a título de danos morais, por não ter convivido com o seu filho:

> "Indenização – Danos morais – Relação paterno-filial – Princípio da dignidade da pessoa humana – Princípio da afetividade. A dor sofrida pelo filho, em virtude do abandono paterno, que o privou do direito à convivência, ao amparo afetivo, moral e psíquico, deve ser indenizável, com fulcro no princípio da dignidade da pessoa humana" (Vistos, relatados e discutidos estes autos de Apelação Cível 408.550-5 da Comarca de Belo Horizonte. Acorda, em Turma, a Sétima Câmara Cível do Tribunal de Alçada do Estado de Minas Gerais dar provimento. Presidiu o julgamento o Juiz José Affonso da Costa Côrtes e dele participaram os Juízes Unias Silva, relator, D. Viçoso Rodrigues, revisor, e José Flávio Almeida, vogal).

O julgado está de acordo com a doutrina da sempre citada Giselda Maria Fernandes Novaes Hironaka, que se revela uma das maiores juristas deste país na atualidade. Quanto ao tema, ensina a brilhante professora:

> "A responsabilidade dos pais consiste principalmente em dar oportunidade ao desenvolvimento dos filhos, consiste principalmente em ajudá-los na construção da própria liberdade. Trata-se de uma inversão total, portanto, da ideia antiga e maximamente patriarcal de pátrio poder. Aqui, a compreensão baseada no conhecimento racional da natureza dos

integrantes de uma família quer dizer que não há mais fundamento na prática da coisificação familiar (...). Paralelamente, significa dar a devida atenção às necessidades manifestas pelos filhos em termos, justamente, de afeto e proteção. Poder-se-ia dizer, assim, que uma vida familiar na qual os laços afetivos são atados por sentimentos positivos, de alegria e amor recíprocos em vez de tristeza ou ódio recíprocos, é uma vida coletiva em que se estabelece não só a autoridade parental e a orientação filial, como especialmente a liberdade paterno--filial" (HIRONAKA, Giselda Maria Fernandes Novaes. *Responsabilidade civil...*, Disponível em <www.flaviotartuce.adv.br>. Artigos de convidados. Acesso em 10 de junho de 2005).

Entretanto, como se sabe, o Superior Tribunal de Justiça reformou esse acórdão anterior do Tribunal de Minas Gerais, afastando o dever de indenizar no caso em questão. A ementa do acórdão igualmente merece destaque:

"Responsabilidade civil – Abandono moral – Reparação – Danos morais – Impossibilidade. 1. A indenização por dano moral pressupõe a prática de ato ilícito, não rendendo ensejo à aplicabilidade da norma do art. 159 do Código Civil de 1916 o abandono afetivo, incapaz de reparação pecuniária. 2. Recurso especial conhecido e provido" (STJ, Recurso Especial 757.411-MG (2005-0085464-3), Rel. Min. Fernando Gonçalves; votou vencido o Ministro Barros Monteiro, que dele não conhecia. Os Ministros Aldir Passarinho Junior, Jorge Scartezzini e Cesar Asfor Rocha votaram com o Ministro relator, j. 29.11.2005).

De qualquer modo, como ressaltado em edições anteriores desta obra, tal decisão do STJ não encerrou o debate quanto à indenização por *abandono afetivo*, que permaneceu na doutrina. Cumpre destacar que há que se falar no dever de indenizar em casos tais, especialmente se houver um dano psíquico, a ser demonstrado por prova psicanalítica. O desrespeito ao dever de convivência é muito claro, eis que o art. 1.634 do Código Civil impõe como atributos do poder familiar a direção da criação dos filhos e o dever de ter os filhos em sua companhia. Além disso, o art. 229 da Constituição Federal é cristalino ao estabelecer que os pais têm o dever de assistir, criar e educar os filhos menores.

Demonstrando evolução quanto ao tema surgiu, no ano de 2012, outra decisão do Superior Tribunal de Justiça em revisão à ementa anterior, ou seja, admitindo a reparação civil pelo abandono afetivo (caso *Luciane Souza*). A ementa foi assim publicada por esse Tribunal Superior (*Informativo* n. 496 da Corte):

"Civil e Processual Civil. Família. Abandono afetivo. Compensação por dano moral. Possibilidade. 1. Inexistem restrições legais à aplicação das regras concernentes à responsabilidade civil e o consequente dever de indenizar/compensar no Direito de Família. 2. O cuidado como valor jurídico objetivo está incorporado no ordenamento jurídico brasileiro não com essa expressão, mas com locuções e termos que manifestam suas diversas desinências, como se observa do art. 227 da CF/1988. 3. Comprovar que a imposição legal de cuidar da prole foi descumprida implica em se reconhecer a ocorrência de ilicitude civil, sob a forma de omissão. Isso porque o *non facere*, que atinge um bem juridicamente tutelado, leia-se, o necessário dever de criação, educação e companhia – de cuidado –, importa em vulneração da imposição legal, exsurgindo, daí, a possibilidade de se pleitear compensação por danos morais por abandono psicológico. 4. Apesar das inúmeras hipóteses que minimizam a possibilidade de pleno cuidado de um dos genitores em relação à sua prole, existe um núcleo mínimo de cuidados parentais que, para além do mero cumprimento da lei, garantam aos filhos, ao menos quanto à afetividade, condições para uma adequada formação psicológica e inserção social. 5. A caracterização do abandono afetivo, a existência de excludentes ou, ainda, fatores atenuantes – por demandarem revolvimento de matéria fática – não podem ser objeto de reavaliação na estreita via do recurso especial. 6. A alteração do valor fixado a título de compensação por danos morais é possível, em recurso especial, nas hipóteses em que a quantia estipulada pelo Tribunal de origem revela-se irrisória ou exagerada. 7. Recurso especial parcialmente provido" (STJ, REsp 1.159.242/SP, 3.ª Turma, Rel. Min. Nancy Andrighi, j. 24.04.2012, *DJe* 10.05.2012).

Em sua relatoria, a Ministra Nancy Andrighi ressalta, de início, ser admissível aplicar o conceito de dano moral nas relações familiares, sendo despiciendo qualquer tipo de discussão a esse respeito, pelos naturais diálogos entre livros diferentes do Código Civil de 2002. Para ela, tal dano moral estaria presente diante de uma obrigação inescapável dos pais em dar auxílio psicológico aos filhos. Aplicando a ideia do cuidado como valor jurídico, Nancy Andrighi deduz pela presença do ilícito e da culpa do pai pelo abandono afetivo, expondo frase que passou a ser repetida nos meios sociais e jurídicos: "amar é faculdade, cuidar é dever". Concluindo pelo nexo causal entre a conduta do pai que não reconheceu voluntariamente a paternidade de filha havida fora do casamento e o dano a ela causado pelo abandono, a magistrada entendeu por reduzir o *quantum* reparatório que foi fixado pelo Tribunal de Justiça de São Paulo, de R$ 415.000,00 (quatrocentos e quinze mil reais) para R$ 200.000,00 (duzentos mil reais).

Esse acórdão proferido pelo Superior Tribunal de Justiça representa correta concretização jurídica do princípio da solidariedade; sem perder de vista a função pedagógica que deve ter a responsabilidade civil. Espera-se, assim, que esse último posicionamento prevaleça na nossa jurisprudência, visando a evitar que outros pais abandonem os seus filhos. Segundo entrevista dada ao Jornal *Folha de S. Paulo*, de 5 de maio de 2012, a autora da ação, Luciane Souza, pretendia apenas um mínimo de atenção de seu pai, o que nunca foi alcançado. Diante das perdas imateriais irreparáveis que sofreu, não restava outro caminho que não o da indenização civil.

Na verdade, a jurisprudência do Superior Tribunal de Justiça, em sua atual composição, até tem entendido pela possibilidade de reparação dos danos morais por abandono afetivo, desde que comprovado o prejuízo imaterial suportado pela vítima. Conforme a afirmação n. 7, constante da Edição n. 125 da ferramenta *Jurisprudência em Teses* da Corte, publicada em 2019 e relativa ao dano moral, "o abandono afetivo de filho, em regra, não gera dano moral indenizável, podendo, em hipóteses excepcionais, se comprovada a ocorrência de ilícito civil que ultrapasse o mero dissabor, ser reconhecida a existência do dever de indenizar". Além disso, somente tem sido reconhecido o dano moral por abandono afetivo após o reconhecimento da paternidade, e não antes da sua ocorrência, como está na tese n. 8 da mesma publicação.

Outro *filtro* que tem sido utilizado pelo Tribunal Superior é a prescrição de três anos, prevista no art. 206, § 3.º, inc. V, do CC/2002, a contar da maioridade, como se extrai do seguinte acórdão, por todos: "hipótese em que a ação foi ajuizada mais de três anos após atingida a maioridade, de forma que prescrita a pretensão com relação aos atos e omissões narrados na inicial durante a menoridade. Improcedência da pretensão de indenização pelos atos configuradores de abandono afetivo, na ótica do autor, praticados no triênio anterior ao ajuizamento da ação" (STJ, REsp 1.579.021/RS, 4.ª Turma, Rel. Min. Maria Isabel Gallotti, j. 19.10.2017, *DJe* 29.11.2017). Com o devido respeito, não estou filiado a essa forma de julgar, pois os danos decorrentes do abandono afetivo são continuados, não sendo o caso de falar em prescrição por ausência de um termo inicial para a contagem do prazo.

Como última nota sobre o abandono afetivo, ressalto que em 2021 surgiu outro acórdão da Terceira Turma do STJ admitindo a sua reparação, novamente sob a relatoria da Ministra Nancy Andrighi. Consoante a sua ementa,

"É juridicamente possível a reparação de danos pleiteada pelo filho em face dos pais que tenha como fundamento o abandono afetivo, tendo em vista que não há restrição legal para que se apliquem as regras da responsabilidade civil no âmbito das relações familiares e que os arts. 186 e 927, ambos do CC/2002, tratam da matéria de forma ampla e irrestrita. Precedentes específicos da 3.ª Turma. A possibilidade de os pais serem condenados a reparar os danos morais causados pelo abandono afetivo do filho, ainda que em caráter excepcional, decorre do fato de essa espécie de condenação não ser afastada pela obrigação de prestar alimentos e nem tampouco pela perda do poder familiar, na medida em que essa reparação possui fundamento jurídico próprio, bem como causa específica e autônoma, que é o descumprimento, pelos pais, do dever jurídico de exercer a parentalidade de maneira responsável" (STJ, REsp. 1.887.697/RJ, 3.ª Turma, Rel. Min. Nancy Andrighi, j. 21.09.2021, *DJe* 23.09.2021).

Como se percebe, a reparação foi confirmada, mesmo em havendo o cumprimento da obrigação de alimentos, tendo sido a indenização fixada, pelas peculiaridades do caso concreto, em R$ 30.000,00 (trinta mil reais).

Por derradeiro, como terceiro princípio de relevo, a Constituição do Direito Civil consagra a *isonomia* ou *igualdade lato sensu*, traduzido no art. 5.º, *caput*, da Lei Maior, segundo o qual "todos são iguais perante a lei, sem distinção de qualquer natureza, garantindo-se aos brasileiros e aos estrangeiros residentes no País a inviolabilidade do direito à vida, à liberdade, à igualdade, à segurança e à propriedade". No que toca a essa igualdade, princípio maior, pode ser ela concebida pela seguinte oração, atribuída, entre tantos, a Ruy Barbosa, o seguinte sentido: *a lei deve tratar de maneira igual os iguais, e de maneira desigual os desiguais (Oração aos Moços).*

Esclareça-se que em relação à expressão da igualdade transcrita, nota-se na sua primeira parte a consolidação do princípio da igualdade *stricto sensu* (*a lei deve tratar de maneira igual os iguais...*), enquanto a segunda frase traz o princípio da especialidade (*... e de maneira desigual os desiguais*).

Como exemplo de aplicação desse princípio em sede de responsabilidade civil, vislumbra-se a impossibilidade de tarifar o dano moral, mediante uma tabela ou modelo, o que também vem sendo reconhecido por nossos Tribunais Superiores, uma vez que os desiguais merecem tratamento desigual. Nesse sentido, entre os primeiros julgados:

"Danos morais – Lei de Imprensa – *Quantum* indenizatório. I – A indenização por dano moral objetiva compensar a dor moral sofrida pela vítima, punir o ofensor e desestimular este e outros membros da sociedade a cometerem atos dessa natureza. II – Segundo reiterados precedentes, o valor da indenização por dano moral sujeita-se ao controle desta Corte, recomendando-se que a sua fixação seja feita com moderação. III – Conforme jurisprudência desta Corte, com o advento da Constituição de 1988 não prevalece a tarifação da indenização devida por danos morais. IV – Se para a fixação do valor da verba indenizatória, consideradas as demais circunstâncias do ato ilícito, acaba sendo irrelevante o fato de ter havido provocação da vítima, não é nula a decisão que, em liquidação de sentença, faz referência a tal fato. Não há, no caso, modificação na sentença liquidanda. V – Recurso especial conhecido e parcialmente provido" (STJ, Acórdão: REsp 168.945/ SP [199800221050], REsp 407.121, 3.ª Turma, Rel. Min. Antônio de Pádua Ribeiro, j.

06.09.2001, *DJ* 08.10.2001, p. 210, *RSTJ* 151/269, Veja: STJ, REsp 226956/RJ, 295.175/RJ, 162.545/RJ [Inaplicabilidade, responsabilidade tarifada], STJ – REsp 89.156/MS, 72.415/RJ [*LEX-STJ* 113, janeiro 1999/91], 52.842/RJ [*RSTJ* 99/179, *RDTJRJ* 35/88, *RTJE* 166/280]).

Confirmando a impossibilidade de tarifação, pode ser citado o teor da Súmula 281 do STJ: "a indenização por dano moral não está sujeita à tarifação prevista na Lei de Imprensa". A súmula é anterior ao entendimento do Supremo Tribunal Federal que, em maio de 2009, concluiu pela inconstitucionalidade por não recepção de toda a Lei de Imprensa, que não tem mais aplicação no sistema jurídico nacional (cf. julgados publicados no *Informativo* n. *544* do STF).

No âmbito doutrinário, a reforçar a premissa de afastamento da tarifação, na *VI Jornada de Direito Civil* (2013), aprovou-se o Enunciado n. 550, que não deixa dúvidas: "a quantificação da reparação por danos extrapatrimoniais não deve estar sujeita a tabelamento ou a valores fixos". A proposta contou com meu voto e apoio naquele evento.

De qualquer forma, cumpre esclarecer que tenho plena ciência acerca da existência de projetos de lei que tentam *tabelar* a indenização por danos morais, mas duvido de sua constitucionalidade, caso realmente venha a se tornar lei.

Qualquer *tabela* a ser utilizada para a aferição dos danos morais, portanto, deve ser tida como inconstitucional como foi o caso, por exemplo, da tentativa de tarifação pelo extinto Tribunal de Alçada do Estado de Minas Gerais, mencionada por Humberto Theodoro Júnior (*Dano moral...*, 2000, p. 39): "Centro de Estudos Jurídicos Ronaldo Cunha Campos do Tribunal de Alçada Civil do Estado de Minas Gerais (*DJMG*, Caderno II, 08.10.1998) – Pedido de dano moral por inclusão indevida do nome em SCPC, Serasa, Cartório de Protestos: até 20 SM – Pedido de dano por morte de esposo, esposa, filhos: 100 SM – Outras bases de pedidos: até 90 SM".

Assim, entendo que já nasceram eivados de inconstitucionalidade os dispositivos da chamada *Reforma Trabalhista*, que objetivaram tabelar o dano moral, tratado impropriamente como dano extrapatrimonial. Conforme o art. 223-G da CLT, introduzido pela Lei 13.467/2017, ao apreciar o pedido formulado pelo reclamante da ação de reparação de danos imateriais existentes na relação de trabalho, o juízo considerará: *a)* a natureza do bem jurídico tutelado; *b)* a intensidade do sofrimento ou da humilhação; *c)* a possibilidade de superação física ou psicológica; *d)* os reflexos pessoais e sociais da ação ou da omissão; *e)* a extensão e a duração dos efeitos da ofensa; *f)* as condições em que ocorreu a ofensa ou o prejuízo moral; *g)* o grau de dolo ou culpa; *h)* a ocorrência de retratação espontânea; *i)* o esforço efetivo para minimizar a ofensa; *j)* o perdão, tácito ou expresso; *k)* a situação social e econômica das partes envolvidas; e *l)* o grau de publicidade da ofensa.

Além desses *doze critérios*, estabelece o § 1.º do mesmo comando que, se julgar procedente o pedido, o juízo fixará a indenização a ser paga, a cada um dos ofendidos, em um dos seguintes parâmetros, vedada a acumulação: *a)* ofensa de natureza leve, até três vezes o último salário contratual do ofendido; *b)* ofensa de natureza média, até cinco vezes o último salário contratual do ofendido; *c)* ofensa de natureza grave, até vinte vezes o último salário contratual do ofendido; e *d)* ofensa de natureza gravíssima, até cinquenta vezes o último salário contratual do ofendido (art. 223-G, § 1.º, da CLT). Apesar de a lei falar em parâmetros, fica clara a opção do legislador pela *tarifação*, tendo sido os citados comandos trabalhistas influenciados pela Lei de Imprensa, cuja inconstitucionalidade foi reconhecida pelo Supremo Tribunal Federal, reafirme-se.

Em complemento, está estabelecido que, se o ofendido for pessoa jurídica, a indenização será fixada com observância desses mesmos parâmetros, mas em relação ao salário contratual do ofensor (art. 223-G, § 2.º, da CLT). Na reincidência entre partes idênticas, o juízo poderá elevar ao dobro o valor da indenização (art. 223-G, § 3.º, da CLT).

Muitos juízes do trabalho simplesmente não vinham aplicando essa infeliz *tabela*, pois distante da nossa realidade jurídica e constitucional. Além da violação da isonomia, a tarifação adotada está distante da proteção máxima dos trabalhadores, retirada do art. 7.º do Texto Maior.

A questão estava pendente de julgamento no Supremo Tribunal Federal, no âmbito da ADIN 6069 e de outras, tendo sido a primeira proposta pelo Conselho Federal da Ordem dos Advogados do Brasil, em que atuei como parecerista, sustentando a inconstitucionalidade das normas. Entretanto, o STF acabou entendendo que não haveria desrespeito ao Texto Maior, trazendo os dispositivos em debate meros parâmetros, que podem ser ou não utilizados pelo julgador. Vejamos, em destaque, a tese fixada em sede de repercussão geral:

> "O Tribunal, por maioria, conheceu das ADIs 6.050, 6.069 e 6.082 e julgou parcialmente procedentes os pedidos para conferir interpretação conforme a Constituição, de modo a estabelecer que: 1) As redações conferidas aos arts. 223-A e 223-B, da CLT, não excluem o direito à reparação por dano moral indireto ou dano em ricochete no âmbito das relações de trabalho, a ser apreciado nos termos da legislação civil; 2) Os critérios de quantificação de reparação por dano extrapatrimonial previstos no art. 223-G, *caput* e § 1º, da CLT deverão ser observados pelo julgador como critérios orientativos de fundamentação da decisão judicial. É constitucional, porém, o arbitramento judicial do dano em valores superiores aos limites máximos dispostos nos incisos I a IV do § 1º do art. 223-G, quando consideradas as circunstâncias do caso concreto e os princípios da razoabilidade, da proporcionalidade e da igualdade" (STF, ADIN 6069, Tribunal Pleno, Rel. Min. Gilmar Mendes, j. 18.08.2023).

Portanto, encerrado o julgamento, essa passa a ser a posição a ser considerada para os devidos fins práticos.

Para terminar este tópico, destaque-se que, por diversas vezes, serão buscados esses princípios emergentes do *Direito Civil Constitucional*, demonstrando-se uma nova dimensão do Direito Privado, rompida com a visão anterior, particularmente quanto à responsabilidade civil. Concluindo, denota-se que a responsabilidade civil tem uma importante função social, conforme será também exposto neste trabalho. Superado esse ponto, passa-se à análise do conceito de ato ilícito.

7.4   O CONCEITO DE ATO ILÍCITO

A concepção da responsabilidade sempre esteve relacionada à lesão do direito, segundo ensina San Tiago Dantas, sendo este conceito "fundamental para compreender-se bem o tema que se passará a estudar, o tema da defesa dos direitos". Ensina esse doutrinador que "sempre que se verifica uma lesão do direito, isto é, sempre que se infringe um dever jurídico correspondente a um direito, qual é a primeira consequência que daí advém? Já se sabe: nasce a responsabilidade" (*Programa...*, 1979, p. 376).

A ideia de lesão de direitos está expressa no art. 186 do CC/2002, pelo qual o ato ilícito indenizante está configurado toda vez que a lesão estiver presente, cumulada com um dano material, moral, estético ou de outra categoria.

No que concerne à classificação da responsabilidade civil, repise-se que se pode falar, inicialmente, em *responsabilidade civil contratual ou negocial*, situada no âmbito da inexecução obrigacional. Sendo uma regra já prevista no Direito Romano, a força obrigatória do contrato (*pacta sunt servanda*) traz a previsão pela qual as cláusulas contratuais devem ser respeitadas, sob pena de responsabilidade daquele que as descumprir por dolo ou culpa.

Mas, conforme tenho defendido em todos os seus trabalhos, essa regra vem sendo bastante relativizada ou mitigada diante da influência da doutrina da função social dos contratos e da boa-fé objetiva (*princípios sociais contratuais*). De toda sorte, os fundamentos principais da responsabilidade civil contratual ou negocial, na atual lei codificada brasileira, estão nos arts. 389, 390 e 391 do CC/2002, que foram incansavelmente mencionados neste volume quando do tratamento da teoria geral das obrigações.

Paralela à responsabilidade obrigacional está a *responsabilidade civil extracontratual* (denominada *aquiliana* pelos romanos, conceito que resiste), oriunda do desrespeito ao direito alheio e às normas que regram a conduta e que decorre de uma lesão de direitos que ocorre alheia à esfera contratual, como preceituam os arts. 186 e 927, *caput*, da atual codificação.

Como se nota, a *dualidade* entre responsabilidade civil contratual e responsabilidade civil extracontratual foi mantida pelo Código Civil Brasileiro de 2002 (*summa divisio*). Todavia, apesar de entraves legislativos, a tendência é a busca de um modelo uniforme de responsabilidade civil, uno e indivisível (CALIXTO, Marcelo Junqueira. *A culpa...*, 2008, p. 77-78; EHRHARDT JR., Marcos. *Responsabilidade...*, 2014). O Código de Defesa do Consumidor é um exemplo desta tendência de unificação, eis que não diferencia a responsabilidade contratual da extracontratual, tratando da responsabilidade pelo produto e pelo serviço.

Pois bem, o ato ilícito que interessa para os fins de responsabilidade civil, denominado por Pontes de Miranda como *ilícito indenizante*, é o ato praticado em desacordo com a ordem jurídica violando direitos e causando prejuízos a outrem. Diante da sua ocorrência a norma jurídica cria o dever de reparar o dano, o que justifica o fato de ser o ato ilícito fonte do direito obrigacional.

O ato ilícito é considerado como fato jurídico em sentido amplo, uma vez que produz efeitos jurídicos que não são desejados pelo agente, mas somente aqueles impostos pela lei, sendo, por isso, chamados de involuntários. Quando alguém comete um ilícito há a infração de um dever e a imputação de um resultado.

O ato ilícito pode ser civil, penal ou administrativo. Vamos aqui nos ater ao ilícito civil, matéria que interessa ao Direito Privado e a esta obra. Entretanto, é fundamental apontar que há casos em que a conduta ofende a sociedade (ilícito penal) e o particular (ilícito civil), acarretando dupla responsabilidade. Exemplificamos com um acidente de trânsito, situação em que pode haver um crime, bem como o dever de indenizar. Por outro lado, não se pode esquecer a regra prevista no art. 935 do CC/2002, pela qual a responsabilidade civil independe da criminal, regra geral.

Sem prejuízo dessas situações, às vezes, a responsabilidade pode ser *tripla*, abrangendo também a esfera administrativa, como no caso de uma conduta que causa danos ao meio ambiente, sendo-lhe aplicadas as sanções administrativas, civis e criminais previstas nas Leis 6.938/1981 (Política Nacional do Meio Ambiente) e 9.605/1998 (Crimes Ambientais).

Dessa forma, pode-se afirmar que o ato ilícito, pelo menos para os fins de responsabilização civil, *é a conduta humana que fere direitos subjetivos privados, estando em desacordo com a ordem jurídica e causando danos a alguém.* O art. 186 do atual Código Civil tem a seguinte redação:

"Art. 186. Aquele que, por ação ou omissão voluntária, negligência ou imprudência, violar direito *e* causar dano a outrem, ainda que exclusivamente moral, comete ato ilícito" (destacamos).

Do art. 186 do CC/2002 percebe-se que o ato ilícito hoje constitui uma soma entre lesão de direitos e dano causado, de acordo com a seguinte fórmula:

Ato ilícito (art. 186 do CC) = Lesão de direitos + dano

Esse comando legal apresenta duas importantes diferenças em relação ao art. 159 do CC/1916, seu correspondente na lei privada anterior, cuja redação também merece destaque:

"Art. 159. Aquele que, por ação ou omissão voluntária, negligência, ou imprudência, violar direito, *ou* causar prejuízo a outrem, fica obrigado a reparar o dano. A verificação da culpa e a avaliação da responsabilidade regulam-se pelo disposto neste Código, artigos 1.518 a 1.532 e 1.537 a 1.553" (destacamos).

A primeira e a mais importante diferença é que o dispositivo anterior utilizava a expressão *ou* em vez de *e* que consta da atual legislação, admitindo o ato ilícito por mera lesão de direitos. Isso, como se pode perceber da fórmula antes apontada, não é mais possível. Em suma, o dano, pela dicção legal, é elemento fundamental para o ato ilícito civil e para o correspondente dever de reparar (art. 927, *caput*, do CC). Porém, pontue-se que há uma tendência de se reconhecer a responsabilidade sem dano, tema muito bem desenvolvido por Pablo Malheiros Cunha Frota em sua tese de doutorado defendida na UFPR (FROTA, Pablo Malheiros Cunha. *Responsabilidade...*, 2014, p. 225).

O assunto ainda será abordado nesta obra, com os devidos aprofundamentos, quando do estudo do dano moral. Adiante-se que, no Projeto de Reforma do Código Civil, se manteve a ideia de que a responsabilidade civil somente estará presente se houver dano.

A segunda diferença é que a disposição atual permite a reparação do *dano moral puro*, sem repercussão patrimonial ("dano exclusivamente moral"). A previsão não tem grande importância prática como inovação, pois tal reparação já era admitida pela Constituição Federal, no seu art. 5.º, incisos V e X, *in verbis*:

"V – é assegurado o direito de resposta, proporcional ao agravo, além da indenização por dano material, moral ou à imagem".

"X – são invioláveis a intimidade, a vida privada, a honra e a imagem das pessoas, assegurado o direito à indenização pelo dano material ou moral decorrente de sua violação".

A consequência do ato ilícito é a obrigação de indenizar, de reparar o dano, nos termos da parte final do art. 927 do CC/2002. Estou filiado à corrente doutrinária pela qual ato ilícito constitui um fato jurídico, mas não é um ato jurídico, eis que para este é necessária a licitude da conduta. Para aprofundamentos, remete-se mais uma vez o leitor ao Volume 1 desta coleção.

De todo modo, não se pode negar que há uma impropriedade técnica na atual redação do art. 186 do Código Civil, que precisa ser reparada, pois ali somente está tratada uma modalidade de ilícito, qual seja a que interessa para a responsabilidade civil, justamente o *ilícito indenizante*.

Por isso, a Comissão de Juristas encarregada da Reforma do Código Civil sugere uma redação mais ampla para o preceito, para que passe a abarcar todas as modalidades de ato ilícito civil, como *ilícito nulificante* – que gera a nulidade do negócio jurídico, nos termos do art. 166, inc. II, do Código Civil – e o *caducificante* – que ocasiona a perda de direitos –, na linha da classificação proposta por Pontes de Miranda.

Nesse contexto, em termos gerais, o *caput* do art. 186 do CC passará a prever que "a ilicitude civil decorre de violação a direito". Sobre o ilícito indenizante, o seu parágrafo único, enunciará, mantendo a exigência do elemento dano: "aquele que, por ação ou omissão voluntária, negligência, imprudência ou imperícia, violar direito e causar dano a outrem, responde civilmente".

Por fim, em comando necessário relativo à responsabilidade civil extra-contratual, *abrindo* o tratamento do tema e em termos gerais, a nova redação do art. 927 será a seguinte: "Aquele que causar dano a outrem fica obrigado a repará-lo. Parágrafo único: Haverá dever de reparar o dano daquele: I – cujo ato ilícito o tenha causado, nos termos do parágrafo único do art. 186 deste Código; II – que desenvolve atividade de risco especial; III – responsável indireto por ato de terceiro a ele vinculado, por fato de animal, coisa ou tecnologia a ele subordinado".

Penso que essas alterações são mais do que necessárias, ajustando a lei à posição hoje amplamente majoritária da doutrina brasileira, um dos objetivos da citada Reforma.

Ao lado do primeiro conceito de antijuridicidade, o art. 187 do CC traz uma nova dimensão de ilícito, consagrando a *teoria do abuso de direito* como ato ilícito, também conhecida por *teoria dos atos emulativos*. Amplia-se a noção de ato ilícito, para considerar como precursor da responsabilidade civil aquele ato praticado em exercício irregular de direitos, ou seja, o ato é originariamente lícito, mas foi exercido fora dos limites impostos pelo seu fim econômico ou social, pela boa-fé objetiva ou pelos bons costumes.

Justamente pelo que consta desse último dispositivo, percebe-se que o Código Civil brasileiro baseia a responsabilidade em dois alicerces: o ato ilícito e o abuso de direito. Trata-se de importantíssima inovação, eis que o Código Civil de 1916 amparava a responsabilidade civil somente no ato ilícito. A mudança é estrutural e merece grande destaque. Para demonstrar essa alteração de bases relativamente à antijuridicidade civil, elaboramos o desenho a seguir:

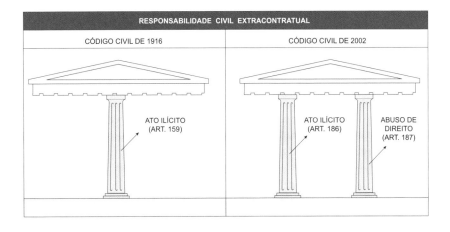

Como se pode perceber pela simbologia, a responsabilidade civil no Código Civil de 1916 era alicerçada em um único conceito: o de ato ilícito (art. 159). Assim, havia uma única pilastra a sustentar a construção.

Por outro lado, a responsabilidade civil, no Código Civil de 2002, é baseada em dois conceitos: o de ato ilícito (art. 186) e o de abuso de direito (art. 187). Dessa forma, a construção, atualmente, tem duas pilastras, estando aqui a principal alteração estrutural da matéria de antijuridicidade civil no estudo comparativo das codificações privadas brasileiras.

Vale frisar que a modificação também atinge a responsabilidade contratual, pois o art. 187 do CC/2002 também pode e deve ser aplicado em sede de autonomia privada. Eis aqui um dispositivo unificador do sistema de responsabilidade civil, que supera a dicotomia *responsabilidade contratual x extracontratual*.

Sobre o abuso de direito, pretende-se comentar de forma destacada e aprofundada a partir de agora.

7.5 O ABUSO DE DIREITO COMO ATO ILÍCITO

7.5.1 O art. 187 do CC. Conceito, exemplos e consequências práticas

Como foi mencionado, uma das modificações mais festejadas na atual codificação, emergente com a promulgação da Lei 10.406/2002, que introduziu o Código Civil de 2002, é a que consta no seu art. 187, que equipara o abuso de direito a um verdadeiro ato ilícito. Com efeito, é a redação do aludido comando legal:

> "Art. 187. Também comete ato ilícito o titular de um direito que, ao exercê-lo, excede manifestamente os limites impostos pelo seu fim econômico e social, pela boa-fé ou pelos bons costumes".

Acredito que tal dispositivo está revolucionando a visualização da responsabilidade civil, trazendo nova modalidade de ilícito, também precursora do dever de indenizar. Trata-se de um dos mais importantes dispositivos da codificação privada de 2002 e, diante de sua excelência e perfeição, não há qualquer proposta de sua modificação no Projeto de Reforma do Código Civil, elaborado pela Comissão de Juristas nomeada no âmbito do Senado Federal.

Seja como for, é fundamental apontar, brevemente, quais são as raízes históricas do abuso de direito, para sua melhor compreensão, eis que o instituto deve ser conceituado de acordo com o Código Civil de 2002 e a legislação especial.

Renan Lotufo sinaliza que o conceito de abuso de direito encontra raízes históricas na *aemulatio* do Direito Romano, ou seja, no "exercício de um direito, sem utilidade própria, com a intenção de prejudicar outrem", cuja aplicação ampliada atingiu as relações de vizinhança (*Código Civil...*, 2003, p. 499).

De acordo com a obra clássica de San Tiago Dantas, o abuso de direito também encontra origens no Direito Romano, principalmente nos conceitos de *aequitas* e no *ius honorarium*. Mas, para o doutrinador, é no Direito Medieval que o instituto encontra sua principal raiz: o surgimento do *ato emulativo*. São suas palavras:

> "Já se sabe o que foi a vida medieval, o ambiente de emulação por excelência. A rixa, a briga, a altercação, é a substância da vida medieval. Brigas de vizinhos, brigas de barões, brigas de corporações, no seio das sociedades; brigas entre o poder temporal e o poder

espiritual. Todas as formas de alterações a sociedade medieval conheceu, como não podia deixar de acontecer numa época de considerável atrofia do Estado. É aí que, pela primeira vez, os juristas têm conhecimento deste problema: o exercício de um direito com o fim de prejudicar outrem. O direito como elemento de emulação. Entende-se, por emulação, o exercício de um direito com o fim de prejudicar outrem. Quer dizer que em vez de ter o fim de tirar para si um benefício, o autor do ato tem em vista causar prejuízo a outrem" (DANTAS, San Tiago. *Programa...*, 1979, p. 368-369).

Silvio Rodrigues igualmente demonstra a origem romana do abuso de direito. Entretanto, ensina que "a teoria do abuso de direito, na sua forma atual, é, como diz Josserand, de tessitura jurisprudencial e surgiu na França na segunda metade do século XIX" (*Direito civil...*, 2003, p. 318).

Pela análise do art. 187 do Código Civil Brasileiro, vigor conclui-se que a definição de abuso de direito está baseada em quatro conceitos legais indeterminados, cláusulas gerais que devem ser preenchidas pelo juiz caso a caso, a saber:

a) fim social;
b) fim econômico;
c) boa-fé;
d) bons costumes.

O conceito de abuso de direito é, por conseguinte, aberto e dinâmico, de acordo com a concepção tridimensional de Miguel Reale, pela qual o Direito é fato, valor e norma. Eis aqui um conceito que segue a própria filosofia da codificação de 2002. O aplicador da norma, o juiz da causa, deverá ter plena consciência do aspecto social que circunda a lide, para aplicar a lei, julgando de acordo com a sua carga valorativa. Mais do que nunca, com o surgimento e o acatamento do abuso de direito como ato ilícito pela atual codificação, terá força a tese pela qual a atividade do julgador é, sobretudo, ideológica.

O conceito de abuso de direito mantém íntima relação com o princípio da socialidade, adotado pela atual codificação, uma vez que o art. 187 do CC/2002 faz referência ao *fim social* do instituto jurídico violado. Seguindo esta concepção, social por excelência, cite-se o artigo *Critérios de fixação da indenização do dano moral*, de autoria de Regina Beatriz Tavares da Silva, constante da pioneira obra *Questões controvertidas no novo Código Civil*, v. I, de 2003. Nesse trabalho, a doutrinadora afirma que "é sociológica a visão da responsabilidade civil" (*Questões...*, 2003, p. 261).

O abuso de direito também mantém relação com o princípio da eticidade, eis que o atual Código Civil Brasileiro estabelece as consequências do ato ilícito para a pessoa que age em desrespeito à boa-fé, aqui prevista a boa-fé de natureza objetiva, relacionada com a conduta leal e proba e integradora das relações negociais. O art. 187 da vigente codificação privada traz a *função de controle* exercido pela boa-fé objetiva, fazendo que o abuso de direito também esteja presente na esfera contratual, ou seja, da autonomia privada.

Em realidade, repise-se que o art. 187 do CC/2002 pode ser aplicado ao contrato e à autonomia privada, pela menção ao fim social. Sendo assim, se a parte contratual viola a sua função social, comete abuso de direito e, portanto, ato ilícito, o que faz com que o negócio jurídico possa ser nulificado, pois o seu conteúdo é ilícito (art. 166, inc. II, do CC).

Em suma, aplicando-se os arts. 166, 187 e 421 da norma civil geral, pode-se afirmar que a função social do contrato está no plano da validade do negócio jurídico celebrado, sendo à destruição de tênis velhos, que deveriam ser substituídos por outros novos, situação tida como incentivadora da violência, abusando da inocência das crianças:

"Ação civil pública – Publicidade abusiva – Propaganda de tênis veiculada pela TV – Utilização da empatia da apresentadora – Induzimento das crianças a adotarem o comportamento da apresentadora destruindo tênis usados para que seus pais comprassem novos, da marca sugerida – Ofensa ao art. 37, § 2.º, do CDC – Sentença condenatória proibindo a veiculação e impondo encargo de contrapropaganda e multa pelo descumprimento da condenação – Contrapropaganda que se tornou inócua ante o tempo já decorrido desde a suspensão da mensagem – Recurso provido parcialmente" (TJSP, Apelação Cível 241.337-1, 3.ª Câmara de Direito Público, São Paulo, Rel. Ribeiro Machado, 30.04.1996, v.u.).

Pela ementa transcrita, nota-se que houve um enquadramento da prática como um *mau costume*, conceito que mantém relação íntima com o texto encontrado no art. 187 do CC atual. Desse modo, as expressões constantes no art. 37, § 2.º, do CDC poderão ser utilizadas sem maiores problemas pelo aplicador da norma para a caracterização do ato emulativo civil como ato ilícito. Trata-se de um *diálogo de complementaridade* entre o Código Civil e o Código de Defesa do Consumidor, o que está de acordo com a aclamada tese do *diálogo das fontes,* de Erik Jayme, trazida ao Brasil por Claudia Lima Marques.

Outro exemplo de abusividade envolve a publicidade discriminatória, prevista expressamente no texto consumerista, o que gera muitas vezes discussões administrativas. Entre as decisões do Conselho Nacional de Regulamentação Publicitária (CONAR), pode ser extraída ementa do ano de 2009, que tratou de preconceito contra os portugueses. Transcreve-se a decisão para as devidas reflexões:

"'Arno Laveo'. Representação n.º 441/08. Autor: Conar, a partir de queixa do consumidor. Anunciante: Arno. Relatora: Conselheira Cristina de Bonis. Segunda Câmara. Decisão: Arquivamento. Fundamento: Artigo 27, n.º 1, letra 'a' do Rice. Consumidora de Santo André, no ABC paulista, reclamou ao Conar do comercial de TV veiculado pela Arno. De acordo com a queixa, no referido anúncio há menção desmerecedora e até mesmo discriminatória com relação à determinada etnia, pelo uso de música típica portuguesa associada à conduta pouco inteligente. Além disso, a publicidade, segundo a denúncia, apresenta falta de cuidado dos protagonistas, que acabam provocando a queda de objeto do alto do prédio. Para a consumidora, embora a situação tenha sido utilizada como recurso humorístico, pode constituir-se exemplo inadequado de comportamento perigoso. A defesa alega que o comercial, entendido em seu verdadeiro sentido, nada tem que possa ser considerado um desrespeito aos portugueses, até porque não existe nenhuma menção à origem dos personagens. Segundo o anunciante, trata-se de uma mensagem lúdica e bem-humorada, na qual aparece uma cena caricata, fantasiosa, de um casal que tenta lavar um ventilador com uma mangueira. O apelo, como argumenta a defesa, apenas ajuda a demonstrar os benefícios do produto, o ventilador Laveo, fácil de desmontar e lavar. O relator concordou com esta linha de argumentação, considerando, em seu parecer, que o comercial revela uma situação absurda e que não há como afirmar que se trata de uma melodia portuguesa, o que descaracteriza a tese da discriminação. Os membros do Conselho de Ética acolheram por unanimidade o voto pelo arquivamento da representação".

Em sentido oposto, ainda a ilustrar, o mesmo CONAR resolveu suspender campanha publicitária da *Red Bull* chamada "Nazaré", em que Jesus Cristo consumia o produto antes de andar sobre as águas. A decisão, prolatada em março de 2012, foi da 6.ª Câmara do Conselho de Ética (Representação 041/2012), concluindo por um atentado a valores religiosos da sociedade brasileira.

Como palavras finais sobre o tema, pontue-se que, em 2016, surgiu precedente judicial importante sobre o tema no Superior Tribunal de Justiça, tratando de publicidade infantil. A Corte entendeu pela sua proibição, pelo fato de vincular a aquisição de brindes ao consumo exagerado do produto. Nos termos do aresto:

> "A hipótese dos autos caracteriza publicidade duplamente abusiva. Primeiro, por se tratar de anúncio ou promoção de venda de alimentos direcionada, direta ou indiretamente, às crianças. Segundo, pela evidente 'venda casada', ilícita em negócio jurídico entre adultos e, com maior razão, em contexto de marketing que utiliza ou manipula o universo lúdico infantil (art. 39, I, do CDC). 3. *In casu*, está configurada a venda casada, uma vez que, para adquirir/comprar o relógio, seria necessário que o consumidor comprasse também 5 (cinco) produtos da linha 'Gulosos'" (STJ, REsp 1.558.086/SP, 2.ª Turma, Rel. Min. Humberto Martins, j. 10.03.2016, *DJe* 15.04.2016).

Como se percebe, do conceito de publicidade abusiva transborda a concepção de interferência objetiva da ordem pública na ordem privada, interessando à matéria que envolve o abuso de direito ao interesse social e da coletividade. O fato de o legislador ter incriminado essas condutas nos arts. 67 e 68 do CDC evidencia ainda mais a existência do interesse social nessa questão.

Atentos devem estar os olhos do Poder Judiciário para tais questões, principalmente se envolverem os dados que chegam aos consumidores, pela grande velocidade dos meios de comunicação e pela valorização da informação, que não pode chegar distorcida aos seus destinatários, sob pena de gerar danos irreparáveis, principalmente de natureza imaterial.

Eventualmente, se determinada pessoa, por uma condição especial, sofrer sério constrangimento decorrente de publicidade abusiva, caberá o direito de se ver reparada ou mesmo pleitear que a veiculação cesse, mesmo que o ato não seja considerado ilícito perante os demais membros da sociedade.

7.5.3 As práticas previstas no Código de Defesa do Consumidor e o conceito do art. 187 do CC

Em outro dispositivo de suma importância, o Código de Defesa do Consumidor utiliza a expressão *abusiva,* também fora da esfera contratual, prevendo práticas vedadas aos prestadores de serviços e fornecedores de produtos. Os nove incisos do art. 39 da Lei 8.078/1990 também trazem casos que mantêm íntima ligação com a concepção do art. 187 do CC/2002.

Inicialmente, o art. 39, inc. I, veda ao fornecedor de produtos ou prestador de serviços a denominada *venda casada,* ou seja, o condicionamento de fornecimento ou de prestação à aquisição de outro produto ou serviço. É comum também submeter a solução de um problema anterior, relacionado com um produto já fornecido ou um serviço já prestado, à contratação de um novo fornecimento ou nova prestação posterior.

Essas condutas contrariam a boa-fé objetiva que se espera nas relações negociais constituindo abuso de direito, em clara lesão ao equilíbrio das relações consumeristas, constituindo também tipos penais, conforme a Lei 8.137/1990. E como tal deverão ser repudiadas, gerando o dever de indenizar, caso tenham provocado danos materiais ou imateriais ao consumidor.

Seguindo na análise do dispositivo em questão, o seu inciso II traz a denominada *negação de venda,* ou recusa ao atendimento às demandas dos consumidores, prática muito comum nos grandes centros e que contraria, pela simples leitura da parte final do dispositivo, os bons costumes.

O inc. III do art. 39 elenca outra hipótese de prática abusiva que será oportunamente discutida, aplicável a uma situação também muito comum hoje em dia, vedando o envio de produto sem solicitação, prática esta que a nosso ver contraria o fim social e econômico do mercado e a boa-fé objetiva. Trazendo eventual solução, o parágrafo único do comando em análise prevê que eventual produto enviado sem solicitação equivale à amostra grátis, não devendo o consumidor por ele pagar. Utiliza-se a expressão *eventual solução,* eis que o consumidor poderá sofrer prejuízos irreparáveis, que deverão ser indenizados, conforme determina o art. 6.º, inc. VI, do CDC (*princípio da reparação integral dos danos*).

Os incs. IV e V consagram conceitos genéricos, mas que poderão servir de apoio para o aplicador da norma visualizar o abuso de direito, uma vez que qualquer prática que se prevalece da ignorância e fraqueza do consumidor bem como aquela que exige da parte vulnerável uma vantagem manifestamente excessiva podem ser tidas como abuso de direito consumerista e geradoras do dever de indenizar.

O art. 39, inc. VI, da Lei 8.078/1990 prevê a negação de orçamento prévio, outra prática ainda comum, que, por contrariar a boa-fé e os bons costumes, gera o abuso de direito como ato ilícito.

Também é considerado abuso de direito o repasse de informação depreciativa referente a ato praticado pelo consumidor no exercício de seus direitos (art. 39, inc. VII, CDC), como no caso de um consumidor que parcela uma dívida, informando o fornecedor a existência desse inadimplemento anterior para terceiro. Em casos tais, sofrendo o consumidor prejuízo com tal conduta, poderá pleitear a indenização cabível, inclusive por dano imaterial suportado, decorrente de abalo de crédito ou abalo moral.

Pela redação do inc. VIII do art. 39 do CDC, constitui abuso de direito a colocação no mercado de produto fora das especificações previstas pela ABNT ou CONMETRO. Caso o produto gere prejuízos, a simples colocação no mercado acarretará o dever de reparar o prejuízo, independentemente de culpa. Tal conduta poderá influir em larga escala, possibilitando o ingresso de ação coletiva para a retirada dos produtos ou gerando consequências para contratos de natureza pública.

Finalmente entre as previsões que aqui serão estudadas, o inc. XII do dispositivo em análise enuncia ser prática abusiva a ausência de fixação de prazo, pelos fornecedores e prestadores, para o cumprimento da obrigação assumida, o que é corolário do desrespeito à boa-fé objetiva, conduta equilibrada e leal que se espera nas relações de consumo.

Argumento que aqui cabe é que muitas das condutas descritas não constituem abuso de direito, mas atos ilícitos na melhor concepção da expressão. De acordo com essa corrente, podem ser evocados os tipos penais elencados entre os arts. 61 e 80 da Lei 8.078/1990, que mantêm relação direta com as práticas aqui estudadas, e também com a publicidade abusiva, debatida no tópico anterior.

Concorda-se com tal conclusão, mas antes devem ser feitas algumas ressalvas. A primeira é de que os elementos do ilícito civil são diferentes daqueles do ilícito penal, conclusão que pode ser retirada da leitura do art. 935 do CC/2002, que traz regra pela qual a responsabilidade civil independe da criminal. A segunda é que, dentro dessa linha de raciocínio, argumentos surgirão de que o ilícito civil não estará presente, o que afastaria o dever de reparar. O contra-ataque é fácil, no sentido de que o ilícito não está presente no conteúdo, mas sim pelas consequências, eis que as hipóteses do art. 39 do CDC abarcam o abuso de direito consumerista, que também gera a responsabilidade civil do agente.

Para encerrar a abordagem do tema, como foi dito no início do tópico, acredito que o art. 39 da Lei 8.078/1990 pode ser utilizado como roteiro seguro, auxiliador do aplicador do direito para a concepção do abuso de direito como ato ilícito na ótica civil. Superado esse ponto, vejamos as relações entre o abuso de direito e o Direito do Trabalho.

7.5.4   O abuso de direito e o Direito do Trabalho

A vedação do abuso de direito em sede trabalhista também tem se tornado comum, com vários julgados afastando a sua prática, particularmente com a imposição de sanções àqueles que o cometem.

O exemplo típico de caracterização do abuso de direito na área trabalhista ocorre no caso de abuso na greve, conforme o art. 9.º, § 2.º, da CF/1988. Sobre o tema, também se pronunciou o Supremo Tribunal Federal, principalmente quanto à caracterização desse abuso:

> "O direito à greve não é absoluto, devendo a categoria observar os parâmetros legais de regência. Descabe falar em transgressão à Carta da República quando o indeferimento da garantia de emprego decorre do fato de se haver enquadrado a greve como ilegal" (STF, RE 184.083, Rel. Min. Marco Aurélio, *DJ* 18.05.2001).

O Tribunal Regional do Trabalho da 2.ª Região, com sede em São Paulo, entendeu pela caracterização do abuso de direito em um caso em que o empregador dispensou um empregado doente. O TRT da 2.ª Região assim concluiu, pois a dispensa do empregado, que seria afastado em virtude de doença profissional, excede os limites da boa-fé objetiva, regramento básico da teoria geral dos contratos e que deve ser aplicado aos contratos de trabalho. Presente o abuso de direito, há o dever de indenizar os danos morais.

Segundo apontou a juíza Catia Lungov, relatora do recurso ordinário no Tribunal, a empresa cometeu ato ilícito, "pois exerceu direito que excedeu os limites da boa-fé, que norteia a celebração dos contratos em geral, inclusive os de trabalho, consoante estipula o Código Civil em vigor". Ainda segundo a relatora, "restou configurada a imposição de dor moral despropositada ao trabalhador, eis que dispensado quando sem qualquer condição de procurar nova colocação no mercado de trabalho, quando, ao contrário, tinha direito a benefício previdenciário que a atividade da empregadora dificultou e procrastinou. (...). Nesse sentido, faz jus o autor a indenização por dano moral, que fixo no importe de R$ 3.000,00, compatível com os salários que seriam devidos, considerado o lapso desde a data em que findou o afastamento médico (29.01.2002) até a da concessão do benefício previdenciário (26.03.2002)". A votação na Sétima Turma do TRT/SP foi unânime (RO 01036.2002.036.02.00-0).

Filia-se integralmente com a decisão, que traz diálogo interessante entre as normas de Direito do Trabalho, o Código Civil e a própria Constituição Federal (*diálogo das fontes*).

Do mesmo Tribunal do Trabalho, entendeu-se pela configuração do abuso de direito em caso envolvendo a dispensa de empregado e a posterior declaração vexatória por parte do empregador. A ementa do julgado merece transcrição, como exemplo interessante de aplicação da tese do abuso de direito em sede trabalhista:

"Dano moral – Justa causa reconhecida – Publicidade vexatória dos fatos da dispensa – Indenização devida pelo empregador. Ainda que reconhecida judicialmente a falta grave, não há como confundir a prática da dispensa por justa causa, plenamente compatível com o legítimo exercício do *jus variandi*, com os danos morais decorrentes da divulgação dos fatos da dispensa pelo empregador, com vistas a produzir a execração pública do empregado. Não pode a empresa, sob pena de caracterização do *bis in idem*, impor penalização adicional que submeta o trabalhador a formas diretas ou indiretas de exclusão. Todo ser humano tem direito à preservação da sua integridade física, moral e intelectual. Mesmo faltoso, processado ou até condenado criminalmente, o trabalhador mantém íntegros e invioláveis os direitos inerentes à sua personalidade e dignidade, afetos aos fundamentos da República (CF, arts. 1.º, III, e 5.º, III e X). O Código Civil de 2002 assegura os direitos da personalidade, que por sua expressão são irrenunciáveis (art. 11) e reparáveis, sempre que lesados (art. 12). *In casu*, a referência nominal ao reclamante, em carta aberta 'a quem possa interessar', encaminhada pelo empregador a amigos e clientes, contendo informações explícitas sobre a dispensa, prática de irregularidades e abertura de inquérito policial, configura abuso de direito, com lesão objetiva à personalidade do autor. Aqui o dano moral se reconhece não pela demissão por justa causa, que até restou confirmada, mas sim pela publicidade nominal, vexatória, desnecessária e claramente persecutória, dos fatos da dispensa e do inquérito policial logo a seguir arquivado, afetando a integridade moral do empregado perante a sociedade e o mercado de trabalho" (TRT 2.ª Região, Recurso Ordinário, Acórdão 20050288908, Processo 00657-2000-064-02-00-3/2003, 4.ª Turma, Rel. Ricardo Artur Costa e Trigueiros, Rev. Vilma Mazzei Capatto, j. 10.05.2005, Data de publicação 20.05.2005).

Na verdade, a própria doutrina trabalhista vem tratando do tema do abuso de direito. A título de exemplo, mencione-se a obra de Edilton Meireles, que procurou explorar o tema de forma abrangente e exaustiva (*Abuso...*, 2005). O referido autor traz vários exemplos de cláusulas e práticas abusivas no contrato de trabalho, tais como: a remuneração aviltante, a presença de multas contratuais abusivas, a previsão de adicional de assiduidade, a previsão de cláusula de prorrogações sucessivas do contrato provisório, a elaboração de listas de maus empregados, o assédio moral, o rompimento contratual abusivo, o abuso ao não contratar, entre outros.

Outro autor da área trabalhista que tem se destacado na busca de diálogos entre o Direito Civil e Direito do Trabalho é José Afonso Dallegrave Neto, do Paraná. Em trabalho muito interessante, comenta o referido autor que: "não se pode negar a relevância do abuso de direito na órbita trabalhista, máxime nas situações em que o empregador extrapola o seu direito de comando. O *jus variandi* patronal quando exercido de forma ilegítima e divorciado da real necessidade de serviço ou mesmo em confronto com os limites sociais e éticos do contrato caracteriza abuso de direito reparável mediante ação trabalhista" (*Responsabilidade...*, 2005, p. 138).

Por tudo isso é que se deve concluir que no Direito do Trabalho está se construindo um conceito muito interessante de abuso de direito, na esfera da autonomia privada, do contrato de trabalho.

7.5.5 A lide temerária como exemplo de abuso de direito. O abuso no processo

Alguns civilistas não hesitam em apontar a lide temerária como exemplo de abuso de direito. Com parecer nesse sentido pode ser citado Sílvio de Salvo Venosa para quem, com base na legislação anterior, "no direito processual, o abuso de direito caracteriza-se pela lide

CAP. 7 · APONTAMENTOS HISTÓRICOS E CONCEITOS BÁSICOS | 335

temerária, trazendo o CPC, nos arts. 14 e 16, descrição pormenorizada da falta processual" (*Direito civil...*, 2003, p. 605).

Maria Helena Diniz tem entendimento semelhante, trazendo exemplos interessantes e apontando que "se o credor requerer maliciosamente arresto de bens que sabia não serem pertencentes ao devedor, mas a terceiros, está agindo no exercício irregular de direito (*RT* 127/175). O mesmo se diga se requerer a busca e apreensão sem necessidade, pois se trata de medida grave, que se realiza excepcionalmente, logo, se for desnecessária e se a utilidade que representa para o autor puder ser obtida sem ela, haverá abuso de direito" (*Curso...*, 2002, p. 500).

Nessa linha de raciocínio, merecem ser transcritos os arts. 16 a 18 do CPC/1973, que sempre serviram como parâmetros para a caracterização do *abuso de direito processual ou abuso no processo*, prevendo, o último dispositivo, penalidade processual que não exclui as demais perdas e danos. Os dispositivos foram repetidos pelos arts. 79 a 81 do CPC/2015, com algumas pequenas alterações. Vejamos:

Código de Processo Civil de 2015	Código de Processo Civil de 1973
"Art. 79. Responde por perdas e danos aquele que litigar de má-fé como autor, réu ou interveniente."	"Art. 16. Responde por perdas e danos aquele que pleitear de má-fé como autor, réu ou interveniente."
"Art. 80. Considera-se litigante de má-fé aquele que:	"Art. 17. Reputa-se litigante de má-fé aquele que: (Redação dada pela Lei n.º 6.771, de 27.3.1980.)
I – deduzir pretensão ou defesa contra texto expresso de lei ou fato incontroverso;	I – deduzir pretensão ou defesa contra texto expresso de lei ou fato incontroverso; (Redação dada pela Lei n.º 6.771, de 27.3.1980.)
II – alterar a verdade dos fatos;	II – alterar a verdade dos fatos; (Redação dada pela Lei n.º 6.771, de 27.3.1980.)
III – usar do processo para conseguir objetivo ilegal;	III – usar do processo para conseguir objetivo ilegal; (Redação dada pela Lei n.º 6.771, de 27.3.1980.)
IV – opuser resistência injustificada ao andamento do processo;	IV – opuser resistência injustificada ao andamento do processo; (Redação dada pela Lei n.º 6.771, de 27.3.1980.)
V – proceder de modo temerário em qualquer incidente ou ato do processo;	V – proceder de modo temerário em qualquer incidente ou ato do processo; (Redação dada pela Lei n.º 6.771, de 27.3.1980.)
VI – provocar incidente manifestamente infundado;	VI – provocar incidentes manifestamente infundados. (Redação dada pela Lei n.º 6.771, de 27.3.1980.)
VII – interpuser recurso com intuito manifestamente protelatório."	VII – interpuser recurso com intuito manifestamente protelatório. (Incluído pela Lei n.º 9.668, de 23.6.1998.)"
"Art. 81. De ofício ou a requerimento, o juiz condenará o litigante de má-fé a pagar multa, que deverá ser superior a um por cento e inferior a dez por cento do valor corrigido da causa, a indenizar a parte contrária pelos prejuízos que esta sofreu e a arcar com os honorários advocatícios e com todas as despesas que efetuou.	"Art. 18. O juiz ou tribunal, de ofício ou a requerimento, condenará o litigante de má-fé a pagar multa não excedente a um por cento sobre o valor da causa e a indenizar a parte contrária dos prejuízos que esta sofreu, mais os honorários advocatícios e todas as despesas que efetuou. (Redação dada pela Lei n.º 9.668, de 23.6.1998.)
§ 1.º Quando forem 2 (dois) ou mais os litigantes de má-fé, o juiz condenará cada um na proporção de seu respectivo interesse na causa ou solidariamente aqueles que se coligaram para lesar a parte contrária.	§ 1.º Quando forem dois ou mais os litigantes de má-fé, o juiz condenará cada um na proporção do seu respectivo interesse na causa, ou solidariamente aqueles que se coligaram para lesar a parte contrária.

Francisco Amaral assim também elucida: "são exemplos práticos de abuso de direito os que se verificam nas relações de vizinhança, na defesa da propriedade de imóvel invadido, em matéria de usufruto, quando o usufrutuário permite a deterioração do bem usufruído" (Os atos..., *O novo...*, 2003, p. 162). Como se nota, todos os casos citados pelo jurista envolvem o Direito das Coisas.

O ato emulativo no exercício do direito de propriedade está vedado expressamente no § 2.º do art. 1.228 do atual CC, pelo qual: "são defesos os atos que não trazem ao proprietário qualquer comodidade, ou utilidade, e sejam animados pela intenção de prejudicar outrem". Mas fica a ressalva de que também pode estar configurado o ato emulativo se o proprietário tiver vantagens com o prejuízo alheio. A previsão codificada é meramente exemplificativa, e não taxativa.

De qualquer forma, surge aqui uma polêmica, relacionada a uma aparente contradição entre o art. 187 do CC e o último dispositivo citado. Isso porque o art. 1.228, § 2.º, do CC faz referência ao *dolo*, ao mencionar a intenção de prejudicar outrem. Sendo assim, o dispositivo estaria a exigir tal elemento para a caracterização do ato emulativo no exercício da propriedade, o que conduziria à responsabilidade subjetiva. Por outra via, como aqui demonstrado, o art. 187 do Código consolida a responsabilidade objetiva (sem culpa), no caso de abuso de direito. Essa contradição foi muito bem observada por Rodrigo Reis Mazzei, que assim conclui:

> "A melhor solução para o problema é a reforma legislativa, com a retirada do disposto no § 2.º do art. 1.228 do Código Civil, pois se eliminará a norma conflituosa, sendo o art. 187 do mesmo diploma suficiente para regular o abuso de direito, em qualquer relação ou figura privada, abrangendo os atos decorrentes do exercício dos poderes inerentes à propriedade. Até que se faça a (reclamada) reforma legislativa, o intérprete e o aplicador do Código Civil devem implementar interpretação restritiva ao § 2.º do art. 1.228, afastando do dispositivo a intenção (ou qualquer elemento da culpa) para a aferição do abuso de direito por aquele que exerce os poderes inerentes à propriedade" (Abuso de direito... In: BARROSO, Lucas Abreu (Org.). *Introdução...*, 2006, p. 356).

Tem razão o autor capixaba, professor da Universidade Federal do Espírito Santo. Esse, aliás, é o mesmo raciocínio que consta do Enunciado n. 49 do CJF/STJ, aprovado na *I Jornada de Direito Civil*, pelo qual "interpreta-se restritivamente a regra do art. 1.228, § 2.º, do novo Código Civil, em harmonia com o princípio da função social da propriedade e com o disposto no art. 187". Em síntese, deve hoje prevalecer a regra do art. 187 do CC que serve como leme orientador para os efeitos jurídicos do ato emulativo.

No atual Projeto de Reforma do Código Civil, também se almeja reparar a hoje equivocada previsão do art. 1.228, § 2.º, na linha dessas lições doutrinárias, que passará a enunciar o seguinte: "são defesos os atos que não tragam ao proprietário qualquer comodidade ou utilidade, ou que sejam praticados com abuso de direito, nos termos do art. 187 deste Código". De todo modo, mesmo ainda sem a alteração legislativa, deve prevalecer a responsabilidade objetiva retirada do art. 187 do CC/2002, que serve como leme orientador obrigatório para os efeitos jurídicos do ato emulativo.

Para findar o presente tópico, deve-se compreender que essa nova visualização da propriedade deve ser feita a partir de uma concepção não de um direito absoluto, mas sim relativo diante de algumas situações excepcionais, em prol da coletividade e da valorização do fim social dos institutos jurídicos, da boa-fé e dos bons costumes, percebendo-se a relação com o conceito de ato emulativo civil. Dessa forma, qualquer ato de excesso de poder relacionado com o direito de propriedade e que possa gerar prejuízos a outras pessoas constituirá abuso de direito, que será tratado como ato ilícito gerando, assim, o dever de ressarcir nas exatas proporções do que prevê a lei.

7.5.7 *Spam* e abuso de direito

O assunto *internet* é novo no âmbito jurídico, trazendo aspectos polêmicos e desafiadores. O tema provoca calorosos debates, pois não se trata somente de discutir os princípios protetivos da intimidade humana, havendo a necessidade de ser elaborada uma nova concepção do conceito de privacidade, além do aspecto corpóreo, já que estamos lidando com o aspecto *virtual-imaterial*.

O Direito Digital ou Eletrônico ainda está em vias de formação, como qualquer ciência relacionada à grande rede, a *internet*. A expressão *Direito Digital* é utilizada pela especialista Patrícia Peck Pinheiro, que leciona: "o Direito Digital consiste na evolução do próprio Direito, abrangendo todos os princípios fundamentais e institutos que estão vigentes e são aplicados até hoje, assim como introduzindo novos institutos e elementos para o pensamento jurídico, em todas as suas áreas (Direito Civil, Direito Autoral, Direito Comercial, Direito Contratual, Direito Econômico, Direito Financeiro, Direito Tributário, Direito Penal, Direito Internacional etc.)" (*Direito digital...*, 2008, p. 29).

Mais à frente, aponta a advogada que são características do Direito Digital a celeridade, o dinamismo, a autorregulamentação, a existência de poucas leis, uma base legal na prática costumeira, o uso da analogia e a busca da solução por meio da arbitragem (PINHEIRO, Patrícia Peck. *Direito...*, 2008, p. 35).

No que concerne à natureza jurídica da internet e dos assuntos a ela ligados, há os que argumentam que, não havendo legislação específica regulando o tema, a sua natureza seria *sui generis*. Outros sustentam que, por ser matéria privada, as questões a ela referentes deveriam ter constado no Código Civil de 2002, o que dota a nova codificação de caráter antiquado, por não ter regulado os atuais paradigmas da sociedade atual.

Em defesa do atual Código Civil, cabe lembrar as palavras de Miguel Reale, para quem "compreende-se que as inteligências juvenis, entusiasmadas com as novidades da Internet ou a descoberta do genoma, tenham decretado a velhice precoce do novo Código, por ter sido elaborado antes dessas realizações prodigiosas da ciência e da tecnologia, mas os juristas mais experientes deviam ter tido mais cautela em suas afirmações, levando em conta a natureza específica de uma codificação, a qual não pode abranger as contínuas inovações sociais, mas tão somente as dotadas de certa maturação e da devida 'massa crítica', ou já tenham sido objeto de lei" (*Novo Código Civil...*, 2003).

A par da existência já de uma maturação a respeito do assunto, atendendo-se ao pedido do Presidente do Senado Federal, Rodrigo Pacheco, a Comissão de Juristas nomeada no âmbito do Congresso Nacional para a Reforma do Código Civil enviou propostas de inclusão, no Código Civil, de um novo livro, denominado *Direito Civil Digital*. Essa foi uma das razões principais apontadas para se empreender este trabalho de atualização, com o fim de colocar o Código Civil na era digital e trazer maior certeza e segurança jurídica para o Direito Privado, pois já é tempo de se inserir essa temática na nossa Lei Geral Privada.

Nos termos da norma projetada para a abertura deste livro, "o direito civil digital, conforme regulado neste Código, visa a fortalecer o exercício da autonomia privada, a preservar a dignidade das pessoas e a segurança de seu patrimônio, bem como apontar critérios para definir a licitude e a regularidade dos atos e das atividades que se desenvolvem no ambiente digital". Como não poderia ser diferente, o novo livro tratará de temas relativos à responsabilidade civil digital, assunto que necessita de profundas e urgentes alterações.

Seja como for, atualmente, com a ausência de uma lei específica, deve-se compreender que o atual Código Civil poderá ser perfeitamente aplicado aos contratos eletrônicos, sendo correto o raciocínio de aplicar as regras gerais de responsabilidade civil às situações que envolvem a internet, como no caso do instituto do abuso de direito, previsto no art. 187 da nova norma privada.

Vislumbrando a natureza privada das questões relacionadas à internet, passo, então, a analisar o *spamming* e a sua relação com a responsabilidade e os direitos da personalidade, para então elaborar uma conclusão final, enquadrando tal prática como abusiva de direito.

O *spamming* consiste no envio de mensagens eletrônicas (*e-mails*), não solicitadas, normalmente de natureza comercial, em grande quantidade e de maneira repetida, a pessoas com as quais o remetente não teve contato anterior.

Como usuário frequente da internet, percebo que o *spam* se tornou uma realidade, porque a *web* fornece a todos muitas oportunidades para obtenção dos endereços eletrônicos dos utilizadores que estejam interessados em receber comunicações comerciais por correio eletrônico. Ademais, tornou-se prática comum a venda de endereços eletrônicos alheios. Isso muitas vezes é oferecido por meio de uma mensagem não solicitada, situação em que se tem aquilo que pode ser denominado como *o spam do spam*.

Analisando sob o prisma jurídico, conforme já apontado, o Código de Defesa do Consumidor estabelece normas de proteção e defesa dos consumidores. Visando justamente a coibir atitudes que coloquem o consumidor em desvantagem, foi visto que a Lei 8.078/1990 elenca nos quatorze incisos do art. 39 as práticas que considera como abusivas, ou seja, aquelas condutas que causam prejuízos aos consumidores e que, portanto, devem ser combatidas.

Conforme exposto, o inciso III do art. 39 do Código Consumerista determina que seja vedado ao fornecedor de produtos e prestador de serviços enviar ou entregar ao consumidor, sem solicitação prévia, qualquer produto ou fornecer qualquer serviço.

Um exemplo de tal prática, de conhecimento de todos, é a conduta efetivada pelas empresas administradoras de cartões de crédito. Tais empresas costumam enviar para uma lista de pessoas cartões de crédito que não foram solicitados, o que constitui um claro exemplo de abuso de direito. A jurisprudência já se pronunciou várias vezes quanto à referida prática:

> "Responsabilidade civil – Dano moral – Cobrança indevida e negativação do nome do autor no cadastro do Serasa, decorrentes da utilização fraudulenta de cartão de crédito que lhe foi enviado sem que fosse solicitado – Situação que não pode ser considerada como mero aborrecimento – Indenização devida – Fixação dos danos em 10 vezes o valor cobrado (R$ 1.340,68) – Ação procedente em parte – Recurso parcialmente provido, para reduzir a indenização para cinco vezes o valor" (Primeiro Tribunal de Alçada Civil de São Paulo, Acórdão: 30125, Processo: 0741879-5, Proc. Princ.: 5, Recurso: Apelação Cível, Origem: São Paulo, Julgador: 6.ª Câmara, j. 02.06.1998, Relator: Windor Santos, Decisão: Unânime, Publicação: MF40/NP).

A questão consolidou-se de tal forma que o Superior Tribunal de Justiça, no ano de 2015, editou a Súmula n. 532, com a seguinte redação: "constitui prática comercial abusiva o envio de cartão de crédito sem prévia e expressa solicitação do consumidor, configurando-se ato ilícito indenizável e sujeito à aplicação de multa administrativa".

E é exatamente esse tipo de conduta que o Código de Defesa do Consumidor busca reprimir, o abuso de direito, vedado também pelo Código Civil de 2002, em seu art. 187, e que gera o dever de indenizar. E se pode facilmente traçar um paralelo entre a prática narrada e a conduta reprovável dos *spammers*.

CAP. 7 · APONTAMENTOS HISTÓRICOS E CONCEITOS BÁSICOS | 343

O *spam* nada mais é do que o envio ao consumidor-usuário de publicidade de serviços ou produtos, sem que a mesma tenha sido solicitada. A origem da expressão está no conhecido enlatado americano de presunto, comumente distribuído em tempos de crise, tido como algo indigesto, como é a mensagem eletrônica não solicitada.

O ato de envio constitui abuso de direito – assemelhado ao ato ilícito pelas eventuais consequências –, eis que o usuário da internet não a solicita, não fornece seu endereço virtual, e, mesmo assim, recebe em sua caixa de correio eletrônico convites a aderir aos mais variados planos, produtos, grupos, jogos, serviços, entre outros. Após receber tais mensagens, o usuário perderá um bom tempo selecionando, lendo e excluindo aquelas inúmeras mensagens indesejadas.

Pela falência que pode gerar a internet, deve-se entender que o *spam* contraria o fim social e econômico da *grande rede*, o que já serviria para enquadrar a prática como abuso de direito ou ato emulativo. Também é forçoso concluir que a conduta dos *spammers* é atentatória à boa-fé objetiva. Uma pessoa que nunca solicitou a mensagem mesmo assim a recebe, o que está distante da probidade e lealdade que se espera das relações interpessoais, mesmo que sejam virtuais. O destinatário recebe de um fornecedor para o qual ele nunca deu seu endereço virtual um *e-mail* que se mostra totalmente irrelevante e dispensável.

É forçoso concluir que aqueles que enviam *spams* podem sofrer sanções de diversas naturezas. Na esfera civil, a conduta abusiva pode gerar o dever de reparar, cabendo, sempre, indenização pelos danos causados, inclusive morais se for o caso, na forma do art. 6.º, inc. VI, do CDC e do art. 187 do CC. Pode ainda o juiz, com fulcro no art. 84 do Código Consumerista, determinar a abstenção da conduta, sob a força de preceito cominatório (*astreintes*).

Por outro lado, pode-se também afirmar que o *spam* gera violação de garantias asseguradas pelo art. 5.º, inc. XII, da CF/1988, pois o *spammer* utiliza-se de uma informação privativa, e até certo ponto íntima, de uso exclusivo do internauta, o seu endereço eletrônico.

Em suma, indeclinável em algumas situações o dano material que acaba por atingir interesses metaindividuais, mais especificamente interesses individuais homogêneos de consumidores, nada impedindo a reparação individual pelo evento virtual danoso. Podem ser citadas, aqui, a proteção constitucional dos consumidores, prevista no art. 5.º, inc. XXXII, da própria CF e a possibilidade de defesa coletiva desses direitos por meio da ação civil pública. A disposição do art. 170, inc. V, do Texto Maior também legitima constitucionalmente a medida.

O *spammer* excede os seus direitos ao enviar a mensagem sem qualquer solicitação, agindo de maneira contrária aos bons costumes, em atitude desrespeitosa em relação à privacidade dos destinatários de suas mensagens eletrônicas. Aqui pode até surgir um outro posicionamento, o de que o *spam* é mais do que mero ato de abuso de direito, sendo, na verdade, um evento que fere a inviolabilidade da privacidade dos internautas, sendo essa prerrogativa de natureza constitucional cuja regulamentação também foi feita pelo art. 21 do CC, nos seguintes termos: "a vida privada da pessoa natural é inviolável, e o juiz, a requerimento do interessado, adotará as providências necessárias para impedir ou fazer cessar ato contrário a esta norma".

Pelo fato de o *spam* produzir também lesão a direitos personalíssimos, deve ser concluído que cabe ao prejudicado o pedido de que a prática cesse, ou a reclamação de perdas e danos, conforme regra expressa do art. 12 do CC/2002, comentado no primeiro volume desta coleção.

Apesar de todo esse raciocínio, infelizmente nossa jurisprudência muitas vezes não tem condenado o *spam* como abuso de direito a gerar o dever de indenizar. A título de exemplo, é interessante transcrever julgado do Tribunal de Justiça do Distrito Federal, com o qual não se concorda, particularmente pela menção à responsabilidade subjetiva:

"Civil – Ação de indenização por danos morais – Mensagens eletrônicas indesejadas ou não solicitadas – SPAM, Ilícito não configurado – Incidência do CDC aos negócios eletrônicos (*e-commerce*) – Apreciação – Propaganda abusiva ou enganosa – Inexistência – Responsabilidade objetiva – Inaplicabilidade – Demonstração de culpa ou dolo – Exigência – Intangibilidade da vida privada, da intimidade, da honra e da imagem – Violação não demonstrada. 1. O simples envio de *e-mails* não solicitados, ainda que dotados de conotação comercial, não configura propaganda enganosa ou abusiva, a fazer incidir as regras próprias do CDC. 2. A eventual responsabilidade pelo envio das mensagens indesejadas rege-se pela teoria da responsabilidade subjetiva. 3. Não há falar em dano moral quando não demonstrada a violação à intimidade, à vida privada, à honra e à imagem. 4. Apelo provido. Sentença reformada" (TJDF, Apelação Cível 20040111151542, Acórdão 227.275, 4.ª Turma Cível, Data: 22.08.2005, Rel. Cruz Macedo, Publicação: *Diário da Justiça* do DF 11.10.2005, p. 138).

Por estar em sentido próximo, lamenta-se igualmente o teor de *decisum* do Superior Tribunal de Justiça, assim ementado:

"Internet – Envio de mensagens eletrônicas – *Spam* – Possibilidade de recusa por simples deletação – Dano moral não configurado – Recurso especial não conhecido. 1 – Segundo a doutrina pátria 'só deve ser reputado como dano moral a dor, vexame, sofrimento ou humilhação que, fugindo à normalidade, interfira intensamente no comportamento psicológico do indivíduo, causando-lhe aflições, angústia e desequilíbrio em seu bem-estar. Mero dissabor, aborrecimento, mágoa, irritação ou sensibilidade exacerbada estão fora da órbita do dano moral, porquanto tais situações não são intensas e duradouras, a ponto de romper o equilíbrio psicológico do indivíduo'. 2 – Não obstante o inegável incômodo, o envio de mensagens eletrônicas em massa – *spam* – por si só não consubstancia fundamento para justificar a ação de dano moral, notadamente em face da evolução tecnológica que permite o bloqueio, a deletação ou simplesmente a recusada de tais mensagens. 3 – Inexistindo ataques a honra ou a dignidade de quem recebe as mensagens eletrônicas, não há que se falar em nexo de causalidade a justificar uma condenação por danos morais. 4 – Recurso Especial não conhecido" (STJ, REsp 844.736/DF, 4.ª Turma, Rel. Min. Luis Felipe Salomão, Rel. p/ Acórdão Min. Honildo Amaral de Mello Castro (Desembargador Convocado do TJAP), j. 27.10.2009, *DJe* 02.09.2010).

Todavia, a questão não é pacífica na jurisprudência, eis que há decisões em sentido contrário, pela responsabilidade civil pelo envio do *spam*, como a seguinte, do Tribunal de Justiça de Rondônia:

"Indenizatória – Provedor de internet – Ataque de *spam* – Origem das mensagens – Comprovação – Dano material – Configuração – Pessoa jurídica – Honra objetiva – Ofensa ausente – Dano moral – Não configuração. Comprovada a origem das mensagens que configuraram ataque de *spam*, que obrigou o provedor de internet a adotar medidas para recuperação do normal funcionamento do acesso à rede mundial de computadores para seus clientes, são indenizáveis os danos materiais daí decorrentes. Inexiste direito à indenização por dano moral para a pessoa jurídica quando não comprovada ofensa à sua honra objetiva, caracterizada pela fama, conceito e credibilidade que passa ao mercado consumidor" (TJRO, Acórdão 100.007.2001.004353-1, 2.ª Câmara Cível, Rel. Des. Marcos Alaor Diniz Grangeia, j. 29.03.2006).

Como palavras finais sobre o tema, entendo que, se o *spam* gerar um dano efetivamente presente, seja ele patrimonial ou extrapatrimonial, perfeitamente possível a sua reparação pela presença do abuso de direito (arts. 187 e 927, *caput*, do CC). Assim, são esperados novos posicionamentos jurisprudenciais no futuro, de aplicação da teoria do abuso de direito e da consequente responsabilidade objetiva dele decorrente. Espera-se, ainda, um tratamento legislativo eficiente a respeito da temática.

Anoto novamente que o Projeto de Reforma do Código Civil, em várias de suas proposições, protege a intimidade e a privacidade das pessoas no âmbito da *internet*. Destaco, a propósito, a seguinte proposta, que ainda não tem numeração, assim como os demais artigos do novo livro do *Direito Civil Digital*: "a tutela dos direitos de personalidade, como salvaguarda da dignidade humana, alcança outros direitos e deveres que surjam do progresso tecnológico, impondo aos intérpretes dos fatos que ocorram no ambiente digital atenção constante para as novas dimensões jurídicas deste avanço".

Como outra importante proposição, o dispositivo que enumera os fundamentos ou princípios da disciplina denominada *Direito Civil Digital* expressa como primeiro deles, "o respeito à privacidade, à proteção de dados pessoais e patrimoniais, bem como à autodeterminação informativa".

Até que a aprovação de uma dessas propostas de leis ocorra, a minha opinião doutrinária continua sendo que o *spam* pode ser considerado como abuso de direito e, presente o dano, caberá a consequente responsabilidade civil daquele que envia as mensagens de forma descontrolada.

7.6 RESUMO ESQUEMÁTICO

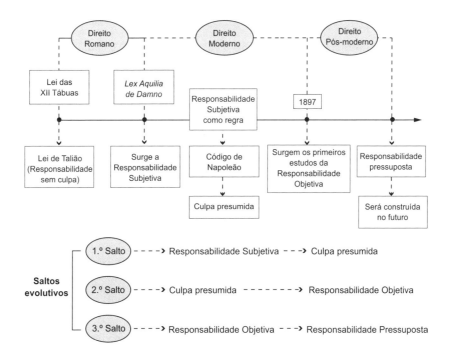

A responsabilidade civil no Direito Brasileiro está construída sobre dois conceitos, que formam a base estrutural da matéria:

1. Conceito de ato ilícito *(art. 186 do CC)* = lesão de direitos + dano.

Não há que se admitir, pelo Código Civil de 2002, responsabilidade civil ou dever de indenizar, sem dano. A regra geral do nosso ordenamento jurídico é de que a responsabilidade depende de culpa (responsabilidade subjetiva).

2. Conceito de abuso de direito *(art. 187 do CC)* = Ato lícito pelo conteúdo, mas ilícito pelas consequências. Caracterizado como um exercício irregular de direitos, em que o titular de um direito, ao exercê-lo, excede os limites impostos: a) pelo fim social do instituto; b) pelo fim econômico; c) pela boa-fé objetiva; d) pelos bons costumes.

Diferenças entre ato ilícito e abuso de direito: O ato ilícito é ilícito no todo. O abuso de direito é lícito pelo conteúdo, mas ilícito pelas consequências.

Exemplos de abuso de direito, em uma visão interdisciplinar:

a) Do Direito do Consumidor: publicidade abusiva (art. 37, § 2.º, do CDC) e práticas abusivas (art. 39 do CDC).

b) Do Direito do Trabalho: abuso no direito de greve (art. 9.º, § 2.º, da CF/1988) e dispensa de empregado doente (julgado do TRT/SP).

c) Do Direito Processual: lide temerária e *assédio processual* (arts. 79 a 81 do CPC/2015, correspondentes aos arts. 16 a 18 do CPC/1973).

d) Do Direito Civil: abuso no direito de propriedade ou ato emulativo (art. 1.228, §§ 1.º e 2.º, do CC).

e) Do Direito Eletrônico: *spam* (envio de *e-mail* indesejado ou não solicitado).

Conforme o Enunciado n. 37 do CJF/STJ, aprovado na *I Jornada de Direito Civil,* a responsabilidade decorrente do abuso de direito independe de culpa, ou seja, é objetiva. Essa é a posição amplamente majoritária, na doutrina e jurisprudência brasileiras.

7.7 QUESTÕES CORRELATAS

01. (TRT-MT – FCC – Juiz do Trabalho Substituto – 2015) Carlos foi vítima de golpe por meio do qual fraudadores utilizaram-se de documentos falsos a fim de realizar operações bancárias em seu nome. Procurada por Carlos, a instituição financeira afirmou não ter tido culpa pelo incidente, negando-se a restituir o prejuízo. A negativa é

(A) Ilícita, configurando abuso do direito, decorrente da inobservância do princípio da boa-fé subjetiva, que impõe às partes, dentre outros, o dever anexo de segurança, independentemente da existência do elemento culpa.

(B) Lícita, pois, para caracterização do abuso do direito, é necessária a existência do elemento culpa.

(C) Lícita, por ausência de nexo de causalidade entre a atividade da instituição financeira e o prejuízo experimentado por Carlos.

(D) Lícita, pois somente comete ato ilícito aquele que, por ação ou omissão voluntária decorrente de negligência ou imprudência, viola direito e causa dano a outrem.

(E) Ilícita, configurando abuso do direito, decorrente da inobservância do princípio da boa-fé objetiva, que impõe às partes, dentre outros, o dever anexo de segurança, independentemente da existência do elemento culpa.

CAP. 7 · APONTAMENTOS HISTÓRICOS E CONCEITOS BÁSICOS | 347

02. (TJAL – FCC – Juiz Substituto – 2015) A responsabilidade civil decorrente do abuso do direito

(A) Determina indenização material, independentemente de comprovação de prejuízo.

(B) Não acarreta consequência pecuniária, se não houver dano moral.

(C) Rege-se pelo critério subjetivo, só sendo indispensável o dano.

(D) Rege-se pelo critério subjetivo, sendo indispensável o dano apenas quando configurado dolo.

(E) Independe de comprovação de culpa.

03. (Oficial administrativo – Prefeitura de Lidianópolis-PR – Instituto UniFil – 2022) A _____ é de ordem patrimonial e decorre do artigo 186 do Código Civil, que consagra a regra, aceita universalmente, segundo a qual todo aquele que causa dano a outrem é obrigado a repará-lo.

Assinale a alternativa que preenche corretamente a lacuna.

(A) responsabilidade civil

(B) responsabilidade penal

(C) responsabilidade administrativa

(D) responsabilidade do servidor público

04. (Procurador Municipal – Prefeitura de Dourados-MS – IBFC – 2022) No que tange aos atos jurídicos, assinale a alternativa incorreta.

(A) Comete ato ilícito o titular de um direito que, ao exercê-lo, excede manifestamente os limites impostos pelo seu fim econômico.

(B) Constitui ato ilícito a deterioração ou destruição da coisa alheia, ou a lesão a pessoa, ainda que para o fim de remover perigo iminente.

(C) O ato jurídico em sentido estrito, ou meramente lícito, decorre de uma conduta praticada pelo agente, com manifestação de vontade, predeterminado pela norma, sem que o agente possa qualificar diferente a sua vontade.

(D) Comete ato ilícito o titular de um direito que, ao exercê-lo, excede manifestamente os limites impostos pelos bons costumes.

05. (Juiz substituto – TJRS – FAURGS – 2022) No que se refere à responsabilidade civil, de acordo com o Código Civil Brasileiro de 2002, assinale a afirmativa correta.

(A) Abuso de direito gera responsabilidade civil fundada na culpa.

(B) Somente os atos ilícitos geram obrigação de indenizar.

(C) A responsabilidade civil tem como fundamento principal o risco e subsidiário a culpa.

(D) A prática de determinados atos lícitos pode gerar Responsabilidade Civil para o agente.

(E) O incapaz responde pelos prejuízos que causar, ainda que as pessoas por ele responsáveis tenham obrigação de fazê-lo e disponham de meios para tanto.

06. (AGU – Cespe/Cebraspe – Advogado da União – 2023) Acerca da responsabilidade civil, de acordo com o Código Civil, os aspectos teóricos e a jurisprudência do STJ, assinale a opção correta.

(A) A teoria do nexo causal probabilístico pode ser entendida pela máxima "tudo o que é condição deve ser considerado causa, mas culpa não se confunde com causa".

(B) A aplicação ampla e irrestrita dos punitive damages aos casos de responsabilidade civil encontra óbice regulador na ordem jurídico-civilista brasileira.

(C) A indenização de vítima que tenha concorrido dolosamente para o evento danoso será fixada tendo-se em conta sua ausência de culpa em confronto com o dolo do autor do dano.

(D) A chamada culpa in vigilando é aquela decorrente da má escolha do empregado, do representante ou do preposto.

(E) O fato de a teoria do risco integral incidir nos casos de danos ambientais denota o caráter subjetivo da responsabilidade civil nesses casos, a qual tem expressa previsão constitucional.

348 DIREITO CIVIL • VOL. 2 – *Flávio Tartuce*

GABARITO

01 – E	02 – E	03 – A
04 – B	05 – D	06 – B

8

ELEMENTOS DA RESPONSABILIDADE CIVIL OU PRESSUPOSTOS DO DEVER DE INDENIZAR

Sumário: 8.1 Visão geral estrutural – 8.2 Conduta humana como elemento da responsabilidade civil – 8.3 A culpa genérica ou *lato sensu*: 8.3.1 Do dolo; 8.3.2 Da culpa estrita ou *stricto sensu* – 8.4 O nexo de causalidade – 8.5 Dano ou prejuízo: 8.5.1 Danos patrimoniais ou materiais; 8.5.2 Danos morais; 8.5.3 Os novos danos. Danos estéticos, danos por perda de uma chance, danos morais coletivos e danos sociais ou difusos; 8.5.4 Outras regras importantes quanto à fixação da indenização previstas no Código Civil de 2002 – 8.6 Resumo esquemático – 8.7 Questões correlatas – Gabarito.

8.1 VISÃO GERAL ESTRUTURAL

Não há unanimidade doutrinária em relação a quais são os elementos estruturais da responsabilidade civil ou pressupostos do dever de indenizar. De qualquer forma, como o objetivo do presente trabalho é a facilitação didática e metodológica, sem perder a técnica, será buscado nos entendimentos dos autores brasileiros algo próximo de uma unanimidade.

Maria Helena Diniz aponta a existência de três elementos, a saber: *a)* existência de uma ação, comissiva ou omissiva, qualificada juridicamente, isto é, que se apresenta como ato ilícito ou lícito, pois ao lado da culpa como fundamento da responsabilidade civil há o risco; *b)* ocorrência de um dano moral ou patrimonial causado à vítima; *c)* nexo de causalidade entre o dano e a ação, o que constitui o fato gerador da responsabilidade (DINIZ, Maria Helena. *Curso...*, 2005, p. 42).

Na estrutura de sua obra, Carlos Roberto Gonçalves leciona que são quatro os pressupostos da responsabilidade civil: *a)* ação ou omissão; *b)* culpa ou dolo do agente; *c)* relação de causalidade; *d)* dano (*Responsabilidade...*, 2005, p. 32).

Para Sérgio Cavalieri Filho, são três os elementos: *a)* conduta culposa do agente; *b)* nexo causal; *c)* dano (*Programa...*, 2005, p. 41).

Pois bem, a primeira conclusão é que, tradicionalmente, a doutrina continua considerando a culpa genérica ou *lato sensu* como pressuposto do dever de indenizar, em regra.

Repise-se que constitui regra geral do Direito Civil brasileiro e do Direito Comparado a adoção da *teoria da culpa*, segundo a qual haverá obrigação de indenizar somente se houver culpa genérica do agente, sendo certo que o ônus de provar a existência de tal elemento cabe, em regra, ao autor da demanda, conforme determina o art. 373, inc. I, do CPC/2015, correspondente ao art. 333, inc. I, do CPC/1973. A Reforma do Código Civil, em trâmite no Congresso Nacional, mantém essa premissa. Neste ponto, é pertinente relembrar as principais classificações da culpa *stricto sensu,* conforme ensina a melhor doutrina.

De início, *quanto à origem,* a culpa pode ser classificada em culpa contratual (incluindo a *culpa ao contratar* ou *culpa in contrahendo*) e culpa *aquiliana*. A classificação está de acordo com o duplo tratamento do tema da responsabilidade civil (contratual *x* extracontratual), que ainda persiste apesar das tendências de unificação da matéria.

A primeira, *culpa contratual*, está presente nos casos de desrespeito a uma norma contratual ou a um dever anexo relacionado com a boa-fé objetiva e que exige uma conduta leal dos contratantes em todas as fases negociais. O desrespeito à boa-fé objetiva pode gerar a responsabilidade pré-contratual, contratual e pós-contratual da parte que a violou, o que é interpretação dos Enunciados ns. 25 e 170 CJF/STJ, aprovados nas *Jornadas de Direito Civil*. Justamente por isso é que se pode falar na *culpa ao contratar* ou *culpa in contrahendo*, conforme tese desenvolvida originalmente por Ihering.

Dentro dessa ideia, é interessante transcrever a ementa de julgado do Tribunal de Justiça do Rio Grande do Sul, em que uma empresa carioca foi condenada a pagar indenização por danos materiais e morais a um gaúcho, diante da expectativa gerada para a compra de um veículo seminovo:

> "Reparação de danos materiais e morais – Responsabilidade pré-contratual – Princípio da boa-fé objetiva dos contratos. Negociações preliminares a induzir os autores a deslocarem-se até o Rio de Janeiro para a aquisição de veículo seminovo da ré, na companhia de seu filho ainda bebê, gerando despesas. Deslealdade nas informações prestadas, pois oferecido como uma joia de carro impecável, gerando falsas expectativas, pois na verdade o veículo apresentava pintura malfeita, a revelar envolvimento em acidente de trânsito. Omissão no fornecimento do histórico do veículo que poderia confirmar as suspeitas de tratar-se de veículo batido. Danos materiais, relativos às passagens aéreas e estadia e danos morais decorrentes do sentimento de desamparo, frustração e revolta diante da proposta enganosa formulada. Sentença confirmada por seus próprios fundamentos" (TJRS, Recurso Cível 71000531376, 2.ª Turma Recursal Cível, Turmas Recursais – JEC, Rel. Juiz Ricardo Torres Hermann, j. 08.09.2004).

Por outra via, a *culpa extracontratual* ou *aquiliana* é resultante da violação de um dever fundado em norma do ordenamento jurídico ou de um abuso de direito. Como exemplos podem ser mencionadas as situações envolvendo acidentes de trânsito (*culpa contra a legalidade*, por infração ao Código de Trânsito Brasileiro), homicídio, lesões corporais, acidentes de trabalho, entre outros.

Conforme define Marco Aurélio Bezerra de Melo, "culpa contra legalidade é o comportamento do agente que viola as regras impostas pela lei, contrato ou por regulamentos administrativos que objetivam reduzir os riscos de determinada atividade. Para a sua aplicação correta é fundamental a demonstração de que a infringência de tais regras representou a causa do dano" (MELO, Marco Aurélio Bezerra de. *Curso...*, 2015, v. IV, p. 54).

Apesar de ser tratada por alguns doutrinadores, pontue-se que a *culpa contra a legalidade* é ainda pouco aplicada pela nossa jurisprudência, merecendo um melhor desenvolvimento no

Direito Civil Brasileiro. Para maiores aprofundamentos, o tema está mais bem analisado no meu livro específico sobre *Responsabilidade Civil,* publicado por esse mesmo grupo editorial.

Quanto à atuação do agente, há a culpa *in comittendo* e a *in omittendo,* classificação que não traz maiores dificuldades. A primeira é conceito relacionado com a imprudência, ou seja, com uma ação ou comissão. A segunda está alinhada à negligência, à omissão. Haverá culpa *in comittendo* quando um motorista bêbado e em alta velocidade causa um acidente. O médico que esquece gaze na barriga do paciente após uma cirurgia, por exemplo, age em culpa *in omittendo.*

Relativamente ao critério da análise pelo aplicador do direito, a culpa pode ser *in concreto* ou *in abstrato.* Na primeira, analisa-se a conduta de acordo com o caso concreto, o que é sempre recomendável, tendo em vista o sistema adotado pelo Código Civil de 2002. Na culpa *in abstrato,* leva-se em conta a *pessoa natural comum,* ou seja, o antigo critério do *homem médio.* Recomenda-se a utilização da primeira expressão, pois o art. 1.º do CC/2002 prefere *pessoa* a *homem* (art. 2.º do CC/1916), afastando qualquer discriminação na utilização da expressão no masculino.

Na verdade, as duas formas de culpa devem interagir entre si, ou seja, deve-se analisar o caso concreto levando-se em conta a normalidade do comportamento humano. Em outras palavras, os dois modos de interpretação – concreto e abstrato – devem interagir para que a conclusão do aplicador do direito seja justa e razoável.

Quanto à sua presunção, surgem três modalidades de culpa, terceira classificação que interessa à presente obra.

Na culpa *in vigilando* haveria uma quebra do dever legal de vigilância como era o caso, por exemplo, da responsabilidade do pai pelo filho, do tutor pelo tutelado, do curador pelo curatelado, do dono de hotel pelo hóspede e, ainda, do educador pelo educando. Já a culpa *in eligendo* era a culpa decorrente da escolha ou eleição feita pela pessoa a ser responsabilizada, como no caso da responsabilidade do patrão por ato de seu empregado. Por fim, na culpa *in custodiendo,* a presunção da culpa decorreria da falta de cuidado em se guardar uma coisa ou animal.

Entendo como parcela considerável da doutrina nacional, que não se pode falar mais nessas modalidades de culpa presumida, hipóteses anteriores de responsabilidade subjetiva. Isso justifica a utilização das expressões no passado e no condicional. Essa conclusão se dá porque as antigas hipóteses de culpa *in vigilando* e culpa *in eligendo* estão regulamentadas pelo art. 932 do CC, consagrando o art. 933 a adoção da *teoria do risco,* ou seja, que tais casos são de responsabilidade objetiva, não se discutindo culpa. Dispõe, ainda, o art. 942, parágrafo único, a solidariedade entre as pessoas elencadas no art. 932. Quanto a essas duas antigas formas de culpa presumida, não restam dúvidas da *objetivação da responsabilidade.*

Nesse sentido, ensina Sérgio Cavalieri Filho quanto à culpa *in vigilando* e *in eligendo* que "essas espécies de culpa, todavia, estão em extinção, porque o novo Código Civil, em seu art. 933, estabeleceu responsabilidade objetiva para os pais, patrão, comitente, detentor de animal etc., e não mais responsabilidade com culpa presumida, como era no Código anterior" (*Programa...,* 2005, p. 63). Não é diferente a conclusão de Anderson Schreiber:

> "O Código Civil brasileiro de 2002 converteu em hipóteses de responsabilidade objetiva inúmeras situações de culpa presumida a que a jurisprudência vinha dando um tratamento rigoroso. É o que se verifica na responsabilidade por fato de terceiro, como a dos pais pelos atos dos filhos menores que estiverem sob sua autoridade e em sua companhia (art. 932, inciso I), ou a já mencionada responsabilidade dos tutores e curadores, por pupilos

e curatelados, que se acharem nas mesmas condições (art. 932, inciso II). Também foi o que ocorreu com a responsabilidade por fato de animais, em que se eliminou a excludente fundada na demonstração de que houvera guarda e vigilância do animal 'com cuidado preciso', constante da codificação de 1916" (SCHREIBER, Anderson. *Novos paradigmas...*, 2007, p. 31).

Na obra *Responsabilidade pressuposta*, fruto de sua tese de livre-docência defendida na Faculdade de Direito da USP, Giselda Maria Fernandes Novaes Hironaka também manifesta a sua opinião no sentido de que não se pode falar mais em culpa presumida pela lei, pois aqueles antigos casos, agora, são de responsabilidade objetiva. São suas as seguintes lições:

> "O colossal art. 933 do novo Código, em caráter coad*j*uvante, determina que as pessoas indicadas no artigo antecedente (os pais, o tutor, o curador, o empregador) responderão pelos atos daqueles indicados e a eles relacionados (os filhos menores, os pupilos, os curatelados e os empregados), ainda que não haja culpa de sua parte. Trata-se da tão ansiada transição da culpa presumida e do ônus probatório invertido para uma objetivação efetiva dessa responsabilidade *in casu*" (HIRONAKA, Giselda Maria Fernandes Novaes. *Responsabilidade...*, 2005, p. 142).

Outros autores nacionais, em reforço, veem com bons olhos a superação do modelo anterior, não se falando mais em culpa presumida em tais situações. Entre outros, é o caso de Maria Helena Diniz (*Curso...*, 2007, v. 7, p. 519); Gustavo Tepedino, Maria Celina Bodin de Moraes e Heloísa Helena Barboza (*Código Civil...*, 2006, v. II, p. 836); Álvaro Villaça Azevedo (*Teoria geral...*, 2004, p. 285); José Fernando Simão (*Responsabilidade civil...*, 2008, p. 80), Marcelo Junqueira Calixto (*A culpa...*, 2008, p. 101-105), Cláudio Luiz Bueno de Godoy (*Código Civil...*, 2007, p. 777) e Bruno Miragem (*Direito civil...*, 2015, p. 304). A confirmar tal consolidação doutrinária, propus enunciado na *V Jornada de Direito Civil*, assim aprovado: "a responsabilidade civil por ato de terceiro funda-se na responsabilidade objetiva ou independente de culpa, estando superado o modelo de culpa presumida" (Enunciado n. 451 do CJF/STJ).

A partir dessas ideias, deve ser tida como totalmente cancelada, doutrinariamente, a Súmula 341 do STF, pela qual é presumida a culpa do empregador por ato do seu empregado. Na verdade, o caso não é mais de culpa presumida, mas de responsabilidade objetiva (arts. 932, inc. III, e 933 do CC). Espera-se, assim, que tal sumular seja imediatamente cancelada pelo Supremo Tribunal Federal, o que pode gerar grandes confusões práticas, notadamente porque as súmulas superiores têm força vinculativa pelo Código de Processo Civil de 2015 (arts. 332, inc. I, 489, § 1.º, incs. V e VI, 926 e 927).

No tocante à antiga culpa *in custodiendo* por ato de animal, o art. 936 do CC traz, a despeito das palavras de Anderson Schreiber transcritas, a *responsabilidade objetiva* do dono ou detentor de animal por fato danoso causado, eis que o próprio dispositivo prevê as excludentes de responsabilidade (culpa exclusiva da vítima e força maior), situação típica de objetivação.

Quanto à culpa *in custodiendo* por outras coisas inanimadas (incluindo os produtos), os arts. 937 e 938 do CC e o próprio Código de Defesa do Consumidor do mesmo modo consagram a responsabilidade sem culpa (objetiva). Em conclusão final, não se pode mais falar na culpa presumida em relação à custódia de animais ou de coisas, conforme o Enunciado n. 452, aprovado na *V Jornada de Direito Civil*, realizada em novembro de 2011.

CAP. 8 · ELEMENTOS DA RESPONSABILIDADE CIVIL OU PRESSUPOSTOS DO DEVER DE INDENIZAR | **357**

Mas qual seria a diferença prática entre a culpa presumida e a responsabilidade objetiva, tema que sempre gerou dúvidas entre os aplicadores do Direito? De comum, tanto na culpa presumida como na responsabilidade objetiva inverte-se o ônus da prova, ou seja, o autor da ação não necessita provar a culpa do réu. Todavia, como diferença fulcral entre as categorias, na culpa presumida, hipótese de responsabilidade subjetiva, se o réu provar que não teve culpa, não responderá. Por seu turno, na responsabilidade objetiva essa comprovação não basta para excluir o dever de reparar do agente, que somente é afastado se comprovada uma das excludentes de nexo de causalidade, a seguir estudadas (culpa ou fato exclusivo da vítima, culpa ou fato exclusivo de terceiro, caso fortuito ou força maior).

Feitas tais observações, constata-se que, na realidade atual do Direito Brasileiro, a classificação da culpa presumida não interessa mais à prática, ao contrário da classificação da culpa pelo seu grau, que remonta ao Direito Romano. Vejamos essa última classificação (*quanto ao grau de culpa*).

Na *culpa lata* ou culpa grave, há uma imprudência ou negligência crassa. O agente até que não queria o resultado, mas agiu com tamanha culpa de tal forma que parecia que o quisesse. Em casos tais, o efeito é o mesmo dolo, ou seja, o ofensor deverá pagar indenização integral (a culpa grave equipara-se ao dolo – *culpa lata dolus aequiparatur*). Não havendo culpa concorrente, da vítima ou de terceiro, não merecerá aplicação a redução proporcional da indenização (arts. 944, parágrafo único, e 945 do CC).

A *culpa leve* ou culpa média é a culpa intermediária, situação em que a conduta se desenvolve sem a atenção normalmente devida. Utiliza-se como padrão a pessoa humana comum *(culpa in abstrato)*. Em havendo essa culpa intermediária e concorrente em relação a terceiro ou à própria vítima, merecem aplicação os arts. 944 e 945 do CC, novidades da codificação de 2002, cujas transcrições integrais são pertinentes:

"Art. 944. A indenização mede-se pela extensão do dano.

Parágrafo único. Se houver excessiva desproporção entre a gravidade da culpa e o dano, poderá o juiz reduzir, equitativamente, a indenização".

"Art. 945. Se a vítima tiver concorrido culposamente para o evento danoso, a sua indenização será fixada tendo-se em conta a gravidade de sua culpa em confronto com a do autor do dano".

Não se olvide que os arts. 944 e 945 têm incidência para a fixação da indenização por danos morais. Nessa linha, podem ser citados dois enunciados doutrinários aprovados na *V Jornada de Direito Civil*, de autoria de Wladimir A. Marinho Falcão Cunha, professor da UFPB e magistrado. O primeiro deles preconiza que "embora o reconhecimento dos danos morais se dê em numerosos casos independentemente de prova (*in re ipsa*), para a sua adequada quantificação, deve o juiz investigar, sempre que entender necessário, as circunstâncias do caso concreto, inclusive por intermédio da produção de depoimento pessoal e da prova testemunhal em audiência" (Enunciado n. 455). O segundo tem a seguinte redação: "o grau de culpa do ofensor ou a sua eventual conduta intencional deve ser levado em conta pelo juiz para a quantificação do dano moral" (Enunciado n. 458).

Pois bem, aqui surge outra questão controvertida e pontual de aprofundamento necessário da matéria.

No tocante ao primeiro dispositivo (art. 944), previa o Enunciado n. 46, aprovado na *I Jornada de Direito Civil* do Conselho da Justiça Federal e do Superior Tribunal de Justiça, em sua redação original, que "a possibilidade de redução do montante da indenização em tual e não indenização por ato ilícito. 5) Lucros cessantes devidos. Atividade empresarial pressupõe uso produtivo do dinheiro e não permanência contemplativa em conta bancária. 6) Liquidação de lucros cessantes por arbitramento. 7) Aplicação do direito à espécie impossível, pois pleiteada somente na peça extraprocessual informal do memorial, quando impossível observar o contraditório. 8) Nulidade inexistente na dispensa de prova oral, pois testemunhos jamais influiriam na conclusão do julgamento. 9) Recursos especiais improvidos. 1. Há responsabilidade objetiva do banco, que paga cheques assinados apenas por gerente, quando exigível dupla assinatura, também assinatura de um Diretor. Aplicação do art. 24 do CDC. 2. A Responsabilidade concorrente é admissível, ainda que no caso de responsabilidade objetiva do fornecedor ou prestador, quando há responsabilidade subjetiva patente e irrecusável também do consumidor, não se exigindo, no caso, a exclusividade da culpa. (...)" (STJ, REsp 1.349.894/SP, 3.ª Turma, Rel. Min. Sidnei Beneti, j. 04.04.2013, *DJe* 11.04.2013).

No âmbito estadual, do Tribunal de Justiça do Paraná, reconheceu-se o risco concorrente do consumidor, que falhou na instalação de uma piscina, o que, todavia, não excluiu totalmente a responsabilidade civil do fornecedor. Conforme trecho da ementa: "falha na instalação da piscina, a qual fora obstada posteriormente pelo consumidor, de forma indevida. Destruição do tanque em função de tempestade. Ausência de culpa exclusiva do consumidor. Responsabilidade do fornecedor não afastada. Conduta, porém, que contribuiu de forma eficaz para a ocorrência do dano. Indenização por danos materiais devida. Redução do *quantum* indenizatório. Art. 945 do Código Civil" (TJPR, Apelação 15078681, Acórdão 1507868-1, Rel. Des. Clayton de Albuquerque Maranhão, j. 09.06.2016, Data de Publicação: 12.07.2016).

Ainda mais recentemente, em caso de acidente de trânsito e citando a teoria do risco concorrente como fundamento das conclusões, o mesmo Tribunal de Justiça do Paraná diminuiu o valor da indenização, diante da contribuição causal da vítima, em quarenta por cento (TJPR, Apelação 15000361, Acórdão 1500036-1, 9.ª Câmara Cível, j. 21.07.2016, publ. 10.08.2016). Conforme o voto do relator, citando a qualificada doutrina que acata a minha posição,

> "A declarante Elisângela afirmou que diminuiu a velocidade ao avistá-lo, podendo-se concluir que ambos – autor e réu – tiveram proceder determinantes para o ocorrido, restando configurado o chamado 'risco concorrente'. Sobre o tema, vejamos: 'Quando a vítima contribui substancialmente para o resultado lesivo, omissa ou comissivamente, haverá o fato concorrente ou o fato exclusivo da vítima, conforme o exame de circunstâncias se infira que a conduta isolada da vítima viabilizou o dano ou se ele decorreu da conjugação de comportamentos de ambas as partes. Ao contrário do fato exclusivo – que libera o ofensor –, a causalidade múltipla não será excludente do nexo causal, porém uma forma de repartição de danos diante de dois ou mas fatos geradores. (...). A premissa jurídica do risco concorrente, conforme o ensinamento de Flávio Tartuce, é o de que a responsabilidade civil objetiva deve ser atribuída e fixada de acordo com os riscos assumidos pelas partes. Vale dizer, é possível que atuem como concausas os riscos criados por ambas as partes, reduzindo-se a quantia do ressarcimento conforme a relevância da interferência do prejudicado' (*Curso de direito civil*: responsabilidade civil / Cristiano Chaves de Farias, Nelson Rosenvald, Felipe Peixoto Braga Netto – 3. ed. rev. e atual. – Salvador: Ed. JusPodivm, 2016)".

Por fim, publicados no ano de 2017 e nos anos seguintes, podem ser encontrados arestos do Tribunal de Justiça do Rio Grande do Sul, na mesma linha, citando o risco concorrente já em suas ementas. Vejamos um deles, com conteúdo controverso e que merece o devido debate:

CAP. 8 · ELEMENTOS DA RESPONSABILIDADE CIVIL OU PRESSUPOSTOS DO DEVER DE INDENIZAR | 361

"Apelação cível e recurso adesivo. Julgamento na forma do art. 942 do NCPC. Responsabilidade civil. Ação indenizatória por danos morais e materiais. Suspensão do fornecimento de energia elétrica. Aviário. Perda de aproximadamente 2.000 frangos. Relação de consumo. Responsabilidade objetiva. Culpa concorrente reconhecida. Danos morais não configurados. 1. Pessoa jurídica de direito privado prestadora de serviço público. Responsabilidade objetiva. O artigo 37, § 6.º, da CF estendeu às pessoas jurídicas de direito privado, prestadoras de serviço público, a responsabilidade objetiva pelos danos causados a terceiros. Inteligência dos artigos 14, § 1.º, e 22, ambos do CDC. Aplicável à legislação consumerista ao caso. 2. Princípio da continuidade do serviço. O fornecimento de energia elétrica, pelas próprias características do sistema, está sujeito a fatores que podem levar à interrupção do serviço o que pode ser legal se o restabelecimento ocorrer dentro dos prazos e parâmetros exigidos pela legislação que regula o setor. 3. Caso concreto. Interrupção de energia por quase 5 horas na zona rural. Consumidor que exerce atividade econômica em que a energia é essencial. Risco concorrente. Caso em que os autores são produtores rurais exercendo a atividade de aviário pelo sistema intensivo, o qual depende de um sistema de ventilação/exaustão sempre funcionando para o desenvolvimento saudável das aves, sem possuir um plano de contingência para o caso de interrupção do fornecimento de energia, o que enseja sua assunção pelo risco do negócio. Interrupção, por outro lado, que perdurou por quase 5 horas na zona rural em razão de agente externo do meio ambiente (vegetação). Configurada, portanto, concorrência de culpa no caso dos autos, devendo a concessionária arcar com 1/3 dos prejuízos materiais amargados pelos produtores rurais, nos termos do entendimento assentado nesta câmara. 4. Danos morais. Os prejuízos imateriais por inadimplemento contratual dependem da comprovação de que, em virtude do ato ilícito, a pessoa teve a sua esfera extrapatrimonial realmente ofendida. Caso em que, todavia, não foi produzida qualquer prova de que a interrupção do serviço tenha causado transtornos que superem o mero dissabor da vida quotidiana. Danos morais não configurados. Apelação parcialmente provida, recurso adesivo desprovido" (TJRS, Apelação Cível 0271992-71.2016.8.21.7000, 9.ª Câmara Cível, Dois Irmãos, Rel. Des. Carlos Eduardo Richinitti, j. 14.12.2016, *DJERS* 01.03.2017).

Em suma, a *teoria do risco concorrente* encontra prestígio também na jurisprudência nacional, acredito na multiplicação de arestos a fazendo incidir, nos próximos anos. De fato, como será aprofundado mais adiante, a culpa concorrente e o fato concorrente da vítima são aceitos nas relações de consumo, como atenuantes do nexo de causalidade, conduzindo à redução equitativa da indenização em outras hipóteses de responsabilidade objetiva.

Cabe salientar que na Reforma do Código Civil pretende-se incluir no art. 945 do Código Civil a ideia de *risco concorrente*, para que o dispositivo não mencione apenas a culpa concorrente, como é na atualidade.

Nesse contexto, nos termos da projeção do seu novo *caput*, mais aberto, "se a vítima tiver concorrido para o evento danoso, a sua indenização será fixada tendo-se em conta a sua participação para o resultado em comparação com a participação do autor e de eventuais coautores do dano". Em continuidade, será inserida regra segundo a qual "todas as circunstâncias do caso concreto devem ser levadas em consideração, em particular a conduta de cada uma das partes, inclusive nas hipóteses de responsabilidade objetiva ou subjetiva" (projeto de novo art. 945, § 1.º). A proposta traz possibilidade de discussão da conduta da vítima em qualquer modalidade de responsabilidade civil, como está no Enunciado n. 459, da *V Jornada de Direito Civil*.

Por fim, o novo § 2.º do art. 945 irá prever que, "quando a conduta da vítima se limitar à circunstância em que agiu para evitar ou minorar o próprio dano, serão levados em conta os critérios previstos neste artigo"; norma que propiciará a redução do *quantum debeatur*, por aplicação do "*duty to mitigate the loss*" e da função preventiva da responsabilidade civil, nos termos do antes citado Enunciado n. 629.

Como tenho salientado, o Projeto de Reforma foi orientado pelas ementas doutrinárias aprovadas nas *Jornada de Direito Civil*, que hoje evidenciam as posições majoritárias entre os civilistas.

Superada essa questão, ainda a respeito do art. 944 do CC/2002, em sua atual redação, lembram Jones Figueirêdo Alves e Mário Luiz Delgado o seguinte:

"O dispositivo, ao estabelecer relação de proporcionalidade entre a extensão do dano e a extensão da indenização e, ao mesmo tempo, permitir a redução da indenização, por equidade, se verificada excessiva desproporção entre a gravidade da culpa e o dano, adotando, assim, a teoria da gradação da culpa, a influenciar o *quantum* indenizatório, constitui um dos artigos mais polêmicos de toda a disciplina da responsabilidade civil. O professor Álvaro Villaça Azevedo, por exemplo, é um dos juristas que criticam duramente a possibilidade de redução equitativa da indenização, entendendo que, por sua função reparadora, deve ela se pautar exclusivamente pelo prejuízo sofrido, pouco importando a gradação da culpa. Entretanto, com o devido respeito ao mestre, para que a responsabilidade civil possa efetivamente cumprir a sua finalidade de restabelecimento do equilíbrio pessoal e social, é imprescindível que, na fixação da indenização, seja verificado o grau de culpa do lesante, constituindo o parágrafo único do dispositivo notável avanço legislativo" (ALVES, Jones Figueirêdo; DELGADO, Mário Luiz. *Código...*, 2005, p. 409).

Apesar das críticas do Professor Villaça, também sou defensor do conteúdo do art. 944 do CC, pois o dispositivo, ao prever a redução por equidade da indenização, traz a ideia de que a responsabilidade civil deve ser analisada de acordo com o meio que a cerca e de modo razoável (*função social da responsabilidade civil*).

No que se refere ao dispositivo seguinte do Código Civil, dispõe o Enunciado n. 47 do CJF/STJ, da *I Jornada de Direito Civil*, que "o art. 945 do Código Civil, que não encontra correspondente no Código Civil de 1916, não exclui a aplicação da teoria da causalidade adequada".

Filia-se integralmente ao teor desse enunciado, pois a referida teoria é a adotada por ambos os comandos da atual codificação (arts. 944 e 945). Na verdade, a *teoria da causalidade adequada*, no âmbito penal, é aquela segundo a qual apenas haverá punibilidade em relação às condutas relevantes para o prejuízo. No âmbito civil, pelo que consta do Código Civil de 2002, pode-se dizer que a *teoria da causalidade adequada* ganha nova feição, pela qual o valor da indenização deverá ser *adequado* às condutas dos envolvidos, principalmente à conduta do agente ofensor. As teorias relativas ao nexo de causalidade serão expostas no próximo tópico do capítulo.

Por fim, surge a *culpa levíssima*, no menor grau possível, situação em que o fato só teria sido evitado mediante o emprego de cautelas extraordinárias ou de especial habilidade. Como afirmava Aguiar Dias, a culpa *levíssima* é aquela relacionada com uma conduta que não poderia ser observada nem por um diligentíssimo *pater familias* ou diligentíssimo *chefe familiar*, conceito adaptado à nova realidade do Direito de Família (DIAS, Aguiar. *Da responsabilidade...*, 1944, p. 127).

No Direito Civil, em regra, responde-se inclusive pela culpa levíssima, porque se tem em vista a extensão do dano (art. 944 do CC). Continua valendo, portanto, aquele antigo norte romano, baseado no brocardo *in lege Aquilia et levissima culpa venit*. Todavia, presente a culpa levíssima, a indenização a ser paga deverá ser reduzida mais ainda, eis que o art. 945 do Código Civil determina que o *quantum* deve ser fixado de acordo com o grau de culpabilidade.

Essencialmente no que interessa aos danos morais, o grau da culpa deve influir no *quantum* indenizatório arbitrado, por não se tratar propriamente de um ressarcimento em sentido estrito, mas de uma compensação satisfativa (reparação). Ademais, o grau de culpa exerce influência na questão de causalidade, o que traz a conclusão de que não se pode diferenciar o tratamento diante da modalidade de dano presente.

Como última observação a respeito da temática, observo que o atual Projeto de Reforma e Atualização do Código Civil pretende manter no sistema civil o *princípio da reparação integral de danos*, como regra geral, bem como a análise da responsabilidade civil de acordo com o grau de culpa do agente causador do dano. Conserva-se, portanto, a regra do *caput* do art. 944, segundo o qual "a indenização mede-se pela extensão do dano".

Em tom complementar, o § 1.º do comando preverá que "se houver excessiva desproporção entre a conduta praticada pelo agente e a extensão do dano dela decorrente, segundo os ditames da boa-fé e da razoabilidade, ou se a indenização prevista neste artigo privar do necessário o ofensor ou as pessoas que dele dependam, poderá o juiz reduzir equitativamente a indenização, tanto em caso de responsabilidade objetiva quanto subjetiva". O objetivo é que o grau de culpa ou a contribuição causal do próprio agente seja levado em conta nos dois modelos de responsabilidade civil, o que é fundamental e traduz a posição hoje majoritária, da doutrina e da jurisprudência, como ficou claro pelo estudo do presente tópico.

Superada a análise da culpa, passa-se ao estudo do nexo de causalidade, elemento imaterial da responsabilidade civil.

8.4 O NEXO DE CAUSALIDADE

O nexo de causalidade ou nexo causal constitui o elemento imaterial ou virtual da responsabilidade civil, constituindo a relação de causa e efeito entre a conduta culposa ou o risco criado e o dano suportado por alguém. De acordo com a doutrina de Sérgio Cavalieri Filho, "trata-se de noção aparentemente fácil, mas que, na prática, enseja algumas perplexidades (...). O conceito de nexo causal não é jurídico; decorre das leis naturais. É o vínculo, a ligação ou relação de causa e efeito entre a conduta e o resultado" (*Programa...*, 2005, p. 70).

Como é um elemento imaterial ou *espiritual*, pode-se imaginar que o nexo de causalidade é um *cano virtual*, que liga os elementos da conduta e do dano. O desenho a seguir demonstra essa convicção, que serve como simbologia para compreender a categoria jurídica:

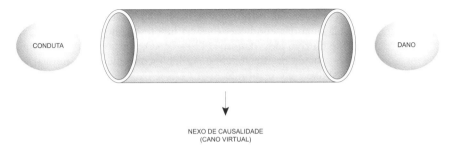

Deve ficar claro que a visão do *cano virtual* constitui uma simbologia para facilitação de um dos institutos mais complexos do Direito Privado. Representa a minha preocupação em explicar o nexo de causalidade, sanando uma deficiência muitas vezes percebida em salas de aulas e na prática jurídica.

A responsabilidade civil, mesmo objetiva, não pode existir sem a relação de causalidade entre o dano e a conduta do agente. Se houver dano sem que a sua causa esteja relacionada com o comportamento do suposto ofensor, inexiste a relação de causalidade, não havendo a obrigação de indenizar. Fundamental, para tanto, conceber a seguinte relação lógica:

– Na responsabilidade subjetiva o nexo de causalidade é formado pela culpa genérica ou *lato sensu,* que inclui o dolo e a culpa estrita (art. 186 do CC).

– Na responsabilidade objetiva o nexo de causalidade é formado pela conduta, cumulada com a previsão legal de responsabilização sem culpa ou pela *atividade de risco* (art. 927, parágrafo único, do CC).

Anote-se que tais ideias foram adotadas em ementa do Tribunal de Justiça do Paraná, merecendo colação:

"Responsabilidade civil. Indenização por danos morais. Prisão em flagrante delito. Indiciado que utilizava documento de identidade roubado e alterado. Dano da vítima (portador da cédula de identidade verdadeira). Não comprovado. Nexo de causalidade entre a conduta do estado e o dano sofrido. Não demonstrado. Inaplicabilidade da teoria do risco administrativo no caso concreto. Policiais civis que agiram de acordo com a legislação vigente. Recurso de apelação não provido. A responsabilidade civil, mesmo objetiva, não pode existir sem a relação de causalidade entre o dano e a conduta do agente. Se houver dado sem a sua causa esteja relacionada com o comportamento do suposto ofensor, inexiste a relação de causalidade, não havendo a obrigação de indenizar. (...) na responsabilidade objetiva o nexo de causalidade é formado pela conduta, cumulada com a previsão legal de responsabilidade sem culpa ou pela atividade de risco (art. 927, parágrafo único, do CC). (TARTUCE, Flávio. *Direito civil...,* 2008, p. 364/365, v. 2)" (TJPR, Apelação Cível 0591278-9, 2.ª Câmara Cível, Curitiba, Rel. Juiz Conv. Pericles Bellusci de Batista Pereira, *DJPR* 17.08.2009, p. 227).

Superada tal elucidação técnica, é notório que existem várias *teorias justificadoras do nexo de causalidade,* muitas já amplamente debatidas no âmbito penal. A partir da doutrina de Gustavo Tepedino (*Notas...,* 2006, p. 63) e Gisela Sampaio da Cruz (*O problema...,* 2005, p. 33-110), *três delas* merecem destaque e aprofundamentos:

a) *Teoria da equivalência das condições ou do histórico dos antecedentes (sine qua non)* – todos os fatos relativos ao evento danoso geram a responsabilidade civil. Segundo Tepedino, "considera-se, assim, que o dano não teria ocorrido se não fosse a presença de cada uma das condições que, na hipótese concreta, foram identificadas precedentemente ao resultado danoso" (TEPEDINO, Gustavo. *Notas...,* 2006, p. 67). Essa teoria, não adotada no Brasil, tem o grande inconveniente de ampliar em muito o nexo de causalidade, até o infinito.

b) *Teoria da causalidade adequada* – teoria desenvolvida por Von Kries, pela qual se deve identificar, na presença de uma possível causa, aquela que, de forma potencial, gerou o evento dano. Na minha interpretação doutrinária, por esta teoria, somente o fato relevante ou causa necessária para o evento danoso gera a responsabilidade civil, devendo a indenização ser adequada aos fatos que a envolvem.

c) *Teoria do dano direto e imediato ou teoria da interrupção do nexo causal* – havendo violação do direito por parte do credor ou do terceiro, haverá interrupção do nexo causal com a consequente irresponsabilidade do suposto agente. Desse modo, somente devem ser reparados os danos que decorrem como efeitos necessários da conduta do agente.

CAP. 8 · ELEMENTOS DA RESPONSABILIDADE CIVIL OU PRESSUPOSTOS DO DEVER DE INDENIZAR | **365**

Descartada a primeira teoria, das duas últimas, qual teria sido a adotada pelo Código Civil de 2002?

Para Gustavo Tepedino e Gisela Sampaio da Cruz, a teoria adotada foi a *do dano direto e imediato*, pelo que consta do art. 403 do Código Civil em vigor, a saber: "ainda que a inexecução resulte de dolo do devedor, as perdas e danos só incluem os prejuízos efetivos e os lucros cessantes por efeito dela direto e imediato, sem prejuízo do disposto na lei processual". Cita Gustavo Tepedino, por oportuno, que esta teoria é seguida amplamente pelo Supremo Tribunal Federal (*Notas...*, 2006, p. 67).

Todavia, a questão não é tão pacífica assim. Em nosso parecer, o Código Civil de 2002 adotou, em melhor sentido, a *teoria da causalidade adequada*, eis que a indenização deve ser adequada aos fatos que a cercam. Essa conclusão pode ser retirada dos arts. 944 e 945 do CC, antes comentados. Nesse sentido, o Enunciado n. 47 da *I Jornada de Direito Civil* preceitua que o último dispositivo não exclui a teoria da causalidade adequada. É imperioso dizer que a adoção desta teoria não afasta a investigação dos fatores que excluem ou obstam o nexo de causalidade.

Não restam dúvidas de que a questão é controvertida no meio acadêmico. A propósito, comenta Anderson Schreiber que, "em que pese a inegável importância do debate acadêmico em torno das diversas teorias da causalidade, em nenhuma parte alcançou-se um consenso significativo em torno da matéria" (*Novos paradigmas...*, 2007, p. 59). Na mesma linha, pondera Bruno Miragem que, "a rigor, não se pode perder de vista que nenhuma das teorias explicativas do nexo de causalidade, por maior que sejam seus méritos, deixará de ser desafiada por situações da realidade da vida, em que se ponha em dúvidas sua autoridade. Em outros termos, não faltarão situações em que os fatos teimem em desmentir ou desafiar as várias teorias" (MIRAGEM, Bruno. *Direito civil...*, 2015, p. 238).

Na mesma linha, com obra completa sobre o assunto, analisada em nosso livro específico sobre *Responsabilidade Civil*, Pablo Malheiros da Cunha Frota afirma que a situação a respeito da análise do nexo de causalidade é "assaz preocupante pelo fato de serem as decisões sobre a existência do nexo causal em um caso concreto ser intuitivas, diversas vezes, e se fundarem, consciente ou inconscientemente, em um 'princípio do bom senso', e não nos critérios trazidos pelas teorias relacionadas ao nexo causal. Isso pode intensificar a rasa cientificidade presente em algumas decisões judiciais sobre o assunto" (FROTA, Pablo Malheiros da Cunha. *Responsabilidade...*, 2014, p. 68).

A propósito, o último doutrinador demonstra a existência de quatorze teorias sobre o assunto. Doze delas foram desenvolvidas nos sistemas romano-germânicos, interessando diretamente a esta obra, a saber: *a)* teoria da equivalência das condições ou do histórico dos antecedentes (*sine qua non*); *b)* teoria da causa eficiente e causa preponderante; *c)* teoria da ação ou da causa humana; *d)* teoria do seguimento ou da continuidade da manifestação danosa; *e)* teoria da causalidade adequada, teoria da regularidade causal ou teoria subjetiva da causalidade; *f)* teoria do dano direto ou imediato ou teoria da interrupção do nexo causal; *g)* teoria da norma violada, da causalidade normativa, da relatividade aquiliana ou do escopo da norma; *h)* teoria da causalidade específica e da condição perigosa; *i)* causalidade imediata e da variação; *j)* teoria da causa impeditiva; *k)* teoria da realidade de causalidade por falta contra a legalidade constitucional; e *l)* teoria da formação da circunstância danosa (por ele mesmo desenvolvida). As teorias do modelo anglo-saxão, são: *a) causation as fact*; e *b)* causa próxima e *proximate cause* (FROTA, Pablo Malheiros da Cunha. *Responsabilidade...* 2014, p. 71-102).

De fato, têm razão os doutrinadores citados sobre a grande variação a respeito das teorias quanto ao nexo de causalidade, em especial diante das inúmeras situações concretas que podem desafiar uma ou outra teoria, que passam em mais de uma dezena. Fazendo pesquisa na jurisprudência nacional, a divergência fica à mostra, especialmente entre a teoria do dano direto e imediato e a teoria da causalidade adequada.

No Superior Tribunal de Justiça, de início, julgados podem ser encontrados fazendo menção à *teoria da causalidade adequada,* como o seguinte:

"Agravo regimental – Agravo de instrumento – Responsabilidade civil – Descarga elétrica – Ausência de corte das árvores – Contato com os fios de alta-tensão – Nexo de causalidade reconhecido – Culpa exclusiva da vítima – Inocorrência. 1. Em nenhum momento a decisão agravada cogitou da falta de prequestionamento dos artigos apontados como violados, ressentindo-se de plausibilidade a alegação nesse sentido. 2. O ato ilícito praticado pela concessionária, consubstanciado na ausência de corte das árvores localizadas junto aos fios de alta-tensão, possui a capacidade em abstrato de causar danos aos consumidores, restando configurado o nexo de causalidade ainda que adotada a teoria da causalidade adequada. 3. O acolhimento da tese de culpa exclusiva da vítima só seria viável em contexto fático diverso do analisado. 4. Agravo regimental desprovido" (STJ, AgRg no Ag 682.599/RS, 4.ª Turma, Rel. Min. Fernando Gonçalves, j. 25.10.2005, *DJ* 14.11.2005, p. 334).

Entretanto, do mesmo Tribunal Superior, podem ser colacionadas ementas trazendo a ideia de acordo com a *teoria do dano direto e imediato*, que parece ser a majoritária na doutrina:

"Responsabilidade civil do Estado – Decisão condenatória transitada em julgado – Liquidação – Extensão dos danos – Pretensão de revisão das provas – Impossibilidade – Súmula 07/STJ – Critério da razoabilidade da indenização. 1. Hipótese em que o cidadão (vítima) em 07.07.1984 foi arbitrariamente detido por oficiais da Marinha do Brasil em razão de simples colisão de seu veículo com outro conduzido por aspirante daquela Arma. Após colidir, a vítima sofreu agressão física e verbal e foi ilegalmente presa por seis dias em cela da Marinha. Ficou incomunicável e sem cuidados médicos, comprovadamente diante do acórdão transitado em julgado no processo de cognição plena. O fato resultou em danos físicos e morais, e causou-lhe a deterioração da saúde. Devido o desenvolvimento de isquemia e diabetes, teve, inclusive, os dedos dos pés amputados. 2. Ato ilícito, nexo direto e imediato, bem como danos comprovados e ratificados na instância ordinária. Liquidação de sentença que reconheceu pormenorizada e fundamentadamente a extensão dos abalos psíquicos sofridos pela vítima. Valor arbitrado de forma fundamentada, incluindo-se juros de 0,5% ao mês a partir da sentença de liquidação, no montante de R$ 72.600,00 (setenta e dois mil e seiscentos reais), mais honorários advocatícios no montante de R$ 3.630,00 (três mil, seiscentos e trinta reais). 3. Em casos excepcionais, a jurisprudência do STJ tem entendido, diante da abstração das teses, ser possível a revisão do montante arbitrado a título de danos morais, quanto teratológica a fundamentação da decisão condenatória ou absolutamente desarrazoado o valor, desde que não implique revisão do acervo fático--probatório. 4. No caso dos autos, ao revés, a peculiaridade é justamente a dor, a tristeza e o sofrimento vividos pela vítima, não havendo razão para tachar a condenação de desarrazoada, também não se pode ir além para revolver, como pretende a União, o substrato fático dos autos, por óbvio óbice da Súmula 07/STJ. 5. Razoável o *quantum* indenizatório devido a título de danos morais, que assegura a justa reparação do prejuízo sem proporcionar enriquecimento sem causa do autor, além de levar em conta a capacidade econômica do réu, devendo ser arbitrado pelo juiz de maneira que a composição do dano seja proporcional à ofensa, calcada nos critérios da exemplaridade e da solidariedade. Recurso especial improvido" (STJ, REsp 776.732/RJ, 2.ª Turma, Rel. Min. Humberto Martins, j. 08.05.2007, *DJ* 21.05.2007, p. 558).

CAP. 8 · ELEMENTOS DA RESPONSABILIDADE CIVIL OU PRESSUPOSTOS DO DEVER DE INDENIZAR | **367**

Em sede de Tribunais Estaduais, a polêmica também permanece. Pela *teoria da causalidade adequada*, transcreve-se:

"Ação de reparação de dano – Alegação de ocorrência de nexo causal, ante a enfermidade adquirida e o acidente sofrido – Inadmissibilidade – Mérito – Perícia médica que concluiu que o autor/apelante apresenta osteoartrose e profusão discal lombo-sacra, não se verificando nexo causal entre a sequela e o acidente sofrido e que as entidades mórbidas diagnosticadas geraram uma incapacidade parcial e permanente para o desempenho das funções, pelo que recomendou evitar atividades que exijam esforços físicos intensos ou moderados – Para que haja o pagamento de indenização por responsabilidade civil, deve restar provada a relação de causalidade adequada entre o fato e dano, ou seja, que aquele venha, por si mesmo e pelo curso normal das coisas, a causar este – Não configuração do nexo causal entre o acidente mencionado e a enfermidade – Recurso improvido" (TJSP, Apelação Cível n. 174.633-5/2, 9.ª Câmara de Direito Público, Campinas, Rel. Antonio Rulli, 11.05.2005, v.u.).

"Dano moral – Responsabilidade civil – Acidente no trabalho – Funcionário público – Queda do servidor em local de trabalho causando amputação de dedo do pé – Autora que pouco após seu ingresso no serviço público recebeu licença para tratamento de insuficiência vascular periférica – Demonstração de que já era portadora da enfermidade – Ausência de comunicação do acidente ao Departamento de Recursos Humanos ou ao Supervisor de Segurança – Nexo de causalidade entre o acidente e a doença não evidenciado – Aplicação da teoria da causalidade adequada – Inviabilidade de responsabilização da Administração Pública pelo evento danoso – Indenizatória improcedente – Recurso improvido" (TJSP, Apelação Civil 217.472-5/9-00, 9.ª Câmara de Direito Público, Porto Feliz, Relator Desembargador Antônio Rulli, v.u., Voto 14.098).

"Apelação cível – Responsabilidade civil em acidente de trânsito – Invasão da preferencial – Culpa – Causalidade adequada – Danos materiais. 1. Age com culpa exclusiva o motorista que cruza via preferencial sem tomar as cautelas exigíveis, porque viola regra básica de trânsito, fundada no princípio da confiança. 2. Nem sempre o eventual excesso de velocidade imprimido pelo motorista será o fator determinante para a eclosão do evento danoso, devendo-se analisar, no caso concreto, qual das circunstâncias interferiu decisivamente, conforme consagra a teoria da causalidade adequada. 3. Deve ser mantido o valor da indenização por danos materiais fixados pelo magistrado de origem, porque reflete o menor orçamento vindo aos autos e porque a demanda não demonstrou o alegado excesso" (TJRS, Processo 70015163611, 12.ª Câmara Cível, Bagé, Juiz Relator Dálvio Leite Dias Teixeira, 24.08.2006).

Por outra via, citando o *dano direto e imediato*, a título de exemplo:

"Devolução de valores – Dano moral configurado – Regularidade da citação – Revelia – *Quantum* indenizatório estabelecido conforme entendimento da Turma. Constatado que o financiamento nunca fora solicitado, é incorreto que as parcelas sejam descontadas mensalmente da aposentadoria da autora, causando dano imediato e direto já que a diminuição dos rendimentos ocorre de forma inesperada, mostrando-se correta não só a devolução dos respectivos valores, mas também a condenação da ré a indenizar a autora pelos transtornos sofridos, já que tal situação não é mero incômodo ou simples transtorno do quotidiano. *Quantum* indenizatório minorado para que se encaixem as circunstâncias do caso concreto, adequando-se ao que têm fixado as Turmas Recursais" (TJRS, Processo 71001044320, 1.ª Turma Recursal Cível, Porto Alegre, Juiz Relator Carlos Eduardo Richinitti, 15.02.2007).

"Civil – Seguro – Seguradora – Ação regressiva – Autor do dano – Falta de prova do dolo ou culpa – Irresponsabilidade de terceiros. 1. A ação regressiva que se confere à seguradora no seguro contra danos materiais limita-se à esfera de responsabilidade do autor direto e imediato do evento danoso (motorista), não atingindo terceiros, como o proprietário ou detentor da posse indireta do bem. Precedentes do STJ. 2. Não cabe ação regressiva contra o autor do dano se não demonstrada a culpa ou o dolo deste. 3. Apelos providos. Sentença reformada" (TJDF, Apelação Cível 20020111004889APC-DF, Acórdão: 218093, Órgão julgador: 4.ª Turma Cível, Data: 18.04.2005, Relator: Cruz Maced, Publicação: *Diário da Justiça do DF*: 28.06.2005, p. 123).

Em suma, não há unanimidade doutrinária e jurisprudencial no tocante à teoria adotada pelo Código Civil em relação ao nexo de causalidade, o que é objeto de contundentes críticas por Pablo Malheiros da Cunha Frota em sua tese de doutorado defendida na UFPR, aqui já citada (*Responsabilidade...*, 2014). Reitere-se que essa obra está mais bem analisada em nosso livro específico sobre *Responsabilidade Civil*, para onde se remetem aqueles que pretendem fazer maiores aprofundamentos.

A minha compreensão, contudo, é que a posição majoritária da jurisprudência brasileira indica prevalecer atualmente a teoria da causalidade adequada. Sobre a Reforma do Código Civil, ora em tramitação no Congresso Nacional, como os arts. 944 e 945, na essência, são mantidos no sistema e apenas com pequenos ajustes, entendo que ela traz a manutenção dessa teoria no âmbito da responsabilidade civil brasileira.

Seja como for, as dificuldades existentes a respeito do nexo de causalidade, em especial quanto às teorias existentes, não podem ser óbice à análise de sua presença. Consoante o correto Enunciado n. 659, da *IX Jornada de Direito Civil (2022)*, "o reconhecimento da dificuldade em identificar o nexo de causalidade não pode levar à prescindibilidade da sua análise".

A recomendação é que o estudioso do Direito procure ler os argumentos relativos às teorias para depois se convencer. De toda sorte, como se pode notar, as teorias do dano direto e imediato e da causalidade adequada são muito próximas e ambas podem ser retiradas de dispositivos da atual codificação privada. Isso justifica a confusão doutrinária e jurisprudencial.

Todavia, pode ser percebida uma diferença sutil entre as duas teorias. A teoria do dano direto e imediato trabalha mais com as exclusões totais de responsabilidade, ou seja, com a obstação do nexo causal. Por outra via, a teoria da causalidade adequada lida melhor com a concausalidade, isto é, com as contribuições de fatos para o evento danoso.

A propósito, ainda no que diz respeito ao nexo de causalidade, não se pode esquecer, também, da *teoria das concausas* (*concausalidade*), que mantém relação direta com a causalidade adequada. Em algumas situações, talvez na maioria delas, o evento danoso surge diante de um conjunto de causas que tenham provocado o dano (causalidade múltipla). De acordo com os ensinamentos de Roberto Senise Lisboa, "concausalidade é a concorrência de causas de determinado resultado" (*Manual...*, 2004, p. 518). Logo após o seu conceito, esse doutrinador classifica a concausalidade da seguinte forma:

a) *Concausalidade ordinária, conjunta* ou *comum* – de acordo com Senise é "aquela que existe entre as condutas coordenadas ou dependentes de duas ou mais pessoas, que de forma relevante participam para a produção do evento danoso". Exemplo: duas pessoas coagem alguém para a celebração de um determinado negócio. Em situações tais, todos os agentes respondem solidariamente, aplicando-se o art. 942, *caput,* do CC, eis que todos são considerados coautores.

CAP. 8 · ELEMENTOS DA RESPONSABILIDADE CIVIL OU PRESSUPOSTOS DO DEVER DE INDENIZAR | **369**

b) *Concausalidade acumulativa* – é aquela existente entre as condutas de duas ou mais pessoas que são independentes entre si, mas que causam o prejuízo. Exemplo: duas pessoas, em alta velocidade, atropelam um mesmo indivíduo, no meio de um cruzamento. Cada agente, nesse caso, deverá responder na proporção de suas culpas, nos termos dos arts. 944 e 945 da atual codificação privada.

c) *Concausalidade alternativa* ou *disjuntiva* – é aquela existente entre as condutas de duas ou mais pessoas, sendo que apenas uma das condutas é importante para a ocorrência do evento danoso. Exemplo: em uma briga generalizada em estádio de futebol, duas pessoas tentam espancar alguém. Uma erra o golpe e o outro acerta um chute na cabeça da vítima, quebrando-lhe vários ossos. Logicamente, apenas o último ofensor responderá.

Superado esse ponto, não se pode esquecer o estudo das excludentes totais do nexo de causalidade, que *obstam* a sua existência e que deverão ser analisadas pelo aplicador do direito no caso concreto. Essas excludentes mantêm relação com a *teoria do dano direto e imediato*, segundo a doutrina que adota essa corrente. De qualquer forma, deve-se dizer que tais excludentes não afastam a *teoria da causalidade adequada*. São elas:

a) a culpa *exclusiva* ou o fato *exclusivo* da vítima;
b) a culpa *exclusiva* ou o fato *exclusivo* de terceiro;
c) o caso fortuito e a força maior.

Primeiramente, percebe-se que foram destacadas as expressões *exclusiva e exclusivo*, pois, em havendo culpa ou fato concorrente, seja da vítima ou de terceiro, o dever de indenizar subsistirá. A culpa concorrente, ou o fato concorrente, como exposto, apenas abranda a responsabilização, ou seja, *atenua o nexo de causalidade*. No tocante aos conceitos de caso fortuito e força maior, como é notório, não há unanimidade doutrinária. Entre os clássicos, a propósito dessa divergência, Washington de Barros Monteiro demonstrava a existência de *seis correntes* diferenciadoras dos conceitos (MONTEIRO, Washington de Barros; MALUF, Carlos Alberto Dabus. *Curso...*, 2012, v. 4, p. 368-370).

Pela primeira corrente, denominada *teoria da extraordinariedade*, o caso fortuito seria previsível, mas não quanto ao momento, ao lugar e ao modo de sua verificação. Por outra via, a força maior seria o fato inusitado, extraordinário e totalmente imprevisível. De acordo com a *teoria da previsibilidade e da irresistibilidade*, o caso fortuito é o evento totalmente imprevisível, enquanto que a força maior seria o evento previsível, mas inevitável. Pela terceira teoria, que é seguida pelo doutrinador por último citado, a força maior é o evento natural "de índole ininteligente"; enquanto a força maior decorre de fatos humanos.

Pela quarta vertente, há caso fortuito quando o evento não pode ser previsto com diligência comum, mas somente com a diligência excepcional; a força maior não pode ser prevista com diligência alguma, nem com a última, ou seja, há uma análise da intensidade do fato. De acordo com a quinta teoria, se o evento for decorrente de forças naturais conhecidas, haverá força maior; "se se cuida, todavia, de alguma coisa que a nossa limitada experiência não logra controlar, temos o fortuito" (MONTEIRO, Washington de Barros; MALUF, Carlos Alberto Dabus. *Curso...*, 2012, v. 4, p. 368). Por derradeiro, os fatos são considerados estaticamente como caso fortuito e de forma dinâmica como força maior, o que conduz à conclusão de serem sinônimos.

Pois bem, na doutrina brasileira, é muito utilizada a segunda das vertentes, seguida, além de Washington de Barros Monteiro, por Silvio de Salvo Venosa, Maria Helena Diniz e Mário Luiz Delgado.

Adotamos a segunda das correntes, denominada *teoria da previsibilidade e da irresistibilidade*. Sendo assim, entendo ser melhor, do ponto de vista didático e categórico, definir o caso fortuito como o evento totalmente imprevisível decorrente de ato humano ou de evento natural. Já a força maior constitui um evento previsível, mas inevitável ou irresistível, decorrente de uma ou outra causa.

Seguem-se, portanto, as diferenciações apontadas por Orlando Gomes (*Obrigações...*, 2003, p. 176) e Sérgio Cavalieri Filho (*Programa...*, 2003, p. 84). Essas diferenciações podem ser retiradas do art. 393, parágrafo único, do CC/2002, *in verbis*: "o caso fortuito ou de força maior verifica-se no fato necessário, cujos efeitos não era possível evitar ou impedir". Como se nota, o dispositivo leva em conta a inevitabilidade e a irresistibilidade e não se o evento decorre da natureza ou de fato humano.

Entretanto, alguns doutrinadores, como Arnoldo Wald, têm entendimento diverso, no sentido de que tais conceitos seriam, pelo direito brasileiro, sinônimos, ambos excludentes totais de responsabilidade (*Curso...*, 1999, p. 141). Entre os clássicos, Pontes de Miranda afirma, em vários trechos do Tomo 53 do seu *Tratado de direito privado*, que a melhor forma de encarar tais conceitos é vê-los globalmente, ou seja, como equivalentes (PONTES DE MIRANDA, Francisco Cavalcanti. *Tratado...*, 1974).

Na jurisprudência igualmente não há unanimidade conceitual, sendo certo que alguns julgados do próprio Superior Tribunal de Justiça utilizam as duas expressões como sinônimas. A título de exemplo:

"Agravo regimental. Agravo em recurso especial. Direito civil. Ação de indenização. Atraso na entrega de unidade imobiliária. Alegação de excesso de chuvas e de escassez de mão de obra. Caso fortuito e força maior não configurados. Reexame do conjunto fático-probatório dos autos. Súmula n. 7/STJ. 1. Concluir que o excesso de chuvas e a escassez de mão de obra configuram fatos extraordinários e imprevisíveis, traduzindo-se como hipótese de caso fortuito e força maior, demanda o reexame do conjunto fático-probatório dos autos. Incidência da Súmula n. 7/STJ. 2. Agravo regimental desprovido" (STJ, Ag. Rg. no AREsp 693.255/RS, 3.ª Turma, Rel. Min. João Otávio de Noronha, j. 25.08.2015, *DJe* 03.09.2015).

"Recurso especial – Administrativo – Responsabilidade civil do Estado – Acidente em buraco (voçoroca) causado por erosão pluvial – Morte de menor – Indenização – Caso fortuito e força maior – Inexistência. Segundo o acórdão recorrido, a existência da voçoroca e sua potencialidade lesiva eram de 'conhecimento comum', o que afasta a possibilidade de eximir-se o Município sob a alegativa de caso fortuito e força maior, já que essas excludentes do dever de indenizar pressupõem o elemento 'imprevisibilidade'. Nas situações em que o dano somente foi possível em decorrência da omissão do Poder Público (o serviço não funcionou, funcionou mal ou tardiamente), deve ser aplicada a teoria da responsabilidade subjetiva. Se o Estado não agiu, não pode ser ele o autor do dano. Se não foi o autor, cabe responsabilizá-lo apenas na hipótese de estar obrigado a impedir o evento lesivo, sob pena de convertê-lo em 'segurador universal'. Embora a municipalidade tenha adotado medida de sinalização da área afetada pela erosão pluvial, deixou de proceder ao seu completo isolamento, bem como de prover com urgência as obras necessárias à segurança do local, fato que caracteriza negligência, ensejadora da responsabilidade subjetiva" (Superior Tribunal de Justiça, REsp 135.542/MS, 2.ª Turma, Rel. Min. Castro Meira, j. 19.10.2004, *DJ* 29.08.2005, p. 233).

Abordando ainda o tema das excludentes do nexo de causalidade, é imperioso trazer alguns exemplos da jurisprudência nacional, para um aprofundamento da matéria e a sua visualização prática.

Em caso notório, o Tribunal de Justiça de São Paulo entendeu haver culpa exclusiva da vítima, menor que invadiu um clube clandestinamente para nadar em piscina em construção fora do horário de funcionamento, não sendo sequer sócio do mesmo. Entendeu ainda pela culpa concorrente dos pais, a afastar qualquer pretensão indenizatória em face do clube recreativo:

"Indenização – Ato ilícito – Pedido de indenização por danos morais – Afogamento de filho menor em piscina de clube – Saneador não impugnado pelos meios e prazos próprios – Preclusão – Ausência de culpa 'in vigilando' do requerido – Menor que entrou clandestinamente nas dependências de clube, sem ser sócio, para nadar em piscina em construção, cercada por fios de arame farpado – Culpa exclusiva da vítima, extensiva como culpa 'in vigilando' de seus pais, porque menor impúbere – Recurso não provido" (TJSP, Apelação Cível 107.798-4, 3.ª Câmara de Direito Privado, Franco da Rocha, Relator Carlos Stroppa, 07.11.2000, v.u.).

Do mesmo Tribunal Bandeirante, concluiu-se que há culpa exclusiva da vítima no caso de adolescente que vem a ter um comportamento agressivo na escola, o que acaba por lhe causar danos:

"Dano moral – Agressão em estabelecimento de ensino – Culpa exclusiva da vítima – Comportamento agressivo do adolescente – Indenização indevida" (TJSP, Apelação Cível 159.546-4/1-00, 4.ª Câmara de Direito Privado, Campinas, Rel. Márcia Tessitore, 24.06.2005, v.u.).

A culpa exclusiva da vítima ainda foi reconhecida em um caso muito comentado em passado remoto, envolvendo um frequentador de parque público de Jundiaí que acabou falecendo ao exercitar-se nas suas dependências, de modo inadequado. No caso, tal frequentador tentou fazer exercícios de *barra* na trave do campo de futebol. Infelizmente, a trave não suportou o peso, caindo sobre sua cabeça, fazendo com que ele viesse a falecer. A ementa merece destaque:

"Responsabilidade civil – Morte de frequentador de parque público, acidentado na prática de esporte – Culpa exclusiva da vítima que resolveu exercitar-se em equipamento de todo inadequado – Falta de comprovação de conduta irregular dos agentes da administração, não se verificando culpa 'in omittendo' ou 'in vigilando' – Improcedência bem decretada – Apelo improvido" (TJSP, Apelação Cível 086.318-5, 2.ª Câmara de Direito Público, Jundiaí, Rel. Corrêa Vianna, 10.10.2000, v.u.).

O extinto Primeiro Tribunal de Alçada Civil de São Paulo sempre imputava culpa exclusiva da vítima ao *surfista de trem*: "Responsabilidade civil – Acidente ferroviário – Vítima fatal – Eletroplessão – 'Surfismo' ferroviário – Hipótese de culpa exclusiva da vítima – Elisão da responsabilidade da ferrovia – Ação de indenização improcedente – Redução, porém, dos honorários advocatícios – Apelação em parte provida para esse fim" (Primeiro Tribunal de Alçada Civil de São Paulo, Processo: 1020040-1, Recurso: Apelação Sum., Origem: São Paulo, Julgador: 12.ª Câmara, Julgamento 27.11.2001, Relator: Matheus Fontes, Decisão: deram provimento parcial, v.u.). Assim também vem entendendo o Superior Tribunal de Justiça:

"Responsabilidade civil – Acidente ferroviário – Queda de trem – 'Surfista ferroviário' – Culpa exclusiva da vítima. I – A pessoa que se arrisca em cima de uma composição ferroviária, praticando o denominado 'surf ferroviário', assume as consequências de seus atos, não se podendo exigir da companhia ferroviária efetiva fiscalização, o que seria até impraticável. II – Concluindo o acórdão tratar o caso de 'surfista ferroviário', não há como rever tal situação na via especial, pois demandaria o revolvimento de matéria fático-probatória, vedado nesta instância superior (Súmula 7/STJ). III – Recurso especial não conhecido" (STJ, Acórdão: REsp 160.051/RJ (199700923282), 471515, Recurso especial, Data da decisão: 05.12.2002, Órgão julgador: Terceira Turma, Relator: Ministro Antônio de Pádua Ribeiro, Fonte: *DJ* 17.02.2003, p. 268). Veja: STJ – REsp 23351-RJ (*RSTJ* 45/350, *RT* 695/217, *LEX-STJ* 42/235), 261027/RJ, 59696-RJ (*LEX-STJ* 78/281).

Todavia, cumpre esclarecer que o STJ tem entendimento diverso, de *culpa concorrente da vítima e não de sua culpa exclusiva*, em casos envolvendo o *pingente*, pessoa que viaja fora do vagão de passageiros, pendurada no trem. Isso porque a empresa que explora o serviço deve fiscalizar tais atitudes. Nesse sentido, transcreve-se:

"Recurso especial – Responsabilidade civil – Transporte ferroviário – 'Pingente' – Culpa concorrente – Precedentes da Corte. 1. É dever da transportadora preservar a integridade física do passageiro e transportá-lo com segurança até o seu destino. 2. A responsabilidade da companhia de transporte ferroviário não é excluída por viajar a vítima como 'pingente', podendo ser atenuada se demonstrada a culpa concorrente. Precedentes. Recurso especial parcialmente provido" (STJ, REsp 226.348/SP, 3.ª Turma, Rel. Min. Castro Filho, j. 19.09.2006, *DJ* 23.10.2006, p. 294).

Observe-se que, no último julgado, admitiu-se a tese da culpa ou fato concorrente em responsabilidade objetiva (transporte), em sintonia com o que anteriormente foi exposto neste livro. Em suma, a premissa do art. 945 do CC/2002, mais uma vez, é aplicada a caso de responsabilidade sem culpa.

Também em caso envolvendo acidente ferroviário, em 2019, o Superior Tribunal de Justiça concluiu, no âmbito de sua Segunda Seção, pela culpa ou fato exclusivo da vítima que se deita nos trilhos, o que afasta o dever de indenizar da empresa concessionária do serviço de transporte:

"Nos termos do entendimento adotado quando do julgamento do REsp n.º 1.210.064/SP, sob o rito dos recursos especiais repetitivos, ainda que haja omissão por parte da concessionária de serviço de transporte ferroviário no dever de sinalizar, cercar e fiscalizar o acesso à via, sua responsabilidade civil é afastada no caso de culpa exclusiva da vítima. Em hipótese como a presente, em que a instância ordinária concluiu que a vítima estava deitada em cima dos trilhos, logo após uma curva, de madrugada, em atitude imprevisível para o maquinista, 'o agente – aparentemente causador do dano – é mero instrumento para sua ocorrência', configurando-se excludente de responsabilidade da concessionária" (STJ, EREsp 1.461.347/PR, 2.ª Seção, Rel. Min. Maria Isabel Gallotti, j. 13.03.2019, *DJe* 28.05.2019).

Em alguns casos de acidente de trânsito, o aplicador do direito deve analisar de forma profunda as questões fáticas que envolvem a lide. Imagine-se um caso em que um veículo estacionado é atingido por um ônibus. Em um primeiro momento, pode parecer que houve culpa do motorista do ônibus. Mas isso pode não condizer com a verdade, como no caso em que um caminhão atinge o ônibus que vem a colidir com o automóvel. Nesse sentido, interessante a leitura da seguinte ementa de julgado, do extinto 1.º TAC/SP:

CAP. 8 · ELEMENTOS DA RESPONSABILIDADE CIVIL OU PRESSUPOSTOS DO DEVER DE INDENIZAR | 373

"Responsabilidade civil – Acidente de trânsito – Veículo abalroado em estacionamento por coletivo que o invadiu – Ônibus da ré teve seu livre trânsito interceptado por um caminhão, não tendo sido possível ao seu motorista evitar o choque – Culpa exclusiva de terceiro evidenciada – Ação improcedente – Recurso improvido" (Primeiro Tribunal de Alçada Civil de São Paulo, Processo: 1041592-0, Recurso: Apelação Sum., Origem: Guarulhos, Julgador: 11.ª Câmara, julgamento 21.02.2002, relator: Antonio José Silveira Paulilo, Decisão: negaram provimento, v.u.).

Superada a análise da culpa exclusiva da vítima e de terceiro, parte-se ao estudo prático das questões atinentes ao caso fortuito e à força maior.

A primeira dúvida que surge sobre o tema é a seguinte: as enchentes podem ser tidas como caso fortuito ou força maior? Trata-se de uma boa questão, que envolve a atuação das procuradorias, principalmente municipais. Por uma questão lógica, cabe análise do local atingido pela enchente. O Tribunal de Justiça do Estado de São Paulo já entendeu que enchentes que atingiram a cidade de Mauá constituiriam caso fortuito, diante de flagrante calamidade pública e porque o evento danoso não havia ocorrido antes:

"Responsabilidade civil – Município – Mauá – Indenização por danos causados por enchente – Chuvas acima dos padrões normais, que provocaram inundações – Culpa atribuída ao serviço público municipal, pela inexistência ou má prestação dos serviços de prevenção e contenção de águas do Rio Tamanduateí – Falta de prova quanto ao argumento – Ocorrência, por outro lado, de anormal índice pluviométrico à época da inundação, com decretação de calamidade pública – Causa excludente (caso fortuito/força maior) caracterizada, afastando a obrigatoriedade de indenizar – Sentença de improcedência mantida – Recurso voluntário improvido" (TJSP, Apelação Cível 75.708-5, 7.ª Câmara de Direito Público, Mauá, Rel. Lourenço Abbá Filho, 31.07.2000, v.u.).

Quanto à cidade de São Paulo, onde as enchentes são comuns, também assim entendeu o Tribunal de Justiça de São Paulo em aresto anterior: "Responsabilidade civil – Danos provocados por enchente – Fato extraordinário – Necessidade de comprovação da culpa atribuída à Municipalidade – Recurso não provido" (TJSP, Apelação Cível 58.942-5, 6.ª Câmara de Direito Público, São Paulo, Rel. Coimbra Schmidt, 10.04.2000, v.u.).

Entre os arestos mais recentes do Tribunal Bandeirante, na mesma esteira:

"Responsabilidade Civil. Pretensão de obter reparação do dano material e compensação do dano moral. Precipitação pluviométrica intensa na cidade de São Paulo. Danos severos causados no veículo da autora em razão da enchente ocorrida. Inexistência de comprovação de culpa da Administração Pública, ou seja, de comprovação de que a enchente ocorreu por omissão, falta ou falha do serviço. Chuvas intensas. Precipitação prevista para um mês ocorrida em um único dia. Caracterização de força maior (fortuito externo). Ação julgada improcedente na origem. Manutenção. Recurso não provido. 'Como não se desconhece, a força maior ('fortuito externo') é o acontecimento natural, derivado da força da natureza, ou do fato das coisas, como o raio, a inundação, o terremoto ou o temporal. É, portanto, imprevisível e inafastável, razão pela qual se posta fora dos limites da culpa. E, ainda que seja razoavelmente previsível é inevitável, de sorte que, ausente comprovação da culpa da Administração por falta ou falha do serviço, não se pode empenhar sua responsabilidade civil ou afirmar a sua obrigação de indenizar'" (TJSP, Apelação 2565736520098260000, 4.ª Câmara de Direito Público, Rel. Des. Rui Stoco, j. 05.09.2011, Data de Publicação: 08.09.2011).

Porém, em sentido contrário, entendendo pela ausência do caso fortuito e da força maior, e responsabilizando o Estado pelas ocorrências das enchentes:

"Apelação Cível. Processual Civil e Administrativo. Ação de Indenização por dano material e moral proposta contra o Município de São Paulo e Fazenda do Estado de São Paulo sob o argumento de que sua casa fora atingida por enchente decorrente de transbordamento de córrego. Sentença de procedência parcial. Recurso pela Municipalidade. 1. Restaram suficientemente demonstrados os danos materiais bem como os atos omissivos do Município sob o manto da responsabilidade objetiva ao se descurar de seu dever de limpeza e manutenção do córrego. Nexo Causal bem delineado pelo Laudo Pericial não se podendo falar em força maior ou excludente de responsabilidade. Dano material que se circunscreve aos bens comprovadamente perdidos. 2. Alteração dos ônus de sucumbência que se impõe haja vista que ambas as partes restaram vencidas e vencedoras. Sucumbência recíproca. Deverá cada parte arcar com os honorários advocatícios de seus patronos, e o rateio das custas processuais. Observada a gratuidade processual concedida à autora. Sentença reformada em parte. Recurso provido em parte" (TJSP, Apelação 01909675620108260000, 6.ª Câmara de Direito Público, Rel. Des. Sidney Romano dos Reis, j. 29.07.2013, Data de Publicação: 31.07.2013).

"Constitucional. Responsabilidade civil do Estado. Danos materiais. Enchentes. Caso fortuito ou força maior. Inexistência. 1. As pessoas jurídicas de direito público e as de direito privado prestadoras de serviços públicos respondem pelos danos que seus agentes, nessa qualidade, causarem a terceiros, assegurado o direito de regresso contra o responsável nos casos de dolo ou culpa (art. 37, § 6.º, CF). 2. Em casos de inundações ou enchentes a responsabilidade do Estado decorre de omissão administrativa na realização de obras necessárias à prevenção, diminuição ou atenuação dos efeitos decorrentes de enchentes, ainda que verificadas fortes e contínuas chuvas. 3. Não se pode cogitar de força maior em caso de alagamento provocado por fortes chuvas no mês de janeiro na cidade de São Paulo. Sentença mantida. Recurso desprovido" (TJSP, Apelação 00327959520038260053, 9.ª Câmara de Direito Público, Rel. Des. Décio Notarangeli, j. 15.05.2013, Data de Publicação: 15.05.2013).

Estou filiado à última forma de julgar, com o devido respeito a quem pensa de forma contrária. Isso porque as enchentes na cidade de São Paulo não se enquadram como eventos imprevisíveis (caso fortuito). Pelo contrário, são totalmente previsíveis. Também não constituem força maior, pois é possível evitar as enchentes por meio de obras de melhoria. Em reforço, o Poder Público deve fiscalizar a limpeza da cidade, não cabendo o argumento de inevitabilidade por tal razão. Entendemos, portanto, que a enchente não afasta o dever de indenizar da Municipalidade em São Paulo, Capital, realidade que vivenciamos, e sobre a qual há legitimidade para opinar. Para as demais localidades, cabe análise caso a caso.

Outra temática envolvendo o caso fortuito e a força maior é a relacionada com a rejeição de próteses em cirurgias estéticas. Entendendo pela exclusão de responsabilidade do médico, pois se trata de hipótese de força maior (evento previsível, mas inevitável):

"Erro médico – Implantação de prótese glútea – Rejeição – Não sendo possível ao médico prevê-la, até porque o material implantado e que causou a rejeição no organismo foi adquirido de terceiro pela autora – Inexistência, no caso, de obrigação de indenizar – A rejeição constitui-se em motivo de força maior, excludente de responsabilidade – Inexistência, outrossim, de sequelas relevantes – Ciência da autora, antes do ato cirúrgico, da possibilidade de rejeição – Inocorrência, destarte, de cerceamento de defesa ou de nulidade pericial – Recurso não provido" (TJSP, Apelação Cível 113.023-4, 3.ª Câmara de Direito Privado, Jundiaí, Rel. Alfredo Migliore, 13.02.2001, v.u.).

CAP. 8 · ELEMENTOS DA RESPONSABILIDADE CIVIL OU PRESSUPOSTOS DO DEVER DE INDENIZAR | **375**

Alterando a abordagem prática, se um ladrão rouba um veículo e causa um acidente, haverá um misto de culpa de terceiro com força maior, devido à inevitabilidade do evento, o que exclui o dever de indenizar o prejuízo:

"Responsabilidade civil – Acidente de trânsito – Colisão em cruzamento – Evento causador por condutor de veículo roubado – Fato que constitui causa excludente da responsabilidade dos seus proprietários, por caracterizar força maior – Indenizatória improcedente – Recurso improvido" (Primeiro Tribunal de Alçada Civil de São Paulo, Processo: 0951137-9, Recurso: Apelação Sum., Origem: Osasco, Julgador: 8.ª Câmara de Férias de Janeiro de 2001, julgamento: 31.01.2001, Relator: Carlos Alberto Lopes, publicação: *RT* 789/263).

Esse último julgado transcrito, como se pode perceber, representa interessante aplicação da *teoria da causalidade adequada*. Ora, se fosse adotada a *teoria do histórico dos antecedentes*, o proprietário responderia. Isso porque estava *no lugar errado e na hora errada*. Errado, na verdade, é o desenvolvimento do raciocínio pela teoria *sine qua non*.

A questão do roubo e do assalto, aliás, ainda gera uma das maiores controvérsias na jurisprudência. Uma discussão que surge perante o Superior Tribunal de Justiça e com grande repercussão prática envolve a responsabilidade do transportador rodoviário, abrangendo tanto o transporte de cargas quanto o de pessoas. Seria o assalto que o acomete caso fortuito ou força maior? Não há unanimidade quanto à matéria. Assim, a recomendação é que as hipóteses sejam discutidas e analisadas caso a caso.

Nesse contexto de análise, na *V Jornada de Direito Civil*, promovida pelo Conselho da Justiça Federal em 2011, aprovou-se enunciado interessante prevendo que "o caso fortuito e a força maior somente serão considerados como excludentes da responsabilidade civil quando o fato gerador do dano não for conexo à atividade desenvolvida" (Enunciado n. 443). Desse modo, é preciso relacionar o evento com a atividade desenvolvida pelo agente, ou seja, com o *risco do empreendimento, risco do negócio* ou *risco-proveito*.

O Projeto de Reforma do Código Civil pretende, em boa hora, inserir o conteúdo desse enunciado doutrinário na lei, em prol da segurança jurídica. Nesse contexto, o seu novo art. 927-B, que tratará da obrigação de indenizar, receberá um § 3.º, com a seguinte redação: "o caso fortuito ou a força maior somente exclui a responsabilidade civil quando o fato gerador do dano não for conexo à atividade desenvolvida pelo autor do dano". Espera-se a sua aprovação imediata pelo Congresso Nacional.

A ideia remonta à divisão dos eventos em *internos* e *externos*, desenvolvida por Agostinho Alvim. De acordo com as palavras do doutrinador:

"A distinção que modernamente a doutrina vem estabelecendo, aquela que tem efeitos práticos e que já vai se introduzindo em algumas leis, é a que vê no caso fortuito um impedimento relacionado com a pessoa do devedor ou com a sua empresa, quanto que a força maior é um acontecimento externo. Tal distinção permite estabelecer uma diversidade de tratamento para o devedor, consoante o fundamento de sua responsabilidade civil. Se esta fundar-se na culpa, bastará o caso fortuito para exonerá-lo. Com a maioria de razão absolverá a força maior. Se a sua responsabilidade fundar-se no risco, então o simples caso fortuito não o exonerará. Será mister haja força maior, ou como alguns dizem, caso fortuito externo. Nesta última hipótese, os fatos que exoneram vêm a ser: culpa da vítima, ordens de autoridade (*fait du prince*), fenômenos naturais (raio, terremoto), ou quaisquer outras impossibilidades de cumprir a obrigação, por não ser possível evitar o fato derivado de força externa invencível, guerra revolução" (ALVIM, Agostinho. *Da inexecução...*, 1949, p. 290-291).

v.u.). E mais: "a única razão para que o consumidor permaneça desprotegido, aguardando a abertura da cancela, é, justamente, para ingressar no estabelecimento do fornecedor. Logo, não pode o *shopping center* buscar afastar sua responsabilidade por aquilo que criou para se beneficiar e que também lhe incumbe proteger, sob pena de violar até mesmo o comando da boa-fé objetiva e o princípio da proteção contratual do consumidor".

Entretanto, assim como ocorre com o banco, se o assalto ocorrer na via pública não há que reconhecer o dever de indenizar do *shopping* ou do supermercado. Nos termos de aresto do STJ de 2018:

> "Em casos de roubo, a jurisprudência desta Corte tem admitido a interpretação extensiva da Súmula n. 130/STJ para entender configurado o dever de indenizar de estabelecimentos comerciais quando o crime for praticado no estacionamento de empresas destinadas à exploração econômica direta da referida atividade (hipótese em que configurado fortuito interno) ou quando esta for explorada de forma indireta por grandes *shopping centers* ou redes de hipermercados (hipótese em que o dever de reparar resulta da frustração de legítima expectativa de segurança do consumidor). No caso, a prática do crime de roubo, com emprego inclusive de arma de fogo, de cliente de atacadista, ocorrido em estacionamento gratuito, localizado em área pública em frente ao estabelecimento comercial, constitui verdadeira hipótese de caso fortuito (ou motivo de força maior) que afasta da empresa o dever de indenizar o prejuízo suportado por seu cliente (art. 393 do Código Civil)" (STJ, REsp 1.642.397/DF, 3.ª Turma, Rel. Min. Ricardo Villas Bôas Cueva, j. 20.03.2018, *DJe* 23.03.2018).

Também de forma diferente deve ser a conclusão se um psicopata metralhar as pessoas no interior do *shopping*, como ocorreu no caso envolvendo conhecido estudante de medicina na cidade de São Paulo. Como concluiu o Superior Tribunal de Justiça em julgado publicado no seu *Informativo n. 433,* o episódio é totalmente externo ou estranho ao risco do empreendimento, não se podendo falar em responsabilização civil dos prestadores de serviços em casos tais (STJ, REsp 1.164.889/SP, 4.ª Turma, Rel. Min. Honildo Amaral de Mello Castro (Desembargador convocado do TJAP), j. 04.05.2010, *DJe* 19.11.2010).

Essa forma de julgar foi confirmada pelo mesmo Tribunal Superior em aresto mais recente:

> "Não se revela razoável exigir das equipes de segurança de um cinema ou de uma administradora de *shopping centers* que previssem, evitassem ou estivessem antecipadamente preparadas para conter os danos resultantes de uma investida homicida promovida por terceiro usuário, mesmo porque tais medidas não estão compreendidas entre os deveres e cuidados ordinariamente exigidos de estabelecimentos comerciais de tais espécies (REsp 1.384.630/SP, Rel. Ministro Paulo de Tarso Sanseverino, Rel. p/ Acórdão Ministro Ricardo Villas Bôas Cueva, Terceira Turma, julgado em 20.02.2014, *DJe* 12.06.2014; grifou-se). Assim, se o *shopping* e o cinema não concorreram para a eclosão do evento que ocasionou os alegados danos morais, não há que se lhes imputar qualquer responsabilidade, sendo certo que esta deve ser atribuída, com exclusividade, em hipóteses tais, a quem praticou a conduta danosa, ensejando, assim o reconhecimento do fato de terceiro, excludente do nexo de causalidade e, em consequência, do dever de indenizar (art. 14, § 3.º, inc. II, CDC)" (STJ, REsp 1.133.731/SP, 4.ª Turma, Rel. Min. Marco Buzzi, j. 12.08.2014, *DJe* 20.08.2014).

Ainda sobre o ambiente do *shopping center*, o Superior Tribunal de Justiça, novamente de forma correta, julgou em 2019 que a queda de parte do teto constitui um *evento interno*, que não pode ser enquadrado como caso fortuito ou força maior. Sendo assim, especialmente pela expectativa de segurança criada, a empresa deve responder:

CAP. 8 • ELEMENTOS DA RESPONSABILIDADE CIVIL OU PRESSUPOSTOS DO DEVER DE INDENIZAR | 381

"A prestação de segurança aos bens e à integridade física do consumidor é inerente à atividade comercial desenvolvida pelos hipermercados e pelos *shopping centers*, porquanto a principal diferença existente entre estes estabelecimentos e os centros comerciais tradicionais reside justamente na criação de um ambiente seguro para a realização de compras e afins, capaz de incidir e conduzir o consumidor a tais praças privilegiadas, de forma a incrementar o volume de vendas. A responsabilidade civil do *shopping center* no caso de danos causados à integridade física dos consumidores ou aos seus bens não pode, em regra, ser afastada sob a alegação de caso fortuito ou força maior, pois a prestação de segurança devida por este tipo de estabelecimento é inerente à atividade comercial exercida por ele. Um consumidor que está no interior de uma loja, em um *shopping center*, não imagina que o teto irá desabar sobre si, ainda que haja uma forte tempestade no exterior do empreendimento, afinal, a estrutura do estabelecimento deve – sempre, em qualquer época do ano – ser hábil a suportar rajadas de vento e fortes chuvas" (STJ, REsp 1.764.439/SP, 3.ª Turma, Rel. Min. Nancy Andrighi, j. 21.05.2019, *DJe* 24.05.2019).

Pois bem, entre os anos de 2017 e 2018, surgiu outro debate interessante na Corte a respeito do *dueto* caso fortuito e força maior, bem como sobre o risco da atividade ou do empreendimento, abordando-se o assalto praticado nas dependências ou em local próximo à lanchonete do McDonald's.

Em um primeiro acórdão, da Terceira Turma, entendeu-se que, "no caso, a prática do crime de roubo, com emprego inclusive de arma de fogo, de cliente de lanchonete *fast-food*, ocorrido no estacionamento externo e gratuito por ela oferecido, constitui verdadeira hipótese de caso fortuito (ou motivo de força maior) que afasta do estabelecimento comercial proprietário da mencionada área o dever de indenizar (art. 393 do Código Civil)" (STJ, REsp 1.431.606/SP, 3.ª Turma, Rel. Min. Paulo de Tarso Sanseverino, Rel. p/ Acórdão Min. Ricardo Villas Bôas Cueva, j. 15.08.2017, *DJe* 13.10.2017). Entendeu-se, assim, pela presença de um evento externo, fora do risco da atividade da empresa de *fast-food.*

Entretanto, em setembro de 2018, em caso relativo a assalto ocorrido no *drive-thru* a solução foi diversa, pois julgou-se do seguinte modo:

"Diante de tais circunstâncias trazidas nos autos, tenho que o serviço disponibilizado foi inadequado e ineficiente, não havendo falar em caso fortuito ou força maior, mas sim fortuito interno, porquanto incidente na proteção dos riscos esperados da atividade empresarial desenvolvida e na frustração da legítima expectativa de segurança do consumidor-médio, concretizando-se o nexo de imputação na frustração da confiança a que fora induzido o cliente. Ademais, configurada a responsabilização da fornecedora em razão da própria publicidade veiculada pela empresa, em que se constata a promessa de segurança dos clientes" (STJ, REsp 1.450.434/SP, 4.ª Turma, Rel. Min. Luis Felipe Salomão, j. 18.09.2018).

Conclui-se, como se percebe pelo trecho destacado, tratar-se de um evento interno, que ingressa no risco do empreendimento.

Com o devido respeito à última forma de julgar, entendo que nas duas hipóteses tem-se um evento externo, que foge do risco da atividade ou do risco do empreendimento, pois não existem medidas concretas e efetivas que podem ser tomadas pela lanchonete para evitar o fato. A questão é de segurança pública e deveria sempre envolver a responsabilidade civil do Estado.

Encerrando o estudo do tema, o Superior Tribunal de Justiça editou súmula no ano de 2012, estabelecendo que as instituições bancárias respondam pelas fraudes praticadas por terceiros no âmbito de sua atuação. A título de exemplo, podem ser citados os roubos e furtos de talões de cheques, a clonagem de cartões ou de clientes e as fraudes praticadas pela internet. Prescreve a Súmula n. 479 daquela Corte Superior que "as instituições financeiras respondem objetivamente pelos danos gerados por fortuito interno relativo a fraudes e delitos praticados por terceiros no âmbito de operações bancárias". A súmula merece um reparo crítico na redação, uma vez que todas as citadas fraudes constituem eventos internos, entrando no risco do empreendimento ou no risco da atividade desenvolvida pelos bancos (*risco do negócio*).

Vale, contudo, a ressalva de que, se a fraude foi praticada com o uso da senha e o cartão do próprio correntista, não se deve aplicar a solução prevista na súmula, presente a culpa ou fato exclusivo da própria vítima. Nos termos de aresto de 2017 do próprio STJ, "de acordo com a jurisprudência do Superior Tribunal de Justiça, a responsabilidade da instituição financeira deve ser afastada quando o evento danoso decorre de transações que, embora contestadas, são realizadas com a apresentação física do cartão original e mediante uso de senha pessoal do correntista. Hipótese em que as conclusões da perícia oficial atestaram a inexistência de indícios de ter sido o cartão do autor alvo de fraude ou ação criminosa, bem como que todas as transações contestadas foram realizadas com o cartão original e mediante uso de senha pessoal do correntista" (STJ, REsp 1.633.785/SP, 3.ª Turma, Rel. Min. Ricardo Villas Bôas Cueva, j. 24.10.2017, *DJe* 30.10.2017).

Na mesma linha, a assertiva n. 8, publicada na Edição n. 161 da ferramenta *Jurisprudência em Teses da Corte*, de 2020 (Consumidor V): "as instituições financeiras são responsáveis por reparar os danos sofridos pelo consumidor que tenha o cartão de crédito roubado, furtado ou extraviado e que venha a ser utilizado indevidamente, ressalvada as hipóteses de culpa exclusiva do consumidor ou de terceiros".

Em 2023, reafirmou-se o mesmo entendimento em caso envolvendo o uso do cartão com o chip do correntista: "não se pode responsabilizar instituição financeira em caso de transações realizadas mediante a apresentação de cartão físico com chip e a senha pessoal do correntista, sem indícios de fraude" (STJ, REsp 1.898.812/SP, 4.ª Turma, Rel. Min. Maria Isabel Gallotti, j. 15.08.2023, v.u.).

De toda sorte, e com o devido respeito, tenho dúvidas se mesmo a utilização do cartão, do chip e da senha pessoais também não ingressam no risco do empreendimento do banco, dependendo das circunstâncias que envolvem a demanda. O próprio STJ, a propósito, tem julgado que o banco deve responder em caso de golpes dados por estelionatários no âmbito de suas atividades: "a instituição financeira responde objetivamente por falha na prestação de serviços bancários ao permitir a contratação de empréstimo por estelionatário" (STJ, REsp 2.052.228/DF, 3.ª Turma, Rel. Min. Nancy Andrighi, j. 12.09.2023, *DJe* 15.09.2023, v.u.). Eis, portanto, um tema que precisa ser pacificado com clareza pelo Tribunal da Cidadania.

Para concluir o tópico, resta evidenciado que as situações envolvendo as excludentes de nexo de causalidade devem ser analisadas de forma casuísta pelo aplicador do direito, aprofundando-se o estudo na verificação da atividade desenvolvida pelo eventual responsável. Tal verificação denota uma funcionalização coletiva dos institutos da responsabilidade civil.

8.5 DANO OU PREJUÍZO

Como é notório, para que haja pagamento de indenização, além da prova de culpa ou dolo na conduta, é necessário, normalmente, comprovar o dano patrimonial ou extrapatrimonial suportado por alguém. No final do capítulo será demonstrado, de forma esquematizada, que a ação de responsabilidade civil, para o seu autor ou demandante, é como uma *corrida com dois obstáculos*. Porém, é possível a retirada de um ou até de todos esses obstáculos

CAP. 8 • ELEMENTOS DA RESPONSABILIDADE CIVIL OU PRESSUPOSTOS DO DEVER DE INDENIZAR

para o autor da demanda. Em regra, não há responsabilidade civil sem dano, cabendo o ônus de sua prova ao autor da demanda, outra aplicação do art. 373, inc. I, do CPC/2015; correspondente ao art. 333, inc. I, do CPC/1973. No Projeto de Reforma do Código Civil, o dano é mantido como requisito do ato ilícito indenizante e da responsabilidade civil, cabendo ao autor da demanda a sua prova.

Vale lembrar que, em alguns casos, cabe a inversão do ônus da prova do dano ou prejuízo, como nas hipóteses envolvendo as relações de consumo, presente a hipossuficiência do consumidor ou a verossimilhança de suas alegações (art. 6.º, inc. VIII, da Lei 8.078/1990). O mesmo vale em relação ao dano ambiental, prevendo a Súmula 618 do STJ, editada em 2018, que "a inversão do ônus da prova aplica-se às ações de degradação ambiental".

Ademais, o CPC/2015 ampliou essa inversão para qualquer hipótese em que houver dificuldade na construção probatória, tratando da *carga dinâmica da prova*. Nos termos do § 1.º do seu art. 373, nos casos previstos em lei ou diante de peculiaridades da causa relacionadas à impossibilidade ou à excessiva dificuldade de cumprir o encargo probatório ou à maior facilidade de obtenção da prova do fato contrário, poderá o juiz atribuir o ônus da prova de modo diverso, desde que o faça por decisão fundamentada. Em casos tais, nos termos do mesmo preceito, o juiz deverá dar à parte a oportunidade de se desincumbir do ônus que lhe foi atribuído. Na minha opinião, o preceito pode ser aplicado a vulneráveis que não são consumidores, caso dos aderentes contratuais para quem o conteúdo do negócio é imposto.

Feita tal atualização da obra, repise-se que há corrente doutrinária pela qual a mera lesão de direitos poderá acarretar a responsabilidade civil, sendo crescente em adeptos a tese da *responsabilidade civil sem dano*.

Esclareça-se que, *a priori*, não se filia a tal entendimento, eis que, para que o ato ilícito esteja caracterizado, é necessária a presença de dois elementos: a lesão de direitos e o dano (art. 186 do CC). A reparação do dano efetivo e presente também consta dos arts. 403 e 927 da atual codificação privada. No que concerne ao art. 403 do CC/2002, compreendo que a sua melhor interpretação é no sentido de que, quando o dispositivo menciona os danos diretos, está somente vedando a reparação dos danos hipotéticos ou eventuais. O tema ainda será aprofundado mais à frente, ainda neste Capítulo.

Prevê a Súmula 37 do Superior Tribunal de Justiça que é possível a cumulação, em uma mesma ação, de pedido de reparação material e moral. Essa súmula, de 1992, merece uma nova leitura, pois o Superior Tribunal de Justiça vem entendendo, desde o ano de 2000, que são cumuláveis danos materiais, morais e estéticos, constituindo os últimos uma terceira modalidade de dano. A grande discussão existente sempre foi em relação à cumulação dos danos morais e estéticos, estando a mesma superada em sede de Superior Tribunal de Justiça. Daqueles primeiros julgados é interessante a seguinte transcrição:

> "Responsabilidade civil – Ônibus – Atropelamento – Vítima que restou total e permanentemente incapacitada para o trabalho – Negativa de prestação jurisdicional – Sentença condicional – Inexistência – Cumulação dos danos morais com os estéticos – Admissibilidade" (STJ, Acórdão: REsp 327.210/MG (200100614522), 588.139 Recurso Especial, data da decisão: 04.11.2004, Órgão julgador: Quarta Turma, Relator: Ministro Barros Monteiro, fonte: DJ 01.02.2005, p. 564, Veja: (Acumulação – Dano moral – Dano estético) STJ – REsp 595.866/RJ, 540021/ES, 203.142/RJ, 103.102/SP, 192.823/RJ, 249.728/RJ, 434.903/RJ, 459.350/RJ, 254.445/PR (RDDP 6/206), 457.312/SP (LEX-STJ 161/215, RSTJ 171/356), REsp 210.351/RJ (*RSTJ* 139/358, *LEX-STJ* 137/230), REsp 289.885/RJ).

De julgados posteriores do STJ, podem ser transcritos dois, de conteúdo exemplar:

"Indenização – 'Danos estéticos' ou 'danos físicos' – Indenizabilidade em separado. 1. A jurisprudência da 3.ª Turma admite que sejam indenizados, separadamente, os danos morais e os danos estéticos oriundos do mesmo fato. Ressalva do entendimento do relator. 2. As sequelas físicas decorrentes do ato ilícito, mesmo que não sejam visíveis de ordinário e, por isso, não causem repercussão negativa na aparência da vítima, certamente provocam intenso sofrimento. Desta forma, as lesões não precisam estar expostas a terceiros para que sejam indenizáveis, pois o que se considera para os danos estéticos é a degradação da integridade física da vítima, decorrente do ato ilícito. 3. Os danos morais fixados pelo Tribunal recorrido devem ser majorados pelo STJ quando se mostrarem irrisórios e, por isso mesmo, incapazes de punir adequadamente o autor do ato ilícito e de indenizar completamente os prejuízos extrapatrimoniais sofridos pela vítima. 4. Provido o recurso especial da parte que pretendia majoração dos danos morais, fica prejudicado o recurso especial da parte que pretendia a redução da indenização" (STJ, REsp 899.869/MG, 3.ª Turma, Rel. Min. Humberto Gomes de Barros, j. 13.02.2007, *DJ* 26.03.2007, p. 242).

"Processual civil – Administrativo – Recurso especial – Responsabilidade civil do Estado – Indenização por danos morais, materiais e estéticos – Pensão mensal vitalícia – Prescrição do fundo de direito – Violação do art. 1.º do Decreto 20.910/1932 – Inaplicabilidade da Súmula 85/STJ – Precedentes – Provimento. A prescrição, no caso, não atingiu apenas as prestações anteriores ao quinquídio que antecedeu o ajuizamento da ação (Súmula 85/STJ), mas fulminou toda a pretensão condenatória (seja a indenização por danos morais, materiais e estéticos, seja a pensão mensal vitalícia), porque decorreram mais de quinze (15) anos entre a data da ciência da incapacidade laboral absoluta e irreversível – com a concessão do benefício previdenciário de aposentadoria por invalidez em 3 de janeiro de 1986 – e o ajuizamento da ação condenatória, ocorrido somente em 8 de junho de 2001. Recurso especial provido, para se reconhecer a prescrição e decretar a extinção do processo com resolução de mérito" (STJ, REsp 652.551/RJ, 1.ª Turma, Rel. Min. Denise Arruda, j. 05.12.2006, *DJ* 18.12.2006, p. 312).

Pois bem, a questão da reparação à parte dos danos estéticos consolidou-se de tal forma na jurisprudência superior que, em setembro de 2009, o STJ editou a Súmula 387, enunciando expressamente que é lícita a cumulação das indenizações de dano estético e dano moral.

Vejamos, então, o estudo dos danos materiais e dos danos morais, que podem ser tidos como *danos clássicos*. Ato contínuo de estudo, serão abordados os *novos danos*, ou categorias contemporâneas, quais sejam os danos estéticos, os danos por perda de uma chance, os danos morais coletivos e os danos sociais ou difusos.

8.5.1 Danos patrimoniais ou materiais

Os danos patrimoniais ou materiais constituem prejuízos, perdas que atingem o patrimônio corpóreo de uma pessoa natural, pessoa jurídica ou ente despersonalizado. Conforme antiga lição e o entendimento jurisprudencial consolidado, não cabe reparação de dano hipotético ou eventual, necessitando tais danos de prova efetiva.

Para ilustrar hipótese em que houve pedido de mero dano hipotético, colaciona-se a seguinte ementa do Superior Tribunal de Justiça:

"Processual civil e administrativo – Desapropriação – Perdas e danos – Indenização pela não implantação de empreendimento imobiliário – Dano hipotético – Honorários advocatícios – Fixação em percentual inferior ao mínimo legal – Súmula 7/STJ. 1. Impossibilidade

CAP. 8 • ELEMENTOS DA RESPONSABILIDADE CIVIL OU PRESSUPOSTOS DO DEVER DE INDENIZAR | **385**

de indenizar-se, em ação de desapropriação, expectativa de lucros advindos de implantação de empreendimento imobiliário, ainda que aprovado pelas autoridades competentes. 2. Na desapropriação, a indenização pelo valor de mercado já leva em conta o potencial de exploração econômica do imóvel. 3. Possibilidade de indenização por danos materiais, se comprovados. 4. Questão relativa ao prejuízo quanto à impossibilidade de implantação do projeto após a desapropriação que se insere no contexto fático-probatório e que, por isso, esbarra no teor da Súmula 7/STJ. 5. Possibilidade de fixação de honorários em percentual inferior ao mínimo legal quando vencida a Fazenda Pública, sendo inviável, em recurso especial, reexaminar-se os elementos de fato que influenciaram no arbitramento da verba pelo Tribunal *a quo* (Súmula 7/STJ). 6. Recurso especial não conhecido" (STJ, REsp 325.335/SP, 2.ª Turma, Rela. Min. Eliana Calmon, j. 06.09.2001, *DJ* 24.03.2003, p. 191).

Anoto que o atual Projeto de Reforma do Código Civil, em boa hora, pretende incluir regra expressa no sentido de que o dano patrimonial deva ser provado. Trata-se da projeção de um novo § 3.º do art. 944-B no Código Civil, segundo o qual "o dano patrimonial será provado de acordo com as regras processuais gerais".

Como inovação interessante, há proposição de inclusão de um novo § 4.º nesse art. 944-B, segundo o qual, "em casos excepcionais, de pouca expressão econômica, pode o juiz calcular o dano patrimonial por estimativa, especialmente quando a produção da prova exata do dano se revele demasiadamente difícil ou onerosa, desde que não haja dúvidas da efetiva ocorrência de danos emergentes ou de lucros cessantes, diante das máximas de experiência do julgador". Trata-se de proposta formulada pela Subcomissão de Responsabilidade Civil – formada pelo Professor Nelson Rosenvald, pela Ministra Maria Isabel Gallotti e pela Juíza Patrícia Carrijo –, que acabou sendo aceita pela Relatoria-Geral e pelos demais membros da Comissão de Juristas.

Como justificaram os membros da Subcomissão, "quem quer que tenha alguma prática na área de reparação judicial de danos, pouco importando se derivados de responsabilidade contratual ou extracontratual, sabe que em muitos casos não se obtém a reparação integral dos danos, por dificuldade de prova precisa dos danos patrimoniais, especialmente (mas não só) dos lucros cessantes. Isso ocorre mesmo naqueles casos em que, à luz da experiência comum, ter-se-ia como certa a ocorrência de tais danos, embora de difícil (ou demasiadamente onerosa) prova. Nesses casos, embora o princípio jurídico regente seja o da reparação integral, na prática isso não é obtido. A previsão introduzida nesse parágrafo busca remediar tal situação, permitindo que os juízes possam estimar tais danos, equitativamente, à luz das circunstâncias do caso e da experiência comum, mesmo na ausência de provas contundentes da extensão do dano. Acredita-se que o bom senso dos julgadores evitará abusos. De qualquer sorte, a sugestão limita-se a casos de pouca expressão econômica". Ainda segundo eles, "a sugestão é inspirada no art. 2:105 dos PETL – *Principles of European Tort Law*, que é mais amplo e ilimitado do que a solução ora proposta: 'Art. 2:105. Prova do dano. O dano deve ser provado de acordo com as regras processuais gerais. O tribunal pode calcular o dano por estimativa quando a prova exata se revele demasiado difícil ou onerosa'".

Entendo que a norma vem em boa hora, sobretudo para a tutela de vítimas vulneráveis ou em situação de hipossuficiência, especialmente quanto à produção de prova.

Quando se fala em *danos materiais*, a doutrina prefere utilizar a expressão *ressarcimento*. De qualquer forma, não há problemas em se adotar também o termo *reparação* para os danos materiais. O que não é recomendável é a expressão *ressarcimento* para os danos morais. Para os últimos, é melhor o uso do termo *reparação*. Esclareceremos o porquê em momento oportuno.

Nunca se pode esquecer da importante classificação do dano material, constante do art. 402 do Código Civil de 2002.

Primeiramente, há os *danos emergentes* ou *danos positivos*, constituídos pela efetiva diminuição do patrimônio da vítima, ou seja, um dano pretérito suportado pelo prejudicado – *o que efetivamente se perdeu*. Como exemplo típico, pode ser citado o estrago do automóvel, no caso de um acidente de trânsito.

Em reforço à ilustração, é de se lembrar o que consta do art. 948, I, do CC, para os casos de homicídio. Em situações tais, devem os familiares da vítima ser reembolsados quanto ao pagamento das despesas com o tratamento do morto, seu funeral e o luto da família. Sem dúvidas que, nesse caso, merece aplicação o princípio da razoabilidade no pedido de tais valores. Além dos danos emergentes, há os *lucros cessantes* ou *danos negativos*, valores que o prejudicado deixa de receber, de auferir, ou seja, uma frustração de lucro – *o que razoavelmente se deixou de lucrar*. No caso de acidente de trânsito, poderá pleitear lucros cessantes o taxista que deixou de receber valores com tal evento. A título de exemplo:

"Responsabilidade civil – Lucros cessantes – Taxista – Aquisição de veículo zero quilômetro – Veículo batido – Substituição não ocorrida dentro do trintídio legal – Impossibilidade de exercer a profissão – Cálculo elaborado segundo tabela fornecida pelo sindicato da classe – Admissibilidade – Ressarcimento daquilo que comprovadamente deixou de lucrar – Sentença de procedência mantida – Recursos improvidos" (TJSP, Apelação Cível 1.001.485-0/2, 35.ª Câmara de Direito Privado, São Paulo, Rel. Artur Marques, 28.08.2006, v.u., Voto 11.954).

Seguindo nas ilustrações, quando uma empresa perde receita, também estão presentes os lucros cessantes ou danos negativos. Em casos tais, deve-se fazer um cálculo estimado – via perícia contábil – de quais foram os danos suportados pela pessoa jurídica. O julgado a seguir, publicado no *Informativo* n. *468* do STJ, demonstra bem uma concretização do cálculo:

"Lucros cessantes. Cálculos. Incêndio. *In casu*, a recorrente (empresa que comercializa combustível) foi condenada a pagar indenização à empresa recorrida (posto de combustíveis) pelos danos emergentes e lucros cessantes decorrentes de incêndio iniciado em caminhão tanque de sua propriedade, que destruiu toda a instalação do posto em 17/5/1992. No REsp, discute-se somente a liquidação dos lucros cessantes. Alega a recorrente que, para as instâncias ordinárias, tais lucros perdurariam até a atualidade, o que ofenderia o art. 402 do CC/2002, bem como que eles deveriam ser delimitados ao tempo necessário para as obras de reconstrução e deles seriam deduzidas as despesas operacionais da empresa. Para a Min. Relatora, tem razão a recorrente quanto aos lucros cessantes consistirem naquilo que a parte deixou razoavelmente de lucrar; portanto, são devidos por um período certo, ou seja, somente aquele em que a parte ficou impossibilitada de auferir lucros em decorrência do evento danoso, que, no caso dos autos, seria o período necessário para as obras de reconstrução do posto. Também assevera proceder a afirmação da recorrente de que a apuração dos lucros cessantes deve ser feita apenas considerando o lucro líquido, deduzindo-se todas as despesas operacionais da empresa recorrida (salários, aluguéis etc.), inclusive os tributos. Ademais, a recorrida optou por não continuar na mesma atividade econômica, vendeu o imóvel onde existia o empreendimento para outra empresa (há mais de 11 anos) e, feita essa opção, o pagamento de lucros cessantes não pode ser perpetuado sobre atividade que não é mais exercida. Diante do exposto, a Turma deu provimento ao recurso para anular a decisão homologatória dos cálculos e determinou o retorno dos autos à origem para que seja realizada nova perícia nos termos do voto da Min. Relatora. Precedentes citados: REsp 489.195/RJ, *DJ* 19.11.2007; REsp 575.080/CE, *DJ* 26.03.2007, e REsp 613.648/RJ, *DJ* 16.04.2007" (STJ, REsp 1.110.417/MA, Rel. Min. Maria Isabel Gallotti, j. 07.04.2011).

CAP. 8 • ELEMENTOS DA RESPONSABILIDADE CIVIL OU PRESSUPOSTOS DO DEVER DE INDENIZAR | 387

Como outro exemplo de lucros cessantes, cite-se, no caso de homicídio, a prestação dos *alimentos indenizatórios, ressarcitórios* ou *indenitários,* devidos à família do falecido (art. 948, inc. II, do CC). Merece transcrição o dispositivo legal, de forma integral, para um maior aprofundamento, importantíssimo para a prática:

"Art. 948. No caso de homicídio, a indenização consiste, sem excluir outras reparações:

I – no pagamento das despesas com o tratamento da vítima, seu funeral e o luto da família;

II – *na prestação de alimentos às pessoas a quem o morto os devia, levando-se em conta a duração provável da vida da vítima*" (destacado).

Como pode ser notado, como o *caput* do dispositivo menciona "sem excluir outras indenizações", os valores pagos não excluem os danos morais, cuja reparação é comum nos casos de homicídio. Anote-se que o Projeto de Reforma do Código Civil, ora em tramitação, pretende deixar mais claro e objetivo o texto da norma, passando a prever, o inc. I do seu art. 948, que "o ressarcimento de despesas relativas aos cuidados com a vítima no período entre a lesão e o seu enterro, despesas com o seu funeral, além da indenização dos lucros cessantes e pelos danos extrapatrimoniais sofridos pelo falecido antes da sua morte". Imperiosa, portanto, a sua aprovação pelo Congresso Nacional.

No que concerne aos *alimentos indenizatórios* como lucros cessantes, a doutrina e a jurisprudência majoritárias ainda têm entendido que se deve levar em conta a vida provável daquele que faleceu. De qualquer forma, para que os familiares tenham direito à indenização, há necessidade de um vínculo de dependência econômica.

Mas qual seria esse limite máximo? Sobre o tema, sempre variou a jurisprudência dos Tribunais Estaduais.

No Tribunal de Justiça de Minas Gerais, o entendimento anterior sempre foi no sentido de que tal limite seria de 65 anos de idade:

"Indenização – Pensionamento face à morte – Liquidação – Limite de vida da vítima que permanece, jurisprudencialmente, em 65 anos de idade – Apelo da ré embargante a que se dá provimento. Conforme assentada jurisprudência deste Tribunal de Alçada, mormente desta 5.ª Câmara Cível, o limite provável da vida da pessoa que falece em acidente é, ainda, de 65 anos de idade, pelo que fica provido o apelo para a redução do limite adotado pela sentença – 77 anos – para este consolidado patamar" (TAMG, 5.ª Câmara de Direito Privado, Apelação Cível, Processo 434.992-6 da Comarca de Belo Horizonte. Presidiu o julgamento a Juíza Eulina do Carmo Almeida e dele participaram os Juízes Francisco Kupidlowski (Relator), Hilda Teixeira da Costa (Revisora) e Elpídio Donizetti (Vogal), j. 23.04.2004).

Por outra via, no Estado do Rio Grande do Sul podem ser encontrados julgados anteriores fixando tal limite na idade entre 72 e 73 anos, uma vez que melhoraram as condições de vida dos gaúchos, conforme estudos do IBGE (TJRS, 00539609NRO, Proc 70003966124, Apelação Cível, Data 05.09.2002, 10.ª Câmara Cível, Carazinho, Rel. Luiz Ary Vessini de Lima).

No Estado de São Paulo já crescia o entendimento pelo qual tal limite seria de 70 anos, também sob o argumento de que melhoraram as condições de vida do cidadão brasileiro em geral:

"Indenização – Fazenda Pública – Homicídio praticado por policial militar com emprego de arma da Corporação – Policial que se encontrava em gozo de férias – Disparos efetuados durante briga em que se envolveu – Vítima que nem sequer participava do entrevero

– Responsabilidade do Estado fundada na culpa – Desídia da Administração ao permitir que o policial continuasse portando a arma durante as férias – Negligência que concorreu para o evento – Sentença que julgou procedente em parte a ação, ajuizada pela mãe da vítima – Indenização pelo dano moral que comporta redução para R$ 40.000,00 – Pensão que, ante a ausência de comprovação dos ganhos da vítima, foi corretamente arbitrada em valor correspondente a um salário mensal, com dedução de um terço, correspondente aos gastos pessoais – Termo final da pensão fixado na data em que a vítima completaria 25 anos de idade – Inadmissibilidade, devendo ser considerada a vida provável da vítima, ou seja, 70 anos – Recursos oficial e voluntários parcialmente providos para reduzir a indenização pelo dano moral e alterar o termo final da pensão" (TJSP, Apelação Cível 101.093-5/8, 8.ª Câmara de Direito Público, São Paulo, Rel. Antonio Villen, 13.06.2001, v.u.).

Essa tendência, na doutrina, é apontada por Sílvio de Salvo Venosa, merecendo destaque as suas palavras: "quanto à duração da pensão, leva-se em consideração a vida presumível do morto. A jurisprudência tem entendido que esse limite é a idade presumida de 65/70 anos. Há tendência de que essa expectativa de vida em nosso país seja mais elevada, o que deverá majorar essa probabilidade" (*Direito civil...*, 2005, p. 296).

Nessa esteira, o Superior Tribunal de Justiça vem entendendo que o cálculo da vida provável deve estar amparado nos estudos do IBGE a respeito da expectativa de vida no Brasil. A título de exemplo, transcreve-se:

"Responsabilidade civil – Atropelamento – Morte – Indenização – Danos morais e materiais – Cabimento – Pensionamento – Critérios – Termo *ad quem* – Sobrevida provável – Sucumbência recíproca – Inocorrência. 1. O Tribunal *a quo* ao fixar em 68 (sessenta e oito) anos de idade o tempo provável de vida do *de cujus* considerou ser esta a média aproximada de vida do brasileiro. O *decisum* recorrido não se afastou do entendimento desta Corte, consoante o qual 'a longevidade provável de vítima fatal, para efeito de fixação do tempo de pensionamento, deve ser apurada em consonância com a tabela de sobrevida adotada pela Previdência Social, de acordo com cálculos elaborados pelo IBGE' (Precedentes: REsp 268.265/SP, Rel. Min. Aldir Passarinho Júnior, *DJ* 17.06.2002; REsp 72.793/SP, Rel. Min. Sálvio de Figueiredo Teixeira, *DJ* 06.11.2000). 2. O Tribunal de origem julgou que 'a pensão devida deve ser o equivalente a dois terços do último salário líquido, incluídas as horas extras, percebido pela vítima'. A decisão recorrida foi lastreada no conjunto probatório dos autos, oriunda de instrução processual (demonstrativos de pagamento de salário da vítima, relativos aos meses de agosto e setembro de 1994, imediatamente anteriores ao acidente fatal, 14.10.1994, e nos quais constam a indicação de recebimento de 'hora extra a 75%'). A revisão do acórdão recorrido implicaria em reexame de provas produzidas nas instâncias ordinárias, o que é vedado pela Súmula 07 desta Corte. 3. Consideradas as peculiaridades do caso em questão, vale dizer, atropelamento e morte de trabalhador e pai de família, com 42 anos, deixando companheira e três filhos, o valor fixado pelo Tribunal de origem a título de danos morais mostra-se razoável, limitando-se à compensação do sofrimento advindo do evento danoso. Valor indenizatório mantido na quantia certa de R$ 160.000,00 (cento e sessenta mil reais), a ser dividido entre os autores-recorridos. 4. Esta Corte tem entendimento firmado no sentido de que nas reparações de dano moral, como o Juiz não fica jungido ao *quantum* pretendido pelo autor, ainda que o valor fixado seja inferior ao pleiteado pela parte, não há falar-se em sucumbência recíproca (Precedente: REsp 494.867/AM, Rel. Min. Castro Filho, *DJ* 29.03.2003). 5. Recurso não conhecido" (STJ, REsp 698.443/SP, 4.ª Turma, Rel. Min. Jorge Scartezzini, j. 01.03.2005, *DJ* 28.03.2005, p. 288).

Filia-se à última ementa, pois a decisão procura analisar o ato ilícito e a responsabilidade civil de acordo com o meio que os cerca. Sendo assim, pode-se denotar, em certo sentido, a

CAP. 8 · ELEMENTOS DA RESPONSABILIDADE CIVIL OU PRESSUPOSTOS DO DEVER DE INDENIZAR | 389

finalidade social da responsabilidade civil. Consigne-se que, atualmente e conforme as últimas pesquisas realizadas pelo IBGE, a expectativa de vida no Brasil gira em torno dos 75 anos.

Pois bem, do último julgado transcrito podem ser retirados os parâmetros do cálculo dos valores a serem pagos aos dependentes quanto aos alimentos indenizatórios.

Deve-se fixar a indenização em 2/3 do salário da vítima, que serão multiplicados pelo número de meses até que seja atingida a mencionada idade limite. Se o morto era registrado, tendo carteira de trabalho, devem ser incluídos as férias, os valores correspondentes ao Fundo de Garantia por Tempo de Serviço (FGTS) e do décimo terceiro salário, conforme entendimento majoritário da jurisprudência (ver: STJ, AgRg no Ag 1.419.899/RJ, 2.ª Turma, *DJe* 24.09.2012, citado em REsp 1.279.173/SP, Rel. Min. Paulo de Tarso Sanseverino, j. 04.04.2013, com o mesmo entendimento). Isso, repita-se, sem excluir a indenização por danos morais decorrentes da morte de pessoa da família.

Várias questões controvertidas surgem na fixação dos alimentos indenizatórios em caso de falecimento.

De início, a jurisprudência nacional tem discutido qual a justiça competente para apreciar o homicídio decorrente do acidente de trabalho, havendo demanda proposta por seus herdeiros. Diante da Emenda Constitucional 45, que, alterando o art. 114 da Constituição Federal, ampliou sobremaneira a competência da Justiça do Trabalho, sempre me pareceu que a competência seria desta justiça especializada. Porém, vinha ocorrendo uma verdadeira *queda de braço* pela competência, em relação à Justiça Comum.

Evidenciando-a, o Superior Tribunal de Justiça editou, no final de 2008, a Súmula 366, prevendo que "compete à Justiça estadual processar e julgar ação indenizatória proposta por viúva e filhos de empregado falecido em acidente de trabalho". Em edições anteriores desta obra, já alertava que a súmula estaria equivocada, ferindo também a competência quanto à análise da matéria, que é do Supremo Tribunal Federal. Assim, de forma correta, o próprio STJ cancelou a referida ementa, conforme publicação no seu *Informativo* n. *497*:

> "Súmula n. 366-STJ – Cancelamento. Trata-se de conflito negativo de competência estabelecido entre a Justiça do Trabalho e a Justiça estadual, em ação movida por viúva de empregado falecido em acidente de trabalho, pedindo indenização por danos materiais e morais sofridos em decorrência do fato. Com as alterações do art. 114 da CF/1988, introduzidas pela EC n. 45/2004, à Justiça do Trabalho foi atribuída competência para processar e julgar as ações de indenização por dano moral ou patrimonial decorrentes da relação de trabalho. Incluem-se, nessa competência, segundo a jurisprudência do STF, as demandas fundadas em acidente do trabalho. O caso concreto, entretanto, tem uma peculiaridade: embora se trate de demanda fundada em acidente do trabalho, ela foi proposta pela viúva do empregado acidentado, visando obter indenização de danos por ela sofridos. A jurisprudência do STJ sumulou, a propósito, o seguinte entendimento: Compete à Justiça estadual processar e julgar ação indenizatória proposta por viúva e filhos de empregado falecido em acidente de trabalho (Súm. n. 366-STJ). Na base desse entendimento, está a compreensão de que, por causa decorrente de acidente do trabalho, entende-se apenas aquela oriunda diretamente desse fato cujo objeto sejam prestações devidas ao próprio acidentado. Ocorre que o STF tem entendimento de que é de acidente do trabalho qualquer causa que tenha como origem essa espécie de acidente, razão pela qual é irrelevante, para a definição da competência jurisdicional da Justiça do Trabalho, que a ação de indenização não tenha sido proposta pelo empregado, mas por seus sucessores. Considerando que ao STF compete dar a palavra final sobre a interpretação da Constituição, e aqui a questão é tipicamente constitucional, pois envolve juízo sobre competência estabelecida no art. 114 da CF/1988, é importante a adoção do entendimento por ele assentado, até mesmo

para evitar que a matéria acabe provocando recursos desnecessários, sendo indispensável, para isso, o cancelamento da Súm. n. 366-STJ. Assim, a Corte Especial, por unanimidade, conheceu do conflito, dando pela competência da Justiça do Trabalho, cancelando a Súm. n. 366-STJ. Precedente citado do STF: CC 7.204/MG, *DJ* 09.12.2005" (STJ, CC 101.977/SP, Rel. Min. Teori Albino Zavascki, j. 16.09.2009).

Superado esse primeiro aspecto controvertido, outra dúvida que surge refere-se à hipótese em que a pessoa falece além da mencionada idade limite. Em casos tais, deve ser feito um cálculo de sobrevida do falecido, também conforme tabela do IBGE, o que merece análise tendo parâmetro as condições gerais do falecido, presumindo-se a sua expectativa de vida. Nessa linha, colaciona-se o seguinte trecho de ementa, do ano de 2016: "o fato de a vítima já ter ultrapassado a idade correspondente à expectativa de vida média do brasileiro, por si só, não é óbice ao deferimento do benefício, pois muitos são os casos em que referida faixa etária é ultrapassada. É cabível a utilização da tabela de sobrevida, de acordo com os cálculos elaborados pelo IBGE, para melhor valorar a expectativa de vida da vítima quando do momento do acidente automobilístico e, consequentemente, fixar o termo final da pensão" (STJ, REsp 1.311.402/SP, 3.ª Turma, Rel. Min. João Otávio de Noronha, j. 18.02.2016, *DJe* 07.03.2016).

Além disso, tais valores não excluem as verbas previdenciárias, eis que, conforme a Súmula 229 do STF, a indenização acidentária não exclui a de direito comum, nos casos de dolo ou culpa grave do empregador. O Superior Tribunal de Justiça continua a aplicar o teor deste enunciado jurisprudencial, não analisando sequer o dolo ou a culpa grave, que somente é pertinente para a fixação do *quantum* indenizatório:

"Direito civil. Recurso especial. Acidente de trabalho ocorrido em 1980. Danos morais, estéticos e emergentes. Responsabilidade do empregador. Necessidade de demonstração da culpa, ainda que de natureza leve. Inteligência da Lei 6.367/1976. Afastamento da Súmula 229/STF. Precedentes. Fixação do valor indenizatório. Recurso parcialmente provido. (...). 2. O acórdão recorrido afastou, de forma fundamentada, o dolo e a culpa grave da empresa, inexistindo erro na apreciação ou valoração das provas. 3. A jurisprudência da Terceira e da Quarta Turmas firmou-se no sentido de que, desde a edição da Lei 6.367/1976, para a responsabilidade do empregador basta a demonstração da culpa, ainda que de natureza leve, não sendo mais aplicável a Súmula 229/STF, que previa a responsabilização apenas em casos de dolo ou culpa grave. 4. Uma vez reconhecida a culpa da recorrida, cumpre ao STJ aplicar o direito à espécie, nos termos do art. 257 do RISTJ e da Súmula 456/STF, por analogia. 5. Recurso especial parcialmente provido" (STJ, REsp 406.815/MG, 4.ª Turma, Rel. Min. Antonio Carlos Ferreira, j. 12.06.2012, *DJe* 22.06.2012, publicado no *Informativo* n. *499*, do STJ).

"Indenização de direito comum – Dano material e dano moral – Indenização acidentária – Precedentes da Corte. 1. O indeferimento do dano moral não repercute no dano material, verbas independentes, com cenários próprios. 2. Precedentes da Corte afirmam que a 'indenização acidentária não exclui a de direito comum'. 3. Recurso especial não conhecido" (STJ, REsp 203.166/MG [199900095804], 341.358 recurso especial, 3.ª Turma, Rel. Min. Carlos Alberto Menezes Direito, data da decisão: 03.02.2000, *DJ* 08.03.2000, p. 106. Veja: REsp 47.490/RJ, 41.455/RJ [STJ]).

Em 2024, esse entendimento foi confirmado pela Corte, com o seguinte acórdão e importante ressalva ao final: "o recebimento de pensão previdenciária não exclui a condenação do ofensor à prestação de alimentos indenizatórios, desde que demonstrado decréscimo na situação financeira dos dependentes da vítima" (STJ, REsp 1.392.730/DF, 4.ª Turma, Rel. Min. Maria Isabel Gallotti, j. 05.03.2024, m.v.).

CAP. 8 · ELEMENTOS DA RESPONSABILIDADE CIVIL OU PRESSUPOSTOS DO DEVER DE INDENIZAR | 391

De toda sorte, a jurisprudência entende que o valor pago a título de seguro obrigatório nos acidentes de trânsito (DPVAT) deve ser abatido do montante reparatório pago pelo causador do ilícito. Nessa linha, preceitua a Súmula 246 do Superior Tribunal de Justiça que "O valor do seguro obrigatório deve ser deduzido da indenização judicialmente fixada". Confirmando o enunciado jurisprudencial, aresto assim publicado no *Informativo* n. *540* daquela Corte Superior, mais recentemente: "o valor correspondente à indenização do seguro de danos pessoais causados por veículos automotores de via terrestre (DPVAT) pode ser deduzido do valor da indenização por danos exclusivamente morais fixada judicialmente, quando os danos psicológicos derivem de morte ou invalidez permanente causados pelo acidente" (STJ, REsp 1.365.540/DF, Rel. Min. Nancy Andrighi, j. 23.04.2014).

Com o devido respeito, não se filia a essa última posição, baseada em entendimento sumular, uma vez que, pelo mesmo raciocínio desenvolvido quanto à indenização previdenciária, os valores pagos dizem respeito a esferas diferentes. Assim, parece existir certa contradição entre a Súmula 229 do STF e a Súmula 246 do STJ.

Questão interessante diz respeito à possibilidade de se incluírem na indenização em favor dos familiares as eventuais promoções futuras na carreira e as participações nos lucros que seriam pagas ao falecido. O Superior Tribunal de Justiça entendeu negativamente em julgado prolatado no ano de 2018, relativo ao segundo acidente da empresa aérea TAM, ocorrido no Aeroporto de Congonhas. Nos termos exatos do aresto, que enfrenta vários aspectos aqui expostos, "na apuração do valor da pensão mensal por ato ilícito, não podem ser consideradas as promoções futuras na carreira e a participação nos lucros nem as verbas atinentes ao plano de aquisição de ações e ao adicional de automóvel em face da eventualidade de tais fatos e do caráter indenizatório de alguns (e não salarial), não se enquadrando no conceito jurídico de lucros cessantes".

O julgado também aponta que "é cabível a inclusão do 13.º salário, das férias remuneradas acrescidas de 1/3 (um terço) e do FGTS no cálculo do pensionamento por ato ilícito quando existir prova de trabalho assalariado da vítima na época do sinistro". Como *termo a quo* dos lucros cessantes, entendeu-se que "a pensão mensal por ato ilícito deve perdurar (termo final) até a data em que a vítima atingisse a idade correspondente à expectativa média de vida do brasileiro prevista na data do óbito, segundo a tabela do IBGE, ou até o falecimento do beneficiário, se tal fato ocorrer primeiro" (STJ, REsp 1.422.873/SP, 3.ª Turma, Rel. Min. Ricardo Villas Bôas Cueva, j. 13.03.2018, *DJe* 20.03.2018).

Outro ponto a ser abordado é que, em alguns casos, o próprio Superior Tribunal de Justiça tem quebrado a regra pela qual a indenização deve ser fixada tendo como parâmetro a vida provável da vítima falecida. Imagine-se um caso em que o filho dependente tem 17 anos, enquanto o pai falecido, 55 anos.

Ora, se for considerada a vida provável daquele que faleceu, o filho receberá uma indenização a título de lucros cessantes até a idade de 37 anos, ou seja, quando o pai completasse 75 anos. Isso é inconcebível diante de um Código Civil que veda o enriquecimento sem causa e prega a eticidade. Desse modo, correto o entendimento que fixa a indenização tendo como parâmetro a idade de 24 ou 25 anos do filho, limite correto da relação de dependência. Julgando dessa maneira:

"Ação de indenização – Acidente de trânsito – Veículo automotor e motocicleta – Morte da vítima – Pensão mensal – Idade limite. A pensão devida ao filho menor, em razão de falecimento do seu pai, vítima de acidente de trânsito, deve estender-se até quando aquele completar 25 anos. Recurso especial conhecido e provido" (STJ, REsp 275.274/MG

(200000883085), 401975 Recurso Especial, Votaram com o Sr. Ministro Antônio de Pádua Ribeiro os Srs. Ministros Ari Pargendler e Carlos Alberto Menezes Direito, data da decisão: 17.04.2001, 3.ª Turma, Rel. Min. Nancy Andrighi, *DJ* 03.09.2001, p. 220).

Como se pode perceber, o estudo da atual jurisprudência é importantíssimo para a responsabilidade civil. Sem dúvida, deve estar o aplicador do direito sempre atualizado para os entendimentos de nossos tribunais. Isso também pode ser percebido da próxima questão controvertida a ser debatida.

Sendo a vítima filho menor, cabe debate se poderão os pais pedir indenização a título de lucros cessantes. Prevalece o teor da Súmula 491 do STF pela qual "é indenizável o acidente que causa a morte de filho menor, ainda que não exerça trabalho remunerado". A conclusão pela reparação dos danos está presente nos casos envolvendo famílias de baixa renda, hipótese em que o dano material é presumido (*in re ipsa*).

Da jurisprudência superior é correto o entendimento de que o cálculo da indenização deve ser feito com base em um salário mínimo (ou 2/3 dele), do período em que o menor tiver 14 anos, até os 24 ou 25 anos, limite temporal em que colaboraria o menor com as economias domésticas. Isso sem prejuízo da indenização a título de dano moral. Nesse sentido, apreciando a questão de acordo com a realidade brasileira, colaciona-se:

"Responsabilidade civil do Estado – Acidente automobilístico – Ambulância municipal – Motorista estadual – Solidariedade – Danos materiais – Família pobre – Presunção de que a vítima menor contribuía para o sustento do lar – Súmula 07/STJ – Súmula 491/STF – O STJ proclama que em acidentes que envolvam vítimas menores, de famílias de baixa renda, são devidos danos materiais. Presume-se que contribuam para o sustento do lar. É a realidade brasileira. 'É indenizável o acidente que cause a morte de filho menor, ainda que não exerça trabalho remunerado' (Súmula 491/STF). Em acidente automobilístico, com falecimento de menor de família pobre, a jurisprudência do STJ confere aos pais pensionamento de 2/3 do salário mínimo a partir dos 14 anos (idade inicial mínima admitida pelo Direito do Trabalho) até a época em que a vítima completaria 25 anos (idade onde, normalmente, há a constituição duma nova família e diminui o auxílio aos pais)" (STJ, REsp 335.058/PR (200100883363), 521303 Recurso Especial, 1.ª Turma, Rel. Min. Humberto Gomes de Barros, j. 18.11.2003, *DJ* 15.12.2003, p. 185, *LEX-STJ* 176/93, *RJADCOAS* 54/31).

A questão não é pacífica no próprio Superior Tribunal de Justiça, pois são encontrados julgados sucessivos que deferem os alimentos indenizatórios aos pais após a idade de 25 anos do menor. Supõe-se que o filho contribuiria com a economia doméstica dos pais em 1/3 dos seus rendimentos, até a idade de sua vida provável. Vejamos, a demonstrar a posição atual da Corte:

"Civil – Ação de indenização – Atropelamento fatal – Morte de menor, ferimento em outro – Família de baixa renda – Pensionamento devido – Período – Redução do valor para 1/3 após os 25 anos de idade da vítima – Dano moral – Valor – Majoração. I. Em se tratando de família de baixa renda, é devido o pensionamento pela morte de filho menor em acidente causado por veículo da empresa ré, equivalente a 2/3 do salário mínimo dos 14 anos até 25 anos de idade da vítima, reduzido para 1/3 até a data em que o *de cujus* completaria 65 anos. II. A fixação do dano moral deve atentar para a eficácia da reparação da lesão sofrida, mas evitando, de outro lado, o enriquecimento sem causa. III. Caso em que, constatado que o montante da indenização a tal título se revelou insuficiente em face da gravidade do dano – reconhecida na r. sentença –, é de se estabelecer o valor do ressarcimento em patamar mais elevado. IV. Recurso especial conhecido e provido" (STJ, REsp 598.327/PR, 4.ª Turma, Rel. Min. Aldir Passarinho Junior, j. 16.10.2007, *DJ* 10.12.2007, p. 369).

"Civil e processual – Ação indenizatória – Queda de composição ferroviária – Morte de passageiro menor de idade – Danos morais – Valor irrisório – Majoração – Danos materiais devidos – Atividade remunerada – Não comprovação – Família humilde – Pensão devida. I. Responsabilidade da ré reconhecida à luz dos fatos (Súmula n. 7) e por fundamento constitucional, de impossível revisão pelo STJ. II. Possível a excepcional intervenção do STJ quando o valor do dano moral foi arbitrado em patamar que muito inferior àquele admitido em casos análogos. III. Devido o ressarcimento a título de danos materiais, também no pressuposto de que, em se tratando de família humilde, o filho falecido iria colaborar com a manutenção do lar onde residia com sua genitora. IV. Pensão fixada em dois terços (2/3) do salário mínimo, reduzida a 1/3 (um terço) a partir da data em que a vítima atingiria 25 anos, quando, pela presunção, constituiria nova família, até a longevidade provável prevista em tabela expedida pela Previdência Social, se até lá viva estiver a mãe. V. Recurso conhecido em parte e provido" (STJ, REsp 740.059/RJ, 4.ª Turma, Rel. Min. Aldir Passarinho Junior, j. 12.06.2007, *DJ* 06.08.2007, p. 500).

Em 2024, essa posição foi confirmada pela Corte, que atribuiu indenização aos pais por morte de recém-nascido. Nos termos do novo acórdão, "é cabível pensionamento na hipótese de falecimento de recém-nascido, cujo termo inicial será a data em que a vítima completaria 14 (quatorze) anos, e o termo final será a data em que a vítima completaria a idade correspondente à expectativa média de vida do brasileiro" (STJ, REsp 2.121.056/PR, 3.ª Turma, Rel. Min. Nancy Andrighi, j. 21.05.2024, *DJe* 24.05.2024, v.u.).

Com o devido respeito, merecem críticas as decisões por último transcritas uma vez que não se pode deduzir, pelo padrão geral de conduta do brasileiro, que o filho continuará a contribuir para as economias domésticas dos pais após constituir a sua própria família. Em suma, estou filiado ao julgado anterior, consubstanciado no Recurso Especial 335.058/PR.

Deve ficar claro que há ainda outro entendimento, segundo o qual a Súmula 491 do STF estaria cancelada, tendo em vista a irreparabilidade do dano hipotético ou eventual, à luz dos arts. 186 e 403 do Código Civil e da vedação do enriquecimento sem causa (art. 884 do CC). A mudança de pensamento ocorreria, portanto, com a emergência do Código Civil de 2002. Assim sendo, haveria a possibilidade somente de reparação dos danos morais. Nesse sentido, concluiu o Tribunal de Justiça do Rio de Janeiro:

"Pensionamento – Dano moral – Funeral – Juros. A morte de filho menor improdutivo, ocorrida há 16 anos, não gera direito a pensionamento para seus pais, que dele não dependiam economicamente. O dano moral resta configurado" (Tribunal de Justiça do Rio de Janeiro, Apelação Cível 2004.001.24685, 13.ª Câmara Cível, Des. Nametala Machado Jorge, j. 16.02.2005).

De qualquer forma, o primeiro posicionamento, pela indenização dos lucros cessantes ou alimentos indenizatórios nos casos de morte de menor em famílias de baixa renda, acaba prevalecendo e deve ser levado em consideração para a casuística do Direito Privado.

Superada mais essa questão controvertida, ainda sobre os alimentos indenizatórios, é primaz esclarecer que não cabe prisão pela falta do seu pagamento, também de acordo com o entendimento jurisprudencial dominante anterior:

"*Habeas corpus*. Alimentos devidos em razão de ato ilícito. Prisão civil. Ilegalidade. 1. Segundo a pacífica jurisprudência do Superior Tribunal de Justiça, é ilegal a prisão civil decretada por descumprimento de obrigação alimentar em caso de pensão devida em razão de ato ilícito. 2. Ordem concedida" (STJ, HC 182.228/SP, 4.ª Turma, Rel. Min. João Otávio de Noronha, j. 01.03.2011, *DJe* 11.03.2011).

"Alimentos – Prisão. A possibilidade de determinar-se a prisão, para forçar ao cumprimento de obrigação alimentar, restringe-se a fundada no direito de família. Não abrange a pensão devida em razão de ato ilícito" (STJ, REsp 93.948/SP, 3.ª Turma, Rel. Min. Eduardo Ribeiro, j. 02.04.1998, *DJ* 01.06.1998, p. 79).

"*Habeas corpus* preventivo – Possibilidade de prisão civil – Execução de alimentos – Responsabilidade civil por ato ilícito – Hipótese em que não se admite a execução sob o rito do artigo 733 do Código de Processo Civil, prevista apenas para quando se tratar de alimentos oriundos de obrigação familiar – Ordem concedida" (TJSP, *Habeas Corpus* 361.728-4/0, 6.ª Câmara de Direito Privado, São Paulo, Rel. Isabela Gama de Magalhães, 27.01.2005, v.u.).

Essa também é a minha posição, sendo certo que, pelo menos expressamente, o Código de Processo Civil ora em vigor nada trouxe em sentido contrário. Os critérios processuais para a fixação dos alimentos indenizatórios constam do art. 533 do CPC/2015, equivalente ao art. 475-Q do CPC/1973, sem qualquer menção à prisão civil. Os dispositivos processuais serão confrontados mais à frente.

Em suma, deve continuar firme a posição no sentido de que somente cabe prisão civil em caso de alimentos devidos em decorrência de vínculo legal familiar. Exatamente nesse sentido, a completar os julgados anteriores, citando o CPC/2015: "os alimentos devidos em razão da prática de ato ilícito, conforme previsão contida nos artigos 948, 950 e 951 do Código Civil, possuem natureza indenizatória, razão pela qual não se aplica o rito excepcional da prisão civil como meio coercitivo para o adimplemento. Ordem concedida" (STJ, HC 523.357/MG, 4.ª Turma, Rel. Min. Maria Isabel Gallotti, j. 01.09.2020, *DJe* 16.10.2020).

No passado sempre se entendeu que tais alimentos indenizatórios poderão ser pleiteados via tutela antecipada, mês a mês, desde que preenchidos os requisitos do art. 273 do CPC/1973; ou de uma vez só, ao final da lide, na opinião deste autor. Pontue-se que, no CPC/2015, a antiga antecipação de tutela pode se dar por meio da *tutela de urgência* (art. 300) ou de *evidência* (art. 311), o que depende das circunstâncias fáticas.

Todavia, apesar do entendimento anterior pelo pagamento de uma vez só, em julgados recentes, o Superior Tribunal de Justiça tem entendido que o pagamento deve ser feito de forma sucessiva e continuada. A título de ilustração, vejamos *decisum* publicado no *Informativo* n. 536 do Tribunal da Cidadania: "os credores de indenização por dano morte fixada na forma de pensão mensal não têm o direito de exigir que o causador do ilícito pague de uma só vez todo o valor correspondente. Isso porque a faculdade de 'exigir que a indenização seja arbitrada e paga de uma só vez' (parágrafo único do art. 950 do CC) é estabelecida para a hipótese do *caput* do dispositivo, que se refere apenas a defeito que diminua a capacidade laborativa da vítima, não se estendendo aos casos de falecimento. Precedentes citados: REsp 1.230.007/MG, Segunda Turma, *DJe* 28.02.2011; REsp 1.045.775/ES, Terceira Turma, *DJe* 04.08.2009" (STJ, REsp 1.393.577/PR, Rel. Min. Herman Benjamin, j. 20.02.2014). Com o devido respeito aos julgadores, é forçoso entender que se trata, sim, de uma faculdade dos credores.

Consigne-se que a reforma anterior do Código de Processo Civil introduziu importantes alterações quanto ao *cumprimento da sentença* dos alimentos devidos por ato ilícito.

CAP. 8 · ELEMENTOS DA RESPONSABILIDADE CIVIL OU PRESSUPOSTOS DO DEVER DE INDENIZAR | 395

A Lei 11.232/2005 introduziu o art. 475-Q do CPC/1973. Reafirme-se que esse preceito foi repetido pelo art. 533 do CPC/2015, conforme a seguinte tabela confrontada:

Código de Processo Civil de 2015	Código de Processo Civil de 1973
"Art. 533. Quando a indenização por ato ilícito incluir prestação de alimentos, caberá ao executado, a requerimento do exequente, constituir capital cuja renda assegure o pagamento do valor mensal da pensão.	"Art. 475-Q. Quando a indenização por ato ilícito incluir prestação de alimentos, o juiz, quanto a esta parte, poderá ordenar ao devedor constituição de capital, cuja renda assegure o pagamento do valor mensal da pensão. (Incluído pela Lei n.º 11.232, de 2005.)
§ 1.º O capital a que se refere o *caput*, representado por imóveis ou por direitos reais sobre imóveis suscetíveis de alienação, títulos da dívida pública ou aplicações financeiras em banco oficial, será inalienável e impenhorável enquanto durar a obrigação do executado, além de constituir-se em patrimônio de afetação.	§ 1.º Este capital, representado por imóveis, títulos da dívida pública ou aplicações financeiras em banco oficial, será inalienável e impenhorável enquanto durar a obrigação do devedor. (Incluído pela Lei n.º 11.232, de 2005.)
§ 2.º O juiz poderá substituir a constituição do capital pela inclusão do exequente em folha de pagamento de pessoa jurídica de notória capacidade econômica ou, a requerimento do executado, por fiança bancária ou garantia real, em valor a ser arbitrado de imediato pelo juiz.	§ 2.º O juiz poderá substituir a constituição do capital pela inclusão do beneficiário da prestação em folha de pagamento de entidade de direito público ou de empresa de direito privado de notória capacidade econômica, ou, a requerimento do devedor, por fiança bancária ou garantia real, em valor a ser arbitrado de imediato pelo juiz. (Incluído pela Lei n.º 11.232, de 2005.)
§ 3.º Se sobrevier modificação nas condições econômicas, poderá a parte requerer, conforme as circunstâncias, redução ou aumento da prestação.	§ 3.º Se sobrevier modificação nas condições econômicas, poderá a parte requerer, conforme as circunstâncias, redução ou aumento da prestação. (Incluído pela Lei n.º 11.232, de 2005.)
§ 4.º A prestação alimentícia poderá ser fixada tomando por base o salário mínimo.	§ 4.º Os alimentos podem ser fixados tomando por base o salário-mínimo. (Incluído pela Lei n.º 11.232, de 2005.)
§ 5.º Finda a obrigação de prestar alimentos, o juiz mandará liberar o capital, cessar o desconto em folha ou cancelar as garantias prestadas."	§ 5.º Cessada a obrigação de prestar alimentos, o juiz mandará liberar o capital, cessar o desconto em folha ou cancelar as garantias prestadas. (Incluído pela Lei n.º 11.232, de 2005.)"

Constata-se que o CPC/2015 acabou por consolidar o que estava na norma instrumental anterior, especialmente com as modificações engendradas pela reforma processual de 2005.

Quanto à constituição de capital, já havia previsão na Súmula n. 313 do Superior Tribunal de Justiça, segundo a qual "em ação de indenização, procedente o pedido, é necessária a constituição de capital ou caução fidejussória para a garantia de pagamento da pensão, independentemente da situação financeira do demandado".

De toda sorte, destaque-se o novo tratamento do capital de reserva, como patrimônio de afetação, para os devidos fins de vinculação pagamento do *quantum debeatur*. Este capital pode ser representado por imóveis ou por direitos reais sobre imóveis suscetíveis de alienação (o que é novidade, como se nota da tabela), títulos da dívida pública ou aplicações financeiras em banco oficial. O capital é considerado pela lei como inalienável e impenhorável enquanto durar a obrigação do executado, além de constituir-se, a partir do CPC/2015, em patrimônio de afetação.

Eventualmente, para uma maior efetividade quanto ao recebimento da dívida, o juiz pode determinar a substituição dessa constituição de capital pela inclusão do exequente em folha de pagamento a favor do executado. Se for o caso, a constituição de capital pode ser substituída por fiança bancária ou garantia real (penhor, hipoteca ou anticrese), cujo valor será arbitrado pelo juiz.

Sem dúvida alguma que, conforme aponta a doutrina, a inclusão do beneficiário dos alimentos na folha de pagamento é muito mais simples e mais eficaz do que as demais medidas. Ademais, trata-se de ato de menor impacto para o devedor (RAMOS, Glauco Gumerato. *Reforma...*, 2006, p. 286).

O § 3.º do art. 533 do CPC/2015 continua a enunciar, na linha do seu antecessor, que, ocorrendo alteração das condições econômicas, poderá a parte interessada requerer a redução ou o aumento da prestação. Os alimentos indenizatórios, desse modo, devem seguir o regime dos alimentos de Direito de Família quanto à alteração das circunstâncias, eis que, de acordo com o art. 1.699 do CC, "se, fixados os alimentos, sobrevier mudança na situação financeira de quem os supre, ou na de quem os recebe, poderá o interessado reclamar ao juiz, conforme as circunstâncias, exoneração, redução ou majoração do encargo". Constata--se, nesse contexto, que há uma aplicação subsidiária das regras dos alimentos familiares.

Por tal premissa, é possível a diminuição do valor dos alimentos indenizatórios se a situação financeira do credor for alterada. Sendo cabível a diminuição (revisão para menos), do mesmo modo é aceitável a exoneração total. Imagine-se o caso de serem os alimentos indenizatórios fixados a favor de ex-mulher e esta vier a se casar. Nesse exemplo, também serve como amparo de aplicação dispositivo já previsto para os alimentos familiares, o art. 1.708, *caput*, do CC: "com o casamento, a união estável ou o concubinato do credor, cessa o dever de prestar alimentos".

Por outra via, é possível o aumento dos alimentos indenizatórios, se melhorarem as condições econômicas do réu devedor. A título de exemplificação, imagine-se o caso de o devedor ganhar na loteria, vindo a receber uma quantia milionária. Neste ponto, a nova norma é perfeitamente lógica, eis que é notório o entendimento pelo qual a indenização deve ser fixada de acordo com as condições econômicas dos envolvidos.

Em suma, o que se percebe é que os alimentos indenizatórios passam a ser sujeitos às regras relativas às alterações das circunstâncias. Em certo ponto, pode-se até dizer que a cláusula *rebus sic stantibus*, sempre invocada para a ação de alimentos do Direito de Família, passa a incidir para os alimentos decorrentes de atos ilícitos.

O § 4.º do art. 533 do CPC/2015, também sem qualquer modificação substancial, de-termina que os alimentos indenizatórios podem ser fixados com base no salário mínimo. A nova norma anterior surgiu criando polêmicas, diante da suposta vedação de utilização do salário mínimo para outros fins que não sejam de remuneração dos trabalhadores, constante do art. 7.º, inc. IV, da Constituição Federal de 1988.

Ilustrando, quanto à indenização por danos morais, o Superior Tribunal por diversas vezes entendeu, no passado, ser a fixação em salários mínimos inconstitucional:

"Responsabilidade civil – Manutenção indevida de inscrição no SPC – Dano moral – Valor indenizatório – Razoabilidade – Estipulação em salários mínimos – Inviabilidade. O valor arbitrado a título de danos morais pelo Tribunal *a quo* não se revela exagerado ou desproporcional às peculiaridades da espécie, não justificando a excepcional interven-ção desta Corte para rever o *quantum* indenizatório. 'Inadmissível a fixação do montante indenizatório em determinado número de salários mínimos' (REsp 443.095/SC, relatado pelo eminente Ministro Barros Monteiro, *DJ* de 14.04.2003). Recurso especial parcialmente conhecido e, nessa extensão, provido" (STJ, REsp 659.128/RS, 4.ª Turma, Rel. Min. Cesar Asfor Rocha, j. 28.09.2004, *DJ* 22.11.2004, p. 364).

CAP. 8 · ELEMENTOS DA RESPONSABILIDADE CIVIL OU PRESSUPOSTOS DO DEVER DE INDENIZAR | 397

Esse mesmo entendimento chegou a ser adotado pelo Supremo Tribunal Federal, em julgado do ano de 2000 (RE 225.488/PR, 1.ª Turma, Rel. Min. Moreira Alves, j. 11.04.2000).

Não se filia, à risca, a essa interpretação. Aliás, na prática, o Tribunal da Cidadania tem admitido a fixação dos alimentos indenizatórios – e também dos danos morais, como ainda será exposto – em salários mínimos. Na verdade, o art. 7.º da CF/1988 é dispositivo a ser aplicado para a relação de trabalho, podendo o salário mínimo ser utilizado para outros fins, fora dessa relação jurídica. Sendo assim, para outros casos, que não sejam o de acidente de trabalho, o salário mínimo até pode ser utilizado como parâmetro.

Como comentavam Nelson Nery Jr. e Rosa Maria de Andrade Nery, o novo texto do CPC/1973, que autorizava a fixação dos alimentos com base no salário mínimo, não feria o art. 7.º, inc. IV, da CF/1988, desde que se o interprete conforme o texto constitucional (*Código de Processo Civil...*, 2006, p. 664). Se os alimentos fixados em salários mínimos servem para a tutela e promoção da pessoa humana, conforme o art. 1.º, inc. III, da CF/1988, não há que falar em qualquer inconstitucionalidade. Essa premissa afirmativa deve ser mantida sob a égide do CPC/2015, na minha opinião doutrinária.

Como outra previsão instrumental importante, segundo o § 5.º do art. 533 do CPC/2015, finda a obrigação de prestar alimentos, o juiz mandará liberar o capital, cessando também eventual desconto em folha e cancelando-se as garantias prestadas, se for o caso. Em outras palavras, sendo extinta a obrigação principal, também devem ser as garantias previstas na norma processual, diante do seu flagrante caráter acessório. Essa previsão apenas confirmou o que estava no § 5.º do antigo art. 475-Q do CPC/1973.

Para encerrar o estudo dos alimentos indenizatórios, anote-se que a Reforma do Código Civil, ora em trâmite no Congresso Nacional, pretende alterar o art. 948 do Código Civil, incorporando no texto os entendimentos jurisprudenciais ora desenvolvidos.

Assim, o dispositivo passará a prever que, no caso de morte, a indenização abrange, sem a exclusão de outras reparações, "II – a repercussão patrimonial do dano, na esfera das pessoas a quem o morto devia alimentos, levando-se em conta a duração provável da vida da vítima e a manutenção da situação de dependência econômica". No inc. III, insere-se previsão a respeito dos danos extrapatrimoniais indiretos ou reflexos, "sofridos pelos familiares, com precedência do direito à indenização ao cônjuge ou convivente e aos filhos do falecido, sem excluir aqueles que mantinham comprovado vínculo afetivo com a vítima, o que deve ser apurado pelo julgador no caso concreto". Ainda tratarei do tema no presente capítulo da obra.

O art. 948 receberá, também, um novo § 1.º, segundo o qual, e na linha da posição jurisprudencial antes exposta a respeito da forma do cálculo, "para atendimento ao disposto no inc. II deste artigo, a prestação dos alimentos corresponderá a dois terços dos rendimentos da vítima, divididos *per capita* entre o cônjuge ou convivente sobrevivente e os filhos com menos de dezoito anos de idade do falecido, nesta hipótese até a data em que estes completarem vinte e cinco anos; depois, somente ao cônjuge ou convivente".

Sobre a morte de filho menor, novamente confirmando a posição consolidada da jurisprudência brasileira, o seu § 2.º preverá que, "no caso de morte de filho, criança ou adolescente, que não tinha rendimentos fixos, em família de baixa renda, a indenização será fixada em dois terços de um salário mínimo para o período de catorze aos vinte e cinco anos do falecido, quando, então, será reduzida para um terço do salário mínimo, salvo comprovação de rendimentos maiores, a serem divididos entre os pais ou entre outros parentes do falecido com quem ele vivia, se for o caso". Confirma-se, portanto, na lei, a posição atual do Superior Tribunal de Justiça, que visa a trazer maior segurança jurídica ao tema, apesar das ressalvas doutrinárias, inclusive minhas.

Por fim, com o mesmo objetivo de trazer maior estabilidade para o tema, o § 3.º do art. 948 enunciará que, "em todas as hipóteses previstas neste artigo, a duração do pensionamento levará em conta a tabela de expectativa de vida fixada pelo Instituto Brasileiro de Geografia e Estatística (IBGE), existente ao tempo do dano".

Como se pode notar, as proposições seguem a linha metodológica da Reforma, de inserir no texto da norma civil as posições hoje consolidadas da jurisprudência superior brasileira, o que vem em boa hora, em prol de uma esperada previsibilidade da segurança jurídica.

8.5.2   Danos morais

A tese pela reparabilidade dos danos imateriais tornou-se pacífica com a Constituição Federal de 1988. Antes disso, era tido como impossível aceitar a reparação do dano moral, eis que doutrina e jurisprudência tinham dificuldades na visualização da sua determinação e quantificação. Com a Constituição Federal de 1988 houve uma grande evolução quanto ao tema, que até mergulhou em outros âmbitos, caso do Direito do Trabalho e do Direito de Família.

Constituindo o dano moral uma lesão aos direitos da personalidade (arts. 11 a 21 do CC), para a sua reparação não se requer a determinação de um *preço* para a dor ou o sofrimento, mas sim um meio para atenuar, em parte, as consequências do prejuízo imaterial, o que traz o conceito de *lenitivo, derivativo* ou *sucedâneo*. Por isso é que se utiliza a expressão *reparação* e não *ressarcimento* para os danos morais, conforme outrora foi comentado.

Desse modo, esclareça-se que não há no dano moral uma finalidade de acréscimo patrimonial para a vítima, mas sim de compensação pelos males suportados. Tal dedução justifica a não incidência de imposto de renda sobre o valor recebido a título de indenização por dano moral, o que foi consolidado pela Súmula 498 do Superior Tribunal de Justiça, do ano de 2012.

Fernando Noronha esclarece que "a reparação de todos os danos que não sejam suscetíveis de avaliação pecuniária obedece em regra ao princípio da satisfação compensatória: o quantitativo pecuniário a ser atribuído ao lesado nunca poderá ser equivalente a um 'preço', será o valor necessário para lhe proporcionar um lenitivo para o sofrimento infligido, ou uma compensação pela ofensa à vida ou à integridade física" (*Direito das obrigações...*, 2003, p. 569). Aliás, entendimento ao contrário carregaria de *imoralidade* o dano moral.

Além do pagamento de uma indenização em dinheiro, presente o dano moral, é viável uma compensação *in natura*, conforme reconhece enunciado aprovado na *VII Jornada de Direito Civil* (2015): "a compensação pecuniária não é o único modo de reparar o dano extrapatrimonial, sendo admitida a reparação *in natura*, na forma de retração pública ou outro meio" (Enunciado n. 589). Nos termos do enunciado, assim se situa o direito de resposta no caso de atentado contra a honra praticado por veículo de comunicação. Pontue-se que o direito de resposta foi regulamentado pela Lei 13.188, de 11 de novembro de 2015, que trata dos procedimentos judiciais para o seu exercício.

Conforme o art. 2.º da norma, ao ofendido em matéria divulgada, publicada ou transmitida por veículo de comunicação social é assegurado o direito de resposta ou retificação, gratuito e proporcional ao agravo. A lei considera como "matéria" qualquer reportagem, nota ou notícia divulgada por veículo de comunicação social, independentemente do meio ou da plataforma de distribuição, publicação ou transmissão que utilize, cujo conteúdo atente, ainda que por equívoco de informação, contra a honra, a intimidade, a reputação, o conceito, o nome, a marca ou a imagem de pessoa física ou jurídica identificada ou passível de identificação.

O § 3.º do art. 2.º da Lei 13.188/2015 estabelece que a retratação ou a retificação espontânea, ainda que a elas sejam conferidos os mesmos destaque, publicidade, periodicidade e dimensão do agravo, não impedem o exercício do direito de resposta pelo ofendido nem prejudicam a ação de reparação por danos morais sofridos pela vítima. Em suma, as medidas são plenamente cumuláveis, e não excludentes.

Quanto aos meios de sua efetivação, a resposta ou a retificação atenderá, quanto à forma e à duração, ao seguinte: *a)* praticado o agravo em mídia escrita ou na internet, terá a resposta ou retificação o destaque, a publicidade, a periodicidade e a dimensão da matéria que a ensejou; *b)* praticado o agravo em mídia televisiva, terá a resposta ou retificação o destaque, a publicidade, a periodicidade e a duração da matéria que a ensejou; *c)* praticado o agravo em mídia radiofônica, terá a resposta ou retificação o destaque, a publicidade, a periodicidade e a duração da matéria que a ensejou (art. 4.º da Lei 13.188/2015).

Não se olvide de que já existiam decisões anteriores à lei, no sentido de se efetivar o direito de resposta em casos de danos causados por notícias veiculadas pela imprensa. Assim, a título de ilustração:

> "Responsabilidade civil. Notícia falsa. Jornal que, inadvertidamente, publica o nome do autor como corresponsável por tentativa de furto ocorrida na residência de seu próprio genitor, constando o nome do demandante no boletim de ocorrência como vítima. Reconhecimento, todavia, do equívoco e publicação, dois dias depois, na mesma seção, de errata, com esclarecimento sobre o ocorrido. Reparação eficaz e cabal, com restabelecimento da situação anterior ao dano, em termos a afastar o cabimento de indenização pecuniária por dano moral. Possibilidade de compensação financeira que não há de ser vista como única forma de reparação em casos tais. Reconhecimento da restituição *in natura*. Indenização descabida. Sentença que condenou a editora ao pagamento de verba de vinte salários mínimos reformada. Apelação da ré provida, para efeito de julgamento de improcedência da demanda. Apelação do autor, para majoração da verba, prejudicada" (TJSP, Apelação 990102813010/SP, 2.ª Câmara de Direito Privado, Rel. Des. Fabio Tabosa, j. 19.10.2010, Data de Publicação: 22.10.2010).

Ademais, conforme ilustra Marco Aurélio Bezerra de Melo, "diversos casos existem em que o magistrado determina ao devedor que substitua o bem que não presta ao fim a que se destina por outra da mesma qualidade, quantidade e espécie que funcione adequadamente ou então em que a decisão judicial determina que o devedor realize alguma atividade a que se obrigou, como a cobertura de tratamento a um consumidor de plano de saúde, a instalação de uma linha telefônica, a pintura de uma fachada, o desfazimento de uma construção. Em todas essas possibilidades, o Estado-juiz objetiva disponibilizar ao interessado a *reparação in natura*" (MELO, Marco Aurélio Bezerra de. *Curso...*, 2015, v. IV, p. 69).

O Projeto de Reforma do Código Civil pretende incluir expressamente no seu art. 947 a reparação *in natura*, com caráter prioritário, como deve ser. Nesse contexto, nos termos do *caput* do comando proposto pela Comissão de Juristas, "a reparação dos danos deve ser integral com a finalidade de restituir o lesado ao estado anterior ao fato danoso". Ademais, consoante o projetado § 1.º da norma, "a indenização será fixada em dinheiro, sempre que a reconstituição natural não seja possível, não repare integralmente os danos ou seja excessivamente onerosa para o devedor".

Sobre o tema ora analisado, "nos casos de dano extrapatrimonial, admite-se, a critério da vítima, a reparação *in natura*, na forma de retratação pública, por meio do exercício do direito de resposta, da publicação de sentença ou de outra providência específica que atendam aos interesses do lesado" (§ 2.º). Por fim, o § 3.º do art. 947 preceituará que, "nas hipóteses do parágrafo anterior, a reparação *in natura* pode ser efetivada por meio analógico ou digital, alternativa ou cumulativamente com a reparação pecuniária".

Como bem justificou a Subcomissão de Responsabilidade Civil, a proposição "segue o art. 566 do CC de Portugal, cuja redação enfatiza a ideia fundamental da precedência da restauração do estado de coisas afetado pelo dano, seja em matéria de danos individuais ou coletivos. Sempre que impossível ou insuficiente a restauração em espécie, terá lugar a fixação da indenização pecuniária, em moeda corrente". Ademais, a sugestão "resulta da tendência à desmonetização do dano extrapatrimonial, diante da natural inconsistência de uma resposta exclusivamente pecuniária a uma violação existencial. Ampliam-se as tutelas específicas em favor do lesado, aqui descritas em caráter exemplificativo, seja de forma isolada ou em cumulação à indenização pecuniária". Em relação a essa proposta, parece-me ser mais do que necessária, ou seja, é essencial para uma melhor efetivação do instituto da responsabilidade civil, em prol da vítima ou do lesado.

Feitos tais esclarecimentos sobre a reparação *in natura,* buscando-se uma primeira classificação dos danos morais, em sentido *próprio,* o dano moral causa na pessoa dor, tristeza, amargura, sofrimento, angústia e depressão. Nesse diapasão, constitui aquilo que a pessoa sente, o que se pode denominar *dano moral in natura.* Deve ficar claro que para a caracterização do dano moral não há obrigatoriedade da presença desses *sentimentos humanos negativos,* conforme enunciado aprovado na *V Jornada de Direito Civil:* "o dano moral indenizável não pressupõe necessariamente a verificação de sentimentos humanos desagradáveis como dor ou sofrimento" (Enunciado n. 445). Cite-se, a título de exemplo, o dano moral da pessoa jurídica que, por óbvio, não passa por tais situações (Súmula 227 do STJ).

Confirmando essa premissa, cabe exemplificar com a hipótese de indenização imaterial a favor de absolutamente incapaz, mesmo não estando comprovados tais sentimentos desagradáveis. Nos termos de ementa publicada no *Informativo* n. *559* do Tribunal da Cidadania:

> "O absolutamente incapaz, ainda quando impassível de detrimento anímico, pode sofrer dano moral. O dano moral caracteriza-se por uma ofensa, e não por uma dor ou um padecimento. Eventuais mudanças no estado de alma do lesado decorrentes do dano moral, portanto, não constituem o próprio dano, mas eventuais efeitos ou resultados do dano. Já os bens jurídicos cuja afronta caracteriza o dano moral são os denominados pela doutrina como direitos da personalidade, que são aqueles reconhecidos à pessoa humana tomada em si mesma e em suas projeções na sociedade. A CF deu ao homem lugar de destaque, realçou seus direitos e fez deles o fio condutor de todos os ramos jurídicos. A dignidade humana pode ser considerada, assim, um direito constitucional subjetivo – essência de todos os direitos personalíssimos –, e é o ataque a esse direito o que se convencionou chamar dano moral" (STJ, REsp 1.245.550/MG, Rel. Min. Luis Felipe Salomão, j. 17.03.2015, *DJe* 16.04.2015).

Vale lembrar, por oportuno, que a teoria das incapacidades sofreu alterações estruturais pela Lei 13.146/2015, que instituiu o Estatuto da Pessoa com Deficiência. O tema está tratado no Volume 1 desta coleção.

Em sentido *impróprio,* o dano moral constitui qualquer lesão aos direitos da personalidade, como, por exemplo, à liberdade, à opção sexual, à opção religiosa, entre outros. Trata-se do dano moral em sentido amplo ou *lato sensu,* que não necessita da prova do sofrimento em si para a sua caracterização. Pode ser citado, da jurisprudência, o caso de lesão ao direito de liberdade:

CAP. 8 • ELEMENTOS DA RESPONSABILIDADE CIVIL OU PRESSUPOSTOS DO DEVER DE INDENIZAR | **401**

"Responsabilidade civil do Estado. Obrigação do Estado pela incolumidade dos cidadãos. Cidadão submetido a revista e condução a distrito policial fora das situações permitidas pela Lei. Indenização por dano moral. Cabimento. Desnecessidade de prova acerca de sofrimento moral. Critério para a fixação. Provimento que se dá ao recurso do autor" (TJSP, Apelação 572.483.5/9, Acórdão 2693603, 13.ª Câmara de Direito Público, Franca, Rel. Des. Borelli Thomas, j. 18.06.2008, *DJESP* 12.08.2008).

Além dessa, outras classificações do dano moral também são importantes.

De início, *quanto à necessidade ou não de prova*, os danos morais podem ser classificados da seguinte forma:

a) *Dano moral provado* ou *dano moral subjetivo* – constituindo regra geral, segundo o atual estágio da jurisprudência nacional, é aquele que necessita ser comprovado pelo autor da demanda, ônus que lhe cabe. É o que ocorre, por exemplo, nas hipóteses fáticas de acidentes de trânsito, uma vez que "a condenação à compensação de danos morais, nesses casos, depende de comprovação de circunstâncias peculiares que demonstrem o extrapolamento da esfera exclusivamente patrimonial, o que demanda exame de fatos e provas" (STJ, REsp 1.653.413/RJ, 3.ª Turma, Rel. Min. Marco Aurélio Bellizze, j. 05.06.2018, *DJe* 08.06.2018). Ou, ainda, também a ilustrar, a Lei 14.034/2020 – que surgiu em socorro às companhias aéreas diante da pandemia de Covid-19 – passou a exigir a prova do dano moral, chamado impropriamente de dano extrapatrimonial. O seu art. 4.º introduziu um art. 251-A no Código Brasileiro da Aeronáutica prevendo que "a indenização por dano extrapatrimonial em decorrência de falha na execução do contrato de transporte fica condicionada à demonstração da efetiva ocorrência do prejuízo e de sua extensão pelo passageiro ou pelo expedidor ou destinatário de carga". Entendo que a norma representa sério retrocesso na tutela dos passageiros consumidores que, em muitas situações, sofrem danos presumidos, que não necessitam de prova, como nos casos de extravio de bagagem ou cancelamento de voo.

b) *Dano moral objetivo* ou *presumido* (*in re ipsa*) – não necessita de prova, como nos casos de abalo de crédito ou abalo moral, protesto indevido de títulos, envio do nome de pessoa natural ou jurídica para o *rol dos inadimplentes* (Serasa, SPC), uso indevido de imagem, morte de pessoa da família ou perda de órgão ou parte do corpo. Na última hipótese, há que se falar também em *dano estético presumido* (*in re ipsa*). Em complemento, tem entendido o Superior Tribunal de Justiça que, nos casos de lesão a valores fundamentais protegidos pela Constituição Federal, o dano moral dispensa a prova dos citados sentimentos humanos desagradáveis, presumindo-se o prejuízo. Nesse contexto, "sempre que demonstrada a ocorrência de ofensa injusta à dignidade da pessoa humana, dispensa-se a comprovação de dor e sofrimento para configuração de dano moral" (STJ, REsp 1.292.141/SP, Rel. Min. Nancy Andrighi, j. 04.12.2012, publicado no seu *Informativo* n. *513*).

No que se refere a esta última classificação, houve uma reviravolta na doutrina e na jurisprudência. De início, logo após a Constituição Federal de 1988, entendia-se que o dano moral seria, em regra, presumido. Porém, diante de abusividades e exageros cometidos na prática – a gerar o que foi denominado pela imprensa nacional como uma suposta *indústria do dano moral* –, passou-se a defender a necessidade da sua prova, em regra. Isso, também pela consciência jurisprudencial de que o dano moral não se confunde com os meros aborrecimentos suportados por alguém no seu dia a dia.

Ultimamente, a tendência jurisprudencial é de ampliar os casos envolvendo a desnecessidade de prova do dano moral, diante do princípio de proteção da dignidade da pessoa humana (art. 1.º, inc. III, da CF/1988), um dos baluartes do *Direito Civil Constitucional*. De qualquer forma, para afastar o enriquecimento sem causa, dotando a responsabilidade civil de uma função social importante, segue-se o entendimento pelo qual se deve considerar como regra a necessidade de prova, presumindo-se o dano moral em alguns casos, como nos antes descritos.

No que diz respeito ao uso indevido de imagem, sem autorização do seu titular, após muito debate e em 2009, foi editada a Súmula 403 pelo Superior Tribunal de Justiça, segundo a qual, "independe de prova do prejuízo a indenização pela publicação não autorizada de imagem de pessoa com fins econômicos ou comerciais".

Sucessivamente, na *VII Jornada de Direito Civil*, evento promovido pelo Conselho da Justiça Federal em 2015, aprovou-se correto enunciado segundo o qual o dano à imagem restará configurado quando presente a utilização indevida deste bem jurídico, independentemente da concomitante lesão a outro direito da personalidade, sendo dispensável a prova do prejuízo do lesado ou do lucro do ofensor para a caracterização do dano, por se tratar de modalidade *in re ipsa* (Enunciado n. 587).

Importante destacar que, mais recentemente, tem-se entendido que o teor dessa Súmula n. 403 do STJ não se aplica nas hipóteses que envolvam fatos históricos de interesse social. No âmbito da própria jurisprudência superior, essa foi a conclusão do Tribunal da Cidadania em caso envolvendo ação judicial proposta por Glória Perez contra a Rede Record, pelo fato de a emissora ter veiculado um documentário a respeito do assassinato de sua filha. Como consta da ementa do *decisum*, julgada por maioria e com profundo debate sobre o assunto:

> "É inexigível a autorização prévia para divulgação de imagem vinculada a fato histórico de repercussão social. Nessa hipótese, não se aplica a Súmula 403/STJ. Ao resgatar da memória coletiva um fato histórico de repercussão social, a atividade jornalística reforça a promessa em sociedade de que é necessário superar, em todos os tempos, a injustiça e a intolerância, contra os riscos do esquecimento dos valores fundamentais da coletividade. Eventual abuso na transmissão do fato, cometido, entre outras formas, por meio de um desvirtuado destaque da intimidade da vítima ou do agressor, deve ser objeto de controle sancionador. A razão jurídica que atribui ao portador da informação uma sanção, entretanto, está vinculada ao abuso do direito, e não à reinstituição do fato histórico. Na espécie, a Rádio e Televisão Record veiculou reportagem acerca de trágico assassinato de uma atriz, ocorrido em 1992, com divulgação de sua imagem, sem prévia autorização. De acordo com a conjuntura fática cristalizada pelas instâncias ordinárias, há relevância nacional na reportagem veiculada pela emissora, sem qualquer abuso na divulgação da imagem da vítima. Não há se falar, portanto, em ato ilícito passível de indenização" (STJ, REsp 1.631.329/RJ, 3.ª Turma, Rel. Min. Ricardo Villas Bôas Cueva, Rel. p/ Acórdão Min. Nancy Andrighi, j. 24.10.2017, *DJe* 31.10.2017).

Pelos mesmos argumentos e com o mesmo debate, a própria Terceira Turma do STJ entendeu que "a simples representação da imagem de pessoa em obra biográfica audiovisual que tem por objeto a história profissional de terceiro não atrai a aplicação da Súmula n.º 403/STJ, máxime quando realizada sem nenhum propósito econômico ou comercial" (STJ, REsp 1.454.016/SP, 3.ª Turma, Rel. Min. Nancy Andrighi, Rel. p/ Acórdão Min. Ricardo Villas Bôas Cueva, j. 12.12.2017, *DJe* 12.03.2018). No caso, julgou-se ação de reparação de danos proposta por ex-goleiro do Santos Futebol Clube em virtude da veiculação indireta de sua imagem, reproduzida por um ator profissional contratado e sem prévia autorização, em cenas do documentário biográfico "Pelé Eterno".

CAP. 8 · ELEMENTOS DA RESPONSABILIDADE CIVIL OU PRESSUPOSTOS DO DEVER DE INDENIZAR | **403**

A questão da inscrição indevida do nome da pessoa em cadastro de inadimplentes merece análise à parte. Isso porque a jurisprudência do Superior Tribunal de Justiça tem entendido pela presença de danos morais presumidos em casos tais, sem qualquer distinção. Por todos, entre arestos mais remotos:

"Inscrição indevida no Cadin – Dano moral presumido – Redução do *quantum* fixado pelo Tribunal. 1. A jurisprudência do STJ entende que a inscrição indevida em cadastros de proteção ao crédito, por si só, justifica o pedido de ressarcimento a título de danos morais, tendo em vista a possibilidade de presunção do abalo moral sofrido. 2. Redução do valor fixado pelo Tribunal de origem. 3. Em virtude da situação fática abstraída nos autos faz-se necessária a redução do valor para R$ 5.000,00 (cinco mil reais). 4. Recurso especial provido em parte" (STJ, REsp 639.969/PE, 2.ª Turma, Rel. Min. Eliana Calmon, j. 08.11.2005, *DJ* 21.11.2005, p. 182).

A premissa-regra, portanto, é aquela constante da tese 1 da Edição 59 da ferramenta *Jurisprudência em Teses* do STJ: "a inscrição indevida em cadastro de inadimplentes configura dano moral *in re ipsa*". Fala-se em abalo de crédito a gerar a presunção do prejuízo da pessoa natural.

Todavia, como exceção, tem-se exigido a prova dos danos morais em algumas situações. Nessa linha, em junho de 2009, foi editada a Súmula 385 do STJ enunciando que "da anotação irregular em cadastro de proteção ao crédito, não cabe indenização por dano moral, quando preexistente legítima inscrição, ressalvado o direito de cancelamento".

A súmula sempre mereceu críticas da minha parte e de outros juristas, eis que muitas vezes a pessoa pode ter um valor realmente devido e ocorrer várias e sucessivas inscrições indevidas, o que geraria o dano moral. Assim, na minha opinião doutrinária, a jurisprudência não deveria ter generalizado uma situação tão peculiar, simplesmente afastando o dano moral. Em suma, a súmula deveria ser cancelada.

Em 2016, a Segunda Seção do Tribunal da Cidadania rediscutiu o teor da sumular, ampliando a sua aplicação também aos credores, sendo certo que os seus precedentes somente diziam respeito aos órgãos mantenedores de cadastros. Nos termos da publicação constante do *Informativo* n. 583 do STJ:

"A inscrição indevida comandada pelo credor em cadastro de proteção ao crédito, quando preexistente legítima inscrição, não enseja indenização por dano moral, ressalvado o direito ao cancelamento. A Súmula n. 385 do STJ prevê que 'Da anotação irregular em cadastro de proteção ao crédito, não cabe indenização por dano moral, quando preexistente legítima inscrição, ressalvado o direito ao cancelamento'. O fundamento dos precedentes da referida súmula – 'quem já é registrado como mau pagador não pode se sentir moralmente ofendido por mais uma inscrição do nome como inadimplente em cadastros de proteção ao crédito' (REsp 1.002.985/RS, Segunda Seção, *DJe* 27/8/2008) –, embora extraídos de ações voltadas contra cadastros restritivos, aplica-se também às ações dirigidas contra supostos credores que efetivaram inscrições irregulares. Ressalte-se, todavia, que isso não quer dizer que o credor não possa responder por algum outro tipo de excesso. A anotação irregular, já havendo outras inscrições legítimas contemporâneas, não enseja, por si só, dano moral. Mas o dano moral pode ter por causa de pedir outras atitudes do suposto credor, independentemente da coexistência de anotações regulares, como a insistência em uma cobrança eventualmente vexatória e indevida, ou o desleixo de cancelar, assim que ciente do erro, a anotação indevida. Portanto, na linha do entendimento consagrado na Súmula n. 385, o mero equívoco em uma das diversas inscrições não gera dano moral indenizável, mas apenas o dever de suprimir a inscrição indevida" (STJ, REsp 1.386.424/MG, 2.ª Seção, Rel. Min. Paulo de Tarso Sanseverino, Rel. para acórdão Min. Maria Isabel Gallotti, j. 27.04.2016, *DJe* 16.05.2016).

Em suma, a súmula, além de ser confirmada, recebeu uma interpretação extensiva, infelizmente. De toda sorte, em 2020, outro julgado superior trouxe uma mitigação do teor da ementa, concluindo o seguinte:

"Até o reconhecimento judicial definitivo acerca da inexigibilidade do débito, deve ser presumida como legítima a anotação realizada pelo credor junto aos cadastros restritivos, e essa presunção, via de regra, não é ilidida pela simples juntada de extratos comprovando o ajuizamento de ações com a finalidade de contestar as demais anotações. Admite-se a flexibilização da orientação contida na súmula 385/STJ para reconhecer o dano moral decorrente da inscrição indevida do nome do consumidor em cadastro restritivo, ainda que não tenha havido o trânsito em julgado das outras demandas em que se apontava a irregularidade das anotações preexistentes, desde que haja nos autos elementos aptos a demonstrar a verossimilhança das alegações. Hipótese em que apenas um dos processos relativos às anotações preexistentes encontra-se pendente de solução definitiva, mas com sentença de parcial procedência para reconhecer a irregularidade do registro, tendo sido declarada a inexistência dos demais débitos mencionados nestes autos, por meio de decisão judicial transitada em julgado. Compensação do dano moral arbitrada em R$ 5.000,00 (cinco mil reais)" (STJ, REsp 1.704.002/SP, 3.ª Turma, Rel. Min. Nancy Andrighi, j. 11.02.2020, *DJe* 13.02.2020).

Como sou um dos críticos da sumular, concordo totalmente com essa sua flexibilização.

Ainda sobre o *abalo de crédito*, lamenta-se a conclusão da Corte Superior no sentido de que o protesto indevido de valor maior do que o devido não gera danos morais. Como recente acórdão do Tribunal:

"Cuidando-se de protesto irregular de título de crédito, o reconhecimento do dano moral está atrelado à ideia do abalo do crédito causado pela publicidade do ato notarial, que, naturalmente, faz associar ao devedor a pecha de 'mau pagador' perante a praça. Todavia, na hipótese em que o protesto é irregular por ter como objeto título de crédito sacado em valor superior ao efetivamente devido não há se falar em abalo de crédito, pois, em maior ou menor grau, o obrigado (*in casu*, o sacado da duplicata) permanece na condição de devedor, estando de fato impontual no pagamento da dívida, embora em patamar inferior ao apontado na cártula. Não se extraindo, no particular, agressão à reputação pessoal da recorrente, à sua honorabilidade e credibilidade perante seus concidadãos, não se tem por configurado o dano moral" (STJ, REsp 1.437.655/MS, 3.ª Turma, Rel. Min. Nancy Andrighi, j. 19.06.2018, *DJe* 25.06.2018).

Com o devido respeito, entendo que há sim que reconhecer os danos morais nessas situações, presumidos ou *in re ipsa*.

Outra hipótese recentemente analisada pelo Tribunal da Cidadania diz respeito à presença de danos morais presumidos pelo fato de um adulto ter agredido uma criança. Conforme a tese firmada em *decisum* publicado no *Informativo* n. 598 da Corte, "a conduta da agressão, verbal ou física, de um adulto contra uma criança ou adolescente, configura elemento caracterizador da espécie do dano moral *in re ipsa*". O aresto também reafirma que "as crianças, mesmo da mais tenra idade, fazem *jus* à proteção irrestrita dos direitos da personalidade, assegurada a indenização pelo dano moral decorrente de sua violação, nos termos dos arts. 5.º, X, *in fine*, da CF e 12, *caput*, do CC/02. A sensibilidade ético-social do homem comum na hipótese, permite concluir que os sentimentos de inferioridade, dor e submissão, sofridos por quem é agredido injustamente, verbal ou fisicamente, são elementos caracterizadores da espécie do dano moral *in re ipsa*" (STJ, REsp 1.642.318/MS, 3.ª Turma, Rel. Min. Nancy Andrighi, j. 07.02.2017, *DJe* 13.02.2017).

Também do ano de 2017, merecem destaque dois acórdãos da Terceira Turma do Superior Tribunal de Justiça, de relatoria da Ministra Nancy Andrighi e com grande repercussão nacional, que reconheceram a presença de danos morais presumidos ou *in re ipsa*. As decisões estão publicadas no *Informativo* n. 609 da Corte, do mês de setembro daquele ano. Os casos podem ser confrontados para o devido estudo em todos os níveis do ensino jurídico, inclusive com a análise do *quantum debeatur*.

O primeiro deles diz respeito à conduta da cantora Rita Lee que, em um *show* no Estado de Sergipe, ofendeu um grupo de policiais militares. Conforme a tese fixada no julgado, "as ofensas generalizadas proferidas por artista a policiais militares que realizavam a segurança ostensiva durante *show* musical implicam dano moral *in re ipsa*, indenizável a cada um dos agentes públicos". Em complemento, como consta da ementa do julgado, "o dano, na hipótese, exsurge da própria injúria proferida, pois a vulneração ao sentimento de autoestima do ofendido, que já seria suficiente para gerar o dano moral compensável, é suplantado, na hipótese específica, pela percepção que os impropérios proferidos, atingiriam um homem médio em sua honra subjetiva, fato suficiente para demonstrar a existência de dano, na hipótese, *in re ipsa*" (STJ, REsp 1.677.524/SE, 3.ª Turma, Rel. Min. Nancy Andrighi, j. 03.08.2017, *DJe* 10.08.2017). Cada um dos policiais militares foi indenizado em R$ 5.000,00.

No segundo julgamento, o ex-Presidente Jair Bolsonaro foi condenado a pagar R$ 10.000,00 a título de danos morais para a também Deputada Maria do Rosário, além de ter que se retratar em jornal de grande circulação e em suas páginas oficiais no *Facebook* e no *YouTube*. Isso pelo fato de ter afirmado, quando era Deputado e perante os órgãos de imprensa, que a parlamentar não merecia ser estuprada. Vejamos os termos da ementa:

> "A hipótese dos autos, a ofensa perpetrada pelo recorrente, segundo a qual a recorrida não 'mereceria' ser vítima de estupro, em razão de seus dotes físicos e intelectual, não guarda nenhuma relação com o mandato legislativo do recorrente. Considerando que a ofensa foi veiculada em imprensa e na Internet, a localização do recorrente, no recinto da Câmara dos Deputados, é elemento meramente acidental, que não atrai a aplicação da imunidade. Ocorrência de danos morais nas hipóteses em que há violação da cláusula geral de tutela da pessoa humana, seja causando-lhe um prejuízo material, seja violando direito extrapatrimonial, seja praticando em relação à sua dignidade qualquer 'mal evidente' ou 'perturbação'. Ao afirmar que a recorrida não 'mereceria' ser estuprada, atribui-se ao crime a qualidade de prêmio, de benefício à vítima, em total arrepio do que prevê o ordenamento jurídico em vigor. Ao mesmo tempo, reduz a pessoa da recorrida à mera coisa, objeto, que se submete à avaliação do ofensor se presta ou não à satisfação de sua lascívia violenta. O 'não merece ser estuprada' constitui uma expressão vil que menospreza de modo atroz a dignidade de qualquer mulher" (STJ, REsp 1.642.310/DF, 3.ª Turma, Rel. Min. Nancy Andrighi, j. 15.08.2017, *DJe* 18.08.2017).

No meu entendimento, além da condenação por danos individuais, também estão presentes danos coletivos, que a seguir serão estudados.

Penso que as duas condenações estão corretas, lamentando-se apenas os valores fixados, que poderiam ser maiores, atribuindo-se à reparação imaterial o seu necessário caráter pedagógico ou de desestímulo para novas condutas.

Expostos tais exemplos concretos, *quanto à pessoa atingida*, o dano moral pode ser assim classificado:

a) *Dano moral direto* – é aquele que atinge a própria pessoa, a sua honra subjetiva (autoestima) ou objetiva (repercussão social da honra).

b) *Dano moral indireto* ou *dano moral em ricochete* – é aquele que atinge a pessoa de forma reflexa, como nos casos de morte de uma pessoa da família ou de perda de um objeto de estima (coisa com valor afetivo). Nos casos de lesão a outra pessoa, terão legitimidade para promover a ação indenizatória os *lesados indiretos*. Podem ser citados os casos de lesão aos direitos da personalidade do morto, como consta do art. 12, parágrafo único, do CC. Como se percebe, amplas são as suas hipóteses, muito além da situação descrita no art. 948 do Código Civil, que trata do homicídio, conforme reconhece o Enunciado n. 560 do CJF/STJ, da *VI Jornada de Direito Civil* (2013). No âmbito da jurisprudência, reconhecendo de forma consolidada a sua reparação, destaque-se a afirmação n. 4, publicada na Edição n. 125 da ferramenta *Jurisprudência em Teses*, do STJ: "a legitimidade para pleitear a reparação por danos morais é, em regra, do próprio ofendido, no entanto, em certas situações, são colegitimadas também aquelas pessoas que, sendo muito próximas afetivamente à vítima, são atingidas indiretamente pelo evento danoso, reconhecendo-se, em tais casos, o chamado dano moral reflexo ou em ricochete". Ainda para a Corte, em julgado de 2024, reconheceu-se que "o dano moral reflexo (dano por ricochete) pode se caracterizar ainda que a vítima direta do evento danoso sobreviva" (STJ, REsp. 1.697.723/RJ, 4.ª Turma, Rel. Ministro Raul Araújo, j. 1.º.10.2024, m.v.).

Observo que a Reforma do Código Civil pretende inserir na norma civil menção aos danos indiretos, passando o novo art. 944-B do Código Civil a prever que "a indenização será concedida, se os danos forem certos, sejam eles diretos, indiretos, atuais ou futuros". Em termos gerais, não haverá definição na lei do que sejam os danos indiretos, tarefa de preenchimento que caberá à doutrina e à jurisprudência. Ademais, como antes pontuado, pretende-se inserir previsão a respeito dos danos extrapatrimoniais indiretos no caso de morte, no novo inc. III do art. 948. Consoante a proposição, serão reparáveis "os danos extrapatrimoniais indiretos ou reflexos sofridos pelos familiares, com precedência do direito à indenização ao cônjuge ou convivente e aos filhos do falecido, sem excluir aqueles que mantinham comprovado vínculo afetivo com a vítima, o que deve ser apurado pelo julgador no caso concreto". Como ainda será desenvolvido, a Comissão de Juristas propõe que os danos extrapatrimoniais substituam os danos morais, passando a englobá-los.

Aprofundando a análise das hipóteses relativas ao dano moral indireto ou em ricochete, o Superior Tribunal de Justiça entende que, em casos de morte, a legitimidade ativa para se pleitear indenização imaterial é apenas daqueles que são sucessores do falecido, e sem a exclusão do direito de um familiar por outro:

> "De acordo com a jurisprudência desta Casa, são ordinariamente legitimados para a ação indenizatória o cônjuge ou companheiro, os descendentes, os ascendentes e os colaterais, de modo não excludente. Relativamente aos colaterais, aliás, a orientação desta Casa firmou--se no sentido de que 'os irmãos de vítima fatal de acidente aéreo possuem legitimidade para pleitear indenização por danos morais ainda que não demonstrado o vínculo afetivo

entre eles ou que tenha sido celebrado acordo com resultado indenizatório com outros familiares' (AgRg no AREsp n. 461.548/DF, Relator o Ministro João Otávio de Noronha, *DJe* de 27/11/2014). Agravo regimental a que se nega provimento" (STJ, Ag. Rg. no REsp 1.418.703/RJ, 3.ª Turma, Rel. Min. Marco Aurélio Bellizze, j. 24.05.2016, *DJe* 06.06.2016).

Em casos tais, considera-se presumido de forma relativa ou *iuris tantum*, o que admite prova em contrário, pela parte que alega a inexistência de vínculo afetivo entre os envolvidos. Assim concluindo, quanto a irmãos, contando com o meu total apoio:

"Controvérsia centrada em determinar se cabe aos irmãos de vítima fatal de acidente de trânsito, para fazerem jus à compensação por danos morais, o ônus de provar a existência de anterior vínculo afetivo com o irmão falecido. Se ordinariamente o que se verifica nas relações entre irmãos é o sentimento mútuo de amor e afeto, pode-se presumir, de modo relativo, que a demonstração do vínculo familiar traz ínsita a existência do laço afetivo. Como corolário, será de igual forma presumível que a morte de um acarrete no irmão supérstite dor, sofrimento, angústia etc. Assim sendo, se a relação familiar que interliga irmãos é presumidamente estreita no tocante ao vínculo de afeto e amor e se, igualmente, desse laço se origina, com a morte de um, a dor, o sofrimento, a angústia etc. nos irmãos supérstites, não é razoável exigir destes prova cabal acerca do vínculo afetivo para efeito de comprovação do dano alegado. Na espécie, portanto, não é atribuível às irmãs postulantes o ônus de provar a existência de anterior laço afetivo com a vítima, porque esse vínculo é presumido. Basta a estas, no desiderato de serem compensadas pelo dano moral sofrido, comprovar a existência do laço familiar para, assim, considerar-se demonstrado o fato constitutivo do direito alegado (art. 333, inc. I, do CPC)" (REsp 1.405.456/RJ, 3.ª Turma, Rel. Min. Nancy Andrighi, j. 03.06.2014, *DJe* 18.06.2014).

De toda sorte, é preciso frisar que a legitimidade ativa para o pedido dos danos morais no caso de morte é dos familiares, por direito pessoal, ou até mesmo do espólio. Nessa linha, a premissa n. 5 publicada na Edição n. 125 da ferramenta *Jurisprudência em Teses*, do STJ (2019): "embora a violação moral atinja apenas os direitos subjetivos do falecido, o espólio e os herdeiros têm legitimidade ativa *ad causam* para pleitear a reparação dos danos morais suportados pelo *de cujus*". São citados como os mais recentes precedentes para a tese: Ag. Int. no AREsp 85.987/SP, 4.ª Turma, Rel. Min. Raul Araújo, j. 05.02.2019, *DJe* 12.02.2019; Ag. Int. no Ag. Int. nos EDcl. no AREsp 1.11.2079/PR, 4.ª Turma, Rel. Min. Luis Felipe Salomão, j. 21.08.2018, *DJe* 24.08.2018; e REsp 1.185.907/CE, 4.ª Turma, Rel. Min. Maria Isabel Gallotti, j. 14.02.2017, *DJe* 21.02.2017.

Superou-se, portanto, o entendimento em sentido contrário, baseado na afirmação de que espólio não tem personalidade jurídica e, por tal razão, não poderia figurar no polo ativo em ação em que se pleiteia um direito *intuitu personae*. Nessa esteira: "o espólio não tem legitimidade ativa *ad causam* para pleitear indenização por danos morais sofridos pelos herdeiros em decorrência do óbito de seu genitor. Precedente: EREsp 1.292.983/AL, Rel. Ministra Nancy Andrighi, Corte Especial, julgado em 1.º/8/2013, *DJe* 12/8/2013" (STJ, Ag. Rg. no REsp 1.396.627/ES, 2.ª Turma, Rel. Min. Humberto Martins, j. 19.11.2013, *DJe* 27.11.2013).

Todavia, cumpre ressaltar que, além dos familiares que são sucessores do falecido, já se admitiu o pleito de dano moral por familiar mais remoto, caso da sogra da vítima, com quem tinha relação de grande proximidade e de afeição. Como se extrai de preciso *decisum* de relatoria do Ministro Luis Felipe Salomão, "em tema de legitimidade para propositura de ação indenizatória em razão de morte, percebe-se que o espírito do ordenamento jurídico rechaça a legitimação daqueles que não fazem parte da 'família' direta da vítima, sobretudo danos morais (50% do pleiteado na exordial), mostra-se excessivo e não compatível com a lesão sofrida. Deveras, no caso em questão, inobstante o reconhecimento pela Corte local quanto a efetiva ocorrência do dano moral, em razão das consequências oriundas na recusa da seguradora em cumprir a obrigação expressamente contratada, há de se considerar na fixação do *quantum* reparatório os critérios de moderação e razoabilidade que informam os parâmetros avaliadores adotados por esta Corte. Pois bem, ajustando-se tal o valor, e assegurando ao lesado justa reparação, sem incorrer em enriquecimento ilícito, reduzo o valor indenizatório, para fixá-lo, a título de danos morais, na quantia certa de R$ 15.000,00 (quinze mil reais), cuja correção monetária deve se dar a partir da decisão que o fixou" (STJ, REsp 811.617/AL, 4.ª Turma, Rel. Min. Jorge Scartezzini, j. 21.11.2006, *DJ* 19.03.2007, p. 359).

Dentro do mesmo raciocínio, de acordo com a ideia do caráter pedagógico da indenização por danos morais, do que se falará adiante, o STJ tem entendimento pelo qual a recusa de custeio das despesas por parte de empresa de plano de saúde não é mero aborrecimento, mas constitui dano moral presumido. Nesse sentido:

"Indenização – Dano moral – Seguro – Saúde. Acometido de um tumor cerebral maligno, o recorrente viu a seguradora recusar-se a custear as despesas de cirurgia de emergência que o extirpou, ao fundamento de que tal doença não fora informada na declaração de saúde quando da assinatura da proposta de seguro de assistência à saúde. Só conseguiu seu intento em juízo, mediante a concessão de antecipação de tutela para o pagamento dos custos médicos e hospitalares decorrentes da cirurgia e o reembolso do que despendido em tratamento quimioterápico. Porém pleiteava, em sede do especial, a indenização por danos morais negada pelo Tribunal *a quo*. A Turma, então, ao reiterar os precedentes da jurisprudência deste Superior Tribunal, deu provimento ao recurso, por entender que a recusa indevida à cobertura é sim causa de dano moral, pois agrava a situação de aflição psicológica e de angústia do segurado, já em estado de dor, abalo psicológico e saúde debilitada. Anotou-se não ser necessário demonstrar a existência de tal dano porque esse decorre dos próprios fatos que deram origem à propositura da ação (*in re ipsa*). Ao final, fixou o valor da indenização devida àquele título em cinquenta mil reais. Precedentes citados: REsp 657.717/RJ, *DJ* 12.12.2005; REsp 341.528/MA, *DJ* 9.05.2005, e REsp 402.457/RO, *DJ* 5.05.2003, Ag 661.853/SP, *DJ* 23.05.2005" (STJ, REsp 880.035/PR, Rel. Min. Jorge Scartezzini, j. 21.11.2006).

Em suma, o que se percebe é que a jurisprudência do Superior Tribunal de Justiça tem entendido que o descumprimento do contrato que envolva valores fundamentais protegidos pela CF/1988 pode gerar dano moral presumido ou *in re ipsa*. Além da tutela da saúde, mencionada acima, destaque-se decisão que entendeu do mesmo modo em negócio de incorporação imobiliária, presumindo o dano moral pelo longo tempo em que o adquirente ficou sem o imóvel destinado para sua moradia. Vejamos a publicação, constante do *Informativo* n. 473 do STJ:

"Dano moral. Incorporação imobiliária. Há mais de 12 anos houve a assinatura do contrato de promessa de compra e venda de uma unidade habitacional. Contudo, passados mais de nove anos do prazo previsto para a entrega, o empreendimento imobiliário não foi construído por incúria da incorporadora. Nesse contexto, vê-se que a inexecução causa séria e fundada angústia no espírito do adquirente a ponto de transpor o mero dissabor oriundo do corriqueiro inadimplemento do contrato, daí ensejar, pela peculiaridade, o ressarcimento do dano moral. Não se desconhece a jurisprudência do STJ quanto a não reconhecer dano moral indenizável causado pelo descumprimento de cláusula contratual,

CAP. 8 • ELEMENTOS DA RESPONSABILIDADE CIVIL OU PRESSUPOSTOS DO DEVER DE INDENIZAR | **411**

contudo há precedentes que excepcionam as hipóteses em que as circunstâncias atinentes ao ilícito material têm consequências severas de cunho psicológico, mostrando-se como resultado direto do inadimplemento, a justificar a compensação pecuniária, tal como ocorre na hipótese. Outrossim, é certo que a Lei n. 4.591/1964 (Lei do Condomínio e Incorporações) determina equiparar o proprietário do terreno ao incorporador, imputando-lhe responsabilidade solidária pelo empreendimento. Mas isso se dá quando o proprietário pratica atividade que diga respeito à relação jurídica incorporativa, o que não ocorreu na hipótese, em que sua atuação, conforme as instâncias ordinárias, limitou-se à mera alienação do terreno à incorporadora, o que não pode ser sindicado no especial, por força da Súm. n. 7-STJ. Dessarte, no caso, a responsabilidade exclusiva pela construção do empreendimento é, sem dúvida, da incorporadora. Precedentes citados: REsp 1.072.308/RS, *DJe* 10.06.2010; REsp 1.025.665/RJ, *DJe* 09.04.2010; REsp 617.077/RJ, *DJe* 29.04.2011; AgRg no Ag 631.106/RJ, *DJe* 08.10.2008, e AgRg no Ag 1.010.856/RJ, *DJe* 1.º.12.2010" (STJ, REsp 830.572/RJ, Rel. Min. Luis Felipe Salomão, j. 17.05.2011).

Ressalte-se que, para a análise do caso concreto de violação a direitos fundamentais, servem como parâmetro os direitos consagrados pelos arts. 5.º a 7.º da CF/1988, que perfazem a concretização da cláusula geral de tutela da pessoa humana (art. 1.º, inc. III, do Texto Maior). Nessa linha, na *V Jornada de Direito Civil* aprovou-se enunciado doutrinário proposto por mim, com o seguinte sentido: "O descumprimento de contrato pode gerar dano moral, quando envolver valor fundamental protegido pela Constituição Federal de 1988" (Enunciado n. 411).

Voltando ao tema dos meros transtornos ou aborrecimentos, o que dizer, então, no caso de um programa de rádio, em que um comentarista político tece duras críticas a um homem público? Caberia o dever de indenizar? O Tribunal de Justiça de São Paulo respondeu negativamente, diante do dimensionamento que deve ser dado à liberdade de imprensa, protegida constitucionalmente: "Danos morais. Programa radiofônico. Inexistência de abuso do direito de informar e criticar. Não constitui dano moral a crítica, ainda que dura e pesada, a que pessoas públicas estão sujeitas. Ação improcedente. Recurso provido" (TJSP, Apelação Cível 92.106-4, 4.ª Câmara de Direito Privado, Bragança Paulista, Rel. Narciso Orlandi, 03.02.2000, v.u.).

Seguindo no estudo do tema e dos exemplos, cabe trazer à tona o debate a respeito da reparação de danos pela presença de corpos estranhos em produtos alimentares.

O Superior Tribunal de Justiça entendia no passado que a simples presença de um corpo estranho em um produto, sem o posterior consumo, não geraria a reparação imaterial. Vejamos, a título de ilustração, acórdão do Superior Tribunal de Justiça, em que se pleiteou indenização imaterial diante de um inseto encontrado dentro de um refrigerante, assim publicado no seu *Informativo* n. *426*:

> "Dano moral. Inseto. Refrigerante. O dano moral não é pertinente pela simples aquisição de refrigerante com inseto, sem que seu conteúdo tenha sido ingerido, por se encontrar no âmbito dos dissabores da sociedade de consumo, sem abalo à honra, ausente situação que produza no consumidor humilhação ou represente sofrimento em sua dignidade. Com esse entendimento, a Turma deu provimento ao recurso da sociedade empresarial, invertendo o ônus da sucumbência. Precedentes citados: AgRg no Ag 276.671/SP, *DJ* 8.5.2000; AgRg no Ag 550.722/DF, *DJ* 3.5.2004, e AgRg no AgRg no Ag 775.948/RJ, *DJe* 3.3.2008" (STJ, REsp 747.396/DF, Rel. Min. Fernando Gonçalves, j. 09.03.2010).

De toda sorte, ato contínuo de julgamento, aquele Tribunal Superior concluiu pela presença do dano moral quando o inseto é ingerido pelo consumidor que o encontra em um produto. Vejamos publicação no *Informativo* n. *472*:

"Dano moral. Consumidor. Alimento. Ingestão. Inseto. Trata-se de REsp em que a controvérsia reside em determinar a responsabilidade da recorrente pelos danos morais alegados pelo recorrido, que afirma ter encontrado uma barata no interior da lata de leite condensado por ela fabricado, bem como em verificar se tal fato é capaz de gerar abalo psicológico indenizável. A Turma entendeu, entre outras questões, ser incontroverso, conforme os autos, que havia uma barata dentro da lata de leite condensado adquirida pelo recorrido, já que o recipiente foi aberto na presença de testemunhas, funcionários do Procon, e o laudo pericial permite concluir que a barata não entrou espontaneamente pelos furos abertos na lata, tampouco foi através deles introduzida, não havendo, portanto, ofensa ao art. 12, § 3.º, do CDC, notadamente porque não comprovada a existência de culpa exclusiva do recorrido, permanecendo hígida a responsabilidade objetiva da sociedade empresária fornecedora, ora recorrente. Por outro lado, consignou-se que a indenização de R$ 15 mil fixada pelo tribunal *a quo* não se mostra exorbitante. Considerou-se a sensação de náusea, asco e repugnância que acomete aquele que descobre ter ingerido alimento contaminado por um inseto morto, sobretudo uma barata, artrópode notadamente sujo, que vive nos esgotos e traz consigo o risco de inúmeras doenças. Note-se que, de acordo com a sentença, o recorrente já havia consumido parte do leite condensado, quando, por uma das pequenas aberturas feitas para sorver o produto chupando da própria lata, observou algo estranho saindo de uma delas, ou seja, houve contato direto com o inseto, o que aumenta a sensação de mal-estar. Além disso, não há dúvida de que essa sensação se protrai no tempo, causando incômodo durante longo período, vindo à tona sempre que se alimenta, em especial do produto que originou o problema, interferindo profundamente no cotidiano da pessoa" (STJ, REsp 1.239.060/MG, Rel. Min. Nancy Andrighi, j. 10.05.2011).

Em sentido próximo ao último julgamento, deduziu a mesma Corte Superior que o dano moral está presente quando é encontrado um preservativo dentro de uma lata de extrato de tomate. O valor fixado a título de indenização foi de R$ 10.000,00 (dez mil reais), ressaltando-se a função educadora da reparação imaterial (STJ, REsp 1.317.611/RS, Min. Rel. Nancy Andrighi, j. 12.06.2012, publicado no *Informativo* n. *499*).

Em 2014, surgiu outra tendência no Tribunal da Cidadania, especialmente na sua Terceira Turma, que passou a considerar a reparação de danos imateriais mesmo nos casos em que o produto não é consumido. Inaugurou-se, assim, uma forma de julgar que admite a reparação civil pelo *perigo de dano*, não mais tratada a hipótese como de mero aborrecimento ou transtorno cotidiano. Vejamos o teor da ementa, que foi publicada no *Informativo* n. *537* daquela Corte Superior:

"Recurso especial. Direito do consumidor. Ação de compensação por dano moral. Aquisição de garrafa de refrigerante contendo corpo estranho em seu conteúdo. Não ingestão. Exposição do consumidor a risco concreto de lesão à sua saúde e segurança. Fato do produto. Existência de dano moral. Violação do dever de não acarretar riscos ao consumidor. Ofensa ao direito fundamental à alimentação adequada. Artigos analisados: 4.º, 8.º, 12 e 18, CDC e 2.º, Lei 11.346/2006. 1. Ação de compensação por dano moral, ajuizada em 20/04/2007, da qual foi extraído o presente recurso especial, concluso ao Gabinete em 10.06.2013. 2. Discute-se a existência de dano moral na hipótese em que o consumidor adquire garrafa de refrigerante com corpo estranho em seu conteúdo, sem, contudo, ingeri-lo. 3. A aquisição de produto de gênero alimentício contendo em seu interior corpo estranho, expondo o consumidor a risco concreto de lesão à sua saúde e segurança, ainda que não ocorra a ingestão de seu conteúdo, dá direito à compensação por dano moral, dada a ofensa ao direito fundamental à alimentação adequada, corolário do princípio da dignidade da pessoa humana. 4. Hipótese em que se caracteriza defeito do produto (art. 12, CDC), o qual expõe o consumidor a risco concreto de dano à sua saúde e segurança, em clara infringência ao dever legal dirigido ao fornecedor, previsto no art. 8.º do CDC. 5. Recurso especial não provido" (STJ, REsp 1.424,304/SP, 3.ª Turma, Rel. Min. Nancy Andrighi, j. 11.03.2014, *DJe* 19.05.2014).

Na doutrina contemporânea, como antes mencionado, o tema é tratado por Pablo Malheiros da Cunha Frota, em sua tese de doutorado defendida na UFPR (Responsabilidade..., 2014). Destaca o professor que os juristas presentes no encontro de 2013 dos Grupos de Pesquisa em Direito Civil Constitucional, liderados pelos Professores Gustavo Tepedino (UERJ), Luiz Edson Fachin (UFPR) e Paulo Lôbo (UFPE), editaram a Carta de Recife. Nas suas palavras, "um dos pontos debatidos e que se encontra na Carta de Recife, documento haurido das reflexões apresentadas pelos pesquisadores no citado encontro, foi justamente a preocupação com essa situação de responsabilidade com e sem dano, como consta do seguinte trecho da aludida Carta: 'A análise crítica do dano na contemporaneidade impõe o caminho de reflexão sobre a eventual possibilidade de se cogitar da responsabilidade sem dano'" (FROTA, Pablo Malheiros da Cunha. *Responsabilidade...*, 2014, p. 225).

Sem dúvida, essa reflexão é imperiosa e poderá alterar todas as balizas teóricas da responsabilidade civil. O grande desafio, entretanto, é saber determinar os limites para a nova tese, que pode gerar situações de injustiça, mormente de pedidos totalmente imotivados, fundados em meros aborrecimentos.

A propósito desse debate, a respeito do fato de o consumidor ter encontrado um corpo estanho em um produto, mas sem consumi-lo, surgiram arestos posteriores, afastando a posição inaugurada pela Ministra Nancy Andrighi no Recurso Especial 1.424.304/SP. Assim julgando:

"No âmbito da jurisprudência do STJ, não se configura o dano moral quando ausente a ingestão do produto considerado impróprio para o consumo, em virtude da presença de objeto estranho no seu interior, por não extrapolar o âmbito individual que justifique a litigiosidade, porquanto atendida a expectativa do consumidor em sua dimensão plural. A tecnologia utilizada nas embalagens dos refrigerantes é padronizada e guarda, na essência, os mesmos atributos e as mesmas qualidades no mundo inteiro. Inexiste um sistemático defeito de segurança capaz de colocar em risco a incolumidade da sociedade de consumo, a culminar no desrespeito à dignidade da pessoa humana, no desprezo à saúde pública e no descaso com a segurança alimentar" (STJ, REsp 1.395.647/SC, 3.ª Turma, Rel. Min. Ricardo Villas Bôas Cueva, j. 18.11.2014, *DJe* 19.12.2014).

E, ainda, na mesma linha:

"A jurisprudência do Superior Tribunal de Justiça se consolidou no sentido de que a ausência de ingestão de produto impróprio para o consumo configura, em regra, hipótese de mero dissabor vivenciado pelo consumidor, o que afasta eventual pretensão indenizatória decorrente de alegado dano moral. Precedentes" (STJ, AgRg no AREsp 489.030/SP, 4.ª Turma, Rel. Min. Luis Felipe Salomão, j. 16.04.2015, *DJe* 27.04.2015).

Todavia, do ano de 2017 há outro aresto de Relatoria da Ministra Nancy Andrighi afirmando que "a aquisição de produto de gênero alimentício contendo em seu interior corpo estranho, expondo o consumidor a risco concreto de lesão à sua saúde e segurança, ainda que não ocorra a ingestão de seu conteúdo, dá direito à compensação por dano moral, dada a ofensa ao direito fundamental à alimentação adequada, corolário do princípio da dignidade da pessoa humana". E mais: "o simples 'levar à boca' do corpo estranho possui as mesmas consequências negativas à saúde e à integridade física do consumidor que sua ingestão propriamente dita" (STJ, REsp 1.644.405/RS, 3.ª Turma, Rel. Min. Nancy Andrighi, j. 09.11.2017, DJe 17.11.2017).

O caso dizia respeito a um biscoito recheado que continha um anel no seu interior, e que quase foi consumido pelo filho menor dos autores, sendo cuspido no último instante. A indenização foi fixada em R$ 10.000,00 (dez mil reais). Na verdade, o que se percebe, especialmente no âmbito da Terceira Turma do STJ, é a existência de muitos julgados que adotam essa mesma tese, todos com a relatoria da Ministra Nancy Andrighi.

A demonstrar toda essa divergência, na Edição 39 da ferramenta *Jurisprudência em Teses* do próprio STJ, e que trata do Direito do Consumidor, podiam ser encontradas duas premissas conflitantes sobre o tema. Conforme a tese 2, "a simples aquisição do produto considerado impróprio para o consumo, em virtude da presença de corpo estranho, sem que se tenha ingerido o seu conteúdo, não revela o sofrimento capaz de ensejar indenização por danos morais". Por outra via, nos termos da tese 3, "a aquisição de produto de gênero alimentício contendo em seu interior corpo estranho, expondo o consumidor a risco concreto de lesão à sua saúde e segurança, ainda que não ocorra a ingestão de seu conteúdo, dá direito à compensação por dano moral, dada a ofensa ao direito fundamental à alimentação adequada, corolário do princípio da dignidade da pessoa humana".

Em 2019, essas afirmações foram retiradas do citado repertório de jurisprudência, o que evidencia que o tema ainda estaria em aberto para ser discutido nos meios jurídicos, teóricos e práticos, especialmente porque o STJ deve manter a sua jurisprudência estável, íntegra e coerente, conforme consta do art. 926 do Código de Processo Civil de 2015.

Finalmente, em 2021, a questão foi pacificada na Segunda Seção da Corte Superior, seguindo-se a tese da Ministra Nancy Andrighi, e encerrando-se o debate a respeito da temática. Consoante o acórdão, que passou a influenciar todas as decisões posteriores:

"A presença de corpo estranho em alimento industrializado excede aos riscos razoavelmente esperados pelo consumidor em relação a esse tipo de produto, sobretudo levando-se em consideração que o Estado, no exercício do poder de polícia e da atividade regulatória, já valora limites máximos tolerados nos alimentos para contaminantes, resíduos tóxicos outros elementos que envolvam risco à saúde. Dessa forma, à luz do disposto no art. 12, *caput* e § 1.º, do CDC, tem-se por defeituoso o produto, a permitir a responsabilização do fornecedor, haja vista a incrementada – e desarrazoada – insegurança alimentar causada ao consumidor. Em tal hipótese, o dano extrapatrimonial exsurge em razão da exposição do consumidor a risco concreto de lesão à sua saúde e à sua incolumidade física e psíquica, em violação do seu direito fundamental à alimentação adequada. É irrelevante, para fins de caracterização do dano moral, a efetiva ingestão do corpo estranho pelo consumidor, haja vista que, invariavelmente, estará presente a potencialidade lesiva decorrente da aquisição do produto contaminado. Essa distinção entre as hipóteses de ingestão ou não do alimento insalubre pelo consumidor, bem como da deglutição do próprio corpo estranho, para além da hipótese de efetivo comprometimento de sua saúde, é de inegável relevância no momento da quantificação da indenização, não surtindo efeitos, todavia, no que tange à caracterização, *a priori*, do dano moral" (STJ, REsp 1.899.304/SP, 2.ª Seção, Rel. Min. Nancy Andrighi, j. 25.08.2021, DJe 04.10.2021).

CAP. 8 · ELEMENTOS DA RESPONSABILIDADE CIVIL OU PRESSUPOSTOS DO DEVER DE INDENIZAR | **415**

Como se pode notar, a conclusão final foi no sentido de estarem presentes danos morais pela simples presença de um corpo estranho em um produto adquirido.

Exposto esse debate e seguindo nas ilustrações a respeito das diferenças entre o dano moral e os meros aborrecimentos, pode ser mencionado julgado do Tribunal Paulista em que se pediu indenização imaterial diante do fato de que um faqueiro, presente de casamento, foi entregue em uma caixa de papelão e não de madeira. Com justiça, a indenização moral aqui foi afastada, julgando-se pela presença de um mero transtorno ou aborrecimento:

"Dano moral – Responsabilidade civil – Compra e venda – Entrega de faqueiro acondicionado em caixa de papelão em vez de estojo de madeira, em desacordo com o que fora adquirido – Posterior entrega desse produto como presente de casamento – Inocorrência de dano moral – Caracterização como aborrecimento do dia a dia que não dá ensejo à referida indenização, pois se insere nos transtornos que normalmente ocorrem na vida de qualquer pessoa, insuficientes para acarretar ofensa a bens personalíssimos – Indenizatória improcedente – Recurso improviso" (1.º Tribunal de Alçada Civil de São Paulo, Processo 1114302-1, Recurso: Apelação, 5.ª Câmara, São José dos Campos, Rel. Álvaro Torres Júnior, j. 02.10.2002, negaram provimento, v.u.).

Ademais, cite-se a decisão do Supremo Tribunal Federal que afastou pedido reparatório pela perda de uma frasqueira contendo objetos de maquiagem de uma mulher:

"Constitucional – Recurso extraordinário – Cabimento – Indenização – Dano moral. I – O dano moral indenizável é o que atinge a esfera legítima de afeição da vítima, que agride seus valores, que humilha, que causa dor. A perda de uma frasqueira contendo objetos pessoais, geralmente objetos de maquiagem de mulher, não obstante desagradável, não produz dano moral indenizável. II – Agravo não provido" (STF, RE 387.014, AgR/SP, São Paulo, Ag. Reg. no Recurso Extraordinário, 2.ª Turma, Rel. Min. Carlos Velloso, j. 08.06.2004, *DJ* 25.06.2004, p. 57).

Interessante perceber que, no último caso, o processo chegou até o Supremo Tribunal Federal que, com razão, afastou a absurda pretensão. Fica a dúvida até se caberia a condenação por litigância de má-fé nesse exemplo, por flagrante abuso de direito processual, na minha opinião doutrinária.

Também na esfera da Justiça do Trabalho está presente essa preocupação de afastar os meros transtornos do dano moral. A título de ilustração, colaciona-se a seguinte decisão:

"Dano moral – Configuração. É preciso distinguir o dano moral das contrariedades muitas vezes sofridas pelos seres humanos em seus relacionamentos interpessoais e profissionais. Se a todo motivo de tristeza se imputar a definição de dano moral e a consequente indenização, a sociedade não caminhará, sempre ocupada que estará em comparecer às barras dos tribunais, pois a humanidade não como primordiais características a cordialidade, a temperança e o desapego à matéria. Isso a experiência do homem médio cada vez mais está a demonstrar (...). Note-se, o questionamento em torno das humilhações causadas à obreira existiria se esta, contratada para atuar como atendente do centro cirúrgico, fosse obrigada a desempenhar funções muito inferiores às pactuadas. O raciocínio em sentido inverso não traduz humilhação, pois a reclamante desempenhara tarefas mais complexas do que aquelas para as quais fora contratada" (TRT da 2.ª Região, Acórdão 20030094687, n. de pauta: 039, Processo TRT/SP 41748200290202008, Recurso ordinário 74 VT de São Paulo, Juíza Yone Frediani, presidente e relatora).

A ilustrar, da jurisprudência superior, tem-se entendido que uma longa espera na fila do banco deixa de ser um mero aborrecimento, configurando um dano moral indenizável, diante dessa perda do tempo útil. Assim julgando:

"Ação de indenização. Espera em fila de banco por mais de uma hora. Tempo superior ao fixado por legislação local. Insuficiência da só invocação legislativa aludida. Padecimento moral, contudo, expressamente assinalado pela sentença e pelo acórdão, constituindo fundamento fático inalterável por esta Corte (Súmula 7/STJ). Indenização de R$ 3.000,00, corrigida desde a data do ato danoso (Súmula 54/STJ). 1. A espera por atendimento em fila de banco quando excessiva ou associada a outros constrangimentos, e reconhecida faticamente como provocadora de sofrimento moral, enseja condenação por dano moral. 2. A só invocação de legislação municipal ou estadual que estabelece tempo máximo de espera em fila de banco não é suficiente para desejar o direito à indenização, pois dirige a sanções administrativas, que podem ser provocadas pelo usuário. 3. Reconhecidas, pela sentença e pelo Acórdão, as circunstâncias fáticas do padecimento moral, prevalece o julgamento da origem (Súmula 7/STJ). 4. Mantém-se, por razoável, o valor de 3.000,00, para desestímulo à conduta, corrigido monetariamente desde a data do evento danoso (Súmula 54/STJ), ante as forças econômicas do banco responsável e, inclusive, para desestímulo à recorribilidade, de menor monta, ante aludidas forças econômicas. 5. Recurso Especial improvido" (STJ, REsp 1.218.497/MT, 3.ª Turma, Rel. Min. Sidnei Beneti, j. 11.09.2012, *DJe* 17.09.2012).

Essa posição foi repetida na Corte sucessivamente, cabendo transcrever, de data mais recente: "é entendimento desta Corte Superior que, 'Quando for excessiva, a espera por atendimento em fila de banco é capaz de ensejar reparação por dano moral' (AgInt nos EDcl no AREsp 1.618.776/GO, Relatora Ministra Nancy Andrighi, Terceira Turma, julgado em 24/8/2020, DJe de 27/8/2020)" (STJ, Ag. Int. no AREsp n. 2.025.883/RN, 4.ª Turma, Rel. Min. Raul Araújo, j. 03.10.2022, *DJe* 21.10.2022).

De todo modo, o tema foi julgado pela Segunda Seção do Tribunal no ano de 2024, concluindo-se, em sede de repercussão geral o seguinte: "o simples descumprimento do prazo estabelecido em legislação específica para a prestação de serviços bancários não gera por si só dano moral *in re ipsa*" (STJ, REsp 1.962.275/GO, 2.ª Seção, Rel. Min. Ricardo Villas Bôas Cueva, j. 24.04.2024, *DJe* 29.04.2024, m.v. – Tema 1156)

A conclusão foi no sentido de não haver um dano presumido, decorrente pura e simplesmente do descumprimento do tempo previsto na legislação local. Deduziu-se, assim, o seguinte, tendo como fundamento a teoria do desvio produtivo, de Marcos Dessaune, que reconhece danos extrapatrimoniais pela perda do tempo:

"O mero transcurso do tempo, por si só, não impõe um dever obrigacional de ressarcimento, por não configurar, de plano, uma prática abusiva a acarretar uma compensação pecuniária, como pressupõe a teoria do desvio produtivo, que considera a perda de tempo útil uma espécie de direito de personalidade irrenunciável do indivíduo. Sob tal perspectiva, qualquer atraso na prestação de serviços poderia atrair a tese. Contudo, o controle do tempo, por mais salutar que seja, depende de fatores por vezes incontroláveis e não previsíveis, como parece óbvio. Há atendimentos mais demorados que não são passíveis de fiscalização prévia e, por vezes, até mesmo eventos de força maior, que podem ensejar atrasos.

Por outro lado, incumbe ao consumidor que aguarda em fila de banco demonstrar qual é de fato o prejuízo que está sofrendo e se não haveria como buscar alternativas para a solução do problema, tal como caixas eletrônicos e serviços de *internet banking* (autosserviço).

CAP. 8 • ELEMENTOS DA RESPONSABILIDADE CIVIL OU PRESSUPOSTOS DO DEVER DE INDENIZAR | **419**

A mera alegação genérica de que se está deixando de cumprir compromissos diários, profissionais, de lazer e de descanso, sem a comprovação efetiva do dano, possibilita verdadeiro abuso na interposição de ações por indenização em decorrência de supostos danos morais.

Indenizar meros aborrecimentos do cotidiano, por perda de tempo, que podem se dar em decorrência de trânsito intenso, reanálise de contratos de telefonia, cobrança ou cancelamento indevido de cartão de crédito, espera em consultórios médicos, odontológicos e serviços de toda ordem, sejam públicos ou privados, tem o potencial de banalizar o que se entende por dano moral, cuja valoração não pode ser genérica nem dissociada da situação concreta, sob pena de ensejar uma lesão abstrata, e, por outro lado, tarifação, que é vedada nos termos da Súmula 281/STJ" (STJ, REsp 1.962.275/GO, 2.ª Seção, Rel. Min. Ricardo Villas Bôas Cueva, j. 24.04.2024, *DJe* 29.04.2024, m.v. – Tema 1156).

Seguindo nas concretizações a respeito do instituto, o mesmo Tribunal de Cidadania concluiu que é cabível a reparação de danos morais quando o consumidor de veículo zero quilômetro necessita retornar à concessionária por diversas vezes para reparar defeitos apresentados no veículo adquirido (STJ, REsp 1.443.268/DF, Rel. Min. Sidnei Beneti, j. 03.06.2014, publicado no seu *Informativo* n. 544).

Em dezembro de 2020, porém, surgiu acórdão no âmbito da Quarta Turma do Superior Tribunal de Justiça no sentido de que o dano moral deve estar atrelado a interesses existenciais da vítima, afastando-se a indenização por mera frustração do consumidor. O julgamento se deu no Recurso Especial 1.406.245, tendo sido relator o Ministro Luis Felipe Salomão. Segundo ele, "como bem adverte a doutrina especializada, é recorrente o equívoco de se tomar o dano moral em seu sentido natural, e não jurídico, associando-o a qualquer prejuízo incalculável, como figura receptora de todos os anseios, dotada de uma vastidão tecnicamente insustentável, e mais comumente correlacionando-o à dor, ao aborrecimento, ao sofrimento e à frustração". E mais, haveria um risco de se considerar que meros aborrecimentos triviais podem caracterizar o dano moral, "visto que, a par dos evidentes reflexos de ordem econômico-social deletérios, isso tornaria a convivência social insuportável e poderia ser usado contra ambos os polos da relação contratual". Por fim, entendeu que "o uso da reparação dos danos morais como instrumento para compelir o banco e a vendedora do veículo a fornecer serviço de qualidade desborda do fim do instituto" (STJ, REsp 1.406.245/SP, 4.ª Turma, Rel. Min. Luis Felipe Salomão, j. 03.12.2020). Em certo sentido, parece-me que o *decisum* coloca em dúvida a tese da perda do tempo e do desvio produtivo.

Cabe ressaltar que o tema foi objeto de proposta de enunciado quando da *VI Jornada de Direito Civil*, em 2013, formulada por Wladimir Alcebíades Marinho Falcão Cunha e que contou com o meu forte apoio naquele evento.. A proposição tinha o seguinte teor: "as microlesões do dia a dia, relacionadas à alteração da rotina e/ou do curso natural da vida do indivíduo em situações cotidianas do tráfego jurídico-econômico comum (labor, consumo, lazer etc.), vindo a ocasionar aborrecimentos relevantes e não meros aborrecimentos, integram a acepção lata de dano, pois também significam lesão a interesses ou bens jurídicos ligados à personalidade humana, ainda que em escala menos grave do que nos danos extrapatrimoniais. Como tal, tais lesões constituem danos extrapatrimoniais residuais e devem também ser indenizadas".

Infelizmente, por uma pequena margem de votos, a proposta não foi aprovada naquele evento. Em 2015, na *VII Jornada de Direito Civil*, uma nova proposta foi feita, com sentido muito próximo, que acabou não sendo aprovada, mais uma vez lamentavelmente.

Entendo que a questão deve ser refletida pela comunidade jurídica nacional, uma vez que o filtro relativo aos meros aborrecimentos tem afastado muitos pedidos justos de reparação imaterial. E a tese do desvio produtivo ou do dano temporal pode ser utilizada como contraponto para essa última afirmação, afastando-se a chamada "indústria do mero aborrecimento", em que muitos pleitos de dano moral são afastados de forma incorreta.

8.5.2.2 Danos morais da pessoa jurídica

Outra questão controvertida refere-se ao dano moral da pessoa jurídica. Como é notório, a pessoa jurídica pode sofrer dano moral, por lesão à sua honra objetiva, ao seu nome, à sua imagem diante do meio social. Esse é o entendimento que consta da Súmula 227 do Superior Tribunal de Justiça, e que também pode ser extraído do art. 52 do Código Civil em vigor, pelo qual se aplica à pessoa jurídica, no que couber, o disposto quanto aos direitos da personalidade. Em verdade, o dano moral da pessoa jurídica atinge a sua honra objetiva, que é a repercussão social da honra, sendo certo que uma empresa tem uma reputação perante a coletividade. Nessa linha, a assertiva n. 10, publicada na Edição n. 125 da ferramenta *Jurisprudência em Teses do STJ*, do ano de 2019: "a pessoa jurídica pode sofrer dano moral, desde que demonstrada ofensa à sua honra objetiva".

Mas não se pode esquecer que a pessoa jurídica não possui a dignidade própria da pessoa humana. Assim sendo, parte da jurisprudência tem entendido que não se pode indenizar o *dano moral puro* da pessoa jurídica, desassociado do dano material, conforme ementa estadual a seguir transcrita, uma das primeiras a analisar a temática:

> "Ação de indenização – Danos materiais – Extensão – Prova – Ausência – Condenação – Impossibilidade – Danos morais – Fixação – Protesto indevido de título – Pessoa jurídica – Dano moral puro. Ausente a prova da extensão dos danos materiais ocasionados pela eventual negativa de crédito pelos fornecedores da autora, torna-se impraticável o acolhimento destes" (TAMG, Acórdão: 0333128-0 Apelação Cível, Belo Horizonte/Siscon, 7.ª Câmara Cível, Rel. Juiz Nilson Reis, j. 10.05.2001).

Essa corrente ganhou força com o Enunciado n. 189 do Conselho da Justiça Federal e do Superior Tribunal de Justiça, também aprovado na *III Jornada de Direito Civil*, pelo qual: "na responsabilidade civil por dano moral à pessoa jurídica, o fato lesivo, como dano eventual, deve ser devidamente demonstrado".

Entretanto, na minha opinião doutrinária, o teor do enunciado doutrinário, se lido sem qualquer exceção, contraria o posicionamento majoritário de nossos Tribunais, particularmente do Superior Tribunal de Justiça, do qual há pelo menos dois notórios julgados anteriores, que entenderam pela presunção do dano à pessoa jurídica nos casos de abalo de crédito (dano moral *in re ipsa*). Nesse sentido, cumpre transcrever o teor do último julgado, que faz referência ao primeiro:

> "Recurso especial – Ação de indenização – Danos morais – Protesto indevido de duplicata paga no vencimento – Pessoa jurídica – Banco endossatário – Endosso-mandato – Ciência do pagamento – Legitimidade passiva – Prova do dano – Parágrafo único do art. 42 do CDC – Divergência jurisprudencial não comprovada. A jurisprudência desta Corte encontra-se consolidada no sentido de que o Banco endossatário tem legitimidade passiva para figurar na ação de indenização e deve responder pelos danos causados à sacada em decorrência de protesto indevido de título cambial. 'In casu', mesmo ciente do

pagamento da duplicata, o banco-recorrente levou o título a protesto (Precedentes: REsp 285.732/MG, Rel. Min. Cesar Asfor Rocha, *DJ* 12.05.2003; REsp 327.828/MG, Rel. Min. Ruy Rosado de Aguiar, *DJ* 08.04.2002; REsp 259.277/MG, Rel. Min. Aldir Passarinho Júnior, *DJ* 19.08.2002; REsp 185.269/SP, Rel. Min. Waldemar Zveiter, *DJ* 06.11.2000). O protesto de título já quitado acarreta prejuízo à reputação da pessoa jurídica, sendo presumível o dano extrapatrimonial que resulta deste ato. Consoante reiterada jurisprudência desta Corte, 'é presumido o dano que sofre a pessoa jurídica no conceito de que goza na praça em virtude de protesto indevido, o que se apura por um juízo de experiência' (Cf. REsp 487.979/RJ, Rel. Min. Ruy Rosado de Aguiar, *DJ* 08.09.2003). Precedentes. Como corretamente salientado no v. acórdão recorrido, o parágrafo único do art. 42 do CDC tem por exclusivo desiderato sancionar, nas relações de consumo, aquele que cobrar dívida superior ao que é devido. Inaplicável o aludido dispositivo no caso em questão, que trata de ação de indenização por danos morais. Divergência jurisprudencial não comprovada. A recorrente não comprovou o alegado dissídio interpretativo nos moldes que exigem o parágrafo único do art. 541 do CPC, e o art. 255, § 2.º, do Regimento Interno desta Corte. Os arestos paradigmas apontados, apenas com transcrição de ementas, não guardam a similitude fática necessária à ocorrência do dissídio, não havendo, também, a devida indicação das fontes oficiais onde foram publicados. Recurso não conhecido" (STJ, REsp 662.111/RN; Recurso Especial, 2004/0067928-6, 4.ª Turma, Min. Jorge Scartezzini 21.09.2004, *DJ* 06.12.2004, p. 336).

Em resumo, é forçoso concluir que, em regra, o dano moral da pessoa jurídica deve ser provado, sendo presumido em algumas situações concretas. A confirmar a regra da prova, transcreve-se a seguinte ementa recente da Corte Superior: "para a pessoa jurídica, o dano moral é fenômeno distinto daquele relacionado à pessoa natural. Não se aceita, assim, o dano moral em si mesmo, isto é, como uma decorrência intrínseca à existência de ato ilícito. Necessidade de demonstração do prejuízo extrapatrimonial. Na hipótese dos autos, não há demonstração apta de prejuízo patrimonial alegadamente sofrido pela recorrida" (STJ, REsp 1.497.313/PI, 3.ª Turma, Rel. Min. Nancy Andrighi, j. 07.02.2017, *DJe* 10.02.2017).

Em complemento, com mesma afirmação, mas admitindo a presunção do dano moral da pessoa jurídica em algumas situações:

> "Para a pessoa jurídica, o dano moral não se configura *in re ipsa*, por se tratar de fenômeno muito distinto daquele relacionado à pessoa natural. É, contudo, possível a utilização de presunções e regras de experiência no julgamento. Afigura-se a ilegalidade no protesto de título cambial, mesmo quando pagamento ocorre em atraso. Nas hipóteses de protesto indevido de cambial ou outros documentos de dívida, há forte presunção de configuração de danos morais" (STJ, REsp 1.564.955/SP, 3.ª Turma, Rel. Min. Nancy Andrighi, j. 06.02.2018, *DJe* 15.02.2018).

Mas a controvérsia não para por aqui, pois na *IV Jornada de Direito* Civil voltou-se a discutir o dano moral da pessoa jurídica. A comissão da Parte Geral, assim, aprovou o Enunciado n. 286, relativo ao art. 52 do CC/2002, prevendo que "os direitos da personalidade são direitos inerentes e essenciais à pessoa humana, decorrentes de sua dignidade, não sendo as pessoas jurídicas titulares de tais direitos".

Na verdade, apesar da polêmica, não há como concordar com o último enunciado doutrinário. Isso porque a pessoa jurídica possui sim alguns direitos da personalidade, tais como direito ao nome, à imagem, ao sigilo e à honra objetiva. Em outras palavras, os direitos da personalidade não são exclusivos da pessoa humana. E, constituindo os danos morais lesões a esses direitos, não se pode negar a reparação a favor das pessoas jurídicas. Nesse sentido, é preciso o notável julgado do STJ, da lavra do Ministro Ruy Rosado de Aguiar, transcrito a seguir:

"Lei de Imprensa – Legitimidade ativa – Pessoa jurídica – Legitimidade passiva – Empresa e jornalistas – Valor da indenização. 1. A pessoa jurídica pode ser atingida em sua honra objetiva e por isso tem legitimidade para promover ação de indenização por escrito publicado em jornal. 2. A responsabilidade pela publicação no jornal é da empresa que o explora e dos jornalistas autores da notícia. Orientação da Segunda Seção. Ressalva da posição do relator. 3. A indenização por dano extrapatrimonial decorrente de matéria divulgada através da imprensa, em ação de responsabilidade fundada no direito comum, não está limitada aos parâmetros do art. 51 da Lei 5.250/1967. Recursos conhecidos, pela divergência, mas improvidos" (STJ, REsp 164.421/RJ, 4.ª Turma, Rel. Min. Ruy Rosado de Aguiar, j. 10.11.1998, *DJ* 16.08.1999, p. 73).

No que concerne às informações injuriosas que são feitas a respeito da pessoa jurídica na imprensa, e que podem perfeitamente causar danos à imagem de uma empresa, colaciona-se julgado que condenou a Dolly Guaraná por afirmações negativas feitas por seus sócios e representantes a respeito da Coca-Cola. Vejamos a ementa do Tribunal de Justiça de São Paulo:

"Indenização – Danos morais – Réus que realizaram campanha difamatória contra a autora, imputando-lhe graves acusações e denegrindo sua imagem em diversos veículos midiáticos, a exemplo de *outdoors*, jornais impressos e programa de TV – Denúncias que, ademais, revelaram-se levianas, eis que desprovidas de lastro probatório – Configuração de ato ilícito quer pelo ângulo do direito comum (art. 186 do Código Civil), quer pelo ângulo da concorrência desleal (art. 195 da L. 9.279/1996) – Responsabilidade pelos danos causados à imagem da autora que se estende a todos os réus, dada a comprovação da participação de cada um deles nos atos lesivos perpetrados – Evidentes danos morais causados à empresa autora, que teve sua reputação e credibilidade abaladas perante os consumidores – Indenização fixada adequadamente em R$ 1.000.000,00, se considerados o dolo dos agentes, a gravidade das acusações, o porte das empresas rés, e o prejuízo de ordem extrapatrimonial experimentado pela demandante – Inexistência, porém, de provas dos danos materiais supostamente sofridos, cuja existência deve ser demonstrada na fase de conhecimento – Honorários advocatícios estabelecidos em valor razoável – Recursos parcialmente providos" (TJSP, Apelação 0020617-36.2004.8.26.0100, 6.ª Câmara de Direito Privado, São Paulo, Rel. Des. Francisco Loureiro, j. 22.03.2012).

Como se pode notar, a indenização foi fixada em valor exemplar, confirmando o caráter pedagógico que deve estar presente na fixação do dano moral, tema a seguir exposto.

Voltando-se ao embate doutrinário percebido nas *Jornadas de Direito Civil*, o Enunciado n. 286 do CJF/STJ entra em colisão com a jurisprudência consolidada do próprio Tribunal Superior, consubstanciada na Súmula 227, bem como dos Tribunais Estaduais. Sem falar que há certa contradição entre tal enunciado e o Enunciado n. 189, aprovado na *III Jornada*, que reconhece expressamente o dano moral à pessoa jurídica.

Na verdade, um dos dois enunciados deve ser cancelado, para uma melhor orientação didática sobre o tema. Até lá a polêmica persistirá em sede doutrinária. Todavia, é preciso esclarecer que deve ser tido como prevalente o entendimento consubstanciado na Súmula 227 do STJ.

CAP. 8 · ELEMENTOS DA RESPONSABILIDADE CIVIL OU PRESSUPOSTOS DO DEVER DE INDENIZAR | **423**

Aprofundando o assunto, é importante dizer que se têm reconhecido os danos morais mesmo de pessoas jurídicas sem fins lucrativos. Para Gustavo Tepedino, Maria Celina Bodin de Moraes e Heloísa Helena Barboza, tais danos seriam mais bem denominados como *institucionais*. São suas palavras:

"A utilização da técnica de proteção à personalidade no caso de pessoas jurídicas não pode deixar de contemplar as hipóteses em que a vítima configura entidade sem fins lucrativos. Neste caso, como já salientado em outra sede: 'não se pode considerar (como ocorre na hipótese de empresas com finalidade lucrativa) que os ataques sofridos pela pessoa jurídica acabam por se exprimir na redução de seus lucros, sendo espécie de dano genuinamente material. Cogitando-se, então, de pessoas jurídicas sem fins lucrativos deve ser admitida a possibilidade de configuração de *danos institucionais*, aqui conceituados como aqueles que, diferentemente dos danos patrimoniais ou morais, atingem a pessoa jurídica em sua credibilidade ou reputação' (TEPEDINO, Gustavo. *Crise de fontes normativas*, p. XXIX-XXX). Não há dúvidas de que a maioria das hipóteses de danos indenizáveis pretendidos por pessoas jurídicas pode ser facilmente enquadrada na categoria de danos materiais, traduzidos em uma diminuição de seus resultados econômicos. 'Situações há, contudo, em que a associação sem fins lucrativos, uma entidade filantrópica, por exemplo, é ofendida em seu renome. Atinge-se a sua credibilidade, chamada de honra objetiva, sem que, neste caso, se pudesse afirmar que o dano fosse mensurável economicamente, considerando-se sua atividade exclusivamente inspirada na filantropia. Aqui não há evidentemente dano material. E tal constatação não pode autorizar a irresponsabilidade, ou, em sentido contrário, a admissão de uma desajeitada noção de dignidade corporativa ou coletiva. A solução, pois, é admitir que a credibilidade da pessoa jurídica, como irradiação de sua subjetividade, responsável pelo sucesso de suas atividades, é objeto de tutela pelo ordenamento e capaz de ser tutelada, especialmente na hipótese de danos institucionais. Tal entendimento mostra-se coerente com o ditado constitucional e não parece destoar do raciocínio que inspirou a mencionada admissibilidade, pelo STJ, dos danos morais à pessoa jurídica' (Tepedino, Gustavo. *Crise de fontes normativas*, p. XXIX-XXX)" (TEPEDINO, Gustavo; BARBOZA, Heloísa Helena; MORAES, Maria Celina Bodin de (Coord.). *Código Civil...*, 2004, v. I, p. 135).

Na verdade, a doutrina citada enquadra como *danos institucionais* todos os danos extrapatrimoniais suportados pela pessoa jurídica, na linha antes citada de controvérsia quanto aos danos morais da pessoa coletiva.

Por fim, necessário fazer algumas observações sobre a possibilidade de uma pessoa jurídica de Direito Público pleitear danos morais. O tema já foi objeto de proposta de enunciado doutrinário, não aprovada, quando da *V Jornada de Direito Civil*, promovida pelo Conselho da Justiça Federal e pelo Superior Tribunal de Justiça em 2011. Imagine-se, por exemplo, a viabilidade de uma Municipalidade pleitear indenização imaterial de uma pessoa famosa que fez afirmações injuriosas sobre a cidade nos órgãos de imprensa. O assunto foi abordado pelo Superior Tribunal de Justiça, em ementa publicada no seu *Informativo n. 534*, merecendo destaque o seguinte trecho:

"A pessoa jurídica de direito público não tem direito à indenização por danos morais relacionados à violação da honra ou da imagem. A reparação integral do dano moral, a qual transitava de forma hesitante na doutrina e jurisprudência, somente foi acolhida expressamente no ordenamento jurídico brasileiro com a CF/1988, que alçou ao catálogo dos direitos fundamentais aquele relativo à indenização pelo dano moral decorrente de ofensa à honra, imagem, violação da vida privada e intimidade das pessoas (art. 5.º, V e de Justiça. O julgado a seguir demonstra muito bem a aplicação dos critérios apontados e a função pedagógica da reparação moral:

"Dano moral – Reparação – Critérios para fixação do valor – Condenação anterior, em quantia menor. Na fixação do valor da condenação por dano moral, deve o julgador atender a certos critérios, tais como nível cultural do causador do dano; condição socioeconômica do ofensor e do ofendido; intensidade do dolo ou grau da culpa (se for o caso) do autor da ofensa; efeitos do dano no psiquismo do ofendido e as repercussões do fato na comunidade em que vive a vítima. Ademais, a reparação deve ter fim também pedagógico, de modo a desestimular a prática de outros ilícitos similares, sem que sirva, entretanto, a condenação de contributo a enriquecimentos injustificáveis. Verificada condenação anterior, de outro órgão de imprensa, em quantia bem inferior, por fatos análogos, é lícito ao STJ conhecer do recurso pela alínea c do permissivo constitucional e reduzir o valor arbitrado a título de reparação. Recurso conhecido e, por maioria, provido" (STJ, REsp 355.392/RJ, Rel. Min. Nancy Andrighi, Rel. p/ Acórdão Min. Castro Filho, 3.ª Turma, j. 26.03.2002, *DJ* 17.06.2002, p. 258).

Sucessivamente, tais critérios foram adotados pelo STJ em outro julgado importante da Corte, que consagra a ideia de que o julgador deve adotar um *método bifásico* de fixação da indenização, criado pelo Ministro Paulo de Tarso Sanseverino. Por esse método, na *primeira fase,* é fixado um valor básico de indenização de acordo com o interesse jurídico lesado e em conformidade com a jurisprudência consolidada do Tribunal (grupo de casos). Na *segunda fase*, há a fixação definitiva da indenização de acordo com as circunstâncias particulares do caso concreto (gravidade do fato em si, culpabilidade do agente, culpa concorrente da vítima, condição econômica das partes, entre outros fatores).

A primeira ementa que adota esse método, publicada no *Informativo* n. *470* daquele Tribunal Superior, merece transcrição, inclusive porque traz repúdio quanto ao tabelamento da indenização imaterial, na linha do defendido no Capítulo anterior deste livro:

"Critérios. Fixação. Valor. Indenização. Acidente. Trânsito. (...). O Min. Relator, ao analisar, pela primeira vez, em sessão de julgamento, um recurso especial sobre a quantificação da indenização por dano moral, procura estabelecer um critério razoavelmente objetivo para o arbitramento da indenização por dano moral. Primeiramente, afirma que as hipóteses de tarifação legal, sejam as previstas pelo CC/1916 sejam as da Lei de Imprensa, que eram as mais expressivas no nosso ordenamento jurídico para a indenização por dano moral, foram rejeitadas pela jurisprudência deste Superior Tribunal, com fundamento no postulado da razoabilidade. Daí, entende que o melhor critério para a quantificação da indenização por prejuízos extrapatrimoniais em geral, no atual estágio de Direito brasileiro, é o arbitramento pelo juiz de forma equitativa, sempre observando o princípio da razoabilidade. No ordenamento pátrio, não há norma geral para o arbitramento de indenização por dano extrapatrimonial, mas há o art. 953, parágrafo único, do CC/2002, que, no caso de ofensas contra a honra, não sendo possível provar o prejuízo material, confere ao juiz fixar, equitativamente, o valor da indenização na conformidade das circunstâncias do caso. Assim, essa regra pode ser estendida, por analogia, às demais hipóteses de prejuízos sem conteúdo econômico (art. 4.º da LICC). A autorização legal para o arbitramento equitativo não representa a outorga ao juiz de um poder arbitrário, pois a indenização, além de ser fixada com razoabilidade, deve ser fundamentada com a indicação dos critérios utilizados. Aduz, ainda, que, para proceder a uma sistematização dos critérios mais utilizados pela jurisprudência para o arbitramento da indenização por prejuízos extrapatrimoniais, destacam-se, atualmente, as circunstâncias do evento danoso e o interesse jurídico lesado. Quanto às referidas circunstâncias, consideram-se como ele-

CAP. 8 · ELEMENTOS DA RESPONSABILIDADE CIVIL OU PRESSUPOSTOS DO DEVER DE INDENIZAR | **429**

mentos objetivos e subjetivos para a avaliação do dano a gravidade do fato em si e suas consequências para a vítima (dimensão do dano), a intensidade do dolo ou o grau de culpa do agente (culpabilidade do agente), a eventual participação culposa do ofendido (culpa concorrente da vítima), a condição econômica do ofensor e as condições pessoais da vítima (posição política, social e econômica). Quanto à valorização de bem ou interesse jurídico lesado pelo evento danoso (vida, integridade física, liberdade, honra), constitui um critério bastante utilizado na prática judicial, consistindo em fixar as indenizações conforme os precedentes em casos semelhantes. Logo, o método mais adequado para um arbitramento razoável da indenização por dano extrapatrimonial resulta da união dos dois critérios analisados (valorização sucessiva tanto das circunstâncias como do interesse jurídico lesado). Assim, na primeira fase, arbitra-se o valor básico ou inicial da indenização, considerando o interesse jurídico lesado, em conformidade com os precedentes acerca da matéria e, na segunda fase, procede-se à fixação da indenização definitiva, ajustando-se o seu montante às peculiaridades do caso com base nas suas circunstâncias" (STJ, REsp 959.780/ES, Rel. Min. Paulo de Tarso Sanseverino, j. 26.04.2011).

Na sequência, outros arestos surgiram, também da Quarta Turma, adotando o citado método, que tende a ser aplicado pelo Tribunal. Assim concluindo:

"O método bifásico, como parâmetro para a aferição da indenização por danos morais, atende às exigências de um arbitramento equitativo, pois, além de minimizar eventuais arbitrariedades, evitando a adoção de critérios unicamente subjetivos pelo julgador, afasta a tarifação do dano. Traz um ponto de equilíbrio, pois se alcançará uma razoável correspondência entre o valor da indenização e o interesse jurídico lesado, além do fato de estabelecer montante que melhor corresponda às peculiaridades do caso. Na primeira fase, o valor básico ou inicial da indenização é arbitrado tendo-se em conta o interesse jurídico lesado, em conformidade com os precedentes jurisprudenciais acerca da matéria (grupo de casos). Na segunda fase, ajusta-se o valor às peculiaridades do caso, com base nas suas circunstâncias (gravidade do fato em si, culpabilidade do agente, culpa concorrente da vítima, condição econômica das partes), procedendo-se à fixação definitiva da indenização, por meio de arbitramento equitativo pelo juiz. Ainda na segunda fase de fixação, tendo em vista tratar-se de um núcleo familiar como titular da indenização, há que se ponderar acerca da individualização do dano, uma vez que um evento danoso capaz de abalar o núcleo familiar deve ser individualmente considerado em relação a cada um de seus membros (EREsp 1.127.913/RS, Rel. Ministro Napoleão Nunes Maia Filho, Corte Especial, *DJe* 05/08/2014)" (STJ, REsp 1.332.366/MS, 4.ª Turma, Rel. Min. Luis Felipe Salomão, j. 10.11.2016, *DJe* 07.12.2016).

Acrescente-se que o critério foi igualmente utilizado no julgamento do caso "a farsa do PCC", condenando o Sistema Brasileiro de Televisão pelos danos sofridos pelo então apresentador Oscar Roberto Godói, na época na Rede Record, que foi mencionado na reportagem inverídica feita pelo apresentador Gugu Liberato. Nos termos de outro trecho do aresto que merece destaque, "não se trata de mera notícia inverídica, mas de ardil manifesto e rasteiro dos recorrentes, que, ao transmitirem reportagem sabidamente falsa, acabaram incidindo em gravame ainda pior: percutiram o temor na sociedade, mais precisamente nas pessoas destacadas na entrevista, com ameaça de suas próprias vidas, o que ensejou intenso abalo moral no recorrido, sendo que o arbitramento do dano extrapatrimonial em R$ 250 mil, tendo em vista o critério bifásico, mostrou-se razoável" (REsp 1.473.393/SP, 4.ª Turma, Rel. Min. Luis Felipe Salomão, j. 04.10.2016, *DJe* 23.11.2016). Em seguida, elogia-se o método bifásico, na mesma linha do aresto anterior.

Na verdade, a utilização do *método bifásico* consolidou-se de tal forma no âmbito da Corte que, em 2019, foi publicada a Edição n. 125 da ferramenta *Jurisprudência em Teses* do STJ, dedicada à responsabilidade civil e ao dano moral. Conforme a assertiva n. 1, "a fixação do valor devido a título de indenização por danos morais deve considerar o método bifásico, que conjuga os critérios da valorização das circunstâncias do caso e do interesse jurídico lesado, e minimiza eventual arbitrariedade ao se adotar critérios unicamente subjetivos do julgador, além de afastar eventual tarifação do dano".

Porém, com o devido respeito aos ilustres relatores – especialmente ao Ministro Sanseverino, grande estudioso da matéria de responsabilidade civil em nosso País e um dos principais julgadores do STJ na atualidade –, o citado *método bifásico* parece trazer um equívoco de redundância. Isso porque a concausalidade e os fatores circunstanciais citados já compõem a jurisprudência consolidada do STJ a respeito da quantificação (grupo de casos). Assim, tais elementos acabam entrando tanto no primeiro quanto no segundo momento da atribuição do *quantum*. Em tom crítico, pode-se dizer que o modelo bifásico é, em suma, *monofásico* e não de acordo com o que se propõe. Melhor seria fixar uma *indenização inicial máxima*, de acordo com a reparação integral dos danos; para depois então considerar as circunstâncias fáticas para eventual redução do valor reparatório. Essa, aliás, parece a correta conclusão a ser retirada dos arts. 944 e 945 do Código Civil.

Ainda de acordo com os critérios utilizados pelo Superior Tribunal de Justiça, aplica-se a *função social da responsabilidade civil*. Na esteira dos julgados, se por um lado deve-se entender que a indenização é um desestímulo para futuras condutas, por outro não pode o valor pecuniário gerar o enriquecimento sem causa ou ruína do ofensor, devendo ser aplicado o *princípio da proporcionalidade ou da razoabilidade* na fixação do *quantum* indenizatório (a ilustrar, entre tantas decisões: REsp 824.000/MA, 4.ª Turma, Rel. Min. Jorge Scartezzini, j. 20.06.2006, *DJ* 01.08.2006 p. 453; REsp 773.853/RS, 3.ª Turma, Rel. Min. Nancy Andrighi, j. 10.11.2005, *DJ* 22.05.2006, p. 200, e REsp 739.102/RJ, 1.ª Turma, Rel. Min. Denise Arruda, j. 04.10.2005, *DJ* 07.11.2005, p. 131).

A menção ao *enriquecimento sem causa* parece ser equivocada. Isso porque tal conceito está presente quando há uma atribuição patrimonial sem que haja razão para tanto (*locupletamento sem razão*). Ora, nos casos de responsabilidade civil há sim uma causa para o pagamento da indenização, qual seja, a presença de um ilícito, de uma lesão de direito.

Em relação às condições psicológicas dos envolvidos como critério para a quantificação dos danos morais, escrevi, em coautoria com a psicanalista e doutrinadora Giselle Câmara Groeninga, artigo intitulado *O dano à integridade psíquica. Uma visão interdisciplinar* (*Questões...*, 2006, p. 141). Nesse trabalho, interroguei à *juspsicanalista* como o profissional da área da psicologia poderia colaborar com o magistrado em relação à quantificação da indenização. A resposta foi a seguinte:

> "Em primeiríssimo lugar, a contribuição a ser dada está no reconhecimento da existência do dano. Conforme nos ensina a psicanálise, tão importante quanto o trauma é a interpretação que se dá a ele. Interpretação que deve vir no sentido do reconhecimento de sua extensão, contextualização na vida da pessoa, e possibilidade de reparação.
>
> Em segundo lugar, o profissional deve avaliar o dano com base em três vertentes: o conhecimento de como se compõe e se desenvolve a personalidade, avaliar as mudanças ocorridas na personalidade daquele que sofreu o dano e, finalmente, a sua relação com o agente causador. O profissional deve ter cuidado redobrado em não contribuir tanto

CAP. 8 · ELEMENTOS DA RESPONSABILIDADE CIVIL OU PRESSUPOSTOS DO DEVER DE INDENIZAR | **431**

para a vitimização quanto para sua inversão, atribuindo indevidamente responsabilidade à vítima.

Inconscientemente tende-se a incorrer em tal interpretação, sobretudo no tocante às cirurgias estéticas, para o que devem estar atentos os operadores jurídicos".

Desse modo, a psicanálise passa a ter um papel fundamental no tocante à responsabilização civil por danos morais, como reconhece a própria jurisprudência, nos termos de ementa do STJ aqui antes transcrita.

No que diz respeito às condições econômicas dos envolvidos, na *VII Jornada de Direito Civil*, realizada em 2015, foi aprovada proposta no sentido de que o patrimônio do ofendido não pode funcionar como parâmetro preponderante para o arbitramento de indenização por dano extrapatrimonial (Enunciado n. 588). O enunciado doutrinário aprovado contou com o meu total apoio, pois a fixação da indenização com base na situação econômica da vítima conduz à discriminação contra os desprovidos de patrimônio, sob o argumento de que a indenização não pode ser elevada, para não gerar um enriquecimento sem razão do ofendido.

Todavia, entendo que a situação econômica do ofensor deve ser levada em conta, para se atribuir um desejado caráter pedagógico à reparação imaterial.

Mas, além das questões psicológicas e econômicas das partes, o STJ também tem admitido outros parâmetros para a quantificação dos danos morais: o número de vítimas e o tempo de propositura da ação.

No que toca ao número de vítimas, ingressa-se na extensão do dano, pois, quanto mais vítimas existirem no caso concreto, maior também será o dano suportado. Segue a ementa do julgado que reconheceu tal critério:

> "Recurso especial – Responsabilidade civil – Acidente em plataforma de exploração de petróleo – Morte de filho – Danos morais – *Quantum* indenizatório – Número de lesados – Razoabilidade – Recurso não conhecido. 1. Aos parâmetros usualmente considerados à aferição do excesso ou irrisão no arbitramento do *quantum* indenizatório de danos morais – gravidade e repercussão da lesão, grau de culpa do ofensor, nível socioeconômico das partes –, perfaz-se imprescindível somar a quantidade de integrantes do polo proponente da lide. A observância da equidade, das regras de experiência e bom senso, e dos princípios da isonomia, razoabilidade e proporcionalidade quando da fixação da reparação de danos morais não se coaduna com o desprezo do número de lesados pela morte de parente. 2. Ante as peculiaridades da espécie, a manutenção do *quantum* indenizatório arbitrado pelo Tribunal *a quo*, em valor equivalente a 500 salários mínimos para cada um dos autores, pais da vítima do acidente laboral, denota equidade e moderação, não implicando em enriquecimento sem causa. 3. Recurso especial não conhecido" (STJ, REsp 745.710/RJ, 4.ª Turma, Rel. Min. Cesar Asfor Rocha, Rel. p/ Acórdão Min. Jorge Scartezzini, j. 05.12.2006, *DJ* 09.04.2007, p. 254).

Sobre tal aspecto, a propósito, o mesmo Tribunal Superior entendeu que a indenização por danos morais deve ser fixada individualmente a favor das vítimas, de acordo com as características pessoais dos familiares do falecido.

Nesse contexto, a análise da indenização não é apenas quantitativa, de acordo com o número de familiares, mas também qualitativa. Nos termos de ementa publicada no *Informativo n. 544* da Corte:

> "Na fixação do valor da reparação pelos danos morais sofridos por parentes de vítimas mortas em um mesmo evento, não deve ser estipulada de forma global a mesma quantia reparatória para cada grupo familiar se, diante do fato de uma vítima ter mais parentes que

outra, for conferido tratamento desigual a lesados que se encontrem em idêntica situação de abalo psíquico, devendo, nessa situação, ser adotada metodologia de arbitramento que leve em consideração a situação individual de cada parente de cada vítima do dano morte. Na atual sistemática constitucional, o conceito de dano moral deve levar em consideração, eminentemente, a dignidade da pessoa humana – vértice valorativo e fundamental do Estado Democrático de Direito – conferindo-se à lesão de natureza extrapatrimonial dimensões mais amplas, em variadas perspectivas. (...). Nessa linha, a fixação de valor reparatório global por núcleo familiar justificar-se-ia apenas se a todos os lesados que se encontrem em idêntica situação fosse conferido igual tratamento. De fato, não se mostra equânime a diferenciação do valor indenizatório tão somente pelo fato de o núcleo familiar de uma vítima do dano morte ser mais numeroso do que o de outra. Dessa forma, deve ser adotada metodologia de arbitramento que leve em consideração a situação individual de cada lesado e, diante da inexistência de elementos concretos, atrelados a laços familiares ou afetivos, que fundamentem a discriminação entre os familiares das vítimas, deve ser fixado idêntico valor de reparação para cada familiar lesado" (STJ, EREsp 1.127.913/RS, Rel. Min. Napoleão Nunes Maia Filho, j. 04.06.2014).

Por outra via, o tempo de propositura da demanda mantém relação com a boa-fé objetiva, pois se deve imaginar que, em regra, quanto mais se demora para promover a ação, menor é o dano suportado pela vítima. Essa conclusão foi adotada em notório julgado, em que se reconheceram danos morais ao nascituro, por morte do seu pai, ocorrida antes do seu nascimento. Pela sua importância, a ementa merece nova transcrição:

"Direito civil – Danos morais – Morte – Atropelamento – Composição férrea – Ação ajuizada 23 anos após o evento – Prescrição inexistente – Influência na quantificação do *quantum* – Precedentes da Turma – Nascituro – Direito aos danos morais – Doutrina – Atenuação – Fixação nesta Instância – Possibilidade – Recurso parcialmente provido. I – Nos termos da orientação da Turma, o direito à indenização por dano moral não desaparece com o decurso de tempo (desde que não transcorrido o lapso prescricional), mas é fato a ser considerado na fixação do *quantum*. II – O nascituro também tem direito aos danos morais pela morte do pai, mas a circunstância de não tê-lo conhecido em vida tem influência na fixação do *quantum*. III – Recomenda-se que o valor do dano moral seja fixado desde logo, inclusive nesta instância, buscando dar solução definitiva ao caso e evitando inconvenientes e retardamento da solução jurisdicional" (STJ, REsp 399.028/SP, 4.ª Turma, Rel. Min. Sálvio de Figueiredo Teixeira, j. 26.02.2002, *DJ* 15.04.2002, p. 232).

Todavia, outros julgados do STJ não entenderam dessa forma, surgindo uma controvérsia quanto à questão. Afastando o argumento do decurso de tempo, podem ser transcritas duas decisões:

"Recurso especial – Responsabilidade civil – Dano moral – Violação do artigo 535 do Código de Processo Civil – Inocorrência – Decurso de lapso temporal – Presença do dever de indenizar – Redução do valor indenizatório – Súmula 7/STJ – Parâmetros do Código Brasileiro de Telecomunicações – Inaplicabilidade – Juros moratórios – Súmula 54/STJ – Recurso não conhecido. É entendimento deste Superior Tribunal de Justiça que o direito à reparação pelo dano moral não desaparece pelo decurso do tempo, salvo quando transcorrido o lapso prescricional. A indenização a título de danos morais, fixada em duzentos salários mínimos para ser dividida entre os seis autores, não se mostra irrisória nem exagerada, a evidenciar que não comporta reapreciação, nesta instância superior. Pacífico o entendimento deste Superior Tribunal de Justiça no sentido de que o montante arbitrado a título de danos morais não está adstrito aos valores estipulados pelo Código

Brasileiro de Telecomunicações" (STJ, REsp 651.088/SP, 4.ª Turma, Rel. Min. Hélio Quaglia Barbosa, j. 10.04.2007, *DJ* 21.05.2007, p. 583).

"Processo civil – Ação de indenização por dano material e moral em acidente automobilístico – Falecimento da esposa e mãe dos autores, e também do filho e irmão destes – Julgamento de procedência do pedido – Existência de processo anterior discutindo o mesmo acidente, extinto por homologação de conciliação. Alegação de ofensa à coisa julgada. Inexistência. Alegação de decisão *extra petita* no que diz respeito à reparação pelo dano moral decorrente do falecimento do menor, no acidente. Reconhecimento. A demora na propositura da ação judicial não pode implicar a diminuição da reparação pelo dano moral. Não são raras as vezes em que o sofrimento decorrente de um fato de tamanha gravidade como a morte de um ente querido é tão profundo que retira a capacidade do ser humano de reagir. Assim, a demora pode significar não um sintoma de que o abalo não foi profundo, mas exatamente o contrário. Além disso, é natural que, com o tempo, o abalo psíquico se reduza. A indenização, todavia, tem de se reportar à época dos fatos. Recurso especial parcialmente conhecido e, nessa parte, provido" (STJ, REsp 686.139/PR, 3.ª Turma, Rel. Min. Nancy Andrighi, j. 05.09.2006, *DJ* 13.11.2006, p. 249).

Porém, em 2008, a Corte Especial do Tribunal da Cidadania considerou que "a demora na busca da reparação do dano moral é fator influente na fixação do *quantum* indenizatório, a fazer obrigatória a consideração do tempo decorrido entre o fato danoso e a propositura da ação" (EREsp 526.299/PR, Corte Especial, Rel. Min. Hamilton Carvalhido, j. 03.12.2008, *DJe* 05.02.2009).

Decisões sucessivas seguiram tal posição, parecendo ser esta a posição que prevalece no STJ na atualidade. Nessa linha: "o direito de indenização em decorrência do dano moral sofrido pela perda de um ente querido independe de prova e, salvo se prescrito, não desaparece com o decurso do tempo. No entanto, o tempo é fato a ser considerado na fixação do valor quando há demora na propositura da ação" (Ag. Rg. no AREsp 398.302/RJ, 3.ª Turma, Rel. Min. Ricardo Villas Bôas Cueva, j. 22.10.2013, *DJe* 28.10.2013. Ver, ainda: REsp 1.567.490/RJ, 3.ª Turma, Rel. Min. Ricardo Villas Bôas Cueva, j. 27.09.2016, *DJe* 30.09.2016).

Partindo-se para as concretizações dos valores, filia-se às decisões do Superior Tribunal de Justiça, que têm procurado um parâmetro justo para a indenização por danos morais nos casos de morte de pessoa da família, em cerca de 500 salários mínimos (entre os mais recentes, ver: Ag. Int. no REsp 1.334.237/RJ, 4.ª Turma, Rel. Min. Luis Felipe Salomão, j. 16.03.2017, *DJe* 03.04.2017; Ag. Int. no AREsp 947.547/SP, 3.ª Turma, Rel. Min. Nancy Andrighi, j. 09.03.2017, *DJe* 23.03.2017. Entre os mais remotos, anote-se: REsp 278.885/SP, REsp 139.779/RS, REsp 41.614/SP). Conforme outro *decisum*, "a jurisprudência desta Corte Superior tem arbitrado, em regra, para as hipóteses de dano-morte, a indenização por dano moral em valores entre 300 e 500 salários mínimos" (Ag. Rg. no AREsp 44.611/AP, 4.ª Turma, Rel. Min. Marco Buzzi, j. 08.11.2016, *DJe* 21.11.2016).

Existem julgados que até superam esse montante, como o que fixou a indenização por morte de pai e mãe em acidente aéreo em cerca de R$ 1.000.000,00 (um milhão de reais), em momento em que o valor equivalia a cerca de 1.000 salários mínimos. Quando da ocorrência dos fatos, no ano de 1982, a filha dos falecidos tinha 14 anos de idade (STJ, EREsp 1.120.174, 2.ª Turma, Rel. Min. Francisco Falcão, j. 09.2019).

Nos casos de inscrição do nome da pessoa em cadastros dos inadimplentes, o Superior Tribunal de Justiça tem utilizado, há tempos, o parâmetro de 50 salários mínimos, o que também está dentro do razoável:

"Civil – Indenização – Danos morais – Devolução indevida de cheques – *Quantum* – Redução – Possibilidade. 1 – Esta Corte, consoante entendimento pacífico, tem admitido a alteração do valor indenizatório de danos morais, para ajustá-lo aos limites do razoável, quando patente, como sucede na espécie, a sua desmesura. Tem sido de cinquenta salários mínimos a indenização por danos morais, resultante de situações semelhantes como a inscrição inadvertida em cadastros de inadimplentes, a devolução indevida de cheques, o protesto incabível de cambiais etc., conforme precedentes desta Corte. 2 – Recurso especial conhecido e provido" (STJ, REsp 687.035/RS; Recurso Especial 2004/0130467-2, 4.ª Turma, Min. Fernando Gonçalves, 26.04.2005, *DJ* 16.05.2005, p. 364).

De qualquer forma, tenho a total ciência de que cabe uma análise caso a caso para a fixação da indenização por danos morais, não sendo tais limites considerados como parâmetros fixos ou tabelas, o que não é recomendável, conforme antes exposto. Como se sabe, qualquer tentativa de tarifação do dano moral é inconstitucional, por lesão à isonomia (art. 5.º, *caput*, da CF/1988). Sobre essa visão, que veda o *tabelamento*, outrora foi comentado o teor da anterior Súmula 281 do STJ, pela qual "a indenização por dano moral não está sujeita à tarifação prevista na Lei de Imprensa". Apontou-se, ainda, a aprovação do Enunciado n. 550, quando da *VI Jornada de Direito Civil*, com o seguinte teor: "a quantificação da reparação por danos extrapatrimoniais não deve estar sujeita a tabelamento ou a valores fixos".

Como antes destacado, entendo que já nasceram eivados de inconstitucionalidade os dispositivos da chamada *Reforma Trabalhista*, que objetivam tabelar o dano moral, tratado impropriamente de dano extrapatrimonial, com claro intuito de englobar todos os danos imateriais, em prejuízo ao trabalhador, e em dissonância ao termo usado pela Constituição e pelo Código Civil.

Conforme o art. 223-G, § 1.º, da CLT, introduzido pela Lei 13.467/2017, se julgar procedente o pedido de reparação extrapatrimonial, o juízo do trabalho fixará a indenização a ser paga, a cada um dos ofendidos, em um dos seguintes parâmetros, vedada a acumulação: *a)* ofensa de natureza leve, até três vezes o último salário contratual do ofendido; *b)* ofensa de natureza média, até cinco vezes o último salário contratual do ofendido; *c)* ofensa de natureza grave, até vinte vezes o último salário contratual do ofendido; e *d)* ofensa de natureza gravíssima, até cinquenta vezes o último salário contratual do ofendido (art. 223-G, § 1.º, da CLT). Apesar de a lei falar em parâmetros, fica clara a opção do legislador pela tarifação.

Em complemento, está estabelecido que, se o ofendido for pessoa jurídica, a indenização será fixada com observância desses mesmos parâmetros estabelecidos, mas em relação ao salário contratual do ofensor (art. 223-G, § 2.º, da CLT). Na reincidência entre partes idênticas, o juízo poderá elevar ao dobro o valor da indenização (art. 223-G, § 3.º, da CLT).

Muitos juízes do trabalho simplesmente não vinham aplicando essa infeliz tabela, pois distante da nossa realidade jurídica e constitucional. Além da violação da isonomia, a tarifação adotada está distante da proteção máxima dos trabalhadores, retirada do art. 7.º do Texto Maior.

Também fica a dúvida sobre a aplicação dos dozes critérios para a quantificação dos danos imateriais, introduzidos pela malfadada *Reforma*. Conforme o mesmo art. 223-G da CLT, ao apreciar o pedido formulado pelo reclamante da ação de reparação de danos imateriais existentes na relação de trabalho, o juízo considerará: *a)* a natureza do bem jurídico tutelado; *b)* a intensidade do sofrimento ou da humilhação; *c)* a possibilidade de superação física ou psicológica; *d)* os reflexos pessoais e sociais da ação ou da omissão; *e)* a extensão e a duração dos efeitos da ofensa; *f)* as condições em que ocorreu a ofensa ou o prejuízo moral; *g)* o grau de dolo ou culpa; *h)* a ocorrência de retratação espontânea; *i)* o esforço efetivo para minimizar a ofensa; *j)* o perdão, tácito ou expresso; *k)* a situação social e econômica das partes envolvidas; e *l)* o grau de publicidade da ofensa. Tal comando foi claramente influenciado pelo art. 53 da Lei de Imprensa, declarado como não recepcionado pelo Texto Maior, segundo o Supremo Tribunal Federal.

De todo modo, fica a dúvida: qual a razão de utilizar parâmetros para a quantificação, se a reparação imaterial acabou sendo tabelada? Ademais, alguns dos parâmetros introduzidos pela *Reforma Trabalhista* são prejudiciais aos empregados, vítimas do evento danoso, como o perdão tácito, a análise de sua situação econômica e a publicidade da ofensa. Também não faz sentido a menção ao grau de dolo, pois apenas a culpa se gradua, como aqui foi estudado.

Reitere-se que a questão estava pendente de julgamento no Supremo Tribunal Federal, no âmbito da ADIN 6069 e de outras, tendo sido a primeira proposta pelo Conselho Federal da Ordem dos Advogados do Brasil, em que atuei como parecerista, sustentando a inconstitucionalidade das normas. Entretanto, o STF acabou entendendo que não haveria desrespeito ao Texto Maior, trazendo os dispositivos em debate meros parâmetros, que podem ser ou não utilizados pelo julgador. Vejamos, em destaque, a tese fixada em sede de repercussão geral:

> "O Tribunal, por maioria, conheceu das ADIs 6.050, 6.069 e 6.082 e julgou parcialmente procedentes os pedidos para conferir interpretação conforme a Constituição, de modo a estabelecer que: 1) As redações conferidas aos arts. 223-A e 223-B, da CLT, não excluem o direito à reparação por dano moral indireto ou dano em ricochete no âmbito das relações de trabalho, a ser apreciado nos termos da legislação civil; 2) Os critérios de quantificação de reparação por dano extrapatrimonial previstos no art. 223-G, caput e § 1º, da CLT deverão ser observados pelo julgador como critérios orientativos de fundamentação da decisão judicial. É constitucional, porém, o arbitramento judicial do dano em valores superiores aos limites máximos dispostos nos incisos I a IV do § 1º do art. 223-G, quando consideradas as circunstâncias do caso concreto e os princípios da razoabilidade, da proporcionalidade e da igualdade" (STF, ADIN 6069, Tribunal Pleno Rel. Min. Gilmar Mendes, 18.08.2023).

Essa passa a ser a orientação a ser seguida, para os devidos fins práticos e por julgadores de primeira e segunda instâncias. Muitos deles, aliás, já não vinham aplicando os dispositivos, reafirmo.

Fazendo outra análise crítica, e voltando para a realidade geral dos danos morais, entendo que muitas vezes os valores fixados a título de reparação moral pelos magistrados são irrisórios ou de pequena monta, não tendo o caráter pedagógico ou até punitivo muitas vezes alegado. Por isso, muitas empresas acabam reiterando suas condutas de desrespeito a direitos perante a sociedade. O tema deve ser refletido para que o panorama de desrespeito seja alterado.

Seja como for, apesar das minhas ressalvas doutrinárias antes apontadas, e com vistas a tentar trazer maior efetividade na quantificação dos danos percebido em nossa sociedade contemporânea, o Projeto de Reforma do Código Civil, ora em trâmite no Congresso Nacional, pretende incluir no Código Civil o tratamento do chamado *método bifásico*, na proposta de novo art. 944-A. Em verdade, o tratamento legal se dará em relação aos *danos extrapatrimoniais*, que englobará todos os danos que não sejam materiais, incluindo os morais e os estéticos, seguindo a linha que prevaleceu na Comissão de Juristas, com as minhas ressalvas iniciais.

Assim, nos termos da norma proposta, especificamente no seu § 1.º, ao tratar especificamente do *método bifásico,* "na quantificação do dano extrapatrimonial, o juiz observará os seguintes critérios, sem prejuízo de outros: I – quanto à valoração do dano, a natureza do bem jurídico violado e os parâmetros de indenização adotados pelos Tribunais, se houver, em casos semelhantes; II – quanto à extensão do dano, as peculiaridades do caso concreto, em confronto com outros julgamentos que possam justificar a majoração ou a redução do valor da indenização". Em complemento, o § 2.º do mesmo art. 944-A preverá, como critérios de quantificação, que, "no caso do inc. II do parágrafo anterior, podem ser observados os seguintes parâmetros: I – nível de afetação em projetos de vida relativos ao trabalho, lazer, âmbito familiar ou social; II – grau de reversibilidade do dano; e III – grau de ofensa ao bem jurídico". A menção ao projeto de vida remonta à teoria desenvolvida por Carlos Fernández Sessarego, jurista peruano.

Segundo as justificativas da Subcomissão de Responsabilidade Civil, composta por Nelson Rosenvald, Maria Isabel Gallotti e Patrícia Carrijo, que cita expressamente o *método bifásico* e o explica na mesma linha do que foi desenvolvido neste livro:

> "A proposta visa a, de um lado, atender ao método bifásico, e, de outro, aperfeiçoá-lo com base na depuração de quais circunstâncias do caso são relevantes para aferir a magnitude do dano. Ressalta-se também que, diferente da proposta originária do método, aqui se propõe uma deferência maior aos valores analisados pelo Superior Tribunal de Justiça, que tradicionalmente vem enfrentando os casos de dano moral em três aspectos: mantendo o valor, por ser razoável; aumentá-lo, por considerar a indenização irrisória; diminuí-lo, sob o argumento de se tratar de patamar excessivo. Neste caso, o próprio STJ, seja pelo método bifásico, seja pelo teor da Súmula 281, segundo a qual 'a indenização por dano moral não está sujeita à tarifação prevista na Lei de Imprensa', põe em relevo a importância de uma análise individualidade do dano extrapatrimonial, rechaçando qualquer forma de pré-fabricação e tarifação/tabelamento de valores. Adiciona-se que a proposta bifásica além de rogar pela aferição particularizada, satisfaz também um ideal de justiça comutativa no sentido de razoável igualdade de tratamento entre pessoas em situações semelhantes e de regras desiguais para desiguais. Assim, a mensuração do *quantum* indenizatório deve ter consonância com a magnitude do dano sofrido pela vítima, de modo a realizar a justiça corretiva, eliminando o dano imerecido, tarefa esta que no dano material corresponde ao desfalque patrimonial e não demanda maiores digressões, mas em se tratando de dano moral a 'anulação' da perda imerecida se dá de modo aproximativo, compensando-a. Contudo, em se tratando do dano extrapatrimonial, tal tarefa se mostra pífia se os únicos parâmetros que o julgador tiver estiverem dentro de sua subjetiva equidade. Ou seja, para a responsabilidade cumprir o seu papel de eliminar o dano injusto, necessariamente deve investigar a gravidade, intensidade, duração do dano e a compreensão da efetiva repercussão do dano dentro dos complexos projetos, valores e relacionamentos de cada pessoa".

A projeção, portanto, visa a trazer mais certeza, segurança e previsibilidade para a fixação dos valores reparatórios, o que há tempos é buscado em nosso País.

Sobre a mudança categórica dos danos em espécie, para o *dano extrapatrimonial*, em caráter genérico, justificaram os juristas integrantes da Subcomissão de Responsabilidade Civil que, "com relação aos danos extrapatrimoniais, de forma semelhante à redação do art. 1.738 do Código Civil da Argentina de 2015, a opção legislativa é no sentido de não inserir expressamente as nomenclaturas das suas espécies: dano moral, dano existencial, dano estético, dano à imagem, dano biológico, dano temporal e outras formas autônomas de danosidade que podem acrescentar insegurança jurídica decorrente de uma desordem conceitual, desvalorizando o próprio significado do dano extrapatrimonial. Daí a opções pela descrição exemplificativa de bens jurídicos tutelados, sem clausura, pela utilização do termo

CAP. 8 · ELEMENTOS DA RESPONSABILIDADE CIVIL OU PRESSUPOSTOS DO DEVER DE INDENIZAR | **437**

'especialmente' (além de indicar a preponderância da dignidade da pessoa humana sobre o patrimônio). A alternativa é deixar para a doutrina a tarefa da constante ressignificação das referidas categorias jurídicas e os seus critérios objetivos de incidência".

Ou, ainda, ao fundamentar a proposta de novo art. 944-A, aduziram os juristas citados que "justifica-se também a utilização da nomenclatura 'dano extrapatrimonial', visto que este serve de um modo geral para se referir a todas as formas de proteção do ser humano em sua dimensão existencial, não havendo nenhum prejuízo a chamados 'dano estético, dano existencial etc.' serem tratados como apenas como dano extrapatrimonial, pois a diferença qualitativa não está na nomenclatura, mas sim nos meandros fáticos que potencializem uma quantificação adequada à magnitude do dano, levando-se em conta todo o descalabro danoso existencial sofrido pela vítima. E, nada impede que haja revogação da Súmula 387 do STJ por lei (*overruling* por mudança de lei)".

No Projeto, esse tratamento consta, além do art. 944-A, nas propostas de arts. 947 e 948 da codificação privada, estudadas oportunamente neste livro. De todo modo, no presente tópico tratarei apenas da primeira delas, pela sua relevância. Nota-se, a esse propósito, que o Professor Nelson Rosenvald alterou a sua posição anterior, aqui transcrita, convencido pelas demais componentes da Subcomissão, magistradas, pela relevância prática de se utilizar o termo mais genérico, a englobar todas as modalidades de danos imateriais, ora em profusão.

A Relatoria-Geral – formada por mim e pela Professora Rosa Maria de Andrade Nery –, em um primeiro momento, igualmente não concordou com a proposta, mas acabou aderindo a ela por uma necessária composição – em *emenda de consenso* –, com a Subcomissão de Responsabilidade Civil, para que os trabalhos pudessem avançar. Como não houve contraposição por qualquer outro membro da Comissão de Juristas, a proposta de modificação desse tratamento dos danos extrapatrimoniais acabou sendo aprovada.

No que diz respeito ao art. 944-A do Código Civil, ora projetado e como visto, o seu *caput* estabelece que "a indenização compreende também todas as consequências da violação da esfera moral da pessoa natural ou jurídica". Portanto, reconhece-se o dano moral como componente do dano extrapatrimonial, podendo atingir tanto a pessoa natural quanto a pessoa jurídica, como já ocorre na atualidade.

Em continuidade, o seu § 1.º, aqui antes comentado, trará expressamente na lei o hoje já aplicado *método bifásico*, para a quantificação do dano extrapatrimonial, aqui antes analisado. Penso que esses parâmetros servirão igualmente para as situações de dano estético, dano existencial mesmo de outras modalidades que possam estar enquadradas no caso concreto.

Além disso, como critérios ou parâmetros que deverão ser observados pelo julgador, o § 2.º do art. 944-A preverá que, "no caso do inc. II do parágrafo anterior, podem ser observados os seguintes parâmetros: I – nível de afetação em projetos de vida relativos ao trabalho, lazer, âmbito familiar ou social; II – grau de reversibilidade do dano; e III – grau de ofensa ao bem jurídico". Os primeiros critérios dizem respeito ao chamado dano existencial, como ainda desenvolvo neste capítulo da obra.

Quanto ao *caráter pedagógico* ou *de desestímulo* complementar da indenização a ser fixada, propõe-se no antes comentado § 3.º do art. 944-A que, "ao estabelecer a indenização por danos extrapatrimoniais em favor da vítima, o juiz poderá incluir uma sanção pecuniária de caráter pedagógico, em casos de especial gravidade, havendo dolo ou culpa grave do agente causador do dano ou em hipóteses de reiteração de condutas danosas".

Assim, o caráter pedagógico será aplicado quando houver ato intencional do agente causador do dano, bem como reiterado e contumaz descumprimento da lei e do contrato.

A título de exemplo, penso que poderá ser aplicado às empresas de plano de saúde que, reiteradamente, descumprem contratos, negam coberturas de forma injustificada e cancelam de forma unilateral e abusiva os negócios celebrados com consumidores.

Esse acréscimo do *valor pedagógico* ou *de desestímulo* a que se refere a norma "será proporcional à gravidade da falta e poderá ser agravado até o quádruplo dos danos fixados com base nos critérios dos §§ 1.º e 2.º, considerando-se a condição econômica do ofensor e a reiteração da conduta ou atividade danosa, a ser demonstrada nos autos do processo" (proposta de art. 944-A, § 4.º, do CC). De acordo com as justificativas, da Subcomissão de Responsabilidade Civil, que pretende trazer para o Brasil a experiência do quádruplo do valor-base já aplicada em outros Países, há uma impossibilidade de se atribuir ao julgador um poder genérico de se estabelecer sanções punitivas no âmbito da responsabilidade civil, sendo certo que a projeção "estabelece parâmetros para balizar a decisão judicial: (a) vedação de excesso relativamente a um teto de condenação; (b) vedação de excesso com relação a um múltiplo dos valores arbitrados a título de compensação de danos. O importante é que haja uma conformidade entre a pena civil e o princípio da proporcionalidade".

Seguindo no estudo das proposições, ainda no que diz respeito à imposição da indenização pedagógica, o § 5.º do novo art. 944-A do CC/2002 preceituará que, "na fixação do montante a que se refere o § 3.º, o juiz levará em consideração eventual condenação anterior do ofensor pelo mesmo fato, ou imposição definitiva de multas administrativas pela mesma conduta". Novamente de acordo com as justificativas da Subcomissão, "na fixação da pena, o juiz levará em consideração eventual condenação do ofensor pelo mesmo fato. Como corolário da regra da proporcionalidade, prevalece a proibição ao *bis in idem*. De acordo com este princípio, ninguém poderá sofrer uma pluralidade de sanções pelo mesmo ilícito. A constatação quanto à prévia incidência de sanção criminal ou administrativas imposta ao ofensor, por força do mesmo comportamento reprovável que se deva punir no juízo cível, acarretará uma mitigação do valor da condenação".

Por fim, "respeitadas as exigências processuais e o devido processo legal, o juiz poderá reverter parte da sanção mencionada no § 3.º em favor de fundos públicos destinados à proteção de interesses coletivos ou de estabelecimento idôneo de beneficência, no local em que o dano ocorreu" (proposta do art. 944-A, § 6.º, do CC). A reversão desse montante já é a prática para as hipóteses envolvendo o dano social, como ainda será estudado neste capítulo, o que demonstra que as propostas consolidam na lei o que já se vê na realidade da doutrina e da jurisprudência.

Como bem justificaram os juristas que compuseram a Subcomissão de Responsabilidade Civil, em casos tais, não há qualquer razão para a *pessoalidade* da atribuição do valor indenizatório. Para eles, "é exatamente o contrário do que ocorre com os danos patrimoniais e extrapatrimoniais, inevitavelmente direcionados à pessoa da vítima ou a seus sucessores. A pretensão à pena civil decorre da iniciativa de quem foi atingido em sua esfera individual por ocasião de um comportamento tido como reprovável pelo ordenamento. A correlação entre a proteção do interesse individual e aquele subjacente ao corpo coletivo demanda um termo de compromisso entre critérios abstratamente formulados pela lei e concretamente aplicados pelo julgador. Parte da indenização punitiva fixada com moderação pelo juiz será revertida em proveito de toda sociedade (entidades beneficentes idôneas reconhecidas pelo poder judiciário), de modo que se afaste o enriquecimento injustificado da vítima, atendendo-se à diretriz da socialidade, à promoção do bem comum e à função promocional da responsabilidade civil".

CAP. 8 · ELEMENTOS DA RESPONSABILIDADE CIVIL OU PRESSUPOSTOS DO DEVER DE INDENIZAR | **439**

Apesar de constar das justificativas a expressão "indenização punitiva", prevaleceu na Comissão de Juristas a ideia *de indenização pedagógica* ou *de desestímulo*, com tom apenas complementar à função reparatória da responsabilidade civil, sendo certo que não poderá existir sem que a última esteja presente. Em suma, não se admitiu a função punitiva pura da responsabilidade civil.

Após muita resistência, fui convencido de ser essa a melhor proposta, a fim de se trazer uma maior efetividade à responsabilidade civil, a fim de que ela possa atender igualmente a uma função preventiva. Fui convencido, ademais, de que não só para as vítimas – como também para seus patronos, advogados e procuradores –, mas ainda para os julgadores em geral será muito mais fácil e eficiente concentrar todos as novas modalidades de danos imateriais sob o manto do dano extrapatrimonial que, espera-se, seja muito mais valorizado do que hoje é o dano moral, mormente por essa *função pedagógica* que passa a ser reconhecida expressamente na lei.

As mudanças, se aprovadas em lei e a par das justificativas antes transcritas, gerarão o fim da tendência e de tentativas de profusão de novos danos, caso dos institutos ou categorias a seguir, como alternativas para o hoje desvalorizado dano moral.

8.5.3 Os novos danos. Danos estéticos, danos por perda de uma chance, danos morais coletivos e danos sociais ou difusos

A aclamada ampliação dos danos é muito bem observada, na doutrina atual, por Anderson Schreiber, merecendo destaque as suas palavras:

> "Longe de ser restritiva ao âmbito probatório, esta flexibilização indica uma alteração gradativa e eminentemente jurisprudencial na estrutura da responsabilidade civil, a refletir a valorização de sua função compensatória e a crescente necessidade de assistir a vítima em uma realidade social marcada pela insuficiência das políticas públicas na administração e reparação dos danos. Neste contexto, os pressupostos da responsabilidade civil relacionados à imputação do dever de indenizar (culpa e nexo causal) perdem relevância de uma certa ascensão daquele elemento que consiste, a um só tempo, no objeto e na *ratio* da reparação: o dano. Por décadas relegado a um patamar secundário, advindo de sua fácil verificação materialista, este pressuposto – então, efetivamente pré-suposto – o dano vem, pouco a pouco, conquistando local de destaque na análise jurisprudencial, como elemento apto, por si só, a atrair a autuação das cortes em amparo às vítimas dos infortúnios diversos" (SCHREIBER, Anderson. *Novos paradigmas...*, 2007, p. 79).

Essa conquista desemboca no reconhecimento das novas modalidades de danos a serem reparados. Logicamente, trata-se de normal decorrência da evolução humana. À medida que se reconhecem direitos, que são criadas novas tecnologias e que o ser humano amplia os seus meios de conquistas, também surgem novos prejuízos e, sem dúvidas, novas vítimas.

Sendo assim, serão comentadas quatro modalidades de danos que podem ser tidos como *novos*, pelo menos na experiência da jurisprudência brasileira: os *danos estéticos, os danos decorrentes da perda de uma chance, os danos morais coletivos* e os *danos sociais ou difusos*. Anote-se que, em relação à coletivização dos danos, a comissão de responsabilidade civil da *V Jornada de Direito Civil* (2011) aprovou enunciado interessante, com o seguinte teor: "a expressão 'dano' no art. 944 abrange não só os danos individuais, materiais ou imateriais, mas também os danos sociais, difusos, coletivos e individuais homogêneos, a serem reclamados pelos legitimados para propor ações coletivas" (Enunciado n. 456).

8.5.3.1 Danos estéticos

Os danos estéticos vêm sendo tratados tanto pela doutrina quanto pela jurisprudência como uma modalidade separada de dano extrapatrimonial, o que está de acordo com a tendência de reconhecimento dos novos danos, de alargamento da razão anterior. Dentro dessa ideia, aqui foram trazidos à colação julgados do Superior Tribunal de Justiça reconhecendo possibilidade de cumulação de danos morais e estéticos, tese essa que se tornou majoritária. Também foi demonstrado que aquele Tribunal Superior consolidou a análise à parte dos danos estéticos, diante da sua Súmula n. 387, de setembro de 2009 ("é lícita a cumulação das indenizações de dano estético e dano moral"). Como se pode notar, a consolidação da nova categoria pelo STJ ocorreu recentemente, o que justifica a qualificação dos danos estéticos como *novos*.

Em momento anterior, aliás, o próprio Superior Tribunal de Justiça entendia pela impossibilidade dessa cumulação, o que era acompanhado pelos Tribunais de Justiça dos Estados, caso do Tribunal de Justiça de São Paulo. Na última Corte Estadual, aliás, do mesmo modo há julgados reconhecendo a tripla cumulação:

> "Acidente de trabalho pelo direito comum – Trabalhador braçal da FEPASA – Roça de ervas daninhas que se acumulam nas cercanias da linha férrea – Estilhaço de pedra que atingiu o olho esquerdo, causando perda da visão desse olho – Confissão da ré de que não disponibilizava óculos de proteção, que seriam desnecessários para a tarefa – NR-06 (item 6.3 letra 'a') que impõe a utilização de óculos de proteção em 'trabalhos que possam causar ferimento nos olhos provenientes de impacto de partículas' – Culpa reconhecida – Pedido só de indenização por danos morais e estéticos – Indenização fixada em quantia equivalente a 200 (duzentos) salários mínimos, 100 (cem) para cada um dos danos – Procedência parcial – Apelação provida em parte" (TJSP, Apelação Cível 694.377-0/4, 36.ª Câmara de Direito Privado, Catanduva, Relator: Romeu Ricupero, 07.04.2005, v.u.).

Sem dúvidas que a mudança de entendimento representa uma total ruptura quanto à concepção anterior, a partir da noção de que a pessoa pode sofrer outras espécies de prejuízos. Como pontua Enéas de Oliveira Matos, "não se pode concordar que a Constituição, ao elencar a dignidade da pessoa humana como princípio – norma – fundamental de nosso ordenamento, não acrescente nada à questão da reparação dos danos causados à pessoa humana: pelo contrário, com esse fundamento, deve-se interpretar a responsabilidade sempre no sentido de promoção e melhor proteção à pessoa humana, o que só se consegue com a orientação pela autonomia dos danos moral e estético" (MATOS, Enéas de Oliveira. *Dano...*, 2011, p. 297).

O dano estético é muito bem-conceituado por Teresa Ancona Lopez, uma das maiores especialistas do assunto em nosso País. Ensina a Professora Titular da USP que, "na concepção clássica, que vem de Aristóteles, é a estética uma ciência prática ou normativa que dá regras de fazer humano sob o aspecto do belo. Portanto, é a ciência que tem como objeto material a atividade humana (fazer) e como objeto formal (aspecto sob o qual é encarado esse fazer) o belo. É claro que quando falamos em dano estético estamos querendo significar a lesão à beleza física, ou seja, à harmonia das formas externas de alguém. Por outro lado, o conceito de belo é relativo. Ao apreciar-se um prejuízo estético, deve-se ter em mira a modificação sofrida pela pessoa em relação ao que ela era" (LOPEZ, Teresa Ancona. *O dano...*, 1980, p. 17). Para a mesma doutrinadora, portanto, basta a pessoa ter sofrido uma "transformação" para que o referido dano esteja caracterizado.

CAP. 8 · ELEMENTOS DA RESPONSABILIDADE CIVIL OU PRESSUPOSTOS DO DEVER DE INDENIZAR | **441**

Tais danos, em regra, estão presentes quando a pessoa sofre feridas, cicatrizes, cortes superficiais ou profundos em sua pele, lesão ou perda de órgãos internos ou externos do corpo, aleijões, amputações, entre outras anomalias que atingem a própria dignidade humana. Esse dano, nos casos em questão, será também presumido (*in re ipsa*), como ocorre com o dano moral objetivo.

Rui Stoco ensina que, em regra, o dano à estética pessoal é espécie do gênero dano moral (*Tratado...*, 2004, p. 1.657). Se acarretar um dano moral, entende pela impossibilidade de cumulação de pedido de indenização, pois configuraria uma hipótese de *bis in idem* (*Tratado...*, 2004, p. 1.191). Mas reconhece o doutrinador, também, a possibilidade de o dano estético estar relacionado com as despesas médicas, as despesas de tratamento ou os lucros cessantes, ou seja, aos danos materiais, o que é confirmado pela jurisprudência.

Desse modo era o tratamento da doutrina. O dano estético era, antes de qualquer coisa, um dano imaterial, moral. Eventualmente, diante dos gastos desembolsados para tentar livrar, sem sucesso, a pessoa do mal que lhe acomete, presentes estariam os danos emergentes, espécie de dano material. No caso de um ator ou profissional que vive com a sua imagem, se o prejuízo lhe provocasse a frustração de ganhos, estariam os lucros cessantes configurados. Na verdade, o dano estético enquadrava-se como dano moral ou material, o que dependia do caso concreto.

Agora, não mais. Vislumbra-se no dano estético uma terceira modalidade de dano. O Superior Tribunal de Justiça vem entendendo há tempos que o dano estético é algo distinto do dano moral, pois há no primeiro uma "alteração morfológica de formação corporal que agride a visão, causando desagrado e repulsa". Já no dano moral há um "sofrimento mental – dor da mente psíquica, pertencente ao foro íntimo". O dano estético seria visível, "porque concretizado na deformidade" (STJ, REsp 65.393/RJ, Rel. Min. Ruy Rosado de Aguiar, j. 30.10.2005 e REsp 84.752/RJ, Min. Ari Pargendler, j. 21.10.2000).

Os julgados mencionados são citados por Sérgio Cavalieri Filho. Comenta o desembargador fluminense sobre a questão: "embora tenha acolhido esse entendimento como julgador para evitar desnecessários recursos especiais, em sede doutrinária continuo convicto de que o dano estético é modalidade de dano moral e que tudo se resume a uma questão de arbitramento. Em razão da sua gravidade e da intensidade do sofrimento, que perdura no tempo, o dano moral deve ser arbitrado em quantia mais expressiva quando a vítima sofre uma deformidade física" (*Programa...*, 2005, p. 124).

Para Enéas de Oliveira Matos, a caracterização do dano estético exige, essencialmente, a prova da ocorrência do dano, por meio de perícia médica. Para o doutrinador, a ofensa somente é reparável se for permanente, não se admitindo a reparação do dano estético passageiro ou recuperável (MATOS, Enéas de Oliveira. *Dano...*, 2011, p. 183). Com o devido respeito, não estou alinhado a tal posição, podendo o dano estético ser reparado também no caso de ser temporário, o que apenas deve impactar no valor do *quantum,* pois a extensão do dano é menor.

Grande dificuldade encontrada na prática diz respeito ao arbitramento do dano estético. No Código Civil de 1916, o art. 1.538, § 1.º, trazia um suposto critério que não foi reproduzido pelo Código Civil de 2002. Nos termos da norma, "no caso de ferimento ou outra ofensa à saúde, indenizará o ofensor ao ofendido as despesas do tratamento e os lucros cessantes até ao fim da convalescença, além de lhe pagar a importância da multa no grão médio da pena criminal correspondente. § 1.º Esta soma será duplicada, se do ferimento resultar aleijão ou deformidade".

O Superior Tribunal de Justiça acabou por entender que a norma anterior somente se aplicaria nos casos de multa eventualmente fixada no campo penal, incidindo a dobra sobre o valor de tal pena (REsp 1.591.178/RJ, 3.ª Turma, Rel. Min. Ricardo Villas Bôas Cueva, j. 25.04.2017, DJe 02.05.2017; e REsp 816.568/SP, 4.ª Turma, Rel. Min. João Otávio de Noronha, j. 12.02.2008, DJ 25.02.2008). Não deixando qualquer dúvida sobre tal conclusão:

> "A regra inserta no § 1.º do art. 1.538 do CC/16 não abrange todas as parcelas previstas no *caput,* mas apenas a multa criminal, acaso devida. O escopo da dobra prevista no art. 1.538, § 1.º, do CC/16, é a compensação pela 'aleijão ou deformidade', ou seja, o que atualmente a jurisprudência vem ressarcindo mediante a indenização do chamado dano estético. Ambos possuem igual origem, natureza e destinação, de sorte que o deferimento da dobra e do dano estético implicará em *bis in idem*" (STJ, Ag. Rg. na MC 14.475/SP, 3.ª Turma, Rel. Min. Nancy Andrighi, j. 16.09.2008, DJe 26.09.2008).

Afastada a regra da codificação anterior para a atualidade, até porque não reproduzida pela codificação de 2002, muitos julgados, na prática, fixam ao dano estético o mesmo valor atribuído ao dano moral, utilizando-se os mesmos critérios existentes para este, conforme antes desenvolvido. A título de exemplo, julgado do Superior Tribunal de Justiça que fixou o montante de R$ 75.000,00 (setenta e cinco mil reais) para cada dano sofrido, em decorrência de choque elétrico (STJ, Ag. Rg. no REsp 1.249.447/CE, 4.ª Turma, Rel. Min. Marco Buzzi, j. 16.04.2015, DJe 23.04.2015). A demonstrar a suposta unidade de critérios, a Corte continua atribuindo um valor único aos dois prejuízos suportados, o que sempre foi comum, na prática (por todos, entre os mais recentes: Ag. Int. no AREsp 847.057/SP, 4.ª Turma, Rel. Min. Maria Isabel Gallotti, j. 18.04.2017, DJe 26.04.2017; e REsp 1.596.068/DF, 3.ª Turma, Rel. Min. Paulo de Tarso Sanseverino, j. 04.04.2017, DJe 10.04.2017).

Porém, há quem conteste tal forma de cálculo, o que conta com o nosso apoio, já que os critérios para os dois prejuízos suportados, de fato, são diferentes. Entre os especialistas, por todos, Enéas de Oliveira Matos, como antes se destacou, é favorável à elaboração de uma perícia médica, a fim de determinar a extensão do dano sofrido, e fixando-se a partir daí o *quantum* indenitário. Para o jurista, é possível, com tal prova, avaliar esse prejuízo como: (i) gravíssimo; (ii) grave; (iii) moderado; (iv) leve; e (v) levíssimo. Para tanto, pondera que cinco consequências devem ser levadas em conta, a fixar a extensão do dano: 1) se há modificação do aspecto exterior da pessoa; 2) se há redução na eficiência psicofísica; 3) se há redução da capacidade social; 4) se há redução na capacidade laborativa; e 5) se há perda de oportunidade de trabalho ou diminuição na liberdade de escolha da profissão (MATOS, Enéas de Oliveira. *Dano...*, 2011, p. 187-188).

Na sequência, e em resumo, Enéas Matos apresenta os seguintes critérios que devem ser levados em conta na quantificação dos danos estéticos: *a)* o grau de avaliação do dano estético pelo médico perito, conforme os parâmetros por último expostos; *b)* o grau de culpa das partes; *c)* a posição cultural e socioeconômica das partes; *d)* a reincidência do ofensor; *e)* punição e exemplaridade, se cabível; e *f)* a independência do valor arbitrado a título de dano moral. Como se pode notar, somente os critérios apontados como *b, c* e *e* são comuns com os danos morais.

Alguns arestos superiores seguem essas lições, fixando valor em separado, e em montante diferenciado para o dano estético, de acordo com as circunstâncias concretas e com os parâmetros expostos. A título de exemplo, cite-se o seguinte trecho de acórdão do Tribunal da Cidadania, segundo o qual, com destaque:

CAP. 8 · ELEMENTOS DA RESPONSABILIDADE CIVIL OU PRESSUPOSTOS DO DEVER DE INDENIZAR | **443**

"Tendo em vista o histórico dos dissabores passados pela agravada, decorrentes da malsucedida intervenção cirúrgica realizada pelo corréu Alberto Rondon, relatados em sede da decisão agravada, e em especial considerando a prova documental e pericial realizada, entende-se dentro dos parâmetros da razoabilidade e proporcionalidade a fixação procedida pela instância *a quo*, a saber, o importe de R$ 80.000,00 a título de danos morais e, ainda, a mesma quantia, R$ 60.000,00, para fins de reparação pelos danos estéticos". No tocante aos fatos analisado pelo *decisum*, pontue-se que a autora da ação "foi submetida a abdominoplastia; do procedimento resultaram graves cicatrizes, 'repuxadas' nas pernas e deficiência no umbigo; apresenta dificuldade para movimentar a perna; após a cirurgia, sentiu muita humilhação e vergonha; sofreu para tentar se recuperar do trauma; até hoje tem vergonha de trocar de roupa na frente de outras pessoas e mesmo dos filhos; não consegue usar maiô ou biquíni; sentiu imenso constrangimento diante da Equipe da Sociedade Brasileira de Cirurgia Plástica – SBCP; sente-se feia, perdeu a autoestima; diagnosticada com transtorno de estresse pós-traumático (CID10 F43.1); se não houver acompanhamento médico-psiquiátrico, o dano psíquico será permanente; o dano comprometeu a imagem da autora em seu convívio social; por vezes, ainda sente a perna esquerda repuxar; configurado dano estético permanente, consistente em cicatriz alargada na região inguinal" (STJ, REsp 1.656.888/MS, 2.ª Turma, Rel. Min. Herman Benjamin, j. 04.04.2017, *DJe* 25.04.2017).

Também nas Turmas de Direito Privado da Corte podem ser encontradas ementas que conduzem critérios separados para os dois danos, como o seguinte:

"É possível a revisão do montante da indenização por danos morais nas hipóteses em que o *quantum* fixado for exorbitante ou irrisório, o que, no entanto, não ocorreu no caso em exame, pois o valor da indenização a título de danos morais e estéticos arbitrado, respectivamente, em R$ 20.000,00 (vinte mil reais) e em R$ 5.000,00 (cinco mil reais), não é excessivo nem desproporcional aos danos sofridos pelo autor, que sofreu encurtamento do membro inferior direito em cerca de 4 cm, além de cicatriz cirúrgica com 150 mm em decorrência de acidente sofrido nas dependências de terminal rodoviário administrado pela recorrente" (STJ, Ag. Int. no AREsp 967.691/RJ, 4.ª Turma, Rel. Min. Raul Araújo, j. 04.04.2017, *DJe* 24.04.2017).

Eis aqui julgados cujos parâmetros merecem ser seguidos, como antes analisado.

Seja como for, para encerrar o tópico, como antes pontuado, caso aprovado o Projeto de Reforma do Código Civil, e conforme a nova proposta de art. 944-A, o dano estético não será mais tratado como modalidade autônoma ou como *novo dano*, mas estará sob o manto do dano extrapatrimonial, sujeito aos critérios previstos na proposta de novo dispositivo.

Se isso ocorrer, o Superior Tribunal de Justiça terá que superar o seu entendimento anterior, cancelando a Súmula 387. Aguardemos qual será a posição que prevalecerá no Congresso Nacional.

8.5.3.2 Danos por perda de uma chance

Quanto à perda de uma chance, cresce na jurisprudência o número de julgados de sua aplicação. Ademais, na doutrina brasileira, destacam-se dois interessantes trabalhos, publicados pelos jovens juristas Sérgio Savi (*Responsabilidade...*, 2006) e Rafael Peteffi da Silva (*Responsabilidade...*, 2007). Consigne-se que na *V Jornada de Direito Civil*, realizada em novembro de 2011, foi aprovado enunciado doutrinário, proposto pelo último autor, reconhecendo a sua ampla reparação, como dano material ou imaterial (Enunciado n. 444).

A perda de uma chance está caracterizada quando a pessoa vê frustrada uma expectativa, uma oportunidade futura, que, dentro da lógica do razoável, ocorreria se as coisas seguissem o seu curso normal. A partir dessa ideia, como expõem os autores citados, essa chance deve ser séria e real. As lições de Rafael Peteffi merecem destaque:

"A teoria da perda de uma chance encontra o seu limite no caráter de certeza que deve apresentar o dano reparável. Assim, para que a demanda do réu seja digna de procedência, a chance por este perdida deve representar muito mais do que simples esperança subjetiva. Como bem apontou Jacques Boré, pode-se imaginar um paciente vitimado por uma doença incurável, mas que ainda mantenha as esperanças de sobreviver. Objetivamente, todavia, não existe qualquer chance apreciável de cura. A propósito, 'a observação da seriedade e da realidade das chances perdidas é o critério mais utilizado pelos tribunais franceses para separar os danos potenciais e prováveis e, portanto, indenizáveis dos danos puramente eventuais e hipotéticos cuja reparação deve ser rechaçada'. Os ordenamentos da *Common Law* também demonstraram a sua preocupação em evitar demandas levianas, exigindo a demonstração da seriedade das chances perdidas. Em *Hotson v. Fitzgerald*, o voto vencedor requeria a existência da perda de uma chance 'substancial'. A decisão citada, com rara ousadia, chega a afirmar que as demandas das vítimas que perderam menos de vinte e cinco por cento de chances de auferir a vantagem esperada devem ser encaradas com rigor redobrado, já que demandas de natureza especulativa não devem ser encorajadas" (PETEFFI, Rafael. *Responsabilidade...*, 2007, p. 134).

Em apresentação ao trabalho de Rafael Peteffi, ensina Judith Martins-Costa que os critérios para a perda de uma chance "partem da constatação da existência de 'chances sérias e reais', pois 'a teoria da perda de uma chance encontra o seu limite no caráter de certeza que deve apresentar o dano reparável'. Por essa razão, a chance perdida deve representar 'muito mais que uma simples esperança subjetiva', cabendo ao réu a sua prova e ao juiz o dever de averiguar quão foi efetivamente perdida a chance com base na ciência estatística, recorrendo ao auxílio de perícia técnica. Além do mais, a sua quantificação segue uma regra fundamental – obedecida também nas espécies de dano moral pela *perte d'une chance* –, qual seja: a reparação da chance perdida pela vítima, não devendo ser igualada à vantagem em que teria resultado esta chance, caso ela tivesse se realizado, pois nunca a chance esperada é igual a certeza realizada" (PETEFFI, Rafael. *Responsabilidade...*, 2007, p. XX).

Buscando critérios para a aplicação da teoria, Sérgio Savi leciona que a perda da chance estará caracterizada quando a probabilidade da oportunidade for superior a 50% (cinquenta por cento) (SAVI, Sérgio. *Responsabilidade civil...*, 2006, p. 33).

Partindo para a exemplificação, para Regina Beatriz Tavares da Silva, o corredor Vanderlei Cordeiro de Lima sofreu essa perda irreparável na Olimpíada de Atenas (2004), ao ser barrado pelo misterioso Cornelius Horan, na prova da maratona, que encerrou o evento. São suas palavras:

"Bem diferente esse exemplo do caso sob análise, em que se evidencia a perda de uma chance. Como dizem os doutrinadores franceses, a reparação da 'pert d'une chance' fundamenta-se numa probabilidade e numa certeza: a probabilidade de que haveria o ganho e a certeza de que da vantagem perdida resultou um prejuízo (Caio Mário da Silva Pereira, ob. cit., p. 42). A certeza da perda da chance é tanto maior quanto mais o dano esteja próximo da ação ilícita. Bem próximo do evento lesivo estava o dano futuro no caso apresentado. O atleta brasileiro não era um simples coelho, assim chamado aquele que dispara na frente numa corrida de longa distância para atrapalhar os adversários de um

CAP. 8 · ELEMENTOS DA RESPONSABILIDADE CIVIL OU PRESSUPOSTOS DO DEVER DE INDENIZAR | 445

determinado competidor ou somente porque não tem o treinamento exigido para evoluir na corrida com o ritmo adequado. Vanderlei havia se submetido a treinamento rigoroso, de cerca de quatro anos voltados à Olimpíada; sua *performance* na parte final da prova demonstrava ser um verdadeiro atleta; mesmo após a violência sofrida, voltou à prova e terminou em terceiro lugar" (TAVARES DA SILVA, Regina Beatriz. *Perda...*, 2005).

De fato, Vanderlei Cordeiro de Lima acabou ganhando apenas a medalha de bronze naquela ocasião. Todavia, posteriormente, veio a receber a medalha Barão *Pierre de Coubertin*, a maior honraria olímpica. Em 2016, o corredor foi o incumbido de acender a pira olímpica no Rio de Janeiro, outra grande honraria. Fica a dúvida: Vanderlei mais perdeu ou ganhou com o evento? A pergunta coloca em xeque a essência da perda da chance, como se verá a seguir, podendo ser debatida em todos os âmbitos do ensino jurídico.

Na jurisprudência, a tese foi anteriormente adotada pelo extinto Segundo Tribunal de Alçada Civil do Estado de São Paulo. No caso em questão, um advogado foi condenado a pagar indenização por danos morais a um cliente por ter ingressado intempestivamente com uma ação trabalhista. Vejamos o teor da ementa do julgado:

> "Mandato – Indenização – Dano moral – Advogado – Ajuizamento intempestivo de ação trabalhista para a qual havia sido contratado – Hipótese de perda de uma chance para o cliente – Desídia profissional – Caracterização – Cabimento. Advogado que, contratado para ajuizar reclamação trabalhista, não o faz a tempo, causando ao seu contratante a perda da chance de que seu pleito fosse conhecido, responde pelo prejuízo moral decorrente de sua conduta desidiosa" (Segundo Tribunal de Alçada Civil de São Paulo, Ap. c/ Rev. 648.037-00/9, 5.ª Câm., Rel. Juiz Dyrceu Cintra, j. 11.12.2002).

Na mesma esteira, existem outros julgados responsabilizando advogados pela perda da chance de seus clientes, havendo a *perda de oportunidade de vitória judicial*. Compartilhando dessa ideia, pode ser transcrita a seguinte ementa do Tribunal de Justiça de Rio Grande do Sul:

> "Apelação cível – Responsabilidade civil – Perda de uma chance – Advogado – Mandato – Decisiva contribuição para o insucesso em demanda indenizatória – Dever de indenizar caracterizado. Tendo a advogada, contratada para a propositura e acompanhamento de demanda indenizatória por acidente de trânsito, deixado de atender o mandante durante o transcorrer da lei, abandonando a causa sem atender às intimações nem renunciando ao mandato, contribuindo de forma decisiva pelo insucesso do mandante na demanda, deve responder pela perda da chance do autor de obtenção da procedência da ação indenizatória. Agir negligente da advogada que ofende ao art. 1.300 do CCB/1916" (TJRS, Apelação Cível 70005473061, 9.ª Câmara Cível, Relator: Adão Sérgio do Nascimento Cassiano, j. 10.12.2003).

Anote-se que a aplicação da tese da perda da chance aos advogados chegou ao Superior Tribunal de Justiça (STJ, AgRg-Ag 932.446/RS, Processo 2007/0167882-9, 3.ª Turma, Rel. Min. Fátima Nancy Andrighi, j. 06.12.2007, *DJU* 18.12.2007, p. 274). Sucessivamente, foi publicado o seguinte acórdão no *Informativo* n. 456 do STJ, em que se analisam muito bem os limites para a aplicação da teoria da perda da chance em relação ao advogado:

> "Responsabilidade civil. Advogado. Perda. Chance. A teoria de perda de uma chance (*perte d'une chance*) dá suporte à responsabilização do agente causador, não de dano emergente ou lucros cessantes, mas sim de algo que intermedeia um e outro: a perda da possibilidade de buscar posição jurídica mais vantajosa que muito provavelmente alcançaria se não fosse o ato ilícito praticado. Dessa forma, se razoável, séria e real, mas não fluida ou hipotética, a perda da chance é tida por lesão às justas expectativas do indivíduo, então frustradas. Nos

casos em que se reputa essa responsabilização pela perda de uma chance a profissionais de advocacia em razão de condutas tidas por negligentes, diante da incerteza da vantagem não experimentada, a análise do juízo deve debruçar-se sobre a real possibilidade de êxito do processo eventualmente perdida por desídia do causídico. Assim, não é só porque perdeu o prazo de contestação ou interposição de recurso que o advogado deve ser automaticamente responsabilizado pela perda da chance, pois há que ponderar a probabilidade, que se supõe real, de que teria êxito em sagrar seu cliente vitorioso. Na hipótese, de perda do prazo para contestação, a pretensão foi de indenização de supostos danos materiais individualizados e bem definidos na inicial. Por isso, possui causa de pedir diversa daquela acolhida pelo tribunal *a quo*, que, com base na teoria da perda de uma chance, reconheceu presentes danos morais e fixou o *quantum* indenizatório segundo seu livre arbítrio. Daí, é forçoso reconhecer presente o julgamento *extra petita,* o que leva à anulação do acórdão que julgou a apelação. Precedentes citados: REsp 1.079.185/MG, *DJe* 04.08.2009, e REsp 788.459/BA, *DJ* 13.03.2006" (STJ, REsp 1.190.180/RS, Rel. Min. Luis Felipe Salomão, j. 16.11.2010).

Na seara médica, o pioneiro Tribunal do Rio Grande do Sul responsabilizou um hospital por morte de recém-nascido, havendo a *perda de chance de viver*:

"Responsabilidade civil – Preliminar – Hospital – Legitimidade passiva – Morte de recém-nascido – Médica – Imprudência – Culpa caracterizada – Danos morais – Ocorrência – *Quantum* – Manutenção. Em caso de ação indenizatória por erro médico é o hospital parte legítima para figurar no polo passivo da ação quando o atendimento é feito pelo SUS, que o remunera para tal, máxime quando a escolha da plantonista parte de seu corpo clínico. Preliminar rejeitada. No mérito, trata-se de ação de indenização por erro médico que resultou na morte de recém-nascido. Situação em que restou evidente a imprudência praticada pela profissional que optou por aguardar o agravamento de uma situação que já era grave para realizar a cesariana. Aplicável ao caso, ainda, a teoria da perda de uma chance, oriunda do direito francês, pela qual, se a cesariana tivesse sido realizada logo, talvez o nefasto evento morte não ocorresse. Os danos são evidentes, pois estão *in re ipsa*, isto é, estão intrínsecos à própria ocorrência do evento danoso. O valor da indenização arbitrado em primeiro grau, sopesadas as peculiaridades do caso concreto e os parâmetros balizados pela Câmara, deve ser mantido" (TJRS, Processo 70013036678, 10.ª Câmara Cível, Caxias do Sul, Juiz Relator Luiz Ary Vessini de Lima, 22.12.2005).

Ainda na área médica, há ampla invocação da teoria, principalmente nos casos de *perda da chance de cura*, pelo emprego de uma técnica malsucedida pelo profissional da área de saúde. Outro julgado do Superior Tribunal de Justiça analisou a questão, em acórdão com a seguinte publicação:

"A teoria da perda de uma chance pode ser utilizada como critério para a apuração de responsabilidade civil ocasionada por erro médico na hipótese em que o erro tenha reduzido possibilidades concretas e reais de cura de paciente que venha a falecer em razão da doença tratada de maneira inadequada pelo médico. De início, pode-se argumentar ser impossível a aplicação da teoria da perda de uma chance na seara médica, tendo em vista a suposta ausência de nexo causal entre a conduta (o erro do médico) e o dano (lesão gerada pela perda da vida), uma vez que o prejuízo causado pelo óbito da paciente teve como causa direta e imediata a própria doença, e não o erro médico. Assim, alega-se que a referida teoria estaria em confronto claro com a regra insculpida no art. 403 do CC, que veda a indenização de danos indiretamente gerados pela conduta do réu. Deve-se notar, contudo, que a responsabilidade civil pela perda da chance não atua, nem mesmo na seara médica, no campo da mitigação do nexo causal. A perda da chance, em verdade, consubstancia uma modalidade

CAP. 8 · ELEMENTOS DA RESPONSABILIDADE CIVIL OU PRESSUPOSTOS DO DEVER DE INDENIZAR | **447**

autônoma de indenização, passível de ser invocada nas hipóteses em que não se puder apurar a responsabilidade direta do agente pelo dano final. Nessas situações, o agente não responde pelo resultado para o qual sua conduta pode ter contribuído, mas apenas pela chance de que ele privou a paciente. A chance em si – desde que seja concreta, real, com alto grau de probabilidade de obter um benefício ou de evitar um prejuízo – é considerada um bem autônomo e perfeitamente reparável. De tal modo, é direto o nexo causal entre a conduta (o erro médico) e o dano (lesão gerada pela perda de bem jurídico autônomo: a chance). Inexistindo, portanto, afronta à regra inserida no art. 403 do CC, mostra-se aplicável a teoria da perda de uma chance aos casos em que o erro médico tenha reduzido chances concretas e reais que poderiam ter sido postas à disposição da paciente" (STJ, REsp 1.254.141/PR, Rel. Min. Nancy Andrighi, j. 04.12.2012, publicado no seu *Informativo* n. *513*).

Em outro campo, o Tribunal de Justiça do Rio Grande do Sul igualmente responsabilizou um curso preparatório para concursos públicos que assumiu o compromisso de transportar o aluno até o local da prova. Porém, houve atraso no transporte, o que gerou a *perda da chance de disputa em concurso público*, surgindo daí o dever de indenizar. Vejamos:

"Ação de indenização – Autor que contratou com a demandada serviços de ensino nos quais incluído transporte para realização de concurso público – Atraso decorrente de má prestação dos serviços, que importou em perda de horário para ingresso no prédio onde se realizariam as provas. Perda de uma chance configurada. Indenização arbitrada com moderação. Responsabilidade da recorrente firmada em razão de ter sido através dela promovida a contratação do transporte. Recurso improvido. Sentença confirmada por seus próprios fundamentos" (TJRS, Processo 71000889238, 2.ª Turma Recursal Cível, Cruz Alta, Juiz Relator Clovis Moacyr Mattana Ramos, 7.06.2006).

De toda sorte, em caso também envolvendo concurso público, o Superior Tribunal de Justiça entendeu pela não incidência da teoria, pois a chance do candidato que teve a sua expectativa frustrada não era séria e real. Vejamos a ementa publicada no *Informativo* n. *466* daquele Tribunal:

"Teoria. Perda. Chance. Concurso. Exclusão. A Turma decidiu não ser aplicável a teoria da perda de uma chance ao candidato que pleiteia indenização por ter sido excluído do concurso público após reprovação no exame psicotécnico. De acordo com o Min. Relator, tal teoria exige que o ato ilícito implique perda da oportunidade de o lesado obter situação futura melhor, desde que a chance seja real, séria e lhe proporcione efetiva condição pessoal de concorrer a essa situação. No entanto, salientou que, *in casu*, o candidato recorrente foi aprovado apenas na primeira fase da primeira etapa do certame, não sendo possível estimar sua probabilidade em ser, além de aprovado ao final do processo, também classificado dentro da quantidade de vagas estabelecidas no edital" (STJ, AgRg no REsp 1.220.911/RS, Rel. Min. Castro Meira, j. 17.03.2011).

Igualmente em sede de Superior Tribunal de Justiça, a teoria da perda de uma chance, supostamente, foi aplicada em conhecido julgado envolvendo o programa "Show do Milhão", do SBT. Trata-se do precedente mais citado a respeito do tema. Uma participante do programa, originária do Estado da Bahia, chegou à última pergunta, a "pergunta do milhão", que, se respondida corretamente, geraria o prêmio de um milhão de reais. A pergunta então formulada foi a seguinte:

"A Constituição reconhece direitos dos índios de quanto do território brasileiro?
1) 22%; 2) 2%; 3) 4% ou 4) 10%".

A participante não quis responder à questão, levando R$ 500 mil para casa. Mas, na verdade, a Constituição Federal não trata de tal reserva, tendo a participante constatado que a pergunta formulada estava totalmente errada. Foi então a juízo requerendo os outros R$ 500 mil, tendo obtido êxito em primeira e segunda instância, ação que teve curso no Tribunal de Justiça da Bahia. O STJ confirmou em parte as decisões anteriores, reduzindo o valor para R$ 125 mil, ou seja, os R$ 500 mil divididos pelas quatro assertivas, sendo essa a sua real chance de acerto. Eis a ementa do julgado:

"Recurso especial – Indenização – Impropriedade de pergunta formulada em programa de televisão – Perda da oportunidade. 1. O questionamento, em programa de perguntas e respostas, pela televisão, sem viabilidade lógica, uma vez que a Constituição Federal não indica percentual relativo às terras reservadas aos índios, acarreta, como decidido pelas instâncias ordinárias, a impossibilidade da prestação por culpa do devedor, impondo o dever de ressarcir o participante pelo que razoavelmente haja deixado de lucrar, pela perda da oportunidade. 2. Recurso conhecido e, em parte, provido" (STJ, REsp 788.459/BA, 4.ª Turma, Rel. Min. Fernando Gonçalves, j. 08.11.2005, *DJ* 13.03.2006, p. 334).

Do ano de 2012, cumpre destacar outra decisão do STJ, que responsabilizou rede de supermercados pela chance perdida de consumidora em ganhar prêmio anunciado em campanha publicitária. Vejamos a didática publicação no *Informativo* n. 495 da Corte:

"Danos materiais. Promoção publicitária de supermercado. Sorteio de casa. Teoria da perda de uma chance. A Turma, ao acolher os embargos de declaração com efeitos modificativos, deu provimento ao agravo e, de logo, julgou parcialmente provido o recurso especial para condenar o recorrido (supermercado) ao pagamento de danos materiais à recorrente (consumidora), em razão da perda de uma chance, uma vez que não lhe foi oportunizada a participação em um segundo sorteio de uma promoção publicitária veiculada pelo estabelecimento comercial no qual concorreria ao recebimento de uma casa. Na espécie, a promoção publicitária do supermercado oferecia aos concorrentes novecentos vales-compras de R$ 100,00 e trinta casas. A recorrente foi sorteada e, ao buscar seu prêmio – o vale-compra –, teve conhecimento de que, segundo o regulamento, as casas seriam sorteadas àqueles que tivessem sido premiados com os novecentos vales--compras. Ocorre que o segundo sorteio já tinha sido realizado sem a sua participação, tendo sido as trinta casas sorteadas entre os demais participantes. De início, afastou a Min. Relatora a reparação por dano moral sob o entendimento de que não houve publicidade enganosa. Segundo afirmou, estava claro no bilhete do sorteio que seriam sorteados 930 ganhadores – novecentos receberiam vales-compra no valor de R$ 100,00, e outros trinta, casas na importância de R$ 40.000,00, a ser depositado em caderneta de poupança. Por sua vez, reputou devido o ressarcimento pelo dano material, caracterizado pela perda da chance da recorrente de concorrer entre os novecentos participantes a uma das trinta casas em disputa. O acórdão reconheceu o fato incontroverso de que a recorrente não foi comunicada pelos promotores do evento e sequer recebeu o bilhete para participar do segundo sorteio, portanto ficou impedida de concorrer, efetivamente, a uma das trinta casas. Conclui-se, assim, que a reparação deste dano material deve corresponder ao pagamento do valor de 1/30 do prêmio, ou seja, 1/30 de R$ 40.000,00, corrigidos à época do segundo sorteio" (STJ, EDcl no AgRg no Ag 1.196.957/DF, Rel. Min. Maria Isabel Gallotti, j. 10.04.2012).

Como outra ilustração interessante, do ano de 2018, transcreve-se didática ementa do STJ que reconheceu indenização em favor de investidor que perdeu ganhos em relação a

CAP. 8 • ELEMENTOS DA RESPONSABILIDADE CIVIL OU PRESSUPOSTOS DO DEVER DE INDENIZAR | **449**

ações de determinado banco, pois foram vendidas sem a sua autorização em dia anterior à sua valorização no mercado acionário:

"Recurso especial. Ações em bolsa de valores. Venda promovida sem autorização do titular. Responsabilidade civil. Perda de uma chance. Dano consistente na impossibilidade de negociação das ações com melhor valor, em momento futuro. Indenização pela perda da oportunidade. 1. 'A perda de uma chance é técnica decisória, criada pela jurisprudência francesa, para superar as insuficiências da responsabilidade civil diante das lesões a interesses aleatórios. Essa técnica trabalha com o deslocamento da reparação: a responsabilidade retira sua mira da vantagem aleatória e, naturalmente, intangível, e elege a chance como objeto a ser reparado' (CARNAÚBA, Daniel Amaral. A responsabilidade civil pela perda de uma chance: a técnica na jurisprudência francesa. In: *Revista dos Tribunais*, São Paulo, n. 922, ago. 2012). 2. Na configuração da responsabilidade pela perda de uma chance não se vislumbrará o dano efetivo mencionado, sequer se responsabilizará o agente causador por um dano emergente, ou por eventuais lucros cessantes, mas por algo intermediário entre um e outro, precisamente a perda da possibilidade de se buscar posição mais vantajosa, que muito provavelmente se alcançaria, não fosse o ato ilícito praticado. 3. No lugar de reparar aquilo que teria sido (providência impossível), a reparação de chances se volta ao passado, buscando a reposição do que foi. É nesse momento pretérito que se verifica se a vítima possuía uma chance. É essa chance, portanto, que lhe será devolvida sob a forma de reparação. 4. A teoria da perda de uma chance não se presta a reparar danos fantasiosos, não servindo ao acolhimento de meras expectativas, que pertencem tão somente ao campo do íntimo desejo, cuja indenização é vedada pelo ordenamento jurídico, mas sim um dano concreto (perda de probabilidade). A indenização será devida, quando constatada a privação real e séria de chances, quando detectado que, sem a conduta do réu, a vítima teria obtido o resultado desejado. 5. No caso concreto, houve venda de ações sem a autorização do titular, configurando o ato ilícito. O dano suportado consistiu exatamente na perda da chance de obter uma vantagem, qual seja a venda daquelas ações por melhor valor. Presente, também, o nexo de causalidade entre o ato ilícito (venda antecipada não autorizada) e o dano (perda da chance de venda valorizada), já que a venda pelo titular das ações, em momento futuro, por melhor preço, não pode ocorrer justamente porque os papéis já não estavam disponíveis para serem colocados em negociação. 6. Recurso especial a que se nega provimento" (STJ, REsp 1.540.153/RS, 4.ª Turma, Rel. Min. Luis Felipe Salomão, j. 17.04.2018, *DJe* 06.06.2018).

Como outra concreção da perda da chance, em hipótese fática muito próxima ao caso do "Show do Milhão", em 2019, a Terceira Turma do Superior Tribunal de Justiça indenizou ex-participante do programa Amazônia, da TV Record, que foi excluído injustamente, por uma falha da contagem da pontuação. Foi mantida a condenação de segunda instância, por danos materiais pela perda da chance, em R$ 125 mil, valor que corresponderia a 25% do total do prêmio de R$ 500 mil. Além disso, foi fixada uma indenização de R$25 mil pelos danos morais. Vejamos a ementa do *decisum*:

"Recurso especial. Responsabilidade civil. Ação de indenização por danos. *Reality show*. Fase semifinal. Contagem dos pontos. Erro. Eliminação. Ato ilícito. Indenização. Dano material. Perda de uma chance. Cabimento. Danos morais demonstrados. (...). 2. Cinge-se a controvérsia a discutir o cabimento de indenização por perda de uma chance na hipótese em que participante de *reality show* é eliminado da competição por equívoco cometido pelos organizadores na contagem de pontos. 3. A teoria da perda de uma chance tem por objetivo reparar o dano decorrente da lesão de uma legítima expectativa que não se concretizou porque determinado fato interrompeu o curso normal dos eventos e impediu a realização do resultado final esperado pelo indivíduo. 4. A reparação das chances perdidas tem fundamento nos artigos 186 e 927 do Código Civil de 2002 e é reforçada pelo princípio da reparação integral dos danos, consagrado no art. 944 do CC/2002. 5. Deve ficar demonstrado que a chance perdida é séria e real, não sendo suficiente a mera esperança ou expectativa da ocorrência do resultado para que o dano seja indenizado. 6. Na presente hipótese, o Tribunal de origem demonstrou que ficaram configurados os requisitos para reparação por perda de uma chance, tendo em vista (i) a comprovação de erro na contagem de pontos na rodada semifinal da competição, o que tornou a eliminação do autor indevida, e (ii) a violação das regras da competição que asseguravam a oportunidade de disputar rodada de desempate. 7. O acolhimento da pretensão recursal, no sentido de afastar a indenização por danos morais ou de reduzir o valor arbitrado, demandaria o revolvimento do acervo fático-probatório dos autos (Súmula n.º 7/STJ). 8. O montante arbitrado a título de indenização por danos morais (R$ 25.000,00 – vinte e cinco mil reais) encontra-se em conformidade com os parâmetros adotados por esta Corte, não se mostrando excessivo diante das particularidades do caso concreto. 9. Recursos especiais não providos" (STJ, REsp 1.757.936/SP, 3.ª Turma, Rel. Min. Ricardo Villas Bôas Cueva, j. 20.08.2019).

Vale ainda citar acórdão superior que condenou a empresa organizadora de competição automobilística a indenizar a esposa de um piloto, que acabou falecendo por ausência e omissão de socorro. Consoante o *decisum*, "de acordo com a teoria da perda de uma chance, há responsabilidade civil de empresa organizadora de competição automobilística que deixa de prestar socorro a piloto que falece por afogamento após acidente durante o percurso" (STJ, REsp 2.108.182/MG, 3.ª Turma, Rel. Min. Nancy Andrighi, j. 16.04.2024, *DJe* 19.04.2024, m.v.). Entendeu-se, pelas circunstâncias do caso concreto, que "o nexo causal que autoriza a responsabilidade pela aplicação da teoria da perda de uma chance é aquele entre a conduta omissiva ou comissiva do agente e a chance perdida, sendo desnecessário que esse nexo se estabeleça diretamente com o dano final. Hipótese em que existia chance séria e concreta de que a recorrida, se tivesse enviado a ambulância ao local do acidente de forma imediata, teria conseguido promover o resgate em menor tempo e prestar assistência médica, aumentando significativamente as chances de sobrevida do piloto (marido da recorrente)" (REsp 2.108.182/MG).

Apesar de todas as lições doutrinárias e entendimentos jurisprudenciais transcritos, ainda vejo com ressalvas o enquadramento da perda de uma chance como nova categoria de dano. Isso porque tais danos são, na grande maioria das situações, hipotéticos ou eventuais, sendo certo que os arts. 186 e 403 do CC exigem o dano presente e efetivo. A perda de uma chance, na verdade, ainda trabalha com suposições, com o *se*, pela falta de previsão legislativa. Muitas situações descritas pelos adeptos da teoria hoje podem ser resolvidas em sede de danos morais ou danos materiais, sem que a vítima tenha necessidade de provar que a chance é séria e real.

De todo modo, apesar desses meus argumentos, não se pode negar que a reparação pela perda da chance tem sido admitida amplamente pelas nossas Cortes e pela doutrina, o que inspirou a Comissão de Juristas encarregada da Reforma do Código Civil a incluí-la na lei. Com essa necessária alteração legislativa e a inclusão da indenização pela perda da chance no Código Civil, todas essas dúvidas e contestações antes pontuadas serão afastadas.

A proposta é tratar a perda da chance como categoria autônoma de dano reparável, ao lado do dano patrimonial e do extrapatrimonial. A proposição consta da nova redação do art. 944-B, segundo o qual, em seu *caput*, "a indenização será concedida, se os danos forem certos, sejam eles diretos, indiretos, atuais ou futuros". Sobre o instituto em estudo, o projetado § 1.º enunciará que "a perda de uma chance, desde que séria e real, constitui dano reparável". Adota-se, portanto, a posição majoritária da doutrina e da jurisprudência aqui expostas, bem como a necessidade do cálculo da probabilidade de a chance ser efetivada, consoante o proposto § 2.º do art. 944-B: "a indenização relativa à perda de uma chance deve ser calculada levando-se em conta a fração dos interesses que essa chance proporcionaria, caso concretizada, de acordo com as probabilidades envolvidas".

Segundo as justificativas da Subcomissão de Responsabilidade Civil, "a par do debate doutrinário, optamos por considerar que a perda de uma chance não se constitui em autêntica situação de causalidade probabilística, tratando-se de uma manifestação de figura autônoma de dano que se faz presente mesmo nos casos em que não se afirme a responsabilidade direta do agente pelo dano final (neste sentido o STJ deliberou no REsp 1.254.141-PR, Rel. Min. Nancy Andrighi, Informativo 513, 06.03.2013)". E mais, "a inserção da perda de uma chance como dano autônomo – lateralmente aos danos emergentes e lucros cessantes – reforça a sua condição de um *tertium genus* e não espécie de uma ou outra. A valorização de sua autonomia dogmática auxilia a superar as insuficiências da responsabilidade civil diante de lesões a interesses aleatórios. A ideia é deferir a mais ampla proteção à integridade dos bens jurídicos patrimoniais da vítima".

Como Relator-Geral nomeado para o trabalho de Reforma, acabei cedendo a minha posição doutrinária de ressalvas, tendo a ciência de que a perda de uma chance hoje é admitida pela maioria da doutrina e da jurisprudência. Assim, entendo que é imperiosa e necessária a alteração legislativa para a inclusão da perda de uma chance expressamente no Código Civil.

8.5.3.3 *Danos morais coletivos*

Os *danos morais coletivos* surgem como um *candidato* dentro da ideia de ampliação dos danos reparáveis. O seu conceito é controvertido, mas ele pode ser denominado como o dano que atinge, ao mesmo tempo, vários direitos da personalidade, de pessoas determinadas ou determináveis. Essa nossa conceituação está baseada nas palavras de Carlos Alberto Bittar Filho, que merecem ser transcritas:

> "Com supedâneo, assim, em todos os argumentos levantados, chega-se à conclusão de que o dano moral coletivo é a injusta lesão da esfera moral de uma dada comunidade, ou seja, é a violação antijurídica de um determinado círculo de valores coletivos. Quando se fala em dano moral coletivo, está-se fazendo menção ao fato de que o patrimônio valorativo de uma certa comunidade (maior ou menor), idealmente considerado, foi agredido de maneira absolutamente injustificável do ponto de vista jurídico; quer isso dizer, em última instância, que se feriu a própria cultura, em seu aspecto imaterial. Tal como se dá na seara do dano moral individual, aqui também não há que se cogitar de prova da culpa, devendo-se responsabilizar o agente pelo simples fato da violação (*damnum in re ipsa*)" (BITTAR FILHO, Carlos Alberto. Do dano moral... *Jus Navigandi...*, 2007).

O Código de Defesa do Consumidor admite expressamente a reparação dos danos morais coletivos, mencionando-os no seu art. 6.º, VI. Os danos morais coletivos são, assim, várias lesões aos direitos da personalidade. Deve-se compreender que os danos morais coletivos atingem direitos individuais homogêneos e coletivos em sentido estrito, em que as vítimas são determinadas ou determináveis. Por isso, a indenização deve ser destinada para elas, as vítimas.

452 | DIREITO CIVIL • VOL. 2 – *Flávio Tartuce*

A partir do debate doutrinário, tem-se percebido um aumento de julgados tratando do dano moral coletivo nos últimos anos. No âmbito da Justiça do Trabalho, destacam-se alguns arestos que tratam do dano moral coletivo, em casos bem interessantes. Ilustrando, do Tribunal do Trabalho da Bahia, pode ser extraída a seguinte decisão:

"Dano moral – A prática da empresa recorrida em realizar filmagem dos seus empregados nos locais de trabalho, de forma sigilosa e sem o conhecimento prévio dos mesmos, com violação do direito à intimidade, configura dano moral coletivo e gera direito à reparação. (...) Cumpre ressaltar que a matéria objeto da presente ação já foi apreciada e decidida por esta 5.ª Turma, no Processo n. 02105-2000-016-05, Acórdão n. 482/02, da lavra da Desembargadora Relatora Maria Lisboa, tendo também como parte autora o Ministério Público do Trabalho. Vale a pena transcrever a ementa do acórdão ora citado, eis que traduz literalmente o fundamento do voto que ora manifesto: 'Dano moral coletivo. A ocorrência de violação ao direito de intimidade dos empregados configura dano moral coletivo e impõe sua correspondente reparação. Ademais, a filmagem dos trabalhadores durante o período de trabalho, efetivou-se de forma sigilosa, sem ciência dos empregados, configurando agressão ao grupo, prática que afeta negativamente o sentimento coletivo, lesão imaterial que atinge parte da categoria. Inteligência do art. 5.º, X, da Carta Magna'. Observe-se que tanto no mencionado julgado como no caso *sub judice* discute-se a prática da empresa recorrida em realizar filmagem dos seus empregados nos locais de trabalho, de forma sigilosa e sem o conhecimento prévio dos mesmos, com violação do direito à intimidade. Tal prática vem sendo constantemente adotada pela empresa recorrida, conforme noticia a referida ação. Neste contexto, se faz devida a indenização pleiteada em decorrência do demonstrado dano moral coletivo. *Ex positis, dou provimento parcial* ao recurso para, reformando a sentença, acrescer à condenação o pagamento de indenização por dano moral correspondente a cem salários auferidos pela reclamante. Custas pela reclamada no valor de R$ 200,00" (TRT da 5.ª Região, Acórdão 25.764/05, 5.ª Turma, Recurso Ordinário 00052-2004-026-05-00-3/RO, Recorrente: Ministério Público do Trabalho – Procuradoria Regional do Trabalho da 5.ª Região, Recorrido: Ilha Tropical Transportes Ltda., Redatora: Desembargadora Maria Adna Aguiar).

No que interessa ao Superior Tribunal de Justiça, merece comentário um importante precedente anterior. A Primeira Turma do Tribunal da Cidadania, competente para apreciar questões de Direito Público, entendeu não ser indenizável o dano moral coletivo em situação envolvendo danos ao meio ambiente. A ementa do julgado, proferida em sede de ação civil pública, merece transcrição destacada para maiores aprofundamentos:

"Processual civil – Ação civil pública – Dano ambiental – Dano moral coletivo – Necessária vinculação do dano moral à noção de dor, de sofrimento psíquico, de caráter individual – Incompatibilidade com a noção de transindividualidade (indeterminabilidade do sujeito passivo e indivisibilidade da ofensa e da reparação). Recurso especial improvido" (Superior Tribunal de Justiça, REsp 598.281/MG, 1.ª Turma, Rel. Min. Luiz Fux, Rel. p/ Acórdão Min. Teori Albino Zavascki, j. 02.05.2006, *DJ* 1.º.06.2006, p. 147).

Essa decisão da Primeira Turma do Superior Tribunal de Justiça, por maioria de votos, consubstancia o entendimento de não ser indenizável o dano moral coletivo pela impossibilidade de sua aferição perfeita e de determinação do *quantum* indenizatório. A lide tem origem no Estado de Minas Gerais, diante de danos ambientais causados pela Municipalidade de Uberlândia e por uma empresa de empreendimentos imobiliários, diante de um loteamento irregular. A ação foi proposta pelo Ministério Público daquele Estado, havendo condenação em primeira instância, por danos morais coletivos, em cinquenta mil

CAP. 8 · ELEMENTOS DA RESPONSABILIDADE CIVIL OU PRESSUPOSTOS DO DEVER DE INDENIZAR | 453

reais. A decisão foi reformada pelo Tribunal de Justiça de Minas Gerais, no sentido de não ser possível tal reparação, o que foi confirmado em máxima instância.

Apesar de esse ter sido o entendimento majoritário no julgamento, é pertinente ressaltar que, naquela ocasião, houve o voto divergente do Ministro Luiz Fux, que conclui ser reparável o dano moral coletivo em casos de lesões ambientais. Foram suas as seguintes palavras:

> "O meio ambiente integra inegavelmente a categoria de interesse difuso, posto inapropriável *uti singuli*. Consectariamente, a sua lesão, caracterizada pela diminuição da qualidade de vida da população, pelo desequilíbrio ecológico, pela lesão a um determinado espaço protegido, acarreta incômodos físicos ou lesões à saúde da coletividade, revelando lesão ao patrimônio ambiental, constitucionalmente protegido. Deveras, os fenômenos, analisados sob o aspecto da repercussão física ao ser humano e aos demais elementos do meio ambiente, constituem dano patrimonial ambiental. O dano moral ambiental caracterizar-se-á quando, além dessa repercussão física no patrimônio ambiental, sucede ofensa ao sentimento difuso ou coletivo – *v.g.*: o dano causado a uma paisagem causa impacto no sentimento da comunidade de determinada região, quer como *v.g.*: a supressão de certas árvores na zona urbana ou localizadas na mata próxima ao perímetro urbano. Consectariamente, o reconhecimento do dano moral ambiental não está umbilicalmente ligado à repercussão física no meio ambiente, mas, ao revés, relacionado à transgressão do sentimento coletivo, consubstanciado no sofrimento da comunidade, ou do grupo social, diante de determinada lesão ambiental. Deveras, o dano moral individual difere do dano moral difuso e *in re ipsa* decorrente do sofrimento e emoção negativas. Destarte, não se pode olvidar que o meio ambiente pertence a todos, porquanto a Carta Magna de 1988 universalizou este direito, erigindo-o como um bem de uso comum do povo. Desta sorte, em se tratando de proteção ao meio ambiente, podem coexistir o dano patrimonial e o dano moral, interpretação que prestigia a real exegese da Constituição em favor de um ambiente sadio e equilibrado".

Tem razão, quanto ao mérito da questão, o Ministro Luiz Fux. Isso porque são indenizáveis os danos morais coletivos e, eventualmente, os danos difusos ou sociais, uma vez que o art. 225 da CF/1988 protege o meio ambiente, o *Bem Ambiental*, como um bem difuso e de todos, visando à sadia qualidade de vida das presentes e futuras gerações. Consagra, assim, o Texto Maior, *direitos intergeracionais* ou *transgeracionais* na preocupação de proteção ambiental.

Nessa esteira e por bem, surgiu sucessivamente outro precedente importante do próprio Superior Tribunal de Justiça, admitindo os danos morais coletivos, prolatado no famoso caso das *pílulas de farinha*.

Em caso notório, amplamente divulgado pela imprensa nacional, o Tribunal Superior entendeu por bem indenizar as mulheres que tomaram as citadas pílulas e vieram a engravidar, o que não estava planejado. A indenização foi fixada em face da empresa *Schering do Brasil*, que fornecia a pílula anticoncepcional *Microvlar*, em valor milionário; em uma apurada análise da extensão do dano em relação às consumidoras. A ementa dessa nova e importante decisão do STJ merece transcrição:

> "Civil e processo civil. Recurso especial. Ação civil pública proposta pelo PROCON e pelo Estado de São Paulo. Anticoncepcional Microvlar. Acontecimentos que se notabilizaram como o 'caso das pílulas de farinha'. Cartelas de comprimidos sem princípio ativo, utilizadas para teste de maquinário, que acabaram atingindo consumidoras e não impediram a gravidez indesejada. Pedido de condenação genérica, permitindo futura liquidação individual por parte das consumidoras lesadas. Discussão vinculada à necessidade de respeito à segurança do consumidor, ao direito de informação e à compensação pelos danos

morais sofridos. Nos termos de precedentes, associações possuem legitimidade ativa para propositura de ação relativa a direitos individuais homogêneos. – Como o mesmo fato pode ensejar ofensa tanto a direitos difusos, quanto a coletivos e individuais, dependendo apenas da ótica com que se examina a questão, não há qualquer estranheza em se ter uma ação civil pública concomitante com ações individuais, quando perfeitamente delimitadas as matérias cognitivas em cada hipótese. A ação civil pública demanda atividade probatória congruente com a discussão que ela veicula; na presente hipótese, analisou-se a colocação ou não das consumidoras em risco e responsabilidade decorrente do desrespeito ao dever de informação. Quanto às circunstâncias que envolvem a hipótese, o TJSP entendeu que não houve descarte eficaz do produto-teste, de forma que a empresa permitiu, de algum modo, que tais pílulas atingissem as consumidoras. Quanto a esse 'modo', verificou-se que a empresa não mantinha o mínimo controle sobre pelo menos quatro aspectos essenciais de sua atividade produtiva, quais sejam: a) sobre os funcionários, pois a estes era permitido entrar e sair da fábrica com o que bem entendessem; b) sobre o setor de descarga de produtos usados e/ou inservíveis, pois há depoimentos no sentido de que era possível encontrar medicamentos no 'lixão' da empresa; c) sobre o transporte dos resíduos; e d) sobre a incineração dos resíduos. E isso acontecia no mesmo instante em que a empresa se dedicava a manufaturar produto com potencialidade extremamente lesiva aos consumidores. Em nada socorre a empresa, assim, a alegação de que, até hoje, não foi possível verificar exatamente de que forma as pílulas-teste chegaram às mãos das consumidoras. O panorama fático adotado pelo acórdão recorrido mostra que tal demonstração talvez seja mesmo impossível, porque eram tantos e tão graves os erros e descuidos na linha de produção e descarte de medicamentos, que não seria hipótese infundada afirmar-se que os placebos atingiram as consumidoras de diversas formas ao mesmo tempo. A responsabilidade da fornecedora não está condicionada à introdução consciente e voluntária do produto lesivo no mercado consumidor. Tal ideia fomentaria uma terrível discrepância entre o nível dos riscos assumidos pela empresa em sua atividade comercial e o padrão de cuidados que a fornecedora deve ser obrigada a manter. Na hipótese, o objeto da lide é delimitar a responsabilidade da empresa quanto à falta de cuidados eficazes para garantir que, uma vez tendo produzido manufatura perigosa, tal produto fosse afastado das consumidoras. A alegada culpa exclusiva dos farmacêuticos na comercialização dos placebos parte de premissa fática que é inadmissível e que, de qualquer modo, não teria o alcance desejado no sentido de excluir totalmente a responsabilidade do fornecedor. A empresa fornecedora descumpre o dever de informação quando deixa de divulgar, imediatamente, notícia sobre riscos envolvendo seu produto, em face de juízo de valor a respeito da conveniência, para sua própria imagem, da divulgação ou não do problema, Ocorreu, no caso, uma curiosa inversão da relação entre interesses das consumidoras e interesses da fornecedora: esta alega ser lícito causar danos por falta, ou seja, permitir que as consumidoras sejam lesionadas na hipótese de existir uma pretensa dúvida sobre um risco real que posteriormente se concretiza, e não ser lícito agir por excesso, ou seja, tomar medidas de precaução ao primeiro sinal de risco. O dever de compensar danos morais, na hipótese, não fica afastado com a alegação de que a gravidez resultante da ineficácia do anticoncepcional trouxe, necessariamente, sentimentos positivos pelo surgimento de uma nova vida, porque o objeto dos autos não é discutir o dom da maternidade. Ao contrário, o produto em questão é um anticoncepcional, cuja única utilidade é a de evitar uma gravidez. A mulher que toma tal medicamento tem a intenção de utilizá-lo como meio a possibilitar sua escolha quanto ao momento de ter filhos, e a falha do remédio, ao frustrar a opção da mulher, dá ensejo à obrigação de compensação pelos danos morais, em liquidação posterior. Recurso especial não conhecido" (STJ, REsp 866.636/SP, 3.ª Turma, Rel. Min. Nancy Andrighi, j. 29.11.2007, *DJ* 06.12.2007, p. 312).

CAP. 8 · ELEMENTOS DA RESPONSABILIDADE CIVIL OU PRESSUPOSTOS DO DEVER DE INDENIZAR | **455**

Em suma, o julgado passou a admitir os danos morais coletivos como outra modalidade de dano a ser reparado, representando *um giro de cento e oitenta graus* na jurisprudência daquela Corte.

De toda sorte, lembro que a questão era muito polêmica no Superior Tribunal de Justiça. No seu *Informativo* n. *418*, de dezembro de 2009, foram publicadas duas decisões totalmente distintas a respeito da reparação dos danos morais coletivos, das 1.ª e 2.ª Turmas do STJ. A primeira afasta a sua reparação, enquanto a segunda entende o contrário. O primeiro julgado, que afastou o dever de reparar os danos coletivos, foi assim publicado:

"Dano moral coletivo – Telefonia. A Turma entendeu que não houve impugnação do recorrente, devendo-se aplicar analogicamente a Súm. n. 283-STF, quanto aos fundamentos do aresto recorrido de que a instalação de novos postos de atendimento ao usuário de telefonia é obrigação não prevista no contrato de concessão e de que não cabe ao Poder Judiciário definir quais localidades deverão ser atendidas, por ensejar incursão ao campo discricionário da Administração Pública. No que diz respeito ao dano moral coletivo, a Turma, nessa parte, negou provimento ao recurso, pois reiterou o entendimento de que é necessária a vinculação do dano moral com a noção de dor, sofrimento psíquico e de caráter individual, incompatível, assim, com a noção de transindividualidade – indeterminabilidade do sujeito passivo, indivisibilidade da ofensa e de reparação da lesão. Precedentes citados: REsp 598.281/MG, *DJ* 1/6/2006, e REsp 821.891/RS, *DJe* 12/5/2008" (STJ, REsp 971.844/RS, Rel. Min. Teori Albino Zavascki, j. 03.12.2009).

Por outra via, entendendo de forma totalmente distinta da Segunda Turma do STJ, no mesmo *Informativo* n. *418*:

"Dano moral coletivo – Passe livre – Idoso. A concessionária do serviço de transporte público (recorrida) pretendia condicionar a utilização do benefício do acesso gratuito ao transporte coletivo (passe livre) ao prévio cadastramento dos idosos junto a ela, apesar de o art. 38 do Estatuto do Idoso ser expresso ao exigir apenas a apresentação de documento de identidade. Vem daí a ação civil pública que, entre outros pedidos, pleiteava a indenização do dano moral coletivo decorrente desse fato. Quanto ao tema, é certo que este Superior Tribunal tem precedentes no sentido de afastar a possibilidade de configurar-se tal dano à coletividade, ao restringi-lo às pessoas físicas individualmente consideradas, que seriam as únicas capazes de sofrer a dor e o abalo moral necessários à caracterização daquele dano. Porém, essa posição não pode mais ser aceita, pois o dano extrapatrimonial coletivo prescinde da prova da dor, sentimento ou abalo psicológico sofridos pelos indivíduos. Como transindividual, manifesta-se no prejuízo à imagem e moral coletivas e sua averiguação deve pautar-se nas características próprias aos interesses difusos e coletivos. Dessarte, o dano moral coletivo pode ser examinado e mensurado. Diante disso, a Turma deu parcial provimento ao recurso do MP estadual" (STJ, REsp 1.057.274/RS, Rel. Min. Eliana Calmon, j. 1.º.12.2009).

A reforçar a corrente que admite a reparação do dano moral coletivo naquela Corte Superior, surgiu, no ano de 2012, mais um interessante julgado, condenando instituição bancária por danos morais coletivos causados a clientes com deficiência física, já que os caixas especiais foram colocados em local de difícil acesso, no primeiro andar de agência bancária. Vejamos a ementa desse importante acórdão, da lavra do Ministro Massami Uyeda:

"Recurso especial – Dano moral coletivo – Cabimento – Artigo 6.º, VI, do Código de Defesa do Consumidor – Requisitos – Razoável significância e repulsa social – Ocorrência, na espécie – Consumidores com dificuldade de locomoção – Exigência de subir lances de escadas para atendimento – Medida desproporcional e desgastante – Indenização – Fixação proporcional – Divergência jurisprudencial – Ausência de demonstração – Recurso especial improvido. I – A dicção do artigo 6.º, VI, do Código de Defesa do Consumidor é clara ao possibilitar o cabimento de indenização por danos morais aos consumidores, tanto de ordem individual quanto coletivamente. II – Todavia, não é qualquer atentado aos interesses dos consumidores que pode acarretar dano moral difuso. É preciso que o fato transgressor seja de razoável significância e desborde os limites da tolerabilidade. Ele deve ser grave o suficiente para produzir verdadeiros sofrimentos, intranquilidade social e alterações relevantes na ordem extrapatrimonial coletiva. Ocorrência, na espécie. III – Não é razoável submeter aqueles que já possuem dificuldades de locomoção, seja pela idade, seja por deficiência física, ou por causa transitória, à situação desgastante de subir lances de escadas, exatos 23 degraus, em agência bancária que possui plena capacidade e condições de propiciar melhor forma de atendimento a tais consumidores. IV – Indenização moral coletiva fixada de forma proporcional e razoável ao dano, no importe de R$ 50.000,00 (cinquenta mil reais). (...). VI – Recurso especial improvido" (STJ, REsp 1.221.756/RJ, 3.ª Turma, Rel. Min. Massami Uyeda, j. 02.02.2012, *DJe* 10.02.2012, publicado no *Informativo* n. *490*).

Como reconhece a última ementa, não há menor dúvida jurídica a respeito da reparação dos danos morais coletivos no âmbito das relações privadas e de consumo, diante da clara dicção do art. 6.º, inc. VI, do Código de Defesa do Consumidor. Demonstrando ser essa a posição atual do Superior Tribunal de Justiça, da Edição n. 125 da sua ferramenta *Jurisprudência em Teses*, publicada no ano de 2019, retira-se a seguinte afirmação, de número 2: "o dano moral coletivo, aferível *in re ipsa,* é categoria autônoma de dano relacionado à violação injusta e intolerável de valores fundamentais da coletividade". Como se nota, a tese afirmada menciona que os danos são presumidos ou *in re ipsa*.

Superada a exposição da controvérsia, por fim, é importante trazer à tona algumas palavras sobre os *danos sociais ou difusos*, categoria que está bem próxima dos danos morais coletivos.

8.5.3.4 Danos sociais ou difusos

O Professor Titular da Universidade de São Paulo, Antonio Junqueira de Azevedo, propõe uma nova modalidade, o *dano social*. Para o jurista, "os danos sociais, por sua vez, são lesões à sociedade, no seu nível de vida, tanto por rebaixamento de seu patrimônio moral – principalmente a respeito da segurança – quanto por diminuição na qualidade de vida" (Por uma nova categoria..., *O Código Civil...*, p. 376). O que se percebe é que esses danos podem gerar repercussões materiais ou morais. Nesse ponto, diferenciam-se os danos sociais dos danos morais coletivos, pois os últimos são apenas extrapatrimoniais.

O conceito mantém relação direta com a principiologia adotada pelo Código Civil de 2002, que escolheu entre um de seus regramentos básicos a socialidade, a valorização do *nós* em detrimento do *eu*, a superação do caráter individualista e egoísta da codificação anterior. Justamente por isso, os grandes ícones privados têm importante função social, quais sejam, a propriedade, o contrato, a posse, a família, a empresa e também a responsabilidade civil.

Como mencionado no capítulo inaugural relativo à responsabilidade civil extracontratual, a *função social da responsabilidade civil* deve ser encarada como uma análise do instituto de acordo com o meio que o cerca, com os objetivos que as indenizações assumem perante o meio social. Mais do que isso, a responsabilidade civil não pode ser desassociada da proteção da pessoa humana, e da sua dignidade como valor fundamental. A respeito da

CAP. 8 · ELEMENTOS DA RESPONSABILIDADE CIVIL OU PRESSUPOSTOS DO DEVER DE INDENIZAR | 457

influência da dignidade humana e da Constituição Federal sobre a responsabilidade civil escreve Lucas Abreu Barroso:

"Essa imprescindível aproximação ético-ideológica da responsabilidade civil com a Constituição acresce de relevância quando facilmente verificamos que a nova codificação civil foi bastante tímida em inovações no campo do direito obrigacional, procurando manter o mais possível a sistemática e disciplinamento constantes do Código Civil de 1916. Nem por isso deixa o novo Código Civil de representar um passo adiante se comparado com o revogado estatuto congênere. Entre retrocessos e avanços, o resultado é satisfatório, mormente porque caberá à jurisprudência o papel primordial de determinar os rumos da responsabilidade civil no direito pátrio do século XXI" (BARROSO, Lucas Abreu. Novas fronteiras... In: DELGADO, Mário Luiz; ALVES, Jones Figueirêdo (Coord.). *Questões...*, 2006, v. 5, p. 362).

A *cláusula geral de tutela da pessoa humana*, constante do art. 1.º, inc. III, da CF/1988, possibilita, assim, a ideia da existência de novos danos reparáveis. Ao comentar os arts. 12 e 20 do atual Código Civil, aponta Gustavo Tepedino que "os preceitos ganham, contudo, algum significado se interpretados com especificação analítica da cláusula geral de tutela da pessoa humana prevista no Texto Constitucional no art. 1.º, III (a dignidade como valor fundamental da República). A partir daí, deverá o intérprete afastar-se da ótica tipificadora seguida pelo Código Civil, ampliando a tutela da pessoa humana não apenas no sentido de contemplar novas hipóteses de ressarcimento, mas, em perspectiva inteiramente diversa, no intuito de promover a tutela da personalidade mesmo fora do rol de direitos subjetivos previstos pelo legislador codificado" (TEPEDINO, Gustavo. A tutela..., *Temas...*, 2004, p. 27).

Desse importante entendimento, na *IV Jornada de Direito Civil*, promovida pelo Conselho da Justiça Federal e pelo Superior Tribunal de Justiça, foi aprovado o Enunciado n. 274, sempre a merecer destaque, prevendo que "os direitos da personalidade, regulados de maneira não exaustiva pelo Código Civil, são expressões da cláusula geral de tutela da pessoa humana, contida no art. 1.º, III, da Constituição (princípio da dignidade da pessoa humana). Em caso de colisão entre eles, como nenhum pode sobrelevar os demais, deve-se aplicar a técnica da ponderação".

O enunciado doutrinário em questão, um dos mais importantes aprovados nas *Jornadas de Direito Civil*, tem duas partes. Na primeira, reconhece a existência de novos direitos da personalidade, além dos constantes da codificação privada, surgindo daí a possibilidade da ocorrência de novos danos reparáveis. Na segunda parte, determina que os direitos da personalidade podem entrar em conflito entre si e, nesse caso, deve-se socorrer à *técnica de ponderação*, muito bem desenvolvida por Robert Alexy e adotada expressamente pelo Novo Código de Processo Civil (art. 489, § 2.º), o que constitui um dos mecanismos sintonizados com a tendência de *constitucionalização do Direito Civil* (ALEXY, Robert. *Teoria...*, 2008).

Parece-me que a ideia do dano social mantém relação com o importante papel assumido pela dignidade humana em sede de Direito Privado e pela tendência de reconhecer uma amplitude maior aos direitos da personalidade. É no âmbito desses direitos imateriais que surgirão as aplicações práticas dos danos à sociedade.

Como tentativa de dimensionamento prático, Junqueira de Azevedo discorre sobre os *comportamentos exemplares negativos*. São suas palavras: "por outro lado, mesmo raciocínio deve ser feito quanto aos atos que levam à conclusão de que não devem ser repetidos, atos negativamente exemplares – no sentido de que sobre eles cabe dizer: 'Imagine se todas as vezes fosse assim!'. Também esses atos causam um rebaixamento do nível coletivo de vida

– mais especificamente na qualidade de vida" (JUNQUEIRA DE AZEVEDO, Antonio. Por uma nova..., *O Código Civil...*, p. 376). Trata-se de *condutas socialmente reprováveis*.

Os exemplos podem ser pitorescos: o pedestre que joga papel no chão, o passageiro que atende ao celular no avião, a loja do aeroporto que exagera no preço em dias de *apagão aéreo*, a pessoa que fuma próximo ao posto de combustíveis, a empresa que diminui a fórmula no medicamento, o pai que solta o balão com o seu filho. Mas os danos podem ser consideráveis: a metrópole que fica inundada em dias de chuva; o avião que tem problema de comunicação, o que causa um acidente aéreo de grandes proporções; os passageiros já atormentados que não têm o que comer (eis que a empresa aérea não paga o lanche); o posto de combustíveis que explode; os pacientes que vêm a falecer; a casa atingida pelo balão que pega fogo. Diante dessas situações danosas que podem surgir, Junqueira de Azevedo sugere que o dano social merece punição e acréscimo dissuasório, ou didático.

Nota-se que os *danos sociais são difusos*, envolvendo direitos dessa natureza, em que as vítimas são indeterminadas ou indetermináveis. A sua reparação também consta expressamente do art. 6.º, inc. VI, do Código de Defesa do Consumidor.

A grande dificuldade do dano social, sem dúvida, refere-se à questão da legitimidade, ou seja, para quem deve ser destinado o valor da indenização. Junqueira de Azevedo aponta que, além do pagamento de uma indenização, deve ser destinado o valor a um fundo. Cita também o art. 883, parágrafo único, do Código Civil de 2002, que trata do pagamento indevido e do destino de valor para instituição de caridade. A ideia, nesse sentido, é perfeita, se os prejuízos atingiram toda a coletividade, em um sentido difuso, os valores de reparação devem também ser revertidos para os prejudicados, mesmo que de forma indireta.

A partir dessa ideia, há decisão importante, do sempre pioneiro Tribunal de Justiça do Rio Grande do Sul, reconhecendo a reparação do dano social. O caso envolve a fraude de um sistema de loterias, o que gerou danos à sociedade. Fixada a indenização, os valores foram revertidos a favor de uma instituição de caridade. Transcreve-se a ementa dessa inovadora decisão:

> "Toto bola – Sistema de loterias de chances múltiplas – Fraude que retirava ao consumidor a chance de vencer – Ação de reparação de danos materiais e morais – Danos materiais limitados ao valor das cartelas comprovadamente adquiridas – Danos morais puros não caracterizados – Possibilidade, porém, de excepcional aplicação da função punitiva da responsabilidade civil – Na presença de danos mais propriamente sociais do que individuais, recomenda-se o recolhimento dos valores da condenação ao fundo de defesa de interesses difusos. Recurso parcialmente provido. Não há que se falar em perda de uma chance, diante da remota possibilidade de ganho em um sistema de loterias. Danos materiais consistentes apenas no valor das cartelas comprovadamente adquiridas, sem reais chances de êxito. Ausência de danos morais puros, que se caracterizam pela presença da dor física ou sofrimento moral, situações de angústia, forte estresse, grave desconforto, exposição à situação de vexame, vulnerabilidade ou outra ofensa a direitos da personalidade. Presença de fraude, porém, que não pode passar em branco. Além de possíveis respostas na esfera do direito penal e administrativo, o direito civil também pode contribuir para orientar os atores sociais no sentido de evitar determinadas condutas, mediante a punição econômica de quem age em desacordo com padrões mínimos exigidos pela ética das relações sociais e econômicas. Trata-se da função punitiva e dissuasória que a responsabilidade civil pode, excepcionalmente, assumir, ao lado de sua clássica função reparatória/compensatória. 'O Direito deve ser mais esperto do que o torto', frustrando as indevidas expectativas de lucro ilícito, à custa dos consumidores de boa-fé. Considerando, porém, que os danos verificados são mais sociais do que propriamente individuais, não é razoável que haja uma apropriação

CAP. 8 · ELEMENTOS DA RESPONSABILIDADE CIVIL OU PRESSUPOSTOS DO DEVER DE INDENIZAR 459

particular de tais valores, evitando-se a disfunção alhures denominada de *overcompensation*. Nesse caso, cabível a destinação do numerário para o Fundo de Defesa de Direitos Difusos, criado pela Lei 7.347/1985, e aplicável também aos danos coletivos de consumo, nos termos do art. 100, parágrafo único, do CDC. Tratando-se de dano social ocorrido no âmbito do Estado do Rio Grande do Sul, a condenação deverá reverter para o fundo gaúcho de defesa do consumidor. Recurso parcialmente provido" (TJRS, Recurso Cível 71001281054, 1.ª Turma Recursal Cível, Turmas Recursais, Rel. Ricardo Torres Hermann, j. 12.07.2007).

Igualmente aplicando a ideia de danos sociais ou difusos, pode ser citado interessante julgado do Tribunal Regional do Trabalho da 2.ª Região, que condenou o sindicato dos metroviários de São Paulo a destinar indenização para instituição filantrópica (cestas básicas) devido a uma greve totalmente abusiva que parou a grande metrópole.

"Greve – Metroviários – Em se tratando de serviço público de natureza essencial, como o é o transporte, a paralisação como forma de pressão, atinge não só o empregador, mas a coletividade como um todo, produzindo efeitos na rotina das relações sociais, ameaçando a segurança e o bem-estar comuns e atingindo principalmente o trabalhador que necessita do transporte público para chegar ao seu local de trabalho, único meio de sua sobrevivência. Não observância da obrigação legal, tanto de empregados quanto de empregadores e dos sindicatos, de garantirem o atendimento das necessidades inadiáveis da comunidade, durante todo o movimento. Comprovaram as partes que as negociações encontravam-se suficientemente encaminhadas para que o impasse fosse resolvido sem maiores consequências, ou, ao menos, minimizado com o recurso do funcionamento parcial dos serviços. Mas não. Preferiram o alarde, o caos, o desrespeito ao cidadão que paga seus impostos e mais uma vez arca com o prejuízo, a exemplo de outras tantas crises envolvendo não só o transporte metroviário, mas também o rodoviário e aéreo e outros segmentos de igual importância, como a saúde e a educação. Desta forma, impõe-se concluir pelo manifesto transtorno gerado pela greve, causando danos moral e material à coletividade, configurando a abusividade do movimento e impondo a responsabilização solidária dos suscitados, ante a não observância das disposições legais referidas. Fixo a indenização na entrega de 450 cestas básicas às entidades beneficentes nomeadas, no prazo de 15 dias do trânsito em julgado, sob pena de multa diária" (TRT da 2.ª Região, Dissídio coletivo de greve, Acórdão 2007001568, Rel. Sonia Maria Prince Franzini, Revisor: Marcelo Freire Gonçalves, Processo 20288-2007-000-02-00-2, j. 28.06.2007, publ. 10.07.2007, Partes suscitante(s): Ministério Público do Trabalho da Segunda Região, Suscitado(s): Sindicato dos Trabalhadores em Empresas de Transportes Metroviários de São Paulo e Companhia do Metropolitano de São Paulo – Metrô).

A extensão do dano para a coletividade, material e imaterial, foi levada em conta para a fixação da indenização, reconhecendo-se o caráter pedagógico ou disciplinador da responsabilidade civil, com uma função de desestímulo para a repetição da conduta. Outra ilustração pode envolver o sindicato de uma determinada categoria que, em ato de greve, resolve parar a cidade de São Paulo, fazendo a sua manifestação na principal avenida da cidade, em plena sexta-feira à tarde. Não se pode determinar, como no caso anterior, quais foram as pessoas prejudicadas, mas ao certo é nítida a soma de uma conduta socialmente reprovável com um prejuízo a direitos difusos, de integrantes da coletividade.

No ano de 2013, surgiu outro acórdão sobre o tema, que merece especial destaque, por sua indiscutível amplitude perante toda a coletividade. O julgado, da Quarta Câmara de Direito Privado do Tribunal de Justiça de São Paulo, condenou a empresa AMIL a pagar uma indenização de R$ 1.000.000,00 (um milhão de reais) a título de danos sociais, valor que deve ser destinado ao Hospital das Clínicas de São Paulo. A condenação se deu diante de reiteradas negativas de coberturas médicas, notoriamente praticadas por essa operadora de planos de saúde. Vejamos sua ementa:

> "Plano de saúde. Pedido de cobertura para internação. Sentença que julgou procedente pedido feito pelo segurado, determinando que, por se tratar de situação de emergência, fosse dada a devida cobertura, ainda que dentro do prazo de carência, mantida. Dano moral. Caracterização em razão da peculiaridade de se cuidar de paciente acometido por infarto, com a recusa de atendimento e, consequentemente, procura de outro hospital em situação nitidamente aflitiva. Dano social. Contratos de seguro saúde, a propósito de hipóteses reiteradamente analisadas e decididas. Indenização com caráter expressamente punitivo, no valor de um milhão de reais, que não se confunde com a destinada ao segurado, revertida ao Hospital das Clínicas de São Paulo. Litigância de má-fé. Configuração pelo caráter protelatório do recurso. Aplicação de multa. Recurso da seguradora desprovido e do segurado provido em parte" (TJSP, Apelação 0027158-41.2010.8.26.0564, 4.ª Câmara de Direito Privado, São Bernardo do Campo, Rel. Des. Teixeira Leite, j. 07/2013).

Frise-se que o aresto reconhece o dano moral individual suportado pela vítima, indenizando--se em R$ 50.000,00 (cinquenta mil reais), em cumulação com o relevante valor mencionado, a título de danos sociais. Quanto ao último montante, consta do voto vencedor, "que uma acentuada importância em dinheiro pode soar como alta a uma primeira vista, mas isso logo se dissipa em se comparada ao lucro exagerado que a seguradora obtém negando coberturas e obrigando que seus contratados, enquanto pacientes, a buscar na Justiça o que o próprio contrato lhes garante. Aliás, não só se ganha ao regatear e impor recusas absurdas, como ainda agrava o sistema de saúde pública, obrigando a busca de alternativas nos hospitais não conveniados e que cumprem missão humanitária, fazendo com que se desdobrem e gastem mais para curar doentes que possuem planos de assistência médica. Portanto, toda essa comparação permite, e autoriza, nessa demanda de um segurado, impor uma indenização punitiva de cunho social que será revertida a uma das instituições de saúde mais atuantes, o que, quem sabe, irá servir para despertar a noção de cidadania da seguradora". Tive a grande honra de ter sido citado no julgamento, fundamentando grande parte das suas deduções jurídicas.

O valor da indenização social foi fixado *de ofício* pelos julgadores, o que pode ocorrer em casos tais, por ser a matéria de ordem pública. Como fundamento legal para tanto, por se tratar de questão atinente a direitos dos consumidores, cite-se o art. 1.º do Código de Defesa do Consumidor, que dispõe ser a Lei 8.078/1990 norma de ordem pública e interesse social. Sendo assim, toda a proteção constante da Lei Consumerista pode ser reconhecida de ofício pelo julgador, inclusive o seu art. 6.º, inc. VI, que trata dos danos morais coletivos e dos danos sociais ou difusos, consagrando o *princípio da reparação integral dos danos* na ótica consumerista.

De todo modo, infelizmente, a decisão paulista foi reformada no âmbito do Superior Tribunal de Justiça, no final de 2019, quanto à fixação dos danos morais coletivos, seguindo-se o entendimento de que haveria uma decisão *ultra petita*, além do que foi pedido, e citando outros precedentes, expostos a seguir:

> "Conforme jurisprudência pacífica desta Corte, é permitido ao magistrado extrair dos autos o provimento jurisdicional que mais se adeque à pretensão autoral, sanando eventual impropriedade técnica da parte autora ao formular os pedidos, o que, decerto, não o autoriza a aumentar ou cumular o pleito realizado com aqueles que sequer foram trazidos para debate e que não é decorrência lógica do primeiro, fugindo dos limites objetivos da demanda. Nos termos do Enunciado 456 da V Jornada de Direito Civil do CJF/STJ, os

danos sociais, difusos, coletivos e individuais homogêneos devem ser reclamados pelos legitimados para propor ações coletivas" (STJ, Ag. Int. no REsp 1.598.709/SP, 4.ª Turma, Rel. Min. Maria Isabel Gallotti, j. 10.09.2019, *DJe* 02.10.2019).

Por oportuno, para rebater tal entendimento, anote-se que, quando da *VI Jornada de Direito Civil*, realizada em 2013, foi feita proposta de enunciado doutrinário com o seguinte teor: "é legítimo ao juiz reconhecer a existência de interesse coletivo amplo em ação individual, condenando o réu a pagar, a título de dano moral e em benefício coletivo, valor de desestímulo correspondente à prática lesiva reiterada de que foi vítima o autor da ação." A proposta, formulada por Adalberto Pasqualotto, não foi aprovada por uma pequena margem de votos, infelizmente.

Apesar dessa não aprovação, acredito que o seu teor pode ser perfeitamente aplicável na atualidade, sendo o tema dos danos sociais uma das atuais vertentes de avanço da matéria de responsabilidade civil.

De toda sorte, frise-se que há entendimento da Segunda Seção do Superior Tribunal de Justiça pela impossibilidade do conhecimento de ofício dos danos sociais ou difusos em demandas em curso no Juizado Especial Cível. Conforme o acórdão proferido em reclamação perante o Tribunal da Cidadania:

> "Na espécie, proferida a sentença pelo magistrado de piso, competia à Turma Recursal apreciar e julgar o recurso inominado nos limites da impugnação e das questões efetivamente suscitadas e discutidas no processo. Contudo, ao que se percebe, o acórdão reclamado valeu-se de argumentos jamais suscitados pelas partes, nem debatidos na instância de origem, para impor ao réu, de ofício, condenação por dano social. Nos termos do Enunciado n. 456 da *V Jornada de Direito Civil* do CJF/STJ, os danos sociais, difusos, coletivos e individuais homogêneos devem ser reclamados pelos legitimados para propor ações coletivas. Assim, ainda que o autor da ação tivesse apresentado pedido de fixação de dano social, há ausência de legitimidade da parte para pleitear, em nome próprio, direito da coletividade" (STJ, Rcl 13.200/GO, 2.ª Seção, Rel. Min. Luis Felipe Salomão, j. 08.10.2014, *DJe* 14.11.2014).

Entendo que essa posição fica em xeque nos casos envolvendo órgãos colegiados comuns, como ocorreu naquela decisão do Tribunal Paulista, antes exposta. De toda sorte, como demonstrado e em atualização à obra, o Superior Tribunal de Justiça concluiu de forma contrária.

Partindo para outro exemplo, do ano de 2016, merece destaque *decisum* do STJ que condenou empresa de cigarro por publicidade abusiva dirigida ao público infantojuvenil. O julgado faz menção a danos morais coletivos, quando, na verdade, trata de danos sociais ou difusos, pois os valores são direcionados ao fundo de proteção dos direitos dos consumidores do Distrito Federal. Lamenta-se a redução do *quantum debeatur*, de R$ 14.000.000,00 – conforme condenação no TJDF – para *apenas* R$ 500.000,00. Conforme a ementa:

> "Os fatos que ensejaram a presente demanda ocorreram anteriormente à edição e vigência da Lei n.º 10.167/2000 que proibiu, de forma definitiva, propaganda de cigarro por rádio e televisão. Com efeito, quando da veiculação da propaganda vigorava a Lei n.º 9.294/96, cuja redação original restringia entre 21h00 e 06h00 a publicidade do produto. O texto legal prescrevia, ainda, que a publicidade deveria ser ajustada a princípios básicos, não podendo, portanto, ser dirigida a crianças ou adolescentes nem conter a informação ou sugestão de que o produto pudesse trazer bem-estar ou benefício à saúde dos seus consumidores. Isso consta dos incisos II e VI do § 1.º, art. 3.º da referida lei. (...). A teor dos artigos 36 e 37, do CDC, nítida a ilicitude da propaganda veiculada. A uma, porque feriu o princípio da identificação da publicidade. A duas, porque revelou-se enganosa, induzindo o consumidor

a erro porquanto se adotasse a conduta indicada pela publicidade, independente das consequências, teria condições de obter sucesso em sua vida. Além disso, a modificação do entendimento lançado no v. acórdão recorrido, o qual concluiu, após realização de contundente laudo pericial, pela caracterização de publicidade enganosa e, por conseguinte, identificou a responsabilidade da ora recorrente pelos danos suportados pela coletividade, sem dúvida demandaria a exegese do acervo fático-probatório dos autos, o que é vedado pelas Súmulas 5 e 7 do STJ. Em razão da inexistência de uma mensagem clara, direta que pudesse conferir ao consumidor a sua identificação imediata (no momento da exposição) e fácil (sem esforço ou capacitação técnica), reputa-se que a publicidade ora em debate, de fato, malferiu a redação do art. 36, do CDC e, portanto, cabível e devida a reparação dos danos morais coletivos. (...)" (STJ, REsp 1.101.949/DF, 4.ª Turma, Rel. Min. Marco Buzzi, j. 10.05.2016, *DJe* 30.05.2016).

Como outra ilustração jurisprudencial sobre os danos sociais, merece relevo acórdão da mesma Corte Superior, publicado no seu *Informativo* n. *618*, segundo o qual "a conduta de emissora de televisão que exibe quadro que, potencialmente, poderia criar situações discriminatórias, vexatórias, humilhantes às crianças e aos adolescentes configura lesão ao direito transindividual da coletividade e dá ensejo à indenização por dano moral coletivo". Nota-se mais uma vez a utilização do termo dano moral coletivo, quando o certo seria falar em dano social, pois toda a coletividade foi atingida.

Trata-se de condenação da TV e Rádio Jornal do Commercio Ltda., de Pernambuco, pelo programa Bronca Pesada, veiculado pela emissora local, apresentado pelo jornalista e radialista Cardinot. Em tal programa policialesco, um quadro denominado "Investigação de Paternidade", em que a dignidade de crianças e adolescentes era atingida por falas do apresentador. Consta dos autos que "o citado apresentador expunha os menores 'ao ridículo por não ter a paternidade reconhecida e, ato contínuo, os menosprezava dizendo ser filho de tiquim, não apenas expondo-os à discriminação e à crueldade do escárnio público, como também, e até mais propriamente, induzindo, incentivando e veiculando novas formas de discriminação social, pela difusão de expressões de baixo nível vestidas com o manto da comédia". Reconheceu-se, assim, a presença de um *bullying* coletivo. A ementa do *decisum*, de conteúdo trágico, porém elucidativo do ponto de vista técnico-jurídico – especialmente pelo fato de mencionar a presença de danos presumidos –, foi publicada da seguinte forma:

> "Recurso especial. Ação civil pública. Dignidade de crianças e adolescentes ofendida por quadro de programa televisivo. Dano moral coletivo. Existência. 1. O dano moral coletivo é aferível *in re ipsa*, ou seja, sua configuração decorre da mera constatação da prática de conduta ilícita que, de maneira injusta e intolerável, viole direitos de conteúdo extrapatrimonial da coletividade, revelando-se despicienda a demonstração de prejuízos concretos ou de efetivo abalo moral. Precedentes. 2. Na espécie, a emissora de televisão exibia programa vespertino chamado 'Bronca Pesada', no qual havia um quadro que expunha a vida e a intimidade de crianças e adolescentes cuja origem biológica era objeto de investigação, tendo sido cunhada, inclusive, expressão extremamente pejorativa para designar tais hipervulneráveis. 3. A análise da configuração do dano moral coletivo, na espécie, não reside na identificação de seus telespectadores, mas sim nos prejuízos causados a toda a sociedade, em virtude da vulnerabilização de crianças e adolescentes, notadamente daqueles que tiveram sua origem biológica devassada e tratada de forma jocosa, de modo a, potencialmente, torná-los alvos de humilhações e chacotas pontuais ou, ainda, da execrável violência conhecida por *bullying*. 4. Como de sabença, o artigo 227 da Constituição da República de 1988 impõe a todos (família, sociedade e Estado) o dever de assegurar às crianças e aos adolescentes, com absoluta prioridade, o direito à dignidade e ao respeito e de lhes colocar a salvo de toda forma de discriminação, violência, crueldade ou opressão. 5. No mesmo sentido, os artigos 17 e 18

CAP. 8 · ELEMENTOS DA RESPONSABILIDADE CIVIL OU PRESSUPOSTOS DO DEVER DE INDENIZAR | **463**

do ECA consagram a inviolabilidade da integridade física, psíquica e moral das crianças e dos adolescentes, inibindo qualquer tratamento vexatório ou constrangedor, entre outros. 6. Nessa perspectiva, a conduta da emissora de televisão – ao exibir quadro que, potencialmente, poderia criar situações discriminatórias, vexatórias, humilhantes às crianças e aos adolescentes – traduz flagrante dissonância com a proteção universalmente conferida às pessoas em franco desenvolvimento físico, mental, moral, espiritual e social, donde se extrai a evidente intolerabilidade da lesão ao direito transindividual da coletividade, configurando-se, portanto, hipótese de dano moral coletivo indenizável, razão pela qual não merece reforma o acórdão recorrido. 7. *Quantum* indenizatório arbitrado em R$ 50.000,00 (cinquenta mil reais). Razoabilidade e proporcionalidade reconhecidas. 8. Recurso especial não provido" (STJ, REsp 1.517.973/PE, 4.ª Turma, Rel. Min. Luis Felipe Salomão, j. 16.11.2017, *DJe* 1.º.02.2018).

Lamenta-se novamente apenas o valor que foi fixado a título de reparação, que poderia ser bem maior para atender à função social da responsabilidade civil e ao caráter pedagógico dos danos sociais. Destaque-se que, em segunda instância, o Tribunal de Pernambuco havia quantificado a indenização em R$ 1.000.000,00, o que, em nossa opinião, deveria ter sido mantido.

Cite-se, como última concreção, o julgado superior que reconheceu a presença de danos sociais – chamados novamente no acórdão de danos coletivos –, diante da má prestação de serviços por entidade bancária, na demora excessiva de atendimento dos seus clientes. O aresto fundamenta a possibilidade de reparação coletiva na tese do desvio produtivo do consumidor – ou da perda do tempo –, conforme aqui antes desenvolvido. Vejamos parte do seu teor:

"No dano moral coletivo, a função punitiva – sancionamento exemplar ao ofensor – é aliada ao caráter preventivo – de inibição da reiteração da prática ilícita – e ao princípio da vedação do enriquecimento ilícito do agente, a fim de que o eventual proveito patrimonial obtido com a prática do ato irregular seja revertido em favor da sociedade. O dever de qualidade, segurança, durabilidade e desempenho que é atribuído aos fornecedores de produtos e serviços pelo art. 4.º, II, *d*, do CDC tem um conteúdo coletivo implícito, uma função social, relacionada à otimização e ao máximo aproveitamento dos recursos produtivos disponíveis na sociedade, entre eles, o tempo. O desrespeito voluntário das garantias legais, com o nítido intuito de otimizar o lucro em prejuízo da qualidade do serviço, revela ofensa aos deveres anexos ao princípio boa-fé objetiva e configura lesão injusta e intolerável à função social da atividade produtiva e à proteção do tempo útil do consumidor. Na hipótese concreta, a instituição financeira recorrida optou por não adequar seu serviço aos padrões de qualidade previstos em lei municipal e federal, impondo à sociedade o desperdício de tempo útil e acarretando violação injusta e intolerável ao interesse social de máximo aproveitamento dos recursos produtivos, o que é suficiente para a configuração do dano moral coletivo" (STJ, REsp 1.737.412/SE, 3.ª Turma, Rel. Min. Nancy Andrighi, j. 05.02.2019, *DJe* 08.02.2019).

Foi, assim, restabelecida a sentença de primeiro grau, com as seguintes determinações: *a)* imposição de dever ao banco de disponibilizar pessoal suficiente para atendimento nos caixas, a fim de que seja possível observar o tempo máximo de espera na fila de atendimento fixado por lei municipal, de 15 minutos em dias normais e 30 minutos em dias especiais; *b)* dever de instalar pelo menos quinze assentos para idosos, gestantes, deficientes e pessoal com crianças de colo; *c)* obrigação de eliminar obstáculos a pessoas com dificuldade de locomoção para o atendimento nos caixas; e *d)* dever de construir sanitários para o público, com a sua correta indicação. Quanto à indenização coletiva, foi fixada, de forma correta, em R$ 200.000,00 (duzentos mil reais).

capacidade de trabalho da vítima, estabelecendo indenização pelos danos sofridos, que deve abranger as despesas hospitalares e pós-hospitalares, bem como os lucros cessantes durante o período em que a vítima esteve inabilitada, e ainda pensão alimentar proporcional ao valor da remuneração recebida pelo trabalho para o qual se inabilitou ou teve reduzida a capacidade laboral" (ALVES, Jones Figueirêdo; DELGADO, Mário Luiz. *Código Civil...*, 2005, p. 416). Esse é o correto raciocínio, mais uma vez, sem exclusão dos danos morais e estéticos.

Nesse sentido, preconiza o Enunciado n. 48 do CJF da *I Jornada de Direito Civil* que "o parágrafo único do art. 950 do novo Código Civil institui direito potestativo do lesado para exigir pagamento da indenização de uma só vez, mediante arbitramento do valor pelo juiz, atendidos os artigos 944 e 945 e à possibilidade econômica do ofensor". Completando-o, na *IV Jornada de Direito Civil* foi aprovado o Enunciado n. 381 do CJF, referente ao mesmo artigo, dispondo que "o lesado pode exigir que a indenização, sob a forma de pensionamento, seja arbitrada e paga de uma só vez, salvo impossibilidade econômica do devedor, caso em que o juiz poderá fixar outra forma de pagamento, atendendo à condição financeira do ofensor e aos benefícios resultantes do pagamento antecipado". Como se percebe, o juiz deve analisar o caso concreto, a fim de determinar, do ponto de vista social, qual o melhor momento para o pagamento da indenização.

De qualquer modo, apesar do forte entendimento doutrinário no sentido de que a indenização pode ser pleiteada de uma só vez ou de forma sucessiva pela vítima, há uma tendência em sentido contrário no Superior Tribunal de Justiça. Conforme se retira de algumas decisões mais recentes, só existiria a segunda opção em favor da vítima em determinados casos concretos. Assim entendendo, aresto publicado no *Informativo* n. 561 do Tribunal da Cidadania, segundo o qual:

> "Nos casos de responsabilidade civil derivada de incapacitação para o trabalho (art. 950 do CC), a vítima não tem o direito absoluto de que a indenização por danos materiais fixada em forma de pensão seja arbitrada e paga de uma só vez, podendo o magistrado avaliar, em cada caso concreto, sobre a conveniência da aplicação da regra que autoriza a estipulação de parcela única (art. 950, parágrafo único, do CC), a fim de evitar, de um lado, que a satisfação do crédito do beneficiário fique ameaçada e, de outro, que haja risco de o devedor ser levado à ruína. (...). Embora a questão não seja pacífica, tem prevalecido na doutrina e na jurisprudência o entendimento de que a regra prevista no parágrafo único não deve ser interpretada como direito absoluto da parte, podendo o magistrado avaliar, em cada caso concreto, sobre a conveniência de sua aplicação, considerando a situação econômica do devedor, o prazo de duração do pensionamento, a idade da vítima etc., para só então definir pela possibilidade de que a pensão seja ou não paga de uma só vez, antecipando-se as prestações vincendas que só iriam ser creditadas no decorrer dos anos. Ora, se a pensão mensal devida em decorrência de incapacidade total ou parcial para o trabalho é vitalícia, como então quantificar o seu valor se, a princípio, não se tem o marco temporal final? A propósito, a Terceira Turma do STJ, em caso versando sobre pagamento de pensão a aluna baleada em *campus* universitário que ficou tetraplégica, decidiu que, 'no caso de sobrevivência da vítima, não é razoável o pagamento de pensionamento em parcela única, diante da possibilidade de enriquecimento ilícito, caso o beneficiário faleça antes de completar sessenta e cinco anos de idade' (REsp 876.448/RJ, *DJe* 21.09.2010)" (STJ, REsp 1.349.968/DF, Rel. Min. Marco Aurélio Bellizze, j. 14.04.2015, *DJe* 04.05.2015).

Na linha do que foi comentado sobre o art. 948 do Código Civil, não me filio ao último julgado, por entender que a forma de pagamento da reparação é uma opção a ser exercida pelas vítimas.

Voltando às *Jornadas de Direito Civil*, na *III Jornada* do mesmo Conselho da Justiça Federal e Superior Tribunal de Justiça aprovou-se outro enunciado doutrinário em relação

CAP. 8 · ELEMENTOS DA RESPONSABILIDADE CIVIL OU PRESSUPOSTOS DO DEVER DE INDENIZAR | 467

tanto ao art. 950 quanto ao art. 949 do CC, pelo qual "os danos oriundos das situações previstas nos arts. 949 e 950 do Código Civil de 2002 devem ser analisados em conjunto, para o efeito de atribuir indenização por perdas e danos materiais, cumulada com o dano moral e estético" (Enunciado n. 192). Esse enunciado conduz nova leitura da Súmula 37 do STJ, pela *tripla cumulação indenizatória (danos materiais + morais + estéticos)*, exaustivamente referenciada. Atualmente não há mais necessidade dessa leitura, diante da atual Súmula n. 387 do STJ que admite os danos estéticos como modalidade à parte.

A título de exemplo, visando a analisar os critérios para a quantificação dos danos materiais e da pensão a ser paga em casos tais, sugere-se a leitura do seguinte julgado do STJ:

> "Responsabilidade civil – Pensão – Amputação – Dedos – Retorno – Trabalho. O trabalhador, ao manipular uma prensa carente de peça essencial à sua segurança, sofreu a redução de 30% de sua capacidade laborativa em consequência da perda de vários dedos da mão. Sucede que retornou ao trabalho ao exercer sua antiga função, com melhor remuneração, em várias empresas, até na mesma em que havia sofrido a lesão irreversível. Esse fato levou o Tribunal *a quo*, apesar de majorar a verba correspondente aos danos morais e estéticos, a negar seu pleito de indenização (pensionamento) referente ao dano patrimonial (lucros cessantes), ao fundamento, em suma, da falta de prejuízo. Diante desse panorama, ao retomar o julgamento e lastrear-se na jurisprudência do STJ, a Turma firmou que a melhor interpretação a ser dada ao art. 1.539 do CC/1916 não permite a vinculação da redução da capacidade laborativa aos salários percebidos pelo trabalhador após o sinistro. Anotou ser evidente a depreciação de sua aptidão para o trabalho, o que o leva a despender maior esforço físico e mental, maior sacrifício, para execução das tarefas que lhe são habituais, fato que, no futuro, pode acarretar-lhe decesso. Por fim, conheceu do recurso e aplicou o direito à espécie (art. 257 do RISTJ), ao fixar o pensionamento mensal e vitalício da vítima em 30% do salário que recebia à época do infortúnio, acrescidos de juros moratórios de 6% ao ano e correção monetária, além de determinar a constituição de capital para a garantia de pagamento nos termos da recente Súm. 313-STJ. O Min. Jorge Scartezzini, em minucioso voto-vista, no qual discorre sobre as classificações dos danos, acompanhou a Turma, porém ressalvou seu posicionamento pessoal de que, no caso, há que se comprovarem, efetivamente, os danos patrimoniais ou econômicos surgidos da ofensa à integridade corporal para que seja cabível a indenização, em razão da configuração de dano material emergente (*v.g.*, perda de emprego, rebaixamento salarial, alijamento da função), pois não se deve ressarcir a redução eventual da capacidade laboral, pretensamente, a título de lucro cessante, já que das amputações não se pode concluir a certeza da perda de trabalho ou redução salarial, ou, em realidade, a título de dano hipotético, diante da suposição de que haverá maior sacrifício no cumprimento dos trabalhos, visto que a lesão física, em si mesma considerada, já constitui dano estético e, como tal, deve ser remunerada. Precedentes citados: REsp 402.833/SP, *DJ* 07.04.2003; REsp 478.796/RJ, *DJ* 16.02.2004, e REsp 588.649/RS, *DJ* 08.11.2004" (STJ, REsp 536.140/RS, Rel. Min. Barros Monteiro, j. 14.02.2006).

O que se percebe, em realidade, é que a perda da capacidade laborativa deve ser analisada caso a caso, a fim de determinar qual o real dano sofrido pela vítima. Muitas vezes, o melhor caminho é a prova pericial, para o estabelecimento do percentual de perda suportado. Eventualmente, se houver a perda total e permanente da capacidade de trabalhar, é possível a fixação de uma pensão vitalícia à vítima, na linha da mesma jurisprudência do STJ (ver: REsp 130.206/PR, *DJ* 15.12.1997; e REsp 280.391/RJ, *DJ* 27.09.2004, citados como precedentes em REsp 1.278.627/SC, Rel. Min. Paulo de Tarso Sanseverino, j. 18.12.2012).

A Comissão de Juristas encarregada da Reforma do Código Civil também propõe ajustes no art. 950, para que mencione no *caput* a ofensa psicológica, além de menção expressa à indenização pela perda da capacidade laborativa e por outros danos reparáveis, novamente a incluir os danos extrapatrimoniais. Nesse contexto, passará a prever que: "se da ofensa física ou psicológica resultar defeito pelo qual o ofendido não possa exercer o seu ofício ou profissão ou se lhe diminua a capacidade de trabalho, a indenização, além das despesas do tratamento e lucros cessantes até ao fim da convalescença, incluirá pensão correspondente à importância do trabalho para que se inabilitou ou da depreciação que ele sofreu, além de outros danos reparáveis".

Além disso, no parágrafo único do art. 950 do CC, é incluído no texto legal o teor do Enunciado n. 381, da *IV Jornada de Direito Civil*: "o lesado pode exigir que a indenização sob a forma de pensionamento seja arbitrada e paga de uma só vez, salvo impossibilidade econômica do devedor, caso em que o juiz poderá fixar outra forma de pagamento, atendendo à condição financeira do ofensor e aos benefícios resultantes do pagamento antecipado". Mais uma vez, como se pode perceber, as proposições visam a trazer segurança jurídica para os temas, devendo ser aprovadas pelo Parlamento Brasileiro.

O art. 951 do atual Código Civil Brasileiro é o que regulamenta a responsabilidade subjetiva dos profissionais liberais da área da saúde em geral (médicos, dentistas, enfermeiros, auxiliares de enfermagem, entre outros), prevendo que as regras anteriores aplicam-se "no caso de indenização devida por aquele que, no exercício de atividade profissional, por negligência, imprudência ou imperícia, causar a morte do paciente, agravar-lhe o mal, causar-lhe lesão, ou inabilitá-lo para o trabalho". Quanto aos direitos do paciente, não se pode esquecer o art. 15 do CC/2002, pelo qual ninguém pode ser constrangido a tratamento médico ou intervenção cirúrgica que implicar risco de vida ou à integridade física do paciente (*princípio da beneficência e princípio da não maleficência*).

Em relação ao profissional que presta serviços a consumidor, a responsabilidade subjetiva está consagrada no art. 14, § 4.º, da Lei 8.078/1990, o que constitui exceção à regra geral da responsabilização objetiva prevista no CDC, conforme ainda será analisado de forma aprofundada no próximo Capítulo desta obra.

Como visto, de acordo com o entendimento majoritário, caso o profissional de saúde assuma uma obrigação de resultado, como no caso do médico cirurgião plástico estético, a sua responsabilidade é objetiva ou por culpa presumida, havendo certa hesitação jurisprudencial quanto às duas ideias.

No caso do médico cirurgião plástico reparador, bem como dos demais médicos e profissionais em geral, a obrigação é de meio ou de diligência e a premissa da sua responsabilização é a prova da culpa (responsabilidade subjetiva).

Vale repisar que há uma corrente respeitável pela qual o médico cirurgião plástico estético também assume obrigação de meio, somente respondendo se provada a sua culpa. Nessa linha, cumpre transcrever as palavras de Giselda Maria Fernandes Novaes Hironaka:

> "Cada um de nós sabe – sem sombra de dúvida – que o valor humano relativo ao padrão de beleza é um valor que gera uma expectativa, e até uma esperança, que não pode ser totalmente satisfeita. Dificilmente alguém se reconhece plenamente satisfeito acerca de seu próprio perfil estético; ora o tipo de cabelo, ora a cor dos olhos, ora o contorno da face... sempre há um certo aspecto que gostaríamos de alterar, se possível. E isto gera o sonho. E o sonho, a expectativa. E a expectativa, a decisão pela cirurgia. E dela, em tantas vezes, a frustração em face do resultado obtido, ainda que tudo tenha se dado dentro dos perfeitos parâmetros da eficiência técnica e da diligência médica. O que fazer, num caso assim, em sede de responsabilidade civil do cirurgião? Ele é responsável pela frustração do paciente, ainda quando o tenha preparado convenientemente e tenha, principalmente, dedicado sua maior e melhor atuação técnica.

CAP. 8 · ELEMENTOS DA RESPONSABILIDADE CIVIL OU PRESSUPOSTOS DO DEVER DE INDENIZAR

Nesse passo, já há uma parte da doutrina e jurisprudência posicionando-se em sentido diverso, ou seja, entendendo configurar-se em obrigação de meio este tipo de atividade médica, a cirurgia estética.

Caminhar-se-á, quiçá, por um mar de injustiças caso o comportamento da jurisprudência não se altere, permanecendo predominante a tese da responsabilidade (independente de culpa) do cirurgião plástico e do anestesista, pois cada caso é um caso, e cada paciente apresenta um histórico e um quadro clínico distinto de outro, o que inadmite, no meu sentir, a generalização do assunto pela objetivação da responsabilidade" (HIRONAKA, Giselda Maria Fernandes Novaes. *Cirurgia...*, 2005).

Também propondo a revisão da antiga tese de Demogue, leciona Paulo Lôbo, com razão, que "é irrelevante que a obrigação do profissional liberal classifique-se como de meio ou de resultado. Pretendeu-se que, na obrigação de meio, a responsabilidade dependeria de demonstração antecipada de culpa; na obrigação de resultado, a inversão do ônus da prova seria obrigatória. Não há qualquer fundamento para tal discriminação, além de prejudicar o contratante, que estaria com ônus adicional de demonstrar ser de resultado a obrigação do profissional" (LÔBO, Paulo Luiz Netto. *Obrigações...*, 2011, p. 39).

Consigne-se que na prática cível ainda prevalece a tese pela qual a obrigação do médico cirurgião plástico estético é de resultado e a sua responsabilidade, objetiva ou por culpa presumida. Todavia, a questão está a merecer a devida reflexão pela civilística nacional, tendendo a tomar outro rumo. Na esteira de revisão da ideia, cumpre colacionar ementa de julgado do Superior Tribunal de Justiça, na presente obra já mencionado, que deduz que mesmo na obrigação de resultado a responsabilidade do profissional permanece subjetiva:

"Recurso especial. Responsabilidade civil. Erro médico. Art. 14 do CDC. Cirurgia plástica. Obrigação de resultado. Caso fortuito. Excludente de responsabilidade. 1. Os procedimentos cirúrgicos de fins meramente estéticos caracterizam verdadeira obrigação de resultado, pois neles o cirurgião assume verdadeiro compromisso pelo efeito embelezador prometido. 2. Nas obrigações de resultado, a responsabilidade do profissional da medicina permanece subjetiva. Cumpre ao médico, contudo, demonstrar que os eventos danosos decorreram de fatores externos e alheios à sua atuação durante a cirurgia. 3. Apesar de não prevista expressamente no CDC, a eximente de caso fortuito possui força liberatória e exclui a responsabilidade do cirurgião plástico, pois rompe o nexo de causalidade entre o dano apontado pelo paciente e o serviço prestado pelo profissional. 4. Age com cautela e conforme os ditames da boa-fé objetiva o médico que colhe a assinatura do paciente em 'termo de consentimento informado', de maneira a alertá-lo acerca de eventuais problemas que possam surgir durante o pós-operatório. Recurso especial a que se nega provimento" (STJ, REsp 1.180.815/MG, 3.ª Turma, Rel. Min. Nancy Andrighi, j. 19.08.2010, *DJe* 26.08.2010).

Realmente a questão merece as devidas reflexões, para novo dimensionamento, em especial porque a responsabilidade objetiva somente decorre da lei ou de uma atividade de risco (art. 927, parágrafo único, do CC); não havendo previsão a respeito das obrigações de resultado (TARTUCE, Flávio. *Responsabilidade...*, 2011, p. 164-169).

Ainda quanto ao art. 951 do CC, consigne-se a aprovação, na *V Jornada de Direito Civil*, de enunciado doutrinário polêmico, proposto pelo Desembargador do Tribunal de Justiça do Rio Grande do Sul, Eugênio Facchini Neto: "a responsabilidade subjetiva do profissional da área da saúde, nos termos do art. 951 do Código Civil e do art. 14, § 4.º, do Código de Defesa do Consumidor, não afasta a sua responsabilidade objetiva pelo fato da coisa da qual tem a guarda, em caso de uso de aparelhos ou instrumentos que, por eventual disfunção, venham a causar danos a pacientes, sem prejuízo do direito regressivo do profissional em relação ao fornecedor do aparelho, e sem prejuízo da ação direta do paciente, na condição de consumidor contra tal fornecedor" (Enunciado n. 460).

Como se pode perceber, a ementa doutrinária propõe a responsabilidade objetiva e solidária do médico por danos ocasionados ao paciente pelo aparelho ou equipamento utilizado, caso de uma prótese. A tese é inovadora e bem interessante, enquadrando-se no fato do serviço tratado pelo Código de Defesa do Consumidor (art. 14 da Lei 8.078/1990). Como há uma clara preocupação com a reparação da vítima, a proposta contou com o meu total apoio quando daquele evento.

Anoto que, no Projeto de Reforma do Código Civil, pretende-se melhorar o texto do seu art. 951, o que é louvável, com vistas a tutelar vítimas de graves danos. Pelo novo *caput* do comando, de forma mais técnica, "o disposto nos arts. 948, 949 e 950 aplica-se ainda no caso de indenização devida por aquele que, no exercício de atividade profissional, em conformidade com protocolos, técnicas reconhecidas ou adotadas pela profissão, por negligência, imprudência ou imperícia, causar a morte do paciente, agravar-lhe o mal, causar-lhe lesão ou inabilitá-lo para o trabalho". Seguindo, de acordo com o novo § 1.º, que confirmará a aplicação do art. 932, inc. III, para qualquer relação de preposição pelo médico, respondendo, hospitais, clínicas e afins: "reconhecida a culpa do profissional, a entidade com a qual possua algum vínculo de emprego ou de preposição, responde objetivamente pelos danos por ele causados".

Especificamente em relação ao conteúdo do Enunciado n. 460 da *V Jornada de Direito Civil*, o projeto de § 2.º do art. 951 preverá que, "nos casos em que a lesão ou morte resultar de falha de equipamentos de manuseio médico-hospitalar, a responsabilidade civil será regida pela legislação específica, para que fabricantes, distribuidores e instituições de saúde envolvidas na adoção, utilização ou administração desses aparelhos respondam objetiva e solidariamente pelos danos causados". Por fim, prescreverá o seu § 3.º, com importante ressalva, que, "nas hipóteses do parágrafo anterior, fica excluída a responsabilidade do profissional liberal, quando chamado em regresso pelo responsável e não ficar demonstrada a sua culpa por lesão ou morte". Como não poderia ser diferente, fui um dos principais apoiadores das propostas, sendo importante a ressalva da responsabilidade subjetiva do médico, como já é no sistema atual.

Superado o estudo de tais questões e retornando-se ao sistema vigente, segundo o art. 952 do CC, em havendo usurpação ou esbulho de coisa alheia, além da sua restituição, a indenização consistirá em pagar o valor das suas deteriorações e o que for devido a título de lucros cessantes. Se a coisa faltar, o esbulhador deverá indenizar o prejudicado pelo valor correspondente à coisa perdida, tendo em vista a eventual afeição que a pessoa possa ter pela coisa (*valor de afeição*). Nesse último valor, devem também ser incluídos os lucros cessantes, na esteira do Enunciado n. 561 do CJF/STJ, da *VI Jornada de Direito Civil* (2013).

Esclarecendo, presente um bem de alta estimação, caberá até eventual indenização por danos morais, havendo um *dano em ricochete*. Como um animal de estimação ainda é considerado coisa pelo Direito Civil Brasileiro, tornou-se comum na jurisprudência a indenização por danos imateriais diante da sua perda:

> "A morte de animal de estimação por ato voluntário de outrem constitui ilicitude e gera o dever de indenizar. Em se tratando de danos morais, o montante da indenização deve ser suficiente para compensar o dano e a injustiça que a vítima sofreu, proporcionando-lhe uma vantagem com a qual poderá atenuar parcialmente seu sofrimento. A reparação moral tem função compensatória e punitiva. A primeira, compensatória, deve ser analisada sob os prismas da extensão do dano e das condições pessoais da vítima. A finalidade punitiva, por sua vez, tem caráter pedagógico e preventivo, pois visa deses-

CAP. 8 · ELEMENTOS DA RESPONSABILIDADE CIVIL OU PRESSUPOSTOS DO DEVER DE INDENIZAR | **471**

timular o ofensor a reiterar a conduta ilícita. A fixação do *quantum* indenizatório deve ser feita com prudente arbítrio, observadas as circunstâncias do caso, para que não haja enriquecimento à custa do empobrecimento alheio, mas também para que o valor não seja irrisório" (TJMG, Apelação Cível 1.0145.11.045642-6/001, Rel. Des. Edison Feital Leite, j. 22.01.2015, *DJEMG* 30.01.2015).

"Recurso inominado. Reparação de danos. Morte do animal de estimação. Cão que, encaminhado ao estabelecimento réu para cirurgia, veio a falecer após uma parada cardiorrespiratória em virtude de aplicação de anestesia geral. Hipótese em que a clínica demandada não comprovou a realização de exames pré-operatórios. Falha na prestação dos serviços evidenciada. Dano moral ocorrente. *Quantum* mantido. 1. O valor da condenação por dano moral deve observar como balizadores o caráter reparatório e punitivo da condenação. Não há de que incorrer em excesso que leve ao enriquecimento sem causa, tampouco em valor que descure do caráter pedagógico-punitivo da medida. 2. *Quantum* indenizatório fixado (R$ 3.500,00), que vai mantido, pois quantia que se mostra adequada e razoável ao abalo suportado no caso em tela. Recurso improvido" (TJRS, Recurso Cível 0021184-94.2015.8.21.9000, Porto Alegre, 1.ª Turma Recursal Cível, Rel. Des. Mara Lúcia Coccaro Martins Facchini, j. 01.10.2015, *DJERS* 06.10.2015).

"Responsabilidade civil. Fuga de animal sob a guarda de clínica veterinária. Culpa 'in vigilando'. Danos materiais e morais. Valoração adequada. Possibilidade de cumulação (Súmula 37, STJ). Sucumbência proporcional. Dano moral. Valor estimativo. Honorários proporcionais (art. 20, § 3.º c/c o art. 21, *caput*, do CPC). 1. Comprovada a culpa 'in vigilando', cabível a indenização dos danos suportados pela parte requerente. 2. Possibilidade de cumulação de danos materiais e morais, inteligência e aplicação da Súmula 37 do Superior Tribunal de Justiça. 3. O valor da indenização pedido na inicial, por ser meramente estimativo, não resulta em sucumbência do pedido, uma vez que não importa no decaimento do pedido. 4. Os honorários devem ser fixados proporcionalmente à vitória de derrota de cada parte. Interpretação do artigo 20, § 3.º, cumulado com o 21, 'caput', do Código de Processo Civil" (Tribunal de Alçada Civil do Paraná, Apelação Cível 0189202-6, Ac. 167.718, 9.ª Câmara Cível, Cascavel, Juiz Nilson Mizuta, j. 25.03.2003, publ. 25.04.2003).

Mas há quem entenda de modo diverso, podendo ser colacionadas as seguintes ementas:

"Consumidor e processo civil. Apelação cível. Animal de estimação. Morte. Nexo de causalidade. Dano material. Ausência de dano moral. Obrigação contratual. Juros de mora. Termo inicial. 1. A morte de animal, em razão da ausência de indicação adequado do cuidado pós-operatório pelo hospital veterinário, enseja o ressarcimento por danos materiais ao proprietário. 2. Os direitos de personalidade da autora não são violados com a morte do animal doméstico. 3. Nos casos de responsabilidade contratual contam-se os juros de mora desde a citação. 4. Recurso parcialmente provido" (TJDF, Apelação Cível 2011.01.1.178945-9, Acórdão 946.448, 2.ª Turma Cível, Rel. Des. Mário-Zam Belmiro Rosa, j. 01.06.2016, *DJDFTE* 13.06.2016).

"Indenização. Morte de cão de estimação. Dano moral indevido. Por mais estimado que seja o animal doméstico, não pode se equiparar a sua morte à perda de um filho, sendo o dano moral em razão da morte do animal, mesmo que decorrente de ato ilícito, indevido" (Tribunal de Alçada de Minas Gerais, Acórdão 0379911-1, 6.ª Câmara Cível, Belo Horizonte, Rel. Juiz Valdez Leite Machado, j. 19.12.2002, Dados publ.: não publicado, Decisão: unânime).

Somente quem já teve ou tem um animal de estimação sabe muito bem sobre o sentimento de apego que o convívio constante pode desenvolver. Fica claro que se filia ao primeiro entendimento, sendo pertinente lembrar que a atuação do magistrado é influenciada por questões valorativas. A dor pela perda de um animal doméstico ou de estimação não é como a morte de um filho, mas não se trata de mero aborrecimento, constituindo verdadeiro dano moral, em muitos casos. Deve o juiz da causa analisar as circunstâncias da situação concreta para a determinação da indenização.

Com a aprovação da atual Reforma do Código Civil, não restarão mais dúvidas quanto à possibilidade de se pleitear danos extrapatrimoniais, a incluir os danos morais, por morte ou por maus-tratos de animais de estimação. Além do antes citado reconhecimento dos animais como *seres sencientes* (novo art. 91-A), propõe-se a inclusão de um comando, no capítulo dos direitos da personalidade, que reconhece a afetividade da pessoa humana em relação aos seus animais domésticos e de estimação.

Trata-se da nova redação que será atribuída ao art. 19 da codificação privada, *in verbis*: "a afetividade humana também se manifesta por expressões de cuidado e de proteção aos animais que compõem o entorno sociofamiliar da pessoa". Ao contrário do que sustentaram alguns, não trata o preceito do reconhecimento da *família multiespécie*, de seres humanos com animais, mas apenas de um dispositivo que, ao reconhecer a relação de afeto, terá o condão de beneficiar os donos e tutores dos animais domésticos com as medidas preventivas e reparatórias para a proteção dos direitos da personalidade, previstas no art. 12 do Código Civil.

Com isso, a citada indenização será destinada para as pessoas que mantêm essa relação de afeto, e não para os animais, o que chegou a ser defendido nas audiências públicas preliminares à citada reforma e não aceito pela Comissão de Juristas, no texto final do Projeto apresentado ao Senado Federal.

Relativamente à indenização por injúria, difamação ou calúnia (crimes contra a honra), o atual art. 953 do Código Civil adota a possibilidade de reparação, podendo o dano atingir tanto a honra subjetiva (autoestima) quanto a honra objetiva (repercussão social da honra) de alguém. Caso o ofendido não possa provar o prejuízo material, caberá ao juiz fixar, equitativamente, o valor da indenização, na conformidade das circunstâncias do caso (art. 953, parágrafo único, do CC).

Regina Beatriz Tavares da Silva sempre sustentou a inconstitucionalidade desse parágrafo único, apresentando na Câmara dos Deputados uma proposta de alteração desse dispositivo por meio do antigo Projeto 6.960/2002 (atual PL 699/2011), para a retirada dessa ressalva. Para o Deputado Ricardo Fiuza, autor do projeto, citando a doutrinadora:

> "O dispositivo estabelece a reparação dos danos por violação à honra, que é direito da personalidade composto de dois aspectos: objetivo – consideração social – e subjetivo – autoestima. Entretanto, o dispositivo constante do parágrafo único pode acarretar interpretação pela qual, diante de ofensa à honra, somente o dano material é, a princípio, indenizável, sendo cabível o dano moral somente em face da inexistência de dano material. A possibilidade de cumulação da indenização do dano moral com o dano material está pacificada em nosso direito, inclusive por meio da Súmula 37 do Superior Tribunal de Justiça, pela qual 'São cumuláveis as indenizações por dano material e dano moral oriundos do mesmo fato'. Com a consagração constitucional da indenizabilidade do dano moral, inclusive cumulado com o dano material, não pode remanescer qualquer dúvida quanto à cumulatividade das duas indenizações (CF, art. 5.º, incisos V e X). Saliente-se que o art. 5.º, inciso V, da Constituição Federal assegura precisamente a indenizabilidade dos danos morais e materiais por ofensa à honra, de modo que o parágrafo único deste

CAP. 8 · ELEMENTOS DA RESPONSABILIDADE CIVIL OU PRESSUPOSTOS DO DEVER DE INDENIZAR | **473**

artigo deve ser considerado inconstitucional. Por esta razão, deve-se suprimir o parágrafo único, em preservação da indenizabilidade dos danos morais e materiais resultantes de ofensa à honra" (FIUZA, Ricardo. O *novo...*, 2003).

Sempre concordei com tal proposta de alteração, que afasta dúvidas e esclarece o tratamento do tema. De todo modo, no atual Projeto de Reforma do Código Civil, diante desses problemas e de outros, sobretudo tendo em vista a desatualização do seu conteúdo, a Comissão de Juristas propõe a revogação expressa do art. 953 do Código Civil.

No caso de ofensa à liberdade pessoal, a indenização consistirá no pagamento das perdas e danos que sobrevierem ao ofendido (art. 954 do CC). Mas, não havendo possibilidade de prova do prejuízo, aplicar-se-á o art. 953, parágrafo único, do CC. Mais uma vez, caberia a alegação de inconstitucionalidade também desse dispositivo, inclusive por lesão à proteção da dignidade da pessoa. Por esse mesmo art. 954, parágrafo único, do CC, devem ser considerados atos ofensivos da liberdade pessoal:

a) o cárcere privado;
b) a prisão por queixa ou denúncia falsa e de má-fé;
c) a prisão ilegal.

O dispositivo tem grande aplicação prática, notadamente nos casos de prisão ilegal. A jurisprudência tem sido implacável na condenação de agentes e do próprio Estado em situações tais. Do Tribunal de Justiça de São Paulo pode ser transcrita exemplar ementa:

"Responsabilidade civil – Indenização por dano moral – Prisão civil decretada em ação de execução de alimentos – Homologação de posterior acordo, com expedição de contra-mandado – Não recolhimento do mandado de prisão – Encarceramento indevido por dois dias – Responsabilidade subjetiva – Falha no serviço público – Ofensa à liberdade pessoal – Artigo 954, parágrafo único do Código Civil em vigor – Responsabilidade do Estado pelo ressarcimento por danos morais decorrentes da prisão indevida. Redução do *quantum* indenizatório a 40 (quarenta) salários mínimos, consideradas as peculiaridades do caso, notadamente a curta duração do recolhimento. Sentença de procedência. Providos, parcialmente, o reexame necessário considerado interposto e a apelação da ré para reduzir o valor da indenização" (TJSP, Apelação com Revisão 450.444.5/1, Acórdão 2610609, 13.ª Câmara de Direito Público, São Paulo, Rel. Des. Oliveira Passos, j. 23.04.2008, *DJESP* 30.05.2008).

Também pelo antigo Projeto 6.960/2002, foi elaborada uma proposta de modificação do art. 954 da atual codificação nos seguintes pontos: 1) no *caput,* que deixará de condicionar a reparabilidade do dano moral à existência do dano material, como faz o *caput* ao referir-se ao parágrafo único do artigo antecedente (art. 953 do CC); e 2) no parágrafo único desse comando legal, para deixar claro que o rol constante desse tem caráter meramente exemplificativo e não taxativo (ALVES, Jones Figueirêdo; DELGADO, Mário Luiz. *Código Civil...*, 2005, p. 420). A redação projetada pelo antigo Projeto Fiuza era a seguinte:

"Art. 954. A indenização por ofensa à liberdade pessoal consistirá no pagamento dos danos que sobrevierem ao ofendido.

Parágrafo único. Consideram-se, dentre outros atos, ofensivos à liberdade pessoal:

I – o cárcere privado;

II – a prisão por queixa ou denúncia falsa e de má-fé;

III – a prisão ilegal".

Mais uma vez, sempre estive filiado à proposta de alteração formulada pelo Deputado Ricado Fiuza, pois ela deixava em aberto a ampla reparação dos danos, particularmente aqueles que surgirem da evolução da responsabilidade civil, na perspectiva de admissão de novos danos.

De todo modo, no Projeto de Reforma do Código Civil, diante dos problemas expostos, a Comissão de Juristas propõe a revogação expressa do art. 954 do Código Civil, o que foi fruto de "emenda de consenso", entre a Subcomissão de Responsabilidade Civil e a Relatoria-Geral.

Como palavras finais para este capítulo, de fato, o Código Civil traz muitas deficiências e insuficiências no tratamento da indenização, não consagrando critérios seguros para a sua fixação, sem falar nas inconstitucionalidades e desatualizações por último citadas.

Por isso, têm razão as críticas formuladas no âmbito doutrinário, havendo a necessidade de rever a codificação privada nesse tratamento da responsabilidade civil, o que está sendo proposto, de forma ampla, pela Comissão de Juristas encarregada da Reforma do Código Civil, ora em trâmite no Congresso Nacional.

8.6 RESUMO ESQUEMÁTICO

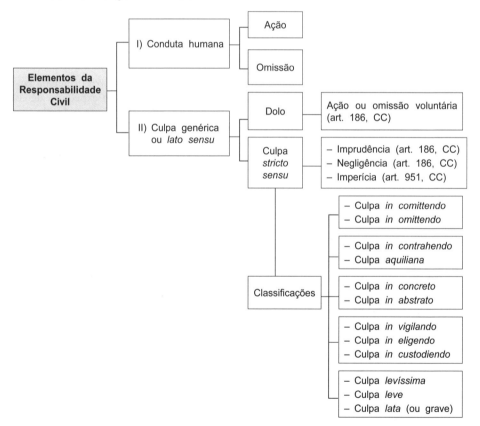

CAP. 8 • ELEMENTOS DA RESPONSABILIDADE CIVIL OU PRESSUPOSTOS DO DEVER DE INDENIZAR | 475

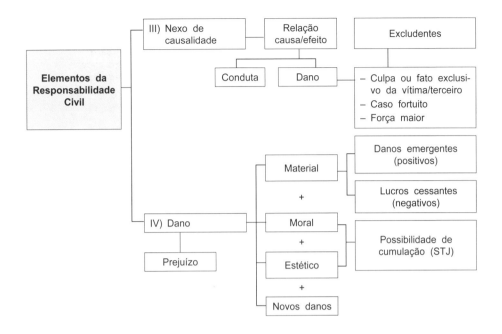

"CORRIDA DE BARREIRAS"
(Ação de Responsabilidade Civil)

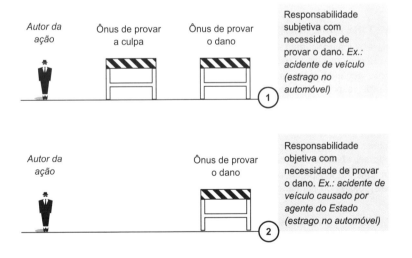

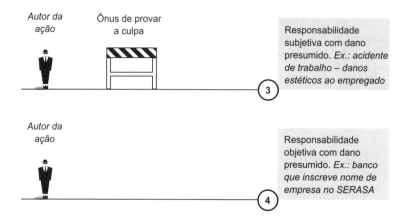

8.7 QUESTÕES CORRELATAS

01. (CESPE – TJDFT – Juiz – 2016) A respeito da responsabilidade civil, assinale a opção correta.

(A) De acordo com o Código Civil, a possibilidade legal de redução equitativa da indenização pelo juiz é aplicável às hipóteses de responsabilidade subjetiva e objetiva.

(B) Se houver concorrência de culpas e danos a ambas as partes, cada qual deve arcar com seus respectivos prejuízos.

(C) Nos termos explicitados no Código Civil, a gradação de culpa possui relevância para a configuração do ato ilícito.

(D) Segundo a atual orientação do STJ, a reparação pela lesão extrapatrimonial deve seguir o método denominado bifásico na aferição do valor da indenização.

(E) Conforme jurisprudência prevalente do STJ, a cobrança indevida já traz em si a ilicitude, bastando a prova de que se deu por meio judicial para se impor a devolução em dobro, prevista no Código Civil.

02. (FAURGS – TJRS – Juiz Substituto – 2016) Sobre a reparação de danos, é correto afirmar que

(A) Apenas a culpa concorrente da vítima é admitida como causa de redução da indenização pelo Código Civil, constituindo exceção ao princípio da reparação integral.

(B) Se adota, segundo entendimento majoritário, a teoria do risco integral como fundamento da imputação de responsabilidade, independente de culpa em razão de atividade de risco (artigo 927, parágrafo único).

(C) Todos os membros de um grupo, pela adoção da teoria da causalidade alternativa, podem ser responsabilizados, quando não seja possível determinar, dentre eles, quem deu causa à lesão.

(D) A responsabilidade pelo fato do animal é independente de culpa do seu dono ou detentor, não podendo ser afastada mesmo quando ausente o nexo de causalidade.

(E) O patrimônio do incapaz não pode servir ao pagamento da indenização, cabendo exclusivamente aos pais, tutores ou curadores, conforme o caso, responder pelos danos que ele causar.

03. (VUNESP – TJSP – Juiz Substituto – 2017) José outorga mandato verbal a advogado para em seu nome propor ação de revisão de benefício previdenciário. A ação é julgada improcedente em primeiro grau e o advogado perde o prazo para interpor apelação. Entendendo que poderia ter sido vencedor na referida ação, José propõe ação de indenização, pleiteando a condenação do advogado ao pagamento de indenização por dano material correspondente ao valor que receberia na ação de revisão, caso esta fosse procedente, e por dano moral. A ação de indenização é julgada procedente.

Assinale a alternativa que corresponde corretamente aos fundamentos adotados na sentença.

(A) Conduta negligente do advogado, decorrente de responsabilidade contratual pelo fato do serviço e do descumprimento de obrigação de resultado.

CAP. 8 · ELEMENTOS DA RESPONSABILIDADE CIVIL OU PRESSUPOSTOS DO DEVER DE INDENIZAR | 477

(B) Conduta ilícita do advogado pela perda de uma chance, decorrente de responsabilidade contratual objetiva, independentemente da existência de culpa.

(C) Conduta negligente do advogado, decorrente de responsabilidade contratual e do descumprimento da obrigação de aplicar a diligência habitual na execução do mandato.

(D) Conduta ilícita do advogado pela perda de uma chance, decorrente de culpa aquiliana e do descumprimento de dever comum de cuidado na prática de atividade profissional.

04. (CESPE/MG – Procurador Municipal – Prefeitura de Belo Horizonte – 2017) À luz da legislação aplicável e do entendimento doutrinário prevalecente a respeito da responsabilidade civil, assinale a opção correta.

(A) O abuso do direito, ato ilícito, exige a comprovação do dolo ou da culpa para fins de responsabilização civil.

(B) No contrato de transporte de pessoas, a obrigação assumida pelo transportador é de resultado, e a responsabilidade é objetiva.

(C) O dever de indenizar pressupõe, necessariamente, a prática de ato ilícito.

(D) No que se refere ao nexo causal, elemento da responsabilidade civil, o Código Civil adota a teoria da equivalência das condições.

05. (FCC – DPE-PR – Defensor Público – 2017) Sobre dano moral, é correto afirmar:

(A) A natureza de reparação dos danos morais, e não de ressarcimento, é o que justifica a não incidência de imposto de renda sobre o valor recebido a título de compensação por tal espécie de dano.

(B) Como indenização por dano moral, não é possível, por exemplo, que uma vítima obtenha direito de resposta em caso de atentado contra honra praticado por veículo de comunicação, sendo possível apenas o recebimento de quantia em dinheiro.

(C) O descumprimento de um contrato não gera dano moral, ainda que envolvido valor fundamental protegido pela Constituição Federal de 1988.

(D) O dano moral indenizável pressupõe necessariamente a verificação de sentimentos humanos desagradáveis, como dor ou sofrimento, por isso não se pode falar em dano moral da pessoa jurídica.

(E) A quantificação por danos morais está sujeita a tabelamento e a valores fixos.

06. (UECE – FUNECE – Advogado – 2017) No que concerne à indenização por responsabilidade civil, é correto afirmar que

(A) se da ofensa resultar defeito pelo qual o ofendido não possa exercer o seu ofício ou profissão, ou se lhe diminua a capacidade de trabalho, a indenização, além das despesas do tratamento e lucros cessantes até ao fim da convalescença, incluirá pensão correspondente à importância do trabalho para que se inabilitou, ou da depreciação que ele sofreu.

(B) se o ofendido não puder provar prejuízo material, não cabe ao juiz fixar o valor da indenização.

(C) havendo usurpação ou esbulho do alheio, além da restituição da coisa, a indenização consistirá em pagar o valor das suas deteriorações e o devido a título de lucros cessantes; faltando a coisa, resta prejudicada a obrigação de indenizar.

(D) no caso de homicídio, a indenização consiste, somente, no pagamento das despesas com o tratamento da vítima, seu funeral e o luto da família, e na prestação de alimentos às pessoas a quem o morto os devia, levando-se em conta a duração provável da vida da vítima.

07. (VUNESP – UNICAMP – Procurador de Universidade Assistente – 2018) Acerca dos danos morais, considerando a Jurisprudência do STJ, é correto afirmar:

(A) da anotação irregular em cadastro de proteção ao crédito, não cabe indenização por dano moral, quando preexistente legítima inscrição, ressalvado o direito ao cancelamento.

(B) a simples devolução indevida de cheque caracteriza dano moral, mas não a apresentação antecipada de cheque pré-datado, tendo em vista o cheque ser uma ordem de pagamento à vista.

(C) são cumuláveis as indenizações por dano material e dano moral oriundos do mesmo fato, mas não são cumuláveis as indenizações de dano estético e dano moral.

478 | DIREITO CIVIL • VOL. 2 – *Flávio Tartuce*

(D) a pessoa jurídica não pode sofrer dano moral, tendo em vista não ser titular dos direitos inerentes à personalidade, exclusivos das pessoas naturais.

(E) depende de prova do prejuízo a indenização pela publicação não autorizada de imagem de pessoa, mesmo com fins econômicos ou comerciais.

08. (FGV – AL-RO – Advogado – 2018) Com relação ao estudo do direito dos danos, analise as afirmativas a seguir.

I. O dano imaterial decorrente da prática de bullying, também chamado de assédio escolar, pode acarretar a responsabilidade civil dos genitores da criança que o pratica, assim como do estabelecimento de ensino.

II. Uma pessoa privada completamente de discernimento não pode sofrer dano moral por ofensa ao direito à imagem.

III. Se um objeto cai de uma janela de um apartamento edifício e não é possível identificar a unidade de onde o mesmo foi lançado, a vítima do dano pode demandar do condomínio, aplicando-se no caso a teoria da causalidade alternativa.

Está correto o que se afirma em:

(A) II, somente.

(B) III, somente.

(C) I e II, somente.

(D) I e III, somente.

(E) I, II e III.

09. (FUNDEP/Gestão de Concursos – MPE-MG – Promotor de Justiça Substituto – 2018) Assinale a alternativa INCORRETA:

(A) A usurpação indevida do tempo útil caracteriza dano moral indenizável.

(B) O dano moral é presumido (re in ipsa) na violência praticada no âmbito doméstico ou familiar.

(C) Afeto ao princípio da eticidade, o abuso de direito se distancia da importância do ato volitivo, bastando a desproporcionalidade no exercício da autonomia, que frustra a boa-fé objetiva, os bons costumes e a finalidade social da situação jurídica.

(D) A mensuração da indenização pela extensão do dano tem pretensão punitiva à vista do grau do dolo ou da culpa do ofensor.

10. (VUNESP – PC-BA – Delegado de Polícia – 2018) A respeito da responsabilidade civil, assinale a alternativa correta.

(A) A indenização mede-se pela extensão do dano, não podendo ser reduzida pelo juiz, mesmo na existência de excessiva desproporção entre a gravidade da culpa e o dano; se a vítima tiver concorrido culposamente para o evento danoso, a sua indenização será fixada tendo-se em conta a gravidade de sua culpa em confronto com a do autor do dano.

(B) A indenização por ofensa à liberdade pessoal consistirá no pagamento das perdas e danos que sobrevierem ao ofendido; se o ofendido não puder provar prejuízo material, caberá ao juiz fixar, equitativamente, o valor da indenização, na conformidade das circunstâncias do caso; considera-se ofensiva da liberdade pessoal a denúncia falsa e de má-fé.

(C) No caso de homicídio, a indenização consiste, sem excluir outras reparações, no pagamento das despesas com o tratamento da vítima, seu funeral e o luto da família e na prestação de alimentos às pessoas a quem o morto os devia, levando-se em conta a duração provável da vida do alimentado.

(D) No caso de lesão ou outra ofensa à saúde, o ofensor indenizará o ofendido das despesas do tratamento e dos danos emergentes, além de algum outro prejuízo que o ofendido prove haver sofrido, não sendo devidos lucros cessantes.

(E) Se da ofensa resultar defeito pelo qual o ofendido não possa exercer o seu ofício ou profissão, a indenização, além das despesas do tratamento e lucros cessantes até ao fim da convalescença, incluirá pensão correspondente à importância do trabalho para que se inabilitou, não podendo a indenização ser arbitrada e paga de uma só vez.

CAP. 8 · ELEMENTOS DA RESPONSABILIDADE CIVIL OU PRESSUPOSTOS DO DEVER DE INDENIZAR | **479**

11. **(MPE-MS – Promotor de Justiça Substituto – 2018) Em relação à responsabilidade civil, assinale a alternativa INCORRETA.**

(A) A conduta de agressão verbal de um adulto contra um adolescente configura elemento caracterizador da espécie do dano moral *in re ipsa*.

(B) O STJ acolheu a teoria da perda de uma chance (*perte d'une chance*) inspirada na doutrina francesa. Para sua aplicação exige, no entanto, que o dano seja real, atual e certo, dentro de juízo de probabilidade e não mera possibilidade. O quantum da indenização será o valor integral do dano experimentado pela vítima.

(C) A responsabilidade civil dos pais por danos causados por filho menor que estiver sob sua guarda e companhia é objetiva (teoria da substituição), mesmo que os pais provem que não foram negligentes.

(D) A responsabilidade civil do Estado por condutas omissivas é subjetiva, devendo ser comprovados a negligência na atuação estatal, o dano e o nexo de causalidade.

(E) Diante da sentença penal condenatória que tenha reconhecido a prática de homicídio culposo, o juízo cível, ao apurar responsabilidade civil decorrente do delito, não pode, com fundamento na concorrência de culpas, afastar a obrigação de reparar, embora possa se valer da existência de culpa concorrente da vítima para fixar o valor da indenização.

12. **(VUNESP – MPE-SP – Analista Jurídico do Ministério Público – 2018) Se um empregado, no exercício de suas funções decorrentes da relação de emprego, causar danos a terceiros, é correto afirmar que:**

(A) o empregado é responsável pela reparação do dano, desde que tenha agido com dolo ou culpa, não sendo possível a responsabilização do empregador, salvo se a atividade exercida for de risco.

(B) o empregado e o empregador respondem, independentemente de dolo ou culpa, pelos danos causados, de forma solidária.

(C) se for comprovada a culpa *in eligendo* ou *in vigilando* do empregador, este pode ser responsabilizado, independentemente da existência de culpa ou dolo do empregado.

(D) a culpa do empregador pelos atos de seu empregado é presumida, podendo tal presunção ser afastada se comprovada a culpa exclusiva do empregado ou inexistência de culpa *in eligendo* e/ ou *in vigilando*.

(E) o empregador responderá, independentemente de dolo ou culpa *in eligendo* e/ou *in vigilando*, pelo dano causado pelo seu empregado, desde que este tenha agido com dolo ou culpa.

13. **(CESPE – TJ-CE – Juiz Substituto – 2018) Pedro descobriu que seu nome havia sido inscrito em órgãos de restrição ao crédito por determinada instituição financeira em decorrência do inadimplemento de contrato fraudado por terceiro.**

Nesse caso hipotético, a instituição financeira:

(A) não responderá civilmente, uma vez que se trata de fato de terceiro, mas deverá proceder à retirada do registro negativo no nome de Pedro.

(B) não responderá civilmente, porque a fraude configura uma excludente de caso fortuito externo.

(C) responderá civilmente na modalidade objetiva integral.

(D) responderá civilmente apenas se Pedro comprovar que sofreu prejuízos devido à inscrição de seu nome nos órgãos de restrição ao crédito.

(E) responderá civilmente na modalidade objetiva, com base no risco do empreendimento.

14. **(Procurador – AL-GO – IADES – 2019) Em conformidade com o sistema de responsabilidade civil previsto no Direito Civil, assinale a alternativa correta.**

(A) Se houver excessiva desproporção entre a gravidade da culpa e o dano, poderá o juiz reduzir, equitativamente, a indenização.

(B) O direito civil brasileiro não admite a responsabilidade civil dos incapazes.

(C) A jurisprudência brasileira não admite pedidos de indenizações a título de dano moral, fundadas em danos reflexos ou por ricochete.

(D) A demonstração de ter agido em estado de necessidade exonera o réu do dever de indenizar.

(E) A responsabilidade do dono do animal pelos danos ocasionados a terceiros é subjetiva, dependendo de demonstração de um ato culposo ou doloso para se configurar.

480 | DIREITO CIVIL • VOL. 2 – *Flávio Tartuce*

15. **(Procurador – Prefeitura de Valinhos – SP – VUNESP – 2019)** Ocorrendo manifestações contra o aumento do valor da passagem de ônibus, grupo identificado danifica o prédio da prefeitura, quebrando seus vidros e um portal histórico e tombado por seu valor artístico. Diante desses fatos, é possível dizer que os responsáveis poderão responder por dano

(A) estético e moral.

(B) material e estético

(C) coletivo e moral.

(D) material e social

(E) cultural e moral coletivo.

16. **(Procurador do Município – Prefeitura de Ribeirão Preto – SP – VUNESP – 2019)** Considerando a Jurisprudência dos Tribunais Superiores, é correto afirmar, sobre o dano moral, que

(A) a pessoa jurídica de direito público pode ser titular de direito à indenização por dano moral relacionado à ofensa de sua honra ou imagem.

(B) a pessoa jurídica não pode sofrer dano moral, mesmo que demonstrada ofensa à sua honra objetiva.

(C) a legitimidade para pleitear a reparação por danos morais é, em regra, do próprio ofendido, no entanto, em certas situações, são colegitimadas também aquelas pessoas que, sendo muito próximas afetivamente à vítima, são atingidas indiretamente pelo evento danoso, reconhecendo-se, em tais casos, o chamado dano moral reflexo ou em ricochete.

(D) o dano moral coletivo é categoria autônoma de dano relacionado à violação injusta e intolerável de valores fundamentais da coletividade, sendo indenizável apenas se comprovada a dor, o sofrimento e a humilhação das pessoas que compõem a coletividade lesada.

(E) a fixação do valor devido a título de indenização por danos morais deve considerar o método trifásico, que conjuga os critérios da valorização das circunstâncias do caso e do interesse jurídico lesado, minimiza eventual arbitrariedade ao se adotar critérios unicamente subjetivos do julgador, bem como considera a tarifação do dano.

17. **(Procurador do Estado – PGE-SC – FEPESE – 2018)** Segundo entendimentos sumulados do Superior Tribunal de Justiça em relação ao dano moral, assinale a alternativa correta.

(A) A pessoa jurídica não é passível de dano moral.

(B) Independe de prova do prejuízo a indenização pela publicação não autorizada de imagem de pessoa com fins econômicos ou comerciais.

(C) São inacumuláveis as indenizações por dano material e dano moral oriundos do mesmo fato.

(D) É indevida a cumulação das indenizações de dano estético e dano moral.

(E) A simples devolução indevida de cheque não caracteriza dano moral.

18. **(Defensor Público – DPE-DF – CESPE – 2019)** De acordo com as disposições do Código Civil e com a jurisprudência do STJ acerca da responsabilidade civil, julgue o item a seguir.

Dano extrapatrimonial coletivo dispensa a comprovação da dor, do sofrimento e de abalo psicológico, elementos que são suscetíveis para serem apreciados na esfera do indivíduo, contudo não aplicáveis aos interesses difusos e coletivos.

( ) Certo

( ) Errado

19. **(Juiz Substituto – TJ-MT – VUNESP – 2018)** Caio, servidor público municipal aposentado, contratou Tício para que ajuizasse ação contra o Município, pleiteando o pagamento de auxílio-alimentação. O pedido foi julgado improcedente em sentença, confirmada pelo Tribunal Estadual. Sem requerer autorização de Caio, Tício deixou de apresentar recursos aos Tribunais Superiores, em razão da Súmula Vinculante do Supremo Tribunal Federal no 55, a qual consubstancia o entendimento de que "o direito ao auxílio-alimentação não se estende aos servidores inativos". É correto afirmar que Tício

(A) deve ser condenado pela perda da chance decorrente de sua omissão em recorrer, tendo em vista que, mesmo improvável a vitória, Caio tinha o direito de requerer sua pretensão em juízo em última instância.

CAP. 8 · ELEMENTOS DA RESPONSABILIDADE CIVIL OU PRESSUPOSTOS DO DEVER DE INDENIZAR | 481

(B) não pode ser condenado por não ter recorrido, tendo em vista o não acolhimento pelo ordenamento jurídico brasileiro da teoria da perda de uma chance.

(C) não deve ser condenado, tendo em vista que a condenação pela perda de uma chance pressupõe a possibilidade de vitória na demanda, não existente no caso, em razão da súmula vinculante.

(D) deve ser condenado pela perda da chance decorrente de sua omissão em recorrer, em valor equivalente à pretensão de Caio, podendo ser acrescida de lucros cessantes e danos morais.

(E) deve ser condenado pela perda da chance decorrente de sua omissão em recorrer, em valor a ser apurado, não podendo ser equivalente à pretensão de Caio, tendo em vista que o que se indeniza é a perda da chance e não a pretensão perdida.

20. **(Advogado – Prefeitura de São Roque – SP – VUNESP – 2020) De acordo com a Jurisprudência sumulada, acerca do dano moral, pode-se corretamente afirmar que**

(A) a simples devolução indevida de cheque caracteriza dano moral, mas não a apresentação antecipada de cheque pré-datado.

(B) são civilmente responsáveis pelo ressarcimento de dano, decorrente de publicação pela imprensa, o autor do escrito e subsidiariamente o proprietário do veículo de divulgação, caso demonstrada a existência de dolo ou culpa deste.

(C) a pessoa jurídica não pode sofrer dano moral.

(D) é lícita a cumulação das indenizações de dano estético e dano moral, mas não são cumuláveis as indenizações por dano moral e material oriundos do mesmo fato.

(E) da anotação irregular em cadastro de proteção ao crédito não cabe indenização por dano moral quando preexistente legítima inscrição, ressalvado o direito ao cancelamento.

21. **(Advogado – EBSERH – VUNESP – 2020) Sobre a indenização decorrente da responsabilidade civil, pode-se corretamente afirmar:**

(A) a indenização mede-se pela extensão do dano e não pode ser reduzida pelo juiz, mesmo havendo excessiva desproporção entre a gravidade da culpa e o dano.

(B) havendo usurpação ou esbulho do alheio, além da restituição da coisa, a indenização consistirá em pagar o valor das suas deteriorações e o devido a título de lucros cessantes; faltando a coisa, dever-se-á reembolsar o seu equivalente ao prejudicado que será estimado pelo seu preço ordinário e pelo de afeição, contanto que este não se avantaje àquele.

(C) no caso de lesão ou outra ofensa à saúde, o ofensor indenizará o ofendido das despesas do tratamento e dos danos emergentes até o fim da convalescença, além de algum outro prejuízo que o ofendido prove haver sofrido, sem direito a lucros cessantes.

(D) se da ofensa resultar defeito pelo qual o ofendido não possa exercer o seu ofício ou profissão, ou se lhe diminua a capacidade de trabalho, a indenização, além das despesas do tratamento e lucros cessantes até ao fim da convalescença, incluirá pensão, que não poderá ser paga de uma só vez, correspondente à importância do trabalho para que se inabilitou, ou da depreciação que ele sofreu.

(E) no caso de homicídio, a indenização consiste, sem excluir outras reparações, no pagamento das despesas com o tratamento da vítima, seu funeral e o luto da família e na prestação de alimentos às pessoas a quem o morto os devia, levando-se em conta a duração provável da vida do autor.

22. **(Procurador – Valiprev – SP – VUNESP – 2020) De acordo com a doutrina majoritária e jurisprudência atualizada dos tribunais superiores, caracterizam dano moral *in re ipsa***

(A) acidente de carro sem vítimas.

(B) a simples remessa de fatura de cartão de crédito para a residência do consumidor com cobrança indevida.

(C) atraso de voo internacional.

(D) anotação irregular em cadastro de proteção ao crédito quando preexistente legítima inscrição

(E) ofensa injusta à dignidade da pessoa humana.

23. **(Defensor Público – DPE-RJ – FGV – 2021) A respeito do princípio da reparação integral, contido no Código Civil Brasileiro, é correto afirmar que:**

(A) o ordenamento jurídico brasileiro, de *lege lata*, não admite a condenação a verba punitiva, seja como parcela do dano moral, seja como verba autônoma;

(B) a gradação da culpa tem relevância para a configuração do ato ilícito na esfera civil, assim como no direito penal, cujo caráter punitivo recomenda a análise da intensidade do desvio cometido pelo agente;

(C) o ordenamento jurídico brasileiro autoriza que o julgador fixe uma parcela autônoma de danos punitivos, que se somarão às outras parcelas de danos verificados no caso concreto, para punir o ofensor nas hipóteses de danos causados por culpa grave;

(D) o ordenamento jurídico brasileiro autoriza que o julgador fixe uma parcela autônoma de danos punitivos, que se somarão às outras parcelas de danos verificados no caso concreto, para punir o ofensor nas hipóteses de danos causados por dolo;

(E) a cumulação da função punitiva da responsabilidade civil com a função indenizatória é admissível, segundo o Código Civil, desde que as parcelas indenizatórias sejam quantificadas de modo autônomo e individual.

24. **(Delegado de Polícia – PC-PB – CESPE/CEBRASPE – 2022) Acerca da responsabilidade civil, à luz da jurisprudência do STJ, detém legitimidade para pleitear indenização**

(A) vítima que tenha sofrido deformidade física em decorrência de ato ilícito causado por outrem, não sendo possível a cumulação de indenizações por dano estético ou moral.

(B) pessoa jurídica de direito público, por dano moral relativo à ofensa de sua honra ou imagem.

(C) vítima de ato ilícito, por ofensa moral suportada, não sendo possível a transmissão do direito à indenização para qualquer outro indivíduo em caso de morte da vítima.

(D) filho, por dano moral decorrente de abandono afetivo anterior ao reconhecimento de paternidade.

(E) pessoa muito próxima afetivamente da vítima do evento danoso, por dano moral reflexo, tornando-se colegitimada para a ação.

25. **(Auditor Fiscal da Receita Municipal – Prefeitura de Criciúma-SC – FEPESE – 2022) É correto afirmar de acordo com o Código Civil.**

(A) O dano, quando exclusivamente moral, não é considerado ato ilícito.

(B) A lesão a pessoa a pretexto de remover perigo iminente não afasta o agressor da prática de ato considerado ilícito.

(C) O titular de um direito que, ao exercê-lo, excede manifestamente os limites impostos pelos bons costumes, comete ato ilícito.

(D) A remoção do perigo iminente autoriza o autor do fato a exceder os limites do tolerável para obstar a destruição de coisa alheia, sem que isso torne a sua ação ilícita.

(E) O exercício regular de um direito, ainda que não conhecido por terceiros, não constitui ato ilícito.

26. **(Advogado – CRF-GO – Quadrix – 2022) O direito à indenização por danos morais não se transmite com o falecimento do titular, sendo os herdeiros da vítima ilegítimos para ajuizar ou prosseguir com a ação indenizatória.**

( ) Certo

( ) Errado

27. **(Farmacêutico Fiscal – CRF-GO – Quadrix – 2022) No caso de lesão ou outra ofensa à saúde, o ofensor indenizará o ofendido apenas das despesas relativas ao seu tratamento.**

( ) Certo

( ) Errado

28. **(Procurador Municipal – Prefeitura de Laguna-SC – Unesc – 2022) De acordo com a Lei nº 10.406/2002 - Código Civil, em relação ao capítulo da indenização, assinale a alternativa CORRETA.**

(A) No caso de lesão ou outra ofensa à saúde, o ofensor, em regra, não indenizará o ofendido das despesas do tratamento e dos lucros cessantes até ao fim da convalescença.

CAP. 8 · ELEMENTOS DA RESPONSABILIDADE CIVIL OU PRESSUPOSTOS DO DEVER DE INDENIZAR | **483**

(B) Se a vítima tiver concorrido dolosamente para o evento danoso, a sua indenização será fixada tendo-se em conta a gravidade de sua culpa em confronto com a do autor do dano.

(C) A indenização por injúria, difamação ou calúnia não consistirá na reparação do dano que delas resulte ao ofendido.

(D) Se houver excessiva desproporção entre a gravidade da culpa e o dano, poderá o juiz reduzir, equitativamente, a indenização.

(E) Se da ofensa resultar defeito pelo qual o ofendido não possa exercer o seu ofício ou profissão, ou se lhe diminua a capacidade de trabalho, a indenização não incluirá pensão correspondente à importância do trabalho para que se inabilitou, ou da depreciação que ele sofreu.

29. **(TJGO – CS-UFG – Residência Jurídica – 2023) A reparabilidade dos danos morais é relativamente nova em nosso país. Dentro desse panorama, podemos significar que**

(A) a compensação in natura é viável, na forma de retratação pública ou por outro meio.

(B) os danos morais não são conceituados como lesão ao direito de personalidade.

(C) a sua reparação requer um preço para a dor ou o sofrimento.

(D) a finalidade de acréscimo patrimonial é própria desse regime.

(E) os sentimentos humanos negativos pressupõem a reparação do dano moral.

30. **(Prefeitura de Cambé-PR – FAUEL – Advogado – 2023) O jurista Carlos Alberto Bittar leciona que "a teoria da responsabilidade civil encontra suas raízes no princípio fundamental *doneminem laedere*, justificando-se diante da liberdade e da racionalidade humanas, como imposição, portanto, da própria natureza das coisas. Ao escolher as vias pelas quais atua na sociedade, o homem assume os ônus correspondentes, apresentando-se a noção de responsabilidade como corolário de sua condição de ser inteligente e livre". Sobre o tema, assinale a alternativa CORRETA.**

(A) A responsabilidade civil pela perda de chance não se limita à categoria de danos extrapatrimoniais, pois, conforme as circunstâncias do caso concreto, a chance perdida pode apresentar também a natureza jurídica de dano patrimonial. A chance deve ser séria e real, não ficando adstrita a percentuais aprioristicos.

(B) A legítima defesa putativa exclui a responsabilidade civil.

(C) Em ação movida com base em hipótese de responsabilidade civil objetiva, não há relevância jurídica em perquirir a existência de culpa.

(D) No caso de homicídio, a indenização consiste, exclusivamente, no pagamento das despesas com o tratamento da vítima, seu funeral e o luto da família e na prestação de alimentos às pessoas a quem o morto os devia, levando-se em conta a duração provável da vida da vítima.

(E) A indenização por injúria, difamação ou calúnia, se o ofendido puder provar o prejuízo material, consistirá em valor equitativamente fixado pelo juiz, conforme as circunstâncias do caso.

31. **(AL-MG – Fumarc – Procurador – 2023) No que se refere à responsabilidade civil, de acordo com o Código Civil Brasileiro de 2002, é CORRETO afirmar:**

(A) A indenização mede-se pela extensão do dano. Se houver excessiva desproporção entre a gravidade da culpa e o dano, poderá o juiz reduzir, equitativamente, a indenização.

(B) Haverá obrigação de reparar o dano, dependendo da comprovação de culpa, nos casos especificados em lei, ou quando a atividade normalmente desenvolvida pelo autor do dano implicar, por sua natureza, risco para os direitos de outrem.

(C) Os bens do responsável pela ofensa ou violação do direito de outrem ficam sujeitos à reparação do dano causado e, se a ofensa tiver mais de um autor, todos responderão subsidiariamente pela reparação.

(D) Ressalvados outros casos previstos em lei especial, os empresários individuais e as empresas não respondem, independentemente de culpa, pelos danos causados pelos produtos postos em circulação.

GABARITO

01 – D	02 – C	03 – C	04 – B
05 – A	06 – A	07 – A	08 – D
09 – D	10 – B	11 – B	12 – E
13 – E	14 – A	15 – D	16 – C
17 – B	18 – CERTO	19 – C	20 – E
21 – B	22 – E	23 – A	24 – E
25 – C	26 – ERRADO	27 – ERRADO	28 – D
29 – A	30 – A	31 – A	

CLASSIFICAÇÃO DA RESPONSABILIDADE CIVIL QUANTO À CULPA. ANÁLISE DAS REGRAS DA RESPONSABILIDADE CIVIL OBJETIVA. LEGISLAÇÃO EXTRAVAGANTE E CÓDIGO CIVIL DE 2002

Sumário: 9.1 A responsabilidade civil subjetiva como regra do ordenamento jurídico brasileiro – 9.2 A responsabilidade civil objetiva. A cláusula geral do art. 927, parágrafo único, do CC. Aplicações práticas do dispositivo – 9.3 Principais casos de responsabilidade objetiva consagrados na legislação especial: 9.3.1 A responsabilidade objetiva do Estado; 9.3.2 A responsabilidade civil no Código de Defesa do Consumidor; 9.3.3 A responsabilidade civil por danos ambientais – 9.4 A responsabilidade objetiva no Código Civil de 2002. Regras específicas: 9.4.1 A responsabilidade civil objetiva por atos de terceiros ou responsabilidade civil indireta; 9.4.2 A responsabilidade civil objetiva por danos causados por animal; 9.4.3 A responsabilidade civil objetiva por danos causados por ruína de prédio ou construção; 9.4.4 A responsabilidade civil objetiva por danos oriundos de coisas lançadas dos prédios; 9.4.5 A responsabilidade civil objetiva em relação a dívidas; 9.4.6 A responsabilidade civil objetiva no contrato de transporte – 9.5 Resumo esquemático – 9.6 Questões correlatas – Gabarito.

9.1 A RESPONSABILIDADE CIVIL SUBJETIVA COMO REGRA DO ORDENAMENTO JURÍDICO BRASILEIRO

Conforme demonstrado, a responsabilidade subjetiva constitui regra geral em nosso ordenamento jurídico, baseada na *teoria da culpa*. Dessa forma, para que o agente indenize, para que responda civilmente, é necessária a comprovação da sua culpa genérica, que inclui o dolo (intenção de prejudicar) e a culpa em sentido restrito (imprudência, negligência ou imperícia).

Entretanto, foi exposto outro posicionamento, ainda minoritário, pelo qual a culpa seria um elemento acidental da responsabilidade civil. Compartilha dessa ideia Gustavo Tepedino, para quem o nosso ordenamento jurídico adotou um *sistema dualista*, havendo equívocos ao denotar que a responsabilidade subjetiva constitui regra (*Temas...*, 2004). São suas palavras:

"O Código Civil de 2002 não ficou alheio aos ditames constitucionais. Além de prever novas hipóteses específicas de objetivação da responsabilidade, positivou uma cláusula geral de responsabilidade objetiva para atividades de risco (art. 927, parágrafo único). Consagrou, portanto, um modelo dualista, no qual convive a responsabilidade subjetiva e a objetiva" (TEPEDINO, Gustavo. Material enviado para o curso de extensão em Direito Civil Constitucional, oferecido pela PUCMG entre julho e dezembro de 2004).

Apesar de respeitar esse posicionamento, a ele não me filio, particularmente quanto à eventual convivência dos modelos com culpa e sem culpa, sem que um deles seja a regra.

Não se pode filiar, em reforço, ao entendimento de que a regra do Código Civil de 2002 é a responsabilidade objetiva, sem culpa. Na esteira dessa conclusão, cite-se a opinião de Sylvio Capanema de Souza, que afirma: "agora, podemos dizer, sem o risco de estarmos exagerando, que é exatamente o inverso, ou seja, a regra geral passa a ser a responsabilidade objetiva, e a exceção a subjetiva" (Novos aspectos..., *Anais*..., 2008, p. 184). Cabe acrescentar que essa também é a posição de Marco Aurélio Bezerra de Melo: "parece-nos acertada a concepção segundo a qual a regra na atualidade é a responsabilidade objetiva, sendo a subjetiva a exceção" (*Curso*..., 2015, v. IV, p. 18).

Como primeiro argumento para a conclusão de que a regra é a responsabilidade subjetiva, veja-se a própria organização do Código Civil, uma vez que a Parte Geral traz como regra, em seu art. 186, a responsabilização somente nos casos em que a culpa em sentido amplo estiver presente. Desse modo, para que o agente indenize o prejudicado é necessária a prova do elemento culpa, ônus que cabe, como regra geral, ao autor da demanda, pelo que prevê o art. 373, inc. I, do CPC/2015, repetição do art. 333, inc. I, do CPC/1973.

Em reforço, cumpre lembrar que, de acordo com a ordem natural das coisas, a regra vem sempre antes da exceção. Percebe-se que o art. 927, *caput*, traz primeiro a responsabilidade com culpa, estando a responsabilização objetiva prevista em seu parágrafo único, nos casos ali taxados, justamente nas hipóteses em que não se aplica a primeira regra legal.

Segundo, porque entendemos que adotar a responsabilidade objetiva como regra pode trazer abusos, beneficiando inclusive o enriquecimento sem causa, ato unilateral vedado pela codificação material em vigor entre os arts. 884 a 886.

Terceiro, apontando razão histórica, anote-se que interpretação da *Lex Aquilia de Damno*, do século III antes de Cristo, previa como regra geral a responsabilidade subjetiva, tendo surgido justamente em época em que se tinha como regra a responsabilização independentemente de culpa, não aprovada pelos pragmáticos romanos. Se a responsabilidade objetiva não foi aprovada em uma sociedade rudimentar como a da época, imagine-se o *estrago* que poderia gerar se fosse adotada como regra na sociedade atual, tão complexa e massificada.

Quarto, e por último, sobre o argumento de que o Código Civil de 2002 traz mais hipóteses de responsabilidade objetiva do que subjetiva, é interessante lembrar que é da técnica legislativa positivar as exceções, e não a regra.

Por tais razões, deve-se entender que a atual codificação privada continua consagrando como regra geral a necessidade do elemento culpa para fazer surgir a responsabilidade civil e o consequente dever de indenizar (responsabilidade subjetiva). Em uma visão técnica, a legalidade civil fez clara opção pelo modelo da culpa. Eventualmente, pode-se até defender a revisão desse modelo, mas *de lege ferenda*. Realmente, a civilística brasileira deve refletir sobre os novos horizontes para o fundamento da responsabilidade civil, como já fizeram, há tempos, os juristas argentinos.

CAP. 9 · CLASSIFICAÇÃO DA RESPONSABILIDADE CIVIL QUANTO À CULPA | **487**

Assim, a tendência, para o futuro, é que a culpa seja abandonada. Aliás, a propensão é que também o risco seja abandonado, pois a principal preocupação, antes de qualquer coisa, é reparar as vítimas, o que está em sintonia com a ideia de *responsabilidade pressuposta*. Dentro dessa concepção, em sua obra inovadora, ensina Anderson Schreiber:

> "A culpa continua sendo relevante para a responsabilidade civil. Embora tenha perdido aplicação em uma ampla gama de relações – hoje regida pela responsabilidade objetiva – a noção de culpa, não em sua versão psicológica ou moral, mas em sua roupagem contemporânea, continua desempenhando papel importante na etiologia da responsabilidade subjetiva. Mesmo aí, contudo, a função de filtro dos pedidos de indenização que, outrora, se lhe atribuía vem sofrendo continuado desgaste. A demonstração da culpa libertou-se, ao longo dos últimos anos, de muitos de seus tormentos originais. As transformações vividas no âmbito da própria responsabilidade subjetiva corroboram tal constatação. A proliferação das presunções de culpa, as alterações no método de aferição da culpa, a ampliação dos deveres de comportamento em virtude da boa-fé objetiva, e outros expedientes semelhantes vêm contribuindo, de forma significativa, para a facilitação da prova da culpa, hoje não mais uma *probatio diabolica*" (SCHREIBER, Anderson. *Novos paradigmas...*, 2007, p. 48).

Na esteira das palavras transcritas, pode-se até afirmar que a culpa deixou de ter *papel principal* na responsabilidade civil, passando a ter *papel coadjuvante*. Todavia, o seu papel ainda é exercido. Com tal constatação, olhando para o futuro, encerra-se esta breve introdução.

9.2 A RESPONSABILIDADE CIVIL OBJETIVA. A CLÁUSULA GERAL DO ART. 927, PARÁGRAFO ÚNICO, DO CC. APLICAÇÕES PRÁTICAS DO DISPOSITIVO

Como não poderia ser diferente, o Código Civil passa a admitir a responsabilidade objetiva expressamente, pela regra constante do seu art. 927, parágrafo único. Para fins didáticos, cumpre transcrever todo o dispositivo:

> "Art. 927. Aquele que, por ato ilícito (arts. 186 e 187), causar dano a outrem, é obrigado a repará-lo.
>
> Parágrafo único. Haverá obrigação de reparar o dano, independentemente de culpa, nos casos especificados em lei, ou quando a atividade normalmente desenvolvida pelo autor do dano implicar, por sua natureza, risco para os direitos de outrem".

Destaque-se que o dispositivo está inspirado no art. 2.050 do *Codice Civile* Italiano, de 1942, que trata da *esposizione al pericolo* (exposição ao perigo) e que tem a seguinte redação: "Chiunque cagiona danno ad altri nello svolgimento di un'attività pericolosa, per sua natura o per la natura dei mezzi adoperati, e tenuto al risarcimento, se non prova di avere adottato tutte le misure idonee a evitare il danno" (em tradução livre: "aquele que causa dano a outrem no desenvolvimento de uma atividade perigosa, por sua natureza ou pela natureza dos meios adotados, é obrigado ao ressarcimento, se não provar haver adotado todas as medidas idôneas para evitar o dano").

De qualquer forma, é interessante perceber que os dispositivos não são idênticos. Primeiro porque o Código Civil Brasileiro trata de atividade de risco; enquanto o Código Civil Italiano consagra uma atividade perigosa, conceitos que são distintos pela própria redação. Segundo, porque aqui a responsabilidade é objetiva (sem culpa); enquanto lá não há unanimidade se a responsabilidade é objetiva ou se está presente a culpa presumida, prevalecendo o último entendimento (por todos: MONATERI, Píer Giuseppe. *Illecito...*, Trattato..., Diretto..., 2002, t. II, p. 84).

No tocante ao Brasil, a responsabilidade objetiva independe de culpa e é fundada na *teoria do risco*, em uma de suas modalidades, sendo as principais:

– *Teoria do risco administrativo*: adotada nos casos de responsabilidade objetiva do Estado, que ainda será estudada (art. 37, § 6.º, da CF/1988).

– *Teoria do risco criado*: está presente nos casos em que o agente cria o risco, decorrente de outra pessoa ou de uma coisa. Cite-se a previsão do art. 938 do CC, que trata da responsabilidade do ocupante do prédio pelas coisas que dele caírem ou forem lançadas (*defenestramento*). Há julgado superior que reconhece que essa teoria foi adotada pelo art. 927, parágrafo único, segunda parte, do Código Civil. Conforme o aresto, "para a responsabilidade objetiva da teoria do risco criado, adotada pelo art. 927, parágrafo único, do CC/02, o dever de reparar exsurge da materialização do risco – da inerente e inexorável potencialidade de qualquer atividade lesionar interesses alheios – em um dano; da conversão do perigo genérico e abstrato em um prejuízo concreto e individual. Assim, o exercício de uma atividade obriga a reparar um dano, não na medida em que seja culposa (ou dolosa), porém na medida em que tenha sido causal" (REsp 1.786.722/SP, 3.ª Turma, Rel. Min. Nancy Andrighi, j. 09.06.2020, *DJe* 12.06.2020). Esclareço que o acórdão trata de hipótese de explosão elétrica em vagão de um trem, por ato de vandalismo praticado por terceiro, trazendo a conclusão pelo dever de indenizar da empresa transportadora mesmo nessa hipótese.

– *Teoria do risco da atividade (ou risco profissional)*: quando a atividade desempenhada cria riscos a terceiros, aos direitos de outrem, nos moldes do que consta da segunda parte do citado art. 927, parágrafo único, do CC/2002, estudado a seguir.

– *Teoria do risco-proveito*: é adotada nas situações em que o risco decorre de uma atividade lucrativa, ou seja, o agente retira um proveito do risco criado, como nos casos envolvendo os riscos de um produto, relacionados com a responsabilidade objetiva decorrente do Código de Defesa do Consumidor. Dentro da ideia de risco-proveito estão os *riscos de desenvolvimento*. Exemplificando, deve uma empresa farmacêutica responder por um novo produto que coloca no mercado ou que ainda esteja em fase de testes.

– *Teoria do risco integral*: nessa hipótese não há excludente de nexo de causalidade ou responsabilidade civil a ser alegada, como nos casos de danos ambientais, segundo os autores ambientalistas (art. 14, § 1.º, da Lei 6.938/1981). No caso de dano ambiental causado pelo Estado, aplicar-se-ia essa teoria para essa parcela da doutrina e da jurisprudência.

Superada essa visualização panorâmica, pelo art. 927, parágrafo único, do atual Código Privado, haverá responsabilidade independentemente de culpa nos casos previstos em lei *ou* quando a atividade desempenhada criar riscos aos direitos de outrem.

Em relação aos casos estabelecidos em lei, como primeiro exemplo, cite-se a responsabilidade objetiva dos fornecedores de produtos e prestadores de serviços frente aos consumidores, prevista no Código de Defesa do Consumidor (Lei 8.078/1990). Como segundo exemplo, destaque-se a responsabilidade civil ambiental, consagrada pela Lei da Política Nacional do Meio Ambiente (art. 14, § 1.º, da Lei 6.938/1981). O terceiro exemplo a ser mencionado é a Lei 12.846, de 1.º de agosto de 2013, que dispõe sobre a responsabilização administrativa e civil de pessoas jurídicas, pela prática de atos contra a administração pública, especialmente por corrupção. De acordo com o art. 2.º da última norma, as pessoas jurídicas serão responsabilizadas objetivamente, nos âmbitos administrativo e civil, pelos atos lesivos previstos no seu texto, praticados em seu interesse ou benefício, exclusivos ou não.

Em continuidade, percebe-se que há casos de responsabilidade civil objetiva que não estão previstos em lei, o que abre a possibilidade de doutrina e jurisprudência *criarem* outras hipóteses de responsabilidade objetiva. Esse dispositivo consagra, portando, a *cláusula geral de responsabilidade objetiva*, conforme ensina Gustavo Tepedino (A evolução..., *Temas...*, 2004, p. 195). Essa cláusula geral está consubstanciada na expressão *atividade de risco*, possibilitando ao juiz a análise do caso concreto, gerando ou não a responsabilidade sem culpa. Para esclarecer o que constitui essa *atividade de risco,* foi aprovado enunciado na *I Jornada de Direito Civil* do Conselho da Justiça Federal, com a seguinte redação:

> "Enunciado 38. Art. 927: a responsabilidade fundada no risco da atividade, como prevista na segunda parte do parágrafo único do art. 927 do novo Código Civil, configura-se quando a atividade normalmente desenvolvida pelo autor do dano causar a pessoa determinada um ônus maior do que aos demais membros da coletividade".

Na realidade, o enunciado doutrinário não esclarece muito, pois não há dúvidas de que para a configuração do que seja *atividade de risco* deverão ser analisadas as condutas das partes, bem como o meio social ao qual pertencem (*função social da responsabilidade civil*).

Na verdade, por atividade de risco, deve-se entender um *risco excepcional*, ou, nas palavras de Cláudio Luiz Bueno de Godoy, um "risco diferenciado, especial, particular, destacado, afinal, se toda e qualquer prática organizada de atos em maior ou menor escala o produz" (*Responsabilidade...*, 2009, p. 97).

O jurista propôs enunciado nesse sentido quando da *V Jornada de Direito Civil*, que contou com o meu apoio, nos seguintes termos: "a regra do artigo 927, parágrafo único, segunda parte, do CC aplica-se sempre que a atividade normalmente desenvolvida, mesmo sem defeito e não essencialmente perigosa, induza, por sua natureza, risco especial e diferenciado aos direitos de outrem. São critérios de avaliação desse risco, entre outros, a estatística, a prova técnica e as máximas de experiência" (Enunciado n. 448).

Anote-se que, em prol da segurança jurídica, o Projeto de Reforma do Código Civil, ora em tramitação no Congresso Nacional, pretende inserir no novo art. 927-B, que equivale, ao atual parágrafo único do art. 927, o teor do citado enunciado doutrinário. No *caput* da norma, passará a se prever que "haverá obrigação de reparar o dano independentemente de culpa, nos casos especificados em lei, ou quando a atividade desenvolvida pelo autor do dano implicar, por sua natureza, risco para os direitos de outrem". E, consoante o seu projetado § 1.º, que trará mais clareza e efetividade à cláusula geral, na minha opinião, "a regra do *caput* se aplica à atividade que, mesmo sem defeito e não essencialmente perigosa, induza, por sua natureza, risco especial e diferenciado aos direitos de outrem. São critérios para a sua avaliação, entre outros, a estatística, a prova técnica e as máximas de experiência".

Também se almeja, para a verificação da presença da atividade de risco, que sejam levados em conta a classificação feita pelo Poder Público ou por agência reguladora, o que igualmente virá em boa hora: "§ 2.º Para a responsabilização objetiva do causador do dano, bem como para a ponderação e a fixação do valor da indenização deve também ser levada em conta a existência ou não de classificação do risco da atividade pelo poder público ou por agência reguladora, podendo ela ser aplicada tanto a atividades desempenhadas em ambiente físico quanto digital".

Ainda no estudo da *cláusula geral de responsabilidade objetiva*, em complemento, quando da *III Jornada de Direito Civil*, em 2004, foi proposto enunciado com conteúdo interessante, o que divide a doutrina. O teor da proposta foi o seguinte: "No art. 927, parágrafo único, do CC, o fator de imputação da obrigação de indenizar é a atividade de risco e não o risco da atividade". O seu autor é Adalberto de Souza Pasqualotto, professor da PUCRS. O enunciado doutrinário não foi aprovado naquela oportunidade diante da divergência de seu conteúdo.

Justificou o autor da proposta que "risco é toda exposição de terceiro à possibilidade de dano. Mas não basta esse conceito genérico. A correta interpretação da norma exige a delimitação do seu alcance". Assim, defendia o professor gaúcho uma interpretação mais restrita do dispositivo, o que demandaria "a verificação do núcleo do preceito, que apresenta dois elementos, um objetivo: atividade que, por sua natureza, é criadora de risco; outro, subjetivo: atividade normalmente desenvolvida pelo autor do dano". E arrematou: "assim, restam afastadas do conceito aquelas atividades em que o risco, embora eventualmente presente, não é necessário. O risco deve ser inseparável do exercício da atividade. Essa constatação nos remete ao conceito de natureza das coisas, um dos fundamentos da segunda teoria do direito natural".

Concluiu o então autor da proposta que a aclamada *cláusula geral de responsabilidade objetiva* em nada inovaria, pois os casos envolvendo o risco já estavam todos tratados em lei como de responsabilidade sem culpa. Na ocasião daquela *Jornada*, não me filiei à proposta, notadamente por este aspecto final. Muito ao contrário, na presente obra, pretende-se demonstrar uma aplicação da referida *cláusula geral, independentemente do que consta da lei*.

Pois bem, na *V Jornada de Direito Civil*, realizada em novembro de 2011, aprovou-se outra ementa propondo uma interpretação sociológica do comando, no seguinte sentido: "a responsabilidade civil prevista na segunda parte do parágrafo único do art. 927 do Código Civil deve levar em consideração não apenas a proteção da vítima e a atividade do ofensor, mas também a prevenção e o interesse da sociedade" (Enunciado n. 446).

A proposta de enunciado foi feita por Roger Silva Aguiar, sendo fruto de sua tese de doutorado, defendida na Universidade Gama Filho, do Rio de Janeiro (*Responsabilidade...*, 2011). Trata-se de interessante interpretação, que possibilita o enquadramento futuro de novas situações de risco, que surgirem do uso de novas técnicas pela humanidade. Como exemplo futuro, cogita-se a tecnologia que utiliza micro-organismos robóticos, conhecida como *nanotecnologia*.

Ainda da *V Jornada de Direito Civil*, de novembro de 2011, destaque-se o Enunciado n. 447, que propõe a responsabilidade objetiva dos clubes de futebol, pelos atos praticados por torcidas organizadas: "as agremiações esportivas são objetivamente responsáveis por danos causados a terceiros pelas torcidas organizadas, agindo nessa qualidade, quando, de qualquer modo, as financiem ou custeiem, direta ou indiretamente, total ou parcialmente" (outra proposta de Adalberto Pasqualotto). O enquadramento dessa responsabilidade objetiva estaria justamente na atividade de risco descrita pelo parágrafo único do art. 927, o que também contou com o meu apoio no evento.

Eventualmente, cabe a aplicação do CDC nesses casos, como concluiu o Superior Tribunal de Justiça no ano de 2022. Conforme aresto publicado no Informativo n. 474 da Corte, "em partida de futebol, se houver tumulto causado por artefatos explosivos jogados contra a torcida visitante, o time mandante deve responder pelos danos causados aos torcedores". No caso concreto, nos termos do acórdão, o clube mandante do jogo "deve responder pelos danos causados aos torcedores o time mandante que não se desincumbiu adequadamente do dever de minimizar os riscos da partida, deixando de fiscalizar o porte de artefatos explosivos nos arredores do estádio e de organizar a segurança de forma a evitar tumultos na

CAP. 9 • CLASSIFICAÇÃO DA RESPONSABILIDADE CIVIL QUANTO À CULPA   **491**

saída da partida" (STJ, REsp 1.773.885/SP, 3.ª Turma, Rel. Min. Ricardo Villas Bôas Cueva, j. 30.08.2022, *DJe* 05.09.2022).

Partindo para outra concretização da norma, o art. 927, parágrafo único, do Código Civil em vigor deve ser aplicado à relação de trabalho, particularmente à responsabilidade direta do empregador, podendo haver, dependendo da atividade desempenhada pelo empregador, responsabilidade objetiva deste. Vejamos o porquê dessa conclusão.

A matéria de responsabilidade civil direta do empregador está prevista na Constituição Federal, em seu art. 7.º, inc. XXVIII, com regra pela qual é assegurado ao trabalhador "seguro contra acidentes de trabalho, a cargo do empregador, sem excluir a indenização a que este está obrigado, quando incorrer em dolo ou culpa". Há muito tempo tem-se sustentado que tal dispositivo traz a responsabilidade subjetiva do patrão como regra indeclinável, em casos de desrespeito às normas de segurança e medicina do trabalho, entendimento este que vinha sendo acompanhado, quase que cegamente, pela doutrina e pela jurisprudência.

O dispositivo trata da *responsabilidade direta* do empregador. Isso deve ficar claro porque a *responsabilidade indireta* do empregador, por ato do seu empregado, é objetiva, conforme os arts. 932, inc. III, e 933 do CC, dispositivos que ainda serão estudados de forma aprofundada no presente capítulo.

Todavia, deve-se entender que, com a emergência do Código Civil de 2002, poderá o magistrado, dependendo do caso concreto, apontar para a *responsabilidade direta objetiva* do empregador quando a sua atividade produzir claros riscos ao empregado, conforme a aplicação da regra contida no parágrafo único do art. 927, que consagra a aclamada *cláusula geral de responsabilidade objetiva*.

Em artigo muito bem fundamentado, o doutrinador e juiz do trabalho Rodolfo Pamplona Filho expõe que não é tão simples apontar, às cegas, que a responsabilidade direta do empregador dependerá do elemento culpa em todos os casos, concluindo o jurista baiano:

"De fato, não há como se negar que, como regra geral, indubitavelmente a responsabilidade civil do empregador, por danos decorrentes de acidente de trabalho, é subjetiva, devendo ser provada alguma conduta culposa de sua parte, em alguma das modalidades possíveis, incidindo de forma independente do seguro acidentário, pago pelo Estado.

Todavia, parece-nos inexplicável admitir a situação de um sujeito que:

– Por força de lei, assume os riscos da atividade econômica;

– Por exercer uma determinada atividade (que implica, por sua própria natureza, em risco para os direitos de outrem), responde objetivamente pelos danos causados.

Ainda assim, em relação aos seus empregados, tenha o direito subjetivo de somente responder, pelos seus atos, se os hipossuficientes provarem culpa...

A aceitar tal posicionamento, vemo-nos obrigados a reconhecer o seguinte paradoxo: o empregador, pela atividade exercida, responderia objetivamente pelos danos por si causados, mas, em relação a seus empregados, por causa de danos causados justamente pelo exercício da mesma atividade que atraiu a responsabilização objetiva, teria um direito a responder subjetivamente.

Desculpe-nos, mas é muito para nosso fígado" (PAMPLONA FILHO, Rodolfo. Responsabilidade..., *Questões...*, 2003, p. 251).

Muito interessante o parecer de Rodolfo Pamplona Filho, com o qual se concorda integralmente. Realmente é demais para o nosso fígado!

Para reforçar essa tese, de importante feição social, serão utilizadas regras de teoria geral de direito, muito bem expostas pela Professora Maria Helena Diniz (*Conflito...*, 2003) e estudadas no Volume 1 desta coleção, demonstrando que a responsabilidade do empregador poderá ser tida como objetiva pelo juiz da causa nos casos envolvendo atividade de risco. Esclareça-se, contudo, que não estou defendendo que a responsabilidade é *sempre* objetiva, mas que o magistrado assim pode considerá-la, a partir da análise do caso concreto.

Inicialmente, compreendemos que há um claro conflito entre o art. 7.º, inc. XXVIII, da CF/1988 e o art. 927, parágrafo único, do CC/2002. Isso porque, analisando o primeiro dispositivo, chega-se à conclusão de responsabilização direta subjetiva do empregador, sempre, em todos os casos. Já pela segunda norma, a responsabilidade do empregador, havendo riscos pela atividade desenvolvida, pode ser tida como objetiva, independentemente de culpa.

Assim, pelo primeiro preceito o trabalhador ou empregado deve comprovar a culpa do empregador para fazer *jus* à indenização, o mesmo não se podendo dizer pela leitura do segundo comando legal privado, que facilita o caminho a ser percorrido pelo autor da demanda, o trabalhador ou empregado.

Sempre entendi que a regra contida na Constituição Federal não é específica a respeito da responsabilidade civil, tratando sim de regra de seguro como direito inerente à condição do empregado, sem excluir a indenização a que o empregador estará obrigado na hipótese em que incorrer em culpa ou dolo. Aliás, apesar de ser norma criada a favor do empregado, é utilizada a favor do empregador, ao revés e de forma absurda!

Dentro dessa linha de pensamento, o dispositivo constitucional não traz regra pela qual a responsabilidade do empregador seja *sempre* subjetiva, mas somente prevê, na sua segunda parte, que o direito ao seguro não exclui o de reparação civil nos casos de dolo ou culpa. Constituindo norma geral, é também norma hierarquicamente superior em relação ao Código Civil atual, por constar na norma fundamental brasileira. Por outra via, o art. 927, parágrafo único, do CC/2002, apesar de ser norma inferior, constitui regra específica de responsabilidade civil sem culpa, inserida que está na seção que trata dessa fonte do direito obrigacional.

Observa-se, portanto, um conflito entre uma *norma geral superior* (art. 7.º, inc. XXVIII, da CF) e uma *norma especial inferior* (art. 927, parágrafo único, do CC). Presente esse choque, essa antinomia, qual das duas normas vai se sobrepor? Trata-se de uma antinomia de segundo grau, envolvendo os critérios *hierárquico* e da *especialidade*, tema já abordado no primeiro capítulo do Volume 1 desta coleção (TARTUCE, Flávio. *Direito civil...*, 2025).

Ora, foi comentado, naquela obra, que o conflito envolvendo tais critérios – hierárquico e especialidade – é exemplo típico de *antinomia real*, em que a solução não está nos metacritérios propostos, desenvolvidos por Norberto Bobbio (*Teoria...*, 1996, p. 91-110). Vale lembrar que a própria especialidade consta da Constituição Federal, na segunda parte do princípio da isonomia, um dos ditames do *Direito Civil Constitucional* (a lei deve tratar de maneira igual os iguais, *e de maneira desigual os desiguais*).

A partir da doutrina de Maria Helena Diniz, constata-se que, havendo essa antinomia real, duas são as possíveis soluções (*Conflito...*, 2003, p. 53-60).

A primeira é solução do Poder Legislativo com a edição de uma terceira norma apontando qual das duas regras em conflito deve ser aplicada, ou seja, qual deve se sobrepor. Como não há no momento essa terceira norma, não é o caso desse meio de solução.

A segunda solução é a do Poder Judiciário, com a escolha, pelo juiz da causa, de uma das duas normas, aplicando os arts. 4.º e 5.º da Lei de Introdução. Por esse caminho, o magistrado deve buscar socorro na analogia, costumes, princípios gerais do direito, fim social da norma e bem comum. Serve como fundamento complementar o art. 8.º do CPC/2015, segundo o qual, "ao aplicar o ordenamento jurídico, o juiz atenderá aos fins sociais e às exigências do bem comum, resguardando e promovendo a dignidade da pessoa humana e observando a proporcionalidade, a razoabilidade, a legalidade, a publicidade e a eficiência".

Aplicando a analogia, o magistrado poderá entender pela responsabilidade objetiva, como fez Rodolfo Pamplona Filho, ao subsumir os arts. 932, inc. III, e 933 do CC.

Pelos costumes, o juiz pode entender que a responsabilidade é subjetiva, pois assim vinha entendendo os nossos Tribunais, em sua maioria. Deve-se lembrar de que a prática judiciária faz parte do elemento costume, como fonte formal secundária do Direito.

Já pela aplicação do princípio geral de interpretação mais favorável ao empregado, um dos ditames do Direito do Trabalho, a responsabilidade é objetiva. O mesmo se diz pela aplicação do fim social da norma e do bem comum, consubstanciando a regra *suum cuique tribuere* (dar a cada um o que é seu), o preceito máximo de justiça.

O juiz igualmente entenderá pela responsabilidade objetiva se aplicar a proteção da dignidade humana (art. 1.º, inc. III, da CF/1988 e art. 8.º do CPC/2015) e a solidariedade social (art. 3.º, inc. I, da CF/1988) em prol do trabalhador ou empregado. Anote-se que, para corrente respeitável da doutrina, esses princípios têm aplicação nas relações privadas, e de forma imediata. Assim entendem os autores partidários da *eficácia horizontal dos direitos fundamentais*, ou seja, da aplicação das normas que protegem a pessoa às relações privadas, caso de Daniel Sarmento (*Direitos...*, 2004) e Ingo Wolfgang Sarlet (*A eficácia...*, 2004). O fundamento para essa aplicação imediata está no art. 5.º, § 1.º, da CF/1988, pelo qual "as normas definidoras dos direitos e garantias fundamentais têm aplicação imediata". Ademais, repise-se que fez o mesmo o art. 8.º do CPC/2015 ao mencionar a incidência da dignidade humana sem qualquer restrição. Esse último é o melhor caminho doutrinário a ser percorrido.

Concluindo, é importante ressaltar que a jurisprudência nacional em muito evoluiu nesse sentido. Antes somente o dolo ou a culpa grave poderia acarretar a responsabilidade do empregador. Daí passou-se a admitir a responsabilização do empregador quando presente a culpa em qualquer grau. Com a emergência do Código Civil de 2002, há possibilidade de o magistrado apontar para a responsabilização objetiva da empresa empregadora, quando existirem riscos criados ao trabalhador ou empregado.

Percebendo esta tendência, ensinava o Professor das Arcadas Álvaro Villaça Azevedo, antes mesmo da entrada em vigor do novo Código Civil Brasileiro:

"Cite-se, como ilustração de responsabilidade civil pelo risco, a atividade de um grande empresário. No desempenho dela, no afã de movimentar sua empresa, ele reparte-se distribuindo atribuições a seus subordinados, que, no mais das vezes, não têm condição econômico-financeira, sequer sofrível. Ante o risco criado por essa atividade, que visa a obtenção de um lucro, desumano seria que os prejuízos dela advindos não fossem reparados, ante a nenhuma fortuna de seus causadores diretos. Imaginemos a empresa em funcionamento: funcionários praticando atos de toda a sorte, movimento intenso de entrada e saída de mercadorias, veículos transportando-as etc. De repente, um caminhão que abalroa; um empregado que se acidenta; o dano está causado. Onde está a culpa? Do empregado paupérrimo? E a vítima? Estas perguntas não seriam respondidas, proficientemente, pela ciência jurídica, se a teoria do risco não viesse responsabilizar a pessoa que o propiciou, pois, só pela teoria subjetiva, muito difícil seria a responsabilização da empresa, ante a impossibilidade de culpá-la pelo ocorrido" (AZEVEDO, Álvaro Villaça. *Teoria...*, 2000, p. 277).

Ainda entre os civilistas, há referência dessa forma de pensar na obra de Maria Helena Diniz, para quem "é preciso lembrar que, então, a responsabilidade civil objetiva será adotada se o acidente advier no meio ambiente do trabalho, violar direito coletivo ou difuso, visto que um dos reflexos do dano ambiental trabalhista é o risco potencial de ofensa ao trabalho (Lei 6.938/1981, art. 14, § 1.º)" (*Curso...*, 2005, p. 502). A renomada professora prefere aplicar as regras do Direito Ambiental ao concluir pela responsabilidade objetiva, o que também é plausível e defensável.

Da doutrina trabalhista, pode ser citada a opinião de José Affonso Dallegrave Neto, muito próximo ao que foi aqui defendido:

"Ademais, se é certo que no regime da responsabilidade subjetiva a indenização acidentária está acondicionada à comprovação de culpa do empregador, não se pode negar que a regra do parágrafo único do art. 927 do novo Código Civil encerra cláusula geral de responsabilidade objetiva que prescinde de apuração da culpa patronal, nos casos em que a atividade empresarial normalmente desenvolvida implica, por sua natureza, riscos aos seus empregados. O próprio constituinte reforça a opção de afastamento da responsabilidade civil subjetiva em relação aos chamados danos ambientais, *ex vi legis*, do art. 225, § 3.º, da CF" (DALLEGRAVE NETO, José Affonso. *Responsabilidade...*, 2003, p. 193).

Portanto, conclui-se pela necessidade de confrontação do Texto Constitucional e o Código Civil de 2002, devendo o aplicador do direito declinar pela aplicação de uma das duas normas, de acordo com a sua convicção e buscando sempre o preceito máximo de justiça. Felizmente, julgados de Tribunais Estaduais, prolatados na vigência da codificação material de 2002, vinham adotando essa tese de responsabilidade objetiva do empregador:

"Ação de indenização por danos causados em local de trabalho – Perda auditiva induzida pelo ruído – Níveis elevados de pressão sonora no ambiente laboral da autora – Lesões irreversíveis determinando redução da capacidade laborativa, com necessidade de maior esforço – Risco profissional – Empregador – Requisitos da responsabilidade civil – Presença – Culpa – Inversão do ônus probatório – Dano moral – Ocorrência – Prescindibilidade de instrução probatória – Dano considerado 'in re ipsa' – 'Fait de risque' – Culpa problemática – Perspectiva do art. 927 do novo Código Civil – 1. Fundamento da responsabilidade civil. Na responsabilidade civil decorrente do acidente do trabalho ou de doença profissional, há inversão do ônus probatório em favor do empregado, a quem somente se exige a prova do vínculo empregatício, a ocorrência do dano e o nexo causal. Ademais, ao empregador cumpre observar o direito de segurança da vítima, seu empregado, em razão da assunção dos riscos advindos da atividade econômica que explora. Não logrando o empregador demonstrar a culpa exclusiva da vítima na ocorrência do evento danoso, responde pela obrigação indenizatória. Questões doutrinárias e precedentes jurisprudenciais. 2. Concausa. A concausa não tem o condão de quebrar o nexo causal que enseja o dever de indenizar, desimportando seja preexistente ou superveniente, quando o caso dos autos demonstra que a autora estava exposta a agentes agressivos ao organismo como umidade e ruído excessivo de modo habitual e permanente, ao longo do período em que laborou na empresa demandada, ocasionando a hipoacusia demonstrada nos autos. 3. Pensionamento mensal. O pensionamento mensal a título de danos materiais, havidos por conta da redução da capacidade laborativa, se dá de forma vitalícia, pois vitalícias são as sequelas a serem suportadas pela vítima. Precedentes jurisprudenciais. 4. Dano moral. O dano moral puro prescinde de produção probatória, pois é considerado 'in re ipsa'. A perda auditiva moderada a severa enseja a ocorrência de danos morais a serem indenizados pelo causador do dano" (TJRS, Processo 70008106916, 9.ª Câmara Cível, Porto Alegre, Juiz Relator Nereu José Giacomolli, 07.04.2004).

"Processual civil – Inversão do ônus da prova – Doença do trabalho – Responsabilidade objetiva do empregador – Responsabilidade contratual – Teorias do risco profissional e do risco ambiental – Proteção do empregado hipossuficiente – Agravo conhecido e improvido. A responsabilidade da requerida é contratual, sendo perfeitamente aplicável a inversão do ônus da prova. Ademais, tal inversão se sustenta haja vista a dicção do inciso XXXVIII, do art. 7.º, da Constituição Federal, cuja interpretação sistemática desboca na responsabilidade objetiva do empregador por acidentes de trabalho, seja pela teoria do risco profissional, seja pela teoria da responsabilidade objetiva por danos ambientais, já que o ambiente de trabalho (artificial) também é considerado tutelado pela Lei 6.938/1981 (Política Nacional do Meio Ambiente)" (Tribunal de Alçada do Paraná, Agravo de Instrumento 0228634-8, Ac. 174009, 6.ª Câmara Cível, Curitiba, Juiz Anny Mary Kuss, j. 17.06.2003, publ. 01.08.2003).

Observe-se que essa tese, que antes era minoritária, ganhou força na doutrina e na jurisprudência. Demonstrando essa realidade, na *IV Jornada de Direito Civil*, em 2006, foi aprovado o importante Enunciado n. 377, cuja redação é a seguinte: "o art. 7.º, XXVIII, da Constituição Federal não é impedimento para a aplicação do disposto no art. 927, parágrafo único, do Código Civil quando se tratar de atividade de risco". O enunciado doutrinário teve vários proponentes, entre eles magistrados do Trabalho, que estiveram presentes no evento.

Na Justiça do Trabalho, competente para julgar as ações de acidente de trabalho, diante da Emenda Constitucional 45/2004, há vários julgados apontando para a responsabilidade objetiva do empregador em casos de situações de risco. O meu entendimento, aliás, defendido em outros trabalhos desde o ano de 2003, foi adotado pelo TRT da 13.ª Região sediado na Paraíba (Processo 01453.2004.006.13.00-2), e pelo TRT da 14.ª Região sediado em Rondônia e Acre (Processo 00288.2005.092.14.00-7). Do último julgado, pode ser extraída a seguinte ementa:

"Acidente de trabalho – Responsabilidade subjetiva e/ou objetiva do empregador – Teoria do risco criado. Estando a responsabilidade subjetiva ligada à ideia de culpa, seu principal pressuposto, o novo Código Civil a manteve como regra geral em seu art. 186. Já a responsabilidade objetiva, estando assentada, como na melhor doutrina, na equação binária do dano e autoria do evento danoso, não se cogita de investigação quanto a antijuridicidade do fato, se o que importa para assegurar o ressarcimento é verificar se ocorreu o evento com prejuízos, imputando-se ao autor do fato causador do dano a responsabilidade. Teoria do Risco Criado que melhor se adapta às condições de vida social, já que o risco da atividade empresarial corre por conta do empregador" (TRT da 14.ª Região, Processo TRT 00288.2005.092.14.00-71, Processo: 00288.2005.092.14.00-7, Recurso ordinário, 2.ª Vara do Trabalho de Ji-Paraná/RO, Rel. Juíza Vania Maria da Rocha Abensur, Rev. Juiz Shikou Sadahiro, j. 07.07.2006).

Do TRT da 2.ª Região, de São Paulo, do mesmo modo há decisões remotas aplicando a cláusula geral de responsabilidade objetiva, prevista no art. 927, parágrafo único, do Código Civil. Por todos esses julgados, transcreve-se o seguinte:

"Dano estético – Acidente do trabalho – Explosão gerada por curto circuito na caldeira – Queimaduras em 20% do corpo do empregado – Indenização devida – Prova da culpa desnecessária – Existência de caldeira e explosão por faísca elétrica denotam atividade de risco, atraindo a responsabilização objetiva do empregador – CLT, art. 2.º; NCC, art. 927; Lei 6.939/1981, art. 14, § 1.º; CF/88, art. 7.º, *caput* e XXVIII, e art. 200, VIII. A presença de caldeira e de explosão por faísca elétrica mostram que a atividade gerava para o empregado um risco anormal à sua integridade física, ou seja, o meio ambiente do trabalho terceiros que não tenham qualquer tipo de vínculo com o empregador. Por conseguinte, seria absolutamente incoerente que, na mesma situação em relação ao trabalhador, a responsabilidade fosse subjetiva, e, em relação a terceiros, fosse objetiva. A Constituição estabeleceu um sistema em que o empregador recolhe seguro (CF, art. 7.º, XXVIII). Havendo acidente de trabalho, o sistema de previdência social irá pagar o benefício e o salário. Além do seguro que o empregado tem direito, há também a garantia de indenização, quando o empregador tenha incorrido em dolo ou culpa. Portanto, a Constituição, de uma maneira inequivocamente clara, previu a responsabilidade subjetiva.

Entretanto, o *caput* do art. 7.º da CF, ao elencar uma série de direitos dos trabalhadores urbanos e rurais, assenta a possibilidade de instituição 'de outros que visem à melhoria de sua condição social'. Dessa forma, é certo que a Constituição assegurou a responsabilidade subjetiva (CF, art. 7.º, XXVIII), mas não impediu que os direitos dos trabalhadores pudessem ser ampliados por normatização infraconstitucional. Assim, é possível à legislação ordinária estipular outros direitos sociais que melhorem e valorizem a vida do trabalhador. Em decorrência disso, o referido dispositivo do CC é plenamente compatível com a CF.

No caso concreto, a atividade exercida pelo recorrido já está enquadrada na Consolidação das Leis Trabalhistas (CLT) como atividade perigosa [CLT, art. 193, II]. Não há dúvida de que o risco é inerente à atividade do segurança patrimonial armado de carro-forte.

O Ministro Roberto Barroso sublinhou que, em caso de atividade de risco, a responsabilidade do empregador por acidente de trabalho é objetiva, nos termos do art. 7.º, *caput*, da CF, combinado com o art. 927, parágrafo único, do CC, sendo que se caracterizam como atividades de risco apenas aquelas definidas como tal por ato normativo válido, que observem os limites do art. 193 da CLT" (STF, RE 828.040, Tribunal Pleno, Rel. Min. Alexandre de Moraes, j. 09.2019).

Foram vencidos os Ministros Marco Aurélio e Luiz Fux, que entendiam de forma contrária, o que demonstra que a posição de incidência do art. 927, parágrafo único, do Código Civil, para as relações de trabalho, mitigando o Texto Constitucional, constituiu ampla maioria no Tribunal Máximo Brasileiro.

Dessa forma, o entendimento de aplicação da cláusula geral de responsabilidade objetiva à relação de trabalho consolidou-se na doutrina e na jurisprudência nacionais, devendo ser levado em conta para os devidos fins práticos. Eis o principal exemplo de aplicação da segunda parte do art. 927, parágrafo único, do CC, tendo sido fundamental a contribuição da Justiça do Trabalho para tal conclusão. Há uma concepção social da responsabilidade civil, até regulamentando a *responsabilidade pressuposta*, pois há uma primaz preocupação de reparação das vítimas do evento danoso e com a exposição ao risco, surgindo uma responsabilidade objetiva, em uma revisão conceitual relevante.

Como outro exemplo de incidência do art. 927, parágrafo único, segunda parte do CC/2002, ilustre-se, na minha opinião doutrinária, os ambientes virtuais de relacionamento, responsabilizando-se a empresa que mantém o sítio digital. A responsabilidade pode ser configurada como objetiva, pois tais ambientes enquadram-se como de potencial risco de lesão a direitos da personalidade. Nesse sentido, de início, transcreve-se pioneiro acórdão do Tribunal de Minas Gerais:

"Apelação cível. Ação indenizatória. Dano moral. Ofensas através de *site* de relacionamento. Orkut. Preliminar. Ilegitimidade passiva. Rejeição. Responsabilidade civil objetiva. Aplicação obrigatória. Dever de indenizar. Reconhecimento. *Quantum* indenizatório. Fixação. Prudência e moderação. Observância necessária. Majoração indevida. Restando demonstrado nos autos que a apelante (Google Brasil) atua como representante da Google inc., no Brasil, fazendo parte do conglomerado empresarial responsável pelo *site* de relacionamento denominado 'Orkut', compete-lhe diligenciar no sentido de evitar que mensagens anônimas e ofensivas sejam disponibilizadas ao acesso público, pois, abstendo-se de fazê-lo, responderá por eventuais danos à honra e dignidade dos usuários decorrentes da má utilização dos serviços disponibilizados. Desinfluente, no caso, a alegação de que o perfil difamatório teria sido criado por terceiro, pois a empresa ré, efetivamente, não conseguiu identificá-lo, informando, apenas, um endereço de *e-mail*, também supostamente falso, restando inafastável a sua responsabilidade nos fatos narrados nestes autos e o reconhecimento de sua legitimidade para figurar no polo passivo da lide. Aplica-se à espécie o art. 927, parágrafo único, do Código Civil, que adota a teoria da responsabilidade civil objetiva, estabelecendo que haverá obrigação de reparar o dano, independentemente de culpa, quando a atividade normalmente desenvolvida implicar, por sua natureza, risco para os direitos de outrem. No arbitramento do valor da indenização por dano moral devem ser levados em consideração a reprovabilidade da conduta ilícita e a gravidade do dano impingido, de acordo com os princípios da razoabilidade e proporcionalidade, cuidando-se para que ele não propicie o enriquecimento imotivado do recebedor, bem como não seja irrisório a ponto de se afastar do caráter pedagógico inerente à medida" (TJMG, Apelação Cível 1.0024.08.041302-4/0011, 17.ª Câmara Cível, Belo Horizonte, Rel. Des. Luciano Pinto, j. 18.12.2008, *DJEMG* 06.03.2009).

Na mesma esteira, há outra decisão, do Tribunal Gaúcho, responsabilizando objetivamente a provadora pela conduta de um usuário que incluiu afirmações e fotos ofensivas de outra pessoa, que veio a demandá-la:

"Dano moral. Responsabilidade do provedor de hospedagem configurada. Hipótese dos autos em que um usuário assinante dos serviços da provedora criou uma página eletrônica contendo fotos e informações de cunho difamatório que atingiram a imagem da lesada. Na espécie, a provedora detinha os elementos de prova capazes de identificar o usuário assinante que criou o *site* depreciativo, pois o criador da página eletrônica forneceu à provedora os seus dados pessoais, bem como adquiriu os serviços comercializados pela provedora, através de 'e-commerce'. De outro vértice, a provedora agiu de maneira manifestamente desidiosa e negligente, haja vista que não suprimiu, imediatamente, após ter sido notificada pela ofendida, o *site* contendo as informações caluniosas. Situação que expôs a autora a situação vexatória e humilhante perante seus colegas de trabalho, familiares e conhecidos da sua comunidade. Dano moral configurado. Inteligência do art. 927, parágrafo único, do Código Civil cumulado com o art. 5.º, inciso IV, da Constituição Federal, mormente porque a atividade desenvolvida pela provedora de *hosting* implica, por sua natureza, riscos à esfera jurídica de terceiros. A provedora deve adotar as cautelas necessárias para possibilitar a identificação de seus usuários, especial porque, no caso concreto, se trata de servidor de hospedagem que disponibiliza espaço em seu domínio a assinantes que oferecem uma contraprestação financeira pelo serviço de hospedagem" (TJRS, Acórdão 70026684092, 9.ª Câmara Cível, Caxias do Sul, Rel. Des. Tasso Caubi Soares Delabary, j. 29.04.2009, *DOERS* 14.05.2009, p. 61).

Anote-se que, apesar dos julgados transcritos – que contam com o meu apoio doutrinário –, outras decisões têm afastado a incidência do art. 927, parágrafo único, do CC para os ambientes virtuais. Assim, acórdão do STJ, anterior ao Marco Civil da Internet, deduziu o seguinte:

"O dano moral decorrente de mensagens com conteúdo ofensivo inseridas no *site* pelo usuário não constitui risco inerente à atividade dos provedores de conteúdo, de modo que não se lhes aplica a responsabilidade objetiva prevista no art. 927, parágrafo único, do CC/2002" (STJ, REsp 1186616/MG, 3.ª Turma, Rel. Min. Nancy Andrighi, j. 23.08.2011, *DJe* 31.08.2011).

Portanto, ao contrário da nossa posição, vinha-se entendendo na jurisprudência superior pela necessidade de comprovação da culpa da empresa que mantém o *site*, em regra, para que surja o dever de indenizar; respondendo esta apenas se, comunicada extrajudicialmente das mensagens ofensivas, não toma as providências necessárias para afastar o dano. Em suma, o tema ainda está em debate no nosso País.

O debate ficou ainda mais profundo diante da emergência do Marco Civil da Internet, a Lei 12.965, de abril de 2014. De acordo com o art. 18 da nova norma, o provedor de conexão à internet não será responsabilizado civilmente por danos decorrentes de conteúdo gerado por terceiros. Em complemento, estabelece o seu art. 19 que, com o intuito de assegurar a liberdade de expressão e impedir a censura, o provedor de aplicações de internet somente poderá ser responsabilizado civilmente por danos decorrentes de conteúdo gerado por terceiros se, após ordem judicial específica, não tomar as providências para, no âmbito e nos limites técnicos do seu serviço, e dentro do prazo assinalado, tornar indisponível o conteúdo apontado como infringente. Isso, ressalvadas as disposições legais em contrário.

Assim, a mim parece que foi adotada uma *responsabilidade subjetiva agravada*, somente existente no caso de desobediência de ordem judicial. Lamento os exatos termos do texto legal, que acaba *judicializando* as contendas quando a tendência é justamente a oposta. Há pendência de julgamento da constitucionalidade desse comando no Supremo Tribunal Federal, para fins de repercussão geral (Tema 987, no âmbito do RE 1.037.396/SP, relatado pelo Ministro Dias Toffoli).

Em suma, parece ter sido afastada até aqui a possibilidade de aplicação da responsabilidade objetiva para os ambientes virtuais. Diante desses problemas técnicos – e também de outros –, há pendência de julgamento da inconstitucionalidade desse comando no Supremo Tribunal Federal, para fins de repercussão geral (RE 1.037.396/SP, Rel. Min. Dias Toffoli, Tema 987). Alguns votos foram proferidos em 2024, reconhecendo a inconstitucionalidade.

Da mesma forma, o Projeto de Reforma do Código Civil pretende revogar expressamente o malfadado art. 19 do Marco Civil da Internet, cuja experiência não tem sido justa e efetiva, de uma quase ausência total de responsabilidade civil dos provedores da *internet*, sendo notória a enforma profusão de condutas danosas no ambiente digital.

Pela projeção elaborada pela Comissão de Juristas, a responsabilidade civil digital passará a ser submetida à codificação privada, como deve ser, com a regra da responsabilidade subjetiva e a exceção da responsabilidade objetiva ou sem culpa, podendo a sua cláusula geral ser aplicada aos ambientes digitais, como se retira da antes comentada proposição de art. 927-B, especialmente de seu § 2.º, que menciona o ambiente digital.

Além disso, haverá, por parte das plataformas digitais de grande alcance, um dever de gerenciamento de riscos. Nos termos de proposta constante do novo livro de *Direito Civil Digital*, mais do que necessária, "as plataformas digitais de grande alcance devem identificar, analisar e avaliar, ao menos uma vez por ano, os seguintes riscos sistêmicos decorrentes da concepção ou do funcionamento de seu serviço: I – a difusão de conteúdos ilícitos por meio de seus serviços; II – os efeitos reais ou previsíveis em direitos de personalidade dos usuários, como consagrados pela Constituição da República Federativa do Brasil, por este Código Civil e por tratados internacionais de que o Brasil seja signatário; III – os efeitos

CAP. 9 · CLASSIFICAÇÃO DA RESPONSABILIDADE CIVIL QUANTO À CULPA | **501**

reais ou previsíveis que possam acarretar nos processos eleitorais e no discurso cívico; IV – os efeitos reais ou previsíveis em relação à proteção da saúde e da segurança pública".

Ademais, outra proposta considera "como plataforma digital de grande alcance os serviços de hospedagem virtual que tenham como funcionalidade principal o armazenamento e a difusão de informações ao público, cujo número médio de usuários mensais no Brasil seja superior a dez milhões, tais como as redes sociais, ferramentas de busca e provedores de mensagens instantâneas". Espera-se, pela necessidade imperiosa de se atribuir a correta responsabilização civil das empresas de tecnologia, a sua aprovação pelo Congresso Nacional.

Voltando-se à jurisprudência, em 2015, o Superior Tribunal de Justiça aplicou a responsabilidade objetiva prevista no Código de Defesa do Consumidor para empresa jornalística mantida na internet. O julgado tem conteúdo bem interessante e acaba por seguir parcialmente a tese a que estamos filiados. Vejamos a sua ementa:

> "Recurso especial. Direito civil e do consumidor. Responsabilidade civil. Internet. Portal de notícias. Relação de consumo. Ofensas postadas por usuários. Ausência de controle por parte da empresa jornalística. Defeito na prestação do serviço. Responsabilidade solidária perante a vítima. Valor da indenização. 1. Controvérsia acerca da responsabilidade civil da empresa detentora de um portal eletrônico por ofensas à honra praticadas por seus usuários mediante mensagens e comentários a uma notícia veiculada. 2. Irresponsabilidade dos provedores de conteúdo, salvo se não providenciarem a exclusão do conteúdo ofensivo, após notificação. Precedentes. 3. Hipótese em que o provedor de conteúdo é empresa jornalística, profissional da área de comunicação, ensejando a aplicação do Código de Defesa do Consumidor. 4. Necessidade de controle efetivo, prévio ou posterior, das postagens divulgadas pelos usuários junto à página em que publicada a notícia. 5. A ausência de controle configura defeito do serviço. 6. Responsabilidade solidária da empresa gestora do portal eletrônica perante a vítima das ofensas. 7. Manutenção do 'quantum' indenizatório a título de danos morais por não se mostrar exagerado (Súmula 07/STJ). 8. Recurso especial desprovido" (STJ, REsp 1.352.053/AL, 3.ª Turma, Rel. Min. Paulo de Tarso Sanseverino, j. 24.03.2015, *DJe* 30.03.2015).

Acrescente-se que o Relator do *decisum* acabou por seguir a classificação dos provedores de serviços de internet, desenvolvida pela Ministra Nancy Andrighi naquela Corte Superior, a saber: "(i) provedores de *backbone* (espinha dorsal), que detêm estrutura de rede capaz de processar grandes volumes de informação. São os responsáveis pela conectividade da Internet, oferecendo sua infraestrutura a terceiros, que repassam aos usuários finais acesso à rede; (ii) provedores de acesso, que adquirem a infraestrutura dos provedores *backbone* e revendem aos usuários finais, possibilitando a estes conexão com a Internet; (iii) provedores de hospedagem, que armazenam dados de terceiros, conferindo-lhes acesso remoto; (iv) provedores de informação, que produzem as informações divulgadas na Internet; e (v) provedores de conteúdo, que disponibilizam na rede as informações criadas ou desenvolvidas pelos provedores de informação". No caso dos dois últimos, conclui o aresto pela incidência da responsabilidade objetiva consumerista. E arremata: "consigne-se, finalmente, que a matéria poderia também ter sido analisada na perspectiva do art. 927, parágrafo único, do Código Civil, que estatuiu uma cláusula geral de responsabilidade objetiva pelo risco, chegando-se a solução semelhante a alcançada mediante a utilização do Código de Defesa do Consumidor" (REsp 1.352.053/AL). Penso que esse acórdão representa uma correta e saudável mitigação do que está previsto no Marco Civil da Internet, devendo a tese prevalecer em julgados futuros.

Por derradeiro, a encerrar a presente sessão, pontue-se que o art. 927, parágrafo único, do Código Civil menciona a lesão "aos direitos de outrem", outra cláusula geral que deve ser analisada caso a caso. Em uma correta interpretação do conceito aberto, tais direitos lesados devem abranger não apenas a vida e a integridade física, mas também outros direitos, de caráter patrimonial ou extrapatrimonial, conforme o preciso Enunciado n. 555, da *VI Jornada de Direito Civil* (2013).

9.3 PRINCIPAIS CASOS DE RESPONSABILIDADE OBJETIVA CONSAGRADOS NA LEGISLAÇÃO ESPECIAL

9.3.1 A responsabilidade objetiva do Estado

Como é notório, as pessoas jurídicas de Direito Público e as de Direito Privado prestadoras de serviços públicos (concessionárias e permissionárias) têm responsabilidade civil independentemente de culpa, respondendo pelos danos causados pela atividade administrativa desempenhada pelos seus funcionários e prepostos, no exercício da atividade pública (art. 37, § 6.º, da CF/1988 e art. 43 do CC). Quanto ao art. 43 do CC/2002, é a sua atual redação:

> "Art. 43. As pessoas jurídicas de direito público interno são civilmente responsáveis por atos dos seus agentes que nessa qualidade causem danos a terceiros, ressalvado direito regressivo contra os causadores do dano, se houver, por parte destes, culpa ou dolo".

Jones Figueirêdo Alves e Mário Luiz Delgado criticam essa previsão, dando razão à proposta de alteração constante do antigo Projeto 6.960/2002 (Projeto Ricardo Fiuza). São suas palavras:

> "A atual redação do art. 43 restringe a Lei Maior, pois não menciona as prestadoras de serviços públicos, e só se refere às pessoas jurídicas de direito público interno, excluindo, aparentemente as pessoas jurídicas de direito público externo. Por não poder limitar a norma fundamental, o dispositivo do CC já nasce sem aplicação, razão pela qual o Deputado Ricardo Fiuza propôs, através do PL 6.960 de 2002, a sua alteração, a fim de adequá-lo à Constituição Federal. Nos termos propostos pelo parlamentar, o art. 43 ganharia a seguinte redação: 'Art. 43. As pessoas jurídicas de direito público e as de direito privado prestadoras de serviços públicos responderão pelos danos que seus agentes, nessa qualidade, causarem a terceiros, inclusive aqueles decorrentes da intervenção estatal no domínio econômico, assegurado o direito de regresso contra o responsável nos casos de dolo ou culpa" (ALVES, Jones Figueirêdo; DELGADO, Mário Luiz. *Código Civil...*, 2005, p. 44).

Foram as justificativas do então projeto de alteração do Deputado Ricardo Fiuza: "a proposta de alteração tem a finalidade de tentar fazer com que esqueçamos que o Estado, no Brasil, existiu antes da nação, com a vinda de D. João VI, e que a esdrúxula aliança entre militares e tecnocratas durante o regime de exceção, a partir de 1964, geradora de brutal hipertrofia estatal, nos remeteu a Hobbes, no seu Leviatã. Onde fica a sociedade civil no Brasil? Entre Locke e Rousseau que vão às raízes da cidadania, da liberdade como construção civilizatória ou entre Hobbes e seu Estado leviatânico? A cidadania é também uma instituição. É, sobretudo, um conjunto de direitos comuns a todos os membros da sociedade. Se além dos direitos, a cidadania implica deveres e obrigações, estes não podem, de maneira alguma, ser condições para os direitos da cidadania. Os direitos da cidadania são direitos incondicionais que transcendem e contêm as forças do mercado" (PL 6.960, de 12 de junho de 2002, depois PL 699/2011). Sempre estive filiado a essa proposição, mas, infelizmente, o projeto não seguiu adiante.

Assim, seguindo em parte o que estava no Projeto Ricardo Fiuza, o atual Projeto de Reforma e Atualização do Código Civil elaborado pela Comissão de Juristas instalada no Congresso Nacional, pretende modificar o art. 43 do Código Civil, para que ele espelhe o atual entendimento doutrinário e jurisprudencial a respeito do tema. Nesse contexto, nos termos da necessária proposta de modificação do comando, "as pessoas jurídicas de direito público e as de direito privado prestadoras de serviços públicos são civilmente responsáveis, independentemente de culpa, por atos dos seus agentes que, nessa qualidade, causem danos a terceiros, por ação ou omissão, ressalvado direito regressivo contra os causadores do dano, se houver, por parte destes, culpa ou dolo".

De qualquer modo, mesmo com a atual redação do art. 43 do CC/2002, as pessoas jurídicas de Direito Privado prestadoras de serviço público não estão isentas de responsabilidade objetiva por seus agentes e prepostos, justamente pela previsão do art. 37, § 6.º, da CF/1988 ("As pessoas jurídicas de direito público e as de direito privado prestadoras de serviços públicos responderão pelos danos que seus agentes, nessa qualidade, causarem a terceiros, assegurado o direito de regresso contra o responsável nos casos de dolo ou culpa").

Voltando especificamente à responsabilidade do Estado, trata-se de responsabilidade objetiva, não se discutindo sequer se houve culpa do funcionário, agente ou preposto do Poder Público. Na verdade, a culpa do agente serve apenas para fixar o direito de regresso do Estado contra o responsável direto pelo evento.

Dessa forma, vigora a *teoria do risco administrativo*, que gera uma responsabilidade objetiva mitigada, uma vez que pode ser afastada ou diminuída pela culpa exclusiva ou concorrente da vítima, o que não ocorre na responsabilidade objetiva plena ou integral (*teoria do risco integral*). Mas se o Estado é o responsável pelo dano ambiental, aplica-se essa última teoria. Em situações tais, não há direito de regresso do ente público contra o seu agente.

Especificamente a respeito da responsabilidade do Estado, o Supremo Tribunal Federal já entendeu que para a responsabilização do Estado sequer se exige que o agente esteja no exercício de suas funções quando da ocorrência do dano:

> "Responsabilidade objetiva do estado. Acidente de trânsito envolvendo veículo oficial. Responsabilidade pública que se caracteriza, na forma do § 6.º do art. 37 da Constituição Federal, ante danos que agentes do ente estatal, nessa qualidade, causarem a terceiros, não sendo exigível que o servidor tenha agido no exercício de suas funções. Precedente" (STF, RE 294.440-AgR, Rel. Min. Ilmar Galvão, *DJ* 02.08.2002).

Ademais, quanto ao tema, conforme premissa publicada na Edição n. 61 da ferramenta *Jurisprudência em Teses* do STJ, do ano de 2016, e que trata da responsabilidade do Estado, "há responsabilidade civil do Estado nas hipóteses em que a omissão de seu dever de fiscalizar for determinante para a concretização ou o agravamento de danos ambientais" (tese 6). São citados como precedentes os seguintes arestos da Corte Superior: AgRg no REsp 1.497.096/RJ, 2.ª Turma, Rel. Min. Mauro Campbell Marques, j. 15.12.2015, *DJe* 18.12.2015; AgRg no REsp 1.001.780/PR, 1.ª Turma, Rel. Min. Teori Albino Zavascki, j. 27.09.2011, *DJe* 04.10.2011; REsp 1.071.741/SP, 2.ª Turma, Rel. Min. Herman Benjamin, j. 24.03.2009, *DJe* 16.12.2010; e REsp 1.113.789/SP, 2.ª Turma, Rel. Min. Castro Meira, j. 16.06.2009, *DJe* 29.06.2009.

Segundo o entendimento majoritário, entre os quais os de Maria Helena Diniz (*Curso...*, 2005, p. 625-638) e Celso Antônio Bandeira de Mello (*Curso...*, 2007, p. 976-981), havendo omissão do Estado ou do seu agente, haverá responsabilidade subjetiva, devendo o lesado provar o dolo ou a culpa – *teoria da culpa anônima do Estado ou teoria da falta do serviço*. Nesse sentido também se pronuncia o Supremo Tribunal Federal:

"Tratando-se de ato omissivo do poder público, a responsabilidade civil por tal ato é subjetiva, pelo que exige dolo ou culpa, esta numa de suas três vertentes, a negligência, a imperícia ou a imprudência, não sendo, entretanto, necessário individualizá-la, dado que pode ser atribuída ao serviço público, de forma genérica, a falta do serviço" (STF, RE 369.820, Rel. Min. Carlos Velloso, DJ 27.02.2004).

Aliás, da mesma edição da ferramenta *Jurisprudência em Teses* do STJ, extrai-se que "a responsabilidade civil do Estado por condutas omissivas é subjetiva, devendo ser comprovados a negligência na atuação estatal, o dano e o nexo de causalidade" (tese 5, acórdãos: AgRg no AREsp 501.507/RJ, 2.ª Turma, Rel. Min. Humberto Martins, j. 27.05.2014, DJe 02.06.2014; REsp 1.230.155/PR, 2.ª Turma, Rel. Min. Eliana Calmon, j. 05.09.2013, DJe 17.09.2013; AgRg no AREsp 118.756/RS, 2.ª Turma, Rel. Min. Herman Benjamin, j. 07.08.2012, DJe 22.08.2012; REsp 888.420/MG, 1.ª Turma, Rel. Min. Luiz Fux, j. 07.05.2009, DJe 27.05.2009; e AgRg no Ag 1.014.339/MS, 2.ª Turma, Rel. Min. Mauro Campbell Marques, j. 21.08.2008, DJe 24.09.2008).

Todavia, entendo que essa teoria de responsabilização mediante culpa do Estado, em caso de omissão, deve ser revista e afastada, principalmente nos casos envolvendo falta de segurança, mormente as balas perdidas.

Nosso País vive uma triste realidade social. Nos grandes centros urbanos, a violência e a miséria se alastram. Turbas armadas, e até organizadas, causam terror e medo. Mesmo pequenas cidades do interior se veem invadidas por quadrilhas de criminosos profissionais, dispostos a assaltar os bancos locais. E o *Estado Oficial* nada faz. Em algumas cidades, há o *Estado Paralelo,* disputando poder com aquele que antes detinha o monopólio.

Nesse cenário, balas traçam o ar. Algumas vezes, atingem os alvos. Outras, atingem outros destinatários. Vivemos a realidade das *balas perdidas*. Algumas vezes, na verdade, *balas achadas,* como se quer denominar. Além de atingirem pessoas determinadas, não há dúvida de que as balas perdidas causam um enorme dano social.

Diante dessa triste realidade contemporânea, parece-me que a ideia de dano social, antes exposta, pode servir para um novo dimensionamento à responsabilidade civil do Estado (no caso do *Estado Oficial*). Ora, se a responsabilidade civil tem um intuito pedagógico – ou punitivo como querem alguns –, deve trazer impacto àquele que não está fazendo a *lição de casa*. E pode-se dizer que, no quesito segurança – como também em outros –, o Estado não vem cumprindo as suas obrigações assumidas perante a sociedade. A sua conduta, nessa área, pode ser tida como *socialmente reprovável*.

Desse modo, deve ser imediatamente revista e repensada a aplicação da tese da responsabilidade civil do Estado por omissão e, portanto, subjetiva e dependente de culpa, nos casos de falta de segurança. Além do âmbito doutrinário, sempre defendi que essa tese também deveria ser repensada no âmbito jurisprudencial. No âmbito do Supremo Tribunal Federal, pode ser transcrito o seguinte julgado, ao qual não se filia:

"Constitucional – Administrativo – Civil – Responsabilidade civil das pessoas públicas – Ato omissivo do Poder Público – Latrocínio praticado por apenado fugitivo – Responsa-bilidade subjetiva – Culpa publicizada – Falta do serviço. CF, art. 37, § 6.º, I – Tratando-se de ato omissivo do poder público, a responsabilidade civil por tal ato é subjetiva, pelo que exige dolo ou culpa, esta numa de suas três vertentes, a negligência, a imperícia ou a imprudência, não sendo, entretanto, necessário individualizá-la, dado que pode ser atribuída ao serviço público, de forma genérica, a falta do serviço. II – A falta do serviço – *faute du service* dos franceses – não dispensa o requisito da causalidade, vale dizer, do nexo de causalidade entre a ação omissiva atribuída ao poder público e o dano causado a terceiro. III – Latrocínio praticado por quadrilha da qual participava um apenado que fugira da prisão tempos antes: neste caso, não há falar em nexo de causalidade entre a fuga do apenado e o latrocínio. Precedentes do STF: RE 172.025/RJ, Ministro Ilmar Galvão, *DJ* de 19.12.96; RE 130.764/PR, Relator Ministro Moreira Alves, *RTJ* 143/270. IV – RE conhecido e provido" (STF, RE 369.820/RS, 2.ª Turma, Rel. Min. Carlos Velloso, j. 04.11.2003).

Especificamente no tocante às *balas perdidas*, o que se via, também infelizmente, eram decisões judiciais estaduais apontando para a não reparação dos danos delas advindos, justamente porque a responsabilidade é subjetiva e não se conseguiria comprovar a culpa do agente estatal. A título de exemplo:

"Embargos infringentes – Responsabilidade civil – Ação policial – Bala perdida – Nexo causal incomprovado – Improcedência do pedido – Provimento do recurso. A responsabilidade do Estado, ainda que objetiva em razão do disposto no art. 37, § 6.º, da Constituição Federal, exige a comprovação do nexo de causalidade entre a ação ou a omissão atribuída a seus agentes e o dano. Não havendo nos autos prova de que o ferimento causado à vítima tenha sido provocado por disparo de uma das armas utilizada pelos Policiais Militares envolvidos no tiroteio, por improcedente se mostra o pedido indenizatório. Daí, em sem mais delongas, a razão de não existir fundamento justo para se imputar ao Estado a responsabilidade pelo evento danoso, por mais trágico que tenha sido o ocorrido na vida do autor postulante" (TJRJ, Embargos Infringentes 2006.005.00292, 1.ª Câmara Cível, Des. Maldonado de Carvalho, j. 30.01.2007).

"Responsabilidade civil objetiva – Indenização – Pretensão de indenização por dano moral e estético – Bala perdida – Ausência de nexo de causalidade. Não pode o Estado ser responsabilizado por bala perdida que atingiu a apelante, quando não trazidos aos autos elementos probatórios que a tanto conduzam. Inexistência nos autos de comprovação de que o projétil de arma de fogo que causou o ferimento sofrido pela recorrente tenha partido de armas utilizadas pelos policiais militares. Não há como se imputar ao apelado a responsabilidade pelo dano a ela causado. Sentença de improcedência que se mostrou correta e que se mantém. Recurso não provido" (TJRJ, Apelação Cível 2006.001.35996, 14.ª Câmara Cível, Des. Ismenio Pereira de Castro, j. 13.12.2006).

"Responsabilidade civil do Estado – Apelante atingido por bala perdida – Ferimento no tornozelo direito. Não há prova quanto à origem do disparo, não estando configurado o liame causal. Não há qualquer conduta ou omissão de agente do Estado a ensejar dever de indenizar. Impossibilidade de responsabilização da administração pública. Improvimento do recurso" (TJRJ, Apelação Cível 2006.001.36441, 6.ª Câmara Cível, Des. Luis Felipe Salomão, j. 17.10.2006).

Em outros casos, felizmente, faz-se *justiça*, aplicando-se a regra da responsabilização objetiva, independentemente de culpa, do Estado.

"Embargos infringentes em apelação cível – Responsabilidade civil do Estado – Artigo 37, § 6.º, da CF – Tiroteio – Vítima atingida por bala perdida – Confronto entre policiais militares e traficantes, resultando na amputação da perna direita da autora. Ao contrário do sustentado pelo embargante revela-se demasiado exigir da parte autora a prova material indicativa da arma de fogo de onde teria partido o projétil, sendo suficiente a demonstração do confronto. Comprovação do fato, do dano e do nexo de causalidade. Danos morais fixados em R$ 52.000,00 (cinquenta e dois mil reais). Manutenção do acórdão pelos seus próprios e judiciosos fundamentos. Conhecimento dos recursos para negar provimento" (TJRJ, Embargos Infringentes 2005.005.00486, 16.ª Câmara Cível, Des. Siro Darlan de Oliveira, j. 21.02.2006).

Destaque-se que, na esteira da última conclusão, no ano de 2008, foi pronunciada decisão pelo Supremo Tribunal Federal, em sede de tutela antecipada, concluindo que o Estado de Pernambuco deve custear o tratamento médico de um cidadão baleado após um assalto. Corretamente, não foi aplicada a responsabilidade subjetiva do Estado por omissão, mas sim a responsabilidade objetiva dos agentes públicos. O resumo do julgado foi assim publicado no *Informativo* n. *502* do STF:

"O Tribunal, por maioria, deu provimento a agravo regimental interposto em suspensão de tutela antecipada para manter decisão interlocutória proferida por desembargador do Tribunal de Justiça do Estado de Pernambuco, que concedera parcialmente pedido formulado em ação de indenização por perdas e danos morais e materiais para determinar que o mencionado Estado-membro pagasse todas as despesas necessárias à realização de cirurgia de implante de Marcapasso Diafragmático Muscular – MDM no agravante, com o profissional por este requerido. Na espécie, o agravante, que teria ficado tetraplégico em decorrência de assalto ocorrido em via pública, ajuizara a ação indenizatória, em que objetiva a responsabilização do Estado de Pernambuco pelo custo decorrente da referida cirurgia, 'que devolverá ao autor a condição de respirar sem a dependência do respirador mecânico'. (...). Entendeu-se que restaria configurada uma grave omissão, permanente e reiterada, por parte do Estado de Pernambuco, por intermédio de suas corporações militares, notadamente por parte da polícia militar, em prestar o adequado serviço de policiamento ostensivo, nos locais notoriamente passíveis de práticas criminosas violentas, o que também ocorreria em diversos outros Estados da Federação. Em razão disso, o cidadão teria o direito de exigir do Estado, o qual não poderia se demitir das consequências que resultariam do cumprimento do seu dever constitucional de prover segurança pública, a contraprestação da falta desse serviço. Ressaltou-se que situações configuradoras de falta de serviço podem acarretar a responsabilidade civil objetiva do Poder Público, considerado o dever de prestação pelo Estado, a necessária existência de causa e efeito, ou seja, a omissão administrativa e o dano sofrido pela vítima, e que, no caso, estariam presentes todos os elementos que compõem a estrutura dessa responsabilidade. Além disso, aduziu-se que entre reconhecer o interesse secundário do Estado, em matéria de finanças públicas, e o interesse fundamental da pessoa, que é o direito à vida, não haveria opção possível para o Judiciário, senão de dar primazia ao último. Concluiu-se que a realidade da vida tão pulsante na espécie imporia o provimento do recurso, a fim de reconhecer ao agravante, que inclusive poderia correr risco de morte, o direito de buscar autonomia existencial, desvinculando-se de um respirador artificial que o mantém ligado a um leito hospitalar depois de meses em estado de coma, implementando-se, com isso, o direito à busca da felicidade, que é um consectário do princípio da dignidade da pessoa humana. (...)" (STA 223 AgR/PE, rel. orig. Min. Ellen Gracie, Rel. p/ o acórdão Min. Celso de Mello, 14.04.2008 [STA-223]).

Também na mesma linha, felizmente, a premissa 8 publicada na Edição n. 61 da ferramenta *Jurisprudência em Teses* do STJ, com a seguinte redação: "é objetiva a responsabilidade civil do Estado pelas lesões sofridas por vítima baleada em razão de tiroteio ocorrido entre policiais e assaltantes" (acórdãos citados como precedentes: REsp 1.266.517/PR, 2.ª Turma, Rel. Min. Mauro Campbell Marques, j. 04.12.2012, *DJe* 10.12.2012; REsp 1.236.412/ES, 2.ª

Turma, Rel. Min. Castro Meira, j. 02.02.2012, *DJe* 17.02.2012; REsp 1.140.025/MG, 2.ª Turma, Rel. Min. Eliana Calmon, j. 02.09.2010, *DJe* 22.09.2010).

A par de todos esses argumentos, e de outros, a jurisprudência do Supremo Tribunal Federal alterou sua posição anterior, julgando definitivamente o tema das balas perdidas em casos de operações policiais, e em sede de repercussão geral, em abril de 2024 (Tema 1.237). Ao final, por maioria de votos, foram editadas as seguintes premissas de tese, a influenciar os julgamentos da inferior instância: "1. O Estado é responsável, na esfera cível, por morte ou ferimento decorrente de operações de segurança pública, nos termos da Teoria do Risco Administrativo. 2. É ônus probatório do ente federativo demonstrar eventuais excludentes de responsabilidade civil. 3. A perícia inconclusiva sobre a origem de disparo fatal durante operações policiais e militares não é suficiente, por si só, para afastar a responsabilidade civil do Estado, por constituir elemento indiciário".

Apesar de não se tratar de um julgamento que diz respeito a todos os casos de bala perdida, não se pode negar que houve uma verdadeira reviravolta no entendimento anterior. Ademais, apesar de não se mencionar a responsabilidade objetiva, essa é retirada da inversão do ônus da prova quanto à demonstração de uma das excludentes da responsabilidade civil. Essa é a posição a ser considerada para os devidos fins práticos.

Feita essa nota de atualização e indo para outra situação concreta, em 2020, a mesma Corte Superior aplicou a *cláusula geral de responsabilidade objetiva*, prevista na segunda parte do art. 927, parágrafo único, do Código Civil, para concluir que o Estado deve responder pelo falecimento de advogado nas dependências do Fórum, diante de morte causada por disparos de arma de fogo efetuados por réu em ação criminal. Conforme o acórdão:

> "Aplica-se igualmente ao Estado a prescrição do art. 927, parágrafo único, do Código Civil, de responsabilidade civil objetiva por atividade naturalmente perigosa, irrelevante seja a conduta comissiva ou omissiva. O vocábulo 'atividade' deve ser interpretado de modo a incluir o comportamento em si e bens associados ou nele envolvidos. Tanto o Estado como os fornecedores privados devem cumprir com o dever de segurança, ínsito a qualquer produto ou serviço prestado. Entre as atividades de risco 'por sua natureza' incluem-se as desenvolvidas em edifícios públicos, estatais ou não (p. ex., instituição prisional, manicômio, delegacia de polícia e fórum), com circulação de pessoas notoriamente investigadas ou condenadas por crimes, e aquelas outras em que o risco anormal se evidencia por contar o local com vigilância especial ou, ainda, com sistema de controle de entrada e de detecção de metal por meio de revista eletrônica ou pessoal" (STJ, REsp 1.869.046/SP, 2.ª Turma, Rel. Min. Herman Benjamin, j. 09.06.2020, *DJe* 26.06.2020).

No caso concreto, ficou demonstrado que a porta do Fórum com detector de metal estava avariada, e que não havia seguranças na entrada do estabelecimento público que pudessem inspecionar as pessoas que adentrassem no local. Assim, foi reconhecida a relação de causalidade entre essas ações e omissões e o dano causado, gerando o dever de indenizar do Estado de São Paulo.

Como última ilustração, o mesmo STJ entendeu, em 2022. que o Estado deve responder pelo fato de o paciente ter sido baleado dentro do hospital público. Vejamos trecho do *decisum*, que merece destaque:

> "A responsabilidade civil estatal é, em regra, objetiva, uma vez que decorre do risco administrativo, em que não se exige perquirir sobre existência de culpa, conforme disciplinado pelos arts. 14 do Código de Defesa do Consumidor; 186, 192 e 927 do Código Civil; e 37,

§ 6.º, da Constituição Federal. O Superior Tribunal de Justiça, alinhando-se ao entendimento do Excelso Pretório, firmou compreensão de que o Poder Público, inclusive por atos omissivos, responde de forma objetiva quando constatada a precariedade/vício no serviço decorrente da falha no dever legal e específico de agir. A atividade exercida pelos hospitais, por sua natureza, inclui, além do serviço técnico-médico, o serviço auxiliar de estadia e, por tal razão, está o ente público obrigado a disponibilizar equipe/pessoal e equipamentos necessários e eficazes para o alcance dessa finalidade. A análise da responsabilidade civil, no contexto desafiador dos tempos modernos, em que se colocam a julgamento as consequências impactantes das omissões estatais, impõe ao julgador o ônus preponderante de examinar os dispositivos civis referidos, sob o olhar dos direitos e garantias fundamentais do cidadão. Logo, é de se concluir que a conduta do hospital que deixa de fornecer o mínimo serviço de segurança e, por conseguinte, despreza o dever de zelar pela incolumidade física dos pacientes, contribuiu de forma determinante e específica para o homicídio praticado em suas dependências, afastando-se a alegação da excludente de ilicitude, qual seja, fato de terceiro" (STJ, REsp 1.708.325/RS, 2.ª Turma, Rel. Min. Og Fernandes, j. 24.05.2022, *DJe* 24.06.2022).

O julgamento do Supremo Tribunal Federal, citado no último aresto, diz respeito à morte de detento nas dependências de presídio, tendo sido aplicada a responsabilidade objetiva, por omissão do Estado, revendo aquela posição anterior, aqui antes citada (STF, RE 841.526, Tribunal Pleno, Rel. Min. Luiz Fux, j. 30.03.2016).

Para essa nova forma de pensar a responsabilidade civil do Estado, entra em cena o conceito de *responsabilidade pressuposta*, tão bem desenvolvido por Giselda Maria Fernandes Novaes Hironaka. É preciso visualizar novos horizontes para a responsabilidade civil, muito além da discussão de culpa (responsabilidade subjetiva) ou da existência de riscos (responsabilidade objetiva).

Nesse contexto, deve-se pensar, antes de qualquer coisa e em primeiro lugar, em indenizar as vítimas, para depois verificar, em um segundo plano, quem foi o culpado ou quem assumiu os riscos de sua atividade. Em algumas situações a exposição de outrem ao risco ou ao perigo pressupõe a responsabilidade, como no caso da atividade de *ser Estado*.

A partir dessa ideia, os danos assumem o papel fundamental na teoria geral da responsabilidade civil. Do ponto de vista das categorias jurídicas, anteriormente, poder-se-ia pensar ser inviável que a existência de danos pudesse gerar a responsabilidade civil sem que estivesse muito clara a existência do nexo de causalidade. A tese não mais prospera na realidade contemporânea com base na ideia de *responsabilidade pressuposta*.

Em suma, o que se propõe, refletindo sobre os novos paradigmas da responsabilidade civil, é que seja dado um novo dimensionamento para a questão em debate. Como nos casos de balas perdidas há um dano a toda a sociedade, o Estado deve ser responsabilizado. O dano social entra em cena para reverter a antiga tese. A responsabilidade do Estado, por atos inoperantes de seus agentes, os quais não se preocupam com a segurança em sentido amplo ou estrito, deve ser objetiva. Além disso, pode-se até pensar que a responsabilidade do Estado é *pressuposta*, uma vez que as vítimas devem ser reparadas, para depois se investigar quem é o culpado.

Superada essa proposta de reflexão, outra questão interessante que surge é a discussão jurisprudencial existente quanto à possibilidade de o Estado denunciar à lide o agente, na própria ação indenizatória promovida pelo cidadão. Concorda-se com o entendimento adotado pelo Superior Tribunal de Justiça quanto à desnecessidade ou mesmo impossibilidade dessa intervenção de terceiro. Em resumo, a denunciação da lide nessas hipóteses não é recomendável, especialmente por dificultar a satisfação da indenização pela vítima.

CAP. 9 · CLASSIFICAÇÃO DA RESPONSABILIDADE CIVIL QUANTO À CULPA | 509

Primeiro, porque a responsabilidade do agente (subjetiva) tem natureza distinta da responsabilidade do Estado (objetiva), o que dificultaria a discussão numa mesma ação. Ademais, o dolo ou culpa do agente somente serve para o exercício do direito de regresso por parte do Estado (*responsabilidade objetiva impura*).

Segundo, e até principalmente, porque a responsabilidade objetiva constitui um aspecto material do acesso à Justiça, tendo em vista que as provas a serem produzidas pelo autor são menos complexas que aquelas exigidas caso o fundamento da demanda fosse a responsabilidade subjetiva. Se a denunciação da lide fosse admitida, o processo seria muito mais complexo, impedindo, dessa forma, o acesso à justiça ao cidadão que demanda o ente público e a sua reparação em um espaço de tempo menor.

Terceiro, porque a denunciação em questão não é obrigatória, estando prevista anteriormente no art. 70, inc. III, do CPC/1973, repetida em parte pelo art. 125, inc. II, do CPC/2015. Pontue-se que o CPC/2015 encerrou definitivamente debate anterior, consagrando expressamente o seu *caráter facultativo*. Assim sendo, mesmo ausente a denunciação da lide, está assegurado o direito regressivo do Estado por meio de ação própria e autônoma. Nesse sentido, é primaz colacionar as seguintes ementas do Superior Tribunal de Justiça:

"Processual civil e administrativo – Acidente de trânsito – Indenização – Responsabilidade civil – Denunciação à lide do servidor causador do dano – Ação regressiva garantida. I – Admite-se que o Estado promova a denunciação da lide envolvendo agente seu nas ações de responsabilidade civil, no entanto, tal denunciação não é obrigatória, podendo o Estado, em ação própria, exercer o seu direito de regresso em face do agente causador do dano. II – Assim, entende esta Corte Superior que, em observância aos princípios da economia e da celeridade processuais, o indeferimento da denunciação da lide ao preposto estatal não seria causa de nulidade do processo já iniciado. III – Precedentes. IV – Agravo regimental a que se nega provimento" (STJ, AGREsp 313886/RN (200100353894), 481099 Agravo regimental no recurso especial, 1.ª Turma, Rel. Min. Francisco Falcão, j. 18.02.2003,).

"Processual civil – Ação de indenização – Responsabilidade objetiva do Estado – Denunciação à lide do agente causador do dano – Não obrigatoriedade – Possibilidade de ajuizamento de ação regressiva – Divergência jurisprudencial não comprovada – RISTJ, art. 255 e parágrafos – Precedentes da 1.ª Seção. Fundando-se a ação em responsabilidade objetiva, o juiz pode rejeitar a denunciação da lide sem acarretar nulidade do processo, pois o preponente, podendo acionar regressivamente o seu preposto, não sofre qualquer prejuízo. Entendimento consagrado pela 1.ª Seção. Divergência jurisprudencial que desatende a determinações legais não se presta ao fim proposto. Recurso especial não conhecido" (STJ, REsp 328.284/RJ, 2.ª Turma, Rel. Min. Francisco Peçanha Martins, j. 26.04.2005, *DJ* 06.06.2005 p. 245).

"Recurso especial – Processual civil – Indenização – Responsabilidade objetiva do Estado – Dispositivo constitucional – Não conhecimento – Ausência de omissão no acórdão – Denunciação à lide – Desnecessidade – Possibilidade de ação regressiva. 1. Recurso não conhecido quanto à alegada violação do art. 5.º, inciso LV, bem como do art. 37, § 6.º, ambos da Constituição Federal. A competência do Superior Tribunal de Justiça refere-se à matéria infraconstitucional, e a discussão sobre preceitos da Carta Maior cabe à Suprema Corte. 2. Não resta evidenciada a alegada violação do art. 535 do CPC, pois a prestação jurisdicional foi dada na medida da pretensão deduzida, conforme se depreende da análise do acórdão recorrido. 3. Em observância aos princípios da economia e celeridade processuais, a não denunciação à lide de servidor público causador de dano decorrente de acidente de veículo não causa nulidade ao processo. Precedentes. Recurso especial conhecido em parte e improvido" (STJ, REsp 850.251/SC, 2.ª Turma, Rel. Min. Humberto Martins, j. 27.02.2007, *DJ* 09.03.2007, p. 300).

Na mesma esteira, cite-se a afirmação 18, publicada na Edição n. 61 da ferramenta *Jurisprudência em Teses*, do STJ, a saber: "nas ações de responsabilidade civil do Estado, é desnecessária a denunciação da lide ao suposto agente público causador do ato lesivo", com menção a outros julgados, ainda mais recentes: REsp 1.501.216/SC, 1.ª Turma, Rel. Min. Olindo Menezes (Desembargador convocado do TRF-1.ª Região), j. 16.02.2016, *DJe* 22.02.2016; AgRg no REsp 1.444.491/PI, 2.ª Turma, Rel. Min. Og Fernandes, j. 27.10.2015, *DJe* 12.11.2015; AgRg no AREsp 574.301/PE, 1.ª Turma, Rel. Min. Napoleão Nunes Maia Filho, j. 15.09.2015, *DJe* 25.09.2015; AgRg no REsp 1.230.008/RS, 1.ª Turma, Rel. Min. Regina Helena Costa, j. 18.08.2015, *DJe* 27.08.2015; AgRg no AREsp 729.071/PE, 1.ª Turma, Rel. Min. Sérgio Kukina, j. 18.08.2015, *DJe* 27.08.2015; AgRg no AREsp 534.613/SC, 2.ª Turma, Rel. Min. Herman Benjamin, j. 18.12.2014, *DJe* 02.02.2015).

Em verdade, essa posição pela não obrigatoriedade da denunciação da lide foi adotada pelo CPC/2015. De início, o *caput* do seu art. 125 não expressa mais ser essa forma de intervenção de terceiros obrigatória, mas apenas *admissível*. Em complemento, não deixa dúvidas o § 1.º do comando, eis que "o direito regressivo será exercido por ação autônoma quando a denunciação da lide for indeferida, deixar de ser promovida ou não for permitida". Em suma, a norma admite que a denunciação não seja promovida, o que não afasta o direito de regresso. O dispositivo não tinha correspondente no CPC/1973, encerrando a polêmica anterior sobre a temática, na minha visão doutrinária.

Para findar o estudo do tema, é interessante trazer à evidência outras premissas constantes da Edição n. 61 da ferramenta *Jurisprudência em Teses* do STJ, tratando da responsabilidade do Estado por eventos ocorridos no sistema prisional. Assim, a afirmação 9, estabelecendo que "o Estado possui responsabilidade objetiva nos casos de morte de custodiado em unidade prisional".

Em complemento, a tese 10, *in verbis*: "O Estado responde objetivamente pelo suicídio de preso ocorrido no interior de estabelecimento prisional". Por fim, entende-se que "o Estado não responde civilmente por atos ilícitos praticados por foragidos do sistema penitenciário, salvo quando os danos decorrem direta ou imediatamente do ato de fuga" (tese 11). O Estado deveria mesmo responder por tais ocorrências? As hipóteses e a indagação ficam para reflexão e debate em salas de aula, dentro da disciplina de responsabilidade civil, em cursos de graduação e pós-graduação pelo País.

Com relação à responsabilidade civil do Estado, esses são os pontos polêmicos mais interessantes, sendo certo que a matéria interessa tanto ao Direito Civil quanto ao Direito Administrativo.

9.3.2 A responsabilidade civil no Código de Defesa do Consumidor

9.3.2.1 *O Código de Defesa do Consumidor e a adoção do Princípio da Reparação Integral de Danos. O conceito de consumidor por equiparação ou* bystander

Como é notório, pelo que dispõem os arts. 2.º e 3.º da Lei 8.078/1990, a relação de consumo pode ser conceituada como aquela em que alguém, um profissional que desenvolve atividade, fornece um produto ou presta um serviço a um destinatário final (fático e econômico), denominado consumidor, mediante uma remuneração direta ou vantagem indireta.

Não se pode afastar a grande importância do Código de Defesa do Consumidor para o tema da responsabilidade civil e para o próprio Direito Privado como um todo. Basta lembrar que a maioria das relações jurídicas, atualmente, constitui relações de consumo. A título de exemplo, podem ser citadas as relações entre correntistas e instituições bancárias e financeiras (*v.g.*, cartões de crédito), entre compradores e fornecedores de produto no varejo (supermercados, lojas, concessionárias de veículos), entre prestadores de serviços em geral, inclusive profissionais liberais (médicos, dentistas, corretores) e os respectivos contratantes.

O art. 6.º, inc. VI, da Lei 8.078/1990 consagra o *princípio da reparação integral dos danos*, pelo qual tem direito o consumidor ao ressarcimento integral pelos prejuízos materiais, morais e estéticos causados pelo fornecimento de produtos, prestação de serviços ou má informação a eles relacionados (responsabilidade por oferta ou publicidade).

Essa também é a lógica interpretativa dos arts. 12, 14, 18, 19 e 20 do CDC, que, reunidos, consagram a previsão das perdas e danos nos casos de mau fornecimento, má prestação ou deficiência de informações relacionadas com os produtos ou serviços. Esses danos reparáveis, ademais, podem ser individuais ou coletivos.

Em um primeiro momento, existindo danos materiais no caso concreto, nas modalidades de danos emergentes – aqueles já suportados pelo prejudicado – ou lucros cessantes – a remuneração futura perdida –, terá o consumidor direito à reparação de ambos, sendo vedado qualquer tipo de tarifação prevista, seja por lei, convenção internacional ou entendimento jurisprudencial.

De uma mesma situação danosa terá ainda o consumidor direito à reparação dos danos imateriais quando os seus direitos da personalidade forem atingidos, particularmente a sua honra, seja ela subjetiva ou objetiva. Como é notório, sendo o consumidor uma pessoa jurídica, somente os danos imateriais que atingem a sua honra objetiva serão indenizados, segundo o entendimento jurisprudencial consolidado. Não se podem se esquecer dos danos estéticos, que também podem atingir o consumidor, e de outros danos que podem surgir pela evolução do tema da responsabilidade civil (Súmula 387 do STJ).

Também nesses casos não é admitida qualquer espécie de tarifação dos danos morais. A tarifação ou tabelamento da indenização fundada em relação de consumo entra em conflito com o princípio da reparação integral de danos, que deverá prevalecer, uma vez que o Código de Defesa do Consumidor constitui norma de interesse público e social, com fundamento constitucional (*norma principiológica, com força supralegal*), conforme preconiza o seu art. 1.º ("O presente Código estabelece normas de proteção e defesa do consumidor, de ordem pública e interesse social, nos termos dos arts. 5.º, inciso XXXII, 170, inciso V, da CF e 48 de suas Disposições Transitórias").

Pela inteligência do Código Consumerista, haverá a responsabilidade objetiva e solidária dos prestadores e fornecedores, com exceção da pessoa natural que age como profissional liberal nesta relação, no caso de um fato do serviço, e que tem responsabilidade subjetiva conforme a regra prevista no art. 14, § 4.º, do citado diploma legal.

Certo é que o legislador fez a opção de responsabilização mediante culpa do profissional liberal (responsabilidade subjetiva), particularmente para proteger pessoas que na maioria das vezes também se encontram em posição de vulnerabilidade diante do mercado. Outro argumento relevante é o de que nessas relações, ao contrário do que ocorre naquelas intentadas com empresas, o elemento da *confiança pessoal* faz-se presente. Concorda-se com tal previsão, sendo esse o posicionamento justo, conforme as justificativas dessa disposição legal apontadas por Zelmo Denari:

> "Explica-se a diversidade de tratamento em razão da natureza 'intuito personae' dos serviços prestados por profissionais liberais. De fato, os médicos e advogados – para citarmos alguns dos mais conhecidos profissionais – são contratados ou constituídos com base na confiança que inspiram nos respectivos clientes.

Assim sendo, somente serão responsabilizados por danos quando ficar demonstrada a ocorrência da culpa subjetiva, em quaisquer das modalidades: negligência, imprudência ou imperícia" (DENARI, Zelmo. *Código brasileiro...*, 1994, p. 173).

Partindo dessa premissa, a jurisprudência tem entendido há tempos que não cabe a decretação de inversão do ônus da prova em face dos profissionais liberais:

"Ação de indenização em face de erro médico – Denunciação da lide não acolhida – Inversão do ônus da prova – Responsabilidade que não pode ser tida como objetiva – Necessidade de realização de prova quanto à culpa dos profissionais liberais credenciados pela agravante – Aplicação do art. 14, § 4.º (do Código de Defesa do Consumidor – Recurso provido em parte. O que se evidencia dos autos é que a preocupação maior manifestada pela recorrente diz com seu direito de regresso. Ocorre, contudo, que não há obrigatoriedade da denunciação na hipótese prevista pelo inc. III do art. 70 do CPC, pois tal não acarreta a perda da pretensão regressiva. Objetiva-se serviço, que consiste na prestação de serviço médico-hospitalar, cujos serviços prestados têm natureza especial, de trato profissional liberal, sendo necessária a prova de que ditos médicos atuaram ou não com culpa, não se podendo falar em responsabilidade objetiva, pois esta estaria a dispensar maiores indagações. Pondo-se em exame o próprio trabalho dos médicos, é de se aplicar, no caso, o art. 14, § 4.º (do CDC), procedendo, nesta parte, as razões do apelante" (TAPR, Agravo de Instrumento 0196264-7, Ac. 145393, 6.ª Câmara Cível, Curitiba, Juiz Anny Mary Kuss, j. 10.06.2002, publ. 02.08.2002).

Ressalve-se em relação aos profissionais liberais que assumem obrigação de resultado e que têm responsabilidade objetiva (tese de Demogue), conforme doutrina e jurisprudência ainda majoritárias. Como outrora exposto, esse é o caso do médico cirurgião plástico estético e do dentista estético. Repise-se certa hesitação jurisprudencial existente, entre a culpa presumida e a responsabilidade objetiva, bem como a crítica doutrinária feita em relação a tais premissas (ver Capítulo 2 da presente obra, no tópico 2.5, que analisa a classificação das obrigações quanto ao conteúdo).

Finalizando a discussão a respeito do princípio da reparação integral dos danos, outra norma importante é a prevista no art. 17 da Lei 8.078/1990, segundo a qual todos os prejudicados pelo evento (vítimas), mesmo não tendo relação direta de consumo com o prestador ou fornecedor, podem ingressar com ação fundada no Código de Defesa do Consumidor, visando à responsabilização objetiva do prestador ou fornecedor.

Trata-se do conceito de *consumidor por equiparação* ou *consumidor bystander*, que merece aplausos diante dos riscos decorrentes da prestação ou fornecimento na sociedade de consumo de massa. O conceito de consumidor por equiparação ainda pode ser retirado no art. 2.º, parágrafo único, do Código Consumerista, pelo qual: "equipara-se a consumidor a coletividade de pessoas, ainda que indetermináveis, que haja intervindo nas relações de consumo".

A título de ilustração, imagine-se o caso de compra de um eletrodoméstico, de uma televisão. Várias pessoas estão na residência do consumidor-comprador assistindo a um filme, quando, de repente, o aparelho explode, atingindo todos os que estão à sua volta. Não só o comprador do aparelho, que manteve a relação contratual direta com o fabricante, mas todos aqueles prejudicados pelo evento danoso poderão pleitear indenização deste, eis que são consumidores por equiparação ou *bystander* (art. 17 da Lei 8.078/1990). O raciocínio jurídico é que se um produto inseguro foi colocado no mercado, deve existir a responsabilidade, já que a empresa que o produziu dele retirou lucros e riqueza (*risco proveito*). Se a sua colocação no mercado gera riscos à coletividade, a empresa fornecedora ou prestadora deverá assumir os ônus deles decorrentes (*risco criado*).

Tratando exatamente dessa ilustração, que há muito tempo me acompanha em aulas e exposições, decidiu a 8.ª Câmara de Direito Privado do Tribunal de Justiça de São Paulo, em julgamento de janeiro de 2015 e de relatoria do Desembargador Luiz Ambra:

"Responsabilidade civil. Indenização. Danos materiais e morais. Explosão de televisor em residência, adquirido três dias antes. Ferimentos na mãe e filhos menores, a genitora vindo a falecer cerca de vinte dias depois. Fatos bem demonstrados, presumindo-se a culpa do fabricante de acordo com norma expressa do Código do Consumidor. Indenização corretamente estabelecida, improvido o apelo da ré, provido em parte o dos autores para majorar a indenização, nos termos do acórdão" (TJSP, Apelação 0004338-05.2010.8.26.0604, originária da Comarca de Sumaré).

Também exemplificando, um avião está prestes a pousar em um aeroporto. Pouco antes do pouso, o compartimento de malas se abre e estas caem sobre uma casa que é destruída. O dono da casa poderá ingressar com demanda indenizatória contra a empresa aérea, sendo a consumidor equiparado. A responsabilidade da prestadora de serviços é objetiva, independe de culpa. Esse entendimento foi adotado pelo Superior Tribunal de Justiça, em caso muito similar ao que serviu como ilustração:

"Código de Defesa do Consumidor – Acidente aéreo – Transporte de malotes – Relação de consumo – Caracterização – Responsabilidade pelo fato do serviço – Vítima do evento – Equiparação a consumidor – Artigo 17 do CDC. I – Resta caracterizada relação de consumo se a aeronave que caiu sobre a casa das vítimas realizava serviço de transporte de malotes para um destinatário final, ainda que pessoa jurídica, uma vez que o artigo 2.º do Código de Defesa do Consumidor não faz tal distinção, definindo como consumidor, para os fins protetivos da lei, '... toda pessoa física ou jurídica que adquire ou utiliza produto ou serviço como destinatário final'. Abrandamento do rigor técnico do critério finalista. II – Em decorrência, pela aplicação conjugada com o artigo 17 do mesmo diploma legal, cabível, por equiparação, o enquadramento do autor, atingido em terra, no conceito de consumidor. Logo, em tese, admissível a inversão do ônus da prova em seu favor. Recurso especial provido" (STJ, REsp 540.235/TO, 3.ª Turma, Rel. Min. Castro Filho, j. 07.02.2006, *DJ* 06.03.2006, p. 372).

Comparativamente, frise-se que o Código Civil de 2002 não tem regra semelhante, constituindo este conceito do Código de Defesa do Consumidor uma ampliação interessante da teoria do risco. Lembre-se de que muitas vezes este conceito de consumidor equiparado tem sido aplicado no caso de contratos bancários, pelo entendimento jurisprudencial a seguir transcrito:

"Apelação – Ação de reparação de danos materiais – Furto de talonário no interior do banco atribuído a funcionário da ré – Aplicabilidade do art. 17 do CDC – Consumidor por equiparação – Responsabilidade exclusiva do banco. Embora não seja a autora correntista do banco réu, possível é a aplicação do CDC ao caso em tela, porque, de acordo com o disposto no art. 17 desta lei, é consumidor por equiparação a vítima de evento danoso à cliente do banco. É induvidosa a responsabilidade do apelante pelo evento danoso, visto que restou amplamente comprovado nos autos que não se valeu das cautelas e cuidados necessários quando da prestação de seus serviços" (TAMG, Acórdão 0372434-1 Apelação Cível, Belo Horizonte/Siscon, 6.ª Câmara Cível, Rel. Juiz Dídimo Inocêncio de Paula, j. 31.10.2002).

Ato contínuo de ilustração ao último julgado, cite-se a hipótese do chamado *cliente bancário clonado*. Imagine-se a hipótese de alguém que tem toda a documentação furtada ou roubada. O criminoso ou um terceiro, munido desses documentos, vai até um banco e abre uma conta-corrente em nome da vítima, emitindo vários cheques sem fundos, fazendo com que o seu nome seja inscrito em cadastro de inadimplentes.

O *clonado*, na situação descrita, poderá ingressar com demanda em face da instituição bancária, subsumindo-se a responsabilidade objetiva com base no art. 17 do CDC (a título de exemplo: TJMG, Apelação Cível 0324980-05.2010.8.13.0145, 12.ª Câmara Cível, Juiz de Fora, Rel. Des. Domingos Coelho, j. 02.03.2011, *DJEMG* 21.03.2011; TJDF, Recurso 2009.01.1.145985-8, Acórdão 477.397, 1.ª Turma Recursal dos Juizados Especiais Cíveis e Criminais do DF, Rel. Juíza Rita de Cassia de Cerqueira Lima Rocha, *DJDFTE* 04.02.2011, p. 242; TJRS, Apelação Cível 70024134561, 9.ª Câmara Cível, Getulio Vargas, Rel. Des. Íris Helena Medeiros Nogueira, j. 09.07.2008, *DOERS* 17.07.2008, p. 28; e TJES, Apelação Cível 35020208357, 1.ª Câmara Cível, Rel. Des. Carlos Henrique Rios do Amaral, *DJES* 19.11.2009, p. 20).

Na mesma linha julgou o Superior Tribunal de Justiça que, em julgamento de incidente de recursos repetitivos, acabou por concluir pela responsabilização da instituição bancária em casos tais. Com tom elucidativo, vejamos a publicação no *Informativo* n. *481* daquele Tribunal Superior:

> "Repetitivo. Fraude. Terceiros. Abertura. Conta-corrente. Trata-se, na origem, de ação declaratória de inexistência de dívida cumulada com pedido de indenização por danos morais ajuizada contra instituição financeira na qual o recorrente alega nunca ter tido relação jurídica com ela, mas que, apesar disso, teve seu nome negativado em cadastro de proteção ao crédito em razão de dívida que jamais contraiu, situação que lhe causou sérios transtornos e manifesto abalo psicológico. Na espécie, o tribunal *a quo* afastou a responsabilidade da instituição financeira pela abertura de conta-corrente em nome do recorrente ao fundamento de que um terceiro a efetuou mediante a utilização de documentos originais. Assim, a Seção, ao julgar o recurso sob o regime do art. 543-C do CPC c/c a Res. n. 8/2008-STJ, entendeu que as instituições bancárias respondem objetivamente pelos danos causados por fraudes ou delitos praticados por terceiros – por exemplo, a abertura de conta-corrente ou o recebimento de empréstimos mediante fraude ou utilização de documentos falsos –, uma vez que tal responsabilidade decorre do risco do empreendimento. Daí, a Seção deu provimento ao recurso e fixou a indenização por danos morais em R$ 15 mil com correção monetária a partir do julgamento desse recurso (Súm. n. 362-STJ) e juros de mora a contar da data do evento danoso (Súm. n. 54-STJ), bem como declarou inexistente a dívida e determinou a imediata exclusão do nome do recorrente dos cadastros de proteção ao crédito, sob pena de multa de R$ 100,00 por dia de descumprimento" (STJ, REsp 1.197.929/PR, Rel. Min. Luis Felipe Salomão, j. 24.08.2011).

Mais recentemente, em 2012, relembro que foi editada a Súmula 479 do STJ, outrora estudada, concluindo pela responsabilidade bancária por fraudes praticadas por terceiros no seu âmbito de atuação.

Particularmente quanto aos negócios jurídicos, o conceito de consumidor *bystander* mantém relação com o princípio da função social dos contratos, constituindo exceção à

CAP. 9 · CLASSIFICAÇÃO DA RESPONSABILIDADE CIVIL QUANTO À CULPA | 515

relatividade dos efeitos contratuais, conforme demonstrado no Volume 3 desta coleção, para onde se remete aquele que deseja maiores aprofundamentos sobre o assunto, sob o prisma contratual.

9.3.2.2 A relação de consumo e o princípio da solidariedade (art. 7.º, parágrafo único, da Lei 8.078/1990). Abordagem da responsabilidade civil pelo vício do produto e por fato do produto (defeito), pelo vício do serviço e fato do serviço (defeito)

Regra com estreita ligação com a responsabilidade civil objetiva é aquela que consagra a responsabilidade solidária entre todos os envolvidos na relação de consumo ou meio de oferta quanto à indenização a ser paga no caso de ato ilícito ou abuso de direito, tanto na esfera contratual quanto na extracontratual. Reafirme-se que o Código de Defesa do Consumidor brasileiro é um claro exemplo de superação do modelo duplo da responsabilidade (*contratual* x *extracontratual*), unificando o tratamento em relação ao tema.

A força do regramento da solidariedade pode ser sentida pela inteligência do art. 7.º, parágrafo único, do CDC, que contraria a regra geral da norma privada codificada, trazendo a presunção de solidariedade entre todos os envolvidos com a prestação ou fornecimento ("tendo mais de um autor a ofensa, todos responderão solidariamente pela reparação dos danos previstos nas normas de consumo"). Em reforço, esse é o mesmo sentido do art. 25, § 1.º, da Lei 8.078/1990. No que concerne às informações prestadas, principalmente pela publicidade, a solidariedade pode ser retirada do art. 34 do mesmo CDC, inserido na seção que trata da oferta ("o fornecedor do produto ou serviço é solidariamente responsável pelos atos de seus prepostos ou representantes autônomos").

Confrontando-se a norma consumerista com a codificação geral civil, o art. 265 do CC/2002 traz regra pela qual a solidariedade oriunda de uma obrigação, de um contrato, não pode ser presumida, tendo origem legal ou na convenção firmada entre as partes. A solidariedade contratual, pela norma privada codificada, não se presume porque é uma exceção à regra geral pela qual todas as obrigações, ou a responsabilidade, são pessoais, não se admitindo que prejudique ou beneficie terceiros a elas não relacionados. Como regra geral do Direito Civil, no caso de responsabilidade civil extracontratual ou *aquiliana,* somente aqueles que contribuíram efetivamente para o evento danoso poderão responder, como autores e coautores, conforme consta do art. 942, *caput,* do atual diploma civil.

Contrariando a norma civil codificada, a Lei 8.078/1990 rompeu com essa lógica, prevendo como regra a presunção de solidariedade no campo contratual e extracontratual, que será a partir de agora analisada. Apenas em um dos casos tratados pelo Código de Defesa do Consumidor não haverá a mencionada solidariedade. Segundo as palavras de Claudia Lima Marques, Antonio Herman V. Benjamin e Bruno Miragem, "o parágrafo único do art. 7.º traz a regra geral sobre a solidariedade da cadeia de fornecedores de produtos e serviços. Aqui a ideia geral é o direito de ressarcimento da vítima-consumidor (art. 6.º, VI, c/c art. 17 do CDC), uma vez que o microssistema do CDC geralmente impõe a responsabilidade objetiva ou independentemente de culpa (arts. 12, 14, 18, 20 do CDC). O CDC permite assim a visualização da cadeia de fornecimento através da solidariedade entre os fornecedores" (MARQUES, Claudia Lima; BENJAMIN, Antonio Herman V.; MIRAGEM, Bruno. *Comentários...*, 2003, p. 188).

Define o Código de Defesa do Consumidor a responsabilidade pelo produto e pelo serviço. Mais especificamente quanto a essas formas de responsabilidade, traz quatro hipóteses de responsabilidade:

a) responsabilidade pelo vício do produto;

b) responsabilidade pelo fato do produto (defeito);

c) responsabilidade pelo vício do serviço;

d) responsabilidade pelo fato do serviço (defeito).

De início, há a responsabilidade por *vício do produto* (art. 18 da Lei 8.078/1990), presente quando existe um problema oculto ou aparente no bem de consumo, que o torna impróprio para uso ou diminui o seu valor. Nesses casos, não há repercussões fora do produto, não se podendo falar em responsabilização por outros danos materiais – além do valor da coisa –, morais ou estéticos. O problema permanece no produto, não rompendo os limites do mesmo. Exemplificando, imagine-se um caso em que um ferro de passar roupas explode quando em uso, não atingindo qualquer coisa ou pessoa, ou seja, não trazendo outros prejuízos além do seu próprio valor.

Na hipótese de vício do produto, poderá o consumidor promover sua demanda contra qualquer um dos envolvidos na cadeia de consumo, pela melhor interpretação do princípio da solidariedade. Poderá demandar o comerciante ou o fabricante, de acordo com a sua vontade ou opção de demanda.

Os prazos para reclamar o vício do produto são decadenciais (art. 26 do CDC), começando a contar da entrega do bem (no caso de vício aparente) ou do seu conhecimento (se for o caso de um vício desconhecido ou oculto). Da mesma forma, contrariando a lógica do Código Civil, tais prazos podem sofrer uma suspensão especial, denominada pelo art. 26, § 2.º, do CDC como uma *obstação*. Assim sendo, obstam o prazo decadencial:

a) a reclamação comprovadamente formulada pelo consumidor ao fornecedor, até a respectiva resposta, o que deve ocorrer de forma inequívoca;

b) a instauração do inquérito civil pelo Ministério Público até o seu encerramento.

Dentro dos prazos previstos (30 dias para bens não duráveis e 90 dias para bens duráveis), poderá o consumidor, segundo previsão dos arts. 18 e 19 do CDC, pleitear, segundo sua livre escolha:

a) o abatimento proporcional do preço;

b) a complementação do peso ou medida;

c) a substituição do produto com problema por outro de mesmo modelo e marca; ou

d) a resolução do negócio, com a devolução da quantia paga, atualizada monetariamente, sem prejuízo das eventuais perdas e danos.

Não se pode deixar de fazer um paralelo entre tais conceitos e os chamados vícios redibitórios, previstos nos arts. 441 a 446 do CC/2002. Os vícios redibitórios, com grande aplicação na esfera contratual, têm a mesma natureza dos vícios do produto quanto à origem. Entretanto, quanto aos efeitos, algumas diferenciações merecem destaque.

Inicialmente, nos contratos de natureza civil, não se pode falar em solidariedade, não havendo responsabilidade além daquela pessoa que firmou o contrato, pela decorrência lógica do princípio da relatividade dos efeitos contratuais. Em reforço, os prazos para reclamar os vícios civis também são decadenciais, não podendo ser suspensos ou interrompidos, com exceção da regra que consta do art. 446, que constitui novidade na codificação, ao tratar do prazo de garantia contratual.

Conforme o art. 445 do CC/2002, sendo os vícios perceptíveis de imediato, os prazos são de trinta dias, no caso de bens móveis, e um ano para bens imóveis, contados da entrega efetiva do bem. Anote-se que, ao contrário do Código Consumerista, o Código Civil não adota como critério a *consuntibilidade física* dos bens adquiridos, mas sim a sua mobilidade.

Também merece comentários o § 1.º do art. 445 do CC, que corrige um equívoco anterior, diferenciando os prazos quando o vício por sua natureza puder ser conhecido de imediato ou somente mais tarde. Em situações tais, os prazos são de 180 dias para bens móveis e um ano para bens imóveis, contados do conhecimento do vício.

Essa é a confrontação inicial entre vícios do produto e vícios redibitórios, sendo certo que a matéria também está aprofundada no Volume 3 desta coleção, que trata dos contratos (Capítulo 5). Do ponto de vista metodológico, neste volume, interessa apenas a análise dos conceitos básicos atinentes à responsabilidade civil.

Voltando ao Código de Defesa do Consumidor, ao lado do vício do produto, a Lei 8.078/1990 traz a previsão do chamado *fato do produto* (art. 12), que é aquele relacionado com situações em que estão presentes outros danos, materiais, morais e estéticos; além do próprio valor do produto adquirido. Em outras palavras, o *fato do produto*, sinônimo de *defeito*, constitui aquele problema que extrapola os limites da coisa, gerando repercussões patrimoniais e extrapatrimoniais, ou seja, além da dimensão da própria coisa.

Para elucidar a prática, cite-se o caso exposto, com muita didática, pelo Professor Luiz Antônio Rizzatto Nunes (*Comentários...*, 2007, p. 238-239). Imagine-se a situação em que um consumidor compra um liquidificador. Fazendo um suco usando o eletrodoméstico em sua casa, a hélice do aparelho estoura, mas fica acondicionado dentro do copo do aparelho. Haverá *vício do produto*, pois o problema permanece nos *limites do produto*: o aparelho está imprestável! Mas, por outro lado, nesse mesmo caso, se a hélice estourar e sair voando, furando o copo e entrando na barriga do consumidor, fazendo com que o mesmo seja hospitalizado, haverá *fato do produto*. Concluindo, se o problema romper os *limites do produto*, atingindo o consumidor, estaremos diante do *defeito*.

Como outra situação concreta, o Superior Tribunal de Justiça reconheceu o fato do produto ou defeito, pois o *air bag* do veículo não funcionou, agravando o dano quando do acidente. Consta da ementa:

> "Considera-se o produto como defeituoso quando não fornece a segurança que o consumidor dele se espera, levando-se em consideração a época e o modo em que foi prestado, e no que mais importa para a espécie, os riscos inerentes a sua regular utilização. O fato da utilização do *air bag*, como mecanismo de segurança de periculosidade inerente, não autoriza que as montadoras de veículos se eximam da responsabilidade em ressarcir danos fora da normalidade do uso e os riscos que razoavelmente dele se esperam (art. 12, § 1.º, II do CDC)" (STJ, REsp 1.656.614/SC, 3.ª Turma, Rel. Min. Nancy Andrighi, j. 23.05.2017, *DJe* 02.06.2017).

Em casos iguais a esses, há uma única hipótese em que o Código do Consumidor afasta a responsabilidade solidária, pois o citado diploma legal determina a responsabilidade direta do fabricante, produtor, construtor nacional ou estrangeiro ou importador.

Desse modo, percebe-se que, pela sistemática do art. 13 do CDC, o comerciante foi excluído do rol de responsabilização direta, respondendo, como regra, de *forma subsidiá-*

ria. Na verdade, o comerciante somente responderá diretamente nos casos em que houver impossibilidade de identificação do responsável direto (fabricante ou quem o substitua), quando não houver no produto identificação clara quanto ao fabricante ou quando o problema se referir ao acondicionamento de produto perecível, patente a culpa do comerciante ou de alguns de seus prepostos neste último caso. Para esclarecer essa interpretação, cumpre transcrever o magistério de Roberto Senise Lisboa:

> "O descumprimento do dever jurídico por parte do fornecedor imediato, nestes casos, gera sua responsabilidade subsidiária, porém objetiva, pois o dever de reparação do dano é consequência do próprio fato que deveria acarretar a responsabilidade do fornecedor indireto. Essa subsidiariedade não se confunde com o sentido tradicionalmente dado à expressão, devendo-se compreender a responsabilidade do fornecedor imediato como condicionada às situações do art. 13 da Lei 8.078/1990" (LISBOA, Roberto Senise. *Responsabilidade...*, 2001, p. 239).

Na doutrina, também é defensor da responsabilidade subsidiária do comerciante Sérgio Cavalieri Filho (*Programa...*, 2007, p. 467). Seguindo esse caminho e exemplificando sob o prisma processual, havendo fato do produto não perecível com clara identificação do fabricante, e sendo a ação proposta diretamente contra o comerciante, deverá esta ser julgada extinta, sem resolução do mérito, por ilegitimidade passiva, merecendo aplicação o art. 485, inc. VI, do CPC/2015 (correspondente ao art. 267, inc. VI, do CPC/1973). De toda sorte, cabe pontuar que, pelo CPC/2015, cabe à parte que alega a ilegitimidade indicar o sujeito passivo da relação jurídica (art. 339), o que é aplicação da boa-fé objetiva processual (arts. 5.º e 6.º do CPC/2015).

Apesar de ainda estarmos filiados a esse entendimento, de responsabilização subsidiária do comerciante, é importante frisar que parcela considerável da doutrina entende que, mesmo no fato do produto, a responsabilidade entre fabricante e comerciante é solidária. Dessa forma entendem, por exemplo, Claudia Lima Marques, Antonio Herman Benjamin e Bruno Miragem (*Comentários...*, 2006, p. 280).

Pois bem, o prazo para o consumidor pleitear indenização material ou moral decorrente de fato do produto é de cinco anos, contados da ocorrência do evento danoso ou do conhecimento de sua autoria (art. 27 da Lei 8.078/1990). Note-se que o prazo é maior do que aquele previsto pelo Código Civil de 2002 para os casos de reparação civil relativa à responsabilidade extracontratual – três anos (art. 206, § 3.º, inc. V, do CC/2002). Por oportuno, com todo o respeito em relação a eventual posicionamento em contrário, entendo que poderão ser aplicadas às situações de acidente de consumo as regras relacionadas com a suspensão e interrupção da prescrição previstas no Código Civil Brasileiro (arts. 197 a 204), em *diálogo das fontes*.

Vale trazer à tona novamente um exemplo que aqui foi utilizado para facilitar a compreensão da matéria. Imagine-se aquele caso em que um consumidor comprou um ferro de passar roupas e está em casa passando sua camisa. O ferro explode, mas não atinge nem fere ninguém (vício do produto). Nesse caso o consumidor poderá pleitear do comerciante ou do fabricante (solidariedade) um eletrodoméstico novo. Os prazos são decadenciais, previstos no art. 26 do CDC.

Entretanto, se nessa mesma situação o eletrodoméstico explodiu e atingiu o consumidor, causando-lhe danos estéticos, estará presente o *fato do produto* ou *defeito*. Assim, a ação indenizatória deverá ser proposta, em regra, em face do fabricante e no prazo prescricional de cinco anos (art. 27 do CDC).

CAP. 9 · CLASSIFICAÇÃO DA RESPONSABILIDADE CIVIL QUANTO À CULPA | **519**

Ainda sobre a matéria, ressalte-se que, em algumas situações, o acidente de consumo poderá decorrer de causas múltiplas, cuja responsabilidade será imputada tanto ao fornecedor mediato quanto ao imediato. Nesses casos, a responsabilidade deverá recair sobre todos, na proporção de sua participação no evento, aplicando-se o princípio da razoabilidade e regras referentes às concausalidades, estas inseridas dentro da ideia de *risco concorrente*.

Por fim, a respeito do *fato do produto*, a Lei Consumerista assegura o direito de regresso daquele que ressarciu o dano contra o culpado, ou de acordo com as participações para o evento danoso (art. 13, parágrafo único, do CDC). Entretanto, nas ações propostas pelo consumidor envolvendo os arts. 12 e 13 da Lei 8.078/1990, é vedada a denunciação da lide para exercício desse direito de regresso (art. 88 do CDC).

Nos casos envolvendo o serviço, tem-se o mesmo tratamento legal, conforme aqui construído, havendo a mesma diferenciação prática entre o chamado *vício do serviço* e o *fato do serviço* – acidente de consumo propriamente dito (defeito). Vejamos tais hipóteses.

No vício do serviço aplica-se a regra de solidariedade, entre todos os envolvidos com a prestação desse serviço. Com efeito, se um serviço contratado tiver sido mal prestado, responderão todos os envolvidos. Uma vez constatada a existência de vício do serviço, o consumidor poderá pleitear (art. 20 do CDC):

a) o abatimento proporcional no preço;

b) a reexecução dos serviços, sem custo adicional; ou

c) a resolução do negócio, com a restituição da quantia paga, atualizada monetariamente, sem prejuízo de eventuais perdas e danos.

Na hipótese de *vício do serviço*, os prazos para reclamação serão também decadenciais (art. 26 do CDC). É interessante verificar que os prazos serão de 30 dias no caso de serviços não duráveis, e de 90 dias para os serviços duráveis. Tais prazos serão contados da execução do serviço (vício aparente) ou do seu conhecimento (vício oculto).

Na prática, muitas vezes, haverá certa dificuldade ao apontar se o serviço é durável ou não. Em casos tais, aplicando-se a interpretação mais favorável ao consumidor, o prazo a ser computado é de 90 dias (na dúvida, *pro consumidor*).

Vejamos um exemplo. O serviço de lavagem de carro é considerado um serviço não durável, estando submetido ao prazo de 30 dias. O conserto do carro é considerado durável, estando submetido ao prazo de 90 dias. E a perolização e cristalização da pintura do veículo? Trata-se de um serviço durável ou não durável? É difícil apontar qual a sua natureza. Dessa forma, na dúvida, aplica-se o prazo maior, que é de 90 dias, o que decorre do princípio do protecionismo do consumidor, constante do art. 1.º do CDC.

Valem os mesmos comentários que foram feitos quanto à obstação da decadência, também aplicada aos casos de vício do serviço (art. 26, § 2.º, do CDC).

Por outra via, na hipótese de *fato do serviço* (ou *defeito*) há outros danos advindos do serviço, além do valor pecuniário da prestação. É o caso de um serviço mal prestado por uma instituição bancária, que acarreta a inscrição do nome do consumidor no *cadastro dos inadimplentes* de forma indevida, conforme entendimento do Superior Tribunal de Justiça:

"Recurso especial – Extravio de talões de cheque – Empresa terceirizada – Uso indevido dos títulos por terceiros – Inscrição indevida em cadastro de proteção de crédito – Responsabilidade do banco – Dano moral – Presunção – Valor da indenização excessivo –

Redução – Recurso especial parcialmente provido. 1. Em casos de inscrição indevida em órgãos de proteção ao crédito, não se faz necessária a prova do prejuízo. 2. Restou caracterizada a legitimidade passiva do Banco recorrente, o qual é responsável pela entrega dos talões de cheque ao cliente, de forma segura, de modo que, optando por terceirizar esse serviço, assume eventual defeito na sua prestação, mediante culpa *in eligendo*, por defeito do serviço, nos termos do artigo 14 do Código de Defesa do Consumidor, que disciplina a responsabilidade objetiva pela reparação dos danos (REsp 640.196, Terceira Turma, Rel. Min. Castro Filho, *DJ* 01.08.2005). 3. Firmou-se entendimento nesta Corte Superior que, sempre que desarrazoado o valor imposto na condenação, impõe-se sua adequação, evitando-se assim o injustificado locupletamento da parte vencedora. 4. Recurso especial conhecido em parte e nela parcialmente provido" (STJ, REsp 782.898/MT, 4.ª Turma, Rel. Min. Hélio Quaglia Barbosa, j. 21.11.2006, *DJ* 04.12.2006, p. 328).

Com outro exemplo bem atual do fato do serviço, pode ser citado o caso de um acidente ocorrido em uma *micareta* – carnaval fora de época –, vitimando um consumidor com a morte. Interessante decisão sobre o fato foi assim publicada no *Informativo* n. *370* do STJ:

"Dano moral – Morte – Micareta. Os recorridos buscaram, da sociedade promotora de eventos, a indenização por danos morais decorrentes do falecimento de seu filho, vítima de disparo de arma de fogo ocorrido no interior de bloco carnavalesco em que desfilava durante uma micareta (réplica em escala menor do carnaval de Salvador). Alegam que a morte do jovem estaria diretamente ligada à má prestação de serviços pela recorrente, visto que deixara de fornecer a segurança adequada ao evento, prometida quando da comercialização dos abadás (camisolões folgados que identificam o integrante do bloco). Nesse contexto, ao sopesar as razões recursais, não há como afastar a relação de causalidade entre o falecimento e a má prestação do serviço. O principal serviço que faz o consumidor pagar vultosa soma ao optar por um bloco e não aderir à dita 'pipoca' (o cordão de populares que fica à margem dos blocos fechados) é justamente a segurança. Esse serviço, se não oferecido da maneira esperada, tal como na hipótese dos autos, apresenta-se claramente defeituoso nos termos do art. 14, § 1.º, do CDC. Diante da falha no serviço de segurança do bloco, enquanto não diligenciou impossibilitar o ingresso de pessoa portadora de arma de fogo na área delimitada por cordão de isolamento aos integrantes do bloco, não há como constatar a alegada excludente de culpa exclusiva de terceiro (art. 14, § 3.º, II, do mesmo código). Daí que se mantém incólume a condenação imposta ao recorrente de reparar os danos morais no valor de sessenta mil reais" (STJ, REsp 878.265/PB, Rel. Min. Nancy Andrighi, j. 02.10.2008).

Em caso mais recente, e também bem peculiar, a mesma Corte confirmou a existência de fato do serviço, pois pastor de igreja evangélica agrediu fiel durante *sessão de descarrego*, causando-lhe danos morais, decorrentes de prejuízos físicos e emocionais. Consta do julgado que a autora, idosa, foi empurrada pelo pastor e que a queda decorrente da agressão lhe ocasionou ferimentos físicos e sequelas emocionais, "causados em sessão de 'exorcismo' da qual não concordou em participar, sendo que não lhe foi prestado qualquer tipo de socorro por aquela entidade religiosa ou seu Pastor, à ocasião". Nos termos da ementa, "embora tenha considerado a responsabilidade da instituição religiosa como sendo objetiva, o Tribunal de Justiça adentrou o exame da culpabilidade pela omissão dos membros da congregação em evitar o acidente que envolveu a recorrida, reconhecendo a culpa, o que torna irrelevante o debate acerca do tipo de responsabilidade incidente na espécie, se objetiva ou subjetiva" (STJ, Ag. Int. no REsp 1.285.789/GO, 4.ª Turma, Rel. Min. Raul Araújo, j. 20.04.2017, *DJe* 11.05.2017).

CAP. 9 · CLASSIFICAÇÃO DA RESPONSABILIDADE CIVIL QUANTO À CULPA | **521**

Cumpre assinalar a diferença fundamental pela qual no caso de *fato do serviço* a lei não traz a responsabilidade subsidiária do prestador mediato, respondendo ele em conjunto com o prestador imediato de forma objetiva e solidária, conforme a regra geral do Código de Defesa do Consumidor. Isso ocorre pela própria natureza da prestação de serviços, hipótese em que não se pode identificar a figura do fabricante ou quem o substitua, como ocorre no produto. A tarefa de identificação poderia até trazer a impossibilidade de tutela jurisdicional da parte vulnerável. Aqui, é interessante transcrever, mais uma vez, o parecer de Roberto Senise Lisboa:

> "A responsabilidade do fornecedor de serviços pelo acidente de consumo é objetiva, ou seja, independe da existência de culpa, a menos que o agente causador do prejuízo moral puro ou cumulado com o patrimonial seja profissional liberal, caso em que a sua responsabilidade poderá ser subjetiva (vide, a respeito do tema, o art. 14, 'caput', e § 4.º).
>
> Qualquer fornecedor de serviços, em princípio, responde objetivamente pelos danos sofridos pelo consumidor, salvo o profissional liberal. Assim, tanto a pessoa física como a pessoa jurídica de direito público ou privado que atuam como fornecedores de serviços no mercado de consumo podem vir a responder sem culpa" (LISBOA, Roberto Senise. *Responsabilidade...*, 2003, p. 241).

Ademais, destaque-se que, no *fato do serviço,* o prazo será prescricional e de cinco anos, também contado da ocorrência do acidente ou do conhecimento da sua autoria, em particular pela natureza condenatória da ação fundada em acidente de consumo pelo serviço (art. 27 do CDC).

Para terminar o presente tópico, é fundamental analisar mais um exemplo envolvendo o fato do serviço ou defeito, a fim de deixar bem claro o estudo da matéria.

Um consumidor vai até um restaurante na cidade de São Paulo em seu automóvel. O estabelecimento oferece serviço de estacionamento ou *valet* na porta. O dono do veículo entrega as chaves ao manobrista que se descuida e o carro é furtado. No caso em questão, há fato do serviço diante do prejuízo do valor do veículo. Sendo assim, haverá responsabilidade solidária entre o restaurante, a empresa prestadora do serviço de estacionamento e o próprio manobrista. Os dois primeiros têm responsabilidade objetiva, enquanto o último tem responsabilidade subjetiva, porque se trata de profissional liberal (art. 14, § 4.º, da Lei 8.078/1990).

Superado o tema, que será elucidado didaticamente no resumo esquemático ao final do capítulo, passa-se a examinar as excludentes de responsabilidade civil previstas pelo Código de Defesa do Consumidor.

9.3.2.3 *As excludentes de responsabilidade civil previstas no Código de Defesa do Consumidor*

O Código de Defesa do Consumidor consagra excludentes próprias de responsabilidade, elencadas nos seus arts. 12, § 3.º, e 14, § 3.º, a saber:

a) culpa *exclusiva* da vítima;

b) culpa *exclusiva* de terceiro; e

c) a inexistência de defeito ou dano (não colocação do produto no mercado, inexistência de defeito no produto ou no serviço).

Pelos debates que surgem da matéria, é imperioso abordar alguns pontos controvertidos referentes ao tema.

Na órbita do Direito Civil, as excludentes gerais de responsabilidade civil estão muito bem elencadas pela construção doutrinária e jurisprudencial, sendo retiradas também do art. 188 do Código Civil, a saber: a legítima defesa, o estado de necessidade (ou remoção de perigo iminente), o exercício regular de direitos ou das próprias funções, a culpa exclusiva de terceiro (não admitida em alguns casos), a culpa exclusiva da vítima, o caso fortuito, a força maior e a cláusula de não indenizar (Capítulo 10 da presente obra).

Por outro lado, conforme exposto, o Código de Defesa do Consumidor traz somente três excludentes de responsabilidade: a não inserção do produto no mercado, a ausência de dano ou defeito, a culpa exclusiva da vítima ou de terceiro.

Inicialmente, a responsabilidade civil será excluída na hipótese em que o produto não tiver sido inserido no mercado. Zelmo Denari cita, como exemplo, a ocorrência de furto ou roubo de produto estocado na fábrica com a sua posterior inserção no mercado pelos autores da subtração (*Código...*, 1994, p. 116). Dessa forma, se um consumidor adquiriu esse produto, o dano eventualmente provocado não será indenizado pelo fabricante.

No que tange à excludente da ausência de dano ou defeito no produto ou serviço, existe na verdade uma imprecisão técnica, uma vez que nesses casos não se pode falar em responsabilidade civil, pois o prejuízo é pressuposto essencial do dever de reparação, como antes demonstrado. Em síntese, não há uma excludente propriamente dita, mas falta de pressuposto da responsabilização civil.

A culpa exclusiva ou fato exclusivo do consumidor, como preferem alguns doutrinadores, é outra excludente, mais precisamente uma excludente de nexo de causalidade, presente em situações em que a própria vítima foi a principal causadora do evento danoso. Nesse contexto, sobre o tema, transcrevem-se os ensinamentos de Sérgio Cavalieri Filho:

> "Fala-se em culpa exclusiva da vítima quando a sua conduta se erige em causa direta e determinante do evento, de modo a não ser possível apontar qualquer defeito no produto ou no serviço como fato ensejador da sua ocorrência. Se o comportamento do consumidor é a única causa do acidente de consumo, não há como responsabilizar o produtor ou fornecedor por ausência de nexo de causalidade entre a sua atividade e o dano" (CAVALIERI FILHO, Sérgio. *Programa...*, 2002, p. 432).

Uma questão importante para debate seria a admissibilidade ou não da culpa concorrente nos casos de responsabilidade civil fundada na Lei Consumerista. Alguns autores, entre os quais Arruda Alvim (*Código...*, 1997, p. 126) e Sérgio Cavalieri Filho (*Programa...*, 2007, p. 472), admitem tal possibilidade. Porém, outros não entendem dessa forma, como é o caso de Guilherme Couto de Castro, para quem não se pode falar em culpa concorrente nos casos de responsabilidade objetiva, onde nem se discute a sua presença (*A responsabilidade...*, 1997, p. 82).

Estou filiado ao primeiro posicionamento, eis que *quem pode o mais pode o menos*. Ora, se é possível afastar totalmente o dever de indenizar sob a alegação de culpa total ou exclusiva do consumidor, também será possível que o prestador ou fornecedor defenda a tese da *culpa concorrente*, diminuindo o valor da indenização. Essa ideia foi adotada pelo Superior Tribunal de Justiça em caso relacionado com o Código de Defesa do Consumidor, conforme ementa a seguir transcrita:

CAP. 9 · CLASSIFICAÇÃO DA RESPONSABILIDADE CIVIL QUANTO À CULPA | **523**

"Código de Defesa do Consumidor – Responsabilidade do fornecedor – Culpa concorrente da vítima – Hotel – Piscina – Agência de viagens – Responsabilidade do hotel, que não sinaliza convenientemente a profundidade da piscina, de acesso livre aos hóspedes – Art. 14 do CDC. A culpa concorrente da vítima permite a redução da condenação imposta ao fornecedor. Art. 12, § 2.º, III, do CDC. A agência de viagens responde pelo dano pessoal que decorreu do mau serviço do hotel contratado por ela para a hospedagem durante o pacote de turismo. Recursos conhecidos e providos em parte" (STJ, REsp 287849/SP (200001194216), 395845 Recurso especial, 4.ª Turma, Rel. Min. Ruy Rosado de Aguiar, j. 17.04.2001, *DJ* 13.08.2001, p. 165, *RDR* 21/392, *RSTJ* 154/463, *RT* 797/226).

Na verdade, o julgado transcrito traz como conteúdo a aplicação direta do que se pode denominar como *teoria do risco concorrente*, que visa adequar o valor da indenização à conduta das partes (*teoria da causalidade adequada na órbita civil*). Sobre essa *teoria do risco concorrente*, relembro que defendi tese de doutoramento sobre o tema, na Faculdade de Direito da Universidade de São Paulo (TARTUCE, Flávio. *Responsabilidade...*, 2011).

Tudo isso que foi discutido quanto à culpa ou fato exclusivo da vítima deverá ser aplicado em relação à última excludente prevista, a culpa ou fato exclusivo de terceiro, que igualmente afasta a relação de causalidade, levando à fixação de responsabilidade de terceira pessoa, estranha à lide.

Logicamente, não se pode falar em responsabilidade se não houver relação de causa e efeito entre a conduta do suposto agente e o dano causado. Se o prejuízo não foi provocado pelo réu, mas por fato imputado exclusivamente à terceira pessoa, o legislador manifestou a sua intenção de responsabilizar somente esta última, isentando o fornecedor. Em casos tais, não está presente o requisito do nexo de causalidade entre o dano e a conduta do fornecedor, que mesmo nos casos de responsabilidade objetiva continua sendo pressuposto do dever de indenizar. De qualquer forma, em alguns casos a culpa exclusiva de terceiro não é admitida como excludente de responsabilidade na ótica consumerista. Exemplificando, cite-se o caso do contrato de transporte, nos termos do art. 735 do CC/2002 e da Súmula 187 do STF.

Saliente-se, na esteira da melhor doutrina, que esse *terceiro* mencionado na Lei 8.078/1990 deve ser pessoa estranha, sem qualquer vínculo com o prestador ou fornecedor, alheio à cadeia de consumo. Isso porque em relação ao preposto, empregado ou representante, os riscos da atividade econômica correm por conta do fornecedor, pelo seu art. 7.º, parágrafo único (CAVALIERI FILHO, Sérgio. *Programa...*, 2007, p. 472-473). Quanto ao meio de oferta e publicidade, demonstrou-se que há norma específica prevendo a responsabilidade em relação ao preposto, no art. 34 do CDC.

Outra questão das mais discutidas na esfera da responsabilidade civil fundada no Código de Defesa do Consumidor é a possibilidade de exclusão ou não de responsabilidade nos casos de ocorrência de caso fortuito ou força maior. Isso porque o CDC não faz qualquer referência expressa a tais hipóteses como excludentes de responsabilidade (ou de nexo de causalidade), não havendo unanimidade quanto à colocação desses conceitos como hipóteses que afastam o dever de indenizar.

Como se sabe, o caso fortuito (evento totalmente imprevisível) e a força maior (evento previsível, mas inevitável), como regra geral, são excludentes de responsabilidade civil, uma vez que são elementos que obstam o nexo de causalidade (excludentes de nexo). No Código Civil de 2002, exclusão do dever de indenizar na presença de tais eventos consta do seu art. 393.

Sílvio de Salvo Venosa não admite a teoria que afasta, na ótica consumerista, o caso fortuito e a força maior como excludentes de responsabilidade. Sustenta ser esta uma interpretação extremista, geradora da admissão da chamada *teoria do risco integral*, o que pode levar a situações injustas, eis que fatos imprevisíveis são causas de obstação do nexo causal (VENOSA, Sílvio de Salvo. *Direito civil...*, 2005, p. 228).

Porém, Roberto Senise Lisboa, aponta que "nas relações de consumo, nenhuma menção expressa é feita ao caso fortuito e à força maior. Por isso, não se pode considerá-las como excludentes de responsabilidade civil no Código de Defesa do Consumidor. Nem mesmo o argumento segundo o qual se possibilitaria a incidência dessas excludentes, por força da aplicação subsidiária do Código Civil, afigura-se satisfatório. Afinal, na interpretação da lei, considera-se que as normas restritivas de direito somente podem ser interpretadas de forma declarativa e estrita. Logo, o microssistema é incompatível com as normas do sistema civil que exoneram a responsabilidade por caso fortuito ou força maior" (*Responsabilidade...*, 2001, p. 270).

Nesse *fogo cruzado doutrinário*, entendo ser interessante, mais uma vez, seguir o posicionamento encabeçado, na doutrina contemporânea, por Sérgio Cavalieri Filho em seu livro *Programa de Responsabilidade Civil*. Com base nos ensinamentos do doutrinador fluminense, podem-se subdividir os conceitos de caso fortuito e força maior em *internos* e *externos*.

Cabe relembrar que o primeiro autor a tratar dessa diferenciação no Brasil foi Agostinho Alvim, em sua clássica obra *Da inexecução das obrigações*, de 1949. A par dessas lições, os primeiros eventos (caso fortuito interno e força maior interna) são aqueles decorrentes diretamente da fabricação ou prestação e que não excluem a responsabilidade do fabricante ou prestador. Por outro lado, nas hipóteses de caso fortuito externo e força maior externa – aqueles que não mantêm qualquer relação com a profissionalização da cadeia de consumo –, estarão presentes excludentes da responsabilidade consumerista, eis que tais eventos não guardam "qualquer relação com o produto, nem com o serviço, sendo, pois, imperioso admiti-lo como excludente da responsabilidade do fornecedor, sob pena de lhe impor uma responsabilidade objetiva no risco integral, da qual o Código não cogitou" (CAVALIERI FILHO, Sérgio. *Programa...*, 2002, p. 436).

A ilustrar, se alguém está dentro de um restaurante e nele cai um cometa ou um meteoro, causando danos físicos ao consumidor, não se pode falar em responsabilidade do prestador de serviço, eis que o evento imprevisível é totalmente estranho à atividade (caso fortuito externo). Por outro lado, o assalto ao estabelecimento pode ser encarado como uma força maior interna, não havendo seguranças no local a evitar a sua ocorrência e sendo ele um fato corriqueiro.

Imaginando outro exemplo interessante, um eventual acidente de trânsito deve ser considerado fortuito interno diante da atividade desenvolvida por uma transportadora, na esteira do entendimento a seguir transcrito, havendo responsabilidade civil do prestador de serviços:

> "Ação de indenização – Acidente de trânsito – Empresa de transporte coletivo – Responsabilidade objetiva – Cláusula de incolumidade – Obrigação de indenizar evidenciada. Por ser objetiva a responsabilidade afeta ao transporte coletivo de passageiros – CF e CDC – agregada ao fato de ser obrigação de resultado e, ainda, em face da cláusula de incolumidade ínsita ao contrato de transporte, o transportador somente se eximirá se provar que o evento danoso deveu-se a caso fortuito, força maior ou culpa exclusiva da vítima – hipóteses taxativamente expressas no art. 17, Dec. 2.181/1912 – não havendo qualquer previsão legal quanto à excludente por fato de terceiro. Considerando-se que acidentes de trânsito são

CAP. 9 · CLASSIFICAÇÃO DA RESPONSABILIDADE CIVIL QUANTO À CULPA | **525**

riscos inerentes à atividade daquele que se propõe a realizar o transporte de passageiros, resta caracterizado *o caso fortuito interno* que não elide a obrigação de indenizar a vítima e eventuais terceiros prejudicados pelos danos sofridos. Recurso parcialmente provido" (destacamos) (TAMG, Acórdão: 0361553-4 Apelação Cível, Belo Horizonte/Siscon, 2.ª Câmara Cível, Rel. Juiz Alberto Vilas Boas, j. 27.08.2002, v.u.).

Partindo para a jurisprudência do Superior Tribunal de Justiça, tem-se entendido que a não conferência detalhada, pelo banco, dos dados da pessoa que abre uma conta corrente em fraude induz a existência de um fortuito interno, respondendo a instituição financeira:

"Recurso especial – Dano moral – Inclusão indevida em cadastro restritivo de crédito – Abertura de conta corrente e fornecimento de cheques mediante fraude – Falha administrativa da instituição bancária – Risco da atividade econômica – Ilícito praticado por terceiro – Caso fortuito interno – Revisão do valor – Violação dos princípios da razoabilidade e da proporcionalidade – Recurso parcialmente provido. 1. Inescondível a responsabilidade da instituição bancária, atrelada ao risco da própria atividade econômica que exerce, pela entrega de talão de cheques a terceiro, que, mediante fraude, abriu conta bancária em nome do recorrido, dando causa, com isso e com a devolução do cheque emitido, por falta de fundos, à indevida inclusão do nome do autor em órgão de restrição ao crédito. 2. Irrelevante, na espécie, para configuração do dano, que os fatos tenham se desenrolado a partir de conduta ilícita praticada por terceiro, circunstância que não elide, por si só, a responsabilidade da instituição recorrente, tendo em vista que o panorama fático descrito no acórdão objurgado revela a ocorrência do chamado caso fortuito interno. 3. A verificação da suficiência da conduta do banco no procedimento adotado para abertura de contas, além de dispensável, na espécie, demandaria reexame do conjunto fático-probatório, o que é vedado no âmbito do recurso especial, à luz do Enunciado 7 da Súmula desta Corte. 4. O entendimento deste Superior Tribunal de Justiça é firme no sentido de que evidente exagero ou manifesta irrisão na fixação, pelas instâncias ordinárias, viola os princípios da razoabilidade e da proporcionalidade, tornando possível, assim, a revisão da aludida quantificação. 5. Recurso conhecido em parte e, no ponto, provido, para reduzir a indenização a R$ 12.000,00 (doze mil reais), no limite da pretensão recursal" (STJ, REsp 774.640/SP, 4.ª Turma, Rel. Min. Hélio Quaglia Barbosa, j. 12.12.2006, *DJ* 05.02.2007, p. 247).

Por outra via, no caso de assalto a ônibus, tema outrora abordado, mas que deve ser retomado na órbita do Código de Defesa do Consumidor, o STJ vem entendendo tratar-se de fortuito externo, não respondendo a empresa que explora o serviço:

"Processo civil – Recurso especial – Indenização por danos morais, estéticos e material – Assalto à mão armada no interior de ônibus coletivo – Caso fortuito externo – Exclusão de responsabilidade da transportadora. 1. A Segunda Seção desta Corte já proclamou o entendimento de que o fato inteiramente estranho ao transporte em si (assalto à mão armada no interior de ônibus coletivo) constitui caso fortuito, excludente de responsabilidade da empresa transportadora. 3. Recurso conhecido e provido" (STJ, REsp 726.371/RJ, 4.ª Turma, Rel. Min. Hélio Quaglia Barbosa, j. 07.12.2006, *DJ* 05.02.2007 p. 244).

Finalizando, entendo que essa subdivisão dos imprevistos e fortuitos em internos e externos está dentro do bom senso que se espera da interpretação do Direito e da equidade que deve guiar o aplicador da norma, visando à manutenção da Justiça. Vale repisar que essa diferenciação leva em conta o *risco do empreendimento, risco do negócio* ou *risco-proveito* dos fornecedores de produtos e prestadores de serviços.

9.3.2.4 Análise do art. 931 do CC e sua confrontação em relação ao Código de Defesa do Consumidor. A tese do diálogo das fontes quanto à responsabilidade civil

O Código Civil de 2002 passou a prever um tratamento a respeito da responsabilidade dos produtos colocados no mercado de consumo, sendo o teor do seu art. 931, *in verbis*:

> "Art. 931. Ressalvados outros casos previstos em lei especial, os empresários individuais e as empresas respondem independentemente de culpa pelos danos causados pelos produtos postos em circulação".

Sem dúvida que se tornou necessário buscar um diálogo entre o Código de Defesa do Consumidor e o Código Civil de 2002, o que vem sendo defendido atualmente pela melhor doutrina (*diálogo das fontes*). A tese foi trazida ao Brasil por Claudia Lima Marques, a partir dos ensinamentos que lhe foram transmitidos, na Alemanha, por Erik Jayme. São as palavras da jurista gaúcha:

> "Parece-me que o CDC tende a ganhar com a entrada em vigor do CC/2002, pois seus princípios básicos são quase os mesmos. Como vimos, quatro são os princípios básicos do CDC que afetam diretamente o novo direito obrigacional brasileiro: o princípio da vulnerabilidade, o da confiança, o da boa-fé e o do equilíbrio contratual. O primeiro tem reflexo direto no campo de aplicação do CDC, isto é, determina quais relações contratuais estarão sob a égide desta lei tutelar e de seu sistema de combate ao abuso. O segundo estabelece as bases da garantia legal de produtos e serviços, e possibilita a imputação de uma responsabilidade objetiva para toda a cadeia de fornecimento. O terceiro princípio é basilar de toda a conduta contratual, mas aqui deve ser destacada uma função limitadora da liberdade contratual. O quarto princípio tem maiores reflexos no combate à lesão ou à quebra da base do negócio, mas pode ser aqui destacada a sua função de manutenção da relação no tempo. Note-se que, à exceção do princípio especial da vulnerabilidade, que dá sustento à especialidade do CDC, os outros três princípios do CDC encontram-se hoje incorporados no sistema geral do direito privado, pois presentes no novo Código Civil, como vimos. Repita-se, pois, que, se o espírito do diálogo das fontes aqui destacado prevalecer, é necessário superar a visão antiga dos conflitos e dar efeito útil às leis novas e antigas! Mister é preservar a 'ratio' de ambas as leis e dar preferência ao tratamento diferenciado dos diferentes concretizado nas leis especiais, como no CDC, e assim respeitar a hierarquia dos valores constitucionais, sobretudo coordenando e adaptando o sistema para uma convivência coerente! A convergência de princípios e cláusulas gerais entre o CDC e o CC/2002 e a égide da Constituição Federal de 1988 garantem que haverá diálogo e não retrocesso na proteção dos mais fracos na relação contratual. O desafio é grande, mas o jurista brasileiro está preparado" (MARQUES, Claudia Lima. *Comentários...*, 2004, p. 52).

Esse *diálogo* entre o Código Civil e o Código de Defesa do Consumidor é intenso na atual realidade do Direito Privado, atingindo principalmente a responsabilidade civil e os contratos. Diante desse contexto, a discussão que se verá a seguir nada mais é do que a prova da necessidade do diálogo de complementaridade entre essas duas das fontes principais do Direito Privado.

Especificamente quanto ao art. 931 do Código Civil, consagra ele a responsabilidade objetiva das empresas que fornecem produtos ao mercado de consumo. A melhor conclusão é que tal dispositivo privado não revogou o que estatui a Lei 8.078/1990, em seus arts. 12, 18 e 19; sendo certo que somente foi mantido tal comando na nova codificação porque quando

CAP. 9 • CLASSIFICAÇÃO DA RESPONSABILIDADE CIVIL QUANTO À CULPA | **527**

da sua elaboração o Código de Defesa do Consumidor ainda não existia em nosso ordenamento jurídico. Não se trata, assim, de uma novidade introduzida pelo Código Civil de 2002.

Inicialmente, é de se observar que o Código de Defesa do Consumidor já atingia os empresários individuais e empresas, nas relações que estes mantinham com os destinatários finais – pelo que consta dos arts. 2.º e 3.º da Lei Consumerista –, bem como nas relações com outras empresas, naqueles casos não enquadrados pelo Código de Defesa do Consumidor, diante de uma relação direta ou imediata, pelo conceito de consumidor por equiparação ou *bystander*, conforme os arts. 2.º, parágrafo único, 17 e 29 da Lei 8.078/1990.

Nesse sentido, muitas vezes a jurisprudência, adepta da *teoria maximalista* – aquela que procura ampliar o conceito de relação de consumo –, vinha entendendo pela aplicação das regras consumeristas em casos envolvendo empresas. Interessante deixar claro que esse último comentário visa tão somente demonstrar que o art. 931 do CC não constitui novidade, quando é certo que não somos totalmente filiados ao entendimento maximalista, mesmo tendo conhecimento do seu acatamento por nossos Tribunais e das justas razões da sua aplicação.

De acordo com o Enunciado n. 42, aprovado pela I *Jornada de Direito Civil*, promovida pelo Conselho da Justiça Federal e pelo Superior Tribunal de Justiça, "o art. 931 amplia o conceito de fato do produto existente no art. 12 do Código de Defesa do Consumidor, imputando responsabilidade civil à empresa e aos empresários individuais vinculados à circulação dos produtos". Ora, essa já era a lógica da interpretação do art. 17 do Código Consumerista, o que afasta também a tese da novidade. Desse modo, o parecer que consta no enunciado doutrinário somente confirma a existência da tendência de ampliação do conceito de consumidor.

Na doutrina, alguns autores também pensam da mesma forma, no sentido de que o art. 931 do CC não constitui novidade. É o caso de Carlos Roberto Gonçalves, Rui Stoco e Sérgio Cavalieri Filho, nas obras citadas neste livro.

Ainda no que concerne ao tema, quando da III *Jornada de Direito Civil* foi aprovado o Enunciado n. 190 do CJF/STJ, com a seguinte redação: "a regra do art. 931 do CC não afasta as normas acerca da responsabilidade pelo fato do produto previstas no art. 12 do CDC, que continuam mais favoráveis ao consumidor lesado". Entendo que há certo conflito entre esse enunciado e o anterior. Isso porque o primeiro é ampliativo, enquanto o segundo, restritivo. Para esclarecer o alcance do comando legal é imperioso transcrever as palavras de Paulo de Tarso Sanseverino, Ministro do STJ, autor da proposta que gerou o Enunciado n. 190 do CJF/STJ:

> "Na realidade, a norma do art. 931 não pode ser interpretada na sua literalidade, sob pena de inviabilização de diversos setores da atividade empresarial (*v.g.*, fabricantes de facas).
>
> A mais razoável é uma interpretação teleológica, conforme preconiza Sérgio Cavalieri Filho (*Programa de responsabilidade civil*, São Paulo: Malheiros, 2003, p. 187), conjugando a norma do art. 931 do CC com a do § 1.º do art. 12 do CDC e exigindo-se que o produto não apresente a segurança legitimamente esperada por seu usuário.
>
> Com essa interpretação do art. 931 do CC, que é necessária para se evitar a ocorrência de exageros, verifica-se que o sistema de responsabilidade pelo fato do produto (acidentes de consumo) constante do CDC continua mais favorável ao consumidor lesado.
>
> Em primeiro lugar, o CDC acolhe o princípio da reparação integral do dano sofrido pelo consumidor no seu art. 6.º, VI, sem qualquer restrição. Isso impede a aplicação do

art. 944, parágrafo único, do CC, que permite a redução da indenização na medida da culpabilidade.

Em segundo lugar, o prazo de prescrição do CDC continua em cinco anos (art. 27), enquanto o do CC foi reduzido para apenas três anos nas ações de reparação de danos (art. 206, § 3.º, V).

Em terceiro lugar, o sistema de responsabilidade por acidentes de consumo do CDC (artigos 12 a 17), que inclui o fato do produto e o fato do serviço, apresenta-se mais completo na proteção do consumidor do que aquele constante do CC, como fazem a limitação das hipóteses de exoneração da responsabilidade civil (§ 3.º do art. 12) e ampliação do conceito de consumidor para abranger todas as vítimas de acidentes de consumo (art. 17).

Portanto, essas breves considerações denotam que o regime de responsabilidade pelo fato do produto do CDC continua mais vantajoso ao consumidor do que o do CC".

A questão é polêmica, sendo certo que as duas correntes estão muito bem fundamentadas. Na *IV Jornada de Direito Civil*, realizada em outubro de 2006, a polêmica ficou ainda mais incrementada, com a aprovação do Enunciado n. 378 do CJF/STJ, pelo qual "aplica-se o art. 931 do Código Civil, haja ou não relação de consumo".

O Promotor de Justiça de Minas Gerais, Roger Silva Aguiar, autor da proposta que gerou o último enunciado doutrinário, assim justificou as suas razões:

"*In vero*, o aludido artigo aparentemente teria sido introduzido no Projeto do novo Código Civil com o propósito de ofertar ao consumidor a mesma proteção que posteriormente terminou por ser estabelecida pelo Código de Defesa do Consumidor em 1990. Diante da similitude de seus efeitos nas relações de consumo, o que naturalmente reduz sua importância neste campo, é de maior interesse observar sua aplicação em situações outras não abarcadas pelo CDC, à luz da constatação de que o artigo 931 não faz qualquer referência, por exemplo, à figura de fornecedores ou consumidores. Face à previsão contida no referido dispositivo, os empresários e empresas passam a responder objetivamente pelos danos causados pelos produtos colocados em circulação, mesmo que estes não tenham sido alienados em uma relação de consumo, seja porque foram negociados entre pessoas que integram a chamada 'cadeia de fornecimento', seja porque aquele que colocou o produto no mercado não pode ser considerado um fornecedor. O primeiro raciocínio somente não se aplicaria caso o termo 'produto' fosse entendido como a designação de um bem em estágio final de elaboração, destinado tão somente ao consumo, o que tornaria aqueles que o adquirem, por via transversa, consumidores. Entretanto, é de se observar que tal pensamento não se coaduna nem mesmo com o próprio Código de Defesa do Consumidor que, em seu artigo 3.º, § 1.º, conceitua 'produto' tão somente como qualquer bem, móvel ou imóvel, material ou imaterial, sem estabelecer qualquer distinção se este se encontra em alguma etapa ou no final da linha de fabricação. Desta forma, um empresário que adquire um determinado produto como bem de capital, não podendo assim ser considerado, à luz da melhor doutrina, como um consumidor, ainda assim poderá reclamar do empresário-alienante, na hipótese de um fato do produto, uma eventual indenização pelos danos causados, sem que para tanto tenha que demonstrar a culpa do alienante na existência do defeito. Neste aspecto ainda – a objetivação da responsabilidade dos integrantes no interior da cadeia produtiva – é curioso observar que o artigo sob comento menciona tão somente os danos causados pelos produtos, não fazendo qualquer referência aos serviços prestados pelos empresários, embora estes constituam um importante segmento de bens aplicados no desenvolvimento da economia".

CAP. 9 · CLASSIFICAÇÃO DA RESPONSABILIDADE CIVIL QUANTO À CULPA | **529**

Apesar da inteligência dos argumentos desenvolvidos, parece-me que as situações descritas nas justificativas de enunciado poderiam ser abrangidas pelo art. 17 do CDC, ou seja, pelo conceito de consumidor equiparado ou *bystander*. Em suma, o último enunciado não encerra a polêmica.

Ainda em relação ao art. 931 do CC/2002, o Enunciado n. 43 da *I Jornada de Direito Civil* tem a seguinte redação: "a responsabilidade civil pelo fato do produto, prevista no art. 931 do novo Código Civil, também inclui os riscos do desenvolvimento". De acordo com o enunciado, os fornecedores também responderiam por danos tardios, que não existiam quando o produto foi criado ou colocado no mercado e que se tornaram evidentes com as novas pesquisas científicas.

Segundo Marcelo Junqueira Calixto, "os riscos do desenvolvimento são aqueles riscos não cognoscíveis pelo mais avançado estado da ciência e da técnica no momento da introdução do produto no mercado de consumo e que só vêm a ser descobertos após um período de uso do produto, em decorrência do avanço dos estudos científicos" (*A responsabilidade...*, 2004).

Também sobre o tema, explica Paulo R. Roque Khouri que "o centro da divergência é a interpretação acerca do disposto no inciso III do § 1.º do art. 12, que lista as principais circunstâncias que devem ser levadas em consideração para a verificação se o produto é ou não defeituoso, entre as quais a do inciso III: 'à época em que foi colocado em circulação'. Zelmo Denari coloca-se entre os que defendem a não adoção pelo CDC da eximente do risco de desenvolvimento, sustentando que o citado dispositivo 'está muito distante de significar a adoção da teoria dos riscos do desenvolvimento'". E exemplifica o último autor, o que justifica o Enunciado n. 43 do CJF/STJ:

> "Já na questão da soja transgênica, se no futuro seu consumo revelar-se danoso à saúde ou à segurança das pessoas, não vejo como possa ser alegada a favor do fornecedor real, que a desenvolveu em laboratório, a eximente do risco do desenvolvimento. Ainda que a técnica científica, no atual estágio, não consiga demonstrar cabalmente a potencialidade danosa desse produto, não se percebe aqui a essencialidade do mesmo para a coletividade dos consumidores de forma a justificar a eximente do risco do desenvolvimento" (DENARI, Zelmo. *Direito do consumidor...*, 2005, p. 168).

Concorda-se integralmente com as palavras do último doutrinador e com o teor do Enunciado n. 43 do CJF/STJ. Sem dúvida que não cabe a excludente de *riscos do desenvolvimento*, tanto pelo Código de Defesa do Consumidor quanto pelo Código Civil, eis que tais riscos são componentes do risco-proveito. Exatamente nesse sentido, julgou o Superior Tribunal de Justiça no ano de 2020:

> "O risco do desenvolvimento, entendido como aquele que não podia ser conhecido ou evitado no momento em que o medicamento foi colocado em circulação, constitui defeito existente desde o momento da concepção do produto, embora não perceptível *a priori*, caracterizando, pois, hipótese de fortuito interno. Embora a bula seja o mais importante documento sanitário de veiculação de informações técnico-científicas e orientadoras sobre um medicamento, não pode o fabricante se aproveitar da tramitação administrativa do pedido de atualização junto a Anvisa para se eximir do dever de dar, prontamente, amplo conhecimento ao público – pacientes e profissionais da área de saúde –, por qualquer outro meio de comunicação, dos riscos inerentes ao uso do remédio que fez circular no mercado de consumo. Hipótese em que o desconhecimento quanto à possibilidade de desenvolvimento do jogo patológico como reação adversa ao uso do medicamento SIFROL subtraiu da paciente a capacidade de relacionar, de imediato, o transtorno mental

e comportamental de controle do impulso ao tratamento médico ao qual estava sendo submetida, sobretudo por se tratar de um efeito absolutamente anormal e imprevisível para a consumidora leiga e desinformada, especialmente para a consumidora portadora de doença de Parkinson, como na espécie" (STJ, REsp 1774372/RS, 3.ª Turma, Rel. Min. Nancy Andrighi, j. 05.05.2020, *DJe* 18.05.2020).

Pontuo que o julgado afastou a alegação de culpa ou fato concorrente do consumidor.

Ainda a demonstrar as polêmicas que existem a respeito do dispositivo do Código Civil, na *VI Jornada de Direito Civil*, realizada em 2013, aprovou-se o Enunciado n. 562 do CJF/STJ, segundo o qual aos casos do art. 931 do Código Civil aplicam-se as excludentes da responsabilidade objetiva. De fato, não poderia ser diferente, uma vez que, pelo diálogo necessário com o Código de Defesa do Consumidor, nota-se que essa última lei específica consagra excludentes da responsabilidade do fornecedor ou prestador, aplicáveis igualmente ao comando civil. Em suma, não se pode afirmar que o art. 931 do CC/2002 tenha adotado a *teoria do risco integral*, que não admite quaisquer excludentes de responsabilização privada. Tal teoria, aliás, será abordada no tópico seguinte.

Como outra questão importante, na *IX Jornada de Direito Civil*, realizada em maio de 2022, foi aprovado o Enunciado n. 661, estabelecendo que "a aplicação do art. 931 do Código Civil para a responsabilização dos empresários individuais e das empresas pelos danos causados pelos produtos postos em circulação não prescinde da verificação da anti-juridicidade do ato".

Assim, para que haja dever de indenizar, é necessário demonstrar a existência de um ato ilícito praticado por tais sujeitos, nos termos dos arts. 186 e 927 do Código Civil.

Para encerrar a análise do dispositivo e o tópico, no Projeto de Reforma do Código Civil, a Relatoria-Geral da Comissão de Juristas – formada por mim e pela Professora Rosa Maria de Andrade Nery –, sugeriu a revogação expressa do dispositivo, para que todas essas polêmicas fossem afastadas.

Porém, em *emenda de consenso* com a Subcomissão de responsabilidade civil, resolveu--se manter o dispositivo, mencionando o fabricante e os defeitos no *caput,* e com a inclusão de um parágrafo único. Nesse contexto, sugere-se a seguinte nova redação para o comando: "Art. 931. Ressalvados outros casos previstos em lei especial, o fabricante responde independentemente de culpa pelos danos causados por defeitos nos produtos postos em circulação. Parágrafo único. O produto é considerado defeituoso quando não oferece a segurança que dele legitimamente se espera no momento em que é posto em circulação".

Sobre a proposta do *caput*, de acordo com as justificativas da citada Subcomissão, "o art. 931 deve ser explícito quanto à ampliação do conceito de fato do produto existente no CDC. A ressalva é importante, pois a regra não afasta as normas acerca da responsabilidade pelo fato do produto previstas no art. 12 do Código de Defesa do Consumidor, que continuam mais favoráveis ao consumidor lesado (*III Jornada de Direito Civil* – Enunciado n. 190). A seguir, corrige-se o equívoco constante da redação atual ao se referir a 'empresários individuais e as empresas', a qual termina por destacar a atividade exercida ('empresas') ao invés de se referir a quem a exerce ('empresários' e 'sociedades empresárias'). Em seu lugar, propõe-se a adoção da expressão 'fabricante', entendido como aquele que transforma a matéria-prima em produto final, sendo o verdadeiro introdutor do produto defeituoso no mercado (sobre o tema seja consentido remeter a Marcelo Junqueira CALIXTO, *Responsabilidade Civil do Fornecedor de Produtos pelos Riscos do Desenvolvimento*, Rio de Janeiro, Renovar, 2004). O dispositivo proposto também busca esclarecer que a responsabilidade civil, de natureza objetiva, do fabricante não se fundamenta no 'risco da atividade' ou no 'risco do negócio' e sim na existência de um defeito no produto". Pelo exposto, o sentido passará a ser, de fato, de complementar o que já está consagrado no CDC.

No tocante ao parágrafo único, justificaram os juristas da mesma Subcomissão que "o parágrafo único ora proposto esclarece que o momento relevante para a aferição do caráter defeituoso do produto é aquele contemporâneo à sua introdução no mercado. Em consequência, o fabricante não poderá ser demandado pelo fato de seus produtos terem passado a apresentar novos itens de segurança, desde que, ao tempo da introdução no mercado, o produto, embora desprovido de tais itens, fosse considerado seguro. Tal solução, portanto, equipara-se àquela já constante do art. 12, § 2.º, do CDC. Por outro lado, o fabricante poderá ser responsabilizado por um defeito já existente no produto, ao tempo de sua introdução no mercado, e que só veio a ser descoberto mais tarde, por força do desenvolvimento do conhecimento científico, os chamados 'riscos do desenvolvimento'".

Mais uma vez, como se percebe, trata-se de proposta que consolida a posição doutrinária até tida como majoritária sobre o comando, vencidas as minhas ressalvas doutrinárias para a retirada da norma do Código Civil.

9.3.3   A responsabilidade civil por danos ambientais

O *princípio do poluidor-pagador* visa a imputar àquele que causa danos ao meio ambiente as consequências e custos sociais decorrentes da poluição por ele gerada. O sentido do regramento pode ser percebido pelo que dispõe o art. 14, § 1.º, da Lei 6.938/1981 (Lei da Política Nacional do Meio Ambiente – LPNMA): "é o poluidor obrigado, independentemente de existência de culpa, a indenizar ou reparar os danos causados ao meio ambiente e a terceiros, afetados por sua atividade". Trata-se da regra consagradora da responsabilidade civil objetiva (sem culpa) e solidária, entre todos os envolvidos com os danos ambientais.

A Lei da Política Nacional do Meio Ambiente acaba unificando o tratamento que já ocorria quanto aos danos ambientais em outras leis específicas anteriores, como no caso da Lei 4.771/1965 (antigo Código Florestal, revogado pela Lei 12.651/2012) e da Lei 6.453/1977 (que consagra a responsabilidade civil por danos relacionados com atividades nucleares, também de natureza objetiva). Deve-se entender que é possível buscar fundamento para a responsabilidade objetiva por danos ambientais, em sentido genérico e consolidado, somente na Lei da Política Nacional do Meio Ambiente.

Diante de enormes desafios e de crises ambientais verificadas nos últimos anos no País, o Conselho da Justiça Federal promoveu, em novembro de 2024, a histórica *I Jornada Jurídica de Prevenção e Gerenciamento de Crises Ambientais,* para a aprovação de enunciados doutrinários sobre o tema. Tive a honra não só de participar desse evento, como jurista convidado, como também de debater intensamente os temas analisados.

De início, destaco três propostas que foram aprovadas no evento, com os seguintes enunciados sobre a responsabilidade civil: "nos termos do art. 225, § 3º, da Constituição Federal, em havendo poluição das águas, aplica-se a responsabilidade civil ambiental objetiva e solidária, sob a modalidade do risco integral"; "em havendo poluição das águas, os danos podem ser tidos como presumidos ou 'in re ipsa'" e "em havendo poluição das águas, caberá a reparação integral dos danos diretos e indiretos, em relação às vítimas".

Analisarei outras ementas doutrinárias, a seguir, sendo certo que quando do lançamento desta obra, os enunciados ainda não tinham recebido a respectiva numeração.

Feita essa importante nota, aponte-se que a Lei 6.453/1977 consagra prazos prescricionais para se pleitear a indenização em casos de danos nucleares, prazos esses que ainda devem ser aplicados ("Art. 12. O direito de pleitear indenização com o fundamento nesta Lei prescreve em 10 (dez) anos, contados da data do acidente nuclear. Parágrafo único. Se o acidente for causado por material subtraído, perdido ou abandonado, o prazo prescricional contar-se-á do acidente, mas não excederá a 20 (vinte) anos contados da data da subtração, perda ou abandono"). Como a norma em questão é especial e anterior, continua em vigor, não tendo sido revogada pelo Código Civil de 2002.

Presente o dano ambiental não submetido a essa lei específica, tem-se entendido pela imprescritibilidade da pretensão indenizatória, ou seja, a sua não sujeição à prescrição ou à decadência. Como se retira da premissa n. 5, publicada na Edição n. 119 da ferramenta *Jurisprudência em Teses*, do Superior Tribunal de Justiça, dedicada à responsabilidade civil por dano ambiental e publicada em 2019, "é imprescritível a pretensão reparatória de danos ao meio ambiente". São citados como precedentes, entre outros: STJ, REsp 1.081.257/SP, 2.ª Turma, Rel. Min. Og Fernandes, j. 05.06.2018, *DJe* 13.06.2018; REsp 1.641.167/RS, 3.ª Turma, Rel. Min. Nancy Andrighi, j. 13.03.2018, *DJe* 20.03.2018; REsp 1.680.699/SP, 2.ª Turma, Rel. Min. Herman Benjamin, j. 28.11.2017, *DJe* 19.12.2017; Ag. Rg. no REsp 1.466.096/RS, 2.ª Turma, Rel. Min. Mauro Campbell Marques, j. 24.03.2015, *DJe* 30.03.2015; Ag. Rg. no REsp 1.421.163/SP, 2.ª Turma, Rel. Min. Humberto Martins, j. 06.11.2014, *DJe* 17.11.2014; e REsp 1.223.092/SC, 2.ª Turma, Rel. Min. Castro Meira, j. 06.12.2012, *DJe* 04.02.2013.

Além disso, vale dizer que a Emenda Constitucional 49, de 10 de agosto de 2005, introduziu a letra *d* ao inciso XXIII do art. 21 da CF/1988, prevendo expressamente que a responsabilidade civil por danos nucleares independe de culpa (*responsabilidade objetiva*). Na verdade, esse já era o tratamento legal pela Lei da Política Nacional do Meio Ambiente.

Em complemento, é muito importante apontar que o art. 4.º da Lei 9.605/1998, que trata dos crimes ambientais, enuncia expressamente a possibilidade de desconsideração da personalidade jurídica sempre que esta for obstáculo ao ressarcimento de prejuízos causados à qualidade do meio ambiente. Como se nota, o dispositivo legal dispensa a existência de abuso ou fraude no uso da razão social como requisito para a aplicação do aludido instituto. Com isso, aqui é adotada a *teoria menor*, pela qual para a desconsideração da personalidade jurídica basta o prejuízo suportado pelo interessado (COELHO, Fábio Ulhôa. *Curso...*, 2005, p. 35). Fazendo o devido paralelo, vale dizer, contudo, que o art. 50 do atual Código Civil adota a *teoria maior*, pois exige o abuso da personalidade jurídica para a aplicação da referida desconsideração.

Exatamente nesse sentido, destaco outro enunciado aprovado na citada *I Jornada Jurídica de Prevenção e Gerenciamento de Crises Ambientais*, promovida pelo Conselho da Justiça Federal em novembro de 2024, de com a seguinte previsão: "em casos de danos ambientais, a desconsideração da personalidade jurídica deve ser aplicada quando ela for impedimento ou dificultar a reparação".

De acordo com as palavras de Ramón Martin Mateo, o princípio do *poluidor-pagador* não tem como objetivo aceitar a poluição mediante uma remuneração, mas sim evitar o dano ao meio ambiente. O objetivo do legislador não é de simples punição, mas de seguir a corrente reparatória, consagrada também na Constituição Federal de 1988 (*Tratado...*, 1991, p. 240). Não se pode se esquecer da mencionada proteção constitucional do *Bem Ambiental*, conceituado como um bem difuso que visa a sadia qualidade de vida de todos os cidadãos, das presentes e futuras gerações (art. 225 da CF/1988).

CAP. 9 · CLASSIFICAÇÃO DA RESPONSABILIDADE CIVIL QUANTO À CULPA | **533**

A esse propósito, merece relevo outro enunciado aprovado na citada *Jornada de Direito Ambiental*, que trata da água como *Bem Ambiental*, a saber: "a água, como bem ambiental de uso comum do povo e essencial à sadia qualidade de vida considerada pela jurisprudência do Supremo Tribunal Federal um bem jurídico autônomo, tem sua gestão estabelecida pela Constituição Federal, conforme indicado em seu art. 225, que deve ser necessariamente observado e aplicado regularmente por todos os órgãos investidos de poder e, particularmente, em face de crises hídricas no contexto das mudanças climáticas". Sem dúvidas, assim devem ser concebidos os recursos hídricos essenciais para a sobrevivência humana.

Verifica-se que o conceito de *poluidor-pagador*, no direito brasileiro, extrapola as regras previstas em algumas construções do Direito Comparado, eis que há a previsão de punição multidisciplinar, nas esferas civil, penal e administrativa (art. 225, § 3.º, da CF/1988). Quanto à proteção das gerações futuras (*direitos transgeracionais ou intergeracionais*), ensina Lucas Abreu Barroso:

> "Cumpre lembrar que agora a obrigação de indenizar deve também encarar um novel desafio, o de satisfazer as expectativas das futuras gerações, haja vista a inserção do princípio da equidade intergeracional no texto da Constituição (art. 225, *caput*), ainda que isso importe em 'algumas novidades no esquema de instrumentos jurídicos' – contudo, sem relegar os postulados da juridicidade estatal. Resulta, então, que as relações jurídicas obrigacionais, tradicionalmente pensadas ao redor do consentimento (acordo de vontades), devem cambiar seu enfoque para o interesse protegido. Somente assim será possível garantir às futuras gerações os direitos que desde logo lhe são assegurados, dentro de um critério de igualdade com os atuais participantes das obrigações civis" (BARROSO, Lucas Abreu. Novas fronteiras..., *Questões...*, 2006, p. 365).

Relativamente à concepção dos direitos ambientais, pronunciou-se o Supremo Tribunal Federal nos seguintes termos, relacionando a sua reparação à tutela dos direitos humanos:

> "O direito à integridade do meio ambiente – típico direito de terceira geração – constitui prerrogativa jurídica de titularidade coletiva, refletindo, dentro do processo de afirmação dos direitos humanos, a expressão significativa de um poder atribuído não ao indivíduo identificado em sua singularidade, mas, num sentido verdadeiramente mais abrangente, a própria coletividade social. Enquanto os direitos de primeira geração (direitos civis e políticos) – que compreendem as liberdades clássicas, negativas ou formais – realçam o princípio da liberdade e os direitos de segunda geração (direitos econômicos, sociais e culturais) – que se identificam com as liberdades positivas, reais ou concretas – acentuam o princípio da igualdade, os direitos de terceira geração, que materializam poderes de titularidade coletiva atribuídos genericamente a todas as formações sociais, consagram o princípio da solidariedade e constituem um momento importante no processo de desenvolvimento, expansão e reconhecimento dos direitos humanos, caracterizados, enquanto valores fundamentais indisponíveis, pela nota de uma essencial inexauribilidade" (STF, MS 22.164, Rel. Min. Celso de Mello, *DJ* 17.11.1995. No mesmo sentido: RE 134.297, 22.09.1995).

Constata-se que a concepção de responsabilidade objetiva é um pouco diferente em matéria ambiental, pois, aqui, foi adotada uma teoria próxima à chamada *teoria do risco integral*, ou ela mesma, segundo apontam vários doutrinadores e tem entendido a jurisprudência superior. Tal conclusão repercute no estudo dos excludentes de responsabilidade civil ambiental.

Percebe-se que, no caso de dano ambiental, os prejudicados são todos os que vivem no ambiente *planeta Terra*, pela própria concepção do meio ambiente como bem difuso. Há, portanto, um dano coletivo, difuso, que atinge a todos os seres. Mas o grande problema ou a grande dificuldade é justamente a prova ou presunção desse nexo de causalidade.

Por essa dificuldade, e lembrando que a responsabilidade objetiva é relacionada com o próprio acesso à justiça, deve-se concluir que o nexo causal no caso de responsabilidade civil por danos ambientais pode ser visualizado pela simples atividade industrial, ou mesmo de outra natureza, explorada pela empresa poluidora. Em suma, acaba-se flexibilizando o conceito de nexo de causalidade.

Contudo, quais seriam as excludentes do dever de indenizar no caso de danos ao meio ambiente, se a Lei 6.938/1981, ao contrário do que fez o Código de Defesa do Consumidor, não as menciona?

Como se sabe, prevalece o entendimento de que não haveria excludentes de responsabilidade civil, uma vez que foi adotada a *teoria do risco integral*. Nesse sentido, entende Édis Milaré que "nos casos de dano ao meio ambiente, diversamente, a regra é a responsabilidade civil objetiva – ou nas palavras do próprio legislador, 'independentemente de existência de culpa' –, sob a modalidade do risco integral, que não admite quaisquer excludentes de responsabilidade" (*Direito...*, 2000, p. 338).

Para o jurista, seria irrelevante a ocorrência de caso fortuito, força maior ou fato de terceiro, porque "com a teoria do risco integral ambiental o poluidor, na perspectiva de uma sociedade solidarista, contribui – nem sempre de maneira voluntária – com a reparação do dano ambiental, mesmo quando presente o caso fortuito, a força maior ou o fato de terceiro. É o poluidor assumindo todo o risco que sua atividade acarreta: o simples fato de existir a atividade somado à existência do nexo causal entre essa atividade e o dano produz o dever de reparar" (MILARÉ, Édis. *Direito...*, 2000, p. 341). Anote-se, contudo, que o dever de indenizar não existirá se o réu provar em juízo a inexistência do dano.

A adoção da *teoria do risco integral* também tem sido apontada pela jurisprudência do Superior Tribunal de Justiça, o que pode trazer a conclusão de se tratar do entendimento majoritário. Nessa linha, por todos:

> "Civil e processual civil. Agravo regimental no agravo em recurso especial. Julgamento antecipado da lide. Cerceamento de defesa. Valor da condenação em danos materiais. Súmula 7/STJ. Honorários sucumbenciais. Responsabilidade civil. Petrobras. Rompimento do poliduto 'Olapa' e vazamento de óleo combustível. Dano ambiental. Teoria do risco integral. Responsabilidade objetiva. Precedente da Segunda Seção, em sede de recurso repetitivo. Art. 543-C do CPC. Termo inicial. Juros moratórios. Súmula 54/STJ. Decisão mantida. 1. O Tribunal de origem afastou a alegação de cerceamento de defesa por entender comprovada a ocorrência e a extensão do dano ambiental, bem como a legitimidade do autor da ação. Alterar esse entendimento demandaria o reexame das provas produzidas nos autos, o que é vedado em recurso especial, a teor da Súmula 7/STJ. 2. O exame da pretensão recursal no tocante à diminuição do valor da condenação a título de danos materiais exigiria o reexame da extensão do prejuízo sofrido pelo recorrido, o que é inviável em recurso especial, ante o óbice da mesma súmula. 3. Aplica-se perfeitamente à espécie a tese contemplada no julgamento do REsp 1.114.398/PR (Relator Ministro Sidnei Beneti, j. 08.02.2012, *DJe* 16.02.2012), sob o rito do art. 543-C do CPC, no tocante à teoria do risco integral e da responsabilidade objetiva ínsita ao dano ambiental (arts. 225, § 3.º, da CF, e 14, § 1.º, da Lei 6.938/1981). É irrelevante, portanto, o questionamento sobre a diferença entre as excludentes de responsabilidade civil suscitadas na defesa de cada caso. Precedentes.

CAP. 9 · CLASSIFICAÇÃO DA RESPONSABILIDADE CIVIL QUANTO À CULPA | 535

4. Agravo regimental desprovido" (STJ, AgRg no AREsp 273.058/PR, 4.ª Turma, Rel. Min. Antonio Carlos Ferreira, j. 09.04.2013, *DJe* 17.04.2013).

"Administrativo – Dano ambiental – Sanção administrativa – Imposição de multa – Execução fiscal. 1. Para fins da Lei n. 6.938, de 31 de agosto de 1981, art. 3.º, entende-se por: I – meio ambiente, o conjunto de condições, leis, influências e interações de ordem física, química e biológica, que permite, abriga e rege a vida em todas as suas formas; II – degradação da qualidade ambiental, a alteração adversa das características do meio ambiente; III – poluição, a degradação da qualidade ambiental resultante de atividades que direta ou indiretamente: a) prejudiquem a saúde, a segurança e o bem-estar da população; b) criem condições adversas às atividades sociais e econômicas; c) afetem desfavoravelmente a biota; d) afetem as condições estéticas ou sanitárias do meio ambiente; e) lancem matérias ou energia em desacordo com os padrões ambientais estabelecidos; 2. Destarte, é poluidor a pessoa física ou jurídica, de direito público ou privado, responsável, direta ou indiretamente, por atividade causadora de degradação ambiental; 3. O poluidor, por seu turno, com base na mesma legislação, art. 14 – 'sem obstar a aplicação das penalidades administrativas' é obrigado, 'independentemente da existência de culpa', a indenizar ou reparar os danos causados ao meio ambiente e a terceiros, 'afetados por sua atividade'. 4. Depreende-se do texto legal a sua responsabilidade pelo risco integral, por isso que em demanda infensa a administração poderá, *inter partes*, discutir a culpa e o regresso pelo evento. 5. Considerando que a lei legitima o Ministério Público da União e dos Estados terá legitimidade para propor ação de responsabilidade civil e criminal, por danos causados ao meio ambiente, é inequívoco que o Estado não pode inscrever *self-executing*, sem acesso à justiça, *quantum* indenizatório, posto ser imprescindível ação de cognição, mesmo para imposição de indenização, o que não se confunde com a multa, em obediência aos cânones do devido processo legal e da inafastabilidade da jurisdição. 6. *In casu*, discute-se tão somente a aplicação da multa, vedada a incursão na questão da responsabilidade fática por força da Súmula 07/STJ. 5. Recurso improvido" (STJ, REsp 442.586/SP, 1.ª Turma, Rel. Min. Luiz Fux, j. 26.11.2002, *DJ* 24.02.2003, p. 196).

Consolidando essa forma de pensar, reitere-se que em 2019 foi publicada a Edição n. 119 da ferramenta *Jurisprudência em Teses* da Corte, dedicada à responsabilidade civil por dano ambiental. Conforme a afirmação n. 1, "a responsabilidade por dano ambiental é objetiva, informada pela teoria do risco integral, sendo o nexo de causalidade o fator aglutinante que permite que o risco se integre na unidade do ato, sendo descabida a invocação, pela empresa responsável pelo dano ambiental, de excludentes de responsabilidade civil para afastar sua obrigação de indenizar (Tese julgada sob o rito do art. 543-C do CPC/1973 – Temas 681 e 707, letra *a*)". Ou, ainda, de acordo com a tese n. 4, "a alegação de culpa exclusiva de terceiro pelo acidente em causa, como excludente de responsabilidade, deve ser afastada, ante a incidência da teoria do risco integral e da responsabilidade objetiva ínsita ao dano ambiental (art. 225, § 3.º, da CF e do art. 14, § 1.º, da Lei n.º 6.938/81), responsabilizando o degradador em decorrência do princípio do poluidor-pagador (Tese julgada sob o rito do art. 543-C do CPC/1973 – Tema 438)". No mesmo sentido, como visto, foi aprovado enunciado doutrinário na *I Jornada Jurídica de Prevenção e Gerenciamento de Crises Ambientais*, realizada em novembro de 2024 e promovida pelo Conselho da Justiça Federal

A propósito do afastamento da excludente da culpa ou fato exclusivo de terceiro, julgou o STJ no ano de 2020 que "a exoneração da responsabilidade pela interrupção do nexo causal é admitida na responsabilidade subjetiva e em algumas teorias do risco, que regem a responsabilidade objetiva, mas não pode ser alegada quando se tratar de dano subordinado à teoria do risco integral. Os danos ambientais são regidos pela teoria do risco integral, colocando-se aquele que explora a atividade econômica na posição de garantidor da preservação ambiental, sendo sempre considerado responsável pelos danos vinculados à atividade, descabendo questionar sobre a exclusão da responsabilidade pelo suposto rompimento do nexo causal (fato exclusivo de terceiro ou força maior). Precedentes". Assim, sobre o caso concreto, entendeu-se que "mesmo que se considere que a instalação do posto de combustíveis somente tenha ocorrido em razão de erro na concessão da licença ambiental, é o exercício dessa atividade, de responsabilidade da recorrente, que gera o risco concretizado no dano ambiental, razão pela qual não há possibilidade de eximir-se da obrigação de reparar a lesão verificada" (STJ, REsp 1.612.887/PR, 3.ª Turma, Rel. Min. Nancy Andrighi, j. 28.04.2020, *DJe* 07.05.2020).

Todavia, cumpre esclarecer que os civilistas não entendem assim, com tanta unanimidade, como fazem no tratamento da responsabilidade civil prevista no Código de Defesa do Consumidor. Seguindo essa premissa, opino que, como ocorre na responsabilidade civil decorrente das relações de consumo, são excludentes o *caso fortuito externo* e a *força maior externa* (eventos externos), que não mantêm qualquer relação com a atividade desempenhada (*risco do empreendimento* ou *risco do negócio*). Essas seriam as únicas excludentes do dever de indenizar no caso de danos ambientais.

Compreendo que a *teoria do risco integral* pode trazer algumas injustiças devendo ser mitigada em casos tais, tidos com excepcionalíssimos. De todo modo, não se pode negar que prevalece no atual sistema jurídico ambiental a afirmação da teoria do risco integral, na linha do que foi aqui exposto e do enunciado aprovado na *I Jornada Jurídica de Prevenção e Gerenciamento de Crises Ambientais*, promovida em novembro de 2024.

Seguindo no estudo do tema, é pertinente analisar alguns exemplos para visualizar a questão do fortuito externo e da força maior externa na ótica ambiental. Imagine-se, de início, um caso em que numa fazenda está localizado um grande lago. Diante de chuvas torrenciais ocorre uma enchente, que atinge outras propriedades causando prejuízos à fauna e à flora. Não se pode falar em responsabilidade do proprietário da fazenda, pois o evento causador do dano ambiental não tem qualquer relação com a atividade desenvolvida pelo mesmo. A situação é de caso fortuito externo ou força maior externa, que quebram ou obstam nexo de causalidade.

Mas se esse mesmo fazendeiro desenvolver no lago uma atividade poluidora, como, por exemplo, a extração de minério com o uso de mercúrio e nessa mesma situação de enchente ocorrer a contaminação dos terrenos vizinhos, não haverá a quebra do nexo de causalidade, mas sim o dever de indenizar os prejudicados pela chuva. No caso criado para exemplificar, a imprevisibilidade ou extraordinariedade foi agravada por uma atividade interna do agente poluidor (caso fortuito interno ou força maior interna). Repise-se que os terceiros prejudicados podem pleitear indenização do agente poluidor, nos exatos termos do art. 14, § 1.º, da Lei 6.938/1981 (Lei da Política Nacional do Meio Ambiente).

Quanto a essa responsabilidade ambiental no âmbito civil, note-se que deve ser paga uma indenização ao prejudicado, de acordo com a extensão do dano (art. 944 do CC). Especificando, há duas maneiras de reparar o dano ambiental, quais sejam pelo retorno à situação anterior ou pelo pagamento de uma indenização em dinheiro. Quanto à prova do dano, inverte-se o ônus da sua prova, como consta da Súmula 618 do STJ, editada no ano de 2018: "a inversão do ônus da prova aplica-se às ações de degradação ambiental".

Ainda no tocante aos danos ambientais individuais, ilustrando, vejamos decisões do Superior Tribunal de Justiça, que reconheceram *danos ambientais privados* por prejuízos causados à própria pessoa ofendida ou às suas atividades:

CAP. 9 · CLASSIFICAÇÃO DA RESPONSABILIDADE CIVIL QUANTO À CULPA | 537

"Recurso especial. Responsabilidade civil. Dano ambiental privado. Resíduo industrial. Queimaduras em adolescente. Reparação dos danos materiais e morais. 1 – Demanda indenizatória movida por jovem que sofreu graves queimaduras nas pernas ao manter contato com resíduo industrial depositado em área rural. 2 – A responsabilidade civil por danos ambientais, seja por lesão ao meio ambiente propriamente dito (dano ambiental público), seja por ofensa a direitos individuais (dano ambiental privado), é objetiva, fundada na teoria do risco integral, em face do disposto no art. 14, § 10, da Lei n. 6.938/81. 3 – A colocação de placas no local indicando a presença de material orgânico não é suficiente para excluir a responsabilidade civil. 4 – Irrelevância da eventual culpa exclusiva ou concorrente da vítima. 5 – *Quantum* indenizatório arbitrado com razoabilidade pelas instâncias de origem. Súmula 07/STJ. 6 – Alteração do termo inicial da correção monetária (Súmula 362/STJ). 7 – Recurso especial parcialmente provido" (STJ, REsp 1.373.788/SP, 3.ª Turma, Rel. Min. Paulo de Tarso Sanseverino, j. 06.05.2014, *DJe* 20.05.2014).

"Ação de indenização – Danos materiais e morais a pescadores causados por poluição ambiental por vazamento de nafta, em decorrência de colisão do Navio N-T Norma no Porto de Paranaguá. (...). Legitimidade ativa *ad causam*. É parte legítima para ação de indenização suprarreferida o pescador profissional artesanal, com início de atividade profissional registrada no Departamento de Pesca e Aquicultura do Ministério da Agricultura, e do Abastecimento anteriormente ao fato, ainda que a emissão da carteira de pescador profissional tenha ocorrido posteriormente, não havendo a ré alegado e provado falsidade dos dados constantes do registro e provado haver recebido atenção do poder público devido a consequências profissionais do acidente; (...). A alegação de culpa exclusiva de terceiro pelo acidente em causa, como excludente de responsabilidade, deve ser afastada, ante a incidência da teoria do risco integral e da responsabilidade objetiva ínsita ao dano ambiental (art. 225, § 3.º, da CF e do art. 14, § 1.º, da Lei n.º 6.938/1981), responsabilizando o degradador em decorrência do princípio do poluidor-pagador. (...). Configuração de dano moral. Patente o sofrimento intenso de pescador profissional artesanal, causado pela privação das condições de trabalho, em consequência do dano ambiental, é também devida a indenização por dano moral, fixada, por equidade, em valor equivalente a um salário mínimo. (...)" (STJ, REsp 1.114.398/PR, 2.ª Seção, Rel. Min. Sidnei Beneti, j. 08.02.2012, *DJe* 16.02.2012, publicação no *Informativo* n. *490*).

Como se pode perceber, os arestos colacionados confirmam a aplicação da *teoria do risco integral*, não admitindo as excludentes da culpa exclusiva da vítima e da culpa exclusiva de terceiro como fatores obstativos do nexo de causalidade, como está confirmado pela tese n. 4, publicado na Edição n. 119 da ferramenta *Jurisprudência em Teses*, do STJ. Lamenta-se, no último julgamento, a fixação do valor da indenização em apenas um salário mínimo, o que parece ser irrisório, especialmente levando-se em conta o suposto caráter pedagógico da responsabilidade civil e a condição econômica do ofensor.

De toda sorte, assim como no último julgado, tem-se reconhecido amplamente a reparação de danos materiais e morais a pescadores prejudicados pela cessação de sua atividade em virtude de danos ambientais causados por empresas. Na Edição n. 119 da ferramenta *Jurisprudência em Teses* do STJ, são encontradas duas afirmações nesse sentido. Conforme a tese n. 10, "o pescador profissional é parte legítima para postular indenização por dano ambiental que acarretou a redução da pesca na área atingida, podendo utilizar-se do registro profissional, ainda que concedido posteriormente ao sinistro, e de outros meios de prova que sejam suficientes ao convencimento do juiz acerca do exercício dessa atividade". Além disso, segundo a premissa n. 11, "é devida a indenização por dano moral patente o sofrimento intenso do pescador profissional artesanal, causado pela privação das condições de trabalho, em consequência do dano ambiental (Tese julgada sob o rito do art. 543-C do CPC/1973 –

Tema 439)". Advirta-se, contudo, que a reparação imaterial deve ser considerável, a fim de atender à sua função pedagógica ou de desestímulo.

Além do pagamento dessa indenização a quem sofreu o prejuízo, há o pagamento de outro valor, destinado a um fundo de proteção ambiental, a título de danos sociais ou difusos. Ensina Rui Stoco que "a legislação de regência, além das sanções de natureza penal e administrativa, também estabelece sanção pecuniária ao agente causador do dano, sem prejuízo do dever de restaurar o que pode ser reconstituído (obrigação de fazer) ou de indenizar o valor correspondente (obrigação de dar), uma ou outra, evidentemente, e não ambas cumulativamente. A multa será destinada a um fundo especial e tem por objetivo reparar o prejuízo sofrido por terceiros que posteriormente comprovem efetivamente esse dano individual" (*Tratado...*, 2004, p. 844).

Ato contínuo de estudo, quando se fala em danos ambientais, deve-se conceber a expressão em sentido amplo, englobando tanto o dano ao ambiente natural (denominado como *dano ecológico*) quanto o dano ao ambiente artificial, cultural ou artístico. Isso pode ser retirado da *função socioambiental da propriedade* prevista do art. 1.228, § 1.º, do CC ("de modo que sejam preservados, de conformidade com o estabelecido em lei especial, a flora, a fauna, as belezas naturais, o equilíbrio ecológico e o patrimônio histórico e artístico, bem como evitada a poluição do ar e das águas"). Sobre essa ideia, merece destaque outro enunciado aprovado na *I Jornada Jurídica de Prevenção e Gerenciamento de Crises Ambientais*, novamente sobre os recursos hídricos e com os seguintes dizeres: "a interpretação da função social e socioambiental da propriedade, conforme art. 5º, XXIII; 182 *caput* e § 2.º; 186, I e II; e 225 da Constituição Federal, em face da tutela constitucional vinculada à gestão dos recursos hídricos, deve compreender todas as dimensões do direito ambiental constitucional".

O dano ambiental, muitas vezes, constitui um dano social, eis que o *Bem Ambiental* é um bem difuso, relacionado com pessoas indeterminadas ou indetermináveis. Isso justifica o teor de julgados do Superior Tribunal de Justiça, pelos quais o adquirente de um imóvel deve ser responsabilizado pela reparação ambiental de uma área degradada. Para exemplificar, colaciona-se:

"Danos ambientais – Ação civil pública – Responsabilidade – Adquirente – Terras rurais – Recomposição – Matas. 1. A Medida Provisória 1.736-33, de 11.02.1999, que revogou o art. 99 da Lei 8.171/1999, foi revogada pela MP 2.080-58, de 17.12.2000. 2. Em matéria de dano ambiental a responsabilidade é objetiva. O adquirente das terras rurais é responsável pela recomposição das matas nativas. 3. A Constituição Federal consagra em seu art. 186 que a função social da propriedade rural é cumprida quando atende, seguindo critérios e graus de exigência estabelecidos em lei, a requisitos certos, entre os quais o de 'utilização adequada dos recursos naturais disponíveis e preservação do meio ambiente'. 4. A Lei 8.171/1991 vigora para todos os proprietários rurais, ainda que não sejam eles os responsáveis por eventuais desmatamentos anteriores. Na verdade, a referida norma referendou o próprio Código Florestal (Lei 4.771/1965), que estabelecia uma limitação administrativa às propriedades rurais, obrigando os seus proprietários a instituírem áreas de reservas legais, de no mínimo 20% de cada propriedade, em prol do interesse coletivo. 5. Embargos de declaração parcialmente acolhidos para negar provimento ao Recurso Especial" (STJ, EAREsp 255170/SP (200000366277), 481097 Embargos de declaração no agravo regimental no recurso especial, 1.ª Turma, Rel. Min. Luiz Fux, j. 1.º.04.2003, *DJ* 22.04.2003, p. 197).

Como visto, outro argumento utilizado é a presença de uma obrigação *propter rem* que segue a coisa, o que representa um novo dimensionamento desta clássica categoria

CAP. 9 • CLASSIFICAÇÃO DA RESPONSABILIDADE CIVIL QUANTO À CULPA | 539

jurídica, conforme estabelece a Súmula 623 do Superior Tribunal de Justiça. Relembre-se que a premissa de responsabilização do novo proprietário consta expressamente do art. 2.º, § 2.º, do atual Código Florestal.

Além disso, vale lembrar que a fixação de uma indenização em favor da vítima do dano ambiental não afasta a possibilidade de condenação do réu a uma obrigação de fazer ou de não fazer, que pode ser perfeitamente cumulada com a primeira, conforme preceitua a Súmula 629 do STJ, editada no final do ano de 2018. A título de ilustração, cite-se a imposição da obrigação de reflorestamento de uma área degradada.

Para encerrar o tópico, acrescente-se que o atual Projeto de Reforma do Código Civil pretende inserir na codificação privada tratamento a respeito da responsabilidade civil ambiental. Adota-se um modelo de responsabilidade objetiva, para os entes públicos e privados, admitindo-se apenas a excludente do fato exclusivo de terceiro, na linha de todas as divergências que aqui foram expostas.

Trata-se da proposta do novo art. 952-A do Código Civil, segundo o qual, em seu *caput*, "as pessoas naturais ou jurídicas, de Direito Público ou Direito Privado, terão a obrigação de reparar integralmente os danos causados ao meio ambiente, por sua atividade, independentemente da existência de culpa". Em complemento, o seu § 1.º preverá, como única excludente da responsabilidade civil ambiental, que "a responsabilidade prevista neste artigo pode ser afastada em caso de fato exclusivo de terceiro". Ademais, a responsabilidade civil ambiental será solidária: "a responsabilidade prevista no *caput* deste artigo tem caráter solidário, devendo ser atribuída a todos que, direta ou indiretamente, contribuíram para o evento danoso" (§ 2.º).

Como se pode notar, trata-se de inclusão de norma necessária, que retoma o *protagonismo* do Código Civil para os temas relevantes de Direito Privado, como é a responsabilidade civil ambiental.

Com a abordagem da responsabilidade civil por danos ambientais, encerra-se a análise da responsabilidade objetiva na legislação extravagante específica, fora do Código Civil. Passa-se agora ao estudo da responsabilidade sem culpa tratada na atual codificação privada.

9.4 A RESPONSABILIDADE OBJETIVA NO CÓDIGO CIVIL DE 2002. REGRAS ESPECÍFICAS

9.4.1 A responsabilidade civil objetiva por atos de terceiros ou responsabilidade civil indireta

O art. 932 do CC/2002 traz hipóteses de responsabilidade civil por atos praticados por terceiros, também denominada *responsabilidade civil objetiva indireta* ou *por atos de outrem*, a saber:

a) Os pais são responsáveis pelos atos praticados pelos filhos menores que estiverem sob sua autoridade e em sua companhia.

b) O tutor e o curador são responsáveis pelos pupilos e curatelados que estiverem nas mesmas condições anteriores (autoridade e companhia).

c) O empregador ou comitente são responsáveis pelos atos de seus empregados, serviçais e prepostos, no exercício do trabalho ou em razão dele. Para caracterização dessa responsabilidade, não há sequer necessidade de prova do vínculo de emprego, bastando o que se denomina como *relação de pressuposição*, baseada na confiança.

d) Os donos de hotéis, hospedarias, casas ou estabelecimentos onde se albergue por dinheiro, mesmo para fins de educação, são responsáveis pelos atos danosos praticados pelos seus hóspedes, moradores e educandos.

e) São também responsáveis todos aqueles que contribuírem gratuitamente nos produtos de crime, até a concorrência da respectiva quantia. A ilustrar a aplicação desse inciso, na *VI Jornada de Direito Civil*, evento de 2013, foi aprovado o Enunciado n. 558 do CJF/STJ, *in verbis*: "São solidariamente responsáveis pela reparação civil, juntamente com os agentes públicos que praticaram atos de improbidade administrativa, as pessoas, inclusive as jurídicas, que para eles concorreram ou deles se beneficiaram direta ou indiretamente".

Enuncia o art. 933 do CC/2002 que a responsabilidade das pessoas acima elencadas independe de culpa, tendo sido adotada a *teoria do risco*. Assim, as pessoas arroladas, ainda que não haja culpa de sua parte (responsabilidade objetiva), responderão pelos atos praticados pelos terceiros ali referidos. Mas para que essas pessoas respondam, é necessário provar a culpa daqueles pelos quais são responsáveis. Por isso a responsabilidade é denominada *objetiva indireta* ou *objetiva impura*, conforme a doutrina de Álvaro Villaça Azevedo, eis que há culpa da outra parte (*Teoria...*, 2000, p. 280).

Esclarecendo, para que os pais respondam objetivamente, é preciso comprovar a culpa dos filhos; para que os tutores ou curadores respondam, é preciso comprovar a culpa dos tutelados ou curatelados; para que os empregadores respondam, é preciso comprovar a culpa dos empregados; e assim sucessivamente, em regra. No que diz à primeira hipótese, de responsabilidade dos pais por atos dos filhos, aprovou-se enunciado na *VII Jornada de Direito Civil*, evento de 2015, segundo o qual a responsabilidade dos pais pelos atos dos filhos menores, prevista no art. 932, inc. I, do Código Civil, não obstante objetiva, pressupõe a demonstração de que a conduta imputada ao menor, caso o fosse ao agente imputável, seria hábil para a sua responsabilização (Enunciado n. 590).

Desse modo, é fundamental repetir que não se pode mais falar em culpa presumida (culpa *in vigilando* ou culpa *in eligendo*) nesses casos, mas em *responsabilidade sem culpa*, de natureza objetiva.

Como antes foi afirmado, os casos de presunção relativa de culpa foram banidos do ordenamento jurídico brasileiro, diante de um importante salto evolutivo. Vale ainda lembrar que deve ser tida como cancelada a Súmula 341 do STF, pela qual seria presumida a culpa do empregador por ato de seu empregado. Na verdade, a responsabilidade do empregador por ato do seu empregado, que causa dano a terceiro, independe de culpa (*responsabilidade objetiva* – arts. 932, III, e 933 do CC). Nesse sentido, repise-se enunciado aprovado na *V Jornada de Direito Civil*, de nossa autoria, estabelecendo que "a responsabilidade civil por ato de terceiro funda-se na responsabilidade objetiva ou independentemente de culpa, estando superado o modelo de culpa presumida" (Enunciado n. 451, CJF/STJ).

Quanto ao inciso I do art. 932 do CC, entendo que, para que o pai ou a mãe responda pelos danos causados pelo filho, deve ter o último sob sua autoridade e companhia, nos exatos termos do que enuncia o texto legal. A par dessa conclusão, o pai que não tem a guarda do filho não poderá responder. Nesse sentido, entendeu, no passado, o Tribunal de Justiça de Goiás (TJGO, Apelação Cível 92.479-0/188 – 200502256367, DJ 03.03.2006).

De qualquer maneira, a questão não é pacífica, e foi amplamente debatida com outros professores, tanto na *I Jornada Paulista de Direito Civil*, promovida pela Escola Paulista de Direito em São Paulo, quanto no *V Congresso Brasileiro de Direito de Família*, promovido pelo IBDFAM em Belo Horizonte. Ambos os eventos ocorreram em outubro de 2005, nos anos iniciais de vigência da atual codificação privada.

A partir desses debates acadêmicos, ficou constatado que o entendimento aqui esposado é seguido por Gustavo Tepedino, Heloísa Helena Barboza e José Fernando Simão – este último, conforme tese de doutorado defendida na USP, tratando da responsabilidade civil do incapaz (SIMÃO, José Fernando. *Responsabilidade...*, 2008). Entretanto, Giselda Maria Fernandes Novaes Hironaka, Maria Berenice Dias e Giselle Groeninga entendem que aquele que não tem a guarda deve responder, pois também é responsável pela educação do filho. A última corrente procura estribar a sua conclusão na responsabilidade que decorre do exercício do poder familiar (art. 1.634 do CC).

Adotando o último entendimento, na *V Jornada de Direito Civil*, evento de 2011, foi aprovado o seguinte enunciado, com conteúdo bem polêmico: "considerando que a responsabilidade dos pais pelos atos danosos praticados pelos filhos menores é objetiva, e não por culpa presumida, ambos os genitores, no exercício do poder familiar, são, em regra, solidariamente responsáveis por tais atos, ainda que estejam separados; ressalvado o direito de regresso em caso de culpa exclusiva de um dos genitores" (Enunciado n. 450).

Todavia, em acórdão publicado em 2016, o Superior Tribunal de Justiça acabou por adotar a posição contrária ao último enunciado doutrinário citado, seguindo o entendimento ao qual me filio. Vejamos esta ementa:

"Direito civil. Responsabilidade civil. Acidente de trânsito envolvendo menor. Indenização aos pais do menor falecido. Entendimento jurisprudencial. Revisão. Art. 932, I, do Código Civil. 1. A responsabilidade dos pais por filho menor – responsabilidade por ato ou fato de terceiro –, a partir do advento do Código Civil de 2002, passou a embasar-se na teoria do risco para efeitos de indenização, de forma que as pessoas elencadas no art. 932 do Código Civil respondem objetivamente, devendo-se comprovar apenas a culpa na prática do ato ilícito daquele pelo qual são os pais responsáveis legalmente. Contudo, há uma exceção: a de que os pais respondem pelo filho incapaz que esteja sob sua autoridade e em sua companhia; assim, os pais, ou responsável, que não exercem autoridade de fato sobre o filho, embora ainda detenham o poder familiar, não respondem por ele, nos termos do inciso I do art. 932 do Código Civil. 2. Na hipótese de atropelamento seguido de morte por culpa do condutor do veículo, sendo a vítima menor e de família de baixa renda, é devida indenização por danos materiais consistente em pensionamento mensal aos genitores do menor falecido, ainda que este não exercesse atividade remunerada, visto que se presume haver ajuda mútua entre os integrantes dessas famílias. 3. Recurso especial conhecido parcialmente e, nessa parte, provido também parcialmente" (STJ, REsp 1.232.011/SC, 3.ª Turma, Rel. Min. João Otávio de Noronha, j. 17.12.2015, *DJe* 04.02.2016).

Porém, ainda mais recentemente, na Quarta Turma do Tribunal da Cidadania, acabou-se por concluir que "o art. 932, I do CC ao se referir a autoridade e companhia dos pais em relação aos filhos, quis explicitar o poder familiar (a autoridade parental não se esgota na guarda), compreendendo um plexo de deveres como, proteção, cuidado, educação, informação, afeto, dentre outros, independentemente da vigilância investigativa e diária, sendo irrelevante a proximidade física no momento em que os menores venham a causar danos" (STJ, REsp 1.436.401/MG, 4.ª Turma, Rel. Min. Luis Felipe Salomão, j. 02.02.2017, *DJe* 16.03.2017). O aresto, como se percebe, adota a posição constante do Enunciado n. 450 da *V Jornada de Direito Civil*.

Em suma, constata-se que a questão é bem controvertida na doutrina e deve ser pacificada pela jurisprudência superior, em especial pela Segunda Seção do Superior Tribunal de Justiça, pois também naquela Corte Superior a divergência é notada.

Destaco que o Projeto de Reforma do Código Civil pretende resolver o dilema, adotando a ideia que basta a autoridade parental para a responsabilização dos pais, tirando do inc. I do art. 932 a expressão "e companhia". Com isso, encerra-se mais um debate doutrinário e jurisprudencial, em prol da segurança jurídica.

Além disso, abre-se a possibilidade de que o responsável que não tinha o filho em companhia ingresse com ação regressiva contra aquele que a detinha, diante do novo art. 932-A, *in verbis*: "para ressarcirem-se do que pagaram à vítima do dano, os responsáveis apontados nos incs. I a IV do artigo antecedente podem se voltar contra aqueles em cuja companhia estava o incapaz, se provada culpa grave ou dolo para a ocorrência do fato". A norma também terá incidência nos casos de tutela, curatela e de pessoas que estejam sob a guarda de outrem.

A tutela e a curatela serão estudadas a seguir, sendo certo que o art. 932 receberá um novo inciso, mais aberto, prevendo a responsabilidade objetiva ou independentemente de culpa dos "os guardiões, por fatos das pessoas sob sua guarda" (inc. IV).

Apesar de não concordar doutrinariamente com a solução, reconheço tratar-se de adoção do constante do Enunciado n. 450, da *V Jornada de Direito Civil* e de julgados superiores, resolvendo-se definitivamente a divergência e trazendo estabilidade e segurança jurídica para a temática.

Ainda no que diz respeito à tal previsão legal, é importante trazer à tona o teor do Enunciado n. 682, aprovado na *IX Jornada de Direito Civil*, em maio de 2002, segundo o qual "o consentimento do adolescente para o tratamento de dados pessoais, nos termos do art. 14 da LGPD, não afasta a responsabilidade civil dos pais ou responsáveis pelos atos praticados por aquele, inclusive no meio digital".

Conforme o citado comando da Lei 13.709/2018, o tratamento de dados pessoais de crianças e de adolescentes deverá ser realizado em seu melhor interesse, com a necessidade de consentimento específico e em destaque dado por pelo menos um dos pais ou pelo responsável legal. Porém, essa autorização não afasta a eventual responsabilização civil dos pais por danos causados pelos filhos no âmbito eletrônico da Internet, sobretudo por adolescentes, por aplicação do inc. I do art. 932 do Código Civil. A ementa doutrinária tem conteúdo correto, contando com o meu total apoio e voto na plenária da *Jornada*.

A Comissão de Juristas encarregada da Reforma do Código Civil também inseriu regras a respeito da proteção de crianças e adolescentes no ambiente virtual, na linha do último enunciado doutrinário. Assim, de acordo com uma das propostas do novo livro de *Direito Civil Digital*, "é garantida a proteção integral de crianças e adolescentes no ambiente digital, observado o seu melhor e superior interesse, nos termos do estatuto que os protege e deste Código, estabelecendo-se, no ambiente digital, um espaço seguro e saudável para sua utilização".

Além da eventual responsabilização dos pais, outra proposta trata da imposição de deveres aos provedores de serviços digitais, a saber: *a)* implementar sistemas eficazes de verificação da idade do usuário para garantir que conteúdos inapropriados não sejam acessados por crianças e adolescentes; *b)* proporcionar meios para que pais e responsáveis tenham condições efetivas de limitar e monitorar o acesso de crianças e adolescentes a determinados conteúdos e funcionalidades dispostos no ambiente digital; *c)* assegurar a proteção

CAP. 9 · CLASSIFICAÇÃO DA RESPONSABILIDADE CIVIL QUANTO À CULPA | 543

de dados pessoais de crianças e adolescentes, na forma da LGPD; e *d)* proteger os direitos das crianças e adolescentes desde o *design* do ambiente digital, garantindo que, em todas as etapas relativas ao desenvolvimento, fornecimento, regulação, gestão de comunidades, comunicação e divulgação de seus produtos e serviços, o melhor e superior interesse da criança e do adolescente seja observado. Vale lembrar que as proposições do novo livro de *Direito Civil Digital* não foram numeradas.

No que diz respeito ao inc. II do comando em estudo, é preciso adequar à responsabilidade civil dos curadores por atos dos curatelados às mudanças efetivadas pelo Estatuto da Pessoa com Deficiência. Nesse sentido, na mesma *IX Jornada de Direito Civil*, foi aprovado o Enunciado n. 662, prevendo que "a responsabilidade civil indireta do curador pelos danos causados pelo curatelado está adstrita ao âmbito de incidência da curatela tal qual fixado na sentença de interdição, considerando o art. 85, caput e § 1.º, da Lei n. 13.146/2015". Consoante as suas justificativas,

> "Com o advento da Lei Brasileira de Inclusão (LBI) – Lei 13.146/2015, a curatela foi reestruturada para atender aos comandos da Convenção sobre os Direitos da Pessoa com Deficiência (Decreto 6.949/2009). Dentre as alterações, teve o seu âmbito de incidência restrito aos atos pertinentes aos interesses patrimoniais (art.85, LBI), sem alcançar o direito ao próprio corpo, à sexualidade, ao matrimônio, à privacidade, à educação, à saúde, ao trabalho e ao voto (art.85, § 1º, LBI). A capacidade jurídica da pessoa com deficiência, em igualdade com as demais, foi estabelecida pelo art. 12, da CDPD e arts. 6.º e 84, da LBI. A par disso e conforme o art. 1.767 e art. 4.º, III do CC, o Superior Tribunal de Justiça decidiu que a pessoa sob curatela pode ser considerada relativamente incapaz e não absolutamente incapaz (RE 1.927.423-SP). Portanto, deve ser redefinida a responsabilidade civil indireta do curador fixada pelo art. 932, II, do CC. Como o curador tem os limites do seu múnus fixados em sentença, sua responsabilidade civil indireta sobre os danos causados pelo curatelado deve ser apurada de modo equivalente".

Anoto que há proposta no mesmo sentido, no Projeto de Reforma do Código Civil, e o inc. II do seu art. 932 passará a expressar a responsabilidade indireta do "tutor, por fatos dos tutelados que se acharem nas mesmas condições"; no caso do inc. I. Além disso, de forma separada e mais didática, o inc. III preverá a responsabilização do "curador por fatos dos curatelados, adstrita a responsabilidade ao âmbito de incidência da curatela e sua finalidade de proteção do curatelado". Assim, limita-se a responsabilidade do curador nos termos da curatela, exatamente como no citado enunciado doutrinário. O art. 932, em boa hora, ainda receberá um § 2.º, segundo o qual, "nas hipóteses dos incisos II, III e IV, ao fixar o valor da indenização por danos, o juiz levará em consideração o grau da contribuição causal do tutor, do curador ou do guardião, para a sua ocorrência". Objetiva-se, portanto, levar em conta a atuação do tutor e do curador, valorizando-as.

Especificamente a respeito do art. 932, inc. III, do CC, foi aprovado o Enunciado n. 191 do CJF/STJ, na *III Jornada de Direito Civil*, pelo qual "a instituição hospitalar privada responde, na forma do art. 932, III, do CC, pelos atos culposos praticados por médicos integrantes de seu corpo clínico". Esse entendimento era aplicado parcialmente pela doutrina e pela jurisprudência, mas havia uma pequena divergência na jurisprudência quanto à responsabilização indireta das instituições privadas. Nesse sentido, é interessante transcrever o parecer da autora da proposta, Maria Isabel Pezzi Klein, juíza federal no Rio Grande do Sul:

> "A indagação de fundo relaciona-se à proteção constitucional da saúde, nos termos do art. 196 e do art. 197 da CF/1988. De fato, a saúde é um direito de todos e um dever

do Estado, portanto são de relevância pública as respectivas ações e serviços, executáveis, diretamente, pelo Poder Público e, também, por pessoa física e por pessoa jurídica de direito privado. Nesta última hipótese, o Estado mantém, do mesmo modo, poder direto de regulamentação, fiscalização e controle. Essa é a vontade do legislador constituinte. Ora, sendo assim, a interpretação integrada do texto constitucional nos remete à dicção do § 6.º do art. 37, segundo o qual, as pessoas jurídicas – de direito público e as de direito privado –, quando prestadoras de serviços públicos, devem responder pelos danos que seus agentes, nessa qualidade, causarem a terceiros. Tal exigência, a meu ver, fica maximizada, afinal, trata-se da saúde da população, bem, por si mesmo, essencial. Vale lembrar que o próprio art. 933 do novo Código Civil estabelece a responsabilidade, com ou sem culpa, dos empregadores, pelos atos dos seus empregados. Além da responsabilidade contratual, inerente ao 'termo de internação', os hospitais, mesmo que não auferissem benefícios diretos (coisa que não ocorre, pois eles exploram os serviços de hotelaria e fornecimento de medicamentos), devem responder como garantidores, isso sem falar no risco criado pela própria atividade. No caso de o médico atuar, no hospital, mediante vínculo de emprego, a questão da reparação civil, independente de culpa, recaindo sobre a instituição, não me parece muito difícil de resolver juridicamente. Mas as polêmicas surgem quando o profissional, por exemplo, que foi escolhido pelo paciente, não integra o corpo clínico da instituição. Ou quando, escolhido ou não, trata-se de um médico credenciado. Ou, ainda, um médico-residente. Os artigos 949 e 950 do NCC preveem os casos de indenização por lesão ou outra ofensa à saúde, sendo que o art. 951 estende a indenização aos danos causados, por culpa, no exercício de atividade profissional. Por certo, por culpa, o médico responde (art. 14, § 4.º, do Código de Defesa do Consumidor). Mas e quando não houver culpa?"

De acordo com o enunciado doutrinário, quando não houver culpa do médico, não há que se falar em responsabilidade indireta do hospital, posicionamento por mim compartilhado. No plano jurisprudencial, o Superior Tribunal de Justiça tem assim resolvido as demandas relativas aos danos causados pelos médicos no interior dos hospitais, no exercício de sua atividade:

> "(...). A responsabilidade das sociedades empresárias hospitalares por dano causado ao paciente-consumidor pode ser assim sintetizada: (i) as obrigações assumidas diretamente pelo complexo hospitalar limitam-se ao fornecimento de recursos materiais e humanos auxiliares adequados à prestação dos serviços médicos e à supervisão do paciente, hipótese em que a responsabilidade objetiva da instituição (por ato próprio) exsurge somente em decorrência de defeito no serviço prestado (art. 14, *caput*, do CDC); (ii) os atos técnicos praticados pelos médicos sem vínculo de emprego ou subordinação com o hospital são imputados ao profissional pessoalmente, eximindo-se a entidade hospitalar de qualquer responsabilidade (art. 14, § 4.º, do CDC), se não concorreu para a ocorrência do dano; (iii) quanto aos atos técnicos praticados de forma defeituosa pelos profissionais da saúde vinculados de alguma forma ao hospital, respondem solidariamente a instituição hospitalar e o profissional responsável, apurada a sua culpa profissional. Nesse caso, o hospital é responsabilizado indiretamente por ato de terceiro, cuja culpa deve ser comprovada pela vítima de modo a fazer emergir o dever de indenizar da instituição, de natureza absoluta (arts. 932 e 933 do CC), sendo cabível ao juiz, demonstrada a hipossuficiência do paciente, determinar a inversão do ônus da prova (art. 6.º, VIII, do CDC). (...)" (STJ, REsp 1.145.728/MG, 4.ª Turma, Rel. Min. João Otávio de Noronha, Rel. p/ Acórdão Min. Luis Felipe Salomão, j. 28.06.2011, *DJe* 08.09.2011).

Superada essa questão, os arts. 932, inc. III, 933 e 942 do CC servem no atual sistema jurídico brasileiro para justificar a Súmula 492 do STF, pela qual "a empresa locadora de veículos responde, civil e solidariamente, com o locatário, pelos danos por este causados a terceiro, no uso do carro alugado". Na verdade, pode-se dizer que o vínculo de confiança existente entre locadora e locatário está fundamentado no art. 932, inc. III, do CC. Outro argumento para justificar a súmula seria o princípio da solidariedade, previsto no art. 7.º do CDC. De qualquer forma, há ainda quem não veja a súmula com bons olhos, pois a solidariedade contratual não se presume, advém de lei ou do contrato (art. 265 do CC). Esse é o entendimento, por exemplo, de Álvaro Villaça Azevedo.

Frise-se que a incidência do inc. III do art. 932 independe da existência de uma relação de emprego ou de trabalho, bastando a existência de uma relação jurídica baseada na confiança, denominada *relação de pressuposição*. Por isso, entendo que, em caso de empréstimo de veículo a outrem, havendo um acidente de trânsito que cause danos a terceiros, haverá responsabilidade do comodante-proprietário por ato do comodatário. Nesse sentido, merece destaque trecho de acórdão do Superior Tribunal de Justiça, segundo o qual, "o proprietário do veículo que o empresta a terceiros responde solidariamente pelos danos decorrentes de sua utilização" (STJ, AgRg-Ag 823.567/DF, 4.ª Turma, Rel. Min. Isabel Gallotti, *DJe* 01.10.2015).

De toda sorte, ressalte-se que o tema é controverso tanto na doutrina quanto na jurisprudência. Concluindo de forma contrária, cabe trazer a lume, por todos:

> "Suficiente a prova de que o veículo emprestado à vítima pelo irmão do proprietário, não possuindo ele, no momento do acidente, poder de fato sobre a coisa, não há como lhe atribuir sua responsabilidade pelo pagamento de indenização por danos materiais e morais aos pais da vítima, morta no acidente para o qual contribuiu de forma exclusiva. Na hipótese, ainda que se considerasse que tal empréstimo foi feito pelo proprietário, sua culpa ficaria de qualquer modo afastada pelo simples fato de o condutor, vítima fatal, tratar-se de pessoa maior e aparentemente habilitada para conduzir motocicletas, tanto que era proprietário de um veículo semelhante" (TJMG, Apelação Cível 1.0280.09.027728-4/001, Rel. Des. Batista de Abreu, j. 07.08.2013, *DJEMG* 19.08.2013).

A propósito, para elucidar bem a chamada *relação de pressuposição* prevista no inciso III do art. 932, cabe citar o exemplo apresentado por Marco Aurélio Bezerra de Melo:

> "A situação do entregador de pizza pode nos elucidar de forma mais clara a noção de vínculo preposicional para fins de responsabilidade civil, pois pode existir um vínculo trabalhista com a pizzaria ou então uma prestação de serviços de entrega de modo eventual. Em um e outro caso, o dano causado culposamente e durante o serviço responsabilizará objetivamente a pessoa jurídica que exerce a empresa de pizzaria. No primeiro caso, porque o entregador é empregado e no segundo, a despeito de não ser empregado, é um prestador de serviços que age no interesse e mediante instruções do tomador de serviço" (*Curso...*, 2015, v. IV, p. 273).

Concorda-se fielmente com as palavras do Desembargador do Tribunal de Justiça do Rio de Janeiro, nosso coautor no *Código Civil comentado*, lançado por esta mesma casa editorial.

Em relação a esse inc. III do art. 932 da codificação privada e suas decorrências, o Projeto de Reforma do Código Civil pretende trazer alterações, para afastar dúvidas hoje existentes, na teoria e na prática.

Como primeira proposta, são sanados os problemas de linguagem atualmente presentes na norma, passando o inc. III do comando a expressar "o empregador, o comitente e o tomador de serviços, por fatos daqueles que estiverem sob suas ordens, no exercício do ofício que lhes competir ou em razão deles". Amplia-se, portanto, a ideia da *relação da pressuposição*, a gerar a responsabilidade indireta daquele que confiou em outrem.

Com o mesmo sentido, a proposição de se incluir um novo inc. VIII no art. 932 do CC, com a responsabilização civil objetiva e indireta daqueles "que desenvolverem e coordenarem atividades ilícitas ou irregulares, no ambiente físico, virtual ou com o uso de tecnologias, por quaisquer danos sofridos por outrem em consequência dessas atividades". As menções ao ambiente virtual e o uso de novas tecnologias, a atrair a responsabilidade objetiva, é salutar. Cite-se, o caso de uma empresa que pratica ilicitudes na *internet,* por meio de prepostos que são por ela contratados.

Além disso, a Subcomissão de Responsabilidade Civil sugeriu a inclusão de um novo dispositivo, que passará a prever o seguinte: "Art. 933-A. A pessoa jurídica é responsável por danos causados por aqueles que a dirigem ou administram no exercício de suas funções. Parágrafo único. O administrador responde regressivamente nos casos em que agir: I – no exercício de suas atribuições ou poderes, com culpa ou dolo; II – em violação legal ou estatutária".

Consoante as suas justificativas, "esse dispositivo está em linha com recentes posições encontradas na doutrina especializada, no direito comparado e em inovações legislativas, como a promovida pela Lei 14.195, de 26 de agosto de 2021 (Lei sobre a Melhoria no Ambiente de Negócios no Brasil), que revogou o parágrafo único do art. 1.015 do CC, eliminando do acervo de normas do CC a Teoria *Ultra Vires Societatis*, que no caso do CC previa certas situações em que a sociedade não era responsabilizada por ato de administradores. Na perspectiva dos *stakeholders*, tal dispositivo, ainda, é justificado porque atende, internamente, à demanda da doutrina especializada que via na aplicação da chamada *Teoria Ultra Vires* prejuízo ao fluxo dos negócios, fragilização do terceiro de boa-fé e à segurança jurídica. Enfim, a norma visa à melhor proteção dos sujeitos afetados pela atividade desenvolvida pela pessoa jurídica".

Entendo que a norma passará a tratar de uma disciplina geral a respeito da responsabilização da pessoa jurídica por atos de seus administradores e diretores, submetendo-a ao sistema de responsabilidade objetiva, prevista nos comandos anteriores, sobretudo no art. 932.

Todavia, deverão ser considerados, ainda, os dispositivos específicos que não forem alterados ou revogados, caso da Lei das Sociedades Anônimas (Lei 6.404/1976). O art. 158 dessa norma estabelece que o administrador dessa modalidade de empresa não é pessoalmente responsável pelas obrigações que contrair em nome da sociedade e em virtude de ato regular de gestão. Responde, porém, civilmente, pelos prejuízos que causar, quando proceder: *a)* dentro de suas atribuições ou poderes, com culpa ou dolo; *b)* com violação da lei ou do estatuto. Há, portanto, uma responsabilidade subjetiva que deve ser mantida no sistema, mesmo com a alteração do Código Civil prevendo, ainda, o § 1.º desse preceito que "o administrador não é responsável por atos ilícitos de outros administradores, salvo se com eles for conivente, se negligenciar em descobri-los ou se, deles tendo conhecimento, deixar de agir para impedir a sua prática. Exime-se de responsabilidade o administrador dissidente que faça consignar sua divergência em ata de reunião do órgão de administração ou, não sendo possível, dela dê ciência imediata e por escrito ao órgão da administração, no conselho fiscal, se em funcionamento, ou à assembleia-geral".

Deverá ser tida igualmente como mantida a responsabilidade solidária dos administradores com a pessoa jurídica, consagrada no § 2.º do art. 158 da Lei da SAs: "os administradores são solidariamente responsáveis pelos prejuízos causados em virtude do não cumprimento dos deveres impostos por lei para assegurar o funcionamento normal da companhia, ainda que, pelo estatuto, tais deveres não caibam a todos eles". Diga-se o mesmo quanto ao previsto nas previsões subsequentes da lei ordinária, com destaque para o seu § 5.º: "responderá solidariamente com o administrador quem, com o fim de obter vantagem para si ou para outrem, concorrer para a prática de ato com violação da lei ou do estatuto".

Defendo que, com a aprovação da Reforma do Código Civil, todos esses comandos serão mantidos, tendo o novo art. 933-A um caráter geral a respeito da responsabilidade da pessoa jurídica por seus administradores e diretores, o que visa trazer maior segurança jurídica, afastando-se dúvidas hoje existentes.

De volta ao sistema vigente, quanto ao inc. IV do art. 932, consagra a norma a responsabilização civil dos donos de hotéis, hospedarias, casas ou estabelecimentos onde se albergue por dinheiro, mesmo para fins de educação, pelos seus hóspedes, moradores e educandos. Apesar de a lei mencionar os "donos" de tais estabelecimentos, não se pode negar que o dever de indenizar recai sobre as empresas que exploram os serviços de turismo, sujeitas também à responsabilidade objetiva prevista no Código de Defesa do Consumidor, eis que são prestadoras de serviços de lazer.

Justamente para corrigir o texto da lei, que hoje está distante da realidade consumerista, o Projeto de Reforma do Código Civil traz um novo texto para o inc. VI do art. 932, que passará a prever que responderão independentemente de culpa, "ressalvada a incidência da legislação consumerista, os donos de estabelecimentos educacionais e de hospedagem, pelos danos causados por seus educandos e hóspedes, no período em que se encontrarem sob seus cuidados e vigilância". Trata-se, portanto, de mais uma proposta de necessária mudança da Lei Geral Privada.

Feitas tais considerações a respeito da normatização projetada, aquele que ressarcir o dano causado por outrem pode reaver o que houver pago daquele por quem pagou, salvo se o causador do dano for seu descendente, absoluta ou relativamente incapaz (art. 934 do CC). Ilustrando, o empregador que indeniza terceiro tem direito de regresso contra o empregado culpado. Porém, o pai não tem direito de regresso contra o seu filho menor.

Nessa linha de exemplificação, determina o Enunciado n. 44 do CJF/STJ que "na hipótese do art. 934, o empregador e o comitente somente poderão agir regressivamente contra o empregado ou o preposto se estes tiverem causado o dano com dolo ou culpa". Anote-se novamente que o Projeto de Reforma do Código Civil pretende inserir no art. 934, como seu parágrafo único, o teor do enunciado doutrinário em questão, passando a norma a prever que "o empregador, o comitente e o tomador de serviços poderão agir regressivamente contra o empregado, preposto ou prestador de serviços, mediante a comprovação de dolo ou culpa".

Em continuidade de estudo, pela previsão do art. 942, parágrafo único, do CC/2002 haverá solidariedade entre todos os sujeitos elencados em todos os incisos do art. 932 da atual codificação privada. Desse modo, reconhecida a solidariedade em relação à vítima, "na via regressiva, a indenização atribuída a cada agente será fixada proporcionalmente à sua contribuição para o evento danoso" (Enunciado n. 453, aprovado na *V Jornada de Direito Civil*).

Mais uma vez há proposta de se incluir no Código Civil o que é reconhecido em sede doutrinária, no Projeto de Reforma do Código Civil. Nesse contexto, o seu art. 942 receberá um novo § 2.º, expressando, em boa hora, que, "havendo solidariedade, aquele que efetivar o pagamento ao prejudicado poderá exercer o direito de regresso contra os demais responsáveis, na proporção da sua participação para a causa do evento danoso".

Aqui é preciso fazer outra nota sobre a recente norma que introduziu a Reforma Trabalhista (Lei 13.467/2017). Conforme o novo art. 223-E da CLT, são responsáveis pelo dano extrapatrimonial – entendido como o dano moral e outros que não tenham cunho patrimonial puro – todos os que tenham colaborado para a ofensa ao bem jurídico tutelado, na proporção da ação ou da omissão.

Como se pode perceber, em relação aos danos não patrimoniais, a solução dada pela nova lei deixa de ser a solidariedade, o que alcança a responsabilidade civil do empregador por ato do empregado (art. 932, inc. III, do CC). Assim, reconhece a lei a *responsabilidade fracionária* de todos os envolvidos, na proporção do que tenham contribuído para o dano, o que é difícil prova e averiguação. Trata-se de mais uma norma criada contra os interesses dos trabalhadores, cuja aplicação pelos juízes do trabalho se coloca em dúvida.

Voltando-se ao Direito Civil, dúvida importante surge em relação ao tratamento daqueles que são responsáveis por atos praticados pelos incapazes, pelo que consta nos arts. 932, incs. I e II, 934 e 942, aqui analisados e, particularmente, no art. 928 do CC/2002, cuja redação segue:

> "Art. 928. O incapaz responde pelos prejuízos que causar, se as pessoas por ele responsáveis não tiverem obrigação de fazê-lo ou não dispuserem de meios suficientes.
>
> Parágrafo único. A indenização prevista neste artigo, que deverá ser equitativa, não terá lugar se privar do necessário o incapaz ou as pessoas que dele dependam".

Esse comando legal, sem correspondente na codificação anterior, contempla uma novidade criticada por alguns, que é a responsabilização civil do incapaz. Os críticos interrogam: como poderia uma pessoa que não tem capacidade plena responder? Isso seria totalmente ilógico, para parte da doutrina.

Assinalam Jones Figueirêdo Alves e Mário Luiz Delgado que mesmo diante dessas críticas, o dispositivo representa notável avanço estando de acordo com os mais modernos diplomas legais do mundo, como o BGB alemão, o Código Civil francês, o Código Civil Português e o Código Civil italiano (*Código Civil...*, 2005, p. 401).

Fazendo uma rápida comparação, o § 828 do Código Civil Alemão associa a responsabilidade dos menores ao seu grau de instrução ou de discernimento. De início, está ali estabelecido que qualquer pessoa que não completou o sétimo ano do primário não pode responder por um dano causado a terceiro. Em continuidade, se essa mesma pessoa tiver atingido o sétimo ano, mas não ainda a idade de dez anos, estando envolvido com algum acidente de veículo de transporte, igualmente não haverá responsabilidade, a não ser que tenha causado a lesão intencionalmente, ou seja, com dolo. Por fim, para os demais casos, aquele que ainda não tenha atingido a idade de dezoito anos somente terá responsabilidade civil pelo prejuízo causado se demonstrar ter compreensão de seus próprios atos.

No Código Civil Italiano, enuncia o art. 2.047 que, no caso de dano causado por pessoa incapaz de entender e de querer, o ressarcimento é devido por quem tem o dever de vigilância desse incapaz, salvo se provar que não poderia evitar o fato. Em complemento, a norma ainda prescreve que, no caso de a vítima não poder obter a indenização em relação àquele que tinha o dever de vigilância, o juiz, em consideração às condições econômicas das partes, pode condenar o autor do dano a uma indenização equitativa.

Por fim, pela clara influência do sistema brasileiro, assim como ocorre com o *Codice*, prevê o art. 489 do Código Civil Português que, se o ato causador dos danos tiver sido praticado por pessoa não imputável, pode esta, por motivo de equidade, ser condenada a repará-los, total ou parcialmente, desde que não seja possível obter a devida reparação das pessoas a quem incumbe a sua vigilância. Ainda de acordo com o preceito, a indenização será, todavia, calculada de forma a não privar a pessoa não imputável dos alimentos necessários, conforme o seu estado e condição, nem dos meios indispensáveis para cumprir os seus deveres legais de alimentos.

Voltando-se ao art. 928 do Código Civil Brasileiro, diante desse comando legal, surgiria uma aparente contradição em relação aos comandos analisados anteriormente. Isso porque, pelos arts. 932, incs. I e II, e 942, parágrafo único, haveria responsabilidade dos pais, tutores e curadores em relação aos filhos menores, tutelados e curatelados de forma solidária. A discussão vale ainda para os donos de estabelecimentos de ensino que respondem pelos educandos menores que estiverem sob sua autoridade. É fundamental lembrar que, nos casos de ascendentes que são responsáveis por descendentes incapazes, não há o direito de regresso, dos primeiros contra os segundos (art. 934 do CC).

Por outro lado, interpretando o art. 928, esta responsabilidade seria subsidiária, respondendo o menor em duas hipóteses:

a) Nos casos em que os pais, tutores e curadores não respondem por seus filhos, tutelados e curatelados, pois os últimos não estão sob sua autoridade e companhia.

b) Nas situações em que os responsáveis não tenham meios suficientes para arcar com os prejuízos.

Então, como fica a responsabilidade dos pais, tutores e curadores em relação aos incapazes? Seria solidária ou teriam os últimos o benefício da subsidiariedade?

A aparente solução para tais casos, indicando para a responsabilidade subsidiária e excepcional do incapaz, pode ser retirada da leitura do Enunciado n. 40, aprovado na *I Jornada de Direito Civil*, cuja redação é a seguinte:

"Enunciado 40. Art. 928: o incapaz responde pelos prejuízos que causar de maneira subsidiária ou excepcionalmente, como devedor principal, na hipótese do ressarcimento devido pelos adolescentes que praticarem atos infracionais, nos termos do art. 116 do Estatuto da Criança e do Adolescente, no âmbito das medidas socioeducativas ali previstas".

O enunciado doutrinário é tido como correto pela doutrina que se especializou no tema, caso do Professor da Universidade de São Paulo José Fernando Simão (*Responsabilidade...*, 2008, p. 157-158). Como bem explica Marco Aurélio Bezerra de Melo, "tem-se nesse exato ponto uma situação excepcional em que o incapaz, que se situe na faixa etária entre doze e dezoito anos, poderá vir a experimentar uma responsabilidade civil principal, direta, de modo diverso, portanto, da disciplina dos artigos 928 e 932, I e II, do Código Civil, que cuidam da responsabilidade subsidiária do incapaz e da responsabilidade indireta dos representantes legais por atos danosos de seus representados, respectivamente" (*Curso...*, 2015, v. IV, p. 64).

Também na *I Jornada de Direito Civil* foi aprovado o Enunciado n. 41, preceituando que "a única hipótese em que poderá haver responsabilidade solidária do menor de 18 anos com seus pais é ter sido emancipado nos termos do art. 5.º, parágrafo único, I, do novo Código Civil". Este último enunciado vinha recebendo críticas contundentes da doutrina. Isso porque, ao prever que os pais só respondem solidariamente em caso de emancipação voluntária dos filhos, acabava por presumir a má-fé dos primeiros pelo ato de emancipar outrem, o que é inadmissível em uma codificação que abraça como um dos princípios fundamentais a boa-fé objetiva.

Ilustrando, imagine-se o caso em que pais têm um filho menor que é um delinquente contumaz. Não se pode pensar que eventual emancipação voluntária será feita apenas para afastar a responsabilidade desses pais, o que conduziria à responsabilidade solidária.

Em razão desse problema, e também de outros, na *IX Jornada de Direito Civil*, realizada em maio de 2022, esse enunciado doutrinário foi cancelado, pelo Enunciado n. 660: "suprime-se o Enunciado 41 da I Jornada de Direito Civil do Conselho da Justiça Federal. ('A única hipótese em que poderá haver responsabilidade solidária do menor de 18 anos com seus pais é ter sido emancipado nos termos do art. 5º, parágrafo único, inc. I, do novo Código Civil')".

Consoante as suas corretas justificativas, haveria também contradição com o Enunciado n. 40, aqui antes estudado, pois o último "reconhece que o menor é devedor principal no caso de atos infracionais com medida protetiva de reparação do dano. Ademais, havendo mais de um causador do dano, e sendo o adolescente também devedor principal, este deve ser considerado devedor solidário, conforme art. 942, parte final, do Código Civil".

Feitas essas notas doutrinárias, em síntese e sobre o tema, deve-se concluir que, "diante da sistemática do novo Código Civil, quer seja a pessoa relativamente ou absolutamente incapaz, sua responsabilidade será subsidiária sempre que seus representantes tiverem o dever de indenizar os danos por ela causados, bem como dispuserem de meios para fazê-lo" (SIMÃO, José Fernando. *Responsabilidade...*, 2008, p. 223).

Esclareça-se, por oportuno, ainda a respeito da responsabilidade civil do incapaz, outra solução para aquela aparente contradição seria aplicar o entendimento doutrinário e jurisprudencial anterior de que a responsabilidade do absolutamente incapaz seria subsidiária em relação ao seu representante, enquanto a do relativamente incapaz teria natureza solidária. Essa posição, defendida por Roberto Senise Lisboa, acaba conciliando as regras que constam da atual codificação com o antigo tratamento dado à matéria (*Manual...*, 2004).

Nesse sentido, cumpre transcrever entendimento jurisprudencial anterior, prolatado na vigência do Código Civil de 1916, relacionado com a responsabilidade solidária dos relativamente incapazes em relação aos seus representantes:

> "Ilegitimidade 'ad causam' – Responsabilidade civil – Acidente de trânsito – Vítima menor relativamente incapaz – Participação na lide de seus pais – Admissibilidade – Art. 1.521, inc. I, do CC – Requisitos do fato danoso, autoridade parental e comunidade de habitação presentes – Responsabilidade solidária caracterizada – Legitimidade passiva reconhecida – Recurso improvido" (1.º Tribunal de Alçada Civil de São Paulo, Processo: 0951036-7, Apelação, 8.ª Câmara, Rel. Franklin Nogueira, j. 04.04.2001).

Apesar de respeitar esse último entendimento, com ele não se pode concordar. Na minha opinião, assim como na da maioria da doutrina, a responsabilidade do incapaz é subsidiária, pela dicção do art. 928 do CC/2002.

Em todos os casos, adotando-se um posicionamento ou outro, não se pode se esquecer da regra contida no parágrafo único do art. 928, pela qual não se pode privar o incapaz ou os seus dependentes do mínimo para que vivam com dignidade, à luz do art. 1.º, inc. III, da CF/1988. Há relação direta entre o comando legal em questão e o *Estatuto do Patrimônio Mínimo* de Luiz Edson Fachin, que visa assegurar à pessoa um *piso mínimo de direitos*, dentro da ideia de *personalização do Direito Privado* (*Estatuto...*, 2006). Em complemento ao texto legal, prevê o Enunciado n. 39, também aprovado na *I Jornada de Direito Civil*:

CAP. 9 · CLASSIFICAÇÃO DA RESPONSABILIDADE CIVIL QUANTO À CULPA | **551**

"Art. 928: a impossibilidade de privação do necessário à pessoa, prevista no art. 928, traduz um dever de indenização equitativa, informado pelo princípio constitucional da proteção à dignidade da pessoa humana. Como consequência, também os pais, tutores e curadores serão beneficiados pelo limite humanitário do dever de indenizar, de modo que a passagem ao patrimônio do incapaz se dará não quando esgotados todos os recursos do responsável, mas quando reduzidos estes ao montante necessário à manutenção de sua dignidade".

Em complemento, na *V Jornada de Direito Civil, em 2011*, foi aprovado o Enunciado n. 449, estabelecendo que "a indenização equitativa a que se refere o artigo 928, parágrafo único, do Código Civil, não é necessariamente reduzida, sem prejuízo do Enunciado n. 39, da *I Jornada de Direito Civil*". Desse modo, pode o juiz da causa entender que não é o caso de se reduzir o valor da indenização, quando o montante não privar o incapaz do *mínimo vital*. Em algumas situações, deve-se pensar também na vítima, visando a sua reparação integral.

Mesmo com essas supostas soluções doutrinárias e jurisprudenciais, o art. 928 do CC/2002 estava sendo objeto de um projeto de alteração apresentado à Câmara dos Deputados originalmente pelo Deputado Ricardo Fiuza, por meio do antigo Projeto 6.960/2002, pretendendo atribuir-lhe a seguinte redação: "Art. 928. O incapaz responde pelos prejuízos que causar, observado o disposto no art. 932 e no parágrafo único do art. 942".

Desse modo, a responsabilidade deixaria de ser subsidiária e passaria a ser solidária. Segundo o autor da proposta, "para evitar eventual conflito entre o 'caput' do art. 928, em sua redação atual, e o art. 942, que estabelece a responsabilidade solidária dos incapazes e das pessoas designadas no art. 932, ou seja, dos pais e dos filhos, do tutor e do tutelado, do curador e do curatelado, estamos propondo a alteração da parte final do 'caput' do art. 928" (FIUZA, Ricardo. *O novo Código Civil...*, 2003).

Importante destacar que, no atual Projeto de Reforma do Código Civil, ora em tramitação no Congresso Nacional, mantém-se a responsabilidade subsidiária, de forma mais clara, passando o *caput* do art. 928 a prever que "o incapaz responde subsidiariamente pelos prejuízos que causar, se as pessoas por ele responsáveis não tiverem obrigação de fazê-lo ou não dispuserem de meios suficientes". Além disso, na linha dos meus comentários doutrinários, o parágrafo único passará a mencionar a proteção do *patrimônio mínimo* do incapaz, na linha da proteção constante do projetado art. 391-A, aqui já comentado: "a indenização prevista neste artigo não terá lugar, se ocorrerem as hipóteses previstas no art. 391-A, deste Código" (art. 928, parágrafo único, do Projeto). A proposição deste último preceito, de caráter humanista inafastável, foi feita pela Relatora-Geral, Professora Rosa Maria de Andrade Nery, tendo o meu total apoio.

Continuo aguardando qual o destino que será dado ao comando legal em questão. De qualquer maneira, pelo estágio atingido pela doutrina nacional acredita-se que a melhor solução é a responsabilidade subsidiária do incapaz, pela dicção do art. 928 do Código Civil. Ilustrando, com tal conclusão, pode ser colacionado o seguinte julgado do Tribunal paulista:

"Ressarcimento de danos. Pichação de muros de escola municipal. Ato infracional praticado por menores. Ação proposta em face de incapazes. Inobservância das condições do art. 928, do Código Civil. As consequências civis dos atos danosos praticados pelo incapaz devem ser imputadas primeiramente aos pais. Extinção do processo sem resolução do mérito" (TJSP, Apelação 994.09.025881-9, Acórdão 4547396, 13.ª Câmara de Direito Público, São José do Rio Preto, Rel. Des. Ferraz de Arruda, j. 09.06.2010, *DJESP* 20.09.2010).

Na mesma esteira, confirmando a *responsabilidade subsidiária do incapaz*, julgou o Superior Tribunal de Justiça em 2013 do seguinte modo:

"(...). O CC, no seu art. 932, trata das hipóteses em que a responsabilidade civil pode ser atribuída a quem não seja o causador do dano, a exemplo da responsabilidade dos genitores pelos atos cometidos por seus filhos menores (inciso I), que constitui modalidade de responsabilidade objetiva decorrente do exercício do poder familiar. É certo que, conforme o art. 942, parágrafo único, do CC, 'são solidariamente responsáveis com os autores, os coautores e as pessoas designadas no art. 932'. Todavia, o referido dispositivo legal deve ser interpretado em conjunto com os arts. 928 e 934 do CC, que tratam, respectivamente, da responsabilidade subsidiária e mitigada do incapaz e da inexistência de direito de regresso em face do descendente absoluta ou relativamente incapaz. Destarte, o patrimônio do filho menor somente pode responder pelos prejuízos causados a outrem se as pessoas por ele responsáveis não tiverem obrigação de fazê-lo ou não dispuserem de meios suficientes. Mesmo assim, nos termos do parágrafo único do art. 928, se for o caso de atingimento do patrimônio do menor, a indenização será equitativa e não terá lugar se privar do necessário o incapaz ou as pessoas que dele dependam. Portanto, deve-se concluir que o filho menor não é responsável solidário com seus genitores pelos danos causados, mas, sim, subsidiário" (STJ, REsp 1.319.626/MG, Rel. Min. Nancy Andrighi, j. 26.02.2013, publicado no seu *Informativo* n. *515*).

Ainda no que concerne à responsabilidade civil do incapaz, vale lembrar que o Estatuto da Pessoa com Deficiência (Lei 13.146/2015) alterou substancialmente a teoria das incapacidades, tema que está tratado no volume 1 da presente coleção. De toda sorte, cabe pontuar que, pela novel legislação, somente são considerados absolutamente incapazes os menores de 16 anos (art. 3.º do Código Civil). Como relativamente incapazes, o art. 4.º elenca: *a)* os maiores de 16 anos e menores de 18 anos; *b)* os ébrios habituais (alcoólatras) e viciados em tóxicos; *c)* as pessoas que por causa transitória ou definitiva não puderem exprimir vontade; e *d)* os pródigos.

Nota-se, assim, a retirada do sistema da previsão relativa aos enfermos e deficientes mentais sem discernimento para a prática dos atos da vida civil (antigo art. 3.º, II, do CC). Em relação às pessoas que, por causa transitória ou definitiva, não puderem exprimir vontade deixaram de ser absolutamente incapazes (anterior art. 3.º, III, do CC) e passaram a ser relativamente incapazes (novo art. 4.º, III).

Além disso, não há mais menção no último artigo das pessoas com discernimento reduzido (inciso II) e dos excepcionais sem desenvolvimento mental completo (inciso III), caso do portador da síndrome de *Down*.

Em suma, diante dessas mudanças, as pessoas com deficiência passam a ser plenamente capazes, como regra, respondendo civilmente como qualquer outro sujeito de Direito e não se aplicando mais o art. 928 da codificação material.

Para encerrar o tópico, consigne-se que a obrigação de pagar a indenização e o direito de exigi-la transmitem-se por herança (art. 943 do CC).

Supostamente esse dispositivo traria também uma responsabilização por ato de terceiro, eis que o herdeiro poderá responder por ato do *de cujus,* até os limites da herança. Todavia, essa não é a melhor conclusão, eis que a responsabilização atinge, na verdade, os bens do terceiro que faleceu, aplicação direta do princípio da responsabilidade patrimonial contido no art. 391 do CC.

CAP. 9 · CLASSIFICAÇÃO DA RESPONSABILIDADE CIVIL QUANTO À CULPA | **553**

Esclareça-se, como palavras finais, que, na *V Jornada de Direito Civil*, aprovou-se enunciado doutrinário prevendo que "o direito de exigir reparação a que se refere o artigo 943 do Código Civil abrange inclusive os danos morais, ainda que a ação não tenha sido iniciada pela vítima" (Enunciado n. 454). No mesmo sentido do enunciado doutrinário, em dezembro de 2020, o Superior Tribunal de Justiça editou a Súmula 642, estabelecendo que "o direito à indenização por danos morais transmite com o falecimento do titular, possuindo os herdeiros da vítima legitimidade ativa para ajuizar ou prosseguir na ação indenizatória". Trata-se, portanto, de mais um enunciado doutrinário aprovado em *Jornada de Direito Civil* que antecipa tendência, sendo depois sumulado.

Como não poderia ser diferente, o Projeto de Reforma do Código Civil pretende incluir no seu art. 943 locução final exatamente na sua linha, passando o dispositivo a prever que "o direito de exigir indenização, por danos de qualquer natureza, e a obrigação de prestá--la transmitem-se com a herança, ainda que a ação não tenha sido proposta pela vítima".

Em prol da segurança jurídica na aplicação do comando, espera-se a sua aprovação pelo Parlamento Brasileiro.

9.4.2   A responsabilidade civil objetiva por danos causados por animal

De acordo com o art. 936 da atual codificação privada, o dono ou detentor do animal ressarcirá o dano por este causado, se não provar culpa da vítima ou força maior. Houve aqui alteração importante na redação do dispositivo, eis que o art. 1.527 do CC/1916, seu correspondente, previa outras excludentes de responsabilidade civil a favor do dono ou detentor, a saber:

a)   que o guardava e vigiava com cuidado preciso;

b)   que o animal foi provocado por outro;

c)   que houve imprudência do ofendido;

d)   que o fato resultou de caso fortuito ou força maior.

Como o Código Civil de 2002 traz somente duas excludentes do dever de indenizar (culpa exclusiva da vítima e força maior), fica evidenciado que o caso é de típica responsabilidade objetiva, independentemente de culpa. Deve ficar claro que entendo ser também excludente o caso fortuito (evento totalmente imprevisível) que é *mais* do que a força maior (evento previsível, mas inevitável), obstando ou quebrando com o nexo de causalidade. Ademais, se considerarmos o caso fortuito como sinônimo de força maior, assim como faz parte da doutrina e da jurisprudência – inclusive do STJ –, o primeiro também é excludente de responsabilidade em casos tais.

Desse modo, conforme demonstrado em outra oportunidade, não se pode mais falar em culpa *in custodiendo,* antiga denominação utilizada para a culpa presumida em casos tais. Compartilhando dessa premissa, foi aprovado o seguinte enunciado doutrinário na *V Jornada de Direito Civil*, de autoria de Renzo Gama Soares, professor capixaba: "a responsabilidade civil do dono ou detentor do animal é objetiva, admitindo a excludente do fato exclusivo de terceiro" (Enunciado n. 452). Além de prever expressamente a responsabilidade objetiva, o enunciado ainda esclarece que a culpa exclusiva de terceiro é fator que obsta a responsabilidade civil do dono ou detentor do animal; merecendo o meu total apoio doutrinário.

sionárias dos serviços rodoviários. 2. Agravo regimental desprovido" (STJ, AGA 522.022/RJ (200300840510), 537.398 Agravo regimental no agravo de instrumento, 3.ª Turma, Rel. Min. Carlos Alberto Menezes Direito, j. 17.02.2004, *DJ* 05.04.2004, p. 256, Veja: STJ – REsp 467.883/RJ).

"Recurso especial – Acidente em estrada – Animal na pista – Responsabilidade objetiva da concessionária de serviço público – Código de Defesa do Consumidor – Precedentes. Conforme jurisprudência desta Terceira Turma, as concessionárias de serviços rodoviários, nas suas relações com os usuários, estão subordinadas à legislação consumerista. Portanto, respondem, objetivamente, por qualquer defeito na prestação do serviço, pela manutenção da rodovia em todos os aspectos, respondendo, inclusive, pelos acidentes provocados pela presença de animais na pista. Recurso especial provido" (STJ, REsp 647.710/RJ, 3.ª Turma, Rel. Min. Castro Filho, j. 20.06.2006, *DJ* 30.06.2006, p. 216).

Em 2024, esse entendimento foi confirmado pela Corte Superior em julgamento de recursos repetitivos e para os fins de repercussão geral (Tema n. 1.122). Nos termos da tese final exarada, "as concessionárias de rodovias respondem, independentemente da existência de culpa, pelos danos oriundos de acidentes causados pela presença de animais domésticos nas pistas de rolamento, aplicando-se as regras do Código de Defesa do Consumidor e da Lei das Concessões" (STJ, REsp 1.908.738/SP, Corte Especial, Rel. Min. Ricardo Villas Bôas Cueva, j. 21.08.2024, *DJe* 26.08.2024, v.u. – Tema 1122). Não restam dúvidas, portanto, que esse é o entendimento a ser aplicado para os devidos fins práticos, para se manter a jurisprudência estável, íntegra e coerente, nos termos do art. 926 do CPC/2015.

Como último exemplo, impactante julgado do STJ responsabilizou objetiva e solidariamente, com base no CDC, *shopping center* e circo, pelo trágico acidente ocorrido nas suas dependências. Vejamos a ementa da decisão, que descreve triste evento danoso:

"Responsabilidade civil e direito do consumidor. Recurso especial. Alegação de omissão do julgado. Art. 535 do CPC. Inexistência. Espetáculo circense. Morte de criança em decorrência de ataque de leões. Circo instalado em área utilizada como estacionamento de *shopping center*. Legitimidade passiva das locadoras. Desenvolvimento de atividade de entretenimento com o fim de atrair um maior número de consumidores. Responsabilidade. Defeito do serviço (vício de qualidade por insegurança). Dano moral. Valor exorbitante. Redução. Multa. Art. 538 do CPC. Afastamento. (...). 2. Está presente a legitimidade passiva das litisconsortes, pois o acórdão recorrido afirmou que o circo foi apenas mais um serviço que o condomínio do *shopping*, juntamente com as sociedades empresárias rés, integrantes de um mesmo grupo societário, colocaram à disposição daqueles que frequentam o local, com o único objetivo de angariar clientes potencialmente consumidores e elevar os lucros. Incidência da Súmula 7/STJ. 3. No caso em julgamento – trágico acidente ocorrido durante apresentação do Circo Vostok, instalado em estacionamento de *shopping center*, quando menor de idade foi morto após ataque por leões –, o art. 17 do Código de Defesa do Consumidor estende o conceito de consumidor àqueles que sofrem a consequência de acidente de consumo. Houve vício de qualidade na prestação do serviço, por insegurança, conforme asseverado pelo acórdão recorrido. 4. Ademais, o Código Civil admite a responsabilidade sem culpa pelo exercício de atividade que, por sua natureza, representa risco para outrem, como exatamente no caso em apreço. 5. O valor da indenização por dano moral sujeita-se ao controle do Superior Tribunal de Justiça, na hipótese de se mostrar manifestamente exagerado ou irrisório, distanciando-se, assim, das finalidades da lei. O valor estabelecido para indenizar o dano moral experimentado revela-se exorbitante, e deve ser reduzido aos parâmetros adotados pelo STJ. (...)" (STJ, REsp 1.100.571/PE, 4.ª Turma, Rel. Min. Luis Felipe Salomão, j. 07.04.2011, *DJe* 18.08.2011).

Como se pode extrair da ementa, foi aplicada a ideia de consumidor equiparado ou *bystander* para os pais do menor, falecido quando do evento, confirmando a responsabilidade objetiva. Subsumiu-se, em reforço, a responsabilidade sem culpa decorrente da cláusula geral descrita na segunda parte do art. 927, parágrafo único, do CC. Em suma, por vários argumentos, fez-se justiça, como se espera nos julgamentos relativos à matéria.

Para encerrar a temática, importante verificar quais as propostas da Reforma do Código Civil para a responsabilidade civil por fato do animal. De início, ressalto que pelo projeto em curso os animais mudam o seu *status*, deixando de ser tratados como meras coisas ou bens e passando a ser *seres scientes*, ou seja, *seres que sentem*.

A Parte Geral do Código Civil recebe uma nova seção, tratando "Dos Animais" (Seção VI), prevendo o novo art. 91-A que "os animais são seres vivos scientes e passíveis de proteção jurídica própria, em virtude da sua natureza especial". Não se trata, ao contrário do que pensam alguns, do reconhecimento da personalidade dos animais, mas de um tratamento como *seres passíveis de sentir*. Nos termos do § 1.º do novo preceito, a proteção jurídica dos animais será regulada por lei especial, a qual disporá sobre o tratamento físico e ético adequado aos animais. Ademais, até que sobrevenha lei especial, são aplicáveis, subsidiariamente, aos animais as disposições relativas aos bens, desde que não sejam incompatíveis com a sua natureza, considerando a sua sensibilidade (§ 2.º do novo art. 91-A).

Assim, para os fins do Direito Civil, reitere-se que os animais não serão mais tratados como coisas, sendo certo que o dispositivo relativo à responsabilidade civil igualmente deverá ser alterado, para enunciar a responsabilidade também do seu guardião: "Art. 936. O proprietário, o guardião ou o detentor do animal será responsável, independentemente de culpa, pelo dano por este causado, salvo se provar fato exclusivo da vítima, de terceiro, caso fortuito ou força maior".

Além da inclusão dessa expressão, mais adequada ao novo *status* jurídico dos animais, o dispositivo passará a prever expressamente a responsabilidade objetiva, além de mencionar de forma textual as excludentes do fato exclusivo da vítima, do fato exclusivo de terceiro, do caso fortuito e da força maior, ajustes que são necessários, de acordo com tudo o que desenvolvi no presente tópico.

9.4.3 A responsabilidade civil objetiva por danos causados por ruína de prédio ou construção

Pelo art. 937 do CC/2002, o dono de edifício ou construção responde pelos danos que resultarem de sua ruína, se esta provier de falta de reparos, cuja necessidade fosse manifesta. Trata-se de mais um caso de responsabilidade objetiva, diante de um *risco criado* ou *risco proveito,* o que depende do caso concreto.

Na doutrina clássica, Silvio Rodrigues destaca o caráter *propter rem* existente no dever de indenizar em casos tais, eis que "o proprietário é sempre responsável pela reparação do dano causado a terceiro pela ruína do edifício ou construção de seu domínio, sendo indiferente saber se a culpa pelo ocorrido é do seu antecessor na propriedade, do construtor do prédio ou do inquilino que o habitava. Ele é réu na ação de ressarcimento" (*Direito civil...,* 2000, p. 126).

Mas, para que a responsabilidade tenha essa natureza, há quem entenda que deve estar evidenciado o mau estado de conservação do edifício ou da construção. Caso contrário, a responsabilidade tem natureza subjetiva, necessitando da prova de culpa, nos termos do art.

186 da atual codificação. Atualmente, surge controvérsia em relação a essa questão, em virtude da aplicação do Código de Defesa do Consumidor. Isso porque, diante da Lei 8.078/1990, os danos causados aos consumidores geram responsabilidade objetiva, como visto. Em relação a terceiros, também se pode entender pela responsabilização independente de culpa, diante do conceito de consumidor equiparado ou *bystander* (art. 17 do CDC).

Estou filiado à corrente pela qual a responsabilidade será sempre objetiva quando ruir o prédio ou construção, seja em relação ao consumidor ou a terceiros. Isso porque, havendo relação jurídica de consumo, deve-se adotar a interpretação legislativa mais favorável ao consumidor, seja ele um consumidor padrão ou equiparado. Eis exemplo típico de aplicação da tese do *diálogo das fontes*, de Erik Jayme e Claudia Lima Marques, à responsabilidade civil.

Confirmando a premissa, o Enunciado n. 556, da *VI Jornada de Direito Civil* (2013), proposto por mim: "a responsabilidade civil do dono do prédio ou construção por sua ruína, tratada pelo art. 937 do CC, é objetiva". Como assinala Marco Aurélio Bezerra de Melo, "a forma mais eficaz de vencer o dano com a reparação necessária, nesse caso, é o reconhecimento de que a responsabilidade do proprietário é objetiva" (*Curso...*, 2015, v. IV, p. 284).

Feita essa ressalva, destaque-se que, se o prédio ainda estiver em construção, responderá a construtora, sem prejuízo de regras específicas, como aquelas previstas para a empreitada no Código Civil e também no Código de Defesa do Consumidor, que traz a responsabilidade objetiva nas relações entre profissionais e destinatários finais. Sobre o tema, ficaram notórios na jurisprudência os julgados do Tribunal de Justiça do Rio de Janeiro condenando conhecida construtora pela queda de edifício na cidade do Rio de Janeiro (*Caso Palace II*):

"Responsabilidade do incorporador/construtor – Defeitos da obra – Solidariedade passiva entre o incorporador e o construtor – Incidência do Código do Consumidor – Desconsideração da personalidade jurídica – Incorporador, consoante definição legal, é não somente o que compromissa ou efetiva a venda de frações ideais de terrenos objetivando a vinculação de tais frações a unidades autônomas, como também, e principalmente, o construtor e o proprietário do terreno destinado ao empreendimento. Essa vinculação legal entre todos os que participam da incorporação decorre do fato de ser a edificação o seu objeto final, de sorte que quando o incorporador celebra, posteriormente, contrato de empreitada com o construtor, está, na realidade, se fazendo substituir por este. E quem se faz substituir é responsável, solidariamente com o substituído, pelos danos que este vier a causar. Em face do conceito claro e objetivo constante do art. 3.º, § 1.º, do Código do Consumidor, o incorporador é um fornecedor de produtos, pois quando vende e constrói unidades imobiliárias assume uma obrigação de dar coisa certa, e isso é a própria essência do conceito de produtos. E quando essa obrigação é assumida com alguém que se coloca no último elo do ciclo produtivo, alguém que adquire essa unidade para dela fazer a sua residência e da sua família, está fechada a relação de consumo, tornando-se impositiva a disciplina do CDC, cujas normas são de ordem pública. Sendo assim, nenhuma das partes – quer o incorporador, quer o comprador – pode invocar em seu favor cláusulas contratuais que, à luz do Código do Consumidor, são abusivas e nulas de pleno direito. A desconsideração da personalidade jurídica, à luz do art. 28 do CDC, pode ter lugar não apenas no caso de falência ou estado de insolvência da sociedade, mas também, e principalmente, quando esta estiver sendo utilizada abusivamente, em detrimento do consumidor, para infração da lei ou prática de ato ilícito. Configurados esses pressupostos, pode e deve o Juiz desconsiderar a pessoa jurídica em qualquer fase do processo em garantia da efetividade do provimento jurisdicional. Destarte, sendo público e notório que as empresas responsáveis pela tragédia imobiliária do Palace II integram um mesmo grupo, a propiciar a atuação do sócio principal no ramo da construção civil, que as utilizava para encobrir e mascarar os seus abusos, impõe-se a desconsideração da personalidade jurídica para buscar o

CAP. 9 • CLASSIFICAÇÃO DA RESPONSABILIDADE CIVIL QUANTO À CULPA | **559**

verdadeiro e principal responsável pelos danos, como se a pessoa jurídica não existisse. Reforma parcial da sentença" (TJRJ, Ementário: 10/2002 – n. 22 – 18.04.2002, Apelação cível 2001.001.21725, Data de Registro: 13.03.2002, folhas: 33949/33957, Comarca de Origem: Capital, 2.ª Câmara Cível, Rel. Des. Sérgio Cavalieri Filho, j. 22.11.2001, v.u.).

Nesse primeiro caso, aplicou-se o Código de Defesa do Consumidor, inclusive a regra de solidariedade entre todos os envolvidos com a construção, bem como a desconsideração da personalidade jurídica da empresa (art. 28 do CDC), a fim de responsabilizar civilmente os sócios da construtora. Tecnicamente esse primeiro julgado é perfeito, tendo sido o seu relator o doutrinador Sérgio Cavalieri Filho, então Desembargador do Tribunal do Rio de Janeiro.

Ademais, no caso em questão, outros prédios também foram atingidos indiretamente pela queda do *Palace II*, gerando desvalorização da área, o que também acarretou a responsabilidade dos envolvidos com a construção:

"Responsabilidade civil – Desabamento parcial e implosão do Edifício Palace II – Reflexos no Edifício Palace I, ocasionando a interdição do prédio e provocando clara desvalorização das suas unidades imobiliárias. Obras de recuperação estrutural que ainda hoje demandam permanente controle de manutenção. Desvalorização do imóvel pertencente aos autores que deve ter em conta o preço de mercado do mesmo, e não o valor pelo qual foi adquirido, pois este não corresponde ao valor atual do bem. Extinção da obrigação de pagar as parcelas restantes do preço do imóvel, uma vez apurado que o valor total das mesmas supera o do bem, devolvendo-se o que exceder. Danos morais configurados, ante o sofrimento, angústia e aflição impostos aos autores, ao se virem obrigados a desocupar seu apartamento e constataram a desvalorização do mesmo. Verba reparatória fixada pela sentença, em atenção aos critérios da razoabilidade e da proporcionalidade" (TJRJ, *Ementário*: 14/2004, n. 18, 20.05.2004, Apelação Cível 2003.001.30517, Comarca de Origem: Capital, 17.ª Câmara Cível, Rel. Des. Fabricio Bandeira Filho, j. 10.12.2003, v.u.).

Mais recentemente, do mesmo Tribunal Estadual, em hipótese em que parte do teto de gesso de um prédio atingiu o veículo da vítima e citando o enunciado doutrinário antes mencionado:

"Vale lembrar que, a teor do art. 937 do Código Civil, 'o dono de edifício ou construção responde pelos danos que resultarem de sua ruína, se esta provier de falta de reparos, cuja necessidade fosse manifesta'. E, não há dúvidas de que essa responsabilidade pelo fato da coisa é objetiva, conforme se extrai do Enunciado nº 556 da VI Jornada de Direito Civil: 'A responsabilidade civil do dono do prédio ou construção por sua ruína, tratada pelo art. 937 do CC, é objetiva'. Doutrina e precedentes. Frise-se que o réu não se desincumbiu do ônus de comprovar a presença de alguma das excludentes do dever de indenizar, que lhe competia por força do disposto no art. 373, inciso II, do CPC/2015" (TJRJ, Apelação 0034947-92.2016.8.19.0203, 14.ª Câmara Cível, Rio de Janeiro, Rel. Des. José Carlos Paes, *DORJ* 26.06.2020, p. 398).

Concluindo, como se pode notar, a responsabilidade é do dono do edifício ou da construção (construtora), não se confundindo esse comando legal com a regra do art. 938 do CC, que trata de objetos lançados dos prédios. Aliás, deve-se entender que, no caso de ruir parte do prédio, aplica-se o mesmo art. 937 da codificação, respondendo o construtor ou edificador. Os casos, entretanto, podem gerar confusão, como se verá a seguir.

Por fim, quanto ao ora em tramitação Projeto de Reforma do Código Civil, mais uma vez são propostos ajustes pontuais na norma, passando o art. 937 do Código Civil a prever expressamente a responsabilidade objetiva ou independentemente de culpa, retirando-se, ainda, o trecho final a respeito da necessidade de reparos e encerrando-se o debate exposto no desenvolvimento do tema. Assim, o dispositivo passará a expressar o seguinte: "o titular do prédio ou do edifício, o dono da construção, bem como os titulares de direito real de uso, habitação e usufruto respondem objetiva e solidariamente pelos danos que resultarem de sua ruína, total ou parcial".

Em boa hora, o comando também passará a mencionar a responsabilidade sem culpa do titular do prédio ou mesmo de direitos reais de gozo ou fruição sobre o imóvel, bem com a solidariedade entre todos eles, caso presentes, o que visa a melhor tutelar os interesses das vítimas.

9.4.4 A responsabilidade civil objetiva por danos oriundos de coisas lançadas dos prédios

Enuncia o Código Civil que aquele que habitar uma casa ou parte dela responde pelos danos provenientes das coisas que dela caírem ou forem lançadas (sólidas ou líquidas) em lugar indevido (art. 938). Trata-se da responsabilidade civil por *defenestramento* ou por *effusis et dejectis*. A expressão *defenestrar* significa jogar fora pela janela.

Sigo a corrente doutrinária que entende que não importa que o objeto líquido (*effusis*) ou sólido (*dejectis*) tenha caído acidentalmente, pois ninguém pode colocar em risco a segurança alheia, o que denota a responsabilidade objetiva do ocupante diante de um *risco criado*. De acordo com os comentários de Cláudio Luiz Bueno de Godoy, "tem-se aí, já mesmo de acordo com o que se vinha entendendo acerca de igual previsão no CC/1916, responsabilidade sem culpa, pelo mesmo fundamento do preceito anterior, qual seja o dever de segurança que deve permear a guarda do que guarnece uma habitação" (*Código Civil...*, 2007, p. 782). Essa também é a *opinium* de Marco Aurélio Bezerra de Melo, entre outros doutrinadores contemporâneos (*Curso...*, 2015, v. IV, p. 285).

No caso de cessão do prédio, responderão o locatário ou o comodatário, não sendo o caso de se imputar responsabilidade ao locador ou ao comodante (eventuais proprietários do imóvel). Em regra, não há responsabilidade solidária daquele que cedeu o bem, a não ser em casos de coautoria (art. 942, parágrafo único, do CC).

Segundo Jones Figueirêdo Alves e Mário Luiz Delgado, o "dispositivo aqui, ao referir-se a prédio no lugar de casa, foi mais feliz que o correspondente art. 1.529 do CC/1916, afastando a controvérsia sobre a extensão da regra para os casos em que a coisa é lançada ou cai de prédio comercial. Quando se refere ao habitante do prédio, o novo Código Civil está se referindo ao guardião do imóvel, ou seja, aquele que é o responsável pela sua guarda e manutenção do mesmo, quer seja proprietário, quer seja inquilino, quer seja o morador, quer seja mero ocupante" (*Código Civil...*, 2005, p. 406).

Em hipótese relativa a prédio de escritórios ou apartamentos (condomínio edilício), não sendo possível identificar de onde a coisa foi lançada, haverá responsabilidade do condomínio, segundo doutrina e jurisprudência (NERY JR., Nelson; NERY, Rosa Maria de Andrade, *Código Civil...*, 2003, p. 495, citando: STJ – RT 767/194 e *RSTJ* 116/258). Isso sem prejuízo da ação regressiva do condomínio contra o autor do dano, nos termos do art. 934 do CC. Para elucidar esse entendimento, colaciona-se a seguinte ementa de julgado do Superior Tribunal de Justiça, ainda na vigência do CC/1916:

"Responsabilidade civil – Objetos lançados da janela de edifícios – A reparação dos danos é responsabilidade do condomínio. A impossibilidade de identificação do exato ponto de onde parte a conduta lesiva impõe ao condomínio arcar com a responsabilidade reparatória por danos causados a terceiros. Inteligência do art. 1.529 do Código Civil Brasileiro. Recurso não conhecido" (STJ, REsp 64.682/RJ, 4.ª Turma, Rel. Min. Bueno de Souza, j. 10.11.1998, *DJ* 29.03.1999, p. 180).

Consolidando essa forma de pensar no âmbito doutrinário, o Enunciado n. 557 da *VI Jornada de Direito Civil* (2013), seguindo igualmente proposta formulada por mim: "nos termos do art. 938 do CC, se a coisa cair ou for lançada de condomínio edilício, não sendo possível identificar de qual unidade, responderá o condomínio, assegurado o direito de regresso".

Dúvidas surgem, neste último caso, quanto à responsabilização dos condôminos que estão do lado oposto de onde caiu a coisa. Entendemos, como Sílvio de Salvo Venosa, que todo o condomínio deve ser responsabilizado, não interessando de onde exatamente caiu o objeto. Para justificar seu posicionamento, o doutrinador fala em *pulverização dos danos na sociedade*, ensinando que, "assim, quando o dano é praticado por um membro não identificado de um grupo, todos os seus integrantes devem ser chamados para a reparação" (*Direito civil...*, 2003, p. 119).

Entendo que é perfeitamente possível sustentar que o caso é de aplicação da tese da *responsabilidade pressuposta*, que busca, antes de qualquer discussão, reparar a vítima diante de uma exposição ao perigo ou ao risco. Em síntese, o condomínio deve reparar todos os prejuízos suportados pela pessoa atingida pelo objeto. Após a vítima estar devidamente reparada, está assegurado o direito de regresso do condomínio contra o eventual culpado.

Anote-se, ainda, que de nada adianta, do ponto de vista jurídico, os avisos constantes nos prédios no sentido de que o condomínio não responde pelas coisas que dele caírem, mesmo nos casos em que tal previsão conste da convenção de condomínio ou que tenha sido aprovada em assembleia entre os condôminos. O art. 938 do Código Civil é norma de ordem pública, eis que trata de hipótese de responsabilidade civil extracontratual, sendo inoperante a cláusula de não indenizar em tais hipóteses. Concluindo desse modo: "ineficácia da convenção de condomínio perante a terceira prejudicada, evidente afronta ao dever de indenizar baseado no artigo 938, do Código Civil" (TJSP, Apelação 1005922-87.2014.8.26.0010, Acórdão 9988267, 27.ª Câmara Extraordinária de Direito Privado, São Paulo, Rel. Des. Maria Lúcia Pizzotti, j. 22.11.2016, *DJESP* 01.12.2016).

Para encerrar o tópico, o Projeto de Reforma do Código Civil pretende aprimorar o conteúdo do dispositivo, para que passe a mencionar expressamente a responsabilidade objetiva ou independentemente de culpa, bem como o dever de indenizar do condomínio nos casos aqui relatados, em que não se pode identificar de onde a coisa caiu ou foi lançada.

Assim, o comando passará a prever o seguinte: "Art. 938. Aquele que habitar ou ocupar prédio ou parte dele será responsável, independentemente de culpa, pelos danos provenientes das coisas que dele caírem ou forem lançadas em lugar indevido. Parágrafo único. Se a coisa cair ou for lançada de prédio com muitas habitações, sem que se possa identificar de onde proveio, responderá o condomínio, assegurado o direito de regresso".

Sem dúvida, as propostas são necessárias e fundamentais para melhorar a técnica da responsabilidade civil, e com enormes repercussões práticas, tendo sido unânime a concordância com o seu teor na Comissão de Juristas nomeada no âmbito do Congresso Nacional.

9.4.5 A responsabilidade civil objetiva em relação a dívidas

No capítulo de responsabilidade civil, o Código Civil de 2002 traz três dispositivos que se referem às dívidas, os arts. 939, 940 e 941.

Talvez, melhor seria que tais comandos legais estivessem inseridos na seção da codificação que trata do pagamento indevido ou do enriquecimento sem causa. Cumpre anotar que o Código de Processo Civil de 2015 traz regra com conteúdo muito próximo ao tratado nesses diplomas civis no seu art. 776 ("O exequente ressarcirá ao executado os danos que este sofreu, quando a sentença, transitada em julgado, declarar inexistente, no todo ou em parte, a obrigação que ensejou a execução"). A norma equivale ao art. 574 do CPC/1973, havendo substituição dos termos "credor" e "devedor" por "exequente" e "executado", respectivamente.

Prevê o art. 939 do Código Civil que "o credor que demandar o devedor antes de vencida a dívida, fora dos casos em que a lei o permita, ficará obrigado a esperar o tempo que faltava para o vencimento, a descontar os juros correspondentes, embora estipulados, e a pagar as custas em dobro". Pelo art. 940 do CC/2002, "aquele que demandar por dívida já paga, no todo ou em parte, sem ressalvar as quantias recebidas ou pedir mais do que for devido, ficará obrigado a pagar ao devedor, no primeiro caso, o dobro do que houver cobrado e, no segundo, o equivalente do que dele exigir, *salvo se houver prescrição*" (destacamos).

A propósito da parte final e destacada do art. 940 do CC, aponte-se que ela não foi modificada pela Lei 11.280/2006, que, revogando o art. 194 do CC/2002 e alterando o então art. 219, § 5.º, do CPC/1973, passou a prever que o juiz deve conhecer de ofício a prescrição. Isso porque tem prevalecido, em uma visão técnica na doutrina, o posicionamento pelo qual, antes de conhecer de ofício a prescrição, o juiz deve dar oportunidade para que o réu se manifeste, inclusive com a possibilidade de renúncia à prescrição.

Como exposto no volume anterior desta coleção, o CPC/2015 confirmou a possibilidade de conhecimento de ofício da prescrição, especialmente no seu art. 487, parágrafo único. Apesar de polêmica que pode surgir sobre a viabilidade de julgamento liminar do pedido no reconhecimento da prescrição de ofício, nos termos do art. 332 do mesmo *Codex*, acredito que ainda será necessário ouvir a parte contrária para que a prescrição seja pronunciada.

O fundamento principal para tal tese é o art. 10 do CPC/2015, que consagra a boa-fé objetiva processual, segundo o qual, "o juiz não pode decidir, em grau algum de jurisdição, com base em fundamento a respeito do qual não se tenha dado às partes oportunidade de se manifestar, ainda que se trate de matéria sobre a qual deva decidir de ofício". Isso foi reconhecido por enunciado aprovado na *VII Jornada de Direito Civil*, em 2015, segundo o qual a decretação *ex officio* da prescrição ou da decadência deve ser precedida de oitiva das partes (Enunciado n. 581). Para maiores aprofundamentos quanto ao tema, remete-se ao Capítulo 8 do Volume 1 desta coleção.

Pois bem, o primeiro dispositivo, art. 939 do CC, trata de um caso em que o credor se precipita, respondendo perante o devedor pelas custas do processo em dobro. No segundo caso, art. 940 do CC, presume-se a má-fé do credor que pretende receber dívida já paga ou que pede mais do que lhe é devido. Se pretender receber dívidas já pagas, arcará com o dobro que houver cobrado. Se pedir a mais, responderá exatamente com o valor que pretende receber. Nota-se que a lei civil exige, nas duas hipóteses, a existência de uma ação judicial visando à cobrança indevida, pois utiliza o termo "demandar".

As situações previstas no Código Civil diferem, portanto, do que consta do art. 42, parágrafo único, do Código de Defesa do Consumidor, segundo o qual "o consumidor cobrado em quantia indevida tem direito à repetição do indébito, por valor igual ao dobro do que pagou em excesso, acrescido de correção monetária e juros legais, salvo hipótese de engano justificável". Nessa previsão específica exige-se apenas a cobrança do consumidor, para que ele tenha direito à repetição do indébito que pagou, em dobro. A propósito dessa diferenciação entre o sistema civil e o consumerista, julgou recentemente o Superior Tribunal de Justiça:

> "Os artigos 940 do Código Civil e 42, parágrafo único, do Código de Defesa do Consumidor possuem pressupostos de aplicação diferentes e incidem em hipóteses distintas. A aplicação da pena prevista no parágrafo único do art. 42 do CDC apenas é possível diante da presença de engano justificável do credor em proceder com a cobrança, da cobrança extrajudicial de dívida de consumo e de pagamento de quantia indevida pelo consumidor. O artigo 940 do CC somente pode ser aplicado quando a cobrança se dá por meio judicial e fica comprovada a má-fé do demandante, independentemente de prova do prejuízo. No caso, embora não estejam preenchidos os requisitos para a aplicação do art. 42, parágrafo único, do CDC, visto que a cobrança não ensejou novo pagamento da dívida, todos os pressupostos para a aplicação do art. 940 do CC estão presentes. Mesmo diante de uma relação de consumo, se inexistentes os pressupostos de aplicação do art. 42, parágrafo único, do CDC, deve ser aplicado o sistema geral do Código Civil, no que couber. O art. 940 do CC é norma complementar ao art. 42, parágrafo único, do CDC e, no caso, sua aplicação está alinhada ao cumprimento do mandamento constitucional de proteção do consumidor" (STJ, REsp 1.645.589/MS, 3.ª Turma, Rel. Min. Ricardo Villas Bôas Cueva, j. 04.02.2020, *DJe* 06.02.2020).

A questão relativa à má-fé como pressuposto para aplicação dos comandos civis ainda será analisada neste tópico.

Nas duas situações descritas no Código Civil, assim, o devedor poderá exigir a indenização por meio da reconvenção, segundo vinham entendendo a doutrina e a jurisprudência majoritárias. Por todos, essa posição era sustentada por Maria Helena Diniz, citando Carlos Roberto Gonçalves e julgados anteriores: *RJTJSP* 106/136 e *RT* 467/198 (DINIZ, Maria Helena. *Código...*, 2010, p. 638-639).

Entretanto, o mesmo Superior Tribunal de Justiça tem dispensado a reconvenção ou uma ação autônoma para exercício de tal direito, posição que deve ser mantida sob a égide do CPC/2015, especialmente porque o primeiro aresto a seguir diz respeito a julgamento em incidente de recursos repetitivos:

> "Recursos especiais. Demanda postulando a declaração de incidência de correção monetária sobre as parcelas pagas a consórcio e a respectiva restituição dos valores. Acórdão estadual que considerou incidentes juros de mora, sobre os valores remanescentes a serem devolvidos aos autores, desde o 31.º dia após o encerramento do grupo consorcial, bem como aplicou a sanção prevista no artigo 1.531 do Código Civil de 1916 (atual artigo 940 do Código Civil de 2002) em detrimento do demandante que não ressalvara os valores recebidos. 1. Insurgência dos consorciados excluídos do grupo. 1.1. Controvérsia submetida ao rito dos recursos repetitivos (artigo 543-C do CPC): A aplicação da sanção civil do pagamento em dobro por cobrança judicial de dívida já adimplida (cominação encartada no artigo 1.531 do Código Civil de 1916, reproduzida no artigo 940 do Código Civil de 2002) pode ser postulada pelo réu na própria defesa, independendo da propositura de ação autônoma ou do manejo de reconvenção, sendo

imprescindível a demonstração de má-fé do credor. 1.2. Questão remanescente. Apesar do artigo 1.531 do Código Civil de 1916 não fazer menção à demonstração da má-fé do demandante, é certo que a jurisprudência desta Corte, na linha da exegese cristalizada na Súmula 159/STF, reclama a constatação da prática de conduta maliciosa ou reveladora do perfil de deslealdade do credor para fins de aplicação da sanção civil em debate. Tal orientação explica-se à luz da concepção subjetiva do abuso do direito adotada pelo *Codex* revogado. Precedentes. 1.3. Caso concreto. 1.3.1. A Corte estadual considerou evidente a má-fé de um dos autores (à luz das circunstâncias fáticas constantes dos autos), aplicando-lhe a referida sanção civil e pugnando pela prescindibilidade de ação autônoma ou reconvenção. 1.3.2. Consonância entre o acórdão recorrido e a jurisprudência desta Corte acerca da via processual adequada para pleitear a incidência da sanção civil em debate. Ademais, para suplantar a cognição acerca da existência de má-fé do autor especificado, revelar-se-ia necessária a incursão no acervo fático-probatório dos autos, providência inviável no âmbito do julgamento de recurso especial, ante o óbice da Súmula 7/ST. (...)" (STJ, REsp 1.111.270/PR, 2.ª Seção, Rel. Min. Marco Buzzi, j. 25.11.2015, *DJe* 16.02.2016).

"Restituição em dobro – Dívida já paga – Reconvenção A demanda sobre dívida já paga permite a imposição da obrigação de restituir em dobro, independentemente de reconvenção. Art. 1.531 do Código Civil. Recurso conhecido e provido" (STJ, REsp 229.259/SP (199900806727), 500186 Recurso Especial, 4.ª Turma, Rel. Min. Ruy Rosado de Aguiar, j. 27.05.2003, *DJ* 01.09.2003, p. 290).

Em outro julgamento recente de grande importância, aliás, o Superior Tribunal de Justiça concluiu, novamente no âmbito de sua Segunda Seção, que a imposição das penalidades do art. 940 do CC/2002 – equivalente ao art. 1.531 do CC/1916, citado no aresto – pode se dar até de ofício pelo julgador. Conforme trecho de sua ementa, que conta com o meu apoio doutrinário, "o art. 1.531 do CC/16 sanciona a cobrança indevida de valores punindo o demandante ora com o dobro da quantia pleiteada, no caso de cobrança de dívida já paga, ora com a quantia equivalente a exigida, na hipótese de cobrança de valor maior do que o devido. A lei estabeleceu indenização especial, previamente liquidada, para o caso de cobrança indevida. A jurisprudência do STJ tem se posicionado no sentido da possibilidade da imposição da sanção civil prevista no art. 1.531 do CC/16 até mesmo de ofício porque ela configura um exercício abusivo do direito de ação, assim como ocorre na litigância de má-fé" (STJ, EREsp 1.106.999/SC, 2.ª Seção, Rel. Min. Moura Ribeiro, j. 27.02.2019, *DJe* 13.03.2019). Ressalve-se, novamente, que, antes do conhecimento dessa matéria de ofício, é necessário ouvir as partes, nos termos do antes citado art. 10 do CPC/2015.

Em complemento, preconiza o art. 941 do CC que "as penas previstas nos arts. 939 e 940 não se aplicarão quando o autor desistir da ação antes de contestada a lide, *salvo ao réu o direito de haver indenização por algum prejuízo que prove ter sofrido*". Trata-se de uma *última chance* dada ao credor, a fim de evitar a sua responsabilidade. A expressão destacada não constava do art. 1.532 do CC/1916, seu correspondente.

Esse destaque é fundamental diante de uma controvérsia doutrinária e jurisprudencial importante. Mais uma vez são pertinentes os esclarecimentos de Jones Figueirêdo Alves e Mário Luiz Delgado, que participaram da assessoria do Deputado Fiuza na elaboração final do vigente Código Civil e que anotam em relação ao art. 941 do CC:

"O acréscimo da cláusula final, ao que parece, espanca a controvérsia anteriormente existente no que tange à necessidade de se provar o dolo ou a má-fé do autor da ação e ainda o prejuízo sofrido pelo réu, para que sejam aplicadas as penas dos artigos 939 e 940, conforme vinha se firmando a jurisprudência dominante. Esses dispositivos, na verdade, apenas prefixam o valor da indenização decorrente da prática de um ato ilícito, consistente na cobrança indevida de dívida que ainda não se venceu ou que já foi paga. Essa responsabilidade do autor da ação é subjetiva, fundada na culpa em sentido amplo, que tanto engloba o dolo, como a culpa em sentido estrito. Assim, para a aplicação pura e simples dos artigos 939 e 940, não há necessidade de se provar o dolo do autor da ação, nem muito menos o prejuízo do réu, evidente e manifesto nesses casos, até mesmo sob o aspecto moral, sendo suficiente a prova da culpa estrita (negligência, imprudência ou imperícia). Entretanto, para cumulação dessas sanções com a indenização ampla, por perdas e danos, é imprescindível a comprovação do prejuízo efetivamente sofrido" (ALVES, Jones Figueirêdo; DELGADO, Mário Luiz. *Código Civil...*, 2005, p. 407).

Concordo plenamente que com a propositura da demanda, nos termos do art. 940 do CC, presume-se a conduta maliciosa do agente. Mas por uma questão lógica a responsabilidade não seria subjetiva, mas objetiva quando a ação é proposta. Primeiro, porque o credor assume um risco quando promove a demanda. Segundo, porque é flagrante o seu abuso de direito, nos termos do art. 187 do CC, pois promove lide temerária, violando a boa-fé objetiva, inclusive de natureza processual. É importante lembrar que, conforme o Enunciado n. 37 do CJF/STJ, a responsabilidade decorrente desse exercício irregular de direito é objetiva. A doutrina contemporânea mais atenta tem feito essa relação (GODOY, Cláudio Luiz Bueno. *Código Civil...*, 2007, p. 783-785). Terceiro, pois pode estar configurada a relação de consumo em casos tais, o que também faz gerar a responsabilidade sem culpa, conforme entendeu o Tribunal Paulista no seguinte aresto:

> "Apelação – Indenização – Cobrança indevida – Repetição de indébito – Aplicabilidade do CDC em detrimento do artigo 940, do Código Civil – Perfeito enquadramento das partes no conceito de consumidora e fornecedora. Concessionária de Serviço Público presta serviço tarifado e de utilização facultativa, constituindo relação do consumo, consoante precedentes do STJ. Responsabilidade objetiva pela prestação de serviço defeituoso e abuso do direito de cobrança. Repetição de indébito plausível, nos termos do artigo 42, § único do CDC. Sentença mantida integralmente. Recurso improvido" (TJSP, Apelação 7288401-4, Acórdão 3400644, 37.ª Câmara de Direito Privado, São Paulo, Rel. Des. Eduardo Almeida Prado Rocha de Siqueira, j. 26.11.2008, *DJESP* 09.01.2009).

De qualquer forma, a posição seguida ainda está longe de ser a majoritária. Como estamos filiados à tese da objetivação, o tema está abordado na presente seção do Capítulo, relativa à responsabilidade objetiva.

Entretanto, nos termos da posição que ainda prevalece, sem a ação ou a demanda, não há como presumir tal fato, conforme entendem os nossos Tribunais Estaduais. Assim concluindo, por todos os arestos mais remotos e exigindo a malícia do autor da ação: "inaplicabilidade da pena prevista no art. 940 do Código Civil de 2002 (art. 1.531 do Código Civil de 1916). É inviável a condenação indenizatória pretendida pela administradora, uma vez que não houve demanda por dívida já paga. As penas previstas no art. 940 do Código Civil exigem a conduta maliciosa do demandante, que no caso não ocorreu" (2.º Tribunal de Alçada Civil de São Paulo, Ap. s/ Rev. 691.360-00/5, 11.ª Câm., Rel. Juiz Melo Bueno, j. 13.12.2004).

E, sucessivamente: "para que aquele que é cobrado indevidamente faça *jus* a receber em dobro o que pagou, mister que demonstre a má-fé do autor. A imposição da pena prevista no artigo 940 do Código Civil exige prova de que o credor agiu maliciosamente, ou seja, que agia de forma consciente de não ter direito à quantia pretendida. A litigância de má-fé exige prova inequívoca de seu elemento subjetivo, sob pena de se configurar em óbice indireto ao acesso ao judiciário e afronta ao artigo 5.º, XXXV, da Constituição Federal de 1988" (TJMG, Apelação Cível 0046968-32.2003.8.13.0621, 16.ª Câmara Cível, São Gotardo, Rel. Des. Sebastião Pereira de Souza, j. 28.04.2011, *DJEMG* 20.05.2011).

A simples cobrança, portanto, não tem o condão de gerar a responsabilidade, conforme reconhece a remota Súmula 159 do STF, pela qual "a cobrança excessiva, mas de boa-fé, não dá lugar às sanções do art. 1.531 do Código Civil" (art. 940 do CC/2002).

Essa súmula vinha sendo aplicada pelo Superior Tribunal de Justiça antes da entrada em vigor do Código de 2002 (STJ, AgRg no REsp 130.854/SP, 2.ª Turma, Rel. Min. Nancy Andrighi, j. 23.05.2000, *DJ* 26.06.2000, p. 140). Em tempos mais recentes, a posição foi mantida, cabendo colacionar, por todos, que: "é pacífica a orientação da Corte e da doutrina especializada no sentido de que o art. 940 do Código Civil – que dispõe acerca da obrigação de reparar daquele que demandar por dívida já paga – só tem aplicação quando (i) comprovada a má-fé do demandante e (ii) tal cobrança se dê por meio judicial" (STJ, Ag. Rg. no REsp 1.535.596/RN, 3.ª Turma, Rel. Min. Ricardo Villas Bôas Cueva, j. 15.10.2015, *DJe* 23.10.2015).

Acrescente-se que julgado superior sucessivo reiterou tal posição, mas acabou por entender pela atuação maliciosa do exequente, pelo fato de ter demandado o valor do título da obrigação "após o julgamento de mérito da demanda revisional, deixando de informar acerca de sua existência, bem como omitindo-se quanto ao valor incontroverso depositado judicialmente e colocado à sua disposição em virtude da prévia demanda de consignação em pagamento. À evidência da conduta maliciosa, configura-se a má-fé, impondo-se o pagamento em dobro da quantia não ressalvada" (STJ, REsp 1.529.545/PE, 3.ª Turma, Rel. Min. Marco Aurélio Bellizze, j. 01.12.2016, *DJe* 19.12.2016).

De todo modo, mesmo com a última dedução e com o devido respeito, reitero que tal posição prevalecente deve ser revista, uma vez que os casos tratados nos dispositivos legais em análise configuram abuso do direito de demandar, situação típica de abuso no processo, o que conduziria à responsabilidade objetiva, por incidência do art. 187 do Código Civil e do que consta do Enunciado n. 37 da *I Jornada de Direito Civil*.

Como outra nota fundamental, é importante apontar o que anota a Professora Maria Helena Diniz quanto à possibilidade de cumulação das penalidades previstas nos arts. 939 e 940 do CC com as que constavam dos arts. 16 a 18 do CPC/1973. Isso porque as primeiras têm natureza material e as segundas, natureza processual. São suas palavras: "Logo, não há absorção do art. 940 do Código Civil pelos arts. 16 a 18 do Código de Processo Civil. Há uma relação de complementaridade entre esses artigos, pois eles não se excluem, mas se completam, pois fixam a forma de reparação das perdas e danos" (DINIZ, Maria Helena. *Código Civil...*, 2005, p. 648).

Em suma, há de se reconhecer, sobre a matéria, um *diálogo das fontes* entre o Código Civil e o Código de Processo Civil, posição a ser mantida com a emergência do CPC de 2015 (arts. 79 a 81, correspondentes aos arts. 16 a 18 do CPC/1973).

Para encerrar o tópico e o estudo do tema, a Comissão de Juristas encarregada da Reforma do Código Civil propõe alterações para os arts. 939, 940 e 941, na linha de todo o desenvolvido e de uma aproximação com o tratamento constante do CDC.

Sobre o art. 939 do CC, sugere-se incluir o termo "cobrar", em vez de "demandar", passando a norma a expressar o seguinte: "o credor que cobrar ou demandar o devedor antes de vencida a dívida, fora dos casos em que a lei o permita, ficará obrigado a esperar o tempo que faltava para o vencimento, a descontar os juros correspondentes, ainda que estipulados e a pagar as custas em dobro". Trata-se, portanto, de ajuste redacional, que amplia a aplicação do comando.

Quanto ao art. 940 do CC, passará ele a expressar também a dívida inexistente, bem como o pagamento de um valor compensatório complementar, quando as dívidas são módicas: "aquele que demandar por dívida inexistente ou já paga, no todo ou em parte, sem ressalvar as quantias recebidas ou pedir mais do que for devido, ficará obrigado a pagar ao devedor, no primeiro caso, o dobro do que houver cobrado e, no segundo, o equivalente do que dele exigir, sem prejuízo de arbitramento de valor compensatório complementar, caso as quantias cobradas sejam de módico valor". Retira-se, ainda, a menção à prescrição, por todas as polêmicas antes expostas.

Por fim, em boa hora, o art. 941 passará a mencionar o abuso de direito que, em aproximação com o CDC e na linha do que sustentei, passará a gerar uma responsabilidade objetiva. Assim, de forma mais técnica, o *caput* do comando preceituará que "não se aplicarão as penas previstas nos arts. 939 e 940 quando o autor desistir da ação antes de oferecida a contestação, ressalvado o direito do réu de haver indenização por algum prejuízo que prove ter sofrido". E consoante o seu novo e necessário parágrafo único, "a desistência da ação não afasta o direito do demandado de exigir, por ação própria, a imputação de dano por exercício abusivo do direito". Como não poderia ser diferente, fui e sou totalmente favorável às propostas, que têm origem na Subcomissão de Responsabilidade Civil.

9.4.6 A responsabilidade civil objetiva no contrato de transporte

O contrato de transporte ganhou tratamento especial no Código Civil de 2002, passando a ser um contrato típico na codificação privada. Desse modo, é forçoso concluir que está revogado o Decreto-lei 2.681/1912, que previa a responsabilidade das empresas de estradas de ferro e, por analogia, sempre foi aplicado a todas as formas de transporte terrestre. Igualmente estão revogados os dispositivos do Código Comercial que tratavam do assunto.

Relativamente ao transporte de coisas, prevê o art. 750 da norma codificada material a responsabilidade objetiva do transportador, nos seguintes termos:

> "Art. 750. A responsabilidade do transportador, limitada ao valor constante do conhecimento, começa no momento em que ele, ou seus prepostos, recebem a coisa; termina quando é entregue ao destinatário, ou depositada em juízo, se aquele não for encontrado".

Mesmo não havendo previsão expressa quanto à responsabilidade independente de culpa, não há dúvidas quanto a essa natureza jurídica, por três argumentos principais.

Primeiro, pelo tratamento que sempre foi dado à matéria, tanto por doutrina quanto por jurisprudência (ver: STJ, REsp 154.943/DF, 3.ª Turma, Rel. Min. Nilson Naves, j. 04.04.2000, *DJ* 28.08.2000, p. 74).

Segundo, porque o transportador assume uma obrigação de fim ou de resultado, qual seja a de levar a coisa até o destino com segurança e integridade. Trata-se da denominada *cláusula de incolumidade*, considerada como implícita em todo contrato de transporte.

Terceiro, pela possibilidade de enquadramento na relação de consumo regida pelo Código de Defesa do Consumidor, na grande maioria das hipóteses fáticas, pois afinal de contas o transportador presta um serviço de forma profissional e muitas vezes há um destinatário final, fático e econômico na *outra ponta* da relação jurídica (*diálogos das fontes* entre o CC/2002 e o CDC).

A respeito do transporte de pessoas, preconiza o art. 734 do Código Civil Brasileiro:

> "Art. 734. O transportador responde pelos danos causados às pessoas transportadas e suas bagagens, salvo motivo de força maior, sendo nula qualquer cláusula excludente da responsabilidade".

Além das razões que foram expostas quanto ao transporte de coisas, a responsabilidade do transportador independe de culpa também pela previsão de nulidade da *cláusula de não indenizar*. O último dispositivo, aliás, somente consubstancia o entendimento jurisprudencial anterior, constante da Súmula 161 do Supremo Tribunal Federal, pela qual "em contrato de transporte é inoperante a cláusula de não indenizar".

Penso que o que consta do art. 734 do CC/2002 também deve ser aplicado ao contrato de transporte de coisas, de acordo com a concepção social da responsabilidade civil. Não sendo assim, pode ser defendida a manutenção da súmula, aplicável ao contrato de transporte de coisas. Ainda nesse sentido, o art. 247 do Código Brasileiro de Aeronáutica já trazia a seguinte previsão: "é nula qualquer cláusula tendente a exonerar de responsabilidade o transportador ou a estabelecer limite de indenização inferior ao previsto neste Capítulo, mas a nulidade da cláusula não acarreta a do contrato, que continuará regido por este Código" (art. 10).

De qualquer forma, mesmo não tendo validade a *cláusula de não indenizar*, é lícito ao transportador exigir a declaração do valor da bagagem a fim de fixar o limite da indenização (art. 734, parágrafo único, do CC).

Dúvida resta sobre a incompatibilidade desse dispositivo em relação ao CDC, havendo relação de consumo no contrato de transporte, eis que o seu art. 6.º, incs. VI e VIII, consagra o princípio da reparação integral de danos, o que afastaria qualquer possibilidade de tarifação da indenização, principalmente por força de contrato.

Inicialmente, entende-se que o art. 734 do CC não torna obrigatória ao consumidor-passageiro a referida declaração. Na verdade, o dispositivo disciplina que é lícito exigir a declaração do valor da bagagem, visando facilitar a prova do prejuízo sofrido em eventual demanda. Não sendo feita a referida declaração, torna-se difícil comprovar o que está dentro da bagagem. Para tanto, poderia o consumidor utilizar-se da inversão do ônus da prova, nos termos do art. 6.º, inc. VIII, do CDC? O Superior Tribunal de Justiça tem há tempos entendido que sim, merecendo destaque o seguinte julgado:

> "Responsabilidade civil – Extravio de bagagem – Danos materiais e morais – Aplicação do Código de Defesa do Consumidor – Retorno ao local de residência – Precedente da Terceira Turma. 1. Já está assentado na Seção de Direito Privado que o Código de Defesa do Consumidor incide em caso de indenização decorrente de extravio de bagagem. 2. O fato de as notas fiscais das compras perdidas em razão do extravio estarem em língua estrangeira não desqualifica a indenização, considerando a existência de documento nacional de reclamação com a indicação dos artigos perdidos ou danificados que menciona os valores respectivos, cabendo à empresa provar em sentido contrário, não combatida a inversão do ônus da prova acolhida na sentença. 3. Precedente da Terceira Turma decidiu que não se

CAP. 9 · CLASSIFICAÇÃO DA RESPONSABILIDADE CIVIL QUANTO À CULPA | **569**

justifica a 'reparação por dano moral apenas porque a passageira, que viajara para a cidade em que reside, teve o incômodo de adquirir roupas e objetos perdidos' (REsp 158.535/PB, Relator para o acórdão o Senhor Min. Eduardo Ribeiro, *DJ* 09.10.2000). 4. Recurso especial conhecido e provido, em parte" (STJ, REsp 488.087/RJ, 3.ª Turma, Rel. Min. Carlos Alberto Menezes Direito, j. 18.09.2003, *DJ* 17.11.2003, p. 322; *RT* 823/171). Veja: (Bagagem – Transporte aéreo – Aplicação – Código de Defesa do Consumidor) STJ – REsp 300.190/RJ (*RT* 803/177), REsp 169.000/RJ (*RDR* 18/291), REsp 173.526/SP, REsp 209.527/RJ (*JBCC* 189/200, *RDTJRJ* 50/106), REsp 154943/DF (*RSTJ* 143/274) (Descabimento – Indenização – Dano moral – Passageiro) e REsp 158.535/PB (*RJADCOAS* 20/104, *JBCC* 185/346).

Seguindo essa linha de raciocínio, favorável ao consumidor, percebe-se que o art. 734, parágrafo único, entra em colisão com a proteção do destinatário final do serviço, ao prever que ele tem o dever de declarar o conteúdo de sua bagagem, sob pena de perder o direito à indenização. Apesar de o dispositivo não dizer isso expressamente, poder-se-ia supor dessa forma. Trata-se de uma mera *suposição*, uma vez que o passageiro, como consumidor, tem direito à indenização integral. Desse modo deve ser interpretada a eventual controvérsia.

De todo modo, um entendimento contrário poderia sustentar que o art. 734, parágrafo único, do CC deveria se sobrepor à Lei 8.078/1990, segundo o que ordena o art. 731 da mesma codificação, no sentido de prevalência do Código Civil. O último dispositivo tem a seguinte redação: "o transporte exercido em virtude de autorização, permissão ou concessão, rege-se pelas normas regulamentares e pelo que foi estabelecido naqueles atos, sem prejuízo do disposto neste Código".

Esse argumento pode ser afastado pela aplicação da tese do *diálogo das fontes* e diante dos princípios da função social dos contratos e da boa-fé objetiva, que conduzem a uma interpretação contratual mais favorável à parte vulnerável da relação negocial. Pela prevalência do CDC, sempre que houver relação de consumo no contrato de transporte, transcreve-se o Enunciado n. 369 do CJF/STJ, aprovado na *IV Jornada de Direito Civil*:

> "Diante do preceito constante no art. 732 do Código Civil, teleologicamente e em uma visão constitucional de unidade do sistema, quando o contrato de transporte constituir uma relação de consumo, aplicam-se as normas do Código de Defesa do Consumidor que forem mais benéficas a este".

No atual Projeto de Reforma do Código Civil, existem propostas no sentido de deixar o seu art. 734 mais técnico e efetivo, passando a norma a prever, em boa hora, em seu *caput,* que "o transportador responde pelos danos causados às pessoas transportadas e suas bagagens, salvo motivo de caso fortuito ou força maior, sendo nula de pleno direito qualquer cláusula excludente da responsabilidade". Ademais, sobre o parágrafo único do art. 734, com o fim de resolver dilema visto na prática, o seu conteúdo somente será aplicado aos contratos paritários – negociados pelas partes: "em contratos paritários, é lícito ao transportador exigir a declaração do valor da bagagem, a fim de fixar o limite da indenização".

Filia-se ao entendimento pelo qual o transportador só se exime do dever de reparar se comprovar a existência de caso fortuito, força maior ou culpa exclusiva da vítima. Dessa forma, não cabe a alegação de culpa exclusiva de terceiro, conforme prescrevia a antiga Súmula 187 do mesmo STF: "a responsabilidade contratual do transportador, pelo acidente com o passageiro, não é elidida por culpa de terceiro, contra o qual tem ação regressiva". Há regra semelhante para o transporte de passageiro no art. 735 do Código Civil atual, que reproduziu a súmula.

O art. 735 do CC/2002 e a Súmula 187 do STF servem também para responsabilizar as empresas aéreas por acidentes que causam a morte de passageiros. Mesmo havendo culpa exclusiva de terceiros, inclusive de agentes do Estado, as empresas que exploram o serviço devem indenizar os familiares das vítimas, tendo ação regressiva contra os responsáveis. O que se percebe, por tal realidade jurídica, é que a aplicação do Código Civil de 2002, nesse ponto, é até melhor aos consumidores do que a aplicação do CDC, uma vez que a Lei 8.078/1990 prevê a culpa exclusiva de terceiro como excludente de responsabilização, havendo prestação de serviços (art. 14, § 3.º).

Em relação a terceiros prejudicados, a responsabilidade do transportador será extracontratual. Entretanto, quando envolver relação de consumo, o art. 17 do CDC equipara ao consumidor todas as vítimas do evento (*bystanders*), o que permitirá aos últimos pleitearem indenização com fundamento no acidente de consumo.

No sistema consumerista, conforme ressalta Sílvio de Salvo Venosa, "já não há necessidade de recorrer à explicação do fato de terceiro para a responsabilidade do transportador, pois responde ele por fato próprio, pelo defeito do serviço" (*Direito civil...*, 2009, p. 110). Na mesma linha, Sérgio Cavalieri Filho anota que "como a responsabilidade de consumo equiparou a consumidor todos os que sofrem um dano relativo à atividade do fornecedor de produtos ou serviços, fica superada a dicotomia entre responsabilidade contratual e extracontratual. A responsabilidade, desse prisma, fica subordinada unicamente ao conceito de defeito do produto ou do serviço" (*Programa...*, 2002, p. 211). Percebe-se, mais uma vez, um *diálogo das fontes* entre o Código de Defesa do Consumidor e o Código Civil no que tange à responsabilidade civil do transportador.

Como interessante exemplo de aplicação dessas deduções, a jurisprudência superior concluiu, inicialmente, que a concessionária de serviços de transporte ferroviário pode responder por dano moral sofrido por passageira, vítima de assédio sexual praticado por outro usuário e no interior do trem. Nos termos da publicação constante do *Informativo* n. *628* do Tribunal da Cidadania:

> "Em reforço à responsabilidade objetiva do transportador, não se pode olvidar que a legislação consumerista preceitua que o fornecedor de serviços responde pela reparação dos danos causados, independentemente da existência de culpa, decorrente dos defeitos relativos à prestação destes serviços, nos termos do art. 14, §§ 1.º e 3.º, do CDC. Ademais, a cláusula de incolumidade é ínsita ao contrato de transporte, implicando obrigação de resultado do transportador, consistente em levar o passageiro com conforto e segurança ao seu destino, salvo se demonstrada causa de exclusão do nexo de causalidade, notadamente o caso fortuito, a força maior ou a culpa exclusiva da vítima ou de terceiro. O fato de terceiro, conforme se apresente, pode ou não romper o nexo de causalidade. Exclui-se a responsabilidade do transportador quando a conduta praticada por terceiro, sendo causa única do evento danoso, não guarda relação com a organização do negócio e os riscos da atividade de transporte, equiparando-se a fortuito externo. De outro turno, a culpa de terceiro não é apta a romper o nexo causal quando se mostra conexa à atividade econômica e aos riscos inerentes à sua exploração, caracterizando fortuito interno. Por envolver, necessariamente, uma grande aglomeração de pessoas em um mesmo espaço físico, aliados à baixa qualidade do serviço prestado, incluído a pouca quantidade de vagões ou ônibus postos à disposição do público, a prestação do serviço de transporte de passageiros vem propiciando a ocorrência de eventos de assédio sexual. Em outros termos, mais que um simples cenário ou ocasião, o transporte público tem concorrido para a causa dos eventos de assédio sexual. Em tal contexto, a ocorrência desses fatos acaba sendo arrastada para o bojo da prestação do serviço de transporte público, tornando-se assim mais um risco da atividade, a qual todos os passageiros, mas

especialmente as mulheres, tornam-se vítimas" (STJ, REsp 1.662.551/SP, 3.ª Turma, Rel. Min. Nancy Andrighi, j. 15.05.2018, *DJe* 25.06.2018, m.v.).

O entendimento é perfeito, com meu total apoio, atendendo à função de desestímulo da reparação dos danos morais, que sempre deve ser buscada pelos aplicadores do Direito.

De todo modo, a questão era divergente na Corte, pois existiam julgados da Quarta Turma em sentido contrário, concluindo pela presença de um evento externo, fora do risco da atividade ou do empreendimento da empresa transportadora; e também um fato de terceiro. Consoante o acórdão, "nos termos da jurisprudência desta Corte Superior, não há responsabilidade da empresa de transporte coletivo em caso de ilícito alheio e estranho à atividade de transporte, pois o evento é considerado caso fortuito ou força maior, excluindo--se, portanto, a responsabilidade da empresa transportadora. Precedentes do STJ. Não pode haver diferenciação quanto ao tratamento da questão apenas à luz da natureza dos delitos. Na hipótese, sequer é possível imputar à transportadora eventual negligência, pois, como restou consignado pela instância ordinária, o autor do ilícito foi identificado e detido pela equipe de segurança da concessionária de transporte coletivo, tendo sido, inclusive, conduzido à Delegacia de Polícia, estando apto, portanto, a responder pelos seus atos penal e civilmente" (STJ, REsp 1.748.295/SP, 4.ª Turma, Rel. Min. Luis Felipe Salomão, Rel. p/ Acórdão Min. Marco Buzzi, j. 13.12.2018, *DJe* 13.02.2019).

Em dezembro de 2020, a questão se pacificou no âmbito da Segunda Seção, no julgamento do REsp 1.833.722 e do REsp 1.853.361, na linha da segunda conclusão e por cinco votos a quatro. Prevaleceu o voto do Ministro Raul Araújo, no sentido de que "não há meio de se evitar tal repugnante crime onde quer que ocorra", observando-se que se trata de comportamento "covarde" e "oportunista", praticado em "uma fração de segundos". E mais, segundo o Relator, "é sempre inevitável. Quando muito consegue-se prender o depravado, o opressor. Era inevitável, quando muito previsível em tese. Por mais que se saiba da sua possibilidade de sua ocorrência, não se sabe quando, nem onde, nem quem o praticará. Como acontece com os assaltos à mão armada. São inevitáveis, não estão ao alcance do transportador. E na vida muita coisa é assim, infelizmente". Seguiram essa posição os Ministros Marco Buzzi, Antonio Carlos Ferreira, Villas Bôas Cueva e Marco Antonio Bellizze. Foram vencidos os Ministros Nancy Andrighi, Luis Felipe Salomão, Paulo de Tarso Sanseverino e Moura Ribeiro.

Com o devido respeito à posição que prevaleceu no STJ, entendo que o assédio sexual ou o ato libidinoso praticados no interior de vagões de trens ou do metrô constituem fatos corriqueiros e plenamente evitáveis, o que os coloca dentro do risco da atividade ou do empreendimento.

Destaco que, no Projeto de Reforma e Atualização do Código Civil, elaborado pela Comissão de Juristas, há proposição para deixar o dispositivo mais claro e mais correto tecnicamente, para expressar o fato exclusivo de terceiro, conceito melhor adaptado à responsabilidade objetiva: "a responsabilidade contratual do transportador por acidente com o passageiro não é afastada por culpa ou fato de terceiro, contra o qual tem ação regressiva". Além disso, o termo "elidida" é substituído por "afastada", mais compreensível na prática.

Ainda no que concerne ao transporte de pessoas, enuncia o art. 736 do CC/2002 que não haverá responsabilidade contratual objetiva do transportador no caso de transporte gratuito ou benévolo, também denominado *carona*. Em casos tais, a responsabilidade daquele que dá a carona depende da comprovação de dolo ou culpa. Isso porque enquadra-se em hipótese de responsabilidade extracontratual subjetiva, nos termos do art. 186 do CC, e na linha doutrinária por mim seguida.

Tal regra está perfeitamente adaptada ao entendimento jurisprudencial consubstanciado anteriormente, principalmente pelo enunciado da Súmula 145 do Superior Tribunal de Justiça, a saber: "no transporte desinteressado, de simples cortesia, o transportador só será responsável por danos causados ao transportado quando incorrer em dolo ou culpa grave".

Todavia, entendo há tempos que a súmula merece nova leitura, eis que não há necessidade de a culpa ser grave ou da presença de dolo. Presente a culpa, em qualquer grau, responderá aquele que deu a carona. O grau de culpa apenas serve para a fixação da indenização, inclusive por danos morais, nos termos dos arts. 944 e 945 do CC, aplicação da *teoria da causalidade adequada*.

A questão não é pacífica na doutrina contemporânea. José Fernando Simão, por exemplo, entende que aquele que deu a carona somente responde nos casos de dolo ou culpa grave, nos exatos termos da citada Súmula 145 do STJ. Isso porque a hipótese da carona continua sendo de responsabilidade civil contratual e, havendo um negócio jurídico gratuito, somente há o dever de reparar do caronista nos casos de sua atuação com dolo, conforme o art. 392 do CC. Em complemento, como a culpa grave a esta se equipara, mantém-se a integralidade da sumular do Tribunal da Cidadania.

O jurista traz um argumento a ser considerado, qual seja a *função social da carona*, pontuando que "a carona deve ser estimulada e não punida. Já que o transporte público é ineficiente, a carona é uma das formas de reduzir o número de carros nas ruas, e com isso, reduzir o trânsito e melhorar o meio ambiente, sem poluição. É ato de solidariedade e que faz bem ao meio ambiente" (SIMÃO, José Fernando. *Quem...*, disponível em: <www.flaviotartuce.adv.br>. Acesso em: 7 set. 2014).

De fato, os fundamentos nos interesses coletivos são plausíveis, fazendo-me refletir sobre uma mudança de posição para o futuro. De todo modo, vale lembrar que as duas posições colocam em conflito a proteção da vítima ou do agente causador do dano, sendo necessário sempre dar primazia à primeira.

Exposta mais uma controvérsia, a título de ilustração, vejamos dois acórdãos estaduais que aplicam a atual redação do art. 736 do Código Civil, ingressando no debate aqui apresentado:

"Acidente de veículo. Indenização por danos materiais e morais. Transporte gratuito (carona). Acidente causado pelo condutor do outro automóvel. Ausência de dolo ou culpa grave pelo réu. Improcedência do pedido mantida. Assistência judiciária gratuita. Concessão que não afasta a condenação da parte aos ônus sucumbenciais. Suspensão da execução por até cinco anos. Ausência de menção neste sentido na r. Sentença. Na medida em que a responsabilidade objetiva do transportador não se aplica às hipóteses de transporte gratuito (artigo 736 do Código Civil) e, não tendo sido comprovada a incidência do réu em dolo ou culpa grave (mesmo porque, conforme anotado pela própria autora, o acidente foi causado pelo condutor do outro automóvel, que inobservou a luz semafórica vermelha), de rigor é a improcedência do pedido inicial. A concessão da justiça gratuita não afasta a condenação da parte beneficiária ao pagamento das custas e despesas processuais, bem como dos honorários advocatícios, pois o vencido está sujeito ao princípio da sucumbência. A benesse, na verdade, enseja a suspensão da execução das verbas até que o vencido possa saldá-las sem prejuízo de seu próprio sustento e de sua família, observado o prazo máximo de cinco anos, nos termos do artigo 12 da Lei n.º 1.060/50, referência que não constou da r. Sentença. Apelo parcialmente provido" (TJSP, Apelação 0507216-09.2010.8.26.0000, Acórdão 6607881, 35.ª Câmara de Direito Privado, São Paulo, Rel. Des. Jose Malerbi, j. 25.03.2013, *DJESP* 02.04.2013).

"Contrato de transporte – 'Carona' cortesia – Aplicação das regras gerais da responsabilidade civil – Culpa do réu – Ausência de prova – Recurso provido. Nos termos do art. 736 do Código Civil, a responsabilidade do transportador que concede uma 'carona' em virtude de um vínculo de amizade é subjetiva. Para tanto, deve ser aferido se o réu agiu com culpa, nos termos dos arts. 186 e 927, ambos do Código Civil. O réu não estava embriagado e conduzia seu veículo em baixa velocidade. A culpa do acidente foi de terceiro, que conduzia seu veículo em alta velocidade e invadiu a mão de direção em que o automóvel do réu transitava, fazendo com que o requerido perdesse o controle de seu veículo. Como o réu não agiu com culpa, o mesmo não é responsável pelos danos sofridos pelos autores em virtude da morte de seu ascendente" (TJMG, Apelação Cível 0034.05.033533-9/0011, 15.ª Câmara Cível, Araçuaí, Rel. Des. Tibúrcio Marques, j. 02.07.2009, *DJEMG* 14.07.2009).

Pelo art. 736, parágrafo único, do CC/2002, caso o transportador receba qualquer tipo de vantagem indireta pelo transporte, a sua responsabilidade volta a ser contratual e objetiva. São exemplos de vantagens indiretas o pagamento de pedágio, o pagamento de combustível e as refeições pagas pelo conduzido.

Compreende-se que tal regra tem aplicação imediata a elevadores e escadas rolantes localizados em lojas, *shopping centers*, supermercados, hotéis e similares, eis que também são meios de transporte de menor amplitude espacial. Mesmo não havendo remuneração, tais meios de transporte acabam trazendo vantagens indiretas aos fornecedores e prestadores. Fica claro, também, que é possível invocar as normas do Código de Defesa do Consumidor para apontar a responsabilidade objetiva. O Tribunal de Justiça de São Paulo, por outro caminho, já entendeu pela responsabilidade objetiva de um hotel pelos danos causados pela queda de um elevador:

"Indenização – Acidente ocorrido no elevador do prédio de hotel – Concorrência de culpas – Responsabilidade do hotel pela segurança dos hóspedes devendo indenizar em caso de acidente ocorrido nas dependências do mesmo, independente de culpa, caracterizada igualmente a culpa 'in vigilando' e a negligência dos responsáveis pelo menor a partir do momento em que deixaram os irmãos sozinhos, dando ensejo à provocação do acidente – Recursos não providos" (TJSP, Apelação Cível 145.225-4/0, 6.ª Câmara de Direito Privado de Férias Janeiro/2004, São Paulo, Rel. Magno Araújo, j. 05.02.2004, v.u.).

Percebe-se que o julgado traz pertinente aplicação da teoria das concausas, reconhecendo também a culpa concorrente da vítima em um caso de responsabilidade objetiva.

Cite-se em complemento, e como outro exemplo de aplicação da norma em comento, o transporte cedido pelo empregador aos seus empregados, sem remuneração direta, tendo ele vantagens indiretas pelo fato de levar os seus trabalhadores até o local de desempenho de suas funções. Nessa linha, concluindo pela responsabilidade objetiva do primeiro:

"Apelação cível. Acidente de trânsito no percurso para o trabalho. Transporte fornecido pelo empregador. Morte do empregado. Responsabilidade objetiva do empregador que somente pode ser afastada por culpa exclusiva da vítima, caso fortuito ou força maior. Excludentes não verificadas na hipótese. Culpa de terceiro insuficiente para excluir o dever de indenizar. Alegação de transporte gracioso. Insubsistência" (TJSP, Apelação Cível 00015364720098240047, 5.ª Câmara Cível, Rel. Cláudia Lambert de Faria, j. 11.07.2017).

"O transporte de empregado efetivado pelo empregador não pode ser considerado gratuito, já que há nítido interesse, ainda que indireto, por parte deste último, no que tange à prestação do serviço. Sendo assim, aplicam-se as regras do contrato de transporte,

574 | DIREITO CIVIL • VOL. 2 – *Flávio Tartuce*

previstas no Código Civil, segundo as quais a responsabilidade do transportador só é elidida se verificados motivos de força maior, fortuito externo e culpa exclusiva da vítima, sendo certo que a culpa de terceiro não afasta o seu dever de indenizar" (TJMG, Apelação Cível 100430701247550021, Rel. Des. Eduardo Mariné da Cunha, j. 17.09.2009, publ. 06.10.2009).

Ainda em relação ao parágrafo único do art. 736 do CC, quando da *IV Jornada de Direito Civil*, foi proposto enunciado de conteúdo interessante pelo juiz federal do TRF da 5.ª Região, Bruno Leonardo Câmara Carrá: "diante da regra do parágrafo único do art. 736 do Código Civil, é contratual a responsabilidade no transporte de pessoas que resulta da aquisição de bilhete de passagem em decorrência de sorteios em campanhas publicitárias ou programas de acúmulo de milhagens ofertados no mercado de consumo". Foram as suas justificativas:

> "O Código Civil de 2002, embora não empregando a nomenclatura tradicional da doutrina italiana, firmou no parágrafo único do art. 736 a distinção entre o contrato de transporte gratuito (que é equiparado ao contrato de transporte de pessoas e é sempre oneroso) e o benévolo/de mera cortesia (que não possui feição contratual). Portanto, somente se pode qualificar como desinteressado, ou mais propriamente benévolo, o transporte que se realiza sem qualquer pretensão de lucro ou vantagem. Apenas 'o transporte de mera cortesia, a carona altruística, por amizade ou outro sentimento íntimo'. Assim nas chamadas promoções ou campanhas publicitárias, onde se oferecem viagens ou passeios aos contemplados, o transporte realizado como premiação tem feição puramente contratual. Também dentro desse conceito se incluiriam os prêmios (bilhetes de passagem) obtidos através de programas de milhagem. Em ambas, haverá um contrato de transporte de natureza gratuita (equiparado para todos os efeitos, como acima afirmado, ao contrato oneroso). O fundamento em tal assimilação reside no fato de que há um evidente ganho publicitário capitaneado pela empresa patrocinadora do evento ou que lançou o projeto de aquisição de milhas, com a maior divulgação de seu produto no mercado de consumo e, de conseguinte, com o aumento de clientela (aumento da venda de bilhetes de passagem e de carga conduzida). Muito dificilmente essas situações deixarão de ser regidas pelo Código de Defesa do Consumidor, o que permitirá, também, que a entidade que projeta o evento publicitário (quando não seja a própria empresa de transporte) seja solidariamente responsabilizada nos termos do art. 25, § 1.º, do CDC. Relativamente ao transporte aéreo, incumbe registrar ainda que o Código Brasileiro de Aeronáutica, para fins de responsabilidade civil, já considerava equiparada qualquer hipótese de transporte gratuito efetuado dentro dos denominados serviços aéreos públicos (voos de carreira), não importando a que título fosse".

Concordava-se integralmente com o teor da proposta, mas infelizmente ela não foi discutida na *IV Jornada de Direito Civil*, por falta de tempo e excesso de trabalho. Por bem, na *VI Jornada*, em 2013, o tema voltou a ser debatido, aprovando-se a proposta do Professor Alexandre Assumpção (UERJ), com o seguinte e preciso teor: "no transporte aéreo, nacional e internacional, a responsabilidade do transportador em relação aos passageiros gratuitos, que viajarem por cortesia, é objetiva, devendo atender à integral reparação de danos patrimoniais e extrapatrimoniais" (Enunciado n. 559).

Acrescente-se que há julgados que aplicam o mesmo raciocínio para o transporte entre aeroportos ofertado pelas companhias áreas, concluindo pela presença das citadas vantagens indiretas, a ensejar a aplicação das regras do transporte e a consequente responsabilidade objetiva. Por todos, transcreve-se o seguinte trecho de acórdão, que reconheceu o direito à indenização pelos danos suportados pelos passageiros no trajeto:

"A companhia responde pelos danos ocorridos ao longo da cadeia de serviços, colocados à disposição dos consumidores e não apenas pelo serviço típico de transporte aéreo. Ao eleger como base operacional o aeroporto de Viracopos, na região metropolitana de Campinas, a fim de atrair consumidores de outras localidades, a companhia aérea colocou à disposição serviço de ônibus para transporte terrestre de passageiros entre a Capital e aquele aeroporto. Ainda que não fosse remunerado direta e separadamente, o preço do serviço estava incluído no custo operacional da companhia. Destarte, existindo vantagens direta e indireta da companhia, não seria justificável tecnicamente a alegação de ausência de responsabilidade. Não é por outro motivo que o parágrafo único do artigo 736 do Código Civil estabelece não se considerar gratuito o transporte quando – embora efetuado sem remuneração – o transportador auferir vantagens indiretas" (TJSP, Apelação 0010908692012826011, 24.ª Câmara de Direito Privado, Rel. Des. Silvia Maria Facchina Esposito Martinez, j. 15.09.2016, publ. 29.09.2016).

A findar o tema e o capítulo, ressalte-se que o *transporte gratuito* não se confunde com o *transporte clandestino*, tendo implicações diversas no campo da responsabilidade civil. Sílvio de Salvo Venosa anota que, "no transporte clandestino, o transportador não sabe que está levando alguém ou alguma mercadoria. Lembre-se da hipótese de clandestinos que viajam em compartimento de carga não pressurizado de aeronaves e vêm a falecer, assim como clandestinos em caminhões e navios. Provada a clandestinidade, não há responsabilidade do transportador nem do prisma da responsabilidade contratual, nem do da responsabilidade aquiliana" (*Direito...*, 2004, v. 4, p. 148).

Como tema de grande interesse na contemporaneidade, apesar da pendência de uma legislação específica, entendo que o UBER e outras formas de transporte compartilhado não se enquadram como transporte clandestino, no sentido de não estar regulamentado por lei federal, mas como modalidades de carona, com vantagens indiretas.

Assim, deve-se aplicar o parágrafo único do art. 736 do Código Civil, com a incidência das regras de transporte e da correspondente responsabilidade civil objetiva, sem prejuízo da subsunção do Código de Defesa do Consumidor, em *diálogos das fontes*. Isso faz com que não só o transportador eventualmente responda por danos causados ao passageiro, mas também a empresa que administra o aplicativo, presente um *risco-proveito* desta última.

Observo que o Projeto de Reforma do Código Civil pretende suprir algumas das lacunas aqui expostas, passando ele a prever, em seu § 1.º, que supera a necessidade de culpa grave para que surja a responsabilidade na carona nos termos da Súmula 145 do STJ, como antes defendi: "nos casos do *caput*, a responsabilidade daquele que transportou outrem somente se dá nos casos de dolo ou culpa". Ademais, o novo § 2.º passará a tratar justamente dos programas de pontuação e de incentivo das companhias aéreas, na linha do citado Enunciado n. 559, da *VI Jornada de Direito Civil*: "não se considera gratuito o transporte quando, embora feito sem remuneração, o transportador auferir vantagens indiretas, como nos casos de programas de incentivo, realizados inclusive em meios virtuais".

Como último aspecto a ser estudado a respeito da responsabilidade civil no transporte, a Lei 14.034/2020 trouxe regras emergenciais para a aviação civil brasileira, em razão da pandemia da Covid-19. Todavia, ao contrário da Lei 14.010/2020, a norma emergente trouxe regras definitivas e permanentes, muito além do reembolso do valor das passagens que foram canceladas em virtude da pandemia, no prazo de doze meses, contados da data do voo cancelado (art. 3.º).

Reitero que foi incluído um art. 251-A no Código Brasileiro de Aeronáutica, exigindo a prova efetiva do dano moral – chamado na norma de dano extrapatrimonial –, em virtude de falha na execução do contrato de transporte. Trata-se de um claro retrocesso na tutela dos consumidores, pois vários julgados vinham concluindo pela presença de danos presumidos ou *in re ipsa* em casos tais. A título de exemplo, sobre atraso de voo:

> "A postergação da viagem superior a quatro horas constitui falha no serviço de transporte aéreo contratado e gera o direito à devida assistência material e informacional ao consumidor lesado, independentemente da causa originária do atraso. O dano moral decorrente de atraso de voo prescinde de prova e a responsabilidade de seu causador opera-se *in re ipsa* em virtude do desconforto, da aflição e dos transtornos suportados pelo passageiro. Em virtude das especificidades fáticas da demanda, afigura-se razoável a fixação da verba indenizatória por danos morais no valor de R$ 10.000,00 (dez mil reais)" (STJ, REsp 1.280.372/SP, 3.ª Turma, Rel. Min. Ricardo Villas Bôas Cueva, j. 07.10.2014, *DJe* 10.10.2014).

Além dessa regra, a Lei 14.034/2020 também alterou o art. 256 do Código Brasileiro de Aeronáutica, a respeito das excludentes de responsabilidade civil do transportador. Conforme o seu *caput*, que foi integralmente mantido, o transportador responde pelo dano decorrente: *a)* de morte ou lesão de passageiro, causada por acidente ocorrido durante a execução do contrato de transporte aéreo, a bordo de aeronave ou no curso das operações de embarque e desembarque; *b)* de atraso do transporte aéreo contratado.

Todavia, conforme o § 1.º do comando, modificado pela lei, o transportador não será responsável: *a)* nos casos de morte ou lesão de passageiro, se esta resultar, exclusivamente, do estado de saúde do passageiro, ou se o acidente decorrer de sua culpa exclusiva; *b)* nas situações de atraso, se comprovar que, por motivo de caso fortuito ou de força maior, foi impossível adotar medidas necessárias, suficientes e adequadas para evitar o dano. A última previsão já demonstra um distanciamento do modelo de responsabilidade objetiva, estando mais próxima da culpa presumida, pois a prova liberatória da adoção de medidas necessárias sempre representou a demonstração da ausência de culpa.

Igualmente a demonstrar um enorme retrocesso na tutela dos passageiros consumidores, e uma proteção excessiva das empresas aéreas, o novo § 3.º do art. 256 do Código Brasileiro de Aeronáutica passou a enunciar que constitui caso fortuito ou força maior, para fins de análise do atraso do voo, a ocorrência de um ou mais dos seguintes eventos, desde que supervenientes, imprevisíveis e inevitáveis: *a)* restrições ao pouso ou à decolagem decorrentes de condições meteorológicas adversas impostas por órgão do sistema de controle do espaço aéreo; *b)* restrições ao pouso ou à decolagem decorrentes de indisponibilidade da infraestrutura aeroportuária, como se deu no passado no caso do "apagão aéreo"; *c)* restrições ao voo, ao pouso ou à decolagem decorrentes de determinações da autoridade de aviação civil ou de qualquer outra autoridade ou órgão da Administração Pública, que será responsabilizada, podendo aqui também se enquadrar o citado "apagão"; e *d)* a decretação de pandemia ou publicação de atos de Governo que dela decorram, com vistas a impedir ou a restringir o transporte aéreo ou as atividades aeroportuárias, hipótese essa sim, que tem relação com a crise decorrente da Covid-19, objeto da Lei 14.034/2020.

Como se pode perceber, foram incluídas na lei excludentes que antes não eram admitidas, pois ingressavam no risco do empreendimento ou risco do negócio das empresas de transporte aéreo. Sobre o enquadramento do chamado "apagão aéreo", por todos os acórdãos estaduais: "O transporte aéreo de passageiros se subsume às normas do Código de Defesa do Consumidor. A atividade dos controladores de voo no período conhecido como 'caos ou apagão aéreo', está inserida no risco da atividade caracterizando fortuito interno que não afasta a responsabilidade dos prestadores de serviço pelos danos causados aos passageiros. Companhia aérea que não demonstrou ter tomado nenhuma providência para confortar o passageiro diante do atraso do voo" (TJSP, Apelação 0198213-02.2007.8.26.0100, Acórdão 7838852, 18.ª Câmara de Direito Privado, São Paulo, Rel. Des. William Marinho, j. 03.09.2014, *DJESP* 15.09.2014).

A admissão de amplas excludentes de responsabilidade civil, enquadradas como caso fortuito ou força maior, representa novamente um distanciamento do modelo de responsabilidade objetiva ou sem culpa do transportador, em um excessivo afã de salvar as companhias aéreas em virtude da grave crise que enfrentamos, custe o que custar.

9.5 RESUMO ESQUEMÁTICO

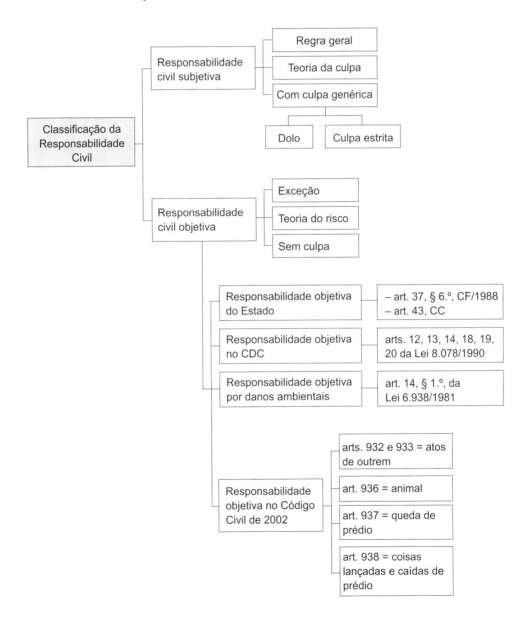

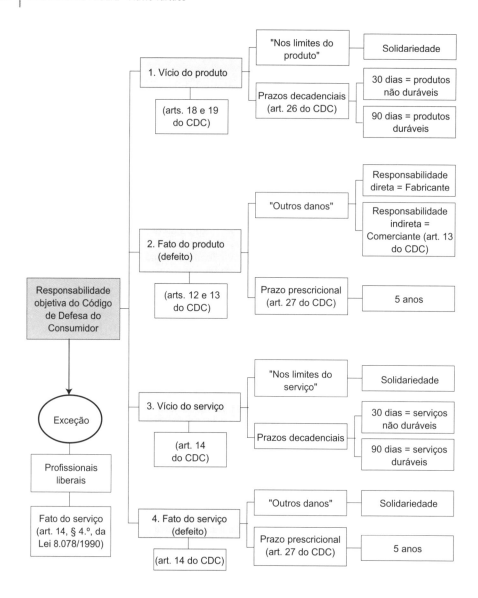

9.6 QUESTÕES CORRELATAS

01. **(TCE/CE – FCC – Analista de Controle Externo – 2015)** João é dono de um cão feroz que atacou Maicon quando este passava em frente de sua residência. João responderá de maneira

(A) objetiva pelos danos causados pelo animal, salvo se provar culpa exclusiva da vítima ou força maior.

(B) subjetiva pelos danos causados pelo animal, não se admitindo causa excludente de responsabilização.

(C) objetiva pelos danos causados pelo animal, não se admitindo causa excludente de responsabilização.

CAP. 9 · CLASSIFICAÇÃO DA RESPONSABILIDADE CIVIL QUANTO À CULPA | 579

(D) subjetiva pelos danos causados pelo animal, salvo se provar força maior.

(E) subjetiva pelos danos causados pelo animal, salvo se provar que não agiu com dolo ou culpa.

02. (TCE/CE – FCC – Procurador de Contas – 2015) Haverá obrigação de reparar o dano, independentemente de culpa, nos casos especificados em lei, ou quando a atividade normalmente desenvolvida pelo autor do dano implicar, por sua natureza, risco para os direitos de outrem.

Esse enunciado aplica-se à responsabilidade

(A) objetiva, na modalidade de risco atividade, que admite as excludentes de responsabilidade da culpa exclusiva da vítima e do caso fortuito ou força maior.

(B) objetiva, na modalidade de risco criado, que não admite excludentes de responsabilidade, a não ser a culpa exclusiva da vítima.

(C) subjetiva, na modalidade de culpa presumida pela atividade, com excludentes de culpa exclusiva da vítima e caso fortuito ou força maior.

(D) objetiva, na modalidade de risco integral e, portanto, sem excludentes de responsabilidade possíveis.

(E) objetiva, na modalidade de risco administrativo, que admite somente o caso fortuito ou força maior como excludente de responsabilidade.

03. (TRT-2.ª Região/SP – Juiz do Trabalho Substituto – 2016) Quanto à responsabilidade civil assinale a alternativa INCORRETA:

(A) Sendo da própria atividade o risco de dano, o autor ficará responsável pela indenização civil independentemente da aferição de culpa.

(B) Decidido acerca da existência do fato e seu autor no juízo criminal, é vedado discutir-se tais questões no juízo competente para resolver sobre a responsabilidade civil.

(C) Sendo o dano desproporcional à gravidade da culpa do autor, o Juiz poderá reduzir o valor da indenização, mas se o autor for menor, poderá deixar de fixá-la se privá-lo ou a seus dependentes do necessário.

(D) O incapaz não responde pelos prejuízos que causar ainda que as pessoas por ele responsáveis não disponham de meios suficientes para cumprir a obrigação.

(E) O Juiz poderá fixar indenização a ser paga de uma só vez se do dano sofrido vier resultar defeito que inabilite a vítima ao exercício de sua profissão.

04. (CESPE – PC-PE – Delegado de Polícia – 2016) João, menor impúbere, de sete anos de idade, jogou voluntariamente um carrinho de brinquedo do alto do 14.º andar do prédio onde mora com a mãe Joana. Ao cair, o carrinho danificou o veículo de Arthur, que estava estacionado em local apropriado.

Tendo como referência essa situação hipotética, assinale a opção correta, considerando as disposições vigentes a respeito de responsabilidade civil no Código Civil.

(A) O dever de reparar o dano provocado por João não alcança Joana, já que não há como provar sua culpa em relação à atitude do filho.

(B) Embora a responsabilidade de Joana seja objetiva, seu patrimônio somente será atingido se João não tiver patrimônio próprio ou se este for insuficiente para reparar o prejuízo causado a Arthur.

(C) Caso seja provada a culpa de João, a mãe, Joana, responderá objetivamente pelos danos causados pelo filho.

(D) A responsabilidade civil de João é objetiva.

(E) A mãe de João tem responsabilidade subjetiva em relação ao dano causado no veículo de Arthur.

05. (FCC – PGE-MT – Procurador do Estado – 2016) Marcelo exerce, com habitualidade, atividade que, por sua natureza, implica risco para os direitos de outrem. Se desta atividade advier dano, Marcelo responderá de maneira

(A) Subjetiva, não sendo necessária a comprovação do elemento culpa, mas se exigindo, em regra, a existência de nexo de causalidade.

(B) Subjetiva, a qual exige, em regra, a comprovação de nexo de causalidade e culpa.

(C) Objetiva, não sendo necessária, em regra, a comprovação dos elementos culpa ou nexo de causalidade.

(D) Objetiva, não sendo necessária a comprovação do elemento culpa, mas se exigindo, em regra, a existência de nexo de causalidade.

(E) Objetiva, a qual exige, em regra, a comprovação de nexo de causalidade e culpa.

06. (CESPE – TCE-PR – Auditor – 2016) Assinale a opção correta relativa à responsabilidade civil

(A) A indenização é mensurada pela extensão do dano, de modo que aquele que sofrer dano deverá ser indenizado pela integralidade do prejuízo, não se admitindo qualquer redução.

(B) Admitida a responsabilidade civil do incapaz que tiver causado prejuízos a terceiros, a indenização deverá ser fixada de forma equitativa.

(C) Não tendo culpa em relação ao fato ocorrido, o pai não é responsável pela reparação civil dos danos causados por filhos menores de idade que estejam sob sua guarda.

(D) A responsabilidade civil será objetiva sempre que a lei não dispuser ser ela subjetiva.

(E) Sempre que o empregado, no exercício de suas funções, causar prejuízos a terceiros, o empregador será responsável pela reparação civil.

07. (FCC – SEGEP-MA – Procurador do Estado – 2016) Considere as proposições abaixo, sobre a exclusão da responsabilidade civil:

I. A responsabilidade civil do Estado por atos comissivos de seus agentes não admite causa de exclusão.

II. A culpa exclusiva da vítima afasta o elemento culpa, porém não o nexo de causalidade e a obrigação de indenizar.

III. O caso fortuito e a força maior nem sempre excluem a responsabilidade pelo dano.

IV. Não constitui ilícito, e por isto não enseja a responsabilização civil, o exercício de direito reconhecido, ainda que exercido de maneira antifinalística, excedendo manifestamente os limites impostos por seu fim e econômico ou social, pela boa-fé ou pelos bons costumes.

Está correto o que se afirma APENAS em

(A) I, II e III.

(B) I e II.

(C) II e III.

(D) III.

(E) I, III e IV.

08. (FGV – ALERJ – Procurador – 2017) Adriano, 15 anos de idade, modelo de grande sucesso, com vários contratos com grifes internacionais, fotografado em capas de revistas de moda nacionais e internacionais, com evidente independência financeira, sai para passear na orla da cidade do Rio de Janeiro com seu cachorro da raça *pitbull*. Acontece que o animal, irritado com o barulho causado por um grupo de crianças que estavam em excursão escolar, consegue se soltar da coleira e morde três meninos, causando-lhes sérias lesões físicas e estéticas.

Considerando que os pais de Adriano são pessoas de origem humilde e não dispõem de meios para arcar com a indenização, é correto afirmar que Adriano:

(A) apesar de menor absolutamente incapaz, responde civilmente pelos danos causados, da mesma forma que uma pessoa plenamente capaz;

(B) apesar de menor absolutamente incapaz, responde civilmente pelos danos causados, devendo ser arbitrado valor equitativo de indenização;

(C) não tem responsabilidade civil, por se tratar de menor absolutamente incapaz;

CAP. 9 · CLASSIFICAÇÃO DA RESPONSABILIDADE CIVIL QUANTO À CULPA | 581

(D) somente poderá ser responsabilizado por ser emancipado, já que tem economia própria em decorrência de sua atividade profissional, respondendo da mesma forma que uma pessoa plenamente capaz;

(E) somente poderá ser responsabilizado por ser emancipado, já que tem economia própria em decorrência de sua atividade profissional, devendo ser arbitrado valor equitativo de indenização.

09. **(CESPE – TJPR – Juiz Substituto – 2017) Ana, maior de sessenta e cinco anos de idade, valendo-se da gratuidade constitucional do transporte coletivo urbano, ingressou em ônibus da empresa Transpark S.A. e declarou o valor da bagagem em R$ 10.000, o que foi aceito pela transportadora. Durante o trajeto, o veículo que estava à frente do ônibus freou abruptamente, sem causa aparente. O motorista do coletivo, visando não colidir, perdeu o controle do carro e caiu em uma ponte, ocasionando perda de bens e lesões em vários passageiros, entre eles, Ana, que ingressou em juízo pleiteando danos morais e estéticos, além de danos materiais pela perda total da bagagem. A empresa, por sua vez, alegou a ocorrência de fato exclusivo de terceiro, o que ficou comprovado mediante laudo pericial da polícia civil.**

Nessa situação hipotética, de acordo com o Código Civil, com o entendimento doutrinário sobre o tema e com a jurisprudência do STJ,

(A) por se tratar de transporte gratuito, não se pode cogitar a incidência da cláusula de incolumidade.

(B) ainda que demonstrado o fato exclusivo de terceiro, a responsabilidade da empresa não é elidida em relação a Ana.

(C) a transportadora não poderia exigir de Ana a declaração do valor da bagagem, com vistas à limitação da indenização, pois essa conduta viola o princípio da reparação integral dos danos.

(D) os danos estéticos são espécie de danos morais, razão pela qual os pedidos não podem ser cumulados.

10. **(CESPE – TJPR – Juiz Substituto – 2017) Lucas, menor de idade, filho de Mara e Júlio, praticou ato ilícito que culminou na morte de Pablo. Após tomar conhecimento do evento, Joana, mãe da vítima, ajuizou ação compensatória de danos morais contra Mara e Júlio, em decorrência da conduta praticada por seu filho. Durante a instrução processual, Júlio demonstrou que não mantinha mais vínculo matrimonial com Mara e que o menor estava coabitando com a mãe e sob a guarda desta. Comprovou, também, que Lucas não estava em sua companhia no momento da prática do ilícito e que, dias antes, Mara havia comprado uma arma, de forma irregular, que fora usada no cometimento do crime.**

Com referência a essa situação hipotética, assinale a opção correta à luz da legislação aplicável ao caso, do entendimento doutrinário sobre o tema e da jurisprudência do STJ.

(A) A responsabilidade de Lucas é objetiva, assim como a de seus pais, Mara e Júlio.

(B) O pleito de Joana deve ser julgado improcedente em relação a Júlio, pois o contexto fático demonstrou situação que exclui sua responsabilidade.

(C) O limite humanitário da indenização, aplicável a Lucas, não é extensivo a seus pais, devido ao princípio da reparação integral do dano.

(D) Há presunção absoluta do dever de vigilância dos pais em relação ao filho Lucas, decorrente do poder familiar.

11. **(Juiz do Trabalho Substituto – TST – FCC – 2017) Anastácio foi contratado para a função de auxiliar administrativo na sociedade empresária X, cujo objeto social é a venda de artigos desportivos. Em determinada tarde, Anastácio foi designado a transportar, do banco para a sede da empresa, valores que seriam utilizados para o pagamento dos empregados. No referido trajeto, Anastácio foi vítima de latrocínio, tendo sido apurado que o assassino, Brutus, que era colega de trabalho da vítima, estava em horário de serviço e praticou o delito por conhecer as circunstâncias inseguras e o momento em que ocorreria o transporte. Diante de tais fatos, segundo entendimento predominante do STJ e do TST, caso os herdeiros de Anastácio, antes de ocorrida a prescrição, ajuízem ação de reparação e compensação por danos materiais e morais em face da sociedade empresária X,**

582 | DIREITO CIVIL • VOL. 2 – *Flávio Tartuce*

(A) uma vez provada culpa ou dolo na conduta de Brutus e verificado que este cometeu o delito em razão das informações oriundas do exercício do trabalho, a empregadora X responderá independentemente de culpa pelo ato de seu empregado Brutus.

(B) será presumida a culpa *in eligendo* da empregadora X, mas esta poderá ser absolvida se conseguir provar que a admissão do empregado Brutus foi precedida de consistente avaliação de sua idoneidade moral.

(C) serão julgados improcedentes os pedidos dos autores, uma vez que a conduta de Brutus, mesmo tendo agido em razão das informações oriundas do exercício de seu trabalho, rompeu o nexo de causalidade referente à conduta da empregadora X.

(D) serão julgados procedentes apenas os pedidos referentes à compensação por danos morais, sendo que os referentes à reparação material serão improcedentes, uma vez que a empregadora X foi igualmente vítima de Brutus, tendo-lhe sido subtraídos valores que seriam destinados ao pagamento de empregados da empresa.

(E) a empregadora X responderá objetivamente em virtude de sua atividade normalmente desenvolvida implicar, por sua natureza, risco para os direitos de outrem.

12. **(CESPE – PC-SE – Delegado de Polícia – 2018) Túlio, cidadão idoso, natural de Aracaju – SE e domiciliado em São Paulo – SP, caminhava na calçada em frente a um edifício em sua cidade natal quando, da janela de um apartamento, caiu uma garrafa de refrigerante cheia, que lhe atingiu o ombro e provocou a fratura de sua clavícula e de seu braço. Em razão do incidente, Túlio permaneceu por dois meses com o membro imobilizado, o que impossibilitou seu retorno a São Paulo para trabalhar. Por essas razões, Túlio decidiu ajuizar ação de indenização por danos materiais. Apesar da tentativa, ele não descobriu de qual apartamento caiu ou foi lançada a garrafa.**

Considerando essa situação hipotética, julgue o item que se segue.

Em caso de condenação do condomínio, o direito de regresso contra o morador do apartamento do qual caiu a garrafa, caso ele seja posteriormente identificado, depende da comprovação de dolo ou culpa do causador do dano.

( ) Certo
( ) Errado

13. **(FGV – AL-RO – Consultor Legislativo – Assessoramento Legislativo – 2018) Veridiana, modelo fotográfica, passava pela Rua Sete de Setembro quando, repentinamente, foi atingida por um cinzeiro em sua testa, que caiu de uma das janelas do Condomínio do Edifício Palmeiras, o qual possui apenas um apartamento em cada um de seus andares. O golpe terminou por deixar uma cicatriz irreversível no rosto de Veridiana, que deixou de cumprir contratos profissionais. Sobre a responsabilidade civil no caso concreto é correto afirmar que:**

(A) por ser responsabilidade subjetiva, não imputa culpa ao Condomínio pelos danos causados por unidade autônoma.

(B) impossível a cumulação, no caso concreto, de danos morais e danos estéticos.

(C) não poderá o condomínio ser responsabilizado, pois o nexo causal é afastado por fato de terceiro.

(D) ante a impossibilidade de identificar o autor do ato, o condomínio deverá responder pelo dano causado.

(E) ainda que se identifique, posteriormente, a unidade autônoma que produziu o dano, inexiste direito de regresso.

14. **(FGV – AL-RO – Advogado – 2018) Antônio, ao transitar com seu veículo automotor na correta faixa de direção do meio, entre três pistas, sofre uma fechada de Bento, o que o obriga a invadir a pista ao lado. Em razão disso, o carro de Antônio colide com o veículo dirigido por Carlos, que trafegava tranquilamente na pista de direção invadida, causando-lhe danos materiais, morais e estéticos.**

Diante da dinâmica do evento apresentada, assinale a afirmativa correta.

(A) A vítima Carlos somente poderá demandar do causador mediato Bento, pois a dinâmica do evento deixa claro que Antônio agiu em estado de necessidade.

CAP. 9 · CLASSIFICAÇÃO DA RESPONSABILIDADE CIVIL QUANTO À CULPA | **583**

(B) A questão envolve responsabilidade civil subjetiva na qual há que se buscar no caso concreto quem efetivamente agiu culposamente, sendo este o único a responder pelo dano.

(C) Independentemente da prova de culpa, a vítima pode pedir indenização por danos materiais cumulado com moral e estético de Antônio, sendo legítimo a este regredir em face de Bento.

(D) A vítima pode demandar pedido indenizatório integral em face de ambos com fundamento na teoria do risco criado.

(E) Antônio e Bento concorreram culposamente para o evento danoso, logo a indenização integral deve ser fixada tendo-se em conta a gravidade da culpa de cada um dos causadores.

15. (UFPR – Contador – 2018) Sobre a disciplina da responsabilidade civil no direito civil brasileiro, assinale a alternativa correta.

(A) Haverá obrigação de reparar o dano somente com a comprovação da culpa.

(B) O empregador ou comitente não é responsável pela reparação civil por danos causados por seus empregados, serviçais e prepostos, no exercício do trabalho que lhes competir ou em razão dele.

(C) Aquele que ressarcir o dano causado por outrem sempre poderá reaver o que houver pago daquele por quem pagou.

(D) O direito de exigir reparação e a obrigação de prestá-la transmitem-se com a herança.

(E) Ainda que sentença criminal decida pela inexistência do fato, poderá haver responsabilidade civil.

16. (CESPE – PGM – Manaus/AM – Procurador do Município – 2018) Lucas – vítima de importante perda de discernimento em razão de grave doença degenerativa em estágio avançado –, devidamente representado por sua filha e curadora Maria, ajuizou ação indenizatória por danos materiais e morais contra determinada instituição financeira, sustentando que foram realizados saques indevidos em sua conta-corrente com a utilização de um cartão magnético clonado por terceiros. Durante a instrução processual, foi comprovado que os fatos alegados na petição inicial eram verdadeiros.

Nessa situação hipotética, conforme a jurisprudência do STJ, como o ilícito foi praticado por terceiro, que clonou o cartão magnético e efetuou os saques, ficou configurado evento que rompeu o nexo causal, afastando a responsabilidade da instituição financeira.

( ) Certo

( ) Errado

17. (FCC – MPE-PB – Promotor de Justiça Substituto – 2018) Aquele que ressarciu o dano causado por outrem pode reaver o que houver pago daquele por quem pagou, salvo se o causador do dano for

(A) seu cônjuge.

(B) descendente seu, absolutamente incapaz.

(C) descendente seu, absoluta ou relativamente incapaz.

(D) seu descendente incapaz ou ascendente.

(E) seu tutelado, curatelado ou sujeito a seu poder familiar.

18. (FCC – DPE-AM – Defensor Público – Reaplicação – 2018) Em relação à responsabilidade civil prevista no Código Civil, é correto afirmar:

(A) Todas as situações de fato previstas podem implicar responsabilidade subjetiva ou objetiva, dependendo das circunstâncias a serem examinadas; a indenização mede-se sempre pela extensão do dano, somente.

(B) Em regra, a responsabilidade é objetiva e a indenização mede-se pela gravidade da culpa; as atividades de risco conduzem à responsabilidade objetiva integral.

(C) Em regra, a responsabilidade é subjetiva e a indenização mede-se pela extensão do dano; no entanto, haverá obrigação de reparar o dano, independentemente de culpa, nos casos especificados em lei, ou quando a atividade normalmente desenvolvida pelo autor do dano implicar, por sua natureza, risco para os direitos de outrem.

584 | DIREITO CIVIL • VOL. 2 – *Flávio Tartuce*

(D) Todas as situações de fato previstas no Código Civil dependem da caracterização de culpa ou dolo, presumindo-se a culpa quando a responsabilidade se der pelo risco atividade; a indenização será material ou moral e mede-se pelas consequências causadas à vítima.

(E) A reparação do dano material dependerá sempre de apuração de culpa, enquanto a reparação do dano moral dar-se-á pelo só fato da coisa; a indenização mede-se pela extensão do dano material ou pela gravidade da conduta do ofensor na apuração do dano moral.

19. (CESPE – PGM – Manaus/AM – Procurador do Município – 2018) De acordo com a jurisprudência do STJ e as disposições do Código Civil, julgue o item a seguir, acerca da responsabilidade civil.

Uma vez ajuizada ação de cobrança de dívida já paga, o direito do requerido à restituição em dobro prescindirá da demonstração de má-fé do autor da cobrança.

( ) Certo
( ) Errado

20. (VUNESP – PGE-SP – Procurador do Estado – 2018) Assinale a alternativa correta.

(A) Decisão criminal absolutória por insuficiência de provas impede rediscussão, em âmbito civil, de pretensão de reparação de danos.

(B) O incapaz responderá pelos danos que causar, se as pessoas por ele responsáveis não tiverem a obrigação de fazê-lo ou não dispuserem de meios suficientes.

(C) O magistrado, em caso de excessiva desproporção entre a gravidade da culpa e o dano, poderá reduzir o valor da indenização em até 2/3 do valor originalmente fixado.

(D) Pai que ressarce o dano causado por filho relativamente capaz pode buscar reembolso no prazo de 3 anos, contados da cessação da menoridade.

(E) Em caso de concurso de agentes causadores de dano, cada qual responde na medida da sua culpabilidade.

21. (FCC – TRT – 15ª Região (SP) – Analista Judiciário – Área Judiciária – 2018) Rogério, de 14 anos, briga na escola com Filipe, da mesma idade, e lhe quebra o braço, causando-lhe prejuízo de R$ 2.000,00 nas despesas médicas e de hospital. Fica provado que Filipe não deu causa à briga, razão pela qual seu pai, representando-o, quer receber o valor dos danos. Nessas circunstâncias, Rogério,

(A) ainda que devidamente representado, não responderá pelo prejuízo, porque o fato envolveu duas pessoas absolutamente incapazes, sem discernimento para entenderem o caráter ilícito de sua conduta, equiparando-se o evento a caso fortuito ou força maior.

(B) por ser absolutamente incapaz, não responderá em nenhuma hipótese pelo prejuízo causado, o que se restringe a pessoas maiores ou relativamente incapazes, caso em que haverá solidariedade com seus responsáveis legais.

(C) apesar de absolutamente incapaz, responde exclusiva e diretamente pelo prejuízo causado, por se tratar de conduta dolosa e não culposa, sendo irrelevante a condição financeira de seus responsáveis legais; no entanto, não pode ser privado de meios suficientes à sua subsistência.

(D) apesar de absolutamente incapaz, responderá pelo prejuízo que causou, se as pessoas que respondem por ele não tiverem obrigação de fazê-lo ou não dispuserem de meios suficientes; nesse caso, a indenização deverá ser equitativa e não terá lugar se privar do necessário o incapaz ou as pessoas que dele dependam.

(E) em qualquer hipótese, responderá pelo prejuízo se seus responsáveis legais não tiverem meios para indenizar a vítima, sem limitação quanto à extensão da indenização pela natureza ilícita de sua conduta.

22. (Analista Judiciário – Oficial de Justiça Avaliador Federal – TRT – 6ª Região (PE) – FCC – 2018) Em relação à responsabilidade civil, considere as afirmações a seguir.

I. Os bens do responsável pela ofensa ou violação do direito de outrem ficam sujeitos à reparação do dano causado; e, se a ofensa tiver mais de um autor, todos responderão subsidiariamente pela reparação.

II. O credor que demandar o devedor antes de vencida a dívida, fora dos casos em que a lei o permita, ficará obrigado a esperar o tempo que faltava para o vencimento, a descontar os juros correspondentes, embora estipulados, e a pagar as custas em dobro.

III. A responsabilidade civil é independente da criminal, não se podendo questionar mais sobre a existência do fato, ou sobre quem seja o seu autor, quando estas questões se acharem decididas no juízo criminal.

IV. Aquele que ressarcir o dano causado por outrem pode reaver o que houver pago daquele por quem pagou, salvo se o causador do dano for descendente seu, absoluta ou relativamente incapaz.

V. Aquele que demandar por dívida já paga, no todo ou parcialmente, sem ressalvar as quantias do que for devido, ficará no primeiro caso obrigado a devolver o equivalente do que exigiu do devedor e, no segundo caso, a pagar-lhe o dobro do que foi cobrado, em qualquer circunstância.

Está correto o que se afirma APENAS em

(A) II, III e IV.
(B) I, III e V.
(C) I e II.
(D) III e V.
(E) II, IV e V.

23. **(Defensor Público – DPE-DF – CESPE – 2019) De acordo com as disposições do Código Civil e com a jurisprudência do STJ acerca da responsabilidade civil, julgue o item a seguir.**

A responsabilidade civil do dono de animal é objetiva, admitindo-se a excludente do fato exclusivo de terceiro.

( ) Certo
( ) Errado

24 **(Procurador – Prefeitura de Curitiba – PR – NC-UFPR – 2019) Acerca da responsabilidade civil objetiva, é correto afirmar:**

(A) É o perigo que resulta do comportamento do agente o que fundamenta o dever de indenizar.
(B) Ante a dificuldade da prova da culpa, cabe à vítima apenas fazer prova da ocorrência do dano.
(C) Só haverá obrigação de reparar o dano independentemente de culpa nos casos especificados em lei.
(D) A responsabilidade surge como consequência da prática de atividades ilícitas.
(E) O dever ressarcitório surge pois quem exerce atividade perigosa, independentemente de agir com culpa, tem a obrigação de velar para que dela não resulte prejuízo.

25. **(Titular de Serviços de Notas e de Registros – Provimento – TJ-DFT – CESPE – 2019) Um médico-cirurgião, empregado de determinado hospital, durante a realização de uma cirurgia, amputou a perna de Maria, que, muito abalada, ajuizou uma ação contra o referido médico e o hospital. Em contestação, o médico afirmou que havia realizado o procedimento para salvar a vida da paciente e que uma possível responsabilidade que pudesse ser a ele atribuída necessitaria de comprovação da culpa. Por sua vez, o hospital sustentou não ter nenhuma responsabilidade no caso em discussão, que decorreu de conduta exclusiva do médico.**

Considerando que tenha sido comprovado o dano suportado pela paciente e causado pela conduta do médico, assinale a opção correta acerca da relação jurídica estabelecida entre as partes e a responsabilidade civil no Código de Defesa do Consumidor.

(A) A relação jurídica estabelecida entre Maria e o hospital tem natureza civil.
(B) A responsabilidade civil do médico somente poderá ser aferida mediante a comprovação da culpa.
(C) A responsabilidade civil do hospital é subjetiva, em razão da natureza contratual da relação jurídica.
(D) A responsabilidade civil é objetiva e incidirá somente sobre o hospital.
(E) A relação jurídica estabelecida entre Maria e o médico é uma relação jurídica de consumo.

586 | DIREITO CIVIL • VOL. 2 – *Flávio Tartuce*

26. **(Titular de Serviços de Notas e de Registros – Remoção – TJ-PR – NC-UFPR – 2019) Sobre a responsabilidade civil subjetiva e objetiva no Direito Civil brasileiro, identifique como verdadeiras (V) ou falsas (F) as seguintes afirmativas:**

( ) Também comete ato ilícito o titular de um direito que, ao exercê-lo, excede manifestamente os limites impostos pelo seu fim econômico ou social, pela boa-fé ou pelos bons costumes.

( ) Somente gera direito a indenização o ato que transgrediu uma norma jurídica, sendo, portanto, o ato ilícito.

( ) Haverá obrigação de reparar o dano, independentemente de culpa, nos casos especificados em lei, ou quando a atividade normalmente desenvolvida pelo autor do dano implicar, por sua natureza, risco para os direitos de outrem.

( ) São também responsáveis pela reparação civil o empregador, por seus empregados, serviçais e prepostos, no exercício do trabalho que lhes competir, ou em razão dele, ressalvado o comitente.

Assinale a alternativa que apresenta a sequência correta, de cima para baixo.

(A) V – F – F – F.
(B) V – F – V – F.
(C) V – V – V – V.
(D) F – V – F – V.
(E) F – F – V – V.

27. **(Promotor Substituto – MPE-PR – 2019) São responsáveis pela reparação civil:**

I. Os pais, pelos filhos menores que estiverem sob sua autoridade e em sua companhia.

II. O empregador ou comitente, por seus empregados, serviçais e prepostos, no exercício do trabalho que lhes competir, ou em razão dele.

III. Os que, gratuita ou onerosamente, houverem participado nos produtos do crime, até a concorrente quantia.

(A) Apenas a I está correta.
(B) Apenas a II está correta.
(C) Apenas III está correta.
(D) Apenas I e II estão corretas.
(E) Apenas II e III estão corretas.

28. **(Titular de Serviços de Notas e de Registros – Provimento – TJ-DFT – CESPE – 2019) Mário dirigia seu veículo em velocidade compatível com a via em que trafegava e foi surpreendido pela travessia de Pedro, que caminhava fora da faixa destinada aos pedestres. Naquele momento, Pedro utilizava o telefone móvel para o envio de uma mensagem de texto e não observou a aproximação do veículo conduzido por Mário. Para evitar o atropelamento, Mário teve de efetuar uma manobra brusca, o que culminou na colisão com o veículo de Ana, que estava regularmente estacionado.**

A respeito dessa situação hipotética, assinale a opção correta.

(A) A conduta de Mário foi ilícita, razão pela qual surge a obrigação de indenizar Ana.
(B) A responsabilidade civil pelo acidente deve ser imputada diretamente a Pedro.
(C) A excludente de responsabilidade do fortuito incide em favor de Pedro.
(D) A conduta de Mário foi lícita; contudo, nessa situação, há obrigação de indenizar Ana.
(E) Mário agiu no exercício regular do direito, razão pela qual não será obrigado a indenizar Ana.

29. **(Promotor de Justiça Substituto – MPE-PI – CESPE – 2019) Em uma demanda judicial, menor de dezesseis anos de idade foi condenado a reparar danos que havia causado a terceiro. Nesse caso, para que os pais do menor sejam responsáveis pela reparação civil basta que seja**

(A) comprovada a culpa do menor.
(B) confirmada a culpa *in vigilando* dos pais.

CAP. 9 · CLASSIFICAÇÃO DA RESPONSABILIDADE CIVIL QUANTO À CULPA | 587

(C) comprovado que o menor estava na companhia dos pais quando ocorreu o evento danoso.

(D) confirmado que os pais não haviam empregado as diligências necessárias para evitar o evento danoso.

(E) confirmado que o dano é resultado de ato ilícito.

30. **(Advogado – FITO – VUNESP – 2020) Nos termos da atual jurisprudência do superior tribunal de justiça, os incapazes, quando praticarem atos que causem prejuízos, terão responsabilidade**

(A) subsidiária, condicional, mitigada e equitativa.

(B) subsidiária, incondicional, mitigada e imparcial.

(C) solidária, condicional, agravada e imparcial.

(D) solidária, condicional, mitigada e equitativa.

(E) solidária, incondicional, agravada e equitativa.

31. **(Procurador Jurídico – AVAREPREV-SP – VUNESP – 2020) De acordo com o previsto no Código Civil, assinale a alternativa correta.**

(A) Os empresários individuais respondem pelos produtos postos em circulação desde que comprovada a sua culpa ou dolo.

(B) Quando a atividade normalmente desenvolvida pelo autor do dano implicar, por sua natureza, risco para os direitos de outrem, será necessário demonstrar imperícia, imprudência ou negligência para a sua responsabilização.

(C) O dono, ou detentor, do animal ressarcirá o dano por este causado nos casos de força maior, mas não nos casos de culpa exclusiva da vítima.

(D) Depende da comprovação de culpa para a responsabilização civil do empregado pelos atos de seus prepostos no exercício dos trabalhos que lhes competir.

(E) São responsáveis pela reparação civil, ainda que não haja culpa da sua parte, os que gratuitamente houverem participado nos produtos do crime, até a concorrente quantia.

32. **(Promotor de Justiça de Entrância Inicial – MPE-CE – CESPE – 2020) João foi gravemente agredido por Pedro, de quinze anos de idade. Em razão do ocorrido, João pretende ajuizar ação de indenização por danos materiais e morais contra Pedro e os pais deste, Carlos e Maria. No momento da agressão, Carlos e Maria estavam divorciados e a guarda de Pedro era exclusiva de Maria.**

Acerca dessa situação hipotética, assinale a opção correta, de acordo com o entendimento do STJ.

(A) A ação deve ser ajuizada exclusivamente em desfavor dos pais de Pedro, porque, conforme a legislação, ele, por ser menor, não possui responsabilidade civil por seus atos.

(B) A responsabilidade civil de Pedro pela reparação dos danos é subsidiária, em relação a seus pais/responsáveis, e mitigada.

(C) Há litisconsórcio necessário entre Pedro e seus pais, em razão da responsabilidade solidária entre o incapaz e seus genitores.

(D) A ação poderá ser ajuizada contra os pais de Pedro somente se for demonstrado que ele não possui patrimônio para reparar o dano.

(E) A condição de guardião do filho menor é requisito essencial para a responsabilização por ato praticado por incapaz, motivo pelo qual Carlos não possui legitimidade para figurar na ação de responsabilidade civil.

33. **(Advogado – CAU-MS – Iades – 2021) No que tange ao sistema de responsabilidade civil adotado pelo Código Civil, assinale a alternativa correta.**

(A) Em face do caráter individual da responsabilização civil, o empregador não responde civilmente pelos atos praticados por seus empregados e prepostos, ainda que no exercício do trabalho que lhes competir, ou em razão dele.

(B) Na hipótese de responsabilidade civil por homicídio, a indenização abrange, sem excluir outras reparações, o pagamento das despesas com o tratamento da vítima, seu funeral e o luto da família, bem como a prestação de alimentos às pessoas a quem o morto os devia.

(C) O direito brasileiro adota o princípio da reparação integral dos danos, de sorte que a eventual concorrência culposa da vítima para o evento danoso é irrelevante em relação à fixação da indenização devida.

(D) No direito brasileiro, não é admissível a responsabilidade civil dos incapazes, uma vez que se exige a plena capacidade civil para a compreensão dos atos como requisito de responsabilização.

(E) O dono ou detentor do animal ressarcirá o dano por este causado, mesmo provada culpa da vítima ou situação de força maior.

34. **(Procurador do Estado – PGE-RS – Fundatec – 2021) Quanto à responsabilidade civil, é correto afirmar que:**

(A) A responsabilidade do incapaz é subsidiária.

(B) A culpa concorrente pressupõe uma desproporção entre o dano e a gravidade da culpa.

(C) A indenização por injúria, difamação ou calúnia depende da prova de prejuízo material.

(D) O direito de exigir reparação só se transmite aos herdeiros se a ação de indenização estivesse ajuizada na data do falecimento da vítima.

(E) A independência entre responsabilidade civil e penal inclui a autoria e a materialidade do dano.

35. **(Analista da Defensoria Pública – DPE-RO – CESPE/CEBRASPE – 2022) No contexto da responsabilidade civil, o Código Civil em vigor abandonou a técnica da culpa presumida e passou a se valer da teoria do risco, prevendo que a responsabilidade civil por ato de terceiro dispensa a prova de culpa, introduzindo, assim, o instituto da responsabilidade objetiva no cenário jurídico brasileiro.**

A respeito da responsabilidade civil por ato praticado por terceiro, assinale a opção correta, com base no Código Civil.

(A) Aqueles que participarem gratuitamente do produto do crime responderão civilmente, sendo, nesse caso, subsidiária a responsabilidade, até a concorrente quantia.

(B) Em regra, o tutor responde pelos atos praticados por seus pupilos, enquanto o curador não responderá pelos prejuízos causados por seus curatelados.

(C) Os pais respondem pelos atos praticados por seu filho menor de idade, sendo irrelevante o fato de ele estar ou não sob sua autoridade e em sua companhia.

(D) Os donos de hotéis e hospedarias, em regra, serão responsabilizados solidariamente pelos atos danosos praticados por seus hóspedes ou moradores dentro do estabelecimento.

(E) O empregador é responsável pelos atos de seus empregados no exercício do trabalho que lhes competir, mas não será responsável pelos atos de seus prepostos nessas mesmas condições.

36. **(Professor – Direito – IFPI – IFPI – 2022) Acerca da Responsabilidade Civil, julgue os itens a seguir e assinale a resposta CORRETA.**

I – O dono de edifício ou construção responde pelos danos que resultarem de sua ruína, se esta provier de falta de reparos, cuja necessidade fosse manifesta.

II – Aquele que habitar prédio, ou parte dele, responde pelo dano proveniente das coisas que dele caírem ou forem lançadas em lugar indevido.

III – O dono, ou detentor, do animal ressarcirá o dano por este causado, se não provar culpa da vítima ou força maior.

(A) Somente o item III está correto.

(B) Somente o item II está correto.

(C) Somente os itens I e II estão corretos.

(D) Somente os itens II e III estão corretos.

(E) Todos os itens estão corretos.

CAP. 9 · CLASSIFICAÇÃO DA RESPONSABILIDADE CIVIL QUANTO À CULPA | **589**

37. **(Juiz substituto – TJSC – FGV – 2022) Enquanto andava pela calçada, Asdrúbal foi atingido por um brinquedo, jogado por alguém que estava no segundo andar da casa em frente da qual passava. Sem saber quem arremessou o objeto, conseguiu descobrir que no imóvel reside Renata, que há mais de um ano aluga a casa de seu proprietário, Roberval.**

A responsabilidade pelos danos sofridos por Asdrúbal é de:

(A) Renata, exclusivamente;

(B) Roberval, exclusivamente;

(C) Renata e, subsidiariamente, Roberval;

(D) Roberval e, subsidiariamente, Renata;

(E) Roberval e Renata, solidariamente.

38. **(GDF-SEEC – IADES – Gestor em Relações Públicas e Gestão Governamental-Direito e Legislação – 2023) Com relação às modalidades de responsabilidade civil no Direito Civil brasileiro, assinale a alternativa correta.**

(A) São elementos da responsabilidade objetiva o nexo causal, a culpa e a conduta do agente.

(B) A responsabilidade do agente público, no exercício de suas funções, é subjetiva em todos os casos.

(C) Aquele que, por ato ilícito, causar dano a outrem, fica obrigado a repará-lo, sendo sempre necessária a comprovação do elemento culpa.

(D) A responsabilidade objetiva ocorre independentemente do elemento culpa.

(E) A responsabilidade subjetiva difere-se da objetiva apenas pelo elemento do nexo causal.

39. **(PGM-SP – Cespe/Cebraspe – Procurador do Município – 2023) Maria ajuizou ação de indenização contra a concessionária de transporte público do seu município, pelos danos que sofreu após ter caído no interior da composição do metrô ao ter sido empurrada por outros passageiros no momento do embarque.**

Nessa situação hipotética, de acordo com a jurisprudência do Superior Tribunal de Justiça (STJ), a concessionária

(A) não tem responsabilidade, em razão do caso fortuito.

(B) tem responsabilidade subjetiva.

(C) não tem responsabilidade, em razão da força maior.

(D) não tem responsabilidade, em razão do fortuito externo.

(E) tem responsabilidade objetiva.

40. **(AL-MA – FGV – Técnico de Gestão Administrativa-Advogado – 2023) Capitu e Bento brigaram seriamente em um dos apartamentos de um famoso hotel localizado no município de São Luís, MA, em virtude dos ciúmes de Bento. Na briga, Bento arremessou o aparelho de televisão do quarto pela janela atingindo o carro de Machado, que sofreu graves danos.**

Com base na situação hipotética narrada, assinale a afirmativa correta.

(A) A responsabilidade pelo ocorrido é exclusivamente de Bento, não tendo o hotel qualquer tipo de responsabilidade.

(B) O hotel responde objetivamente pelos danos narrados no enunciado, pois Bento é hóspede do hotel.

(C) Machado deverá acionar somente o casal pelos danos sofridos, sendo que Capitu e Bento têm responsabilidade objetiva pelo ocorrido.

(D) A responsabilidade do hotel pelos danos causados pelos hóspedes é subjetiva, devendo ser comprovado o dolo ou a culpa.

(E) Machado nada poderá fazer, devendo suportar os danos, por força do fortuito externo ocorrido na situação narrada.

41. (AGER-Mato Grosso – Cespe/Cebraspe – Analista Regulador-Direito – 2023) Gustavo passeava no parque com o seu cachorro quando então se distraiu e o animal escapou e atacou Flávio, causando-lhe diversos ferimentos graves, além de ter deixado cicatrizes por todo o seu corpo.

Considerando essa situação hipotética, assinale a opção correta acerca de responsabilidade civil.

(A) Gustavo não poderá ser responsabilizado civilmente pelos danos suportados por Flávio.

(B) A responsabilidade civil de Gustavo se restringe às despesas com o tratamento médico decorrentes dos ferimentos sofridos.

(C) A responsabilidade civil de Gustavo recai exclusivamente sobre as despesas com o tratamento médico e aos lucros cessantes decorrentes das lesões.

(D) A responsabilidade civil de Gustavo se estende sobre toda a extensão do dano suportado por Flávio, incluindo-se as despesas com o tratamento médico decorrentes dos ferimentos sofridos, os lucros cessantes e danos morais.

(E) A responsabilidade civil poderá recair sobre Gustavo, desde que seja configurado o seu dolo.

42. (TJAP – TJAP – Residência Jurídica – 2023) Julgue os itens a seguir sobre responsabilidade pelo dano ambiental em conformidade com as normas de regência do direito ambiental e o entendimento dos Tribunais Superiores:

I – A responsabilidade civil ambiental é subjetiva, pois, a regra no direito é apurar a presença do elemento culpa.

II – A responsabilidade administrativa ambiental é objetiva.

III – As obrigações ambientais possuem natureza propter rem, sendo admissível cobrá-las do proprietário ou possuidor atual e/ou dos anteriores, à escolha do credor.

IV – Quanto ao dano ambiental, é admitida a condenação do réu à obrigação de fazer ou à de não fazer cumulada com a de indenizar.

V – A responsabilidade civil da Administração Pública por danos ao meio ambiente, decorrente de sua omissão no dever de fiscalização, é de caráter subsidiário.

Está CORRETO o disposto nas assertivas:

(A) I, II e III

(B) II e III

(C) II, III e IV

(D) III e IV

(E) III, IV e V

43. (TJSC – Analista Jurídico – FGV – 2024) Escritul comprou o mais arrojado carro esportivo pelo valor de R$ 1.000.000,00. Permitiu, então, que seu filho, Dário, com 20 anos, passasse a utilizar o carro para ir à faculdade. Muito interessado em Vênia, este passou a oferecer-lhe carona, sem nada cobrar por isso, embora tivesse intenção de conquistá-la nessas viagens.

Certo dia, após deixarem festa em que ambos, Dário e Vênia, consumiram bebida alcoólica, o rapaz oferece carona, o que é aceito, e passa a se exibir, acelerando o possante veículo. Em certo momento, perde o controle e colide com um poste.

Nesse caso, pelos danos causados a Vênia:

(A) nem Escritul, nem Dário respondem, por se tratar de transporte de mera cortesia.

(B) responde apenas Dário, diante de sua culpa grave.

(C) responde apenas Escritul, por ter emprestado o carro.

(D) respondem solidariamente Escritul e Dário, mesmo em se tratando de transporte de mera cortesia.

(E) respondem Escritul e Dário, na medida de sua culpabilidade, mas não solidariamente.

44. (MPE-RJ – Promotor de Justiça substituto – Vunesp – 2024) Marcela, com fortes dores no abdome, dirigiu-se ao pronto-socorro do Hospital X, conveniado do seu plano de saúde. Chegando lá, Marcela foi atendida por Alexandre, médico plantonista contratado pelo Hos-

CAP. 9 · CLASSIFICAÇÃO DA RESPONSABILIDADE CIVIL QUANTO À CULPA | 591

pital X, que constatou que se tratava de apendicite e realizou a cirurgia de remoção do apêndice. Marcela teve alta e voltou para casa, no entanto, a dor abdominal permaneceu, o que fez com que ela retornasse ao hospital. Após a realização de exames, restou constatado que a dor abdominal de Marcela estava sendo causada por um bisturi que foi esquecido no interior do seu corpo. Marcela decide então processar, por danos materiais e morais, o Hospital X e o médico Alexandre.

De acordo com o atual entendimento do Superior Tribunal de Justiça, Marcela:

(A) deverá processar apenas Alexandre, uma vez que houve erro médico, e as obrigações do Hospital X limitam-se ao fornecimento de recursos materiais adequados à prestação dos serviços médicos.

(B) poderá processar tanto Alexandre quanto o Hospital X, sendo que a responsabilidade de ambos é objetiva.

(C) poderá processar Alexandre, que responde de forma subjetiva, sendo certo que o Hospital X é responsável solidariamente.

(D) poderá processar tanto Alexandre quanto o Hospital X, sendo que a responsabilidade deste é subjetiva e daquele objetiva.

(E) não poderá processar Alexandre, uma vez que a relação de consumo se deu entre ela e o Hospital X.

45. **(Câmara de Rio Grande da Serra-SP – Procurador Jurídico – Avança SP – 2024) João, estudante de 14 anos de idade, sem contar para ninguém, publicou em uma rede social fotos de Maria, sua colega de escola, da mesma idade, e realizou várias ofensas a ela, o que foi visto por diversas pessoas.**

Maria, ao ficar sabendo da publicação, não respondeu aos insultos, mas ajuizou ação em face de João e de seus pais, pleiteando a indenização pelos danos sofridos de forma injusta.

Diante da situação narrada, é CORRETO o que se afirma em:

(A) Os pais de João não poderão ser responsabilizados pelo ato praticado pelo filho, pois não sabiam que ele iria realizar a publicação na rede social, não possuindo, portanto, culpa pelo ocorrido, requisito para a configuração do dever de indenizar.

(B) João, por ser civilmente incapaz, não responderá pelos prejuízos que causou, ainda que tenha patrimônio próprio e seus pais não disponham de meios suficientes à reparação dos danos.

(C) Se os pais de João forem condenados e realizarem o pagamento de indenização à Maria, poderão reaver do filho o que foi pago.

(D) A responsabilidade dos pais de João pelos danos causados pelo filho é objetiva, não podendo os genitores reaverem do seu descendente a indenização paga.

(E) Considerando que Maria também é menor de idade, a indenização será devida ainda que possa privar João do necessário ou as pessoas que dele dependam.

46. **(TJSP – Titular de Serviços de Notas e de Registros – Vunesp – 2024) Pedro pega emprestado o automóvel de seu irmão João e, na condução do veículo, envolve-se em acidente de trânsito, a que deu causa por imprudência, uma vez que avançou o semáforo vermelho. Nesse caso, o proprietário do veículo:**

(A) não pode ser responsabilizado pelo evento, mas apenas o condutor, uma vez que a relação entre eles não se amolda a qualquer das hipóteses de responsabilidade objetiva previstas no artigo 932 do Código Civil.

(B) responde pelo evento, objetiva e solidariamente, com o condutor, com base na teoria da guarda da coisa inanimada.

(C) somente responde subsidiariamente pelo evento se o condutor não tiver bens suficientes para garantir o ressarcimento do dano à vítima.

(D) somente responde por metade do dano causado pelo condutor, uma vez que a obrigação derivada da responsabilidade civil extracontratual é divisível.

GABARITO

01 – A	02 – A	03 – D	04 – C
05 – D	06 – B	07 – D	08 – B
09 – B	10 – B	11 – A	12 – ERRADO
13 – D	14 – C	15 – D	16 – ERRADO
17 – C	18 – C	19 – ERRADO	20 – B
21 – D	22 – A	23 – CERTO	24 – E
25 – D	26 – B	27 – D	28 – D
29 – A	30 – A	31 – E	32 – B
33 – B	34 – A	35 – D	36 – E
37 – A	38 – D	39 – E	40 – B
41 – D	42 – D	43 – D	44 – C
45 – D	46 – B	47 – E	48 – D
49 – A	50 – D	51 – B	

EXCLUDENTES DO DEVER DE INDENIZAR, RESPONSABILIDADE CIVIL E RESPONSABILIDADE CRIMINAL

Sumário: 10.1 Esclarecimentos necessários – 10.2 Das excludentes do dever de indenizar: 10.2.1 Da legítima defesa; 10.2.2 Do estado de necessidade ou remoção de perigo iminente; 10.2.3 Do exercício regular de direito ou das próprias funções; 10.2.4 Das excludentes de nexo de causalidade; 10.2.5 Da cláusula de não indenizar – 10.3 Relação entre a responsabilidade civil e a responsabilidade criminal – 10.4 Resumo esquemático – 10.5 Questões correlatas – Gabarito.

10.1 ESCLARECIMENTOS NECESSÁRIOS

Para encerrar a matéria *Responsabilidade Civil*, bem como este segundo volume da coleção, serão comentados dois tópicos de grande importância para o Direito Privado: as excludentes do dever de indenizar e a confrontação necessária entre a responsabilidade civil e a responsabilidade criminal.

De imediato, é importante deixar claro que não há relação direta entre tais assuntos, mas apenas secundária ou indireta. Na realidade, os dois tópicos estão sendo estudados conjuntamente por razões didáticas, e não metodológicas.

Inicialmente, serão estudadas as excludentes do dever de indenizar. Serão tratados, pela ordem, os seguintes institutos jurídicos:

a)   legítima defesa;
b)   estado de necessidade ou remoção de perigo iminente;
c)   exercício regular de direito ou das próprias funções;
d)   excludentes de nexo de causalidade: culpa exclusiva da vítima ou de terceiro, fato exclusivo da vítima ou de terceiro, caso fortuito e força maior;
e)   cláusula de não indenizar.

É o que será feito a partir de agora.

10.2 DAS EXCLUDENTES DO DEVER DE INDENIZAR

10.2.1 Da legítima defesa

De acordo com o art. 188, inc. I, do CC/2002, não constituem atos ilícitos os praticados em legítima defesa. Trata-se de importante excludente do dever de indenizar, da ilicitude, com relevância prática indiscutível.

Para Sílvio de Salvo Venosa, a legítima defesa constitui uma *justificativa para a conduta*, devendo ser utilizado o mesmo conceito do Direito Penal. Lembra o autor que a sociedade organizada não admite a justiça com as próprias mãos, mas acaba reconhecendo situações nas quais o indivíduo pode se utilizar dos meios necessários para repelir agressão injusta, atual ou iminente, contra si mesmo ou contra as pessoas que lhe são próximas ou os seus bens. Desse conceito é que surge a legítima defesa (*Direito civil...*, 2005, p. 62).

O conceito é, portanto, retirado do art. 25, *caput*, do Código Penal, cuja redação merece destaque: "entende-se em legítima defesa quem, usando moderadamente dos meios necessários, repele injusta agressão, atual ou iminente, a direito seu ou de outrem". Anote-se que o dispositivo recebeu um parágrafo único pelo *Pacote de Lei Anticrime*, do final de 2019, que igualmente terá a devida aplicação para os fins de responsabilidade civil (Lei 13.964/2019). Conforme o seu teor, "observados os requisitos previstos no *caput* deste artigo, considera-se também em legítima defesa o agente de segurança pública que repele agressão ou risco de agressão a vítima mantida refém durante a prática de crimes".

Para a configuração da legítima defesa cabe análise caso a caso, sendo certo que o agente não pode atuar além do indispensável para afastar o dano ou a iminência de prejuízo material ou imaterial. O conceito ainda pode ser retirado do art. 1.210 do CC/2002, que trata da *legítima defesa da posse*, nas concreções de ameaça e de turbação; e do *desforço pessoal*, em havendo o esbulho. Nesse sentido, enuncia o § 1.º do art. 1.210 que "o possuidor turbado, ou esbulhado, poderá manter-se ou restituir-se por sua própria força, contanto que o faça logo; os atos de defesa, ou de desforço, não podem ir além do indispensável à manutenção, ou restituição da posse".

Exemplificando, se o proprietário de uma fazenda desfere tiros de arma de fogo diretamente contra invasores de seu imóvel, não haverá legítima defesa, mas excesso no exercício da defesa (abuso de direito), estando configurado o seu dever de indenizar. Nessa situação, não houve um exercício regular de direito, mas sim um exercício irregular, o que tanto pode gerar abuso de direito (art. 187 do CC) como o ato ilícito propriamente dito (art. 186 do CC), o que depende da análise do caso concreto.

Ainda para ilustrar, com outro exemplo, transcreve-se o julgado a seguir, em que o extinto Primeiro Tribunal de Alçada Civil de São Paulo entendeu pela não configuração da legítima defesa em um caso envolvendo acidente de veículos:

> "Responsabilidade civil – Acidente de trânsito – Réu que, ao ser seguido pelo autor e filho deste, o qual promovia a filmagem do veículo que ia à frente, engata a marcha à ré deste e arrasta o outro conduzido pelo demandante até imobilizá-lo em um muro – Responsabilidade do réu configurada – Alegação de legítima defesa em face da conduta ilícita do autor – Descabimento – Ocorrência da causa excludente não configurada – Sentença confirmada, afastada a assertiva de nulidade desta, por cerceamento de defesa – Recurso improvido" (Primeiro Tribunal de Alçada Civil de São Paulo, Processo: 1197249-5, Recurso: Apelação, Origem: Atibaia, Julgador: 5.ª Câmara, Julgamento: 11.02.2004, Relator: Sebastião Thiago de Siqueira, Decisão: negaram provimento, v.u.).

CAP. 10 · EXCLUDENTES DO DEVER DE INDENIZAR | 597

Sob outro prisma, é fundamental salientar que a *legítima defesa putativa* não exclui o dever de indenizar, conforme comenta Flávio Augusto Monteiro de Barros (*Manual...*, 2005, v. 3, p. 256). Na legítima defesa putativa, o agente pensa que está defendendo um direito seu, o que não ocorre realmente no plano fático. Cite-se a hipótese em que alguém pensa que está sendo perseguido por outro carro e causa um acidente quando da ultrapassagem do veículo que segue atrás. Ou, ainda, a ilustração de Marco Aurélio Bezerra de Melo, "daquela em que uma pessoa atropela outra que se aproxima em um semáforo à noite, pois imagina estar na iminência de ser assaltado, quando na verdade o lesado se aproximara apenas para pedir uma carona ou perguntar as horas" (*Curso...*, 2015, v. IV, p. 34).

Em suma, na legítima defesa putativa a pessoa pressente um perigo que, na realidade, não existe e, por isso, age imoderadamente, o que não exclui o dever de indenizar. Nesse sentido, há tempos vêm entendendo os nossos Tribunais, inclusive o Superior Tribunal de Justiça:

"Civil – Dano moral – Legítima defesa putativa. A legítima defesa putativa supõe negligência na apreciação dos fatos, e por isso não exclui a responsabilidade civil pelos danos que dela decorram. Recurso Especial conhecido e provido" (STJ, REsp 513.891/RJ, Processo 2003/0032562-7, 3.ª Turma, Rel. Min. Ari Pargendler, j. 20.03.2007, *DJU* 16.04.2007, p. 181).

"Civil – Indenização – Homicídio – Pensão – Dano moral – Julgamento *extra petita* – Impossibilidade de decisões contraditórias na espécie vertente – Ainda que admitida a tese de legítima defesa putativa, subsistiria a obrigação de reparar o dano, visto não ser caso de exclusão de ilicitude" (STJ, REsp 47.246/RJ (9400119569), 3.ª Turma, Rel. Min. Costa Leite, Data da decisão: 30.08.1994, *DJ* 27.03.1995, p. 7.157, *RSTJ* 71/343).

Mais recentemente, no ano de 2017, aduziu o Tribunal da Cidadania, em hipótese envolvendo a responsabilidade objetiva do empregador por ato de seu empregado (arts. 932, inc. III, e 933 do Código Civil), que "a legítima defesa putativa derivada de erro inescusável, como a que é verificada na hipótese em exame, não é capaz de afastar o dever de indenizar, pois o erro na interpretação da situação fática decorre da imprudência do causador do dano. Na responsabilidade civil, só pode ser considerada causa aquela que é adequada à produção concreta do resultado, com interferência decisiva. *In casu,* os recorridos não comprovaram que a conduta do recorrente tenha concorrido para o erro na interpretação sobre os elementos fáticos da legítima defesa" (STJ, REsp 1.433.566/RS, 3.ª Turma, Rel. Min. Nancy Andrighi, j. 23.05.2017, *DJe* 31.05.2017).

O art. 930 do CC/2002, inicialmente aplicável ao estado de necessidade e à remoção de perigo iminente, poderá subsumir à legítima defesa. O comando legal prevê em seu *caput* o direito de regresso em relação ao culpado pelo estado gerador do perigo. O parágrafo único do art. 930 reconhece o direito de regresso também contra aquele em defesa de quem o dano acabou sendo causado. Em outras palavras, havendo *exercício imoderado da defesa* ou *defesa putativa* e sendo o fato causado por terceiro, é reconhecido o direito de regresso do ofensor contra aquele que gerou a situação que causou o dano.

Deve-se entender que esse último comando legal, ao reconhecer o direito de regresso, visa adequar a indenização à realidade fática que circunda a lide, sendo aplicação da versão civil da *teoria da causalidade adequada*.

Complementando, havendo excesso nessa defesa em relação a terceiros, não estará presente a mencionada excludente de ilicitude, surgindo o dever de indenizar diante do ato praticado (*aberratio ictus*). De qualquer forma, estará assegurado o direito de regresso contra eventual culpado, seja com base no art. 930 do CC, seja com fundamento no art. 934 da mesma codificação.

Assim, em resumo, temos as seguintes situações:

Legítima defesa	Contra o próprio agressor	não há dever de indenizar
	Contra terceiro ou seus bens (*aberratio ictus*)	deve indenizar o terceiro, mas dispõe de ação regressiva
	Putativa	deve indenizar
	Com excesso	deve indenizar, porém de forma proporcional, pois subsiste a ilicitude em parte da conduta

10.2.2 Do estado de necessidade ou remoção de perigo iminente

Preconiza o art. 188, inc. II, do atual Código Civil que não constitui ato ilícito a deterioração ou destruição da coisa alheia, ou a lesão à pessoa, a fim de remover perigo iminente, prestes a acontecer. Esse comando legal consagra o estado de necessidade, que merece tratamento idêntico, como se sinônimo fosse.

Em complemento, o parágrafo único do mesmo dispositivo disciplina que o ato será legítimo somente quando as circunstâncias o tornarem absolutamente necessário, não excedendo os limites do indispensável à remoção do perigo. Havendo excesso, mais uma vez, tanto poderá estar configurado o abuso de direito (art. 187 do CC) quanto o ato ilícito propriamente dito (art. 186 do CC).

Outros dois preceitos do Código Civil vigente são aplicáveis ao instituto, merecendo transcrição integral:

"Art. 929. Se a pessoa lesada, ou o dono da coisa, no caso do inciso II do art. 188, não forem culpados do perigo, assistir-lhes-á direito à indenização do prejuízo que sofreram.

Art. 930. No caso do inciso II do art. 188, se o perigo ocorrer por culpa de terceiro, contra este terá o autor do dano ação regressiva para haver a importância que tiver ressarcido ao lesado".

Já foi comentado o último comando legal, que traz o direito de regresso do agente contra o real culpado pelo evento danoso. Quanto ao primeiro dispositivo, este dispõe que agindo a pessoa em estado de necessidade (ou remoção de perigo iminente) em situação não causada por aquele que sofreu o prejuízo, permanecerá o dever de indenizar.

Vejamos um exemplo para ilustrar a aplicação desses polêmicos comandos legais. Imagine-se um caso em que uma criança grita em meio às chamas de um incêndio que atinge uma residência. Um pedestre vê a cena, arromba a porta da casa e salva a criança da morte iminente, prestes a acontecer. Nesse caso, se o dono da casa não causou o incêndio, deverá ser indenizado pelo pedestre herói (art. 929 do CC).

Somente se o incêndio foi causado pelo dono do imóvel é que não haverá dever de indenizar. No primeiro caso, o herói terá direito de regresso contra o real culpado pelo incêndio (art. 930 do CC). Observa-se, com tais conclusões, que o Código Civil atual, a exemplo do seu antecessor, continua a não incentivar intervenções heroicas ou solidárias!

Na verdade, o art. 929 do CC representa um absurdo jurídico, pois, entre proteger a vida (a pessoa) e o patrimônio, dá prioridade a este último. Não há dúvida de que o comando legal está em total dissonância com a atual tendência do Direito Privado, que coloca a pessoa no centro do ordenamento jurídico, pela regra constante do art. 1.º, inc. III, da Constituição Federal (dignidade da pessoa humana como fundamento da República Federativa do Brasil), a acarretar a *personalização do Direito Civil e a sua consequente despatrimonialização*. Em reforço, cabe complementar o argumento com a regra prevista no art. 8.º do CPC/2015, pela qual ao aplicar o ordenamento jurídico o aplicador do Direito deve levar em conta o princípio da dignidade da pessoa humana.

De toda sorte, mitigando a sua aplicação, pontue-se que o Superior Tribunal de Justiça tem entendido que a circunstância de ter o agente atuado em estado de necessidade pode influir na fixação do valor da indenização, reduzindo o *quantum debeatur*. Nessa esteira:

> "A adoção da *restitutio in integrum* no âmbito da responsabilidade civil por danos, sejam materiais ou extrapatrimoniais, nos conduz à inafastabilidade do direito da vítima à reparação ou compensação do prejuízo, ainda que o agente se encontre amparado por excludentes de ilicitude, nos termos dos arts. 1.519 e 1.520 do CC/1916 (arts. 929 e 930 do CC/2002), situação que afetará apenas o valor da indenização fixado pelo critério da proporcionalidade" (STJ, REsp 1.292.141/SP, Rel. Min. Nancy Andrighi, j. 04.12.2012, publicado no seu *Informativo* n. 513).

Justamente diante desses problemas, a Comissão de Juristas encarregada da Reforma do Código Civil, em trâmite no Congresso Nacional, sugere necessários reparos nos conteúdos dos arts. 929 e 930 da codificação privada.

Pelas propostas, o *caput* do art. 929 passará a enunciar, de forma mais clara, técnica e efetiva, que, "no caso de dano causado sob estado de necessidade, se a vítima não for responsável pela situação de perigo, assistir-lhe-á direito à indenização do prejuízo que sofreu". Em complemento, nos termos do seu § 1.º e na mesma linha de uma maior clareza para o comando, "caso a situação de perigo tenha sido criada por fato de terceiro, contra este terá o autor do dano ação regressiva para haver a importância que tiver ressarcido ao lesado". Também caberá "ação de regresso para aquele que, em legítima defesa, provocar danos a terceiro não responsável pela agressão repelida", o que visa a resolver a lacuna existente a respeito da legítima defesa (proposta do § 2.º do art. 929).

Ademais, com a finalidade de corrigir a injustiça antes apontada, o novo § 3.º do art. 929 enunciará que "aquele que voluntariamente se expõe à situação de perigo para salvar alguém ou bens alheios tem direito de ser indenizado por quem criou essa situação, ou pelo beneficiado pelo ato de abnegação, na medida da vantagem por esse obtida". Por fim, em relação ao art. 930, a sugestão é uma redação mais objetiva do que a atual, segundo a qual "o agente da ação repelida, atual e iminente, é responsável pelo prejuízo a que se refere o inciso II do art. 188 deste Código".

Ainda sobre a matéria, cumpre visualizar os conceitos de *estado de necessidade defensivo* e *estado de necessidade agressivo*. Como os conceitos envolvem tanto o Direito Civil como o Direito Penal, serão utilizados mais uma vez os ensinamentos de Flávio Augusto Monteiro de Barros, que leciona e escreve sobre as duas disciplinas (*Manual...*, 2005, p. 218).

Para esse doutrinador, o *estado de necessidade defensivo* está presente quando o agente, para preservar bem jurídico próprio ou alheio, sacrifica bem pertencente ao causador da situação do perigo. É o caso da pessoa que destrói a casa do causador de um incêndio para salvar uma criança, conforme exposto. Em situações tais, não haverá dever de indenizar.

o princípio da proporcionalidade e, pois, os diversos valores jurídicos tutelados pela lei e pela Constituição Federal. A experiência subministrada ao magistrado pela observação do que ordinariamente acontece revela que notadamente o *e-mail* corporativo não raro sofre acentuado desvio de finalidade, mediante a utilização abusiva ou ilegal, de que é exemplo envio de fotos pornográficas. Constitui, assim, em última análise, expediente pelo qual o empregado pode provocar expressivo prejuízo ao empregador. 4. Se se cuida de *e-mail* corporativo, declaradamente destinado somente para assuntos e matérias afetas ao serviço, o que está em jogo, antes de tudo, é o exercício do direito de propriedade do empregador sobre o computador capaz de acessar à Internet e sobre o próprio provedor. Insta estar presente também a responsabilidade do empregador, perante terceiros, pelos atos de seus empregados em serviço (Código Civil, art. 932, III), bem como que está em xeque o direito à imagem do empregador, igualmente merecedor de tutela constitucional. Sobretudo, imperativo considerar que o empregado, ao receber uma caixa de *e-mail* de seu empregador para uso corporativo, mediante ciência prévia de que nele somente podem transitar mensagens profissionais, não tem razoável expectativa de privacidade quanto a esta, como se vem entendendo no Direito Comparado (EUA e Reino Unido). 5. Pode o empregador monitorar e rastrear a atividade do empregado no ambiente de trabalho, em *e-mail* corporativo, isto é, checar suas mensagens, tanto do ponto de vista formal quanto sob o ângulo material ou de conteúdo. Não é ilícita a prova assim obtida, visando a demonstrar justa causa para a despedida decorrente do envio de material pornográfico a colega de trabalho. Inexistência de afronta ao art. 5.º, incisos X, XII e LVI, da Constituição Federal. 6. Agravo de Instrumento do reclamante a que se nega provimento" (TST, Proc. RR 613/2000-013-10-00, Rel. João Oreste Dalazen, 1.ª Turma, *DJ* 10.06.2005).

Observa-se que a ementa do acórdão enfrenta várias questões, chegando a afirmar que a referida fiscalização constitui o exercício de um direito de propriedade por parte do empregador, o que justifica a sua discussão na presente seção da obra. A decisão menciona ainda a responsabilidade indireta do empregador por ato do seu empregado, conforme o art. 932, inc. III, do CC, o que justifica o direito à fiscalização.

Mesmo pela excelência do teor do julgado, pode surgir outro entendimento, pelo qual a referida fiscalização constitui uma lesão à privacidade e à intimidade, asseguradas no art. 5.º, incs. V e X, da CF/1988 e no art. 21 do CC/2002. Porém, o mesmo Tribunal Superior ponderou que o direito à propriedade imaterial, outro direito fundamental (art. 5.º, incs. XXII e XXIII, da CF/1988), deveria prevalecer, naquela situação, em relação à intimidade, que não é um direito absoluto.

Aplicou-se, na espécie, a técnica de ponderação, desenvolvida por Robert Alexy; agora prevista expressamente no CPC/2015, no seu art. 489, § 2.º, *in verbis*: "no caso de colisão entre normas, o juiz deve justificar o objeto e os critérios gerais da ponderação efetuada, enunciando as razões que autorizam a interferência na norma afastada e as premissas fáticas que fundamentam a conclusão".

Demonstrando como a questão é polêmica e como os fatores fáticos podem alterar a ponderação, em 2012, o mesmo Tribunal Superior do Trabalho confirmou a premissa da possibilidade de fiscalização. Todavia, asseverou o acórdão que:

"A fiscalização sob equipamentos de computador, de propriedade do empregador, incluído o correio eletrônico da empresa, podem ser fiscalizados, desde que haja proibição expressa de utilização para uso pessoal do equipamento, nos regulamentos da empresa. Nesta hipótese, temos a previsão do poder diretivo, com base no bom senso e nos estritos termos do contrato de trabalho, com respeito à figura do empregado como pessoa digna e merecedora de ter seus direitos personalíssimos irrenunciáveis e inalienáveis, integralmente resguardados pelo Estado Democrático de Direito. Ainda a título de ilustração, registramos que a doutrina tem entendido que o poder diretivo do empregador decorre do direito de propriedade (art. 5.º, XXII, da CF). Este poder, no entanto, não é absoluto, encontra limitações no direito à intimidade do empregado (art. 5.º, X, da CF), bem como na inviolabilidade do sigilo de correspondência, comunicações telegráficas, de dados e telefonemas (art. 5.º, XII, da CF), igualmente garantias constitucionais, das quais decorre o direito de resistência a verificação de sua troca de dados e navegação eletrônica" (TST, RR 183240-61.2003.5.05.0021, 2.ª Turma, Rel. Min. Renato de Lacerda Paiva, j. 05.09.2012).

Como no caso analisado, a reclamada apropriou-se de computador de sua propriedade – que se encontrava mediante comodato, sob a guarda e responsabilidade de empregado seu, que exercia poderes especiais em nome do empregador –, julgou-se que houve excesso por parte do empregador, que "agiu com abuso de direito, não respeitando o bem jurídico 'trabalho', a função social da propriedade, a função social do contrato do trabalho, dentre outros valores contemplados pela Constituição Federal de 1988". *In casu*, o empregado foi indenizado em R$ 60.000,00 pelos prejuízos imateriais sofridos pelo ato do empregador.

Por derradeiro, quanto ao exercício regular das próprias funções, compreendemos que esta constitui uma espécie de exercício regular de direito, eis que a pessoa tem uma incumbência legal ou administrativa de atuação. É o que ocorre em relação a um policial quanto ao combate ao crime, e quanto ao bombeiro ao apagar um incêndio.

Por tal conclusão, no exemplo que foi exposto quanto ao estado de necessidade, se um bombeiro arromba uma porta para salvar a criança de um incêndio, sua situação não está enquadrada no inciso II do art. 188 do CC/2002. Dessa forma, não se aplica o art. 929 do mesmo Código Privado, que disciplina o seu eventual dever de indenizar. Isso porque, para o caso do bombeiro, deve subsumir o inciso I do art. 188.

10.2.4 Das excludentes de nexo de causalidade

Aqui foi exposto, no Capítulo 8 deste livro, que o nexo de causalidade constitui o elemento imaterial da responsabilidade civil, constituído pela relação de causa e efeito entre a conduta e o dano. Também se afirmou que o nexo é formado pela culpa (na responsabilidade subjetiva), pela previsão de responsabilidade sem culpa relacionada com a conduta ou pela atividade de risco (na responsabilidade objetiva).

Outrossim, foram comentados exemplos relacionados com as excludentes do nexo de causalidade, *fatores obstativos do nexo*, que são as seguintes:

a) culpa ou fato *exclusivo* da vítima;
b) culpa ou fato *exclusivo* de terceiro;
c) caso fortuito (evento totalmente imprevisível) e força maior (evento previsível, mas inevitável).

No que concerne à *culpa exclusiva* da vítima e de terceiro, destaque-se que parte da doutrina prefere utilizar as expressões *fato exclusivo da vítima* e *fato exclusivo de terceiro*, visando à aplicação dessas excludentes também nos casos de responsabilidade objetiva. Esse é o caso de Fernando Noronha, que utiliza das expressões *fato do lesado* e *fato de terceiro* (*Direito das obrigações...*, 2003, p. 620).

Forçoso entender que, pelo senso comum, não há problema em utilizar as expressões *culpa exclusiva da vítima* e *culpa exclusiva de terceiro* também como excludentes de responsabilidade objetiva, uma vez que o Código de Defesa do Consumidor as adota (arts. 12, § 3.º, e 14, § 3.º, do CDC).

Relativamente ao caso fortuito e força maior, sem prejuízo de tudo o que foi comentado quanto a tais excludentes, particularmente na ótica consumerista e ambientalista, é de se relembrar que em regra não haverá responsabilização por tais ocorrências. Mas há algumas exceções, na ótica obrigacional, conforme antes demonstrado.

A primeira exceção refere-se ao caso do devedor em mora, que responde pelo caso fortuito e força maior, a não ser que prove ausência total de culpa ou que o dano ocorreria mesmo não havendo a mora ou o atraso (art. 399 do CC).

A segunda refere-se à previsão contratual de responsabilização por tais eventos, por meio da *cláusula de assunção convencional* (art. 393 do CC).

Por fim, como terceira exceção, há casos em que a própria lei prevê a responsabilização por tais ocorrências, como o que consta do art. 583 do CC ("Se, correndo risco o objeto do comodato juntamente com outros do comodatário, antepuser este a salvação dos seus abandonando o do comodante, responderá pelo dano ocorrido, ainda que se possa atribuir a caso fortuito, ou força maior").

Pretende-se aqui aprofundar o segundo caso, de previsão contratual quanto à responsabilidade por caso fortuito e força maior. É a íntegra do art. 393 do CC/2002:

> "Art. 393. O devedor não responde pelos prejuízos resultantes de caso fortuito ou força maior, se expressamente não se houver por eles responsabilizado.
> Parágrafo único. O caso fortuito ou de força maior verifica-se no fato necessário, cujos efeitos não era possível evitar ou impedir".

Pelo comando legal, constata-se que a parte obrigacional não responde pelo caso fortuito (evento totalmente imprevisível) ou força maior (evento previsível, mas inevitável) a não ser que haja previsão no contrato quanto a essa responsabilização. A dúvida está relacionada à seguinte indagação: valerá sempre essa previsão de responsabilização quando inserida em um contrato? A resposta é negativa.

Em minha obra *Função social dos contratos. Do Código de Defesa do Consumidor ao Código Civil de 2002* (2. ed., 2007) por diversas vezes está demonstrado que a liberdade contratual, sucedâneo da autonomia privada, encontra limitações nas normas de ordem pública, o que muito bem simboliza o princípio da função social dos pactos, em sua eficácia interna.

Na nova *Lei da Liberdade Econômica* (Lei 13.874/2019), essa ressalva foi adotada expressamente, quanto ao exercício da autonomia privada, no seu art. 3.º, inc. VIII. Conforme o seu conteúdo, entre os *direitos de liberdade econômica* tem-se "a garantia de que os negócios jurídicos empresariais paritários serão objeto de livre estipulação das partes pactuantes, de forma a aplicar todas as regras de direito empresarial apenas de maneira subsidiária ao avençado, exceto normas de ordem pública".

Invoca-se aqui o princípio em questão para dizer que nem sempre tal previsão de responsabilidade terá validade. Ressalte-se que a eficácia interna da função social dos contratos foi reconhecida na *IV Jornada de Direito Civil*, com a aprovação do Enunciado n. 360 do CJF/STJ, segundo proposta formulada por mim.

Primeiramente, a cláusula de responsabilização não terá validade nos casos envolvendo a responsabilidade extracontratual, que compreende preceitos de ordem pública. Aplica-se, portanto, somente à responsabilidade contratual. Eis um aspecto em que ainda se justifica a divisão dupla da responsabilidade civil (contratual × extracontratual).

A título de exemplo, não tem qualquer validade jurídica uma placa colocada em condomínio edilício, estabelecendo que "o condomínio não se responsabiliza pelos objetos lançados ou que caírem das unidades". Isso porque a responsabilidade civil prevista pelo art. 938 do Código Civil, estudada no último capítulo desta obra e supostamente afastada pelo aviso, é extracontratual.

Igualmente, não valerá essa cláusula, denominada *cláusula de assunção convencional* pela doutrina, nos casos envolvendo os contratos de consumo e de adesão, se imposta ao consumidor ou ao aderente. Quanto aos contratos de consumo, a hipótese está enquadrada no art. 51, inc. I, da Lei 8.078/1990, pelo qual é abusiva a cláusula que atenua a responsabilidade do fornecedor por vícios de qualquer natureza, de produtos ou serviços. A cláusula será nula, se prever que somente o consumidor responderá por caso fortuito e força maior. Pode ser evocado, em reforço, o art. 25 da Lei 8.078/1990, que assim dispõe: "é vedada a estipulação contratual de cláusula que impossibilite, exonere ou atenue a obrigação de indenizar prevista nesta e nas seções anteriores".

Ademais, será nula a cláusula que determina a responsabilização do aderente por tais ocorrências, como determina o art. 424 do CC, pelo qual serão nulas, nos contratos de adesão, as cláusulas que implicam em renúncia prévia pelo aderente a direito resultante da natureza do negócio. Como se sabe, a regra é que a parte não responda por caso fortuito e força maior. Sobre a abrangência de aplicação do art. 424 do Código Civil, recomenda-se a obra de Cristiano Zanetti para os devidos aprofundamentos (*Direito contratual...*, 2008).

Nesse sentido, cite-se o Enunciado n. 172 do CJF/STJ, segundo o qual: "as cláusulas abusivas não ocorrem exclusivamente nas relações jurídicas de consumo. Dessa forma, é possível a identificação de cláusulas abusivas em contratos civis comuns, como, por exemplo, aquela estampada no art. 424 do Código Civil de 2002". O enunciado em questão traz em seu conteúdo o *diálogo das fontes* entre o Código Civil e o Código de Defesa do Consumidor, que outrora foi comentado.

Assim sendo, deve-se concluir que a cláusula de responsabilização por caso fortuito e força maior somente valerá nos contratos civis paritários ou negociados, aqueles plenamente discutidos, desde que relacionada com a responsabilidade contratual.

Aqui, vale apenas ressaltar que compartilha desse mesmo entendimento quanto à *cláusula de assunção convencional* a Professora Judith Martins-Costa. Ensina a renomada autora:

> "A possibilidade de assumir, convencionalmente, o risco pelo caso fortuito ou força maior, embora comum em contratos internacionais, tem merecido no direito interno algumas restrições. Escusado dizer que jamais poderá ser acordada contra o consumidor, sob pena de nulidade, por abusividade. Mesmo nas relações de direito comum será vedada, em nosso entendimento, sempre que caracterizar abuso por violação da boa-fé ou do fim econômico-social do contrato (arts. 187 e 422) ou quando quebrar a 'obrigação fundamental' do contrato" (MARTINS-COSTA, Judith. *Comentários...*, 2003, p. 217).

Nota-se que nesta obra já se começa a demonstrar meus posicionamentos em relação à nova teoria geral dos contratos, tema do Volume 3 da coleção. Esses entendimentos ficarão ainda mais evidenciados no tópico a seguir, que trata da malfadada *cláusula de não indenizar*.

10.2.5 Da cláusula de não indenizar

Considerada por parte da doutrina como uma excludente de responsabilidade, a cláusula de não indenizar constitui a previsão contratual pela qual a parte exclui totalmente a sua responsabilidade. Essa cláusula é também denominada *cláusula de irresponsabilidade* ou *cláusula de exclusão de responsabilidade*. Por razões óbvias, a cláusula somente deve ser aplicada à responsabilidade contratual (arts. 389 a 391 do CC), e não à extracontratual (art. 186 do CC), pois, como se afirmou, a última envolve preceitos de ordem pública.

A cláusula também não incide nos casos em que houver conduta dolosa do agente ou na presença de atos criminosos da parte, igualmente pela motivação na ordem pública. Igualmente, fica em xeque a sua estipulação para a limitação ou exclusão de danos morais, que envolvem lesões a direitos da personalidade, tidos como irrenunciáveis, em regra, por dicção legal (art. 11 do CC).

Sobre o tema, comenta Judith Martins-Costa que a referida cláusula será inválida "se pactuada contra o consumidor, ou o empregado, ou contra o usuário de serviços públicos, sob pena de nulidade, por abusividade. Porém, mesmo nos chamados 'contratos paritários', nos quais há uma relativa igualdade substancial dos contratantes no que concerne ao poder de negociar, tem parte da doutrina sustentado a sua 'ineficácia', ora sob o fundamento de que ofende o princípio proibitivo de lesão ao patrimônio alheio, refletido na expressão 'noeminem laedere', ora sob a argumentação de que não pode ser ajustada para transferir obrigações essenciais do contratante" (MARTINS-COSTA, Judith. *Comentários...*, 2003, p. 219). Concorda-se integralmente.

Como Pablo Stolze Gagliano e Rodolfo Pamplona Filho, doutrinadores da atual geração, não vejo a referida cláusula com bons olhos (*Novo curso...*, 2004, p. 132) e entende que ela não poderá prevalecer em muitos casos, por lesão ao princípio da função social dos contratos, que propõe uma visualização social e humanizada dos negócios jurídicos patrimoniais. Como já exposto, há referência no próprio art. 734 do CC/2002 e na Súmula 161 do STF quanto à nulidade dessa cláusula nos contratos de transporte.

Exemplificando, como fazem os juristas baianos, mencione-se a cláusula de exclusão da responsabilidade da empresa de estacionamento, pelo próprio veículo ou por objetos deixados em seu interior. Para a jurisprudência, o aviso colocado no estacionamento deve ser reputado como cláusula nula. Isso mesmo se o serviço for gratuito em lojas, supermercados ou afins. Nesse sentido, transcreve-se a seguinte ementa de acórdão estadual:

> "Furto de veículo de estacionamento em supermercado – Responsabilidade do estabelecimento – Dever de indenizar presente – Furto ocorrido no estacionamento de supermercado, no momento em que o autor fazia compras nas dependências do mesmo, importa em dever de indenizar do requerido, já que ao mesmo impõe-se a obrigação de oferecer segurança a seus clientes por oferecer aos mesmos estacionamento gratuito. Dever de vigilância presente. Recurso improvido. Sentença mantida" (TJRS, Processo: 71000524199, Apelação, Cachoeirinha, 3.ª Turma Recursal Cível, Rel. Juiz Maria de Lourdes G. Braccini de Gonzalez, j. 22.06.2004).

O julgado, na verdade, acaba por confirmar o entendimento da Súmula 130 do STJ, pela qual "a empresa responde, perante o cliente, pela reparação de dano ou furto de veículo ocorridos em seu estacionamento". Em *diálogo das fontes*, nos casos envolvendo o estacionamento, são aplicados os arts. 25 e 51 da Lei 8.078/1990 (Código de Defesa do Consumidor). Evoca-se, ato contínuo, o art. 424 do CC, pois a sua natureza é de contrato de adesão, não tendo validade, em relação a estes, as cláusulas pelas quais o aderente renuncia previamente a um direito inerente à natureza do negócio. No caso em questão, a parte está renunciando à segurança, que é inerente ao próprio contrato de estacionamento.

De toda sorte, ressalve-se que o mesmo Superior Tribunal de Justiça entende que a empresa de estacionamento não deve responder pelo assalto à mão armada ocorrido no seu interior, constituindo tal fato um evento externo, a caracterizar o caso fortuito ou a força maior. Conforme se extrai de acórdão publicado no *Informativo* n. *521* daquela Corte:

> "Não é possível atribuir responsabilidade civil a sociedade empresária responsável por estacionamento particular e autônomo – independente e desvinculado de agência bancária – em razão da ocorrência, nas dependências daquele estacionamento, de roubo à mão armada de valores recentemente sacados na referida agência e de outros pertences que o cliente carregava consigo no momento do crime. (...) Consequentemente, não é razoável impor à sociedade responsável pelo estacionamento o dever de garantir a segurança individual do usuário e a proteção dos bens portados por ele, sobretudo na hipótese em que ele realize operação sabidamente de risco consistente no saque de valores em agência bancária, uma vez que essas pretensas contraprestações não estariam compreendidas por contrato que abranja exclusivamente a guarda de veículo. Nesse contexto, ainda que o usuário, no seu subconsciente, possa imaginar que, parando o seu veículo em estacionamento privado, estará protegendo, além do seu veículo, também a si próprio, a responsabilidade do estabelecimento não pode ultrapassar o dever contratual de guarda do automóvel, sob pena de se extrair do instrumento consequências que vão além do contratado, com clara violação do *pacta sunt servanda*. Não se trata, portanto, de resguardar os interesses da parte hipossuficiente da relação de consumo, mas sim de assegurar ao consumidor apenas aquilo que ele legitimamente poderia esperar do serviço contratado. Além disso, deve-se frisar que a imposição de tamanho ônus aos estacionamentos de veículos – de serem responsáveis pela integridade física e patrimonial dos usuários – mostra-se temerária, inclusive na perspectiva dos consumidores, na medida em que a sua viabilização exigiria investimentos que certamente teriam reflexo direto no custo do serviço, que hoje já é elevado" (STJ, REsp 1.232.795/SP, Rel. Min. Nancy Andrighi, j. 02.04.2013).

Como se nota, o julgado ressalva a responsabilidade de estacionamento relativo à agência bancária. Em 2019, tal entendimento foi consolidado no âmbito da Segunda Seção da Corte, com a seguinte tese: "o roubo à mão armada em estacionamento gratuito, externo e de livre acesso configura fortuito externo, afastando a responsabilização do estabelecimento comercial" (STJ, EREsp 1.431.606/SP, 2.ª Seção, Rel. Min. Maria Isabel Gallotti, j. 27.03.2019, *DJe* 02.05.2019). Entendo que tal posição não afasta a nulidade da cláusula de não indenizar, mas apenas traz a conclusão de análise casuística da responsabilidade do estacionamento.

Mudando a situação fática, a referida cláusula de não indenizar não tem sido aplicada nos casos envolvendo furtos em hotéis e similares, respondendo a empresa que presta o serviço:

> "Responsabilidade civil – Perdas e danos – Furto de joias e outros bens, mediante arrombamento das janelas, ocorrido em hotel à luz do dia – Falha do serviço, já que a contratação de apenas dois vigias, e somente para o período noturno, não era suficiente para garantir a integridade física dos hóspedes e de suas bagagens – Inocorrência de força maior – Ineficácia, ademais, da cláusula de não indenizar – Responsabilidade dos hoteleiros reconhecida, nos termos dos artigos 1.284 do Código Civil e 14 do Código de Defesa do Consumidor – Exame da doutrina – Condenação em danos materiais fixados em R$ 3.118,00, atualizados monetariamente a partir da citação, e em danos morais, no valor equivalente a 20 salários mínimos, acrescidos de juros moratórios de 6%, a partir da

citação – Indenizatória procedente – Recurso provido" (TJSP, Apelação Cível 133.338-4/2, 4.ª Câmara de Direito Privado de Férias Janeiro/2003, Campos do Jordão, Rel. Armindo Freire Mármora, 30.01.2003, v.u.).

Também em outras hipóteses tem-se afastado a validade da referida cláusula. Aliás, tornou-se comum afirmar que a referida cláusula não vale nos contratos de guarda, como é o caso dos contratos de depósito. Relativamente aos últimos, havendo depósito de valores em cofres de bancos, merece destaque a seguinte decisão:

"Responsabilidade civil – Ato ilícito – Subtração de joias e dinheiro existentes em cofre bancário alugado pelo cliente – Avença que caracteriza contrato de depósito e não de locação – Existência, ademais, de prestação de serviços, sujeita ao Codecon – Cláusula de não indenizar inaplicável – Responsabilidade objetiva do banco-réu pelos serviços que causaram prejuízo ao cliente – Danos alegados e configurados por fotos e depoimentos de testemunhas que comprovam a existência das joias e de parte do dinheiro – Valores das joias a serem apurados em liquidação por arbitramento – Pagamento de 50.000 dólares americanos (que estavam no cofre) com conversão para a moeda corrente nacional na data do ajuizamento – Ausência de verossimilhança da alegação em relação às quantias restantes que estariam no cofre: 3.000 dólares americanos e 85.000 marcos alemães – Indenizatória parcialmente procedente – Recurso parcialmente provido" (Processo: 1224607-6, Recurso: Apelação, Origem: São Paulo, 1.º Tribunal de Alçada Civil de São Paulo, 5.ª Câmara, j. 10.12.2003, Rel. Álvaro Torres Júnior, Revisor: Manoel Mattos, Decisão: Deram provimento em parte, v.u.).

A validade da cláusula de não indenizar também não tem sido reconhecida nos contratos de seguro configurados como contratos de consumo e de adesão, principalmente por suposta alegação de informação incorreta prestada pelo segurado. É comum no contrato de seguro por danos a cláusula de não indenizar, cuja incidência ocorrerá no caso de o segurado deixar de prestar uma informação que possa influenciar na veracidade do *perfil* indicado e, logicamente, no valor do prêmio. Os Tribunais Brasileiros têm entendido pela impossibilidade de se interpretar extensivamente a referida cláusula, como no caso em que o carro é roubado em outro local que não aquele que consta da declaração do segurado:

"Seguro – Cláusula excludente – Acidente de trânsito – Veículo – Pretensão de não indenizar sob alegação de declaração falsa no preenchimento do perfil – Descabimento – Hipótese em que o veículo, no momento do acidente, era utilizado para o lazer, não correspondendo à cláusula excludente invocada de utilização para ida e volta ao trabalho. Indenização devida. Recurso da ré improvido, parcialmente provido o adesivo do autor" (1.º Tribunal de Alçada Civil de São Paulo, Processo: 1241295-0, Recurso: Apelação, Origem: Patrocínio Paulista, 9.ª Câmara de Férias de Julho de 2004, j. 10.08.2004, Rel. Grava Brazil).

Desse modo, é totalmente justificável a falta de apreço pela referida cláusula nos casos descritos. Como se sabe, as situações envolvendo as excludentes de responsabilidade devem ser analisadas caso a caso, com atenção pelo julgador e pelo aplicador do Direito. Não há como colocar a questão dentro de um padrão, em regra, o que visa a tão criticada *cláusula de irresponsabilidade*.

Por fim, cabe expor uma situação em que a citada cláusula de não indenizar parece ser válida e eficaz, conforme casos concretos que foram levados a consulta nos últimos anos. Imagine-se um contrato de prestação de serviços celebrado entre duas grandes empresas que não se configura como de consumo. O negócio foi amplamente debatido e negociado entre as partes, que limitaram as indenizações aos danos emergentes suportados por cada um, excluindo os lucros cessantes e outros eventuais danos indiretos, como perdas de contratos no futuro.

Como a seara é da responsabilidade contratual, não estando presente um contrato de adesão, não há que se atacar a referida previsão, que está no âmbito de direitos disponíveis dos envolvidos. Ressalte-se que essas cláusulas se tornaram comuns no Brasil nos últimos anos, especialmente no setor de fornecimento de infraestrutura para obras e construções e também nos seguros empresariais.

Adotando parcialmente essa solução, de validade da cláusula de não indenizar nas relações paritárias, na *VIII Jornada de Direito Civil,* realizada em abril de 2018, aprovou-se a seguinte ementa doutrinária: "como instrumentos de gestão de riscos na prática negocial paritária, é lícita a estipulação de cláusula que exclui a reparação por perdas e danos decorrentes do inadimplemento (cláusula excludente do dever de indenizar) e de cláusula que fixa valor máximo de indenização (cláusula limitativa do dever de indenizar)" – Enunciado n. 631.

Apesar de certas ressalvas que tenho quanto à exclusão dos danos emergentes, o enunciado aprovado contou com o meu apoio quando da plenária daquele evento.

No mesmo sentido, aliás, para a admissão dessa cláusula em negócios paritários, vale como argumento o teor do art. 3.º, inc. VIII, da *Lei da Liberdade Econômica* (Lei 13.874/2019), que procura valorizar a autonomia privada, assegurando o respeito à *palavra dada,* desde que não exista lesão à norma cogente ou ordem pública. E, nos casos que foram aqui limitados, não me parece haver lesão à norma cogente quando se insere a cláusula de não indenizar para as situações concretas de responsabilidade civil contratual envolvendo empresários em contratos negociados.

Justamente por isso, para fechar o capítulo, no Projeto de Reforma do Código Civil, apoiei a inclusão de uma norma específica na codificação privada, para tratar da viabilidade jurídica da cláusula de não indenizar e da cláusula limitativa de indenização nos contratos paritários – com ampla negociação do conteúdo pelas partes –, e simétricos – com partes em situação de igualdade, sem a presença de vulnerabilidades ou hipossuficiências de qualquer natureza.

Nesse contexto, sugere-se o novo art. 946-A na codificação privada, com a seguinte dicção: "em contratos paritários e simétricos, é lícita a estipulação de cláusula que previamente exclua ou limite o valor da indenização por danos patrimoniais, desde que não viole direitos indisponíveis, normas de ordem pública, a boa-fé ou exima de indenização danos causados por dolo".

O dispositivo projetado está na linha de outras proposições que constam da Reforma, de aumento da liberdade e da amplitude da autonomia privada para os grandes contratos celebrados no País e para, como tenho dito, *destravar a vida das pessoas.* Também se almeja, em prol da segurança jurídica, trazer mais investimentos econômicos para o Brasil. Espera-se, assim, a sua aprovação pelo Congresso Nacional, sem qualquer alteração.

Resumindo tudo o que foi exposto, podem ser apontadas as seguintes situações, sintetizando a matéria da cláusula de não indenizar:

sem prejuízo da liquidação para a apuração do dano efetivamente sofrido". A introdução se deu pela Lei 11.719, de 2008.

Ora, a mesma lei novel passou a prever no art. 387, IV, do CPP o seguinte: "o juiz, ao proferir sentença condenatória: (...). IV – fixará valor mínimo para reparação dos danos causados pela infração, considerando os prejuízos sofridos pelo ofendido". Como se vê, houve a consagração de um *piso mínimo* de indenização civil, que cabe ao juiz penal fixar, sendo imperioso um pedido do ofendido – por seu advogado – ou do Ministério Público (NUCCI, Guilherme de Souza. *Código*..., 2008, p. 691).

A nova redação é criticada pelos autores da área específica, uma vez que há muito tempo clama-se pela possibilidade de o juiz penal fixar a indenização civil. Todavia, a fixação do mínimo da indenização veio bem aquém do esperado. Nesse sentido, comenta Guilherme de Souza Nucci:

> "Essa situação nos soa absurda. Ou o ofendido vai diretamente ao juízo cível, como se dava anteriormente, ou consegue logo o que almeja – em definitivo – no contexto criminal. A situação do meio-termo é típica de uma legislação vacilante e sem objetivo. Desafogar a Vara Cível também precisaria de uma meta do legislador. Incentivar o ofendido a conseguir justa indenização, igualmente. Porém, inexiste qualquer razão para a fixação de um valor mínimo. Dá-se com uma mão; retira-se com a outra. O ofendido obtém, na sentença penal condenatória criminal, um montante qualquer pelo que sofreu, mas pode demandar valor maior na esfera cível" (NUCCI, Guilherme de Souza. *Código*..., 2008, p. 691).

De fato, tem razão o jurista. Em reforço, parece que há uma contramão principiológica ou de ideais. O sistema penal consagrou a ideia da *reparação mínima*, enquanto o sistema civil prevê a *reparação máxima*, integral, que pode ser retirada do *caput* do art. 944 do Código Civil. Isso acaba por colocar o primeiro sistema em descrédito, pois sempre vai se buscar a solução na esfera cível. Em suma, fere-se a lógica da reforma processual penal, que tendeu à facilitação das demandas penais e de suas decorrências diretas e indiretas.

De toda sorte, podem ser encontrados julgados que debatem e aplicam a alteração legislativa. Do Superior Tribunal de Justiça colaciona-se aresto assim publicado no seu *Informativo* n. *499*, que afastou a possibilidade de fixação de um mínimo reparatório, pela falta de elementos plausíveis para tanto:

> "Aplicação. Reparação. Art. 387, IV, do CPP. A alteração advinda da Lei n. 11.719/2008, que determinou ao juiz que, ao proferir a sentença condenatória, fixe o valor mínimo para reparação dos danos causados pela infração considerando os prejuízos sofridos pelo ofendido (art. 387, IV, do CPP), é norma processual. Tal norma modificou apenas o momento em que deve ser fixado o mencionado valor, aplicando-se imediatamente às sentenças proferidas após a sua entrada em vigor. Ocorre que, no caso, inexistem elementos suficientes para que o juiz fixe um valor, ainda que mínimo, para reparar os danos causados pela infração, considerando os prejuízos sofridos pelo ofendido (ou seus sucessores). Além disso, na hipótese, o delito é homicídio e eventuais danos não são de simples fixação, até porque provavelmente são de natureza material e moral. Assim, não houve contrariedade ao dispositivo legal supradito" (STJ, REsp 1.176.708/RS, Rel. Min. Sebastião Reis Júnior, j. 12.06.2012).

Como se nota da decisão, existem barreiras consideráveis para subsunção da hipótese legal. Para a doutrina especializada, caso de Renato Brasileiro de Lima e Guilherme Madeira Dezem, a menção à indenização mínima fixada no âmbito penal inclui todos os danos suportados, não só os materiais como os imateriais, casos dos danos morais e dos estéticos (LIMA, Renato Brasileiro de. *Manual...*, [s.d.], p. 332; e DEZEM, Guilherme Madeira. *Curso...*, 2018, p. 327-329).

Apontam eles que o entendimento consta do Enunciado n. 16 do 1.º Fórum Nacional dos Juízes Federais Criminais (FONACRIM): "o valor mínimo para reparação dos danos causados pelo crime pode abranger danos morais"; bem como de recentes acórdãos do STJ, caso dos julgamentos do Recurso Especial 1.585.684/DF e do Agravo Regimental no Recurso Especial 1.644.564/MS, pela 6.ª Turma da Corte, ambos com a relatoria da Ministra e Professora Maria Thereza de Assis Moura, no ano de 2016.

Mais recentemente, no mesmo sentido, cabe acrescentar os seguintes arestos, que apontam a necessidade de haver pedido expresso na denúncia para que tal indenização seja fixada, não cabendo a sua atribuição de ofício pelo julgador. A posição que prevalece hoje é que tal pedido pode ser feito pela própria parte interessada ou pelo MP, como defende Guilherme Nucci na sua obra aqui já citada:

"Agravo regimental em recurso especial. Processo penal. Art. 387, IV, do CPP. Reparação civil. Danos morais. Pedido expresso da acusação na denúncia. Possibilidade. Instrução probatória específica. Desnecessidade. *Dano in re ipsa*. Agravo provido. 1. Admite-se a fixação de valor mínimo para reparação de danos morais, nos termos do art. 387, IV, do Código de Processo Penal, desde que haja pedido expresso do Ministério Público na denúncia. 2. Em se tratando de violência doméstica e familiar contra a mulher, configurado o dano moral *in re ipsa*, que dispensa instrução específica. 3. Agravo regimental provido para prover o recurso especial" (STJ, AgRg-REsp 1.686.321/MS, 6.ª Turma, Rel. Min. Nefi Cordeiro, j. 19.04.2018, *DJe* 11.05.2018, p. 1.587).

"Recurso especial. CPP. Violência doméstica. Art. 387, IV, do CPP. Reparação de dano sofrido pela vítima. Natureza jurídica. Cabimento para danos morais e materiais. Pedido expresso do *quantum* na denúncia. Ocorrência. Recurso especial não provido" (STJ, REsp 1.702.421/MS, Rel. Min. Sebastião Reis Júnior, j. 30.04.2018, *DJe* 04.05.2018, p. 9.185).

A questão foi julgada em sede de incidente de recursos repetitivos pelo Tribunal da Cidadania, concluindo-se, ao final e a respeito das ações de violência doméstica contra a mulher, que a norma em estudo possibilita a fixação mínima da indenização por todos os danos suportados pela vítima, inclusive os morais.

No tocante aos danos imateriais, entendeu-se que estes independem da indicação de um valor líquido e certo, podendo o *quantum* ser fixado minimamente pelo julgador, de acordo com seu arbítrio e até de forma presumida ou *in re ipsa*. Vejamos trecho fundamental da longa ementa do acórdão superior:

"A evolução legislativa ocorrida na última década em nosso sistema jurídico evidencia uma tendência, também verificada em âmbito internacional, a uma maior valorização e legitimação da vítima, particularmente a mulher, no processo penal. Entre diversas outras inovações introduzidas no Código de Processo Penal com a reforma de 2008, nomeadamente com a Lei n. 11.719/2008, destaca-se a inclusão do inciso IV ao art. 387, que, consoante pacífica jurisprudência desta Corte Superior, contempla a viabilidade de indenização para as duas espécies de dano – o material e o moral –, desde que tenha havido a dedução de seu pedido na denúncia ou na queixa. Mais robusta ainda há de ser tal compreensão quando se cuida de danos morais experimentados pela mulher vítima de violência doméstica. Em tal situação, emerge a inarredável compreensão de que a fixação, na sentença condenatória, de indenização, a título de danos morais, para a vítima de violência doméstica, independe de indicação de um valor líquido e certo pelo postulante da reparação de danos, podendo o *quantum* ser fixado minimamente pelo juiz sentenciante, de acordo com seu prudente arbítrio. No âmbito da reparação dos danos morais – visto que, por óbvio, os danos materiais dependem de comprovação do prejuízo, como sói ocorrer em ações de similar natureza –, a Lei Maria da Penha, complementada pela reforma do Código de Processo Penal já mencionada, passou a permitir que o juízo único – o criminal – possa decidir sobre um montante que, relacionado à dor, ao sofrimento, à humilhação da vítima, de difícil mensuração, deriva da própria prática criminosa experimentada. Não se mostra razoável, a esse fim, a exigência de instrução probatória acerca do dano psíquico, do grau de humilhação, da diminuição da autoestima etc., se a própria conduta criminosa empregada pelo agressor já está imbuída de desonra, descrédito e menosprezo à dignidade e ao valor da mulher como pessoa. Também justifica a não exigência de produção de prova dos danos morais sofridos com a violência doméstica a necessidade de melhor concretizar, com o suporte processual já existente, o atendimento integral à mulher em situação de violência doméstica, de sorte a reduzir sua revitimização e as possibilidades de violência institucional, consubstanciadas em sucessivas oitivas e pleitos perante juízos diversos. O que se há de exigir como prova, mediante o respeito ao devido processo penal, de que são expressão o contraditório e a ampla defesa, é a própria imputação criminosa – sob a regra, derivada da presunção de inocência, de que o *onus probandi* é integralmente do órgão de acusação –, porque, uma vez demonstrada a agressão à mulher, os danos psíquicos dela derivados são evidentes e nem têm mesmo como ser demonstrados. Recurso especial provido para restabelecer a indenização mínima fixada em favor pelo Juízo de primeiro grau, a título de danos morais à vítima da violência doméstica. Tese: 'Nos casos de violência contra a mulher praticados no âmbito doméstico e familiar, é possível a fixação de valor mínimo indenizatório a título de dano moral, desde que haja pedido expresso da acusação ou da parte ofendida, ainda que não especificada a quantia, e independentemente de instrução probatória'" (STJ, REsp 1.643.051/MS, 3.ª Seção, Rel. Min. Rogerio Schietti Cruz, j. 28.02.2018, *DJe* 08.03.2018).

Com o devido respeito, apesar dos louváveis argumentos pela instrumentalidade e efetividade da reforma processual, bem como de tutela de vulneráveis, não estou filiado a essa corrente por uma questão funcional. Entendo que a fixação dos danos no âmbito penal diz respeito apenas aos prejuízos materiais, assim entendidos como os danos emergentes e lucros cessantes. Os danos imateriais, como os morais e os estéticos, necessitam de um maior aprofundamento de análise, que somente pode ser feito, a contento e como se espera, no âmbito cível. A fixação do âmbito penal, muitas vezes irrisória, pode se distanciar das sempre citadas funções sancionatória e preventiva que se devem dar à responsabilidade civil.

Aliás, para a mesma Corte Superior, a norma somente tem aplicação para atos praticados após a sua entrada em vigor. Em julgamento relativo ao crime de uso indevido de informação privilegiada de empresa ("insider trading"), entendeu-se que, "a despeito de a redação do art. 387, IV, do Código de Processo Penal, conferida pela Lei n. 11.719/2008, estabelecer que o juiz, ao proferir sentença condenatória, 'fixará valor mínimo para reparação dos danos causados pela infração, considerando os prejuízos sofridos pelo ofendido', a referida norma, por possuir caráter processual e penal, não pode ser aplicada à espécie, em face do preceito constitucional previsto no art. 5.º, XL, da CF/88, que veda a retroatividade da lei penal *in pejus*" (STJ, REsp 1.569.171/SP, 5.ª Turma, Rel. Min. Gurgel de Faria, j. 16.02.2016, *DJe* 25.02.2016). Acrescente-se que o caso dizia respeito à condenação por danos morais coletivos.

Também a merecer destaque, pela sua relevância para a prática, concluiu o Tribunal da Cidadania ser inviável fixar, na esfera penal, indenização mínima a título de danos morais, sem que tenha havido a efetiva comprovação do abalo à honra objetiva da pessoa jurídica (STJ, AREsp 2.267.828-MG, Rel. Min. Messod Azulay Neto, 5.ª Turma, j. 17.10.2023, *DJe*

23.10.2023, v.u.). No caso concreto, como se retira da publicação do acórdão, "o Tribunal de origem justificou a fixação de valor mínimo indenizatório por danos morais, pois não haveria '...qualquer elemento que afaste a ofensa à esfera intima do ofendido, que é própria da prática da infração penal...'. Contudo, o conceito de 'esfera íntima' é inapropriado nas hipóteses em que o ofendido é pessoa jurídica. É temerário presumir que o roubo a um caminhão de entregas possa ter causado danos morais à pessoa jurídica. Por outro lado, é possível que determinados crimes afetem a imagem e a honra de empresas. Seria, por exemplo, o caso de consumidores que param de frequentar determinado estabelecimento por razões de segurança. Daí porque se conclui pela imprescindibilidade da instrução específica para comprovar, caso a caso, a ocorrência de efetivo abalo à honra objetiva da pessoa jurídica para os fins do art. 387, inc. IV, do Código de Processo Penal". De fato, pelas peculiaridades do caso concreto, a conclusão não poderia ser outra.

Outra atualização de cunho processual penal que aqui deve ser analisada envolve a Lei 12.403/2011, tema muito bem analisado por Renato Brasileiro de Lima (LIMA, Renato Brasileiro de. *Manual...*, 2011, v. 1, p. 1.497-1.498). Como é notório, esta norma introduziu importantes alterações a respeito das medidas cautelares do processo penal, especialmente no que concerne à fiança.

Estabelece o art. 336 do Código de Processo Penal que "o dinheiro ou objetos dados como fiança servirão ao pagamento das custas, da indenização do dano, da prestação pecuniária e da multa, se o réu for condenado". Conforme as lições de Renato Brasileiro, a quem se filia, apesar de não haver disposição expressa, deve ser dada preferência ao pagamento da indenização do dano causado à vítima, eis que o Estado, sempre que possível, deve proteger e estimular a recomposição do patrimônio daquele atingido pela infração penal. Apenas nos casos em que estiverem presentes *sobras* é que os valores serão utilizados para pagamento das custas e da multa, que serão recolhidas ao Fundo Penitenciário Nacional, para os seus fins previstos em lei.

A inovação revela uma salutar interação, vindo em boa hora, na minha opinião doutrinária. Isso porque a fiança já tem a finalidade prévia de reparar o dano sofrido pela vítima ou por sua família, inclusive em valores consideráveis, eis que a reforma processual penal aumentou de forma relevante os parâmetros para sua fixação. Com a redação dada pela Lei 12.403/2011 ao art. 325 do Código de Processo Penal, o valor da fiança pode chegar a até mil vezes o correspondente a 200 salários mínimos nacionais. Não obstante, a fixação da fiança não pode gerar abusos, especialmente quando o réu não tem qualquer condição financeira de pagá-la. Em suma, assim como ocorre na responsabilização civil, a condição do ofensor deve ser levada em conta pela autoridade que fixa o valor fiança, de acordo com as peculiaridades do caso concreto.

Como última nota de atualização, o conhecido *Pacote de Lei Anticrime,* que surgiu no final de 2019, trouxe a possibilidade de a reparação do dano sofrido pela vítima substituir a pena restritiva de direito (Lei 13.964/2019). Entre as previsões nesse sentido, destaque-se o novo art. 28-A do Código de Processo Penal, segundo o qual não sendo caso de arquivamento e tendo o investigado confessado formal e circunstancialmente a prática de infração penal sem violência ou grave ameaça e com pena mínima inferior a quatro anos, o Ministério Público poderá propor *acordo de não persecução penal,* desde que necessário e suficiente para reprovação e prevenção do crime, mediante as seguintes condições ajustadas cumulativa e alternativamente: *a)* reparar o dano ou restituir a coisa à vítima, exceto na impossibilidade de fazê-lo; *b)* renunciar voluntariamente a bens e direitos indicados pelo Ministério Público, como instrumentos, produto ou proveito do crime; *c)* prestar serviço à comunidade ou a entidades públicas por período correspondente à pena mínima cominada ao delito diminuída de um a dois terços, em local a ser indicado pelo juízo da execução; *d)* pagar prestação pecuniária, a ser estipulada a entidade pública ou de interesse social, a ser indicada pelo juízo da execução, que tenha, preferencialmente, como função proteger bens jurídicos iguais ou semelhantes aos aparentemente lesados pelo delito; ou *e)* cumprir, por prazo determinado, outra condição indicada pelo Ministério Público, desde que proporcional e compatível com a infração penal imputada.

Em sentido próximo, merece também relevo o novo art. 17-A incluído na *Lei de Improbidade Administrativa* (Lei 8.429/1992), ao estabelecer que o Ministério Público poderá, conforme as circunstâncias do caso concreto, celebrar *acordo de não persecução cível*, desde que, ao menos, advenham os seguintes resultados: a*)* o integral ressarcimento do dano; *b)* a reversão, à pessoa jurídica lesada, da vantagem indevida obtida, ainda que oriunda de agentes privados; e *c)* o pagamento de multa de até 20% do valor do dano ou da vantagem auferida, atendendo a situação econômica do agente. Nos termos do mesmo comando, em qualquer caso, a celebração do acordo levará em conta a personalidade do agente, a natureza, as circunstâncias, a gravidade e a repercussão social do ato de improbidade, bem como as vantagens, para o interesse público, na rápida solução do caso.

Esse acordo também poderá ser celebrado no curso de ação de improbidade. Além disso, as negociações para a celebração do acordo ocorrerão entre o Ministério Público e o investigado ou demandado e o seu defensor. O acordo celebrado pelo órgão do Ministério Público com atribuição, no plano judicial ou extrajudicial, deve ser objeto de aprovação, no prazo de até sessenta dias, pelo órgão competente para apreciar as promoções de arquivamento do inquérito civil. Por fim, está previsto que cumprida essa última previsão, o acordo será encaminhado ao juízo competente para fins de homologação.

Como se pode perceber, as normas fixam negócios jurídicos processuais no campo do processo penal, cujo objeto pode ser a reparação civil, em claro diálogo entre as duas esferas de responsabilização.

Acredito que as inovações vêm boa hora, representando alternativas para a restrição da liberdade, que deve ser a *ultima ratio*. De todo modo, não se pode negar a possibilidade de crítica das inovações, pelo fato de se encerrar previsões utilitaristas, que valorizam o pagamento de indenizações em detrimento de punições mais duras, que atualmente não defendidas por muitos.

Superadas tais atualizações, de *diálogos* entre o Direito Civil e o Direito Penal, é interessante comentar outras questões práticas à luz da jurisprudência de nossos Tribunais.

Primeiramente, não há o costume de se utilizar todos os conceitos de ilícito penal para a responsabilidade civil. A título de exemplo, pode ser citado o fato de que o civilista não adota todas as classificações da culpa ou do dolo existentes no Direito Penal para a fixação da indenização.

Na realidade, para o Direito Civil interessa a simples classificação da culpa quanto ao grau, em culpa grave, leve ou levíssima, conforme já aduzido. Essa pode ser tida como uma versão da *teoria da causalidade adequada*, já adotada na área criminal. Demonstrando tal diferenciação, transcreve-se julgado publicado no *Informativo n. 437* do STJ:

> "Sentença penal absolutória. Efeito. Cível. A questão consiste em determinar se a absolvição penal do preposto do recorrente com base no inciso IV do art. 386 do CPP é capaz de tolher os efeitos de sentença cível anteriormente proferida na qual o recorrente foi condenado ao pagamento de pensão e indenização por danos morais e materiais por morte em acidente de trânsito. Destacou a Min. Relatora que, na hipótese, tanto a responsabilidade criminal quanto a civil tiveram origem no mesmo fato. Entretanto, observa que cada uma das jurisdições,

penal e civil, utiliza diferentes critérios para aferição do ocorrido. Dessa forma, a absolvição no juízo criminal não exclui automaticamente a possibilidade de condenação no juízo cível, conforme está disposto no art. 64 do CPP. Os critérios de apreciação da prova são diferentes: o Direito Penal exige integração de condições mais rigorosas e taxativas, uma vez que está adstrito ao princípio da presunção de inocência; já o Direito Civil é menos rigoroso, parte de pressupostos diversos, pois a culpa, mesmo levíssima, induz à responsabilidade e ao dever de indenizar. Assim, pode haver ato ilícito gerador do dever de indenizar civilmente, sem que penalmente o agente tenha sido responsabilizado pelo fato. Assim, a decisão penal absolutória, que, no caso dos autos, foi por inexistir prova de ter o réu concorrido para a infração penal (art. 386, IV, do CPP), ou seja, por falta de provas da culpa, não impede a indenização da vítima pelo dano cível sofrido. Expõe, ainda, que, somente a decisão criminal que tenha categoricamente afirmado a inexistência do fato impede a discussão da responsabilidade civil, o que não ocorreu na hipótese dos autos. Além do mais, o art. 65 desse mesmo Código explicita que somente a sentença penal que reconhece o ato praticado em estado de necessidade, em legítima defesa, em estrito cumprimento do dever legal ou exercício regular de direito faz coisa julgada no cível (essas circunstâncias também não foram contempladas nos autos). Na espécie, segundo a Min. Relatora, a questão assume relevância pelo fato de que se debate a possibilidade de o recorrente ser alcançado em processo penal do qual não foi parte, só seu preposto, visto que o sistema processual brasileiro não admite a intervenção do responsável civil na ação criminal, de modo que, sob o prisma dos limites subjetivos da coisa julgada, conduz à conclusão de que a condenação do recorrente ao pagamento da indenização fixada pelo juízo cível não deve ser desconstituída. Nesse contexto, a Min. Relatora, acompanhada pela Turma, negou provimento ao recurso, confirmando o acórdão recorrido conclusivo de que a decisão criminal que absolve o réu em razão de insuficiência de prova de sua culpabilidade não implica a extinção da ação de indenização por ato ilícito" (STJ, REsp 1.117.131/SC, Rel. Min. Nancy Andrighi, j. 1.º.06.2010).

Outro julgado da mesma Corte Superior e Relatoria resume bem a extensão do art. 935 do CC/2002, expondo da seguinte forma:

"A sentença penal absolutória, tanto no caso em que fundamentada na falta de provas para a condenação quanto na hipótese em que ainda não tenha transitado em julgado, não vincula o juízo cível no julgamento de ação civil reparatória acerca do mesmo fato. O art. 935 do CC consagra, de um lado, a independência entre a jurisdição cível e a penal; de outro, dispõe que não se pode mais questionar a existência do fato, ou sua autoria, quando a questão se encontrar decidida no juízo criminal. Dessa forma, tratou o legislador de estabelecer a existência de uma autonomia relativa entre essas esferas. Essa relativização da independência de jurisdições se justifica em virtude de o direito penal incorporar exigência probatória mais rígida para a solução das questões submetidas a seus ditames, sobretudo em decorrência do princípio da presunção de inocência. O direito civil, por sua vez, parte de pressupostos diversos. Neste, autoriza-se que, com o reconhecimento de culpa, ainda que levíssima, possa-se conduzir à responsabilização do agente e, consequentemente, ao dever de indenizar. O juízo cível é, portanto, menos rigoroso do que o criminal no que concerne aos pressupostos da condenação, o que explica a possibilidade de haver decisões aparentemente conflitantes em ambas as esferas. Além disso, somente as questões decididas definitivamente no juízo criminal podem irradiar efeito vinculante no juízo cível. Nesse contexto, pode-se afirmar, conforme interpretação do art. 935 do CC, que a ação em que se discute a reparação civil somente estará prejudicada na hipótese de a sentença penal absolutória fundamentar-se, em definitivo, na inexistência do fato ou na negativa de autoria. Precedentes citados: AgRg nos EDcl no REsp 1.160.956/PA, Primeira Turma, *DJe* 07.05.2012, e REsp 879.734/RS, Sexta Turma, *DJe* 18.10.2010" (STJ, REsp 1.164.236/MG, Rel. Min. Nancy Andrighi, j. 21.02.2013, publicado no seu *Informativo* n. *517*).

Em complemento, como constam das ementas colacionadas, as excludentes de punibilidade do Direito Penal merecem uma nova dimensão quando analisadas no âmbito civil. Destaque-se, contudo, o art. 65 do Código de Processo Penal, que consagra uma regra importante: "faz coisa julgada no cível a sentença penal que reconhecer ter sido o ato praticado em estado de necessidade, em legítima defesa, em estrito cumprimento de dever legal ou no exercício regular de direito". Aplicando a última norma, transcreve-se julgado do Tribunal Mineiro:

"Responsabilidade objetiva – Obrigação de indenização – Relatividade – Culpa exclusiva da vítima – Legítima defesa real, própria e de terceiro. Tem-se que o princípio da responsabilidade civil objetiva do estado e sua consequente obrigação de indenizar não se reveste de caráter absoluto, eis que admite a exclusão da responsabilidade, por culpa/dolo exclusivo da vítima e, ainda, em razão de algumas situações que excluem a ilicitude da conduta, como a absolvição criminal com base em legítima defesa, que, na hipótese, tem o condão de excluir a *actio civilis ex delicto* fazendo coisa julgada no cível (arts. 160, I, do *CC, 65 do CPP e 467 do CPC*)" (TJMG, Acórdão 1.0000.00.353011-0/000, 1.ª Câmara Cível, Timóteo, Rel. Des. Geraldo Augusto de Almeida, j. 09.12.2003, *DJMG* 07.05.2004).

Ademais, como apontado no Volume 1 desta coleção, não se pode esquecer do art. 200 do CC, pelo qual: "quando a ação se originar de fato que deva ser apurado no juízo criminal, não correrá a prescrição antes da respectiva sentença definitiva". Conforme aduzido no volume anterior desta coleção, trata-se de outra exceção à regra de independência de instâncias (civil e criminal).

Em reforço, a jurisprudência, em algumas decisões interessantes, tem reconhecido essa independência parcial, já aplicando a nova codificação privada.

De início, cite-se o entendimento atual do Superior Tribunal de Justiça, pelo qual a sentença penal absolutória posterior a sentença cível com trânsito em julgado não viabiliza a propositura de ação rescisória:

"Responsabilidade civil – Execução – Rescisória – Ação criminal posterior – Sentença absolutória. 1. Na linha da jurisprudência das Turmas que compõem a Segunda Seção desta Corte, não é documento novo aquele produzido após o julgamento da causa e a ocorrência de decisões contraditórias no cível e no juízo criminal não induz necessariamente a uma ação rescisória, ausentes as hipóteses mencionadas no art. 485 do Código de Processo Civil. 2. Sobre o art. 1.521 do Código Civil, parece não ter sido violado em sua literal disposição, já que o processo criminal terminou depois do trânsito em julgado da sentença proferida na ação indenizatória. 3. A ausência do 'fumus boni iuris' impede o processamento da cautelar. 4. Agravo regimental desprovido" (STJ, AGRMC 8.310/MG (200400735220), 574.297 Agravo regimental na medida cautelar, 3.ª Turma, Rel. Min. Carlos Alberto Menezes Direito, j. 03.08.2004, *DJ* 25.10.2004, p. 333; veja: STJ, REsp 453.579/ES, AgRg no AG 93.815/MG, REsp 27.931/TO, REsp 275.910/MG).

Em reforço, para o mesmo Superior Tribunal de Justiça, a absolvição criminal ocorrida no Tribunal do Júri, por ausência de autoria, não é fundamento para afastar a pretensão indenizatória, o que acaba relativizando o que consta da parte final do art. 935 do CC:

"Ação de reparação de danos – Morte de menor – Absolvição pelo Tribunal do Júri – Efeito sobre a responsabilidade civil. I – Tendo encontrado motivação suficiente para fundar a decisão, não fica o órgão julgador obrigado a responder, um a um, os questionamentos suscitados pelas partes, mormente se notório seu caráter de infringência do julgado. II – Permite-se a investigação, no âmbito cível, da existência de responsabilidade civil, quando

CAP. 10 · EXCLUDENTES DO DEVER DE INDENIZAR | **619**

o Tribunal do Júri absolve o réu, por negativa de autoria, uma vez que essa decisão não é fundamentada, gerando incerteza quanto à real motivação do juízo decisório criminal" (STJ, REsp 485.865/RJ (200201656414), 549.186 Recurso especial, 3.ª Turma, Rel. Min. Castro Filho, j. 25.05.2004, *DJ* 07.06.2004, p. 219; veja: STJ – REsp 26975/RS).

Lembre-se de que é interessante analisar as questões de prescrição não só à luz do art. 200 do CC outrora citado, mas também pelo art. 2.028 da mesma codificação, estudado no volume anterior da coleção e que trata da questão intertemporal relativa à prescrição. O extinto Primeiro Tribunal de Alçada Civil de São Paulo fez essa confrontação necessária, como no julgado a seguir:

"Prescrição – Responsabilidade civil – Ação proposta na vigência do novo Código – Decurso de menos da metade do prazo prescricional antigo – Aplicação do novo prazo a partir da vigência do Código – Inteligência do art. 2.028 das Disposições Finais e Transitórias – Acidente cuja apuração é obrigatória na esfera criminal – Fluência do prazo prescricional somente após a sentença definitiva – Ausência de prova da decisão proferida – Agravo não provido" (1.º Tribunal de Alçada Civil de São Paulo, Processo: 1249678-1, Recurso: Agravo de Instrumento, Porto Ferreira, 12.ª Câmara, j. 17.02.2004, Rel. Andrade Marques, Decisão: negaram provimento, v.u.).

No tocante à prova a ser realizada nas duas esferas, também pelo mesmo extinto 1.º TAC/SP, é desnecessária a realização de nova perícia no juízo cível quando a prova já foi feita no juízo criminal, o que está de acordo com a valorização da economia processual e com o reconhecimento da independência parcial:

"Prova – Responsabilidade civil – Acidente de trânsito – Realização de nova perícia no local do sinistro – Inadmissibilidade – Existência de laudo do Instituto de Criminalística devidamente fundamentado e instruído com gráficos e fotografias – Hipótese, ademais, em que o decurso do tempo já apagou parte ou todos os vestígios deixados pelo infortúnio – Culpa do réu reconhecida no Juízo Criminal – Aplicação do disposto no art. 1.525, 2.ª parte, do Código Civil – Perícia indeferida – Recurso provido para esse fim" (1.º Tribunal de Alçada Civil de São Paulo, Processo: 1049550-4, Recurso: Agravo de Instrumento, Novo Horizonte, 8.ª Câmara, Rel. Carlos Alberto Lopes, j. 28.08.2002, Decisão: deram provimento ao recurso).

Outra questão jurisprudencial de destaque é que, muitas vezes, não há como reconhecer o dever de indenizar diante da comunicação de um crime, o que acaba sendo configurado como um exercício regular de direito. O Tribunal de Justiça de São Paulo analisou a questão à luz do Código Civil de 2002 e da concepção do abuso de direito como ato ilícito:

"Responsabilidade civil – Questionamento sobre o dever de indenizar os dissabores de ação penal que teria sido provocada por abuso do direito – Comunicação de furto de novilha (artigos 160, I, do Código Civil de 1916 e 187, do novo Código Civil) – Na ausência de prova cabal da má-fé, imprudência ou leviandade de quem comunica a ocorrência de furto cuja autoria os vizinhos desafetos assumem durante uma altercação verbal, não há como reconhecer que faltou boa-fé objetiva na conduta para, com isso, indenizar os destinatários da sentença de improcedência do processo criminal, motivada por falta de provas (art. 386, IV, do Código de Processo Penal) – Não provimento, com determinação (art. 15 do Código de Processo Civil)" (TJSP, Apelação Cível 139.104-4/9, 3.ª Câmara de Direito Privado, Bragança Paulista, Rel. Ênio Santarelli Zuliani, 17.06.2003, v.u.).

Outro tema de relevo já decidido pelos Tribunais é que a sentença criminal, quando analisada no juízo cível, pode sofrer um novo dimensionamento. Isso porque, no juízo cível, pode a culpa concorrente da vítima ou de terceiro ser levada em conta, reduzindo o valor da indenização. Conforme já defendido, isso nada mais é do que a aplicação da versão civil da *teoria da causalidade adequada*. O Tribunal de Justiça do Rio Grande do Sul já se pronunciou nesse sentido:

"Responsabilidade civil – Acidente de trânsito – Transporte coletivo – Queda de passageira – Sentença penal condenatória do motorista transitada em julgada – Reconhecimento da culpa concorrente no juízo cível – Danos materiais e morais – Redução da condenação. Da culpa concorrente. A culpa do réu, condutor do coletivo da codemandada, já fora reconhecida no juízo criminal em face de ter arrancado o ônibus com a porta de entrada de passageiros aberta. É de ser reconhecida a culpa concorrente da vítima por ter buscado ingressar no ônibus quando o mesmo já estava em movimento, conforme se verifica dos depoimentos coletados no processo-crime. Prova emprestada juntada aos autos pela própria autora. Atribuição de 40% de culpa à vítima. Dos danos materiais. Redução da condenação em face do reconhecimento da culpa concorrente. Verificação de elementos suficientes a comprovar os prejuízos alegados pela autora. Dos danos morais. É de ser reduzido o valor da condenação, tendo em vista a ausência de sequelas à vítima, sendo os danos morais caracterizados pela dor e sofrimento a que a mesma fora injustamente submetida, tendo sofrido lesão corporal de natureza grave. Observando-se as possibilidades dos demandados, o reconhecimento da culpa concorrente, bem como a natureza compensatória à vítima e educativa aos ofensores, a indenização é de ser fixada em 60 salários mínimos" (TJRS, Processo 70008110744, 12.ª Câmara Cível, São Leopoldo, Rel. Juiz Naele Ochoa Piazzeta, 19.08.2004).

No mesmo sentido, reconhecendo a culpa concorrente originária de sentença penal condenatória, entendeu o Superior Tribunal de Justiça, em 2015, conforme ementa a seguir destacada, com menção a esta obra:

"Civil e processual civil. Recurso especial. Responsabilidade civil. Morte por disparo de arma de fogo. Condenação por homicídio culposo na esfera criminal. Sentença que torna certo o dever de indenizar. Possibilidade de o juízo civil reconhecer a culpa concorrente. Precedentes do STJ. Vítima que pratica furto em propriedade alheia no momento em foi alvejada por tiro. Relevância da conduta da vítima. Circunstância que interfere decisivamente na fixação da indenização. Pensão civil. Incidência da Súmula 284/STF. Recurso parcialmente provido. 1. 'A responsabilidade civil é independente da criminal, não se podendo questionar mais sobre a existência do fato, ou sobre quem seja o autor, quando estas questões se acharem decididas no juízo criminal' (art. 935 do Código Civil). 2. A sentença penal condenatória decorrente da mesma situação fática geradora da responsabilidade civil provoca incontornável dever de indenizar, não podendo o aresto impugnado reexaminar os fundamentos do julgado criminal, sob pena de afronta direta ao art. 91, I, do CP. 3. Apesar da impossibilidade de discussão sobre os fatos e sua autoria, nada obsta que o juízo cível, após o exame dos autos e das circunstâncias que envolveram as condutas do autor e da vítima, conclua pela existência de concorrência de culpa em relação ao evento danoso. 4. Diante das peculiaridades do caso, especialmente a prática de crime de furto pela vítima, invasão em propriedade alheia e idade avançada da parte autora, a indenização deve ser fixada em R$ 10.000,00 (dez mil reais). 5. Incide, por analogia, a Súmula 284/STF na hipótese em que o recorrente não deduz nenhum argumento sobre o cabimento da pensão civil, limitando-se a formular pedido genérico de condenação ao final do recurso. 6. Recurso especial parcialmente provido" (STJ, REsp 1.354.346/PR, 4.ª Turma, Rel. Min. Luis Felipe Salomão, j. 17.09.2015, *DJe* 26.10.2015).

Encerrando essa importante confrontação, cumpre assinalar que a responsabilização penal de preposto ou empregado pode fazer surgir o dever de indenizar da empresa contratante ou empregadora, o que é aplicação direta e conjunta dos arts. 932, inc. III, e 935 do CC. Aponte-se, por oportuno, que a responsabilidade da empresa, em casos tais, é objetiva (art. 933). Nesse sentido:

> "Responsabilidade civil – Acidente de trânsito – Vítima fatal – Invasão de ônibus em via preferencial interceptando a motocicleta da vítima – Independência da responsabilidade civil em relação à responsabilidade criminal, notadamente, quando a controvérsia reside somente na verificação da culpa dos envolvidos no evento danoso, não se discutindo a autoria e a ocorrência dos fatos – Art. 935 do novo Código Civil – Culpa exclusiva do corréu, condutor do veículo ônibus de propriedade da empresa corré, o qual não observou, com a sinalização Pare no local, a preferência de passagem em favor da motocicleta conduzida pelo autor – Fato de terceiro alegado, que não exclui a responsabilidade de indenizar dos réus-apelantes – Inteligência do art. 160, II c/c o 1.520, do C. Civil de 1916 e art. 930 c/c o 188, II, do novo Código Civil – Dano material provado – Verba indenizatória fixada adequadamente, com abatimento do seguro obrigatório, conforme pacífico entendimento do STJ – Ação procedente – Recurso provido em parte" (1.º Tribunal de Alçada Civil de São Paulo, Processo: 1121698-3, Apelação, Bauru, 5.ª Câmara, Rel. Antonio Carlos da Cunha Garcia, Decisão: deram provimento em parte, j. 12.03.2003, v.u.).

Como se percebe a matéria de responsabilidade civil vem sendo atualizada pela jurisprudência, e à luz dos entendimentos dos Tribunais nacionais deve ser encarada. Isso também ocorre na correlação entre o âmbito civil e o âmbito criminal.

Para fechar o tópico, todas as expostas mudanças legislativas e entendimentos jurisprudenciais fundamentam a necessidade de alterações no hoje tímido art. 935 do Código Civil. A par dessa realidade, a Comissão de Juristas encarregada da Reforma do Código Civil, em trâmite no Congresso Nacional, propõe a inclusão de novos parágrafos no dispositivo.

Consoante o seu novo § 1.º proposto, "a fixação, na esfera penal, de indenização civil mínima ao ofendido e à sua família não obsta a reparação civil integral dos lesados a ser fixada em processo autônomo movido contra o condenado ou contra aqueles que civilmente responderem por seus atos". A menção à possibilidade de complementação do valor devido na ação específica, em prol do princípio da reparação integral dos danos, é imperiosa.

Ademais, é preciso incluir norma a respeito da utilidade prática da sentença penal condenatória para a demanda cível, prevendo o projetado § 2.º do art. 935 que "a sentença penal condenatória servirá para instruir pretensão cível de reparação integral dos danos contra o condenado e terceiros responsáveis, facultando-lhes ampla defesa, sem que possam contrapor-se à existência do fato e de sua autoria, causas da pretensão indenizatória". Além disso, nos termos do sugerido § 3.º, e em prol da segurança jurídica, "a sentença, prolatada nos termos do inciso IV do art. 387 do Decreto-Lei 3.689, de 3 de outubro de 1941 (Código de Processo Penal), tem eficácia civil contra o condenado, para a execução do valor indenizatório mínimo fixado no juízo criminal".

Por fim, inclui-se necessária previsão quanto à impossibilidade de repetição ou devolução do valor pago ao ofendido, no novel § 4.º do art. 935, o que virá em boa hora: "o valor da indenização mínima, fixado no juízo criminal, e recebido pelo ofendido, não será repetido, mesmo se procedente a revisão criminal, nem abatido da indenização final fixada no juízo cível".

Além das sugestões vindas da Subcomissão de Responsabilidade Civil – composta pelo Professor Nelson Rosenvald, pela Ministra Maria Isabel Galotti e pela Juíza Patrícia Carrijo –, foi efetiva a atuação da Professora Rosa Nery, Relatora-Geral, que contou com a colaboração do Professor e Defensor Público Gustavo Junqueira, na elaboração da proposta final.

10.4 RESUMO ESQUEMÁTICO

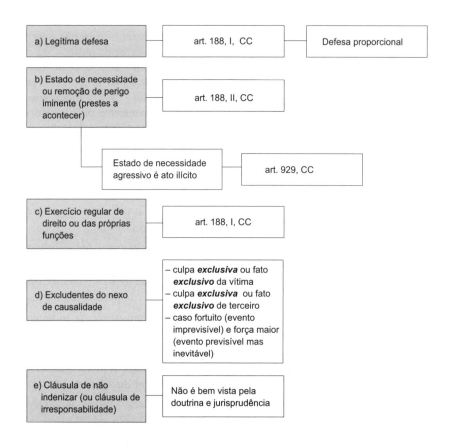

Responsabilidade civil × responsabilidade criminal

Art. 935 do CC: "A responsabilidade civil é independente da criminal, não se podendo questionar mais sobre a existência do fato, ou sobre quem seja o seu autor, quando estas questões se acharem decididas no juízo criminal". Vejamos as *dez regras de ouro* apontadas por Heloísa Helena Barboza (transcrição integral):

"1. Há independência das instâncias civil, penal e administrativa: o autor do dano pode ser responsabilizado, cumulativamente, na jurisdição civil, penal e administrativa.

2. Há, porém, repercussão da decisão criminal no juízo cível, naquilo que é comum às duas jurisdições. A apreciação da culpabilidade é feita de modo distinto, na instância civil e criminal: a decisão criminal, neste aspecto, não vincula o juízo civil.

CAP. 10 · EXCLUDENTES DO DEVER DE INDENIZAR | 623

3. A sentença penal faz coisa julgada no cível quanto ao dever de indenizar o dano decorrente do crime.

4. Não obstante a sentença absolutória no juízo criminal, a ação cível poderá ser proposta quando não tiver sido, categoricamente, reconhecida a inexistência material do fato.

5. A absolvição que tem como base a falta ou a insuficiência de prova quanto à existência do crime ou da autoria não impede a exigência de indenização. A absolvição por insuficiência da prova quanto à culpabilidade também não inibe o dever de reparar o dano.

6. A sentença penal que reconhecer ter sido o ato praticado em legítima defesa, estado de necessidade, estrito cumprimento do dever legal, ou no exercício regular de um direito faz coisa julgada no cível. Haverá, porém, obrigação de indenizar nos termos dos arts. 929 e 930.

7. A ação indenizatória pode ser proposta antes ou no curso da ação penal, porque é dela independente.

8. A lei faculta o sobrestamento da ação civil para aguardar o julgamento da ação penal, o que é admissível quando o conhecimento da lide depender necessariamente da verificação da existência do fato delituoso, constituindo questão prejudicial.

9. Não impedem a propositura da ação civil: o despacho de arquivamento do inquérito ou das peças de informação; a decisão que julgar extinta a punibilidade; a sentença absolutória que decidir que o fato imputado não constitui crime.

10. É possível a composição dos danos decorrentes das infrações penais de menor potencial ofensivo. A composição dos danos civis no Juizado Especial Criminal será reduzida a escrito e, homologada pelo juiz mediante sentença irrecorrível, terá eficácia de título a ser executado no juízo cível competente" (BARBOZA, Heloísa Helena. *Código Civil...*, 2004, p. 627).

10.5 QUESTÕES CORRELATAS

01. (TRT/MG – Analista Judiciário – 2015) Saulo foi condenado criminalmente, por decisão transitada em julgado, em razão de lesões corporais causadas em Anderson, tendo sido reconhecidos, dentre outros elementos, a existência do fato e seu autor. Se Anderson ajuizar ação na esfera civil, Saulo

(A) poderá questionar a existência do fato e sua autoria independentemente de qualquer requisito, tendo em vista que a responsabilidade civil é independente da criminal.

(B) poderá questionar a existência do fato e sua autoria desde que, no juízo cível, apresente provas novas.

(C) não poderá questionar a existência do fato nem sua autoria.

(D) poderá questionar apenas a autoria do fato e desde que, no juízo cível, apresente provas novas.

(E) poderá questionar apenas a existência do fato e desde que, no juízo cível, apresente provas novas.

02. (VUNESP – Prefeitura de Registro-SP – Advogado – 2016) Considerando fato que gera o dever de indenizar, mas que também será apurado na esfera criminal, é correto afirmar que a responsabilidade civil

(A) é independente da criminal, não se podendo questionar mais sobre a existência do fato, ou sobre quem seja o seu autor, quando estas questões se acharem decididas no juízo criminal.

(B) é independente da criminal, porém, para que não haja decisões conflitantes, deve-se aguardar a decisão criminal, suspendendo-se o prazo prescricional da ação civil.

(C) é independente da criminal, nos casos em que se deve apurar culpa ou dolo do agente, sobrestando-se a ação civil até a apuração criminal.

(D) é dependente da criminal, devendo aguardar-se a decisão criminal, interrompendo-se o curso de prazo prescricional da ação civil.

(E) é dependente da criminal, devendo ambas serem julgadas na mesma decisão, para que não existam decisões conflitantes.

624 | DIREITO CIVIL • VOL. 2 – *Flávio Tartuce*

03. **(TRF – 2ª Região – Juiz Federal Substituto – 2017)** Magnus, com 15 anos de idade, pega a chave do veículo de seu pai e, ao dirigi-lo com cautela, perto de sua casa, faz desvio para evitar o atropelamento de criancinha que, de surpresa, avançou sobre a rua. Magnus, ao fazer a manobra salvadora da criança, colide com veículo da Empresa de Correios e Telégrafos, regularmente estacionado. Assinale a opção correta:

(A) Magnus, ao desviar, agiu em estado de necessidade, daí que não há base legal para obrigá-lo, a si ou a seu responsável, a reparar o dano causado ao veículo da ECT.

(B) Admitindo que o pai de Magnus seja condenado a reparar o dano, ele, mais tarde, faz jus a obter o regresso contra o filho.

(C) Embora não se configure o estado de necessidade, o absolutamente incapaz não responde em termos civis, e apenas seu representante ou responsável pode ser chamado a reparar o dano.

(D) Mesmo que se acolha a tese de estado de necessidade, o responsável pelo menor pode, legalmente, ser condenado a reparar o dano causado à ECT.

(E) O estado de necessidade não se caracteriza. Dirigir sem habilitação é ilícito permanente e incide o Estatuto da Criança e do Adolescente, com responsabilidade civil direta de Magnus e subsidiária de seu pai.

04. **(PC-GO – CESPE – Delegado de Polícia Substituto – 2017)** Um oficial do corpo de bombeiros arrombou a porta de determinada residência para ingressar no imóvel vizinho e salvar uma criança que corria grave perigo em razão de um incêndio.

A respeito dessa situação hipotética e conforme a doutrina dominante e o Código Civil, assinale a opção correta.

(A) O oficial tem o dever de indenizar o proprietário do imóvel danificado, devendo o valor da indenização ser mitigado em razão da presença de culpa concorrente.

(B) O ato praticado pelo oficial é ilícito porque causou prejuízo ao dono do imóvel, inexistindo, entretanto, o dever de indenizar, dada a ausência de nexo causal.

(C) Não se aplica ao referido oficial a regra do Código Civil segundo a qual o agente que atua para remover perigo iminente pode ser chamado a indenizar terceiro inocente.

(D) Conforme disposição do Código Civil, o oficial teria o dever de indenizar o dono do imóvel no valor integral dos prejuízos existentes, tendo direito de regresso contra o responsável pelo incêndio.

(E) Não se pode falar em responsabilidade civil nesse caso, pois, na hipótese de estado de necessidade, o agente causador do dano nunca terá o dever de indenizar.

05. **(IESES – TJ-MA – Titular de Serviços de Notas e de Registros – Provimento – 2016)** Acerca da força maior e do caso fortuito enquanto excludentes da responsabilidade civil, assinale a alternativa correta:

(A) Sempre excluem a responsabilidade civil.

(B) São aplicáveis apenas à responsabilidade civil extracontratual.

(C) Atingem o elemento dano emergente, afastando a obrigação de indenizar.

(D) Não excluem a responsabilidade civil diante da existência de cláusula de assunção convencional (art. 393 do Código Civil).

06. **(Defensor Público – DPE-RJ – FGV – 2021)** Henrique, motorista cauteloso, conduzindo seu veículo automotor dentro do limite de velocidade e devidamente habilitado, para evitar o atropelamento de João, que atravessava a rua fora da faixa de pedestres, desvia de João e colide com Maria. Maria tem danos materiais e estéticos em razão do acidente.

Nesse contexto, é correto afirmar que Henrique:

(A) não praticou ato ilícito, considerando ter atuado em estado de necessidade e, portanto, não deverá indenizar Maria;

(B) responde objetivamente pelos danos a que der causa, ressarcindo integralmente Maria dos danos estéticos, morais e materiais;

(C) cometeu ato ilícito, causando dano material, moral e estético a Maria e, portanto, deve regularmente indenizá-la em razão do princípio da reparação integral;

CAP. 10 • EXCLUDENTES DO DEVER DE INDENIZAR | 625

(D) não responde pelos danos a que der causa por ter praticado ato lícito na forma do exercício regular do direito, estando habilitado e dentro do limite de velocidade permitido na via;

(E) não praticou ato ilícito, considerando ter atuado em estado de necessidade, mas, ainda que não tenha cometido ato ilícito, assistirá direito a Maria de ser indenizada por Henrique.

07. (Advogado do CREAS – Prefeitura de Paulínia-SP – FGV – 2021) Afonso ajuizou ação de indenização por danos materiais e morais contra Paulo, que, diante do incêndio que acidentalmente havia se iniciado no edifício vizinho, arrombou as portas da portaria do prédio e do apartamento de Afonso, a fim de retirá-lo às pressas do local.

Por conta do arrombamento, Afonso diz que teve que desocupar o local por três dias, o que lhe causou prejuízos materiais. Pleiteia o ressarcimento dos danos sofridos com a invasão abrupta de sua residência e, ainda, compensação pelo dano moral.

Diante dos fatos narrados, assinale a afirmativa correta.

(A) Afonso não faz jus à indenização, pois, como morador do edifício, presume-se sua culpa no evento.

(B) Paulo não responde pela destruição dos bens, pois agiu em estado de necessidade.

(C) Paulo deve indenizar, pois Afonso não foi culpado pela situação de perigo.

(D) Afonso faz jus à indenização, porque Paulo praticou ato ilícito.

(E) Paulo deverá indenizar Afonso na medida da concorrência de culpa de ambos.

08. (Advogado – Prefeitura de Apucarana-PR – FAUEL – 2022) Sobre o tema da responsabilidade civil, julgue os itens abaixo e assinale a alternativa CORRETA.

I – Haverá obrigação de reparar o dano, desde que comprovada culpa, quando a atividade normalmente desenvolvida pelo autor do dano implicar, por sua natureza, risco para os direitos de outrem.

II – A responsabilidade civil é dependente da criminal, não se podendo questionar mais sobre a existência do fato, ou sobre quem seja o seu autor, quando estas questões se acharem decididas no juízo criminal.

III – A indenização por injúria, difamação ou calúnia consistirá na reparação do dano que delas resulte ao ofendido.

IV – O direito de exigir reparação e a obrigação de prestá-la transmitem-se com a herança.

V – O direito à indenização por danos morais transmite-se com o falecimento do titular, possuindo os herdeiros da vítima legitimidade ativa para ajuizar ou prosseguir a ação indenizatória.

(A) Apenas os itens II, III, IV e V estão corretos.

(B) Apenas os itens I, IV e V estão corretos.

(C) Apenas os itens III, IV e V estão corretos.

(D) Apenas os itens I, II e III estão corretos.

(E) Todos os itens estão corretos.

09. (Técnico de Arrecadação de Tributos Estaduais – SEFAZ-AM – FGV – 2022) Com relação à disciplina jurídica da responsabilidade civil no Código Civil, analise os itens a seguir.

I. O fato gerador da obrigação de indenizar é ato ilícito, de sorte que não haverá obrigação de indenizar se não for comprovado o ato ilícito.

II. O fato gerador da obrigação de indenizar é ato ilícito, porém o ordenamento jurídico admite hipóteses de obrigação de indenizar decorrente de ato lícito.

III. O fato gerador da obrigação de indenizar é o ato ilícito, que pode ser compreendido como conduta humana voluntária e antijurídica

Está correto o que se afirma em

(A) I, apenas.

(B) I e II, apenas.

(C) I e III, apenas.

(D) II e III, apenas.

(E) I, II e III.

626 | DIREITO CIVIL • VOL. 2 – *Flávio Tartuce*

10. **(Juiz de Direito substituto – TJAP – FGV – 2022)** Jurema, ao conduzir o seu veículo por uma estrada de mão dupla, é surpreendida com um carro na contramão e em alta velocidade dirigido por Maurício. Para se esquivar de uma possível colisão, Jurema realiza manobra vindo a atropelar Bento, que estava na calçada e sofreu um corte no rosto, o que o impediu de realizar um ensaio fotográfico como modelo profissional.

Considerando a situação hipotética, é correto afirmar que Jurema:

(A) praticou ato ilícito e deverá indenizar Bento;

(B) agiu em estado de necessidade e não deverá indenizar Bento, pois o ato é lícito;

(C) agiu em estado de necessidade e deverá indenizar Bento, apesar do ato ser lícito;

(D) e Maurício devem indenizar Bento, pois praticaram atos ilícitos;

(E) praticou ato ilícito e deve indenizar Bento, mas não poderá ingressar com ação de regresso em face de Maurício.

11. **(Juiz de Direito substituto – TJAP – FGV – 2022)** Adalberto está sendo acusado de, ao conduzir seu veículo embriagado, ter atropelado e causado danos a Lucélia. Ele está sendo acionado na esfera criminal por conta das lesões que teria causado a ela.

Sobre sua obrigação de indenizá-la na esfera cível pelos danos sofridos, é correto afirmar que:

(A) ainda que condenado na esfera criminal, a quantificação do dever de indenizar depende de procedimento cível, tendo em vista a diversidade de requisitos entre o ilícito penal e o civil;

(B) a absolvição no âmbito penal impede que ele seja condenado no âmbito cível, se a sentença for fundada na inexistência do fato ou da autoria;

(C) a sentença penal absolutória fundada em excludente de ilicitude vincula o juízo cível, inviabilizando qualquer pretensão da vítima à indenização em face dele;

(D) absolvido na seara criminal por falta de provas do fato, da culpa ou da autoria, fica Adalberto liberado de responsabilidade civil;

(E) a sentença penal absolutória fundada em atipicidade do fato afasta a obrigação de indenizar na esfera cível, inviabilizando a investigação sobre ato ilícito nessa seara.

12. **(Prefeitura de Campo Bom-RS – Fundatec – Procurador – 2023)** No âmbito da responsabilidade civil, a prática de conduta em estado de necessidade é considerada como:

(A) Lícita, mas não afasta do dever de indenizar.

(B) Lícita, afastando o dever de indenizar.

(C) Ilícita, ensejando o dever de indenizar.

(D) Ilícita, mas afastando o dever de indenizar.

(E) Causa especial de exclusão de responsabilidade.

13. **(TJES – Cespe/Cebraspe – Analista Judiciário – 2023)** Ainda que tenha sido praticado em legítima defesa, todo ato enseja a obrigação de indenizar se causar prejuízo a terceiro.

( ) Certo

( ) Errado

14. **(PC-AL – Cespe/Cebraspe – Delegado de Polícia Civil – 2023)** No tocante à responsabilidade civil, julgue o item que se segue.

A responsabilidade civil é independente da criminal, sendo possível questionar a existência do fato na esfera civil depois de discutida e comprovada a questão no juízo criminal.

( ) Certo

( ) Errado

15. **(PGE-RN – Procurador – CESPE/CEBRASPE – 2024)** Ana conduzia seu veículo em uma via de mão dupla quando foi surpreendida por um outro carro, que trafegava, em alta velocidade, na contramão da direção da via. Pela necessidade das circunstâncias e por não haver meio

CAP. 10 · EXCLUDENTES DO DEVER DE INDENIZAR | 627

de evitar colisão frontal, Ana realizou uma manobra em decorrência da qual o veículo veio a atingir Pedro, que estava na calçada. Pedro sofreu lesões corporais de natureza leve.

Nessa situação hipotética, de acordo com as disposições do Código Civil, Ana:

(A) agiu em estado de necessidade e praticou ato lícito, porém deverá indenizar Pedro.

(B) praticou o ato no exercício regular de um direito.

(C) praticou ato ilícito e deverá indenizar Pedro.

(D) agiu em estado de necessidade e não deverá indenizar Pedro, pois o ato praticado é lícito.

(E) agiu em legítima defesa e não deverá indenizar Pedro.

16. **(AL-PR – Procurador – FGV – 2024) Anne Silva moveu ação em face de Ubirajara Pereira, requerendo indenização por danos morais no montante de R$ 150.000,00, em decorrência do homicídio praticado pelo réu contra seu pai, Getúlio Silva. Conforme sentença criminal transitada em julgado, juntada aos autos, Ubirajara Pereira, aos dias 15.01.2021, desferiu dois tiros com arma de fogo contra o pai da Autora, causando-lhe a morte.**

Em contestação, Ubirajara Pereira alega que atuou em legítima defesa de sua honra, razão pela qual não tem o dever de indenizar. Informa que Getúlio Silva, abusando de sua confiança, se aproximou da sua esposa e com ela manteve uma relação amorosa, tendo sido essa traição a causa dos tiros.

Considerando a situação hipotética narrada, a legislação vigente e o entendimento do STJ, analise as afirmativas a seguir.

I. A responsabilidade civil é independente da criminal, razão pela qual, o juízo cível não está vinculado à sentença criminal, podendo decidir pela inexistência do dever de indenizar, no caso hipotético narrado.

II. Entre os juízos cível e criminal há independência relativa, de sorte que, no caso hipotético narrado, há incontornável dever de indenizar.

III. A alegação de legítima defesa da honra é razão justificadora para diminuição ou exclusão do dever de indenizar.

IV. No caso hipotético, a conduta da vítima configura causa concorrente, ainda que não preponderante, para o dano, influindo no quantum indenizatório.

Está correto o que se afirma em:

(A) I, apenas.

(B) II, apenas.

(C) III, apenas.

(D) I e III, apenas.

(E) III e IV, apenas.

GABARITO

01 – C	02 – A	03 – D	04 – C
05 – D	06 – E	07 – C	08 – C
09 – D	10 – C	11 – B	12 – A
13 – CERTO	14 – ERRADO	15 – A	16 – B

BIBLIOGRAFIA

AGUIAR, Roger Silva. *Responsabilidade civil*. A culpa, o risco e o medo. São Paulo: Atlas, 2011.

ALEXY, Robert. *Teoria dos direitos fundamentais*. Trad. Virgílio Afonso da Silva. São Paulo: Malheiros, 2008.

ALVES, Jones Figueirêdo; DELGADO, Mário Luiz. *Código Civil anotado*. São Paulo: Método, 2005.

ALVIM, Agostinho. *Da inexecução das obrigações e suas consequências*. 5. ed. São Paulo: Saraiva, 1949.

AMARAL, Francisco. *Direito civil* – Introdução. 5. ed. Rio de Janeiro: Renovar, 2004.

AMARAL, Francisco. Os atos ilícitos. *O novo Código Civil.* Estudos em homenagem a Miguel Reale. São Paulo: LTr, 2003.

AMARAL SANTOS, Moacyr. *Primeiras linhas de direito processual civil.* 14. ed. São Paulo: Saraiva, 1994. v. 3.

ANDRADE, Lédio Rosa de. *Direito ao direito.* Curitiba: JM, 2001.

ANTUNES VARELA, João de Matos. *Das obrigações em geral.* 10. ed. Coimbra: Almedina, 2005. v. 1.

ANTUNES VARELA, João de Matos. *Das obrigações em geral.* Reimpr. da 7. ed. Coimbra: Almedina, 2004. v. II.

ARRUDA ALVIM. *Código de Defesa do Consumidor comentado.* 2. ed. São Paulo: RT, 1997.

AZEVEDO, Álvaro Villaça. O novo Código Civil Brasileiro: tramitação; função social do contrato; boa-fé objetiva; teoria da imprevisão e, em especial, onerosidade excessiva (*laesio enormis*). In: DELGADO, Mário Luiz; ALVES, Jones Figueirêdo (Coord.). *Questões controvertidas no novo Código Civil.* São Paulo: Método, 2004. v. 2.

AZEVEDO, Álvaro Villaça. *Teoria geral das obrigações.* 8. ed. São Paulo: RT, 2000.

AZEVEDO, Álvaro Villaça. *Teoria geral das obrigações.* 10. ed. São Paulo: Atlas, 2004.

AZEVEDO, Álvaro Villaça. *Teoria geral das obrigações e responsabilidade civil.* 11. ed. São Paulo: Atlas, 2008.

AZEVEDO, Antonio Junqueira de. Por uma nova categoria de dano na responsabilidade civil: o dano social. In: FILOMENO, José Geraldo Brito; WAGNER JÚNIOR, Luiz Guilherme da Costa; GONÇALVES, Renato Afonso (Coord.). *O Código Civil e sua interdisciplinaridade*. Belo Horizonte: Del Rey, 2004.

BARBOSA MOREIRA, José Carlos. Solidariedade ativa: efeitos da sentença e coisa julgada na ação de cobrança proposta por um único credor. *Revista do Advogado da AASP*, Homenagem ao Professor José Ignácio Botelho de Mesquita. São Paulo: AASP, p. 69, 2005.

BARBOZA, Heloísa Helena. *Código Civil anotado*. Coord. Rodrigo da Cunha Pereira. Porto Alegre: Síntese, 2004.

BARROSO, Lucas Abreu. Novas fronteiras da obrigação de indenizar. In: DELGADO, Mário Luiz; ALVES, Jones Figueirêdo (Coord.). *Questões controvertidas no novo Código Civil*. São Paulo: Método, 2006. v. 5.

BDINE JÚNIOR, Hamid Charaf. *Cessão da posição contratual*. São Paulo: Saraiva, 2007.

BIANCA, Massimo. *Diritto civile*. L'obbligazione. Milano: Giuffrè, Ristampa aggiornata, 2004. v. 4.

BITTAR, Carlos Alberto. *Reparação civil por danos morais*. 3. ed. rev., atual. e ampl. São Paulo: RT, 1998.

BITTAR FILHO, Carlos Alberto. Do dano moral coletivo no atual contexto jurídico brasileiro. *Jus Navigandi*, Teresina, ano 9, n. 559, 17 jan. 2005. Disponível em: <http://jus2.uol.com.br/doutrina/texto.asp?id=6183>. Acesso em: 4 jun. 2007.

BOBBIO, Norberto. *Teoria do ordenamento jurídico*. Trad. Maria Celeste Cordeiro Leite dos Santos. 7. ed. Brasília: UnB, 1996.

BOULOS, Daniel M. *Abuso do direito no novo Código Civil*. São Paulo: Método, 2006.

BRANDÃO LOPES, Mauro. *Anteprojeto de Código Civil*. 2. ed. rev. Ministério da Justiça, 1973.

BUNAZAR, Maurício. *Obrigação* propter rem. São Paulo: Atlas, 2014.

BUSSATTA, Eduardo. *Resolução dos contratos e teoria do adimplemento substancial*. São Paulo: Saraiva, 2007.

CALIXTO, Marcelo Junqueira. *A culpa na responsabilidade civil*. Estrutura e função. Rio de Janeiro: Renovar, 2008.

CALIXTO, Marcelo Junqueira. *A responsabilidade civil do fornecedor de produtos pelos riscos do desenvolvimento*. Rio de Janeiro: Renovar, 2004.

CAPANEMA DE SOUZA, Sylvio. *Comentários ao novo Código Civil*. Coord. Sálvio de Figueiredo Teixeira. Rio de Janeiro: Forense, 2004.

CAPANEMA DE SOUZA, Sylvio. Novos aspectos da responsabilidade civil da administração pública. Direito civil contemporâneo. Novos problemas à luz da legalidade constitucional. *Anais do Congresso Internacional de Direito Civil-Constitucional da Cidade do Rio de Janeiro*. Org. Gustavo Tepedino. São Paulo: Atlas, 2008.

CARNAÚBA, Daniel Amaral. *Responsabilidade civil por perda de uma chance*. A álea e a técnica. São Paulo: Método, 2013.

CASSAR, Vólia Bonfim. *Direito do trabalho*. 2. ed. Rio de Janeiro: Impetus, 2008.

CASSETTARI, Christiano. *Multa contratual*. Teoria e prática. São Paulo: RT, 2009.

CATALAN, Marcos Jorge. *Descumprimento contratual:* modalidades, consequências e hipóteses de exclusão do dever de indenizar. Curitiba: Juruá, 2005.

CAVALIERI FILHO, Sérgio. *Programa de responsabilidade civil.* 3. ed. São Paulo: Malheiros, 2002.

CAVALIERI FILHO, Sérgio. *Programa de responsabilidade civil.* 6. ed. São Paulo: Malheiros, 2005.

CAVALIERI FILHO, Sérgio. *Programa de responsabilidade civil.* 7. ed. São Paulo: Atlas, 2007.

CHAVES, Antônio. *Tratado de direito civil.* São Paulo: Saraiva, 1985. v. 3.

CHINÈ, Giuseppe; FRATINI, Marco; ZOPPINI, Andrea. *Manuale di diritto civile.* 4. ed. Roma: Nel Diritto, 2013.

COELHO, Fábio Ulhôa. *Curso de direito comercial.* 8. ed. São Paulo: Saraiva, 2005. v. 2.

COUTO DE CASTRO, Guilherme. *A responsabilidade civil objetiva no direito brasileiro.* Rio de Janeiro: Forense, 1997.

COUTO E SILVA, Clóvis do. *A obrigação como processo.* São Paulo: José Bushatsky, 1976.

CRUZ, Gisela Sampaio da. *O problema do nexo de causalidade.* Rio de Janeiro: Renovar, 2005.

DALLEGRAVE NETO, José Afonso. *Responsabilidade civil no direito do trabalho.* São Paulo: LTr, 2005.

DANTAS, San Tiago. *Programa de direito civil.* Aulas proferidas na Faculdade Nacional de Direito. Texto revisto com anotações e Prefácio de José Gomes Bezerra de Barros. Rio de Janeiro: Ed. Rio, 1979.

DELGADO, Mário Luiz et al. *Novo Código Civil comentado.* Org. Ricardo Fiuza. 2. ed. São Paulo: Saraiva, 2003.

DELGADO, Mário Luiz et al. *Código Civil comentado.* Doutrina e jurisprudência. Rio de Janeiro: Forense, 2019.

DENARI, Zelmo. *Código Brasileiro de Defesa do Consumidor comentado pelos autores do Anteprojeto.* Rio de Janeiro: Forense Universitária, 1994.

DESSAUNE, Marcos. *Teoria aprofundada do desvio produtivo do consumidor.* O prejuízo do tempo desperdiçado e da vida alterada. Vitória: Edição do Autor, 2017.

DEZEM, Guilherme Madeira. *Curso de processo penal.* 4. ed. São Paulo: RT, 2018.

DIAS, José Aguiar. *Da responsabilidade civil.* Rio de Janeiro: Revista Forense, 1944.

DIDIER JR., Fredie. *Curso de direito processual civil.* 17. ed. Salvador: JusPodivm, 2015. v. 1.

DIDIER JR., Fredie. *Regras processuais no novo Código Civil.* São Paulo: Saraiva, 2004.

DINIZ, Maria Helena. *Código Civil anotado.* 10. ed. São Paulo: Saraiva, 2004.

DINIZ, Maria Helena. *Código Civil anotado.* 11. ed. São Paulo: Saraiva, 2005.

DINIZ, Maria Helena. *Código Civil anotado.* 15. ed. São Paulo: Saraiva, 2010.

DINIZ, Maria Helena. *Conflito de normas.* 5. ed. São Paulo: Saraiva, 2003.

DINIZ, Maria Helena. *Curso de direito civil brasileiro.* São Paulo: Saraiva, 2002. v. 7.

DINIZ, Maria Helena. *Curso de direito civil brasileiro.* 19. ed. São Paulo: Saraiva, 2005. v. 7.

DINIZ, Maria Helena. *Curso de direito civil brasileiro.* Responsabilidade civil. 21. ed. São Paulo: Saraiva, 2007. v. 7.

DINIZ, Maria Helena. *Curso de direito civil brasileiro*. Teoria geral das obrigações. 16. ed. São Paulo: Saraiva, 2002. v. 2.

DINIZ, Maria Helena. *Curso de direito civil brasileiro*. Teoria geral das obrigações. 24. ed. São Paulo: Saraiva, 2009. v. 2.

DUARTE, Nestor. *Código Civil comentado*. Coord. Ministro Cezar Peluso. São Paulo: Manole, 2007.

EHRHARDT JR., Marcos. *Responsabilidade civil pelo inadimplemento da boa-fé*. Belo Horizonte: Fórum, 2014.

FACHIN, Luiz Edson. *Estatuto jurídico do patrimônio mínimo*. 2. ed. Rio de Janeiro: Renovar, 2006.

FARIAS, Cristiano Chaves; ROSENVALD, Nelson. *Direito civil*. Teoria geral. 4. ed. Rio de Janeiro: Lumen Juris, 2006.

FIUZA, Ricardo. *O novo Código Civil e as propostas de aperfeiçoamento*. São Paulo: Saraiva, 2003.

FROTA, Pablo Malheiros Cunha. *Responsabilidade por danos*. Imputação e nexo de causalidade. Curitiba: Juruá, 2014.

GAGLIANO, Pablo Stolze; PAMPLONA FILHO, Rodolfo. *Novo curso de direito civil*. São Paulo: Saraiva, 2003. v. II.

GAGLIANO, Pablo Stolze; PAMPLONA FILHO, Rodolfo. *Novo curso de direito civil*. 2. ed. São Paulo: Saraiva, 2003. v. III.

GAGLIANO, Pablo Stolze; PAMPLONA FILHO, Rodolfo. *Novo curso de direito civil*. 4. ed. São Paulo: Saraiva, 2004.

GAGLIANO, Pablo Stolze; PAMPLONA FILHO, Rodolfo. *Novo curso de direito civil*. 9. ed. São Paulo: Saraiva, 2007. v. 1.

GARCIA, Gustavo Filipe Barbosa. *Terceira fase da Reforma do Código de Processo Civil*. São Paulo: Método, 2006. v. 1.

GODOY, Cláudio Luiz Bueno de. *Código Civil comentado*. Coord. Ministro Cezar Peluso. São Paulo: Manole, 2007.

GODOY, Cláudio Luiz Bueno de. *Responsabilidade civil pelo risco da atividade*. São Paulo: Saraiva, 2009.

GOMES, Orlando. *Contratos*. Coord. Edvaldo Brito. 26. ed. Rio de Janeiro: Forense, 2007.

GOMES, Orlando. *Obrigações*. 11. ed. Rio de Janeiro: Forense, 1997.

GOMES, Orlando. *Obrigações*. Rio de Janeiro: Forense, 2003.

GOMES, Orlando. *Obrigações*. 16. ed. atualizada por Edvaldo Brito. Rio de Janeiro: Forense, 2004.

GONÇALVES, Carlos Roberto. *Responsabilidade civil*. 9. ed. São Paulo: Saraiva, 2005.

GUGLINSKI, Vitor Vilela. Danos morais pela perda do tempo útil: uma nova modalidade. *Jus Navigandi*, Teresina, ano 17, n. 3237, 12 maio 2012. Disponível em: <http://jus.com.br/revista/texto/21753>. Acesso em: 21 set. 2013.

GUMERATO RAMOS, Glauco. *Reforma do CPC 2*. São Paulo: RT, 2007.

HIRONAKA, Giselda Maria Fernandes Novaes. Cirurgia plástica e responsabilidade civil do médico: para uma análise jurídica da culpa do cirurgião plástico. Disponível em: <www.flaviotartuce.adv.br>. Artigos de convidados. Acesso em: 9 jun. 2005.

HIRONAKA, Giselda Maria Fernandes Novaes. *Responsabilidade pressuposta*. Belo Horizonte: Del Rey, 2005.

HIRONAKA, Giselda Maria Fernandes Novaes; MORAES, Renato Duarte Franco de. *Direito das obrigações*. Direito civil. Orientação: Giselda M. F. Novaes Hironaka. São Paulo: RT, 2008. v. 2.

KHOURI, Paulo R. Roque. *Direito do consumidor*. 2. ed. São Paulo: Atlas, 2005.

LIMA, Alvino. *Culpa e risco*. São Paulo: RT, 2003.

LIMA, Renato Brasileiro de. *Manual de processo penal*. Niterói: Impetus, 2011. v. 1.

LIMA, Renato Brasileiro de. *Manual de processo penal*. 6. ed. Salvador: JusPodivm, [s.d.].

LIMONGI FRANÇA, Rubens. *Enciclopédia Saraiva do Direito*. São Paulo: Saraiva, 1977.

LÔBO, Paulo Luiz Netto. Do contrato estimatório e suas vicissitudes. In: DELGADO, Mário Luiz; ALVES, Jones Figueirêdo. *Questões controvertidas no novo Código Civil*. São Paulo: Método, 2004.

LÔBO, Paulo Luiz Netto. *Obrigações*. 2. ed. São Paulo: Saraiva, 2011.

LÔBO, Paulo Luiz Netto. *Teoria geral das obrigações*. São Paulo: Saraiva, 2005.

LOPEZ, Teresa Ancona. *O dano estético*. São Paulo: RT, 1980.

LORENZETTI, Ricardo. *Fundamentos do direito privado*. São Paulo: RT, 1998.

LOTUFO, Renan. *Código Civil comentado*. São Paulo: Saraiva, 2003. v. 2.

MARQUES, Claudia Lima. *Comentários ao Código de Defesa do Consumidor*. São Paulo: RT, 2003.

MARQUES, Claudia Lima. *Comentários ao Código de Defesa do Consumidor*. São Paulo: RT, 2004.

MARQUES, Claudia Lima; BENJAMIN, Antonio Herman; MIRAGEM, Bruno. *Comentários ao Código de Defesa do Consumidor*. 2. ed. São Paulo: RT, 2006.

MARTIN MATEO, Ramón. *Tratado de derecho ambiental*. Madrid: Trivium, 1991.

MARTINS-COSTA, Judith. *Comentários ao novo Código Civil*. Coord. Sálvio de Figueiredo Teixeira. Rio de Janeiro: Forense, 2003. v. V, t. II.

MARTINS-COSTA, Judith. *Comentários ao novo Código Civil*. Coord. Sálvio de Figueiredo Teixeira. Rio de Janeiro: Forense, 2003. v. V, t. I.

MATOS, Enéas de Oliveira. *Dano moral e dano estético*. Rio de Janeiro: Renovar, 2011.

MAZZEI, Rodrigo Reis. Abuso de direito: contradição entre o § 2.º do art. 1.228 e o art. 187 do Código Civil. In: BARROSO, Lucas Abreu (Org.). *Introdução crítica ao Código Civil*. Rio de Janeiro: Forense, 2006.

MEIRELES, Edilton. *Abuso do direito na relação de emprego*. São Paulo: LTr, 2005.

MELLO, Celso Antônio Bandeira de. *Curso de direito administrativo*. 22. ed. São Paulo: Malheiros, 2007.

MELO, Diogo L. Machado de. A função punitiva da reparação por danos morais (e a destinação de parte da indenização para entidades de fins sociais – artigo 883, parágrafo único, do Código Civil. In: DELGADO, Mário Luiz; ALVES, Jones Figueirêdo (Coord.). *Questões controvertidas no novo Código Civil*. São Paulo: Método, 2006. v. 6.

MELO, Marco Aurélio Bezerra de. *Curso de direito civil*. Responsabilidade civil. São Paulo: Atlas, 2015. v. IV.

MELO, Marco Aurélio Bezerra de. *Código Civil comentado*. Doutrina e jurisprudência. Rio de Janeiro: Forense, 2019.

MENEZES CORDEIRO, António Manuel da Rocha e. *Da boa-fé no direito civil*. Coimbra: Almedina, 2001.

MENEZES LEITÃO, Luis Manuel Telles de. *Direito das obrigações*. 5. ed. Coimbra: Almedina, 2006. v. I.

MILARÉ, Édis. *Direito do ambiente*. São Paulo: RT, 2000.

MIRAGEM, Bruno. *Direito civil*. Responsabilidade civil. São Paulo: Saraiva, 2015.

MONATERI, Píer Giuseppe. *Illecito e responsabilità civile*. Trattato di diritto privato. Diretto da Mario Bessone. Torino: G. Giappichelli Editore, 2002. t. II.

MONTEIRO, Washington de Barros. *Curso de direito civil brasileiro*. São Paulo: Saraiva, 1979. v. IV.

MONTEIRO, Washington de Barros. *Curso de direito civil*. Direito das Obrigações. 1.ª Parte. Atualizado por Carlos Alberto Dabus Maluf. 32. ed. São Paulo: Saraiva, 2003. v. 4.

MONTEIRO, Washington de Barros; MALUF, Carlos Alberto Dabus. *Curso de direito civil*. Direito das obrigações. 1.ª Parte. 37. ed. São Paulo: Saraiva, 2012. v. 4.

MONTEIRO DE BARROS, Flávio Augusto. *Manual de direito civil*. São Paulo: Método, 2005. v. 2.

NEGRÃO, Theotonio. *Código de Processo Civil e legislação processual em vigor*. 37. ed. São Paulo: Saraiva, 2005.

NEGRÃO, Theotonio; GOUVÊA, José Roberto F.; BONDIOLI, Luís Guilherme A. *Código de Processo Civil e legislação processual em vigor*. 43. ed. São Paulo: Saraiva, 2011.

NERY JR., Nelson. Compensação tributária e o Código Civil. *Direito tributário e o novo Código Civil*. São Paulo: Quartier Latin, 2004.

NERY JR., Nelson; NERY, Rosa Maria de Andrade. *Código Civil anotado*. 2. ed. São Paulo: RT, 2003.

NERY JR., Nelson; NERY, Rosa Maria de Andrade. *Código de Processo Civil comentado*. 9. ed. São Paulo: RT, 2006.

NEVES, Daniel Amorim Assumpção. *Manual de direito processual civil*. São Paulo: Método, 2009.

NEVES, Daniel Amorim Assumpção. *Novo CPC comentado*. Salvador: JusPodivm, 2016.

NORONHA, Fernando. *Direito das obrigações*. São Paulo: Saraiva, 2003. v. I.

NORONHA, Fernando. *O direito dos contratos e seus princípios fundamentais*. São Paulo: Saraiva, 1994.

NUCCI, Guilherme de Souza. *Código de Processo Penal comentado*. 8. ed. São Paulo: RT, 2008.

OLIVEIRA, Carlos Eduardo E. de. Depósito em juízo para afastar os encargos moratórios: novos ventos para a consignação em pagamento. Disponível em: <www.flaviotartuce. adv.br>. Acesso em: 4 nov. 2022.

PAMPLONA FILHO, Rodolfo. Responsabilidade civil nas relações de trabalho e o novo Código Civil. In: DELGADO, Mário Luiz; ALVES, Jones Figueirêdo. *Questões controvertidas no novo Código Civil*. São Paulo: Método, 2003.

PEREIRA, Caio Mário da Silva. *Instituições de direito civil*. Teoria geral das obrigações. Rio de Janeiro: Forense, 2004. v. II.

PEREIRA, Caio Mário da Silva. *Instituições de direito civil*. Teoria geral das obrigações. 25. ed. Rio de Janeiro: Forense, 2012. v. II.

PINHEIRO, Patrícia Peck. *Direito digital*. 2. ed. São Paulo: Saraiva, 2008.

PINTO, Carlos Alberto Mota. *Cessão da posição contratual*. Coimbra: Almedina, reimpressão, 2003.

PIVA, Rui Carvalho. *Bem ambiental*. São Paulo: Max Limonad, 2001.

PONTES DE MIRANDA, Francisco Cavalcanti. *Tratado de direito privado*. 4. ed. São Paulo: RT, 1974. t. LIII.

REALE, Miguel. Novo Código Civil e os seus críticos. Disponível em: <www.jusnavigandi. com.br>. Acesso em: 21 out. 2003.

REALE, Miguel. *Um artigo-chave do Código Civil*. A história do novo Código Civil. São Paulo: RT, 2005.

RENTERIA, Pablo. *Obrigações de meios e de resultado*. Visão crítica. São Paulo: Método, 2011.

RIPERT, Georges. *A regra moral das obrigações*. Tradução da 3. ed. Francesa por Osório de Oliveira. 2. ed. Campinas: Bookseller, 2002.

RIZZATTO NUNES, Luiz Antônio. *Comentários ao Código de Defesa do Consumidor*. São Paulo: Saraiva, 2000.

RIZZATTO NUNES, Luiz Antônio. *Comentários ao Código de Defesa do Consumidor*. 3. ed. São Paulo: Saraiva, 2007.

RODRIGUES, Silvio. *Direito civil*. 29. ed. São Paulo: Saraiva, 2003. v. 3.

RODRIGUES, Silvio. *Direito civil*. Parte geral. 33. ed. São Paulo: Saraiva, 2003.

RODRIGUES, Silvio. *Direito civil*. Responsabilidade civil. 19. ed. São Paulo: Saraiva, 2000, v. 4.

ROSENVALD, Nelson. *Dignidade humana e boa-fé*. São Paulo: Saraiva, 2005.

SANTOS, Luiz Felipe Brasil. Pais, filhos e danos. *Migalhas*, Coluna Migalhas de Peso, 24 jun. 2004. Disponível em: <http://www.migalhas.com.br/mostra_noticia_articuladas. aspx?op=true&cod=5294>. Acesso em: 11 ago. 2005.

SARLET, Ingo Wolfgang. *A eficácia dos direitos fundamentais*. Porto Alegre: Livraria do Advogado, 2004.

SARMENTO, Daniel. *Direitos fundamentais e relações privadas*. Rio de Janeiro: Lumen Juris, 2004.

SAVI, Sérgio. *Responsabilidade civil por perda de uma chance*. São Paulo: Atlas, 2006.

SCHREIBER, Anderson. *Manual de direito civil contemporâneo*. São Paulo: Saraiva, 2018.

SCHREIBER, Anderson. *Novos paradigmas da responsabilidade civil*. São Paulo: Atlas, 2007.

SCHREIBER, Anderson. *Código Civil comentado*. Doutrina e jurisprudência. Rio de Janeiro: Forense, 2019.

SENISE LISBOA, Roberto. *Manual de direito civil*. Obrigações e responsabilidade civil. 3. ed. São Paulo: RT, 2004. v. 2.

SENISE LISBOA, Roberto. *Responsabilidade civil nas relações de consumo*. São Paulo: RT, 2001.

SILVA, Jorge Cesa Ferreira da. *Inadimplemento das obrigações*. São Paulo: RT, 2006.

SILVA, Rafael Peteffi da. *Responsabilidade civil pela perda de uma chance*. São Paulo: Atlas, 2007.

SIMÃO, José Fernando. *Código Civil comentado*. Doutrina e jurisprudência. Rio de Janeiro: Forense, 2019.

SIMÃO, José Fernando. Contrato estimatório – aspectos controvertidos. In: TARTUCE, Flávio; CASTILHO, Ricardo (Coord.). *Direito civil*. Direito patrimonial. Direito existencial. Estudos em homenagem à Professora Giselda Maria Fernandes Novaes Hironaka. São Paulo: Método, 2006.

SIMÃO, José Fernando. "O contrato nos tempos da covid-19". Esqueçam a força maior e pensem na base do negócio. *Migalhas*, Coluna Migalhas Contratuais, 3 abr. 2020. Disponível em: <https://migalhas.uol.com.br/coluna/migalhas-contratuais/323599/o-contrato-nos-tempos-da-covid-19---esquecam-a-forca-maior-e-pensem-na-base-do-negocio>. Acesso em: 5 out. 2020.

SIMÃO, José Fernando. Quem tem medo de dar carona? Disponível em: <www.flaviotartuce. adv.br>. Acesso em: 7 set. 2014.

SIMÃO, José Fernando. *Responsabilidade civil do incapaz*. São Paulo: Atlas, 2008.

STOCO, Rui. *Tratado de responsabilidade civil*. 6. ed. São Paulo: RT, 2004.

TARTUCE, Flávio. *Direito civil*. Lei de introdução e parte geral. 21. ed. Rio de Janeiro: Forense, 2025. v. 1.

TARTUCE, Flávio. *Direito civil*. Teoria geral dos contratos. 20. ed. Rio de Janeiro: Forense, 2025. v. 3.

TARTUCE, Flávio. *Direito civil*. Direito das coisas. 17. ed. Rio de Janeiro: Forense, 2025. v. 4.

TARTUCE, Flávio. *Direito civil*. Direito de família. 20. ed. Rio de Janeiro: Forense, 2025. v. 5.

TARTUCE, Flávio. *Direito civil*. Direito das sucessões. 18. ed. Rio de Janeiro: Forense, 2025. v. 6.

TARTUCE, Flávio. *Código Civil comentado*. Doutrina e jurisprudência. 7. ed. Rio de Janeiro: Forense, 2025.

TARTUCE, Flávio. *Função social dos contratos*. Do Código de Defesa do Consumidor ao Código Civil de 2002. São Paulo: Método, 2007.

TARTUCE, Flávio. *Função social dos contratos*. Do Código de Defesa do Consumidor ao novo Código Civil. São Paulo: Método, 2005.

TARTUCE, Flávio. *Manual de Direito Civil*. 15. ed. São Paulo: Método, 2025.

TARTUCE, Flávio. *Responsabilidade Civil*. 6. ed. São Paulo: Método, 2025.

TARTUCE, Flávio. *O Novo CPC e o Direito Civil*. Impactos, diálogos e interações. 2. ed. São Paulo: Método, 2016.

BIBLIOGRAFIA | **637**

TARTUCE, Flávio. *Responsabilidade civil objetiva e risco*. A teoria do risco concorrente. São Paulo: Método, 2011.

TARTUCE, Flávio. A revisão do contrato pelo novo Código Civil. Crítica e proposta de alteração do artigo 317 da Lei 10.406/02. In: DELGADO, Mário Luiz; ALVES, Jones Figueirêdo (Coord.). *Questões controvertidas no novo Código Civil*. São Paulo: Método, 2003.

TARTUCE, Flávio; ASSUMPÇÃO NEVES, Daniel Amorim. *Manual de Direito do Consumidor*. 13. ed. São Paulo: Método, 2025.

TARTUCE, Flávio; GROENINGA, Giselle. O dano à integridade psíquica. Uma análise interdisciplinar. In: DELGADO, Mário Luiz; ALVES, Jones Figueirêdo. *Questões controvertidas no novo Código Civil*. São Paulo: Método, 2006. v. 5.

TARTUCE, Flávio; OPROMOLLA, Márcio Araújo. Direito civil e Constituição. *Constituição Federal – 15 anos. Mutação e Evolução*. Coordenadores: André Ramos Tavares, Olavo A. V. Alves Ferreira e Pedro Lenza. São Paulo: Método, 2003.

TARTUCE, Flávio; SALOMÃO, Luis Felipe (Coord.). *Direito civil*. Diálogos entre a doutrina e a jurisprudência. São Paulo: Atlas, 2018.

TAVARES DA SILVA, Regina Beatriz. Critérios de fixação da indenização do dano moral. In: DELGADO, Mário Luiz; ALVES, Jones Figueirêdo. *Questões controvertidas no novo Código Civil*. São Paulo: Método, 2003.

TAVARES DA SILVA, Regina Beatriz. *O novo Código Civil e as propostas de aperfeiçoamento*. São Paulo: Saraiva, 2003.

TAVARES DA SILVA, Regina Beatriz. Perda de uma chance. Disponível em: <www.flaviotartuce.adv.br>. Artigos de convidados. Acesso em: 12 jul. 2005.

TEPEDINO, Gustavo. A evolução da responsabilidade civil no Direito Brasileiro e suas controvérsias na atividade estatal. *Temas de Direito Civil*. 3. ed. Rio de Janeiro: Renovar, 2004.

TEPEDINO, Gustavo. A tutela da personalidade no ordenamento civil-constitucional brasileiro. *Temas de direito civil*. Rio de Janeiro: Renovar, 2004.

TEPEDINO, Gustavo. Material enviado para o curso de extensão em Direito Civil Constitucional, oferecido pela PUCMG entre julho e dezembro de 2004.

TEPEDINO, Gustavo. Notas sobre a cláusula penal compensatória. *Temas de direito civil*. Rio de Janeiro: Renovar, 2006. t. II.

TEPEDINO, Gustavo. Premissas metodológicas para a constitucionalização do direito civil. *Temas de Direito Civil*. 3. ed. Rio de Janeiro: Renovar, 2003.

TEPEDINO, Gustavo. *Temas de direito civil*. 3. ed. Rio de Janeiro: Renovar, 2004.

TEPEDINO, Gustavo; BARBOSA, Heloísa Helena; BODIN DE MORAES, Maria Celina. *Código Civil interpretado*. Rio de Janeiro: Renovar, 2004. v. I.

TEPEDINO, Gustavo; BODIN DE MORAES, Maria Celina; BARBOZA, Heloísa Helena. *Código Civil interpretado conforme a Constituição da República*. Rio de Janeiro: Renovar, 2006. v. II.

TEPEDINO, Gustavo; SCHREIBER, Anderson. *Código Civil comentado*. Coord. Álvaro Villaça Azevedo. São Paulo: Atlas, 2008. t. IV.

TEPEDINO, Gustavo; SCHREIBER, Anderson. *Fundamentos de direito civil*. Rio de Janeiro: Forense, 2020. v. 2.

THEODORO JÚNIOR, Humberto. *Curso de direito processual civil*. 56. ed. Rio de Janeiro: Forense, 2015. v. I.

THEODORO JÚNIOR, Humberto. *Dano moral*. 3. ed. Belo Horizonte: Oliveira Mendes, 2000.

TOSCANO DE BRITO, Rodrigo. Função social dos contratos como princípio orientador na interpretação das arras. In: DELGADO, Mário Luiz; ALVES, Jones Figueirêdo. *Questões controvertidas no novo Código Civil*. São Paulo: Método, 2004. v. II.

VENOSA, Sílvio de Salvo. *Direito civil*. 6. ed. São Paulo: Atlas, 2006. v. II.

VENOSA, Sílvio de Salvo. *Direito civil*. Parte Geral. 3. ed. São Paulo: Atlas, 2003. v. I.

VENOSA, Sílvio de Salvo. *Direito civil*. Responsabilidade civil. 5. ed. São Paulo: Atlas, 2005. v. IV.

VENOSA, Sílvio de Salvo. *Direito civil*. Teoria geral das obrigações e dos contratos. 3. ed. São Paulo: Atlas, 2003. v. II.

WALD, Arnoldo. *Curso de direito civil brasileiro*. Direito das Coisas. São Paulo: Sugestões Literárias, 1973.

WALD, Arnoldo. *Curso de direito civil brasileiro*. Obrigações e contratos. São Paulo: RT, 1999.

ZANETTI, Cristiano Souza. *Direito contratual contemporâneo*. São Paulo: Método, 2008.